文
景

Horizon

社科新知 文艺新潮

经济学思想史进阶讲义

逻辑与历史的冲突和统一

汪丁丁 著

上海人民出版社

目 录

第五讲　连续性、不确定性与断裂

第六讲　涌现秩序，逻辑与历史，理论与现实的关系

第七讲　怀特海《思维方式》

第八讲　不动点定理，未来的社会科学，比较社会过程分析

序 言

一、这部讲义贯穿始终的主题

“经济学思想史”贯穿始终的主题是“逻辑”与“历史”的冲突和相辅相成。在第一讲的开篇，我引出柏拉图的“洞穴隐喻”，并介绍了我为本科生撰写的那部《经济学思想史讲义》的写作思路。但是在本科生讲义里，上述主题或许是处于它的“自在状态”。在这部为研究生撰写的《经济学思想史进阶讲义》里，我明确要以上述主题来表述经济学的演化过程。在人类思想的开端时期涌现的那些表达，每一个都注定了要成为后来涌现的思想传统的开端。如怀特海（Alfred N. Whitehead）所言，我的叙述不过是为柏拉图增添了一个脚注。

铺叙至第八讲时，上述主题的命运已十分清楚：每一代经济学家努力要做的，首先是想象经济活动的图景，并表达为可理解的即基于逻辑的命题，然后是论证这些命题与现实世界的相关性。马歇尔的《经济学原理》（Alfred Marshall, *Principles of Economics*）就是这种经济学努力的典型。事实上，我在第六讲篇幅冗长地浏览马歇尔的这部“原理”，十足地表明，这位经济学界当时公认的唯一领袖是如何拼命要在逻辑叙事与历史叙事之间保持平衡的。在马歇尔之前，小密尔（John Stuart Mill）的“原理”更像一位逻辑学家的历史叙事。在马歇尔之后，萨缪尔森（Paul A. Samuelson）的“基础”更像是一种使历史叙事完全服从数学表达的努力。虽然，我在这里多次引述了萨缪尔森中年和晚年那些令人赞叹的经济思想史评论。

在现代，例如，2010年以来出版的经济学教科书里，经济学内在的这种紧张关系仍贯穿始终。理由很简单：经济学是社会科学，而社会科学既不能是完全的历史叙事，又不能是完全的逻辑叙事。很多年前，我就此写了一篇万字文“论社会科学的处境”，而且还是英文的（这在我的作品里是罕见例外），因为那次是我的老友何梦笔（Carsten Herrmann-Pillath）约稿——德国读者在他们“思想家的语言”之外勉强可接受的是英文。我的许多旧作，现在找出来读，不但并不过时而且显得很合适。例如，写这部讲义时，我常要浏览网页想看看中文世界相关主题的研究进展，结果常见到最好的文章其实是我多年前甚至二十多年前写的，于是就成为我这部讲义相关主题的附录。也因此，我在每一篇附录的标题下，特意写了最初发表的年份。

我最初并不介意自己的年龄，只在50岁生日时独自沮丧了几天，恰好我和周其仁都在杭州，他做东，几位老友品茗聚餐。晚间，胡舒立在网上与我聊天时，得知我沮丧了一整天，好一顿嘲笑我。此后，我自觉生命力量似乎没有减弱，也就不再沮丧。如是又过了十年，才发现，原来“半截入土”的现代涵义是60岁而不是50岁。至少我自己，60岁前后，真有显著变化。首先是心律的“早搏”迅速增加，这是我家族里的常见病。十几年前，朗润园的赵普生老师很早就告诉我说，早搏只可能越来越多而不会好转。那时，我记得是她来电话劝我去朗润园例行体检。她的劝说，以及其他老友的劝说，均无效。我写了几篇文章谈及中医和西医——梁漱溟也谈及这一主题，我的见解与梁漱溟的一致。

就我自己的情形而言，早搏频繁，再次验证了我们经济学家深信不疑的原理：天下没有免费午餐。以往几十年，大约从我18岁那年开始，我睡眠很少，每天4小时。几十年来，我认为这是“免费午餐”，因为4小时睡眠没有损害身体健康。渐渐地，我意识到，尤其当我对美食的爱好不加节制的时候，必定要损害身体。长期睡眠太少，为供血充足，心律就要加快，或者增加早搏次数，例如每天几百次。去年夏季，我在大连期间，遇到日本店里有上好的“雪龙牛肉”，恰好妻子善治“酒焖肉”，于是乎，不到两个月时间，送给朋友的不算，我独自吃了不少于10公斤的酒焖牛肉，外加日本原产的一种“酒酿奶糖”——约2公斤。可想而知，血液变得太浓稠，在血管里流不动，早搏次数多到难以忍受的程度。牙疼，脚疼，头疼，颈椎、腰椎以及沿督脉而行的每一处，都开始疼。梁漱溟自述长寿的经验，我那时全都违背了。所以，若以中医的办法养生，就要保持一致性，仔细检讨我的西方生活方式，去除那些不一致的。当然，这样的检讨，最终可能还要演变为“中西医结合”的一番检讨。

近代以来，中国人引入的西方生活方式，几乎每一环节，例如“一日三餐”，都有来自西方人的理由，如果也适合中国人，就成为中国人的理由。蒋维乔写过“废止朝食论”，他是沈昌文的气功老师，有“因是子静坐法”。有一次我询问沈公，每天繁忙怎样有时间静坐，我记得答案是，骑着自行车的时候和吃饭的时候，都保持着“气运周天”的状态。我观察沈公的饭桌上，肯定不能如梁漱溟所言“坚持素食”。但是，沈公长寿。可见，经验世界里的事情，确实不是先验世界里的逻辑叙事可以穷尽的。

不论如何，我意识到我老了。讲课的时候，思路当然继续发散，但相关的文献索引，远不如年轻时（60岁之前）可以信手拈来，分毫不差。这样讲课，效果会越来越差，很快就要成为“闲聊”。所以，写作这部讲义时，我决定不采取前几部讲义简单地整理现场录音的方式。现在的这部讲义，不仅文字风格不再是口语的，而且索引必求显示原文。

那么，教授应当在某一法定年龄退休？我认为要依照每一位教授的情形而定，而不是“法定”。当然，大学要有一套规则，如果“教授”名额受限制的话。

大致而言，多年前，我为实验班的研究生们讲过“问学之规律”。学者，即以“问学”为志向的人，从幼年时期至青年时期，应以“博闻强记”或“过目不忘”为特征。我承认，由于支付了“早搏”代价，这一特征在我而言至少延续到了“中年”时期。在一般学者而言，应尽早从博闻强记阶段转入“理解和感悟”的阶段。因为，这才是学者在中年时期和老年时期对他的学生而言能有的价值。我在《读书》杂志创刊二十周年时应汪晖之邀写过一篇文章，标题是“知识过程与人生感悟”。接着那篇文章继续讲述，我告诉实验班的研究生们，知识——具体而言就是构成知识的每一观念——都是“知识过程”，而不是静止的“名词解释”。

怀特海《论教育诸目的》（*The Aims of Education*）有过类似的表达：教育就是这样的一些场合，在这里，青年与自己的中年和老年相遇。所以，我这个“老人”的社会功能，是经营这样一些情境，使我的学生们与他们自己的中年和老年相遇。

我在这部讲义里的叙事，有许多人生感悟。我在第一讲提到参考书时提到的萨缪尔森晚年（在他去世前两年出版）主编的那部思想史教材，有一段文字是萨缪尔森写的，大意是：我们研究学术的时候，最常阅读的是发表在学术刊物上的那些论文，而学术论文的特征就是要以学术语言完全遮蔽学者思想的形成过程，于是导致学术积累最严重的一项弊端。萨缪尔森指出，对于问学者而言，与发表的相比，被遮蔽的其实最重要。

萨缪尔森有感于此，才于生命即将完结时主编了《经济学家心中所想》（*Inside the Economist's Mind*）这部教材。以目前的经济学教育，或许，只在我的“经济学思想史”教室里，学生们才可能与自己的中年和老年相遇。

在第四讲“经济学的开端”中，我介绍了几位原创经济学家和经济学的原创议题，用意在于，希望学生们意识到思想史的基本事实：思想史的开端时期意味着后来的思想路径。经济学的原创议题，要到经济学的开端时期去寻找。我在第一讲和第五讲提及，熊彼特（Joseph A. Schumpeter）有一篇未发表文稿。在这篇文稿里，熊彼特批判了自己早年和中年的基本思路，试图想象“断裂”的创新。这样，熊彼特未发文稿将我们带到马歇尔或古诺（Antoine A. Cournot）之前的经济学面前。那时的经济学家尚未运用后来马歇尔运用的“连续性原理”，他们关注的议题，如果展开讨论，就是关于“存量”的经济学。存量、幂律、互补性、收益递增以及现在流行的互联网经济，其实都是“存量经济学”的内容。经济学的核心观念只是一个，就是“成本”——我更喜欢张五常的翻译，就是“代价”。经济学家的核心职能，只是寻找任一事物或任一事务的代价。事物或事务的代价，仅当有市场的时候，表现为“价格”。没有市场的时候，经济学家的职能就是指出事物或事务的定价原理。凡以“均衡”或“一般均衡”为基础的经济分析，都只是“流量”的经济学。只要我们承认“存量”的效应，就意味着颠覆以往的流量经济学。但我们要做的仍是经济学研究，即指出任一存量的定价原理——我称此类议题为经济学的原创议题。

对于我们的经济学研究生而言，与其拼凑文章达到研究生院规定的那些毕业标准，不如借着发表文章的努力，回到经济学的开端时期，并回顾这一时期的原创议题后来的演化过程。从1993年开始，在我发表的那些“知识”文章里，我思考了十多年的存量经济学，核心的观念是“互补性”——它引导我写了下面的“月报”。

二、丁丁“月报”[2015年1月]

又到写“月报”的日子了。如果我浏览我的 iPad 日历，每天似乎只有两件事：写作和吃饭。也就是说，过去的60天里，只记录了写作的情况和吃饭的情况。第二个月初，妻子终于从充斥着电视播音的本地语言中发现了CNN。于是，我第二个月的写作生活大约三分之二的时间由CNN滚动报道“突发新闻”（breaking news）陪伴着，这些新闻让人觉着世界混乱不堪，无处不危险。我不能说 CNN 这类节目不是严肃新闻，可是我很难认可这些节目表达了关于我们这个世界具有根本重要性的问题的感受。主流新闻媒体的节目当然要让主流社会接受。如果我认为这些新闻与这个世界的重要性感受越来越不相关，那就意味着主流社会的价值观与世界的重要性感受越来越不相关。这一推论的寓意，我认为很重要。从经济学基础开始，有下列七项。

（1）小密尔是早慧儿童，3岁学希腊文，8岁学拉丁文，12岁研读逻辑，13岁跟着老密尔（James Mill）研习政治经济学，14岁游学法国，与萨伊（Jean Baptiste Say）和圣西门（Comte de Saint-Simon）论学。严复译西学，《续修四库全书》收录严译八种，小密尔的占两种——《逻辑学》（严译《穆勒名学》）和《论自由》（严译《群己权界论》）。张五常傲视天下，认小密尔为“经济学家当中的天才”。谈到“价值”，小密尔只写了一个短语：importance felt（被感受到的重要性）。读了这一短语，我明白这就是“价值”的定义。

（2）经济学的缘起：每个人在每一情境内可以感受到多种重要性，而且这些重要性可依照重要性程度划分为重要性的“等价类”。如果甲和乙等价，则甲可被乙替换而不改变重要性感受。这是等价类的相当于“无差异曲线族”的涵义。

（3）经济学在这里转向更高的可观测性，并为此支付代价：同种商品里的每一单位商品与另一单位商品等价，故这些商品单位属于同一等价类，于是可以无差异地沿着例如“横轴”排列，记为“X”。然后，另一种商品里的各商品单位可以无差异地沿着例如“纵轴”排列，记为“Y”。现在，横轴和纵轴张成的平面内，假设“单位”任意地小，以致这些单位沿轴的排列可视为如实数那样连续，于是有 X 和 Y 的无差异曲线族。

（4）沿着X和Y的无差异曲线族的任一条，尤其是与预算线相切的无差异曲线，可推出“Hicks需求曲线”，即没有因价格变化诱致的收入效应的需求曲线。如果横向叠加市场里的全部“Hicks需求”，就得到不带收入效应的市场需求。仅当X和Y的边际替代率递减时，市场需求向下倾斜。

（5）回到（3）：如果出现互补性，商品的“单位”就无法任意地小。整数规划的常见例子，人的最小单位是“一个”，而不能是任何小于“一个”的单位。因为一个人的任一部分与其他部分之间的关系，我们称为“互补”，以致如果非要切割一部分，这个人不仅不再是“一个人”，而且很可能不再是“人”。从功能F的角度，可以定义“互补”和“互替”两性质。世间万物总有使F维持不变的最小的集合S，若从S删除任何一个元素则F不能维持不变，于是S里的元素之间构成互补关系，如左脚之鞋与右脚之鞋的关系，或如一个人的各部分之间的关系。S的每一元素当然可以有自己的等价类，以致它若被自己的等价类里任一元素替换，F维持不变，于是这两元素之间有完全“互替”关系。世间任一物，可以是S的元素，于是与S的其他元素互补；或是S的元素的等价类的元素，于是与等价类里的其他元素互替，并且由此与S的其他元素互补；或者与F的维持与否完全不相关。赫伯特·西蒙（Herbert A. Simon）强调过，我们人类的绝大多数决策，每一次的决策只涉及世间万物的极小极小的一个部分，就是说，与万物当中的绝大多数完全不相关，至少可视为“不相关”——旧金山如果有一只蝴蝶扇动翅膀可能引发纽约的飓风，这种相关性就被视为“不相关”。

（6）所以，谈论“需求曲线”，其实是谈论关于功能F的需求曲线（张五常《经济解释》探讨过“功能”问题），以及关于由F界定的互补物的集合S的需求曲线。因为S不可再分割，所以我们不能假设全体诸如S这样的集合可以无差异地沿着实数轴排列。更重要的是，功能F可借助许多不同的S得以实现，而这些S可能因使用的技术不同而有极大差异。这样，“曲线”消失了，剩下的只是“需求”。不过，由此发生的另一困难是，由价格变化引起的“需求量”变化与参量变化引起的“需求”变化，必须另求表达。

（7）但是S或许很难观测，这是它的最大麻烦，经济学家不喜欢不能观测的观念。借助“工具变量”，市场需求曲线至少还是可观测的。S之难以观测，不会因为现代拍卖理论和实践的技巧而有所缓解。因为，如（6）所述，为维持同一功能 F，可以借助不同的 S，这也是“功能”这一观念的优越性。仍以维持一个人的生命功能为例，借助统计方法，我们可以确立一个时期一个社会平均意义上“正常的”生命功能指标体系。不过，现实世界里有多少个人，就会有多少种维持生命功能的“技术”。S 这一观念的优越性在于，例如，它可以容纳创新与技术进步。

三、关于教学方法的引言

约 10 年前，我在北京大学开设“经济学思想史”课程，由本科生选修或必修。数年后，由学生们整理我的讲堂录音，文稿于 2008 年出版，书名是《经济学思想史讲义》。三年前，这一版售罄。编辑李頔仔细修订了这套讲义，以“第 2 版”名义再版。

约 6 年前，我为北京大学国家发展研究院的研究生开设“经济学思想史（必修）”课程，我要求听课研究生预修上述本科生教材，并从中自选课堂讨论主题。那时听我这门课的，多是外校和本校的旁听生，真正注册修课的不过十几人。因此，期末考评的主要依据是学生自选的课堂讨论主题及主题报告。

两年之后，选这门课的研究生越来越多，若每位选课生报告哪怕 10 分钟，占用的课时也是不可承受的。旧的考评依据不再可用，于是返回通常的方法，由选课生提交学期论文。不过，我要求每一篇学期论文“有感而发”，不能是通常的“文字搬运”，此项要求看似平常，落实则极难。主要因为，我们的教育体制长期摧残学生头脑，迫使大部分体制内的优秀学生成为“文字搬运工”，甚至完全丧失了直接从日常生活中获得切身感悟的能力。

什么是“问题”？我有不少文章已介绍，你们可以检索找到。此处列出我讲过的问题三要素：

（1）它必须是“an issue”，而不仅仅是“a problem”。根据西方学术传统（康德的），前者（不妨直译为“议题”）有两个以上同等有力量并且相互冲突的求解路径，而后者可以有唯一的求解方案或有许多等价的求解方案（例如求一常值函数的最大解），于是此一问题不构成一项议题。

（2）这样的议题必须能够打动“你”而不是其他什么人的心灵，让你感到犹如韦伯

（Max Weber）所说的“神召”（calling）一般，充满着激情，以致你认为求解这一问题乃天降大任于你，非你莫属。换句话说，茫茫大千，在沉寂中等待你出生、成长、成熟、思考，并等待你的解答，一旦你写下你的解答，茫茫大千又不知要在沉寂中等待多少世纪，直到下一位同等有力量的人再次给出解答。

（3）这样的议题不仅打动了你，而且在你之前也打动过另一些人，他们的命运或许与你类似，或许他们仅仅与你的议题偶然相遇，从而，他们在人类思想传统里留下了求解这一议题的痕迹——这些痕迹我们称为“参考文献”，让你有迹可循，谓之“学术传统”或“思想源流”。

我画了图 1，解释“问题”和“学术传统之内的问题”。

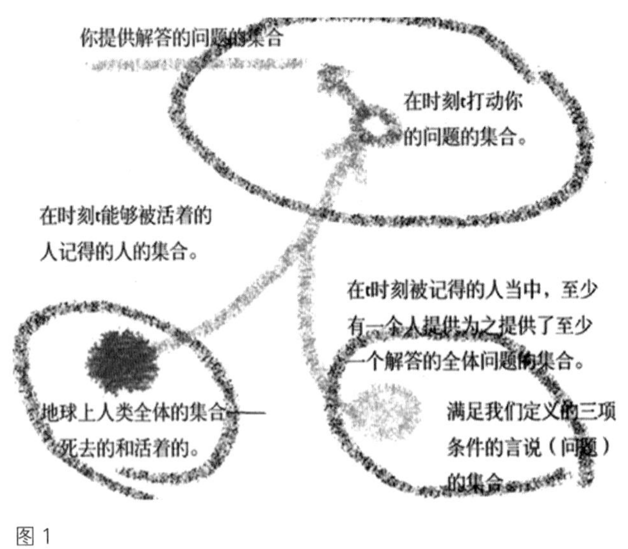

图 1

为了帮助研究生们缓解教育养成的思维惯式，我决定每一讲讨论学生自选的一项主题。于是，第一讲 3 小时的相当大部分时间，仅仅用于探究每位研究生提出的选题是否为他生活中的切身体验，而不是转述大众媒体的。

不仅我们的思想，而且更难克服的是我们的语言。在长期的社会生活中，我们习惯说出来大量不经思考的语言，以致当我们认真要阻止自己说“套话”的时候，常常只能沉默。

次年，也就是 2010 年的这门课程，学生自选讨论题改为由我选择讨论题。我当然选择我自己认为重要的主题，例如，关于技术与知识的经济学理论，与技术相关的收入分配问题，与知识相关的产权问题，收益递增、制度演化、关于“存量”（人口、资本、资源环境和文化遗产）的经济学。这类主题很适合课堂讨论，因为主流经济学很少涉及。当时流行的教学软件仍是适合于“线性思维”的 PPT，虽然我已多年在教学中使用“心智地图”。

我的困难在于，北京大学的教室那时很难连接苹果笔记本电脑，更没有 iPad，于是我返回传统的黑板和粉笔教学工具。图 2 是 2010 年经济学思想史研究班第四讲我写的几块黑板之一，保持了我的心智地图教学法。

图 2

也是在 2010 年，美国经济学会网站推出“伟大的挑战”（The Grand Challenges）主页，撰稿的经济学家公布各自的研究纲领，列出他们的那些堪称“21 世纪经济学面临的伟大挑战”的研究课题。诺贝尔经济学家戴蒙德（Peter A. Diamond，那时还未获得这一奖项）的研究纲领是“行为财政学”和“脑的演化理论”。其他经济学家也提出了类似的纲领，很显然，与他们的“伟大挑战”密切相关的，是经济学方法论议题。

经济学方法论议题始自马歇尔自己的徘徊——现代思想史家称为“马歇尔困惑”。马歇尔在《经济学原理》第 8 版序言里写过，经济学的麦加圣地应是生物学方法，而不是牛顿力学方法。只不过，至少两位思想史家指出，马歇尔的数学训练不足以让他的经济学建基于生物学方法。于是，马歇尔只好满足于“均衡”观念及其应用。2002 年，我在杭州期间，老友周其仁散步到我家聊起经济学方法论议题，他的直觉是，“经济学很可能走了一百多年的弯路”。

理论与方法，在 2011 年贯串着我为“经济学思想史”研究班列出的讨论主题。也是从那一年开始，iPad 有了第一批基于手指触屏的应用软件。图 3 是当年的“经济学思想史”研究班，我为第五讲准备的经济学方法论示意图，一张硅谷咖啡厅常见的餐巾纸上面写着各种创意。

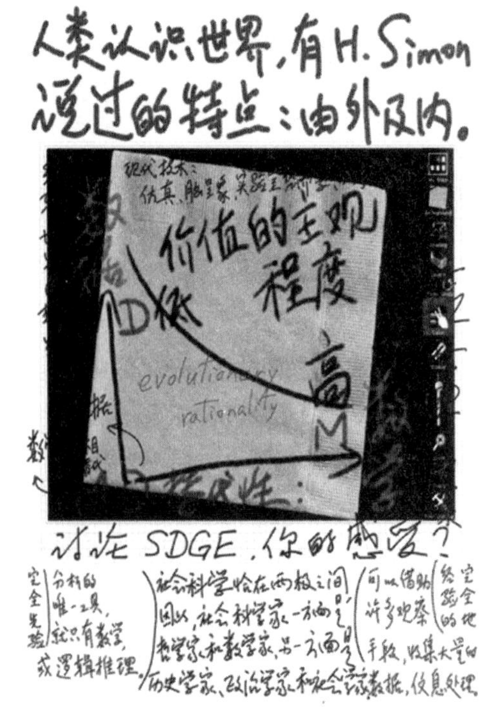

图 3

图 4 取自 2011 年“经济学思想史”第一讲，基于 iPad 触屏技术，一家日本公司发布的“黑板”软件。那时这类绘图软件的常见弱点是不能随意放大和缩小画面，所以，一块黑板，哪怕使用最细的粉笔，也只能容纳最简单的心智地图，例如图 5，取自 2011 年“经济学思想史”第四讲。

图 4 很直观，几乎不必解释。我们在中国研读“经济学思想史”，同时，我们有中国

的现实生活体验，从切身体验中，我们关注一些重要问题，称为“中国问题”，并讲述我们理解的中国故事。这就是中国学生的阅读情境，由此，学生们试图理解源自西方的经济学原理并以中国叙事阐述和修正这些原理，称为“中国经济学”。这一过程循环往复，不断深入，融入与“西方经济学”的对话，成为人类学术传统的一部分。

上述思想史过程有一个关键环节，如图5所呈现，当我们中国经济学家试图理解源自西方社会演化过程的经济学原理时，通常意识到原理由之发生的西方历史情境被迁移到我们能够理解的中国历史情境时必定会有的思想“断裂”，并且因而有“冲突”。正是这样的断裂与冲突，激励着中国经济学家创造性地解决经济学议题，从而可能在人类的经济学传统里求得“中国经济学”的一席之地。

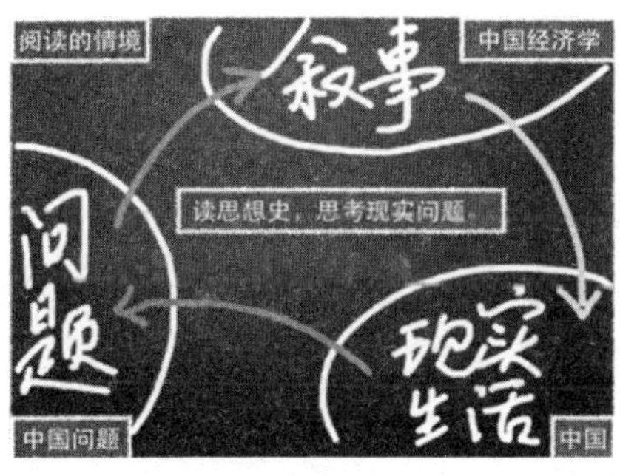

图4

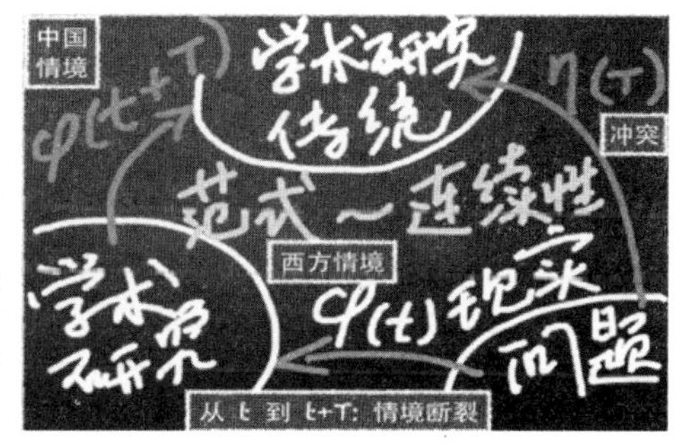

图5

也是用“黑板”软件，在第一讲，我画了图6，解释我自己从1990年代开始使用的，帮助我理解任何观念、理论、人物乃至世间万事万物的“三维”框架（物质生活—社会生活—精神生活）。这一理解框架的最大优点在于，不容易丢失任何事物或事务的重要方面。事实上，我是从几位思想家（例如康德和韦伯）那里学到这一理解框架的，我在2004年以前撰写的《制度分析基础讲义》里介绍了我的这一学习过程。在此引用那时我对这一理解框架的解释：

生活世界有三个维度——物质生活、社会生活和精神生活。能够长期延续的生活，在这三个维度上积累，形成传统。生活世界外生的或内生的变动，也依这三个维度分解为物质的、社会的和精神的变动。与传统相冲突的变动，只要足够强烈就可使传统持续演变。转型期社会的特征，是变动与传统的持续冲突。近代以来中国社会结构最显著的变动，可表述为适合市场经济的“小世界”网络结构的扩展过程。与这一过程相伴随的，是机会、财富和权力在人群当中的“幂律”分布，从而引发普遍的正义诉求——表现为大众对“公平”的迫切需求，这是中国社会基本问题的初级形式。在精神生活的不发达阶段，大众在社会生活维度上的正义诉求不能转化为精神生活维度上的自我满足。在“物质生活—社会生活”平面之内满足正义诉求的基本途径，是政治体制改革。改革的基本方向是消除或缓解权力的幂律分布，从而要求生活世界的网络结构从效率主导的演变为情感主导的。物质生活的效率原则与情感生活的心性原则之间的冲突，是中国社会基本问题的高级形式。

我们每一位读者，例如我自己，在阅读文献时，如图 6 所示，相当于我自己的生命轨迹（例如曲线 A）与这篇文献作者的生命轨迹（例如曲线 B）偶然相遇。由于历史情境的断裂，我读这篇文献时的生活世界与那位作者写作时的生活世界有了极大差异，我用一条虚线表示历史断裂，穿越断裂，我与作者相遇。

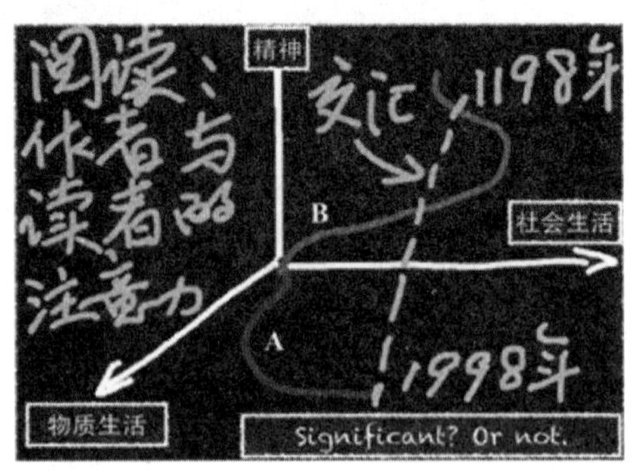

图 6

图 7 是以我试用的第三种基于 iPad 触屏技术的软件绘制的，取自 2011 年“经济学思想史”第一讲。这款软件的优点是可以选择很细的彩笔，在不能放大和缩小的版面上，仍可画出足够复杂的心智地图。

在图 7 中，我解释货币与经济过程的关系，它的新意在于直观表达了“有货币的一般均衡状态”的时间序列。我提醒读者注意，宏观经济学集结之前的一般均衡状态，首先是静止的，其次是微观的状态，一系列这样的状态怎样构成一个时间序列呢？这是经济学方法论需要解答的一个核心问题，它以各种形态出现在后来几年我讲授的“经济学思想史”课程中，最后一次是2014年，在这里，它被表达为——逻辑与历史的同一性与差异性。在这一视角下的经济学，始终试图缓解逻辑方法与历史方法之间的紧张关系，从李嘉图（David Ricardo）开始的逻辑抽象，与德国历史学派对逻辑抽象的激烈反叛，这两种立场之间的紧张关系，贯穿了最近两百年的经济学思想。

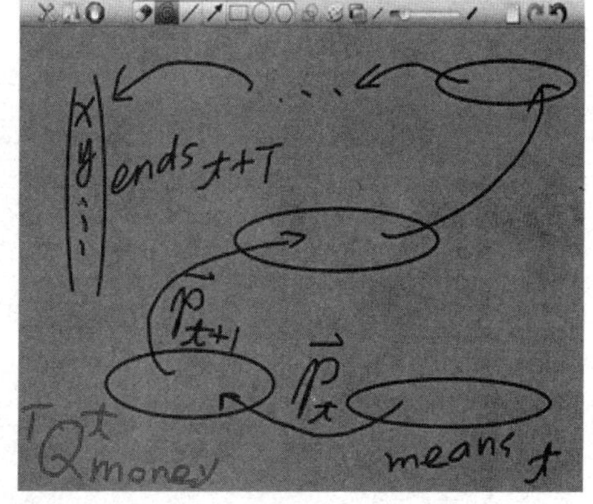

图7

对于iPad而言，2011年似乎是应用软件开发的一次跳跃，那一年我找到了许多可用于教学的软件。其中最合我意的，是UPAD专业版。2011年初，我去夏威夷海边我和妻子都喜欢的一家宾馆住下来，写我的《行为经济学讲义》。图8是我应“同学会”之邀，拍照之后，嵌入UPAD专业版的笔记页，可在照片上手写送给我那些数学系老同学们的寄语。

图8

在东北财经大学，我从2009年开始主持那里新创设的跨学科中心的工作，主要是跨学科教育实验班的招生考试、课程设计、师资培养等细致的工作。我读大学是在北京师范学院数学系，那所大学后来改名为首都师范大学，优势始终是培养师资。所以，我写给老同学的信（见图8）里，呼吁他们帮助我物色跨学科教师，尤其是经过严格数学训练且有跨学科能力的青年教师。很遗憾，至今我也没有找到适合跨学科教育实验班（名称是“行为金融学”实验班）的数学教师。所以，我决定自己培养这样的教师，从我的博士生当中。

图 9 是用我在 iPad 上购买的第四种类型的绘图软件（Grafio）制作的，用于 2012 年“经济学思想史”课程教学，人民币 80 元，在 iPad 各类应用软件的商店里算是相当贵的。这款软件的研发公司，似乎在东欧。软件很精巧，功能也很强大，以致今天它仍保留在我的常用工具箱里（iPad 应用软件的淘汰率是很高的）。它可将画面沿对角线放大 9 倍而不失真，在当时的绘图软件里，这是最高的倍数，直到 2013 年出现了“Pen & Paper”，可沿对角线放大 64 倍。图 9 的下方，我特意对学生们解释，这款软件是当时最接近笔记本电脑“心智地图”软件功能的。

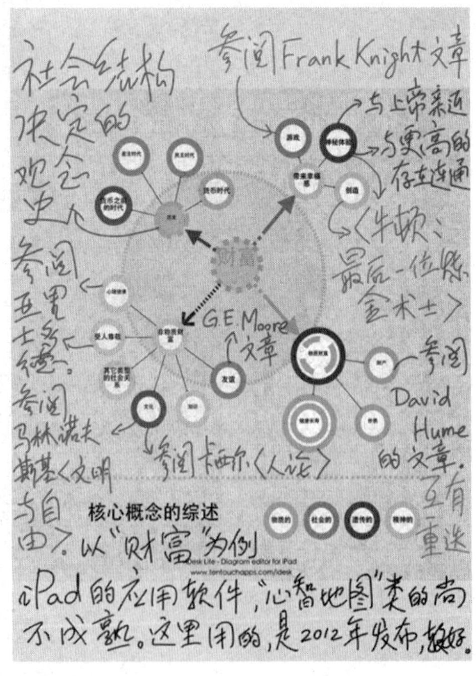

图 9

显示在图 9 里的，是我对关键词“财富”的考察，呈现了四个主要的考察方向：财富的历史——货币之前的时代、货币时代、君主时代、民主时代；物质财富——财产、健康长寿、外表；非物质财富——友谊、知识、文化、受人尊敬、心理健康、其他类型的社会关系；财富与幸福感的关系——与财富并列的幸福感来源是游戏、创造、神秘体验。

图 10 解释了学期论文的写作步骤，继续推行我的“问题导向”和“批判性思考”的教学理念。此时我用的手写软件，已基本定型为 UPAD 专业版。这款软件的功能——大批量的 PDF 文献阅读和笔记、笔及荧光笔的粗细和颜色、照片贴图、能区分轻重缓急的笔迹、能随时增加删除和移动各页的笔记本、与其他应用软件的相互转换和常用的输出方式——真正满足了我的跨学科教学要求。

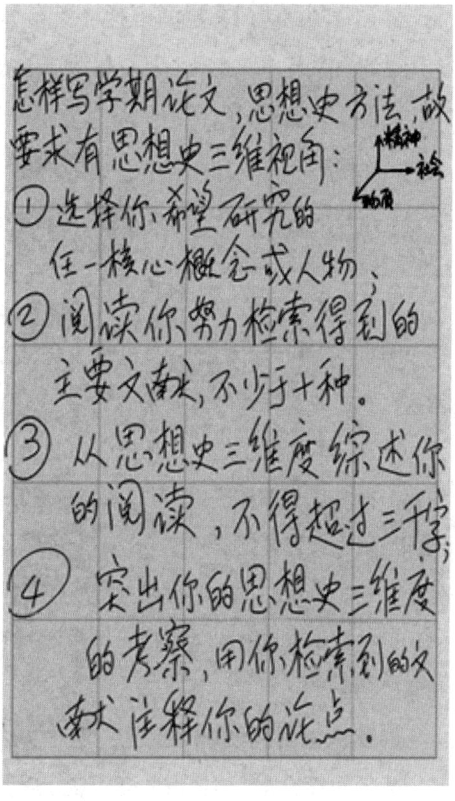

图 10

图 11 是用著名的软件“墨笔”制作的（那时它还没有被“印象笔记”收购），弱点也是没有笔触的感觉。只可惜，苹果公司生产的移动设备有大约半年一次的操作系统升级，这就要求为移动设备提供应用软件的那些公司，不论大小和成本，必须随之升级用户已购买的应用软件。

UPAD 最后一次升级，发生在 2013 年初。当我将 iPad 的操作系统升级到 iOS 8.0 时（2014 年 6 月），我发现 UPAD 的许多功能失效了。而且，苹果公司的 iPad 设置，让普通用户很难从升级了的系统返回旧系统，至少，我尝试了很多方法都失败了。我多次写信给 UPAD 的研发公司，今年 5 月，这家韩国公司终于发布了 UPAD3。

最后，2014 年 11 月，一位“软件达人”建议我购买“Good Notes”。果然，这款软件几乎可以完全替代 UPAD 专业版。不过，它缺少让我最留恋的 UPAD“能区分轻重缓急笔触”之功能。现在我同时用 UPAD3 和 Good Notes 备课，十分方便。

图 11 显示了我对诺贝尔经济学家希克斯（John R. Hicks）的经济学思想的思想史考察，在当时欧洲各思想流派的影响下，我认为希克斯的生命轨迹（三维框架中的黑色曲线）将他置于德国历史学派、黑格尔左派、英国经验主义和美国实用主义这四大思潮的影响之中。并且，在这四大思潮之外，我列出了可能对希克斯产生主要是间接影响的思想家的名字。

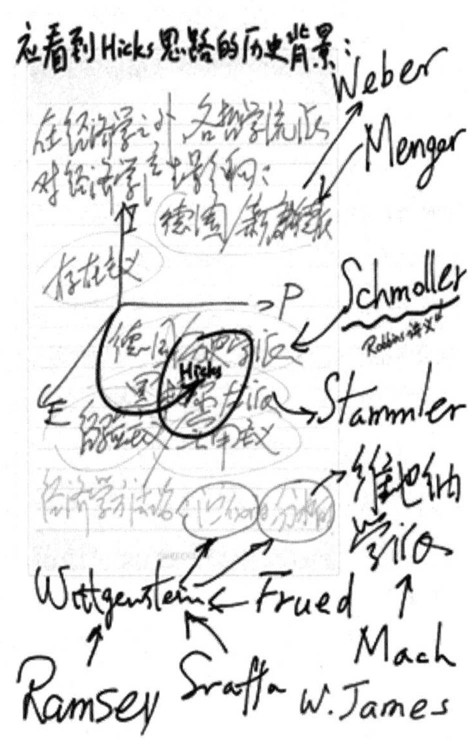

图 11

随着方法论探讨的不断深化，我为 2012 年“经济学思想史”研究班准备的核心内容是逻辑方法与历史方法的冲突，见图 12 左上角的标题，以及 2013 年我用心最深的主题——为表现逻辑方法与历史方法的基本冲突而发展的直觉主义数学与直觉主义经济学。图 12 呈现了这一思想史的考察，就经济学思想史而言，最初的影响来自马赫（Ernst Mach, *Erkenntnis und Irrtum*［《认识与谬误》］），随后是柏格森（Henri Bergson）的直觉主义生命哲学和怀特海的过程哲学（《过程与实在》[*Process and Reality*] 和《思维方式》[*The Mode of Thinking*]），最后，我认为是伽达默尔（Hans-Georg Gadamer）的哲学阐释学。上述著作，学生们感觉最难理解的，是怀特海的《思维方式》。为此，我特意制作了这本书前五章的心智地图，并嵌入到第七讲的心智地图内，在图 12 的右端。遗憾的是，图 12 必须放大几十倍才可看清嵌入在那里的怀特海过程哲学的心智地图。

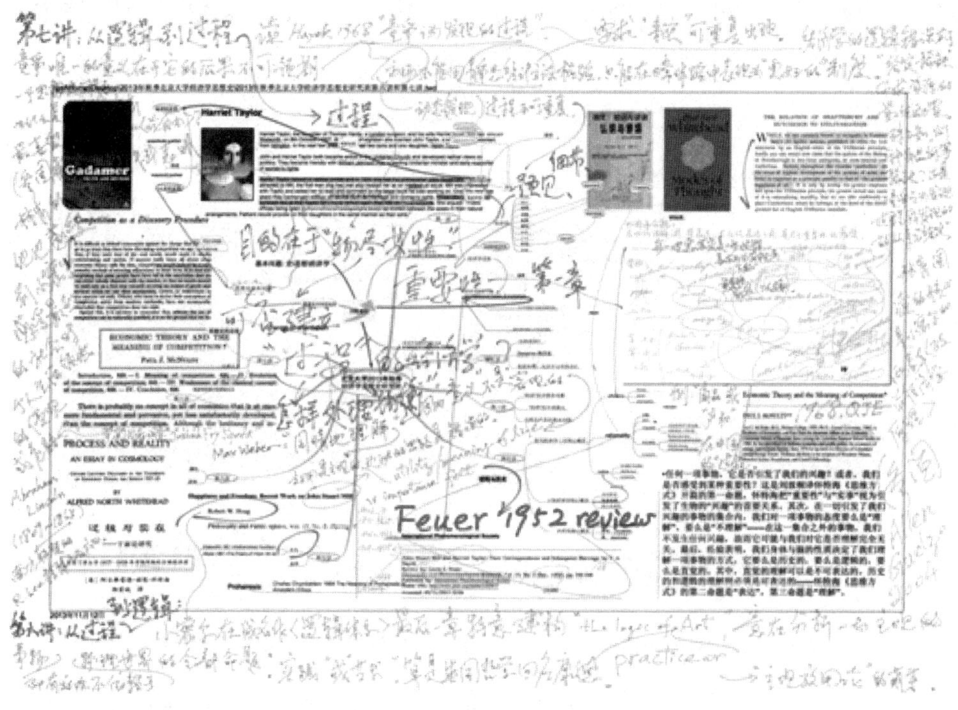

图 12

由图 12 可见，2013 年我为这门课程制作的心智地图已呈现目前这部讲义的概貌。有遗憾之处，仍与 iPad 应用软件的进展相关。例如上面这张心智地图，用于这门课的第七讲，因为要放大几十倍才可看清细节，这就对教室的投影设备提出了很高要求，实际上，当我将这张图放大几十倍并试图移动画面时，投影速度很慢，以致相当多的时间被浪费在这里。

请读者注意，图 13，2013 年“经济学思想史”第八讲心智地图，写在那里的文字，继续强调以问题意识和批判性思考为基本方法的跨学科教育理念。也是在图 13，我明确总结了学期论文的五个写作步骤。

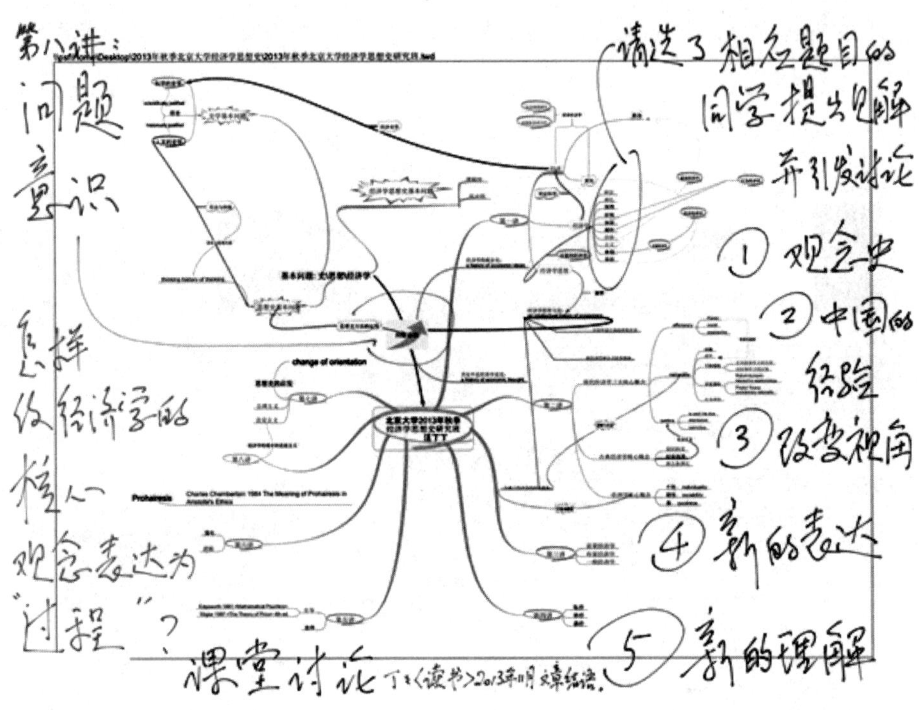

图 13

2014 年的“经济学思想史”研究班改为秋季学期开设，与我同时为双学位本科生开设的“行为经济学”课程互补，且形成足够强烈的张力。

值得指出的是，各类 iPad 应用软件的迅速发展，让我有能力为 2014 年“经济学思想史”课程制作最适合跨学科教育的心智地图。另一方面，书籍的印刷技术仍是传统的，于是很难适应可在课堂投影时随意放大几十倍的苹果触屏技术。事实上，除非在教室里设置全程多角度录像，学生们几乎不可能获得课程的完整笔记。为缓解选课同学们的笔记缺失，我和助教们同意在课程讨论版及时发布每一讲的现场录音。不过，请读者试想仅通过现场录音学习这门课程的巨大困难。我制作的心智地图通常必须放大几十倍才可看清细节，故而我在讲解细节时，只要手指轻划触屏，投影即可显示心智地图局部的细节。现场录音不可能呈现上述的场景，听录音的人常常要猜测他听到的是哪些局部细节的讲解，又因为心智地图涵盖全部课程的内容，其实很难猜测我当时放大的是哪一局部的细节。

基于上述理由，出版一部研究生水平的经济学思想史讲义，非常必要。并且，对听了我这门课程的同学而言，简直是不可或缺的笔记补充。

第一讲

2014年9月21日 / 下午3:00—6:00 / 二教314

「经济学思想史概说」

一、重要的是观念本身，而不是阐述观念的人

二、核心参考文献介绍

1.反思经济学的历史

2.经济史与经济思想史

3.何为“经济学思想史”文献？

三、课程思路概述

一、重要的是观念本身，而不是阐述观念的人

我们开始上课。第一讲，省去开场白，对选课学生们来说，我应首先解释成绩考评要求。显然，选课人数很多。这是一间可容100人的教室，不仅坐满，而且有不少人站着听课。另一方面，思想史课程很难采取闭卷考试的评价方法。所以，我们要求每位选课学生学期结束之后，撰写一篇学期论文。总的成绩，课堂讨论占10%，学期论文占90%，大致如此安排。关键是，你们应怎样撰写这篇论文？

目前可用的教材是我为本科生撰写的《经济学思想史讲义》，不适合研究生班，但那本书的写作思路值得关注。通常我读过的思想史或学说史，是以人物为线索的，例如，如果我依照这种思路写经济学的历史，我就会从亚里士多德开始写，然后介绍中世纪的经济学思想，再后介绍斯密时代的经济学思想，最后可能写到凯恩斯经济学、奥地利学派经济学、现代的芝加哥学派经济学，诸如此类。

不过，我的询问是，对人类社会至关重要的那些问题，例如经济学问题，遵循柏拉图的"洞穴隐喻"（Plato's allegory of the cave），首先存在的是一些观念，其次才有一些人来阐述这些观念。这些思想史人物之所以被认为重要，是因为他们走出了洞穴，于是看到了天上的太阳（观念）。图1.1是哈勒姆（Cornelis van Haarlem）创作于1604年的作品（Albertina, Vienna），展现了柏拉图"洞穴隐喻"全景。图的前景是一面墙，许多人面壁而站，他们对洞壁上的影子指手画脚，议论纷纷。墙上站着一群天使，他们的影子也映照在洞壁上。在墙与洞口之间，十几位貌似有智慧的人交头接耳，他们在犹豫是否要走到洞外，或是如那位正被面壁者们说服着拉到他们当中的人那样回到墙前。远处，在洞外，站着三位看见太阳（真相）的人。那些面壁的天使，意味着作者对教会的批评。图1.2是《柏拉图对话录》洞穴隐喻的现代插图，更符合柏拉图最初的描述，面壁者们被铁链捆绑，背向洞口。

图 1.1

图 1.2

所以，重要的是观念本身，而不是阐述观念的人。既然如此，为什么通常的思想史教材总是以人物为核心呢？你们可以辩解说，观念是因为那些被认为重要的人阐述了它们而被认为重要。在柏拉图的洞穴隐喻里，这就是说，思想史教材是为洞穴里面的人写的，当然要介绍当初走出洞穴见到真相的那些人。若非如此，我们在洞穴里，哪怕面壁终生，看到的也只不过是真相的影子。关键是，柏拉图在洞穴隐喻里没有解释我们究竟因何被捆绑在那里面壁，或许他暗示站在我们背后的那些卫士（有智慧的人）——他们是负责看守人类社会的权威人物——让我们不能自由思考？两千年之后，培根（Francis Bacon）追究原因，他列出妨碍我们自由思考的四类“偶像”，其中“剧场偶像”特指我们对权威的盲从以及权威之滥用。

不论如何，有了上述的困惑，我试着用非主流的方法写一部思想史教材，就是我写给本科生的《经济学思想史讲义》，它围绕一些核心观念展开，方法论两讲之后，其余各讲的标题分别是：（1）善与幸福，（2）财富与效用，（3）情感与灵魂，（4）价值理论，（5）成本、收益和利润，（6）价格与货币，（7）一般均衡，（8）社会正义，（9）情境理性。最后一讲是总复习，一共十二讲。2013年“经济学思想史”研究班的学期论文选题（参阅本书“序言”图13：2013年“经济学思想史”研究班第八讲心智地图），我列出10个核心观念：财富、增长、效用、价格、效率、理性、价值、正义、幸福、自由。

现在墙上的投影，如图1.3[1]，是2014年“经济学思想史”第一讲心智地图。你们很容易找到那里列出的经济学八大核心观念：财富、增长、创新、价值、效率、理性、美德、自由。这八大观念的第一个、第二个、第四个、第七个和第八个，是古典政治经济学的核心语词，其余三个都是现代经济学的核心语词。晚近几十年，最重要的几位诺贝尔经济学家，例如萨缪尔森、阿罗（Kenneth Arrow）、斯蒂格勒（George Stigler）、布坎南（James Buchanan）、阿玛蒂亚·森（Amartya Sen），着力阐述上列全部八大观念。

每位选课同学必须从中选择一个，据此撰写自己的论文。我在2013年的“经济学思想史”研究班详细解释了撰写论文的五项要求：（1）观念的字源学考察，（2）中国经验，（3）改变视角，（4）新的表达，（5）新的理解。

例如，你选择“美德”这一核心观念。那么，首先，你要考察汉语传统里“美”和“德”何时开始联用，在这两个字联用之前它们各自表达的涵义，以及这两个字的联用是否为“和制汉字”。我们知道，现代汉语的大量语词是明治维新时代的西学日译并由最早留学东洋的中国知识分子直接输入给汉语传统的，称为“和制汉字”。又例如，你选择“自由”这一核心观念，你要考证这两个字“自”与“由”从哪一时期开始联用的，此前它们各自的涵义。总之，你们选择了一个核心观念，第一步骤，如上述，是字源学考证。这套方法——字源学（Etymology），由海德格尔系统引入现代哲学，成为最重要的一种思想史方法。

[1]　本书各讲心智地图详见书后附赠全彩心智地图。——编注

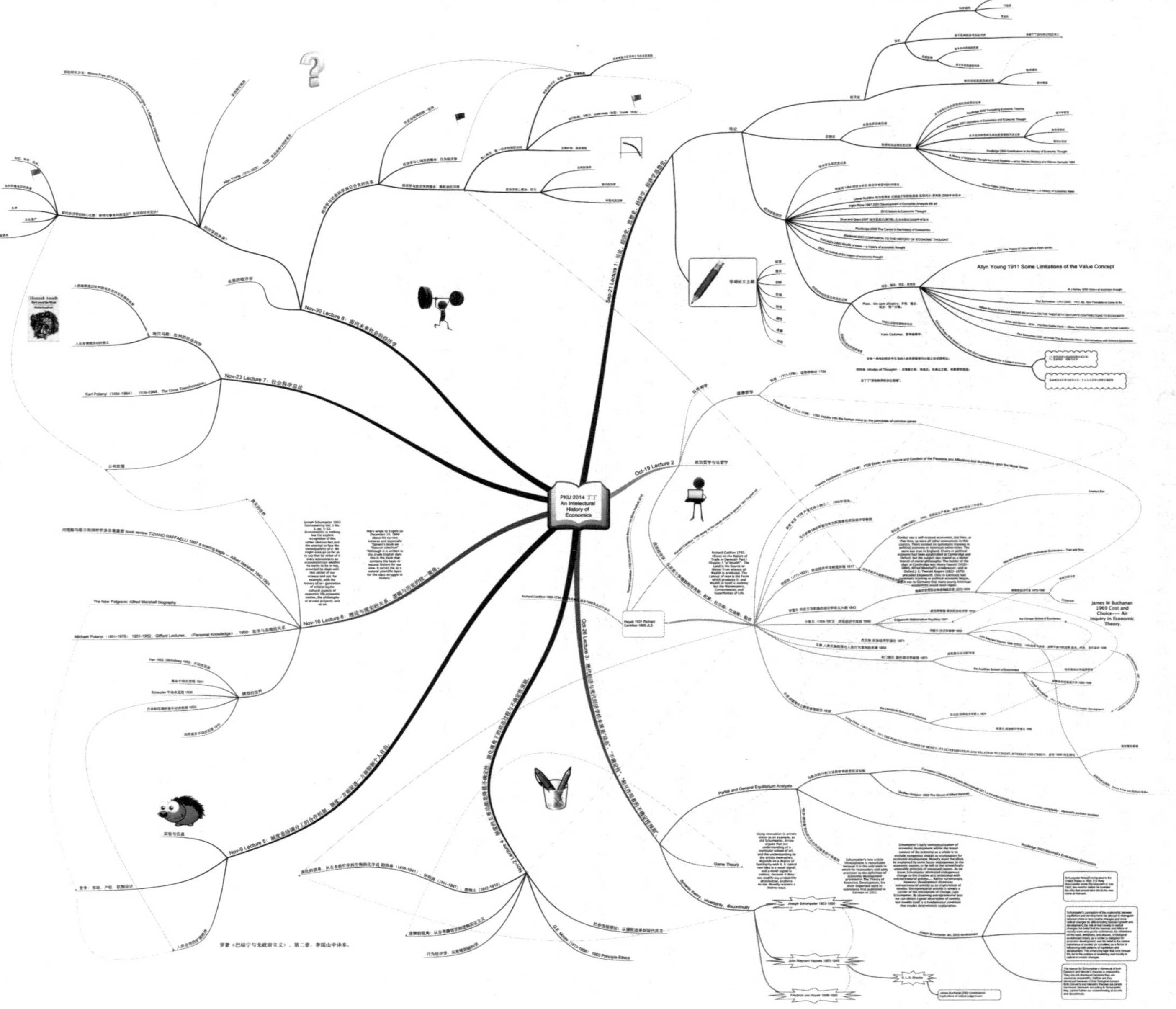

图 1.3

二、核心参考文献介绍

我这里收集了十几种教材，也推荐给你们阅读，列在心智地图第一讲里，见图 1.4。注意，这门课程的名称与众不同——“An Intellectual History of Economics”，我在写给本科生的《经济学思想史讲义》开篇解释过。北京大学经济学院有与这门课程类似但其实十分不同的传统课程，名称是“经济学说史”，取材过于宽泛。西方的大学里其实也不讲授我这门课，那里有“经济分析史”（取材过于专精），和“经济思想史”（History of Economic Thought）——只是经济思想史，但没有“经济学思想史”。有鉴于此，心智地图第一讲的标题是“引论：经济史、思想史、经济学、经济学思想史”。其中，经济史记录经济活动，经济学研究经济活动，经济思想史是对经济及其历史的反思，经济学思想史是对经济学及其历史的反思。注意，我讲的是经济学思想史而不是经济思想史。心智地图第一讲的第一个分支是“经济史”，第二个分支是“思想史”，第三个分支是“经济学思想史”——这里出现两类教材，其一是经济学的历史，其二是反思经济学的历史。在第二类里，如图 1.5，我列出 9 种教材。在第一类里，如图 1.8，我列出 8 篇文献（教科书和学术论文统称“文献”）。

1. 反思经济学的历史

熊彼特 1954 年发表的三卷本《经济分析史》（*History of Economic Analysis*）[1]，在上述第二类文献中列为第一。作者是经济学界泰斗级别的人物，中文版第一译者是商务印书馆“文革”前后几十年里最重要的经济学编辑朱泱。熊彼特 1950 年辞世，由他的夫人 Elizabeth Boody 帮助整理遗稿，积数年之艰辛努力，这本书得以问世，熊彼特的夫人也因这项工作积劳成疾去世。由于熊彼特早年与“第二国际”的马克思主义理论家考茨基（Karl J. Kautsky）和希法亭（Rudolf Hilferding）过从甚密，他的著作在中国始终不被列为禁书。根据张培刚老先生为熊彼特《经济分析史》撰写的中译本长篇序言，熊彼特毕生著作有五种传世最广：其一，1911 年德文版《经济发展理论》（*Theorie der wirtschaftlichen Entwicklung / The Theory of Economic Development*）；其二，1939 年英文版《经济周期：资本主义过程之理论的、历史的和统计的分析》两卷本（*Business Cycles: A Theoretical, Historical, and Statistical Analysis of the Capitalist Process*）——张老先生写这篇序言时认为，这部里程碑式的著作，短期内难有中译本；其三，1942 年英文版《资

[1] 中译本见商务印书馆，1991 年，朱泱等译。

导论
经济史
思想史
反思及其历史记录
思想活动及其历史记录
关于经济以外的思想活动及其历史记录
Routledge 2002 Competing Economic Theories
Routledge 2001 Historians of Economics and Economic Thought
关于经济的思想及其这些思想的历史记录
经济学说史
经济思想史
经济分析史
Routledge 2000 Contributions to the History of Economic Thought
A History of Economic Thought by Lionel Robbins —ed by Steven Medema and Warren Samuels 1998
Nancy Folbre 2009 Greed, Lust and Gender— A History of Economic Ideas
经济学思想史
经济学及其历史记录
熊彼特 1954 经济分析史 商务印书馆1991中译本
Lionel Robbins 经济思想史 伦敦经济学院讲演录 莱昂内尔-罗宾斯 2008年中译本
Ingrid Rima 1967 2001 Development of Economic Analysis 6th ed
2010 Issues in Economic Thought
Brue and Grant 2007 经济思想史(第7版) 北大出版社2008年中译本
Routledge 2000 The Canon in the History of Economics
Blackwell 2003 COMPANION TO THE HISTORY OF ECONOMIC THOUGHT
Roncaglia 2005 Wealth of ideas —a history of economic thought
2005 an outline of the history of economic thought
对经济学的反思及其历史记录
观念、理论、学派、思想者
H.R.Sewall 1901 The Theory of Value before Adam Smith。
Allyn Young 1911 Some Limitations of the Value Concept
W J Ashley 1888 History of economic thought
Paul Samuelson（1915-2009） 1998 JEL How Foundations Came to Be
William Baumol 2000 what Marshall did not know ON THE TWENTIETH CENTURY'S CONTRIBUTIONS TO ECONOMICS
Jones and Romer，2010，The New Kaldor Facts —Ideas, Institutions, Population, and Human Capital。
Paul Samuelson 2007 ed Inside The Economists Mind— Conversations with Eminent Economists
Edmund Phelps 2006 Nobel Lecture AER 2007 macroeconomics for a modern economy。
1）现代经济与传统经济的本质差异：
2）良善经济：创新与分享。
各制度因素汇聚为资本主义：个人主义竞争与奈特不确定性
Plato，the cave allegory：共相、理念、观念、理一分殊。
对话以及哲学阐释学方法
Hans Gadamer，哲学阐释学。
思想由以发生的历史情境
在每一具体的历史中生活的人感受到重要性议题之后试图表达。
怀特海《Modes of Thought》：在理解之前，有表达。在表达之前，有重要性感受。
汪丁丁"涌现秩序的表达困境"。
学期论文主题
财富
增长
创新
价值
效率
理性
美德
自由
斯密（1723-1790） 道德情操论 1759

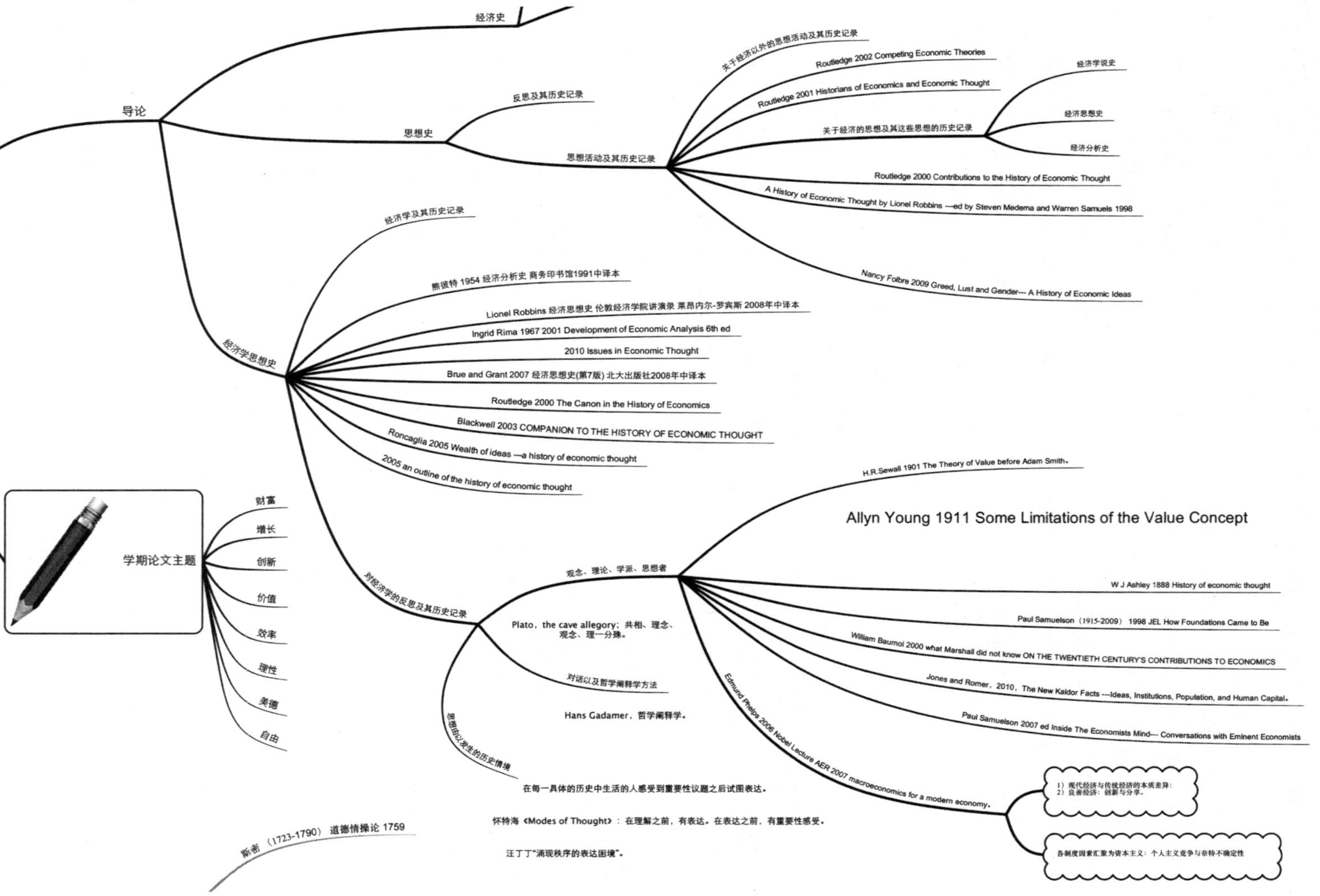

图 1.4

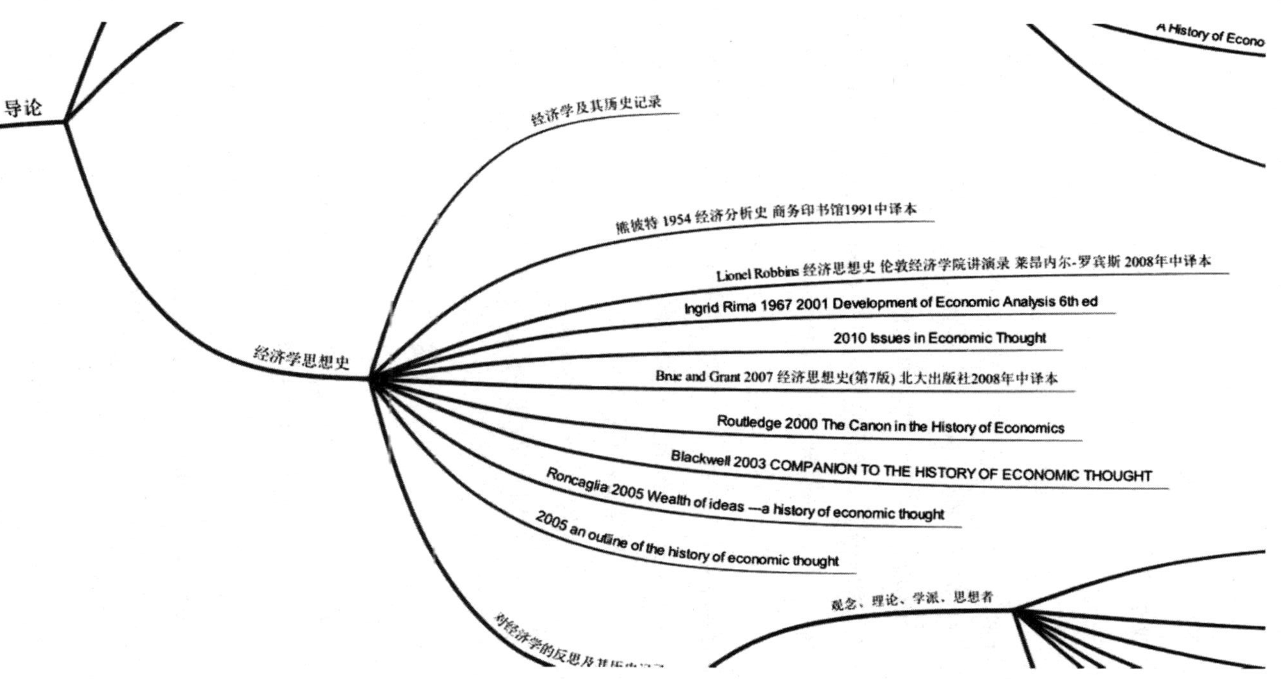
导论
经济学思想史
经济学及其历史记录
熊彼特 1954 经济分析史 商务印书馆1991中译本
Lionel Robbins 经济思想史 伦敦经济学院讲演录 莱昂内尔-罗宾斯 2008年中译本
Ingrid Rima 1967 2001 Development of Economic Analysis 6th ed
2010 Issues in Economic Thought
Brue and Grant 2007 经济思想史(第7版) 北大出版社2008年中译本
Routledge 2000 The Canon in the History of Economics
Blackwell 2003 COMPANION TO THE HISTORY OF ECONOMIC THOUGHT
Roncaglia 2005 Wealth of ideas —a history of economic thought
2005 an outline of the history of economic thought
观念、理论、学派、思想者

图 1.5

本主义、社会主义与民主》（*Capitalism, Socialism and Democracy*），国内有至少两个译本；其四，由熊彼特夫人编辑熊彼特1910—1950年间以德文和英文撰写的传记和评论文章，1951年英文版以标题《从马克思到凯恩斯：十大经济学家》（*Ten Great Economists: from Marx to Keynes*）发表；第五本传世之作，就是这部《经济分析史》，“文革”前就开始组织翻译，中断十几年后，由多位编辑和学者共同努力，终得正果。

上述第二类文献列为第二的，是罗宾斯爵士（Leonel Robbins）在伦敦经济学院的讲演录，中国人民大学出版社2008年中译本《经济思想史》（*History of Economic Thought: The LSE Lectures*）[1]。罗宾斯是伦敦经济学院最著名的院长，1932年，他为经济学提供了沿用至今的现代定义：经济学是关于如何将稀缺的“手段”配置于无限多可能“目的”的科学，他邀请哈耶克（Friedrich A. Hayek）到伦敦经济学院任教，奥地利学派经济学一时成为主流。1945年，他和凯恩斯（John M. Keynes）代表英国参与建立“布雷顿森林体系”的工作。与哈耶克一样，罗宾斯讲授经济思想史几十年，始终不写教材。这本书是他1979—1980和1980—1981两学期的讲稿，很晚才问世，要等到罗宾斯辞世。可是罗宾斯高寿，1896年生，1997年卒，享寿百年。也就是说，这套讲稿是罗宾斯82岁的演讲文稿。那时，罗宾斯的孙子菲利普，是伦敦经济学院的学生。文稿来自菲利普的课堂录音，录音的文字整理者包括罗宾斯夫人和罗宾斯的女婿。这套文稿1989年由罗宾斯家族保存在伦敦经济学院图书馆里，直到1995年夏季被后来这本书的第一编辑史蒂芬·梅德玛（Steven Medema）发现，立即引起注意，导致了文稿的最终出版。不过，两位编辑立即意识到，主要因为打字员不熟悉经济学，这套文稿错讹极多，必须找到最初的录音重新整理。我们知道，这本书的第二编辑，沃伦·萨缪尔斯（Warren Samuels, 1933—2011），是思想史名家，也是经济思想史学会的创始成员。

现在我介绍第三本教材，英格丽·利玛（Ingrid Rima）的 *Development of Economic Analysis*，2001年第6版。作者从古代开始讲述，至马歇尔时代结束，她这部教材的特点在于凸显了各流派经济学范式之间的竞争关系。古代人的经济思考缺乏分析性，只算是古典经济学的准备时期，虽然，这一时期很漫长。斯密时代通常被称为经济学的古典时期，延续至马歇尔时代。古典经济学的分析方法有致命缺陷，故而，全部经济分析史，在这位作者的讲述中，其实是以马歇尔开创的“新古典经济学”（所谓“The High Theory”）为核心的，这个核心篇章就是这本教材的第Ⅳ部分“The Neoclassical Tradition, 1890—1945”，以及第Ⅵ部分“The Dissent from Neoclassicism, 1890—1945”。

[1] Medema & Samuels, eds., Princeton University Press, 1998.

还有一个尾声，第 VI 部分“Beyond High Theory”，关于计量经济学（与经济学是孪生姐妹）、凯恩斯主义、新瓦尔拉主义、货币主义和芝加哥学派。

第四本书，2010 年马丁（Galindo Martin）和斯毕勒（Cristina Spiller）合编的 *Issues in Economic Thought*。此处“issue”我在许多场合解释过，就是说，对于一个问题，存在至少两个相互冲突但同样有力的原则，于是我们不知道遵循哪一原则，我们被困在那里，必须突围。这就是“存在哲学”最初要讲的故事——突围，用黑格尔的辩证命题，就是“正题—反题—合题”。生命被困在那里，当然要突围，否则就死亡。生命向上挣脱出来，不能遵循任何既有的原则，这就是生命的创造力量。我们每一个人或迟或早要陷入上述的困境，从而我们必须求解的问题，非我莫属，只有我一个人在荒原里，其他人不在我的困境里，于是也不能关心我怎样突围。不过，这本文集收录的是意大利经济学家讨论经济学议题的文章。与中国和印度的经济学家类似，当意大利经济学家试图运用经济学原则来指导公共政策制订时，他们必须超越这些原则。

第五部教材，北京大学出版社 2008 年中译本，布鲁（Stanley Brue）和格兰特（Randy Grant）的《经济思想史（第 7 版）》（*The Evolution of Economic Thought*, 7th Edition, 2006）。这两位作者从重商主义经济学开始他们的叙述，这样晚近的开端，使他们可以更详尽地讨论更多的现代经济学流派和人物（例如诺贝尔奖经济学家们）。事实上，这部教材很适合初学者阅读，它从五个角度讨论各流派及人物：（1）历史背景，（2）主要信条，（3）有利于哪些社会群体，（4）如何崛起为有影响的学派，（5）长远的影响。

第六本书，普萨利多普洛斯（Michalis Psalidopoulos）编的 *The Canon in the History of Economics: Critical Essays* [1]。编者是一位希腊人，雅典派迪昂政治经济大学的社会学教授。书名顾名思义就是经典作品辑录。请你们注意副标题里的语词 critical——“关键性的”或“批判性的”，所以，这里辑录的是关键性的文章，旨在考证伟大的经济学家们当初受了哪些因素影响而构想了他们的伟大观念。出现在这一思想史叙述里的经济学家包括亚里士多德、斯密、李嘉图、马尔萨斯（Thomas R. Malthus）、杰文斯（William S. Jevons ）和哈伯勒（Gottfried v. Haberler）。

第七本书，沃伦·萨缪尔斯等编的 *A Companion to the History of Economic Thought*(2003)。如前述，第一编者是经济思想史的名家。第一篇文章“Research Styles in the History of Economic Thought”，讨论经济思想史的研究风格。以此开篇，不寻常。这部文选只有两大部分，第 I 部分是“Historical Surveys”，从古代到现代（战后）经济学各流派的

[1] Routledge Publishing, 2000.

历史概述，总计28篇文章，内容庞杂，但编排还算有序。第Ⅱ部分，编者开始超越经济学传统，标题是“Historiography”（历史编纂学），总计11篇文章，从经济学以外的各种视角（可能基本上还是“知识社会学”视角）看经济学的演化史。我注意到这里收录的第二篇文章，标题很吸引人——“The Sociology of Economics and Scientific Knowledge, and the History of Economic Thought”。对于我们这些关注经济学方法论的读者来说，或许，这本书更值得研读。

然后是第八本书，也是去年我在这个研究班上使用的主要读本，荣卡格里亚（Alessandro Roncaglia）的 *The Wealth of Ideas: A History of Economic Thought* [1]。这位作者是罗马大学的经济学教授，尤其深研斯拉法（Piero Sraffa）的生平、思想、文化源流。他的叙述，从经济学的史前史到当代各经济学流派及人物，是这类著作当中涉猎范围最广的。这本书的意大利文版是2001年问世的。剑桥大学出版社2005年英文版，引我注意的特点是第一部分介绍的两种思想史思路：The Cumulative View ——将思想史视为观念累积传承的过程；The Competitive View ——将思想史视为各种观念竞争传承的过程。

最后列出的第九本书，也是去年我使用的主要读本，斯克勒潘蒂（Ernesto Screpanti）与扎玛尼（Sefano Zamagni）合著的 *An Outline of the History of Economic Thought: Second Edition Revised and Expanded*（1993），标题很长，可译为《经济思想史概述：修订扩充第二版》，牛津大学出版社2005年出版了英译本。两位作者都是意大利人，其中第二作者早年在牛津大学师从诺贝尔奖经济学家希克斯，现在是欧洲最著名的博洛尼亚大学经济系主任。

2. 经济史与经济思想史

现在请看图1.6，第一讲第一分支“经济史”，这里的两个分支是“信史”和“经济活动及其历史记录”。经济史研究，晚近以来深受西方科学方法影响，着力于用科学方法还原或建构历史过程的细节，从而使历史可信，此即科学观念主导下的信史。另一方面，中国有自己的信史传统，以史官记录为权威文本，辅以民间史料，融合着人文关怀与历史情感，并因此而是“可爱的”。每讲及此，我就想到清华大学经济史家李伯重的感慨，以科学标准研制的历史固然可信，却不可爱。寄托了中国人文情感的历史固然可爱，却不再可信。不论如何，“信史”这一分支，经“科学建构”而发生三类信史——“考古的”、“文献的”和“口述的”；又经“权威叙事”而发生两类

[1] Cambridge University Press, 2005.

信史——基于“内在权威”的和基于“外在权威”的；最后，信史的后现代方法，基于批判性思考的史学，将历史置于不断反省之中，由此而发生的历史方法也称为批判史学。由此，心智地图第一讲要求参阅我 2010 年 3 月 2 日的经济学思想史讲义，并由一条虚线双箭头指向分支“经济活动及其历史记录”。这份讲义的主旨是将“西方主导世界”视为一个几百年的历史过程。

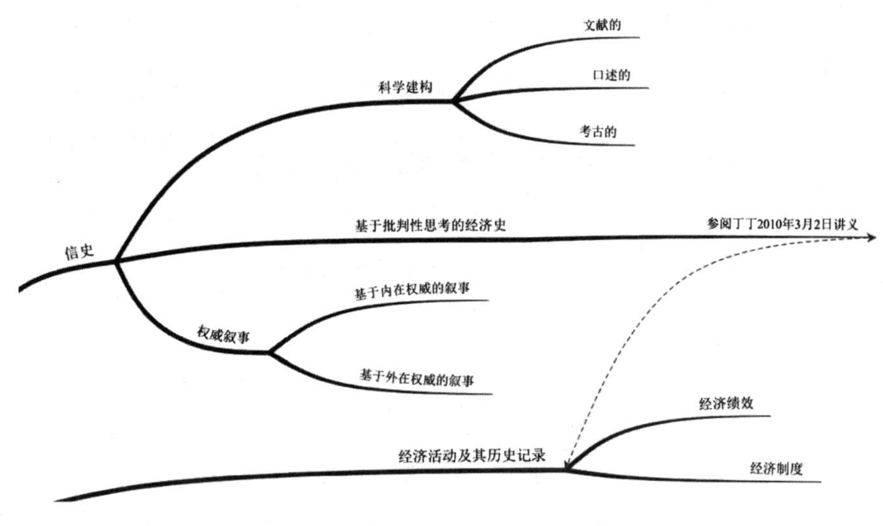

图 1.6

与这一分支的主题相关，一个长期困惑我的议题是，西方社会何以主导世界。不过，这里不是经济史课堂。

以上我概述的，是基于批判性思考的经济史，这是很奢侈的一种史学。首先，为了批判性思考，我们必须有批判性思考的对象，也就是信史——真实的经济活动及其历史记录。图 1.6 中，我列出两方面的资料：其一是经济绩效的测度与记录，例如《史记·货殖列传》；其二是经济制度的考察，例如新经济史学派，诺斯（Douglass C. North）因此得到诺贝尔奖，又如研究中国经济史的“加州学派”，还有“哈罗德—多玛”增长模型的第二独立创建者多玛（Evsey D. Domar）指导的学生福格尔（Robert Fogel）。

绩效的测度很难，尤其在中国，常常是政治问题。制度的主要功能是替代昂贵的信息。所以，当数据特别不可靠时，我们宁可转而研究制度。

现在我们来看“经济史”这一分支下面的“思想史”分支，如图 1.7，它有两个分支，其一是“反思及其历史记录”，其二是“思想活动及其历史记录”。其实，“反思”这一观念本身就是“思”，没有不思的反思，也没有不反思的思。所以，思想史首先是记录以往的思即反思。对思想而言，这些记录构成一系列历史事件，它们成为思想的对象。目前的教材，就我的阅读范围而言，大多只是思想的记录，而不是对一系列思想记录的反思。所以，我们现在跳到第二分支。在这里，记录经济思想的教材，我列出五种。

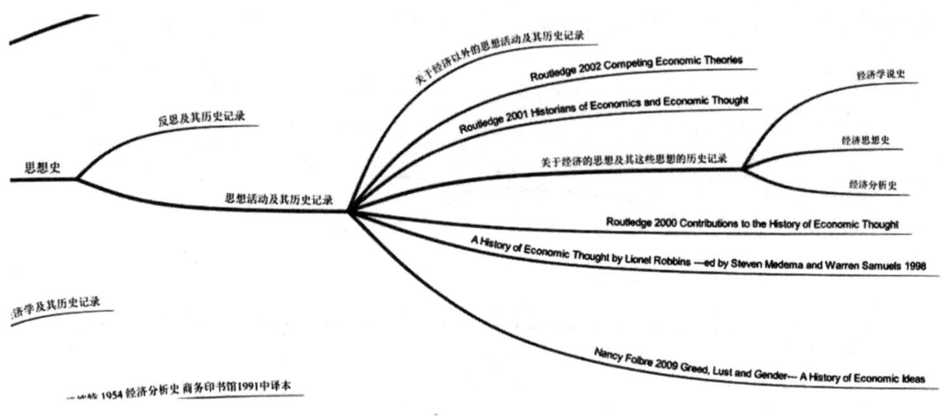

图 1.7

列为第一种的，是罗特里奇（Routledge）公司2002年出版的 *Competing Economic Theories*。编者是两位意大利经济学教授，其中第二编者是罗马大学经济科学系的教授。这里收录的文章，涉及经济分析、思想史和经济学方法论。全书分为五大部分，第Ⅰ部分的标题是“Economic Theory and Its History”，讨论经济思想史对当代经济分析的影响；第Ⅱ部分的标题是“The Classical School and the Ricardo Debate”，引述斯拉法未发表文稿对经济思想的影响；第Ⅲ部分的标题是“Models of Prices and Allocations in Equilibrium and out of Equilibrium”，针对“均衡”思路探讨“非均衡”思路，并重新评价凯恩斯的均衡学说；第Ⅳ部分的标题是“The Legacy of Keynes”，从当代宏观经济分析的视角探讨凯恩斯思想的现代影响；第Ⅴ部分的标题是“Economic Theorizing and Institutions”，试图将制度分析引入宏观经济学的理解框架。

图1.7中我列为第二的教材，也是罗特里奇公司出品的，*Historians of Economics and Economic Thought*（2001），第一编者仍是著名的沃伦·萨缪尔斯，第二编者是史蒂芬·梅德玛。但是，这本书很专业，对经济学研究生来说不容易读。我浏览这本书的目录，全部18篇文章，每篇探讨一位经济史家或经济学思想家。我大约只知道这18位学者当中的6位，于是，我显得十分孤陋寡闻。不过，我还是要列出我知道的这6位学者的名字：布劳格（Mark Blaug）、哈耶克、霍兰德（Samuel Hollander）、罗宾逊夫人（Joan Robinson）、温特劳布（Roy Weintraub）、温奇（Donald Winch）。我们知道，思想史家多为世人所不知，很可能这一现象与思想史的本质密切相关。不过，我在这里列

出的 6 位学者，至少两位是广为人知的——哈耶克和罗宾逊夫人，不是因为他们在思想史领域的贡献，而是因为其他的重要事件。

第三本书仍是罗特里奇公司出版的，标题是 *Contributions to the History of Economic Thought*（2000），它的两位编者都是爱尔兰学者。第一编者是安托万·墨菲（Antoin Murphy），爱尔兰都柏林三一学院的教授。第二编者是普伦德加斯特（Renee Prendergast），在贝尔法斯特女王大学任教。这本书的副标题“Essays in Honour of R. D. C. Black”，以及它的内容摘要，解释了为何要由两位爱尔兰教授编纂这本书。欧洲学术界保持着的一项传统风格就是为了庆祝某位学者的生日，由他的同仁撰写一批学术文章结集发表，副标题写明献给这位学者。这本书所献的学者布莱克（Robert Denis Collison Black），是一位经济史专家，著述广泛，关键是，他也是爱尔兰人，发表过一本影响深远的著作 *Economic Thought and the Irish Question*（《经济思想与爱尔兰问题》）。虽然，收录在这里的文章未必都要讨论这位学者的思想或贡献。例如，这本书有 6 个部分，编者只在第一部分介绍了布莱克的生平事迹和学术思想。

第四本书是罗宾斯的《经济思想史》讲义，前面已介绍了这套讲义的中译本，这里列出的是英文原版。

最后，第五本书，比较特殊，可视为从女权角度反思经济学的著作。南希·福尔布雷（Nancy Folbre）著 *Greed, Lust and Gender: A History of Economic Ideas* [1]（直译《贪婪、情欲与性别：一部经济观念史》）。作者在美国麻州大学任教，她在“致谢”里介绍，这本书缘起于 1988 年她提交给一次会议的论文“The Rhetoric of Self-Interest: Ideology of Gender in Economic Theory”（直译为“自利性的言说：经济理论中的性别意识形态”）。之后，她获得一笔优厚的奖学金，1995—1996 年间到巴黎讲学。从 1998 年开始，她获得五年的麦克阿瑟基金支持，得以将上述论文发展为一部专著。最后，她获得了 Russell Sage Foundation 奖学金，2005—2006 年间进一步拓展自己的学说。

3. 何为“经济学思想史”文献？

回到开篇，柏拉图的“洞穴隐喻”实在是寓意深远。究竟是观念重要还是人重要？我们是因为某些人重要才倾听他们讲述的观念，还是因为观念重要才凸显出讲述观念的人之重要性？例如，对我而言，我的情感很大程度上是中国人的甚至是古代中国人的，我尊重思想和学术的权威，或用林毓生的术语，他们对我的影响，源自“内

[1] Oxford University Press, 2009.

在权威”，让我心悦诚服地遵从。当然，对我而言，外在权威并不重要，虽然对其他人可能很重要。中国人对内在权威的遵从，不仅是学术的而且带着私人情感，犹如“师徒关系”。我更进一步相信，师徒关系首先应是情感的，基于情感关系，师傅才可带出超过师傅的徒弟。可是另一方面，我又十分尊重柏拉图。怀特海说，两千多年西方哲学无非就是柏拉图的注脚。借助洞穴隐喻，柏拉图认为共相（观念）是根本性的，人在洞穴里，看到的都是假象。或者用宋明理学家的语言描述，共相是月亮，月映万川。理一分殊，理只是一个，分殊在万川之中，都是现象，是天上月亮投射在水里的影子。为什么现代思想史家忘记了柏拉图的洞穴隐喻呢？难道在个性高扬的时代，人当真比观念更重要？我不以为然，于是我写了一部以伟大观念为中心的“经济学思想史”。于是，我希望你们带着这个重大的问题或困惑听我讲授这门课，一直到学期结束，也许，你们或我，可以找到解答或解答的思路。可是，在最后三讲，我的课程将要呈现经济学思想史的基本困境或内在紧张：逻辑方法（共相表达）与历史方法（情感寄托）难道永远不能纳入统一的框架吗？在我的理解里，这是经济学难以摆脱的困境。

我的思想史课程陷入上述的困境，不得解脱。因为，让我重复一次，凡重要的问题总要被多次重复。一方面，我在权威人物身上有很深的情感寄托；另一方面，我信柏拉图，于是我相信观念比人物更根本。如何才有可信并且可爱的学说？这是我的困境，也是近代以来许多中国学者的困境，不过版本不同罢了。

所以，我一方面要坚持伟大观念的优先性，另一方面将情感寄托在我最关注的人物那里。图 1.8 中，我用大号字体写了“Allyn Young”，通常译为“杨格”。去年的“经济学思想史”研究班我有一个核心主题——直觉主义数学和直觉主义经济学。多年来，我始终关注杨格和他的学生们的思想方法。在图 1.8 中，这一分支的标题是“观念、理论、学派、思想者”，我在这里举例说明什么是“经济学思想史”文献，一共列举八篇文献。

列为第一篇的，是“价值理论”的综述文章“Theory of Value Before Adam Smith”（直译“斯密之前的价值理论”），1901 年发表于 *AER*（*American Economical Review*，《美国经济评论》）。《美国经济评论》如此重要，在英文经济学期刊当中常常被排列在第一位，怎么会发表一篇长达 100 页的文章呢？事实上，这篇 128 页的长文，是一本专著，还带着章节目录呢。作者是一位女性，汉娜·休厄尔（Hannah Robie Sewall），见图 1.9。英文版 2010 年 9 月由 Kessinger Publishing 出版，是“Legacy Reprints”系列的一种，也就是国内出版界所谓“经典重印”系列的一种。

这本书亚马逊网络书店有售，但没有任何相关的评论，小众读物常有这类情形。不过，这位女性还是相当有名的，从著名的明尼苏达大学“赫勒—霍尔维茨”经济学

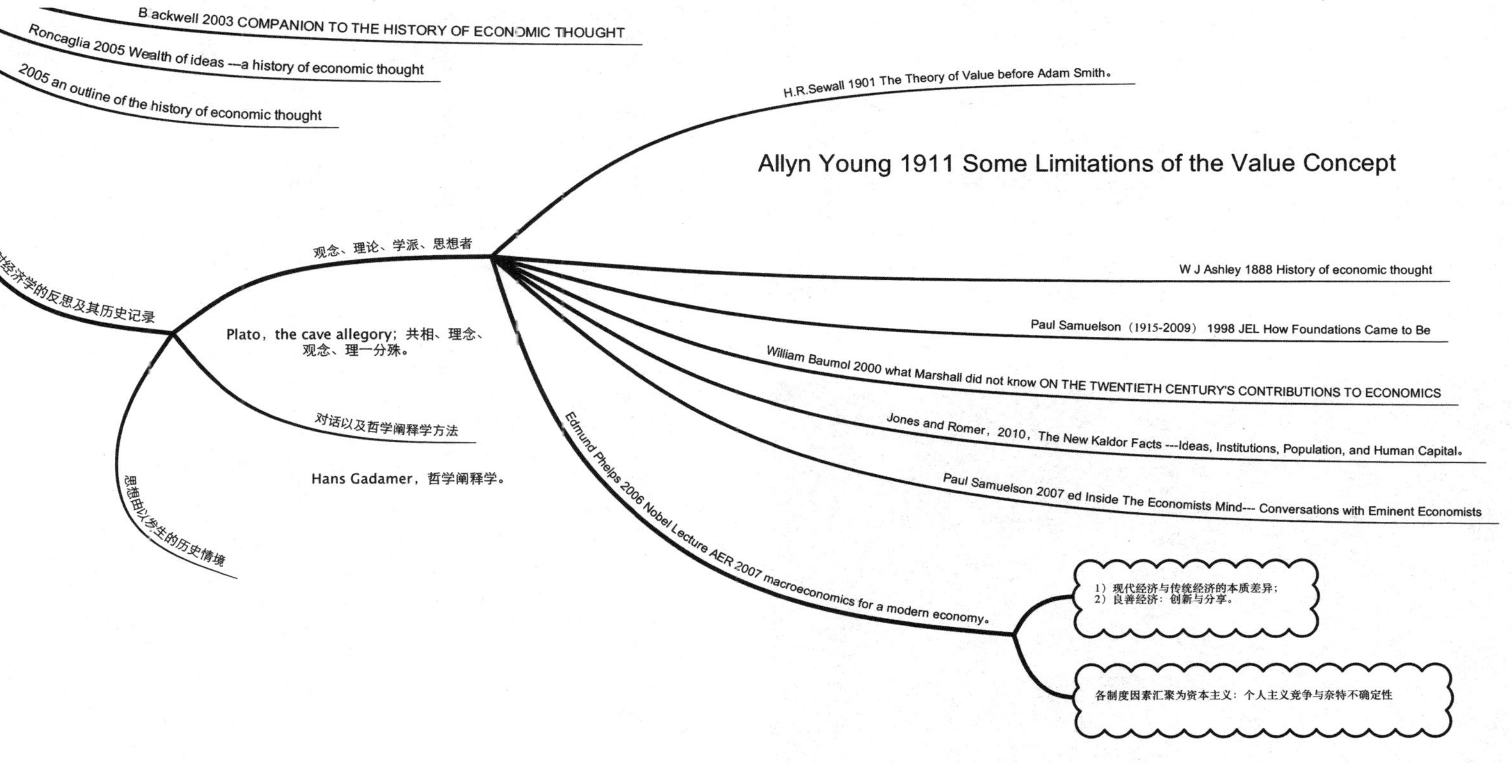

图 1.8

图 1.9

研究所的网站，我截取了这段文字：The University's first economics Ph. D. — and one of the nation's first women to receive a doctorate in economics — was Hannah Robie Sewall in 1899（本校第一位经济学博士——她也是美利坚合众国第一位经济学女博士——是汉娜·罗比·休厄尔，于 1899 年授予学位）。也是从这一主页我们得知，休厄尔的博士论文，就是这篇 1901 年发表于《美国经济评论》的长文。休厄尔的文章分为三章，第一章是古希腊的，主要是亚里士多德的价值学说——正义价格；第二章是 16—17 世纪的价值学说；第三章是 1776 年斯密发表《原富》之前的价值学说。

杨格 1911 年这篇文章，标题是“Some Limitations of the Value Concept”（直译“价值概念的一些局限性”），发表于 *QJE*（*The Quarterly Journal of Economics*，哈佛大学主办的《经济学季刊》），这篇文章深受奥地利学派价值理论的影响，尤其是“Imputation of Value”（源自门格尔 [Carl Menger]）。我先描述杨格这个人，你们会喜欢他的。

Allyn Abbott Young，1876 年生，1929 年卒。首先，他很高大，可能有两米高，脑袋很大，所以他看上去高头大马。其次，他人品很好，美国口语表达就是“人品与身材一样高”，这在当时就成为关于他的传闻。第三，据说，他知道一切，而且知道得比一切人都深，我始终怀疑这样的人是否存在过。第四，他很少写自己的文章，因为时间不够用——他同时帮助每一个来寻求帮助的人，尤其是他的学生们。在这些学生当中，有三位泰斗级经济学家。第一位是弗兰克·奈特（Frank Knight，1885—1972）——芝加哥学派经济学家们共同的思想导师。根据张五常的统计，奈特的学生当中至少出现了 9 位或 11 位诺贝尔奖得主。第二位是卡尔多（Nicholas Kaldor，1908—1986）——第二次世界大战期间的英国经济学会主席，女王经济顾问，并因贡献卓著被册封为爵士，收益递增条件下“平均成本”定价（即价格 P= 平均成本 AC）原则的创立者。第三位是张伯伦（Edward Hastings Chamberlin，1899—1967）——“垄断竞争”理论的创立者，他在哈佛大学讲课时首次引入实验经济学方法，当时听课的一位学生就是弗农·史密斯（Vernon Smith），后来继续研究实验经济学，2002 年与心理学家卡尼曼（Daniel Kahneman）分享了诺贝尔经济学奖。

杨格 1917 年担任美国统计学会主席，1925 年担任美国经济学会主席，然后，英国人意识到美国有这样一位杰出的学者，就邀请他担任 1928 年的皇家经济学会主席——正是那次杨格的主席就职演说，“收益递增与经济进步”，成为传世至今的经典名篇——打动了许多深思的经济学家，也打动了杨小凯，据此，小凯撰写了自己的博士论文。杨格喜欢游学，很少固定于一家学术机构。他游学至斯坦福大学，负责创立那里的经济学系（1906—1910 年），然后他就离开那里，继续游学，在哈佛大学逗留了一年，然后在华盛顿圣路易斯大学逗留两年，终于，他在康奈尔大学逗留了七年（1913—1920 年），也是在那一时期，奈特在康奈尔大学攻读博士学位，换了一位导师之后，由杨格继续指导撰写博士论文。

第一次世界大战结束时，杨格以首席经济学家身份参加巴黎和会美国代表团。战后，他接受哈佛大学邀请，担任经济学教授（1920—1927 年），这段时期，张伯伦在哈佛大学取得了博士学位。随后，他于 1927 年接受邀请，主持伦敦经济学院坎南教授（Edwin Cannan，1861—1935）离职后的职务，而卡尔多恰好那时是伦敦经济学院的学生。1928 年，为表明诚意，杨格专程返回美国，婉拒芝加哥大学希望他主持芝大经济系的邀约。那时没有飞机，往返英美都要坐船，使命繁重，旅途劳顿，从芝加哥返回伦敦后，杨格被一场致命流感击中，于 1929 年辞世。他辞世前两年，即 1927 年，在 *QJE* 发表文章“Economics as a Field of Research”，预示他将建构一套远比目前通行的体系更完整且与全部社会科学更融洽的经济学体系。我从这篇文章（这是杨格在弗吉尼亚大学系列演说的第二讲）看到他的努力方向大约是试图整合经济学个人主义方法论与契约论的思路和社会学群体主义方法论与制度论的思路，由此可能建构的理论框架将同时容纳经济学与社会学。

对经济理论的未来发展而言，杨格最重要的学说，如前述，是他在 1928 年皇家经济学会主席就职演说（有中译本）“收益递增与经济进步”（Increasing Returns and Economic Progress）里阐述的经济演化过程。从那时到今天，只有少数几位经济学家（例如卡尔多）沿着他的这一思路继续前行。究其理由，首先是数学困难。收益递增现象的界说是：单位时段（例如一年）内产品的平均成本（average cost）随总产量的增加而下降，从而在“成本—产出”平面内呈现一条向下倾斜的 AC 曲线。可是我们微观经济学厂商理论的命题是：完全竞争的企业只存在于 MC（边际成本）曲线与 AC 曲线交点的右方。也就是说，完全竞争的市场只允许企业在收益递减或定常收益的阶段生存。这是因为，完全竞争的力量导致“边际定价”原则，即价格 P=MC，如果企业处于 MC 与 AC 交点的左方，也就是边际成本低于平均成本，那么企业每出售一单位产品就要亏损平均成本与边际成本之差，于是企业将被淘汰。完全竞争的逻辑基础是基于角谷不动点定理的“一般均衡”存在性定理（这是“伦敦学派”经济学训练的核心部分）。运用角谷不动点定理的时候，我们要求厂商的选择集是凸集，而收益递增意味着选择集非凸。用德布鲁（Gerard Debreu）的数学表达，当生产者使用收益递增技术时，投入品的等比例增加导致产出量的超比例增加，于是形成边缘向内凹的锥体而不能形成凸锥。当边缘内凹时，如果需求随价格增加而下降，厂商应缩减产量，即等比例地减少投入，可是沿着内凹的边缘，厂商不可能返回更小的产量——当然，它可将生产突然缩减到原点（零产量）。

上述分析意味着，收益递增性导致生产可能集的凹性，从而使厂商行为出现“断裂”，于是违反马歇尔的“连续性假设”。角谷不动点定理或任何不动点定理的应用，要求映射及其值域和像域满足三项假设：（1）凸性，（2）紧性，（3）上半连续性或连续性。直观而言，这三项假设的合取就是不动点存在性的充分条件。如果厂商行为出现断裂，那么，由过剩需求之为价格的函数定义的从价格空间到它自身的映射，可能不再连续或上半连续。当然，已有许多努力试图找到不动点存在性的更弱的充分条件。我写过一篇文章，“连续性假设的社会科学涵义”（即本书第五讲附录一），发表于《中国社会科学（季刊）》1996 年 11 月刊，我在那里的论证表明，连续性假设可能是不动点存在性的必要条件。所以，不论将来可能发现多么弱的一组充分条件，只要连续性假设不再成立，不动点就不再必然存在。

但是，社会科学不会因为数学困难而陷入停滞。收益递增现象正在成为最重要的经济现象，例如，在互联网经济中，收益递增律成为“赢者通吃”的基本解释。如果经济学必须研究网络经济学，那么经济学家就必须舍弃马歇尔的“连续性假设”，转向其他数学方法，例如，我始终相信，代数学和在更抽象意义上承认某种连续性的代数拓扑学，可能是未来经济理论的数学基础。

图 1.8 第三篇文献的作者，是哈佛大学经济系早期的掌门人阿什利（William Ashley，1860—1927），他在伦敦出生，并在牛津大学追随史学大家汤因比研究经济史，随后在牛津大学任教。1888 年，他接受多伦多大学邀请移居北美执教。值得注意的是，他的多伦多大学政治经济学与宪法史教授的就职演说，题献给了德国“新历史学派”的一号领袖施姆勒（Gustav Schmoller，1838—1917）。对东亚各国的现代化进程来说，

历史学派格外重要，我在第三讲将介绍历史学派对日本、韩国和中国现代化早期的影响。1892 年，阿什利接受哈佛大学邀请，成为英语世界第一位经济史教授。不过，8 年之后，即 1901 年，他离开哈佛返回英国筹建伯明翰大学商学系。今天，他创建的商学系被认为是英语世界第一所旨在培养公司总裁而不是争取学术排名的商学院或管理学院。1902—1923 年，他在伯明翰商学院担任教授，也是英语世界的第一位商学教授。阿什利带给哈佛经济系最重要的经济史教程是他于 1888 年完成的两卷本著作，很难区分这是经济史还是经济学著作，它的标题是 *An Introduction to English Economic History and Theory*，第一卷扉页写着——献给汤因比。大致而言，英美学术传统里的经济学，早期主要从德语学术传统的历史学派接受教育或学术训练[1]。他的两卷本著作，从 11 世纪写到中世纪结束，至今仍被列入经济史经典目录。

第四篇，萨缪尔森“How Foundations Came to Be”，1998 年发表于 *JEL*（*Journal of Economic Literature*，《经济文献杂志》）。我们知道，他的博士论文以《经济分析基础》（*Foundations of Economic Analysis*）为标题出版，成为一座里程碑，简称“基础”。经济学的数学化，可以说始于萨缪尔森的博士论文。老先生 1915 年生，2009 年卒，享寿 94 岁。这篇文章发表时，他 83 岁。或许，他对经济学家如此彻底地数学化感觉有些内疚？虽然，我找不到任何证据。不论如何，1998 年这篇文章（直译“基础之由来”）讲述了他年轻时由一系列偶然事件导致他几乎是不得不写完了《经济分析基础》，用他这篇文章开篇的描写：这本书不是作者孕育而生的，它完全就是自己演化完成的，从 1936 年到 1941 年。随后，他讲述了自己的故事。

我在本科生的“行为经济学”课堂也曾讲过一段萨缪尔森的故事，他自称是“早熟婴儿”（precocious infant），有超常早期记忆力（with unusually early conscious memories），弱冠之年已读尽学校的课程，遂转入芝加哥大学经济系受教于亚伦·戴雷科特（Aaron Director，1901—2004），那时他才 16 岁，确实有理论天赋。晚年写这篇文章时，他已不很在意他领导的 MIT 学派（肯尼迪总统的民主党经济顾问班底）与芝加哥学派（弗里德曼［Milton Friedman］和斯蒂格勒领导的唯自由市场主义）之间的长期论争，于是他将芝加哥大学经济系排列在当时新古典经济学的第一重镇，其次才是伦敦经济学院，再次是剑桥大学和哥伦比亚大学，然后，哈佛大学——随着杨格 1929 年的辞世和陶西格（Frank Taussig，1859—1940）的老去，哈佛经济系的理论源泉已经枯竭。

与哈耶克和罗宾斯类似，萨缪尔森坚持多年讲授经济思想史课程（但不写思想史教材），他不仅熟知经济学各家人物的轶事掌故及思想源流，关键是，他文笔极富风

[1] 参阅 Edward Mason, "The Harvard Department of Economics from the Beginning to World War II", in *Quarterly Journal of Economics*, Vol. XCVII, No.3[1982], pp.383-433。

采，评论各家理论之孰短孰长，案例信手拈来，常有一句定乾坤之思想伟力。萨缪尔森继续写，芝加哥学派第一代领袖人物是弗兰克·奈特、雅各布·维纳（Jacob Viner）、亨利·舒尔茨（Henry Schultz）、保罗·道格拉斯（Paul Douglas）、亨利·西蒙斯（Henry Simons），可见，第一代芝加哥学派的经济学家并非自由市场至上主义者。此处，他插入一段轶事：初生牛犊，16 岁的萨缪尔森常常在研究生课堂上纠正国际贸易理论和微观理论泰斗雅各布·维纳在黑板上画各种曲线时出现的数学错误（让我想起我初去美国时的类似行为），其中最著名的板书错误，与（收益递增）AC 曲线向下倾斜时的包络定理有关。话锋一转，萨缪尔森说，他完全可以永远留在芝加哥大学。我想到的是，假如他永远留在那里，第二代芝加哥学派的领袖们就很难聚合为自由市场至上的学派，于是经济学思想史需要改写。

将萨缪尔森带到哈佛大学的是这样一件事：当时哈佛大学决定赞助全美最优秀的 8 名经济系本科生读四年研究院，而经济系由担任过美国经济学会主席的著名的法兰克·菲特（Frank Fetter）主持，他晚年告诉萨缪尔森说，当年就是他，发现了这位神童经济学家。肯尼迪说过——此处由萨缪尔森引述——成功者总有成千的父亲，而失败者永远是孤儿。他继续讲述，只有一项条件，这 8 名本科生必须离开他们接受本科教育的学校。于是，萨缪尔森必须转学。到哪里去呢？他在芝大的导师建议他去哥大，因为那里有米切尔（Wesley Mitchell）、J. M. 克拉克（J. M. Clark）、霍特林（Harold Hotelling），可是年轻人很少遵循导师的建议，于是他选择哈佛大学，吸引他的唯一人物是因垄断竞争理论闻名天下的张伯伦。然后，他很幸运，恰好哈佛大学从欧洲邀请了熊彼特、列昂惕夫（Wassily Leontieve）、哈伯勒，以及稍后加盟的汉森（Alvin Hansen）——号称“美国的凯恩斯”。

那是 1935—1936 年间，在哈佛主持数理经济学研究班的是老数学家威尔森（Edwin Wilson，1879—1964），来听课的只有四人：萨缪尔森，20 岁；他的密友伯格森（Abram Bergson，1914—2003），21 岁；西德尼·亚历山大（Sidney Alexander），19 岁；熊彼特，52 岁。就是在这里，萨缪尔森意识到物理学和经济学可以共享许多数学方法，例如关于函数齐次性的欧拉定理、关于约束下最优化问题的维尔斯特拉斯定理，以及关于长期和短期条件的 Le Chatelier 反应函数。他开始写文章并疯狂发表文章，而且成为经济学领域的 Harvard Fellows —— 那几年，以怀特海为首的哈佛 Senior Fellows，希望通过引入哈佛 Junior fellows 制度推动博士生教育改革。他们在全校范围内，从各领域挑选总共 24 名天才学生，可以不毕业，也可以不拿文凭，随意选课且随意选择研究领域。与萨缪尔森一起入选的包括：数理逻辑学家蒯因（W. V. Quine，1908—2000）、创建“格论”的代数学家伯克霍夫（George Birkhoff，1884—1944）、比较文学家埃里·列文（Herry Levin，1912—1994）。他们后来都放弃了博士文凭，而且丝毫没有影响他们成为“哈佛名师”。这些天才学生唯一必须接受的条件是：三年之内不得从事与文凭（博士论文）有关的任何工作。

1937—1940年，这是萨缪尔森的三年天堂般的自由生活，也因此，这期间他发表了大批高质量的学术文章——资本理论、生命周期储蓄理论、效用理论、国际贸易理论、凯恩斯“乘数—加速”动态经济学、显示性偏好理论……这些原创性贡献，使这位不到25岁的年轻人享有了国际声誉。1940年，三年期满，萨缪尔森自述，出于谨慎，他决定撰写一篇博士论文，如正常人那样获得博士学位，于是他开始撰写《经济分析基础》，不过，MIT向这位尚未拿到博士学位的年轻人发出邀约，希望他加盟并主持那里的经济系。稍后，珍珠港事件，战争爆发，萨缪尔森在海军服役，负责雷达监控。此后还发生了一些琐事，使这本书的出版延迟至1947年。

第五篇，威廉·鲍莫尔（William Baumol）“What Marshall Did Not Know：on the Twentieth Century's Contributions to Economics”[1]。鲍莫尔是罗宾斯在伦敦经济学院指导的学生，也因此，他特别为罗宾斯那本《经济思想史》讲义写了一篇导言。鲍莫尔对我影响很大，尤其是他1990年发表于*JPE*（*Journal of Political Economy*，《政治经济评论》）的那篇文章“Entrepreneurship: Productive, Unproductive and Destructive”（直译“企业家才能：生产性的、非生产性的和毁灭性的”）。

图1.10取自2011年我在北京大学讲授的“新政治经济学”研究生课程第六讲，充分表现了鲍莫尔这篇文章的影响。人格心理学泰斗汉斯·艾森克（Hans Eysenck）关于创造能力的研究工作支持了鲍莫尔的这一假设：给定时期给定人群的企业家才能总量不变。所以，图1.10画了一条概率密度分布曲线，大约是正态分布，在同一坐标系里，老艾森克画了一条创造能力的分布密度曲线，表现了人群当中少数人（在正态分布峰值的右侧）的创造性分布。事实上，这条曲线是老艾森克临床观察到的被他定义为“精神质”的人格特质的分布密度。构成这一分布的样本，至少具有“反社会型人格”，多数具有“犯罪倾向”，而在最右侧的则是精神分裂症患者。我在正态分布曲线和精神质人格分布曲线中间画了一个宽箭头，指向“企业家才能总量”，意思是，企业家才能其实是这两条曲线之间的某种平衡——不能太平庸如普罗大众，也不能太孤僻如精神分裂症患者。

鲍莫尔的论点是，如果一个社会的制度有利于企业家才能被引导至生产性（企业）和建设性（文化、政治、艺术）的领域，那么，这一社会的犯罪率就应大幅度下

[1] in *QJE*, Vol. CXV, No.1 [2000], pp.1-44.

降。反之，当制度阻碍企业家才能的宣泄时，犯罪率大幅度上升。因为，对于深层心理分析学家而言，这是一项基本事实：人类的创造力源自无意识世界，如同一口沸腾的大锅，涌现到意识之内的只是极少数的泡泡，表现为“创意”。有鉴于此，制度对企业家才能的疏导就显得至关重要了。图 1.11 仍取自 2011 年“新政治经济学”研究班课程第六讲，根据老艾森克和鲍莫尔的上述论点，我大致刻画了有利于疏导人群创造性冲动的制度特征，当然，是理想特征。

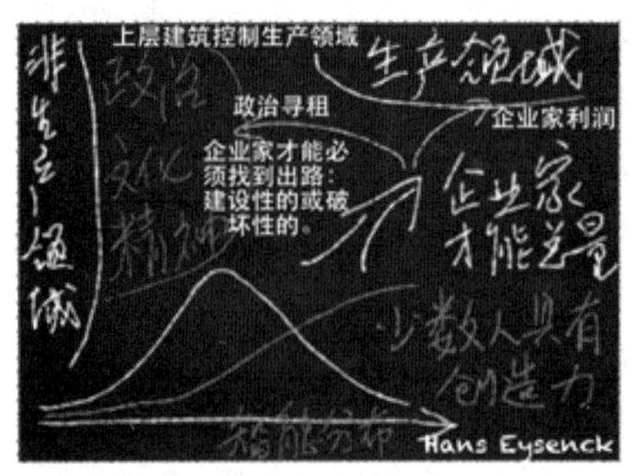

图 1.10

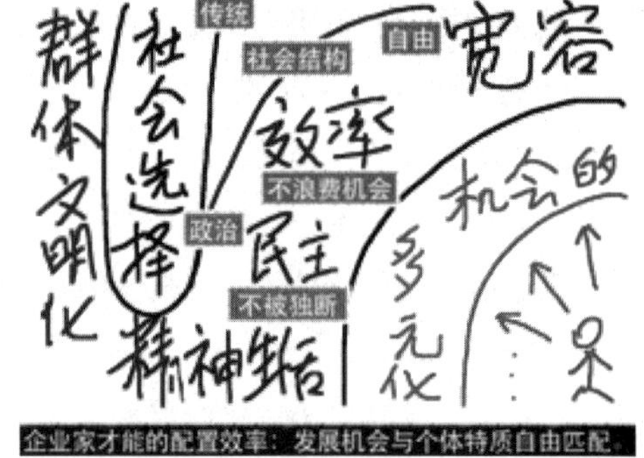

图 1.11

美国经济学会 2006 年年会特别组织了“鲍莫尔分会场”——这是一项殊荣，以褒奖他毕生从事的企业家才能与创新研究。浙江工商大学成立了一个“鲍莫尔企业家才能研究中心”。英国《经济学家》杂志（*Economist*）2006 年 3 月 11 日发表了一篇介绍鲍莫尔生平事迹的文章，褒奖他将企业家才能这一核心要素成功地引入主流经济学。鲍莫尔的思想渊源——这篇文章认为——来自熊彼特。鲍莫尔被广泛预期——而且 2003 年已入围——迟早可得诺贝尔经济学奖。他在伦敦经济学院最初被研究生项目拒绝入学，但他在罗宾斯教授主持的讨论班上表现了出色的辩才，继而被接纳为研究生。关于他的另一传闻是，他的博士论文答辩时间长达 5 小时，不难推测当时发生了怎样激烈的辩论。博士毕业后，他长期任教于普林斯顿大学，在那里，他指导的学生包括后来的诺贝尔经济学家贝克尔（Gary Becker，1930—2014）。

回到图 1.8，第六篇文献，查尔斯 · 琼斯（Charles Irving Jones）与保罗 · 罗默尔（Paul Michael Romer）合撰“The New Kaldor Facts: Ideas, Institutions, Population, and Human Capital”[1]。第一作者任教于斯坦福大学商学院，是经济增长理论的学术新星。第二作者罗默尔资历更深，物理学本科毕业，芝加哥大学经济系博士，1990 年 *JPE*“新增长理论”专号有他一篇重要文章——提供了一个关于内生技术进步的不动

[1] in *American Economic Journal: Macroeconomics*, 2:1[2010], pp. 224-245.

点定理。他多年在斯坦福大学任教，现在纽约大学商学院，同时自己也是企业家。

他们这篇文章标题的意思是，首先，1961 年卡尔多发表文章列出宏观经济尤其是经济增长现象的 6 项特征事实，类似数学领域“希尔伯特 23 问题”引导数学一百多年的进展，卡尔多特征事实引导了宏观经济学尤其是增长理论大半个世纪的进展。其次，这两位作者列出 6 项新的特征事实，希望成为未来经济学研究的指南。第三，他们在副标题里列出了经济增长的四大要素：观念、制度、人口与人力资本。他们在摘要里特别指出，卡尔多特征事实是围绕“物质资本”这一项要素展开的，已不适合成为当代增长理论的经验基础。第四，让我解释一下关键词“特征事实”（stylized facts），这一短语显然与韦伯社会科学方法论的核心概念“理想类型”（ideal types）有密切联系。

卡尔多在 1957 年的一篇文章里界定过“特征事实”这一概念 [1]，他用的短语是“a stylised view of the facts”，意思是——首先，犹如几何学的一组公设或公理，经济学家可以在达成共识的经验基础上建立各自的理论体系；其次，那些被列入经验基础的事实，每一项都要经受严格的检验，并且或多或少成为对经验的抽象，唯其如此，它们才被称为“特征性的”事实。例如，人类的基础体温是 37 度，这是人类体温正态分布的峰值也就是均值，而“均值”这一概念，是数据的一种统计特征，另一统计特征，例如，是“方差”。经验感受或观测数据，可以用一些统计特征来刻画，虽然我们不仅关注特征刻画，而且关注个体差异。个体与特征之间的关系，符合韦伯关于“理想型”与“现象”之间关系的界说。

我再读卡尔多 1957 年那篇文章时注意到，卡尔多文章阐述的思路，恰好在琼斯和罗默尔这篇文章里有了更大发展。所以，这两篇文章，后者更像是前者的延伸与扩张。经济学思想史往往有这类情形，就是所谓“累积性的思想进步”，而不是所谓“竞争着的各派学说”。至少，我自己，基于我关于“对话的逻各斯”的立场，更重视累积性进步这一视角。通过对话，即各学说之间的竞争，真相呈现它自身，于是为后来者的思想进步提供了丰富资源。故而，后发的思想往往同时承认先发各派思想各自的合理性，而不是继承一些流派且拒绝另一些流派。

卡尔多 1957 年文章开篇就说，增长模型的主旨在于根据经济增长之外的因素来解释经济增长现象。这一思想，是教科书经济学的基本原则：任一数学模型，有变量（内生的），有参量（外生的），给定参量之后，由数学模型决定变量的最优值。解释增长现象，当然也要运用上述原则。卡尔多注意到，以往的增长模型，储蓄率和人

[1]　“A Model of Economic Growth”, in *Economic Journal*, vol.67, no.268, pp.591-624.

口增长率都是外生的（参量），可是，他列出的特征事实意味着，储蓄率与人口增长率都是内生于增长过程的变量而不再是参量。因此，经济学家必须扩展自己的数学模型，将储蓄行为与人口行为都纳入经济过程，而不是继续被视为“非经济过程”。

琼斯和罗默尔这篇文章列出的四项增长因素当中，人口和人力资本的内生性，当然是继承了上述的卡尔多思路。不过，“观念”和“制度”这两大因素是晚近三十年成为主流经济学增长模型变量的，确切而言，始自 1990 年 *JPE* 的“经济增长理论”专号，从那时开始有了“新增长理论”这一综合了经济发展理论和经济增长理论的新经济学分支。事实上，这两位作者在脚注里感谢了道格拉斯·诺斯、阿夫纳·格雷夫（Avner Greif）、阿西莫格鲁（Daron Acemoglu），这三位学者长期坚持以“制度”因素解释经济增长现象。至于“观念”这一因素，则是第二作者自己长期研究的领域[1]。我们不妨认为，贝克尔之后的诺奖经济学家卢卡斯（Robert Lucas）领导的芝加哥大学经济学系，是第三代芝加哥学派，他们更多关注知识与经济增长的关系，例如卢卡斯晚近的两篇文章“Ideas and Growth”[2] 和“Knowledge Growth and the Allocation of Time”(2011)[3]。罗默尔出自第三代芝加哥学派，在知识与增长方面，他是专家。

两位作者首先列出卡尔多的 6 项特征事实：(1) 劳动生产率持续增长，(2) 劳动资本持续增长，(3) 真实利率或资本回报率稳定为一常量，(4)“资本 / 产出”率稳定不变，(5) 资本总收益与劳动总收益各自占国民收入的比例保持稳定不变，(6) 高速增长各国的增长率有显著差异。随后，他们指出，卡尔多的 6 项特征事实的前五项，在以往五十年里，因与经验相符而无争议地成为新古典增长理论的基本内容。今天，理论家们转而关注其他的特征事实，例如，他们列出的 6 项新卡尔多事实：(1) 市场广度的扩展——注意，我在为本科生写的《经济学思想史讲义》里解释过斯密使用的“市场广度”(Market Extent) 概念的斯蒂格勒界说[4]；(2) 在千年视角下，各国人口与人均 GDP 在晚近一个世纪呈现加速增长；(3) 由于技术与“技术边界”的距离差异，各国人均 GDP 增长率的差异不断扩大；(4) 收入与全要素生产率的各国差异巨大，要素投入仅能解释各国人均收入方差的不足 50%；(5) 劳均人力资本含量在世界范围内的急速增长；(6) 人力资本含量高的劳动工资相对于非熟练劳动工资的比率长期保持稳定，无法从人力资本总量的持续增加从而相对价格的持续下降得到解释。

---

[1] 参阅 Paul Romer, “Endogenous Technological Change”, in *JPE*, vol.98, no.5, part 2 “The Problem of Development: A Conference of the Institute for the Study of Free Enterprise Systems”, 1990, pp.71-102。

[2] in *Economica*, vol.76 [2009], pp.1-19.

[3] University of Notre Dame 讨论班 PPT，与 Moll 合撰。

[4] 参阅 Stigler & Sherwin, “The Extent of the Market”, in *Journal of Law and Economics*, vol.28, no.3 [1985], pp.555-585；并参阅 Edward Glaeser, “Evidence on Growth, Increasing Returns, and the Extent of the Market”, in *QJE*, 1999。

这两位作者指出，卡尔多当年讨论他的第六项特征事实时就已暗示技术进步应当是内生因素才可解释第六项事实。如何将知识与制度融入新古典增长模型？他们的思路是：按照新古典增长理论处理“技术进步”那样来处理“制度变迁”。当然，这一思路有很大局限性，在我看来甚至是错误的。不过，他们认为沿着这一思路可能有最快速的理论进展。同时，他们预期政治与制度领域的研究终将为内生制度演化提供一套更简单的模型。

然后，这两位作者需要处理“观念”这一增长因素。知识的“非竞争性”（non-rivalry：可与许多人分享而不改变它自身），知识进步带来两类不可忽视的效应：其一，称为“规模效应”（scale effect），更常称为知识的“溢出效应”（spill-over effect）；其二，知识的规模效应诱致制度演化，随着更多的人分享同一类知识，也会涌现适合更大经济规模的制度。观念的这两种效应，这两位作者认为，使他们非常难以建构一般均衡模型。我在介绍收益递增现象时说过，一般均衡的存在性，要求厂商的可选集非凹。可是收益递增使这些集合成为凹的。另一方面，他们指出，正是观念的上述两种效应，可以解释他们列出的 6 项特征事实的第一和第二项，至少，他们在试图解释这两项特征事实时看到了“市场扩张”和“加速增长”与“观念”之间的内在联系。此时，价格信号不仅要满足资源配置一般均衡效率，而且要提供足够的创新（观念）的行为激励。他们认为，这是为观念与增长建模的核心困难所在。过去的两百年，伴随着市场扩张和加速增长现象的，是激励新观念的各种制度的戏剧性涌现，包括大学制度和知识产权保护制度。在这篇文章的其余部分，两位作者详细讨论了他们列出的新卡尔多事实。

第七篇，萨缪尔森与威廉·巴奈特（William Barnett）合编 *Inside the Economists Mind: Conversations with Eminent Economists* [1]。我推测，这是萨缪尔森 2009 年去世前的最后一部作品。这两位编者宣称，书中收录的 16 篇访谈，完全从现场录音整理得到文字稿，并且绝无修改，要的就是原汁原味的口述史。所以，这是一部经济学家访谈经济学家的口述史，非常难得，因为萨缪尔森和接受访谈的不少经济学家都已故去。我特别建议你们同时阅读萨缪尔森 1983 年为他的《经济分析基础》扩增版写的前言，那里已有他编辑这本书的初衷。他在那篇前言里论证，人们公认潜意识在科学发现的过程中扮演着关键性或基础性的角色，可是发表在科学期刊上的论文，却完全不提供理性过程之外的任何过程（包括潜意识或无意识过程）。于是，思想史承担了这一使命。也因此，学术思想史对学术进展或学术突破意义重大。

[1] Blackwell Publishing, 2007.

这部访谈录的第二编辑威廉·巴奈特也引发了我的关注。首先，他是美国的经济学家，但他的研究兴趣在于社会经济中的混沌、分岔及其他非线性动力学，此外，他还研究经济学中的集结问题和测度问题（他是经济测度学会的创始人和会长）。其次，他的学历是MIT的本科，UC Berkeley的MBA，Carnegie Mellon University的博士学位，在转为“经济学家”身份之前，他曾在最重要的一家液体燃料火箭发动机研发商（洛克达因公司）负责研发导弹引擎[1]。

接受访谈的16位经济学家中，10位已获得诺贝尔经济学奖；其余的6位当中，两位是美联储前主席，另外4位的获奖概率也很高。出于萨缪尔森上述思想史立场，访谈主要涉及这些学者的童年、情感，或可能对他们后来的创造性思维产生影响的任何私人事件。所以，我十分珍惜这本书，因为它提供的资料，我很难在其他作品里见到。

现在我介绍这组文献的第八篇，也是最后一篇，即现任教于哥伦比亚大学的诺贝尔奖经济学家，埃德蒙德·菲尔普斯（Edmund Phelps）2006年的Nobel Lecture “Macroeconomics for a Modern Economy”[2]。在我看来，不仅多数经济学家不是深思的，而且并非每一位诺贝尔奖经济学家都是深思的，菲尔普斯是一位深思的诺贝尔奖经济学家，与阿罗和豪尔绍尼（John C. Harsanyi）类似，与森和奥曼（Robert J. Aumann）也类似——不过森和奥曼很大程度上不仅是西方经济学家，还有东方思维模式。

他的诺奖演说开篇是一段“题语”，出自现代艺术史家伍尔施拉格（Jackie Wullschlager）发表于《金融时报》（*Financial Times*）的作品“The Original Sensationalists”。我试着翻译如下：“表现主义植根于1860—1930年间彻底改变了欧洲的都市生活方式的全新体验，生活在快速改变着而且不可理喻的世界中的人们的那种漂泊不定和充满刺激的恐惧感的视觉表达。”一篇诺贝尔奖经济学演说以此为开端，意味着什么？这正是我希望阅读的。菲尔普斯的询问，如标题所示：现代经济为什么需要不同于前现代经济的宏观经济学？哪些因素让现代经济与以往的经济有本质差异？或许，现代宏观经济学如同表现主义艺术那样植根于现代人对充满不确定性的现代世界的恐惧感？

他自称贯穿了他发表的那些文章的思想主线，就是试图理解现代经济与前现代经济的差异，或用他的语言——什么是“现代经济”的实质？他当然读过诸如《大转型》（*The Great Transformation*）这样的作品，因为他引用了博兰尼（Karl Polanyi，1886—1964）这部作品的标题。而且引用了滕尼斯（Ferdinand Tonnies，1855—1936）和韦伯的作品。

[1] 参阅维基百科英文版“Rocketdyne”词条。
[2] in *AER*, June 2007.

传统经济嵌入于“熟人社会”，在那里，任何事情都沿袭着“惯例”。与此形成鲜明对照，现代经济嵌入于主要由陌生人组成的都市生活之内，在这里，变化是内生的，墨守成规反而不正常。其实，今天，我们仍不很清楚资本主义是怎样崛起的，我们知道在欧洲的传统社会里，原本散在地有一些资本主义因素，例如，中世纪自然法传统、14 世纪意大利城邦的簿记方法、文艺复兴和启蒙运动、苏格兰个人主义、荷兰的快枪、英国的蒸汽机……以及，当然是最重要的，有利于保护私有财产的各种制度因素——股份公司、金融市场、知识产权，以及个人竞争的风气。很可能出于偶然，这些因素突然汇聚成为一股新的社会潮流。被卷入这一新潮流的个体，激发出远比未被卷入的个体更强烈的创新冲动。于是，资本主义社会，如鲍莫尔所言，成为一架疯狂的“创新机器”。与现代社会形成鲜明对照，在一切都依惯例的传统社会里，科层、级别、地位、教养、服从命运、抑制个体创新的冲动，这些因素联合支撑着传统社会的意识形态和社会秩序，很自然，传统社会的经济生活只有缓慢的发展。

菲尔普斯概括了资本主义生活的两大特征，我从他的文章中引用我认为非常关键的句子：(1) The innovating itself and the changes it causes make the future full of Knightian uncertainty（这些创新活动本身以及它们引发的改变足使未来充满奈特意义的不确定性）；(2) With modernization, then, another feature of a traditional economy— common knowledge that a common understanding prevailed—was lost（于是，随着现代化进程而消逝的另一传统经济特征是常识——由不同情境而人人通有的那种理解支持着的共同知识）。

但是迟至 1950 年代，有微观基础的现代经济学仍是“新古典的”——由李嘉图、威克斯蒂德（Philip H. Wicksteed）、维克塞尔（Knut Wicksell）、庞巴沃克（Bohm Bawerk）和瓦尔拉（Léon Walras）奠基的经济学。这样的经济学，经过萨缪尔森（《经济分析基础》）的数学整理之后（也许恰好因为这些数学抽象掉了现代经济最核心的特征），仍不能处理奈特意义的不确定性。菲尔普斯对新古典经济学的批评，如我在括号里翻译的这段引文：

> It abstracted from the distinctive character of the modern economy— the endemic uncertainty, ambiguity, diversity of beliefs, specialization of knowledge, and problem solving. As a result it could not capture, or endogenize, the observable phenomena that are endemic to the modern economy— innovation, waves of rapid growth, big swings in business activity, disequilibria, intense employee engagement, and workers' intellectual development.（它抽象掉了现代经济的显著特征——不确定性的流行病、含糊性、信念的分歧性、知识及问题求解的专业化过程。于是，它无法把握或内生现代经济被观察到的普遍现象——创新、波涌般的增长、商业活动的巨大波动、雇主与

雇员之间的深度关系、劳动者的智力开发。）

菲尔普斯继续叙述：那些最优秀的新古典经济学家知道新古典经济学的上述弊端，但缺少应对这些问题的微观理论。为要解释例如货币政策对现实经济的影响，他们转而求助另外两类模型：其一，例如菲利普曲线那样的没有微观基础的宏观关系；其二，有微观基础的宏观模型，但任何波动只被视为由外生随机冲击引起的偏离均值之结果。

在上述背景下，那是1960年代，在耶鲁大学（科尔委员会），菲尔普斯开始寻找更适合于分析“现代经济”的有微观基础的宏观理论—— 它必须允许关于工资和价格的信息、知识及预期的不完备性。这一努力导致了使他获得2006年（73岁）诺贝尔经济学奖的“自然失业率”理论。

菲尔普斯本科毕业于美国著名的博雅学院阿默斯特（Amherst College）—— 这所文理学院被视为诸如Minerva这样的新兴教育机构的原型，他的经济学老师是詹姆斯·尼尔森（James Nelson）——他使用的教材是萨缪尔森的那本《经济学》。注意，另一位诺贝尔奖经济学家斯蒂格利茨（Joseph Stiglitz），也是在这所学院完成的本科教育，而且也是受了这位经济学老师的启蒙。你们可以搜索资料，看看这位经济学家与演化经济学家理查德·尼尔森（Richard Nelson）是否有血缘关系。我试过，需要检索的资料太多，就放弃了。

根据斯蒂格利茨的回忆，他只是在MIT被训练为职业经济学家，但让智性得到极大发展的是阿默斯特学院。让我引述他的这段文字：

> ……我觉得阿默斯特学院的教学还有一个特点，就是很多教学采用一种苏格拉底式的教学方法。我们并没有什么讲座，主要是我们问问题他们回答、我们再问他们再回答的一种对话式教学。在教学过程中，强调的并不是学习某一段材料、写某一个题目。教学中最重要的是你提出什么样的问题。其实，要回答问题是很容易的，提出什么样的问题才是关键。所以我们在上学的时候一直在想怎样才能提出更好的问题，因为只要你可以提出更好的问题，那么解答也就不请自来了。这不是说我们获得回答不需要任何努力，只是我觉得这种教学方式使我不断地学习，并最终获得了诺贝尔经济学奖。

斯蒂格利茨1960—1963年间在阿默斯特学院，那时这所学院大约有1000名学生，以“教师：学生”比率最高而闻名。

阿默斯特学院之后，1955 年，菲尔普斯入耶鲁大学攻读研究生，师从 1981 年的诺贝尔奖经济学家托宾（James Tobin）和 2005 年的诺贝尔奖经济学家谢林（Thomas Schelling），4 年之后取得博士学位，1959 年，他在兰德公司开始研究上面介绍过的新的宏观经济理论。据菲尔普斯在诺奖演说里的自述，求学耶鲁期间，他受谢林和威廉·费尔纳（William Fellner）的影响最深远。那时，他懂得了奈特的“不确定性”、凯恩斯的“主观概率”、哈耶克的“私人技能”和博兰尼的“个人知识”。这些概念反映了现代社会的而不是传统社会的基本问题，使他得以摆脱新古典经济学，在现代视角下重构经济学。

菲尔普斯诺贝尔演说的第 VI 节，标题是“The Good Economy: Innovative and Inclusive”（“良善经济：创新与分享”）。这是他想象中“良善经济”的理想型：一方面，每一社会成员激发出强烈的创新精神；另一方面，社会全体成员分享创新收益。也是在这一节，他论及罗尔斯（John Rawls）的正义观点。我试图翻译他演说的最后一段文字：

> My conclusion is that a morally acceptable economy must have enough dynamism to make work amply engaging and rewarding; and have enough justice, if dynamism alone cannot do the job, to secure ample inclusion.（我的结论是，一个道德上可接受的经济必须有足够的动力使工作广泛地吸引劳动者并有足够回报；而且要有足够的正义，如果这种动力不足以产生这样的结果，那么，至少要确保上述过程惠及最广泛的人群。）

我介绍了图 1.8 列出的全部参考文献。然后，图 1.8 其余的两个分支：其一，“对话以及哲学阐释学方法”，这是去年我的“经济学思想史”课程的核心内容，今年不是核心内容；其二，“思想由以发生的历史情境”，这是我为本科生写的《经济学思想史讲义》“第二讲：思想史方法引论”的核心内容，此处不再赘述。

三、课程思路概述

现在我们来看看这门课程的心智地图（如图 1.3）的第二讲，见图 1.12，其实，你们可以看到，这一讲的内容，通常是全部经济思想史课程的内容。所以，我不能预期可以在下一讲三小时内结束第二讲。如果不能在下一讲结束，我们将继续，直到例如在第六次课，结束第二讲的全部内容。

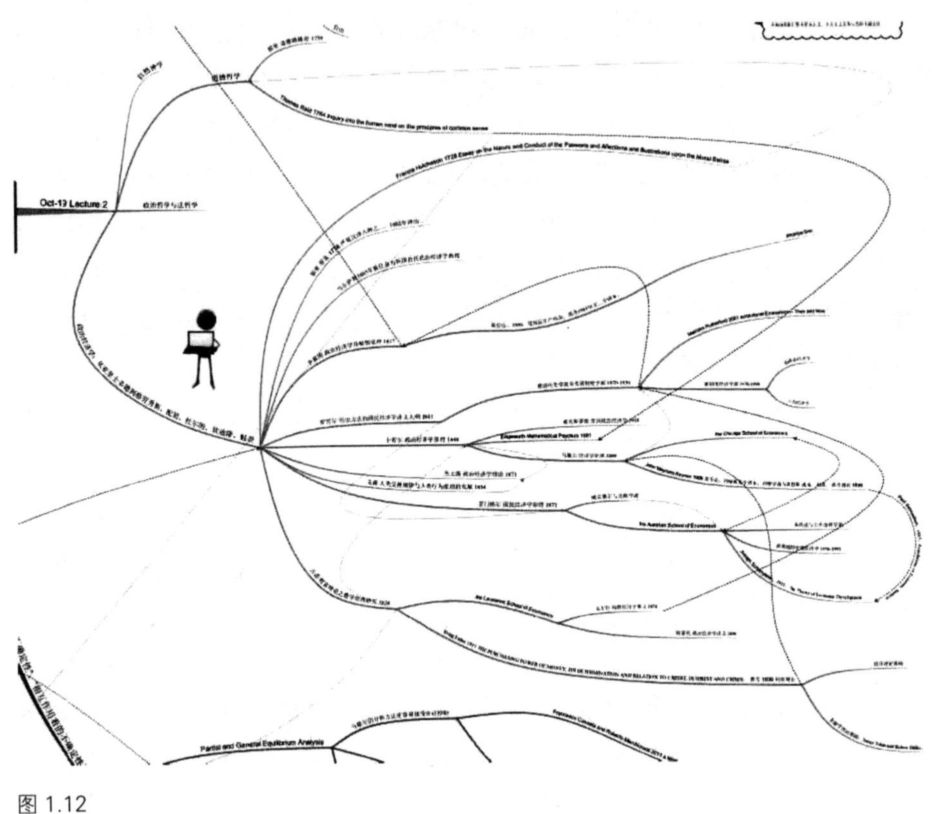

图 1.12

第三讲的核心内容，如图 1.13，沿着主干，我写着：现代经济与现代经济学的本质是“动态”、“不确定性”、“相互作用着的不确定性预期”。

刚才我介绍了菲尔普斯的诺贝尔奖演说，因此我不必阐释第三讲主干的这几个关键词。在现代社会里，每一个人都理性地预期未来可能发生的各种事件，关键是，每一个有限理性的人必须想象与他的经济活动密切相关的其他人的预期，以及其他人想象中他自己的预期……这样的预期，凯恩斯在其 1936 年的《就业、利息和货币通论》（*The General Theory of Employment, Interest, and Money*）[1] 一书中称为“高阶预期”。所谓“凯恩斯选美问题”，凯恩斯提醒我们，选股票相当于选美，你要选择你预期大众最可能选择的，而不是选择你最喜欢的。不过，这只是一阶预期。他说，你还要预期大众想象中的大众预期，这是二阶预期。还有三阶和四阶，以及更高阶的预期。

后来，加州理工的行为经济学领袖科林·凯莫勒（Colin F. Camerer）在《行为博弈》（*Behavioral Game Theory*）[2] 的第一章报告说，在多次凯恩斯选美实验中，那些最聪

[1] 中译本见商务印书馆，1999 年，高鸿业先生重译本。
[2] 中译本见中国人民大学出版社，2009 年，贺京同等译。

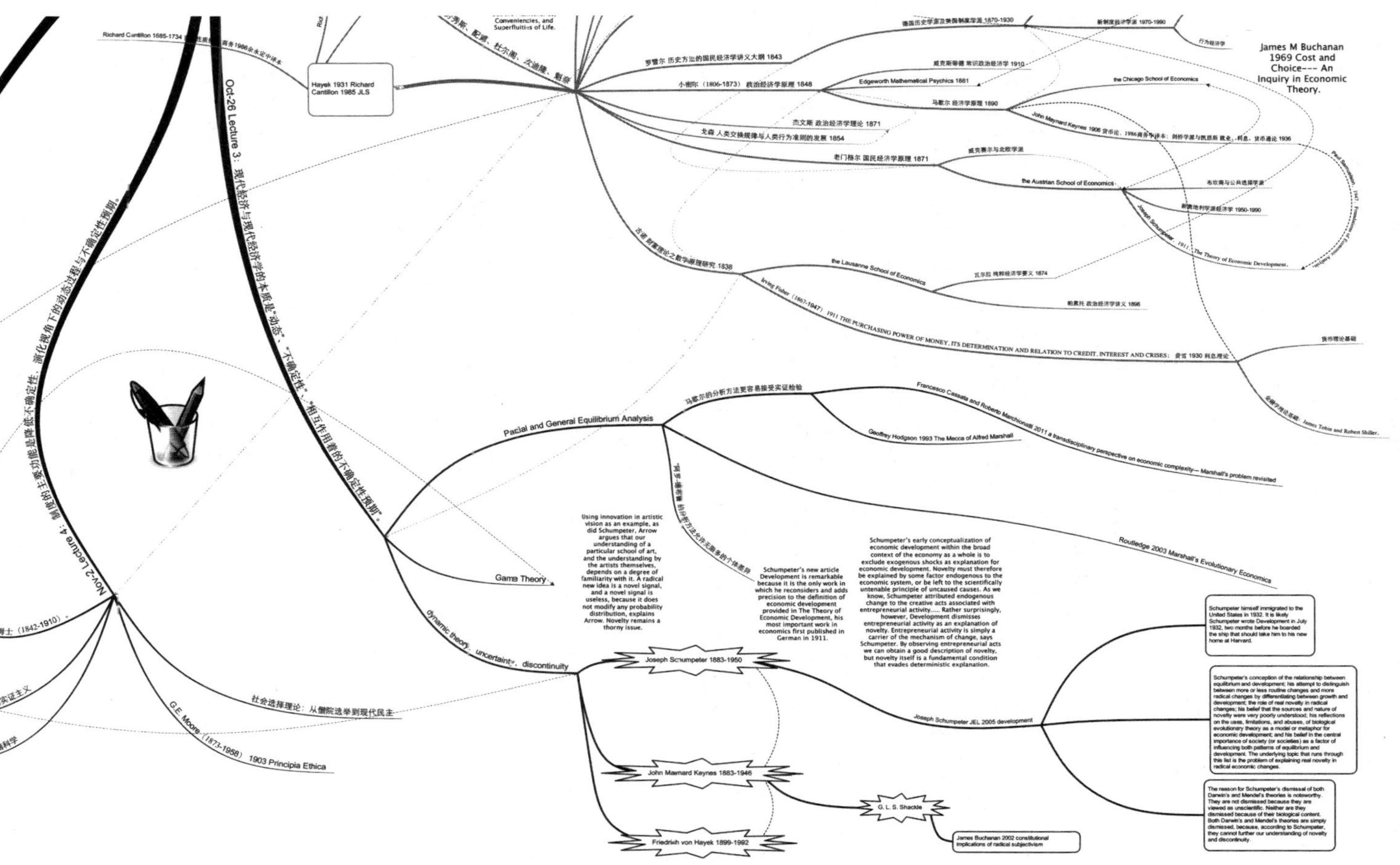

Oct-26 Lecture 3：现代经济与现代经济学的本质是“动态”、“不确定性”、“相互作用着的不确定性预期”。
Nov-2 Lecture 4：制度的主要功能是降低不确定性，演化视角下的动态过程与不确定性预期。
Richard Cantillon 1685-1734
Hayek 1931 Richard Cantillon 1985 JLS
Conveniencies, and Superfluities of Life.
罗雪尔 历史方法的国民经济学讲义大纲 1843
小穆尔（1806-1873） 政治经济学原理 1848
Edgeworth Mathematical Psychics 1881
马歇尔 经济学原理 1890
杰文斯 政治经济学理论 1871
戈森 人类交换规律与人类行为准则的发展 1854
老门格尔 国民经济学原理 1871
威克赛尔与北欧学派
the Austrian School of Economics
the Chicago School of Economics
古诺 财富理论之数学原理研究 1838
the Lausanne School of Economics
瓦尔拉 纯粹经济学要义 1874
帕累托 政治经济学讲义 1896
Irving Fisher（1867-1947） 1911 THE PURCHASING POWER OF MONEY, ITS DETERMINATION AND RELATION TO CREDIT, INTEREST AND CRISES；费雪 1930 利息理论
货币理论基础
Joseph Schumpeter 1911, The Theory of Economic Development.
James Tobin and Robert Shiller.
James M Buchanan 1969 Cost and Choice--- An Inquiry in Economic Theory.
行为经济学
Partial and General Equilibrium Analysis
马歇尔的分析方法更容易接受实证检验
Francesco Cassata and Roberto Marchionatti 2011 a transdisciplinary perspective on economic complexity— Marshall's problem revisited
Geoffrey Hodgson 1993 The Mecca of Alfred Marshall
Routledge 2003 Marshall's Evolutionary Economics
Game Theory
dynamic theory，uncertainty，discontinuity
Using innovation in artistic vision as an example, as did Schumpeter, Arrow argues that our understanding of a particular school of art, and the understanding by the artists themselves, depends on a degree of familiarity with it. A radical new idea is a novel signal, and a novel signal is useless, because it does not modify any probability distribution, explains Arrow. Novelty remains a thorny issue.
Schumpeter's new article Development is remarkable because it is the only work in which he reconsiders and adds precision to the definition of economic development provided in The Theory of Economic Development, his most important work in economics first published in German in 1911.
Schumpeter's early conceptualization of economic development within the broad context of the economy as a whole is to exclude exogenous shocks as explanation for economic development. Novelty must therefore be explained by some factor endogenous to the economic system, or be left to the scientifically untenable principle of uncaused causes. As we know, Schumpeter attributed endogenous change to the creative acts associated with entrepreneurial activity...... Rather surprisingly, however, Development dismisses entrepreneurial activity as an explanation of novelty. Entrepreneurial activity is simply a carrier of the mechanism of change, says Schumpeter. By observing entrepreneurial acts we can obtain a good description of novelty, but novelty itself is a fundamental condition that evades deterministic explanation.
Joseph Schumpeter 1883-1950
John Maynard Keynes 1883-1946
Friedrich von Hayek 1899-1992
G. L. S. Shackle
James Buchanan 2002 constitutional implications of radical subjectivism
Joseph Schumpeter JEL 2005 development
社会选择理论：从僧院选举到现代民主
G.E. Moore（1873-1958） 1903 Principia Ethica
（1842-1910）

图 1.13

明的被试，他们能够想象高于三阶预期的预期，但他们在实验中往往被淘汰。在现实世界里，凯莫勒指出，经济行为的理性依据不会超过三阶预期。不论如何，理论经济学家和金融学家仍试图研发带有高阶预期的数学模型。就我所知，我们朗润园的巫和懋教授，在这一主题上指导了多名研究生的论文。目前，我认为，这一领域的研究或许受限于数学工具的不足，没有引人关注的突破。核心的困难在于，人类头脑很难理解太复杂的数学模型，所以必须简化。不包含随机过程的一般均衡微观模型，或许是可理解的最复杂的数学模型。引入随机过程的一般均衡，如果不能根据某些外在准则集结为宏观模型，通常是不可理解的。

所以，你们在第二讲和菲尔普斯那篇文章的基础上，可以懂得现代经济学的理论困境—— 也就是心智地图第三讲的主干上写的这几个关键词。以及，回到图 1.13，请看主干的三个分支。其一是基于“一般均衡”理论，对马歇尔“局部均衡”分析的批判。这一分支的标题是：局部均衡分析和一般均衡分析。

我们知道，局部均衡分析缺乏一套坚实的逻辑基础。局部均衡关注的是使某一市场上的供求达到均衡状态的（外生）价格，而将其他市场的数量与价格和市场以外的全部因素都视为“参量”，因此，当这一市场实现了供求均衡的数量时，我们仍无法相信导致这一均衡数量的价格本身是否均衡，除非我们求得全部市场的一般均衡价格与数量。

长期坚持以一般均衡逻辑框架讲授经济学的是伦敦经济学院，布坎南称之为“伦敦学派”。据他考证，伦敦学派的最重要思想资源是奥地利学派。我们知道，奥地利学派强调市场是过程（market as process），而不是静止的均衡状态。

所以，伦敦学派的内在紧张，与我试图讲解的贯穿着经济学思想史的内在紧张是完全一致的，那就是（均衡分析）逻辑方法与（演化过程）历史方法之间的紧张关系。只有将市场视为过程，才可容纳企业家创新，而均衡（静态）框架不能容纳企业家创新。

布坎南这本小册子（*Cost and Choice: An Inquiry in Economic Theory*，1969）收录在他全集的第六卷，从 Liberty Fund 网站“The Online Library of Liberty”可免费下载电子版。这是布坎南早期最重要的作品，一个人早期的作品通常代表他的理论努力，一个人中期和晚期的作品通常是理论的应用。对于一辈子只知道一件事的“刺猬型”学者而言，这是通例。早期创建一套理论，中期和晚期运用他的理论于现实世界。我们一生能做的事情，充其量也就是这样了吧。

我不是刺猬型的，我知道许多事情但不能长期做任何事情。布坎南晚年为这本小册子写了一篇序言，他是这样写的：“我很幸运，因为我是唯一可以将奈特称为‘我的老师’的芝加哥学派经济学家。”确实，奈特的学生们都写文章纪念他们的老师，多数文章，例如斯蒂格勒的，只说奈特是“一位伟大的教师”，而不说奈特是“我的老师”。因为，论及师生情感，只有布坎南和老师是最亲近的。不仅有学术的伟大师承，而且有深厚的相与之情，这真是很难得的。布坎南自承他毕生的努力源于这本小册子的主题：成本与选择。我们知道，现代的全部经济学理论不过是“成本”这一概念的展开。

在伦敦学派之外，例如弗里德曼和斯蒂格勒代表的第二代芝加哥学派，由于长期怀疑一般均衡理论的有效性，在那里，教师们坚持讲授和拓展的，仍是马歇尔的局部均衡分析框架。注意，图 1.14，以“局部均衡分析与一般均衡分析”为标题的这一分支，延伸为三个分支。其一，马歇尔的局部均衡分析更容易接受实证检验，这也是芝加哥学派通常的自我辩解——局部均衡分析更好用，难道还需要什么比这更重要的理由吗？博弈论和一般均衡理论，逻辑正确但实在不好用。张五常批评博弈论说它是“套套逻辑”，就是说，任何一种行为，只要发生了，博弈论就可以提供解释说这是最优的行为。我今天穿这套衣服来讲课，博弈论解释说因为这套衣服是我的最优选择，我明天换了一套衣服，博弈论解释说那也是我的最优选择。

一套理论如果完全没有界定性，它就无法被否证，于是不符合经验科学的定义，这样的理论就被称为“套套逻辑”（tautology 的音译），就是逻辑学家所说的“重言式”。随后，这一分支的延伸，是两篇阅读文献：（1）“A Transdisciplinary Perspective on Economic Complexity: Marshall’s Problem Revisited”[1]（直译“经济复杂性的跨学科展望：马歇尔问题再探讨”），这是两位意大利经济学家的作品；（2）制度学派领袖霍奇逊（Geoffrey Hodgson）的“The Mecca of Alfred Marshall”[2]（直译“马歇尔的麦加圣地”）。我们知道，马歇尔在《经济学原理》第 8 版序言里声称，经济学的麦加圣地应当是生物学，而不是牛顿力学。可是，他毕竟还是模仿力学原理建构了现代经济学。这一内在矛盾被称为“马歇尔问题”，参阅上一篇阅读文献。但是，首先由于数学方法不足，其次由于马歇尔的人格缺陷，第三由于达尔文演化学说自身的问题，马歇尔无法解决马歇尔问题。

再看图 1.14，第二分支，罗特里奇公司 2003 年出版的意大利经济学家拉法埃利（Tiziano Raffaelli）的专著 *Marshall’s Evolutionary Economics*，在这本书的第 I 部分，作者探究马歇尔经济学的心理学基础；随后很自然就要讨论方法论议题，在第Ⅳ部分，作者考察马歇尔经济包含的凯恩斯思想。

---

[1] in *JEBO*（*Journal of Economic Behavior and Organization*,《经济行为与组织杂志》），2011.

[2] in *Economic Journal*, Vol.103, No.417 [1993], pp.406-415.

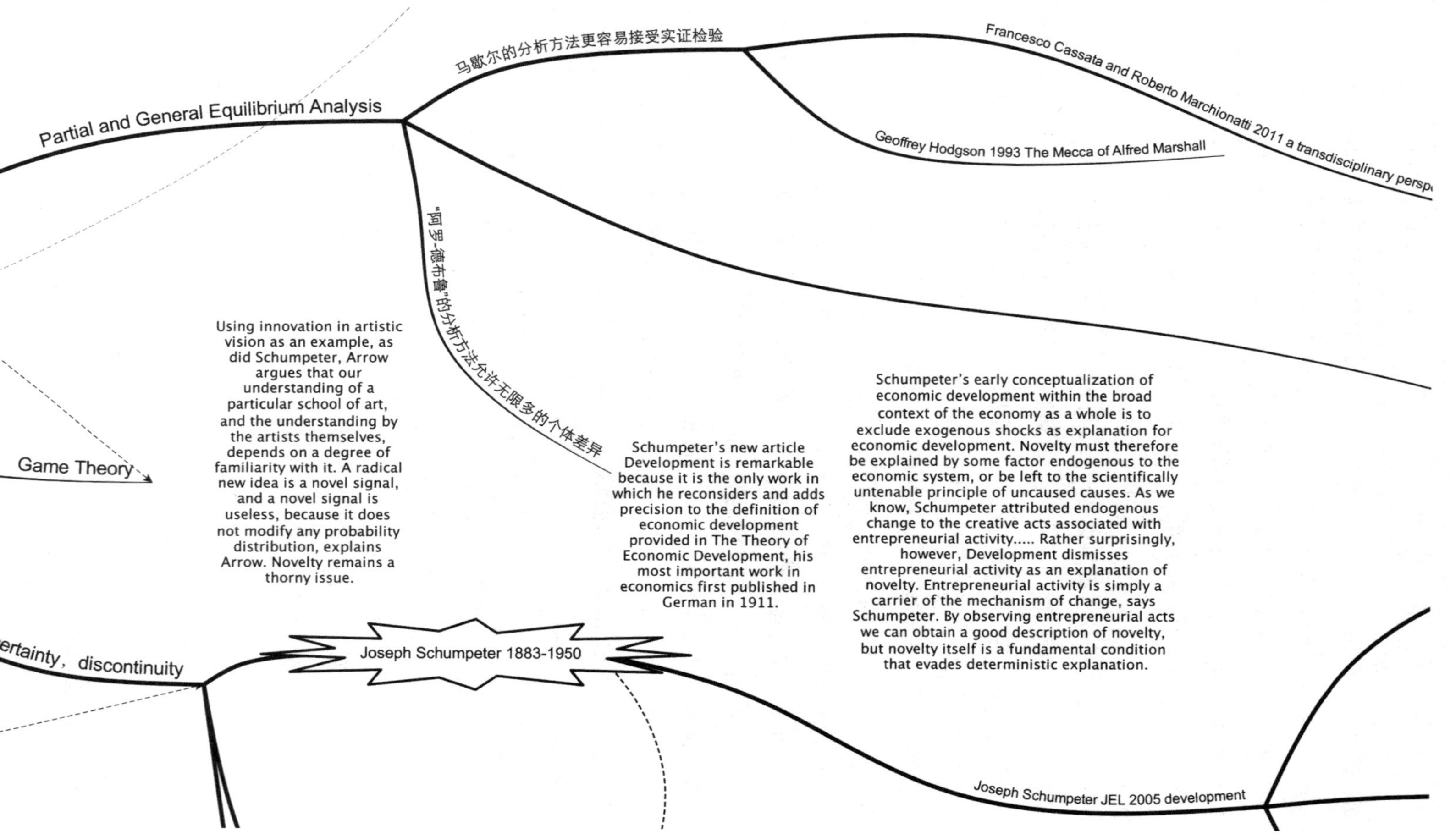

Partial and General Equilibrium Analysis
马歇尔的分析方法更容易接受实证检验
Francesco Cassata and Roberto Marchionatti 2011 a transdisciplinary persp
Geoffrey Hodgson 1993 The Mecca of Alfred Marshall
"阿罗-德布鲁"的分析方法允许无限多的个体差异
Game Theory
Using innovation in artistic vision as an example, as did Schumpeter, Arrow argues that our understanding of a particular school of art, and the understanding by the artists themselves, depends on a degree of familiarity with it. A radical new idea is a novel signal, and a novel signal is useless, because it does not modify any probability distribution, explains Arrow. Novelty remains a thorny issue.
Schumpeter's new article Development is remarkable because it is the only work in which he reconsiders and adds precision to the definition of economic development provided in The Theory of Economic Development, his most important work in economics first published in German in 1911.
Schumpeter's early conceptualization of economic development within the broad context of the economy as a whole is to exclude exogenous shocks as explanation for economic development. Novelty must therefore be explained by some factor endogenous to the economic system, or be left to the scientifically untenable principle of uncaused causes. As we know, Schumpeter attributed endogenous change to the creative acts associated with entrepreneurial activity..... Rather surprisingly, however, Development dismisses entrepreneurial activity as an explanation of novelty. Entrepreneurial activity is simply a carrier of the mechanism of change, says Schumpeter. By observing entrepreneurial acts we can obtain a good description of novelty, but novelty itself is a fundamental condition that evades deterministic explanation.
uncertainty, discontinuity
Joseph Schumpeter 1883-1950
Joseph Schumpeter JEL 2005 development

图 1.14

图 1.14 的第三分支，标题是："阿罗—德布鲁"的分析方法允许无限多的个体差异。

现在回到图 1.13，第三讲主干上的第二分支的主题，是一般均衡的扩展，即博弈论。如上述，张五常认为博弈论是套套逻辑，也因此，可实证检验的博弈分析，是博弈论努力的一个方向。哈耶克的最后一本书《致命的自负》（*The Fatal Conceit: The Errors of Socialism*）[1] 有七个附录，我称为"哈耶克的演化论附录"，因为这里包含了丰富且尚未充分发展的演化论思想。他在这些附录里认为，博弈论可能让经济学返回奥地利学派的"市场过程"思路，从而让经济学回到正确的演化路径上来。今天，他的希望尚未实现。虽然，博弈论已融合了相当多的演化思想。

第三讲主干的第三分支，如图 1.13，标题是：动态理论、不确定性、非连续性。这一分支的放大，见图 1.15，请你们注意第三个关键词，discontinuity。由于熊彼特一篇长期未发表的文稿在 2005 年由四位（使用英语的和使用德语的）学者联名编辑并发表于 *JEL*，这才引起我的关注，今天与你们共同探讨这一关键词。大约在 1932 年，熊彼特登船赴哈佛大学任教。在船上，他开始写这篇文稿—— 标题是"Development"。与熊彼特 1911 年德文版《经济发展理论》截然不同之处在于，这篇文章的 *JEL* 编者们指出，他放弃或批判了自己以往的演化理论。"非连续性"，就是这篇文稿的关键词。下面的引文出自 *JEL* 编者们描述的熊彼特思想的转变过程：

> Schumpeter's early conceptualization of economic development within the broad context of the economy as a whole is to exclude exogenous shocks as explanation for economic development. Novelty must therefore be explained by some factor endogenous to the economic system, or be left to the scientifically untenable principle of uncaused causes. As we know, Schumpeter attributed endogenous change to the creative acts associated with entrepreneurial activity.（熊彼特早期关于嵌入在更广泛的统一论域里的经济发展概念拒绝以外在冲击解释经济发展。创新于是必须由内在于经济系统的某些因素得到解释，否则就只好留给科学不可接受的无原因的因果原则。如我们所知，熊彼特将创造性活动的内在变化归因于企业家活动。）

[1] University of Chicago Press, 1988.

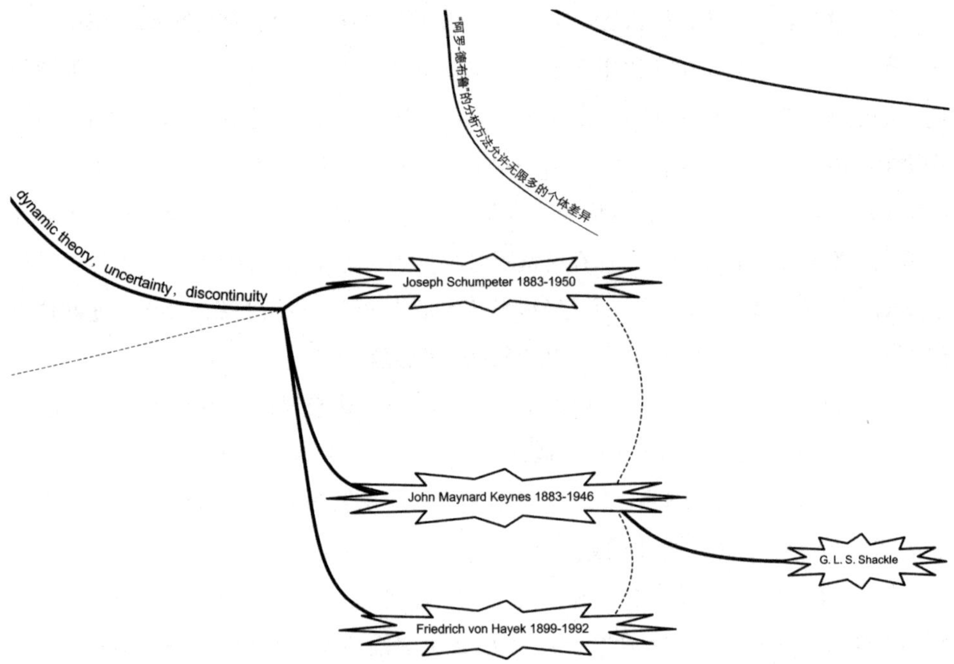

图 1.15

Schumpeter portrayed the entrepreneur as a particular type, a leader motivated by the urge to act who performs the entrepreneurial function of carrying out new combinations. Therefore, the entrepreneur is the source of discontinuities; the agent of change whose new combinations introduce turbulence into economic life and thereby disturb the equilibrium of the steady state.（熊彼特想象的企业家是一种特定类型，行动之欲望驱使他们去领导企业实现各种创新组合。所以，企业家是间断性的原因；他们实现的各种创新组合强烈干扰经济生活从而破坏稳态均衡。）

Rather surprisingly, however, Development dismisses entrepreneurial activity as an explanation of novelty. Entrepreneurial activity is simply a carrier of the mechanism of change, says Schumpeter.（可是，颇令人惊讶，在题为“发展”的这篇文稿里，企业家活动之为创新的解释被放弃了。企业家活动简单地只是变化的机制的实现者，熊彼特如是说。）By observing entrepreneurial acts we can obtain a good description of novelty, but novelty itself is a fundamental condition that evades deterministic explanation.（基于观察企业家活动，我们能够获得关于创新的很好描述，但创新自身则是一项颠覆确定性解释的基本条件。）Development's dismissal of entrepreneurship as the explanation of discontinuities is the rare instance where

Schumpeter himself indicates that he is still searching for an entirely adequate explanation of the novel social phenomena he had characterized as discontinuities.（“发展”一文放弃企业家才能之为间断性的解释是极难得的证据，表明熊彼特自己还在寻找被他特征化为间断性的这一全新的社会现象的完整充分的解释。）

这篇编者按语继续叙述熊彼特毕生都在寻找上述完整充分解释的心路历程，给我留下的印象是：他没有找到。但是，熊彼特有新的想象：被称为创新的这种社会现象是突然发生的，事前没有任何迹象或没有任何被注意到的迹象，突然，新的观念和新的技术涌现出来，扰乱了既有的经济生活，迫使公众重新构想未来。熊彼特用了一个关键词——“间断性”，意指生活和秩序突然被打断。我们看看中国的发展，可以理解熊彼特这一思想。

在千年视角下，停滞是正常的，演化从来都很缓慢，从来都在“停滞”状态里。然后，累积性的因素偶然汇集起来，突然爆发，社会的僵化外壳被炸开，那些有企业家精神的人必须寻找渠道宣泄自己的能量，我在前面说过，根据老艾森克的观察，创造性是一种宣泄，过剩能量的宣泄，也就是凯恩斯所谓“动物精神”，是动物生命本能的宣泄。

请你们回想波默尔 1990 年那篇文章，如果社会制度能够容纳这些能量宣泄，企业家创新活动就可以发生在建设性的领域，否则，这一能量就毁灭旧社会，炸毁它的僵化（官僚化）外壳。于是社会断裂，创新发生。柏格森的创造性演化，是对这一过程在个体层面的概括。熊彼特写了这一短语，discontinuity，他认为以往的演化学说不能提供这一现象令人满意的解释。因为，那时演化学说停留在连续性演化的框架里。要到 1950 年代以后，哈佛大学出现了两位生物学泰斗，威尔逊（Edward Wilson，1929—　）和古尔德（Stephen Jay Gould，1941—2002），其中，古尔德鼓吹的演化学说包含一种“突变”假说，或者，引入演化经济学之后，例如在演化博弈理论家杨格（Peyton Young，1945—　）那里，这一假说也被称为“间断均衡”（punctuated equilibrium）。

这样一篇重要的文稿，为何长期没有发表？是因为熊彼特没有找到完整充分的解释吗？还是由于其他原因？根据这四位编者的考证，熊彼特 1932 年在船上完成的这篇文稿，由 1933 年加盟纽约“新社会研究大学”的德国著名经济学家莱德勒（Emil Lederer）保存。1993 年，一次幸运的偶然，*JEL* 这篇文章的第二编者艾斯林格（Esslinger）在纽约州立大学的遥远档案中查找这位著名的德国经济学家的资料时，突然发现一份文件夹，是 1932 年为祝贺莱德勒 50 岁生日时敬献的，那里有 69 份内容广泛的资料，其中包括熊彼特这篇“发展”文稿。

回到图 1.15，第二分支的主题是“凯恩斯”，第三分支是“哈耶克”，然后，凯恩斯和哈耶克联合指导了一名博士生，在第二分支的延伸分支——“沙克尔”（George Lennox Sharman Shackle，1903—1992）。

凯恩斯的主观概率思想，由思想史家的考察可知，缘起于 1906 年。那年，他通过了文官考试——希望在财政部任职，根据剑桥大学当时的规定，文官可以不住校但享受研究员资格，为此，他要提交并答辩通过一篇学术论文。这篇学术论文的标题就是“论概率”（A Treatise on Probability），1908 年答辩失败。不过，马歇尔自费聘请他担任经济学讲师，月薪 100 镑。1909 年，他通过了论文答辩。他的身世意味着他是名副其实的“剑桥之子”[1]，并且他的才华使他成为剑桥明星们的“使徒社”的核心人物[2]。1909—1915 年间，他主要在剑桥大学讲授经济学，尤其是他最关注的货币理论。他的《论概率》，延至 1921 年才出版。凯恩斯 1902 年从伊顿公学考入剑桥大学时，马歇尔就渴求让他成为经济学家。那时，凯恩斯更愿意追随摩尔（G. E. Moore，1873—1958）那样的伦理学家[3]。根据各种凯恩斯传记，很显然，他始终不愿意成为职业经济学家，他更愿意从政，或以职业经济学家身份从政。

凯恩斯不仅是一位经济学家，他同时是一位伟大的社会科学家和政治活动家。虽然，多年前，我在我的移动硬盘里检索凯恩斯的名字得到的 251 篇文献大多是经济学家写的。在当代 200 名最重要的经济学家里，没有哪一位像凯恩斯这样引发了如此广泛的学术研究和学术评论。罗特里奇公司出版的“经济学历史”研究系列里有两本书是凯恩斯思想研究：（1）凯恩斯与古典经济学的关系（1996 年英文版），（2）凯恩斯与新古典经济学的关系（1998 年英文版）。这两本书尤其值得你们浏览，书名已引发关注：在古典与新古典之间，凯恩斯承前启后，唯此一人。至少，我被凯恩斯深深地吸引着，我认为马歇尔以来的经济学只是围绕凯恩斯思想展开的。

第一次世界大战结束，凯恩斯是凡尔赛和谈的英国代表团主要成员，他的出色表现感动了英国和世界—— 我们不能忘记，世界政治的主导权是在第二次世界大战之后从英国转移到美国的。第二次世界大战结束时，由于精英损失殆尽——有创造性的精英其实寥若晨星，而这些精英大部分都在两次世界大战中牺牲，凯恩斯带病再度代表英国参与战后秩序重建，他不仅是“布雷顿森林体系”的创设者，更是“世界银行”

[1] 参阅奥斯汀 · 罗宾逊：《凯恩斯传》，1947，中译本见商务印书馆，1980 年，滕茂桐译。

[2] 参阅斯基德尔斯基：《凯恩斯传》（Robert Skidelsky, *John Maynard Keynes*, 2003 年单卷本），中译本见北京三联书店，2005 年，相蓝欣等译。

[3] 参阅 Bradley Bateman, “G. E. Moore and J. M. Keynes: A Missing Chapter in the History of the Expected Utility Model”, in *AER*, 1988。

（当时是“国际开发银行”）和国际货币基金组织（IMF）的创设者，可说是他一人所为。后来，大国博弈 1946 年初出现反复，凯恩斯耗尽心血，使国际开发银行和国际货币基金组织顺利揭幕，不到一星期，他心肌梗塞辞世。在中译本序言结尾处，凯恩斯传的作者斯基德尔斯基告诉中国读者，凯恩斯说过，文明很脆弱，它只维系在少数人的心里。

凯恩斯的弟子，沙克尔，也被我放在一个爆炸性的括号里。这是一位奇才，他不仅有出色的拉丁文和希腊文训练，不仅对经济学有令人羡慕的直觉，而且对凯恩斯不确定性理论有特殊的敏感性，以致他辞世之后，1993 年 5 月 *EJ*（《经济学杂志》）发表传记文章纪念他，标题是“G. L. S. Shackle 1903—1992: A Life with Uncertainty”（直译“沙克尔 1903—1992：不确定性的一生”）。传记资料表明，沙克尔的父亲是数学教师，曾帮助凯恩斯取得伊顿公学奖学金。沙克尔一边在银行工作一边在伦敦大学读书，1931 年取得学士学位，然后在伦敦经济学院读博士生，师从哈耶克研究奥地利学派的资本理论，1937 年取得博士学位，另一传记资料表明他是 1940 年获得牛津大学博士学位的。不过，他改变了博士论文选题，转而研究凯恩斯经济周期理论，试图为凯恩斯经济学提供来自北欧学派和奥地利学派的解释，或者，如另一些作者所说，是为奥地利学派的经济学提供凯恩斯经济学的解释。1938 年，他的博士论文标题是“Expectations, Investment and Income”（《预期、投资与收入》）。沙克尔自述，在他读博时期，由奈特从旁助阵的哈耶克与凯恩斯辩论的思想盛宴恰好开始，每日研读大师们的文章，简直目不暇接。“二战”期间，接受哈罗德爵士的邀请，他向海军部报到，加入丘吉尔司令部的“S 纵队”（科学家纵队）担任经济学家。战后的几年里，沙克尔漂泊不定，直到 1951 年，他任教于利物浦大学至退休。

沙克尔的思想史名著是 1967 年剑桥大学出版社发表的 *The Years of High Theory: Invention and Tradition in Economic Thought 1926—1939*。哈罗德 1968 年为此书写过评论 [1]，他不同意沙克尔将凯恩斯的不确定性观念置于凯恩斯经济学的中心，他认为凯恩斯经济学如果没有“凯恩斯不确定性”，那么它依旧是一场“凯恩斯革命”。不过，2004 年，《黑天鹅》（*The Black Swan*）的作者塔勒布（Nassim Nicholas Taleb）对沙克尔的“unknowledge”概念极为推崇，他将沙克尔视为“黑天鹅事件”知识论的思想先驱，称沙克尔为“一位被远为低估了的伟大思想者”。

沙克尔关于不确定性的文章 1955 年由剑桥大学出版社结集出版，名为 *Uncertainty in Economics and Other Reflections*，阿罗 1957 年在 *JPE* 写了一篇书评，对沙克尔评价极高。

[1] *Economic Journal*, Vol.78, No.311, pp.660-664.

1965 年，沙克尔的另一部作品问世，*A Scheme of Economic Theory*（《经济理论论纲》，Cambridge University Press）。诗人、教育家、神秘主义者、系统科学家、跨学科哲学家和天才经济学家布尔丁（Kenneth Boulding，1910—1993）1967 年写了一篇书评，开篇就说："我长期景仰的沙克尔教授之为活跃于当代经济学领域的一颗最具原创性的心灵……"不过，他对沙克尔"论纲"表达了失望。因为，布尔丁认为沙克尔的论点只应占用一篇论文，而不必写一部 200 多页的专著。

2002 年，布坎南和范伯格（Victor Vanberg）在《奥地利学派经济学评论》发表了一篇长文，"The Constitutional Implications of Radical Subjectivism"（激进主观主义的宪法涵义），不仅意味着沙克尔的"unknowledge"概念是布坎南自己的"radical unknown"（对应于罗尔斯的"无知之幕"）概念的思想先驱，更重要的是，这两位作者（第二作者是这一期刊的主编）论证，在新古典理性选择模型中，决策行为是简单的动物行为，只对环境改变作出反应（条件反射）。只有在沙克尔的激进主观主义分析框架里，决策行为才是创造性的。于是，他们将以往经济学家讨论的理性选择命名为"reactive choice"（反应性选择），而将沙克尔讨论的理性选择命名为"creative choice"（创造性选择）。

总之，沙克尔的文章，在多年之内，是我的"行为经济学"课程的必读文献。只是因为必读文献越来越多，他的名字才逐渐从这门课程里消失，不过，在我的"经济学思想史"课程里仍占有一席之地。

再看图 1.15，熊彼特和哈耶克都太有名了，我这里不再详细介绍。凯恩斯的主观概率学说发端于 1906 年，直到 1950 年代，弗里德曼和萨维奇（Leonard Jimmie Savage）才引入经济学，然后，在今天，我们才开始讲解"主观博弈论"。

现在介绍第四讲，见图 1.16，在这一讲的主干上，我写着：制度的主要功能是降低不确定性，演化视角下的动态过程与不确定性预期。前半句源于诺斯，他认为，制度的主要甚至唯一的社会功能在于，它可以降低不确定性。有鉴于此，假如凯恩斯活着，他应关注制度经济学的进展。当然，我推测，他仍要怀疑诺斯的制度努力是否有效果。后半句不容易展开解释，需要引用许多文献，也是目前最艰难的研究课题，我刚才介绍的凯恩斯"选美问题"，可以说是这一课题的思想先驱。

降低不确定性的制度，首先，当然很大程度上也引发了布坎南对阿罗定理的强烈批评，首先是制度的理性化问题。越是理性化的制度越可预期。法官判案，如果毫无预期可言，就会被认为缺乏理性。我们之所以要有宪法，也是为了降低不确定性（减少不可预期的行为）。你们如果还有疑问——此处应有疑问，可参阅我的行为经济学课程必读文献：Ronald Heiner，"The Origin of Predictable Behavior"（"可预期行为的起源”，*AER*，1983）。

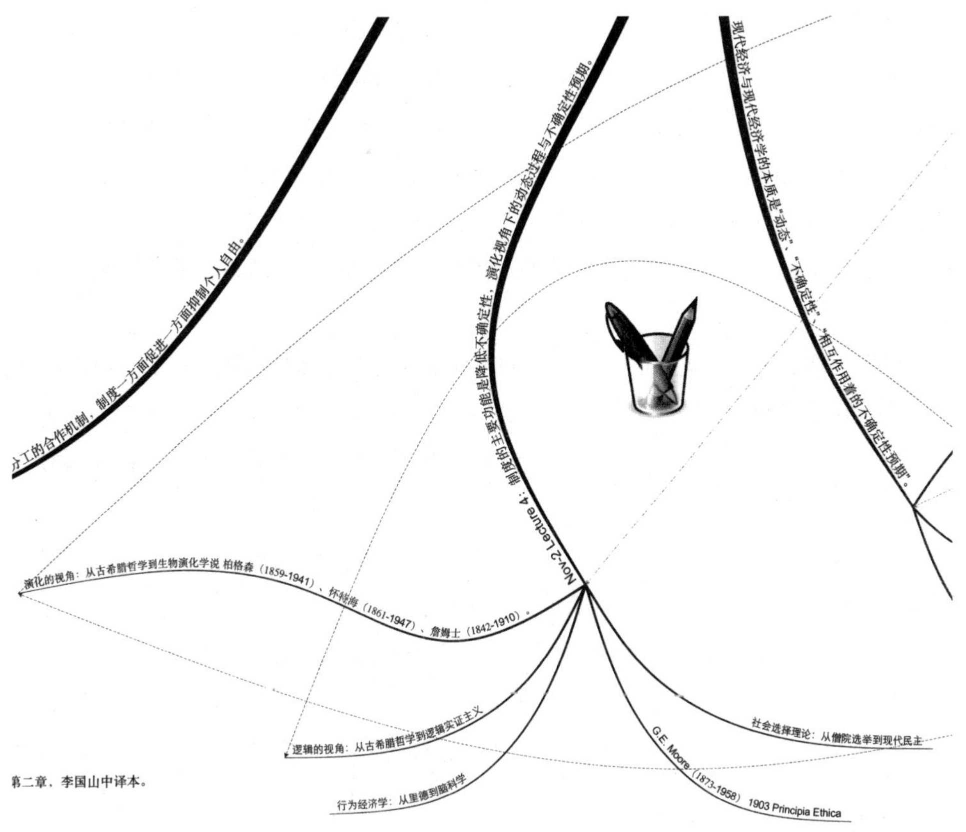

图 1.16

不论如何，图 1.16 的第一分支是阿罗确立的“社会选择”理论。第二分支，是上面提到的摩尔和他的名著《伦理学原理》（*Principia Ethica*）。这部作品太有名，以致——我们常说“科斯定理”人人都知道，但很少人认真读过，与此类似，摩尔的这本书人人都知道，但很少人读过。究其理由，一位书评作者指出，因为摩尔在导言里的论证太令人信服了，所以没有人有兴趣继续读完这本书。我确实读完了这本书，得知在最后一章，摩尔的伦理学追寻导致他认为友谊是人生最高境界。

极端的不确定性环境，人的行为可能大部分是不可预期的。斯密当时已经有类似感慨，他询问，在这一迅速变动的英国社会里，我们更愿意模仿一位朴实但贫困的人呢，还是更愿意模仿一位因欺诈而致富的人呢？罗尔斯有类似的询问。当然，我们周围，在过去三十多年里，这样的问题简直比比皆是。正义问题，我们很难回避。罗尔斯和诺齐克（Robert Nozick）的辩论，主题之一是关于天才的。我们知道，天才和勤奋很难区分，天才之发生是偶然，我们如果不允许天才的收益千百倍地高于普通人，我们的政策很可能奖懒罚勤。十几年前吴敬琏批评中国股市是投机而不是投资市场的时候，引发厉以宁等经济学家的批评。因为，理由很简单，我们无从区分投机行为和投资行为，于是，假如我们制定一项政策抑制投机行为，很可能，这项政策也同时抑制投资行为。上述的分析，前提就是不确定性。如果不确定性消失，在海纳模型里，就是“C-D”gap 缩小为 0，那么人人都有完备信息，当然可将任一种行为与其他的任一种行为区分开来。不过，根据我理解的“科斯定理”，此时，制度也就无关紧要了。

所以，在应付不确定性的时候，我们不仅要探讨各类制度的优劣，而且要熟悉各种正义理论。回到图 1.16，另外两个分支，分别是“演化的视角”和“逻辑的视角”。实际上，这两个视角之间的紧张关系不仅贯穿全部经济学思想史，而且也构成西方思想史的一条主要脉络。

现在介绍第五讲的主题，见图 1.17，我在这一讲心智地图主干上写着：制度是协调分工的合作机制，制度一方面促进一方面抑制个人自由。我们中国人还在寻求更好的制度，故而我们要懂得制度之正面和负面的性质。制度协调劳动分工，从而物质生活可有极大发展，这是有利于促进个人自由的。代价呢？就是个人生活的制度化，或福柯所谓“归训”，也就是我说的官僚化。这一讲的三个分支，实验与仿

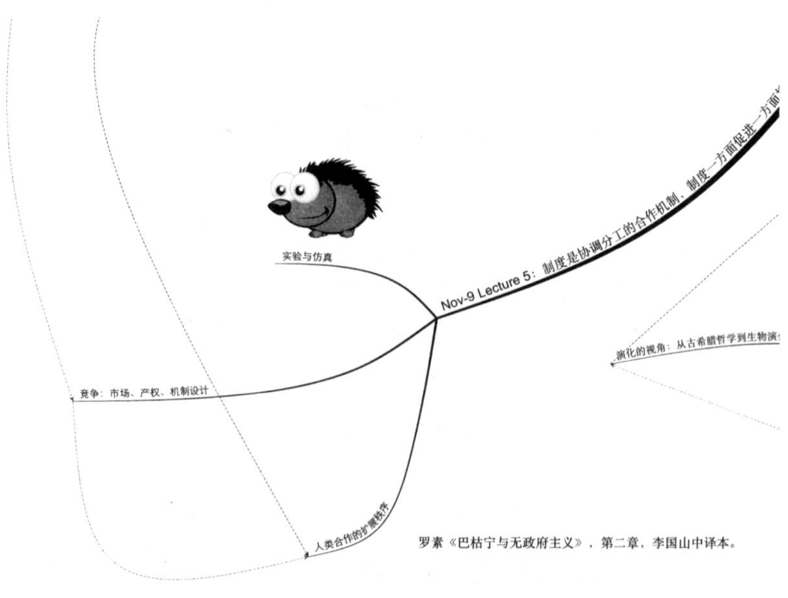

图 1.17

真，是目前制度研究的重要方法。这是因为，制度变迁耗时耗力，失败之后不可能回到出发点重新实验，故而，若能借助计算机仿真方法，我们可能避免许多致命的制度失败。当然，仿真方法何时才可用于制度仿真？从目前技术进步的速度，我估计，需要等待 10 年。现在你们若进入仿真研究领域，只好研究一些小题目。这些小题目的结论，我们基于常识也可知道。Let Logos，你们从美国西北大学主页可免费下载的一套仿真软件，它自带的模型库里面有上百个仿真程序，包括社会科学家研制的几十个程序。观察这些程序的运行过程，大致可让你们获得一些仿真的初步体会。我的经验是，借助计算机仿真，我可能将问题想象得更清楚一些。目前，仅此而已。

现在介绍第六讲的主题，见图 1.18，理论与现实的关系，逻辑与历史的统一视角。对经济学而言，首先需要澄清数学模型与现实经济问题的关系。在经济学模型的世界里，基础性的是不动点定理。

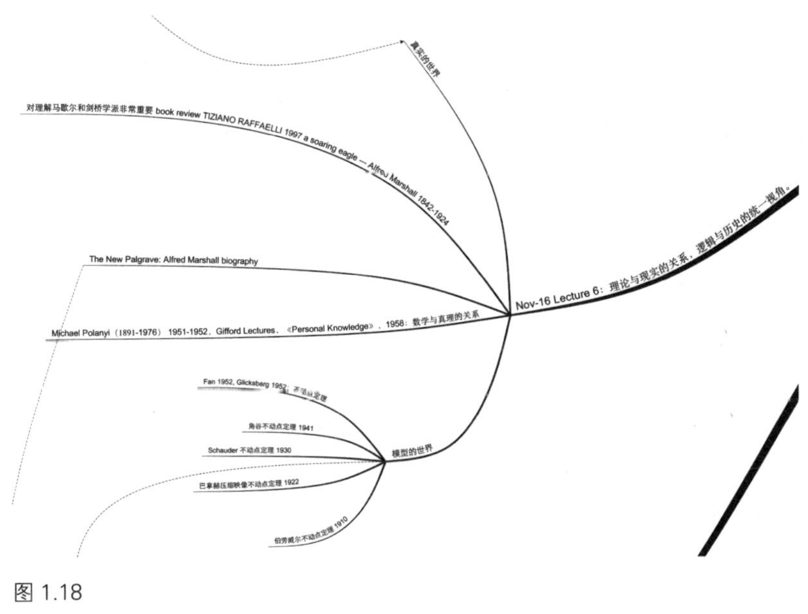

图 1.18

其次，超出经济学领域的，是数学与真理的关系。这里需要引入认识论哲学，例如博兰尼的“个人知识”理论，尤其是他关于不确定性的洞见，可以和凯恩斯的不确定性理论并列研究。我在这里单独列出马歇尔的传记资料，取自《新帕尔格雷大经济学大词典》(*The New Palgrave: A Dictionary of Economics*)。这些传记资料一方面披露了马歇尔的性格，另一方面解释了马歇尔的《经济学原理》为何更接近牛顿力学原理，而不能更接近达尔文生物学原理。不论如何，这里引用的另一篇文献的标题很重要：“艾尔弗雷德·马歇尔，1842—1924，一只奋力高飞的鹰”。换句话说，这篇文章的作者认为，他尽管写了许多不利于马歇尔的故事，尽管马歇尔确实有性格缺陷，而且数学不足够优秀，但他毕竟是可以飞得很高的鹰，而不是只能在地上飞的鸡。

最后一个分支，如图 1.18，题目是“真实世界”。面对真实世界的时候，经济学需要解决自己内部的方法论问题，究竟是坚持它两百年以来的主流——均衡分析的逻辑视角，还是引入演化分析的历史视角。黑格尔认为逻辑与历史是同一，因为逻辑的展开就是历史。不过，黑格尔的逻辑学不是形式逻辑，而是辩证逻辑。

接着黑格尔，李泽厚继续说，我们是逻辑与历史的统一论者。我的方法论理想，就是希望有一套逻辑与历史的分析框架。今天我没有进入第二讲，因为我准备为第二讲花费大半个学期的课时。不过，假如你们在第二讲里细读那里罗列的名家和他们的作品，应当不难看到，以往两百多年经济学的演化，就方法论而言，其实就是围绕上述的逻辑与历史的紧张关系展开的。

在第二讲心智地图里，德国历史学派占据显著位置，它的对立学派是李嘉图学派。这两大方法论学派纠缠始终，难舍难分，让我们总要试图超越它们，求得某种统一框架。尤其对我们中国人来说，中国不是西方，这是中国经济学家面对的基本事实。所以，历史学派强调的方法至关重要。例如，旧历史学派的创立者罗雪尔（Wilhelm Georg Friedrich Roscher，1817—1894）1843 年在他的多卷本名著《历史方法的国民经济学讲义大纲》（*Grundriß zu Vorlesungen über die Staatswirtschaft nach geschichtlicher Methode*）[1] 开篇写着：

> 哲学家尽量抽象地、脱离一切时间和地点的偶然性去寻求概念或判断的体系；历史家则尽量忠实地描绘现实生活，寻求人类的发展及其关系的记述。前者对于一种事物下了定义，就算是明确了这一事情，而在他下定义时，决不使用不是在他的体系的以前部分所已研究过的概念；后者则承认任何事件都是在人类相互之间发生的，记述了这样的人类，这件事就算剖明了。……对于人类政治激动的分析——这只有通过对一切已知的国民进行比较，才可能明确。各个国民发展中的类似性，可归结为一种发展规律。历史家的工作同生物学研究者的工作相似，这种历史的方法，只要不完全走入迷途，任何时候都有客观的真理性。实践家从它获得的教益最多——但并非通过直接的命令，而是相反地通过形成一种政治的观点而达成的。历史方法的最高目的在于以科学的形式将人类所已获得的政

[1] 中译本见商务印书馆，1986 年，朱绍文译。

治成果留给后代。

斯密的叙事，很大程度上也是历史的，而不是逻辑的，他的思想深受英国经验主义传统，特别是苏格兰的和休谟的怀疑论经验主义传统的影响，在《原富》或《道德情操论》里，他对一些具体事例提出经济学分析之后，转而分析另一些具体事例，他从不急于推广他的分析，甚至反对将他的命题推广为一般命题。并且，我们注意到，斯密《原富》第四卷是“论政治经济诸体系”（严复的翻译：“吾欲取诸家之说，审其异同，穷其事验，用以见古今诸国生理之所以不齐”），或《道德情操论》第七卷“论道德哲学诸系统”，必须有历史描述才算完整，这就让我联想到罗雪尔的上述论点。在朗润园的经济学家当中，我知道周其仁也坚持斯密的方法论立场，从不急于推广他的经验命题为普适命题。

总之，两百多年来，经济学家无法摆脱这个议题，经济学方法究竟是逻辑的还是历史的?

现在我介绍第七讲的主题，见图 1.19，“社会科学总论”。第七讲有这样一个标题，是难以避免的。因为第八讲的主题是“面向未来社会的经济学”，想象未来的经济学，很难不想象未来的社会科学。要么经济学不融入社会科学，要么它将成为跨学科的，也就是融入社会科学。这里的两个分支，其一是社会科学的社会功能——为公共政策提供理论基础；其二是哈贝马斯倡导的批判社会科学——使社会科学保持内在紧张，从而能够持续有所发展。由批判社会科学又延伸出两个分支：其一，人的潜质通过批判既有生存状况而得到发展；其二，人在各领域活动的意义。

我们朗润园的理论优势，就在于它是面向公共政策的。我们看看北大校园里经济类的三家机构，首先是光华管理学院，它的名称，顾名思义就是技术性的，管理学院，很少研究公共政策的理论基础问题。北大的管理学院由于历史原因相当大程度上已成为北大的经济学院，当然，还是有所侧重，它还是一所管理学院。其次是北大的经济学院，其实我最敬重这所学院的，还是它的思想史传统，它有悠久的传统。所以，公共政策的理论基础，就是我们朗润园的研究强项了。

为了发展以公共政策为背景的经济学，我们于是很难不涉及批判社会科学。因为，只有在批判视角下，才更可能保持我们相对于政治系统的学术独立性。否则，请你们想想，朗润园的公共政策研究，怎样可以不同于政府各部委的公共政策研究呢?我认为，坚持批判的姿态，至关重要。尽管哈贝马斯被中国知识界认为是新左派领袖，但我认为这类政治标签与我们的思想史讨论几乎无关，况且我也不认为哈贝马斯赞成中国新左派的政治立场。

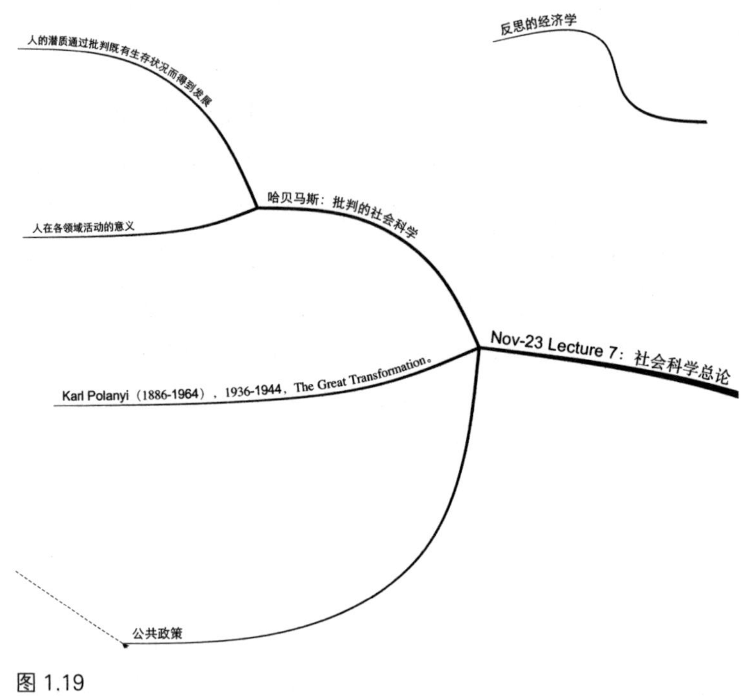

图 1.19

最后，我介绍第八讲的主题，未来社会的经济学，至少，可以想象未来社会的经济学。所谓“未来社会”，德鲁克（Peter F. Drucker）认为是“知识社会”，而且他在1990年代宣称西方早已进入知识社会了。中国在过去几十年里也被卷入了西方的大潮，现在也进入知识社会了。贝克尔在20世纪末写了一篇文章“人力资本的时代”。对他而言，知识社会就是人力资本的时代。

知识社会财富和收入分配的基本原理是“幂律”，也就是“赢者通吃”，在中国就是阿里巴巴，在西方就是占领华尔街运动——占人口不足1%的人群占有的财富却占人口全部财富的99%，长期而言，社会怎能延续呢？基于常识，我们说，社会将解体。所以，社会科学家必须求解这一问题，因为上述现象的基本原理是“幂律”，所以，经济学家首当其冲要承担求解上述问题的任务。

首先是，如图1.20，反思的经济学。这是第七讲的“批判社会科学”思路在经济学思想中的延续。

其次，经济学围绕价格理论展开，所以是，“现代经济学的核心议题：事物与事务如何定价？如何沿时间定价？”至今为止，你们学习的经济学都只是关于“流量”（flows）的经济学，而不是关于“存量”（stocks）的经济学。可是面向未来社会的经济学，在我想象中，必须是存量经济学！例如，见图1.21，我列出了现在已有一些进展的存量经济学课题：

导论
学期论
Sep-21 Lecture 1：引论，经济史，思想史，经济学，经济学思想史。
Nov-30 Lecture 3：面向未来社会的经济学
经济学与社会科学其它分支的关系
历史与逻辑的统一视角
经济学与心理学的整合：行为经济学
经济学与政治学的整合：新政治经济学
核心概念：租—经济的和政治的
新政治经济学：寻租、设租、租值耗散
企业家能力及利润之为企业家激励
现代时期，马歇尔：quasi-rents（拟租）与profit（利润）。
古典时期：级差地租
政治学核心概念：权力
古典政治学
现代政治学
后现代政治学
反思的经济学
经济学的未来？
新的研究方法：Rhona Free 2010 ed 21st Century Economics—A Reference Handbook
新的理论框架
Allyn Young（1876-1929），1928，收益递增与经济进步。
现代经济学的核心议题：事物与事务如何定价？如何沿时间定价？
知识、科学、技术。
自然环境与自然资源
生命
文化遗产
社会资本
哈贝马斯：批判的社会科学
人的潜质通过批判既有生存状况而得到发展
人在各领域活动的意义
Hannah Arendt
For Love of the World

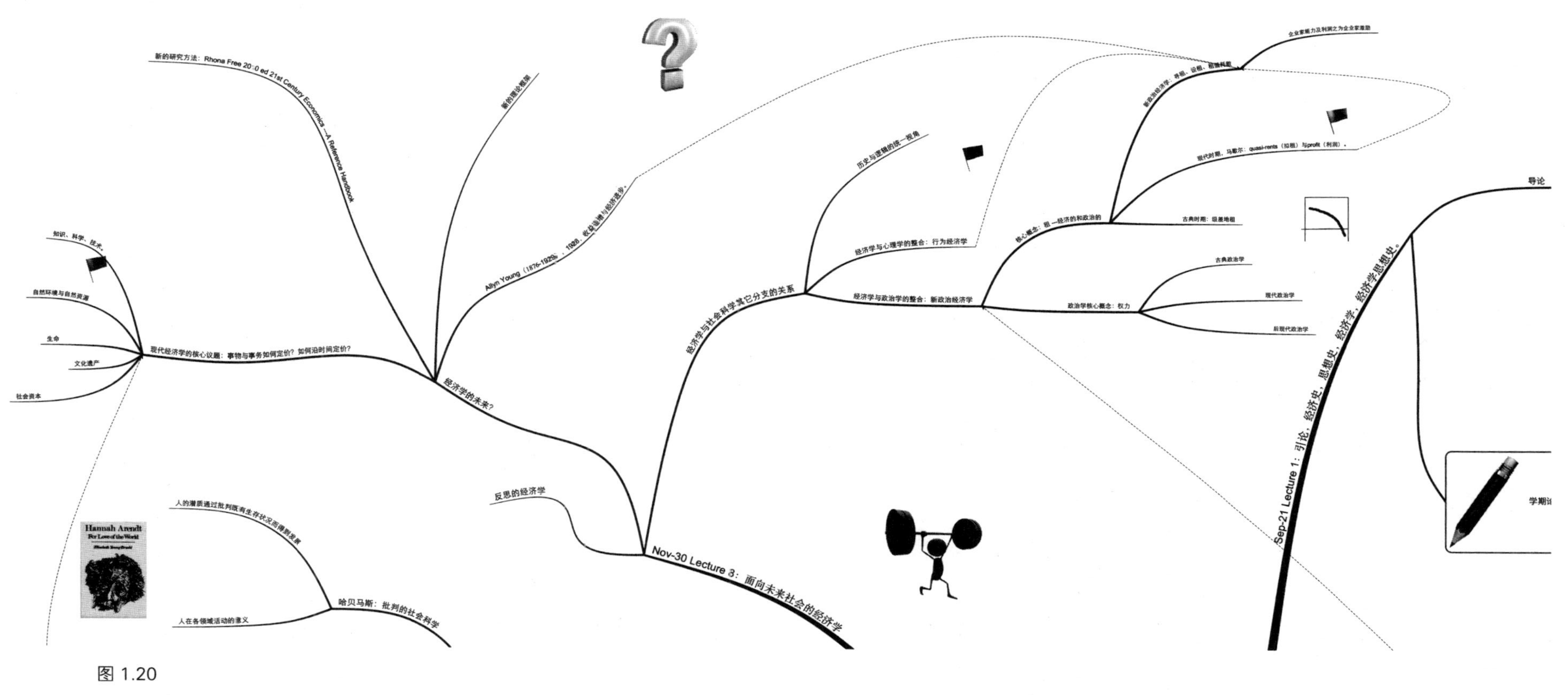

图 1.20

（1）社会资本。注意，资本的产权关系可以清楚界定，但社会资本，在社会网络里由局部网络的参与者们共享共建的能产生未来收入流的那些社会关系，怎样界定财产权利？这是经济学家没有解决的问题。

（2）文化遗产。私人的遗产可以有产权关系，文化的遗产呢？例如，北京的故宫，通常是由全体社会成员分享的。这类问题，经济学没有提供解决方案。

（3）生命。经济学家通常认为生命有价格，但如何为生命定价？目前保险公司采用的精算方法不能令人满意，也导致了许多弊端。

（4）自然环境与自然资源。20 世纪下半叶以来，这一主题的研究，我们称为“资源经济学”。这门学科有了很大进展，但还没有找到资源存量的一般定价原理。

（5）知识、科学、技术。这是最艰难的研究领域，张五常有体会。20 世纪末叶，我在《经济研究》发表过知识研究的文章，我也有体会，很难，可能需要抽象代数或代数拓扑这类更抽象的数学工具。

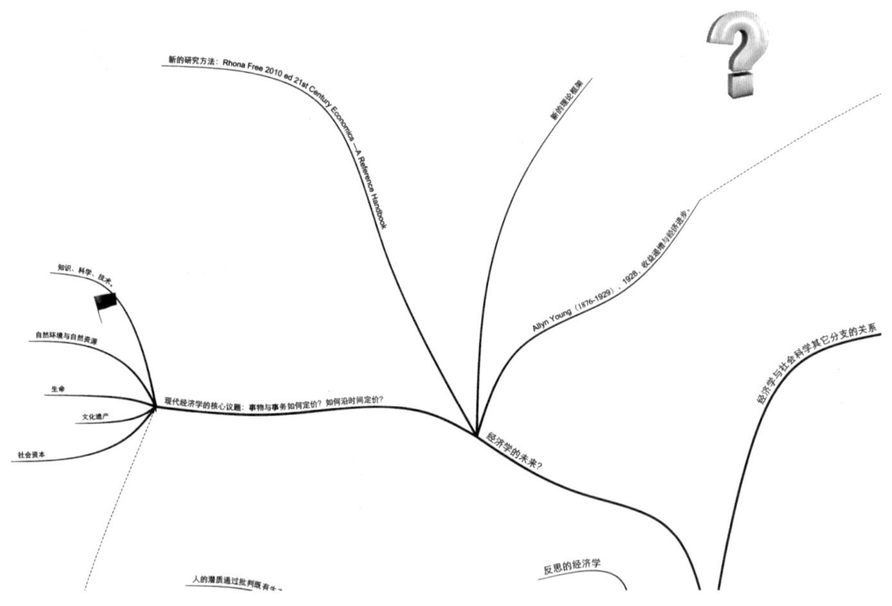

图 1.21

还有十几分钟下课，我们看看第二讲的开端，如图 1.22，这样的开端，是因为苏格兰启蒙学派就是这样开端的。斯密担任格拉斯哥大学道德哲学讲座教授时，遵循惯例到大学图书馆阅读前任道德哲学讲座教授们的讲义，并参照这些讲义撰写他自己的讲义。格拉斯哥大学道德哲学讲座的第一位教授是卡迈克尔（Gershom Carmichael，1672—1729），1727 年就职，他的课程继承了中世纪后期人文主义者格劳秀斯（Hugo

Grotius，1583—1645）和普芬道夫（Samuel Pufendorf，1632—1694）的思想体系。然后是他的学生哈奇森（Francis Hutcheson，1694—1746），1730年就职，他最出色的学生是休谟和斯密。第三位是克雷吉（Thomas Craigie），1746年就职，可是他病得很重，于是请假去乡间疗养并在那里故去了。第四位，斯密，1752年就职。

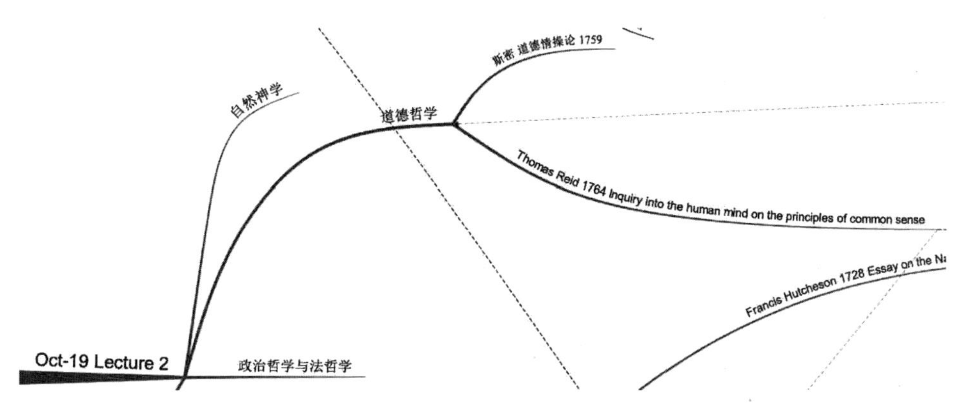

图 1.22

根据这一讲义传统，斯密将自然神学列为第一部分内容，你们不应忽视神学，大约二十年前，我写过一篇文章，论述“在神学与梦之间”的经济学。一方面，梦境很难用理性选择原则来解释，另一方面，现代神学探讨的是信仰论证即基于信仰的理性论证，这两方面的事情，经济学很少能发言。在自然神学部分阐述了神的先定和谐秩序之后，可以继续阐述第二部分内容，也就是道德哲学。第三部分内容，是法哲学和政治哲学，也就是要落实道德哲学。自然神学不是人类有能力落实的，但道德哲学在人类能力范围内。最后，是关于财富的原理（政治经济学）。斯密之后，格拉斯哥大学第五位道德哲学讲座教授是托马斯·里德（Thomas Reid，1710—1796），1764年就职。

休谟死后，他的自然神学对话录流传于世。苏格兰启蒙的另一位核心人物是里德，常识和心灵哲学的宗师。里德之后的苏格兰启蒙学派通常也被称为“常识学派”，可见里德影响深远。直到今天，行为经济学和脑科学家还要返回里德的心灵哲学去寻求思想资源。

关于上列第二部分内容，斯密首先发表了《道德情操论》（1759），十几年之后，出于相当复杂的原因，他紧张撰写并发表了《原富》（1776），也就是上列第四部分内容。今天，人们日益相信斯密自己最重视的并且在思想史视角下也是斯密最重要著作的是《道德情操论》，而非《原富》。斯密与休谟约定相互执行遗嘱，但休谟先辞世，故当斯密临终时，他只好自己监督遗嘱的实施。他预感死之将至，于是召来几位好友，在他床前，搬出十几箱手稿，他下令“烧！”于是将全部手稿付之一炬。只有天文学手稿，斯密认为仍有发表价值，被保留下来。后来，听过斯密法哲学与政治哲学课程的两位学生，各自的课堂笔记流传于后世，分别由权威学者鉴定，确系斯密课堂的学生笔记，称为“斯密法学讲义手稿 A”和“斯密法学讲义手稿 B”。多年前，我连续两年在思想史研究班详细讲解了这两套法学手稿——其实是“政府原理”。所以，我建议来自政府管理学院的同学们研读这两份手稿，也算是斯密关于上列第三部分内容的论述。

第二讲的主要内容沿着心智地图的“政治经济学”分支展开为 10 个主要学派，如图 1.23，标题是：政治经济学——从亚里士多德到格劳秀斯、配第（William Petty）、杜尔阁（Anne Robert Jacques Targot）、坎蒂隆（Richard Cantillon）、魁奈（François Quesnay）。

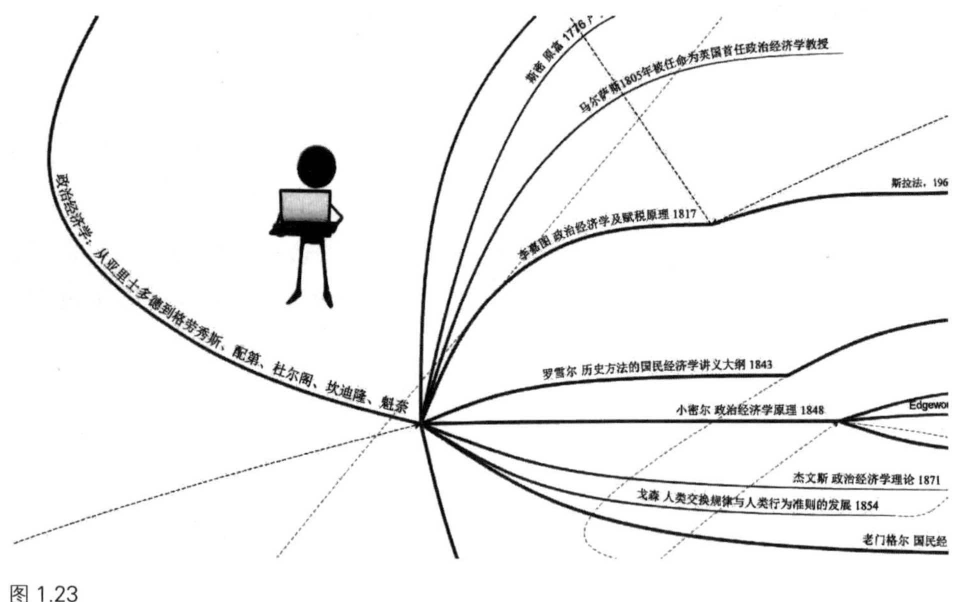

图 1.23

下课！（掌声）咱们三星期之后再见！

第二讲

长期史视角下的经济学及其核心议题

2014年10月19日 / 下午3:00—6:00 / 二教314

一、思想史方法：历史情境与重要性感受

二、古典政治经济学家及核心议题

1.中世纪晚期：从人文主义到古典经济学

2.坎蒂隆：经济学的开端

3.李嘉图：抽象逻辑与一般均衡的思路

4.斯拉法：典型的一般均衡经济学

5.李嘉图与斯密：方法差异

6.从古诺到边际革命

附录：奥地利学派经济学的历史背景和主要议题

一、思想史方法：历史情境与重要性感受

自从有了文字以来[1]，后人若要理解前人的思想，通常有两条途径：其一是文本分析方法（例如经典阐释学）；其二是思想史方法。文本，也包括口述史的文本。因此，在文明史阶段（不是史前史阶段）——或许更晚，在西方社会，“实践智慧”的传统中断之后[2]，文本成为思想传承的主要途径。

但是，随着人类社会范围的迅速扩张，最初嵌入于具体情境的文本脱离了原来的情境，于是很容易误导后人陷入怀特海所谓“错置实境的谬误”（the fallacy of misplaced concreteness），或者陷入詹姆士（William James）所谓“vicious abstractionism”（邪恶的抽象主义），总之，这些文本或概念容易误导后人以抽象概念取代真实情境的切身体验，因此很难获得关于重要性的感受。可是，消失了重要性感受之后，哪里可能有智慧呢？知识取代智慧，这就是文字的代价。

在一个缺乏常识的时代，我认为上述第二种途径——就是通过思想史方法来理解前人的思想，可能更好一些，当然也更累一些。至少，对以前的人物和他们的思想，我们通过思想史方法可以有韦伯所谓“同情的理解”。

在运用思想史方法时，我们首先试图想象作者的生活情境（物质生活、社会生活、精神生活），然后试图感受作者通过作品试图表达的重要性。我们常要重复这一过程，直到获得比单纯文本分析所得的更令人信服的理解。现在，第二讲，这种思想史方法被用于理解古典政治经济学家的和他们之前的经济学思想。

首先，请看图 2.1，取自伍晓鹰等译麦迪森（Angus Maddison，1926—2010）《世界经济千年史》（*The World Economy: A Millennial Perspective*）[3] 图 1.4。这张图的标题是“中国与西欧人均 GDP 水平的比较，400—1998”，这是麦迪森长期经济史证据研究汇总得到的最重要的一张图。我们试图回到以往时代经济学家们的生活情境之中，目前最好的依据，是长期经济史的公认权威麦迪森的这张图。他在解释这张图时承认，1820 年

[1] 请查阅我 2008 年写的一篇文章“文字的代价”，即本书第七讲附录。

[2] 请查阅我的《新政治经济学讲义》（上海人民出版社，2013 年）中与“phronesis”有关的部分，见该书第五讲“附录一”和第七讲。

[3] 北京大学出版社，2003 年，伍晓鹰等译。

以前各世纪各国 GDP 定量分析，有大量的推测成分。

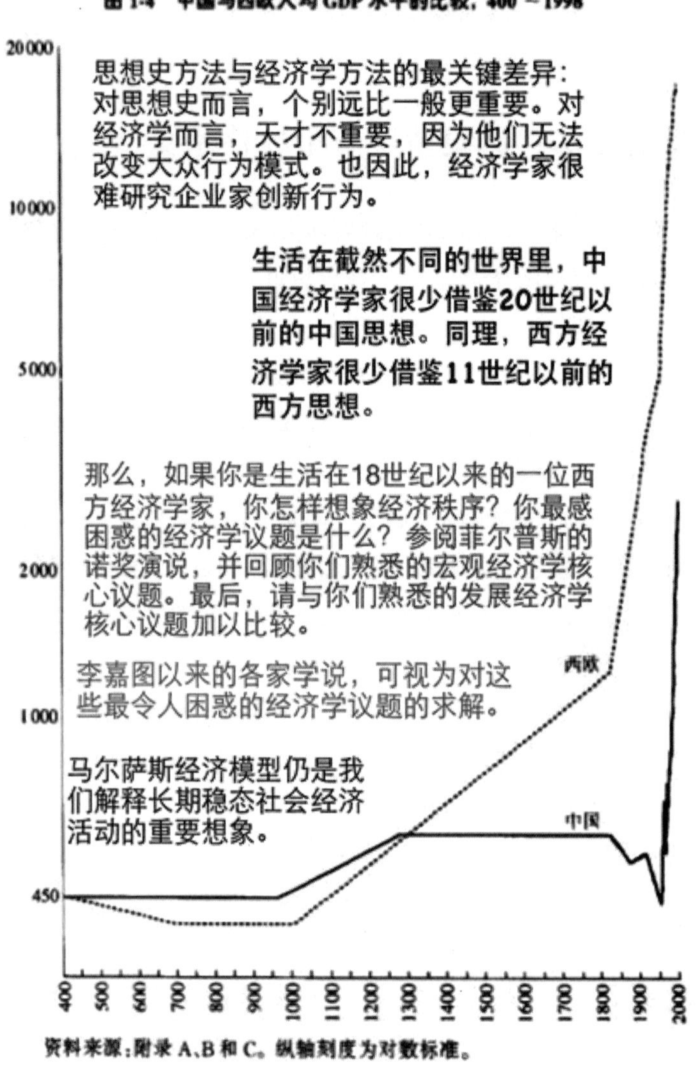

图 2.1

不论如何，从这张图可以看到，在西欧，人均 GDP 在 14 世纪初开始超越中国。并且远在 14 世纪之前，大约在 11 世纪初，那里的人均收入已进入一个显著增长时期。与汉唐之间数百年的乱世类似，蛮族入侵和罗马帝国瓦解（公元 5 世纪中叶）导致的经济倒退过程大约是 600 年，从公元 400 年到 1000 年。但是，在公元 1000 年的时候，西方开始改变。

我们或许难以想象西欧5—10世纪期间的生活情境。南森·巴伯（Nathan Barber）在2006年*The Complete Idiot's Guide to European History*（傻瓜系列丛书之一种）第一部分“爬出中世纪”第一章“The End of the World as We Know It”（我们所知世界的末日）开篇就说，在中世纪欧洲人看来，公元5世纪之后的400多年如同世界末日。我们可以想象，对普通人而言这几百年之所以特别艰难，恐怕是因为，罗马的皇帝和将军们四处征战，或蛮族从四面八方入侵罗马，这些连绵不绝的战争，最大祸害是使普通人的日常生活完全谈不上有安定之感。堪与上述情形类比的，或许是普通中国人在魏晋南北朝（220—589年）时期的生活情境。根据钱穆《国史新论》，这段乱世延续了400年。当时普通人的生活异常艰难，也因此而兴起了世家大族对普通人的保护制度，与西欧封建制度类似。

我认为，对你们这一代年轻人而言，更容易想象的是西欧19世纪以后的生活情境，有些类似中国目前迅速变迁时期的日常生活，对应于图2.1，西欧和中国的人均收入几乎垂直的这一时期。现在，对第二讲而言，你们需要想象的，既不是罗马帝国瓦解时期的也不是英国工业革命以后时期的西方社会生活，而是11—19世纪的西方社会生活。在大约900年的这段时间里，如图2.1显示的那样，西方经济持续增长，终于导致19世纪以后的加速增长（工业革命）。中国社会，如图2.1所示，在宋代也有大约300年的经济持续增长时期，但是随后就陷入一段大约900年的停滞和衰退时期，直到1950年代以后才开始爆发性增长（后发优势）。

钱穆写过一篇长文论述中国历代教育得失，其中一项结论，给我印象很深，就是说，宋代的民间自由教育模式，或许是几千年中国教育最成功的模式。西欧在这段时期的情形，借助类比，或许也有教育和思想的持续进步。最近几十年，西方史学界不再称“中世纪”为“Dark Age”（黑暗时代）。因为，晚近的史料研究表明，中世纪的教育和思想十分活跃，唯其如此，才可累积性地理解“文艺复兴”和“启蒙运动”。

我们考察经济活动的视角，几乎总是连续的，而不是断裂的。也因此，马歇尔在《经济学原理》第1版序言里声称，“连续性”原理在该书中的运用或许是使它不同于以往著作的唯一特征。

那么，有哪些重要的事件，它们的累积性后果逐渐改变了西方人的经济生活和思想方式呢？我最容易想到的，依照时间顺序是“十字军东征”、“远途贸易”、“黑死病”……如图2.2，由黑死病导致欧洲人口减半或减三分之一，于是劳动的价格相对于土地的价格大幅增加，诱发庄园经济的兴起，又诱发王权与贵族争夺农民支持的长期政治趋势。时至近代，王权兴起与教会争雄，庄园主“圈地运动”，农业人口迅速转变为工业人口，机器、工厂、工人阶级形成。

这是一些大致的社会发展脉络，在获得这些印象之后，有必要逐一考证，检验这些发展脉络各自对斯密时代经济状况的特定影响，甚至定量分析这些影响，于是有许多经济史的工作需要完成。这一段历史，我在第四讲有更细致的讨论。麦迪森《世界经济千年史》指出，国际贸易在西欧经济发展中起了至关重要的作用，而它在亚洲或其他地区的历史中却远没有那么重要。

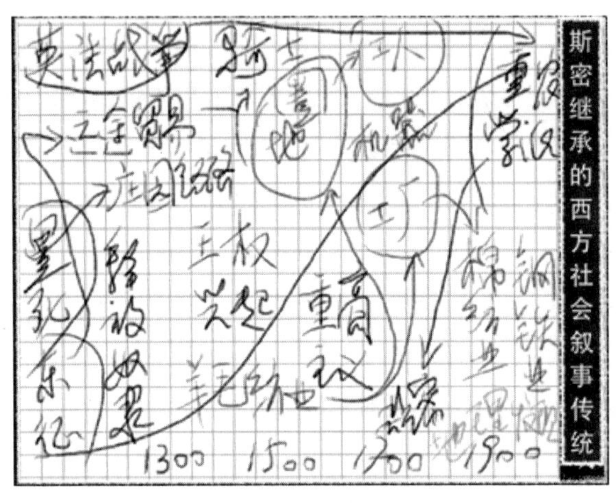

图 2.2

然后是著名经济史家克拉克（Gregory Clark）关于 13—18 世纪英国工资增长率的研究报告，如图 2.3，以及受黑死病的影响——在英国大约于 1350 年爆发，1200—1500 年间英国劳动工资的波动情形，如图 2.4。克拉克的这两张图，取自我 2010 年在北京大学的“经济学思想史”研究班讲义。

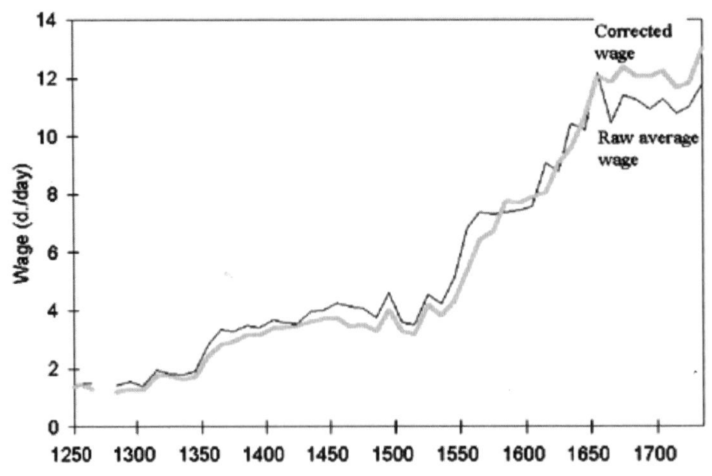

图 2.3

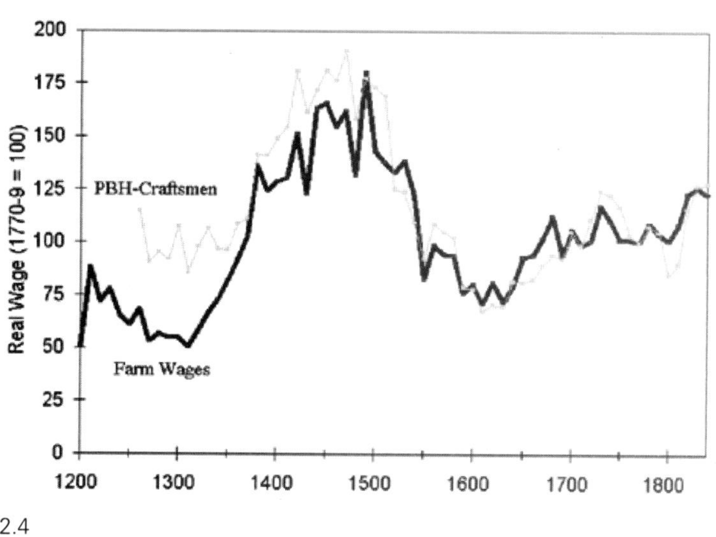

图 2.4

黑死病（鼠疫）的原因，直到晚近仍是史家争论不休的议题，尚无定论。至少，根据晚近发表的文章，黑死病爆发太突然，而且同时在大范围内爆发。根据测算，它的传播速度太快，以致很难相信是老鼠引发了黑死病。如果不是老鼠，那么，一种解释是远途贸易，维基百科“鼠疫”词条考证三次黑死病大爆发（542 年在君士坦丁堡，1340—1720 年在欧洲，1855—1959 年在亚太地区）皆来自亚洲。晚近发表的见解是，黑死病很可能是都市生活方式引发的。我们知道，欧洲中世纪的都市完全可以说是“脏乱差”的典型，虽然罗马人早已建设了有效的城市给水和排水系统。人致而言，我自己的想象是这样的：源于教会和君主的野心，11 世纪末叶开始的“十字军东征”的经济效应是使西方贵族见到了东方财富，可能因此而催生了利润极高的“远途贸易”（与西欧的长子继承制联合作用），此即图 2.2 左下角的文字。

斯密在《原富》里探讨了远途贸易的起源和弊端，他可能尤其喜欢美国殖民地的基于农业的工业发展模式，作为对比，他明确表示不喜欢欧洲的基于远途贸易的工业发展模式。因为，远途贸易诱致的本地工业，主要以分享远途贸易的奢侈品的超额利润为动机，可是，一个主要生产奢侈品的工业，与本地农业的联系实在很弱，故而工业无法与农业形成相辅相成的动态过程。也因此，我推测，斯密对重商主义政策有了强烈反感，与罗宾斯的态度恰成鲜明对比。

总之，在上述的那段历史时期，根据克拉克的报告，西方社会的劳动力越来越贵

（黑死病使欧洲人口在百年内减半），诱致了后来的“工业革命”，即资本对劳动的替代过程。图 2.5 取自克拉克 2007 年的另一本书（*A Farewell to Alms*）第 1 章插图 1。

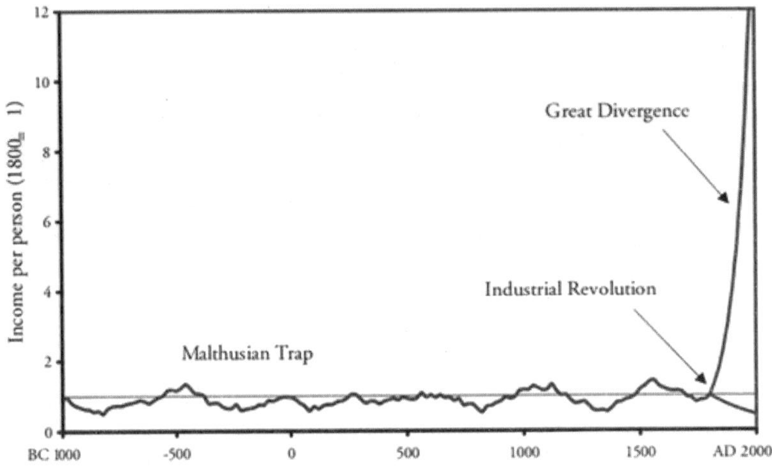

图 2.5

世界范围内的人均收入曲线，从公元前 1000 年到公元 2000 年——克拉克将这样漫长的 3000 年历史只分为三段：其一称为“马尔萨斯陷阱”，从公元前 1000 年一直延续到 19 世纪，以人均维持生命必需的收入水平为核心的几个长周期；其二称为“工业革命”，大约 19—20 世纪，以大机器生产为主线；其三称为“大分流”，以人力资本密集型的服务业为主线，大约 1950 年至今——这一时期人均收入分岔为爆发性增长的一支和缓慢下降的一支。

麦迪森说：从公元 1000 年到 1500 年，威尼斯在打开欧洲内部（佛兰德斯、法国、德国以及巴尔干国家）和地中海地区各国之间的贸易中扮演了一个关键角色。它开拓了沿商旅之路至黑海港口之间的对中国商品的贸易，以及通过叙利亚和亚历山大港进行的对印度和其他亚洲商品的贸易。这些贸易之重要在于，它将贵重的香料和丝绸带给了欧洲，也向欧洲输入了亚洲、埃及和拜占庭的生产技术。

现在回到图 2.1 中的几段文字。在第一段文字里，我指出思想史方法与经济学方法的最关键差异在于，经济学家通常只关注统计显著性或曰“一般”，而不关注相对于统计显著性的“例外”。可是思想史家必须关注这些例外或曰“个别”。经济学家根据切身体验推测具有一般意义的命题，并借助统计方法检验这些命题；思想史家试图找到有特殊意义但缺乏统计显著性的命题，并考察这些特殊命题蔓延或消失的过程。

现在可以看第二讲心智地图了，这里，我写了一页笔记，嵌入第二讲中，如图 2.6，再次描述了思想史的基本方法——同情理解，并引余英时自述感受来说明思想史家怎样可以进入历史情境。

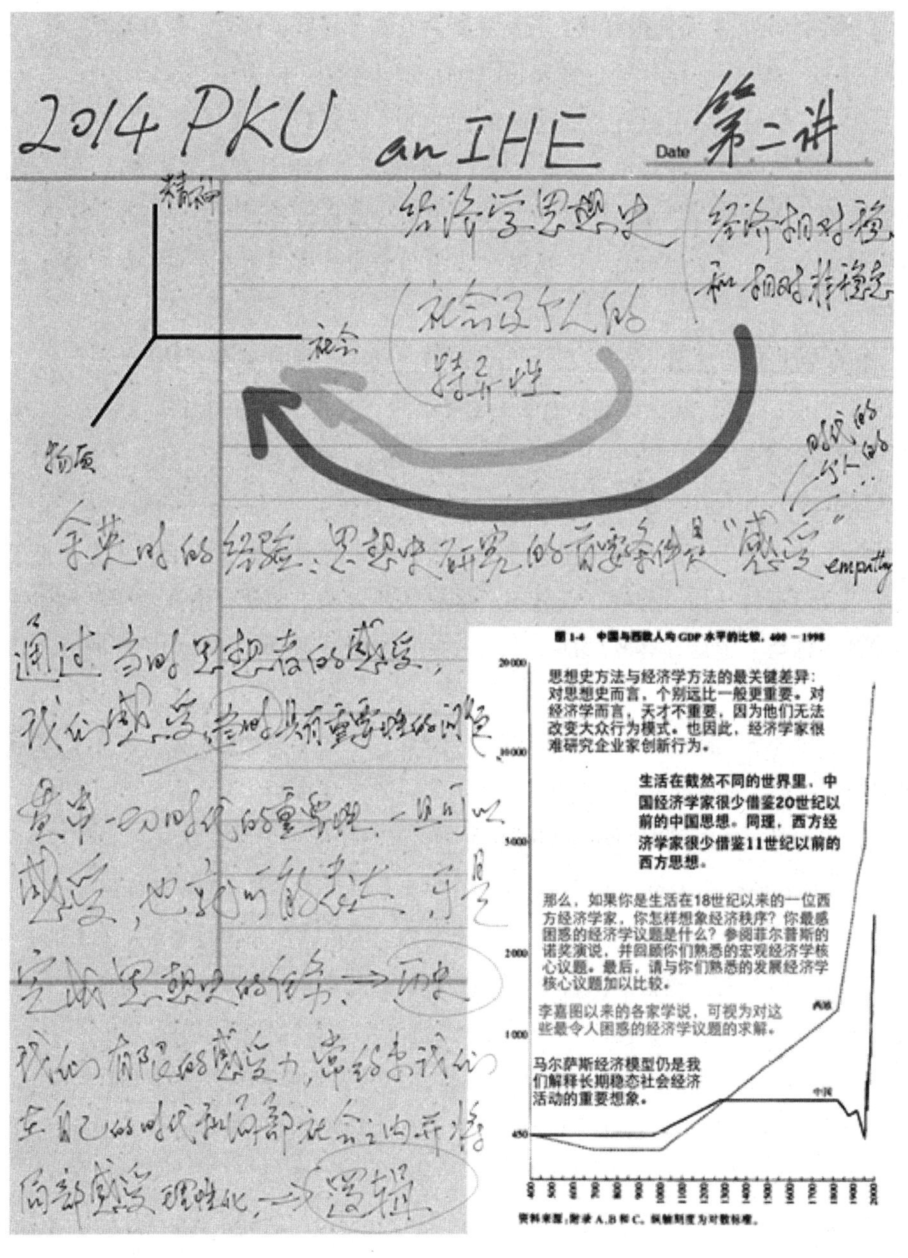

图 2.6

根据余英时的感受，广泛阅读的主要功能是帮助读者感受特定历史情境，并由此理解当时的作者在他们的著作里希望表达的重要性感受。作者想要表达的感受可能有许多，哪些是对我们而言重要的？在思想史研究中，这是一门艺术，可以称为“感受艺术”。回到我的三维理解框架——物质的、社会的、精神的，并非真有三维空间，因为这里没有测度也没有数量关系，甚至也不能肯定三个维度之间有正交关系。我称之为“理解框架”，而且很好用，几十年来，它从未让我失望过，它帮助我不遗漏任何重要性。如果没有这样的三维理解空间，你可能是一位文学评论家，那么，你最容易漏掉“物质生活”维度，因为你擅长分析“社会生活—精神生活”平面里的事情。结果呢，可能你研究的思想史人物，例如美国诗人和侦探小说家爱伦·坡，他恰恰感受到了某种例如技术进步的重要性。于是，因为没有一个完整的理解框架，你的思想史分析可能就很偏激——遗漏了重要角度的分析，要么是偏激的，要么是平庸的。

回到余英时的案例，他是汉语史学和思想史泰斗，他研究朱元璋的时候，最初无甚感觉，于是踌躇，直到他细读史学大家吴晗的“明教与大明帝国”一文，对朱元璋当时的生活情境“才获得了一种比较近实的理解”。正是基于这一感觉，余英时《宋明理学与政治文化》着力探讨明朝酷刑，尤其“恶虐士类”——王阳明是第一个“去衣受杖”的士大夫，究竟基于何种理由，然后阐发明代士大夫政治文化之远逊于汉唐宋，故可理解为何“相权”衰微而“皇权”独大始于明代。由此也可理解，王阳明“龙场顿悟”之后理学的转向——由朱熹的追求外王之道，转为阳明的追求内圣之道。

可是我读余英时晚年这部作品《论天人之际：中国古代思想起源试探》，意识到他对神秘主义缺乏重要性感受。因此，他谈及列子那段故事的文字，就显得很苍白无力，远不如南怀瑾对这段故事的阐述那样令人信服。南怀瑾先生在修身方面，我认为，肯定是有重要性感受能力的。我读他的文字，主要是感受南老修身的重要性感受。

最后，在图 2.6 中，我写了“感受艺术”的三阶段：（1）通过当时思想者的感受，我们感受当时具有重要性的问题。（2）感受贯串一切时代的重要性，一旦可以感受，也就可能表达，于是完成思想史的任务。此处，我画了一个箭头指向“历史”——我们研读历史，除了陶冶性情之外，就思想而言，应是理解贯串历史的最重要议题。可是，最后一段文字，“我们有限的感受力，常约束我们在自己的时代和局部社会之内并将局部感受理性化。”此处，我画了一个箭头指向“逻辑”——在我的理解中，当我们需要为自己（在局部社会网络里）的生活提供意义（理由）的时候，我们运用包括逻辑在内的理性化手段。所以，（3）思想史感受艺术的最高境界，如黑格尔所言，是“历史与逻辑的同一”，也就是说，每一次理性努力（哲学），一方面是特定历史阶段的理性形态，另一方面还是“世界精神”整体历史的一个环节。我要再次提醒你们，黑格尔的逻辑是涵盖了形式逻辑的辩证逻辑。这一洞见，黑格尔《逻辑学》[1]（所谓“大逻辑”）“第二版序言”（关于“逻各斯”在“形式逻辑”之外）和“导论”（关于“科学”的真正合理开端）有详尽的论证。

回到图 2.6，治经济学思想史，重要性感受的能力是首要条件。任何一位经济学家，在我们想象里被嵌入于上述的三维理解框架之后，他的精神生活中哪些事件是特异性的？他的社会生活和物质生活中哪些事件是特异性的？例如小密尔，我们知道他童年是天才，但没有真正的童年生活，据此不难理解他与台劳夫人相遇时的情感爆发，以及后续的故事，以及他基于切身感受而写作《论自由》，以及他在这本书里表达的自由观念之偏激性质。不过，我们还需要考察小密尔的社会生活，例如，他是当时最重要的一名国会议员，运用他的影响力，他积极推动了妇女权益法案，又因为女权运动与劳工运动的密切关系，他也积极推动了劳动权益法案。我们还应考察小密尔的物质生活世界，不过这方面的传记资料相当少。最后，也是最重要的，我们应从中国角度重新审视小密尔的思想。例如，严复翻译了他的两本书，其一是《论自由》，其二是《逻辑学》，由商务印书馆收录在“严译八种”之内。那么，严复为何如此看重小密尔的思想？为何在西学百千可译之书当中，严复翻译八种，而小密尔独占两种？他的自由理念对中国知识界产生了怎样的影响？由此而对当代中国有何影响？

举一反三，你们可以研究马歇尔，还可以研究凯恩斯。他们两位与小密尔相似，各自有相当特殊的个人史。注意，图 2.6 中我写了一个英文单词“empathy”。这是余英时先生在谈论思想史方法时引用的韦伯术语，有时候翻译为“同情共感”，也有时翻译为“入神”，在心理学教材里翻译为“移情”。我们研究思想史人物时，应当带着这样的同情共感来阅读和理解他们。熊十力先生有更精彩的描述，他说（《佛家名相通释》），读书的时候，要用全副生命体验去撞击文字，方可迸发出思想火花。这才是读书！也就是说，你用你的经历、你的生命体验、你的痛苦与快乐的感受，去和作者的文字撞击。不如此，就不是阅读。

然后，回到上述思想史阅读的第二层次，我们争取获得某种“贯通感”，就是贯穿着一切时代的重要性感受。这样，我们再争取将这种贯通感表达出来。如果表达不出来，根据怀特海命题——在理解之前先有表达，在表达之前先有重要性感受——你

[1]　中译本见商务印书馆，1966 年，杨一之译。

也很难理解你的感受。这就是“历史”，即表达出来的贯通感。我们在经济学教育中学习到的，都仅仅是逻辑表达，是局部感受的理性化，而不是贯通感。当然，我们的有限感受力通常无法让我们感受例如西周时期的生活及重要性。所以，治思想史和历史，怎样获得重要性感受，这是最关键的环节，它也最难。可是，在我的理解里，这种贯通感也是最具有人文意味的环节，甚至可以说它就是人文。

我在第一讲介绍了国内的经济史学家李伯重的感慨，西方的科学化的史学要求史学家必须科学建构每一个历史环节，否则就不是可信的。例如，我们若要建构美国早期奴隶贸易的历史细节，可能要计算每年多少奴隶从西非被贩卖到北美，使用了多少只船，中途死亡率很高，于是怎样影响了奴隶的售价，诸如此类的计算，最终，我们要解释奴隶劳动为何越来越昂贵，从而废止奴隶劳动是符合经济理性的。这类研究可信，而且得了诺贝尔经济学奖。但是我们中国人在史学里寄托了人文情怀，如果因为不能建构关键性的细节而让我们寄托了丰富情感的一些历史不再是可信的，这就很痛苦。我常想到梁漱溟自述年轻时的一段感受，那时，他一心要入佛门，为了独处修炼，他还要学医，当然还拒绝结婚。某一日，他在书房里研读，周身血脉固结，喘不过气来，突然，随手翻开一本儒家的小册子，顿时如沐春风，百穴顿开，幡然醒悟。他明白儒家最适合他的生命。自从这一体验之后，梁漱溟没有再离开过儒家，他的人生问题和中国问题这两大问题的求解，没有再离开过儒家。

其实，哪怕科学和技术的进步足使我们建构全部历史细节到可信的程度，我还是不能相信这样的历史。因为，人类理性若要理解人类命运实在是微不足道的，近代以来科学昌明，从1500年算起，不过500年。冥冥之中，或六合之外，或许有远比人类能理解的更宏大的秩序在运行并决定着人类命运。我读斯密《道德情操论》，感受到斯密相信存在着上述这种人类永远无法企及的宏大秩序。人类好比站在茫茫大海上随风漂泊的一叶扁舟里，根本不知道大海的秩序，也不知道向何处去。人类充其量以微弱的理性之光窥见了神的先定和谐秩序的一个极小的局部，所谓“管窥”。然后，他将这种管窥之见写出来，例如《道德情操论》和《原富》。以斯密的上述立场，他很难认为自己的著作有多么伟大——如同今天他的著作在我们经济学家心目中的这种崇高地位，他始终对神的先定和谐秩序怀着古代斯多葛学者那样的敬畏感，他在《道德情操论》里几十次引述斯多葛学派的见解。史家公认斯密是斯多葛学派的追随者，而且，斯密关于“无形之手”的信念，完全类同于斯多葛学派关于神的先定和谐秩序的论述——善与恶的合理共生，为了实现善而允许必要的恶，或者善源于恶。

这样一种对冥冥之中、六合之外存在着决定性地影响着人类事务而且远非人类理性可能洞察的宏大秩序的信念，我称为“神秘主义”。

那么，还有没有科学理性之外的其他方法可以让我们洞悉或领会上述那种宏大秩序对人类事务的决定性影响呢？当然有。我们要有开放的心态，否则就很难接受科学之外的任何方法。事实上，神秘主义有远比科学传统更悠久也更丰富的传统。例如，最近几年，我和一位在场的同学共同探讨天体运行对地球上人类事务的影响。元培学院一位新生得知我对星相学的这种兴趣之后批评我迷信，可是我不认为我们应继续让科学方法封闭自己的心灵，况且在上帝的眼睛里，难道人类如此相信科学就不是迷信吗？很可笑呀，人类凭借科学就妄想洞察宇宙秩序，一点儿敬畏感都没有。我认为获取上述的那种贯通感，在很大程度上不能凭借科学建构，而要凭借神秘主义的感通性。当然，这是题外的话题，不是经济学思想史学术传统之内的话题。

所以，如图 2.1 所示，我们生活在一个迅速变迁的经济当中，很难想象，或许永远无法想象，此前长达千年的稳态时期中国人的日常生活。那时候，什么是真正重要的呢？也许如孔子所言，“丘也闻有国有家者，不患寡而患不均，不患贫而患不安，盖均无贫，和无寡，安无倾”（《论语·季氏》）才是最重要的。反观当代中国人的日常生活，什么是真正重要的？是平等吗？或许，经济学家普遍认为，是机会平等。但或许不是，或许只要每个人的收入都在迅速增加，也许没有必要太计较平等问题。当然，如果致富机会完全被少数人垄断而多数人的收入停止增长，平等问题就成为首要的问题了。也许因此，反腐败才是最重要的问题。

那么，在图 2.1 中，你们决定研究哪一段历史情境里的思想史人物呢？多数人，只要不是天才人物，只能想象转型期社会的历史情境。如果你是天才，你可能直接想象夏商周三代的历史情境。所以，在迅速变迁的历史阶段，我们能够理解斯密吗？或许小密尔、马歇尔、凯恩斯，他们所在的社会远比斯密所在的苏格兰社会更稳定？你们在选择学期论文时，需要作出这样的判断。

我再举一例，Blaise Pascal，汉译名常常是“巴斯加尔”，又译“帕斯卡”或“帕斯卡尔”。他是法国启蒙时期的天才，童年体弱，故在家里自修，13 岁时独立推演出欧氏几何学最初的几十个定理。除了数学天赋，他还有包括“计算机”在内的许多发明和发现，最著名的是流体力学关于液压的“巴斯加尔定律”。他 39 岁辞世，留下一笔《沉思录》。他出生于 1623 年，距今近 400 年，但他的思想至今仍影响我们，例如现在流行的“问题意识”这一语词，源自帕斯卡的思想。1654 年 11 月 23 日，他经历了一个“激情之夜”。谁都不知道发生了什么事情，当然与女性无关，因为他是一位禁欲主义者，生活极朴素。这也是斯多葛学派的思想，例如，最著名的斯多葛学者是罗马皇帝奥勒留。他在《沉思录》里写他年轻时怎样坚持朴素的生活，为了说服读者相信他是简朴的，他举例说他年轻时只穿粗麻衣服，而且从不写诗。为什么写诗就不朴素了呢？是的，诗和辩才，都略显奢华。帕斯卡是天才，在普通人当中生活，可能常有发表议论的冲动。为了坚持朴素的生活，他特制了一条皮带围在腰间，贴皮肤的那一面铺满了铁钉。只要他说话，他的皮肤就被钉子刺破。所以，帕斯卡死后，身上满是伤口，带着感染和脓血（因为欧洲人很晚才有洗浴设施和洗浴习惯），真是很痛苦。

可见，这是一位特异性极强的思想史人物。他的思想同样具有强烈特异性，例如他说：人类心性自有其理性，完全不是人类理性所能理解的。这句话很著名，几百年来引发无数猜测，但我们确实不清楚他想要表达的是哪些思想。他死后，他的家人在他贴身的背心内侧发现一个秘密口袋，里面有两份文件。其一，是一张小纸片，上面断断续续写着类似赞美诗那样的激情短语，史称“追思”。其二，是一张牛皮纸，上面记录着与“追思”类似的诗句，前半部分，我抄录在这里，引号里面是《圣经》的章句：

> 晚十点半至深夜十二点半
> 激情之火
> “亚伯拉罕的上帝、以撒的上帝、雅各的上帝”，不是哲学家和学者的上帝。
> 确凿，心之欢愉，平安。
> 耶稣基督的上帝是我的上帝，也是你的上帝。
> “你的上帝就是我的上帝！”
> 世界已然遗忘，一切已然遗忘——除了上帝，
> 他的踪迹只有借着福音书启示的方式寻求。
> 人类灵魂的伟大。
> “公义的父啊，世人不认识你，我却认识你”。
> 欢愉，欢愉，含泪的欢愉。
> 我已离弃了他。
> 而他们也弃绝了我这生命之水的源头。
> “我的上帝，你为什么离弃我？”

如帕斯卡这样具有特异性的思想人物，如果我们不熟悉他的生活世界，怎么理解他的思想呢？但丁（1265—1321），是另一例。可是他所在的时代太早了，是13世纪，除《神曲》之外，实在没有足使我们能够同情理解他的资料。维特根斯坦是天才，距

离我们最近的一位。关于天才人物，我记得一次学者问卷调查的结果，得票最高的两位“千年一遇”的天才人物是——休谟和莱布尼茨。孟子“五百年必有王者兴”，是他观察到的天才人物分布密度。

二、古典政治经济学家及核心议题

现在我问你们，课堂讨论，自由发言——假设你生活在斯密以后的时代里，你感受到的最重要的经济学问题是什么？想象你是斯密，或更早时的洛克，那时你是贵族，有良好教养，你总要做一些事情嘛，否则你就虚度年华，而你不甘心虚度年华。那么，你要提出什么问题呢？

彭博渊（旁听生）：强国。

丁丁：对，这是一个重要问题。

彭博渊：为了强国就要有财富。

丁丁：正确，所以，财富及其增长，是最重要的经济学问题。还有哪些重要的问题？

彭博渊：为了财富的增长，必须有社会稳定。

丁丁：很好。你提出的问题就是斯密在“政府原理”（法学讲义手稿）里论述的一项基本原理。

彭博渊：还有个人自由。

丁丁：对，我们知道个人自由是财富增长的或许最强烈的激励因素。一方面，必须有社会稳定，另一方面，要有个人自由。你看，此处有一种权衡。如何权衡？这是“社会选择理论”的核心议题。

苏格兰启蒙时期，大约以1750年前后50年为限，现在出版了不少作品试图解释这100年间在地球上被称为“苏格兰”的这块穷乡僻壤为何涌现了如此多的天才——哈奇森、休谟、斯密、里德、弗格森、瓦特……而且就是在两座城市——围绕着格拉斯哥大学和爱丁堡大学。其中一本书的中译本副标题，我记得是“天才辈出的时代”。那时，瓦特还没有成名，他在斯密的格拉斯哥大学另一位教授那里帮忙维修机器，我记得斯密在财务方面对瓦特有所帮助。关键是不仅有瓦特，那时候苏格兰社会是天才辈出的时代。社会风气崇尚创造发明，据说每一户人家的后院都有一些未完成的发明。什么是“天才辈出的时代”？如果纵观人类社会的全部历史，或许我们可以设想人类没有被扼杀的全部天才人物平均分布在时间维度上，例如，服从均匀分布。当然，天才人物的分布不是均匀的。于是，我们可以设想全部天才人物在各社会各历史时期的不均匀分布。所谓天才辈出的时代，意思是在那一时期，例如100年时间里，天才人物的出现密度特别高。

人类进步，我相信，受益于天才人物的程度成千上万倍于受益于我们普通人。你们在政治教科书里知道有奴隶史观，有英雄史观，有其他历史观。我相信的，可称为“天才史观”——历史是天才创造的。与我的天才史观可能类似，塔勒布说“历史是一连串黑天鹅事件”。刚才我介绍的余英时晚年那篇文章，主题是探讨“轴心时代”的政治背景。雅斯贝尔斯注意到，公元前700年至公元后300年这样1000年的时期内，在东方和西方的各古代文明出现了许多天才人物——巴门尼德、赫拉克利特、苏格拉底和柏拉图、老子和孔子、耶稣基督和释迦摩尼……这里列出的只是代表人物，通常，众星拱月，我们根据古希腊各学派的盛况和中国诸子百家时期的盛况，不难想象这些代表人物的周围，群星灿烂，聚集着许多天才人物。正是这些天才人物的精神，雅斯贝尔斯指出，奠定了后来2000年人类社会发展的基本路径。他称这1000年为“轴心突破的时代”。

余英时在2014年6月领取台湾“唐奖”的获奖感言中指出，西方历史上只有轴心时代和文艺复兴这两段时间是“天才辈出的时代”，因为思想最自由，故而天才辈出。天才密度如此高的时代之后是一个天才密度极低的时代，大约也是1000年，西方人称之为“黑暗时代”，这是完全可以理解的。回顾我们中国文明史，钱穆认为唐宋之际，大约600年乱世，是中国历史的“黑暗时代”。冯友兰的判断是，先秦“子学时代”是中国文明的黄金时期，然后一代不如一代，汉唐宋是“经学时代”，勉强延续，元明清至今，中国文明“命悬一线”。

在迅速变迁时期，我推测经济学家的群体感受是，财富、增长、创新，这是三个最重要的经济学议题。此外，当然还有经济学以外的重要议题，例如权力寻租和收入分配。不过，与我们中国当代情形有实质差异，19世纪的英国仍相当普遍地尊重每一个人的层级或社会地位。此外，当然也还有经济和政治以外的文化议题，例如上述的黑暗时代，中国文明“命悬一线”，陈寅恪写柳如是，王焱考证说，那是因为陈寅恪注意到每当中国文明命悬一线时，文明的种子往往依托于边缘人物——柳如是即一例。新儒家代表人物唐君毅先生概括中国文明命悬一线之后，还有一句概括——花果飘零。因为命悬一线，所以，文明的种子寄托于边缘人物。现代中国的边缘人物，大多在海外生活，所谓“花果飘零”。图2.7概括了我刚才讲解的全部内容。

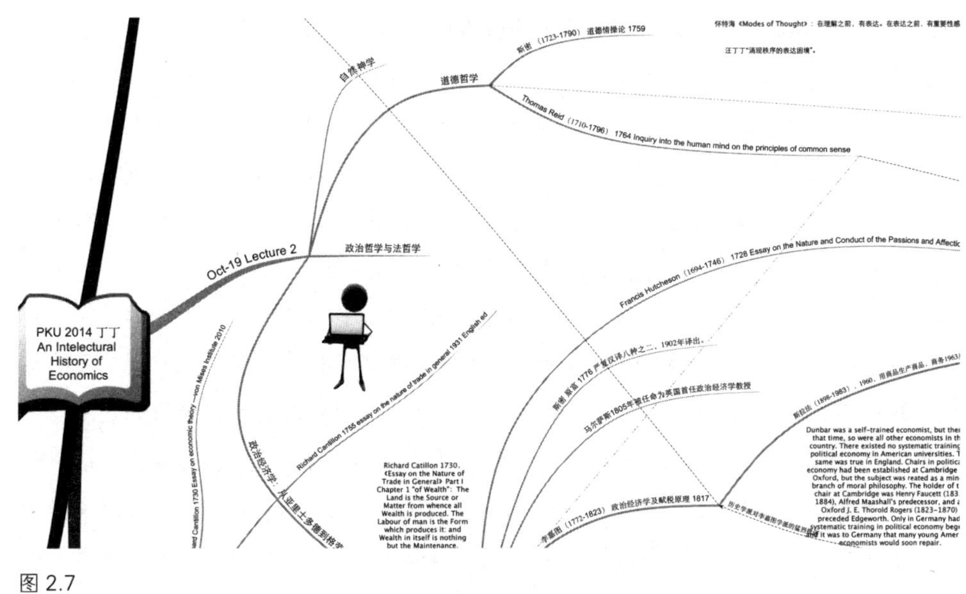

图 2.7

1. 中世纪晚期：从人文主义到古典经济学

现在我介绍古典政治经济学开端之前，中世纪晚期的思想状况，图 2.8 提供了一份年代清单。这段时期，我用竖排写着：从人文主义到古典经济学。在这张图里，我用小字写出名字的，是对古典政治经济学有重要影响的学者（培根、霍布斯、配第、坎蒂隆、斯密），用大字写出名字的是重要的思想家（格劳秀斯、笛卡尔、帕斯卡、斯宾诺莎、莱布尼茨、休谟）。思想家当然也影响古典经济学，以间接方式。

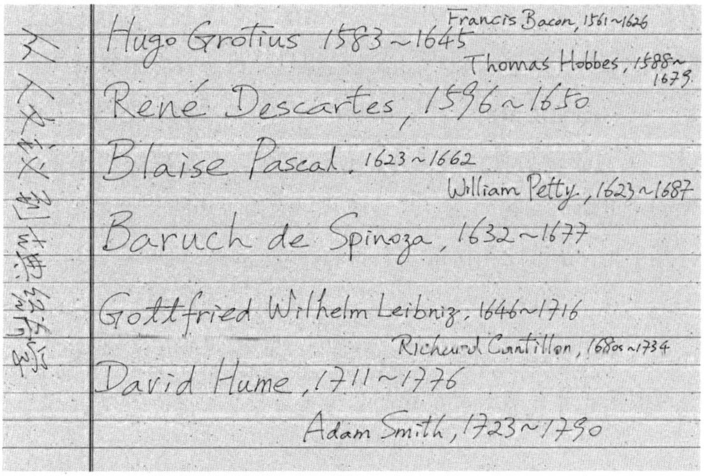

图 2.8

中世纪晚期最重要的人文主义者是格劳秀斯。在他之前，对古典经济学产生重要影响的是培根；在他之后，对古典经济学产生重要影响的是霍布斯。他本人被法王路易十三称为“荷兰带给我们的天才”（他担任荷兰大法官时不过30岁），那是1621年，他38岁，躲在一只书箱里逃出荷兰监狱。格劳秀斯之后，现代思想的真正开端，是笛卡尔，然后是帕斯卡。根据帕斯卡的传记资料，我们知道笛卡尔是帕斯卡在“智力方面的竞争对手”。例如，笛卡尔不相信真空，而帕斯卡论证真空存在。1658年，帕斯卡偶然牙疼，为转移注意力而研究旋轮线并因此推动了积分学的发展。归根结底，完全不同于笛卡尔对人类理性的自信态度，帕斯卡对人类理性有一种深刻悲观主义的态度，他用“问题意识”这一法语单词（problematique）刻画人类无药可救的处境——人类不可能解决自己的问题。也因此，1980年代中国知识界引进“问题意识”这一短语时，林毓生批评说这是一种不恰当的翻译。不过，我询问毓生教授应怎样翻译帕斯卡的这一术语，终无结论。与帕斯卡同年出生、被称为古典经济学开端的是配第。然后是斯宾诺莎，我为本科生写的《经济学思想史讲义》介绍过这位伟大思想家。斯宾诺莎之后的两位伟大思想家，刚才我提到了，他们都被认为是千年一遇的天才人物：莱布尼茨和休谟。

现在请你们注意，在莱布尼兹和休谟之间的这位古典经济学家，坎蒂隆。哈耶克仔细研究了坎蒂隆的传记资料，并为坎蒂隆唯一著作的英文版写了长篇导言。今天我们能够读到的关于坎蒂隆的传记资料，哈耶克的这篇报告仍是最令人信服的。

图2.8中最后一位学者，斯密，他确立了古典政治经济学的学院派地位。在他之前，配第和坎蒂隆，首先是实践者，其次是经济学家。稍后我要讲述坎蒂隆的故事，两年前，在我的思想史课堂上，我讲过配第的故事。配第和坎蒂隆，不论用当时的还是用现在的标准衡量，都是十足的传奇人物。图2.8列出的这些思想家，为斯密提供了思想资源。此外，斯密的宗教信仰为他提供了另一些思想资源。

中西古今，文明的命运概如上述：命悬一线，花果飘零。古罗马的文明，汉唐文明，都是如此。文明被轴心时代的天才们创造出来，必定要经历韦伯描述的那些坎坷：创建时期的奇里斯玛人物死去，并且通常只能由平庸的官僚集团接班，于是文明逐渐衰落。有鉴于此，汤因比相信每一文明都有自己的生老病死，当一个文明无力回应挑战时，它就死去。奈特的“社会过程”学说[1]，为汤因比略有“机械论”之嫌的“挑战—回应”学说提供了来自社会内部的文明兴衰之解释。当参与社会过程的精英群体无力感受具有根本重要性的问题时，文明怎能回应挑战呢？于是，文明就要消

[1] 参阅我的《新政治经济学讲义》第四讲最后一节和第五讲第一节。

亡。当然可以有其他的社会成员，他们感受到具有根本重要性的问题。可是，他们不是精英，故而缺少话语权力，这就意味着他们的发言很少被倾听。那么，为什么精英群体缺乏必要的纵向流动性，可以让有重要性感受能力的社会成员进入精英群体呢？这是因为，奇里斯玛人物消失之后，如韦伯指出的，社会治理的官僚化之后果。所以，文明的生老病死，似乎是文明的命运。但是，文明若仍有它的内在魅力，就可在衰亡时期扩散至更广大的范围，通常是野蛮民族的世界。典型的例子是希腊化时期，雅典衰亡，但希腊文明扩散至远比希腊世界广大的范围。文明衰亡时期的扩散过程也即是走向边缘的过程，唐君毅先生名之为“花果飘零”。

2014 年是第一次世界大战百年纪念，国内的期刊发表了一些纪念文章，其中一篇引我关注，它的论点是，精英失灵导致了世界大战。于是，我和周濂在杭州对话时，恰好谈及精英失灵问题，我引入奈特的“社会过程”学说，与周濂探讨精英问题。所谓精英失灵，用奈特的社会过程学说解释，就是精英群体丧失了重要性感受能力，并且精英群体的官僚化程度阻止有重要性感受能力的人成为精英。于是，很可理解，精英失灵使一个社会不能及时发现具有根本重要性的问题，当然就可能引发战争——从社会外部解决具有根本重要性的问题。还有一种精英失灵，直接就是精英都被消灭了。有一案例来自德鲁克的《旁观者》（*Adventures of a Bystander*），这是他的传记，但他不写自己，只写他以“旁观者”身份看到的精英人物。这是我最喜欢的一本书，随身带着，直到我读完它。德鲁克相信，第一次世界大战毁灭了老欧洲三分之二的精英，以致战后欧洲势必走向衰落。当时老欧洲各国的贵族子弟纷纷走向战场，维特根斯坦、怀特海的儿子……许多精英的名字，当时阵亡者名录定期发布在报纸上，德鲁克说，每一个家庭几无例外都失去了自己的一个或几个儿子。于是，我们不妨认为第一次世界大战是各国精英的互相残杀。

与西方相比，咱们中国人非常幸运。因为，文明在中国不论怎样兴衰，却从未使汉字传统灭绝。在西方，雅典文明或罗马文明的衰落直接导致希腊文和拉丁文传统的灭绝。回到图 2.8 中列出的思想家，他们各自有母语，例如，格劳秀斯和斯宾诺莎的母语是荷兰文，莱布尼兹的母语是德文，笛卡尔和帕斯卡的母语是法文，休谟和斯密的母语是英文。尽管有自己的母语，但学术语言却必须是希腊文和拉丁文，中世纪后期，主要就是拉丁文。

凡理解语言的本体论意义的同学，大致可以理解我此处描述的西方思想家在中世纪后期至 18 世纪下半叶这段漫长时间里陷入了何种困境。对罗马人而言，从四周持续入侵的，都是蛮族。然后，在几百年里，庞大的帝国被蛮族入侵和来自它内部的各种因素摧毁了，它瓦解之后，入侵的各蛮族经历了几百年的拉丁化时期——犹如雅典之后在更大范围内各蛮族的希腊化时期。

例如，意大利的桂冠诗人但丁始终以罗马诗人维吉尔为“老师和最高的榜样”。他在维吉尔的引导下“通过炼狱和地狱”，并由维吉尔介绍给一位圣洁女性指引他“进入天堂”。但丁虽然用拉丁文写作，他还大力倡导用本土语言写作。马基雅维利为表达重要性感受，用拉丁文写作《君主论》，为通俗的缘故，他增加了意大利文注释。

格劳秀斯的作品大多以拉丁文流传，培根的作品也如此。在他们生活的时代，拉丁文是思想的载体，本土语言因为蛮族文明化的时间还嫌太短，不足以成为思想的载体。我们可以想象思想陷入的困境：在日常生活中感受具有重要性的问题，他们使用本土语言。同时，他们必须从拉丁文传统里寻找可借鉴的思想资源，从而可以使本土问题获得合法性。

作为对比，我在美国留学，然后回国，我感受生活，同时从汉语传统和英语传统里寻找可借鉴的思想资源。尤其是，我在汉语传统里可以追溯思想资源到几千年前，没有语言和生活的断裂感。

我希望你们自己思考西方思想家从中世纪后期至启蒙时期遭遇的这一语言困境，同情地理解他们的作品（表达）。再例如，因为汉语传统没有断绝，汉唐之间几百年乱世，社会精英几乎毁灭殆尽。可是，李世民只要请孔颖达担任国子监祭酒，《五经正义》（《周易》《尚书》《诗经》《礼记》《左传》）很快就完成了，几乎是孔颖达一人之力。事实上，尽管是公认的天才，他凭一人之力也不可能短期内完成这一宏大事业。此事能成，主要是汉语传统那时保存着汉代以来南北经学家们的工作成果，由孔颖达融会贯通而成“正义”。

总之，斯密之前的这些思想家几乎只用拉丁文写作，这件事的意义非同小可。英语世界，直到莎士比亚才系统创立了英文传统，莎士比亚的身世尚不清楚，据说他是培根的笔名，不论如何，他是培根的同时代人。

德语世界呢？直到路德宗教改革时期，那时路德要翻译《圣经》，从阿拉伯人那里传来的《圣经》是希腊文的，他系统翻译为德文，于是才有德文传统。在这些本土文字传统之内，才有本土文明的传承。然后，学者们浸淫在自己的文明传统之内，才有了本土的问题意识，以及由不可化解的问题激发的天才人物。只有法文直接继承了拉丁文传统，所以近代最初的300年，法国思想家领先欧洲各国。

可见，苏格兰启蒙思想发端于上述这样一个“文字传统的转型期”——各民族国家初步形成了自己的文字传统，同时，各民族国家的学者仍要从拉丁文传统寻求思想资源。

你们也可参阅约翰·桑兹（John E. Sandys）的《西方古典学术史》（*A History of*

Classical Scholarship）[1]。这部著作的第三编是罗马时期的拉丁学术，第四编是罗马时期的希腊学术——这里记述的是拉丁文传统如何吸纳了希腊学术，也就是说，罗马学者怎样从希腊文传统寻求思想资源。

从甲骨文字到今天，其间积累的中文传统带给我们的思想资源，实在是中国人的一项优势。当然也因此常常成为中国人的思想负担。作为对比，欧洲各国当时的君主完全没有这种负担，他们很自然地聘请外国学者担任本国要职。因为，反正各国共享的就是拉丁文传统，相当于有一个“欧洲共同体”。所以，格劳秀斯担任了瑞典国王的外交使节，奔赴威斯特法利亚，但中途船难，他被海浪冲到罗斯托克海滩，幸存但已患病，为参加 1645 年在威斯特伐里亚的议和会谈，他继续赶路。

我们知道，格劳秀斯的主要作品大多涉及战争与和平，他的名篇《海洋自由论》1609 年发表时，他才 26 岁。这次他要为结束这场最残酷的战争而努力，结果，他未能抵达和会地点就病死了，终年 62 岁。

你们知道“三十年战争”吗？如果查阅历史书，你们可能只知道那是一场宗教战争。至今，那场战争的真实原因，我还是不清楚。我们知道那场战争异常残酷，雇佣兵如瘟疫般横行乡里。据史书记载，那场战争之所以结束，是因为贵族精英早已灭绝，最后的停战原因是，各国雇佣兵已不愿意继续打仗。你们知道吧，雇佣兵是为钱而战的，连雇佣兵都不愿意打仗了，这场战争多么令人疲惫不堪，威斯特伐里亚和会从 1643 年就开始谈判，三十年战争是 1618—1648 年，也就是说，谈了整整五年。

笛卡尔也是因为瑞典女王克里斯提安娜邀请他去讲学，结果他到了那儿就发现，只有熊、冰和冷漠，不久就患了感冒和肺炎死在瑞典，终年 54 岁。据传闻，瑞典的这位年轻女工是笛卡尔的情人，不过这类传闻从无证据。西方的民族国家崛起，也就是民族意识的觉醒，大约在 1500—1800 年间。所以，这段历史充满了各种战争。我年轻时喜欢背诵战争年表，因为我注意到世界史几乎就是许多战争构成的。

我第一讲列出的那些“经济学思想史”参考书，你们是否读了其中任何一部？我比较喜欢的是罗宾斯的《经济思想史》讲义，因为罗宾斯可能是最渊博的经济学家。他是大家，所以有能力褒贬各家思想，很独特，让我们能够窥见罗宾斯的思维方式。熊彼特当然也是大家，不过他死于 1950 年，去世太早。关于熊彼特，我讲一个故事，是德鲁克回忆录里写的。德鲁克的父亲鲁道夫，在奥匈帝国是有功勋的人，与熊彼特是朋友，亦师亦友。很多年以后，熊彼特在美国，可能病很重了，德鲁克陪着父亲去看望他，那时，德鲁克想起熊彼特年轻时许过三大愿望：（1）他要成为维也纳最伟

[1]　中译本见上海人民出版社，2010 年，张治译。

大的情人，（2）他要成为奥地利最伟大的骑手，（3）他要成为全世界最伟大的经济学家。根据德鲁克的评价，熊彼特可能实现了愿望（3），肯定没有实现愿望（2），是否实现了愿望（1），德鲁克不置可否，也可能实现了吧（满场笑声）。熊彼特的三卷本《经济分析史》，与罗宾斯风格类似，以大家风格褒贬人物。

至少，你们如果没有时间读书，可以读一篇文章，例如，我讲解过的菲尔普斯的诺奖演说。读这些文献，目的就是要对斯密之前和之后时代的经济学家有某种同情理解。

哈耶克也敢于褒贬各家学说，因此，他写的思想史文章特别重要。哈耶克是考据高手，很难得。经济学思想史权威布劳格评价哈耶克时开篇就说：这是一位为资本主义世界编织了经纬的人。想想，哈耶克的思想和视野多么宏大。民国初期，梁启超在中国知识界的地位或许可与哈耶克相类。张荫麟（1905—1942）纪念梁任公的文章说："任公才大工疏，事繁骛博，最不宜于考据，晚事考据者，徇风气之累也。"不难推测，梁启超考据的功夫不及哈耶克。后者的考据功夫，堪比张荫麟。

张荫麟是史学天才，容我从靳树鹏2013年11月20日在"共识网"发布的文章"不该忘记张荫麟"引述下列记载：（1）陈寅恪的评价，"张君为清华近年学生品学俱佳者中之第一人，弟尝谓庚子赔偿之成绩，或在此一人之身也。"（2）熊十力的评价，"昔明季诸子，无不兼精哲史两方面者。吾因荫麟先生之殁，而深有慨乎其规模或遂莫有继之者也。"（3）《吴宓日记》1942年10月26日，"吴晗接电，知张荫麟10月24日病殁浙江大学。英年早逝，殆成定例。宓素以荫麟为第二梁任公。"（4）吴晗《记张荫麟》，"为了他生前的工作和成就，为了他的书仍然被青年所喜爱，我想，这个人是不应该被遗忘的；虽然，就我个人说，恐怕终我这一生，也很难对这样一个人失去记忆。……为了给荫麟留个永远纪念，我和贺麟先生、冯友兰先生一些朋友，在那生活极端困难，教书人无法撑下去的年代，一百元二百元地募集了一万元基金，决定在清华大学历史系和哲学系合设一个荫麟记念奖学金，以利息所得大约每年二千元来补助两系的高材生。因金额少，而荫麟又兼两个系的工作，因此，决定两系轮流，隔年补助。这笔钱交由冯友兰先生保管。可是，如今，不但每年两千元的补助无济于事，即连基金总数也不够一个学生一星期的伙食！"（5）浙江大学迁在黔北山区，缺医少药。1941年12月张荫麟鼻出血，校长竺可桢为之延医诊治，并决定派校车送往贵阳就医，因鼻血止住未去。1942年10月张荫麟又病倒。史地研究室主任张其昀亲赴重庆请名医专车来遵义，途中知张已气绝。蒋介石送赙仪万元，教育部拨丧葬费五千元。竺可桢参加对张氏的公祭、送葬、纪念周和追悼会。浙大史地研究室为张氏专设"东莞室"，并设张荫麟奖学金；（6）后来，张其昀在台湾担任"教育部长"，1957年他设法接张荫麟1940年离异的妻子伦慧珠带着她与张荫麟的一儿一女到台湾暂住，一双儿女均在政治大学完成学业后去岛外发展；（7）关于张荫麟的情感生活，我推荐"新浪网""柴中的博客"，2014 年 3 月 16 日，"张荫麟的情感生活"（上篇、下篇）。

2. 坎蒂隆：经济学的开端

你们当中是否有谁听说过坎蒂隆这个人？请注意图 2.9，首先，右下角是哈耶克 1931 年为坎蒂隆 1755 年法文本《商业性质概论》（*Essai sur la Nature du Commerce en Général*）的德译本撰写的导言，我译为"坎蒂隆事辑考"。然后，哈耶克这篇文章的英译本，于 1985 年发表于《古典自由主义研究杂志》（*Journal of Libertarian Studies*）。其次，图 2.9 的正中，是坎蒂隆 1730 年的著作《商业性质概论》的最新英译本，标题改为《经济理论》，副标题才是坎蒂隆"商业性质概论"，这本书的电子版 2010 年发布于米塞斯研究所主页，免费下载，简称"米塞斯研究所英译本"。在这一新的英译本之前的权威译本是希格斯（Henry Higgs，1864—1940）发表于 1931 年的英译本，简称"希格斯英译本"。更早的权威译本，应当就是杰文斯 1881 年的英译本。第三，图 2.9 从哈耶克的坎蒂隆文章，向左延伸的分支，我在那里写着：坎蒂隆《商业性质概论》商务印书馆 1986 年余永定中译本。这位译者就是现在中国社会科学院世界经济研究所的余永定，1948 年出生，人称"老余"。何帆写过一篇文章介绍老余，很感人。

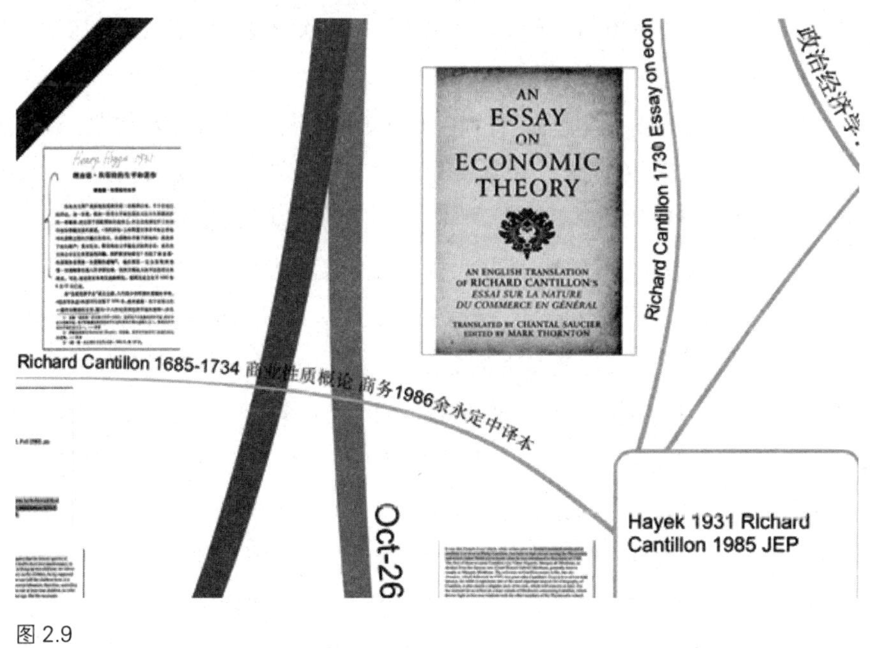

图 2.9

据哈耶克考证，坎蒂隆没有见到他的著作《商业性质概论》于1755年发表。因为……哈耶克也考证了“坎蒂隆之死”，大致可信的是，坎蒂隆在1734年死于一场大火。他很可能对仆役们态度恶劣，故与他们结仇。他以前的一位男仆于是勾结其他仆役，于深夜潜入坎蒂隆在伦敦的住宅，进入楼上卧室，以刀刺死了坎蒂隆。然后，为灭迹，纵火焚毁了坎蒂隆的豪宅。

坎蒂隆1680年代稍早出生于爱尔兰。至今，我们完全不知道他早年的生活。传记资料表明，他于1711年受雇于英国公爵布里奇斯（James Brydges，1673—1744）。这位大公爵在“西班牙王位继承战争”期间（1701—1714）是英国“主计大臣”（Paymaster General），相当于中国的现金出纳总管。他于是挪用公款，在股市上赚到了特别多的钱。然后他大兴土木，多年兴建自己的宫殿——他的宫殿以巴洛克风格闻名于世。不过，那时的英国风气，以公职牟取私利的人不受谴责或法律惩罚。坎蒂隆受雇于大公爵，他的工作是——对我们而言很奇怪，但却是战争期间各国公约的必要条款——在西班牙境内，组织对西班牙王位继承战争期间英军被俘人员的军饷发放。可以想象，这类组织工作使他有机会结识许多上层人物。有资料表明，在财务方面给他帮助最大的，就是那位公爵。虽然，公爵本人的大部分财富在“南海公司泡沫”中灰飞烟灭。

大约1714年，坎蒂隆在巴黎开设了或控制了一间私人银行，他成为当时活跃于英法之间的一位重要金融人物，擅长外汇交易。你们是否听说过股票市场历史上著名的“密西西比案”（The Mississippi Bubble）？没错儿，那是很著名的一次股市泡沫，与荷兰的“郁金香泡沫”和英国的“南海公司泡沫”并称欧洲股市早期三大泡沫。此案发生于1719—1720年间，主角是苏格兰人John Law（1671—1729），中译名“约翰·劳”（又译“罗”）——熊彼特评价他是“任何时候都堪称欧洲第一流的货币理论家”，很可能，他是凯恩斯货币理论的先驱。坎蒂隆于1718年成为劳的“高级合伙人”——第三位合伙人是金融大鳄盖奇（Joseph Gage，1687—1766），他从坎蒂隆那里借钱买卖“密西西比公司”和“南海公司”股票赚了大钱。其实坎蒂隆才是这次泡沫的主角，他预先想到了这一泡沫的全过程（公司股票疯涨然后狂跌），并据此通过他自己的银行操纵他的那些“金融影子”在巴黎和伦敦股市里买卖金融证券，在股票价格的顶点，他的外甥根据他留下的一条指令卖出全部股票，同时，他的另一个影子根据他的另一条指令借入大批股票“卖空”，随后，在股票价格跌至最低时，他的影子们根据他的最后一批指令买入大批股票平仓。在这场投机狂潮中，他至少赚了600万英镑，被认为是当时欧洲首富。关键是，他得以合法逃脱，由劳替罪。劳当时是法王路易十四实际上的金融与财政两门总督，一手遮天，权势显赫，但“密西西比泡沫”导致许多王公贵族的巨大财富损失，劳只好潜逃，几年后客死他乡。于是法国人继续追究坎蒂隆的责任，那时坎蒂隆已离开法国，狡兔三窟，哈耶克考证，坎蒂隆在欧洲的七座城市里拥有豪宅。再后来的故事，众说纷纭，哈耶克认为，若干年后，坎蒂隆得以无罪返回巴黎，带着他的数百万英镑财富。

这一时期，坎蒂隆开始写作《商业性质概论》(1730—1734)，流传的文本是法文，正式出书的年份是1755年。那时，哈耶克注意到，法国重农学派领袖们，诸如魁奈和杜尔阁以及米拉波，在写给卢梭的信里纷纷引述坎蒂隆的观点。很可能因此，写《原富》时，斯密多次引用坎蒂隆的观点。哈耶克指出，斯密在著作里很少引述他人观点，却毫不犹豫地引用坎蒂隆的观点。哈耶克考据的功夫，集中表现在“坎蒂隆事辑考”这篇长达66页的文章里，他甚至指出马克思在引用坎蒂隆思想时的一处错误。

重农学派的领袖们和斯密如此大量地引用坎蒂隆的观点，为何世人仍不晓得坎蒂隆此人呢？因为，坎蒂隆化名太多——哈耶克指出的马克思所犯错误，也是误将坎蒂隆的化名认为是坎蒂隆本人。所以，没有谁真知道此人是谁，最为人知的只有一句话：此人在巴黎有自己的银行。他如此神秘，以致他的著作刊行于他死后21年的1755年。

哈耶克以及多年之后米塞斯研究所对坎蒂隆的强烈兴趣，是奥地利学派经济学家为自己的学派建构思想史渊源的努力之一。刚才我提及坎蒂隆这本书有至少三个不同的英译本，其中，米塞斯研究所的英译本的编辑导言，提及哈耶克1931年写作“坎蒂隆事辑考”的动机：他认为坎蒂隆的经济学思想包含相当多的“奥地利因素”(Austrian elements)。

检索“坎蒂隆”，你们最应研读的是维基百科词条“Richard Cantillon”。现在这一词条被标注为“featured article”，意味着它是维基百科全部词条当中“最靠谱”的那一类。我引用过尼克发表于《文景》2012年7月的文章“百科全书死了。百科全书万岁！”关于维基百科和大英百科错误率的研究报告，根据尼克的报告，《自然》杂志曾对这两套百科全书抽样调查错误率。维基百科平均每篇4个错误，大英百科平均每篇3个错误。显然，维基百科的文章质量比多数人预期的要好得多。注意，尼克文章所指包括全部词条。我推测，“featured article”的错误率可能比大英百科的还要低。

你们读坎蒂隆的词条，首先就可读到他最著名的一些经济学观点，其中，列在第一的，通常是说，坎蒂隆是首次定义“企业家精神”的人。这里，我给出坎蒂隆的定义：entrepreneur as risk-bearer（企业家之为风险承担者）。关于“风险”，我们知道奈特区分了“不确定性”与“风险”——只要有概率分布可言就仅仅是风险，而不是不确定性。不过，坎蒂隆的时代，还没有出现奈特这样的概念区分。比坎蒂隆稍早的经济学家是配第——第一位试图运用统计方法于政治经济学的古典经济学家，配第的《政治算术》(*Political Arithmetic*）之后，才有了“统计学”(statistics）这一名称，因为统计学的词根是“国家”(states)。也就是说，统计学最初，在配第那里，是“国家学”。迟至德国历史学派的罗雪尔时代，经济学仍是“国家科学”的一部分。所以，坎蒂隆定义的企业家，也就是奈特和奥地利学派经济学家理解的企业家。

罗宾斯主持伦敦经济学院时期，特别聘请了哈耶克担任教授，他当然深受哈耶克影响，至少在一段时间里如此。我在第一讲讲解图 1.10 的时候介绍过的经济学家鲍莫尔，那一时期恰好是罗宾斯指导的研究生。不难想象，深受哈耶克影响的罗宾斯指点鲍莫尔的时候，传达了多少奥地利学派的思想。

我读思想史的时候喜欢跟踪师生关系，并由此观察思想发生后续作用的时间。凯恩斯的推测是 50 年以上，如果一个重要观念对后代有影响的话。我的观察，在转型期社会，稍短一些，可能是 10—30 年。可是在几千年的长期视角下，我们看到了全世界都在迅速转型的时期。那么，重要观念的影响，可能要短很多年，或者，越来越短。

坎蒂隆终于被杰文斯发现，并由杰文斯论证成为学院派承认的第一位古典政治经济学家。杰文斯是经济学“边际革命”三大领袖之一，马歇尔时代公认的天才。但他没有学生，47 岁英年早逝，在哈斯廷斯海边游泳溺水而死。这是一位传奇式的经济学家——你们稍许检索，即可明白我的意思。

如果杰文斯有学生，那么，英国的经济学就不会是马歇尔学派了，应当就变为杰文斯学派了。我这样判断是有依据的，我读了足够多的马歇尔传记资料——当然，足够多只是相对于马歇尔传记资料相当稀少而言。马歇尔对杰文斯评价极高，他说，杰文斯的经济理论是百多年来最富建设性的，或许只有李嘉图堪与比拟。杰文斯死后，马歇尔成为英国经济学界无可匹敌的教父。

杰文斯的经济学是数理逻辑类型的，因为他是英国当时最优秀的逻辑学家，1862 年，他发表《政治经济的一般数学理论》(*A General Mathematical Theory of Political Economy*)，1864 年，他发表《纯粹逻辑》(*Pure Logic, or, the Logic of Quality apart from Quantity*) 探讨定性逻辑问题，基于布尔 (George Boole) 1847 年发表的逻辑体系。1870 年，他为皇家学会展示了他 1869 年制作的“逻辑钢琴”——钢琴键盘可输入逻辑运算指令，他为这台钢琴设想的普适原理是“相似性的互替原理”，他相信，全部相似的东西都可互相替代，这是宇宙和人间的普适原理。有鉴于此，1874 年，他发表《科学原理》(*Principles of Science*)。

杰文斯 19 岁时家境中落，于是他放弃学业，远赴澳大利亚金矿做了一名试金师；5 年后返回伦敦，继续学业，在伦敦大学学院。1866 年，在欧文斯学院，他被选为逻辑学、心智哲学与道德哲学教授。10 年后，1876 年，他成为伦敦大学学院的政治经济学教授。但是杰文斯体弱，尤其神经衰弱，他日益感觉日常教学工作太沉重，故于 1880 年辞去教职。

浏览杰文斯在逻辑学、科学、经济学和其他领域发表的这些作品，我的第一感受就是，如果他不溺水而死，那么他是剑桥大学马歇尔的经济学前任教授离开后的最可能人选，于是，他将使经济学成为一般均衡经济学，而不是马歇尔的局部均衡经济学。然后，当然也就没有后来的芝加哥学派经济学。

杰文斯重新发现了坎蒂隆和古诺，于是经济学家就都知道这两位传奇式的先驱了，再传，就到美国经济学家的领袖费雪（Irving Fisher，1867—1947）。所以，古诺的著作在美国出版时，费雪作序并附一份勘误表——修正古诺著作原版的错误。总之，你们必须阅读这些文献。

现在，看图 2.10，我在这里引用坎蒂隆《商业性质概论》（余永定中译本）第一章“论财富”的第一段文字，财富的定义：土地是所有财富由以产生的源泉或质料。人的劳动是生产它的形式；财富自身不是别的，只是维持生活、方便生活和使生活富裕的资料。

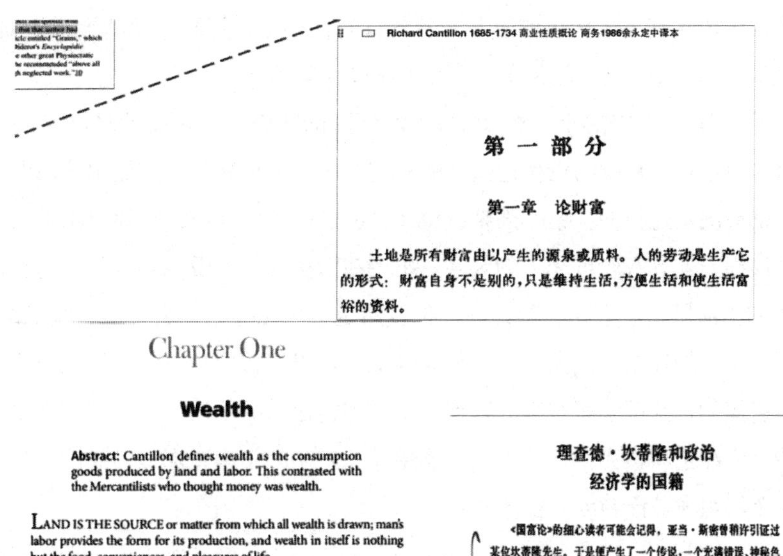

图 2.10

再读英文版（米塞斯研究所的译本）：

Land is the source or matter from which all wealth is drawn; man's labor provides the form for its production, and wealth in itself is nothing but the food, conveniences, and pleasures of life.（土地是一切财富由之引出的源泉或质料，人的劳动则为财富的生产赋形。财富自身不是别的，而是生活之愉悦、便利和食粮。）

在图 2.10 的右下角，取自杰文斯的文章“理查德·坎蒂隆和政治经济学的国籍”，是余永定中译本的附录，出自希格斯 1931 年的英译本。希格斯在英译本“导言”里介绍这篇文章时写道：本书收录了杰文斯在发现原书而产生的狂喜中所撰写的一篇文章。这篇文章无论在形式还是实质上，都配得上与本书联系在一起。

杰文斯这篇文章的标题意思很清楚，在他看来，政治经济学不再始于配第或斯密，而是始于坎蒂隆。可是，因为坎蒂隆的神秘身世，于是政治经济学的国籍成为问题。

这一段文字，杰文斯说：斯密引述坎蒂隆，因为他很少引述他人观点，所以，这位被斯密引用的名字就随着斯密著作而获得了不朽性。然后他讲述坎蒂隆的故事，批评经济学界误认为坎蒂隆的思想沿袭了休谟的政治经济学传统，真相是，他说，坎蒂隆的思想及流传实在早于休谟的思想及流传。我们知道，那时书籍的出版周期很长。重要思想总是先在友人之间流传多年，然后获得机会出版。

在最后一节，杰文斯问读者，如果说坎蒂隆的《概论》是政治经济学的真正摇篮，那么这门年轻的科学的诞生地又在哪里呢？……如果我的仔细而艰苦的考证没有错的话，则情况是这样的：第一部系统论述经济学的著作《概论》似乎出自一位银行家之手，该银行家具有西班牙人的名字，出生在凯里郡一个爱尔兰人的家庭里，在哪里长大我们不清楚，后来在巴黎经商。但显然是在阿尔比马尔大街被人暗杀的。《概论》是用英文写的还是用法文写的，无人知晓；在巴黎首次是以法文译本的形式刊印的……众所周知，法国学派在很大程度上是《国富论》的基础，而且就该学派的许多学说来看，它注定将被人们认为是经济学中真正科学的学派。那么，经济学是什么国籍呢？这个问题现在读者可以自己去回答。

经济学的国籍，以后我们还将看到另一可能的解答，就是西班牙中世纪鼎盛期的萨拉曼卡学派（School of Salamanca）。熊彼特在《经济分析史》里宣称，经济科学的真正起源，在萨拉曼卡学派。

说实话，我在整理上面这段录音稿时，颇费时间在网上检索古诺的传记资料。主要因为我住在东京一间宾馆里写这部讲义，无法接近 JSTOR。感谢“微信”，让我以最快速度找到了我的博士生陈慧，从东北财经大学校园里，用了不到 5 分钟，关于古诺“性格悲剧”的两篇文献就送到我信箱里了。

继续探讨图 2.10 坎蒂隆的“财富”定义，因为这是古典政治经济学的核心概念，或许是唯一核心的概念，全部理论都围绕这一概念展开。坎蒂隆这一定义，可明显看到亚里士多德的哲学传统，即“质料—形式”这一对范畴。

我们知道，在千年长期视角下，坎蒂隆生活的时代属于迅速变迁的时代。在这一时代，最重要的经济学议题是：财富、增长、创新。作为对比，配第为“财富”提供的定义是：土地是财富的母亲，劳动是财富的父亲。显然，配第的定义不如坎蒂隆的更富于学术气息。杰文斯说坎蒂隆的《概论》是“第一篇经济学论文”。

我在图 2.11 里描述经济学家怎样想象宏观经济图景。左下角，一位经济学家，他一方面必须亲自体验现实经济生活，例如观察中国古代的“井田制”，这就是所谓“微观体验”。然后，另一方面，他有了足够丰富的微观体验之后，就要试图“上升”到更抽象的想象，所谓“宏观想象”。如此想象之后，如斯密所言，人类理性或许可以窥见神的先定和谐秩序的一部分。这种宏观想象的特征就是“秩序”感，否则就无从谈论经济学理性——很少经济学家宣称“无序”或“混乱”是他想象中的经济的宏观图景。

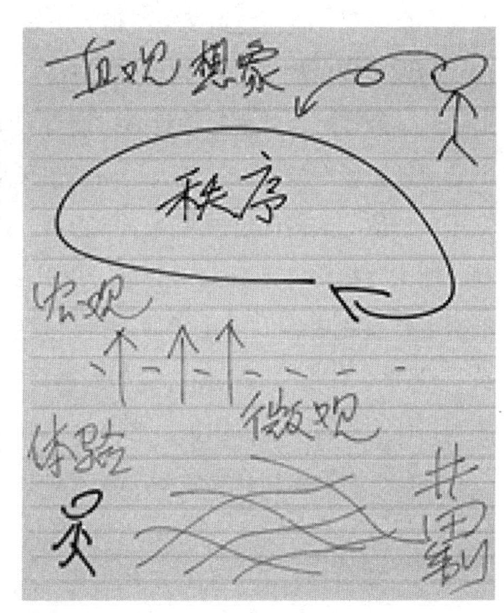

图 2.11

现在，我为坎蒂隆的故事和古典政治经济学的开端作一总结：通常所说经济学开端于配第或斯密，这一说法必须修正。事实上，斯密 1759 年发表了《道德情操论》之后，没有急于写作任何经济学著作，直到他访问了巴黎，从重农学派领袖们那里获得了关于经济学的最前沿的观点，当然，史家也提出了其他方面的原因，但我认为都不是主因。斯密有了紧迫感，开始写《原富》，很短时间就完成并出版了。

休谟的性情是很好的。所以，卢梭猜忌长期给他提供财务帮助的休谟，朋友们大多同情休谟。我们看休谟的肖像就可看出来，无忧无虑，胖胖的，带着微笑，和善的目光，透着智慧。斯密的样子就很糟糕……你们知道斯密长什么样子吗？（全场笑）不知道也没有关系啦。反正，我读过的一本传记里面描写斯密走路的奇怪样子，说他如一条大虫子在街上蠕动。我们从现在常见的斯密肖像，大致可以推测他相貌不很好，但无法推测他身材。其实他形象极糟糕，弯腰弓背缩脖儿大头，而且两条腿似乎长短不齐，所以走路时扭动着身躯。休谟是斯密的学长，在当时名气已远超斯密。不过，他俩是公认的至交（稍后我们知道这是不真实的），他们约定谁先死去，则后死的那位就是先死那位的遗嘱执行人。很遗憾，休谟先死。根据约翰·雷（John Rae，1845—1915）于1895年发表的《斯密传》——这是刊行于世至今仍最权威的斯密传记——中译本第19章“休谟之死”，休谟死前请求斯密主持在他死后出版《自然宗教对话录》——斯密明白这是教会强烈反对的一部无神论作品，于是推诿再三，休谟反复请求而反复被斯密委婉拒绝。临终前的几天，休谟终于对这位置至交之情于不顾的老友完全失望，转而将遗著委托他人出版。

休谟活着的时候，根据雷《斯密传》第5章，1752年当斯密从逻辑学教授转任道德哲学教授时，休谟写信给格拉斯哥大学申请斯密留下的逻辑学教授职位。那时惯例是前任教授有权建议接任人，而斯密又是休谟的密友。况且，坊间关于“柏克也递交了申请信”的传闻已被柏克本人否认，这样，休谟就是唯一有竞争力的申请人。但是，斯密写给格拉斯哥大学的信，我引用雷的原文：“他充分注意到，如果休谟那样的著名怀疑论者得到上述任命，将会招致苏格兰社会的批评，从而有损于大学的利益。”虽然，休谟是公认最合适的人选，但他落选了。“一个名叫克劳的年轻的非正式牧师接任了逻辑学教授职位。这个青年当时毫不为人所知，以后也是湮没无闻。”

如此一个斯密！在纪念休谟的文章里，他这样写：

> 我们最杰出、永垂不朽的朋友就这样逝世了。对于他的哲学见解，人们无疑会各执一说，或赞同且予以证实，或相左而施加诋毁，但对于他的品格和为人，则很难会有不同的意见。他的脾气，窃以为实际上比我所认识的任何一个人也许要和蔼可亲。俭朴固然属必需，而在他也是一项美德，但即使身处于最不幸状态之下，他待人也从来都宽大为怀，慷慨大方。这种俭朴，其根底不是贪婪，而是不愿受制于人。他在性格上非常温和，同时，思想也很坚定，一旦下了决心，绝无动摇之时。他毕生幽默诙谐，而且文雅大方，朴实无华，这是他的好性格、好脾气的真实流露，至于恶意，则连一丁点迹象都没有，而这，常常是他人身上所以有那种叫作理智的讨厌的根源。……生性快乐而善交际者，往往是同时兼有另一面浮躁、浅尝辄止的品质的，但在他则不然，他是专心致志、学而不倦、勤于思考、在每一方面都力求全面能力的人。总而言之，我始终认为，他无论生前死后，总是在脆弱的人性所许可的范围内，接近于一个全智全德的人的理想。

但是斯密对待休谟临终时的期望和恳求表现出的令人愤慨的种种推诿、冷漠和自私，实在辜负了公众对他与休谟至交的预期。而且，休谟的判断正确，他告诉斯密说，那部作品可能引发的争议甚至小于休谟已发表的其他作品。事实上，《自然宗教对话录》发表之后，并未引发教会的批评，约翰·雷《斯密传》的解释是：“人们显然听腻了神学争论”。由此，我们更有理由批评斯密过于考虑自己的利益，或许仅仅因为休谟去世的当年斯密《原富》也要出版，故而斯密担心因与休谟关系太近可能拖延自己著作的出版。

回来继续总结第二讲，如果斯密不是经济学的开端，如果坎蒂隆是经济学的开端，那么，李嘉图的思路将成为主流。请你们浏览第二讲心智地图，如图 2.12，这里有两个不同但同样有力的方法论思路：其一是斯密代表的经验主义和历史学派的思路，其二是李嘉图代表的抽象逻辑和一般均衡的思路。

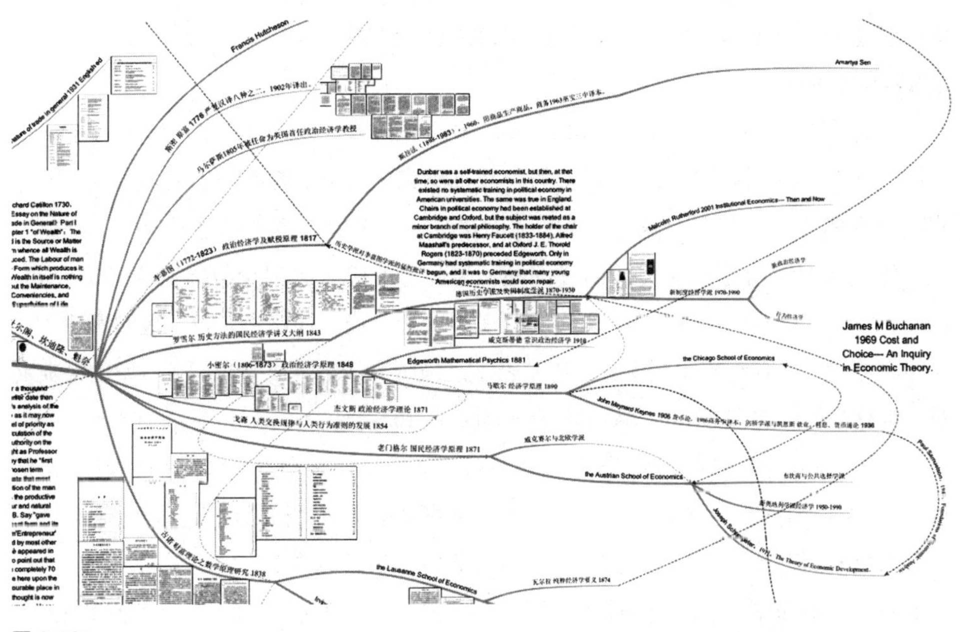

图 2.12

3. 李嘉图：抽象逻辑与一般均衡的思路

关于李嘉图的故事也很多。经济学家认为有三位经济学家是他们当中的首富，其一是李嘉图，其二是凯恩斯，其三是萨缪尔森。这三位首富谁是最富的，尚无定论。萨缪尔森 2009 年辞世，于是有人研究萨缪尔森的财产状况，初步结论是，萨缪尔森参与创建了美国最早的对冲基金，他在股市里赚的钱远远超过他从《经济学》大半世纪的版税总收入。凯恩斯善理财，上一讲我已介绍过。

李嘉图是理财高手，维基百科“李嘉图”词条已有记录。请注意检索，Ricardo

这一姓氏的词尾不像是英语，更像是西班牙语，所谓“拉丁裔”的姓氏。我的检索是，李嘉图家族属于一个人数极少的犹太分支“西班牙和葡萄牙的犹太人”（Sephardic Jews）——在现代英国只有不到 8000 人，而在李嘉图的时代大约不到 800 人。之所以人数很少，直接理由是，中世纪晚期以来西班牙和葡萄牙的宗教主流是天主教，那里的犹太人必须经历数百年宗教迫害（著名如“1506 Jewish Massacre in Lisbon”，里斯本 1506 年屠杀犹太人）而仍不改宗，才被记录为“Sephardic Jews”。宗教迫害的历史甚至比数百年更悠久，可追溯至穆斯林统治西班牙的时代，从公元 711 年开始。另据一个“反犹太”网页的记录，犹太人的文化传统，第一特征是尊老，远比中国人更尊老，例如，犹太人的命名惯例，长子和长女从祖父母的名字，仅当祖辈的名字用尽，父母才可自己命名。也因此，犹太家庭有极高的生育率。至今，以色列国内妇女平均生育率仍超过 3.5，这是人口生育率迁移之后的数据，是按照人均收入归入“发达国家”当中最高的生育率。

普林斯顿大学的人口学泰斗，阿什利·约翰森·科勒（Ansley Johnson Coale，1917—2002）在编制世界人口史的时候，特别研究了人类生育率的上限，注意，不是真实生育率“fertility”，而是生育能力“fecundity”，类似于经济学家所说的“产能”，当产能过剩时就有生产能力的闲置问题。为此，他研究美国少数族裔“亚美什人”（Amish people）的生育率。我们知道，亚美什人拒绝商品经济和货币，他们保持了传统生活方式，而且绝不控制生育。他发表了这项研究结果，成为我们人口学的经典文献。根据他的研究，那里的育龄期妇女平均生育 16.5 个孩子。

继续讲述李嘉图的故事。根据维基百科“李嘉图”词条（2014 年 7 月 23 日最后修订），李嘉图家族源自葡萄牙。不久前，他的父辈从荷兰移居伦敦。他父亲是成功的股票交易商，并深信这些财富来自上帝的恩宠，故而他要求家庭成员的一切生活细节严格遵循教派信条。李嘉图是 17 个孩子的第三个，他对这样的生活十分厌烦。我刚刚提及的人口学知识，17 个孩子，几乎超过了人类生育率的上限。在他 14 岁那年，为帮助父亲，他以秘密身份进入股票事务所工作，而且很成功，立即表明他有金融天赋。但是，21 岁那年，他无药可救地陷入一场爱情——与一位“震颤派”女孩。

此处，我还要补充一些知识。怀特海是震颤派教徒，而且特别虔诚。这是一个奇特且值得关注的教派，英文是“Quakers”——属于更广泛的“朋友教会”（Religious Society of Friends）。震颤派反对教会的科层组织以及以“经文”和“仪式”为核心的宗教活动，他们以教友们的“聚会”为唯一重要的原则，任何在场的教友都可发布演说，只要他能感动其他教友。根据维基百科“震颤派”词条，第一个震颤派组织，17 世纪中期出现于英国，与当时的英国教会严重冲突。1656 年，震颤派领袖詹姆斯·内勒（James Nayler）忍受了烙铁穿过舌头的刑罚。2007 年，全世界成年震颤派教友的“聚会”多达 36 万个。为什么“震颤”？我的理解是，这一派信徒极关注内在的宗教体验，他们在相互感动的时候，可能常有震颤现象。宗教民主化的经济后果是，震颤派在农业、工业和金融业都有令人关注的发展。

回到维基百科“李嘉图”词条：随后他改宗“神体一位派”——这是新教的一个派别，坚持上帝与圣灵有同一位格，因此反对“三位一体”（又译“三一教派”）信条。这样的离经叛道，使李嘉图的父亲公开“disowned him”——不再承认有这个儿子。自此，李嘉图与家族不再有联系。由于他的金融天赋，他得到一家著名银行的财务资助，有了自己的股票事务所。在滑铁卢战役期间，他巧妙地发布自己的股市操作消息，在今天被称为“内幕交易”及“操纵股市”。具体的操作过程是：（1）以战役观察家名义发布战况；（2）巧妙暗示法军已赢得战役；（3）大量公开抛售英国股票，从而引发市场恐慌；（4）以极低价格大量买入英国股票。结果是，1823 年 9 月 14 日《星期日周报》在“李嘉图讣告”中披露，李嘉图在这次“滑铁卢战役操作”中获利至少百万英镑（也有一说是 60 万英镑）。

你们必须想象，李嘉图上述股市操作的历史情境，尤其在英吉利海峡对面，在法国发生的那些重要事件，首先是拿破仑，他不仅是李嘉图的同时代人，而且他的生卒年份几乎与李嘉图的完全重合——生差 3 年，死差 2 年。拿破仑 1804 年称帝，所向披靡，直到在莫斯科遇到库图佐夫。40 万法军士兵，可能多半冻死少半战死。拿破仑兵败回到巴黎，1814 年，保留皇帝称号，被遣送到厄尔巴岛。英国是法国的主要敌人，为抵抗拿破仑，英国人组织了 6 次国际联盟军队。莫斯科战役发生于 1812 年，九死一生，只有不足 4 万法国士兵幸存。随后，拿破仑拒绝议和条件，法军与第六次国际联盟军队开战并失败。滑铁卢战役发生于拿破仑“百日政变”时期，1815 年，拿破仑只带几名随从，2 月 26 日，从厄尔巴岛乘船，两天之后返回法国大陆。沿途遇到的各种法国军队，不费吹灰之力，都归顺了皇帝。士兵们拒绝向皇帝开枪，他们追随拿破仑进入巴黎，那是 3 月 20 日。到 6 月上旬，拿破仑聚集了 20 万军队，决定主动出击。6 月 18 日，滑铁卢战役开始，英普联军的指挥官是惠灵顿将军——他成功抵抗了法军的轮番冲击。这一天的战斗，可谓“悬念重重”，但毕竟，惠灵顿胜利了。拿破仑返回巴黎，发现自己的威名不再有感召力，于是果断退位，被英国人送到很远的地方，这一次是非洲附近的圣海伦娜岛。他的死亡，不像李嘉图的那样明确，据说，他的随从按照英国人的嘱托在他的日常食物里放了毒药。总之，拿破仑的遗骨，经化验，似乎是慢性砒霜中毒。

如果将李嘉图的股市操作与滑铁卢战役想象为平行的电影画面，我相信，可以得到强烈的戏剧效果。

或许我们难以想象这笔财富的规模，不过，这里有一例：1818 年 8 月，已然决定成为国会议员的李嘉图出资 4000 英镑，为一位上院议员的自治辖区融资 25 000 英镑——这笔交易使李嘉图顺利成为国会下院议员。比李嘉图早几十年，斯密年收入达到 600 英镑时，他就辞去格拉斯哥大学教授的职务了。比斯密早大约 100 年，牛顿在剑桥大学担任卢卡斯讲座教授时，年薪不过 22 英镑。可见，百万英镑是足够李嘉图相当奢华地度过余生的一笔财富，于是在 41 岁时，李嘉图宣布退休。根据某一传记，李嘉图全家过着随意挥洒金钱的奢华生活，也就是咱们所谓“土豪”生活，他有 8 名子女，这就让我们联想到他父亲的 17 名子女。然而命运如此，10 年之后，他突然死了。

李嘉图的死亡可算另一种传奇。据另一更权威的传记，李嘉图的某一只耳朵痒或疼痛，有两年之久。不过，可能因为医疗服务那时还很不可靠，总之，他没有就医，只是用手指伸到耳朵里挠挠。大约在 1823 年 9 月初，他突感头疼，医生从他的耳朵里放出一些浓汁，头疼缓解了两天，随后，头疼更严重了。后来人们推测，想必是中耳炎扩散至颅内。此后，病况迅速恶化，只不过 10 天，李嘉图辞世，死因是败血症。他比拿破仑晚生 3 年，又比拿破仑晚死 2 年。在另一意义上，这是命运的安排。

在古典经济学家当中，李嘉图被认为“来自月亮”，或者用咱们现在很流行的描述，他来自星星，相当于“都教授”。

如果说，如图 2.13、图 2.14，坎蒂隆《商业性质通论》提供的是经济学的第一幅宏观经济图景，魁奈的“经济表”——几乎是坎蒂隆图 2.14 的完全模仿，提供了第二幅宏观经济图景，如图 2.15—2.17，那么，李嘉图想象的宏观经济图景[1]，则是经济学的第一个数学（几何学）模型，如图 2.18。现代宏观经济学并未超过坎蒂隆太远，例如，图 2.19 取自曼昆《宏观经济学》（N. Gregory Mankiw, *Macroeconomics*）。

图 2.13 取自坎蒂隆《经济理论》米塞斯研究所英译本。值得关注的是，在坎蒂隆的宏观经济图景中，见该图右上角，企业家被单独列为一个群体，这一群体的社会职能，坎蒂隆的想象是：（1）向农夫提供商品并获取利润；（2）向工匠提供商品并购买投入品；（3）向土地所有者提供商品并购买投入品。

图 2.15 取自魁奈著作，图 2.16 和 2.17 取自《魁奈经济著作选集》吴斐丹和张草纫中译本。可见，魁奈的宏观经济想象类同于坎蒂隆图 2.14 的想象。魁奈是法国宫廷的内科医师，他熟悉血液循环模型，故而很容易就接着坎蒂隆的想象，在人体和经济体之间看到类似关系。

---

[1] 参阅 Paul Samuelson, “The Canonical Classical Model of Political Economy”, in *JEL*, 1978。

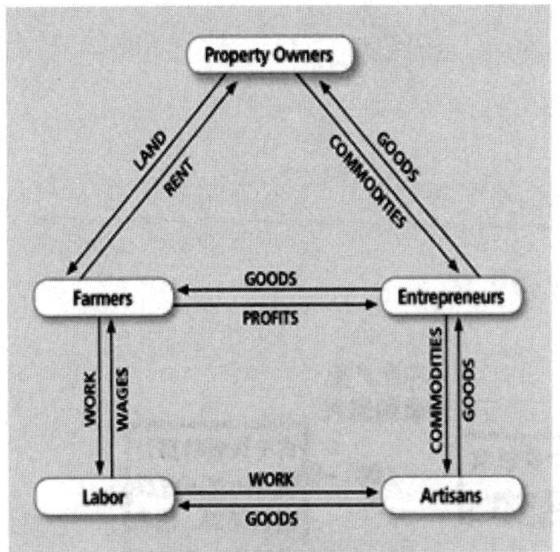

图 2.13

Property Owner receives ⅓ of Production in Rent
OR
Lender receives ⅓ of Production in Interest
OR
Farmer retains ⅓ of Production in Profit

Farmer retains ⅓ of Production as Income

Labor receives ⅓ of Production as Wages

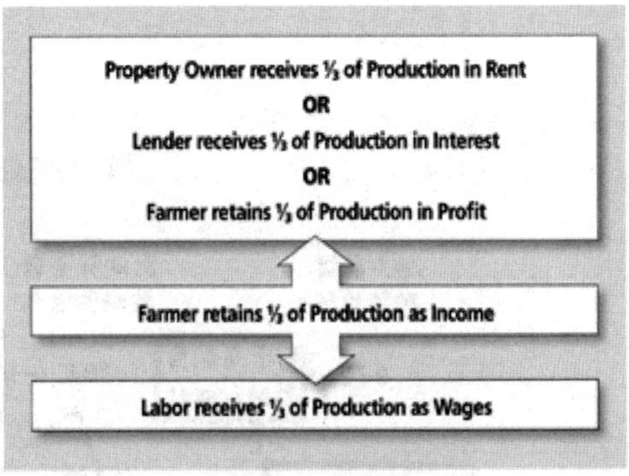

Cantillon's Three Rents

图 2.14

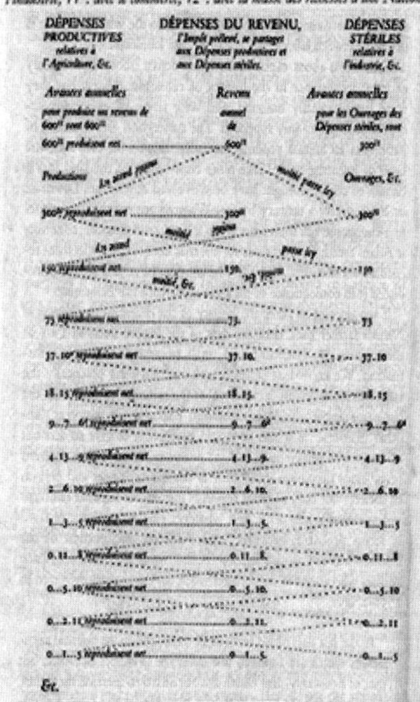

图 2.15

再生产总额：50 亿

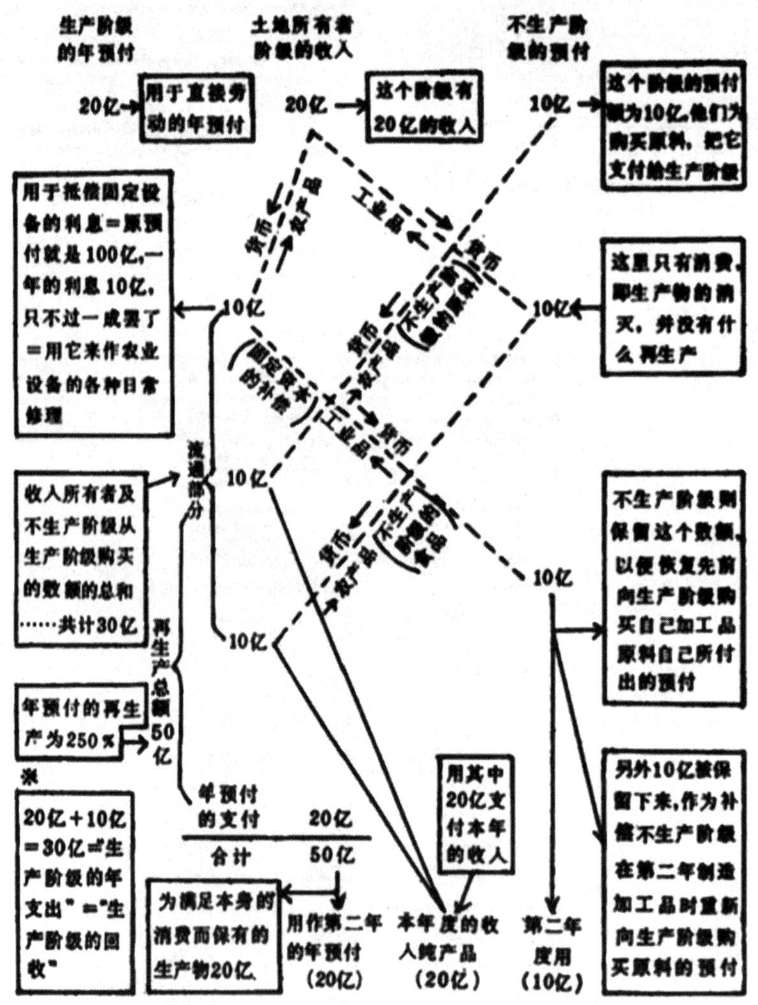

上图的说明：（一）点线表示各阶级之间的流通；（二）实线是说明用；（三）有箭头的实线所指的及※符号的四角号内的文句是引文。

图 2.16

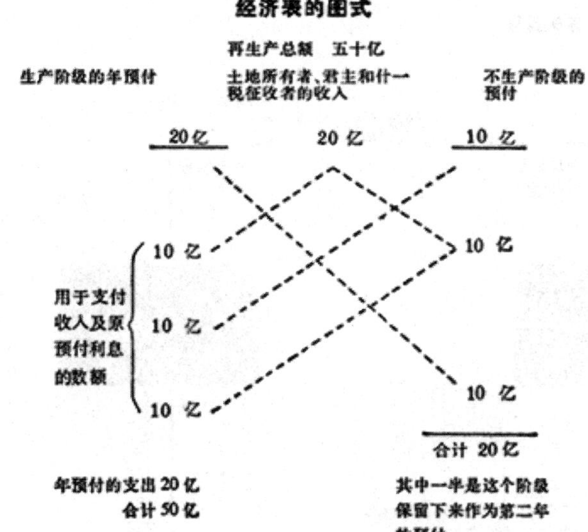

图 2.17

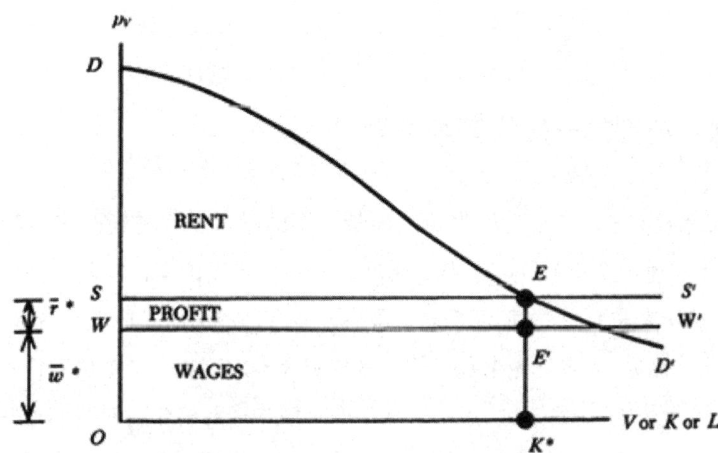

Figure 1. Long-run equilibrium is at *E*, where the *DD'* curve of return to the doses of *V*, made up of balanced proportions of *L* and *K* applied to a fixed profile of lands, just intersects the *SS'* supply curve that measures the wage subsistence and the minimum profit rate needed for steady reproduction of labor and capital. The equilibrium long-run wage rate is $\bar{w}^*$ and the long-run profit rate is $\bar{r}^*$, both exogenous parameters. Distribution of total product, *OK*ED*, is between the residual rent triangle *SED* and the dose's rectangle *OK*ES*. The breakdown between wages and profit is given by the rectangle's breakdown into *OK*E'W* and *WE'ES*. (Possibly $\bar{r}^*$ could be zero. *DD'* can be given the ultra-classical interpretation as the *average product* of the dose on the *external* margin of a continuum of lands of different grades; but, also, it could be the dose's common *marginal product* at the varying *intensive* margins of all lands used.)

图 2.18

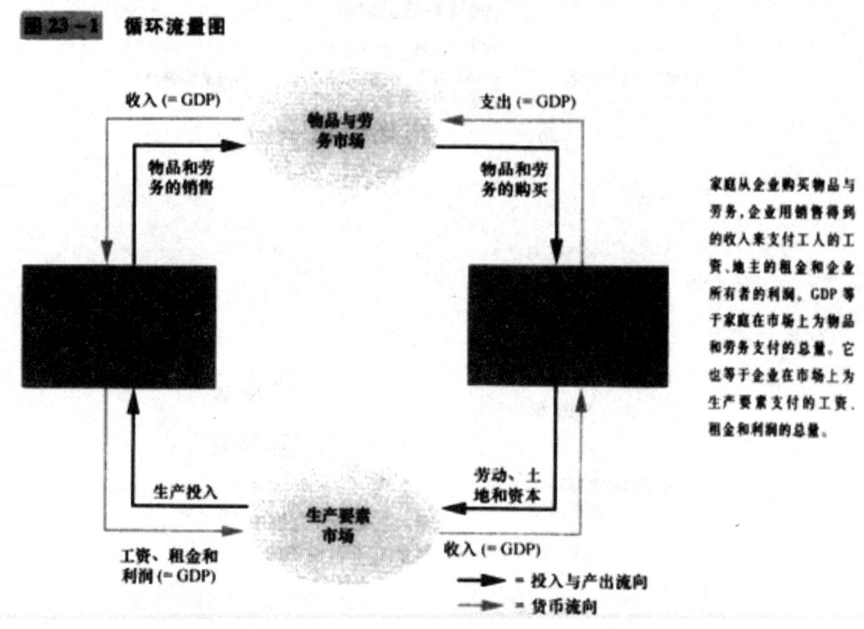

图 2.19

4. 斯拉法：典型的一般均衡经济学

斯拉法著述不多，甚至可说很少，他最重要的学术工作是耗时多年编辑出版了《李嘉图作品与通信全集》，共 11 卷。此外，他还有几篇论文，发表于剑桥大学经济学刊物《经济学杂志》，每一篇都重要。最后，他有一本小册子传世，1960 年发表的，《用商品生产商品》，巫宝三先生翻译的，是权威译本。这本书至今仍对许多博士生的论文产生决定性影响。斯拉法的思路，典型的一般均衡经济学，对我们这些从数学系毕业的经济学博士生影响很大。斯拉法对维特根斯坦的重大影响，维特根斯坦写在自己晚期最重要的著作《哲学研究》前言里了。维特根斯坦认为，他的思想之所以在晚期发生断裂性转变，是因为受到斯拉法和拉姆齐（Frank P. Ramsey）的思想冲击。斯拉法还对森产生了重要影响，写在 2004 年森发表于 *JEL* 的文章里 [1]。根据森的记录，他很怀念年轻时常常陪斯拉法散步的那段时光，受益匪浅。斯拉法年轻时是意大利共产党总书记葛兰西（Antonio Gramsci，1891—1937）的学术秘书。后来，墨索里尼将葛兰西投入监狱。在葛兰西写作《狱中札记》期间，斯拉法负责在监狱内外传送文

[1] Amartya Sen, “Sraffa, Wittgenstein, and Gramsci”, in *JEL*, Vol.XLI, 2003, pp.1240-1255.

稿。斯拉法从葛兰西那里传承的是“实践哲学”的思想——黑格尔左派的实践哲学在葛兰西那里发展成为“新马克思主义”的实践哲学。然后，他的实践哲学思想对维特根斯坦的思考产生了巨大冲击。

葛兰西的经历远比斯拉法坎坷，据一份传记资料，他出生时，他父亲的财务状况已非常恶化，以致全家多次迁徙。葛兰西童年营养不良，且因肺结核导致脊椎变形，毕生身高低于 5 英尺（相当于 1.5 米）。但是他学习能力极强，两次辍学，全凭自修，1911 年获得土伦大学奖学金，与陶里亚蒂（Palmiro Togliatti）同班。青年时代，他参与社会主义运动，于 1913 年加入意大利社会主义党。他深受意大利思想家克罗齐（Benedetto Croce，1866—1952）的影响，并由此浸淫于黑格尔左派的“实践哲学”领域。

据维基百科英文版，克罗齐，贵族身世，以美学名世，在墨索里尼之前的政府里担任教育部长，深受黑格尔哲学和历史唯物主义思潮的影响，也参与政治，并与李卜克内西（Karl Liebknecht）、倍倍尔（August Bebel）、恩格斯、考茨基和拉法格等欧洲共产主义者过从甚密，但一度支持墨索里尼，稍后脱离政治。他的主要著作是《美学》（1902）、《逻辑学》（1908）和《实践哲学》（1908）。他是 1949—1952 年间的国际笔会主席。

据维基百科英文版“葛兰西”词条，1919 年，葛兰西与陶里亚蒂等人创办《新秩序》，随后，意大利社会主义党加入列宁的“第三国际”，在党内各派当中，陶里亚蒂和葛兰西领导的“新秩序”派被列宁认为是布尔什维克党最亲密的盟友。稍后，1921 年，意大利共产党正式成立。根据森的记录，同年，斯拉法加盟《新秩序》编辑部，而且，斯拉法 1919 年开始就为这份杂志撰稿，在编辑部工作期间，他与葛兰西关系密切，深入探讨了许多议题。1922 年葛兰西以意共代表身份赴苏俄，与那里的一位小提琴家恋爱，并于 1923 年结婚，同年，他离开莫斯科去维也纳，试图重组被墨索里尼一网打尽的意大利共产党。1926 年，围绕支持斯大林还是托洛茨基这一关键议题，他与陶里亚蒂发生严重分歧，自此二人分道扬镳。同年，根据森的文章，1926 年 11 月 8 日，葛兰西被捕，在狱中生活至 1934 年，因健康恶化保释出狱。1937 年，他 46 岁，死于罗马的一所医院。

这样一位思想家，在监狱里生活了 8 年，留下近 3000 页的“日记”——其实是他对许多重大问题的思考，史称《狱中札记》。斯拉法婉拒凯恩斯 1927 年来信传达的请他担任剑桥大学经济学讲师之邀，倾力帮助葛兰西狱中写作。为此，根据森的记录，斯拉法在米兰的一家书店在葛兰西名下开设了由斯拉法管理的无限透支外汇账号。不难想象，在这些年里，斯拉法必定深得葛兰西思想精华——除了实践哲学，引人注意的还有，葛兰西对庸俗马克思主义者的经济决定论的批判，以及对哲学唯物主义的批判。

上引森的那篇*JEL*文章特别要从《狱中札记》探究葛兰西与斯拉法讨论的那些议题当中，葛兰西的哪些思想后来通过斯拉法影响了维特根斯坦。森的考证表明，正是斯拉法将葛兰西的语言哲学传达给了维特根斯坦，根据森这篇文章的第4节“The Gramsci Connection”，围绕斯拉法与葛兰西探讨过的一个关键概念——“自生自发的哲学”(spontaneous philosophy)。何为自生自发的哲学？根据森的考证，葛兰西认为，必须彻底批判以往关于哲学是象牙塔专业的误解。每一个人都是哲学家，只要他使用语言。因为语言整体性地确定了概念的涵义，通过习俗与规则——维特根斯坦称为“语言游戏”，在葛兰西那里称为“以人类学的方式讨论语言”。

我于是必须引述葛兰西的《狱中札记》[1]，从第31页“言语、语言和常识”开始：

> 通常称为“日常知识”或“常识”的那种东西，它的价值到底在什么地方？不仅在于常识是利用因果性原则（即令它不公开承认这一点），而且在于从其意义来看一种局限性更为巨大的事实上——即常识在许多判断中确定一种明白的、简单的、易懂的原因，不容许任何形而上学的、冒充意义深刻的、冒充有学问的以及诸如此类的奸计和机智把自己引入歧途。在十七世纪和十八世纪，人们不能不称颂“常识”……假使我们确定哲学是世界观，并且已经不仅把哲学活动看成是“个人”制定形成为一个完整的体系的概念，而且也（特别是）看成是文化领域中为了改造人民的“智能质”和为了传布那些会具体地也就是历史地和社会地成为普遍的限度内证实其“历史的正确性”的哲学方面的新事物而进行的斗争，那么言语和语言的问题“在技术上”就应该被提到第一位来。……因此，“语言”现象在现实中原来是许多现象，它们或多或少地有机地彼此联系着，互相依赖着；……由此产生文化因素在实践（集体）活动中也有的重要性；任何一种历史的行动只能由“人的集体”来完成。这一点预定要达成一种“文化—社会的”统一，在这种统一之下追求各种目的的分散愿望在同样的和统一的世界观……的基础上，为了同一个目的而结合在一起。正因为这一切都会是这样发生的，所以关于语言的一般问题的重要性，也就是关于集体制造同样的文化“气候”的一般问题的重要性，就很明显了。……一个“思想家”假使满足于自己的“主观地”也就是抽象地自由的思想，那在我们今天会令人发笑的，因为科学与生活的统一，

[1] 人民出版社，1983年，葆熙中译本。

正是积极的统一，只有在这种统一中才能实现思想的自由，这是教员和学生的关系，哲学家和他在其中活动并从其中抽出要求提出和解决问题的文化环境的关系，换句话说，就是哲学和历史的相互关系。

在这样引述了葛兰西的思想之后，我立即看出，他的这一思想，与我在《新政治经济学讲义》里阐述的"实践智慧"传统是一致的。并且，葛兰西的上述观点对我们理解经济学思想史的核心议题——逻辑方法与历史方法之间的紧张关系——具有奠基性的意义。

森继续讲述他陪斯拉法散步的故事：所以，在斯拉法看来，维特根斯坦《逻辑哲学论》的思路，完全是走错了。恰如葛兰西批评的那样，年轻的维特根斯坦误以为他能够"单独地"自由思考。可是他使用的语言呢？那绝不是他能够单独创造出来的，于是他陷入两难困境，要么为了不受任何人的影响于是必须不用语言思考，要么彻底放弃自己的思路。

现在我要进入森在这篇文章的第 5 节讨论的主题——"资本定价与社会交往"（capital valuation and social communication），因为这一主题与这门课程贯穿始终的"未来经济学"（见心智地图第八讲）必须解决的主题——收益递增经济学和存量经济学——密切相关。这件事要从斯拉法 1926 年在 *EJ*（*Economic Journal*，剑桥大学经济学刊物）发表的一篇批评（可以说是颠覆了）马歇尔经济学的文章说起。[1] 我先索引这篇文章：据森报告说，这篇文章 1925 年意大利文发表时已广受赞扬，第二年以英文发表，想必引起剑桥学派的关注，遂有凯恩斯邀请函。

斯拉法这篇文章之所以颠覆了马歇尔经济学，要点在于：马歇尔假设市场是完全竞争的，故而企业面对水平（弹性无穷大）的需求曲线；另一方面，马歇尔局部均衡分析为确保市场均衡的稳定性，必须假设市场供给曲线向右上方倾斜，从而与向右下方倾斜的市场需求曲线有一个稳定的交点。斯拉法指出，如果企业内部存在规模收益递增的生产方式，那么，供给曲线可能向右下方倾斜——价格随市场扩展而下降，从而市场均衡未必稳定。马歇尔于是假设企业内部收益递减，而在企业外部可以存在收益递增，但这样的收益递增只能局限于行业内部。斯拉法指出——这样的规模收益递增现象根本不存在！

斯拉法的这一挑战，始终未有达成共识的解决方案。我在第一讲介绍卡尔多的时

---

[1] Piero Sraffa,"The Laws of Returns under Competitive Conditions", in *EJ*, vol.36, no.144, pp.535-550. 标题可译为："竞争条件下的规模收益律"。

候提及，在战时的经济政策论证中，卡尔多提出“平均成本定价”原则。斯蒂格勒1951年在*JEP*的文章“The Division of Labor is Limited by the Extent of the Market”，试图弥补马歇尔经济学体系被斯拉法1926年文章拆解的基础。他将“企业”视为“功能”（functions）的组合，其中可以有一些功能是收益递增的，但因为其他功能收益递减故企业生产整体而言是收益递减的，并且因此，行业内部也不存在收益递增。

奈特认为，经济理论必须在逻辑上严格区分静态分析和动态分析，他指出，马歇尔的均衡分析是静态分析不是动态分析，但收益递增或收益递减应在动态分析框架内讨论，否则就可发生斯拉法指出的这种内在矛盾。[1]

不论如何，斯拉法提出的收益递增经济学问题，继续成为对新古典经济学的挑战。英格丽·利玛“Increasing Returns, New Growth Theory, and the Classicals”（2004）[2]这篇文章表明，芝加哥学派的新增长理论家们忘记了（或误解了）杨格“收益递增与经济进步”演说的要点——收益递增不仅导致向右下方倾斜的市场供给曲线，而且导致市场需求曲线向外移动（分工和专业化降低了商品价格，从而购买力普遍提高）。对斯密、马歇尔、杨格和卡尔多而言，这才是经济发展的真实过程。新增长理论的要害在于，它仅仅关注均衡（一般均衡及其稳定性）问题，为了顾及人类弱得可怜的数学想象力，它必须忽略收益递增引发的不可忽视的需求扩张及需求结构变迁。充其量，它试图用拉姆齐效用函数和代际重叠消费者选择模型（这一模型要求消费者预知未来各期的贴现率）来容纳收益递增的需求效应。

十几年前，我批评过保罗·罗默尔1990年发表在*JPE*的文章——他试图使技术进步成为内生于一般均衡的过程，这一目标因其荒谬故而不可能实现。浏览利玛2004年的这篇文章，我还意识到，罗默尔似乎是作者的主要批评对象。因此，我建议你们读这篇文章，从而能对“新增长理论”或“内生增长理论”有更全面的理解。所有这些内生增长模型（例如罗默尔1990年*JPE*文章）都没有使贴现率或利率或利润率内生决定，而这才是要害问题。我在第六或第七讲，若有时间，将详细介绍弗里德曼《价格理论》最后一章和张五常最新版《经济解释》关于“存量”的经济分析框架。如奈特所论，经济增长或经济发展，是“存量”（资本、资源、劳动）变化的过程，而存量的定价是利率或利润或贴现率。

斯拉法1926年发表于*EJ*的这篇文章，根据森的回忆，引发了许多后续的研究工作，包括1933年同时形成的剑桥大学罗宾逊夫人的“不完全竞争理论”和哈佛大学

[1] 参阅 Frank Knight, *Risk, Uncertainty, and Profit*, 1921; Charles Blitch, “Allyn Young on Increasing Returns”, in *Journal of Post Keynesian Economics*, vol.5, no.3 [1983], pp.359-372。

[2] in *Journal of Post Keynesian Economics*, vol.27, no.1, pp.171-184.

张伯伦的“垄断竞争理论”。我的移动硬盘里保存了许多当时发表的文献，尤其是斯拉法与其他作者的讨论文章，关于规模报酬的 *EJ* 论文，持续到大约 1931 年，经济理论的争论焦点才逐渐转移到福利经济学领域。现在我们可以理解，1928 年英国人邀请杨格担任皇家经济学会主席并发表题为“收益递增与经济进步”的就职演说，恰逢其时。

刚才我们看到，如图 2.13，在坎蒂隆的宏观经济想象里，企业家扮演价值创造的角色，从而在实际上，如图 2.19，曼昆描述的经济循环或 GDP 是不断扩张的，也就是说，代表 GDP 的箭头越来越粗。但是在曼昆图 2.19 的宏观经济想象里，只有“企业”而没有企业家，利润是对资本的回报，工资是对劳动的回报，租金是对土地的回报。那么，创新呢？如果没有企业家创新活动，租金和利润的涵义是什么？这些概念于是变得含混不明。在重农学派想象的经济循环图示里，农民承担了企业家创新的职能——持续改良农业技术。也因此，这一学派被称为“重农的”或以农业为本的经济学，前引吴斐丹和张草纫翻译的《魁奈经济著作选集》收录了魁奈为米拉波著作《农业哲学》撰写的第七章 [1]。

对重农学派而言，经济循环或 GDP 是否持续扩张，取决于农民怎样处置利润，农民不会随利润消失而消失。对曼昆而言，GDP 是否持续扩张，取决于企业怎样处置利润，企业不会随利润消失而消失。只有在坎蒂隆这里，企业家是利润的人格化，当利润消失的时候，企业家随之消失。

我讨论规模收益的递减或递增时，总要想到与阿罗分享 1972 年诺贝尔经济学奖的希克斯。他曾这样询问，是什么因素使企业的平均成本曲线向右上倾斜？或者，我引述他晚年接受一位经济学家访谈时的表达：

> For long period problems, well, I still feel I don't know.… I am thinking of the determination of profits. … It is not at all evident to me that if one does not assume …（在长期内有什么问题困惑我吗？我认为有一个问题，我始终想不清楚，那就是利润是怎样决定的。我完全不明白，如果不假设……）

访谈分为两次，1988 年是最后一次，他 1989 年辞世。这篇文章发表于 *JEP*（*Journal of Economic Perspectives*，《经济展望杂志》），希克斯临终前数月曾审阅文稿。*JEP* 是美

[1]　又参阅：杜阁（A. R. J. Turgot），《关于财富的形成和分配的考察》（1770），南开大学经济系和经济学说史教研组译，商务印书馆，1961；David Gordon, ed., *The Turgot Collection*, Mises Institute, 2011。

国经济学会主办的一份面向经济学学生的杂志，它不接受投稿，只邀请权威作者撰稿。[1] 也许这是他在临终前的最后一次访谈，在访谈即将结束时，他说他认为自己最好的一篇文章是“The Valuation of Social Income”（“社会收入的评价”）[2]。那时各国没有 GNP 或 GDP 这类统计指标，希克斯这篇文章的主旨就是为国民收入统计提供经济学基础。他特意澄清了“社会收入”与“国民收入”的差异，前者不是个人收入之和。希克斯在这里讨论的“社会收入”概念，似乎与费雪定义的“社会收入”概念一致。希克斯指出，社会收入很可能是关于总成本的统计指标，而不是总效用的统计指标，而且，如果不存在完全竞争这样的世界，那么，总成本指标与总效用指标通常不一致。很遗憾，他说，那篇文章至今没有引起学术界重视。不过，根据我收录的另一篇希克斯文章[3]，库兹涅茨（Simon Kuznets）之研制国民收入统计体系确实深受希克斯影响，并且他与希克斯在 1940 年多次探讨这一主题。

希克斯在 1986 年的访谈中指出，他的真实收入概念大致与弗里德曼的“永久收入”概念差不多，只有观察到了真实收入，才可能计算真实利润。但他相信，真实收入永远不可观察。

在 1988 年的访谈中，希克斯承认他自己更像是一位思考“资本”问题的会计师。希克斯说他观察过现实世界里企业怎样作决策，基于资产平衡表，因为企业必须考虑资产的流动性，而现实经济中没有哪一家企业享有无限的流动性。他认为资产平衡表是一种不错的理性决策方法，可是大部分经济学家的数学模型，包括他自己的，都是漂浮在空气里，这些模型不再是脚踏实地的。谈到新古典经济学模型，偏好、约束、理性选择、动态最优……希克斯说他现在可以很大胆地承认他认为新古典经济学完全走错了路。

让我们回到希克斯的询问：是什么因素使企业的平均成本曲线向右上倾斜？如果同一行业有许多工厂，为什么成本最低的那家工厂不持续复制它自己呢？希克斯相信，最终的原因是：企业家能力的耗尽，使企业规模不可能无限扩张。

从上面引述的访谈，我们知道，希克斯是凭借直觉思考经济学问题的。所以，我们应重视他为规模收益递减写出的原因，企业家才能，这是企业扩张遇到的最终约束。或许我们可以从另一角度来论证希克斯的直觉，那就是科斯（Ronald H. Coase）在他的名篇“企业的实质”里采取的交易费用视角。科斯考察了美国制造业之后写了

---

[1] 请你们查阅：Arjo Klamer, “An Accountant among Economists: Conversations with Sir. John R. Hicks”, in *Journal of Economic Perspectives*, vol.3, no.4 [1989], pp.167-180。

[2] in *Economica*, vol.7, no.26, pp.105-124.

[3] John R. Hicks, “The Valuation of the Social Income: A Comment on Professor Kuznets’ Reflections”, in *Economica*, vol.15, no.59 [1948], pp.163-172.

这篇文章，他说，企业和市场的边界最终取决于“buy or make”（购买或制造）哪一方式成本更低。这是基于常识的判断，张五常在香港观察“车衣业”，基于常识，他写了“企业的契约实质”，从而将科斯关于“buy or make”的常识扩展为契约包含的各种条款之交易费用总和的高或低。于是，企业在张五常这里成为“一束合同条款”。我认为，这是迄今为止最广义的企业（或市场）定义。根据这一定义，微观经济学的厂商理论必须转化为交易费用理论。我的意思是，根据希克斯的直觉，降低交易费用，需要有制度创新和技术创新，所以依赖于企业家能力。

现在你们看到，微观经济学不仅要回答斯拉法的收益递增挑战，而且要回答希克斯的企业家能力挑战。换句话说，图 2.20 取自范利安（Hal Ronald Varian）《中级微观经济学》（*Intermediate Microeconomics: Modern Approach*）2005 年英文第 7 版第 21 章“成本曲线”，我们在黑板上随意画一条澡盆形曲线，在横轴上写“单位时段的总产量”，在纵轴上写“成本”，我们不假思索就说这是一条标准的平均成本曲线 AC，其实这条曲线的收益递增阶段和收益递减阶段有截然不同的理由。然后，我们再画一条 MC 边际成本曲线，图 2.21 取自安德鲁 · 斯科特（Andrew Schotter）《微观经济学》（*Microeconomics: A Modern Approach*，2009）第 14 章“Perfectly Competitive Markets: Short-Run Analysis”，从 AC 的最低点自下而上穿过，并且指着 MC 在与 AC 的交点右侧的那一段曲线，继续不假思索地说那是“供给曲线”，其实“完全竞争”已经排除了任何企业家活动。我的意思是，在思想史视角下，所有这些不假思索的曲线和命题都潜藏着以往引发争论且至今尚无定论的重大议题。

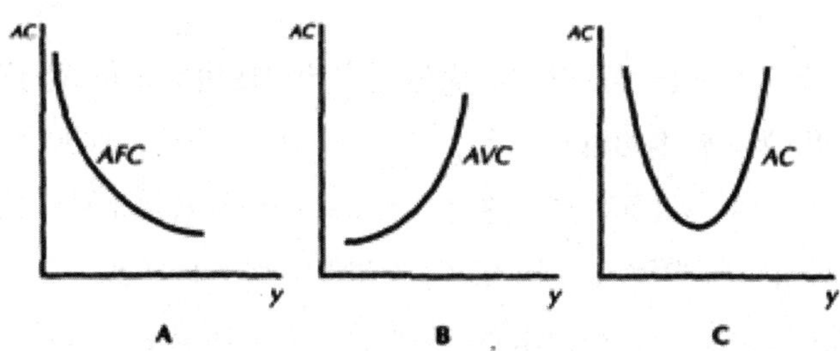

Figure 21.1 **Construction of the average cost curve.** (A) The average fixed costs decrease as output is increased. (B) The average variable costs eventually increase as output is increased. (C) The combination of these two effects produces a U-shaped average cost curve.

图 2.20

Figure 14.5

The Short-Run Equilibrium for a Competitive Industry.

The short-run equilibrium for a competitive industry is consistent with positive profits.

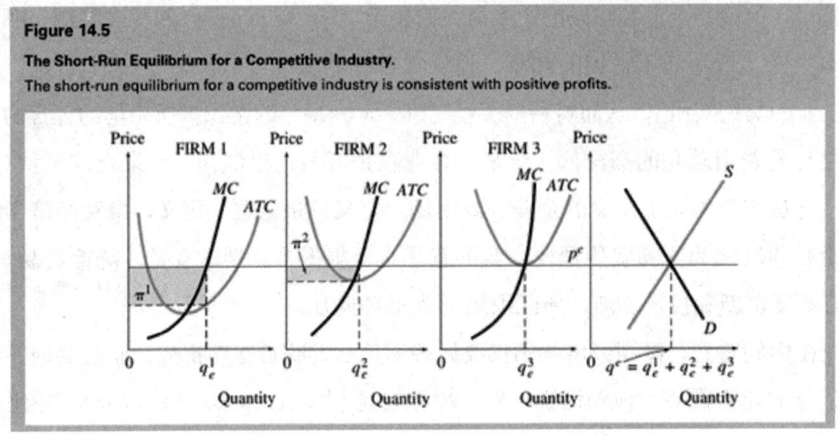

图 2.21

我继续讨论森 2003 年那篇 *JEL* 文章的第 5 节，“资本定价与社会交往”。斯拉法 1926 年文章的思路延续至 1960 年他的小册子《用商品生产商品》，注意，他试图建构的是利润率内生的经济增长模型。森的论点是——

（1）“资本”之为生产函数的一项要素，必须经过某种程度的集结，使微观层面的各种资本品——锅炉、卡车、办公桌、楼房、电脑……姑且不谈“人力资本”如何集结，而任何集结都意味着基于某种“模型”——微观经济的宏观想象。森指出，这些经济模型的学术合法性完全基于经济学家们通过社会交往（学术共同体）达成的共识。可是，斯拉法和葛兰西的学术共同体使用的语言很可能完全不同于英美经济学界使用的语言。于是，以人类学方式，斯拉法的颠覆性批评很可能被英美经济学家们误解。

（2）新古典经济学的学术共同体达成共识使边际定价成为资本模型的核心原则。斯拉法却认为，资本的边际生产率与利润率是同时被决定的，经济学家不应假设利润率（利率）由资本边际生产率决定。而且，经济学家也不可能按照资本密度将各种生产技术加以排列，因为生产技术的资本密度随利率而变化。

我记得以前读斯拉法《用商品生产商品》的印象是，虽然，他的一般均衡模型允许利率内生决定，但他假设投入产出技术是给定的。不论如何，在斯拉法的一般均衡模型里，利润率和工资率构成一对矛盾，当利润率上升时，工资率就下降，反之亦然。一旦给定了利率或工资率，其他全部商品的价格就都被决定了。因此“资本—劳动”关系，如恩格斯所言，是我们理解资本主义社会的“轴心关系”。如果你们读森这篇文章，在第 6、7、8 节，可以读出我的这些感受。

图 2.22 取自我 2011 年经济学思想史研究班课程第五讲，用来说明弗里德曼在《价

格理论》最后一章试图建立的“存量”经济学与他的货币理论之间的思想联系。从这里可以看到，资本与劳动的关系，不仅是古典经济学的核心议题，而且也是现代宏观经济学的核心议题，只不过，在现代的经济学教材中，这一议题退为全部理论的背景。

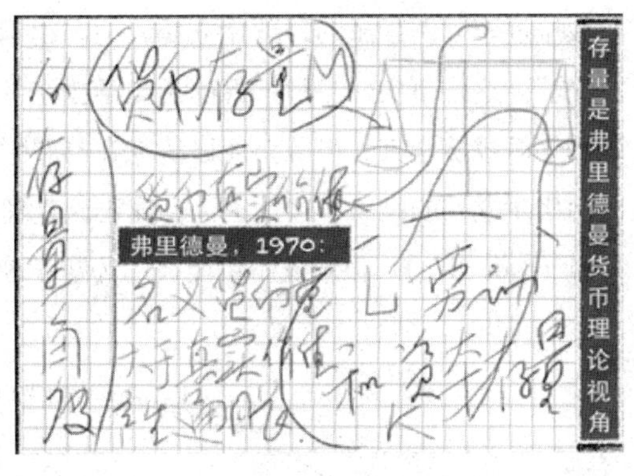

图 2.22

此处，在介绍芝加哥学派货币理论时，我总是希望同时介绍奥地利学派的货币学说。图 2.23 取自 2011 年我的经济学思想史研究班课程第五讲。对奥地利学派经济学家而言，货币通过影响“市场过程”而对经济产生影响。因此，货币流量而不是货币存量，在奥地利学派的视角下，是更重要的现象。例如，一位奥地利学派经济学家首先关注新增加的货币是从哪些人手里进入市场过程的，这些人多大程度上履行着企业家创新职能。如果中国政府通过国有银行系统向实体经济注入 4 万亿贷款，如果最初获得这些贷款的是国有企业，如果国有企业的经理人员的行为模式是官僚化的而不是企业家的，那么，这笔新增贷款能否刺激经济增长，就很令人怀疑。此处，我写了“规模经济原理”——企业家是这一原理在现实世界里的人格化身，这就是“坎蒂隆—杨格”的宏观经济想象。

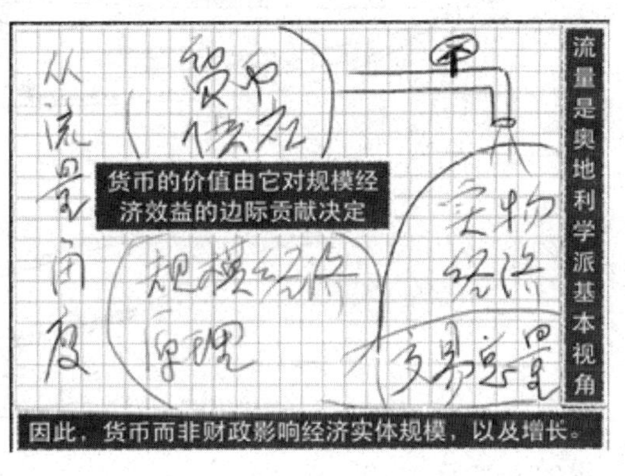

图 2.23

我们浏览这门课程的心智地图，一定要注意，在第二讲列出的如此庞杂众多的学派当中，如图 2.24，在经济学思想史意义上，芝加哥学派和奥地利学派融合百家，故而最可代表现代经济学思想。这两派各自都容纳了逻辑方法与历史方法，以十分不同的形态。芝加哥学派对历史的关注，表现在这一学派坚持始终的实证主义方法。奥地利学派对历史的关注，表现在这一学派坚持始终的市场过程思想。企业家创新是市场过程的核心，虽然，奥地利学派很难或根本不同意用数学模型来刻画这一核心因素。

与芝加哥学派不同，我们知道，在奥地利学派内部，关于数学和统计方法的运用，门格尔、庞巴沃克、米塞斯和哈耶克等人的观点有相当显著的差异。例如，门格尔最接近李嘉图学派的公理化立场，他与德国的新历史学派之间有过一场长达十年的“恶战”。这是事实，当时，德国历史学派主导的各大学经济系已达成默契，不聘任奥地利学派经济学家。但是，庞巴沃克在与费雪的十年“资本”论战中表现了强烈的背离门格尔立场的倾向。这是因为，庞巴沃克理论的核心概念“迂回生产方式”（roundabout production），很难或不可能表达为数学模型。

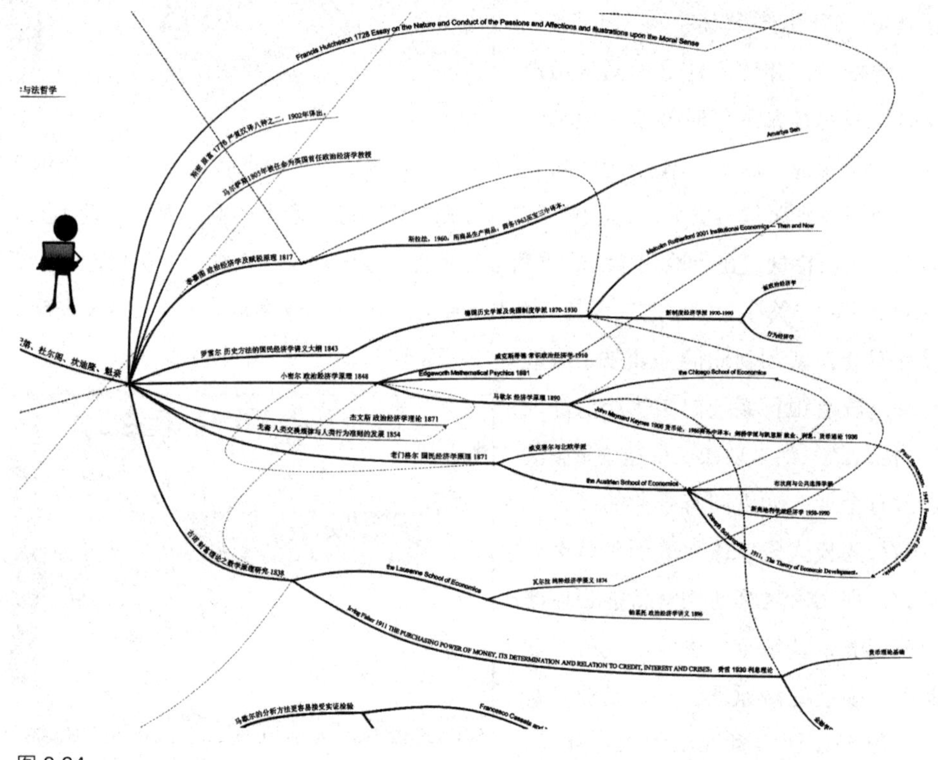

图 2.24

所以，切勿“贴标签”，我们在每一学派内部需要认真辨析每一经济学家所处的特定历史情境和特定思路。在这一意义上说，每一经济学家都具有“唯一性”。只不过，在我的感觉里，奥地利学派经济学家相互之间的差异远比芝加哥学派经济学家们的显著。也因此，奥地利学派的经济学家们从未汇集为芝加哥学派这样的学术强势，事实上他们也无意于此。

例如，另一显例是熊彼特。他是庞巴沃克的弟子，却写了举世闻名的《资本主义、社会主义与民主》(1942)，是著名的社会主义的同情者。庞巴沃克，也是举世闻名，在很多年里被社会主义各国视为“马克思主义的死敌”。

那么，凯恩斯学派呢？难道凯恩斯不是 20 世纪最伟大的经济学家？当然是，不过，凯恩斯一定颇感困惑，如果他被今天的学院派经济学家尊为最伟大的经济学家的话。我认为，他使经济学成为经邦济世之学，而不是象牙塔里的数学模型，且因此他不会被今天的学院派经济学家尊为最伟大的经济学家。我还认为，凯恩斯这样一位经邦济世的经济学家，从不认为形成一个"凯恩斯学派"或一个"凯恩斯主义"有多么大的意义，相反，任何意识形态化的学派都可能妨碍他的自我实现。芝加哥学派的领袖贝克尔 1998 年接受我的访谈时声称，为解释现实世界，他随时准备放弃新古典经济学的任何基本假设。

举凡经济学界的思想者，几乎必有上述态度。在经济学视角下，知识的官僚化，知识在各学派之内的意识形态化，以及与知识相关的既得利益，这三件事很可能是激励相容的。

5. 李嘉图与斯密：方法差异

在这一讲的结尾部分，我试着解释为何李嘉图的经济学方法本质上是抽象的、公理化的、逻辑分析的，从而非常不同于斯密的方法。你们阅读这两位作者的经典作品，其实不很费时。因为，斯密《原富》最重要的是第一册的前三章，而李嘉图《政治经济与赋税原理》最重要的是第一章和第二章。英语写作与德语或欧洲大陆的语言相比，在这方面表现出极大的优势，就是，作者通常用第一章或导论概括全书要点。而我在阅读欧陆作者的文章时，就有很大的困难，因为只读开篇常会错失很多重要的思想。奈特虽然不是欧陆作者，但他显然深受欧陆思想传统的影响，于是他写的文章，重要思想可能随时出现，而且通常不会在第一段或导言部分有任何概括。

但是读斯密《原富》之前，我要提醒你们的是他生活的时代，那一时代的苏格兰文风，据伊利诺伊大学芝加哥校区专研斯密和康德的道德哲学和政治哲学教授弗莱施哈克尔（Samuel Fleischacker）考证[1]，十分不利于现代读者。他说，斯密在修辞学讲义里特别强调，文风是作者希望营造的人格之反映。例如，西塞罗的文风，简朴深沉，有强烈的贵族思想家气息。又例如，克里斯多芬的文风戏谑啰嗦，让读者想象他是一个玩世不恭且阅历丰富的人。由于斯密在修辞学里特别关注上述两人的文风与身世之间的关系，斯密自己的文风为何更接近克里斯多芬的而不是西塞罗的，就是可理解的了。但也因此，读者必须耐着性子，从斯密略带调侃且十分冗长的铺叙中抽取重要思想。

相比之下，我们读李嘉图的作品就不会遇到斯密这样的文风。这是因为，首先，

---

[1]　*On Adam Smith's Wealth of Nations: A Philosophical Companion*, Princeton University Press, 2004.

李嘉图不善写作，这是他自己承认的，他甚至不知道怎样安排《政治经济与赋税原理》的章节，坚持让穆勒（就是小密尔的父亲）来做此事。当然，如果不是穆勒坚持要李嘉图写出这本书，多数论者认为李嘉图永远不会动笔写作，当真是永远，因为死神造访他，实在是很突然的。由于穆勒亲自安排此书章节，并且由于穆勒有严格的逻辑和文字训练，故而，李嘉图这部作品是很容易阅读的。

第二点，也很关键，我要指出，斯密和李嘉图的时代，（1）经济学尚未独立于政治，所以是政治经济学；（2）学术语言尚未独立于修辞学，所以，他们两位的语言，凡涉及政策建议的部分，主旨就是强化自己建议的说服力，于是，如斯密在修辞学讲义里教导的那样——夸大有利论点而隐去不利论点。此处参考文献，我的索引仍是弗莱施哈克尔上面那部著作的第一章第二节“修辞学”。

第三，我引约翰·莫里斯·克拉克（John Maurice Clark，1884—1963）的观点[1]，这位克拉克是最著名的老克拉克（John Bates Clark，1847—1938）的儿子。现在我们关注的每年颁发一次（2009 年以前每隔一年颁发一次）的克拉克奖，只颁发给 40 岁以下的经济学家，是用这位老克拉克的名字设奖。老克拉克的儿子，在这篇文章里考证，与思想史方法完全一致，斯密的思路当然受到他所处的历史情境的影响甚至是塑造性影响。

第四，我现在索引的这篇文献对你们理解李嘉图和斯密的思想差异很有帮助：Robert A. MacDonald, “Ricardo’s Criticisms of Adam Smith”（1912）[2]。不要忘记了，*QJE*（《经济学季刊》），即哈佛大学创设的那份经济学刊物。

最后一点，斯密的宏观经济想象，主要依靠直觉。我索引这篇文献：Roger Frantz, “Intuitive Elements in Adam Smith”（2000）[3]。其实很合理，因为斯密想象的不是宏观经济，而是斯多葛学派所谓“宇宙秩序”。人类社会嵌入于这一秩序，斯密在自然法传统之内想象人类社会的秩序，经济嵌入在这样的社会秩序之内，只是社会生活诸多方面之一。所以，斯密的“看不见的手”假说，只在现代人看来是假说，在斯密的想象里绝非假说，而是神的“先定和谐秩序”。因此，Andy Denis 的“The Invisible Hand of God in Adam Smith”（2005）[4]，论证斯密的信仰其实是他的“看不见的手”学说的前提。但是，另一方面，斯密仍接受洛克和休谟的产权学说。那么，如何论证私有产权制度与神的先定和谐秩序之间的相容性呢？这就是斯密的直觉，凭直觉，或

---

[1] J. M. Clark, “Adam Smith and the Currents of History”, in *University Journal of Business*, vol.4, no.4 [1926], pp. 348-369.

[2] in *QJE*, vol.26, no.4, pp.549-592.

[3] in *Journal of Socio-Economics*, vol.29, pp.1-9.

[4] in *Research in the History of Economic Thought and Methodology*, vol.23, part 1, pp.1-32.

凭了他的斯多葛情结和他的宗教信仰，他不怀疑二者之间的相容性。[1]

斯拉法编辑的十一卷本《李嘉图全集》[2]，第一卷《政治经济与赋税原理》第一章“论价值”第一节，摘要如下：

> The value of a commodity, or the quantity of any other commodity for which it will exchange, depends on the relative quantity of labour which is necessary for its production, and not on the greater or less compensation which is paid for that labour.（一件商品的价值，或它可以交换的任何其他商品的数量，取决于生产这一商品所必需的相对劳动量，不取决于该劳动所得的多寡。）

这样的开篇，表明他要澄清斯密关于商品价值与劳动工资的糊涂观念。以谷物为例，给定一块土地，一定量的劳动被投入这块土地，而后产出一定量的谷物。销售谷物得到的是总收入，它将分配为三个部分：工资、地租、利润。古典经济学的核心议题是：在总收入中，这三部分收入各自所占比例由怎样的原理决定？

以下摘录，取自郭大力和王亚南的中译本[3]，李嘉图对斯密的批评是：斯密如此精确地说明了交换价值的原始源泉，他要使自己的说法前后一贯，就应该认为一切物品价值的大小和它们的生产过程中所投下的劳动量成比例；但他自己却又树立了另一种价值标准尺度，并说各种物品价值的大小和它们所能交换的这种标准尺度的量成比例。这里所说的劳动已经不是投在任何物品生产上的劳动量，而是该物在市场上所能换得的劳动量。好像这两种说法是相等的；也好像是，因为一个人的劳动效率增加了一倍，因为他所能生产的商品量因此增加一倍，他用这商品来进行交换时所获得的量也必然会比以前增加一倍。如果真是这样，如果劳动者的报酬总是和他的生产量成比例，那么，投在一种商品内的劳动量和该种商品所能换得的劳动量就会相等，两者之中的任一种都可以准确地衡量他物价值的变动。可是两者并不相等。前者在许多情形下都是能够正确说明他物价值变动的不变标准；后者却会和与之相比较的商品发生同样多的变动。斯密在非常恰当地说明金银这类变化无常的媒介不足以决定他物的变化无常的价值以后，自己又由于选定了谷物或劳动，而选择了一种同样是可变的媒介。

在斯密关于经济秩序的想象中，首先是劳动分工的三大好处，其次才是商品的价值决定原理。斯密《原富》第一册第一章“论分工”，根据他观察的制针业，介绍了

[1]　参考文献：Henry J. Bittermann, “Adam Smith’s Empiricism and the Law of Nature: I”, in *JPE*, vol.48, no.4 [1940], pp.487-520。

[2]　剑桥大学出版社，1951 年英文版。

[3]　商务印书馆，1962 年，第 1 版。

劳动分工的三大好处：

（1）the improvement of the dexterity of the workman（工人的手的灵活性的改善）。我们可以认为，这是经济学家最早提出的“人力资本”概念。

（2）the advantage which is gained by saving the time commonly lost in passing from one sort of work to another（由节省工作转换时通常浪费的那些时间而来的优势）。我们可以认为，这是经济学家最早提出的“组织创新”概念。

（3）Men are much more likely to discover easier and readier methods of attaining any object, when the whole attention of their minds is directed towards that single object, than when it is dissipated among a great variety of things（当人类心智朝向一个目标时，与当心智发散配置于许多不同事物时相比，更可能发现达成目标的更容易或更现成的方法）。我们可以认为，这是经济学家最早提出“技术进步”的概念。

全部后来的增长理论，无非是基于上列三项因素：人力资本、组织创新和技术进步。斯密的观察是，这三项因素全都是劳动分工的后果。在斯密观察的例子里，劳动分工将使劳动生产率（单位时段内单位劳动力的产出量）提高至少200倍。严译的这一段很值得引用：

> 不见夫业针者乎？使不习者一人而为之，穷日之力，幸成一针，欲为二十针焉，必不得也。今试分针之功，而使工各专其一事，拉者，截者，挫者，锐者，或磋其芒，或钻其鼻，或淬之使之犀，或药之使有耀，或选纯焉，或匣纳焉。凡为针之事十七八，或以手，或以机，皆析而为之，而未尝有兼者，则计一日之功，可得八万六千针，而或且过次数，次见诸实事者也。使以十八人为此，是人日四千八百针也。往者不分其功，则一人之力虽至勤极敏，日不能二十针，今也分其功而为之，则四千针而裕如。然则以分功之故，而益人力二百倍有余也。治针如是，他制造可类推矣。吾故曰：益力之事，首在分功。分功之为事，大抵分之愈简，则其益力愈多，而民生日优，则分功之事日细，盖二者皆有相资之用焉。今夫野蛮之国，其一民之业，在文明之国皆数人分治而不足者也。……其分功之多，有不可胜数者。夫如是，则即分功之繁简，又可以觇人国治化之浅深矣。……功分则收效益多，收效益多，则生财之能事愈大。此其所以然之故由三：事简而人习，一也；业专而玩愒不生，二也；用意精而技巧出，三也。

我们不妨认为，这是经济学家最早提出来且由中国人翻译的最早的经济增长理论。严译《原富》的目录、发凡、京师大学堂总教习（就是北大的校长）吴汝纶的序，以及我检索得到的吴汝纶的简介等等，见图 2.25，你们可以在第二讲心智地图放大几十倍之后，仔细阅读。

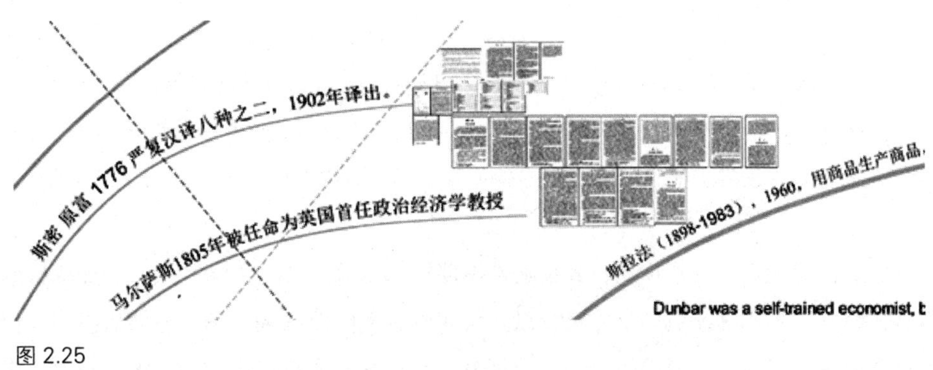

图 2.25

斯密在进入第三章“论劳动分工受限于市场广度”（严译是“论分工交易相为广狭”）之前，遵循经验描述的基本原则，写了第二章，标题是“Of the Principle Which Gives Occasion to the Division Of Labour”，严复的翻译是“论分工交易相因为用”，严译名著，贺麟的评价——追求“雅”，而常不顾“信”和“达”。

我引严复译本，主要是提供一种清末民初的视角。因为，首先，严复尝言：译事有三难，曰信，曰达，曰雅。三者当中，至少斯密这本书的翻译，“达意”是他遵循的主要原则。严复翻译的章节标题，以达意为主，不求信守原文。因此，仅从标题的翻译，常可见严复理解的中西历史与强国策略。其次，严复常在斯密原文翻译之后附“案”，以表达他自己的见解。例如，在第一章结尾处，严案：“斯密氏之论分功也，可谓辨析矣。虽然，自后之计学家观之，犹有未尽者。…… ”此处，“计学家”是早期汉语的翻译，今译“经济学家”，严复脚注有一定义——“理财明富名曰计学”。又在第一章第一页内，严案：“斯密氏成书于乾隆四十年，去今百余岁矣，故其所言多与西国今日之情形异。今日大制造，多萃于一场一肆之中。盖铁轨既通，会合綦易，一以省中侩之费，二以交相保险，而收利不畸重轻，此虽大制造所以不散处也。”

在斯密《原富》阐发了分工原理之后，李嘉图的使命是寻求正确的价值决定原理。一物的价值，斯密只概括以往的学说，有使用价值和交换价值两种标准，而斯密从未就何者是价值准则给出清晰界说，故而陷入“钻石与水”的迷思——交换价值远高于水的钻石，使用价值远比水低，那么，是使用价值决定了交换价值呢，还是反之？李嘉图开篇即试图澄清钻石与水的迷思。不过，那时还没有发生经济学“边际革命”，李嘉图的解决方案是“劳动价值论”。钻石或许交换价值远高于水，那是因为生产钻石必须投入的劳动量远高于水。假如我们被困在沙漠里，不难想象，为找水而必须投入的劳动量可能远高于生产一块钻石所需的劳动量，于是，此时此地，一瓶水的交换价值可能远高于一块钻石。在第一章的开篇，李嘉图总结了斯密的双重价值标准之后，立即写了这样一段文字：

> Possessing utility, commodities derive their exchangeable value from two sources: from their scarcity, and from the quantity of labour required to obtain them.（由于具有用性，商品从两个来源获得其交换价值：从它们的稀缺性，以及从获取它们所付的劳动量。）

然后，他承认，有些物品，其稀缺性不能由增加投入劳动量而降低，例如珍贵的雕塑或绘画，善本书籍或珍稀古币，以及某年的葡萄酿制的葡萄酒。他随后指出，但是这类商品只构成全部商品的极小一个部分，经济学家或可忽略不计。国计民生大宗商品则是全部商品的主要部分，这些商品的稀缺性可由投入劳动量的增加而降低，而且只要投入劳动，人类似乎可以无限地增加其产量。

所以，计学家（理财明富）应当研究的，是上述占商品总数绝大部分的商品的价值决定原理。这样我们就回到了上面的谷物生产的例子，工资、利润、地租，分别由哪些原则决定？李嘉图首先讨论地租，这是第二章的标题“论租”，第五章标题是“论工资”，第六章是“论利润”。因为熟地稀缺，劳动投入量的增加或许不能降低这一稀缺性，于是谷物价值就要由稀缺性而不是由所投入的相对劳动量决定了。至少，生地可投入劳动而改造为熟地，于是降低了熟地的稀缺性。但是由此而发生的，就是李嘉图所谓“级差地租”——生产力较弱的土地需要投入更多劳动量，于是，优质土地和劣质土地产出的同样一单位谷物，就要按照劣质土地产出的一单位谷物所含劳动量来计算交换价值，优质土地产出的一单位谷物由此获得高于一切必要补偿的交换价值，这就是“租”。

参阅图 2.18，这是萨缪尔森的图示，概括了上述李嘉图的第二至六章内容（李嘉图著作的不同版本在这里发生较多变更，故表明这部分内容使他自称冥思苦想而不得其解）。萨缪尔森解释说，在土地上投入的资本的回报率（利润）是由资本市场决定的，故而在李嘉图的谷物模型里是外生的。此外，李嘉图的工资学说是从马尔萨斯那里照搬的，也就是说，是维持劳动力简单再生产所必需的消费而投入于生产这些消费品的相对劳动量决定的价值，史称“制度工资”，对李嘉图谷物模型而言，它是外生的。在萨缪尔森这一图示里，横轴代表的投入单位是由给定的生产技术按照固定比例投入的“土地—资本—劳动”的量。其中，土地级差假设为连续的量。因为利润率和工资率都是外生给定的，故如图 2.18 所示，只有土地和地租率是内生的，由长期需求曲线与长期供给曲线（是一条水平直线）的交点 E（长期均衡）决定。在 E 这一点投入的单位土地（边际土地），不能获得任何级差地租。地租总量就是标记为 Rent 的那块面积，与利润和工资三者刚好将总产出分配完毕。

后来，当然是受了上述理论的启发，马歇尔将李嘉图的租概念引入于产业研究，得到“拟租”（quasi-rent）概念。他的宏观想象是：有许多企业，使用不同的生产技术，生产同一种商品。于是，这些企业的平均成本曲线依照单位成本的高低可以排序在横轴上，相当于土地依照优劣级差排序在李嘉图模型的横轴上。给定长期需求曲线和长期供给曲线（水平直线）的交点 E，在均衡点 E 的企业，平均成本等于商品价格故不能享有级差地租，那些排序在左侧的企业，自右向左逐渐享有越来越高的级差地租，也就是马歇尔说的“拟租”——与土地的租不同，因企业竞争引入最佳生产技术，拟租迟早要消失。

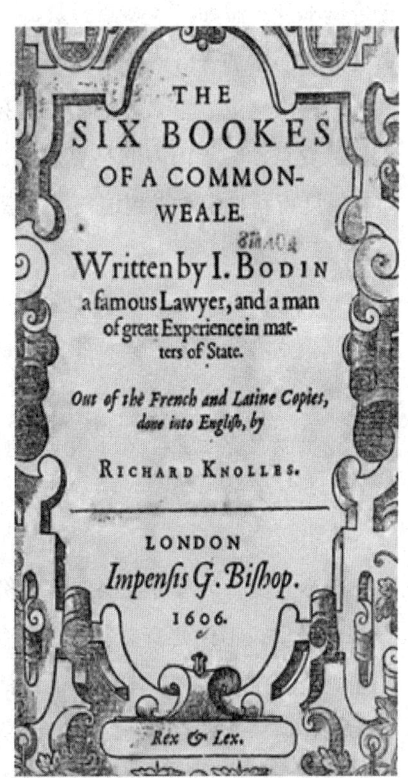

图 2.26

回到前引李嘉图《政治经济与赋税原理》第 1 章“论价值”第一节的摘要：“一件商品的价值，或它可以交换的任何其他商品的数量，取决于生产这一商品所必需的相对劳动量，不取决于该劳动所得的多寡”。这里“不取决于该劳动所得的多寡”，他试图澄清货币存量与商品存量之间的比价。博丹（Jean Bodin，1530—1596）在 1569 年发表的《国家六书》（见图 2.26）——1606 年的英译本标题是“The Six Bookes of a Common-Weale”（直译“关于共同财富的六本书”）——中提到的“货币数量论”，在休谟和斯密的时代已成为政治经济学家的常识。

商务印书馆 1984 年陈炜中译本《休谟经济论文选》中，胡企林撰写的“简评休谟的经济理论”，其中引述马克思对休谟的货币数量论的概括，值得转引于下：

> ……在《政治经济学批判》中，马克思将休谟的流通理论归结为以下三条原理：一、一国中商品的价格决定于国内存在的货币量；二、一国中流通着的货币代表国内现有的所有商品，按照代表即货币的数量增加的比例，每个代表所代表的被代表物就有多有少；三、如果商品增加，商品的价格就降低，或货币的价值就提高。如果货币增加，那么，相反地，商品的价格就提高，货币的价值就降低。

就是说，根据马克思的概述，在休谟关于社会经济秩序的宏观想象中，经济循环中的货币量和商品量之间有相对比价的关系。请回忆图 2.11，这是已知最早的关于经济循环图景的想象。根据这一图景想象，重商主义政策很可能导致货币存量的相当大部分仅仅被储藏为财富，即退出经济循环（流通领域）。虽然，被储藏的货币仍是货币存量的一部分，故仍参与决定一国之内循环着的商品的价格水平。

不论如何，李嘉图在这里批评斯密误将劳动的报酬（劳动的交换价值）等价于劳动价值本身。假如，李嘉图想象，一件商品所含的劳动量的交换价值因为突然发现的黄金储藏而增加一倍，斯密因此而相信该商品所含的劳动价值增加了一倍，是十分荒谬的。解决之道，李嘉图相信，是接受马尔萨斯的“工资铁律”，于是工资是参量而不再是变量。鉴于国内的马克思主义教科书常常介绍马尔萨斯的“工资铁律”，我随手在百度百科检索，得到词条“工资钢铁规律”的解释：

> 工资铁律是一条关于劳动市场的经济学定律，它声称实物工资处于长期将永远倾向接近于仅可维持工人生活所需的最低工资额，因此这理论也称为工资的最低生存说。这个理论由 19 世纪中德国的工人运动活动家斐迪南·拉萨尔命名，理论的文献记载最早见于英国经济学家托马斯·马尔萨斯的著作《人口论》和李嘉图的《政治经济学及赋税原理》。在 1776 年，杜尔阁已经提出了该思想。

不难看到，为了寻找决定劳动价值的经济学原理，在古典经济学家们想象的宏观经济图景里，不仅要有参与流通的货币总量和商品总量，还要有劳动存量。类似地，为了寻找决定土地和资本价值的经济学原理，不仅要想象劳动存量，还要想象土地和资本的存量。这样的图景，弗里德曼在《价格理论》的最后一章描写过。

结束这一讲之前，请注意，李嘉图的级差地租，在萨缪尔森画的图示里（图 2.18）已经是一条需求曲线了。李嘉图没有见过 20 世纪美国的大农业，很可能因此，他没有想象过农业供给可能过剩。他认为，只要有人开发劣质土地，就意味着对谷物有足够的需求，因此谷物价格当然由投入劣质土地的劳动量的价值决定，或者用李嘉图的同时代人萨伊的名言——每一项供给都自发创造对它的需求。

6. 从古诺到边际革命

如果说李嘉图的描述足够精确，以致萨缪尔森据此给出了数学模型，那么古诺是第一位直接写出需求曲线数学表达的数理经济学家或数学家，在他 1838 年出版的《财富理论的数学原理研究》一书中[1]。图 2.27 取自这本著作 1897 年费雪的英译本第四章“需求定律”第 21 节，以及这一节稍后出现的“图 1”（见图 2.28）。

21. Let us admit therefore that the sales or the annual demand D is, for each article, a particular function $F(p)$ of the price p of such article. To know the form of this function would be to know what we call *the law of demand* or *of sales*. It depends evidently on the kind of utility of the article, on the nature of the services it can render or the enjoyments it can procure, on the habits and customs of the people, on the average wealth, and on the scale on which wealth is distributed.

图 2.27

如果用横坐标 oq 和纵坐标 qn 分别代表变量 p 与 D，画出曲线 anb（图 1），方程(1)的根，将是点 n 的横标，由切线 nt 和半径向量 On 组成的三角形等腰，故有 $Oq=qt$。

我们承认，不可能为每种物品经验地确定函数 $F(p)$，然而这并

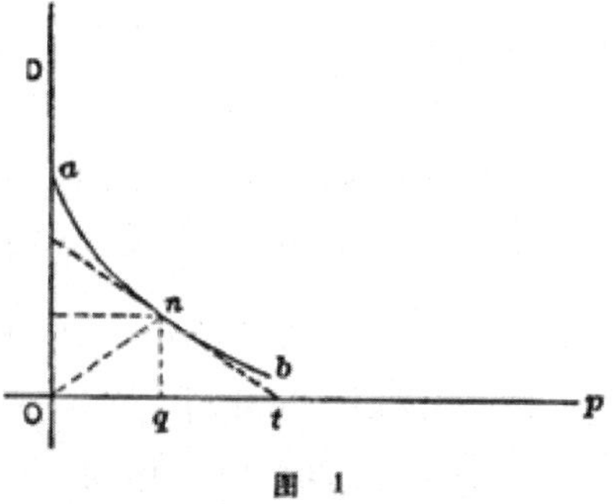

图 2.28

费雪感慨，古诺这本书出版几乎 40 年之后，才被经济学家重新发现，1871 年以后，杰文斯、瓦尔拉、艾及沃斯，都写文章介绍古诺的生平和著作。可是，那时，古诺已快走到生命终点了。这位数学家和哲学家的一生，尽管目前为世人所知并不多，仍有一些传奇性质。最初的阅读，你们可检索维基百科“Antoine Augustin Cournot”词条。但这一词条很短，关于生平的那段文字几乎等于“留白”。大英百科有这一词条，但要收费。另一主页，“School of Mathematics and Statistics at University of St. Andrews, Scotland”，提供了关于古诺生平的更多资料，这一词条是 1996 年发布的。我在百科主页“Encyclopedia.com”找到的“古诺”词条，有更详细的生平介绍。最详细的是 1905 年 *QJE* 发表的文章：Henry L. Moore, “The Personality of Antione Augustin Cournot”[2]。

[1]　中译本见商务印书馆，1994 年，陈尚霖译。
[2]　in *The Quarterly Journal of Economics*, vol.19, no.3, pp.370-399.

这位作者是哥伦比亚大学教授，他直接从古诺的外甥得到了古诺撰写的“自传”手稿。所以，这篇英文相当于古诺的传记，夹杂着大量古诺手稿里截取的法文。此外，我还收集了其他传记资料，例如，古诺在里昂大学教授数学期间，他的一位学生是瓦尔拉的父亲。后来，古诺和瓦尔拉的父亲一起说服瓦尔拉研习经济学。

古诺祖父是300年前欧洲黑死病大流行时古诺家族的幸存者，他于是努力繁衍后代，而且这些后代似乎聚族而居，以致古诺的童年几乎是在长辈们的包围之中度过的。那时正值法国大革命后期，拿破仑开始征服世界。古诺的长辈们大多是革命派，只有一位是强硬的保皇党。尽管在宗教和政治问题上有如此尖锐的冲突，古诺是在自由阅读和独立思考的氛围中成长的。也因此，古诺后来担任巴黎总学督时期，特别强调儿童时期家庭教养的决定性作用。虽然缺乏足够证据，但我们可以断定，古诺的性格不是“趋社会的”，甚至可以说是（在艾森克人格学的意义上）“反社会的”。

不论如何，他学习能力极强，15岁以前已读完大部分伏尔泰，并开始秘密阅读帕斯卡的“致外省人信札”，然后，他从法国农村考入当时最著名的巴黎高师，那是1821年。次年巴黎高师被关闭，古诺在索邦继续准备数学教师资格考试，也是那时，他和德国数学家迪利克里（Johann Peter Gustav Lejeune Dirichlet，1805—1859）建立了亲密友谊，他俩共同的数学教师当中最著名的两位是拉普拉斯和拉格朗日。据古诺回忆，拉普拉斯是将数学当成生命的教师，拉格朗日是将数学当成生命诸多游戏之一的教师。1823年，阴错阳差，古诺找到一份工作——朗·古维翁-圣西尔元帅的儿子的家庭教师。不过，他的卓越判断力立即被元帅发现，于是被延聘为元帅本人的回忆录的写作助手。根据古诺的回忆，他不仅是元帅的助手，而且很快就被引为值得信赖的朋友。关于这位军事领袖与拿破仑的关系，你们检索维基百科“Laurent de Gouvion Saint-Cyr”词条，可知他也有一番不寻常的经历。

古诺有特别出色的判断力，传记资料提供了一个例子：元帅的四卷本回忆录1829年终于完稿，元帅叮嘱古诺送两套抄本给一位报界朋友，古诺认为一套足矣，故提出委婉反对。果然，那位报界朋友错误判断局势，将元帅送的两套抄本理解为，其中一套应转交给梯也尔（Marie Joseph Louis Adolphe Thiers，1797—1877）。梯也尔是法国最重要的历史学家和政治家，也是法国大革命史的权威。古诺判断正确，梯也尔读了元帅的书稿之后，写了一篇非常负面的评论，给元帅带来极大伤害。不久，元帅就死去了。这套未完稿于是留给古诺继续编辑，又耗时一年才完工，那是1832年。

古诺在元帅家里逗留了10年，除了日常工作之外，他在包括哲学和历史在内的许多领域里发表论文，尤其是他发表的数学文章，引起巴黎大学拉普拉斯之后的数学掌门人泊松（Simeon-Denis Poisson）注意，故引出古诺后半生的一连串重要事件。传记资料表明，通过元帅，他结识了当时巴黎上流社会的主要人物。泊松急于为古诺在学术界安排一个与他的数学能力相符合的职位，几番周折，终于在 1834 年，里昂大学刚创设的“分析与力学”教授席位，被泊松紧盯着交给了古诺。又过了一年，古诺旅行到瑞士时，无法预先通知古诺，泊松径直提名古诺为格勒诺布尔大学校长。尽管缺乏行政管理经验，古诺的卓越判断力再度表明他是很合格的大学管理者。他的发言始终简明扼要直指要害，不会吹捧任何人，也不因私人关系批评任何人，他总是耐心倾听，并使每一位发言的人感觉到他的尊重，总是迅速作出判断，不论局势多么复杂，而且事态发展通常表明他最初的判断是正确的。

古诺在巴黎教育界的声誉继续提高，不久，1836 年，他被提名接替刚刚辞世的物理学家安培成为巴黎大学总学督。1838 年，泊松健康恶化，提名古诺代替自己授课，这或许是当时法国数学家的最高荣誉。也是 1838 年，不要忘记，古诺发表了《财富理论的数学原理研究》。1844 年，困扰古诺一辈子的眼疾日益严重（我认为是“青光眼”）。传记资料表明，古诺常常坐在那里思考，然后继续思考，因为他的眼睛不允许他写作，他思考的时候，手里拿着他这一辈子唯一的奢侈爱好——鼻烟壶，一只腿搭在另一腿上，着力的那只脚紧张地抖动，如是，几个小时之久。1848 年欧洲革命爆发，1851 年路易 – 波拿巴（Charles Louis Napoleon Bonaparte，1808—1873）发动“雾月政变”，次年登基称帝，他的荒唐政策使毕生坚定的保皇党古诺大失所望。1854 年古诺拒绝担任图卢兹大学校长，稍后，他同意返回故乡担任第戎学院校长。1862 年，古诺辞去全部公职，退休，定居巴黎。

古诺是第一代数理经济学家们（杰文斯、瓦尔拉、艾及沃斯）公认的第一位数理经济学家，可是他在《财富理论的数学原理研究》里常谈论更遥远和更伟大的话题，例如在第一章，关于“财富”的字源学考察。这样的文风可能与他在哲学和历史领域里多年的思考有关。古诺深得泊松赏识，因为他的文章表现了深厚的数理统计学功底，不过他绝非另一个伽罗华（Evariste Galois，1811—1832）。古诺经济学的另一特征是，每次引入一个新的数学符号时，必求证于常识和统计学方法。例如，在第四章“需求定律”中，反复求证于常识和统计学之后，他假设在市场需求 D 与市场价格 p 之间存在某种函数关系。然后，他假设这一函数关系 D=F(p) 具有某种连续性。为论证这一假设的合理性，他再度反复求证于常识和统计学。

由于第一章中古诺关于“财富”一词的字源学考察以及财富历史考察，在古诺的想象中，一个人拥有的财富就是他拥有的全部物品的交换价值的总和。所以，在第十一章“社会收入”中，古诺进一步想象，社会总收入就应当是全部交换价值的总和，可用集结之后的公式 pF(p) 来表示。由此，我们立即可以想到今天教科书里的货币数量公式 PQ=vM，左侧就是流通领域里全部交换价值的总和，右侧是有效货币（单位时段内货币循环次数乘以货币数量）总量。

仅当“社会收入”被限制在一国范围之内时，它转换为“国民收入”，这是第十二章也是最后一章的主题。在最后这一章，古诺相当明确地不同意斯密和李嘉图对重商主义经济学的批评。在全书结尾部分，他是这样写的：

> ……诸如贸易自由这样的问题，既不能靠科学家的论断，也不能靠政治家的智慧来解决。一种更高的力量驾驭着国家走向这个或那个方向。而当一个体系的日子已成过去，再好的理由也只是徒托空言，而无法使它恢复已失去的活力。政治家的技艺就在于缓解革新精神的狂热，而不是以无望的挣扎对抗自然的律令。掌握稳妥的理论，有助于在日夜辛劳中抵制突兀的变革，促成体制之间的平易递嬗。对争执中的焦点了解得越多，越能平息争执引起的创痛。体制都有狂热的支持者，继承它的理论则否。最终，即使与社会组织有关的理论不是当时体制的行动指南，它们至少阐述的是既成事实的历史。在一定程度之内，经济理论对社会的影响，能以语法学家对语言的影响来比拟。语言的形成无庸语法学家的首肯，语言的败坏，语言学家也无能为力。然而他们的著作阐明了语言形成与败坏的规律，而他们的规则，既加速一种语言趋于完善的进程，也稍稍延缓了不规范和不得体对语言的侵袭。

读完上面这一段文字，你们就应联想到德国历史学派。古诺在这里表达的，正是“国家艺术”或罗雪尔阐述的“国家科学”的精要。德鲁克回忆说，他毕生受益于两位作者的著作，其一是托克维尔，其二是滕尼斯。从他们那里，德鲁克懂得社会必须在变革与保守之间寻求平衡，而这种平衡的艺术指导他毕生的管理学研究和实践。

古诺的一生颇具悲剧性，首先，他晚年自述，在法国，他是唯一的经济学家，但他的经济学作品从来不被引述，而且，或许他还要引述他们。其次，他生命的最后十几年，双目几乎完全失明，迫使他停止写作，尽管他的头脑仍在紧张思考——他似乎无法停止思考，因为他没有其他的生活乐趣。假如他能继续写作十几年，据说，世界将不再需要另一个瓦尔拉或另一个费雪。第三，当他听说小瓦尔拉已运用他几十年前发现的数学方法于经济学并因此功成名就时，他决定接受朋友们的建议，再写一本经济学著作，可是在这本新书即将出版时，他去世了。[1]

---

[1] 参阅 A. J. Nichol, “Tragedies in the Life of Cournot”, in *Econometrica*, vol.6, no.3 [1938], pp.193-197。

从古诺1838年的这本书到1871年“边际革命”，为何几乎40年里完全没有进展？我们说，思想的传播主要是通过一系列偶然因素实现的。从古诺的时代到杰文斯的时代，中间只有一个小密尔的时代。我们知道，小密尔的时代主题，不是数理经济学，而是欧洲革命和社会主义运动。在我的三维理解框架里，这一时代主题属于“社会生活”维度。此外，在精神生活和物质生活的维度，经济学边际革命需要等待心理学的革命。小密尔早年追随英国的社会改革家边沁，这一人生目标是老密尔与边沁共同制订的，希望小密尔成为边沁功利主义学说的伟大接班人，为此，老密尔以独特方式将小密尔培养成为公认的天才少年。我推荐《约翰·穆勒自传》商务印书馆1987年吴良健、吴衡康中译本。这个中译本所据的英文版“序言”是1926年伦敦经济学院的政治学教授拉斯基（Harold Joseph Laski，1893—1950）撰写的，他早期是费边主义者，后期则是英国工党左翼领袖。这篇序言中，拉斯基对穆勒自传评价极高，他说这是19世纪知识分子历史中头等重要的文件，理由之一就是，这部传记记录了小密尔亲自接受的卓越教育经历，对大多数人来说，此种经历读起来像是中世纪苦役。

我在为本科生撰写的《经济学思想史讲义》里用相当篇幅介绍了小密尔的生平，尤其是他的情感生活。去年，如图2.29，我在经济学思想史研究班再次探讨他的情感体验与他的思想倾向之间的密切联系。事实上，小密尔在《论自由》序言结尾部分特别提到他的思想受台劳夫人的影响之深，此书出版时斯人已逝，但他永不能忘怀（参阅严复的译本）。

Harriet Taylor

Harriet Taylor, the daughter of Thomas Hardy, a London surgeon, and his wife Harriet Hurst, was born in Walworth, on 8th October, 1807. At the age of eighteen she married John Taylor, a wealthy businessman from Islington. In the next few years Harriet had two sons and one daughter, Helen Taylor.

John and Harriet Taylor both became active in the Unitarian Church and developed radical views on politics. They became friendly with William Johnson Fox, a leading Unitarian minister and early supporter of women's rights.

Harriet Taylor moved in radical circles and in 1830 she met the philosopher John Stuart Mill. Taylor was attracted to Mill, the first man she had met who treated her as an intellectual equal. Mill was impressed with Taylor and asked her to read and comment on the latest book he was working on. Over the next few years they exchanged essays on issues such as marriage and women's rights. Those essays that have survived reveal that Taylor held more radical views than Mill on these subjects. She argued: "Public offices being open to them alike, all occupations would be divided between the sexes in their natural arrangements. Fathers would provide for their daughters in the same manner as their sons."

Taylor was attracted to the socialist philosophy that had been promoted by Robert Owen in books such as *The Formation of Character* (1813) and *A New View of Society* (1814). In her essays Taylor was especially critical of the degrading effect of women's economic dependence on men. Taylor thought this situation could only be changed by the radical reform of all marriage laws. Although Mill shared Taylor's belief in equal rights, he favoured laws that gave women equality rather than independence.

In 1833 Harriet negotiated a trial separation from her husband. She then spent six weeks with Mill in Paris. On their return Harriet moved to a house at Walton-on-Thames where John Start Mill visited her at weekends. Although Harriet Taylor and Mill claimed they were not having a sexual relationship, their behaviour scandalized their friends. As a result, the couple became socially isolated.

图2.29

马歇尔在英国经济学会第一次年会发言指出，英国的政治经济学自从小密尔之后就陷入停滞，中间只有一位杰文斯，再无杰出者。小密尔1848年《政治经济学原理——及其在社会哲学上的若干应用》[1]，章节安排完全遵循古典经济学的思路：(1)生产，(2)分配，(3)交换。又因小密尔早年深研逻辑学，故而他这本经济学著作逻辑严谨，叙述缜密，思路清晰，出版之后即成经典，在至少30年内，主导了经济学的演化路线。

穆勒（小密尔）经济学叙事的特质，如他自己的序言里指出的，就是要将原理与社会哲学的运用紧密联系起来。因此，这本书的副标题显得更重要。他在序言里评论斯密的《原富》：他在政治经济学的应用方面经常进行远多于纯政治经济学的思考——他对为了实践目的来掌握这一主题的原理，提出了有充足理由的看法。由于这一点，在众多的政治经济学著作中，只有《原富》这部著作，不仅受到一般读者的欢迎，而且在上层社交界人物和国会议员们的心中都留下了强烈的印象。小密尔相信，一本在目的和总概念上类似于斯密，而与现代更广泛的知识和进步观念相适应的书，是目前政治经济学所需要的贡献。他指出，严格意义的政治经济学从斯密以来已有长足进展，而社会哲学（实际上斯密从未使他所论述的特殊问题与社会哲学分开）虽然尚处于发展的最初时期，但与斯密时代相比也已大为进步。“还没有人做过将他探讨问题的注重实际的方法和已增加的知识结合起来的尝试，或者像他使那个时代的哲学同社会经济现象相联系并取得那么令人钦佩的成就那样，坚持用现代最好的社会思想来说明社会经济现象。”——这就是小密尔为他自己这部著作设定的任务。

政治经济学的核心概念是“财富”，小密尔在“绪论”开篇这样写着：

> 政治经济学家们声称是讲授或研究财富的性质及其生产和分配规律的……研究一个国家如何才能富裕，和研究一个国家如何才能自由、公正或在文学、艺术、军事、政治方面声名卓著，是完全不同的两个问题。实际上，这些事情全都间接地有联系并且相互影响。一国人民有时会先富起来才得到自由，有时又先自由了才富起来。一国人民的信仰和法律对他们的经济状况起很大作用，而经济状况通过对智力发展和社会关系的影响，又作用于人民的信仰和法律。……一代人的普遍信念——若不靠智慧和勇气进行非凡的努力，当时便没有人能够摆脱它——常常到下一代时会变得如此明显地荒谬可笑，以致唯一的困难就是去想象当时人们怎么会相信它。

[1] 中译本见商务印书馆，1991年两卷本，胡企林、朱泱等译校。

我读小密尔的“绪论”，就联想到德国历史学派和法国人古诺的类似见解，就连小密尔在绪论里长篇大论讲述各国社会经济的历史，也像是历史学派的叙事风格。从发表时间看，小密尔这部著作比罗雪尔的著作晚几年，比古诺的著作晚十几年。我更愿意设想，古诺、罗雪尔、小密尔，他们相互并无思想交流，他们见解之所以相似，只因为他们共同生活的时代，以及他们感受到那一时代的重要问题。

继续引述小密尔的“绪论”：

> 在财富的生产和分配方面，人类各民族之间的这些显著差异，同所有别的现象一样，肯定是由很多因素造成的。把这种差异完全归因于人们在不同时间和地点对自然规律和工艺技术掌握程度上的不同，是不够的。……就原因是道德的或心理的，依赖于各种制度和社会关系，依赖于人类的本性而言，这些则不属于自然科学的范畴，而是属于道德和社会科学的范畴，是所谓政治经济学研究的对象。……政治经济学把这些有关外部世界的事实同有关人类本性的其他真理结合起来，试图探索出一些次要的或派生的规律；这些规律决定了财富的生产，可用来解释现在和过去贫富的差异，以及预言财富会有什么样的增加。

分配，我认为是小密尔政治经济学关注的核心。第二编第一章“论所有制”，第二章“续论所有制”，可见这一主题之重要。他从“私有产权”引出他的分析。批评私有制原则的思路有两类：其一是共产主义者的替代方案及其可实施性；其二是空想社会主义者们的实验。逐一分析之后，他认可私有产权的合理性，也认可防止私有产权被滥用之合理性。在私有产权基础上，生产的成果可由“土地”、“资本”和“劳动”三要素分享，取决于分配制度。在私有制的支配下，产品的分配是两个决定性力量——竞争和习惯所造成的结果。他指出：

> 政治经济学家一般都惯以为常地特别重视第一种力量，即夸大竞争的作用，而忽视另一种力量和相互矛盾原则。英国政治经济学家更是如此。他们容易在一切情况下把竞争想做到的事当成实际做到的事。如果我们考虑到，只有通过竞争原则政治经济学才配得上称为科学，则重视竞争在一定程度上是可以理解的。只要地租、利润、工资、价格是由竞争决定的，就可以确定各种有关的法则。……但是如果认为竞争实际上具有这种无限制的支配力，这是对人类事务实际进程的一种很大的误解。

接着，他用很大篇幅讨论习俗之为另一种支配性力量。这里，我引述一段：

……在保护弱者的法律或政府都不存在的地方，习俗是弱者的唯一保护者。……在一个兵荒马乱的社会里，对勤劳的人们来说，竞争自由是句空话。他们决不会由此处于对他们有利的条件下。……但虽然法律是最强者决定的，无限制地滥用法律也不符合最强者的利益，通常他也不会这样做。法律的每一次放宽都会变成一项惯例，每一项惯例都会变成一项权益。这样权利就出现了。

这里是另一段文字，也是小密尔的，很精彩，是张五常《卖桔者言》的先驱：

我们最常听到的说法是，在同一个市场上不可能有两种价格。毫无疑问，这是竞争在无所阻碍的情况下必然产生的结果；然而每个人都知道，在同一市场上几乎经常存在两种价格。不仅在每个大市镇，几乎每个行业中都有价格便宜的店铺和价格昂贵的店铺，而且同一家店铺也常常按不同的价格把同样的商品卖给不同的顾客。作为一种普遍规则，每个零售商都按其所料想的顾客等级采用不同的价格。……在批发市场上，一般地说，确实同一物品在同一时候不会有两种价格。……但零售价格，即由真正的消费者支付的价格，它所受到的竞争的影响看来极为缓慢和不完全。

这样的思路，小密尔说，主导了下面的四章内容。所以，我跳到第十一章“论工资”。这里，小密尔的思想远比斯密和李嘉图更清晰：“工资取决于对劳动的需求和供给，换句话说，取决于人口和资本。”然后是两章的篇幅，讨论“补偿低工资”的公共政策。接着是第十四章“论工资因职业而异”，第十五章“论利润”——在这里，从现实观察，小密尔认为，利润由三部分构成：(1) 为生产垫支的资金而应获取的利息，(2) 为承担风险而应获取的保险费，(3) 为监督生产过程而应获取的工资。然后是第十六章“论地租”，他说，地租是自然垄断的结果，因为——

除了劳动者和资本家之外，只有一种人，必须经他承诺才能进行生产；因此，他可以要求分得一部分生产物，作为承诺的代价。只有这种人，在社会制度上，对于某种自然的要素，拥有独占的权力。在可以被占有的各种自然的要素中，土地是主要的要素。对于使用土地所付的报酬，叫做地租。只有地主这一阶级，不论其人数多少或重要性如何，他们所占有的某种东西（土地），既不是他们自己生产的，也不是其他任何人生产的。但是他们可以通过占有这种东西，要求在生产物的分配中分享一份。如果还有与此性质相同的其他情况的话，那么，在了解了地租的性质和规律之后，对于那些情况也就容易理解了。

浏览小密尔这部著作，我没有看到他重提边沁的功利主义原则。事实上，小密尔在脱离边沁学派之后，有过一次精神危机，大约在1830年以后，很可能因为并借助于台劳夫人对人类社会各种实际事务的杰出判断力，他才逐渐确立了理论自信。在第三编“交换”——前两章关于价值理论和价格形成机制即供求均衡的分析，小密尔的讨论格外精彩。限于篇幅，我不可能继续引述。下卷由第三编的续篇“金融市场与国际贸易”、第四编“社会进步对生产和分配的影响”——其中第七章“论劳动阶级可能的未来”对我们的思想史课程而言至关重要——以及第五编“论政府的影响”构成。但是我将回到小密尔的自传，因为在我看来，读他的自传可以让我们更熟悉思想史方法。或者你们去读我为本科生撰写的《经济学思想史讲义》第七讲“成本、收益和利润”的附讲——约翰·斯图亚特·穆勒的生平及其思想。

回到前述的经济学“边际革命”，我说过，这场革命需要等待心理学的一次突破，就是“韦伯—费希纳”定律（Ernst Heinrich Weber，1795—1878；Gustav Theodor Fechner，1801—1887），大约在1860—1870年代陆续发表（详见我为本科生撰写的《经济学思想史讲义》第四讲“财富与效用”）。大致而言，韦伯定律是说，我们主观感受到的“刚好能够注意到的两个刺激之间的差别”与客观刺激强度成正比。例如，在很安静的环境里，很轻微的声音也能被我们注意到。在很嘈杂的环境里，就要很大声音说话才可被注意到。费希纳试图精确规定韦伯定律，例如，用对数关系。我们主观想象的刺激强度，与客观刺激强度的对数成正比。但是，现代的研究表明这一关系不是对数的，而是指数的，或者服从“幂律”的。这些心理学实验的结论，为经济学“边际效用递减律”提供了科学论据，使它成为令人信服的定律。于是，当现代经济学家讨论两种商品对任一位消费者的替代效应时，他可以画一条或一组无差异曲线，凸向原点，而不是从原点向外凸，这就使得均衡的消费行为是稳定的，而不是不稳定的，假设预算约束是直线。

现在我们可以读杰文斯的《政治经济学理论》[1]，这里，经济学著作中第一次出现了边际递减律的几何表达，图2.30取自这部著作的第二章“快乐与痛苦论”。在给出这张图之前，杰文斯在第一章概述了情感的测度问题。他的结论是：（1）在目前阶段，每一个人自己的情感毋庸置疑是可以有“量”的估算的。（2）在目前阶段，每一

[1]　郭大力1936年中译本。

个人自己的情感估量与另一人的情感估量，二者之间不可比较。(3) 在目前阶段可以假设我们的意志活动只为两大类的刺激所推动；在每一个驱使我们活动的情形内，都藏有现在的或未来的快乐，或藏有现在的或未来的痛苦。吸引我们为某种行为的动机，统称为快乐；阻止我们不为某种行为的动机，统称为痛苦。一个单纯的较高级的快乐，有时可以中和许多个继续的较低级的痛苦。(4) 我们假设，每一个劳动者在没有他种动机时，皆献其能力以积蓄财富。在说明他如何能依最善的方法利用财富以为自己的福利并为他人的福利时，较高的道德是非的计算是需要的。(5) 较高级的动机，可以适当地压抑较低级情感的各种考虑；但较高级的动机不加干涉时，多种较低级的动机可能适当地相互抵消。(6) 杰文斯反对将经济学转为历史学派的经济学，“宁可完成并发展我们所已有的，但同时在历史的基础上建立一种新的社会科学”。这一将来的新的社会科学，他相信，就是“社会关系进化之学”。(7) 目前阶段，经济学应完善自己成为“效用与自利心的力学”。(8) 经济学考察的量，不仅是连续的，而且是可微的。

回来讨论图 2.30，杰文斯说：讨论快乐与痛苦之量怎样可以计算时，我们必须接受边沁关于这个问题的意见。他说：“对于个人自己，快乐或痛苦本身的价值，依下述四种情形而定：(1) 强度 (intensity)；(2) 历时 (duration)；(3) 确实性 (certainty or uncertainty)；(4) 远近性 (propinquity or remoteness)。以上四种情形，即计算快乐或痛苦本身时所应考虑的。”边沁还举出三种别的事情，说它们和行为或感情之最后的完全的结果有关。即 (5) 多产性 (fecundity)，一种感情引起的同种感情 (即快乐引起快乐，痛苦引起痛苦) 的机会；(6) 纯洁性 (purity)，一种感情不引起相反感情的机会；(7) 范围 (extent)，一种感情影响所及的人数。

它的强度又有大小之别。设有二例，感情的历时相等，则较强者有较大的量；或者说，历时相等，则其量比例于其强度。反之，假设感情的强度不变，则感情的量与历时并增。幸福的程度相等，则二日幸福的可欲二倍于一日；辛苦的程度相等，则二日辛苦的可畏二倍于一日。如强度永远不变，则全量等于强度单位数乘历时单位数。

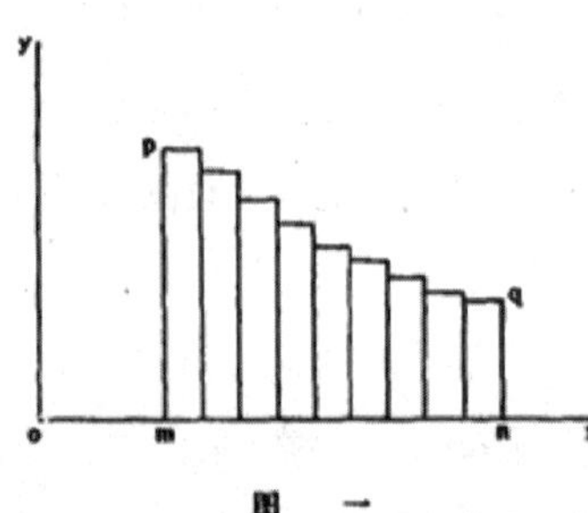

图 一

所以，快乐与痛苦是二乘量的量，像面积有长与广这二个乘量一样。

图 2.30

杰文斯在图 2.30 里假设只需考虑强度和时段，即上列（1）和（2）两因素，那么，情感的强度随着情感延续的时间而递减，从而，情感体验的总量就是这条单调递减的情感曲线下方的面积，即沿着情感发生的时段求积分。然后，杰文斯讨论对未来情感的预期，即上列（3）和（4）两因素。第三章“效用论”，讨论“效用”之为函数和“边际效用”概念，并引述前人著作论证“商品最后效用程度递减的原理”其实早已被发现，只是没有明确写出罢了。第四章“交换论”，证明了有效率的状态（均衡）必定满足“边际替代率”处处相等，即郭大力翻译的“无差别法则”。

第五章“劳动论”，见图 2.31，注意，这张图的解释文字值得你们细读。杰文斯图示了劳动之为快乐源泉的阶段，即当劳动是自由的时候。然后，如果持续劳动超过一定时间，劳动就成为痛苦的源泉了。在劳动之为快乐源泉的阶段，劳动生产率是最高的，然后逐渐递减。

第五章　劳动论　　135

我们虽无资料可以断言这个变化法则是精确的，但这个命题无疑具有一般真确性。我们可以设想，与生产物为比例的劳动痛苦，是由图九的曲线 *abcd* 代表。在这图解内，*ox* 线以上各点的高度指示快乐，*ox* 线以下各点的深度指示痛苦。在开始劳动的那一瞬间，因心身尚不惯工作之故，通常有点觉得苦。所以最初是由 *oa* 量计。在 *b* 点，既无快乐亦无痛苦。*b* 与 *c* 之间，代表快乐的余额，那是由劳作本身生起的。但至 *c* 点以后，能力是很迅速地趋于枯竭，结果所生的痛苦，由 *cd* 线的下降趋势表示之。

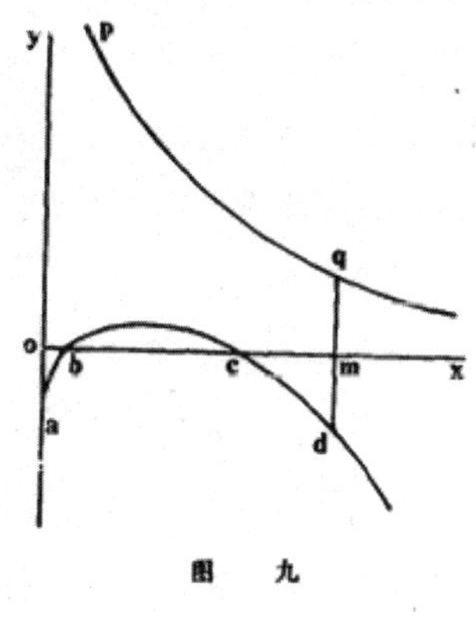

图　九

同时，我们又可用 *pq* 曲线表示生产物的效用程度，生产物的

图 2.31

第六章“地租论”，杰文斯继承李嘉图的学说并以图示。第七章“资本论”，杰文斯的论述明显需要改善，例如，等待费雪的论述。第八章“结论”，杰文斯讨论了人口问题。

这样，我概述了杰文斯的这部著作。与古诺相似，杰文斯的一生也颇具悲剧性。只不过，与古诺的情形不同，杰文斯溺水而死，所以无法写一些自传留给我们，至今，我甚至收集不到足够多的杰文斯传记资料。

边际革命的第三位领袖是瓦尔拉，如前述，他由他的父亲和古诺说服转入经济学研究。关于洛桑学派的经济学研究，涉及一般均衡理论的发展史和关于社会主义的论战，以及洛桑学派与奥地利学派之间的关系，我需要再写一个附录。边际革命的第二位领袖是老门格尔，奥地利学派经济学的创始人。这一讲的附录，最初的标题是“为《奥地利学派经济学译丛》序”，是我 2003 年写的，介绍“奥地利学派”的历史背景。现在经过仔细修订，成为这一讲的附录，也可认为是这一讲的最后一部分内容。

附录：奥地利学派经济学的历史背景和主要议题 [2003] [1]

秋风约我为这套丛书作序那天，回溯五年，我通过电子邮件认识了劳伦斯·哈耶克。那年冬天，我和拉里（“劳伦斯”的简称）商量如何在伦敦经济学院的哈耶克小组与北京大学的哈耶克小组之间建立直接的学术联系。从那一年再回溯五年，我记得，大约在那个时候，奥地利学派的经济学思想从中国学术的地平线下面逐渐显露出来，吸引了越来越多青年人的注意。

在过去的十年里，我只是通过间断多次的学习和写作，才对奥地利学派的经济学大致有所理解——我是说，从 1993 年以前我写过的那些单纯的介绍性文字，进入到比较复杂的、可被称为“理解”的文字。可是思想越复杂，明确地要把思想表达出来的动机也就越淡漠。这篇文字的主旨，是提供给这套丛书的中国读者一个“序”——或多或少可以指引阅读兴趣的许多可能思路之一。

我们中国人习惯于历史叙事，对西学的理解，也喜欢从历史的角度切入，而后才愿意去倾听西方人的科学叙事。我意识到我自己根深蒂固地保持着这种中国思维习惯，并由此推测，一个人的思维习惯很可能是从他的许多代祖先共同分享的思维习惯中传承下来的——不论这一漫长的思维习惯是否可能成为“获得性遗传”的一部分。关于奥地利学派的历史叙事，似乎可以这样开始：

1278 年，鲁道夫·哈布斯堡在维也纳建立了哈布斯堡王朝，揭开了他的家族延续 600 多年的辉煌历史的序幕。1365 年，维也纳大学创立。“三十年战争”（1618—1648）标志着哈布斯堡王室衰落的开端。虽然，从 16 世纪到 19 世纪，哈布斯堡家族始终是欧洲最有势力的家族之一，它干预法国、西班牙、意大利、俄国和匈牙利等欧洲各国的政治事务。16 世纪中期，哈布斯堡王室是欧洲权力最大的王室。1867 年，财力枯竭的哈布斯堡家族同意匈牙利与奥地利平等自治，史称“奥匈帝国”。但是，哈布斯堡

[1] 2003 年应秋风之邀为他主编的一套奥地利学派经济学译丛作序，但这套译丛出版时，不清楚为何，没有我的这篇序言。

王朝的颓势已难以挽回。1917 年 10 月 31 日，与布尔什维克攻打冬宫几乎同时，匈牙利宣布独立，奥匈帝国解体。

在两百多年时间内，维也纳是欧洲政治的中心，至少是君主政治的阴谋中心。第一次世界大战彻底摧毁了奥匈帝国，维也纳和维也纳大学的知识群体经历了 600 年未有之变局，他们生活的都市从欧洲政治的中心迅速向边缘跌落。事实上，法国人和德国人在 1848 年革命期间就开始奋起超过奥地利人。到了第二次世界大战前夕，奥地利已被远远地抛在欧洲其他民族的后面。

动荡社会，激发思想。或许因此，两次大战之间的维也纳蕴育了欧洲现代史上最丰富、最杰出的思想家群体，其中以“维也纳小组”（Vienna Circles）最为耀眼。小组也称“马赫学社”，以纪念思想教父马赫（Ernst Waldfried Josef Wenzel Mach，1838—1916），它的成员包括：石里克（Friedrich Albert Moritz Schlick，1882—1936）、卡尔纳普（Rudolf Carnap，1891—1970）、魏兹曼（Friedrich Waismann，1896—1956）、纽拉特（Otto Neurath，1882—1945）、米塞斯的弟弟理查德（Richard Edler von Mises，1883—1953）、小门格尔（Karl Menger，1902—1985）、洪谦（1909—1992）。以马赫的“经验实证论”为思想先导，他们使逻辑实证主义成为流行世界的宏大思潮，影响深远，以致在 20 世纪和 21 世纪初的每一重要思潮中都可见到维也纳小组的影子。

从詹姆士 1907—1909 年在英国的系列演讲和他的学术传记，我们不难发现，柏格森和詹姆士的思想，通过詹姆士与马赫的交往，对维也纳小组的成员们也产生了影响。马赫的《感觉的分析》初版于 1885 年，再版于 1900 年。柏格森的《时间与自由意志》写作和出版于 1883—1888 年间，其中，第一章重点引述了詹姆士的观点。马赫在《感觉的分析》再版第一章的脚注 1 里开始引用詹姆士 1890 年发表的《心理学原理》。更早些时候，莱比锡的费希纳的自然神论思想，对马赫和詹姆士的哲学均产生了重大影响。

今天被我们称为“奥地利学派”的经济学家群体，出现于比维也纳小组更早的年代，即 19 世纪末叶。虽然，我马上就会说明，在这两个小群体之间，通过门格尔父子，形成了明显的思想联系。

奥地利经济学派的创始人，卡尔·门格尔，于 1871 年以《经济学原理》奠定了他在奥地利学术界的地位。1902 年，小门格尔出生的时候，老门格尔已经成名 30 年了。老门格尔的方法论著作对“维也纳小组”的马赫产生了影响。因为，他写于 1883 年的《社会科学方法和特别是政治经济学方法的研究》是马赫《感觉的分析》“附录 7”的唯一引文。一篇发表于 1998 年的关于小门格尔的学术评论表明，小门格尔在 20 岁以前就被他父亲引荐给了维也纳学术界的“核心圈子”。

从米塞斯（Ludwig Heinrich Edler von Mises，1881—1973）的著作我们看到，老门

格尔毕生与之斗争的，是当时在奥地利学术界占据主导地位的来自德国的“历史学派”，该学派在相当大程度上代表着对抗苏格兰启蒙思想、法国大革命和新兴的自由市场经济的欧洲大陆的保守派思想。

德国历史学派，如前述，缘起于德国的浪漫主义哲学，这一思想传统似乎更能感动我们这些生活在当代中国社会里的人。例如，浪漫主义哲学在人文与社会科学领域的代表人物，威廉·狄尔泰（Wilhelm Dilthey，1833—1911）在1883年发表的《人文科学导论》里勾勒出历史学派的基本思想（以下是我的翻译）：

> 历史学派认为，人类精神就活在她的历史中，所以，我们应当从历史角度来审视社会理论，应当从过去的生活中寻求当前生活规律的解释。……我们的情感、思想、意志，都只是我们生命的不同侧面，这生命过程，作为一个整体，解释着我们的感觉、观念、表象。

换句话说，只有从我们的生命过程本身，我们才可能理解我们行为的各个方面——逻辑的、感情的和认知的。当然，生命过程本身，就是“历史”。

不论如何，老门格尔，虽然与休谟和斯密相隔100多年，至少部分地是基于各自民族的利益，为打击闭关自守的社会势力而形成了天然的学术上的统一战线。类似地，我们不难发现，由于康德对法国革命和英国自由主义所持的赞成态度，在康德哲学与休谟哲学之间也存在着某种因政治同情而发生的学术上的相似性。

那么，我们从英国自由主义的经济学与德国历史学派的经济学之间看出了什么样的根本差异呢？概括而言，发端于边沁的功利主义经济学、伦理学、法律学和政治学的基石，是“效用理论”，或者，用边沁自己的口号表达，就是“为了最大多数人的最大幸福”。

今天，我们知道，边沁所说的“幸福”，是把全部未来幸福贴现到此刻的总的幸福，故而，效用理论取消了“时间”。这一特征被狄尔泰概括为“抽象主义”立场，该名称似乎更强烈地与“历史主义”立场相对立。

作为效用理论或抽象主义的对立学派，德国历史学派强调“时间”的核心作用。例如，德国经济学家更重视生产函数理论和平均成本概念的实证研究，更重视研究收入分配与阶级关系对经济活动的影响，更重视研究道德规范、自然资源和社会组织等长期因素对微观经济行为的影响。

老门格尔和他的两位追随者——庞巴沃克与魏赛尔（Friedrich Freiherr von Wieser，1851—1926），都反对德国历史学派根据“各民族历史的特殊条件”而提出的对自由贸易理论的逻辑合理性的批评。我们知道，通过“埃及沃思方盒”的论证，凡是基于自愿原则上的自由贸易，逻辑地导致交易双方的帕累托改善，而这一逻辑不随各民族历史的特殊条件而改变。

但是我们从奥地利学派后来的发展不难看出，生产过程和时间因素，尤其在新奥地利学派那里，逐渐获得了奠基性的地位。我们常说，论战的双方，如果势均力敌，那么在论战持续足够长时间后，双方的立场之间就会比它们各自与旁观者的立场之间更加接近。

图 2.32 是我为浙江大学开设的 2003 年春季“芝加哥学派与奥地利学派经济学思想研究班”第一讲准备的阅读框架，它比较全面地勾勒出奥地利学派经济学家们关注的核心议题。我相信，对于“奥地利学派经济学丛书”的读者来说，这张图提供了一个有益处的阅读框架。

我想提醒读者注意，图的最上方列出了老门格尔的经济学理论的三个特征，其中第一个特征是“反对运用数学和统计方法”。这似乎与上述奥地利学派和德国历史学派的方法论冲突不相符合，也与老门格尔对首先是以数学家闻名的小门格尔的影响不相符合。我希望，我在这篇已经相当冗长的文章里有机会解释这一思想史问题。

按照思想体系的内在关系，我把魏赛尔排列在门格尔下面。魏赛尔是老奥地利学派经济学的“第三导师”——思想史家通常更愿意把同一学派内相互间没有直接师生关系的同代思想家按照他们对该学派所发生的影响，顺序排列。按照这一顺序，通常，魏赛尔排第三，熊彼特和米塞斯的老师庞巴沃克排第二。例如，2001 年发表的一本关于奥地利学派思想演变史的专著，就是这样排列的。此外，还有一位奥地利学派经济学家，熊彼特，也不容易排序。他是庞巴沃克指导的博士生，按惯例，他与米塞斯是同辈，而且按照我上述的排序，是第二代宗师的学生，辈分略高于米塞斯。多说两句，米塞斯兄弟俩，路德维希是哥哥，理查德是弟弟。理查德是奥地利空军的功臣，著名的空气动力学家，有以他命名的飞机引擎，他是石里克领导的维也纳小组成员。路德维希是哈耶克的老师，熊彼特的师弟。路德维希 1904 年开始听庞巴沃克的课程，直到 1914 年。但他的博士学位是维也纳大学法学院颁发的，并非由庞巴沃克指导。

庞巴沃克以对工业资本主义的“迂回生产方式”的深刻观察为基础，与费雪就资本理论的核心问题之一——利润的来源问题，展开了长期论战，并由此而显示了他对奥地利学派经济学的重大影响。

随着资本主义社会从生产主导型转变为消费主导型，随着资本主义生产过程中物质资本的核心地位逐渐被人力资本所取代，古典的资本理论也开始式微。另一方面，魏赛尔提出的机会成本概念，却日益成为主流经济学的奠基性概念。我们知道，基于

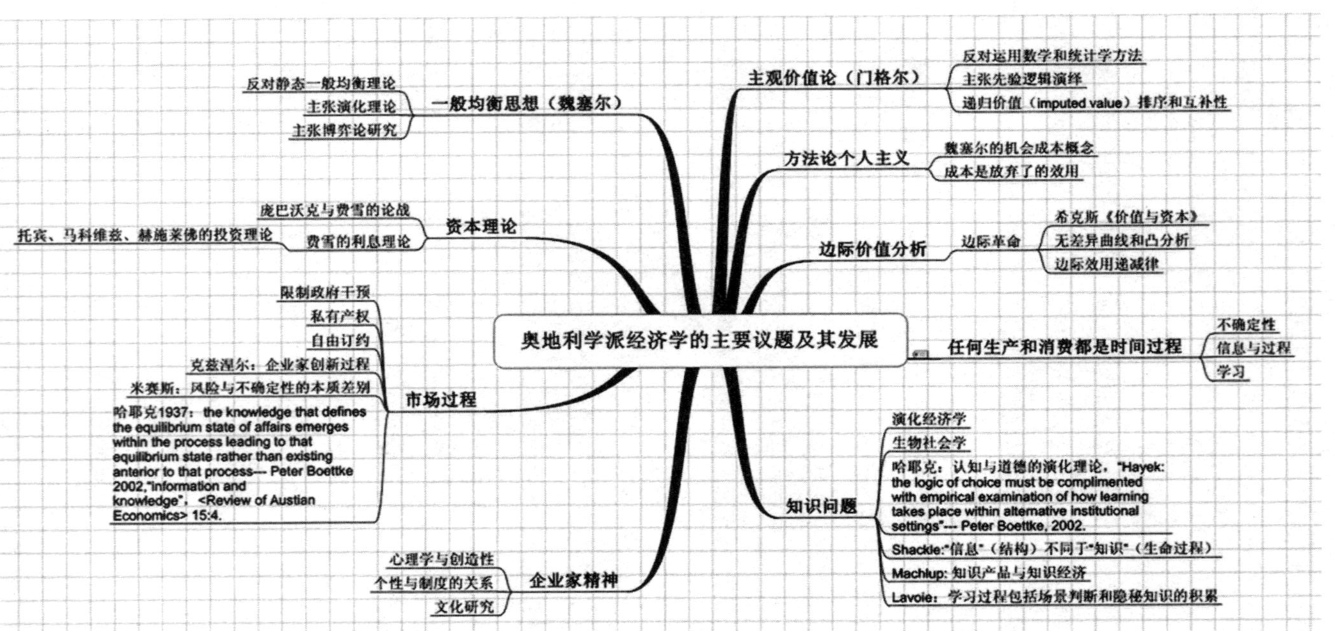

图 2.32

“机会”的成本定义，若要具备可操作性，就必须以选择者的个人效用为机会的评价标准，并由此界定“机会”的集合。这一理论要求，导致魏赛尔提出了“方法论个人主义”。无疑，后者对现代经济学的意义，与机会成本概念一样，也是奠基性的。

最后，也是最重要的，是魏赛尔提出的一般均衡思想。不同于瓦尔拉和艾及沃斯，魏赛尔努力关注和试图澄清的，是一般均衡的动态过程。他的这一思想，演化成为后来包括哈耶克在内的新奥地利学派思想家们反复强调的“市场过程”的概念，与此相关的理论发展，列在这张图的左下角。我提醒读者格外注意研究这张图的右下角，那里勾勒出的，是哈耶克、沙克尔、玛什拉和拉甫叶等新奥地利学派思想家的知识理论的脉络。由于 2001 年和 2002 年诺贝尔经济学奖的方向性的改变，知识理论正在成为当代经济学家关注的焦点。

现在我似乎可以讨论门格尔父子的贡献了，这要从主观价值论的源流谈起。第二次世界大战前的半个世纪，维也纳是主观价值论的大本营。把维也纳的价值理论与古典价值理论区分开来的，是前者所鼓吹的“边际效用”——解释了价格形成过程的，不是商品对它的消费者的心理效用，而是这一心理效用的变动率。

在边沁那里，由于“韦伯—费希纳”定律还没有被发现，效用是以“总量”形式表达的。但基于牛顿和莱布尼兹创立的微分学，根据斯蒂格勒的考证，边沁已经知道“最大多数人的最大效用”是以“边际效用”的消失为必要条件的。事实上，边沁在 1782 年为修正自己的效用理论，试图定义“效用的强度”。我们知道，正是关于“强度”的测量，导致了 19 世纪中期韦伯和费希纳的重大发现。顺便提一句，这个费希纳，就是对马赫和詹姆士的思想产生了重要影响的莱比锡的“自然神论”科学家费希纳。由于韦伯和费希纳的实验心理学研究成果，经济学家们逐渐习惯了用“边际效用”的看法来分析经济行为——经济学方法从它的古典时期进入了现代时期。我们知道，如果没有效用总量的边际递减规律，现代经济学的基石——均衡、一般均衡，以及最广义的“博弈均衡”概念，就都会被动摇。因为，我们没有足够充分的数学理由说服人们相信，在边际递减规律不成立时，均衡仍能存在。

根据斯蒂格勒的考证，戈森（Hermann Heinrich Gossen，1810—1858）于 1854 年最早提出了基于边际效用的经济学理论。可惜，他把边际效用定义成为“时间”的函数，即效用的强度随消费同一商品的时间的延长而递减。除此之外，戈森的边际分析，从数学公式观察，已经与现代经济学教科书十分相似了。

1870 年代，杰文斯、老门格尔、瓦尔拉，各自独立地提出了边际效用理论。斯蒂格勒指出，天才的杰文斯，很可能因天才太过，始终没有学生，也就没有留下什么学派。另一位天才，洛桑学派的瓦尔拉，批评李嘉图古典价值理论不应把生产要素简单地化约为“劳动”、“土地”、“资本”。因为这样的化约导致了市场分析的局部性，而物品的价值，只能通过市场的一般均衡得到决定。

只有老门格尔，最彻底地沉浸在边际效用理论的建构工作中，他甚至不关心例如“需求曲线”这样的重要问题。读者在这套丛书里马上就会读到，门格尔把一切物品，如科学实验一般精确地，按照它们对受试者的心理效用的“技术距离”，安排在不同的层次上。在给定不变的技术条件下，实验者首先应当判断：特定物品是直接产生效用，还是间接地、必须与其他物品相结合才产生效用。一切物品都由此而分为两类：（1）直接产生效用的，例如一片面包或一杯水；（2）间接产生效用的，例如腊肉和大米。门格尔认为，（1）类物品之间，具有相互替代的经济学关系，而（2）类物品之间，则具有相互补充的经济学关系。就我的阅读而言，这就是关于“互补性”的经济学研究的开端。

继续讨论，门格尔认为，给定受试者在单位时间内已经消费的各种物品的比例，只要受试者体验足够多次，就总能判断任一类物品的任何一个单位的消费或者不消费，对受试者已经享有的效用水平的影响。这当然是正确的，因为我们都有类似的体验，每天吃三顿饭的人，如果突然减少了一顿，其相对的痛苦程度，即总效用下降的幅度对总效用的百分比，只要体验足够多次，就可以被估计出来。例如，我自己的实验表明，如果不改变三餐的顺序，那么，一顿午餐所产生的效用相当于全天食物的总效用的40%，一顿早餐的边际效用相当于这总效用的30%。那么当天的第二顿午餐呢？其边际效用如何？我个人的经验是，这第二顿午餐多半会产生小于零的边际效用。也就是说，你必须付给我足够高的价格，才可能让我自愿地再吃一顿当天的午餐。

门格尔把（2）类物品之间的关系视为互补的，他指出，这些物品根据它们之间的互补关系，可能形成不同层次。例如，特定比例的腊肉和大米可以互补而成为一顿午餐，但它们需要与特定比例的水、劳动和煤气产生的火相结合。这里，假定技术结构不变，腊肉和大米、水、劳动、煤气产生的火，因为互补性而同处于第二个层次上。但是，与腊肉和大米相比，煤气距离直接消费层次更加遥远。假定煤气预先被封装在煤气罐内，再假定有火柴，那么，煤气和火柴，按照互补性是共同处于第三层次的物品，它们的共同参与产生了火。类似地，假定水必须从遥远的水库经过管道输送到家里，那么，管道和维护管道的劳动就共同处于第三层次上。为方便教学，我把这称为“技术距离”，它是由特定社会里被假定不变的技术决定了的。

细心的读者马上会发现：水是可以直接消费的，因此，水一方面处于第一层次上，一方面又处于第二层次上。其实，水和劳动，可以处于几乎任何一个技术距离的层次上。越是专用性强的物品，就处于越低的层次上；越是普适物品，就越可以同时处于各个层次上。但是，只要假定了技术不变，水总可以被安排在不同层次上，并且从它所在的层次，按照给定的程序参与到效用生产过程中。

于是，门格尔的价值理论就变得特别复杂，以致斯蒂格勒批评说，他的价值理论对于解决经济学问题而言，犹如为杀鸡而研制了牛刀。例如，仅仅由于水和劳动这类要素可以处于任何一个层次上，经济学家就必须计算技术不变假设下的水和劳动的最优配置方案，即各个层次上应当配置的水和劳动。我相信，这种过度的复杂性，是门格尔的价值理论之无法被经济学家们接受的主要原因。

不论如何，门格尔继续深入。他认为实验者经过反复实验可以把更高层次上任一单位物品的消费或不消费，"投射"到第一层次物品的直接消费所产生的效用变化中。仍以第二层次的腊肉和大米互补成为第一层次上的午餐为例，假如技术规定了煤气和火柴处于第三层次，那么，第一单位的煤气对午餐的烹调，显然至关重要，可以判断，其边际效用甚高，依次递减，当午餐快要完成时，煤气变得不那么重要了，它的边际效用迅速下降到零。门格尔的方法要求我们通过反复实验，把每一特定单位的煤气所产生的效用折合为午餐效用的百分比。例如，我可以判断，使火焰维持了最后10分钟的那部分煤气的效用，相当于这顿午餐的效用的10%。于是，我愿意为那部分煤气支付相当于这顿午餐效用的10%的费用。

最后，我打算从斯蒂格勒1937年写的一篇门格尔经济学述评里引用他所概括的门格尔关于"物品"的四重定义。他说，一物若要成为有用的，必须具有某些"物性"，并且这些物性满足下列条件：（1）有人需要该种物性。（2）该物必须具有满足该人对该种物性的需要的技术性质。不满足此类性质的物，如月球上的水，虽然有地球上的人需要它，目前却还不能把自己提供给人类。（3）对该种物性有所需求的人，必须有能力识别该种物性及相应的满足需求的技术性质。（4）对该种物性有所需求的人，还必须有权力处置该种物性。典型如穷人无钱购买牛奶，尽管牛奶对穷人而言满足前面三条件，却不满足最后这一条件。[1]

满足门格尔提出的这样四重理由，"物"，才成为"有用物品"，即经济学教科书所说的"goods"。读者不难体悟，这四重理由包含了古典政治经济学的主要议题，也包含了现代经济学家不懂得如何面对的政治、伦理、文化与知识理论等等议题。这样一种治学风格，是奥地利学派经济学家的特点。他们追求的，不是学科规范，而是从各个角度、各个学科全面和彻底地论述同一问题。在西方思想传统里，这是亚里士多德的风格，也是文艺复兴大师们的风格，但不是启蒙之后"分析的时代"的风格。

小门格尔生于1902年，死于1985年，所以，他应当被认为是我们的同时代人。

[1]　参阅门格尔：《国民经济学原理》，刘絜敖译，上海人民出版社，2001年。

早年毕业于维也纳大学数学系，小门格尔从事的研究，我从他发表在《美国数学月刊》上的大批论文判断，应当属于今天的“微分几何”领域，即陈省身先生作出了重大贡献的那个数学领域。

对当代经济学具有重大意义的事件之一是，小门格尔毕业之后，偶然地决定用刚刚得到的洛克菲勒奖学金去荷兰，跟随直觉主义数学家伯劳威尔（Luitzen Egbertus Jan Brouwer，1881—1966）作拓扑学研究。不过，更吸引小门格尔的，不是伯劳威尔在拓扑学领域里的研究，而是伯劳威尔坚持的直觉主义数学的哲学立场，由于这一立场，伯劳威尔与20世纪的数学主流——希尔伯特（David Hilbert，1862—1943）创立的公理主义立场——分道扬镳。

当小门格尔找到老伯劳威尔的时候，后者几乎与世隔绝，孤独地思考着只有他自己有兴趣追索的问题。这些问题之一，是语言对人类思想的压抑作用。伯劳威尔认为，人类社会不仅用道德规范来控制每个人的行为，而且用语言规范来控制每个人的思考。因此，为了保存数学的创造性，数学家们必须不仅反抗道德，而且反抗语言。这导致了一种被称为“直觉主义”的数学立场——事实上，许多数学大师的思维过程都符合伯劳威尔描述的直觉主义——数学创造，像电光闪过大脑，转瞬即逝，它打击大脑，引发思维灵感，而当我们猛然看到问题的解之后，所余的工作已经不再是数学的了，因为证明我们的直觉的工作，是纯粹技术性的。

对当代经济学家而言，伯劳威尔最重要的贡献是他证明的“伯劳威尔不动点定理”——N维实数圆盘上的连续函数有不动点。这一定理后来被世界大战期间因访问普林斯顿高等研究院而无法返回日本的年轻数学家角谷静夫（Shizuo Kakutani，1911—2004）拓展为“角谷不动点定理”——紧凸集上的紧凸且上半连续映射有不动点。今天我们都知道，博弈论教科书所依据的博弈均衡的各种存在性定理，无非都是角谷不动点定理的应用或其翻版的应用。

不熟悉经济学的读者必须注意，角谷不动点定理的前提之一——“凸性”，在经济学意义上，就是韦伯和费希纳发现的边际效用递减律。亚当·斯密的“看不见的手”，即一般均衡的经济效率，作为经济学家信奉的真理，只是在伯劳威尔不动点定理提出之后才被阿罗和德布鲁运用于一般均衡的存在性证明，并因此而获得了逻辑说服力的。

伯劳威尔的数学方法是构造性的，不是公理化的。后者对定理的证明，往往运用“反证法”——假定所要证明的结论不成立，从一组前提推出矛盾。如果所要证明的结论，其应当受到检验的各种情形的集合是一个有限集，那么，反证法符合直觉主义立场，因为证明者可以一一列举有限多的可能情形，并考察所要证明的结论是否成立。当必须检验的情形的集合是无限集时，直觉主义者拒绝公理主义者的反证法，因为该方法依赖于基本的逻辑规则之一——“排中律”。当需要验证无限多个可能情形时，我们无法宣称：“A成立，或者A不成立，仅此而已。”因为我们无法检验尚未发生的那些情形，“无限”不是人类直觉能够判断的。如果你较真儿，万一在无限集合里冒出来一种情形，让A成立同时让A不成立，怎么办呢？

在我的阅读里，华沙学派的逻辑学家们继承和发扬了伯劳威尔的直觉主义逻辑哲学思想，把这一传统延续到今天。对当代经济学作出重大贡献的华沙学派数学家包括塔尔斯基（Alfred Tarski，1901—1983）和巴拿赫（Stefan Banach，1892—1945），或许，还应当包括霍尔维兹（Leonid Hurwicz，1917—2008）。也就是说，今天经济学家知道的三个最著名的不动点定理——伯劳威尔定理、塔尔斯基定理、巴拿赫定理，都来自直觉主义数学学派。

小门格尔在伯劳威尔那里工作了几年，最初，他发现难以忍受伯劳威尔的毕达哥拉斯式的神秘主义思想风格，包括他的素食主义生活方式。其次，他在关于曲线和维度的论文发表的细节方面与导师发生了剧烈冲突。总之，到了1926年，他们难以保持融洽的合作关系。次年，小门格尔接受了维也纳大学发来的聘书，返回奥地利接任该大学最重要的数学教授的职位。

如前述，维也纳正经历着600年辉煌的前所未有的没落，到处是贫困和骚乱。整个奥地利，在物质上和精神上，逐渐沦为不断强大起来的工业的德国和文化的法国的附庸。

回到维也纳，社会主义思潮和纳粹党人风云际会，小门格尔发现他多年的精神导师汉斯·洪（Hans Hahn，1879—1934），以及维也纳小组的几位成员，都是当时最活跃的社会主义分子。洪是维也纳小组早期的发起人之一，1923年，他动员石里克从布拉格来到维也纳参加并主持后期的维也纳小组。

维也纳把小门格尔拖进了那个时代最混乱的漩涡的中心。在现实世界里，老门格尔的主观价值论基础上的社会科学思想，受到小门格尔的来自社会主义思想阵营的精神导师的批判。在精神世界里，他所尊敬的伯劳威尔的伟大数学贡献与他无法接受的来自同一导师的神秘主义思维方式直接冲突。在现实与精神交界处，伯劳威尔和老门格尔的自由创造立场，与小门格尔的社会主义导师们的科学计划立场，存在着严重的冲突。很可能，他必须同时在伦理学领域和数学领域内思考学术问题，以平衡集中在他身上的各种冲突。

1930年，小门格尔发表了一篇反对伯劳威尔直觉主义的论文，他采取了一种被称为“意味主义”的立场——根据这一立场，数学公理的意义不在于这些公理本身，而在于公理可能意味着的那些事情的意义。读者不难猜测，这一立场是调和了直觉主义与公理主义的结果。小门格尔这篇文章的题目是“维特根斯坦、伯劳威尔和维也纳小组”，说明他当时受了维特根斯坦的影响，把包括数学语言在内的语言，看作同义反复的逻辑系统，其功能在于传递语言之外的意味。

小门格尔的“意味主义”立场，或许因为对社会主义的科学基础持怀疑态度，遭到维也纳小组多数成员的反对，他的唯一支持者是更愿意保持沉默的哥德尔（Kurt Friedrich Godel，1906—1978）。

为说服维也纳的数学家们相信世界上确实存在着多元逻辑系统，小门格尔于1930年邀请塔尔斯基给他的数学同行和维也纳小组作系列报告。塔尔斯基在一次最富哲学味道的报告中向维也纳小组的逻辑实证主义者们表明，存在“三值逻辑系统”——真、伪、不确定，而那第三个“值”正是传统的双值逻辑系统里被“排中”的那个值。

根据Robert Leonard发表于*Isis* 1998年第1辑的文章，小门格尔长期与华沙学派最重要的逻辑学家们建立了相当密切的联系。他在1932年发表了“逻辑宽容引论”，试图说服数学家们对非传统逻辑系统予以宽容。事实上，他的唯一支持者哥德尔，当时已经证明了一阶逻辑系统的不完备性定理，该定理意味着几乎所有的自然语言都可以包含大量无法判断其真伪的命题。

1934年，小门格尔发表了伦理学专著《道德、决策、社会组织》。从当时维也纳的政治局势不难判断，这本著作是他对纳粹主义者、社会主义者、自由主义者和传统逻辑学家对他的多重批评的回应。从学术角度判断，他在这本著作里提出的伦理学立场更接近康德的普遍主义立场，但其方法却是典型经济学边际分析的方法。

小门格尔认为，每一个人都有能力通过反复实验向他人表明并让他人理解他对自己的全部行为的伦理判断：（1）好的行为，（2）恶的行为，（3）无差异的行为。他批评康德的“道德律令”，认为常人的智力难以承受康德普遍理性所要求的认知。因此，应当从常人的行为出发，根据行为判断其好恶或“无差异”。

比传统伦理学研究对当代经济学更加重要的是，小门格尔这本著作进一步论述了基于每个人的伦理偏好的社会组织——那些具有相似伦理偏好的社会成员的行为更可能兼容。这一思路很接近合作博弈理论的思路——群体成员之间每一可能组合的特征值和组合内部收益分配的兼容性，决定了均衡状态中社会成员的组合方式。小门格尔正确地指出，在康德的伦理学世界里，人们行为之间的和谐是得不到保证的，从而康德理想中的“永久和平”也就无法实现。

根据小门格尔的证明，越是复杂的伦理体系，其基础上的社会成员可能构成的组合方式就越复杂。为证明这一结论，他使用了图论和组合代数。在我看来，门格尔的这一工作无疑是开了杨小凯等人“分工及其内生演化理论”的先河。

显然，正是基于这本伦理学著作，小门格尔对摩根斯坦（Oskar Morgenstern，1902—1977）产生了重要影响。后者在战后来到普林斯顿大学高等研究院与冯·诺意曼（John von Neumann，1903—1957）合作，发表了《博弈论与经济行为》。这本书，众所周知，是当代博弈理论的开山之作。

这样，我的论述表明，门格尔父子的思想，不仅开创了奥地利学派的经济学传统，而且对博弈论及当代的博弈演化理论，产生了深远的影响。我相信，如果读者能够再回去复习我提供的那张阅读框架图右下角勾勒的知识理论及演化理论，可以更深刻地理解以上的论述。

现在我打算略微讨论奥地利学派经济学思想与当代主流经济学思想的关系。当代的主流经济学，也就是所谓"芝加哥学派"。在芝加哥学派之前被称作主流经济学的，大约从1955年到1975年，是萨缪尔森领导的MIT学派。更早呢？我认为，两次大战期间，美国经济学的主流学派，应当叫作"哈佛学派"，由熊彼特和张伯伦等人领导。

芝加哥学派的方法论来源于两个十分不同的思想传统。其一是詹姆士和杜威的实用主义哲学传统，其二是康德的先验论的形式主义传统。如前述，詹姆士与维也纳小组的核心人物马赫有过比较密切的交往。更主要地，从19世纪末叶到20世纪初叶，杜威在芝加哥大学长期任教，在他领导下的芝加哥大学哲学系迅速成为实用主义思想最著名的堡垒。稍后，杜威向校方提出"继续任教的前提条件是大学必须聘任米德为哲学系助教"，并获得芝加哥大学同意。从而，通过聘任乔治·赫伯特·米德——其"社会学与行为学大师"的名声在当代似乎已经或正在被"符号交往主义创始人"的名声淹没，杜威把芝加哥大学的社会学研究纳入了实用主义思想阵营。最后，在芝加哥哲学学派与社会学学派扬名天下30多年后，芝加哥大学的经济学家们也普遍接受了实用主义方法论。

其次，康德先验主义方法论，主要是通过奥地利学派对芝加哥学派的多重影响而进入芝加哥学派方法论的。我们今天读芝加哥学派的经济学论文，会感到过于形式化。这种看重形式的思维方法，正是康德先验论的影响。最早提倡这种形式推导方法的，是新奥地利学派的领袖人物米塞斯。

奥地利学派对芝加哥学派第一重影响，是威克赛尔（Knut Wicksell，1851—1926）对芝加哥大学经济系公认的导师奈特的影响——据说芝加哥学派9名获得诺贝尔经济学奖的领袖人物都是奈特的学生。以思想深刻和行文晦涩著称的奈特，是杨格的学生。后者就是发表了题为"收益递增与经济进步"的著名演说的那位英国皇家经济学会会长杨格。在杨格指导下，奈特完成了后来闻名于世的博士论文《风险、不确定性与利润》。而在杨格的思想里，有北欧学派的大师威克塞尔的影响。最后，我们知道，尽管有些可疑，威克塞尔被米塞斯视为奥地利学派的经济学家之一。代表了芝加哥学派的公共选择理论的布坎南（因公共选择理论而获得诺贝尔经济学奖），就是在奈特指导下，从翻译威克塞尔的著作开始接受北欧学派的奥地利思想的。

奥地利学派对芝加哥学派的另一重影响，是熊彼特在哈佛大学执教期间对几代美国经济学家的影响。熊彼特是新老奥地利学派之间的一个承前启后的人物，富于争议，同时又深受每一个经济学派尊重。与小门格尔相似，他是一位具有社会主义思想倾向的奥地利学派经济学家。

熊彼特在哈佛大学的时候，影响了很多经济学家。例如，萨缪尔森和弗农·史密斯（2002年获得诺贝尔经济学奖）就深受他的影响。根据一部分思想史家的看法，熊彼特把半个奥地利学派都带到了美国。我们知道，萨缪尔森是把经济学的形式主义分析方法从康德的形式逻辑体系转化为数学体系的第一人。足以与萨缪尔森的广博知识相提并论，或许略逊一筹，弗农·史密斯涉猎了许多不同的领域，从生产理论、资本理论，到资源与环境经济学，再到实验经济学（因此而获得诺贝尔奖）。最近几年，他从实验经济学转入了脑科学领域。前不久，史密斯写了一篇纪念米塞斯《人的行动》发表五十周年的文章，他在那篇文章的结尾告诉读者，他多年从事的实验经济学研究，其实都验证并支持了哈耶克早期提出的关于元心理学和认知秩序的那些伟大猜想。

最后，当然也是最直接的影响，就是奥地利学派的边际效用理论对后来的一切经济学学派的影响。边际效用理论在当代经济学里的地位，就相当于数学分析在当代数学里的地位。偏离了数学分析的分析，叫作“非标准分析”。偏离了边际效用理论的经济分析，也叫作“非标准分析”。

说到经济学的“非标准分析”，我们知道，在美国各个大学里，散布着不少奥地利学派经济学家。他们在战后所从事的研究，大部分与主流经济学无关。其中著名者，我已经列在那张图里了，这些来自奥地利学派的学者，似乎代表着今天美国的非标准经济分析。这一事实，从另一角度说明了奥地利学派对当代经济学的影响。

奥地利学派的经济学思想，可谓“博大精深”。中国大学里的年轻人，若是从未思索过整体性的社会问题，从未参与过动荡年代的社会斗争，甚至从未体验过中国社会的真实生活，那么，我猜测，他们会对奥地利学派经济学家的思路感到十分困惑，恍如隔世，甚至格格不入。对于这样的读者，我提不出任何有用的建议，只希望他们好自为之。在将来的生活体验中，或许他们会突然意识到：曾经读过的这些令人困惑的奥地利思想家的文字，原来对他们另有一番意义。

维特根斯坦在《伦理学讲义》里表述了这样的看法：凡用语言能够表达的，都是无意义的。语言所欲表达的意义，必定在语言之外。

第三讲

2014年10月26日 / 下午3:00—6:00 / 二教314

「德国历史学派对东亚各国现代化思想的影响」

一、德国历史学派

这一讲的主题，要求我准备一张与其他各讲不同的心智地图——它缩小到 1/10 的比例，就是图 3.1，许多细节无法放大到清晰程度。故而，你们可能需要查看原图。

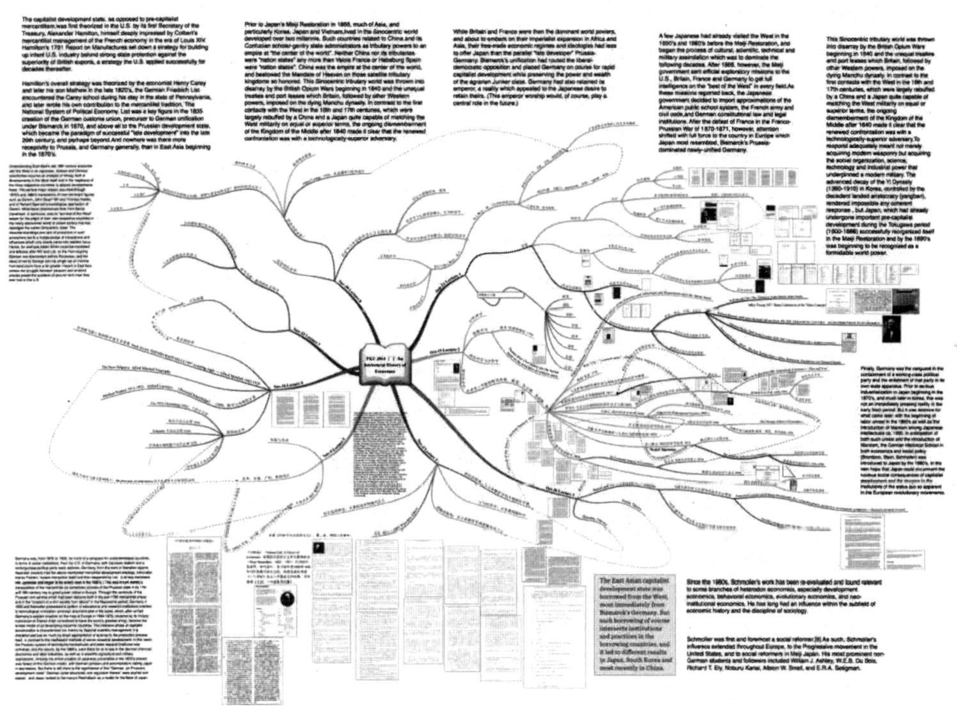

图 3.1

1. 坎蒂隆的经验主义思路

我们在第二讲看到，杰文斯询问政治经济学的国籍问题，他认为坎蒂隆才是第一位合格的政治经济学家。哈耶克撰写长篇文章考证坎蒂隆的身世和思想，因为他发现坎蒂隆的经济学与奥地利学派经济学十分相近，尤其是企业家概念和关于“市场过程”的想象。

罗宾斯深受哈耶克影响（根据当时伦敦经济学院的学生回忆），或许因此，他的《经济思想史》演讲录第八讲标题就是“坎蒂隆”，如图 3.2，并且他声称坎蒂隆的《商业性质概论》在许多方面可与斯密的《原富》媲美，如图 3.3。

我多次建议你们读罗宾斯的这部《经济思想史》，况且有中译本呢。第八讲的这张截图，罗宾斯回顾了经济学的古典作家们，洛克和配第，然后他指出坎蒂隆之前的经济学思想缺乏系统性，“没有从整体上论述经济体系”。我们知道，洛克和休谟或许缺乏经济实践，关于社会经济的宏观秩序，他们或许难以形成让他们自己信服的图景想象。配第有经济实践，他为克伦威尔管理爱尔兰的土地和税收时赚了大钱，但他似乎更热衷于“国家术”（统计学）。

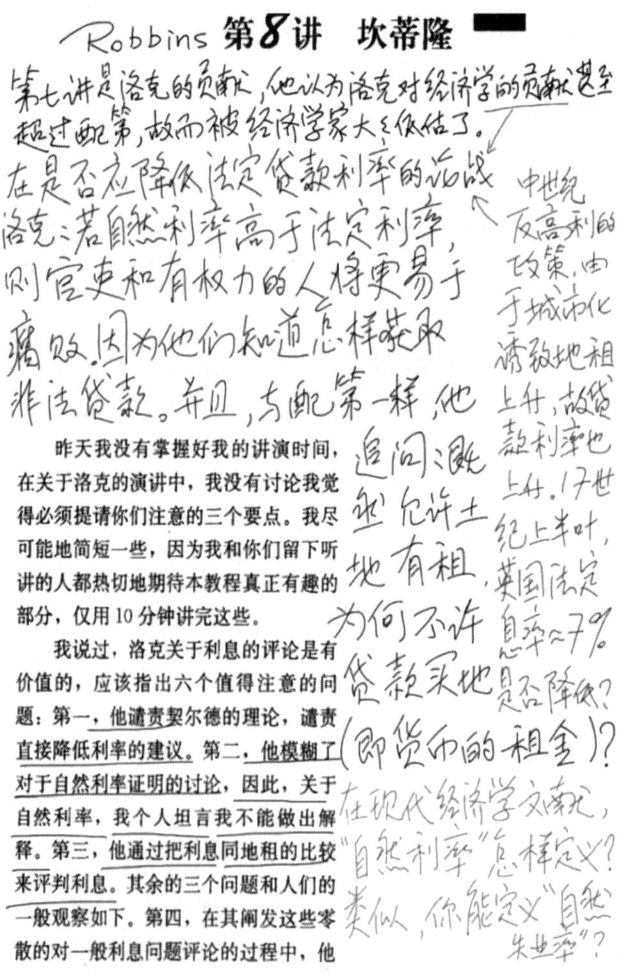

Robbins **第8讲　坎蒂隆**

第七讲是洛克的贡献，他认为洛克对经济学的贡献甚至超过配第，故而被经济学家大大低估了。

在是否应降低法定贷款利率的论战

洛克：若自然利率高于法定利率，则官吏和有权力的人将更易于腐败，因为他们知道怎样获取非法贷款。并且，与配第一样，他追问：既然允许土地有租，为何不许贷款买地（即货币的租金）？

中世纪反高利的政策，由于城市化导致地租上升，故贷款利率也上升。17世纪上半叶，英国法定息率≈7%，是否降低？

昨天我没有掌握好我的讲演时间，在关于洛克的演讲中，我没有讨论我觉得必须提请你们注意的三个要点。我尽可能地简短一些，因为我和你们留下听讲的人都热切地期待本教程真正有趣的部分，仅用10分钟讲完这些。

我说过，洛克关于利息的评论是有价值的，应该指出六个值得注意的问题：第一，他谴责契尔德的理论，谴责直接降低利率的建议。第二，他模糊了对于自然利率证明的讨论，因此，关于自然利率，我个人坦言我不能做出解释。第三，他通过把利息同地租的比较来评判利息。其余的三个问题和人们的一般观察如下。第四，在其阐发这些零散的对一般利息问题评论的过程中，他

在现代经济学文献，“自然利率”怎样定义？类似，你能定义“自然失业率”？

图 3.2

演的讨论，即关于18世纪系统经济学形成的讨论，推迟的时间太长。不论是配第，还是洛克，抑或是诺思，虽然按照或多或少我们所熟悉的术语——说我们所说的语言——论述自己的观点，但都没有从整体上论述经济体系。在诺思的小册子中有一些暗示，但是，正如列特文［1963，pp. 189～204］指出的，对于一般经济关系进行明确的、系统的论述必须等到18世纪。这种系统经济学的形成主要是在后来被称为“重农学派”的法国经济学家著作中和在苏格兰哲学家——主要是，我们所有哲学家中最伟大的哲学家，大卫·休谟和亚当·斯密的著作中发现的。

但是，还有第三个人，我们对他相对说来知道得很少，他就是坎蒂隆。他写了一本作为科学论述的著作，该书超过重农学派所出版的任何著作，而且，实际上，在许多方面可以同《国富论》相媲美。这就是理查德·坎蒂隆（Richard Cantillon）的《商业性质概论》［1755］。你们大家应该知道坎蒂隆的某些情况，这些情况来源并不是很容易找到的，所以，在我向你们阐述本书所展示的体系之前，我用一点儿时间讲讲他的历史和他的出版物。

理查德·坎蒂隆——当然，法国人把他叫“Canteon”——是爱尔兰人血统，早年作为银行家在巴黎定居。他似乎是一个极为精明而十分风趣的银行家。当约翰·劳（John Law）——关于他我将联系重农学派和你们讲，启动他的注定带来厄运的“密西西比”计划（该计划是法国的可以与18世纪20年代英国“南海泡沫”计划相提并论的计划）的时候，坎蒂隆通篇看了这个计划，可能是由于轻率的争论引起了他的怀疑，约翰·劳——当时已经获得了王室的尊宠和在巴黎的崇高威望，便把坎蒂隆解雇。劳对他说：“你知道我可以在24小时内把你从这个首都城市赶走吗？”坎蒂隆似乎说：“但是你不会，我会使你的计划成功”[1]所以说，在这一时期他是作为一个“密西西比”债券的兜售者活动的，但不久他就离开了，并获得一笔巨大的财富。后来，在1734年，在克旺特花园（Covent Garden）角落的一处住房，他的贴身男仆把他杀死在他的床上，并放火烧毁了他的房子，大量有价值的论文也被焚毁。

我们知道一定数量的关于他论述委托人的细节和许多他所参与的诉讼。我们还知道他作为经济学家的习惯的某些事情。他常常带着会计乘坐马车四处旅游，以使他能够考察他所目击的经济现象。他不时跳下马车，按照米拉波（Mirabeau）的说法，检验土壤，了解肥沃状况和化学成分构成，然后告诉会计注意这种情况。随着时间的流逝，显然——由

·99·

图 3.3

与上述三位古典作家相比，坎蒂隆显然有更丰富的金融实践。而且他是一位成功的金融家，故而他关于社会经济金融的宏观想象（例如图 2.13）更可能是正确的。坎蒂隆的思想方法大约与斯密类似，凡事都要基于经验，但他又有金融头脑，于是很愿意将经验转换为更精确的计算。例如，他说欧洲的土地平均而言每年的产量是种子用量的 6 倍，所以扣除种子之后，盈余是种子的 5 倍。租地农场主通常取得产量的 2/3，其中一半是成本（佣工、肥料、种子、其他投入品），另一半（种子用量的 2 倍）是利润。他得到推论，土地产量的 1/3(种子用量的 2 倍）是地租。因此，经营农场的人，只要估算每年种子用量，大致即可预期自己的利润，但是产量随年成好坏有很大波动，故而租地农场主是风险承担者。坎蒂隆将人群划分为两类——承担风险的人和不承担风险的人，后者将自己的劳动或土地出租给前者，根据契约取得回报，旱涝保收。

配第也观察农业，并计算劳动与土地的比价。他的观察是，有劳动投入的土地，年产量大约是60日的口粮，如果不投入这一劳动力，则土地产量是50日的口粮，所以，投入这块土地的劳动力价值是10日的口粮。

对坎蒂隆而言，一名农业劳动者的价值大约等于用来生产维持他的生命所需投入品的土地的2倍。坎蒂隆的观察是，人口与土地的比例，长期内相当稳定。坎蒂隆的社会经济秩序的想象很可能是这样的：人类靠土地生活，所以一切价值都应而且能够被还原为土地。

坎蒂隆的描述通常足够精确，从而可以转换为数学模型。所以在法国重农学派那里，坎蒂隆思想导致了魁奈的“经济表”（循环和均衡）；而在斯密那里，上面引用的坎蒂隆关于农业劳动力价值约等于维持生存所需物品之2倍土地，这一结论被引用，出现在《原富》第一卷第八章“论劳动工资”。图3.4即这一段文字的截取。斯密的这段引述确实很长，以致不仅引起杰文斯对坎蒂隆的关注，而且引起哈耶克的更多猜测和考证。

斯密的引述，注意，并非坎蒂隆原文，而是根据马尔萨斯“工资铁律”对坎蒂隆重新解释之后的见解。故而，斯密在这里多次强调，坎蒂隆的计算适用于农业当中“地位最低”（the lowest species of common labourers）的劳动者的劳动力价值计算。他随后承认他自己对这一问题没有定见，但他指出了一些情形，在这些情形里，哪怕地位最低的劳动者的工资也可能大幅度增加。接着，他用更长篇幅论证了“工资基金”这一概念，并以中国为案例。

顺便提及，斯密的《原富》（通常译为《国富论》），我检索英文原版，只看到一处，斯密索引了坎蒂隆，且有坎蒂隆的真实姓名。这一处索引就是上面我转述的，斯密关于工资问题的探讨。当然，如果斯密很少索引其他作者，那么，由于斯密这部著作传世太久且流行太广，他哪怕只索引一次的作者，也可能引人关注。

斯密称中国为最丰裕的社会，不过，他立即指出，中国最底层的人口，例如在广东，大多极贫困且生育率极高——每天夜里每座城镇的街头都可见到弃婴。另一方面，他注意到中国或许在马可·波罗的记述之前已停滞在目前状态。由这两方面的观察，斯密推论说，想必中国极低的“工资基金”仍足以维持底层人口的再生产过程，如果不发生大规模饥荒的话。类似的长期稳态，即马尔萨斯“人口陷阱”的实物工资，或现代经济学家所说的“制度工资”的水平，斯密指出，在英国的东印度公司控制下的印度各邦也大致如是。但是在英国本土，根据斯密的观察，最底层劳动者的工资基金肯定超过了维持生命所必需的水平，而且，这一章大部分篇幅用于引述他在各方面的观察：不论物价（尤其谷物价格）如何波动，劳动者的收入呈现一种长期稳定增长趋势。故而，在斯密看来，英国人口已走出或正在走出马尔萨斯陷阱。

last beyond the first generation. Mr. Cantillon seems, upon this account, to suppose that the lowest species of common labourers must everywhere earn at least double their own maintenance, in order that one with another they may be enabled to bring up two children; the labour of the wife, on account of her necessary attendance on the children, being supposed no more than sufficient to provide for herself. But one half the children born, it is computed, die before the age of manhood. The poorest labourers, therefore, according to this account, must, one with another, attempt to rear at least four children, in order that two may have an equal chance of living to that age. But the necessary maintenance of four children, it is supposed, may be nearly equal to that of one man. The labour of an able-bodied slave, the same author adds, is computed to be worth double his maintenance; and that of the meanest labourer, he thinks, cannot be worth less than that of an able-bodied slave. Thus far at least seems certain, that, in order to bring up a family, the labour of the husband and wife together must, even in the lowest species of common labour, be able to earn something more than what is precisely necessary for their own maintenance; but in what proportion, whether in that above mentioned, or in any other, I shall not take upon me to determine.

图 3.4

可见，从坎蒂隆那里，后世经济学家也可以发展经验主义的思路。这一思路在德国 19 世纪中期，结合着德国的历史情境，形成了最初的历史学派。这一学派的思想，最早由李斯特（Georg Friedrich List，1789—1846）表达出来，见图 3.5，1841 年，《政治经济学的国民体系》（商务印书馆 1961 年中译本）。

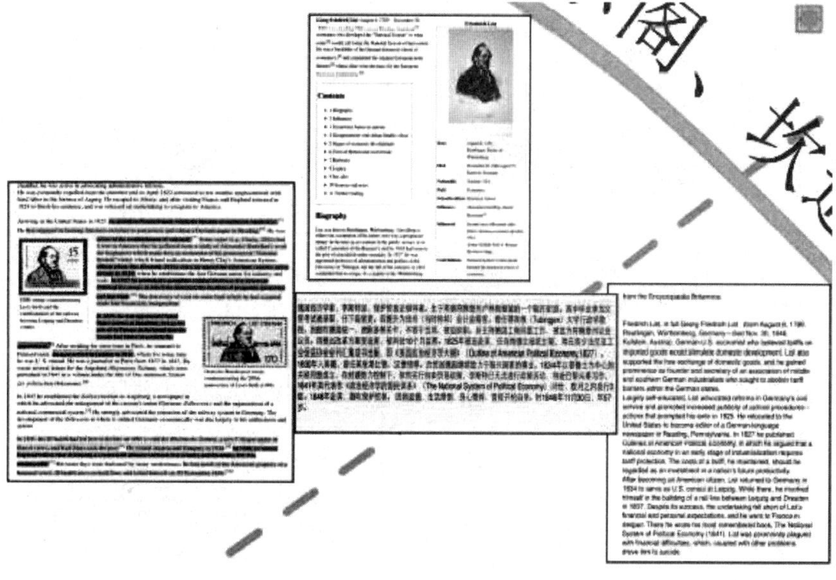

图 3.5

2. 李斯特的政治经济学使命

维基百科中文版“李斯特”词条，毫无内容可读，实在很失败。相比之下，“百度百科”的这一词条精彩了许多，就是图 3.5 中间那块截图，但其中关于李斯特被迫移居美国的原因等语焉不详，必须参考“李斯特”英文词条。图 3.5 右下方的截图，取自大英百科。由此，我们知道李斯特试图推进的司法改革旨在增加司法程序的公开性，1825 年改革失败，加罪于李斯特，于是他被迫出走美国。

据维基百科英文版“Georg Friedrich List”词条，李斯特的父亲是当地相当成功的皮匠，但他不愿继承父业，全凭自修成为政府财会人员，并呼吁政治改革。1816 年，他晋升为本地政府的副部级官员，1817 年又成为图宾根大学“政治与管理”教授。两年后，政府被颠覆，李斯特辞职，遂以符腾堡议会副议长身份推动司法改革，并于 1822 年改革失败后被判处 10 个月监禁——以服苦役的方式。从服役地，他逃亡，流窜至法国和英国，于 1824 年返回德国，要么继续服刑，要么移居美国。他选择了美国的宾夕法尼亚州，1825 年，他在那里购买了大片土地。稍后，他不满足于经营农业，转而投入报业并主编了一份德语报纸。此外，他还积极参与兴建美国铁路。李斯特对美国经济和这一经济体系的缔造者们的经济思想印象深刻，于是开始研究政治经济学。据史家考证，李斯特研读了汉密尔顿的著作，又从林肯总统的首席经济学顾问亨利·克莱（Henry Clay，1793—1879）的作品中（如图 3.6）懂得了“国民体系”（national system）这一理念。

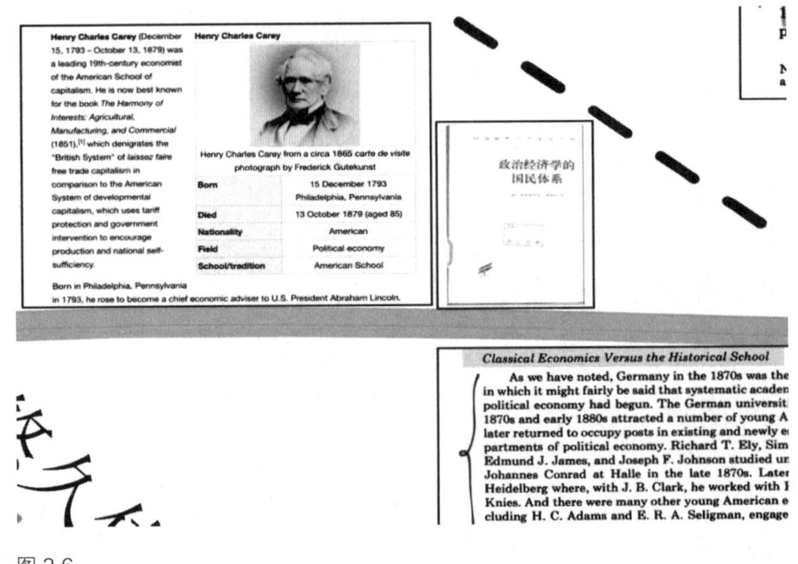

图 3.6

克莱是宾夕法尼亚人，在美国以倡导“关税保护主义”闻名，他的经济思想收录于他 1851 年的著作《利益的和谐：农业、制造业和商业》，他将美国体系与英国体系视为两种对立的体系，并认为美国经济繁荣得益于关税保护政策。很可能受到克莱思想的影响，1827 年，李斯特写了一本小册子《新政治经济体系概述》。也在那时，李斯特的土地，因发现了煤矿而增值，使李斯特不再有任何生计之忧。1830 年，李斯特代表美国出使汉堡，船到欧洲时，他才得知美国国会未能通过他的任命，于是他在巴黎逗留了一段时间，然后返回美国，并于 1833 年转赴莱比锡，承担一部分领事工作，同时，他积极参与修建了“莱比锡—德累斯顿”铁路（1837 年开通）。这些活动耗尽了李斯特的钱财，他筋疲力竭前往巴黎。1837—1843 年间，他在巴黎和德国办报，鼓吹德国各邦的产业贸易联盟，并在 1841 年出版了这部传世的著作，同年，他因身体欠佳不得不辞去科隆市自由刊物《莱茵通讯》的主编，由马克思接替。1844 年，他访问奥匈帝国。1846 年，他访问英国——试图协调德国与英国的贸易联盟，以失败告终。随后，一次金融危机，他在美国的财产损失殆尽。毕生奔走毫无进展，生活潦倒，身心憔悴，1846 年 11 月 30 日雪夜，李斯特开枪自杀，时年 57 岁。

在《政治经济学的国民体系》中译本“著者自序节录”中，李斯特写道：“我对于一般流行的政治经济学理论的真实性曾有所怀疑，对于在我看来的错误以及发生这类错误的根本原因拟加以探讨；自从怀有这一企图以来，直到现在，已经过了三十三年以上的时间。”由此推算，他对斯密和魁奈的经济学产生深刻怀疑是在他不到 20 岁的时候。他的发现是，魁奈鼓吹自由贸易政策是因为法国各省间取消关税当然有利于法国经济发展，斯密鼓吹自由贸易政策是因为英伦三岛由同一个政府治理故取消关税有利于经济发展。所以，魁奈和斯密的经济理论完全符合他们各自的常识。成为严重问题的是，当其他国家的经济学家不加思考地照搬自由贸易理论时，尤其在德国，就是完全脱离常识的了：“与我同时代的德国人当不会忘记德国的幸福生活于 1818 年已经衰退到了什么程度。”

由此追究斯密和魁奈的经济理论，李斯特指出，为了使经济理论具有更大的普适性，他有必要修正这一理论的前提：“我所发觉的是流行学派并没有考虑到国家，它所顾到的，一方面是全人类，另一方面只是单独的个人。”于是，在第二编“理论”的开篇，第十一章“国家经济学与世界主义经济学”，李斯特为政治经济学引入了下列政治前提：（1）区分“个人经济”与“社会经济”；（2）在社会经济中，区分“国家”与“世界”。每一个人都承认个人经济与社会经济之间的本质差异，类似的，他的常识也会告诉他，世界大同的社会经济与世界被分隔为国家的社会经济之间存在本质差异。如果德国政府在经济发展的初级阶段实行关税保护政策，那么，根据自由贸易理论，可以预期这项保护主义政策将带来一定的经济损失。但是如果德国本土制造业的生产力在保护时期结束前可以达到与发达国家自由竞争的程度，那么，关税保护所产生的经济损失就是合算的。

所以，李斯特论证，政治经济学——德语称为“国民经济学”——的使命应当是具体研究各国社会经济的历史，并据此决定关税保护的强度和期限。有鉴于此，李斯特在这部著作的第一编“历史”，具体讨论了9个族群（意大利人、汉撒商人、荷兰人、英国人、西班牙人与葡萄牙人、法国人、德国人、俄国人、美国人）的社会经济的发展过程，以第十章“历史的教训”结束。

现在，我介绍李斯特“理论”编的大致思路，开篇是这样写的：

> 在魁奈一派法国经济学家以前，只有在实地应用下存在的政治经济学，那是由公务人员或行政官员们来执行的；至于叙述这类问题的作者，他们所写的只是属于他们自己国家的农工商业与海运业事项，完全以这一范围为限，关于财富的起因这类问题是不加分析的，关于全人类利益这类问题是绝对不予考虑的。首先把研究扩展到全人类、不以国家概念为考虑对象的是魁奈，普遍自由贸易这个概念也是从他开始的。他把他自己所写的那本书命名为《重农主义，或最有利于人类的支配力量》，他要求我们必须具有这样的想法：所有各个国家的商人是处于一个商业联邦之下的。魁奈所谈的无疑是世界主义经济，是从事研究如何使全人类获得发展的那种科学；它与政治经济学，即研究如何使某一指定国家（在世界当前形势下）凭农工商业取得富强、文化和力量的那种科学是对立的。

然后，他继续考察：

> 斯密也在同样扩大的意义下研究他的学说，尽管重农主义者违反了自然法则，违反了逻辑，发生了严重错误，他仍然以阐述全世界范围的商业绝对自由原则作为他的任务。……他对于真正的政治经济，也就是各国为了改进它的经济状况所应当遵行的政策这方面，却极少过问。……一切后来的作家都陷入了这个错误，不能自拔。

此处，他列举了萨伊和西斯蒙第（Jean Charles Leonard de Sismondi，1773—1842）。他的结论是：

我们如果想对于逻辑、对于自然法则信守不渝，那就必须使个人经济不与社会经济相混淆，关于后一项，又必须把政治经济或国家经济与世界主义经济划分开来。政治经济或国家经济是由国家的概念和本质出发的，它所教导的是，某一国家，处于世界目前形势以及它自己的特有国际关系下，怎样来维持并改进它的经济状况；而世界主义经济产生时所假定的是，世界上一切国家所组成的只是一个社会，而且是生存在持久和平局势之下的。

虽然，李斯特相信，技术进步迟早可将全世界纳入同一个社会经济。

对一切国家、对整个世界进行教化，是全人类应该共同担当的任务，从那些不变的自然法则来看，这一点是显然的，文明国家被不可抗拒的势力所推动，不得不把它们的生产力扩大或转移到文化比较落后的国家，我们到处可以看见，在文明的影响之下，人口、智力和物质资本达到了这样的规模，就势所必然地要向文化比较落后的国家倾注。

然后，他批判了马尔萨斯人口规律，他指出，文明进步将使同样面积的土地养活越来越多的人口。但是——

为了使自由贸易能够获得自然的推行，必须首先用人为方法，把那些比较落后的国家提高到曾经用人为方法使英国达到了的那个文化阶段。……在这个目标下实行这个制度有两个步骤：首先是把外国工业品逐渐从我们市场排除出去……其次是在我们的保护制度下，国外工人、才能和资本流入时应受到鼓励……政治科学是以历史为依据的，它要追究的是，英国在以前曾否使用过这样的方法，从而由德国、意大利、荷兰、法国、西班牙和葡萄牙获得了大量生产力。它要问，世界主义学派对于保护制度的利弊，自以为是权衡过轻重的，那么对于上面所说这个制度所造成的一些非常显著的情况，为什么完全置之不顾呢？

在接下来的那一章，李斯特首先讨论生产力理论：

财富的原因与财富本身完全不同。一个人可以据有财富，那就是交换价值；但是他如果没有那份生产力，可以产生大于他所消费的价值，他将越过越穷。一个人也许很穷；但是他如果据有那份生产力，可以产生大于他所消费的有价值产品，他就会富裕起来。由此可见，财富的生产力比之财富本身，不晓得要重要到多少倍；……个人如此，拿整个国家来说，更加是如此……

然后，他这样批评斯密：

像斯密具有这样明澈理解力的一个人，说是完全不理会到财富与财富原因之间的差别以及这类原因对国家状况的莫大影响，那是不可能的。……他是深通世故的，他不会不懂这个道理……他是蓄意要把分工原则作为书中的绪言与读者见面的。斯密的打算没有落空，他那部大作的开宗明义第一章就使他站稳了脚步，成为经济学权威。但是在我们方面却深信我们能够证明，正是要把"分工"这一重要发现摆在显著地位的这种热情，妨碍了斯密，使他不能深入探讨"生产力"的思想内容……

为什么有些国家由贫致富，而有些国家由富返贫？斯密没有讨论这类问题，而李斯特有切身感受，并感受到这是具有根本重要性的问题：

促使头脑和手足从事生产、从事于这类活动的是什么？我们说，这是对个人有鼓励、激发作用的那种精神力量，是使个人在这方面的努力可以获得成果的社会状况，是个人在努力中能够利用的天然资源；……谈到社会状况，这就是说，科学与艺术是否发达；公共制度与法律对于宗教品质、道德和才智、人身和财产安全、自由和公道这些方面是否能有所促进；国内的物质发展、农工商业这些因素是否受到一视同仁的、相称的培养；国家是否有足够强大的力量，可以保障它的国民在财富和教育方面世世代代发展下去，可以使他们不仅能够充分利用本国的天然资源，而且通过国外贸易和殖民地的占有，还能够把国外的天然资源供他们自己来利用。斯密，一般说来，对于这些力量的本质极少认识，甚至不认为维持法律与秩序、培养和促进教育、宗教、科学、艺术的人的精神劳动具有生产性。……因此他的论点很快就越来越深地陷入于唯物主义、狭隘观点和利己主义。……他走错了路，他要从物质环境和状态来解释精神力量，就由于这一点，他奠定了这一学派的种种错误和矛盾的基础……

德国新历史学派领袖施穆勒（Gustav von Schmoller，1838—1917）认为，李斯特"把欧洲的经济经验和美国的经济经验，把历史的知识和生活的实际体会以宏伟的气派结合起来”。他不仅“提出了一个生产力的学说”，而且还“对文明民族的国民经济的历史发展进程有所阐述”，他的出现“毕竟形成了我们这门科学的转折点”。

李斯特对斯密的批评如此尖锐，以致要给读者留下“诛心”的印象了。毕竟，李斯特有很强的理据。李斯特考察各国历史之后提出了一个关税保护的最长年限，30 年，如果在这一期限内，国内制造业仍不能获得国际竞争力，政府就应放弃保护政策。

3. 罗雪尔的历史学派宣言

从上面引述的李斯特最后一段文字，不难看到他开创的德国历史学派与美国制度学派之间的思想联系，见图 3.7，注意，旧历史学派的领袖罗雪尔的位置，在二者之间。百度百科提供了一份相当完整的“罗雪尔”词条，此外，百度百科的“德国历史学派”词条也值得你们浏览。总之，关于罗雪尔的生平，我们知道得很少。但很可能因为他的学院派生活极其简单，而且他写了太多著作，以致除了日常生活之外他不可能有时间从事任何其他活动。在很多年里，当政治经济学家们评论一个人是否足够渊博的时候，罗雪尔教授是标准。或者，当一位作者足够肯定他发现了新观点时，他会说：罗雪尔教授不知道这一观点。直到很多年之后，马歇尔有了类似的名声，局限于芝加哥学派经济学家群体之内。那时，他们若要说服某人相信某一观点不是新的，就会说，那已经写在马歇尔的书里了（“it is in Marshall”），以致鲍莫尔的那篇文章（参阅第一讲的文献介绍）的标题是“关于 20 世纪经济学有马歇尔不知道的什么吗？”哈耶克在为门格尔《国民经济学原理》写的序言里声称，门格尔的文献知识之广博，只有百科全书式的罗雪尔堪与之媲美。

与李斯特完全不同，罗雪尔是学院派学者，哥廷根大学毕业，1844 年就任哥廷根大学教授，他的职称论文就是 1843 年出版的《历史方法的国民经济学讲义大纲》，史称“历史学派宣言”，中译者朱绍文是樊纲的博士导师。根据朱绍文的“中译本序”，1848 年，罗雪尔转赴莱比锡大学担任政治经济学讲座教授，他在那里任教共达 46 年之久，在这样漫长的时间里，他以惊人的努力，陆续发表了他在《大纲》里预定要写的历史方法的国民经济学理论体系的庞大的多卷本著作。其中最主要的是五卷本的《国民经济学体系》：第一卷《国民经济学原理》（1854），见图 3.8；第二卷《农业及类似原始产业的经济论》；第三卷《商业及工业的经济论》；第四卷《财政学体系》；第五卷《济贫、救护及济贫政策》。此外，他还发表了《16、17 世纪英国国民经济学说史》（1851—1852）和《德国经济学说史》（1874），《殖民、殖民政策、移民》（1848），还有从 1843 年开始撰写的《奢侈论》等 15 篇论文的汇编《历史方法的国民经济学探讨》，以及 1892 年发表的《政治论：君主政治、贵族政治、民主政治的历史自然论》。他 71 岁时，才从这一讲座教授的职位退休。死后，他的儿子卡尔，一位古典语文学家，整理了他在家中保存的各类训示及文字摘要，汇编成书《一个经济学家的精神世界》(1895)，在这本书的"序言"里，卡尔介绍了父亲的生平和宗教思想。哈佛教授阿什利（参阅第一讲）在 1894 年为《大纲》英译本作序，并将部分序论译为英文时，称《大纲》为"1843 年罗雪尔的纲领"。

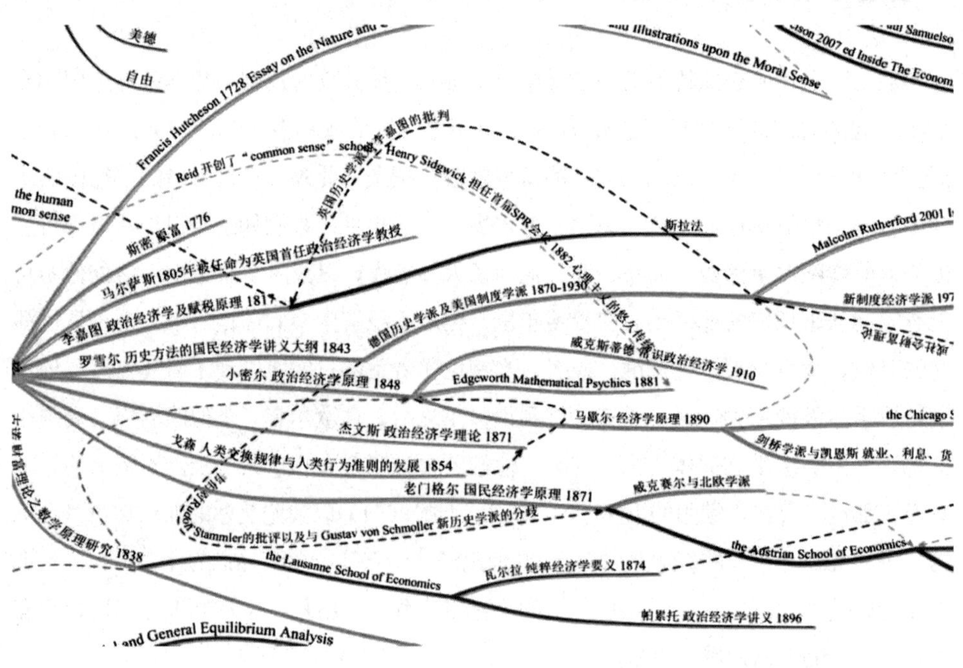

图 3.7

罗雪尔运用萨维尼的法学研究的历史方法于政治经济学，为德国历史学派经济学奠定了基础，也因此成为这一学派公认的创始人。此后，李斯特被称为"德国历史学派的前父"。

朱绍文接着介绍，罗雪尔承接李斯特的思路，提出国民经济的生命周期假说：每一个国民经济都要经历四个发展阶段——幼年、青年、成年和老年。三项普适的经济要素——自然、劳动、资本，依照顺序先后主导国民经济的发展阶段。在幼年和青年时期的主导要素是"自然"，青年和成年的主导要素是"劳动"，成年和老年的主导要素是"资本"。

这位朱绍文老先生 1915 年出生，1934 年赴日留学，1945 年毕业于东京大学经济学部，精通日文、德文、英文。1943 年他的博士论文标题是"李斯特的国民生产理论研究"。

1944 年，他在日本宣传抗日，被宪兵逮捕，严刑拷打，右耳失聪，十余年在日本的藏书被洗劫一空。所幸，日本宪兵队不能将东京大学的学生随意处死，稍后，东京大学提出抗议，朱绍文被释放。1945 年日本战败，朱绍文全家乘货轮经由朝鲜辗转返国，1950 年调入中国人民银行总行并在辅仁大学（后并入北京师范大学）任经济学教授，1957 年被划为“右派”，1979 年平反，调中国社会科学院经济研究所任职。樊纲、左大培、阳春学，是他指导的三名优秀博士生。2011 年，朱绍文辞世，享寿 96 岁。

因为多年留日，朱绍文的中译本，用词考究，例如，“财富”在他的解释里，与“财”的意思十分不同。财多曰富，故他的翻译，通常所见的财富，在他这里只是财，图 3.9 是罗雪尔《大纲》中译本目录第 1 页 [1]，其中就有这个“财”字。这份目录的全部，我已贴在第二讲的心智地图里了。年轻时读书，博闻强记是必要的前提。中年时，记忆力开始衰退，理解力和判断力于是成为学问的基础。老年时，我读书的捷径是浏览目录。

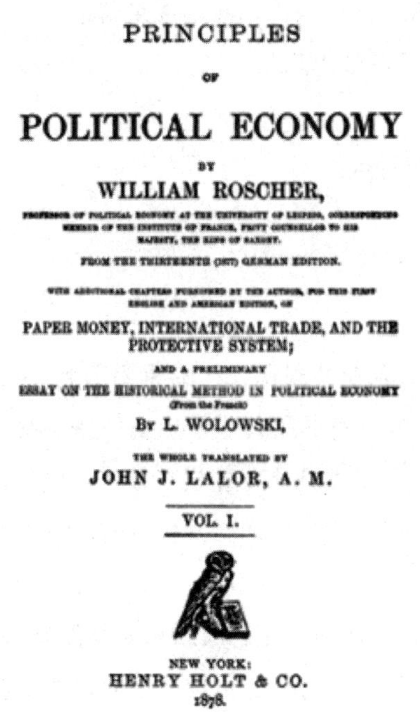

PRINCIPLES
OF
POLITICAL ECONOMY
BY
WILLIAM ROSCHER,
PROFESSOR OF POLITICAL ECONOMY AT THE UNIVERSITY OF LEIPZIG, CORRESPONDING MEMBER OF THE INSTITUTE OF FRANCE, PRIVY COUNSELLOR TO HIS MAJESTY, THE KING OF SAXONY.
FROM THE THIRTEENTH (1877) GERMAN EDITION.
WITH ADDITIONAL CHAPTERS FURNISHED BY THE AUTHOR, FOR THIS FIRST ENGLISH AND AMERICAN EDITION, ON
PAPER MONEY, INTERNATIONAL TRADE, AND THE PROTECTIVE SYSTEM;
AND A PRELIMINARY
ESSAY ON THE HISTORICAL METHOD IN POLITICAL ECONOMY
(From the French)
BY L. WOLOWSKI,
THE WHOLE TRANSLATED BY
JOHN J. LALOR, A. M.
VOL. I.
NEW YORK:
HENRY HOLT & CO.
1878.

图 3.8

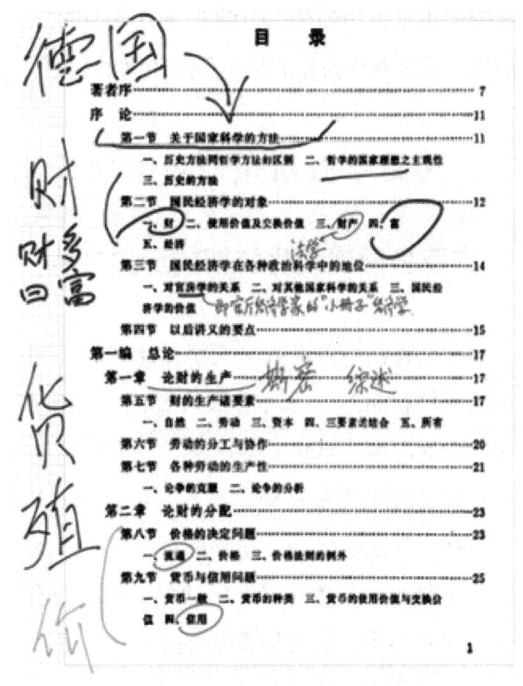

目　录

图 3.9

[1] 取自我 2012 年的《经济学思想史讲义（第 2 版）》。

罗雪尔《大纲》开篇就对比了两种方法的差异，在“序论”第一节“关于国家科学的方法”的第一段“历史方法同哲学方法的区别”：哲学家尽量抽象地、脱离一切时间和地点的偶然性去寻求概念或判断的体系；历史家则尽量忠实地描绘现实生活，寻求人类的发展及其关系的记述。

在第二段“哲学的国家理想之主观性”中，罗雪尔说：哲学的国家学说最通常的表现形式是理想国的形式，其表现有各种各样，其根据和结果也极不相同。但几乎所有的国家理想，尽管看来好像是抽象的，其实都不过是它的作者在现实条件的制约下，或它的作者所属党派力求实现的政治状态的一种不甚高明的描绘罢了。

第三段“历史的方法”，他以这段文字开端（我在第一讲引用过）：对于人类政治激动的分析——这只有通过对一切已知的国民进行比较，才可能明确。各个国民发展中的类似性，可归结为一种发展规律。历史家的工作同生物学研究者的工作相似，这种历史的方法，只要不完全走入迷途，任何时候都具有客观的真理性。实践家从它获得的教益最多——但并非通过直接的命令，而是相反地通过形成一种政治的观点而达成的。历史方法的最高目的在于以科学的形式将人类所已获得的政治成果留给后代。历史学派是对康德和黑格尔理念主义的反叛，主导了欧陆思想几十年。

二、历史学派对东亚各国现代化的影响

1. 东亚各国现代化初期的历史情境

现在我们可以进入第三讲的主题，历史学派对东亚各国现代化的重要影响。我在第一讲探讨过，思想的效应如同病毒传播，思想的病毒在人群中感染一些头脑，这些头脑产生的思想继续感染其他头脑，这样的过程需要几十年才显现效应。例如，首尔大学的张夏准教授是著名的李斯特主义者，他对韩国政府的经济发展政策产生了影响，并且他认为邓小平的经济发展政策深受李斯特主义导致的“东亚模式”影响。又例如，东京帝国大学法学教授金井延（1865—1933）是德国新历史学派领袖施姆勒的弟子，他对明治后期的日本公共政策产生了影响。刚才我介绍的朱绍文，博士论文主题就是李斯特，他很可能是中国最早的李斯特主义者。而后，他的李斯特思想想必感染了他的博士生左大培。所以，大培现在可能有相当强烈的李斯特主义倾向。

事实上，东亚各国（特指日本、韩国／朝鲜、中国）现代化初期，不仅无政府主义者和马克思主义者相互声援，而且马克思主义者和李斯特主义者也相互声援。直

至今天，左派共产主义者当中，有一位长者（年龄大约 65 岁），住在纽约布鲁克林区的“造反派”洛仁·戈尔德纳（Loren Goldner），他的博客名称是“造反者札记”（Insurgent Notes）。我随意看了 12 月 9 日他写的博客，是关于纽约警察射杀黑人男孩引发的“我不能呼吸”抗议运动的。我在准备第三讲时，读了他写的一篇长文，如图 3.10，介绍德国历史学派对日本明治维新、朝鲜独立运动和中国清末民初时期知识界及公共政策的影响。这篇文章的许多段落，我已贴在第三讲的心智地图里。此外，他还主持一个网站，“libcom.org”，专门报道世界各地各时期的革命运动。左派共产主义或许是我知道的左派当中最激进的“主义”，主旨是以暴力革命改造全世界。可是，我浏览这些主页，不能发现任何替代既有秩序的方案。

14-8-5 下午5:04

General Perspectives on the Capitalist Development State and Class Struggle in East Asia

Loren Goldner

“…in China as in Japan, the writings of the young Marx that laid the foundation for Marx’s uncompromising critique of the state were conspicuously absent…Marxism was scientific socialism as systematized by Engels and then by Stalin, even as Stalin was seeking not to eliminate but to build a powerful Russian nation-state *after* the revolution.”

Germaine Hoston

The State, Identity and the

National Question in China

And Japan

图 3.10

其实，这是古今中外“左派们”面对且无法解决的基本问题。凡将社会意见划分为“左、中、右”三派或“激进、中间、保守”三派的时候，必以既存的秩序为基准。类似地，凡将文化意见划分为这样三派时，必以既存的文化传统为基准。例如，我认为我自己可被贴上“社会中间派”与“文化中间派”的标签。我的一位老友可贴上“社会左派”与“文化保守派”的标签，我的另一位老友可贴上“社会右派”与“文化保守派”的标签。你们或许认为我这两位朋友各自的立场有内在紧张，或许是，但或许不是。也因此，我历来反对“贴标签”。其实，我们将看到，东亚各国现代化初期的知识状况，与我这两位老友贴标签表达出来的内在紧张关系十分相似。各国知识界在当时的历史情境内，从欧洲现代化的经验中抽取了看起来更适合各国特定情境的部分，于是导致了各国知识分子对诸如“国家”、“个人”、“自由”这类抽象概念截然不同的态度或价值排序。这些概念在欧洲历史情境里原本是相容的，可是移植到东亚历史情境里，因怀特海说的那种“错置实境谬误”，就未必相容了。

戈尔德纳这篇文章的小标题引我关注——“国家、认同，及中国和日本的民族问题”，它的大标题反而在中国的政治教科书里很常见——“一般视角下的资本主义发展、国家，与东亚的阶级斗争”。在东亚地区，日本和朝鲜各自都有强烈的民族认同。中国人在遭遇西方列强坚船利炮的打击之前，只知文化优势超越族群认同，而不知族群认同可以超越文化认同。中国和日本在遇到西方的“坚船利炮”之后，都经历了“器物”、“制度”、“文化”这三个层面向西方学习的过程。

洋务运动时期，据徐中约的记录[1]，李鸿章致函曾国藩恳请主持洋务，但被曾国藩婉拒。理由是，他深感引入西方“天学”和“算学”之后可能颠覆中国“天不变道亦不变”的既存秩序。此事说来话长，剪断铺叙，要从1862年恭亲王提议在北京开办“同文馆”说起。

太平军横扫清廷为弥补八旗子弟衰败而建立的江南“绿营”之后，曾国藩的湘军（本为湖南地方的“团练”，相当于现在的民兵组织）独力挽救清朝于覆亡。此处我要引述徐中约对曾国藩和湘军的描写：湖南湘乡县的曾国藩（1811—1872）虽然并非才华横溢，但却是一个坚持信念、孜孜不倦的士人。他在1838年考中进士，随后在官场逐级升迁，至1849年当上礼部右侍郎。此后，于1851年兼署刑部左侍郎，一年后兼署吏部左侍郎。在居留京城期间，他与一些宋派理学的首要人物交友，并从他们那里获取了对“静”、“耐”和“约”的领悟，这些理念运用到实际事务中，即意味着处变不惊、临危不惧和务实克己。他在日后的生涯中将大大得益于这些品格。1852年年中，曾国藩被委任为江西省乡试主考官，赴任途中得悉其母亡故，依照社会习俗要回乡守制。在守制期间，朝廷起用他为湖南组建一支团练。……于是前往长沙。曾国藩很清楚，绿营兵和团练都不是太平军的对手；如果要有所建树，就必须超越皇帝的命令而组建一支新军。太平军绝非曾被团练镇压的白莲教起义军，他们是一支有信仰的军队，是按照明朝名将发明且经受了时间考验的方式组织起来的。为抗衡这支大军，必须将团练转化成一支训练有素并具备坚定信仰的军队。非常有意思的是，曾国藩为了达到这一目标，决定同样采用明朝将军戚继光发明的军制，另外再向这支军队灌输一种使命感，即捍卫孔孟传统的文化遗产。曾国藩又以共同地方背景为基础，谨慎地招募兵丁，确保具备“团队精神”。曾国藩于1860年被朝廷授权“钦差大臣兼两江总督”，湘军扩展为12万人，由一批能干的儒将统率。稍后，曾国藩推荐由李鸿章组建

[1] 《中国近代史：1600—2000，中国的奋斗》第6版，英文原版 *The Rise of Modern China*，香港中文大学出版社，2002年，计秋枫等译，繁体字版。

一支新军以支援湘军，并送给李鸿章三千“湘勇”以为淮军的骨干。平叛之后，1870年，李鸿章就任直隶总督和北洋三口通商大臣，权力超过了总理衙门（外交部）。

同文馆英文教习丁韪良（W. A. P. Martin）终于克服了首席大学士倭仁的反对，于1866年将天文与算学列入课程表。1869年，丁韪良擢为同文馆总教习，并从海关总税务司赫德（Robert Hart）那里确保了财政支持。1902年，同文馆并入京师大学堂。

天文，我认为还是直译为“天学”更好，天学开篇就讲地球绕着太阳转，以及诸如此类的观测，所以，人类在宇宙中的位置，科学而言，微不足道。由此观之，天道与人道的关系也要颠覆了重写。洋务派必须引进算学与天学，因为左宗棠深感坚船利炮的制作，绝不是传统工匠可以模仿的，中国的工匠不懂图纸，故船舰和枪炮的零部件不标准化，故而不能替换，每一枪每一炮每一船，出厂之后就无法修理。于是要将算学引入海军学堂，同时也必要引入天学——船舰出海，观天才可测算位置。这样教学的结果，中国最早一批西化人物多起于海军学堂。

更早倡导借鉴西方思想的，是钦差大臣林则徐。根据徐中约的描写，他命人翻译澳门地区、新加坡和印度的报纸，收集西洋地理、历史、政治和法律方面的情报。借助这些粗浅知识，他对英国的力量稍起敬意，购买了两百门洋炮加强广州城防，并命人翻译西式铸炮手册。后来，他将这些资料交给魏源（1794—1856），于1844年汇编为《海国图志》。

又据徐中约的描写，大部分自强运动的领袖人物都亲眼目睹了西洋坚船利炮的优势。有一则轶闻称，胡林翼看到两艘洋火轮在江中毫不费力地飞速逆流而上，他惊诧不已，无可奈何地叹息说：“此乃吾等无法解喻之物也！”念及将来要面对如此一个深不可测的敌手，胡林翼惊恐万状，又由于他在“征剿”太平军期间过度劳累而身体衰弱，不久之后就去世了。在那些目光深远的人看来，造船，成为王朝求生必不可缺之事。1865年，曾国藩建议，在上海设立江南制造局，由1863年入曾国藩幕府的容闳（1854年耶鲁大学毕业生）从美国采购机器，制造枪炮船舰并设译馆。中国最早的翻译家严复来自左宗棠1866年在马尾开办的福州船政局下设的船政学堂。主持外交事务的李鸿章1863年致函曾国藩时预言，如果中国不能在造船和枪炮制造方面急起直追，则日本不久就将超过中国。李鸿章毕竟不如曾国藩有“文化直觉”，他认为，中国除了武器之外，在文化政治方面不仅不应学习西方，而且甚至在西方之上。1872年由曾国藩与李鸿章提议，向美国派遣首批学童30名。

曾国藩1872年辞世，同年，左宗棠调任西北镇压回民起义，李鸿章主持大局，洋务运动进入第二阶段，重点逐渐转移到工业本身，而不再仅仅是制造武器。李鸿章鼓励“官督商办”——轮船招商局、开平矿务局、上海机器织布局和电报总局。李鸿章规定：“所有盈亏，全归商认，与官无涉。”但出资入股的商人却无权参与经营，这样的制度当然会导致腐败。徐中约记录：

> 贤能正直之人通常对洋务避之唯恐不及，只有一些品格低下者愿意涉足现代化规划，这导致了腐败和不正之风，屡见不鲜。即使是李鸿章本人也不以人品高尚著称——据称他留下了四千万两的家产，他的追随者无情地榨取自己所负责的工厂和企业。

徐中约记录洋务运动的第三阶段，1885—1895年，李鸿章建立北洋水师和海军衙门，并开办轻工业以求富国。在湖广总督张之洞和两江总督刘坤一支持下，南方的棉纺业开始迅速发展，经济体制则改为官商合办与商办。

我们读了上面的文字，不难感受现代化初期中国人在学习西方器物时遇到的主要困难其实来自制度层面。但改制，与文化密切相关。我说过，人的行为模式和与行为模式匹配的制度，这是两件相互纠缠的事情，而文化是它们共同的土壤。器物层面的现代化要求制度和行为模式的现代化，后者要求改造或抛弃传统文化。可是西化的行为常夹带德性的败坏，引发文化保守主义者的激烈批评。故而，无须深究理由，对普通人来说，现代化 = 西化 = 道德失范。另一方面，有志于改变国弱民贫状况的士人，典型如晚清曾国藩和民初章太炎，为现代化而借助甚或鼓吹西化，陷入理智与情感的两难处境。

日本大约在1850年代和1860年代已有人留学西方。与中国完全不同的是，1868年明治维新，“文化—经济—军事—技术”全盘西化的现代化思路已占据主导位置。1868年之后，明治政府派人出访美、英、法、德，务求搜集西方最佳经验（“the best of the west”）带回日本。由此可见，日本毕竟不是素以“泱泱大风”自居的中国。以“文化圈”视角观之，日本位于“儒家”、“基督教”、“佛家”这三大文化圈交界处，有强烈的“拿来主义”之风。何况当时的亚洲版图，从朝鲜到越南，数百年来大部分都在中国权力的影响之内，日本若要崛起，首先要颠覆中国权力。日本人也看得很清楚，中国权力在鸦片战争之后已迅速瓦解，故不应继续“以中国为师”。

出访考察欧美四国之后，明治政府决定引进：（1）美国的公立学校系统，（2）法国的军事制度和民法系统，（3）德国的宪法和司法系统。不过1871年普法战争之后，日本全力以赴学习“铁血宰相”俾斯麦的新德国。当时的世界强权，英法占据主导位置。来自英国和法国的“斯密—魁奈”经济学思想，鼓吹自由贸易。俾斯麦的德国，在日本看来恰好是“后发优势”的典范，故“以德为师”成为主导日本社会的思想潮流。

在这样的历史情境内，日本的经济政策当然要受李斯特主义的影响。其实，李斯特在美国研读的汉密尔顿保护主义，源自路易十四霸权时期法国的重商主义者科尔贝尔（Jean-Baptiste Colbert，1619—1683）。科尔贝尔在1665—1683年间担任路易十四的财政大臣，他是工作狂，直到病逝。他坚定推行的国家贸易保护政策，成功发展了法国制造业，史称“科尔贝尔主义”。汉密尔顿深为科尔贝尔主义而着迷，努力将这一政策移植到美国，果然帮助了美国制造业发展。

据维基百科“Gustav von Schmoller”词条，德国新历史学派领袖施姆勒于1861年毕业于图宾根大学“国家科学”（融合了经济学、法学、历史和行政管理），在符腾堡大学统计学系任教——不要忘记“统计学”与“治国术”的关系，1882年转任柏林大学教授，1899年开始担任柏林大学驻普鲁士上议院代表。施姆勒还是德国经济学会的创始者和长期会长。1875—1910年间，施姆勒对德国社会政治经济改革与发展的政策，贡献卓著，怎样评价都不过分。施姆勒激烈批评古典政治经济学的公理化和演绎主义方法——1871年以后，这一方法的代表人物是奥地利学派的门格尔。他与门格尔的经济学方法论大论战，由他们这一代延续至他们的弟子这一代，二十年之久。论战的双方相互吸收合理论点，逐渐趋同，这是学术思想史常见的现象。以致后来熊彼特有如此的评论：那实在是他们内部（自家人）的一场论战（“this was really a quarrel within that school”）。

类似的论战，我有类似熊彼特这样的评论，发生在奥地利学派第二代宗师庞巴沃克和美国经济学领袖费雪之间，持续十年，双方始终很客气，而且认真吸收对方的合理论点，于是在我读他们那时发表的文献时，已很难判断究竟他们之间有何实质分歧。我们都熟悉费雪的资本定价公式：等式左方是资产的市场价格，右方是一连串未来净收益的折现值的加总。这一公式，在现代经济学教科书里，始终是“另类”，很难融入静态一般均衡的逻辑框架。因为，费雪深受奥地利学派庞巴沃克的“迂回生产方式”论点的影响，于是将“时间”或“过程”视为资产定价的核心，并将《利息理论》题献给庞巴沃克。

类似地，我们今天读奥地利学派经济学的文献，可见到强烈的制度研究和文化研究的倾向，而当初，正是因为制度视角和文化视角的缺失，才引发了施姆勒对奥地利学派的激烈批评。1930年以后，施姆勒领导的新历史学派淡出历史，被奥肯领导的弗莱堡的“社会市场经济”学派取代。

施姆勒在海外的名声，首先是德国的社会改良者，其次是经济学家。故而，他们下吸引了北美和亚洲的许多社会改良派人士，其中最著名的是第一讲介绍过的哈佛大学经济系早期的教授威廉·阿什利、美国经济学会创始人理查德·伊利（Richard Ely，1854—1943）、明治维新人物金井延（Noburu Kanai）。

据日文《百科事典》“金井延”词条，金井延，明治—大正时期的社会政策学者，静冈县出身，东京帝大卒业后赴德留学，归国后1890—1925年任东京帝大教授。据《日本人名大辞典》补充，金井延，明治—昭和时代前期的经济学者，赴德留学，返国后在帝国大学任教授，介绍历史学派，倡导保护劳工利益，并创立日本社会政策学会，著有《社会经济学》。又据《朝日日本历史人物事典》，金井延留学归来后，在东京帝国大学任法科大学教授，兼任大学经济学部的初代学部长，退官后担任日本劝业银行常务理事。明治20年代史称“金井时代”，明治30年代史称“金井—松崎”时代。东大草创期经济学重镇中的重镇，学风乃“社会政策学派”。再据《世界大百科事典》，金井延，日本新历史学派经济学先驱。他的另一名声是帝国大学“主战派”（又称“强硬派”）由留欧七博士构成的“七人组”的第三人——那时日本的强硬派主要是指在“对俄战争”和“出兵朝鲜”这两大议题上的态度，而对中国用兵的议题，要晚几十年才提上日程。

朝鲜现代化初期的历史情境，在李鸿章主持中国外交的时期，可说是东亚三国之中最艰难的。一方面，李鸿章深知朝鲜对中国的战略意义，不愿轻易放弃中国的宗主国地位。另一方面，以清政府迅速衰败的势力，他又很难拒绝俄国、日本、西方列强对朝鲜“开港”的诉求[1]。在朝鲜内部，保守派和开化派始终斗争激烈，朝鲜王室试图于中国势力衰败之时在列强之间挣扎维持自己的主权。1875年，日本军舰“云扬”号进入朝鲜江华岛附近测量，朝鲜出动军队驱赶。日本以此为借口派军队至釜山海域威逼朝鲜签订通商条约。稍后，日本外务省大臣森有礼拜访李鸿章，面议朝鲜问题，建议由中国筹划朝鲜开港事宜。1876年，因李鸿章无力援助，朝鲜与日本签订《江华条约》，开放口岸。1881年，美国水师总领薛斐尔要求中国出面协调美国与朝鲜通商事宜，迅即得到李鸿章同意。1882年，朝鲜与美国通商协议签署，稍后，与英、法、德、意诸国签署类似协议。同年，李鸿章奔母丧，朝鲜“壬午兵变”，叛军驱逐国王李熙，攻打日本使馆，杀死多名日本人之后烧毁使馆，叛军拥立大院君李罡应（李熙的父亲）重新掌权（1863年，朝鲜国王李升逝世，12岁的李熙以旁支子弟继承王位，他的父亲大院君李罡应摄政）。李鸿章迅速派淮军将领吴长庆率六个营三千兵力进军

[1] 参阅［日］伊原泽周：《近代朝鲜的开港》，社会科学文献出版社，2008年。

汉城（当时袁世凯随军在营务处任职），将李罡应送往中国，并恢复李熙王位。两年后，1884 年，朝鲜“甲申政变”，亲日派的金玉均在日本兵帮助下打入皇宫，劫持国王李熙并准备另立幼主。在袁世凯提议下，清军再次迅速行动。袁世凯在三天之内平定了政变，李熙再次复位。

史料显示，袁世凯曾一度黯然回国。为了阻止朝鲜王室亲日势力的分离，清政府派袁世凯护送大院君李罡应归国，以起到压制朝鲜亲日势力的作用。由于深得李鸿章器重，袁世凯获得中国在朝鲜的最高权力——“在朝全权通商大臣”。1894 年 2 月，由全琫准领导的“东学党”起义席卷全国，并于 5 月占领全州城。朝鲜政府无力镇压，请求清政府支援。李鸿章命令直隶提督叶志超和太原镇总兵聂士成带领陆军 1500 名赶往朝鲜，驻扎在牙山。但这一次，日本首相伊藤博文早已部署日军开赴并控制了朝鲜全境。“东学党”起义被镇压，日本为不撤兵制造新的理由，提出朝鲜发生动乱因内部管理腐朽导致，故应进行内政改革，中国和日本应联合主持管理朝鲜的内政事务，如果中国不同意，日本将武力逼迫朝鲜独立，以利改革。同年 7 月，日本正式对中国宣战，导致次年中日“甲午战争”。

据曹中屏《朝鲜近代史：1863—1919》[1] 所载，8 月 1 日，日本政府正式对中国宣战，9 月 15 日，日军第 5 师团对平壤发动总攻，多数清军将领贪生怕死，次日，两万清军战败，向鸭绿江溃逃。同时，中日海军在黄海开战，日本联合舰队击败北洋舰队。日本军队进占朝鲜王室，将王室成员带到使馆，囚禁国王李熙，胁迫大院君李罡应摄政，出任“国政总裁”。又据《李朝实录》“乙未事变”，日本人杀害了李熙王后闵妃（闵妃被韩国后人纪念），并且，李罡应建议废闵妃为庶人。至此，开化派取得胜利，李罡应从之前的失势排日，转变为替日本人“出面摄政”，清政府在朝鲜的势力迅速淡出。

1895 年，由“乙未事变”和“断发令”（改阴历为阳历等新政措施），激起朝鲜民变，史称“反日爱国义兵运动”（主要成员是农民），1896 年蔓延至朝鲜全境。同年，“中俄密约”签署，俄国有权在中国东北修筑铁路，并且俄国军队可穿越中国进入朝鲜。同时，俄国与朝鲜也签署了一项密约，主旨在保护朝鲜王室不受日本胁迫。至此，朝鲜国内政治势力形成多元格局，类似中国“半封建半殖民地”的性质，由列强支持，各派势力竞争控制权。随后的十几年，在朝鲜全境出现了“独立协会爱国运动”，独立协会的核心成员大多为留美学生，他们与 1896 年创刊的《独立新闻》一起构成了朝鲜现代化的思想先导。1905 年日俄战争之后，日本正式吞并朝鲜，史称“乙

[1]　东方出版社，1993 年，此书平庸。

巳保护条约”，并开始有组织地向朝鲜移民。农民与学生结合的结果，也与列强“巴黎和约”密切相关，1919 年爆发了“三一运动”，而这场全国范围的独立运动导致了至少五个不同名称的“朝鲜流亡政府”，其中最著名的是受蒋介石保护的“上海流亡政府”，以金九（1876—1949）为领袖（他也参与了东学党起义）。1949 年“国父”金九遇刺身亡（多数史书认为李承晚是主谋），稍早，1948 年，李承晚（1875—1965）成为韩国第一届总统。

以上大致就是朝鲜现代化初期的历史情境，可见，1905 年以后，民族独立成为朝鲜政治的核心议题——要知道，对普通朝鲜人来说，“李朝”（1390—1910）在五百多年漫长时期获得的正统性极难在日本统治的几十年内消除，尽管日本殖民统治时期韩国有迅速的经济发展。故而对韩国而言，以“国父金九”为典范，民族的统一和独立是最高目标，个人自由和经济发展退居为“二线议题”。至今，对朝鲜半岛的政治，我的这一基本判断依旧不变。但是，1948 年以来的朝鲜之不能统一，是因为“冷战”。虽然，社会主义和资本主义两大阵营的对垒已基本消失。

中国在辛亥前后有类似情形，那时，对孙中山等人而言，民族主义是首要目标，民生与民权退居二线。只不过，清朝统治近三百年，对普通中国人来说已有足够的正统性。

如上这番冗长的历史回顾，主旨是希望将东亚三国嵌入我的思想史“三维理解框架”，使我们可以推测这些社会和社会成员在各自的生活世界（“物质—社会—精神”）的重要性议题。例如，在我的感受中，考察中国、日本、朝鲜现代化初期的情况，或许可得下述印象：西方现代化的三项核心价值——国家强盛（民族主义）、经济发展（民生主义）、个人自由（民权主义），在日本的表现形态，与它们在朝鲜和中国的表现形态相比，更接近这些核心价值在欧洲的表现形态，符合所谓“脱亚入欧”的口号。尽管，欧洲各国之间也有明显差异。中国与朝鲜，或许，中国更多关注经济发展（民生问题），而朝鲜更多关注国家强盛（民族问题）。

将东亚社会嵌入它们所处的长期历史的“物质生活—社会生活—精神生活”框架，这是我们理解德国历史学派对东亚现代化初期思想影响的第一步。然后，我认为，需要将东亚社会现代化初期的思想者们的人生轨迹嵌入于我的三维理解框架，才可展开我们的反思。当然，这是更细致的思想史研究，不能在这里铺叙。

关于东亚社会，另一值得我们注意的事实是，明治维新之前，德川幕府（1600—1868）时期，日本的资本主义经济已有显著发展，而且日本的家庭制度与中国和韩国的有本质差异，被中曾千枝称为“包容性家庭”。基于包容性家庭的传统，日本的家族企业可由家族之外的人继承。可以想象，包容性的继承制度在很大程度上延缓或降低了财富在人群中的不平等配置程度。明治时期，维新派学者如金井延向政府提出的建议之一是：尽快确立旨在保护劳工权益的各种社会政策。1900年代，日本知识界同时引入了德国历史学派和马克思主义的学说。“社会政策学派”在日本的崛起，有助于日本工会运动和劳工权益的维护。

长期以来，日本的流行语是“一亿国民皆中流”，也就是说，绝大部分雇员收入都在中产阶级范围内（雇员平均年收入约400万—500万日元）。日本厚生劳动省调查显示，2013年日本企业正式员工及非正式员工每月平均工资（除去各类补贴、奖金）为29.57万日元。2007年日本税务厅发布的数据显示，收入最高的一家企业总经理的年收入是1亿日元，约为雇员平均收入的20倍。作为对比，克鲁格曼在他的专栏文章里披露的美国大公司高管的年收入大约是普通雇员的100—400倍。韩国从2013年度开始实施董事薪酬公示制度。据韩国民间调查公司“财阀网”统计，薪酬最高的是从事化工和通信等业务的SK集团的崔泰源会长，年薪达301亿韩元（约合人民币1.76亿元）。以企业所有者为中心，韩国企业董事的薪酬明显高于日本。而韩国普通雇员的平均收入大约只是日本普通雇员的30%—50%。也就是说，韩国的经济不平等程度远高于日本。另一方面，我们注意到源于德国的“社会政策学派”在韩国始终没有在日本那样影响广泛。最后，2009年，世界银行发布了一份报告，最高收入的20%人口的平均收入和最低收入20%人口的平均收入，这两个数字的比在中国是10.7倍，而在美国是8.4倍，俄罗斯是4.5倍，印度是4.9倍，最低的是日本，只有3.4倍。可见，中国经济不平等程度很可能超过韩国和美国。

2. 无政府主义思潮的传播

与历史学派和马克思主义在20世纪初东亚社会的传播同时或更早传播的，是无政府主义思潮。我选择了两篇文章，截图贴在这一讲的心智地图里，如图3.11。其中，罗素写的《巴枯宁与无政府主义》（李国山译）值得你们优先阅读，我全文贴在心智地图里了。无政府主义思潮在中国的影响，有大批文献可以研读。我这里收录的专著，权威的，大约5种。此外，发表在学术期刊上的文章，我收录了数十篇。邹振环的这篇文章，全文截图贴在心智地图里，因为他介绍了《互助论》对民初知识界的冲击。

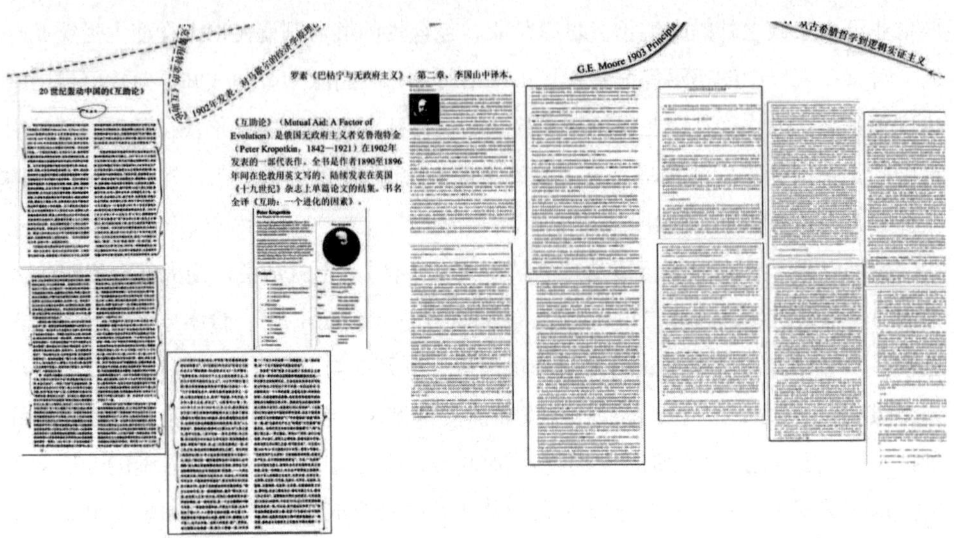

图 3.11

瞿任侠《无政府主义研究》[1] 序言开篇这样写："近代的无政府主义的声浪大极了，居然有搅翻全球的情势，尤其是当我们中国的要冲，我们是值得研究的。"关于无政府主义思潮在中国的情况，你们可以浏览的初级读本，例如汤庭芬的《百年中国无政府主义史话》[2]。学术著作，我推荐三种：(1) 德里克（Arif Dirlik，1940— ）《中国革命中的无政府主义》(1991) [3]；(2) 路哲《中国无政府主义史稿》[4]；(3) 蒋俊、李兴芝《中国近代的无政府主义思潮》[5]。

德里克认为，无政府主义思潮符合了中国文化传统中的道家与佛家的平等意识，故可在中国迅速传播。德里克还指出，汉语翻译"anarchism"很难，因为这个词的涵义绝非废除一切政府，而是废除一切权力（福柯继承了这一思路）——在这一意义上，无政府主义的原意是保护每一个人的自由——自然状态、"自然法"传统、自由人的自由联合。所以，这个单词早期翻译为"安那其主义"，宁可音译也不扭曲词义。有时候，无政府主义也被翻译为"无治主义"。不过，更重要的还是中国思想者们在中国社会现代化初期的历史情境之内感受到"无政府主义"与中国社会相关联的那些重要性，基于重要性感受，他们怎样介绍无政府主义。

这里，我要引述几段文字，以为评论之题材。《中国无政府主义和中国社会

[1] 中山书店，1929 年。
[2] 社会科学文献出版社，2000 年。
[3] 中译本见广西师范大学出版社，2006 年，孙宜学译。
[4] 福建人民出版社，1990 年。
[5] 山东人民出版社，1990 年。

党》[1]，《晦鸣录》（又常写为《晦明录》）第一、二期节选：

> 自有政府，乃设为种种法令以绳吾民。一举手，一投足，皆不能出此网罗陷阱之中，而自由全失。世界之人类，皆兄弟也。吾人本能相互亲爱，政府乃倡为爱国之论，教练行凶杀人之军队，以侵凌人国为义务，于是宇宙之同胞，互为仇敌，而和平全失。是故，政府者剥夺自由、扰乱和平之毒物也。……今世界政府之恶已显著矣。欧美之民已渐知政府之无用而厌恶之矣。无政府主义之发明，既如旭日当空，无政府之世界，不难实现者也。

我浏览著名的无政府主义领袖刘师复（1884—1915，《晦鸣录》主编）的文字，除了道德感召之外，实在没有提出具体办法来改造中国的旧制度。

刘师复继续写了这段文字：

> 顾世人之闻无政府说者，胸中往往有数疑问同时并起。今当有以解其惑。疑者曰：无政府则无法律，无法律则社会破坏而扰乱以起。释之曰：法律非能止社会之扰乱者也。扰乱之起由于争，人之有争，由于社会组织之不善，非法律所能为力。观于都市之地，法律最为严密，而争讼犯罪者最多；乡野之地，往往为法令所不及，而争讼犯罪者绝少。此法律无益于社会之明证。人之生也，必求满生活之欲望。生活之欲望在衣食住，衣食住赖乎物产。物产者土地生之而人力成之者也。故论正当之道理，凡能出力以致此生产者，当然能满足其生活之欲望。乃事实则不然。社会之私产制度既成，有金钱者斯得最高之生活，而不必为出力生产之人。人见金钱之万能也，于是相率而金钱是争，纷纭扰攘，孳孳屹屹，无或出此。争之而得，则骄奢淫逸，视同类为牛马；不得则弱者转沟壑，狡者习诈伪，拙者卖身（奴婢妾），卖力（雇佣及车夫），卖皮肉（娼妓），以为苟且之生活。其强悍不驯者则铤而走险，以劫掠为生涯，视杀人为儿戏，于以成今日悲惨黑暗罪恶危险之社会。究其原因，则莫非私产制度为之阶，虽有法律，曷足济乎？无政府则剿灭私产制度，实行共产主义，人人各尽所能，各取所需，贫富之阶级既平，金钱之竞争自绝。此时生活平等，工作自由，争夺之社会，一变而为协爱。既无所可争，又何扰乱之足虑哉？

---

[1] 中国第二历史档案馆编“中华民国史料档案资料丛书”，江苏人民出版社，1981年。

显然，刘师复在这里受限于转型期社会的混乱经验，他似乎很难想象不同于民初时期“私产制度”的其他社会的私产制度——例如在德国由奥肯领导的弗莱堡学派想象的“社会市场经济”。

刘师复继而批评教育救国论者：

> 或又谓：人民程度不一，教育未普及，一旦无政府，未明真理者尚多，必有率其旧社会之恶习惯，以为不秩序之行为者。此说为反对急进派者最普遍之论，即今日之心羡无政府主义者，亦往往怀此心理，以为必俟教育普及，然后无政府可实行，因之不敢主张急进者比比然也。不知人类道德之不良，由于社会之恶劣；社会之恶劣，由于有政府。若万恶之政府既去，人类道德必立时归于纯美，不必俟久远高深之教育者也。……今日教育之不能普及，由于经济之不平等；经济之不平等，由于政府保护私产。故有政府之世，断无教育普及之理（欧美诸国名为教育普及，实则仍为富人教育普及耳。）且有政府之教育，大抵与自由教育之原理相反。一般国家主义、军国主义等盲学说盘踞于人心，实无异为无政府之敌。故谓教育普及而后可实行无政府者，无异地球诸星尽灭而后可无政府也。……故无政府必反对私产，同时以共产主义代之。

但是如何实行共产主义呢？刘师复对此实在缺乏想象，那是1913年，俄国还没有发生“十月革命”。而马克思本人，也只是在1871年巴黎公社起义失败之后，才想象要“彻底打碎资产阶级国家机器”。也就是说，1870—1917年这一时期，西方和中国的思想领袖们都对从资本主义到共产主义这一“过渡时期”缺乏想象。

关于无政府组织“心社”的章程，刘师复强调：“取绝对自由主义，无章程，无规则，亦无一切组织，各凭一己良心以相集合。”换句话说，中国最优秀的无政府主义者，不能以违背无政府主义的“手段”来实现无政府主义“目的”，故只好依赖于传统的道德感召力量。

不过，刘师复之外，其他的无政府主义者多效仿西方无政府主义者如巴枯宁和克鲁泡特金等，为达成高尚目的而不惜使用暴力手段——刺杀、炸弹、街头运动和武装起义。与其坐以待毙，还不如借助暴力手段推翻旧制度。也因此，早期共产党领袖们在体验了中国严酷的社会现实之后迅速接受了马克思主义——在东亚各国现代化初期表现为“国家主义”。毛泽东说：十月革命一声炮响给我们送来了马克思列宁主义。按照中国文化传统里素有的实用理性，1919年中国知识界想象的“苏维埃”，如李大钊声称，真是“庶民的胜利”，故而中国应走“十月革命”的道路。共产国际的老师们随后教导中国共产党人，十月革命道路的核心经验是"宣传"（动员民众）和"组织"（列宁主义的政党）。

东亚知识分子若将"民主"和"平等"（民权主义）视为第一任务，就很容易鼓吹无政府主义（一切人的自由）或国家主义（以强权实现一切人的自由）。在日本和中国，无政府主义思潮产生了巨大影响。事实上，路哲考证，日本是无政府主义学说传入中国的主要渠道之一（汉语"无政府主义"就是照抄了日文这一名词的假名），也因此——

> 中国的无政府主义思想又带有日本早期社会主义运动和工人运动的明显影响痕迹。……从中国早期的无政府主义报刊《天义报》和《新世纪》的情况来看，日本的无政府主义者幸德秋水，对《天义报》以及他们的创始人在思想上、行动上的影响极大。而法国的让·格拉佛（Jean Grave，1845—？）和爱利赛·邵可侣（Elisee Reclus，1830—1905）等人，则对在巴黎出版的《新世纪》有明显影响。

而在朝鲜，这一思潮的影响较弱。党史研究者简明在"中国早期共产主义知识分子与无政府主义"[1] 开篇这样写：翻开中国老一辈无产阶级革命家的思想简历，差不多每个人在开始接受马克思主义前后，都或多或少地受过无政府主义的影响。李大钊、陈独秀、毛泽东、恽代英、周恩来、蔡和森……无政府主义或国家主义，是东亚各国现代化初期或许仅有的两种可选择的新观念。诺齐克 1974 年《无政府、国家与乌托邦》[2] 中译本 1989 年的"代译序"（何怀宏执笔）开篇论述（可商榷）：无政府主义（实现普遍的自由）与国家主义（实现普遍的平等）之间的紧张关系，可视为"自由"原则与"平等"原则之间紧张关系的延续。

梁漱溟晚年接受艾恺访谈时，多次对毛泽东有所评价，下面的引文源自《这个世界会好吗：梁漱溟晚年口述》[3]：

> 毛主席这个人呢，我跟他接触很多，他是雄才大略，那是很了不起。并且他没有什么凭借，他不是原来就有势力的一个人，他都是单身一个人。他的家乡韶山，我去过两次，他进修的地方，我都去看，他读书的地方，他家乡的人，我们都见到。他十五六岁还在乡里种地，这么样一个光身一个人，居然创造一个新中

[1] 载《学术研究》2006 年第 12 期。
[2] 中译本见中国社会科学出版社，1991 年，何怀宏等译。
[3] 艾恺采访，梁漱溟口述，"一耽学堂"整理，东方出版中心，2006 年。

国，实在是了不起，实在是了不起。

这里，梁漱溟感叹的，首先是毛泽东的崛起，不依靠世家大族的社会网络。其次，毛泽东创造了新中国。对照着梁漱溟早年成名时凭借的社会网络，假设他们两人智力水平相差不多（可商榷），那么，毛泽东确实更“了不起”。再对照梁漱溟用力最多且最引为成就的“乡村建设运动”，效果远不如毛泽东的革命运动。所以，毛泽东“了不起”。

今天，从《红星照耀中国》（斯诺访谈毛泽东的纪要并以“西行漫记”著称），我们知道毛泽东1918年8月至1919年3月在北京大学图书馆做李大钊的助理员期间深受无政府主义影响。不过，具体而言，是受了哪一位无政府主义者的影响，党史学者至今仍在争论，斯诺与毛泽东谈话时，英文翻译是吴亮平（1908—1986）。吴亮平是浙江奉化人（蒋介石同乡），1925年赴莫斯科中山大学学习并留校任教，1929年返国，在中共中央宣传部工作，1932年担任中华苏维埃国民经济部长（张闻天是中华苏维埃主席），1936年即斯诺与毛泽东谈话期间，他担任中宣部副部长。与张闻天不同，吴亮平没有留美的经历，却担任毛泽东和斯诺的英文翻译。那次访谈，毛泽东自称在北大受了无政府主义者朱谦之的影响。“朱谦之”，斯诺记录的英文名称“Chu Hsun-Pei”，邬国义疑似“区声白”——另一位著名的无政府主义者[1]。区声白（1892—1945）在北大读书期间（约1918—1920年）努力宣传无政府主义，1921年，他与陈独秀在《新青年》有一次关于无政府主义的辩论。

此外，毛泽东自己回忆在北大期间认识的“虚无党人”当中，有一位是黄凌霜——与区声白和师复共同创办“晦鸣学舍”和“心社”，并且，黄凌霜与区声白有过多次辩论，发表于《北京大学学生周刊》1920年2月，题为“黄凌霜与朱谦之讨论无政府共产主义文”。在这篇文章里，黄凌霜引述罗素对克鲁泡特金的评价以示自己的立场：

> ……进而考克鲁泡特金之论，亦不过谓各地方之事，由各地方之个人，自由联合，以为各种职业学术之团体，自由处置各地方的事务，不许有强权肆于其间，此其为说，至为平易，英国数理名学家哲学家罗素有言，克鲁泡特金所主张之制度，去最良者不远，这是我不思疑的……

不过，黄凌霜赞成有组织的无政府主义：

[1] 参阅邬国义：“毛泽东与无政府主义——从《西行漫记》的一处误译谈起”，载《史林》2007年2月刊。

……朱君此言，大抵根据章太炎君的国家论而来这种论调，根本反对有组织，细味其所以反对之理由……朱君接着说：且强权非他，即在组织之中，组织之有，“力”为之维系也，舍力即无所谓组织，舍组织亦无所谓“力”，力即强权，故我之主义乃根本废弃组织，即欲根本废弃强权……这话甚辩，但细按之，一无是处，夫组织之成，由于契约，克鲁泡特金说，我们要知契约有两种，有自由的，是以自由允诺而结合，在这个结合之中，各个都是平等，自由选择各种不同的道路。有强迫的，是由一部分把持，横施于他部分，他部分所以承受的，全由于必要，其实并没有允合，他部分不过单纯受一部分所限制罢。不幸现在所谓契约的，大多属于后一个范畴。

所以，黄凌霜的“建设的无政府主义”解决方案，是要求“自由人的自由联合”，这样的组织，有力量而且不强权。

毛泽东是列宁意义的职业革命家，自然不理会上述两位思想者的论辩[1]。国民党元老吴稚晖（1865—1953），当初也是无政府主义领袖，他领导的无政府主义派，史称“新世纪”派（因1905年他在法国创设的这份刊物而得名）。据张国焘回忆录，在孙中山上海家中，他问张国焘：你们共产主义革命需要多少年成功？张国焘回答：三十年吧。于是吴稚晖说：我们无政府主义需要三百年才成功，还是加入国民党吧。1902年，烟山专太郎所著《近世无政府主义》面世，主要介绍恐怖行动。1906年，日本社会党成立，接受了美国无政府主义和世界产业工人联盟的影响，幸德秋水（1871—1911）回到日本，他发表演讲呼吁，要坚持积极直接的行动而非竞选拉票、举行议会等政治活动。他的观点得到了大杉荣（1885—1923）的支持，后者是日本激进无政府主义领袖，在日本知识界颇有影响，他提出：“我爱好的是人类的盲目行动，精神的彻底爆炸。”1907年，幸德秋水发表一篇文章“我的思想转变”，首次提出拒绝竞选，并强烈要求必要的直接行动。

1907年3月27日，章太炎与张继（1882—1947）前往幸德秋水宅邸“敬聆雅教”。此前，张继1903年以“自然生”为笔名编译《无政府主义》一书，他在《自然生告白》中宣布：“夫欲建设，必先大破坏，无政府党可谓达于破坏之极点矣。今之中国正值破坏时代之初，而吾编是书，想必能受吾同胞之欢迎，籍其手段以铲除此野蛮之奴隶世界，则幸甚矣。”1907年8月，章太炎、张继、刘师培（1884—1919）在东京成立“社会主义讲习会”，他们在《天义报》发布广告：

[1] 参阅尚庆飞：“短暂的启蒙与深刻的印痕——近代中国无政府主义思潮与毛泽东的心路历程”，载《现代哲学》2008年2月刊。

吾辈之宗旨，不仅以实行社会主义为止，乃以无政府为目的者也。无政府主义，于学理最为完满。……故吾辈之意，惟欲于满洲政府颠覆后，即行无政府，决不欲于排满以后，另立新政府也。

1908年以后，刘师培为端方所用告密张继。张继逃亡法国。章太炎不再与刘师培往来。女权主义者张震（刘师培的妻子）与刘师培继续主持《天义报》[1]。

我年轻时读《列宁全集》，见过一段文字，大意为：勇敢、忠诚，以及诸如此类的个人美德，在政治上是无关紧要的。其实，列宁主义的党，能如此迅速推翻沙皇统治，很大程度上是偶然因素所致。当时俄国在第一次世界大战期间，沙皇无暇他顾，整部"国家机器"都被战争拖累，精疲力竭，毫无力量对付来自内部的颠覆活动。不论如何，十月革命，布尔什维克成功夺取了全国政权，并在初期给包括罗素和瞿秋白在内的各国知识分子极强烈的好感。翻阅那一时期的文献，我们看到，凡对旧制度持批判立场的作者，无不承认"苏维埃"是真实存在着的最平等社会。关键是，它真实地存在着。

虽然，多年之后我们意识到，这一真实性仍是虚幻的。但是在那时，苏维埃是一面旗帜。一方面，无政府主义永远是乌托邦，无力改造世界；另一方面，十月革命一声炮响，给我们带来了马克思列宁主义，这是中国共产党在1921年以后的政治路线。中国国民党的政治路线，北伐胜利后，可以认为主要是发展经济（民生主义）。抗战期间，这一路线改变为以"救国"为主。抗战胜利，国民党败给共产党，国民党的发展经济的路线由共产党的发展经济的路线取代，被纳入国际秩序的"冷战"格局，直到1989年冷战时代结束。

如果没有国际共产主义运动的强烈影响，不仅中国革命很可能由国民党主导，而且中国的经济发展也很可能纳入第二次世界大战之后取得民族独立的第三世界各国相似的路径，我称之为"政治经济发展的普遍模式"。

根据查尔斯·蒂利（Charles Tilly）的一系列文章，尤其是他晚年的著作（《欧洲的抗争与民主：1650—2000》[2]，《民主》[3]）中对各国民主化过程的研究报告，战后获得民族独立的国家绝大多数的演化路径是：首先强化国家权力，然后改善民主权利。据他观察，在西方几百年历史中，也只有极少数的国家，首先改善民主权利，然后增强国家权力。

[1] 参阅路哲前引著作。
[2] *Contention and Democracy in Europe, 1650—2000*, Cambridge University Press, 2004.
[3] *Democracy*, Cambridge University Press, 2007.

英国的民主化路径素来被认为是最成功的，即民主权利与国家权力的同时增强。蒂利还指出，那些最初尝试强化民主权利并弱化国家权力的国家，很容易被外来力量颠覆或控制，从而丧失民族独立。

图3.12取自《欧洲的抗争与民主》的第二章，示意了欧洲民主化进程的三种模式，标题是“通向民主的强国家路径与弱国家路径”。横轴，由左向右，代表“民权”（受政府保护的民主权利）的增加方向；纵轴，由下而上，代表“国家”权力（政府能力）的增加方向。

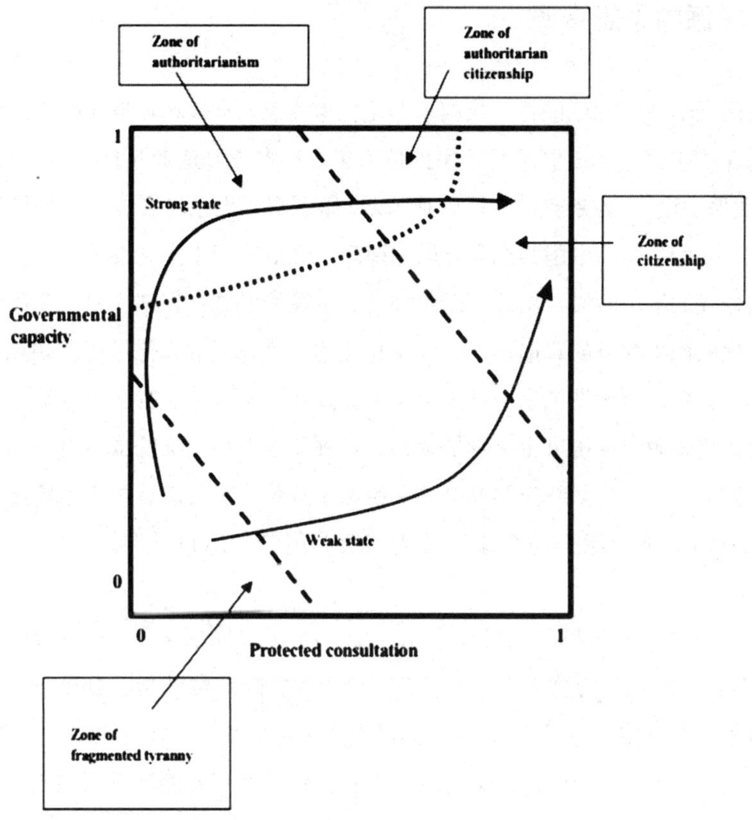

Figure 2.2: Strong state vs. weak state paths to democracy.

图3.12

注意，坐标系的原点，被称为“脆弱独裁的区域”。这是因为，各国民主化的开端，以英国1830年代为例，通常也是抗争运动（群体事件）的爆发期。蒂利指数（每10年发生的群体抗争次数），英国1830年代比以往平均暴增一百多倍。我们知道，英国在1830—1850年间，由小密尔积极参与并领导通过了“普选权利”法案。又在

1860—1890 年间，由台劳夫人的女儿，也就是小密尔的继女——英国女权主义领袖海伦，推动通过了“妇女权益保障”法案。总之，这是一般规律，民主权利从来就是通过抗争得到的。因为，民主的意思就是最初仅限于贵族的一些权益扩散到平民。类似地，还有一些权益最初仅限于帝王，后来扩散到全体贵族。宗教改革是更早的民主，古埃及已有过，与上帝交流的神圣权力，从僧侣阶层扩散到世俗阶层。所以，危机爆发是民主化进程的开端。框图的右上角，标明“公民区域”，即国家能力与民主权益都强化到理想状态——“公民”这一语词的古希腊涵义。

3. 历史学派的思想资源

现在回顾李斯特的论证：主权国家乃至国家主义（statism）是他的论证前提，然后是关税保护主义之为必要手段，保护是为了发展本国制造业又曰“生产力”，所谓“幼年工业保护论”。如果我们承认由查尔斯·蒂利揭示出来的各国民主化模式的普适性，那么，我们不妨将中国共产党夺取全国政权之后的国家主义发展路线视为这一普适的发展模式的第一阶段，由此可以预期第二阶段的发展：在国家权力强化到一定程度必定发生的民主权益的普遍诉求，以及相应的公民权利的强化过程。如果这一预期合理，那么，我们可预期未来中国经济发展模式将与不断扩展的民主权益相适应。中国目前阶段仍未脱离的国家主义发展模式，可视为李斯特主义的或带有李斯特主义深刻烙印的发展模式，例如汽车等商品的关税保护政策。也可以认为，德国历史学派的国家主义政治经济学似乎为全球化时代东亚各国的“出口导向”政策提供了思想资源。

图 3.13 取自第一讲推荐的参考书 *An Outline of the History of Economic Thought* 第 3 章“从李嘉图到小密尔”的第 2 节“李嘉图时代的古典政治经济学的分化”中的第 5 小节“浪漫主义与德国历史学派”。请你们细读这张图的文字，包括我写在页边的那些注释和评论。我提供一个概述：英国政治经济学是 18 世纪启蒙运动（理性的时代）的产物，而德国历史学派是 19 世纪浪漫主义运动——对理性时代的反动时代的产物。我们知道，德国浪漫主义运动的领袖人物是歌德和席勒，倡导返归大自然的自由人生。这一理想，与刚才我们讨论的源自英国和法国——先驱人物分别是葛德文（William Godwin, 1756—1836）和普鲁东（Pierre-Joseph Proudhon，1809—1865）——的无政府主义思潮，有前后相续甚至相互影响的关系。

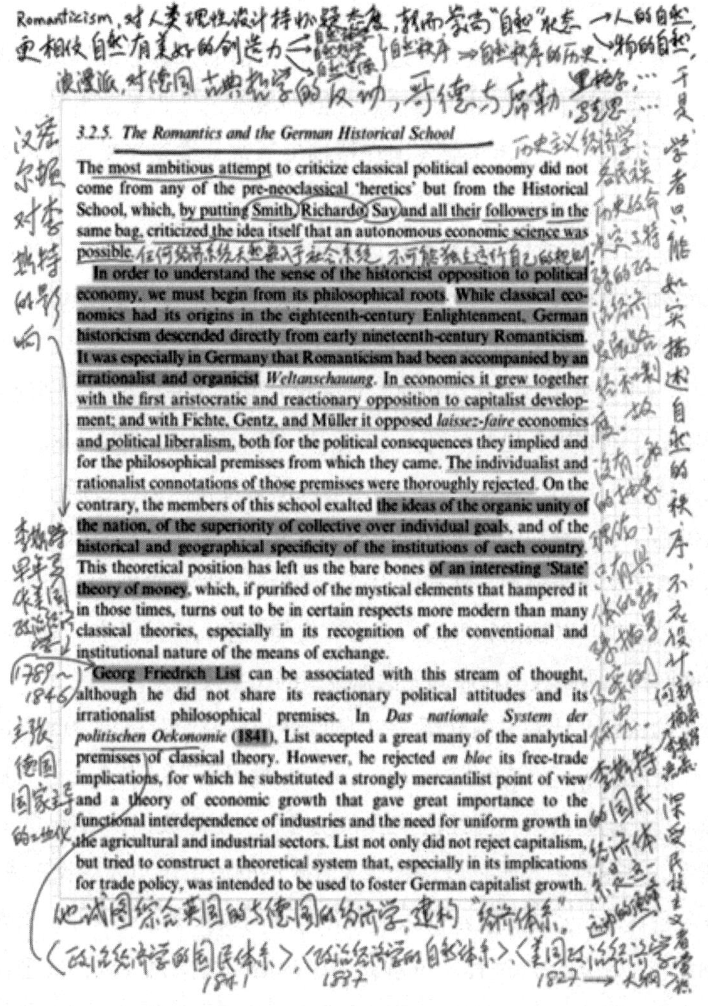

3.2.5. *The Romantics and the German Historical School*

The most ambitious attempt to criticize classical political economy did not come from any of the pre-neoclassical 'heretics' but from the Historical School, which, by putting Smith, Ricardo, Say and all their followers in the same bag, criticized the idea itself that an autonomous economic science was possible.

In order to understand the sense of the historicist opposition to political economy, we must begin from its philosophical roots. While classical economics had its origins in the eighteenth-century Enlightenment, German historicism descended directly from early nineteenth-century Romanticism. It was especially in Germany that Romanticism had been accompanied by an irrationalist and organicist *Weltanschauung*. In economics it grew together with the first aristocratic and reactionary opposition to capitalist development; and with Fichte, Gentz, and Müller it opposed *laissez-faire* economics and political liberalism, both for the political consequences they implied and for the philosophical premisses from which they came. The individualist and rationalist connotations of those premisses were thoroughly rejected. On the contrary, the members of this school exalted the ideas of the organic unity of the nation, of the superiority of collective over individual goals, and of the historical and geographical specificity of the institutions of each country. This theoretical position has left us the bare bones of an interesting 'State' theory of money, which, if purified of the mystical elements that hampered it in those times, turns out to be in certain respects more modern than many classical theories, especially in its recognition of the conventional and institutional nature of the means of exchange.

Georg Friedrich List can be associated with this stream of thought, although he did not share its reactionary political attitudes and its irrationalist philosophical premises. In *Das nationale System der politischen Oekonomie* (1841), List accepted a great many of the analytical premisses of classical theory. However, he rejected *en bloc* its free-trade implications, for which he substituted a strongly mercantilist point of view and a theory of economic growth that gave great importance to the functional interdependence of industries and the need for uniform growth in the agricultural and industrial sectors. List not only did not reject capitalism, but tried to construct a theoretical system that, especially in its implications for trade policy, was intended to be used to foster German capitalist growth.

图 3.13

在德国，伴随浪漫主义思潮的，还有两种思潮对李斯特和历史学派的经济学影响深远，就是“非理性主义”和“有机主义”。非理性主义其实是不要德国古典哲学类似康德纯粹理性的那种思辨理性，而不是不要任何理性。耶拿时期的黑格尔深受浪漫主义的“狂飙突进”运动的影响，也因此而有“历史理性”。对理性持怀疑态度的人，更容易接受有机主义——用生物学的想象来想象一切事物，尤其是“国家”、“文化”、“社会”和“自然”——假设一切事物都有自己的有机生命，于是都像有机体那样必须经历“生、老、病、死”的过程。例如，李斯特想象，一个民族的经济就如有机体的生命过程。也因此，有机主义者关注的不再是个人主义之为启蒙时代理性主义的载体，他们转而关注集体主义之为社会生命的载体，以及各族群的历史之为社会有机生命的过程。

如果我们熟悉东亚文化传统和在这一传统内生活的人的思维模式，我们很可以认为有机主义的思路更接近东亚思维模式，恰如浪漫主义哲学之更接近中国庄子哲学。所以，以上所述也可视为东亚各国在精神生活这一维度接受西方最感亲近的思潮的过程。

在物质生活和社会生活这两维度构成的平面内，我们讨论政治和经济的演化过程。刚才我介绍了蒂利的著作，于是不能不提及他的老师的著作。就是巴林顿·摩尔（Barrington Moore Jr.，1913—2005），这位著名学者（古典语文、历史、政治和社会学家）于1966年（中国发生"文化大革命"那一年）发表了一部我们中国读者非常熟悉的作品《民主与专制的社会起源》（*Social Origins of Dictatorship and Democracy*）[1]。他将欧亚各国的民主化进程分为三类：（1）以英国的政治文化为典型，可概括为"没有布尔乔亚就没有民主"——推动民主革命的中坚力量是资产阶级；（2）以德国、意大利和日本的法西斯政治文化为典型，推动民主革命的中坚力量来自地主和贵族——旧秩序的既得利益集团；（3）以俄国和中国的政治文化为典型，推动民主革命的中坚力量来自农民——他们有能力摧毁旧秩序却无法建设新的民主政治。

这里涉及的论题，让我必须介绍MIT的经济学家阿西莫格鲁（Daron Acemoglu）和哈佛经济学家詹姆斯·罗宾逊（James Robinson）发表于2005年的著作《民主与专制的经济起源》[2]。他们根据各国经济发展和政治民主化的数据，绘制了一章散点图，如图3.14所示。这里有一条黑色线段，意味着政治的民主化与人均收入成正比关系。但还有一条灰色线段，意味着政治的去民主化与人均收入成正比关系。有鉴于此，他们相信，制度与经济的互动过程才可解释各国政治的民主化（或去民主化）。例如，当对外开放为统治集团带来的经济收益超过了因开放而导致的政治民主化为统治集团带来的经济损失时，统治集团更可能同意实行开放政策。换句话说，统治集团对这一利弊关系的权衡，取决于统治集团对未来净收益流的折现率。如果统治集团的主要决策者（或若干领袖人物组成的小群体）足够短视（折现率很高），那么，开放政策就很可能被接受。如果决策者的折现率足够低，那么统治集团可能不接受开放政策。这里还有一个维度必须考察，就是统治集团为拒绝民主化而必须承担的"镇压成本"。这两位作者考察各国历史得到图3.15所示的三种类型。

[1] 中译本见华夏出版社，1988年，拓夫、张东东等译。
[2] 中译本见上海财经大学出版社，2008年，马春文等译。

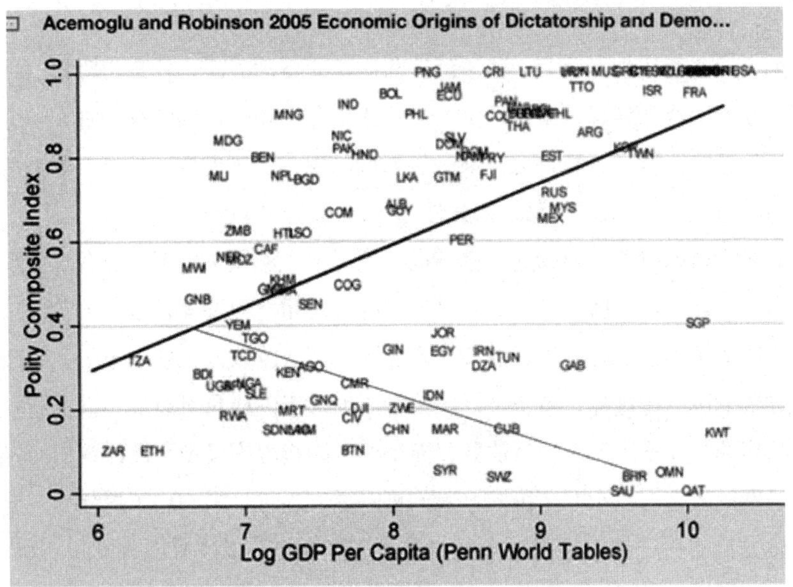

Figure 3.6. Democracy and Income 1990s.

图 3.14

在图 3.15 中，横轴表示大众的经济机会被剥夺的程度——意味着政治民主化诉求的强烈程度，纵轴表示政府镇压民主化诉求所付的代价——除了政治经济的和文化心理的因素之外，关键性地取决于武器技术以及其他镇压（或操纵）手段的成本。在这两位作者的分类里，（1）新加坡是一个典型，经济机会被剥夺的程度受到足够的限制，故民主化诉求并不强烈；（2）英国是另一典型，镇压成本逐渐增加，恰好让统治集团无法拒绝民主化的诉求；（3）南非是第三类，经济机会的分配极不平等，但镇压民主诉求的成本或许太低。这两位作者认为，阿根廷位于边缘——可能进入英国模式，也可能进入南非模式。

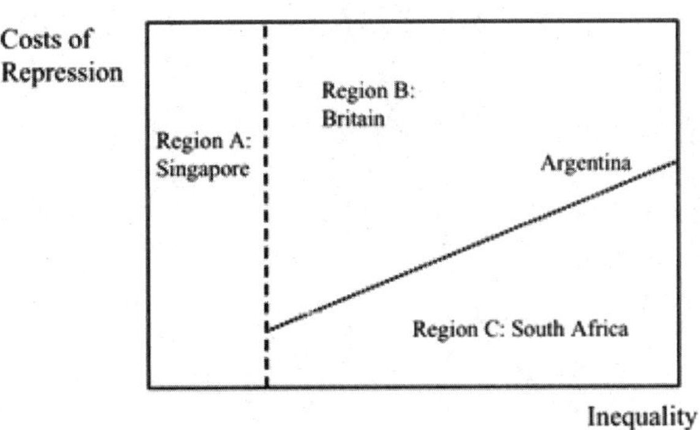

Figure 2.1. Democratization.

图 3.15

总之，一旦越过了图 3.14 黑线和灰线的交叉点，例如在中国（以 CHN 表示）的位置，那么，这两位作者认为，基于经济与制度的互动关系，社会将沿着它所进入的线段继续演变。换句话说，中国已沿着灰色线段走了相当远的路程，那么，它将沿着这一线段继续走。这一判断符合诺斯一贯强调的观点：制度变迁，具有强烈的“锁入效应”（lock-in effect）或者“路径依赖性”（path-dependency）。

如果我们借助以上介绍的这些模型或“类型学”观点来理解东亚各国的现代化进程，我们可以认为：中国在清末民初时期的统治集团已经要支付很高的镇压成本，况且这一集团的眼光已足够近视，故而更容易接受开放政策（包括清末的立宪政策）以及由此导致的民主化过程。事实上，决策群体内部不同成员可以有不同的折现率。例如，曾国藩的折现率远比李鸿章的低，而李鸿章的折现率又低于北洋政府时期那些更加短视的军阀政客。在东亚范围内，我们可以说，当时日本的决策群体有远比中国的决策群体更高的折现率，故而日本更容易“全盘西化”或“脱亚入欧”。我们也可据此判断，朝鲜统治集团的折现率介于中国和日本之间。

当我们推测一个群体或一个人的折现率时，切不可忘记将这一群体或个人嵌入于我的三维理解框架内。否则，就很容易错失最重要的因素。例如，曾国藩之所以对洋务运动持犹豫不决的态度，是因为他的生命与中国传统文化纠缠太深。也就是说，他的精神生活维度主导了他的物质生活和社会生活维度，于是他的文化生命主导了他的生命的其他方面。文化是最巨大的存量，文化的危机对沉浸于文化中的生命而言是最大损失。类似地，我们也可将蒋介石与毛泽东这两个关键人物嵌入于我们的三维理解框架，以考察和推测他们各自的折现率。

当然，领袖人物的折现率还要受到来自集团内部和外部各种势力的影响。所以，我始终认为，“社会网络”研究方法提供了一种更彻底的社会科学视角。据此，我们可以研究蒋介石和毛泽东各自的局部社会网络的性质，并由此得到关于他们各自政治路线的更令人信服的解释。

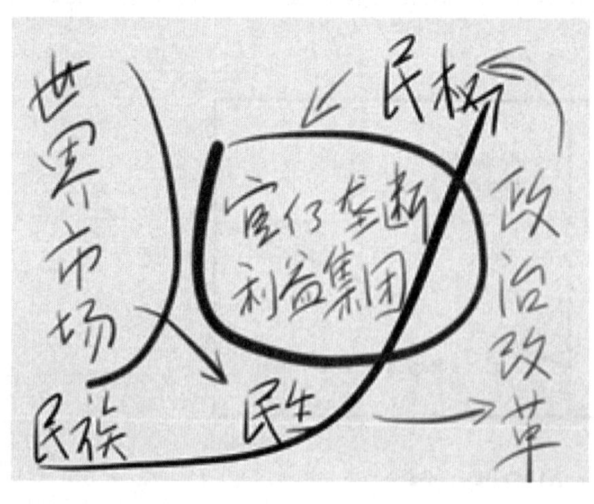

图 3.16

东亚经济发展与政治发展的模式，如图 3.16，取自我的《新政治经济学讲义》。例如，韩国最近十几年，政治发展的主要倾向是将以往几十年经济发展时期形成的“官僚垄断利益集团”的权力逐渐转移给民众。中国正在发生与此类似的政治倾向，民权成为政治体制改革的核心议题。日本的这一政治改革，早在“麦克阿瑟占领”时期就开始肢解“财阀族”的政治经济权力，然后植入宪政与民主制度。

这一讲的内容，其实很关键地涉及方法论问题。我们考察的是西方思想在中国或东亚地区的传播及影响，于是涉及西方和中国两方面各自的社会、政治、经济、技术、文化心理诸因素以及这些因素的相互作用。这里当然出现大量的决定性的偶然因素——不要忘记，“历史是一连串黑天鹅事件”。另一方面，如果忽略细节（偶然性往往藏在细节里），在长期视角下，历史又常常表现出某种必然性。例如，苏格兰启蒙思想家约翰·米勒（John Millar，1735—1801）1771 年发表 *The Origin of the Distinction of Ranks*，考察特权随经济进步而演变的过程，他的结论是：“Authority tends to become less violent and concentrated, and ranks tend to diversify”（特权倾向于较少使用暴力且集中程度降低，并且，社会等级倾向于多元化）。

另一案例是“帕累托定律”，即各国各时期的收入或财富分布遵循指数分布，帕累托的观察表明，这一分布基本上不依赖于具体的社会、文化、政治、经济、制度等细节，这一结论，贝克尔晚年发表了一篇文章，给出了演化视角的论证：决定收入的主要因素是机遇、能力、资产（包括人力资本）和社会关系，在更抽象的层次，能力和资产是人们为提高社会地位而投入的努力，这些努力的成果依赖于机遇——可改善个人的社会地位的“彩票”。长期（演化）而言，人们寻求改善各自社会地位的努力的一项“副产品”，是收入和财富分布呈现帕累托定律。[1] 这一模型，我称为“贝克尔的彩票人生模型”，颇接近帕斯卡关于宗教信仰的“赌博”模型。帕斯卡的赌博模型，其实就是统计学和计量经济学关于“假设检验”所说的“拒真”和“采伪”两类型的错误，帕斯卡是这样说的：与其因为不信上帝而犯了拒真错误，我更愿意因信仰上帝而犯采伪错误。因为拒真错误的后果远比采伪错误的后果严重，如果天堂当真存在的话。毕竟，“此生”幸福感的总量远比获得“永生”享有的全部幸福感的贴现值要小得多。

以上就是今天这一讲的第一部分，下面我开始例示撰写学期论文的基本方法，以“幸福”为核心观念。图 3.17，是我的例示的纲要。

---

[1] 参阅 Becker, Murphy, Werning, “The Equilibrium Distribution of Income and the Market for Status”, in *Journal of Political Economy*, vol.113, no.2 [2005], pp.282-310。

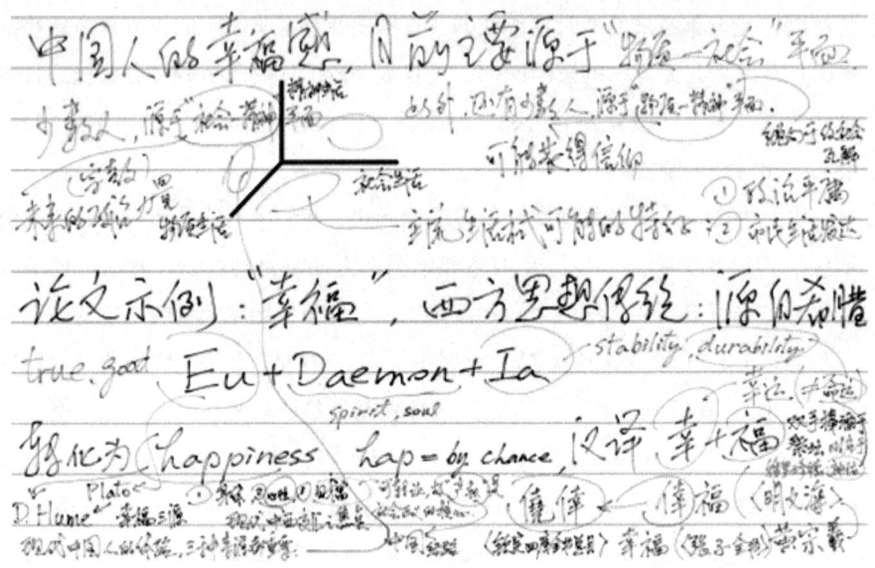

图 3.17

三、以“幸福”为主题的学期论文示例

幸福，依照我们的步骤，先考察这一语词在西方思想传统里的涵义及其演变，再考察它在中国思想传统里的涵义及其演变。这两步骤之后，第三步骤——考察这一观念的中国经验。第四，在你的个人视角下重新解释这一语词的涵义。第五，或许，为涵盖你的个人视角下的新的解释，这一语词在中文传统里可以有新的表达。

图 3.17，从中间一行“西方思想传统：源自希腊”开始解读。我在第一讲推荐了“同义词网站”（http://www.etymonline.com），你们可在那里检索你们学期论文的核心观念的英文字源，通常，我的经验是，这些核心观念的英文源于 13 世纪左右，再向前追溯，就要查找这一观念的拉丁文或希腊文的字源。

例如，“幸福”，它的英文是“happiness”，与这一英文单词对应的古希腊文是“Eu+Daemon+Ia”（这一希腊词的重音在最后那个音节上），它是三个单词的复合词。字头“Eu”的意思是“true”（真的）和“good”（好的）。中间部分“Daemon”的意思是“spirit”（精神）和“soul”（灵魂）。最后那个音节，即重音所在的那个音节——字尾“Ia”，它的意思是“stability”（稳定性）、“objective real”（客观真实）、“durability”（持久性）。

构成“幸福”这一复合词的三个希腊单词，分别有自己的起源和观念史。我在上面介绍的字源学网站检索“Eu”，作为前缀，它的意思是，在“真”之外还有：“well”

（好）、“luckily”（幸运地）、“happily”（幸福地）、“the right”（正当性）、“the good cause”（出于良善的理由）、“greatness”（伟大）、“abundance”（丰裕）、“prosperity”（繁荣）。中间部分“daemon”由希腊文转至拉丁文“demon”，意思是“spirit”（精神），希腊文的原意是“deity”（神）、“divine power”（神力）、“guiding spirit”（指导性的精神）。希腊的神，与人类相差不多，并非尽善尽美，也不像后来宗教时代的“上帝”那样神圣。所以，这一语词有时候翻译为“精灵”，引申为人的灵魂，是不错的。最后，是当作后缀的“ia”，它的意思是客观从而持久的真实感。也就是说，与它形成对比的是“主观真实”。吸毒产生幻觉，但在幻觉之中的人，有主观的真实感，只不过不能持久。

综上所述，古希腊的“幸福”观念，意思是灵魂的或神灵保佑的持久的良善状态。

我们考察一个核心观念的字源，就等于回顾这一观念的生命史。重要的观念，它的生命史远比我们每一个人的生命悠久，通常要经历数十代人的时间。每一代人，基于人的创造性冲动，总要为前人使用的重要观念增加新的涵义。这样代复一代，重要观念的涵义就层层叠叠地丰富起来，以致现代人如果不借助字源学的研究，就很难区分一个重要观念的考古代层。

对我们的思想史课程而言，当我们试图将任何一位经济学家 P 和他的经济学思想 X 置于他由之所出的历史情境 S 之内时，我们首先需要明白 P 使用的核心观念（核心观念的展开往往就是学派的思想 X）属于哪一考古代层，或者懂得 P 是在哪一代层的意义上使用这一核心观念的。否则，我们就很容易陷入怀特海所说的“错置实境”的谬误。

思想家在使用核心观念时，常常带着隐喻，即字面的涵义不如它所隐喻的另一涵义重要，或“一语双关”，即由一语的两种或多种可能涵义之间的紧张关系形成的想象空间。词的多种涵义或隐喻，总是积淀在它的生命史之内。

最近几年流行一种软件，概称“观念的可视化”软件，基本思路是借助海量数据计算出全部观念在特定语境里的出现频率，并且计算全部观念的联合分布。这套计算结果的典型应用是，在特定语境里，当一个观念出现时，根据条件分布，我们可以推测另一观念出现的概率。因此，如果老师讲课时使用了一个观念，学生们就可推测老师使用另一个观念的概率。类似的应用，包括“百度百科”和“万方数据”在内的许多搜索引擎里都在使用，就是当我检索一个关键词（尤其是人名）的时候，搜索引擎根据推测列出我可能希望检索的其他关键词（尤其是人名）。这类软件依据的海量数据，相当于在一个时刻截取语词的生命史里积淀的全部涵义当中现代人最常使用的那些涵义。这类软件的思想史意义在于，将来，如果能够还原每一时刻的可视化观念的全景，那么，有思想史价值的那些隐喻的涵义也就不会被误解。

古希腊亚里士多德阐述的幸福观念，在中古英语传统里转化（翻译）为“happiness”之后，大多已丢失。如图3.17所示，“hap”的意思是“by chance”（随机、侥幸、偶然、不确定性），它的抽象名词化就是英语的“幸福”一词。所以，英语的“幸福”在日常生活情境里是这样使用的：两位朋友相遇，其中一位看到另一位高兴的表情之后询问“what happens”（发生了什么好事吗）？当然，此语也可以用于发生了坏事的情境，所以才有侥幸和随机之意。

亚里士多德在《尼各马可伦理学》里关于“幸福”所述最多，这本书的标题*Nicomachean Ethics*的第一个词，发音的重音也是在最后一个音节上。有至少两种说法，根据第一种说法，这本书是亚里士多德写给他儿子的，据此，尼各马可是他儿子的名字；第二种说法，这本书是亚里士多德写给他父亲的，名字是尼各马楚斯（Nicomachus）。

亚里士多德幼年失怙，由他的姐夫Proxenus of Atarneus（阿塔努的普罗克谢努斯）担任监护人，直到他18岁，那时，他姐夫送他到雅典的柏拉图学院，在大约18—20年的时间里追随柏拉图。根据维基百科“Proxenus of Atarneus”词条，亚里士多德的姐姐是Arimneste（雅丽奈斯蒂），她与阿塔努的普罗克谢努斯生养了一个女儿Hero（赫萝）和一个儿子Nicanor（尼卡诺）。赫萝长大后，生养了一个儿子Callisthenes（卡利斯蒂尼斯）。后来，卡利斯蒂尼斯成为亚里士多德的学生和合作者。亚里士多德有一个女儿Pythias（帕蒂雅思），嫁给了尼卡诺。

柏拉图死后不久，亚里士多德接受了马其顿国王菲利普的邀请，担任王子亚历山大的老师，自公元前343年至前323年。由于马其顿的亚历山大（Alexander III of Macedon，前356—前323）征服了世界，亚里士多德的教育得到最丰厚的资源，使他得以在雅典建立“吕希安图书馆”（Lyceum）。可是，马其顿的亚历山大暴死之后，马其顿在雅典的敌人开始追捕亚里士多德，他晚年在逃亡中度过。根据一则传闻，亚里士多德被毒杀。根据普鲁塔克记载的传闻，亚历山大高烧不退而死是因为有人下毒，而建议下毒的甚至亲手下毒的，正是他的老师亚里士多德。总之，师徒二人，死期仅差一年。

亚里士多德的思路，在柏拉图死前，是柏拉图主义的，崇尚理念（共相）的——请回忆“洞穴隐喻”里的太阳。但在柏拉图死后，他埋首于自然界的和人文界的经验研究，被《大英百科》认定为“历史上第一位真正的科学家”。他相信，人类的全部观念及知识最终基于想象（perception，又译“知觉”）。这样的学说，当然偏离了柏拉图主义——观念是永恒的，月映万川，故每一个人出生时灵魂已带着这些观念的种子，学习和求知的过程是唤醒这些观念的过程，是回忆的过程。

我们从柏拉图的洞穴隐喻和亚里士多德的知识论，可见到西方思想传统的两大分支——观念论和经验论——那时已发端。通常以亚历山大死亡的公元前 323 年为开端的“希腊化时期”，截止于公元前 31 年罗马占领托勒密王朝统治的埃及。见图 3.18，马其顿的亚历山大建立的帝国，它深入东方腹地。

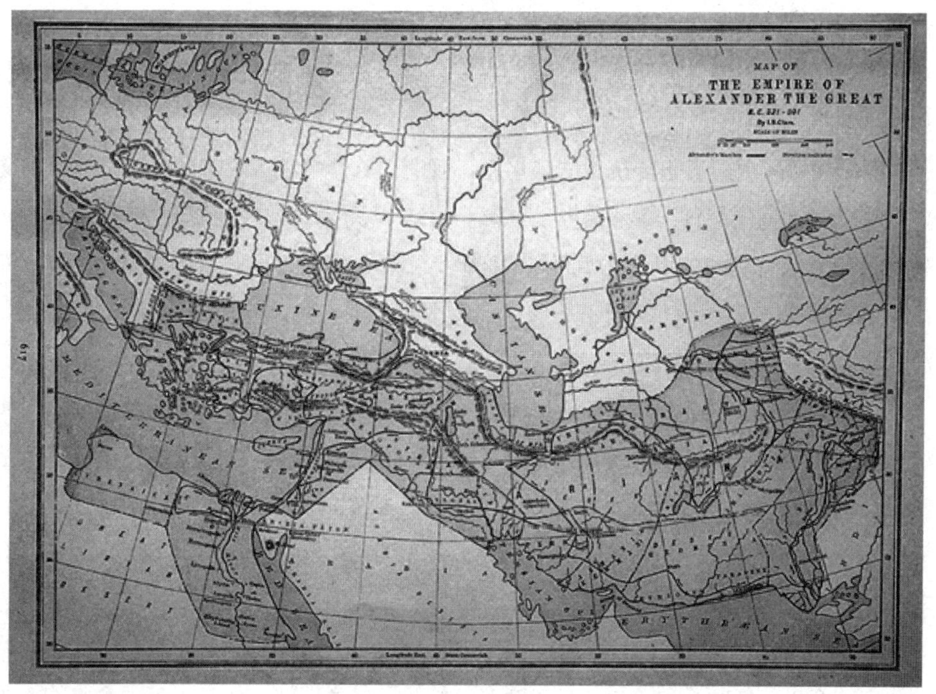

图 3.18

晚近 30 年的研究表明，希腊化时期的东西方思想交流孕育了犬儒主义、普罗提诺神秘主义、斯多葛主义、灵知主义（或“诺斯替主义”）。马克思说：“斯多葛主义是基督教的舅舅”。斯密毕生追随斯多葛主义。所谓“两希”（希腊—希伯来）文明，也是在这一时期融合为西方传统的。

回到“侥幸”，中古英语中“幸福”是侥幸的幸福，不是亚里士多德所说的“客观的真实感”，尤其不能“持久”。更何况，希腊的“幸福”特指“灵魂的”持久且好的状态。这样，现代的幸福观，在西方传统之内，流于肤浅，成为偶然发生且与灵魂无关的快乐。

由亚里士多德阐述的古希腊的幸福观念，经历了中世纪的幸福观念，进入近代英语传统，洛克和休谟的阐述流传最广。图 3.17 的左下方，我写了 Plato，然后有一个箭头指向 Hume“幸福三源：身体、心性、财富”。在洛克和休谟的思想传统里，幸福大致有这样三种来源。一个人可以因为健康、长寿、美貌等等身体的因素而有幸福感，一个人可以因为聪明、高尚、智慧、慷慨、温良恭俭让、拥有许多人的友谊和敬重等等品质而有幸福感，一个人还可以因为拥有财富而有幸福感。在这三类幸福感的来源当中，休谟指出，只有财富是可转让的。一位暴君不可能通过剥夺那些幸福的人的身体因素或心性品质来使自己更幸福，但他可能通过剥夺他人的财富而使自己更幸福。

所以，休谟论证，社会正义的核心在于：财产权利的稳定性、产权转让（交换）必须遵循自愿原则，且信守承诺。

现在我转向中国思想传统里的“幸福”观念。许慎（约58—约147）总结中国文字构成，概括为“六书”——指事、象形、会意、形声、转注、假借。不过，从公元前14世纪至前11世纪的甲骨文字到汉代许慎，中国文字演变已达千年之久。许慎《说文解字》收录的汉字，60%以上是形声字。甲骨文字，破译的大约数百字或一千字，都是单字，基于指事、象形、会意。

两字连用或四字连用，在汉语传统里发生很晚，要到唐代以后才大量出现。现代汉语的两字连用，许多都是“和制汉字”，从日本传入中国。我原以为“幸福”也是和制汉字，但检索《四库全书》和《四部丛刊》得知，幸福两字连用，明代已开始，见于黄宗羲《明文海》，有“倖福”两字。宋代张载（1020—1077）《张子全书》有“侥倖”两字，也有“幸福”两字。

甲骨文不见有“倖”字，但有“福”字，象形为：双手捧酒器于祭坛。故殷商时期此字的意思是祭酒祈福于天，当然就有“神祐”之意。这一涵义，与古希腊的幸福观念有相通之处。我始终相信古代人类的诸多文明有相通之处，在根本重要性的感受方面相通，例如，东西文明的早期，迟至公元前7世纪，都有强烈的天人感应以及这种感应的文字表达。老子是大约公元前6世纪的人，孔子稍后，柏拉图比庄子早，比孔子晚。雅斯贝尔斯所说的“轴心时代”，贯通中西。

至于神是否保佑，可能不必然。既然不是必然的，就有偶然性。不论如何，宋明以后，幸福连用，有侥幸得福的涵义。

我观察当代中国人的幸福感的来源，画了一张示意图，在图3.17（见192页）的上方。我写了一些文字：中国人的幸福感，目前主要源于“物质生活—社会生活”平面。此外，还有少数中国人，他们的幸福感源于“物质生活—精神生活”平面。我在“少数中国人”下面画了一条线，写了注释：他们可能获得信仰。我圈出“物质生活—精神生活”平面，写了注释：倾向于使社会瓦解。在图3.17的右侧，我写了：少数人的幸福感源于“社会生活—精神生活”平面。此处，我写了注释：（宗教）未来的政治力量。在我常用的三维理解框架的“物质生活—社会生活”平面，我写了注释：主流生活方式可能的特征：（1）政治平庸，（2）市民生活发达。

以上就是我观察的中国人的幸福状况。将这一状况与上述的西方幸福状况相比，我可以说，写在图3.17最下方：现代中国人的体验，休谟所说的三种幸福来源都重要。但是，我特别圈出“心性”来源，写了注释：现代中西交汇之焦点。我还画了一条连线指向三维理解框架的“物质生活—精神生活”平面，即“政治—宗教”之为中西幸福感的共同来源的可能性。

或者可以认为，中国人的大多数，幸福感的来源目前当然处于“物质—社会”平面内，但将来可能受少数人的影响，转入“物质—精神”平面，或转入“社会—精神”平面，寻求自己的幸福感。那时，对应地，中国将出现个人信仰的潮流，或出现“政治—宗教”的潮流。我们看到，北京的“白领”比较典型，白天在朝阳区的写字楼里上班，晚上去三里屯消遣。我们看到，杭州的“白领”对空泛的政治议题特别厌倦，完全无兴趣。但是，杭州的市民生活很发达，歌厅、西湖、休闲小吃。这些迹象符合我的判断：首先是政治平庸，其次是市民生活发达。那么，另外两种我说的“少数人”呢？他们在哪里？我观察，一部分宅男宅女，他们几乎完全不参与社会生活，他们生活在“物质—精神”平面里。如果他们的生活方式成为主流的，那么，当然，社会将瓦解。对大多数人而言，迟早，中国人的生命路径都会遵循我画过的一条曲线，沿着物质生活维度，逐渐转入社会生活维度，然后最终上升至精神生活维度。

以上的预言，我要提醒你们的是这一常识：信仰不是宗教。信仰是内在的，而宗教是外在的或信仰外化的结果。我认为“震颤派”的反仪式化的倾向，恰好表明了真的信仰是与宗教外壳相抗衡的。

现代的信仰，可以说，与审美经验类似，是纯粹的私人体验。这样的见解，中国古代儒家早就明白。故孔子感慨：古之学者为己，今之学者为人。

精神生活的维度，我以前解释过几次，其显著特征是：如果一个人的幸福感完全来自精神生活维度，那么，在我们旁观者看来，他的生活状态就是古人说的“不外求”，或者“完全的自足”。在中国，老子的状态如此。在现代西方，20世纪末叶“新精神运动”的领袖人物肯·威尔伯（Ken Wilber）的状态也是如此。为了区分于任何宗教，威尔伯这些人自称是“spiritual seekers”（精神探求者）。这种状态很可能预示着未来人类的生活方式。[1]

各民族的语言之所以还能互译，怀特海说，因为语言并非就是思想本身。人类

[1]　参阅《塞莱斯廷预言》，以及多年前我为这本书写的一篇书评“关于我们人类的下一个一千年”（见本讲“附录二”）。

在日常生活中对那些具有根本重要性的问题，有可以相通的感受。心理学家和脑科学家达成初步共识，人类共享五种原初情感：fear（惧怕）、sad（悲哀）、happiness（幸福）、anger（愤怒）、disgusting（恶心）。我在《行为经济学讲义》里介绍，由这些原初情感（primary feelings）复合而来的，复杂性逐级增加，是次级情感（secondary feelings）和三级情感（tertiary feelings）。各民族语言表达的二级和三级情感有相当大的差异，因此难以互译。我举例讨论过英文的两个情感词“envy”（因羡慕而产生的嫉妒）和“jealousy”（因为怕失去已有的具有宝贵价值的人或事而产生的嫉妒）。所以，这两个词常通译为“嫉妒”。不同的原初情感，似乎有不同的功能脑区。每一种次级情感，似乎由来自不同的功能脑区的信号复合而生。最后，三级情感的复杂性在于，来自不同脑区的信号之间有强烈冲突——典型的三级情感是“悲喜交加”和“爱恨交加”。

幸福，是一种原初情感，故可互译。基于中西字源学的考察，以及我观察的当代中国人关于幸福感的体验，我认为“幸福”这一观念既不与古希腊的“eudaemonia”相同，也不与英文“happiness”相同，而是兼有这两个西方幸福观念的一部分内涵。在很大程度上，中国人的“幸福”一词的内涵不同于古希腊的，是因为灵魂或神灵的观念从最近两代中国人的“无神论”生活中消失了，于是“持久的幸福”转而掺入了浓厚的“家族”观念，或干脆被认为是不可能的，于是蜕化为追求短暂幸福——在这一意义上成为“后现代的”幸福观念。

我特别要在第六讲的最后介绍许茨（Alfred Schutz，1899—1959）的社会科学思想，特别是他强调的让社会科学的概念成为“敏感于生活的概念”这一见解。然后，我要再次提醒你们学期论文的写作方法——怎样能够将你们的生命体验，尤其是你们感受到重要性的体验，注入到你们使用的概念之内，并写一篇学期论文？

附录一：民主的要素及其文化表达 [2007]

民主、科学，或与这两观念相类的其他观念，它们与中国文化的相容性，是近百年来中国社会变革及其路径探索过程中的恒久议题。

这一议题的提出，是中国人向西方人学习的过程不断深入的结果。自“器物”层面至“制度”层面，再由“制度”层面至“文化”层面，大致在1920年代，中西文化之间的实质差异对西方各项制度嵌入于中国社会时必会遭遇的制约，以及由此制约而来的中国与西方在器物层面可能呈现的长期差异，已成一相当普及的议题。

这篇文章的标题，前半部分表明我试图对“民主”观念作一“分析的”而非“综合的”考察，后半部分则表明我试图将分析得到的一些成分（要素）与“文化”概念结合，探讨这些成分的表达方式。具体而言，我试图将民主与文化的这种结合考察置于我所熟悉的行为学视角之下。在这一视角下，民主不再是一抽象观念，它的要素，或多或少可以在非西方的文化环境内表达自身，从而成为远比西方社会更具普遍性的人类社会现实的一部分。在这一更普遍的表达形式中，民主与自由之间也将呈现一种更清晰的交互作用关系。

在西方社会科学学术传统之内，公共选择理论和社会选择理论各自包含着极重要的关于“民主”的制度研究。前者较后者更偏于政治哲学方面，后者较前者更偏于数理逻辑方面。公共选择理论的基本看法，被概括为“立宪经济学”的命题，以布坎南的研究工作为主线。社会选择理论的基本看法，被概括为关于“不可能性”的命题，以阿罗的研究工作为主线。对公共选择理论和社会选择理论的新的综合，以阿玛蒂亚·森的研究工作为主线。

立宪经济学的基本命题，我尝试表述如下：每一社会成员为自己所参与的集体决策能够提供的个体理性选择的依据是，首先，他应当考察这一决策对他自身而言的个人成本与个人收益，仅当净收益足够高时，他的参与才符合“个体理性”原则，从而他的参与也才符合“契约主义”原则。否则，理性个体就应对这一决策投反对票——以“手”投票或以“脚”投票，或以其他各种方式落实的“反对”行动。其次，对给定的集体决策投赞成票和投反对票的理性个体，在符合某种程序正义的前提下，应可进入谈判过程，这一过程也是利益交换的过程，在多数情形下，谈判过程可以增加每一理性个体的净收益。日常生活中的谈判，涵盖了私人领域之外的全部公共领域，它的最高层次，称为“宪法层次”，也是在这一层次，社会全体成员，通过谈判，不断寻求私人领域的更恰当的界定。第三，在立宪层次，社会成员之间的谈判依赖于群体之内与群体之间能够达成的道德共识。

关于“不可能性”的诸命题，影响最大的是“阿罗不可能性定理”和“森不可能性定理”。阿罗定理意味着，不严格地说，如果全体社会成员同意尊重每一个人的全部逻辑可能的偏好，并且保持当有多于三个可选方案时的每一公共政策的逻辑自洽性，如果他们还同意“帕累托改善”的原则，那么，至少对于那些集结过程不依赖于具体情境的公共政策而言，独裁是一种无法避免的现象。而且，森的不可能性定理意味着，只要社会成员在给定的两个可选方案之间形成意见冲突，那么偏好与社会选择一致的那一社会成员就可以是独裁者，即社会的集结过程将在其余任何两个可选方案之间保持这一社会成员的偏好的独裁权力。

事实上，我们不妨将任一时刻的社会生活整体想象为许多相互独立的社会情境。

此处“情境”应界定为满足阿罗定理的全部假设所要求的社会生活的议题与范围，因此，每一情境都有一位且仅有一位社会成员是独裁者，故而，这些情境可被称为“私人领域”。然后，我们可以想象，受到规模经济效益和情感生活的诱惑，私人领域的独裁者们愿意就更广泛的议题在较私人领域更大的范围内进行合作。通过直接谈判或代议的委员会，在道德共识的基础上，私人之间达成可实施的互惠合作。从而，这些合作界定了范围和议题不同的“公共领域”。在这些公共领域内的社会成员所分享（并分摊其成本）的服务，也称为“俱乐部物品”——涵盖了私人物品和公共物品的更一般的物品。范围最大的俱乐部，迄今为止，被称为“民族国家”。较这一范围更大的公共领域，虽可被称为“世界”，却因缺乏道德共识而较“国家”远为不稳定。

任一社会过程（social procedure），其实质是基于自由讨论（free discussion）的道德共识（moral consensus）。最初并且最令人信服地论证了这一看法的，是布坎南和阿罗的老师弗兰克·奈特。与这一看法潜在地形成了强烈互补关系的，是哈耶克通过三卷本著作《法、立法与自由》传达给我们的思想：法治，不仅仅是一套制度，远比制度更重要的，是民众分享的一种精神。这一精神最初的表达，是洛克关于“宗教宽容”的书信。因缺少这一精神而发生的最著名后果，是苏格拉底之死。

奈特曾指出，任一社会，它的生命力——寻求文明进步的能力，端系于它的成员们对现实重要性的感受和表达，以及在多大程度上这些感受和表达不受社会制度的压抑。民主，作为西方社会进步的一种形式，很可能比西方社会能够找到的其他形式更少压抑了社会成员对重要性的感受和表达。但是，任何形式都可能压抑对重要性的感受和表达，民主这一形式也不能例外。如果民主制度的演化使足够多数的社会成员对重要性的感受变得日益迟钝，那么，文明的进步过程就将停滞。奈特还指出，一个民族能够达到的文明程度，取决于人们平均而言能够达到的包容度和理解力。

就民主诉求之发生的历史而言，民主发生在自由之后，并且是自由从少数人蔓延至多数人时必定会有的结果。换句话说，民主是“形式”，自由是“质料”，“民主—自由”是一范畴，民主之外的形式，也可与自由这一质料结合，生成不同于“民主—自由”的范畴。

民主不同于非民主，在于它的形式，而不在于它的内容。例如，一家之内若在三名完全一样的子女之间切分一蛋糕，由家长切分，与由任一子女切分相比，或与由全体子女推选出的任一家庭成员切分，结果（内容）很可能是一样的，即等分蛋糕。但形式不同，致使家长独裁下的等分，不能被称为“民主”。因此，我们不妨相信，民主的核心特征是它在古典时期就已具有的特征——“一人一票”。

就形式而言，民主可以有许多种类和不同的程度。布坎南曾刻画宪法参量为四层次:(1)选民和选票的界定。这一参量将选举权仅仅给予特定的人群，并且在这一人群内更进一步规定每一人的选票的权值，例如，平民一票相当于贵族二分之一票，外省人一票相当于本地人三分之一票，黑人一票相当于白人四分之一票，土著一票相当于白人五分之一票，诸如此类的不平等，曾出现在民主的历史当中，可视为权利由上而下由少数人而多数人的蔓延过程。(2)代议人数的界定，例如选区和所代表的选民数量。这里也可以有各地域之间的权利不平等，例如，某地域每十万人可选举的代表人数相当于其他地域每百万人可选举的代表人数，或某地域选举的代表可进入某一特定委员会而其他地域的代表不得进入该委员会，诸如此类。(3)代议人选的推举规则。例如，博达计票法、多数原则、简单多数原则，乃至三分之二多数原则等等，以及代表的任期，例如，四年、六年、连任期限乃至终身任期等等。(4)代议规则，即议会内部各委员会组成的规则以及各委员会表决的规则，此外还有一类特别重要的技术性规则，也是民主理论研究的重要课题之一，就是关于"议事日程"本身的规则，这类规则选择不当，将导致代议决策的"可操纵性"、"无决断性"、"自相矛盾性"或其他类型的不合情理。

以上所列，是就西方社会的民主实践而言曾经出现或可能具有的民主形式。在非西方社会，就"自由"这一实质而言，即便不出现西方式的民主形式，也可以出现实质相同故应同以名之的民主。这一拓展了的民主概念，不妨称为"广义的民主"。在这一扩展概念之内，包括了"以脚投票"的民主。后者源于各地之间的自由移民。移民的自由程度决定了各地政府之间能够形成的竞争的强烈程度，从而决定了民众以"脚"投票的权利对政府行为的制约强度。沿着这一思路，布坎南进一步提出了所谓"俱乐部物品"概念，并由此引发了当代经济学家关于大规模俱乐部经济的一般均衡的理论研究。

与"以手投票"相比，我们知道，对于"以脚投票"的民主，其实很难界定上述布坎南刻画的那些宪法参量。不易界定，最主要的理由在于，当任何一位选民以"脚"投票，例如，不赞成某一俱乐部的政策时，他的反对方式就是退出这一俱乐部。但这一行为会增加俱乐部其余成员各自分摊的俱乐部成本，从而诱致更多的成员退出或进入这一俱乐部。一个人的行为对其他人的行为产生这样的效应，经济学家称之为"外部效应"。以脚投票的外部效应往往强烈，而以手投票时，尤其是当投票以匿名方式进行，并且没有选票交易发生时，几乎没有这样的外部效应。当一个人的投票决策有强烈外部效应时，我们不能将他的一票看作是单纯的一票。例如，若某大国分摊着联合国经费开支的50%，则该国退出联合国将产生强烈的外部效应，甚或导致联合国的瓦解。一般而言，任一俱乐部的任一成员以脚投票所产生的外部效应，依赖于议题的内容，在某一议题上强烈的外部效应，可以在另一议题上不强烈。造成此种现象的，是同一成员在不同议题的集体决策中扮演的不同角色，而每一成员通常要承担多重角色。这一现象，致使"俱乐部经济"一般均衡存在性定理的证明难度极高。显示这一过程未必收敛的仿真程序，今天被称为"谢林程序"——他最早分析了人群的聚类与隔离过程，为这一重要的宏观现象找到了微观的行为学根据。

显然，当我们引入"广义的民主"概念时，民主的形式（即"个人权利"）不再独立于民主的内容（即"公共议题"）。民主的内容——可能是办教育，可能是投资实业，可能是限制移民，可能是社会保障，诸如此类的议题，归根结底，也就是"自由"本身。换句话说，在西方社会以外探讨民主问题，或在西方社会之内探讨广义的民主问题，我们不能回避民主与自由之间的关系问题。

自由是一繁杂多义的概念，甚至因此而不能成其为一个逻辑自洽的概念。现实世界里，"许多罪恶以自由之名而得实施"，足见人们对自由的理解千差万别且冲突不已。

不论如何，"自由"，其源自古代希腊的意思是"自主"（autonomy），并因此而与"道德"相关。贺麟先生曾引述黄建中《比较伦理学》的观点，译"autonomy"为"自律"，因而更近康德的自由学说，即自由意志将理性运用于自身所得的自律。不过，使"自由"概念的界说依赖于"自由意志"概念，导致了更深的困境（参阅阿伦特《精神生活》），这是欧陆的理想主义哲学传统尚待解决的重大问题之一。

在英美经验主义哲学传统中，自由有双重的涵义：（1）就经验而言，一个人感受到的自由程度，总是相对于他受到的约束而言的，是与因受约束而感到的不自由的程度成反比的。这一涵义的不自由，方东美先生谓之"不能从心所欲"的生命悲剧。（2）就经验而言，一个人感受到的自由程度，总是相对于他的诸种能力（capacities）而言的，是与能力不能获得实现的程度成反比的。须知，一种能力与该能力的实现之间，往往存在极大差距。例如，某甲有一种数学天赋，但因贫困而不能从事数学研究，毕生以击拳为职业，终于无法实现其数学能力。不论根据欧陆哲学的或英美哲学的理由，我们都说，这是一种不自由。

根据上列第一重涵义，考察自由的程度或不自由的程度，关键在于考察每一类行为所受的约束的类型与结构。对人类行为而言，约束可划分为三类：（A）大自然对人的约束。例如，奈特在抨击泛滥而无节制的自由主张时曾举例说，没有谁会因为不能飞翔而抱怨"不自由"。又例如，金岳霖在"自由意志与因果关系的关系"一文内举例说，一个人若因长相不佳而不能特别享受化妆之美，则他不会感觉自己"不自由"；（B）社会对人的约束。由于这一类约束，我们可能感觉不自由，也可能不感觉不自由。金岳霖曾在同一文章内举例说，英美女子在中国与男人交往，她们自己认为是一种自由，而中国女人可以不认为那是一种自由。这一差异，引导我们到“自我约束”概念，此即（C），这一类约束是行为主体施加给自己的，不如此，或许会感觉很不舒服，故而幸福感降低。布坎南在1994年的论文“Choosing What to Choose”的开篇询问读者，为什么我们在超级市场里“买”而不是“偷”一瓶矿泉水？因为我们有足够强烈的道德感，以致偷来的矿泉水对我们而言成本太高，反不如买来的便宜。

这样，布坎南所举的例子将我们的思路由英美哲学传统的“自由”概念带入经济学家的思路里面。在经济学家看来，“约束”就是“成本”，或者，任何约束都可以理解为是对行为主体施加了成本而成其为约束的。设想如果“偷”这一行为没有道德成本，则偷将成为普遍可行的策略。又设想，如果一个人不在乎社会对他的某一行为所施加的约束，这相当于社会对破坏约束者所施的成本（惩罚）在他的感受当中微不足道，那么，他当然可以视这一约束为虚设，从而感受到相应的自由。最后，设想如果飞翔的成本极低，以致每一个人随时可以飞翔，则飞翔将不构成大自然对我们的约束，并且那些不能飞翔的人将意识到他们之不能飞翔是因其无法支付极低的飞翔成本所致，从而将感觉到不自由。

经过上述一系列转换之后，我们看到，民主概念获得了一定程度的“可操作性”。首先，广义民主的基本要素是自由。前者是形式，后者是内容。其次，自由的程度与约束的程度成反比。第二，约束的强度可由行为主体必须为行为支付的代价（成本）来刻画。成本概念比约束条件来得更普遍，如上述，它涵盖了自然条件的约束、社会条件的约束、主观条件的约束，从而允许这三类约束相互转化。例如，随着知识的积累，人类学会了开发新能源并制造飞翔器械，于是缓解了以往被归入自然条件的约束，现在，只要支付足够高的成本，任何社会里的任何个人都可以飞翔。

这一转换也可以反过来运用。例如，经济发展的成果，在足够平等的收入分配之下，能够带来人均收入的普遍增长。后者意味着对每一个人而言，许多行为的代价比以前更低，从而意味着更高程度的自由。如果，由于足够平等的收入分配，这一更高程度的自由是在一个更大群体内实现的，则我们说，社会在“经济民主”方面获得了改善，其实，我们应当说，社会在“经济自由”方面获得了改善。或者，我们也可以说，社会的实质自由获得了改善，不论它是否采取了“民主”形式。事实上，借助于威权政府，我们也可以维持足够平等的收入分配，从而实现人均收入的普遍增长，从而改善我们社会的实质自由。在15世纪以前，与西方人所达到的实质自由相比，至少在伏尔泰和斯密看来，中国人是更优越的。中国人传统的社会秩序，梁漱溟先生指出，不是基于威权的，而是基于以“家庭”为本位的一套纲常伦理的。

我们生活在非西方社会里的人，当然也有日常行为，也有行为的代价，故而也有所谓“自由”，有所谓“广义的民主”。钱穆先生曾声称，中国传统社会里，自由和民主的程度远比西方更高。他的论证颇近似我们的思路，即从实际经验而不从单纯的形式来判断每一个人享有的自由和民主的程度。他的结论固然太强，但他的思路仍有价值，帮助我们思考民主和自由在不同文化之内的表达方式。

中国文化之本质不同于西方文化，根据梁漱溟先生在《东西文化及其哲学》和《中国文化要义》两书内的论述，就在于中国文化是以“家族”为本位的，而西方文化是以“个人—社会”为轴心的。由此一本质差异，生出一切其他方面的中西差异。至今，根据我的阅读和我的观察与思考，我仍深以梁先生此论为然。我希望补充说明，今天中国人与西方人因家族观念的差异而有的行为差异，多于双方处理与家庭情感有关的私人事务和公共事务的轻重缓急之中表现出来。这一特征，自梁漱溟的时代至今天我们的时代，似乎没有多少改变。

在家庭本位的社会里，或在家庭事务优先于私人事务与公共事务的社会里，与西方社会相比，个人权利往往被极大地忽略或侵蚀。但当代中国人感觉重要的个人权利，与西方民主社会赋予个人的权利，似乎有相当大的结构差异。所谓“结构差异”，是指个人在中国社会和在西方社会里享有的或欲求的权利束的成分不同。试举一例，我认识在美国成长和生活的一位中国女性，结识了一些西方男性，及至讨论婚姻事务时，终以双方价值观念无法协调而破裂。这位中国女性最感不舒服的，是西方男性有意或无意地总是将婚姻仅仅视为他与她两个人的事情，而不视为两个家族之间的事情。

权利，在当代政治哲学和社会选择理论中，是“一束”而非一项，因为权利与权利之间相互影响，不可分离，故只能同时界定每一社会成员的“权利束”，而不能孤立界定其中任一项权利。西方人感觉最重要的权利，基于洛克的定义，包含“生命”、“自由”、“财产”，这三类项目集结起来成一束权利——注意，此处是“生命权”而非“生命”，是“自由权”而非“自由”，是“财产权”而非“财产”。生命、自由、财产，不独西方社会有，非西方社会也有。而生命权、自由权、财产权，非西方社会未必有。西方社会面临的政治哲学和社会选择的核心问题在于：如何界定每一社会成员的自由与财产权利束？自法国大革命以来，这是西方政治哲学家和当代的社会选择理论家们努力要解决的问题。

对中国社会来说，不仅每一个人的自由权与财产权的界定成为问题，而且一个人的生命权，在许多情境内也无法界定。例如，患一绝症之后，他的“安乐死”的诉求，究竟是他个人的权利，还是他的家庭全体成员的权利，甚或是社会整体的权利？事实上，我们中国人似乎很少有单纯个人的权利及权利诉求，每一个人的权利束，总是与其他人的权利束纠缠不休，并且在发生利益争执的时候难分难解。所谓“亲兄弟明算账”，其实意味着我们亲兄弟之间或好朋友之间是很难算清楚这笔账的。

在考察当代中国人的权利体系时，我赞同马一浮先生的判断，不以“现实”为重，而以“现在”为重。前者是势力所致，往往只是一时流行，不具有长期性。与现实不同，“现在”是“过去”和“未来”之间的“在”，是悠久传统一以贯之的结果。遵循马一浮先生的思路，意味着我们要对中国人的本真生存作现象学的分析，以求得对“现在”的把握。

当代中国人的生存状况，其首要的塑形力量是“市场”，是来自西方文明的市场力量。与传统中国社会之内的市场完全不同，今天，市场力量似乎不再受到社会的约束。这一特征，由卡尔·波兰尼概括为“市场社会”——原本嵌入在社会内的市场反过来型塑母体社会。所谓“现代性”问题，在中国社会表现为双重的，不仅指西方社会面临的现代危机，而且指中国传统价值与生活方式的危机。

中国人面临的双重的现代性问题，百余年前即已引发诸如张之洞和梁启超等思想者的关注——所谓“体用”之争，又在1920—1940年代，成为中国知识分子多次论争的核心议题。这一旨在探究“中国社会性质”的长期论争，以“文化热”的形式延续至1980年代后期，再延续至今。此一问题在近百年间不断引发大众及知识群体的关注，反映出我们中国人的心性，大约十分不能适应“市场社会”的制度。

市场社会制度，其核心要素是与市场的本性相合的。这一本性被称为“金钱拜物教”，即每一元货币的影响力与任何其他一元货币完全相等，从而人的影响被金钱遮蔽。在这一意义下，市场也被称为“天生的平等派”。我们说，人的影响被金钱遮蔽，绝不是说市场不会受到少数人的影响，任何人，只要拥有足够多的金钱票数，就可以垄断或操纵市场。与这一经济基础相适应的，是西方式的民主——“一人一票”是它的理想类型。与金钱的遮蔽作用类似，这里，一人一票的民主形式绝不意味着没有阿罗意义的“独裁者”。只是，独裁者的影响力被民主遮蔽了而已。

既然如此，一位传统中国文化及其社会秩序的卫道士，如钱穆先生或牟宗三先生，或当代“新儒家”的任何一位代表人物，就难免要站出来批评西方民主之不切实际，尤其不切合中国的实际。因为，民主并不能取消或缓解真实权力的不平等分布——“权力”通常被定义为“一个人对其他人的影响力”。与其如此，不如干脆承认人与人之间原本就有各种类型的不平等，然后诉诸纲常伦理，反而更自然且更合乎人情。

以上论述似乎意味着，民主的最核心要素，不妨称为“形式平等的权利”，在中国文化里难以获得恰当的表达。尽管如此，我们看到，民主的另一核心要素，不妨称之为“实质自由”，在中国文化里是可以获得相当充分表达的。只不过，一旦中国社会跟随西方社会演变为“国家主义”的而不再是“天下主义”的时候，个人可能享有的实质自由，若无一套“权利”的保护，便很容易遭受国家权力的侵犯。因此，在政治层面，中国人不得不追随西方人，兴起个人权利的诉求，以抗衡国家与政府。这样兴起的权利体系，德文的表述比较准确，称为“法权”——合法并由法律体系支持和保护的权利。

可是，中国人的权利诉求，如同一柄双刃剑。一方面，它帮助个体抗衡国家。另一方面，它瓦解传统中国的家庭秩序，使夫妻、父子、兄弟之间难以落实传统的“纲常”关系，从而使家庭成员之间不得不兴起类似西方社会人际交往的一套“契约”关系。纲常关系的基础是情感，契约关系的基础是法权。契约关系兴起，遂使人际情感冷漠。这一状况，对中国人的心灵而言，日益变得难以承受。

梁漱溟说，中国文化传统有“己所不欲，勿施于人”的行为准则，相当于承认自己的利益也承认他人的利益。梁先生认为这是民主精神的第一种表现。其次，在同一群体内，中国人反对“唯我独尊”的态度。梁先生认为这是民主精神的第二种表现。第三，中国人喜欢讲道理，以理服人，而不像西方人那样，动辄要诉诸武力。梁先生认为这是民主精神的第三种表现。所以，梁先生指出，中国人可以有民主之精神，却仍没有民主之形式——法律的和政治的。

中国社会没有民主之法律和政治的形式，日常的公共决策是怎样作出的呢？钱穆先生指出，传统的办法是“贤均从众”——对一项议题的看法，大家首先听从贤者的意见，如果代表争议双方的贤者们争执不下，则可听从能够说服多数人的那一方的意见。这样的决策方法，首先是“贤”，其次是“众”。故而，中国社会的政治文化传统，是精英导向的。如果一个社会的精英群体能够保持其优秀品格，那么，精英导向的政治文化传统或许比平民主义的政治文化传统更加优越。然而，中国的“士”的传统在西方强势文明的冲击下早已瓦解，不再能够承担上述的使命。这一状况，是我们面临的双重的现代性问题的一部分，是它在政治和法律领域内的表现。

我观察最近20年中国社会的变迁，大约仍在上述的200年来中国社会变迁的“双重现代危机”的框架之内，就算目前的社会变迁再延续200年，以我的判断，仍会在此一框架之内徘徊。因此，“形式平等”权利，作为民主的要素，或许仍难获得它在中国文化之内的表达。另一方面，若目前中国社会的“国家主义”倾向不被削弱，个体的权利诉求必定日益高涨，导致上述中国人的心灵与政治秩序之间的紧张关系更趋恶化。

作为这篇文章的结尾，我提出下面这一目前已紧迫要求解决却只有在未来才可能获得解决的制度经济学问题：基于中国人的情感方式，为将西方市场制度有效地嵌入中国社会而必须赋予每一个人的民主权利及相关的个人权利束，在中国社会应怎样界定，以及应界定至何种清晰程度？

附录二：关于我们人类的下一个一千年——读《塞莱斯廷预言》

一部《塞莱斯廷预言》（James Redfield，*The Celestine Prophecy*）[1] 在美国卖了600万册，这一事实足以引起人们的兴趣。1997年夏，我被一位朋友拉去郑州，讲解为什么“伟大社会”的特征是鼓励一切人在一切方向上探索。会后见到了一位两鬓斑白的壮士，亮闪闪的眸子透着卓而不群。他送我一本书，题记里有如下这段话：……澄明人类应该选择“有意识进化”的新见解……对您已把握的学术命题的赞同与支持。这书的第一章标题“大众觉醒”很吸引了我的注意，就在回程的软卧包厢里，伴着家人的鼾声，我一直读完这书的第九章“新兴文化”。凝视这本译著的封面，在书名之下有一行英文小字：“一部人生经验的奇妙作品——我不得不一口气读完它。”

作者以进化论和物理科学来解释他故事中的九条“真知”。理解这本书的关键不在于你是否接受西方知识传统中的生物学、物理学、心理学以及其他科学叙事的合法性。只要你承认人的存在是在事件之流的“时间”中存在，并且“时间”正是意识到了的世界的扩展，那么下面这段话就是有意义的：“在整个人类历史上，这样的进化一直是无意识地进行着，这可以用来解释为什么文明会进步，为什么生命越来越大、越来越长等现象。可是现在，我们要让这个过程变得有意识。这就是手稿所要告诉我们的。这也就是全世界精神意识运动的意义所在。”（页131）

事实上，在我看来，这本打动了600万美国读者的心的小书，刚好成为西方社会“后现代”现象的一部分。人们不再安于工业化创造出来的富足而机械的生活方式：毫无特色地降生到人间并且毫无特色地死去；在出生与死亡之间，是千篇一律的小学、中学、大学；找一份稳定的工作，按月交纳心爱的但属于银行的住房的分期付款，在习惯了的场合按习惯的方式结交异性（或同性），洁白仪式下的婚礼与婴儿的出生，不出格的日常口角，并且为获得不出格的儿童教育日夜操心；最后，按月收到的年金不多不少，刚好足以维持平淡的晚年生活。与此同时，人们焦虑地意识到生存环境正在一天天恶化下去。

“……要记住，当现代社会的大部分弊病能归结到人的焦躁不安和有所企求时，

[1] 中译本见昆仑出版社，1997年，张建民、唐建清译。

那么，与人交往方面的问题就有了解决的可能。我们最终会意识到我们所追求的真正目标，意识到那种特别的给人们以满足感的体验的真正涵义。当我们充分把握这种体验，我们就达到了第一条真知的境界”。（页 7）故事说的是秘鲁境内流传着的，写于公元前 6 世纪的一份手稿，其中包括 9 条预言（真知），涉及人类在公元 2000 年以后的命运。例如，我们被告知，到了约 2500 年，人类的数目将比目前少很多，并且居住在有 500 年以上树龄的大森林里，由城市中自动运行的无人工厂提供生活必需品。作为一个充分理性的现代人，你尽可以怀疑这些真知的权威性，因为作者显然无法证明他的故事的真实性。我想提醒你思考的问题是，这些很可能是虚构的“真知”为什么会打动 600 万人的心。

第一条真知告诉我们：到了大约公元 2000 年的时候，人们会发现那些原先只是偶然出现的焦虑开始带有普遍意义。夫妻之间日常的口角、同事之间的误会、陌路人之间冷漠的眼光，所有这些偶发事件现在都传递着同一个信号：普遍的“烦”意味着普遍的焦虑，而普遍的焦虑正是大众觉醒的前提（第一章的英文标题是“A Critical Mass”，即具有批判性的大众）。克尔凯郭尔说，“焦虑”是意识到“自由”的结果。好像暗夜里沿山路上行，突然意识到每一次迈步都有可能坠入万丈深渊。这里的“自由”包含了两个互为前提的方面：其一，自由就是出现了“选择”的可能，换句话说，任何自由都表现为选择的自由；其二，自由总是对“确定性”的摧毁，也就是说，被预先决定了的事情是谈不上“自由”的。生活在韦伯所谓的“传统权威”之下的人，按照神或神化了的权威的旨意生活，不能称为“自由人”。启蒙了的现代人有足够的力量对自己的生活负责，所以开始感受到“焦虑”。对焦虑的反思或者渴求缓解这折磨人的“焦虑”的欲望使我们追问，我们选择的终极目的何在。选择是为了什么？有所追求才会有所选择；有所不满才会有所追求。

时光倒退一千年，第二条真知告诉我们那个时代的探索：“……探索者被打发出去，用科学方法去寻求人类生活的意义，但他们一时回不来……”（页 39）探索者们一时回不来，布鲁诺、伽利略、牛顿、达尔文、爱因斯坦……一千年的探索，一千年人生意义的追寻，终至尼采对“漫无目的的求知冲动”的批判和对艺术人生的向往。西方人绕航地球一千年发现了东方，“东方与西方的思想确实可以融合成一个更高层次的真理”（页 157），海德格尔要在大地上诗意地栖居。探索者终于归来，带给我们其余的预言。第三条真知说：“……在第二个千年将要终结的时候，人类将发现一种新的能量，这种能量构成一切事物的基础并向外发散，人也不例外”（页 47）。不仅如此，手稿还认为：“人类对这种能量的认识最初是从对美的高度敏感开始的。”事实上，经由美感而获得宇宙能量，这是作者讲述的故事的贯穿始终的情节。在第五章，对这一体验的描述最为生动："我这么坐着，深为远处紫色的丘陵所产生的亲近感而感动……头顶上飘过几朵白云，让我产生了同样的感觉。我感到好像自己可以够到这些云朵，可以用手去触摸。在我伸手想触摸它们的当儿，我发现自己身体出现了不同的感觉。我的手臂轻松自如地伸向天空，而且毫不费力地挺起背、颈，和头。我从盘腿而坐的姿势站起来时没有用手臂。我舒展了一下身体。那完全是一种轻飘飘的感觉……我得到的并非是一种视觉体验，而是一种切肤之感，那些迎风摆动的树林就好像我身上的毛发一样。我感到周围的一切是我的一部分……我意识到，我的生活事实上并非始自我的意识和始自我降生到这个星球。我的生活，在我其他部分形成时，也就是我真正的肉体——宇宙本身形成时就开始了"（页 106—108）。"人类。我的视线终止了。我一眼看到了整个的进化过程。物质的出现，然后进化……创造合适的条件，最后人类终于出现了……为我们每一个人的出现创造条件"（页 110）。"食物是获取能量的第一条途径……但是，为了充分吸收食物中的能量，吃东西时应加以品味……个人的能量通过这种方法提高之后，你对万事万物的能量才会变得更加敏感……而且你不吃东西也可以获取能量……当你欣赏到万物的美和独特性时，你便接受能量。当你达到了爱的境界时，只要你愿意，你便可以将能量送回去……我在树边坐了好长一段时间，我越是将注意力集中到树上并赞叹其形状和色彩，我产生的爱意也就越多。这是一种极不平常的体验。我想象自己的能量流过去，充满了那棵树……"（页 120—123）

奥特神学理论的重要支点是关于上帝的"位格"论。人与自然的关系最初是"我—你"关系，但科学的发展把这关系变成了"我—它"关系，外界成了"我"征服的对象。人对上帝的认识最终会把人与自然的关系带回到"我—你"关系上去。这里的"我—你"关系正是通过美感的超验性而达到爱。获得美感是使我们得以超越日常生活的烦的现在看来唯一的途径。日常生活的"烦"发源于生存竞争，而"人性"在竞争生存资源的搏斗中渐渐沉沦为"兽性"。审美则要求从搏杀纠缠中跳出来，与日常生活保持审美的距离。

第四条真知说："……人类最终会明了宇宙是由一种能动的能量构成的，这种能量支撑我们的生命，并对我们的期待作出反应。然而，我们也将明白，我们与这种能量的主要源泉仍然隔绝，我们将自己孤立起来，所以我们感到软弱，没有信心，空虚。面对这种匮乏，我们人类总是设法增强我们个人的能量，通过我们所知的唯一方式：从心理上设法窃取他人的能量——这是一种无意识的争夺，世界上一切人与人之间的冲突缘此而起。"（页 71）"……当某个人与另一个人相遇互相交谈，生活中这种事极为普遍——那么十有八九会有这种事：分手时那个人要么感到强悍要么感到虚弱，这取决于交往中出现的具体情况……我们习惯于说一些必须说的话，以便在交谈中占上风。我们每个人想方设法要控制对方，这样好在争辩中处于主动……所有这一切，大多数人并不清楚。我们所知道的是我们觉得虚弱，而当我们控制别人时，我们感觉良好……许多人一生习惯于攫取他人的能量”（页 77—95）。“……人类一旦明白他们的争斗……就会立刻开始超越这种冲突”（页 97）。第五条真知认为：“我们必须正视我们控制他人的特殊方式……人类一直感到能量的不足，因而一直想方设法来互相控制，获取流动于人际之间的能量……改掉这样的习惯并不是件容易的事，这是因为这种习惯是从无意识之中开始的……称之为无意识控制剧”（页 132）。

在第六条真知里，这些控制剧被划分为“威胁者，审视者，冷漠者，可怜者”（页 143）。“我们不仅仅是我们父母亲的物质创造物，我们也是他们的精神创造物……你必须承认，真正的你始自你对父母亲所认识了的真理采取的立场……你的整个生活就是寻找一种能够自我提高的生活。你的父母亲没有能够协调好这个问题。他们将问题留给了你。这是你的进化问题，是你毕生的追求……我们都应审视我们生活中的重要转折点，并用进化的观点来重新解释这些转折点……我们可以找到更高层次上的自己，即进化过程中我们的身份”（页 152—164）。

通过审美来达到同宇宙的接通，人们必须放弃他们习惯玩儿的“控制剧”，以便让更高级的思想——往往以直觉的形式——进入脑海。此时，梦境或直觉提供给我们“有意识进化”的重要信息，让巧合或偶然事件引导我们向前走。“一旦你意识到了此时活跃于你生活中的问题，你总能够得到某种直觉的启示，告诉你该怎么办，到哪里去，下一步该怎么走，有一种预感。而且总是这样。如果你头脑里想的问题不对，那么便不会有这种预感。”这就是第七条真知的内容：“……有意识地自我进化过程，对每一巧合，每一宇宙提供给你的答案保持警觉”（页 172—174）。不过人们必须知道，通过这种方式得到的种种答案其实总是来自他人，来自人际交往。因为巧合或偶然事件总是通过与他人交往发生的，社会交往是获取这些信息的途径。这导致了第八条真知——“人际伦理”。我们对待他人的态度决定了我们的进化速度以及我们的生活问题得到回答的速度。“如果两个人的目光突然但是自然地相遇，那么他们应当交谈。”

放弃控制剧，关注他人，对由此而来的信息保持警觉。这是人际伦理的一部分内容。此外，“当一个人开始变得头脑清醒，并投身到进化之中去的时候，任何人都会因为依恋于他人而突然中止进化……依恋他人这一说法可以用来解释为什么权力斗争起源于情侣关系……爱恋刚刚出现时，两人都无意识地给对方提供能量，所以两人都感到精神振奋，喜气洋洋。不幸的是，一旦他们指望从对方获得这一情感，他们切断了同宇宙的能量联系，因而开始越来越依赖于对方，以求获取能量。可是现在又没有足够的能量，所以他们不再给对方提供能量。这样他们又倒退到他们玩儿的控制剧中……他们之间的关系通常蜕化成权力斗争。”（页 214—215）所以，“我们首先得画完我们自己的圆。我们要保持与宇宙的通路顺畅。那需要时间……在此以后，我们与另一个完整的人建立浪漫关系，我们就创造了一个超人……”（页 218）

最后，关于第九条真知，作者说：“一旦我们成了批判群体，而且这些真知在全球范围内出现，那么人类会第一次体验到深刻的自我反省……他们经常会发现，他们的工作不对头，为了继续成长，他们不得不换工作……在一个通常的工作环境内，我们无法做到说实话，办实事。所以我们要想方设法削减一部分工作时间来寻求真理……我们需要物质生产自动化……将我们解放了出来，去发展壮大这样一个信息时代……这个星球上的变革会产生一个全新的精神文化……”（页 253—271）奇迹是这样发生的：“整群整群的人一旦达到了一定的感应水平，会在那些仍然在低级水平上感应的人面前突然销声匿迹。对这些低级的人来说，那些人好像消失了，其实他们感觉到自己仍在那儿，只是他们体态更轻……玛雅人一起超越了这一过程。”我承认这好像是作者毫无根据的猜测。但是这图景对我来说非常具有诱惑力，它刺激我的想象，引发我思考。

第四讲

2014年11月2日 / 下午3:00—6:00 / 二教314

经济学的开端

原创的经济学家与经济学的原创议题

一、作为“文化现象”的创造性活动

二、首位原创性经济学家：威廉·配第

1.从抽象上升到具体

2.配第的传奇人生

3.社会科学方法：从培根到霍布斯

4.从微观体验想象宏观秩序

5.土地与劳动的比价问题

三、存量经济学：弗里德曼与威克斯蒂德

附录：中国需要什么样的经济学？

一、作为“文化现象”的创造性活动

今天是第四讲，让我简短回顾前三讲的主题：第一讲是概述；第二讲介绍古典政治经济学的开端，以及经济学从古典到现代的转折时期；第三讲介绍德国历史学派及这一学派对东亚现代化初期政策的影响，并讨论了你们的学期论文撰写方法。

现在我们仍在第二讲的主题里，如图 3.7 所示，而且不论有多少课时，也讲不完我贴在心智地图第二讲的这许多内容，例如我列出的 10 本参考教材。所以，我仍以关键人物的关键思想为课程主题。

在思想史视角下，我首先想到的是这几位关键人物，如图 4.1，坎蒂隆、李嘉图、杨格和阿罗，都已是你们熟悉的人物，配第稍后介绍。在经济学思想史视角下，他们之所以是关键人物，因为，至少我这样认为，他们是最富原创性的经济学家，很像是经济学领域里的企业家——为宣泄太多的心理能量不得不拼力创新。我始终相信那些被称为“企业家”的人，他们的创新冲动，归根结底是因为他们必须宣泄过多的心理能量，不如此宣泄，他们就会感到剧烈的痛苦。在经济学的开端时期，如同其他学科的开端时期一样，人们可以选择许多可能的方向，此时，那些最富原创性的人通常决定了学科的发展方向。

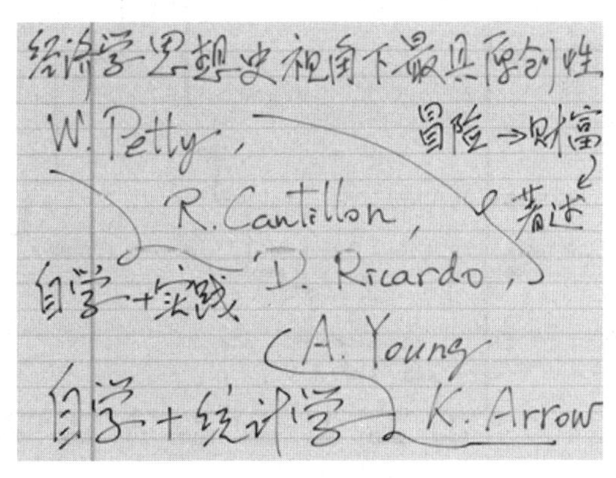

图 4.1

有一种文化现象，至少被人类学家视为“文化现象”，最初由克鲁伯（Alfred Louis Kroeber，1876—1960）注意到，并就此发表了一些初步的研究成果。这位克鲁伯也是传奇式人物，被戏称为“美国人类学家的院长”，足见他具有卡里斯玛人格魅力。据说，在很多年里，的同时代学者们常常模仿他的胡子，并追随他的文化人类学思路。

关于美国人类学家最初的几位泰斗，我在《新政治经济学讲义》第八讲有这样一段文字："洪堡的文化人类学观念由他的学生博厄斯（Franz Boas，1858—1942）带到美国哥伦比亚大学，成为美国人类学和现代人类学的开端。"（第 539 页）克鲁伯于 1901 年获得哥伦比亚大学人类学博士学位，他的导师就是博厄斯。

事实上，克鲁伯的文凭是哥伦比亚大学颁发的第一个人类学博士文凭，而且他的博士论文只有 28 页，是关于装饰符号学的——我记得张五常的博士论文只有 14 页，其实也是一篇文章。

克鲁伯注意到，伟大文明的创造性是突发性的，而不是均匀分布的。他收集了西方文化传统中的创造性作品的大量数据，如图 4.2，显然，公元前 500 年是西方文明创造性的顶峰。后来他指导的一名博士生，格雷（Charles Edward Gray），也成为人类学名家，继续研究文明的创造性问题，图 4.3 取自这位学生发表的文章，"西方文明创造性的一种度量"[1]。

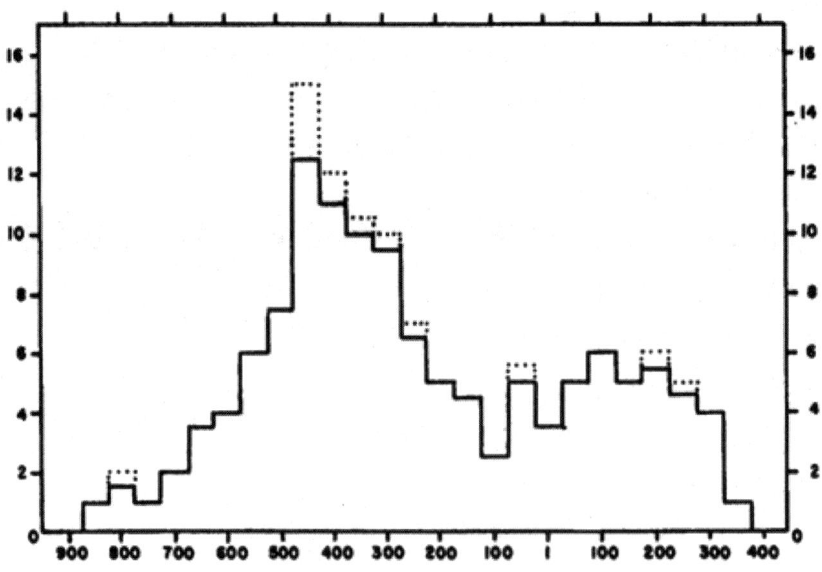

FIGURE 1. Cumulative profile of items in figure on p. 690 of *Configurations of Culture Growth*.

图 4.2

克鲁伯的图 4.2 显示的是公元前 900 年至公元 400 年之间古代希腊罗马文明的创造性波动，他收集的数据仅限于艺术和哲学。纵轴代表极富原创性的艺术作品和哲学

[1] 参阅 Charles Edward Gray, "A Measurement of Creativity in Western Civilization", in *American Anthropologist*, vol.68, no.6 [1966], pp.1384-1417。

作品的件数，鼎盛时期（对应于柏拉图的时代）不过十几件这样的作品，可见克鲁伯的标准很苛刻。格雷用另一指标来度量文明创造性，他的图 4.3，纵轴代表极富原创性的人物按照重要性加权得到的数目，横轴代表时间，接着老师的工作，从公元 850 年到公元 1935 年。这里出现了三次创造性突发期：1620 年代，1830 年代，1900 年代。

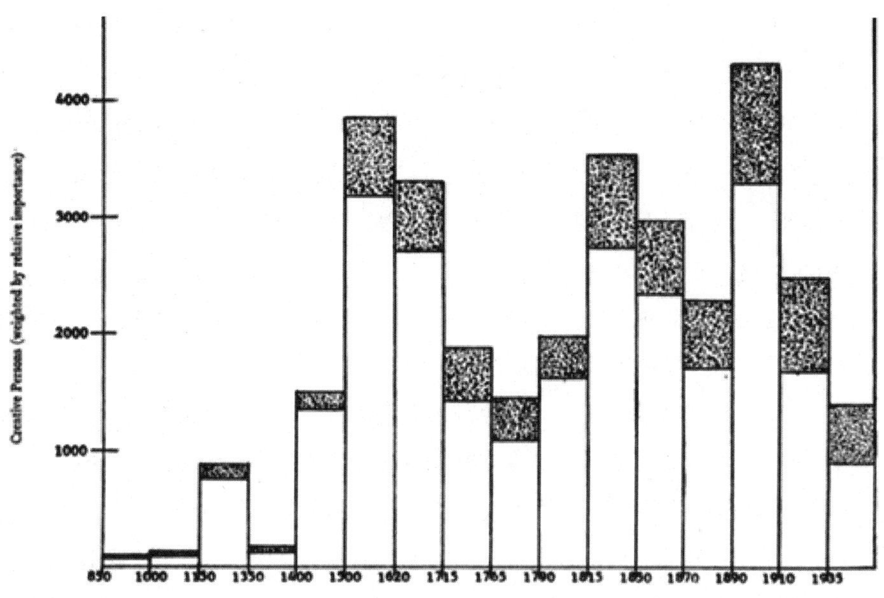

图 4.3

荣格多次阐述“意识”的结构，他将“集体无意识”视为一种心理能量流。图 4.4 是三年前我读荣格著作时绘制的示意图。荣格认为，不仅人类分享而且人类与哺乳动物甚至更低级的动物分享集体无意识。似乎地球上的心理能量流（the psyche energy）决定了全体生命现象。

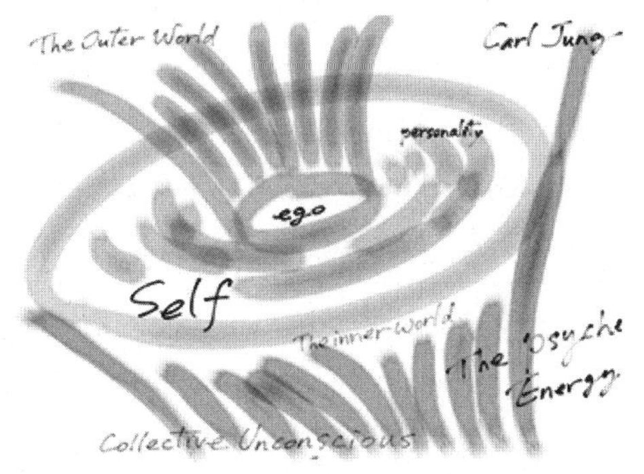

图 4.4

也因此，荣格描述的生命现象（图示“inner world”），更像是地下生长的根茎团块，纠缠交错，仅当这些根茎偶然涌现到地面之上时，才表现为个体生命（图示“personality”），才有单独的枝干和果实，所谓“外部世界”（图示的“the outer world”）。

关于创造性活动的心理学研究，晚近十几年有大量文献发表。研究者们试图理解的最令人困惑的心理现象是：原创性与精神分裂（或“狂躁—抑郁”两极化）人格特质之间呈现显著且强烈的正相关性（详见我的《行为经济学讲义》）。

相当多的文献作者注意到，原创观念的最大特征是思考者的强烈发散型的思维方式，故而他们试图从演化学说寻求解释，将精神分裂型人格（通常由强烈发散型的思维方式引发）视为生命个体为使他们所属群体保持一定的创新能力以适应变幻莫测的生存环境而支付的代价。我在行为经济学课堂介绍过这些文献，此处不赘。

图 4.2 和图 4.3 意味着，地球上的心理能量流显然不是常量，故原创观念或原创人物的涌现是突发性的。我在第二讲也特别讨论过，人类社会的天才人物，沿时间维度的分布密度非常不均匀。总之，有一些蛛丝马迹向我们暗示，人类的创造性确实是痉挛式降临的。于是可以理解，经济学的原创人物，也是痉挛式产生的，他们密集出现在某些时段，而在其余的时段则完全消失。

另外，在第一讲，图 1.10，与鲍莫尔关于制度和企业家才能之间关系的探讨密切相关，我介绍了老艾森克关于创造性能力的研究。

我们可从图 4.2 和图 4.3 推测人类原创性的几个爆发期：第一次爆发期对应于雅典城邦的鼎盛期，而雅典的民主制度始终被认为是最优越且后来者无法模仿的（因为人口迅速增加而不再有雅典式“直接民主”）；第二次爆发期大致对应于“文艺复兴”运动，那时的意大利城邦似乎也被认为是采取了很优秀的制度；第三次和第四次爆发期分别在 19 世纪初叶以及 19 世纪和 20 世纪的交替处，很难判断那时的社会制度是否比现代的更优越，但我们从第一次世界大战之后弥漫欧洲知识界的悲观主义情绪不难判断，大战之前的 100 年在他们看来确实是西方文明的黄金时代。

我在图 4.1 中列出的这 5 位最有创新精神的经济学家，他们共同的特点，我写出来了。配第、坎蒂隆、李嘉图，首先是实践经验丰富，如果头脑优秀，那么，丰富的实践经验可以使人洞察最基本的社会运行原理。事实上，这三位都是冒险家，由冒险而致富，然后将自己的感悟记录成文——也未必就是经济学文章，那时，经济学还不是独立学科（请参阅第一讲提及的梅森那篇回忆哈佛大学经济学教育史的文章）。

到了杨格和阿罗，时代变了，社会制度允许头脑优秀的人成为学院派大师，不过首先要自学成才——这是头脑优秀的明证。于是，他们两位的共同特点是，有超常的统计学直觉——我感觉许多人都忽视了经济学理论大师们通常有超常的统计直觉这一事实，统计直觉之于经济学理论，大约就相当于前面三位通过丰富的实践经验来洞察社会运行的基本原理。

杨格最早担任美国统计学会的会长，当然有超常的统计直觉。阿罗的学历，在哥伦比亚大学跟随数理统计学名家哈罗德·霍特林。虽然，我们经济学家都记得阿罗的这位导师是经济学家，因为在新政治经济学文献里，有“Hotelling Model”，但他确实是数学家或数理统计学家，他加盟哥伦比亚大学之前是斯坦福大学的数学系教授，在哥伦比亚大学任教 15 年之后，又转到北卡大学担任数理统计学教授直到去世。他在哥大任教期间，弗里德曼和阿罗先后到他那里学习统计学。阿罗回忆自己是在他的劝说下才转入哥伦比亚大学经济系读书的。

根据第一讲我列出的萨缪尔森主编的那本书的记载，弗里德曼有超常的统计直觉，在战争期间，他服务于海军部门，被指派研究如何根据飞机弹孔数目预测飞机下一次执行任务被击落的概率。结果，他的预测远比那里的工程师们以往的预测更准确。不过，我不认为他是最具原创性的经济学家。

我记得在萨缪尔森为《科学》杂志撰写 1972 年分享诺贝尔经济学奖的两位经济学家阿罗和希克斯的介绍时，特别提及希克斯是自学成才的，于是应当是有直觉的经济学家（请回忆我在第二讲提及的希克斯直觉）。

我再强调一次，在现代经济学训练中，你们首先要具备统计直觉，然后可能成为伟大的经济学家。社会科学家必须作案例研究，通过案例洞察现实社会运行的基本原理。张五常和周其仁，据我观察，都是这样训练成为优秀经济学家的。如果你们在学院派训练中没有机会作案例调查，那么，我建议你们试着从统计研究中培养直觉。虽然，据我观察目前的计量经济学课程很少有统计直觉的训练。

华尔街有一位金融奇才彼得·林奇（Peter Lynch），他管理的“富达”（Fidelity）基金，10 年内成为“富可敌国”的大基金，与当时哥伦比亚的 GNP 等值。我在美国读书的时候，特别喜欢读他的书。他上学的时候，在高尔夫球场当“球童”，就是扛着球杆跟在打球的人后面，一边走，一边听人家谈话。因为打高尔夫球的人，有许多都是华尔街的金融老板。他有统计学直觉，因为在休息室，老板看着墙板上显示的股票价格，林奇跟着看，他往往能猜对下一个时刻这只股票的价位。于是，那位老板就聘了林奇来工作。弗里德曼也是盯着统计数据看，最后有了统计直觉。

阿罗在第二次世界大战期间服务于美国军方，他负责研究美国的海岸大炮的最优布局问题，这是运筹学问题，但要求研究者有很好的统计直觉。

二、首位原创性经济学家：威廉·配第

我继续介绍第一位最具原创性的经济学家，威廉·配第，我在第二讲图 2.8 中已列出了他的名字和生卒年代。图 4.6 中，第三章的主题就是配第。

1. 从抽象上升到具体

图 4.5 是第一讲我推荐的教材之一种，*An Outline of the History of Economic Thought* 的封面。这本书第 I 部分的标题是“From the Origins to Keynes”（“从诸起源到凯恩斯”）。我在 2012 年的经济学思想史研究班用过这本书。

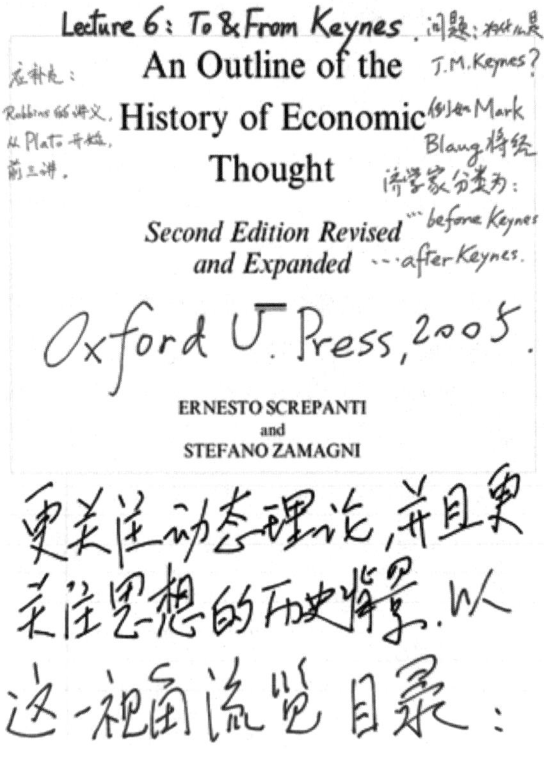

图 4.5

图 4.5 出自那一年我的第六讲讲义，故有我写的文字。值得你们关注的思想史问题写在右上角：为什么是凯恩斯？经济思想史的泰斗马克·布劳格，是我在第一讲介绍的沃伦·萨缪尔斯主编的那本书里收录的经济学思想史名家当中我知道的 6 位的第一位，他将经济学史划分为两段，以凯恩斯为分界。

图 4.6 是我第一讲推荐的另一本教材 *The Wealth of Ideas* 的目录第 1 页，我在这一页写的文字也值得关注。经济学的理论化过程有四个步骤，其一，将实践者的观察和想象表达为“观念”（请回忆我在第一讲讨论的柏拉图“洞穴隐喻”）。这一步最关键，如果我们领会了柏拉图的隐喻。

其二，从观念到“概念”，后者是有内部结构的，根据金岳霖《知识论》，观念没有内部结构故最为直观，概念是在观念之内分殊出来一些要素，例如A、B、C、D、E，并且有单向或双向的关系，例如A影响D，C影响E，等等。科学，而不是“前科学”，必须基于这些要素之间的关系才可有所发展，这就是第三步骤——

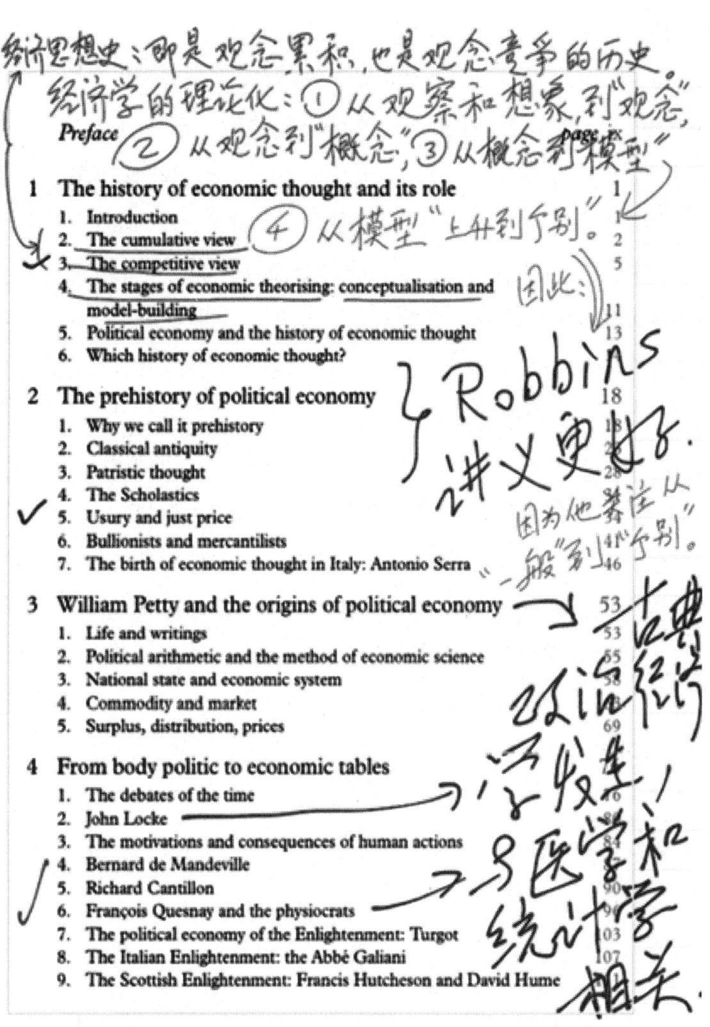

Preface page ix

图 4.6

其三，从概念到“模型”，因为有内部结构，所以诸要素之间的关系可被观测乃至度量，于是有定量的关系，或由数学符号表达的关系即数学模型。通常，在社会科学中，数学之必要性在于补充数据之不足。可是晚近30年国内经济学的演化，似乎是数据之必要性在于为数学模型提供脚注。这就有必要提出第四步骤——

其四，从模型上升到“个别”。这一表达，我从马克思的“从抽象上升到具体”那里转换而来，因为我对汉语的感觉是，“个别”其实比“具体”有更丰富的理论涵义。请注意，如果你们在例如“百度百科”检索词条“一般与个别”，可读到的表达是：从个别上升到一般。数学模型，因为是“一般”和“抽象”，故高于“个别”和“具体”。而实践经验或直观想象，就被贬低为个别的和具体的，故必须“上升”到模型。这样的思维和态度，导致了许多谬误。

从抽象上升到具体，这一表述，马克思写在《政治经济学批判导言》第三节“政治经济学的方法”里[1]。我是在王元化先生反复提醒之后才开始关注马克思“从抽象上升到具体”这一命题的。这里最耐人寻味的，当然是“上升”二字。今天的年轻人大多习以为常的是“从现实上升到理论”，很少想到怎么从抽象“上升到”具体。元化先生早年深研《文心雕龙》，中年因胡风案被难。文王囚羑里而演八卦，元化囚陋室而读《小逻辑》。孔子读易，韦编三绝；元化读《小逻辑》三遍，书页几散。由此，素来主张以生命融入学问的元化先生，对黑格尔逻辑以及任何逻辑（或原则）能否涵盖真实世界产生了怀疑和批判。

马克思说：如果我抛开构成人口的阶级，人口就是一个抽象。如果我不知道这些阶级所依据的因素，如雇佣劳动、资本等等，阶级又是一句空话。而这些因素是以交换、分工、价格等等为前提的。比如资本，如果没有雇佣劳动、价值、货币、价格等等，它就什么也不是。因此，如果我从人口着手，那么，这就是一个混沌的关于整体的表象，经过更切近的规定之后，我就会在分析中达到越来越简单的概念；从表象中的具体达到越来越稀薄的抽象，直到我达到一些最简单的规定。于是行程又得从那里回过头来，直到我最后又回到人口，但是这回人口已不是一个混沌的关于整体的表象，而是一个具有许多规定和关系的丰富的总体了。

马克思认为，以往的经济学家采取了上述的第一种方法，也就是从具体进入抽象的方法，非如此而不能建构经济学的“体系”。而马克思自己坚信真正的科学方法是上述第二种方法，他称之为从抽象上升到具体的方法，非如此而不能“理解”经济学。也是在这一节，马克思批评了黑格尔的思辨方法。或许，他也感受到元化先生在囚室里感受到的那种生命之不能被逻辑化的永恒冲动，即生命之为唯一的个别性、特殊性、具体性。

个别性译自“individuality”，它是概念的普遍性与特殊性的中介——对应于“真实”。特殊性译自“particularity”——对应于“差异”，普遍性译自“universality”——对应于“同一”。

[1] 参阅《马恩全集》，人民出版社，第1版，卷46，上册，“1857—1858年经济学手稿”。

黑格尔说：抽象离开其产物，即个别性、个体原则和人格，就无非达到了那些没有生命和精神、没有光彩和分量的普遍性，所以它不能够把握生命、精神、上帝——以及纯概念[1]。

我在第七讲详细介绍怀特海"过程"学说时，还要涉及"抽象"这一方法。它的利弊，在怀特海的过程学说视角下，有清晰表现。

2. 配第的传奇人生

配第的传奇人生，有相当多的传记资料。百度百科"威廉·配第"这样写着：威廉·配第出生于英国的一个手工业者家庭，从事过许多职业，从商船上的服务员、水手到医生、音乐教授。他头脑聪明，学习勤奋，敢于冒险，善于投机，晚年成为拥有大片土地的大地主，还先后创办了渔场、冶铁和铝矿企业。马克思对配第的人品是憎恶的，说他是个"十分轻浮的外科军医"，是个"轻浮的掠夺成性的、毫无气节的冒险家"；但是，对于他的经济思想给予了极高的评价，称他为"现代政治经济学的创始者"、"最有天才的和最有创见的经济研究家"，是"政治经济学之父，在某种程度上也可以说是统计学的创始人"。

维基百科中文版同一词条是这样写的：威廉出生于一个布商家庭，大学时期曾分别于阿姆斯特丹、巴黎和牛津学医，从事过很多职业后，最终成为一个给病人看病的医生。威廉取得医学博士后，到了伦敦大学执教，并被选为布雷塞诺斯学院副校长。后来，他担任英国驻爱尔兰总督的随军医生，开始其政治生涯。他之后出任了爱尔兰土地分配总监，又当选为爱尔兰国会议员。查理二世上任后，封威廉为男爵。不过当詹姆斯二世继位后，威廉得不到君主的赏识，自此退出政坛。他有一种强烈的人文关怀精神，利用业余时间研究、调查社会经济现象和问题，就有关国计民生的重大问题对英国决策者经常提些经济政策建议。他还认为应该尽快就此建立一门新学术，他称之为"政治算术"。因此，他被马克思誉为"政治经济学之父"。

我们则把配第比作政治经济学领域里的哥伦布。威廉·配第出身于一个小手工业者家庭，只受过两年的早期教育，14 岁就外出谋生，在商船当见习水手。后来在一次航海事故中折断了腿，被抛弃在法国的南海岸城市戛纳。在这里他申请进了一所耶稣会学校，学习拉丁文、希腊文、法文、数学和天文学等，这对他后来从事经济学的研究产生了重要的影响。1643 年他到了荷兰、法国，又学习了医学、解剖学、音乐等。

[1] 参阅黑格尔：《逻辑学》，杨一之译，商务印书馆，1966 年，第二部"主观逻辑"第三编"概念论"。

同时在巴黎结识了霍布斯和培根，并深受其影响。回到英国后，他继续在牛津大学研究医学，并于 1649 年获得了医学博士学位，次年晋升为解剖学教授，并担任一所学院的副院长。此外，他还做过音乐教授，主讲过医学、解剖学、音乐等课程。在英国资产阶级大革命时期，他是革命的积极拥护者。从 1652 年开始成为英国驻爱尔兰总督——亨利·克伦威尔的随从医生。后来又被委派为爱尔兰土地分配总监，负责把从爱尔兰没收的土地分配给有功的军官、士兵和资助征伐爱尔兰的商人。他自己也因此而获得了大约 5 万英亩的土地，成为当时的大土地所有者。由于与克伦威尔的关系，他还被选为议员。在英国封建势力复辟时期，他又投靠国王查理二世，取得了男爵称号，并取得大量被赐予的土地。配第晚年，已成为一个拥有 27 万英亩土地和几家手工场（鱼场、冶铁、铅矿等企业）的资产阶级新贵族，同时也做投机生意。这样的经历和地位，使他很注意研究经济问题。配第的一生，既是一个政治活动家，也是一个实业家、医生和学者，他的治学精神是很值得称道的。他从小就养成随时作笔记的习惯，每闻必录。到他最后离开爱尔兰的时候，他的著作手稿装满了 53 箱，内容从医学、数学、物理学到政治经济学和统计学，无所不包。他发表的著作，不过是其中一部分，截至 1851 年底，共发表了 13 部著作，其中 12 部是在配第去世后出版的：其中主要经济学著作有《赋税论》（1662）、《献给英明人士》（1690），《政治算术》（1690）、《爱尔兰的政治解剖》（1691）、《货币略论》（1695）。他的这些著作并不曾有意识地提出一套完整的经济理论体系，他的许多独到的天才思想，都是为了说明或解决当时某一迫切问题而零星地提出来的，但是这些零星思想彼此之间却有其内部的联系，因而构成一个理论体系，并为英国古典经济学奠定了基础。

图 4.7 取自一部百科全书“encyclopedia.stochastikon.com”，简明扼要，但传记资料太少。图 4.8 取自一份更权威的传记，收录于查尔斯·赫尔（Charles Henry Hull）1899 年编辑出版的两卷本《配第经济学文选》（*The Economic Writings of Sir William Petty*）卷一“导言”第一节，“Petty's Life”。根据这份记录，配第生于 1623 年 5 月 26 日，他的父亲安东尼是一名贫困潦倒的裁缝。配第自嘲“尝试学习各种手艺”——铁匠、钟表匠、木匠、建筑工地的木工……但他仍在 12 岁以前掌握了拉丁文，16 岁以前掌握了高级希腊文、航海术以及数学。大约 13 岁，他在一艘商船做水手，大约 10 个月之后，这艘船遇到海难，配第折断了一条腿，被留在法国戛纳海滩。凭借他的拉丁文，当地耶稣会教士不仅收留了他，而且允他在学院注册。由此，他迅速掌握了法文。在学习期间，配第担任一位法国军官的航海教练，并为一位即将访问英国的绅士讲授英语，在这两项工作中，他使用的唯一语言似乎是拉丁文。20 岁之前，配第返回英国，有迹象表明他在皇家海军的船舰上工作过。

Dates of Birth and Death:
(*) 27 May 1623 in Romsey, Hampshire, England
(†) 16 December 1687 in London, England

Family Data:
William Petty was born into a family having a middle income. His father Anthony Petty was tailor, his parents died early on.

In 1667, William Petty married Elizabeth Waller (ca. 1636-1708), who was made suo jure Baroness Shelburne (on 13 December 1688) for lifetime. They had three surviving children: Charles Petty, 1st Baron Shelburne (1672-1696), Henry Shelburne, 1st Earl of Shelburne (1675-1751), Anne Petty (1677-1737), married to Thomas FitzMaurice, 1st Earl of Kerry.

Education:
Already at his age of 12, Petty was an able smith, clockmaker and joiner. In 1637, he became a cabin boy. After a ship-wreck, he landed in Normandy and started his studies at the College of the Jesuits in Caen, where he learned Latin, Greek, French, Mathematics and Astronomy at his age of 14. He returned to England after one year.

Professional Career:
During the first English civil war, Petty escaped to the Netherlands, where he studied anatomy. In Amsterdam, he became private secretary of Thomas Hobbes (1588-1679) and met René Descartes (1596-1650), Pierre Gassendi (1592-1655) and Marin de Mersenne (1588-1648).

In 1646, he returned to England and studied medicine in Oxford; in 1651 he became a professor for Anatomy at Brasenose College in Oxford and for Music in London. In 1651, he joined Oliver Cromwell as a army doctor in Ireland. He dealt with the new understanding of science developed by Francis Bacon. In 1654, he made a land-register of the whole of Ireland, the so-called Down Survey, which was finished in 1656. Cromwell used it to indemnify his creditors with land. Petty obtained a piece of land as well and the high sum of 9000 livres for that, which gave him the bad reputation of bribery.

Also during the restoration under Charles II and James II, he was treated well, but lost a part of his property. His election into the parliament failed.

图 4.7

随后，1643 年，英国内战，国王与国会交恶。配第跟随英国难民到了荷兰，在莱顿和阿姆斯特丹，他利用一切机会学习各类知识，尤其是医学。两年后，他转赴巴黎继续学习解剖学，同时追随霍布斯研读人文与社会科学。然后，他返回英国，似乎继承了他父亲那家裁缝店，但他忙于发明一种功能与复印机相似的“双写仪”，并于 1647 年为此申请了一项有效期 17 年的专利。当年，他到伦敦试着出售自己的双写仪，未果。不过，他在伦敦结交了不少上流社会的朋友。

1648 年，牛津大学重组，配第受聘为一位政治立场属于保皇党的解剖学教授的助理，并于 1650 年（保皇党教授被迫辞职）接掌了解剖学教授职位。同年，牛津医学院授予他博士学位。大约也是这两年，配第还担任牛津大学音乐教授。1651 年，一位神秘来访者许诺配第从牛津带薪休假10个月，年俸30英镑（牛顿1666年在剑桥大学年俸22英镑），无人知道他的去向。随后，他被任命为爱尔兰军事统帅的家庭医生。由此，他改变了自己后半生的命途，成为克伦威尔的幕僚。

最权威的传记，如图4.9，取自我2012年在经济学思想史研究班讲解配第时使用的教材 *The Wealth of Ideas*。注意，这位作者——荣卡格里亚是罗马大学教授，1977年发表过一部关于配第的专著，他的第三行文字是这样写的：说配第的人生充满了传奇故事，简直是一种低估。关于第三行文字的脚注2是这样写的：

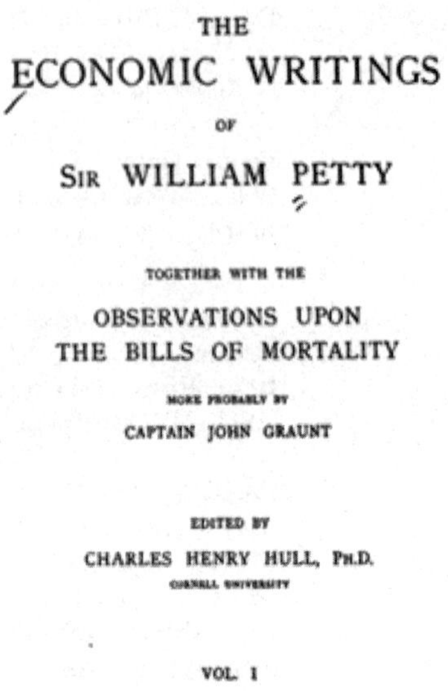

THE
ECONOMIC WRITINGS
OF
SIR WILLIAM PETTY
TOGETHER WITH THE
OBSERVATIONS UPON
THE BILLS OF MORTALITY
MORE PROBABLY BY
CAPTAIN JOHN GRAUNT
EDITED BY
CHARLES HENRY HULL, PH.D.
CORNELL UNIVERSITY
VOL. I

图 4.8

For Petty's biography see Fitzmaurice 1895; we should take into account that the author, a descendant of Petty, avoided stressing the worst features of his illustrious predecessor, but the information he provided is sufficient for perceiving the different sides of Petty's very complex personality.（费茨莫里斯1895年发表了配第的传记；我们知道这位作者是配第家族的后代，故这部传记试图避免描述这位先祖最糟糕的特征，但是传记提供的信息相当充分，以致读者可以想象配第极复杂人格的其他方面。）

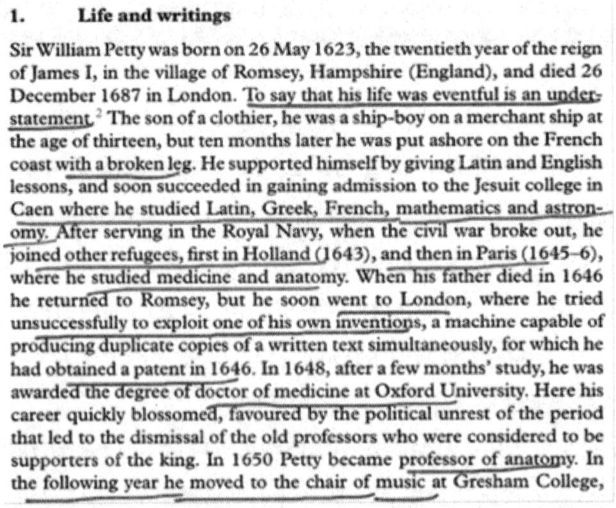

1. Life and writings

Sir William Petty was born on 26 May 1623, the twentieth year of the reign of James I, in the village of Romsey, Hampshire (England), and died 26 December 1687 in London. To say that his life was eventful is an understatement.[2] The son of a clothier, he was a ship-boy on a merchant ship at the age of thirteen, but ten months later he was put ashore on the French coast with a broken leg. He supported himself by giving Latin and English lessons, and soon succeeded in gaining admission to the Jesuit college in Caen where he studied Latin, Greek, French, mathematics and astronomy. After serving in the Royal Navy, when the civil war broke out, he joined other refugees, first in Holland (1643), and then in Paris (1645–6), where he studied medicine and anatomy. When his father died in 1646 he returned to Romsey, but he soon went to London, where he tried unsuccessfully to exploit one of his own inventions, a machine capable of producing duplicate copies of a written text simultaneously, for which he had obtained a patent in 1646. In 1648, after a few months' study, he was awarded the degree of doctor of medicine at Oxford University. Here his career quickly blossomed, favoured by the political unrest of the period that led to the dismissal of the old professors who were considered to be supporters of the king. In 1650 Petty became professor of anatomy. In the following year he moved to the chair of music at Gresham College,

图 4.9

3. 社会科学方法：从培根到霍布斯

总之，我们从各种传记资料得知，配第第二次去法国时认识了笛卡尔和伽桑狄，在荷兰担任了霍布斯的私人秘书，他从霍布斯那里学到了培根的社会科学方法。于是，我需要介绍两位比配第更早的人物：培根和霍布斯。但是由此需要回溯更早的时代，即第二讲我们讨论过的，西方人均收入超过中国的时代。十字军东征，图 4.10 是一张历史地图，11 世纪末，教皇乌尔班二世（Pope Urban II，1035—1099）于 1095 年发表敕令，要恢复基督徒对耶路撒冷及附近各基督教圣地的朝拜权益。随后，基督教各国君主发动了多次十字军东征。这场运动延续的时间，大约 200—400 年，最后一次“Hussite Wars”（波西米亚战争）是 1420—1431 年。沿十字军东征路线，逐渐发展出了欧洲主要的几条商路。如图 4.10，这幅历史地图里，特别关键的一段路线是阿拉伯半岛的地中海沿岸（叙利亚境内），这是十字军从欧洲到耶路撒冷的必经之路，追溯这段路线，在土耳其境内，穿过黑海之后，在欧洲境内分为若干支路，其中最长的抵达神圣罗马帝国（德国境内）腹地。

图 4.10

11 世纪末至 13 世纪末的十字军东征，诱发东西方商路及意大利北部城邦的“文艺复兴”运动（14 世纪末至 15 世纪末）。13—17 世纪，黑死病在欧洲蔓延，穿越意大利北部诸城邦的欧洲商路开始衰败。黑死病或鼠疫何以在欧洲肆虐，目前仍有很多研究和争论。根据我的阅读印象，罗马帝国瓦解之后，中世纪欧洲城市的公共卫生管理水平，尤其是城市供水和排污系统长期处于落后状态，沿十字军东征路线开辟的商路的繁荣诱致城市人口密度迅速增加，当人口密度超过某一阈值之后，迟早要爆发大规模的瘟疫。

伴随着这些旧商路衰落过程的是海上商路的开发。首先，在十字军路线之外的地区，尤其是伊比利亚半岛——半岛北部的天主教诸王国始于 8 世纪迟至 1492 年的漫长时期，终于结束了来自北非的穆斯林柏柏尔人的统治。

也是在这一关键性时期（12—13 世纪），阿尔方索十世（Alfonso X of Castile，1221—1284）支持的托雷多翻译学派（the Toledo School of Translators）将大批阿拉伯和希腊经典作品译介为拉丁文。稍后，萨拉曼卡大学（University of Salamanca，13 世纪上半叶）崛起。据熊彼特《经济分析史》，古典政治经济学的诸多理论，可溯源至西班牙的萨拉曼卡学派，甚至，熊彼特认为这里才是经济科学的发源地。

正是从这里开始了大规模的海上探险活动，1340—1600 年，如图 4.11，是地理大发现的时代。如该图左上角所示，冒险家如麦哲伦和哥伦布，多由葡萄牙和西班牙赞助，并将他们的“地理发现”献给这些宗主国——著名的哥伦布于 1492 年将“美洲”献给女王伊莎贝拉（阿尔方索的后代），著名的达伽马 1498 年将“香料群岛”献给葡萄牙国王约翰二世——由此诱致西方各国的海外殖民地扩张时期。

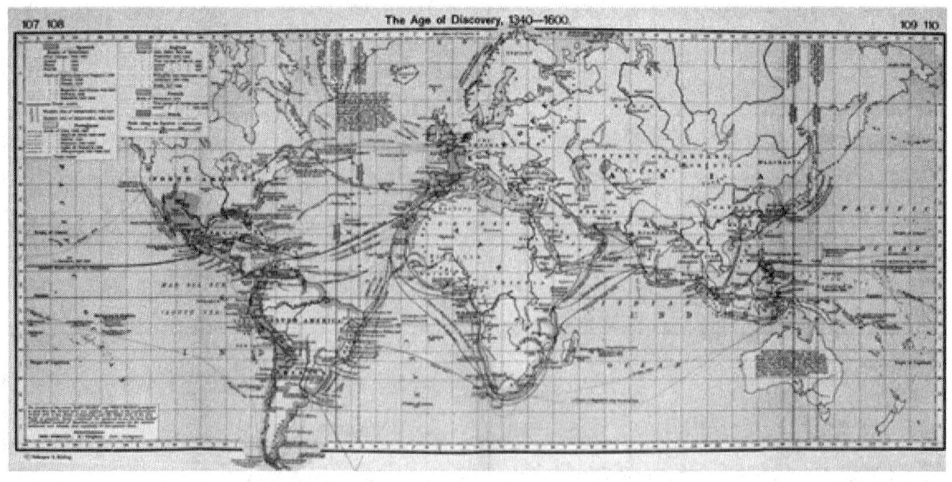

图 4.11

来自东方的香料（黑胡椒、豆蔻、生姜……），据史家考证，在欧洲市场的价格大约是每桶香料售罄后桶内可装满销售所得的黄金。故而，“香料之路”，被认为是葡萄牙王室赞助达伽马远洋船队的主要动机。图 4.12 是 1576 年绘制的“香料群岛”（印尼爪哇岛东北侧的 5 个岛屿）地图，北方是中国（La China）。葡萄牙王国的经济状况，几乎完全是被香料群岛及达伽马开辟的“香料之路”挽救的。

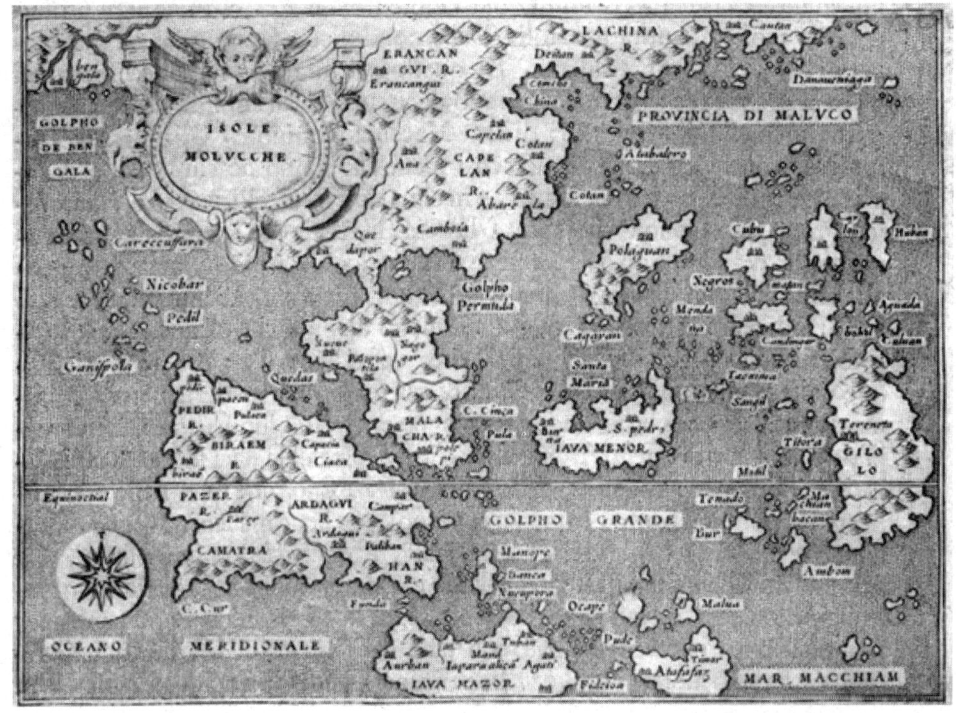

图 4.12

图 4.13 中，1600—1700 年，西方各国相继开拓海外殖民地。配第也生活在这一时期。罗宾斯在《经济思想史》演讲录里声称，重商主义并不那么糟糕，他呼吁我们不要完全听信斯密和李嘉图，以及英国自由贸易时期的经济学家们对重商主义的过于苛刻的批评。我们不难想象，在图 4.12 描绘的时代，贵金属就意味着香料，而与珠宝相比，香料是更正宗的上流社会的象征。况且香料有极高的实用价值，对于没有更好的肉类保存方法的欧洲人来说　不要忘记培根因为热衷于发现雪藏肉类的方法而死去。

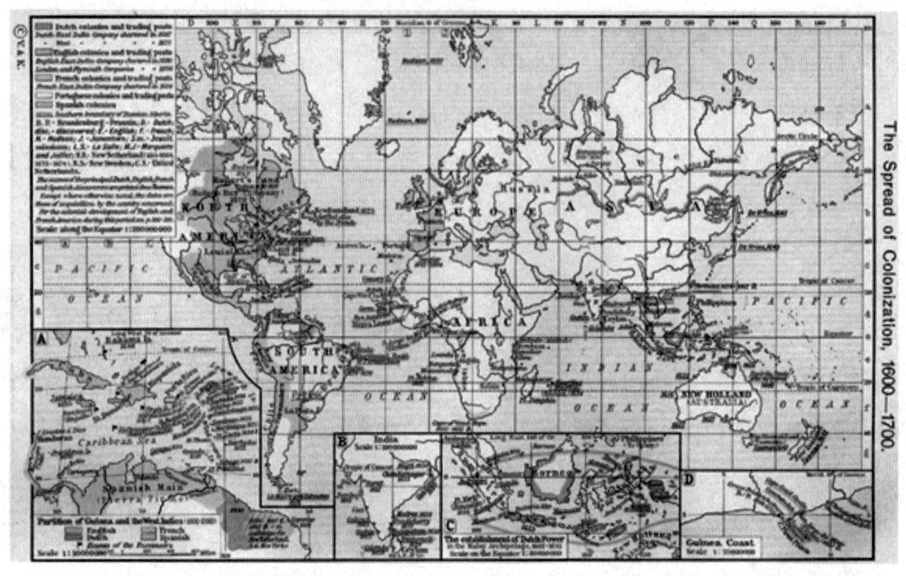

图 4.13

人口历史学的研究表明，正是这些海外殖民地使欧洲避免了亚洲和拉丁美洲的“人口爆炸”过程带来的“过剩人口”问题。殖民地扩张之后的这一时期，即1700—1763年，是西方列强为控制殖民地势力范围而挑起战争的时期。这也是休谟和斯密生活的时代。我在第二讲说过，斯密认为北美殖民地的农业和工业发展道路远比欧洲的道路更自然。

在这一时代即将结束时，1910年的世界地图如图4.14，就是列宁所说的“帝国主义时代”。可以想象，如此大范围的殖民地与宗主国之间的贸易活动，将前所未有地刺激资本主义各国的制造业发展，然后欧洲进入所谓“产业革命”的时代，标志是西方列强将世界瓜分完毕。

也是这一时代，我们在第三讲讨论过，中国和朝鲜开始了各自的现代化过程。严复翻译了《原富》等8种经典著作，由京师大学堂总教习吴汝纶作序，于1902年出版。日本则全力使自己“脱亚入欧”。1871年普法战争的胜利意味着德国的崛起。1898年美西战争的胜利意味着美国崛起。1905年日俄战争的胜利意味着日本的崛起。德国、日本、美国、意大利、丹麦、比利时、俄罗斯，在图4.14的列强名单里，这些国家成为新增加的参与瓜分世界的国家。这些历史地图，收录于我2011年经济学思想史研究班第六讲。

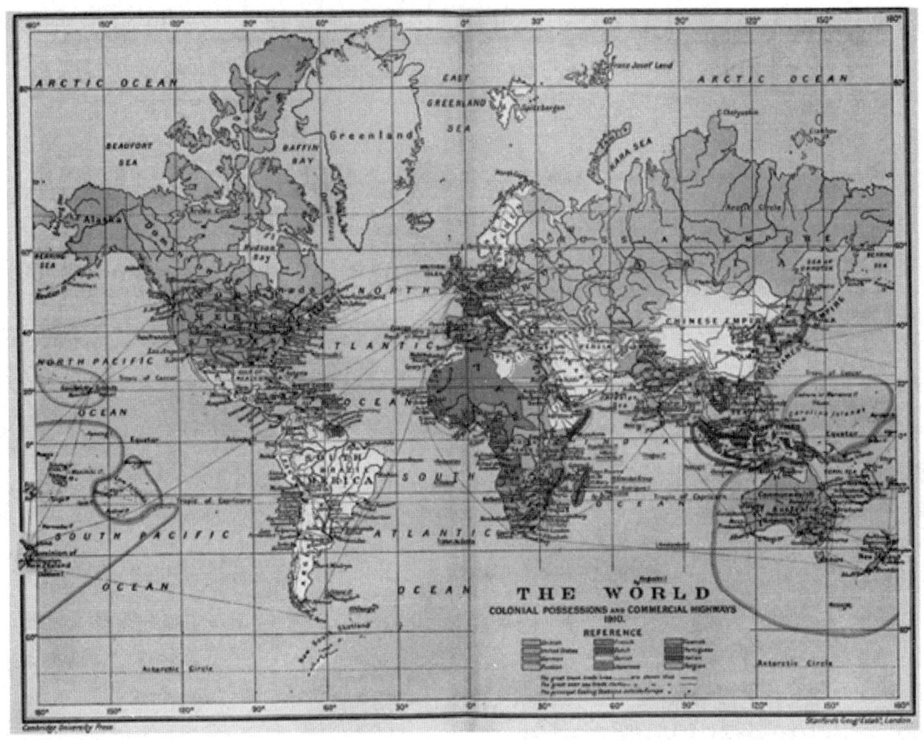

图 4.14

这样大变动的时期——在西方人的感觉里不啻为千年未有之变局，财富、追逐财富的人，以及追逐财富的人对财富的性质的判断，都比以往有远为剧烈的变动。由此而发生的古典政治经济学，想必也与以往大为不同。

图4.15列出了（我已或多或少介绍过的）社会科学和经济学方法的演化过程：“前苏格拉底”时期，素朴唯物主义；苏格拉底时期，逻辑思考，人类第一次发现了“概念”；后亚里士多德时期，形而上学；基督教时期，信仰的激情；中世纪晚期，人文主义。从“概念”和对上帝的信仰，在中世纪的经院哲学家当中，形成了逻辑演绎的方法。这一方法在文艺复兴之后与苏格拉底的方法汇合，有了近代西方的演绎法。可是，只在配第确立了“统计学”方法之后，统计方法才广泛运用于人类事务。霍布斯继承了历史悠久的自然法传统，他从这一传统里汲取了反神学的思想资源，并首先将归纳方法运用于人性的研究。培根首倡运用归纳方法于获取知识的过程，稍后，牛顿成功运用归纳方法，而且《自然哲学的数学原理》获得极大成功。牛顿的归纳方法、霍布斯的自然法传统和配第的统计学，构成当时最优越的关于人类事务的研究方法。

于是可以理解休谟1739年《人性论》（*A Treatise of Human Nature*）的副标题是：“Being an Attempt to Introduce the Experimental Method of Reasoning into Moral Subjects”

（作为一种尝试将推理的实验方法引入于研究道德议题）。图 4.16 取自我 2012 年经济学思想史研究班讲义，列出了更晚近的社会科学和经济学方法论的演变及源流关系。

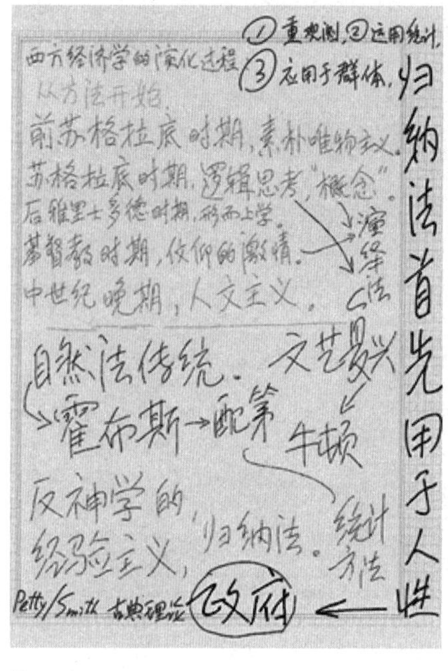

图 4.15

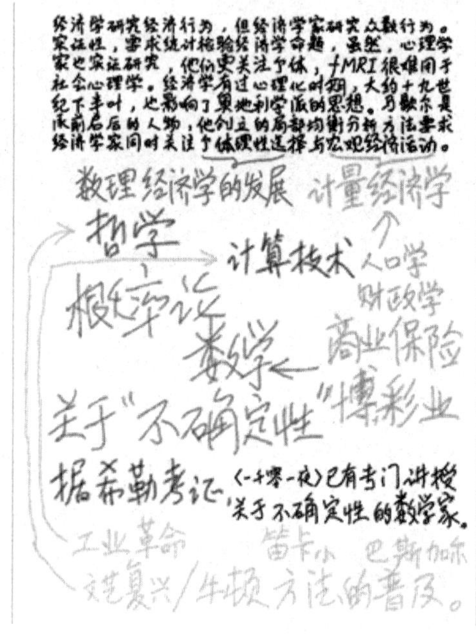

图 4.16

请注意，与这一讲的主题密切相关，这里引述 2013 年诺贝尔经济学家希勒（Robert Schiller）的考证，最早关于不确定性的研究，早于西方的博彩业研究，在《一千零一夜》里已有描述。

在上述的方法论源流传统里，如图 4.17，我们看到了马歇尔的“连续性假设”，即他认为他的《经济学原理》不同以往的唯一新特征。马歇尔的连续性假设表现了他的心理学和社会学洞察力。我写在图中的文字：群体行为不会突然改变，制度是渐变的，市场是渐变的，个人行为不突变。马歇尔在《经济学原理》第 1 版“序言”里列出了这几类情形，以说明“连续原理”的适用性。个体行为不会突变，道理在于休谟论证的人类行为普遍遵从“习俗”，而习俗是渐变的。

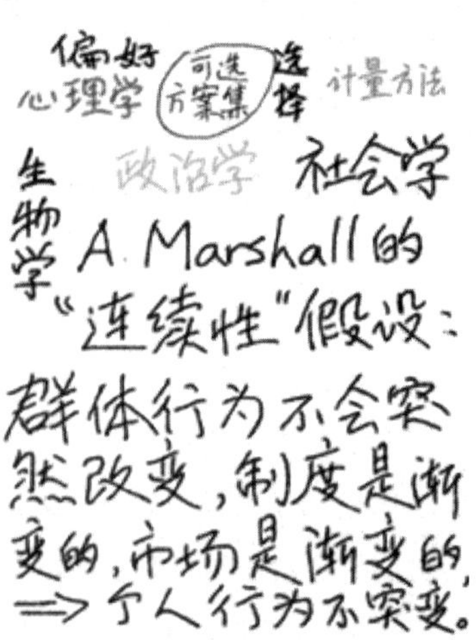

图 4.17

所以，从培根到马歇尔，是一段相当漫长的方法论演化史。维基百科英文版“培根”词条，见图 4.18，我写了一些关键的文字。最初，他的经验研究方法被称为“培根法”，因为没有传统，所以只好用他的名字命名。

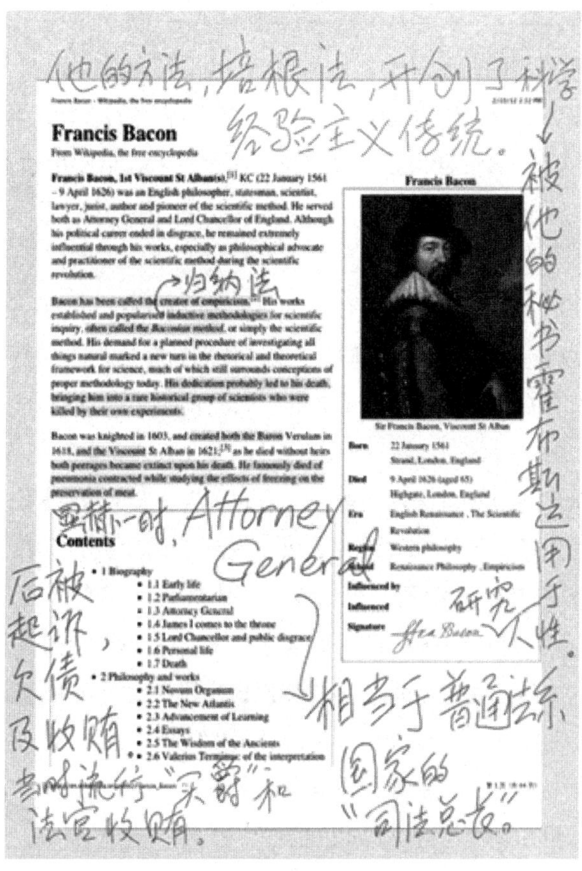

Francis Bacon - Wikipedia, the free encyclopedia

Francis Bacon

From Wikipedia, the free encyclopedia

Francis Bacon, 1st Viscount St Alban(s),[1] KC (22 January 1561 – 9 April 1626) was an English philosopher, statesman, scientist, lawyer, jurist, author and pioneer of the scientific method. He served both as Attorney General and Lord Chancellor of England. Although his political career ended in disgrace, he remained extremely influential through his works, especially as philosophical advocate and practitioner of the scientific method during the scientific revolution.

Bacon has been called the creator of empiricism.[2] His works established and popularised inductive methodologies for scientific inquiry, often called the *Baconian method*, or simply the scientific method. His demand for a planned procedure of investigating all things natural marked a new turn in the rhetorical and theoretical framework for science, much of which still surrounds conceptions of proper methodology today. His dedication probably led to his death, bringing him into a rare historical group of scientists who were killed by their own experiments.

Bacon was knighted in 1603, and created both the Baron Verulam in 1618, and the Viscount St Alban in 1621;[3] as he died without heirs both peerages became extinct upon his death. He famously died of pneumonia contracted while studying the effects of freezing on the preservation of meat.

Contents

- 1 Biography
  - 1.1 Early life
  - 1.2 Parliamentarian
  - 1.3 Attorney General
  - 1.4 James I comes to the throne
  - 1.5 Lord Chancellor and public disgrace
  - 1.6 Personal life
  - 1.7 Death
- 2 Philosophy and works
  - 2.1 Novum Organum
  - 2.2 The New Atlantis
  - 2.3 Advancement of Learning
  - 2.4 Essays
  - 2.5 The Wisdom of the Ancients
  - 2.6 Valerius Terminus: of the interpretation

Francis Bacon

Sir Francis Bacon, Viscount St Alban

Born	22 January 1561 Strand, London, England
Died	9 April 1626 (aged 65) Highgate, London, England
Era	English Renaissance, The Scientific Revolution
Region	Western philosophy
School	Renaissance Philosophy, Empiricism
Influenced by	
Influenced	
Signature	

图 4.18

培根出生于 1561 年 1 月 22 日，那是“地理大发现”的后期；去世于 1626 年 4 月 9 日，那是“文艺复兴”的后期。他的身世勉强算“上流”，母系家族里有一些贵族人物。他的外公是英国著名的人文主义者安东尼·库克（Anthony Cooke，1504—1576）——英王爱德华六世的非正式教师。培根幼年身体欠佳，而且这一健康问题困扰了他一生。所以，他接受的教育大部分是家庭教育。他的家庭教师来自牛津大学，是一位虔诚的清教徒。培根 12 岁进入剑桥大学读书，在三一学院，一共 3 年，并在那里结识了女王伊丽莎白（Elizabeth I of England，1533—1603，1558 年继位）。女王对培根的才华印象深刻，常称他为“那位年轻的国玺尚书”（原文“lord-keeper”，应译为“掌玺大臣”——培根的父亲是英王掌玺大臣）。他 15 岁的时候随英国驻法大使赴巴黎，并在那里深入研习法王亨利三世的政治。以后的3年里，培根游历列国，于外交工作之余研习语言、法律和治国术（statecraft）。但是18岁的时候，他的父亲突然去世，原定留给他购买封爵必需的采邑的一笔遗产也无法兑现。由此，培根陷入纠缠他一辈子的债务危机。

培根毕生都有强烈的政治冲动，他为自己设定了三大目标：（1）探求真理，（2）服务国家，（3）服务教会。他的姨父是一位相当有影响力的人物，为培根从政提供了关键性的帮助。作为一名有自由心态的法律体系改革者，他逐渐建立了自己的声望。他批评宗教迫害，主张英格兰与苏格兰和爱尔兰合并，还在诗文里将英国想象为对抗西班牙暴政的民主雅典。

伊丽莎白女王时期，培根试图买官，当时买官风气盛行且不算违法。培根要买的官爵是英国检察总长（又译“司法部长”或“首席检察官”），1594年，这一职位空缺待补。但女王却任命了柯克（后来著名的“大法官柯克”，Sir Edward Coke，1552—1634）。1595年，培根又试图补缺“副检察长”，再次失利。显然，培根在女王面前已失宠。为了弥补他角逐公职时的巨大损失，他的亲族好友艾塞克斯伯爵送给他一块采邑。培根出售这块采邑，卖得1800英镑，仅仅缓解了他的债务危机。

1596年，培根的政治冲动稍许得到满足，他成为女王的一名枢密顾问。但是，1598年，培根因无力偿债而被捕。随后，他在女王那里复得青睐，因为他开始疏远老友艾塞克斯伯爵——这位艾塞克斯于1601年以谋反罪被女王处决，培根参与柯克检察总长的团队审理这桩“谋反罪”起诉，并由女王指定撰写判决书。也是这位艾塞克斯伯爵，帮助詹姆士接替女王伊丽莎白成为英王詹姆士一世。不过，培根写了一份“悔过书”给詹姆士一世，赢得了这位国王的信任。

培根后半生的简历，我引述百度百科“培根”词条，但是我在括号内添加了我的修正：1602年，伊丽莎白去世，詹姆士一世继位。由于培根曾力主苏格兰与英格兰的合并，受到詹姆士的大力赞赏，因此平步青云，扶摇直上。1602年受封为爵士，1604年被任命为詹姆士的顾问，1607年被任命为副检察长，1613年被委任为检察总长，1616年被任命为枢密院顾问，1617年提升为掌玺大臣，1618年晋升为英格兰大法官（Lord Chancellor），授封为维鲁兰男爵，1621年又授封为奥尔本斯子爵。但培根的才能和志趣不在国务活动上，而存在于对科学真理的探求上。这一时期，他在学术研究上取得了巨大的成果，并出版了多部著作。1621年，培根被国会指控贪污受贿，被高级法庭判处罚金4万磅，监禁于伦敦塔内，终生逐出宫廷，不得任议员和官职。虽然后来罚金和监禁皆被豁免，但培根却因此而身败名裂。从此培根不再理政事，开始专心从事理论著述。百度百科最后这一段文字，我将更确切的描述写在括号里：1626年3月底，培根（与国王御医）乘马车经过伦敦北门（一座小山）。当时他正在潜心研究冷热理论及其实际应用问题。当路过一片雪地时，他突然想做一次实验，他（下车走进一名贫穷农妇的家里买了一只鸡）宰了一只鸡，把雪填进鸡肚，以便观察冷冻在防腐上的作用。但由于他身体孱弱，经受不住风寒的侵袭，支气管炎复发（立即感染了肺炎），病情恶化，于1626年4月9日清晨病逝。

我必须指出，百度百科的编辑们居然用了这样一句苍白无力的解释——“但培根的才能和志趣不在国务活动上，而存在于对科学真理的探求上。”根据维基百科英文版同一词条，培根退出政坛，实在是不得已的事情。一方面，培根深得英王詹姆士的信任且积极出谋划策加强王权；另一方面，英国国会的势力正在超过国王，大约20年之后将发生“光荣革命”。1614年，国会多数议员与培根在一系列关键议案上形成严重冲突。自那时至1621年，培根周旋于英王与国会之间，试图保持权力平衡。然后，1621年，国会指控培根23项贪腐罪行，由培根的长期政敌柯克大法官审理此案。至此，培根名誉扫地，不得不放弃从政的理想。

培根的思想开始对知识界产生重要和广泛影响，大约是在1630—1650年间。王权复辟期间，英王查理二世创立的皇家学会，将培根视为学会的精神守护者。对18世纪法国启蒙主义影响更大的不是笛卡尔的二元哲学，而是培根的经验主义哲学。培根因倡导归纳法而被19世纪科学界公认为“实验科学之父”。

当然，培根晚年作品《新大西岛》被认为是他参与欧洲最重要的神秘主义流派“玫瑰十字架”的证据。最近10年被国内某位流氓学者炒作得十分热闹的所谓“共济会”500年大阴谋，其中的主角“共济会”，前身就是“玫瑰十字架”。

注意，培根的知识分类，如图4.19，与他的神学态度密切相关。

培根观察人类能力有三：(1) 记忆力，(2) 想象力，(3) 理智能力。这三种能力的运用，分别导致三类知识：(1) 历史，(2) 诗歌，(3) 哲学。更进而，在上帝“三位一体”的指导下，这三类知识内部又各有三种：(1) 关于神的，(2) 关于自然的，(3) 关于人的。故史分三种——神史、人史、自然史；诗分三种——神曲、史诗、自然曲；哲学分三种——神学、自然哲学、道德哲学。其中，神学再分为“自然神学”（神与自然的关系）和“启示神学”（神与人的关系）；自然哲学再分为“数学”（关于永恒秩序）、“医学”（关于人的秩序）、物理学（关于自然秩序）；道德哲学再分为“灵魂的”（可称为“宗教哲学”）、“心理的”（可称为“心灵哲学”）、“社会的”（可称为“社会哲学”）。可见，在中世纪晚期，希伯来和古希腊的两种思想传统已汇聚为“天—地—人”三位一体的学说。

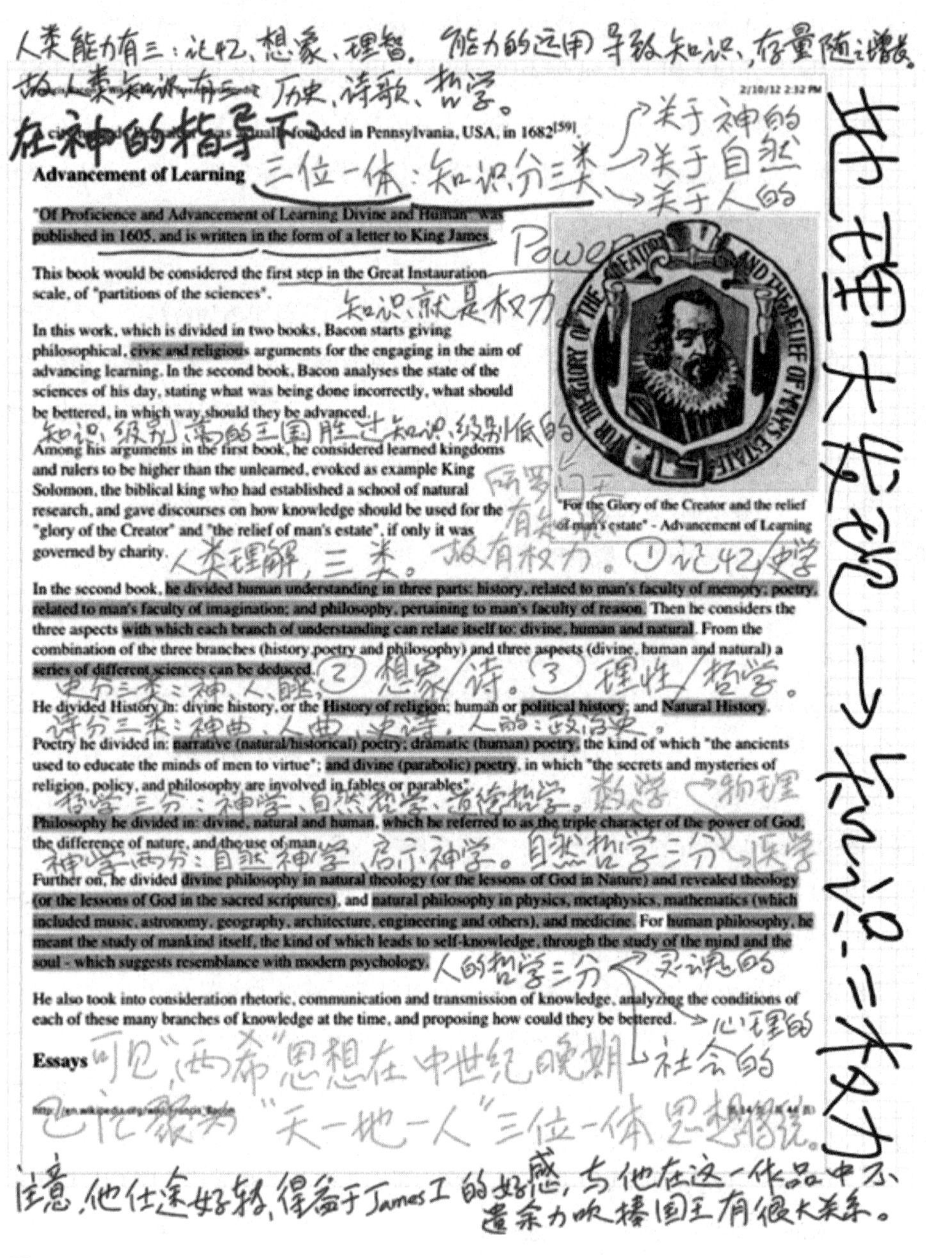

2/10/12 2:32 PM

...founded in Pennsylvania, USA, in 1682[59].

Advancement of Learning

"Of Proficience and Advancement of Learning Divine and Human" was published in 1605, and is written in the form of a letter to King James.

This book would be considered the first step in the Great Instauration scale, of "partitions of the sciences".

In this work, which is divided in two books, Bacon starts giving philosophical, civic and religious arguments for the engaging in the aim of advancing learning. In the second book, Bacon analyses the state of the sciences of his day, stating what was being done incorrectly, what should be bettered, in which way should they be advanced.

Among his arguments in the first book, he considered learned kingdoms and rulers to be higher than the unlearned, evoked as example King Solomon, the biblical king who had established a school of natural research, and gave discourses on how knowledge should be used for the "glory of the Creator" and "the relief of man's estate", if only it was governed by charity.

"For the Glory of the Creator and the relief of man's estate" - Advancement of Learning

In the second book, he divided human understanding in three parts: history, related to man's faculty of memory; poetry, related to man's faculty of imagination; and philosophy, pertaining to man's faculty of reason. Then he considers the three aspects with which each branch of understanding can relate itself to: divine, human and natural. From the combination of the three branches (history, poetry and philosophy) and three aspects (divine, human and natural) a series of different sciences can be deduced.

He divided History in: divine history, or the History of religion; human or political history; and Natural History.

Poetry he divided in: narrative (natural/historical) poetry; dramatic (human) poetry, the kind of which "the ancients used to educate the minds of men to virtue"; and divine (parabolic) poetry, in which "the secrets and mysteries of religion, policy, and philosophy are involved in fables or parables".

Philosophy he divided in: divine, natural and human, which he referred to as the triple character of the power of God, the difference of nature, and the use of man.

Further on, he divided divine philosophy in natural theology (or the lessons of God in Nature) and revealed theology (or the lessons of God in the sacred scriptures), and natural philosophy in physics, metaphysics, mathematics (which included music, astronomy, geography, architecture, engineering and others), and medicine. For human philosophy, he meant the study of mankind itself, the kind of which leads to self-knowledge, through the study of the mind and the soul - which suggests resemblance with modern psychology.

He also took into consideration rhetoric, communication and transmission of knowledge, analyzing the conditions of each of these many branches of knowledge at the time, and proposing how could they be bettered.

Essays

图 4.19

培根相信“知识与权力是同一的”，由此，他指出，级别高的知识胜过级别低的知识。例如，神学指导科学。图 4.20 列出了培根《新工具论》的自然哲学要点。人类关于自然的知识，培根称之为“科学”：（1）他阐述于《新工具论》的科学方法论，（2）自然史，（3）思想史，（4）与第一哲学相对而言的第二哲学，即科学实践。从

（4）我们看到，“哲学”一词在英语中的涵义发生了很大改变，它不再特指培根之前的哲学，它泛指任何一种科学实践。

Francis Bacon - Wikipedia, the free encyclopedia　2/10/12 2:32 PM

1. Partitions of the Sciences (De Augmentis Scientiarum)

2. New Method (Novum Organum)

3. Natural History (Historia Naturalis)

4. Ladder of the Intellect (Scala Intellectus)

5. Anticipations of the 2nd Philosophy (Anticipationes Philosophiæ Secunda)

6. The Second Philosophy or Active Science (Philosophia Secunda aut Scientia Activæ)

For Bacon, this reformation would lead to a great advancement in science and a progeny of new inventions that would relief mankind's miseries and needs.

In Novum Organum (the second part of the Instauration) he stated his view that the restoration of science was part of the "returning of mankind to the state it lived before the fall", restoring its dominion over creation, while religion and faith would restore mankind's original state of innocency and purity [38].

In the book "The Great Instauration", he also gave some admonitions regarding the ends and purposes of science, from which much of his philosophy can be deduced. He said that men should confine the sense within the limits of duty in respect to things divine, while not falling in the opposite error which would be to think that inquisition of nature is forbidden by divine law. Another admonition was concerning the ends of science: that mankind should seek knowledge not for pleasure, contention, superiority over others, profit, fame, or power; but for the benefit and use of life, and that they perfect and govern it in charity. [39]

He also wrote books proposing reformations of the law, as well as books on moral, religious and civil meditations.

Lord Bacon

Regarding faith, in *De augmentis*, he wrote that "the more discordant, therefore, and incredible, the divine mystery is, the more honour is shown to God in believing it, and the nobler is the victory of faith." He wrote in "The Essays: Of Atheism" that "*a little philosophy inclineth man's mind to atheism; but depth in philosophy bringeth men's minds about to religion.*" Meanwhile in the very next essay called: "Of Superstition" Bacon remarks- "It were better to have no opinion of God at all, than such an opinion as is unworthy of him. For the one is unbelief, the other is contumely; and certainly superstition is the reproach of the Deity. [...] Superstition hath been the confusion of many states, and bringeth in a new primum mobile, that ravisheth all the spheres of government".[40] Yet even more than this, Bacon's views of God are in accordance with popular Christian theology, as he writes that "They that deny a God destroy man's nobility; for certainly man is of kin to the beasts in his body; and, if he be not of kin to God by his spirit, he is a base and ignoble creature."[41]

http://en.wikipedia.org/wiki/Francis_Bacon

图 4.20

培根相信，借助于他倡导的实验方法，科学可以恢复人类的创造性，最终可使人类重返伊甸园。这里我们看到，培根关于人类创造性的想象，与人类失乐园之后创造性的衰败，以及中世纪基督教漫长而不懈的复乐园努力，三位一体式地构成了人类心智史。

最后，培根提醒科学家们不应使科学服务于私欲之满足，科学家必须关注自己的实验哲学不要损害世界的神圣性。此处，我在页边写了：参阅《牛顿传》，知识与信仰的关系。图 4.21 中，我列出了牛顿自然哲学的思想脉络。

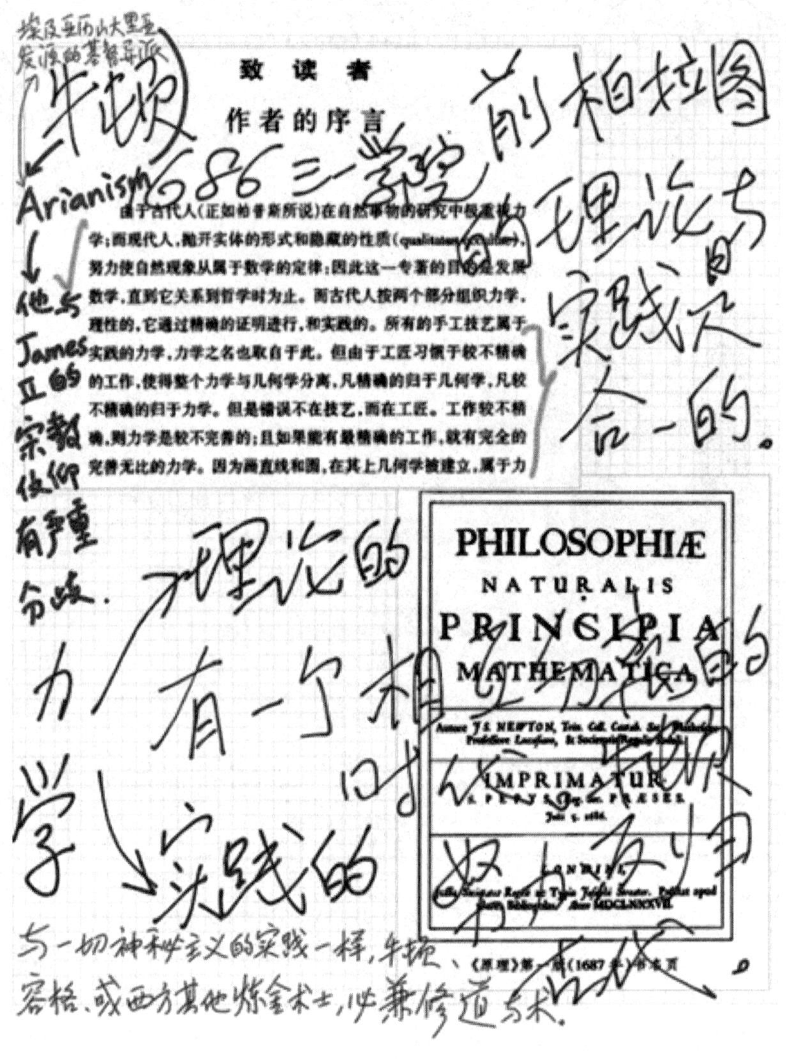

致读者

作者的序言

由于古代人（正如帕普斯所说）在自然事物的研究中极重视力学；而现代人，抛开实体的形式和隐藏的性质（qualitates occultae），努力使自然现象从属于数学的定律；因此这一专著的目的是发展数学，直到它关系到哲学时为止。而古代人按两个部分组织力学，理性的，它通过精确的证明进行，和实践的。所有的手工技艺属于实践的力学，力学之名也取自于此。但由于工匠习惯于较不精确的工作，使得整个力学与几何学分离，凡精确的归于几何学，凡较不精确的归于力学。但是错误不在技艺，而在工匠。工作较不精确，则力学是较不完善的；且如果能有最精确的工作，就有完全的完善无比的力学。因为画直线和圆，在其上几何学被建立，属于力

PHILOSOPHIÆ
NATURALIS
PRINCIPIA
MATHEMATICA

Autore JS. NEWTON, Trin. Coll. Cantab. Soc. Matheseos Professore Lucasiano, & Societatis Regalis Sodali.

IMPRIMATUR
S. PEPYS, Reg. Soc. PRÆSES.
Julii 5. 1686.

LONDINI,
Jussu Societatis Regiæ ac Typis Josephi Streater. Prostat apud plures Bibliopolas. Anno MDCLXXXVII.

《原理》第一版（1687 年）书名页

图 4.21

最近出版的这部《牛顿传》，副标题最关键——“最后一位炼金术士”，于是与以往的牛顿传构成鲜明对照。事实上，牛顿毕生绝大部分时间没有用于科学研究，或者，没有用于世俗理解的那种科学研究。所以，我在图 4.21 的页边写了：发源于埃及“希腊—罗马”时期亚历山大里亚的基督教宗教异派 Arianism，汉译“阿里乌斯教”

（又译“亚流主义”）。神学家阿里乌斯不承认耶稣是神，虽然，他认为耶稣比凡人的层级更高。

牛顿所信，正是阿里乌斯教，与英王詹姆士二世的宗教信仰严重冲突。故牛顿整日处于焦虑之中，恐怕遭遇宗教迫害。那时，洛克和牛顿都是皇家学会的成员，而且两人关系密切。洛克为保护天才的牛顿，写了《论宗教宽容》——其实是他写给友人的三封信（1689—1692），流传至今，仍是政治科学的经典文献。今天我们知道，宗教宽容或一般而言的宽容，其实是政治自由或一般而言的自由的前提条件或预备阶段。

牛顿《自然哲学的数学原理》1686 年第 1 版，中译本序言的首页如图 4.21。我在页边还写了一些文字：前柏拉图时期，理论与实践是合一的。但是，在亚里士多德死后的漫长时代里，在西方，理论与实践是两相分离的。关于牛顿在 “序言”里所说的理论与实践的长期分离，阿伦特在《心智人生》（*The Life of the Mind*）特别介绍了这段历史。

请你们注意，之所以有这样漫长的理论与实践相分离的时代，是因为“沉思”与“行动”两相分离，前者面对的是永恒秩序，而后者面对的是偶然现象，所以，理论是高贵的，而实践是低贱的。

米开朗基罗传记中有一段描写，雕塑家的社会地位那时仍是低贱的，属于工匠（实践者）。炼金术在中世纪传统里，是面对宇宙奥秘的沉思，同时也是实践。也就是说，它是理论与实践尚未分离时代的产物。或许因为是神秘主义，才可保存古代的传统。牛顿的这位传记作者相信，若不是因为长期从事炼金术，牛顿是否能发现万有引力定律呢？这是一个耐人寻味的问题。

以上的探讨，让我们容易想象，牛顿写这一页显示的那些文字时潜藏着的情感。请你们细细品味牛顿在这一序言开篇写的这段文字，并注意，我在这一页最下面写的文字：与一切神秘主义的实践一样，牛顿、荣格，或西方其他炼金术士，必兼修道与术。

图 4.22，霍布斯最早运用培根的《新工具论》于人性研究，他对西方社会科学的影响，日益被认为相当于牛顿对自然科学的影响。他 84 岁自述“与恐惧是双生子”——1588 年他出生之前，西班牙“无敌舰队”正驶向那座城市，故而恐惧弥漫在他周围。尽管如此，他活了 91 岁，远比同龄人长寿。

图 4.23 取自我 2012 年的经济学思想史研究班讲义，页边，我写了一些读书笔记，基于 *Cambridge Companion to Thomas Hobbes* [1]，其中“导论”（见图 4.24）的作者是索雷尔（Tom Sorell），华威大学（University of Warwick）政治学和哲学教授，目前领导跨

[1] Cambridge University Press, 2006.

学科伦理学研究项目。第一章“霍布斯生平简介”的作者是2004年出版的《霍布斯传》(*Aspects of Hobbes*)的作者马尔科姆(Noel Malcolm)。

图 4.22

图 4.23

霍布斯在欧洲大陆的名声，早于他的《利维坦》(1651)，因为他最初的作品 *De Cive*(《论公民》)的拉丁文版1642年在巴黎发行，如图4.24。英译本1651年在伦敦出版，标题是 *Philosophical Rudiments Concerning Government and Society*(《关于政府与社会的哲学基础》)，收录于莫尔斯沃思(Sir William Molesworth)编辑出版的十卷本 *The English Works of Thomas Hobbes*(《霍布斯英文著作集》)第二卷。索雷尔认为，《利维坦》虽然是霍布斯思想的官方版，但大多为更早的《论公民》之重新叙述，故就思想史价值而言，应研读《论公民》。

就文字风格而言，我更喜欢读“霍布斯生平简介”。例如，第一段介绍了培根、洛克和霍布斯的出身之后，有神来之笔：“not only about the importance of wool in the English economy but also about the role of education in stimulating social mobility during the sixteenth and seventeenth centuries”(不仅表明羊毛在英国经济中的重要性，而且表明教育在16和17世纪对激发社会流动性之重要性)。

TOM SORELL

Introduction

他对配第的影响是解剖学的还是政治学的?

Hobbes made his name as the author of a brief book about citizenly duty published in 1642. In its various editions, *De cive* brought his ideas about the need for undivided sovereignty to a wide, and mostly admiring, Continental audience. Similar ideas in an earlier, unpublished, but well-circulated treatise of Hobbes's came to the notice of men of political influence in England in 1640, so that he was known, in parliamentary circles at least, as a political thinker some years before any of his work had gone into print. It is as a political theorist that he is still studied today. Hobbes's *Leviathan* has eclipsed *De cive* as the official statement of his theory, but it has much in common with the book he published in 1642 and the manuscript that he circulated in 1640. It is Hobbes's political doctrine that continues to get attention, and new editions of *Leviathan* are still being issued.

His writings, however, range far beyond morals and politics. They present distinctive views in metaphysics and epistemology, and they go beyond philosophy in the narrow modern sense altogether, to include full-scale treatises in physics, optics, and geometry. Hobbes's thought extends to history and historiography, to law, biblical interpretation, and something like rational theology. All of these subjects are represented in the essays that follow, most in considerable detail. One aim of the volume is to offer a much broader view of Hobbes's intellectual preoccupations than is usually available to the English-speaking general reader. Another is to bring together the different perspectives on Hobbes that are now being developed in parallel by philosophers, historians of mathematics and science, historians of early modern England, political scientists, and writers on literary studies: current scholarship on Hobbes is more than ever a multidisciplinary enterprise. It is also international, involving people in most

1

Cambridge Companions Online © Cambridge University Press, 2006

图 4.24

培根的父亲因在剑桥大学接受教育而成为重要的律师，并由婚姻关系而进入贵族社会。洛克的父亲也是通过法律训练而成为律师的，尽管他始终是一名卑微的乡村检察官。不过，洛克本人毕业于牛津大学，得以从事外交并服务于贵胄世家，而后获得了薪俸丰厚的官职。

在上述三位出身类似的思想家当中，与培根和洛克相比，霍布斯的身世远为逊色，但因为牛津大学的教育和社会关系网络，他得以进入嘉文迪许家族，并靠着与这一显赫家族的关系而受益终生。此处，马尔科姆又一神来之笔：

> The expense of educating a son up to university level may have been a threshold over which the poorest in society could not cross; yet the threshold was set relatively low, and once it had been passed a wide range of possible careers opened up.（将儿子教育到大学水平所需的开销或许是社会里最贫困家庭难以逾越的向上流动的门槛；不过，只要这一门槛设置足够低，一旦越过它，就敞开了前途广阔的各种职业。）

霍布斯的写作深受他依附于其间的四个重要社会关系网络的影响。首先是德文郡的嘉文迪许家族的伯爵二世，当时霍布斯刚刚从牛津大学毕业，直接就成为伯爵的随侍。事实上，在他漫长的一生中，霍布斯服务于这一家族的两代人，他结识了这一家族结识的其他重要家族。这些社会网络的影响，反映在霍布斯 1640—1650 年代的写作中。霍布斯通过伯爵与培根建立了联系，并随伯爵游历欧洲大陆。在那里，这是第二个社会网络，他结识了威尼斯那些对抗教皇权威的作者们，他们不承认教会对世俗王国的统治权。威尼斯的作者们对培根的作品有兴趣，故霍布斯于 1615 年随嘉文迪许伯爵参加了他们与培根的会谈。在霍布斯的政治作品里，反抗教皇权威的思想占主导位置。此外，霍布斯的非政治性作品，表达了培根的许多思想。他的第三个社会网络，我写在图 4.23 的右侧，是牛津郡的学者们，他们影响了霍布斯的宗教和神学观点。他的第四个社会网络是围绕在巴黎那位著名的梅森神父（Marin Mersenne，1588—1648）周围的科学家和神学家们，那是在 1620—1640 年间。根据维基百科英文版“梅森”词条：Mersenne was the center of the world of science and mathematics during the first half of the 1600s（17 世纪上半叶，梅森神父是世界科学与数学的中心）。又据百度百科同一词条，当年各国没有皇家学会和科学院，数学家和科学家在梅森家每周一次的聚会，其实就是法兰西学院的前身。很可能，霍布斯是在 1634 年陪同嘉文迪许伯爵三世访问巴黎时结识了梅森神父。

在霍布斯的作品里，上述第三和第四个社会网络，肯定极强烈地塑造了他的自然哲学以及他对人性的见解。图 4.24 的最下面，我写着：知识三分（培根的影响），关于神的知识，霍布斯的理性主义神学；关于人的知识，霍布斯的社会史学与社会理论；关于自然的知识，霍布斯的自然哲学。我写在这张插图里的其他文字，相当于一张小的心智地图，请你们自己去读。

图 4.25 是霍布斯《利维坦》的目录。这本书只有四部分，第一部分“论人”，关于人性的观察与探究；第二部分“论国家”，英译本使用的单词是“commonwealth”，出现在更早的博丹的《国家六书》里（见图 2.26）；第三部分“论基督教国家”；第四部分“论暗黑王国”——就是基督教之外的其他国家。

霍布斯的政治文字与他的性格有关，现代的研究者，著名的如施特劳斯（Leo

Strauss，1899—1973）认为是“微言大义”[1]。总之，读霍布斯的文字，有一种说不清的感觉。故而，多年来，霍布斯的政治文字的读者不得不借助于古典语言学和文献释义学的帮助。但是在同一部作品里，哪怕是《利维坦》这样的政治作品，霍布斯的非政治性的文字就很流畅易读。例如，第一部分“论人”第一章“论感觉”开篇就说，研究人性，首先讨论个体的人性，然后讨论相互依存的人性。然后他说，关于感觉的起因，与本书主题关系不强，故搁置不论，但大致可认为一切感觉起源于外物刺激。第一部分的第二章“想象”有类似的风格，流畅易读。

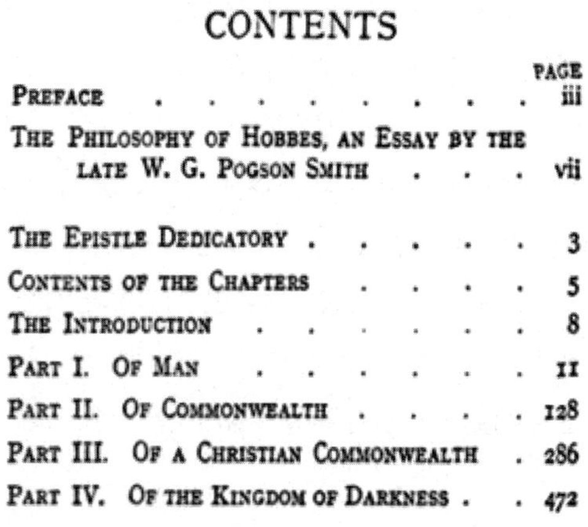

CONTENTS

图 4.25

现在我增加一幅心智地图，见图 4.26，取自我 2012 年 2 月准备的经济学思想史研究班讲义，帮助你们回顾和总结在这门课程里你们已熟悉了的那些经济学家之间的思想联系。

图 4.26

培根的另一思想遗产，如图 4.27：“正确推理”必须与“真信仰”结合，才可有好的科学。因为，有偏见的人在运用归纳原理时，只看到自己愿意看到的，而无视自己的偏见不允许看到的，于是不能得到好的科学。

培根列出常见的四类偏见：(1)“idols of the tribe”，种族共有的偏见，故名曰“部落偶像”；(2)“idols of the den”，任一个体可能有的特定偏见，故名曰“特殊偶像”；(3)“idols of the marketplace”，由语言的制约而生的偏见，故名曰“市场偶像”；(4)“idols of the theatre”，由权威崇拜和权威滥用所致的偏见，故名曰“剧场偶像”。培根辨明的四类偏见当中，(1) 和 (2) 至今仍是经典的偏见来源，而 (3) 和 (4) 又颇具现代意义。

[1] 参阅 Leo Strauss, *The Political Philosophy of Hobbes: Its Basis and Its Genesis*, 1936, English translation by Elsa M. Sinclair from German manuscript, reissued with new preface, University of Chicago Press, 1952。

例如，深刻的环境主义者指出，“以人类为中心”是我们人类通有的偏见，并且因此而不能强有力地保护环境。每一个人因为个人经历而有的特殊偏见，例子太多，不必枚举。市场偶像的例子，我们每一位学者试图将西方的社会科学著作翻译为汉语时都可能遇到，有些翻译，例如怀特海《思维方式》，几乎是不可能的。剧场偶像（权威滥用），在中国比比皆是，不赘述。

我在图 4.27 下面写着：其中“市场偶像”被维特根斯坦强调。关于滥用权威导致的偏见，可说充斥在我们周围。与培根的思想十分相关，请看图 4.28，我承认，我是带着神秘主义视角画这张图的，它相当于另外一张心智地图，显示了叙事风格变动的 50 年周期。

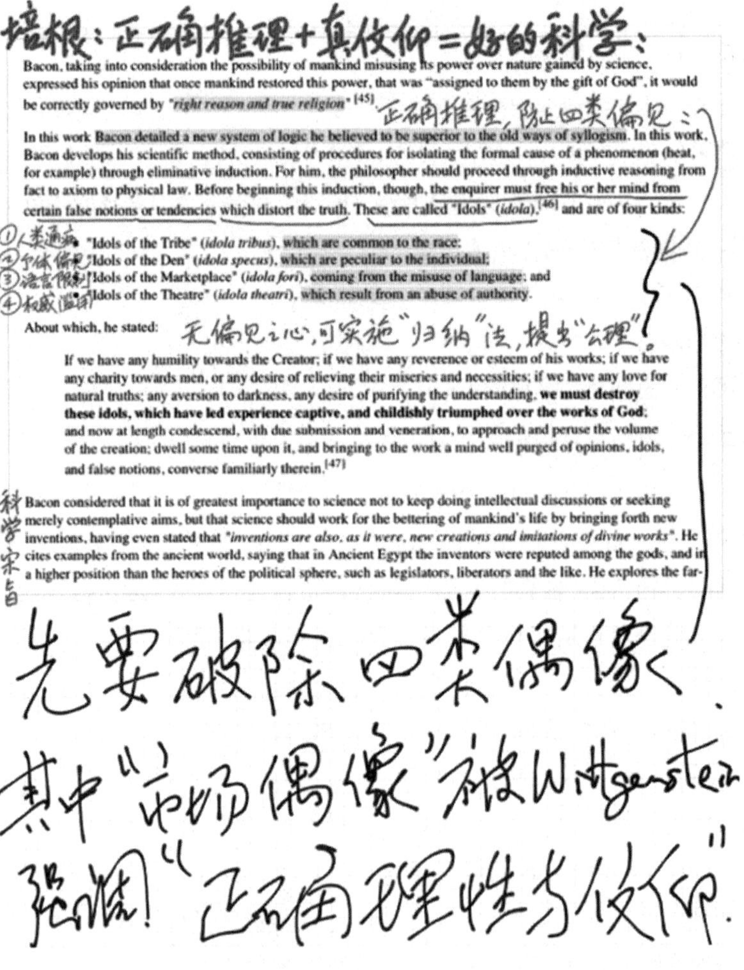

Bacon, taking into consideration the possibility of mankind misusing its power over nature gained by science, expressed his opinion that once mankind restored this power, that was "assigned to them by the gift of God", it would be correctly governed by *"right reason and true religion"*.[45]

In this work Bacon detailed a new system of logic he believed to be superior to the old ways of syllogism. In this work, Bacon develops his scientific method, consisting of procedures for isolating the formal cause of a phenomenon (heat, for example) through eliminative induction. For him, the philosopher should proceed through inductive reasoning from fact to axiom to physical law. Before beginning this induction, though, the enquirer must free his or her mind from certain false notions or tendencies which distort the truth. These are called "Idols" (*idola*),[46] and are of four kinds:

- "Idols of the Tribe" (*idola tribus*), which are common to the race;
- "Idols of the Den" (*idola specus*), which are peculiar to the individual;
- "Idols of the Marketplace" (*idola fori*), coming from the misuse of language; and
- "Idols of the Theatre" (*idola theatri*), which result from an abuse of authority.

About which, he stated:

> If we have any humility towards the Creator; if we have any reverence or esteem of his works; if we have any charity towards men, or any desire of relieving their miseries and necessities; if we have any love for natural truths; any aversion to darkness, any desire of purifying the understanding, **we must destroy these idols, which have led experience captive, and childishly triumphed over the works of God**; and now at length condescend, with due submission and veneration, to approach and peruse the volume of the creation; dwell some time upon it, and bringing to the work a mind well purged of opinions, idols, and false notions, converse familiarly therein.[47]

Bacon considered that it is of greatest importance to science not to keep doing intellectual discussions or seeking merely contemplative aims, but that science should work for the bettering of mankind's life by bringing forth new inventions, having even stated that *"inventions are also, as it were, new creations and imitations of divine works"*. He cites examples from the ancient world, saying that in Ancient Egypt the inventors were reputed among the gods, and in a higher position than the heroes of the political sphere, such as legislators, liberators and the like. He explores the far-

图 4.27

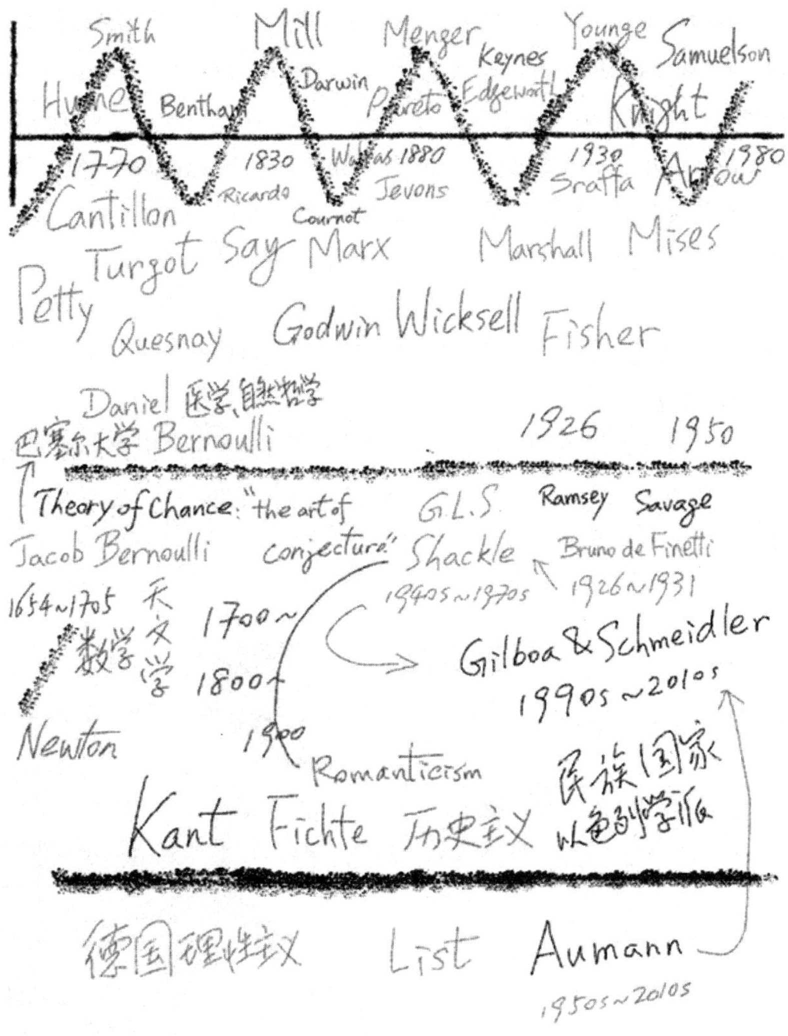

图 4.28

图 4.28 取自 2011 年我的经济学思想史讲义，帮助你们回顾你们已熟悉的经济学家相互间的影响。在我看来，那时我可能正在研究这类因素，似乎有某种心理的或代群结构，导致经济学的叙事风格的这种波动周期。那些被我安排在 50 年周期的顶峰的经济学家，斯密、小密尔、门格尔、杨格、萨缪尔森，他们有公认最清晰的叙事风格。其他的经济学家，尤其是被我安排在谷底的那些人物，叙事风格至少不很清晰，或者更可能是晦涩的。马歇尔的文字其实很流畅易懂，但他处于矛盾状态：一方面，他要将经济学原理写得如同牛顿力学那样逻辑严谨；另一方面，他想着他的麦加圣地——生物学。

这张心智地图的下半部分，描写的是对经济学思想演化产生重要影响的那些人物。例如，康德，德国古典哲学的理性主义传统，谢林，费希特，黑格尔，之后就是对这场理性主义运动的反动，我们说过了，德国历史学派，英文是“historicism”。

我记得波普的小册子《历史决定论的贫困》(*The Poverty of Historicism*)，“历史决定论”的英文也是这个词。但是，罗雪尔阐述的历史学派的方法，显然允许不确定性和大量的偶然性。那么，何来“历史决定论”呢？我不很清楚。

此外，还有以色列学派的崛起，博弈论、政治科学、决策理论与心理学的结合；以及，伯努利（Nicolaus Bernoulli）的概率思想，他之前的天文学传统，他之后的“凯恩斯—沙克尔”传统。

以上图示，相当于从不同角度的回顾。现在，我要回到这一讲的开端，如图 4.29，继续讨论最具原创性的几位经济学家，在他们各自生活的时代，基于各自的生命体验，怎样想象宏观的政治经济秩序？

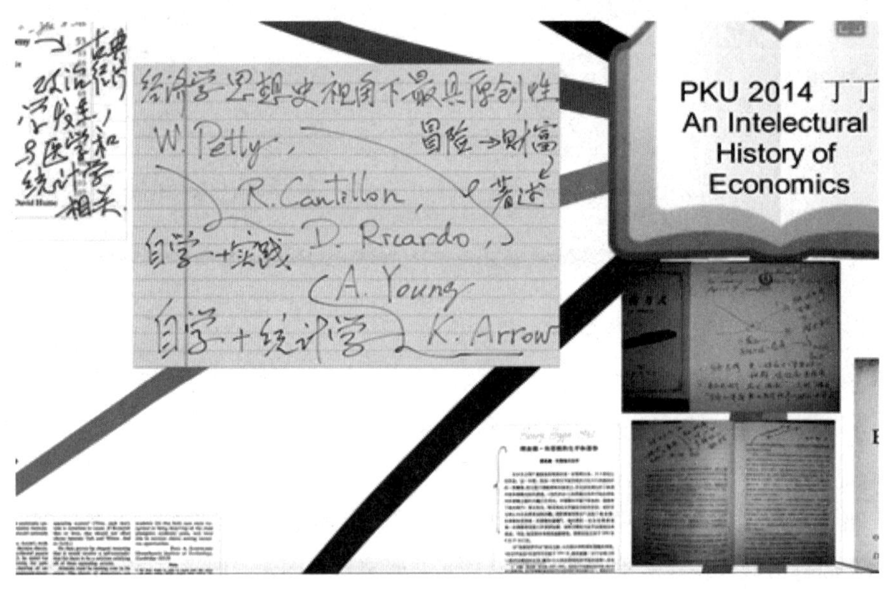

图 4.29

4. 从微观体验想象宏观秩序

这里，我又要引述怀特海命题：在有理解之前，先有表达；在有表达之前，先有重要性感受。这一命题，是我读怀特海 *Modes of Thought* 的感受和概括。这本书的中译本标题是《思维方式》(刘放桐译)。2014 年的思想史研究班，我还没有机会详细讲解这本书。我记得大约在2008年以前，每年思想史研究班这本书是必读文献之一，而且要逐段讲解和讨论。

中译者刘放桐当初是复旦大学哲学系的研究生。他的导师建议他翻译这本小册子。他在“译后记”里说，这本书的翻译工作1964年就完成了，但几经周折，直到2004年才由商务印书馆出版，感谢商务的经济编辑朱泱。你们或许很少听说商务老编辑朱泱，许多重要的中译本，不仅是那套汉译世界名著里的经济学名著，而且经济学以外的许多名著，译者都感谢朱泱。刘放桐在“文化大革命”期间肯定经历了坎坷。这本书也就搁置了，但译稿被朱泱保存到“文革”结束以后。那时，朱泱来信请刘放桐继续修订这本书的译稿。刘放桐“译后记”里自述，学业早就荒废了，还不如不修订，就这样出版。这就是这本书中译本的来历，整整费了40年时间。

去年或前年，我在思想史研究班讲解过这本书的英译本，当时我提到这本书有至少三个中译本，刘放桐的之外，其他两个根本不能读。当然，刘放桐的中译本也有不少讹误。我记得课后有一位同学，孙晨，是思想史研究班的义务助教，他找到我索取另外两个中译本的电子版。我在这里一并介绍：(1)《思想方式》，华夏出版社，1999年，韩东晖、李红中译本。我在UPAD里的笔记评语是：“译文较好，但太简约，丢失原意”。(2)《思维方式》，天津教育出版社，1989年，黄龙保、芦晓华、王晓林中译本，齐云山校。我在UPAD里的笔记评语是：“很差的译本！”

我贴在图4.29里的两幅照片，取自刘放桐中译本的封面和我用上海衡山宾馆信纸写的一页笔记。这份笔记的英文标题的中译文是：“备课，4月15日第八讲，2006年4月7日重读《思维方式》。”那时我常去上海探望王元化先生，他长住“庆余别墅”，在衡山路，我和妻子有时住庆余别墅，有时住衡山宾馆。每年春季和秋季我在浙大讲学期间，定期去上海拜访元化先生，是我和妻子的常规活动，直到他2008年5月汶川地震之前辞世。

元化先生辞世后，我和妻子从未再去上海，直到2014年6月林毓生先生应韦森之邀从香港飞上海讲演，并嘱韦森希望见到我和小李（我妻子），故我答应韦森在毓生先生演讲前一天为复旦学生作一次报告。我贴在图4.29的两幅照片的第二幅，取自《思维方式》刘放桐中译本第二讲“表达”，第1页和第2页。

既然回到了课程心智图的原点，我补充解释这门课程的英文标题“An Intellectual History of Economics”。我在第一讲通常介绍与这门课程相似的课程名称，例如，经济学说史、经济思想史、经济观念史、经济分析史。以往我讲这门课程，英文名称是“A History of Economic Thought”，于是强调了“思想”，但这一英文名称不必表示我这门课程最强调的“思想史方法”。能表示这一方法的英文名称，就是现在这门课程的标题，对应于汉语的“经济学思想史”。

最近我在大连主持的东北财经大学跨学科教育实验班的一位年轻教师来信与我讨论经济学思想史的教学大纲，又遇到上述的名称问题。为澄清这些困惑，我画了一张示意图，如图 4.30，贴在心智地图里，在坎蒂隆的宏观图示下面，紧邻我的那张企业家创新能量的分布图。

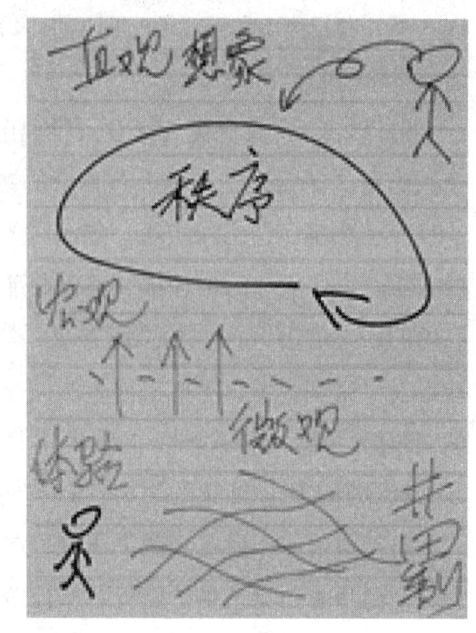

图 4.30

这张图里，左下角有一个人形，他在体验微观经济活动，例如，他观察古代的井田耕作制度。然后，基于他的微观体验，因为他是经济学家而不是职业经理或企业家，他必须研究更大范围内的经济活动，而不是改善他体验的这一局部的经济活动。也就是说，他必须从微观体验想象宏观秩序，即许多类似的微观活动的集结。注意，在这张图的右上角，有另一人形，他也在想象左下角这位经济学家想象的宏观秩序，不过，他没有这位经济学家的微观体验，他或许有自己的微观体验，但他不能假设他自己的体验与这位经济学家的体验一模一样。右上角的人形，其实就是我们经济学思想史的读者。

根据上面这一番描写，我们可以说，经济学家想象的宏观秩序，被记录为“经济学”——微观的和宏观的，其实是先有宏观秩序的想象，后有宏观秩序想象的微观模型。“凯恩斯之前”的经济学是古典的，“凯恩斯以后”的经济学是现代的，而现代经济学首先是宏观秩序的想象，然后寻找微观基础，于是与以往的微观经济学融合为一体。被记录了的经济学，积累为“经济学说史”或“经济分析史”，前者比后者更宽泛。经济学说只要足够抽象，围绕一些核心的观念展开自身，可以积累为“经济观念史”或“经济思想史”，但此处“思想”一词不意味着反思，在口语里，它只意味着与“观念”一词相似的涵义。

与上列各类都不同，经济学思想史强调的是思想之“反思”涵义，就是右上角的人形头脑里发生的过程。当我们读经济学思想史的时候，如果不将左下角这位经济学家嵌入于他基于他的微观体验而想象宏观秩序的那一特定历史情境，我们就很难理解他想象的宏观秩序——也就是我们正在研读的经济学观念，与我们想象的宏观秩序和经济学观念之间的异同。

我在第一讲里说过，思想史方法的核心是韦伯所说的“同情理解”。因此，我在

图 4.31 里更直接地描写了思想史读者的思考过程。

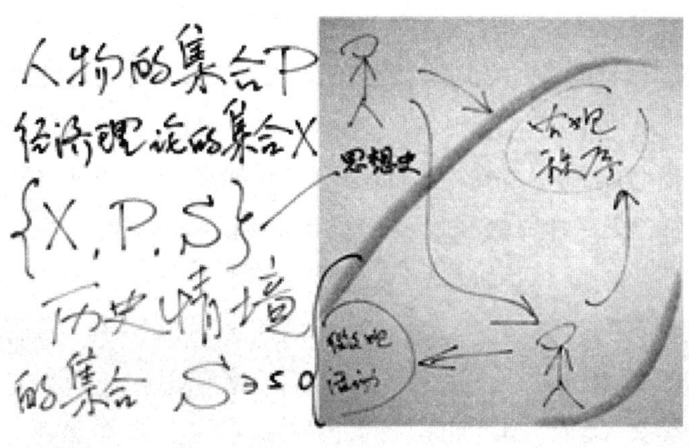

图 4.31

现在我们看到那位经济学家人形在右下角，他体验微观活动，并提出他的宏观想象。我用蜡笔的圆括号包围了右下角的人形、微观活动、宏观秩序，称之为“历史情境”，用小写字母 s 代表。全部历史情境的集合，以大写的 S 代表。思想史读者面对的全体人物（例如这些经济学家）的集合，以大写的 P 代表。再以 X 代表全体经济理论的集合。图的中间上部那个人形，代表经济学思想史的读者，他在三元体 {X，P，S} 上思考。

思想史视角要求我们将作者（P）与他的理论（X）嵌入或放回他所在的那一历史情境（S）之内，才可防止望文生义，或怀特海说的“错置实境”谬误。并且，我们可以同时看到许多历史情境及情境内的作者及理论，不如此，我们就失去了思想史视角的优势。当然，要在三元体 {X，P，S} 上思考是很难的事情。首先就要“海量”浏览及“细节”阅读，其次要思考，并且要反思，就是将思考者自己也置于特定历史情境之内——不要忘记，S 当然包括现代社会和现代中国人——我们每一个人各自所处的历史情境。所以，彻底实施思想史方法，对我们每一个人而言，都是十分艰难的事情，它要求我们的自我批判。

回到怀特海命题，如图 4.32，表达的困境在于，给定一个时刻，a 是可感知的有限个体所处的情境，所有这样的情境的集合，以 A 表示。根据柏格森和怀特海的生命哲学的见解，宇宙的本质是过程而不是实体。任何可感实体，不过是一束过程的汇聚。过程聚散，导致实体的发生与消失。根据柏格森的论述，在 a 处的生命个体感可选择任一方向突现自己的生命力，例如，它沿着过程 A 突现，在下一时刻，它进入 A，这意味着它放弃了其他潜在可能的体验 B、C……

自然选择或物竞天择，如果个体在它选择的方向上没有获得足够长的生存时间，那么根据事后判断，它就是选错了方向，被淘汰了。但这样的错误并不否定这一生命个体的价值，它毕竟自由地选择了。所以，加缪说，自杀，是唯一严肃的哲学问题。因为这一选择直接就是选择被淘汰，但因此凸现了自由。自杀是一种表达。我说的“表达困境”，意思是感受到的重要性其实很难表达，例如，一个人的自杀。假如我们不单纯接受演化论的视角，那么，我们有图 4.32 中的第 2 项：非历史决定，存在“偶然”，一系列“错误”，“生命的本质要从既定秩序的破坏中寻求”。

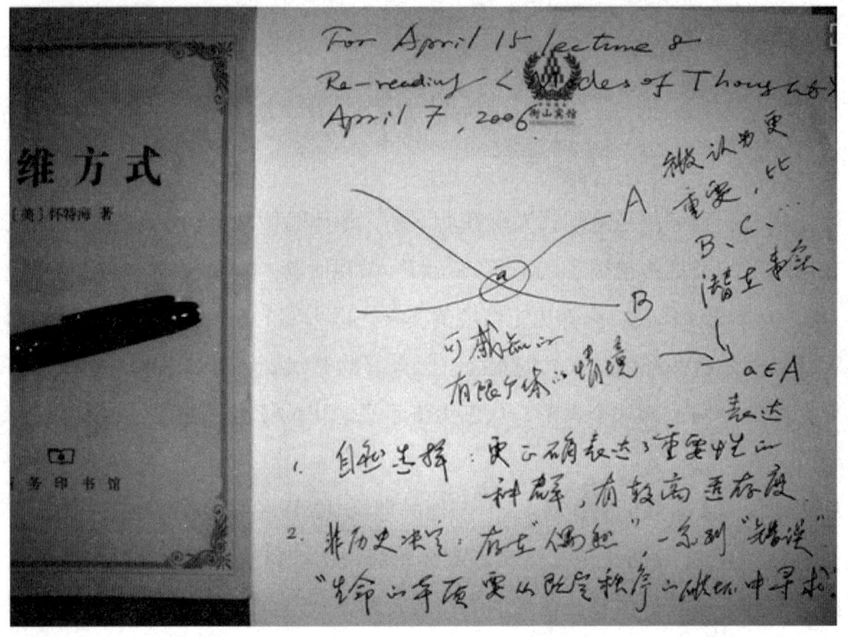

图 4.32

现在看图 4.33，《思维方式》刘放桐中译本第二讲“表达”的第 1 页。我在页端写着：如果你在情境 a 表达 A，那么你放弃了 a 的其他可选方向，即放弃了对 a 的多样性的概括。让我们试着读懂这一页的第一段文字，如果读不懂，我们只能在例如第七讲，开始研读这本小册子，从它的序言开始读。通常，我建议你们不要读任何中译本。怀特海的许多英文短语，不可能翻译为中文。例如这一段的第二句：“某些东西必然会弥漫在可以造成某种区别的整个背景下。”你们怎样理解？再读这句话：“重要性如果局限于有限的个体情境，就不再是重要的了。”基于常识，你们很快就会被怀特海打动。接着的这一句：“从某种意义上说，重要性是从有限的东西中的无限性的内蕴中推导出来的。”

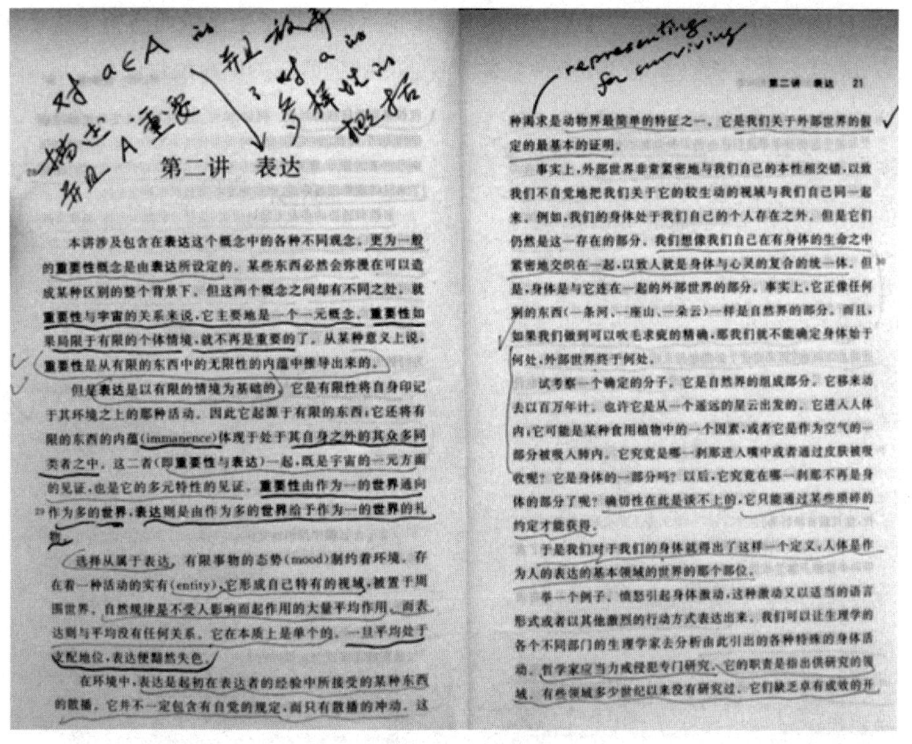

第二讲 表达

本讲涉及包含在表达这个概念中的各种不同观念。更为一般的重要性概念是由表达所设定的。某些东西必然会弥漫在可以造成某种区别的整个背景下。但这两个概念之间却有不同之处。就重要性与宇宙的关系来说，它主要地是一个一元概念。重要性如果局限于有限的个体情境，就不再是重要的了。从某种意义上说，重要性是从有限的东西中的无限性的内蕴中推导出来的。

但是表达是以有限的情境为基础的。它是有限性将自身印记于其环境之上的那种活动。因此它起源于有限的东西；它还将有限的东西的内蕴(immanence)体现于处于其自身之外的其众多同类者之中。这二者（即重要性与表达）一起，既是宇宙的一元方面的见证，也是它的多元特性的见证。重要性由作为一的世界通向作为多的世界，表达则是由作为多的世界给予作为一的世界的礼物。

选择从属于表达。有限事物的态势(mood)制约着环境。存在着一种活动的实有(entity)，它形成自己特有的视域，被置于周围世界。自然规律是不受人影响而起作用的大量平均作用。而表达则与平均没有任何关系。它在本质上是单个的。一旦平均处于支配地位，表达便黯然失色。

在环境中，表达是起初在表达者的经验中所接受的某种东西的散播。它并不一定包含有自觉的规定，而只有散播的冲动。这

第二讲 表达 21

种渴求是动物界最简单的特征之一。它是我们关于外部世界的假定的最基本的证明。

事实上，外部世界非常紧密地与我们自己的本性相交错，以致我们不自觉地把我们关于它的较生动的视域与我们自己同一起来。例如，我们的身体处于我们自己的个人存在之外，但是它们仍然是这一存在的部分。我们想像我们自己在有身体的生命之中紧密地交织在一起，以致人就是身体与心灵的复合的统一体。但是，身体是与它连在一起的外部世界的部分。事实上，它正像任何别的东西（一条河、一座山、一朵云）一样是自然界的部分。而且，如果我们做到可以吹毛求疵的精确，那我们就不能确定身体始于何处，外部世界终于何处。

试考察一个确定的分子。它是自然界的组成部分。它移来动去以百万年计。也许它是从一个遥远的星云出发的。它进入人体内；它可能是某种食用植物中的一个因素，或者它是作为空气的一部分被吸入肺内。它究竟是哪一刹那进入嘴中或者通过皮肤被吸收呢？它是身体的一部分吗？以后，它究竟在哪一刹那不再是身体的部分了呢？确切性在此是谈不上的，它只能通过某些烦碎的约定才能获得。

于是我们对于我们的身体就得出了这样一个定义：人体是作为人的表达的基本领域的世界的那个部位。

举一个例子。愤怒引起身体激动，这种激动又以适当的语言形式或者以其他激烈的行动方式表达出来。我们可以让生理学的各个不同部门的生理学家去分析由此引出的各种特殊的身体活动。哲学家应当力戒侵犯专门研究。它的职责是指出供研究的领域。有些领域多少世纪以来没有研究过。它们缺乏卓有成效的开

图 4.33

以上仅仅是第一段，接下来的这段文字更打动我们："但是表达是以有限的情境为基础的。它是有限性将自身印记于其环境之上的那种活动。"我看你们的表情，很难读完这一页的第二段。那就从第一讲开始学习，下一次我用英文版。但是至少让我读完这一句："重要性由作为一的世界通向作为多的世界，表达则是由作为多的世界给予作为一的世界的礼物。"所以，还有这一句："自然规律是不受人影响而起作用的大量平均作用。而表达则与平均没有任何关系。它在本质上是单个的。一旦平均处于支配地位，表达便黯然失色。"

怀特海的"过程哲学"，因为与柏格森的"创化论"思想相互影响，现在统称为"柏格森—怀特海"哲学，也称"涌现论"哲学（张东荪译为"突现"哲学）。柏格森又与马赫的思想相互影响，参与塑造了詹姆士的实用主义哲学。

中信出版社 2010 年出版了梁漱溟的《中国文化的命运》，广告里说，这是封存 70 年的手稿。我选了一页，如图 4.34，梁漱溟自述他的学问之根底有三个来源，贴在这里。

据梁漱溟自述，对他思想影响最深远的是：中国儒家、西洋生命派哲学、医学。他所说西洋生命派哲学，就是"柏格森—怀特海—詹姆士"这一思想传统的哲学。清

末民初的知识分子，王国维、张东荪、梁漱溟等，大多受了生命派西洋哲学的影响。因为中国古代儒家有一套基于生命体验的学说，很接近西洋的生命派哲学。

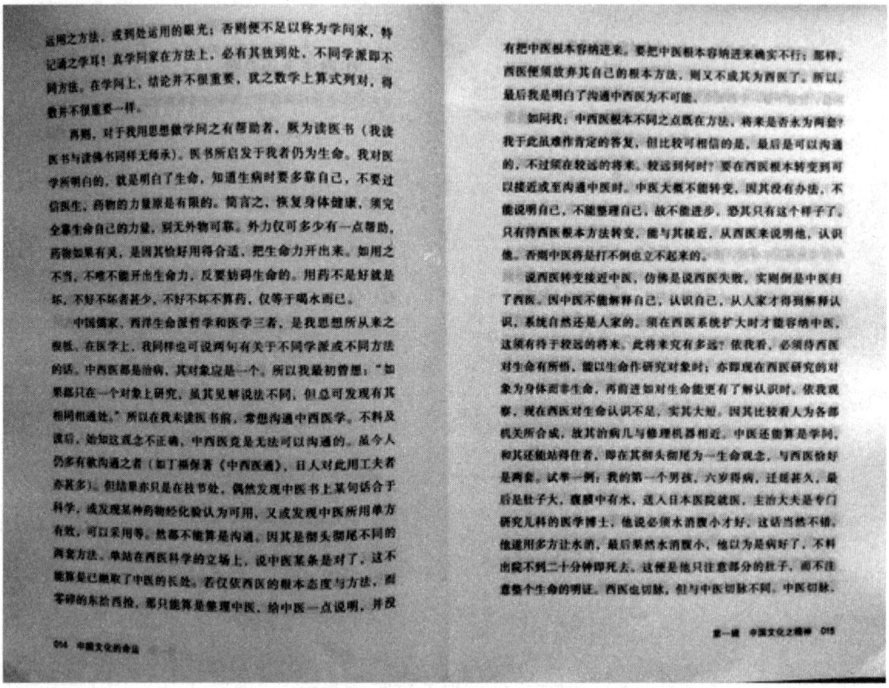

运用之方法，或到处运用的眼光；否则便不足以称为学问家，特记诵之学耳！真学问家在方法上，必有其独到处，不同学派即不同方法。在学问上，结论并不很重要，犹之数学上算式列对，得数并不很重要一样。

再则，对于我用思想做学问之有帮助者，厥为读医书（我读医书与读佛书同样无师承）。医书所启发于我者仍为生命。我对医学所明白的，就是明白了生命，知道生病时要多靠自己，不要过信医生，药物的力量原是有限的。简言之，恢复身体健康，须完全靠生命自己的力量，别无外物可靠。外力仅可多少有一点帮助，药物如果有灵，是因其恰好用得合适，把生命力开出来。如用之不当，不唯不能开出生命力，反要妨碍生命的。用药不是好就是坏，不好不坏者甚少，不好不坏不算药，仅等于喝水而已。

中国儒家、西洋生命派哲学和医学三者，是我思想所从来之根柢。在医学上，我同样也可说两句有关于不同学派或不同方法的话。中西医都是治病，其对象应是一个。所以我最初曾想："如果都只在一个对象上研究，虽其见解说法不同，但总可发现有其相同相通处。"所以在我未读医书前，常想沟通中西医学。不料及读后，始知这观念不正确，中西医竟是无法可以沟通的。虽今人仍多有欲沟通之者（如丁福保著《中西医通》，日人对此用工夫者亦甚多），但结果亦只是在枝节处，偶然发现中医书上某句话合于科学，或发现某种药物经化验认为可用，又或发现中医所用单方有效，可以采用等。然都不能算是沟通。因其是彻头彻尾不同的两套方法。单站在西医科学的立场上，说中医某条是对了，这不能算是已吸取了中医的长处。若仅依西医的根本态度与方法，而零碎的东拾西捡，那只能算是整理中医，给中医一点说明，并没

014 中国文化的命运

有把中医根本容纳进来。要把中医根本容纳进来确实不行；那样，西医便须放弃其自己的根本方法，则又不成其为西医了。所以，最后我是明白了沟通中西医为不可能。

如问我：中西医根本不同之点既在方法，将来是否永为两套？我于此虽难作肯定的答复，但比较可相信的是，最后是可以沟通的，不过须在较远的将来。较远到何时？要在西医根本转变到可以接近或至沟通中医时。中医大概不能转变，因其没有办法，不能说明自己，不能整理自己，故不能进步，恐其只有这个样子了。只有待西医根本方法转变，能与其接近，从西医来说明他，认识他。否则中医将是打不倒也立不起来的。

说西医转变接近中医，仿佛是说西医失败，实则倒是中医归了西医。因中医不能解释自己，认识自己，从人家才得到解释认识，系统自然还是人家的。须在西医系统扩大时才能容纳中医。这须有待于较远的将来。此将来究有多远？依我看，必须待西医对生命有所悟，能以生命作研究对象时；亦即现在西医研究的对象为身体而非生命，再前进如对生命能更有了解认识时。依我观察，现在西医对生命认识不足，实其大短。因其比较看人为各部机关所合成，故其治病几与修理机器相近。中医还能算是学问，和其还能站得住者，即在其彻头彻尾为一生命观念，与西医恰好是两套。试举一例：我的第一个男孩，六岁得病，迁延甚久，最后是肚子大，腹膜中有水，送入日本医院就医，主治大夫是专门研究儿科的医学博士，他说必须水消腹小才好，这话当然不错。他建用多方让水消，最后果然水消腹小，他以为是病好了，不料出院不到二十分钟即死去。这便是他只注意部分的肚子，而不注意整个生命的明证。西医也切脉，但与中医切脉不同。中医切脉，

第一讲 中国文化之精神 015

图 4.34

注意，梁漱溟特别强调，给他思想很大影响的是先秦或更早的"古代儒家"，而非秦汉以来的儒家。梁先生辞世于 1988 年，没有见到 1993 年湖北荆门楚简出土。这批楚简里有几十个前所未见带"心"的古字，例如上"身"下"心"——初译为"仁"字。荆门楚简被视为古儒家"思孟学派"的文献，又被称为"情感学派"或"性情哲学"的文献，与梁漱溟毕生求索和践履的实乃同流，关注生命与创造。

5. 土地与劳动的比价问题

继续讨论经济学开端时期最具原创性的人物的第一位——配第所处的历史情境。让我们想象，首先，他需要金钱，因为他闯荡江湖，全凭聪明好学博闻强记，他那时在牛津大学任教，收入稳定，但绝无致富机会。其次，英国政治局势剧烈变动，克伦威尔建立了一支新军，战无不胜，1649 年，英王查理一世被国会判处死刑。他的儿子，查理二世，1651 年在苏格兰继承王位。但国会军立即打败了苏格兰军队。查理二世

流亡荷兰。克伦威尔拒绝国会给他的“国王”头衔，因为他已是英国无可置疑的统治者，1649—1650 年他率军攻下爱尔兰，1650—1651 年率军占领苏格兰。1651 年的那位神秘访客，或许很容易说服配第投靠克伦威尔。再次，配第从霍布斯和培根那里学到了前沿的社会理论和科学方法。霍布斯指出，社会理论的功能在于提供和平与财富。克伦威尔确立了和平，配第追随克伦威尔，主旨是财富——长期内战必使财政枯竭。培根指出，社会理论的科学基础，其一是数学，其二是经验方法。

配第自修百科，现在他只需要有运用数学与经验方法的机会——例如，担任爱尔兰土地丈量总监。配第最早得到统计结论：1660 年代，英国人均年收入大约 6 英镑 13 先令 4 便士，全国人口 600 万，故推得国民总收入约 4000 万英镑，他还估计了 1660 年代英国的财富总值，约为 6.67 亿英镑。由于英国境内的金币和银币总共不过 700 万英镑，配第之前，博丹已谈论了“货币数量论”，配第根据英国的统计数字可推测货币流通速度，大约为 6 ——根据斯密的观察，英国谷物价格十分稳定。

配第还试图推测国民收入的征税基础，根据他的价值理论，一切财富来自土地和劳动。于是，他必须找到土地价值与劳动价值之间的比价。这一问题，我称之为“劳动经济学基本问题”。李嘉图和马克思沿着劳动价值论探索，直到“边际革命”。感谢萨缪尔森的数理方法，我们有了“庸俗的”欧拉等式：总产出刚好等于各要素根据对总产出的边际贡献定价所得收入加总。虽然，欧拉等式并未提供完全竞争市场的分配原则之符合社会正义的论证。关键是，欧拉等式成立的前提是规模收益保持不变。在现实世界里，越是知识密集型的经济，规模收益就越是递增的。所以，古典的劳动经济学基本问题依旧存在，只是有了现代形式：知识与人力资本的定价问题。

我始终认为，如果你们没有掌握劳动经济学，你们就不应算是朗润园的毕业生。在经济学各领域当中，只有劳动经济学涉及的研究方法最广泛，跨越的各种学科领域最庞杂，并且它的基本问题与社会哲学关系最密切。我们朗润园的优势是公共政策基础研究，我们培养的学生，不能仅仅是经济学家。从朗润园毕业的学生，每一个都要以凯恩斯或哈耶克为榜样。劳动经济学如同整部经济学的纲，我读劳动经济学就感觉这是一张大网，只要拉起这张大网，就展开了经济学各门课程，这就是所谓“纲举目张”。

我现在试图借助图 4.35 论证，配第试图解决的土地与劳动的比价问题是劳动经济学基本问题，并且论证劳动经济学基本问题的实质是存量定价问题。这张图呈现的不仅有通常教科书里的“流量”循环，而且最重要的是，它呈现了教科书里没有的“存量”的积累与消耗。

左上角字迹“自然资源存量”，在现代经济学教科书里通常以“土地”代表，继承了古典政治经济学“土地”之为三大要素之一的思想传统。这张图的中央，写着“财富存量”，古典政治经济学的核心概念。配第说，土地是财富之母，劳动是财富之父。坎蒂隆说，土地为一切财富提供了质料，而劳动为一切财富提供了形式。古典经济学所说的“劳动力”其实是劳动存量为经济循环提供的服务，故而是流量。现代经济学不再简单讨论劳动，而是将劳动视为人力资本，与物质资本相对而言。我们不妨想象一切劳动依照人力资本密度排列为一个连续的谱系，一端是纯粹意义上的“脑力”劳动（只有“观念运动”），另一端是纯粹意义上的“体力”劳动（只有“身体动作”）。这就是图 4.35 右半边的描写。流量的循环，由粗箭头表示，例如，从图的上方“开采”，自然资源存量（石油、煤炭、矿产、木材、水产）在单位时段里的开采量，是流量，这些流量进入“制造”过程，施以劳动和资本（物质资本），成为产品或商品，图的右方写着“消费”。

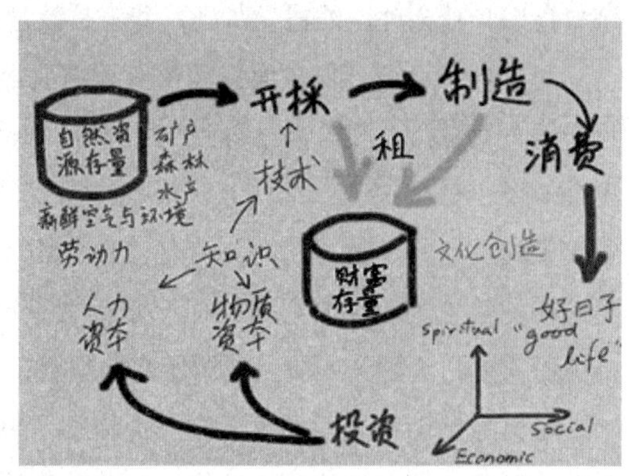

图 4.35

消费领域，在右下角，我画了你们已很熟悉的“三维理解框架”，写着“经济的”（物质生活）、“社会的”和“精神的”。人民群众对“好日子”的追求就是我们的最高纲领，呵呵，这是习近平的语言，但也是哲学家的语言——请你们检索“good life”（美好人生）的伦理学讨论。

由此定义的消费过程，有一类活动很重要，就是“文化创造”。我认为，文化创造还是视为“流量”更方便，于是它是财富存量的增量，虽然这样假设很不公平。那些天才人物的创造，为传统文化（存量）带来的可能是全新且巨大的只能称为“存量”的东西。

消费过程的另一类重要活动，我称为“投资”活动，对应于经济学教科书的投资行为。现代投资，越来越主要的部分不是物质资本投资，而是人力资本投资。请你们想象人力资本投资的具体过程，从胎儿保育到儿童教养再到正规学校，然后是医疗服务和养老。在这些具体过程中，我们很难明确指出哪些是消费活动或哪些是生产活动。事实上，你读一本小说的时候，你不妨说是消费，但常常是生产。所以，我在香港大学经济系的一位同事，孙永泉教授，在 *JPE* 发表过一篇文章，提供了“生产性消费”的经济分析[1]。

---

[1] 参阅 Wing Suen & Pak Hung Mo, “Simple Analytics of Productive Consumption”, in *Journal of Political Economy*, vol.102, no.2 [1994], pp.372-383。

回到图 4.35，在“财富存量”的左侧，我写了“知识”，知识是存量，它的服务是流量——分别进入人力资本、物质资本、技术（进入开采与制造）。

现在请注意“租”，有两个浅灰色箭头，从开采与制造过程进入财富存量。租是流量，今天，经济租的标准定义是：为要素所提供的服务而支付给要素所有者的报酬当中超过必要的部分。此处“必要”的报酬就是要素的机会成本，英文是“transfer earnings”（直译为“转移收入”）。我在北京大学讲课一学期的报酬，如果超过我在浙江大学讲课一学期的报酬，那么，超过的部分可以认为是我投入于这门课程的人力资本的“经济租”，前提是我在北大和浙大授课的收益已包括了北京和杭州的自然环境、生活情趣、学生、友人等等一切方面的收益，所谓“广义收益”。我在夏威夷的时候，看到夏威夷大学教授的工资远比美国本土的大学低，为什么呢？教授们说：这里的阳光大海折合为工资了，所以，夏威夷大学的工资仍满足“完全竞争”假设。同样的道理可以解释为什么垃圾运输工和码头搬运工的工资常常要高于大学教授。解释这些现象，劳动经济学的术语是“hedonic salaries”（直译为“快乐工资”）。

关于租的另一需要讨论的情形是“企业家能力”，是一种存量，由企业家活动（流量）获取报酬——常称为“利润”。但是，奥地利学派经济学家例如柯兹纳（Isreal Kirzner，1930—　），不认为企业家能力可以有机会成本——因为企业家能力若转移到其他领域就往往不再有原创性。我很赞成这一见解，与我用心理能量的宣泄来解释原创性是一致的。柯兹纳定义的企业家能力是：对潜在盈利机会的敏感性。他举例说明，不同的人对不同的事情具有敏感性，某甲对机会 X 超常敏感，但可能对机会 Y 完全不敏感，或不如某乙敏感，于是甲多次尝试之后可能成为从 X 盈利的企业家，如果甲尝试从 Y 盈利，如果竞争足够充分，那么他必定被乙淘汰。

我们姑且承认：租是对存量提供的服务流量的超额回报，但立即补充——此处的租和存量，不适用于企业家能力或与原创性相关的任何能力。故而，更确切的定义是：租是对存量提供的服务流量的报酬当中超出服务之机会成本的部分。因此，企业家活动可能得到远低于正常水平的回报率，支持这一观点的经验研究，请参阅几位欧洲经济学家去年联名发表于 *JEP* 的文章，“Seeking the Roots of Entrepreneurship: Insights from Behavioral Economics”[1]。

所以，我们只应讨论不涉及企业家创新活动的那些存量提供的服务流量的经济租，典型的例就是土地。我在第二讲介绍了，配第和李嘉图，以及其他的古典经济学家，关于“地租”的性质有许多论述。他们的地租论述，关键在于工资怎样决定。如

---

[1]　in *Journal of Economic Perspectives*, vol.28, no.3 [Summer 2014], pp.49-70.

果他们都同意马尔萨斯的“工资铁律”，于是工资由外在于经济的社会因素决定，那么，地租就是土地回报当中超过投入使用的最差土地回报的部分。根据罗宾斯的《经济思想史》演讲录，配第试图寻求土地与劳动的价值平衡公式，这就意味着他不再相信工资是外生于经济系统的。根据萨缪尔森的阐述，李嘉图接受马尔萨斯“工资铁律”学说，试图确定一个外生于经济系统的“维持生存必需的工资水平”，然后以此为基准（对应于“最差土地”回报）衡量任何商品所含的（更高级的）劳动价值。又因为资本在经济中的流动足够充分，故资本回报率（利润率）在经济中应当处处相等。于是，只是土地有优劣级差，于是有不同的地租。这样，遵循李嘉图的思路，劳动价值应当可以与投入使用的最差土地的价值建立比价关系。在人力资本的视角下，这样的思路不正确，因为充其量可以建立的是纯粹意义上的体力劳动与投入使用的最差土地之间的比价关系。我们无法从现实工资里分离出纯粹意义上的体力劳动的报酬，那么，这样的比价对现实经济就是几乎无意义的。

但是，在人力资本的视角下，为一般意义上的劳动定价谈何容易。至今，我们仍在研究人力资本的各种决定因素。这就是劳动经济学基本问题的研究状况，它期待未来的突破。

三、存量经济学：弗里德曼与威克斯蒂德

我说过，人力资本定价问题只是有待建立的“存量”经济学的特例。现在经济学教科书讲授的都是“流量”经济学，只在资源与环境经济学的教科书里，可以看到“存量”经济学。因为，资源与环境就是古典经济学的“土地”概念，它们本身已经是存量，很难只在流量的经济学观点中讨论这些存量的定价问题。事实上，如图 4.36，新古典经济学的生产函数 Q=F（K, L, R），除了产出 Q 是流量，三大要素都以存量符号出现在生产函数中，只不过，经济学教科书通常将“资本”、“劳动”、“土地”解释为它们提供的服务，也就是流量。

弗里德曼显然意识到通常的经济学解释不令人信服，才写了《价格理论》的第十七章“The Theory of Capital and the Rate of Interest”（资本理论与利率）。[1] 我在图 2.22 和 2.23 里显示了弗里德曼的存量经济学观点，但很不完整。或者，如张五常批评的那样，弗里德曼《价格理论》第十七章，他读不懂。

[1] 参阅 Milton Friedman, *Price Theory*, Aldine Publishing Company, 1976（根据 1962 年第 1 版修订而成的所谓“阿尔定版”）。

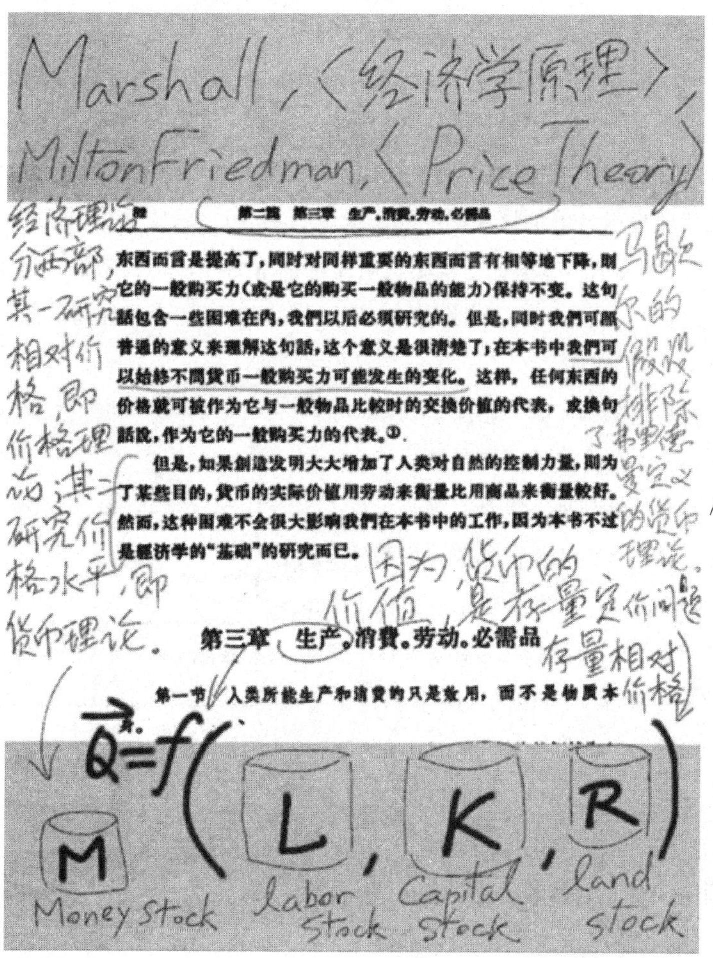

第二篇　第三章　生产，消费，劳动，必需品

东西而言是提高了，同时对同样重要的东西而言有相等地下降，则它的一般购买力（或是它的购买一般物品的能力）保持不变。这句話包含一些困难在內，我們以后必須研究的。但是，同时我們可照普通的意义来理解这句話，这个意义是很清楚了；在本书中我們可以始終不問貨币一般购买力可能发生的变化。这样，任何东西的价格就可被作为它与一般物品比較时的交换价值的代表，或换句話說，作为它的一般购买力的代表。①

但是，如果創造发明大大增加了人类对自然的控制力量，則为了某些目的，貨币的实际价值用劳动来衡量比用商品来衡量較好。然而，这种困难不会很大影响我們在本书中的工作，因为本书不过是經济学的"基础"的研究而已。

第三章　生产。消費。劳动。必需品

第一节　人类所能生产和消費的只是效用，而不是物质本

图 4.36

如图 4.36 最下面的关系式所示，以往的宏观经济学只限于分析货币存量 M 与总产出流量之间的比价，而这显然是十分扭曲的视角。弗里德曼的视角更正确：直接考察存量与存量之间的比价。这就首先要求将 GDP（流量）转化为“财富”（存量），于是他画了下面图 4.37，取自《价格理论》第十七章。

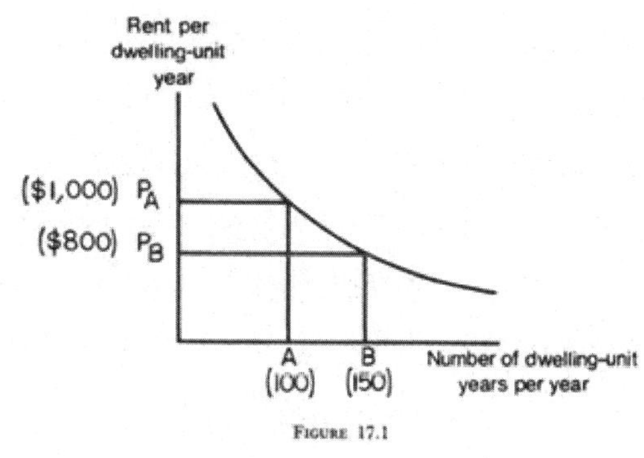

图 4.37

弗里德曼恪守斯密和马歇尔的老芝加哥学派叙事传统，从具体的例子开始分析，此处的例子是“名画”和“住房”——假设存量不变（画家已死或区块内不允许建造更多住房）。横轴表示对住房的需求，单位是“套年 / 每年”，分子和分母都含时间，可消去，成为存量，单位是“套”——稍后，在他的另一张图里，横轴代表存量。图 4.37 中纵轴代表房租（单位收入超过维修费用的部分），单位是货币 / 年，年均房租用符号 PA 或 PB 表示。弗里德曼画了这条住房需求曲线，符合常识，纵轴是流量价格（租），横轴其实已是存量。房租从 PA 变动到 PB 时，对存量住房的需求从 A 变动到 B。

随后，弗里德曼画了第二张图，如图 4.38，这里，横轴直接表示住房存量，不再是时间的函数。相应地，纵轴必须改为存量的价格，即资产价格，而不能再用租（流量的价格）表示。弗里德曼用通常代表土地和自然资源的符号 R 代表存量，于是存量价格等于租金 P 与存量 R 的乘积。如果住房每年的租分别是 PA 和 PB，那么存量的价格分别是 PARA 和 PBRB。对应于这两个存量价格，弗里德曼画了一条社会对财富的需求曲线。弗里德曼假设，住房存量是经济体系内部人力资本之外的唯一财富形态（即图 4.38 的矩形 W=Wealth）。

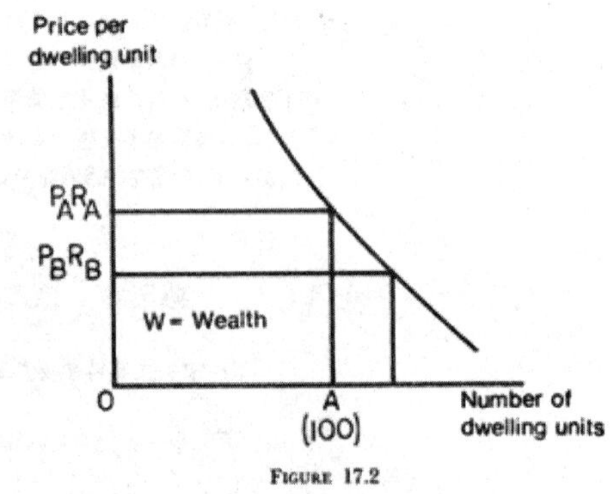

图 4.38

此时，一国的财富总量 W，等于 GDP/r，也就是说 rW=GDP。人们对财富的需求取决于与这一财富存量对应的风险回报率 r，不同的风险类别有不同的回报率。我们没有理由假设财富存量的风险类别保持不变。弗里德曼于是指出，利率应与房租一起由经济系统内生决定。这样，他画了图 4.39，利率内生。

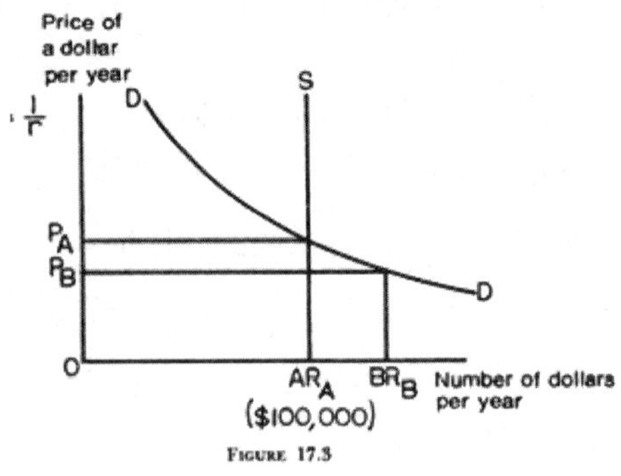

图 4.39

在图 4.39 中，弗里德曼说，由于住房存量是人力资本之外唯一的财富，所以，人们对财富的需求不再仅仅基于住房考虑，而是要在人力资本这一财富形式与住房存量这一财富形式之间权衡。请你们注意，在这里，弗里德曼其实已返回到配第那里，他的人力资本概念对应于配第的劳动概念，他的住房存量概念对应于配第的土地概念。他和配第都必须面对劳动经济学基本问题：劳动或人力资本怎样定价？

人们在上述两种财富形式之间权衡的结果，弗里德曼认为，对应于图 4.39 中的财富需求曲线的横轴刻度。同时，该图的纵轴刻度，根据费雪的资本定价公式，对应于任一给定的存量价格 P，存在一个内生的利率水平 r，满足费雪公式 W=P/r。但是，弗里德曼受限于马歇尔的局部均衡分析框架，故他无法同时表达人力资本之为另一财富形式的需求曲线。所以，他并没有解答配第的问题。

最后，弗里德曼承认他的分析只是硬币的一面，他还应画出一条财富供给曲线。这就是图 4.40。在这张图里，财富 W 的供给者需要将 W 转换为永续收入流，即费雪的资本定价公式的等式右端。但是，弗里德曼的财富需求曲线是人们在财富的人力资本形式与住房形式之间权衡的结果。这就意味着，财富 W 的需求者群体，与 W 的供给者群体，很可能是同一群体，至少不是相互独立的两个群体。因此，弗里德曼必须回答威克斯蒂德问题。

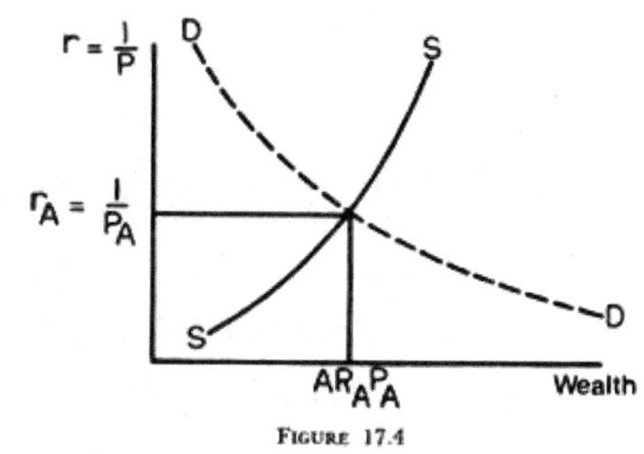

图 4.40

与马歇尔同时代的牧师威克斯蒂德（Philip Henry Wicksteed，1844—1927）在他著名的两卷本《常识政治经济学》（*The Common Sense of Political Economy: Including a Study of the Human Basis of Economic Law*，MacMillan，1910）里，最早指出存量不变的供求分析之困难，即供给者与需求者之间不再是独立的，于是不能简单假设供求曲线相互之间的独立性。威克斯蒂德的名望由此确立，足使他问鼎剑桥大学经济学讲座。

根据威克斯蒂德的分析，当商品总量固定时，例如，弗里德曼假设的住房存量给定不变，或威克斯蒂德给出的“邮票”例，那么，如果价格上升足够高，就可诱致一部分需求者转到供给方。反之，如果价格下跌足够大，就可诱致一部分供给者转到需求方。人们在（绝版）邮票的市场里或在（短期内没有新股发行的）股票市场里的行为，或者，香港和中国大陆盛行多年的（城市土地供给受限时的）“炒楼”行为，都符合威克斯蒂德的判断。威克斯蒂德关于商品总量不变时的供求曲线，发表于 1914 年[1]。其中的图 II，截取之后就是图 4.41。

[1]　P. H. Wicksteed, “The Scope and Method of Political Economy in the Light of the ‘Marginal’ Theory of Value and of Distribution”, in *Economic Journal*, vol.24, no.93 [1914], pp.1-23.

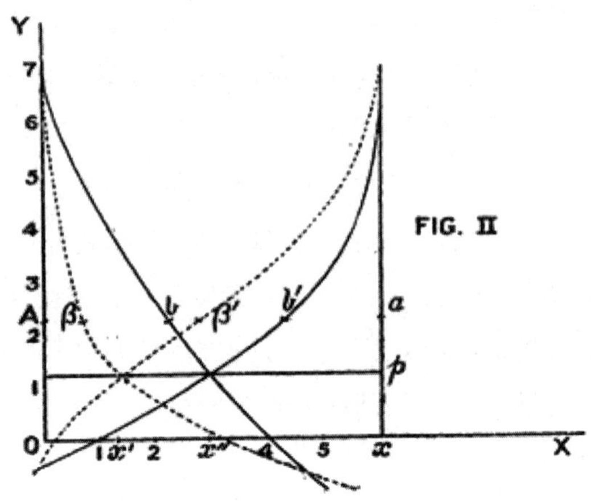

图 4.41

在现实世界里，几乎一切物品（商品）的总量，在足够短期内都可假设不变。这里我们遇到了马歇尔在《经济学原理》第 1 版“序言”里阐述“连续原理”时指出过的，应用经济学遇到的核心困难就是长期和短期如何划分的问题。

解决马歇尔的问题，我们应当考察每一商品的市场行为，首先是这一商品的“耐用性”——单位商品被消耗殆尽所需的时间。这里，折旧时间依赖于机会成本。例如，技术进步可能使一台电冰箱的耐用时间长到不合算的程度——耗电更低的新冰箱与耗电高的旧冰箱之间的权衡结果。与此类似的是“汽车”，包含着类似的权衡。因此，“耐用消费品”的耐用性应当是一个内生于经济系统的变量。其次是供给和需求的行为——尤其是从供给方转换为需求方或需求转换为供给所需的时间。这里，转换时间也意味着转换的机会成本。因此，类似于耐用消费品的内生性，供给和需求应当内生于经济系统。在这一问题面前，新古典经济学家无能为力。基于同一理由，如何区分金融市场里的“投机”行为与“投资”行为，新古典经济学家也无能为力。

根据图 4.41 的分析，威克斯蒂德指出：“供给价格曲线，其实只是需求曲线的一部分。”张五常在最近重写《经济解释》（四卷本）时特别声称，他认为供给曲线可以取消，因为这条曲线可由需求曲线推演得到。只不过，五常教授很少索引文献，故无从得知他这一设想来自何处。我替他考证，最早提出这一见解的是威克斯蒂德，1914 年，大约比张五常发表的类似见解早一百年，见图 4.42。

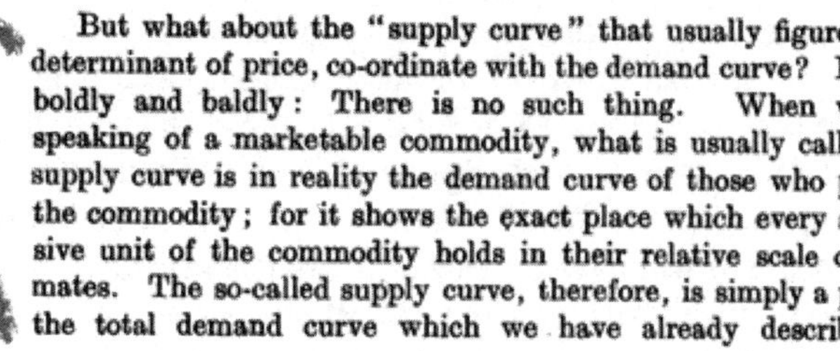

But what about the "supply curve" that usually figures as a determinant of price, co-ordinate with the demand curve? I say it boldly and baldly: There is no such thing. When we are speaking of a marketable commodity, what is usually called the supply curve is in reality the demand curve of those who possess the commodity; for it shows the exact place which every successive unit of the commodity holds in their relative scale of estimates. The so-called supply curve, therefore, is simply a part of the total demand curve which we have already described as

图 4.42

威克斯蒂德这段文字，我的翻译如下：

可是“供给曲线”——通常用来与需求曲线一起决定价格的，如何了呢？我在这里大胆且坦率地宣布：根本没有这条曲线。当我们指着一项市场商品谈论它的供给曲线时，其实，是由那些占有该商品的人们预期可出让该商品的价格区间。所谓供给曲线，于是，简单就是全部需求曲线的一部分。

图 4.41 显示的其实是将这段需求曲线镜像投影为所谓“供给曲线”。在大多数情境里，于是，供给与需求之间不能完全独立（这是马歇尔供求分析的基本假设）。所以，威克斯蒂德写了下面这段文字，见图 4.43—4.44，我的翻译如下：

所以，任何关于需求价格与供给价格的曲线之交叉点决定均衡价格的图示，都是实质上的误导。这两条以价格决定因素出现的曲线其实只是同一曲线的不同部分；当它们被表示为需求和供给时，它们其实共同遮蔽了全部需求之为价格的唯一决定因素的存在与作用。这一全部需求曲线由已占有该商品的人和希望占有该商品的人组成，他们是真正决定市场价格的群体。价格随这一群体组成的需求曲线的变动而变动。而当构成所谓供求曲线的人群分布改变时，未必影响市场价格，如果这一分布改变不导致全部需求人群的分布改变的话。

Diagrams of intersecting curves (and corresponding tables) of demand prices and supply prices are therefore profoundly misleading. They co-ordinate as two determinants what are really only two separated portions of one; and they conceal altogether the existence and operation of what is really the second determinant. For it will be found on a careful analysis that the construction of a diagram of intersecting demand and "supply" curves always involves, but never reveals, a definite assumption

图 4.43

as to the amount of the total supply possessed by the supposed buyers and the supposed sellers taken together as a single homogeneous body, and that if this total is changed the emerging price changes too; whereas a change in its initial distribution (if the collective curve is unaffected, while the component or intersecting curves change) will have no effect on the market, or equilibrating price itself, which will come out exactly the same. Naturally, for neither the one curve nor the one quantity which determine the price has been changed.

图 4.44

图 4.41 让我们看到，假如占有该商品的人群和不占有该商品的人群之间分布发生变动，供给曲线和需求曲线随着人群分布的变动从实线变动为虚线。但是，生产该商品的成本仍是 p，故市场均衡价格保持不变。

回到弗里德曼的存量经济学，我画了一幅心智地图，原打算放在第八讲，因为这是未来经济学的主题。但第八讲内容相当多，很可能无暇讨论存量经济学，不如在这一讲讨论。图 4.45，是比弗里德曼的图示和威克斯蒂德的图示远为复杂的心智地图。

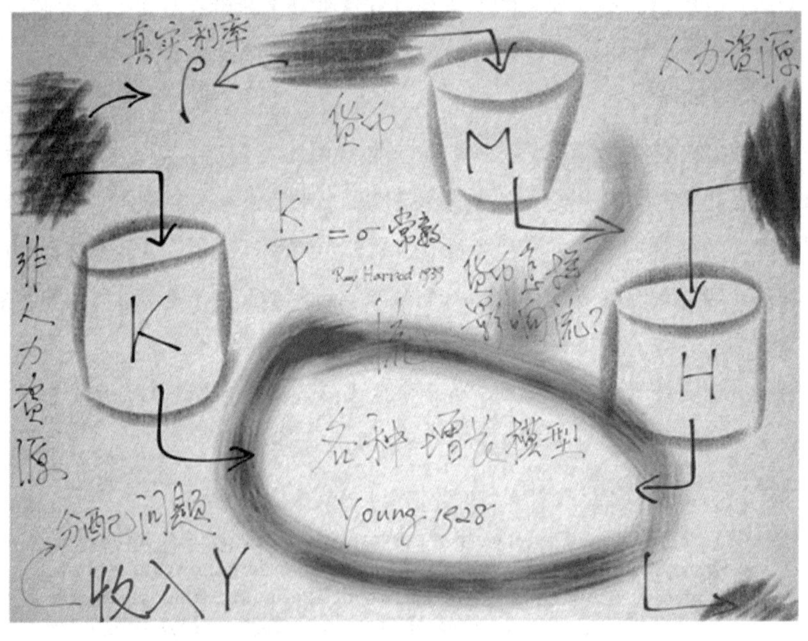

图 4.45

我们从罗宾斯的《经济思想史》演讲录知道，重商主义经济学其实是一种存量经济学。货币，囤积货币，故而，重商主义者一定关注货币存量的作用。当然，我的

图 4.45，是在现代经济学视角下讨论各种存量的作用。在讨论它之前，我概括今天这一讲讨论过的最具原创性的经济学家的共同特征：(1) 丰富的实践经验或统计直觉；(2) 超常的想象力。我观察朗润园里最优秀的宏观经济学家所得的印象，完全符合上述的概括。他们在如图 4.30 所示的想象过程中之所以不同于中国其他的经济学家，首先因为他们有丰富的实践经验（周其仁）或对统计数据有直觉（宋国青），其次，他们还要有超常的想象力。上述两大特征，缺一不可。许多年轻人想象力很丰富，甚至可说是想象力超常，但他们毫无经验，也不愿意沉潜到中国经济的实际过程中去积累经验，故而无法成为优秀的经济学家。我自己的想象力很强或超强，但我不仅没有丰富的经济实践经验，甚至没有丰富的生活经验。那么，我怎样画图 4.45 呢？当然是基于我的广泛阅读，和较强的想象力。

请注意，图 4.45 的经济循环与以往经济学的想象完全一致，但参与这一循环的三大要素存量的入口（系统动力学术语“入流”）和出口（系统动力学术语“出流”），例如存量 M（货币存量）的“入流”和“出流”，根据现代文献，不能确定其模式，或者说，现代学术界对这些存量如何影响经济循环是有很多争议的。所以，我在存量 M 的出流这里有一个问号。类似的争议也发生在真实利率的决定过程中，故此处有两团疑云，其一来自 M，其二来自 K（物质资本存量或弗里德曼所说的“非人力资本”存量）。在 H（人力资本存量）的入流处，我也画了一团疑云。此外，就是在经济循环的出流这里，还有一些疑云。

凡有争议的（由云团表示），请你们检索相关文献自己研读。与这里的主题密切相关的经济学理论，其一是哈罗德 1939 年的文章“An Essay in Dynamic Theory”[1]，其二是杨格 1928 年的文章“收益递增与经济进步”。

哈罗德的增长理论是经典的，基于一个伟大的常数——“资本 / 产出”比率。这是统计直观的结果，对资本主义各国的宏观数据长期观察，大致有这样一个常数，围绕它的波动可以忽略。中国经济有类似的“资本 / 产出”比率，但据我观察，这一比率与产权改革有密切联系。国有部门的产出，严重依赖于投资，而且固定资产的效率越来越低，故“资本 / 产出”比率越来越高。我记得几十年前是 3—5，而最近十几年高达 6 或 7，在西方各国大约是 3 或 4。另一方面，民营企业的这一比率较低，浙江尤其如此。但最近十几年的数据，我没有观察。

不论如何，根据这一伟大的常数，如果不考虑资本折旧率的话，经济增长率大致就是储蓄率与“资本 / 产出”比率之比。如果经济整体的储蓄率是 30%，而“资本 /

[1] in *The Economic Journal*, vol.49, no.193, pp.14-33.

产出”比率是5，那么，经济增长率大约是6%。中国经济目前产能过剩，“资本/产出”比率如果停留在7，储蓄率也很高，例如42%（居民储蓄率与企业储蓄率的加权和），那么，经济增长率应当就是6%。任何比这一水平更高的增长率，都意味着通货膨胀。

图4.45不能仅仅由哈罗德理论来解释，因为，现代经济有强烈的收益递增性质。事实上，我在第一讲提及，杨格死前有过关于经济理论的宏大设想。根据他的设想，经济学应融入社会科学，于是他建构的将是一套新的社会科学体系。在这一体系里，存量与流量都应纳入统一的分析框架。收益递增性质，我的理解基本上就是存量经济学的研究主题。

图4.46例示杨格关于经济学融入社会科学宏大设想的合理性。在现代经济学视野里，家庭，已成为人力资本研究的核心课题。在研究家庭的时候，例如贝克尔，首先承认社会学研究的重要性，其次，试图将经济学分析方法与社会学方法相结合。[1]

首先，我们熟悉的索罗（Robert Merton Solow，1924— ）增长模型，在图4.46的左下方。这里，人口增长率是外生参量。索罗在哈佛大学跟随帕森斯（Talcott Parsons，1902—1979）读过社会学，而且他以此自豪[2]。索罗在提出索罗模型的同时，确实讨论了人口增长的各种可能模式。但是，贝克尔相当明确地相信，更完整的增长理论必须将人口视为内生变量。

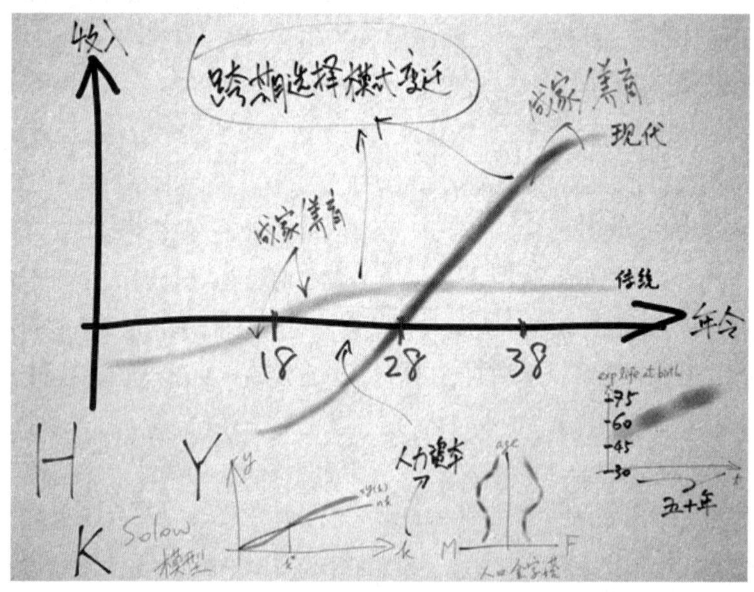

图 4.46

[1] 参阅 Gary Becker, “Family Economics and Macro Behavior”, in *The American Economic Review*, vol.78, no.1[1988], pp.1-13。这篇文献论及的家庭经济学与宏观经济学议题，大致也就是图4.46显示的。

[2] 参阅我1998年对他的访谈录。

人口之为经济学的内生变量，首先要处理的是微观人口行为：包括生育行为的一系列“家庭情境”之内的理性选择。家庭是一个过程，莫迪格里亚尼（Franco Modigliani，1918—2003）引进经济学“life-cycle model”（生命周期模型），试图描述这一微观过程对宏观经济的储蓄率的影响。至今，这一模型仍是家庭经济学的主要模型，如图 4.46 的主图所示。

如该图右下方所示，经济发展的重要成就是人口期望寿命的不断提高。期望寿命的增加强烈影响家庭行为，如主图所示，传统社会的生命周期曲线低矮平缓，而现代社会的生命周期曲线高耸陡峭。伴随人口期望寿命增长的另一重要的行为模式变迁，是结婚年龄的推迟，就中国的数据而言，从平均大约 18 岁结婚推迟到平均大约 28 岁结婚（城市化导致人口大规模向城市聚集，故随之而有城市的家庭行为模式）。第三，生育模式变迁，所谓“人口生育率迁移”假说，已由各国人口数据证实为普适性的人口规律。生育模式变迁导致“人口金字塔”的形状（如图 4.46 下方所示）发生显著改变。第四，人口年龄的逐渐增加，强烈影响新知识和新技术的开发与普及。

以上的诸种行为模式变迁，不仅导致了储蓄模式的变迁，而且导致了教育模式和养老模式的变迁。所有这些变迁的联合作用，已经强烈影响了中国经济增长的模式。借助弗里德曼的存量经济学，虽然粗糙，但是目前可用，我们可以看到，上述的各种行为模式变迁与长期投资的回报率密切相关。所以，人口的内生要求资产回报率（利率）的内生。于是，我们返回弗里德曼《价格理论》最后一章的主题。

这样，通过图 4.46，我大致论证了杨格最初的宏大设想，经济学原本应当是全部社会科学的一部分，但长期以来，它与社会学格格不入，与社会科学其他学科也很难相容。我相信，这一状况将不得不改变，这就是第七讲“社会科学总论”和第八讲“面向未来社会的经济学”的主题。在那里，我列出存量经济学的五大研究主题：（1）为社会资本定价，（2）为文化遗产定价，（3）为生命定价，（4）为自然环境与自然资源定价，（5）知识、科学、技术。并且，在第八讲，我为杨格和他的收益递增经济学单列一分支。关于收益递增的经济学，目前已有的部分，我希望有时间在第八讲详细介绍。

这一讲，我介绍了几位我认为最具原创性的经济学家——他们是经济学领域的企业家，我探讨企业家创新能力之为一种心理能量的学说。与社会科学和自然科学的其他分支非常相似，经济学最具原创性的时期，也就是它开端的时期。所以，展望未来的经济学，在这一讲结尾部分，我介绍了未来经济学的原创议题。并且，我 2008 年写的一篇文章成为这一讲的附录，“中国需要什么样的经济学？”至少，可供你们思考中国需要什么样的经济学这类问题。

附录：中国需要什么样的经济学？[2008]

引论：中国“文化—经济—政治”转型期的界说

中国社会目前所处的时期，与目前史料所描述的中国社会长期的演变状况相比，应称为“转型期”。根据最常见的看法，这一转型期始于“鸦片战争”——此为“外因说”。根据另一种看法，这一转型始于明末或南宋——此为“内因说”或“外因—内因”说。何谓“转型”？这是要求澄清的第一个问题，虽然，它未必有明确解答。

人类在“人科”之内的历史，若是从四足猿演变为两足猿（纤细型南方古猿）的时代开始计算，大约超过了600万年。若是从树栖人猿首科开始计算，大约超过3000万年。不难推测，如此漫长的历史，在外部与内部因素的作用下，应由许多转型期和稳态期构成。所以，只要延续的时间足够长，人类的每一个“社会”（家庭、洞穴、部落及群体的其他形态）都可能经历转型期。

稳态与转型（“过渡过程”），是工程学的术语。这里首先需要定义但通常很难定义的，是“状态”（states）——世界的状态，也就是将静态的世界嵌入于动态的过程内。这里涉及的，是哲学家们和物理学家们论证过的两种不同的世界观。在动态的世界观念里，有空间和时间，二者相互依赖，称为“时空”。在静态的世界观念里，每一主体感受到的每一事物与这一事物在这一主体其他时刻的感受无关，从而，“主体”自身也只不过是一系列原本相互无关但可由联想或假设产生关联的感受。不论如何，我们通常持有的，是动态的世界观。

在动态世界里，每一时刻，主体的认知范围，可称为那一时刻的“世界”。认知主体对特定时刻的世界的感受与表达，假如能够量化，或可表示为一组“量”的关系——每一关系可视为从感受世界到量化世界的一次映射。这些数量关系当中，相互之间有依赖的可称为“变量”，对其他变量发生影响但独立于其他变量的可称为“参量”。

基于尼古拉的库萨，及在他之后莱布尼茨的看法，当主体感受到世界在此时与在彼时有差异时，就定义了这两个不同时刻及同一世界的不同状态。这一感受，在量化世界里表达出来，就是变量和参量依时间变动的过程。假如主体对“时间”的感受可以量化，则任一时刻，上述的那一组数量关系就定义了世界的一个状态。又如果在认知主体的感受中，世界在此时刻的状态依赖于世界在彼时刻的状态，则世界是演变的。因此，我们可以隐含地定义：世界是演变的，如果“过去”影响了“现在”，虽然，只是根据某一理论，我们才可区分时间的过去与现在。

在我们感受的量化世界里，如果描述了世界状态的那些变量的变化速度不均匀，那么，仅当它们的变化速度能够被称为“零”的时候，世界处于“稳态”时期。在任两稳态时期之间的时期，称为“转型期”。

此处需要说明。首先，“我们的感受”，它要求主体之间的交往，即“社会交往”，并要求在这一交往过程中的一群主体——称为“群体”，能够达成他们关于世界的感受的一些“共识”。其次，我们每一个人感受世界的量化通常有许多变量和参量。例如，马赫曾将“心智”视为一组变量，与那些刻画着外部世界的变量相互作用。那么，当我们认为世界的状态不再是稳态的时候，我们所指的，是心智变量的转型期（内因说），还是心智的外部世界变量的转型期（外因说）？与此相关的是，第三，在我们能够讨论两稳态之间的转型期之前，从第一个稳态，在那些变量已被视为不变的时刻，什么样的力量使这一世界再度发生了变化呢？遵循系统工程学的习惯，我们假设“参量”是系统从一个稳态过渡到另一个稳态的最终原因。由前述，这些参量可以是心智的，也可以是心智外部的。

目前，中国社会经历的这一转型期可称为“三重转型”：其一是文化的，其二是政治的，其三是经济的。与其他社会经历过的转型期相比，中国社会这一次转型的主导因素是经济的——不论是旧体制之瓦解，还是新体制之尝试。

人类之为“社会性哺乳动物”，基于其社会性而有了“个性”与“群性”这两方面的心性特征，又基于其哺乳动物的特性而有了“情感”。人类的脑，在“脊椎动物—哺乳动物—灵长目”的数亿年演化中，形成了三套由低级到高级的基本结构——分别被称为“爬行动物脑”、“哺乳动物脑”、“大脑皮质”。既然如此，这三套结构之间或许会有冲突。例如，在目前这一演化阶段，根据脑科学家勒多克斯的阐释，人脑内的哺乳动物脑结构与新脑结构尚未完全相容，于是每一个体都可因内在冲突而自杀或癫狂。另一方面，虽然没有明确的数据表明人脑内的爬行动物脑结构与哺乳动物脑结构之间存在着不能自发协调的冲突，我们仍可假设它们之间有冲突的可能性。因为，就每一个体而言，确实存在着情感与生理之间暂时失调的情况。例如，情感创伤可导致生理系统失调。反之，生理疾病也常导致情感的紊乱。

情感的表达，称为“情感方式”，需要借助姿势、表情和言语（声音、话语、文字及其他类型的符号）。因此，情感方式是文化的一部分。有情，然后有人心。心为思之官，人心发动，始有思想。思念与想象，引发欲望，然后有行为。

强以类别，任一行为，约可名之：经济的、政治的、社会的、情感的和信仰的，虽然互有重叠。经济行为旨在供养身体、维持再生、延续物种。政治行为旨在表达群体诉求、调解利益冲突、于群性之中升华个性。社会行为泛指个体之间一切非功利性质的交往，旨在缓和由经济行为与政治行为所积累的不适宜性。情感行为首先是私人性质的，幸福、悲哀、恐惧，称为“原初情感”，内疚、焦虑、嫉妒、怨、悔、惆怅等，称为“次级情感”。最后，有一种特殊情感，称为“信仰”——超越个体生命和有限时空的永恒感。

诸如经济行为这样的人类活动，引出了文化的另一部分，更接近钱穆先生阐释的“文明”概念，可称为“生活方式”，即个体和群体生活的可被表达的诸种形态。故而，我们可将“文化”视为情感方式与生活方式的综合体。所谓“生活方式”（the way of life），相对于“情感方式”（the way of feeling）而言，是更为外在的和更具物质性的，例如经济生活的形态和政治生活的形态，依外在环境的不同而有重要差异，导致了不同的文明。与“文明”相比，情感方式是更为内在的和更具精神性的，例如信仰的形态和审美的形态，依内在体验的不同而有重要差异，导致了不同的伦理与宗教。

当不同的文明相互接触时，每一文明之内的人据以判断“异己”文明的，无非是他自己的情感与生活能够提供的判据，也就是他的文化传统能够提供的判据。因此，所谓“文明的冲突”，无非是不同文化传统所提供的情感方式和生活方式之间发生的冲突。

当代中国社会的三重转型，始于中国文化传统的近代转型，始于中国文化传统近代转型之艰难性——由器物至制度，再至文化，直至追溯文化传统之根源，始知“全盘西化”实不可能，故重返制度层面，寻求适合于中国人的情感方式和生活方式的制度。这样一种“思想循环”，在一百年里发生两次——当然是“循环式上升”的过程。只是在“集中计划制度”的社会实践被普遍认为彻底失败了之后，中国才转向更具有普遍意义的市场化的制度实验。这一转向被称为“经济转型”，通常认为需要50年才可完成，因为经济转型不可避免地导致政治行为及政治行为方式（即政治体制）的转型。

由于前述的一百年“思想循环”以及中国文化传统的“近代转型”的累积效应，在1990年代中期被再度解禁的市场化过程的冲击下，中国人的生活方式迅速地西方化，并与其内在的情感方式发生并积累了严重的冲突。每一个中国人，不论他持有自由主义立场还是新左派立场，或无法在一切问题上自洽地坚持任何一种立场，甚或在任一问题上不能有任何可表达的立场，总之，与前述的思想循环不同，现在，他的生活方式已经与他的情感方式严重离异，故而他不可能借助西方人的任何立场来化解这一冲突。为化解这一冲突，中国需要有“本土的”社会科学——植根于本土问题意识并且具有普遍主义视角的社会理论。

中国需要什么样的经济学？对这一问题的解答构成了植根于本土问题意识的中国社会理论的一部分。提出并说明这一问题的求解方向，是这篇论文的主旨。

以下的论述分三节。第一节列举理由说明中国社会转型期行为之经济学特征可概括为“短期化倾向”，第二节描述中国转型期社会所需经济学的理论特征，第三节试图刻画中国转型期经济学的演化理论特征。

（一）中国社会转型期经济行为的特征

在如上所述的文化转型期之内，中国社会的经济转型是两方面的。首先是经济活动的协调机制，正从传统的中央计划模式转变为现代的市场导向模式。其次，与西方稳态社会的市场经济相比，中国经济的基本结构正从初级的所谓“要素驱动”的经济发展力图转变为高级的所谓“投资与创新驱动的经济发展”。

刚刚过去的三十年，是对“文化大革命”的拨乱反正过程。故而，自由市场的经济体制与政治体制是这一过程的趋势——我们应将以往一百多年中国社会发展趋势的变化视为阶段性制度实验的后果。中国问题的复杂性在于，基于民众在1949—1979年间计划体制之下的生活体验，自由市场作为一种经济机制，在1979—1989年间的中国社会里获得了自我实现的巨大动力。与此同时，自由市场明确地要激发和试图满足每一个卷入市场生活的人的私欲——它在许多方面是阴暗的和具有破坏性的——并因此而使资源配置变得更有效率。

虽然“让一部分人先富裕起来”的政策没有明确界定让谁先富裕起来，但内置于自由市场机制的效率与私欲之间的逻辑关系意味着，那些更少限制地追求私欲并懂得借助于他人私欲的人将会先富裕起来。这样，始自1990年代中期，我们感受到了因改革之初权利的配置不公平和权力的无监督状况而导致的“病态市场化”过程中大众对财富的不公平配置（所谓“以权谋私”或“腐败”）的普遍不满。与此相应，怨恨在我们的社会里逐渐积累至危险的程度。

这里，“中国问题”呈现出它的复杂性。首先，一方面，为最终提高我们每一个人的福利水平而引入的市场机制，确实远比政府机制更有效率，并因此而获得其道德合法性。另一方面，与市场机制内在的分配不公平的积累同时发生的，是转型期政府因履行着“计划经济”与“市场经济”双重职能而难以避免的腐败行为，并因此而侵蚀了市场机制的道德合法性。在任何社会里，任何制度得以持续的前提是道德合法性，然后才是政治和法律的合法性。

其次，转型期政府之所以难以避免地发生腐败行为，是因为上述的那种病态市场化的过程已经持续了足够长的时间，足以瓦解计划体制的行为规范和那些尚未被计划体制摧毁的传统社会的价值观念。其实，传统社会的价值观念在过去的一百多年里，在远未完结的“文化转型”过程中，大致瓦解殆尽。孔子曾以“君君臣臣父父子子”为政治秩序的模型。当代中国在“去伦理化的”市场化过程中展开的，则是一幅“君不君，臣不臣，父不父，子不子”的社会图景。

第三，为缓解因政府行为腐败而积累的普遍怨恨，与基于市场机制的经济发展同时进行的，应当是一个旨在纠正病态市场化过程的包括基本自由权利和公民民主政治的发展。但是，如博兰尼曾指出的那样，民主是政治艺术，它的普及与成功极大地依赖于参与民主政治的大众在多大程度上掌握了这门政治艺术。否则，如哈耶克反复告诫的那样，民主便很容易蜕变为多数人的暴政，它将损害自由，并且长期而言它也将颠覆民主。

第四，由于上述的“市场失灵”（market failure）和“政府失灵”（government failure），教育被认为是普遍地失败了，这也意味着未来参与民主政治的大众所需的道德熏陶与政治修养普遍缺失。

第五，如怀特海所论，任何观念在可能被正确地理解之前，必须被正确地表达。源自西方社会的自由与民主等观念，尚未在中国文化中获得它们的正确表达。

工业的原则，简单地说，就是规模经济的原则。为取得更大的规模经济效益，工业家们试图将社会生产的一切方面“标准化”——以统一的外在尺度衡量原本不同的质，从而生产的平均成本得以不断下降。在市场价格与平均成本之间，工业家们获得利润。因此，市场竞争——以利润最大化为原则——成为工业家们获取规模经济效益的最符合“工具理性”的驱动力量。越是竞争激烈，工业家就越是具有资本主义的企业家特征。每一种投入或产出的标准化，也就是专业化过程。物质资本的专业化过程往往要求持续和巨大的研发努力，人力资本的专业化过程往往要求相当长期的正规学校学习（主要生成通用型人力资本）和在职培训时间（主要生成专用型人力资本）。

设若任两主体甲和乙的有效率的经济合作所需要的“合作专用型”（故其成本是所谓“沉降成本”）人力资本及与它相配套的物质资本的专业化程度 S 要求双方合作的期限至少是时段 T，也就是说，仅当 T 小于甲和乙预期的可持续的合作期的长度 Z，实现 S 才是理性的，那么，在经济行为普遍的短期化倾向的影响下，若 $Z<T$，则合作的专业化程度 S 普遍地无法实现。

要实现较高水平的 S，合作各方可通过三种途径满足条件 $Z>T$。首先是“自律的力量”，不过，对于转型期社会而言，这一途径成本极高。其次是“外部的强力”，例如政府和黑帮。第三，其实是自力与他力的混合，合作各方之间或许有血缘关系、地缘关系或业缘关系，这些关系可能支撑较长期的合作。

上面的分析意味着，在中国转型期社会里参与日常经济活动的企业大致可划分为四类：首先是许多规模较小且专业化程度较低的家庭和乡镇企业，其次是数目不大的规模较大且专业化程度较高的国有企业，第三是与政府保持隐秘联系并因此而获得较长的合作预期从而具有较高专业化程度的大型非国有企业，最后是借助国际力量保持足够长的合作预期的大型外资企业及合资企业。

在上列各类型的企业中，起着决定性作用的，仍然是普遍受到短期化行为影响的人。即使是大型企业，只要层级结构足够复杂从而监督成本足够高，雇员的行为就会表现出短期化倾向。如前述，短期化倾向的经济学描述是“关于未来收益的过高的折现率”，这是中国转型期经济行为的第一特征，也是唯一涵盖了其他转型期现象的特征。

经济学或行为经济学共有的一项研究结论是，未来收益的折现率与未来事件的不确定性成正比（risk-effect）。此外，行为经济学的一项研究结论是，未来收益的折现率与未来事件的跨期长度成正比（所谓 time-effect）。当代中国社会的许多现象，从商品假冒伪劣到教育与医疗的混乱状况，从官员腐败到家庭与婚姻关系的瓦解，从自然环境的过度污染到文化遗产的迅速耗竭，都可解释为未来收益的过高折现率所致。大致而言，凡涉及物质方面未来收益的合作行为，都可因这一特征而发生短期行为并导致合作崩溃。

（二）转型期中国经济学的理论特征

目前在大学教育和政策基础研究中占据了主导位置的经济学，常被称为“西方经济学”，确切而言是芝加哥学派的“新古典经济学”——西方经济学诸流派之一。很遗憾，长期以来与新古典经济学抗衡的奥地利学派经济学未被充分地引介给中国政府和民众。

芝加哥学派新古典经济学的世界观是静态的，从而它的理论可能获得逻辑的彻底性。奥地利学派经济学的世界观是动态的，从而能够容纳知识与制度的演变，尽管它无法获得逻辑的彻底性。

静态世界的经济学，它的核心概念是“均衡”——局部的或整体的。围绕这一概念所发展的分析方法，称为“比较静态分析”，它要求参量的变动幅度足够小。均衡意味着不存在足够大的诱惑使任何变量偏离既有状态。转型期社会，心智的变量和心智外部的变量都处于迅速变动的时期。解释这一时期的经济行为，由于下列三方面的理由，静态的分析工具往往无能为力或误入歧途。

首先，转型期社会的“文化—政治—经济”格局不仅在迅速改变而且依赖于这一特定社会的历史。所谓“历史”，一位当代作者将它定义为“具有事后影响的全部事件的集合”。事实上，历史与制度关系密切，而制度具有强烈的路径依赖性。我们之所以感受到“制度”，是因为我们当前的行为受到以往行为的制约。对经济行为影响最大的制度因素是权力和权利的初始格局。由于这些初始事件的事后影响逐渐甚或加速的积累过程，人与人之间的经济不平等状况可急剧恶化，以致为满足绝大多数社会成员的正义感而采取的公共政策日益倾向于“剥夺‘剥夺者’”。

其次，在转型期社会，人们的偏好不应继续被假设为“给定的”。这是因为：（1）诸如“幸福”、“正义”、“生命”、“权利”等核心观念的改变，（2）伴随着社会交往的深度和广度而发生的每一个人的认知能力和理解能力的增强，（3）人们的生活方式与情感方式被纳入到激烈的市场竞争和专业化过程中，从而丧失了自我调整和自我恢复的稳定性。

第三，并且部分地由于前两方面的理由，转型期社会的公共政策的一项重要功能是不断地重新设定“初始条件”，即不断实施的旨在实现更多社会成员在更大范围内机会平等的权力和权利的再分配。

转型期中国的经济学，若要满足社会需要，就应在上述三方面弥补新古典经济学的缺陷，甚至应取而代之。

（三）趋于演化社会理论的经济学

适合于转型期中国的经济学，我认为，它应当是演化社会理论的一部分。

这是因为，首先，中国社会转型期的经济现象，不论是微观行为还是宏观行为，都与诸如政治和文化等方面的现象纠缠在一起，并且以政治和文化等方面的改变为参量。其次，即使仅仅考虑中国经济的增长问题，由于技术进步是与经济体制变革同时发生的，我们很难孤立地建构任何种类的“增长模型”及“生产函数”，并据以解释中国经济的真实增长。

在新古典经济学分析框架内，将“制度”、“技术”、“资源”、“政治规则”和由文化教养塑造的“偏好”视为参量甚至视为内生变量，这将导致“演化经济学”成为“演化社会理论”。下面，我将试图勾勒这一理论框架，为要适用于中国转型期社会的前述特征而必须具备的若干特征。

由于中国社会的三重转型期内的“失序”，以及因此而对任何个体的任何形态的未来收益所赋予的强烈不确定性，适合于中国的演化社会理论的第一特征是“涌现”，即较低层次的组织（包括个体生命）之间无序但大量的相互作用所激发的较高层次的组织（包括个体生命）——异质的或同质的，之后所呈现出来的秩序。

在关于“生命”的诸定义当中，我采用下面这一定义：（1）生命个体有“边界”，即由某些物理和化学介质界定的范围，或可称为“身体”；（2）生命个体有复制自身的能力——可简单如RNA复制过程，也可复杂至“有性繁殖”和更高级的“观念复制”过程；（3）生命个体在复制自身时有变异的可能——可因外界的偶然刺激也可因内在变异的能力。当前仅当这三项要求同时满足时，有“生命个体”。

由一群个体生命组成的“社会”，是这样一种秩序，它从这群个体无意识或有意识的行为的许多不可能预见的后果的交互作用过程之内涌现出来，具有稳定或不稳定的“结构”（协调个体之间关系的规则的集合）。因此，根据哈耶克的看法，社会，永远是指一些遵守共同规则并由此而在其环境内形成一套行为秩序的个体之集合。

注意，对哈耶克而言，当个体行为遵循某些“规则”的时候（如计算机仿真规则），个体自身未必意识到有这些规则。因此，规则应被视为是旁观者对被观察的个体行为的理性化表达。

关于任何一个社会之内的许多生命个体之间的分工与协调的规则，晚近的研究工作得到了四项重要结论：（1）生命个体对规则的服从，可能增加也可能降低生命个体以其在所处环境内复制自身的能力为定义的“适存度”；（2）任何一个社会，通常可观察到许多不同的规则，它们之间的关系可能是互替的也可能是互补的；（3）包含了足够大的随机性或不确定性的社会演化，常使一些规则跃变为其他规则；（4）在不断跃变的过程中，一些规则比另一些规则具有更大的稳定性从而能够长期不变。在任何一个社会里，与“权力”结构不同，恰好是那些相对而言更稳定的行为规则界定了“权利”体系。

以上所列关于规则的跃变及稳定性的结论，也符合我们关于涌现的研究结论：（1）能够产生涌现现象的系统，所谓“发生系统”，是由那些种类相对较少并遵循着简单规律的一些基本元素组成的；（2）在这样的发生系统中，整体大于各部分之和。换句话说，系统行为的一些规则无法通过直接考察它的各组成部分的规则而归纳出来；（3）发生系统的典型现象是，其组成部分不断改变它们的具有稳定性的行为模式，从而导致系统的自我更新；（4）如此地涌现出来的稳定的行为模式，其特征是由它所处的局部环境决定的；（5）当一个发生系统内部的稳定行为模式的数目不断增加时，这些行为模式之间的相互作用可使系统整体的功能得到增强；（6）这些稳定的行为模式往往可被观察到并被视为“宏观规律”；（7）那些具有足够稳定性的行为模式，能够存活足够长的时间从而积累足够多的资源来复制自身。

晚近发表的基于“囚徒困境”博弈或“公共物品”博弈并带有随机过程、简单随机性，或由遗传算法自发演变的计算机仿真研究，让我们看到了下列符合直观且有待进一步完善的结论：（1）在一个“全连接的”（即每一个体与每一其他个体之间有纽带联系的）社会网络无法涌现任何新的行为规则，并且在足够长期的演化之后，只存在完全同质的从而毫无“个性”可言的个体；（2）在有局部结构的社会网络里，从随机设定的初始规则，可涌现有效率的行为规则——由此可形成合作秩序，也可涌现无效率的行为规则——由此不能形成合作秩序；（3）由服从合作规则的个体组成的群体可能取代不服从合作规则的个体组成的群体从而增加社会成员的平均福利，也可能被非合作的群体取代从而减少平均福利；（4）一定程度的利他惩罚或“强互惠主义”（即以降低自身适存度为代价针对不合作行为的惩罚）行为可导致合作秩序在群体内的扩展；（5）一定程度的强互惠主义行为可导致合作群体在社会内的扩展；（6）以特定的规则，一定程度的同情可导致合作秩序在群体内的扩展；（7）一定程度的“有利则合作—不利则不交往”策略可导致合作占优的秩序；（8）个体策略或小群体策略的有效性依赖于周边个体或周边群体正在使用的那些策略的性质，这反映了一个社会里各种策略的“共生演化”及该社会“文化特征”的涌现过程；（9）个体策略的变异率可以很高，从而个体的资源搜索具有更大的灵活性，也可以很低，从而个体能够迅速专有于它所处的环境，最佳的变异率，在这两极端之间；（10）在一个社会里涌现出来的稳定策略的序列通常不可逆转，这就是制度演变的“路径依赖性”；（11）在小群体内部占优的策略，可由于路径依赖性而陷入演化死胡同；（12）噪音或不确定性的增加通常会降低合作水平。

任何社会都有“初始时空”，故而有特殊的演化路径。沿着它的特殊演化路径形成的，是它的文化（生活方式与情感方式）的特殊性。由初始时空的各局部的特征，塑造了许多不同的“个性”，并以个体生命为其载体。从这些承载着个性的生命个体的交互作用过程中，涌现出来的，是“群性”——许多个体在长期内共同遵守的一套策略（规则以及权利）。一些群性可能取代另一些群性，也可能与它们形成共生格局（文化的多元性）。在长期内保持较高稳定性的那些群性的载体，即交互作用且服从共同规则的个体生命的集合，表达着它们所构成的“社会秩序”。

简短的结语

在关于“合作秩序”及其自发扩展的数量迅速增加的研究报告中，呈现出未来的演化社会理论的一些特征。这篇文章试图论证，适合于解释（指导）中国转型期社会的经济行为（经济政策）的所谓“中国经济学”，应充分考虑到上述的理论特征。否则，它将因难以容纳制度变迁诸因素而沦为僵化的“经济学教条”——尽管它在西方诸稳态社会里的运用并非教条。

同样的警告适用于“马克思主义经济学”在中国社会里的运用，由于历史的和政治的原因，它甚至更可能沦为教条，从而被阉割了它在理论建构时原本具有的演化（辩证法）的灵魂。

第五讲

2014年11月9日 / 下午3:00—6:00 / 二教314

「连续性、不确定性与断裂」

今天这一讲的主题是马歇尔的连续性假设，其实我希望探讨的是奈特“不确定性”与熊彼特文稿所说的“断裂”（discontinuity）。

一、马歇尔的连续性假设

马歇尔在《经济学原理》[1] 第1版“序言”里这样写：“本书如有它自己的特点的话，那可说是在于注重对连续原理的各种应用。”不过，他从未正式定义他的连续原理。我从马歇尔的叙述中，列出他运用连续性假设的或有重叠的四类情形：

（1）经济学本身的演变是连续的。马歇尔在第1版序言里写道——

> ……这一切活动只是更为清楚地表明，经济学是——而且必然是——一种缓慢和不断发展的科学。在当代最好的著作中，有些初看起来的确似乎与前人的著作有矛盾；但当这些著作日久成熟，粗糙的地方已经修正时，我们就可知道，它们实在并没有违反经济学发展的连续性。新的学说补充了旧的学说，并扩大和发展了，有时还修正了旧的学说，而且因着重点的不同往往使旧的学说具有新的解释；但却很少推翻旧的学说……

（2）在人类经验中，时间是连续的。

> ……时间的因素——这差不多是每一经济问题的主要困难之中心——本身是绝对连续的：大自然没有把时间绝对地分为长期和短期；但由于不知不觉的程度上的差别，这两者是互相结合的，对一个问题来说是短期，而对另一个问题却是长期了……

（3）由于人类经验的连续性，人类语言的涵义也务求满足连续性假设。

[1] 商务印书馆，1964年，朱志泰中译本。

连续原理还可应用到名词的使用上去。常有这样一种尝试：将经济货物分为规定明确的种类——关于这种货物能作出许多简明的命题，以满足学者对逻辑上的准确之欲望，和一般人对貌似深奥而实易了解的教条之爱好。但是，由于进行了这种尝试，和在大自然没有划分界限的地方划出广泛的人为分界线，似乎已经发生很大的弊端。一种经济学说愈是简单和绝对，倘使它所指的分界线在实际生活中不能找到的话，则在把它应用到实际时它带来的混乱就愈大。在实际生活中，在算作资本与不算作资本的东西之间、必需品与非必需品之间，或生产的与非生产的劳动之间，都没有明显的区别……

（4）社会思想的演变整体上是连续的。

关于发展的连续之概念，对一切近代经济思想的派别都是共同的，不论对这些派别所发生的主要影响是生物学的影响——如赫伯特·斯班赛的著作所代表的；还是历史和哲学的影响——如黑格尔的《历史哲学讲演录》和欧洲大陆及其他地方新近发生的伦理历史研究所代表的。

（5）马歇尔在“原理”第 8 版“序言”里指出，制度演化是渐变的，因为制度以民众的生活习俗为基础，而习俗不能突变。

很可能马歇尔是第一位明确提出“连续原理”这一假设的经济学家，所以，他为这一假设提供的合理性论证必须有广泛且深远的思想资源。马歇尔说他自己的叙事形式最受古诺的数理方法的影响，因为，数学的连续性假设最适合用来表达他的连续原理。他这样描写：

在古尔诺和屠能的启发下（后者的影响较小），使我对以下的事实大为重视：在精神和物质世界中，我们对自然的观察，与总数量的关系没有与增加量的关系那样大；特别是，对一物的需要是一个连续的函数，这物的“边际”增加量在稳定的平衡下，为它的生产费用的相应增加所抵消了。如果没有数学符号或图表的帮助，我们要完全明了这一方面的连续性是不容易的。

我写了一页提纲，如图 5.1，第一行：“培根—霍布斯”社会科学方法：从观测到归纳的原则，从个别到一般；第二行：熊彼特和他关注的“discontinuity”（我建议译为“断裂”而不译为“非连续性”），制度与创新的关系。相对于经济学的马歇尔传统，连续性假设“continuity”，如果放弃连续性呢？至少还可以有“结构”吗？

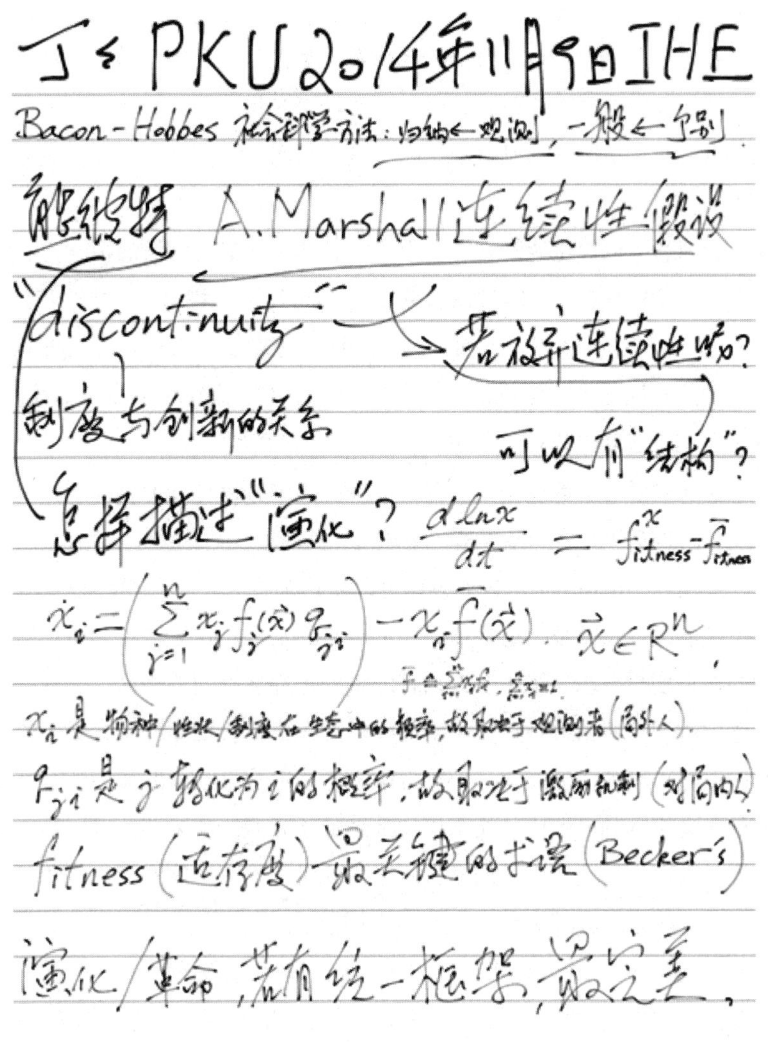

图 5.1

关于熊彼特的未发文稿，第一讲已有详细介绍。可是，如果我们跟随他的“断裂”思路，放弃基于连续性假设的数学，我们还可以有什么样的科学？大约从 1995 年开始，那时我在香港大学写了一篇英文文稿，后来改写为中文的，标题是“知识沿时间和空间的互补性及相关的经济学”[1]，从那时到现在，我始终认为研究社会现象的

[1]　载《经济研究》1997 年第 6 期。

“结构”可以不使用连续性假设，因为结构，我介绍金岳霖阐述的“概念”之不同于“观念”时说过，概念是有内部结构的，而观念没有内部结构。只要我们考察一种社会现象并有足够深刻的思考，我们应可由此抽象得到一个或一组概念，用以涵盖这种社会现象。

假如我们有了上述那些概念，沿着我那篇“知识”文章的思路，代数方法应可描述这些概念。代数学，只关注结构，它不需要数学分析中的连续性假设。不过，从那时到现在，我没有充裕时间回到这一思路上来，故我自己在这一思路上毫无进展，也只好停在这里。

如果我们同意采取演化论的视角，但仍沿袭基于连续性假设的数学方法呢？这就是图 5.1 下半页纸的内容，它直接来自我的《行为经济学讲义》，所谓“演化基本方程”。[1] 可见，基于连续性假设的演化动力学已十分完美。我在行为经济学课堂上与学生们探讨的，是演化动力学或演化基本方程可否用于描述经济制度的演化，例如，2014 年秋季学期，我和选修行为经济学课程的许多同学深入讨论“合作”之为一类行为策略，它在人群中的扩散过程，是否已被演化基本方程充分地刻画了，或者完全不能被刻画——因为合作本质上不再是“策略”。

其实，如图 5.1 所示，演化基本方程可以表达为百分比增长率与适存度差异之间的线性关系。所以，关键是“适存度”（fitness）的定义，及怎样观测适存度差异，即特定物种的适存度与生态环境里全部物种的平均适存度之间的差异。适存度这一概念来自生物学，所谓“基因适存度”——母代基因在子代有机体基因构成中的比例，因子代有机体适应环境的程度而变化。特定生态环境的全部物种的基因适存度依照物种有机体数量在全部物种中占比加权平均就是平均适存度。如果某一基因的适存度低于平均适存度，则可预期该基因长期而言将不再获得子代有机体的表达。所以，基因适存度高于平均适存度，是该基因在子代获得表达的必要条件。

当我们将上述动力学概念运用于社会演化时，例如，运用于制度的演化，首先应辨识与“基因”对应的“社会要素”。例如，各类产权关系可视为“制度要素”，这些要素与其他的制度要素一起，构成制度演化的生态环境里的全部物种。其次应收集数据以确定各物种的适存度，以及适存度与平均适存度之差。类似地，如果运用于文化的演化，首先应辨识文化要素，其次应收集数据以确定各文化要素的适存度以及与平均适存度之间的差异。制度的很大部分植根于文化和历史，所以，我们常常无法清楚

---

[1] 关于这一主题的经典文献，请参阅诺瓦克（Martin A. Nowak）：《进化动力学——探索生命的方程》，李镇清、王世畅译，高等教育出版社，2009 年；以及 Karen Page & Martin Nowak, “Unifying Evolutionary Dynamics”, in *Journal of Theoretical Biology*, vol.219 [2002], pp.93-98。

地辨识制度要素。在博弈论的分析框架之内，制度是一套均衡的行为模式及共享的意义。在制度经济学视角下，规则有互补和互替两类，制度是全体互补规则的集合的子集，并且制度之为子集可在全体互补规则的集合内不断扩展。另一方面，在制度变迁或社会演化的视角下，任何制度都包含一些新的不同于旧制度的要素，关键是，这些新制度的要素将颠覆旧制度。于是，为了分析制度变迁，我们还应讨论规则的互替性或冲突。但是，制度经济学家都明白，由相互冲突的规则组成的制度倾向于瓦解自身。所以，制度变迁的过程很像是熊彼特想象的断裂：发生于旧制度内部并逐渐聚集力量的新制度要素，要么在足够短的时间内完全取代旧制度，要么被旧制度消灭。

于是，我在图 5.1 最下面写了一行文字：演化和革命，如果有统一的分析框架，最完美。断裂，与革命的涵义接近。

假设旧制度是一套互补的行为规则以及服从这套规则的行为主体共享的（即均衡的）关于这套规则的意义之阐释。那么，只要不发生博弈论理论家所说的“意义漂移”(equilibrium drifting)，旧制度就是稳定的。因此，旧制度之内的新制度要素，常因意义漂移而发生。行为主体逐渐不再承认旧行为模式的意义，为了稳定旧制度，要么重新解释旧行为模式的意义达成新的意义均衡，要么容忍新的行为模式。

对我而言，技术进步、制度演化、文化的演化，这三类现象之间有明显的相似性，但又有实质性差异。它们之间相似，制度经济学家早已论述过，例如它们通有强烈的“路径依赖性”(path-dependency)，可能源自强烈的“收益递增性”(increasing returns)。所以，研究技术进步的经济学家们也关注或运用创新理论于制度演化，而研究制度演化的学者们也关注或运用制度理论于文化的演化。新技术与旧技术之间有显著的替代关系，而且在经济体系内，旧技术被新技术取代的过程通常可用“S”形曲线（又称为“逻辑斯蒂”曲线）描述。因此，不少研究者将 S 形曲线类比地用来描述制度或文化的新旧交替过程。请注意，这类 S 曲线满足连续性假设。在这一过程的初期，新技术扩散的速度很慢，达到某一“拐点”之后，采取新技术的企业数目在行业内的比例迅速增加，直到例如大多数企业都采取了新技术之后，扩散速度再次变得很慢。

但是“制度”是一个远比“技术”广泛的概念，“文化”又是一个远比“制度”广泛的概念。这种广泛性，使制度和文化的演化很难简约为技术进步过程。在微观层次，例如每一个企业内部或企业内每一条流水线层次，新技术要么不取代要么就完全取代旧技术。新旧技术在同一流水线上并存的情况或许有，但不可持续。在制度变迁过程中有类似的断裂现象。例如，交通规则的改变，从英国的规则改变为美国和中国的规则，必须在一夜之间完成，否则，第二天必定发生混乱及事故。

知识的替代过程很可能更多样化，我在那篇“知识互补性”文章里举了“简谱”和“五线谱”互替性的例子。但仍可想象一个人在长期内保持简谱与五线谱并用的情况，并不导致混乱和事故。大致而言，这样的情况也可视为文化变迁复杂性的示例。

中国过去三十多年经济体制变迁，在不同领域（消费资料、生产资料、教育、医疗、电信、能源、铁路、航空……），既有计划体制的规则又有市场体制的规则——所谓“双轨制”。尽管许多经济学家指出，双轨制是腐败丛生的温床。这就表明，制度变迁远比技术变迁复杂。

为了在逻辑框架内研究社会演化问题，如图 5.2，我们可以假设一个由全体逻辑可能的社会演化路径组成的集合。然后，假设我们观察到，在这一集合之内的任何一点，有一个社会，以 G 表示，这是一个社会网络或图。当 G 演化到 H 时，我们考察这两个社会结构的异同。其实，这是任何与费孝通的乡村调查类似的社会调查方法的基本框架。能够有这样的框架已非常了不起，但它仍是静态的，而不是“演化同构”的。

- 两个静止的社会之间的同构映射不是演化同构，演化社会理论需要一种能够刻画“演化同构”的数学理论。

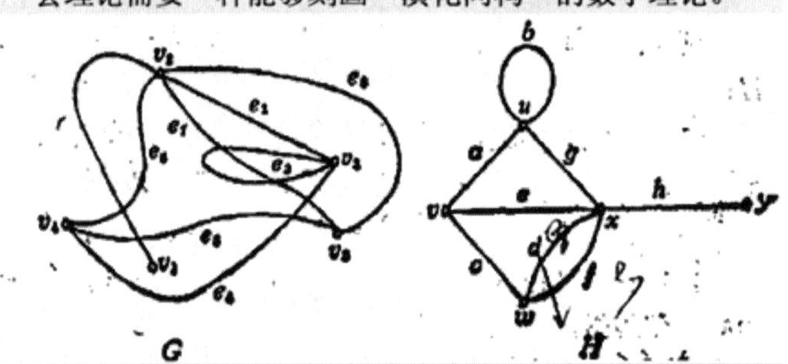

- 假设社会演化不是“各态历经的”，从而是“路径依赖的”，则任两社会之间的“演化同构映射”不仅应刻画均衡格局之间的同构而且应刻画这些均衡格局实现的顺序之间的同构。

图 5.2

二、同一性与涌现秩序

1. 诺齐克的同一性问题

由于马歇尔并未澄清他运用于经济学的连续原理的细节，他也就不必回答例如诺齐克询问的同一性问题。

但是，我说过，今年这门课程的主旨是铺叙这样一个贯穿经济学思想史的议题，即逻辑的与历史的这两种表达方式之间在何种程度上可能统一。当我们进入这一议题的时候，首先遇到就是诺齐克的同一性问题，源自《柏拉图对话录》[1]，在这部名著的第一章“The Identity of the Self”，第一节“Personal Identity Through Time”。注意，这里的关键词是“identity”，它的意思很难由一个汉语词汇翻译——恒等式，同一性，身份认同，身份证……在逻辑和数学里，它表示“恒等”关系。在哲学讨论中，它表示“同一性”。在文化研究的作品里，它表示“文化认同”。在社会生活中，它更经常指称护照、居民证、驾驶证，或任何可表明一个人身份的证件，简称“I. D.”。

诺齐克的问题有这样一个引子：有一条大船，在航行中需要彻底更新它自己。也就是说，不能靠岸维修，就在海上一边航行一边更新。这是可想象的过程，今天拆掉右侧的木板，换上新的；明天拆掉左边的木板，换上新的；后天换船舱的一部分，然后再换船舱的另一部分，总之，船始终浮在海面上。最后，诺齐克说，这条大船焕然一新，完全没有旧的零部件了。那么，他问：从何时开始，这是一条新船？其实罗素讲过类似的故事，他说，英国人喜欢吸烟或吸雪茄，一支被吸食的雪茄，请问，在何时就应被称为“烟灰”，而不能再被称为“雪茄”？显然，此处出现了怀特海的“过程”观念。

亚里士多德改变了柏拉图的思路，他认为事物虽然在事实上是过程，但每一事物必有自己的实质或精髓，“essence”这个词，柏拉图不用，柏拉图常用的是“being”，存在，不论是存在之为过程还是存在之为实体。于是，柏拉图遇到困惑，因为如果存在是过程，就要有改变，既然改变，怎么保持还是原来的实体（存在之为实体）？如果它是实体，那么它何时改变？如果它保持不变，何来“过程”？亚里士多德改变思路，他引入本质或实质这个语词，缺乏逻辑严谨性，但或许好用。然后他告诉我们，这里有一个实体之为过程，但既然此一实体能够被我们辨识为同样一个实体，那就一定有它的“实质”使它保持是同样一个实体。

例如，坐在这里的殷云路同学，他刚刚出生时有了这一名称，随后几十年，他始终不改名，并且他周围的人一看到他就认识他是“殷云路”（身份或认同）。所以，必定存在使殷云路从小到大保持“同一性”的实质。可是，抱歉云路，诺齐克的问题是：殷云路从生到死，可以肯定，当他死去的时候，使他成为殷云路的那种同一性或实质就不复存在了。罗素指称的那只雪茄，就成为烟灰而不是雪茄。那么，从何时开始，殷云路不再是殷云路？

[1] 参阅 Robert Nozick, *Philosophical Explanations*, 1981。

再例如，我和我姐姐身体都不好，我俩很早就讨论过自杀问题。因为，与其在医院受够了各种医疗之苦再死去，不如一开始就自杀嘛。这当然是全世界鼓吹“安乐死”的人的共同信条。问题在于，前几年我姐姐又来信讨论这一议题，她说何时自杀呢？什么样的条件下，自杀才是好的？经她一问，我立刻明白了这里的问题其实就是诺齐克的同一性问题。

如果我已经“生不如死”，也就是说，我确认我活着不能再成为我，不再是我认同的身份（实质），而是如死了一样的身份（实质），那么，安乐死当然是理性选择。问题是，我怎样能够确认呢？生老病死，是一个连续的过程。或许你体检发现癌症，你想自杀，但癌细胞还很小很少，根本不影响你的生活，于是你要拖延一段时间。然后，如果不是误诊，你的身体开始有变化，例如，癌症开始困扰你。那时，你仍无法决断是否不再活下去。因为还有很好的医疗技术，也许可以很少痛苦就延缓足够长的好日子。这样拖延下去，直到你意识到，其实你应更早结束生命。但你还是不想死，因为反正已经拖延到晚期了，受了许多痛苦，后面的痛苦不再是难以承受的。就这样，你和以前许多癌症患者一样，坚持到死亡。

现在懂得诺齐克的同一性问题了吧？它是连续性假设必须回答的根本性问题。

刚才我介绍了演化基本方程，在那里，不发生身份认同或同一性的问题。因为基因自身保证了同一性，而且基因的遗传错误率极低，以致与社会科学相比根本就是同一的。虽然，环境选择是一个神秘的过程，物竞天择，确实没有保证不发生断裂。典型的案例就是恐龙灭绝。地球上发生过至少 6 次生物灭绝，全体生命的 90% 灭绝了。幸存的生命，可能成为下一次生命爆发的祖先。所以，哈佛名家古尔德的演化学说并不排斥断裂。断裂之后的生命爆发，很可能有许多新物种。而我们的演化基本方程就不会考虑这些新的物种，因为它预设的生态环境一开始不包含这些物种。

这就意味着，演化基本方程描述的连续性过程，也依然没有解答诺齐克的“同一与差异”问题。这里索引的《同一与差异》[1]，是海德格尔战后被允许复出教学第一次讲课的主题，后来成为他的一本小册子的标题。海德格尔在这本小册子里的论述，明显地承接着黑格尔《精神现象学》的思路，请参阅本书第七讲相关内容。

2. 涌现秩序的表达问题

我从 2006 年在浙江大学讲授思想史课程的讲义中抽取第八讲第 1 页，如图 5.3，

[1] Martin Heidegger, *Identity and Difference*, 1957; Eng. trans. ed., Harper & Row, 1969; University of Chicago Press, 2002.

行为与演化社会理论系列讲座

第八讲：秩序的涌现

主讲人：汪丁丁

浙江大学跨学科社会科学研究中心

2006年4月15日，9：30 － 12：00

1. 伯格森和怀特海试图为秩序的涌现提供一种哲学解答。
2. 演化社会理论最终必须解答的基本问题——秩序是如何涌现的？这是一个双重问题：秩序及其意识的涌现。
3. 培顿.杨解答作为“随机稳定均衡”的秩序是如何涌现的。

图 5.3

用来说明马歇尔的连续原理，不仅涉及上述的同一性问题，而且涉及“涌现秩序”的表达问题。

哈耶克很早就意识到，(1) 尽管行为规则非常简单，大量这类行为的相互作用，可以涌现新的宏观秩序；而且，(2) 没有任何微观主体可能预见涌现出来的秩序是怎样的；最后，(3) 由较低层次涌现出来的秩序，常常不可简约，也就是无法用较低层次的规律来解释。哈耶克因此而不信任统计方法。他说任何统计方法只能关注大量出现故具有平均意义的活动，但真正代表涌现秩序的往往是个别的活动。这一点，颇类似黑格尔的事物演化辩证法，就是任一事物的发展过程必定已包含着否定自身的因素。这种否定因素一开始很弱小，表现在统计数据中，一定是个别的“野点”。但是，星星之火可以燎原。不论如何，统计方法是一种事后的观察，很难用来预测涌现秩序。

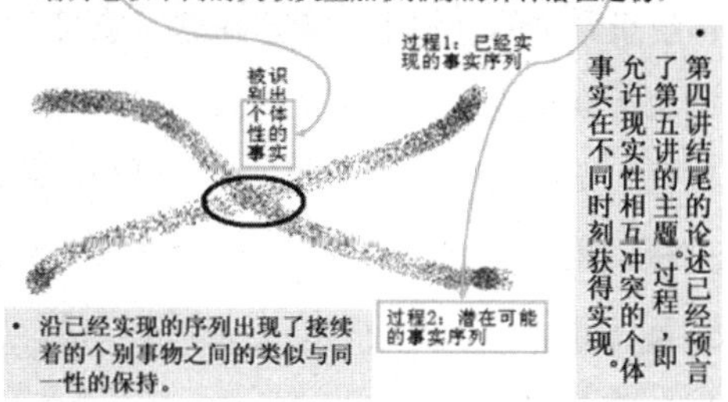

图 5.4

图 5.3 所列“培顿·杨的解答”，非常有助于直观理解涌现秩序。另一有助于直观理解涌现秩序的工具是仿真软件。我常用的是“Netlogo”，里面有许多基于“谢林程序”的模型。这些内容，请参阅我的《行为经济学讲义：演化论的视角》。

图 5.3 第一行提示的柏格森和怀特海的涌现秩序的哲学解答，如图 5.4 演示的那样，基于过程的聚散。这里的“第四讲”和“第五讲”，是指怀特海《思维方式》第四讲和第五讲。

这里索引的著作是柏格森的《材料与记忆》，这本书对民国知识界产生了很大影响。我索引的是 1911 年的英译本 [1]。国内有一个老版本，华夏出版社 1998 年肖聿中译本，错讹相当多。柏格森是法国贡献给人类的另一位天才，由于他的思想影响太大，他获得了最高级别的勋章（Grand-Croix de la Legion d’honneur）——从拿破仑 1805

[1] Henri Bergson, *Matter and Memory*, 1896; authorized translation by Nancy Margaret Paul and W. S. Palmer, 1911.

年创设这一奖励到2010年为止，只有67人获得这一勋章，而且，创设勋章时已规定，总共只能有75人获得这一勋章。关于柏格森与詹姆士的思想联系，目前已发表相当多的研究报告。他们二人相互激发和赞扬，且友情甚笃。我注意到维基百科英文版“柏格森”词条已很详尽，故我不再介绍柏格森的人生阅历。

柏格森毕生写了三部主要著作，都有中译本：《时间与自由意志》(1889) [1]、《物质与记忆》(1896) [2]、《创造进化论》(1907) [3]。关于第三部著作，我写过一篇书评，成为本讲“附录二”，可作为一种参考资料。柏格森的第一部著作是他的博士论文。据维基百科英文版“柏格森”词条，他投入最多努力的是第二部著作，其中有当时不易印刷的几幅插图，我截取一幅，如图5.5，其实是图5.4的底本。

chapter, for a thousand repetitions of our psychical life, figured by as many sections A′B′, A″B″, etc., of the same cone. We tend to scatter ourselves over AB in the measure that we detach ourselves from our sensory and motor state to live in the life of dreams; we tend to concentrate ourselves in S in the measure that we attach ourselves more firmly to the present reality,

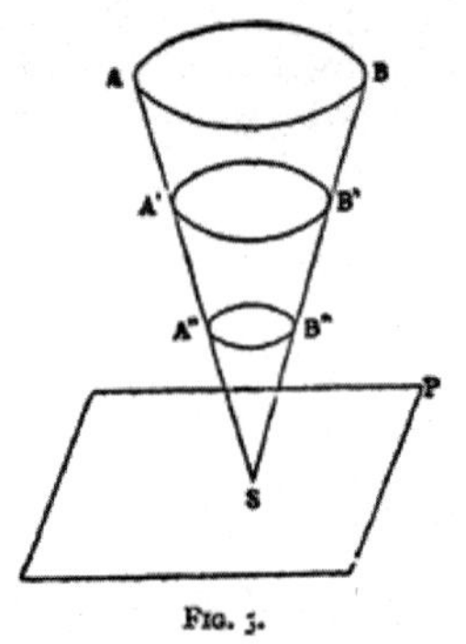

图 5.5

不过，我们若要理解柏格森的学说，首先就要明白他的思维方式。在思想史视角下，柏格森的思维方式是直觉主义的，甚至可以说，柏格森是西方思想传统里罕见的直觉主义者，在这一意义上说，他是东方人。我在另一篇文章里讨论或评论了直觉主义，并且，我在2012年和2013年的经济学思想史研究班也着力介绍过直觉主义。此处，我索引一本小册子，是王云五主持商务印书馆期间“万有文库”的一种，柏格森《心力》[4]。这是柏格森主要的几篇演说稿的文集，1919年以两卷本文集（因第一次世界大战而拖延）之第一卷的方式出版。名之为“心力”，因为英译本标题是 *Spiritual Energy: Essays and Lectures*；再版时，由这本书的英译者赫伯特·卡尔（Herbert Wildon Carr，1857—1931）改标题为 *Mind-Energy*（直译：心灵能量）。

胡国钰在“译序”里宣称，如果柏格森“心力”之说成立，则其“创化”之理即可确凿无疑。再引述“译序”的解释：本书所以名为“心力”者，其意以为意识像一条大河流一样，挟一种强大的力，极力冲向前去，不限于固定的地位，而后始能继续

[1] 商务印书馆，1958年，吴士栋中译本；安徽人民出版社，2013年，冯怀信中译本。
[2] 华夏出版社，1998年，肖聿中译本；安徽人民出版社，2013年，姚晶晶中译本。
[3] 华夏出版社，2000年，肖聿中译本；商务印书馆，2004年，姜志辉中译本；凤凰出版传媒集团，2011年，肖聿中译本；北京联合出版公司，2013年，肖聿中译本；漓江出版社，2012年，陈圣生中译本；新星出版社，2013年，王离中译本；湖南人民出版社，1989年，王珍丽中译本。
[4] 胡国钰中译本，1929年上海初版。胡国钰，1894—1984，满族，民国时期教育家。

“创化”。所以这本书的主脑仍然只是“创化”一件事。

梳理柏格森的思想脉络，提供一种非常简单的概括，我还是要引述胡国钰的文字：柏格森自己说过，“凡真正的哲学家，一生所讨论的，只是一件事”。这件事非常简单，不容易叙述明白；许多哲学家终身从事著作，未见得能把他们的意思完全表示出来。柏格森一生所讨论的，当然也只是一件事。不过他一生的著作有许多种类，有《创化论》《时间与自由意志》《物质与记忆》《梦之研究》及《哲学发凡》等；讨论的问题既然是这样不同，看着何尝只是一件事？但若细加研究，这许多著作仍然是以一件事作中心。这件事就是“创化”。创化的必要条件，是“自由意志”；自由意志的根据是“绵延”——时间。就“记忆”的各种现象看，愈足以证明绵延与自由意志之理。但因讨论记忆不能不连带及于身心之关系，所以不能不连带及于物质之研究，即是记忆之研究。其《哲学发凡》中最主要的论点是“直觉”——柏格森的哲学方法。柏格森由直觉知道人生和宇宙之目的在创化，而其余的学说，都不过是应用科学知识以证明创化这一件事。

有了上面的引言，回到图 5.5，请注意圆锥体与平面的交点 S，就是这一点，是一个人的意识常常集注的焦点。在 S 之上，圆锥体的内部（一个人的心理生活），有一系列的记忆层次，其中标明 AB 的层次距离自我意识的焦点最遥远，是一个人在一个给定时刻（情境）能检索的最久远从而最完整的记忆，就是已知的“过去”。柏格森说，“意识”总是倾向于离开 AB 层次，被现实世界的平面吸引到 S 点，就是“现在”。

于是，柏格森指出，精神（心理）生活的特征，是在 S 点的自由选择，如图 5.4 所示。在该图中，我画了两条粗线表示两个“过程”（怀特海所论的“过程”）。其中“过程 1”是由已经实现的事实序列构成的，“过程 2”是由潜在的事实序列构成的。这两个过程的交点，对应于柏格森图 5.5 的点 S，而在交点处我画的那个椭圆，代表在点 S 处一个人可以自由选择的全部可能方向。一旦选择了特定方向，例如潜在的“过程 2”的方向，则这一个人的生命就融入“过程 2”，并在下一时刻面临新的点 S 处的椭圆形代表的全体可能选择的方向……

图 5.4 是我阅读柏格森的《物质与记忆》时的笔记。根据柏格森的直觉主义论证，精神（心理）生活从来没有完全嵌入物质世界之内（即图 5.5 的 AB 层次）。也就是说，心智从来不会服从必然性与因果关系统治的世界。据此，柏格森多次批判康德和斯宾塞的认识论，也据此，他写了“创造性的进化理论”。

对于社会科学领域的研究生而言，或许不易理解柏格森的直觉主义论证方式。不过，我反复引述过当代科学家波佩尔（Ernst Poppel，1940—　）关于意识的研究报告。他的实验令人信服地表明，所谓“现在”，统计平均而言，涵盖大约 3 秒的时段。有些人的“现在”更短一些，例如2秒；有些人的更长，例如4秒。我们的意识必须退出“现在”才可能进入“过去”，例如5秒之前。波佩尔这本小册子《意识的限度：关于时间与意识的新见解》[1]，至今仍未过时。由波佩尔的报告至少可以推测，柏格森的直觉判断还没有被否证：一个人的意识通常并不停留于过去（因果世界），而是聚焦在当下（自由选择）。

当然，熟悉东方思想传统的读者可以提供远比波佩尔的科学实验更丰富的材料来支持柏格森的上述直觉。因为，在东方思想传统里，精神或“心力”，从来就是自由的。在提供这一论证的许多汉语作品中，我特别推荐唐君毅的作品《道德自我之重建》——此书特别由周辅成先生作序（“健全的人道主义哲学——唐学丛书总序”）。

周辅成这篇序言，作于2006年11月26日。我在这篇序言的读书笔记里写着：参阅赵越胜《燃灯者：纪念先师周辅成》（香港：牛津大学出版社，2010年），周辅成先生，北京大学伦理学教授，早年与唐君毅是好友，晚年指导青年工人赵越胜，卒于2010年。

我读唐君毅此书及其他著作，感觉他和梁漱溟类似地深受梁漱溟所说“西洋生命派哲学”的影响。此处的“生命派”哲学，即以柏格森为第一人的西洋哲学流派。柏格森的哲学，常被称为“生命哲学”（philosophy of life），为区分于柏格森着力批判过的“生命力”（vitalism）心理学派。

唐君毅是北京大学1940年代最优秀的一位学生，师从熊十力和梁漱溟之外，也深研康德哲学，与牟宗三、徐复观、张君劢在汉语世界并称为“当代新儒家”。此处补充，我在夏威夷的老友——他是谢幼伟的长子，我听他谈到他父亲在海外的活动。其实，这四位新儒家1958年发布的“为中国文化敬告世界人士宣言”（全称是“中国文化与世界——我们对中国学术研究及中国文化与世界文化前途之共识认识”），又称“新儒家宣言”，最初是以英文写成的，稍后翻译为汉语。宣言英文版的署名多了一个，就是谢幼伟，而且，他排名在第一位。以中文发表时，谢幼伟不再署名，而唐君毅排名在第四位。

生命派哲学和直觉主义，是需要深入体会的。数学直觉主义，以布劳威尔（Luitzen Egbertus Jan Brouwer，1881—1966）为首要代表人物。根据数学思想史资料，正是因为感受到了布劳威尔直觉主义对数学的威胁，希尔伯特（David Hilbert，1862—1943）才提出了数学公理化的纲领。这两大思潮，史称“Intuitionism and Formalism”。[2]

[1] 北京大学出版社，2000年，李百涵、韩力译。

[2] 参阅 David Burton, *The History of Mathematics: An Introduction*, 6th ed., McGraw-Hill, 2006, Chapter 12 “Transition to the Twentieth Century: Cantor and Kronecker”; L. E. J. Brouwer, “Intuitionism and Formalism”, in *Bulletin of the American Mathematical Society*, vol.20 [1913], pp.81-96。

摩尔在定义“伦理学直觉主义”的时候，借用了“视觉直觉主义”来类比，他说，这两种直觉主义的认识论基础是相似的，它们相信事物的本质可以从“直观”得到——“the observer directly apprehends an objective quality”（观察者直接领悟客体的质），这样的直观分别是“伦理直观”和“视觉直观”。[1]

斯密基于对“神的先定和谐”的信念而推演出来的“看不见的手”市场假说，以及由这一斯密假说导致的“一般均衡”理论，很大程度上基于直觉。于是，理解斯密学说也要求读者运用直觉能力。[2]

对任何基于布劳威尔不动点定理的博弈理论或一般均衡理论更具有颠覆性的，是布劳威尔自己发表的一篇文章，在这篇短文里，他给出了反例，推翻自己早年证明的布劳威尔不动点定理，并提供了一个替代布劳威尔不动点定理的方案。他证明，这一替代定理可由数学直觉主义得到证明。很遗憾，布劳威尔的替代定理，不再有“不动点”，但有“邻域”，只要邻域足够小，大致可认为与“不动点”相似。[3]

直觉主义给我的帮助，就是不相信任何决定论的见解，不论是基于科学还是基于其他任何论证。于是，我的讲解就必须涉及不确定性，而且是奈特意义上的不确定性。十几年前，我写过几篇介绍奈特意义的不确定性的文章。后来，塔勒布写了畅销书《黑天鹅》，里面有一句打动了我的名言：历史是一连串黑天鹅事件。于是，2008年，我为《上海书评》写了这本书中译本的书评，标题是“演化——不确定性与创造”，与这一讲密切相关，故应成为这一讲的“附录三”。

金融危机之后，许多金融理论家和经济理论家开始关注“黑天鹅事件”，即小概率致命事件（rare vital events）。甚至“小概率”这一定语也是不确切的。真正奈特意义上的黑天鹅事件，不可重复，不可预测，故没有概率可言。这样看来，黑天鹅事件只能服从怀特海的“奇异性因果关系”——每一次都是“创造”（参阅本书第七讲）。

与黑天鹅事件的研究密切相关的，是中国社会变迁的复杂性。我1997年发表于《读书》杂志的一篇书评，“面向综合的时代——兼评《复杂》”，应成为本讲“附录四”。最后是“附录五”，我在那里详细讨论了“均衡”观念与“演化”观念之间的紧张关系或不一致性。

---

[1]　参阅 G. E. Moore, *Principia Ethica*, Cambridge University Press, 1903。

[2]　参阅 Roger Frantz, “Intuitive Elements in Adam Smith”, in *Journal of Socio-Economics*, vol.29 [2000], pp.1-19。

[3]　参阅 L. E. J. Brouwer, “An Intuitionist Correction of the Fixed-point Theorem on the Sphere”, in *Proceedings of the Royal Society of London*: Series A, Mathematical and Physical Sciences, vol.213, no.1112 [1952], pp.1-2。

三、熊彼特的“断裂”问题

1. 不连续性的社会科学涵义

由于这些附录的铺叙，我现在直接讨论熊彼特关注的“不连续性”或“断裂”。在社会科学语言里，不连续性的涵义相当于“跃变”或“突变”或“灾变”。大致而言，可列出下述几类情形。

第一类情形，是行为主体的感觉突变，区分于感觉的渐变。来自生理学和心理学的观察表明存在这样的“感觉阈值”。对感觉的刺激的渐变达到某些阈值之后，引发感觉突变。并且，这些感觉阈值依赖于注意力的配置。有视若无睹的情形，也有明察秋毫的情形。

在这一领域里，以色列心理学家阿隆·本–吉夫（Aaron Ben-Ze'ev）2000年由MIT Press出版的著作*The Subtlety of Emotions*（直译《情绪的微妙性》），我在《行为经济学讲义》“第三讲”介绍过。由原初情感（喜、怒、悲、惧、恶心……）复合而生的派生情感（羡慕、嫉妒、恨、又爱又恨、悲喜交加、惆怅、失望……），依照不同文化和语言的表达，大致有几十种之多。原初情感是刚刚发生就被意识到的情感，与本能冲动类似。派生情感则拖延一段时间，例如5秒钟或半分钟，才被意识到，而且远比原初情感更微妙。例如，你可能原初地感到为某事高兴，紧接着派生地你意识到其实你有些嫉妒。这就说明派生情感更微妙。

在《情绪的微妙性》开篇，作者描述了一位摄影师和他的女模特之间长期的正常的工作关系，然后，他说，某一天，女模特注意到或感觉到摄影师看着她裸体时，目光里有一丝丝色情意味，由此，她不再能够保持以往那种自然而然的姿态，终于，她披上衣服，永远离开了这位摄影师。她的情绪可以因她的微妙的感觉而突变，而她的感觉可能与那位摄影师完全没有关联，她可能只是将她关于另一件事情的记忆和想象投射到那位摄影师身上，也可能突然意识到她自己有一丝丝色情意味，也可能仅仅在那一刻意识到表情和姿势不如以往那样自然而然，于是解释为她自己有一丝丝的色情意味，继而认为她的色情感觉来自那位摄影师的目光。

今天，我们知道，我们脑内的数百亿神经元组成的神经元网络里的每一个神经元的细胞表面的内侧和外侧，有一个电位差。仅当这一电位差增加到某一阈值时，神经元沿自己的轴突向外传递一个“脉冲”。而这个电位差的增加或减少，是这个神经元从其他（平均约为1500个）神经元接收的信号的各种逻辑组合的结果。有一些逻辑组合的效应是使信号相互抵消或相减，还有一些逻辑组合的效应是使信号相加。所有这些信号之间的逻辑运算的净效应，常常在这一神经元细胞表面实现一个如同“积分曲线”那样的电位差随时间的变化过程，达到阈值并放电之后，电位差恢复到基础水平。所以，积分曲线的后沿，也就是放电之后电位差回到基础水平的过程，可以设想，是从高电位到低电位的一段垂直线，这是我们可以设想的一种类型的“断裂”。当行为主体的情绪发生突变时，可以设想的是，该行为主体脑内情绪中枢的某些神经元网络里的某些神经元的细胞表面的电位差发生了跳跃。

第二类情形，核心观念也是“阈值”。斯坦福大学的社会学家格兰诺维特（Mark Granovetter）在一篇著名文章里讨论过，即“集体行为的阈值模型”[1]。我特别写了一篇短文“愚民政策与社会动乱”，详引格兰诺维特这篇文章，现附在本讲后面，成为“附录六”。他并且列出了他的“阈值”理论的适用情形，一共八类：创新扩散过程，谣言与疾病传播，罢工与骚乱，政治选举，教育投资，社交，移民，社会心理。

阈值模型的工作原理是这样的：假设每一个人都或多或少对当前社会状况不满意，但每一个人只在看到“足够多的人”参与骚乱时才参与骚乱。假设不同的个人对什么是“足够多的人”有不同的标准，从人口的 1% 到 100%，均匀分布在某一实数区间上。假设社会由 100 位成员组成，第 1 位成员的心理阈值将使他在参与骚乱的人数达到人口的 99% 时参与骚乱，第 2 位成员的心理阈值将使他在骚乱人数达到 98% 时参与骚乱……依此类推，第 99 位成员将在骚乱人数达到 1% 时参与骚乱。现在，假设第 100 位成员将是第一个行动者，他的行动可以仅仅是打碎一块橱窗，只要这一行为被第 99 位成员看作“骚乱”就够了，就足以触发“多米诺效应”，最终使全社会陷入动荡之中。

可见，不论是个人的“感觉事件”，还是群体的“社会事件”，都存在由“阈值”引起的不连续性。因此，熊彼特关注的断裂，对我们而言不再是难以理解的。研究任何“断裂”现象，我们首先寻找“阈值”。

第三类情形，如果我们找不到任何阈值，是否还存在断裂？在经济学文献里，我们称之为“多均衡状态”，不仅常见于经济动态系统，而且见于静态分析。例如贝克尔的一篇论文，“A Note on Restaurant Pricing and Other Examples of Social Influences on Price”（1991）[2]，我在 2002 年的一篇文章里有详细引述，现在附这篇文章成为本讲“附录七”。

贝克尔这篇文章的插图 2，就是图 5.6，示意了在面对特定的需求曲线时，同一价格可能对应着两个不同的需求量。图中的需求曲线 d 先向下倾斜然后向上倾斜，然后

[1]　参阅 Mark Granovetter, “Threshold Models of Collective Behavior”, in *American Journal of Sociology*, vol.83, no.6 [1978], pp.1420-1443。

[2]　in *Journal of Political Economy*, vol.99, no.5, pp.1109-1116.

再向下倾斜。此时，这家公司可以选择均衡的发行量 Dg* 售价 p*。贝克尔指出，因为需求曲线的特定形状，在这一价格，需求可能突然退缩至 Db*。于是，这家公司更好的营销策略是，先发行精装本，数量是 De，价格是 pe，如果成为畅销书的可能性很大，那么，保持精装本发行数量不变，另外发行平装本，数量是 Dg*，价格是 p*。

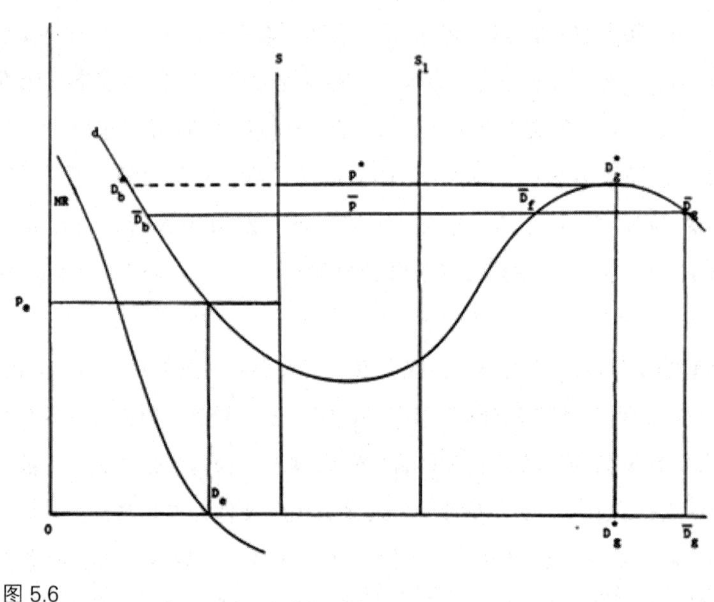

图 5.6

贝克尔的图示表明，虽然，价格理论通常假设“一物一价”，但有时候也可发生“一物多价”的现象，例如张五常在“卖橘者言”里描述的一物多价现象。如果用马歇尔“供求分析”方法来解释这类现象，可以有贝克尔想象的如图 5.6 所示的需求曲线，由同一价格产生了需求量的“断裂”或“跃变”——在很低的需求量和很高的需求量之间跃变。我从张五常晚年关于需求曲线的想象，推测他可能认为不必假设图 5.6 这样的需求曲线，取而代之的是买卖双方的“寻价行为”（price-seeking behavior）。我很被这一想象打动，希望有突破。

第四类情形，我常在行为经济学课堂里推荐一种参考文献：菲利普 · 鲍尔（Philip Ball）的 *Critical Mass: How One Thing Leads to Another*（《预知社会：群体行为的内在法则》[1]，2004）。我从这本书里挑选了两个案例，见图 5.7 和 5.8，它们都包含某种“阈值”。

这幅插图的横轴表示在特定社会里大众的发展机会被普遍剥夺的程度。通常，这

[1] 当代中国出版社，2007 年，暴永宁译。

一状况正比于收入和财富分配不平等的程度。纵轴表示总人口中的犯罪百分比。相关的研究报告表明，当不平等程度增加到超过阈值的时候，如图 5.7 里横轴最右方的上升虚线对应的不平等程度，则犯罪率突然增加，沿着这条虚线，从很低的水平迅速攀升至很高的水平。现在，如果政府采取强力措施降低社会与经济的不平等程度，犯罪率不是沿着那条上升虚线回到低水平，而是缓慢下降，直到不平等程度已经非常低，远远低于犯罪率突然上升时的水平，例如，图 5.7 横轴最左方的下降虚线对应的不平等程度，仅当此时，犯罪率才突然下降至原有的低水平。

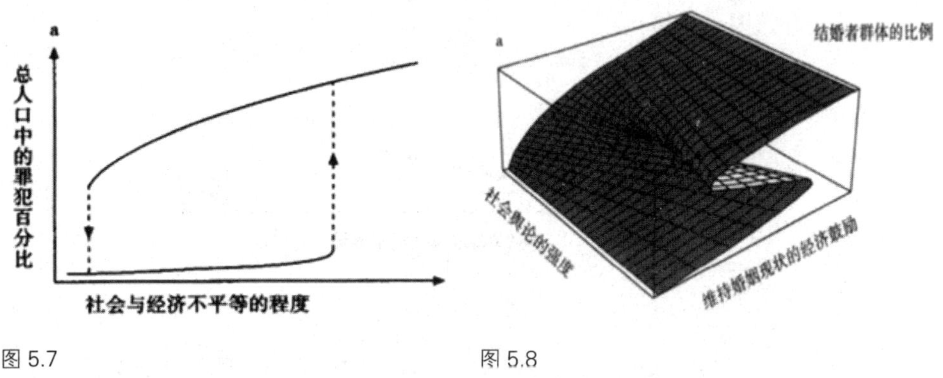

图 5.7　　　　　　　　　　　　　　图 5.8

在这一类情形中，解释变量 X 是连续变化的，但被解释变量 S 如两段虚线显示的，有了突变。对于社会科学研究，很可能，只要我们能够发现那些目前尚未引起关注或有所关注但尚未找到的阈值，就算是很重要的贡献了。

以上所述的“断裂”现象，很可能在引入更多的参量之后消失。这也意味着，“断裂”仅仅是较低维度的空间里的现象。

图 5.8 里有三个维度：纵轴是人口当中已婚者的比例，这里有两个解释变量——社会舆论和经济鼓励——张成一个平面。基于常识和统计直观，我们知道，如果已婚者占人口比例很高，那么，经济鼓励对于未婚者而言就是足够强烈的结婚激励。但是当已婚者只占人口的很低比例时，未婚者对经济鼓励并不敏感，此时，未婚者对鼓励结婚的社会舆论是敏感的。因此，当舆论强度逐渐增加时，已婚者占人口的比例可能逐渐上升，然后，经济鼓励开始奏效。这样，在三维空间里，可能没有“断裂”现象，如果社会舆论在经济鼓励之前得到强化。

但是，当我们仅截取这一空间的二维平面时，例如图 5.9 所示，在这一平面内，只有一个参量，就是经济鼓励，这时已婚者占人口比例就很可能出现“断裂”。而且，被解释的现象，在这一平面内随这一参量的变动，与图 5.7 的情形类似。

图 5.9 中，经济鼓励连续变化，沿横轴从低水平增加至足够高的水平，超过阈值之后，已婚者占人口的比例突然上升，由低水平跃升至高水平。然后，如果降低经济鼓励的强度，已婚者占人口比例不会突然下降，而是缓慢下降，直到经济鼓励水平降到远比跃升时低得多的水平时，才有突然的向下跳跃。

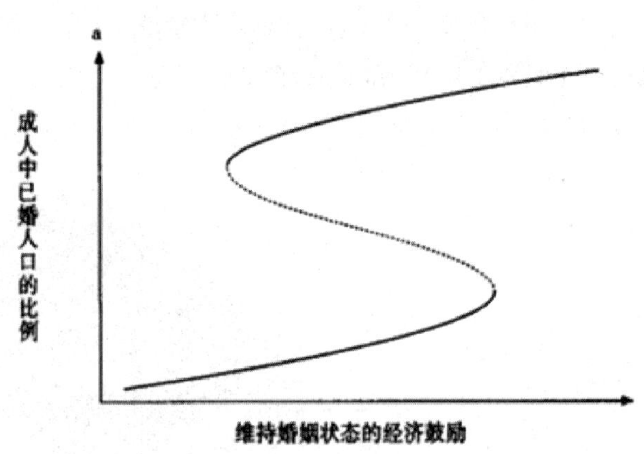

图 5.9

第五类情形，微观层次（典型地就是在“社会网络”里）的主体行为的连续变化，可能引发宏观层次的经济秩序从一个均衡态“突变”到另一个均衡态。这就是所谓“谢林程序”——由诺贝尔经济学家谢林首次引入经济学。[1]

根据谢林仿真程序的演示，当美国的约翰逊总统实施“新政”当中黑人社区和白人社区混杂的政策时，例如，将数千白人家庭与数千黑人家庭随机混杂形成“没有种族隔离的社区”，在这一状态内，谢林假设，如果任一家庭发现它的邻居当中有超过某一比例的异族邻居，从而幸福感降低至某一阈值时，就采取搬家的策略。基于 NetLogo 软件的仿真表明，这一阈值（比例）大约在 65%—75% 之间时，仿真以较高概率达到（收敛到）均衡态。阈值设定高于 75% 时，家庭移动速率更快，由这些家庭组成的社区的变动也就更剧烈，但未必收敛，如果不存在均衡态的话。我在《行为经济学讲义》里报告的仿真结果是：如果设定合适的阈值从而存在至少一个均衡态，那么，这一均衡态几乎总是“种族隔离的”。

第六类情形，也是最常见的现象，即所谓“逻辑斯蒂曲线”，又称“S—曲线”，如图 5.10。在自然界和社会领域，大多数依照百分比增长率方式变化的新生事物，似乎都服从逻辑斯蒂曲线。所以，最初将这种曲线引入经济学文献的是研究技术进步和

[1] 参阅我的《行为经济学讲义：演化论的视角》第二讲、第三讲、第九讲。

扩散过程的经济学家，最著名的是兹维·格里利克斯（Zvi Griliches，1930—1999）。[1]

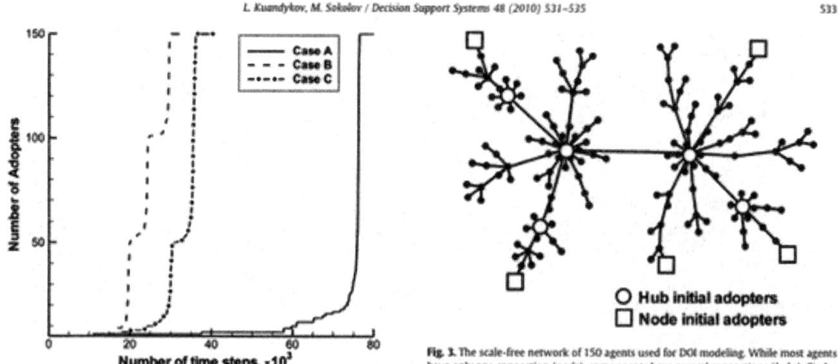

图 5.10

图 5.11 截取自上引 2003 年的文章，是格里利克斯 1957 年发表的一篇文章的插图，显示新型玉米在 1932—1956 年间在美国农业各州扩散的 S—曲线。S—曲线，直观而言是这样的：新生事物最初很弱小，不被广泛接受；经历了初期的缓慢扩散过程而仍不消失的新生事物，可能在某一阶段达到了某一阈值之后，突然有了大规模的扩展；然后，市场接近饱和，即 S—曲线的末期，扩散过程再度变得缓慢。晚近发表的文献表明，将逻辑斯蒂曲线与这一曲线的社会网络基础结合起来的研究，是技术进步和扩散过程的重要课题。[2]

图 5.12 同样取自上引 2003 年纪念格里利克斯的文章，这里显示的是技术扩散速度与劳动生产率增长率的关系。比较左右两图可见，S—曲线的拐点（阈值）越早降临，劳动生产率的增长就越快。各种新生事物之所以有不同的 S—曲线，可以理解为它们在社会网络的各中心节点有不同的接受程度。如果 S—曲线的上升拐点（阈值）迟迟不降临，新生事物很可能因缺乏资源而夭折。事实上，绝大部分新生事物都是这样夭折的。风险投资数据显示，每千家新生企业当中，大约只有 5% 可以成长到“私募”阶段。然后，每千家进入私募阶段的公司，大约只有 5% 可以成长到“公开上市”阶段。

---

[1]　参阅 David Paul, “Zvi Griliches on Diffusion, Lags and Productivity Growth”, paper presented at the Conference on R & D, Education and Productivity, held in memory of Zvi Griliches, 25-27th, August 2003。

[2]　参阅 Lev Kuandykov & Maxim Sokolov, “Impact of Social Neighborhood on Diffusion of Innovation S-curve”, in *Decision Support Systems*, vol.48 [2010], pp.531-535。这篇文章的插图 2 和 3，即图 5.10，其中图 2 是新技术扩散的 S 曲线，图 3 是作者们研究的社会网络的图形。

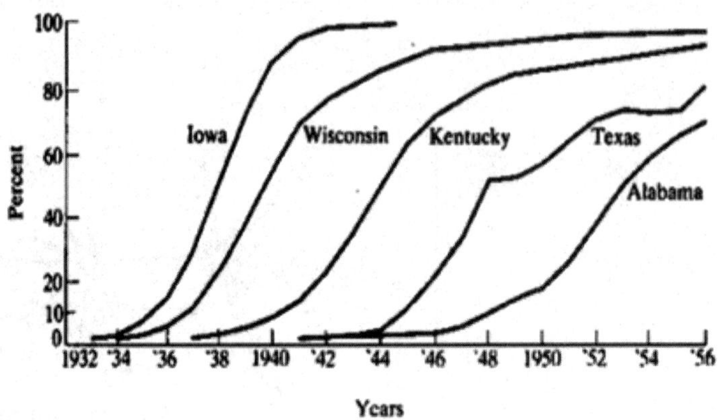

Figure 2

Percentage of total corn acreage planted with hybrid seed, derived from USDA, Agricultural Statisitics, various years.

Source: Zvi Griliches, "Hybrid Corn: An Exploration in the Economics of Technological Change," *Econometrica* 25(4), 1957: 501-522. (Figure 2.1)

图 5.11

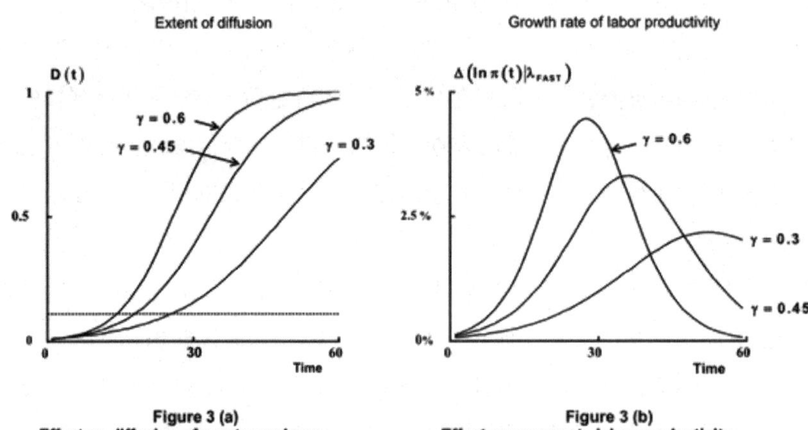

Figure 3 (a)
Effect on diffusion of greater variance (smaller γ) of the underlying heterogeneity distribution.

Figure 3 (b)
Effect on aggregate labor productivity growth of greater variance (smaller γ) of the underlying heterogeneity distribution.

图 5.12

新生事物在这样的社会网络里扩散速度，取决于它被多少个中心节点接受。如果一开始就有足够多且足够大的中心节点采纳新技术，那么 S—曲线的迅速扩展的“拐点”（阈值）就很快降临。否则，S—曲线的拐点就推迟降临。[1]

[1] 更早的一篇重要的实证研究报告见 Thomas Valente, “Social Network Thresholds in the Diffusion of Innovations”, in *Social Networks*, vol.18 [1996], pp.69-89。

这一思路可能非常有助于我们理解中国社会变迁与其他国家社会变迁之间的差异。改革开放初期，中国社会网络的政治经济中心确实可由若干中心节点来表示——以政治领袖们为“节点”，并以通向这些节点的“纽带”为政治领袖们接受的社会影响。邓小平之所以不在北京发表他的“南方谈话”，是因为北京的政治经济中心节点很难接受他在南方谈话里提出来的新观念。相比之下，南方的政治经济中心节点就很容易接受他的新观念。另一方面，“文革”后期，北京是意识形态控制中心，仅当北京接受“有计划的商品经济”这种新的观念，中央全会才可能接受市场化改革的信号。因此，成功地游说北京的中心节点接受改革方案的，不是弗里德曼那样的彻底自由市场派人士，而是邓力群和马洪那样的计划经济时代的资深专家。

图 5.13 取自 Fei Ding & Yun Liu，“A Decision Theoretical Approach for Diffusion Promotion”[1]，这两位北京的作者仿真研究了新观念的不同说服策略在给定的社会网络里扩散的速度和成本。图示可见，与面向普通民众的说服策略（由空心圆连接的曲线）和随机说服策略（由五角星连接的曲线）相比，说服有影响力人士的策略（由星号连接的曲线）成本低得多。

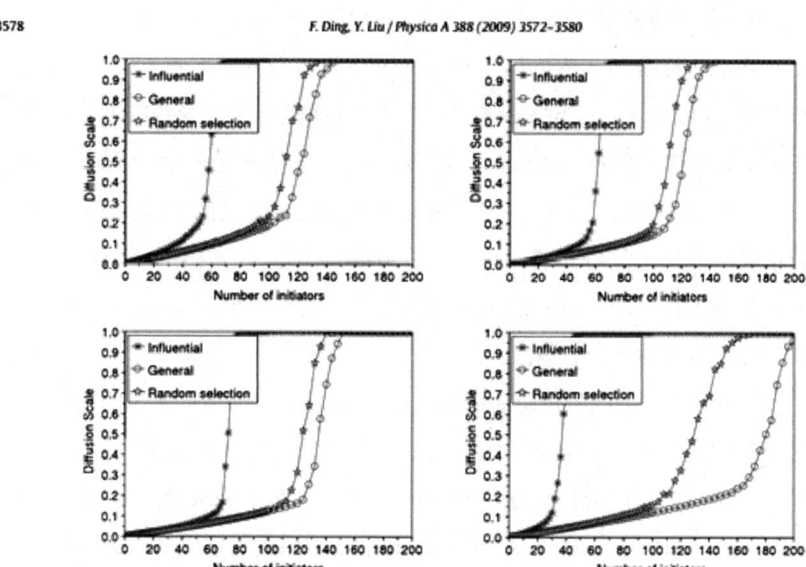

Fig. 4. Diffusion scale as a function of the number of influential, general or random initiators in the proportion threshold model, with a threshold value of 0.35. Network topologies are homogeneous networks with $n_{avg} = 3$ (left top), $n_{avg} = 5$ (right top), $n_{avg} = 7$ (left bottom), and BA networks (right bottom). Agent number: 1000.

图 5.13

[1] in *Physica A*, vol.388 [2009], pp.3572-3580.

以上六类情形，是我能想到的“不连续性”在社会科学研究领域里的表现。当一位社会科学家面对并试图刻画这些情形时，他通常的用语是，如熊彼特所说，这里发生了“断裂”。可是，我们能否将这些断裂现象表达为数学的定义呢？

2. 断裂现象的数学表达

我认为，首先应从“连续性”的定义开始讨论。并且，在每一数学观念之后应附加讨论如何使这一数学观念能够涵盖社会科学家面对的那些现象。关于连续性的观念通常是关于“函数”的连续性观念。可是关于函数（function），我认为，不论是数学定义还是这一定义在社会科学领域的延伸，都有必要参考马赫的“函数”观点。

函数的数学观念，可以从“二元关系”开始讨论，这样的思路，我认为最简明易懂。沿这一思路，二元关系的数学观念，可以从任意的两个集合 A 和 B 的“笛卡尔乘积”正式引入。A 和 B 的笛卡尔乘积是由 A 和 B 所含的点生成的全体二元点对（a, b）组成的集合，在二维实数空间里就是笛卡尔平面直角坐标系里的全体坐标组成的集合。由 A 和 B 的笛卡尔乘积的任一子集 C，可定义一个“二元关系”R，此时，C 内的二元点对（a，b）的意思是“aRb”或“a 在 b 之前”。

在二元关系中，可以有 A 内的同一个点 a 对应着 B 内的许多点 b1，b2，b3 等等的情形，即点对（a，b1）、（a，b2）、（a，b3）……如果这一情形受到限制，A 的每一个点 a 对应于且仅对应于 B 的一个点 b，我们就说二元关系 R 是一个“函数”关系 F。此时，R 在 A 上的投射集就是 F 的“定义域”，R 在 B 上的投射集就是 F 的“值域”。反之，我们也可以说二元关系 R 是一个“多值函数”，即允许 A 内的一个点通过函数关系 F 映射为 B 内的许多点；这样的函数也可称为“集值函数”，即允许 A 内的一个点通过函数 F 映射为 B 的一个子集。

于是，我们可以说，贝克尔讨论的情形，如图 5.6，在平面坐标系里的“价格—需求量”二元点对的集合——以需求曲线 d 表示，定义了一个“集值函数”，这一函数的定义域里的一个价格可以对应着这一函数的值域里的两个需求量。类似地，图 5.7 中，两次跃变对应的横轴上的两个点，可以设想是集值函数的定义域内的两个点，而那两条虚线（上升的和下降的）则是函数在这两个点的取值。

也就是说，我在上面叙述的，出现“断裂”的第三类情形和第四类情形，其实都可以用“集值函数”的概念来表达。事实上，经济学家在运用“角谷不动点定理”的时候，也要允许出现“集值函数”——上半连续函数和下半连续函数。

我读马赫的著作，意识到他常在动词意义上使用“函数”这一单词。此时，

function 应翻译为“作用”、“功能”、“运行”，而不翻译为“函数”。在更深层的意义上，函数和功能，二者涵义是相通的。

根据马赫的“经验批判论”[1]，假设我们对物理世界的感觉（可纳入我们的“外感觉”）和对心理世界的感觉（可纳入我们的“内感觉”）都是若干更基本的“要素”的函数，那么，我们可以写出一个向量函数（我们的各种“外感觉”和“内感觉”），S=F(X)。此处，X 是马赫所说的那些更基本的“要素”。函数 F 的意思是：(1) 只要我们有了感觉 S，必是因为有 X 使我们有所感。(2) X 作用于我们的感官，从而使感官的功能运行，并产生了感觉 S。所以，F 表达了行为主体的感官的“功能 / 作用 / 运行”的状态；对马赫而言，函数 F 有第三重意思。(3) 大部分感觉是复合的，这一复合过程由 F 代表，也因此马赫称 X 代表的东西为“要素”，与“素数”和数论基本定理（任何正整数都可表示为若干素数的乘积——“复合”）构成清晰的类比。

注意，马赫的“心理—物理”世界观的根据，是可追溯至古希腊到笛卡尔以来的二元论思想传统——万物不是物理的就是心理的。所以，社会科学家研究的现象，不是物理的就是心理的。但是，马赫哲学的新奇之处在于，由于“感觉”就是一切，世界就不再是二元论的了，心理学与物理学有了统一的分析框架，在这一框架内，“心”和“物”都是感觉，而感觉由要素复合而来。至于感觉和要素的究竟，马赫存而不论，留给未来的科学研究。

在感觉的分析英文版 [2] 接近结束的时候，马赫总结：

> Everything that we can want to know is given by the solution of a problem in mathematical form, by the ascertainment of the functional dependence of the sensational elements on one another. This knowledge exhausts the knowledge of “reality”. The bridge between physics, in the widest sense, and scientific psychology, is formed of these very elements, which are physical and psychical objects according to the kind of combination that is being investigated.（我们能够要求知道的每一件事由一个数学形式的问题的解答给出，借助于最终确认相互作用着的感觉要素。这种知识穷尽了关于“现实”的知识。在最宽泛意义上的物理学与科学心理学之间的桥梁，由这些感觉要素构成，根据所要探究的这些感觉要素的结合方式，这些感觉要素可以是物理学的也可以是心理学的研究对象。）

[1] 参见《感觉的分析》，洪谦、唐钺、梁志学译，商务印书馆，1986 年。

[2] Ernst Mach, *The Analysis of Sensation — and the Relation of the Physical to the Psychical*, 1886; English translation by C. M. Williams, Dover Publications, 1959.

根据马赫的经验主义学说，当我们在社会科学领域使用“函数”这一语词时，我们的意思是双重的：(1) 这一语词通常的数学含义；(2) 这一语词代表的感官功能。我们约定，函数概念的这一双重含义，由三元体 {F，X，S} 来表示。关于要素 X，马赫认为这是有待科学探究的成分，在观念上可假设 X 存在，然后借助于各种观测手段，科学研究者可以辨识 X 在每一特定情境之内的涵义。马赫谈到“梦境”与“真实”之间的差异，他指出，导致了梦境的要素的复合（函数关系）缺乏稳定性，而真实世界的因果关系是要素的稳定复合体。

马歇尔在《经济学原理》中的分析，很大程度上与马赫的思路一致。他在第一篇的第二章“经济学的实质”中这样写着，指出以下一点是重要的：

> 经济学家并不能衡量心中任何情感的本身，即不能直接地来衡量，而只能间接地通过它的结果来衡量。即使一个人自己在不同时间的心情，他也不能准确地互相比较和衡量。……如果我们看到一个人对他有的几个便士用于买一支雪茄烟，还是买一杯茶喝，还是坐车回家，犹豫不决，我们便可按照常例说，他从这三件事上能得到同样的愉快。……经济学家研究各种心情，是通过心情的表现，而不是心情的本身；如果他觉得不同的心情对活动提供相等的动力的话，则他为了研究的目的便把这些心情当作表面上是相等的。

显然，马歇尔在这里谈论的是各种心理动机产生的行为冲动在边际上相等（平衡）时的情形。此时的行为，通常是各种动机的复合。我们甚至可用马歇尔的“各种动机的边际相等”来定义马赫的“复合”感觉。在洪谦的译本《感觉的分析》第一章第十一节结尾处，马赫说：

> 这样，知觉和表象、意志、情绪，简言之，整个内部世界与外部世界，就都是由少数同类的要素所构成，只不过这些要素的联结有暂有久罢了。通常人们把这些要素叫作感觉。但是，因为这个名词已经有一种片面的学说的意味，所以，我们宁可像我们已经做过的那样，只谈要素。一切研究都是要探知这些要素的联结方式。如果只假定其中的一类要素不能解决问题，那么，就要假定更多的要素种类。

然后，在第十二节，他开始讨论经济学问题：

> 上文已说过，这种要素的复合体根本只是一个；在这一个复合体内，各种物体与自我的界限并不能划得很明确，使之足以应用于一切事例。我们的理智为避苦求乐的意志服务；把那些与痛苦和快乐有最密切的联系的要素结合成一个理想的思维经济的单一体，即自我，对这种理智有极其重要的意义。……不是自我，而是要素（感觉）是第一性的。……要素构成自我。自我感觉到绿色，是说绿色这个要素出现于其他要素（感觉、记忆）构成的某个复合体中。当自我不再感觉绿色，当自我死了的时候，绿色这个要素就不再出现于通常熟悉的聚合体中了。……重要的不是自我的不变性，不是自我与其他人的确定差别，不是自我的分明界限；因为这一切属性在个人生存时就已经在变化，甚至于个人还追求这种变化。重要的只是连续性。

有了三元体 {F，X，S} 的上述讨论之后，我们关于“F 的连续性”的论述，凡涉及数学概念时，就必须为数学概念赋予社会科学含义。假设要素 X 的取值域是集合 A；假设感觉 S 的取值域是集合 B。根据马赫的函数观念，集合 B 的任一元素是一个“感觉事件”（定义为被行为主体意识到的感觉），例如，我睡醒了并且知道我睡醒了，又例如，我感觉口渴并且知道我口渴。

注意，在这样解释的任何两个“感觉事件”对应的 B 的两个“点”（元素）之间不必有通常所谓“距离”。如果我睡醒之后感觉口渴，也不意味着“睡醒”这一感觉事件与“口渴”这一感觉事件之间的距离很近。因为，这两事件一旦被表示为集合内的两个点，那么它们之间的时间关系就完全隐没。用怀特海的术语，就是在“抽象”中消失了。逻辑体系的特征就是取消时间，也因此，怀特海主张恢复基于“过程”的哲学，作为对基于“逻辑”的西方哲学传统的弥补。

因为不必有“距离”，所以我们在三元体 {F, X, S} 上讨论“函数连续性”的时候，至少要有拓扑。维基百科“一般拓扑”词条提供了“拓扑”的标准定义：拓扑是一个包含一个集合 X 和 X 的子集族 Σ（称为开集系）的二元组（X，Σ），它满足如下三个公理：(1) 开集的并集是开集；(2) 有限个开集的交集是开集；(3)X 和空集 φ 是开集。

根据这一定义，可假设有二元组（A，ΣA）是 A 上的拓扑，和二元组（B，ΣB）是 B 上的拓扑。集合 A 和 B 分别又称为“全集”（universe），因为它们包含了开集族里的每一个开集的全部元素。在数学表达里，集合 A 的任一点 a 在拓扑（A，ΣA）里的一个“邻域”是指包含 a 的一个开集。类似地，集合 B 的任一点 b 在拓扑（B，ΣB）里的一个“邻域”是指包含 b 的一个开集。

维基百科英文版“comparison of topologies”词条提供了“一个拓扑比另一个拓扑

更细”的标准定义：当我们说拓扑（X, Σ1）比拓扑（X, Σ2）更细（或更强）的时候，就是说开集族 Σ1 包含着开集族 Σ2。最粗的拓扑是由空集和全集生成的拓扑，最细的拓扑是离散拓扑。根据维基百科“离散空间”词条，拓扑空间是离散的当且仅当它的单元素集合是开集。

我们说 F 在集合 A 的某一点 a 连续，是说：对于 b=F(a) 的任一邻域 V，存在 a 的邻域 U，使得只要 X 在 U 之内取值，S=F(X) 必在 V 之内取值。很容易看到，如果拓扑空间（A，ΣA）是离散的，那么，定义在 A 上的任一函数 F 必是连续的。

如果我们要延伸上述的数学定义到社会科学领域，我们就应想象三元体 {F，X，S} 能够有社会科学涵义的集合 A 和 B，以及，有社会科学涵义的开集族 ΣA 和 ΣB。

再举一例，此刻我意识到我的背部疼痛，不过当我全神贯注于写作时，其实我的背部仍疼痛，但我没有意识到。又或许我的认知能力很弱，以致不知道疼痛的位置是在背部。因此，可以意识到的感觉，首先依赖于注意力的配置，其次依赖于行为主体的认知能力。当然，认知能力可由学习和强化训练而迅速改善。改善了的认知能力，等价于行为主体的感觉事件的全集 S 有了一个更细的拓扑。我的认知能力改善之后，现在我能够区分背部疼痛发生在腰的上方还是下方，也就是说，“背部疼痛”这一感觉事件可被进一步区分为两个事件：其一是背部腰的上方疼痛，其二是背部腰的下方疼痛。

一般而言，注意力与认知力，二者相互作用。我们只要学习过如何“静心”，就明白这是真确的。不能静心的时候，我们的注意力全在外物上面，所以我们的内感觉就很迟钝麻木。只要静心几分钟，内感觉就变得十分敏锐，以致身体的许多细微部位的细微变化都可被认知。

十几年前，我写过一篇文章，探讨“注意力配置的经济学”[1]。可能发生这样的情形：当我们重新配置注意力于某些领域之后，我们在那些领域的认知力可能得到改善，于是我们倾向于在这些领域配置更多的注意力……循环往复，我们可以成为这些领域的“专家”。这类专业化的现象常被称为“学习”与“强化”过程，与“收益递增”有类似的原理。

不过，我认为与认知力相比，注意力可能更为根本，假设人类有相似甚至相等的学习能力。贝克尔也如此认为，他说过，只要投入足够的时间（收集并理解相关的信息），那些不确定的事情就可以变得更加确定。当然，假设人类有大致相等的学习能力。因此，注意力在不同领域的不同配置，可以解释为何人们在不同的领域表现出不同的认知能力。克里希那穆提在 1984 年的一次演讲“注意力与秩序”中，描述了在注

[1] 汪丁丁：“注意力的经济学描述”，载《经济研究》2000 年第 10 期。

意力与认知力之间的更深刻的关系。

在任一给定时刻，我们可定义“空集”为行为主体的完全没有意识到的感觉的集合，并且定义“全集”A 为行为主体的全部可意识到的感觉的集合。由这样定义的空集和全集生成的拓扑是最粗的拓扑——任何两种被意识到的感觉，只能在同一邻域里。当我们的意识有能力识别不同的感觉时，我们应当使用更细的拓扑。

基于以上的界说，所谓“F 在点 a 处间断”，就是说，b=F(a) 的某一个邻域 V 断裂，使得对 a 的任何邻域 U，当 X 在 U 内取值时，S 的取值不完全在 V 断裂内。我们需要为上述的邻域 V 断裂赋予社会科学涵义，而最容易设想的涵义是“阈值”。假设 X 在 a 的任一邻域 U 内取值，但导致 F 取值的是突变而不是渐变，所以，a 是 F(X) 的一个阈值。怎样表达 S=F(X) 在 a 处的取值突变呢？借助图 5.7，我们可以假设 F(a) 是一个集合，它包含至少两个点，例如 b1 和 b2，然后我们假设在拓扑（B，ΣB）里有两个开集 {b1} 和 {b2}。于是，我们找到了至少一个邻域 V 断裂 ={b1}（或者 V 断裂 ={b2}），对 a 的任何邻域 U，X 在 U 内取值的时候总可以有 X=a。注意，我们已假设 S=F(a) 是一个集合，它包含至少两个点 b1 和 b2，其中，b2 不在邻域 V 断裂 ={b1} 内。

上述的第五类情形，即微观行为的连续变化导致宏观秩序的突变，或许比基于“阈值”的其余各类情形更复杂。我的想象是，这时的函数 F 必须能够表达从微观行为集结为宏观秩序的那种集结过程，或许可称 F 为“集结算子”。关于这一类算子的讨论，可能放在第八讲更合适。因为在第八讲，我将讨论未来的经济学方法。

为了与第七讲介绍的怀特海“过程”学说有联系，我继续引述马赫的文字以结束这一讲：

> 假如关于要素（感觉）之间的联结的这种知识不能使我们满足，假如我们要问“谁有这种感觉的联结，谁在感觉？”那么，我们就是屈服于把一切要素（一切感觉）排列到一个不经分析的复合体里的旧习惯，就是不知不觉地陷入一个更陈旧、更低级和更有限的观点中去了。……并不是物体产生感觉，而是要素的复合体（感觉的复合体）构成物体。假如在物理学家看来，物体似乎是长存的、实在的东西，“要素”则是物体的瞬时即灭的外现，那么，他就是忘记了一切“物体”只是代表要素复合体（感觉复合体）的思想符号。[1]

马赫的学说，我将在第七讲介绍，对后来的怀特海学说有很大影响。他们两人在

[1] 《感觉的分析》第一章第十二节和第十三节（洪谦中译本）。

否定“实体”之为世界本质这一点上是一致的，马赫认为任何实体不过是“要素复合体”，要素复合体取消则实体取消。怀特海认为，任何实体不过是由一束“过程”偶然聚集而生，实体随着过程之聚散而生灭。

附录一：“连续性假设”的社会科学涵义 [1996] [1]

引 言

如果“科学”来自西方，那么它能否在中国生长，这始终应当存留在中国人的问题意识中。在所谓的“操作层面”，任何“学术”当然都能够被引入中国。中国的社会科学正在从“五四”时期那种激烈的“全盘西化”和激烈的“文化保守”的冲突中渐渐清醒过来，正在进入一个“融西入中”或所谓“中国学术本土化”的重要发展阶段，正在试图完成：（1）从西方学术语言理解西方社会科学，（2）在中国社会体验中重新阐释（包括“创造性误读”）西方社会科学，（3）在阐释和再阐释的基础上形成中国社会科学的语言传统，（4）把中国社会科学的学术传统解释给西方社会以图交流，这样一个融西入中的过程。

目前进行着的关于中国社会科学的“规范化”的讨论，首先表现为坚持学术创新自由和坚持学术交流标准这两方面的对话，再具体表现为学术刊物的匿名审稿制与主编责任制之间的孰优孰劣之争。但是这个论题所涉及的，原本是关于“说”和“思”如何达到辩证统一的实践问题，如果非要把它当成一个“纯粹理论”的问题来探讨，从“规范”的概念讨论到“学术”的概念，始终停留在概念之间，就颇有误入歧途之虞了。说这是实践问题，因为对问题的解答完全要看学术在具体的社会环境中如何能够更好地发展。我自己曾经力倡学术文章的规范化，但直到现在仍然不认为在中国实行匿名审稿制有多么大的好处。民主制度与“贤均从众”哪个更适合中国现状？——这就是我说的“实践问题”。在实践中，学者认为什么样的学术环境“好”，他就应当去营造什么样的学术环境。至于各种互相竞争着的学术制度最终“均衡”在什么形态上，那不是理论事先可以预见或可以计划的。我在这篇文章中，希望借着探讨数学的“连续性”假设的社会科学涵义，澄清我自己对于说与思的辩证统一关系的思考。也算是以存在哲学的观点来提出社会科学的认识论吧。

“科学”必须是关于“概念”的叙述。一个一般的、泛泛的、完全没有概念的叙

[1] 原载于《中国社会科学（季刊）》1996 年秋季卷；英文标题为：The Social-Scientific Meaning of “Continuity” Assumption。

述（如果可以想象的话），就成了关于“道”的叙述，或者，更容易想象地，就成了关于“道”的沉默。因此当我讨论科学时，我必须首先讨论“概念”的由来。“社会科学”的现代意义上的讨论必须是包含着某种“生存意义”的科学叙述。不涉及“意义”的科学叙述仅仅把“人”当成“物”，从而仅仅是古典意义上的社会科学。因此当我讨论社会科学时，除了讨论“概念”的基础，我还必须讨论“思”的问题。在这个意义上，我希望澄清海德格尔所谓“科学不思”的社会科学意义。

不论是社会科学研究它的“对象”，还是把社会科学自身的发展当作科学研究的对象，研究者的认知能力的局限性（他是“必死”的，他不能生存在时空的所有“点”上，他不能通过“超越”经验来完成经验科学），总是使他不得不依靠某个“学术传统”，理解并使用那个学术传统的语言，成为那个学术传统的一部分。他因此而获得博兰尼所说的“支援意识”（subsidiary knowledge，这里沿用了林毓生的译法），使他所融入于其中的那个学术传统成为海德格尔意义上的“上手的工具”。传统，在这篇文章的最后一节我将说明，就是一系列的均衡以及参与均衡的人们对均衡的阐释。当我讨论学术传统时，“均衡”就是指人们对学术语言的使用和理解所达到的某种程度上的（能够自我维持的）均衡状态，以及人们对这种均衡状态的阐释。当我讨论社会传统时，“均衡”就是指人们行动的结果出现了某种程度上（能够自我维持的）均衡状态，所谓“行为模式”，以及人们对均衡状态的阐释。

在这样的意义上，“均衡”只是我认为更加本质的“连续性”所造成的结果之一。没有均衡就谈不上“传统”，没有对均衡状态的不同的、主观的、具体环境下和局部性的阐释，就谈不上传统的创造性转化。在这里强调学术传统或均衡或连续性假设的重要性，在我看来绝不是在上述的“学术本土化”争论中固执一端，而是把连续性假设当作人类理解力的“必要条件”。离开这个必要条件，人类就无法界定任何“概念”，从而无法思考任何问题，无法对任何经验现象“立法”和赋予“意义”。因此，连续性假设是争执的两端都必须依赖的。

连续性，除了可以用标准的数学分析语言来定义或解释，还可以或更应当用社会科学的语言来定义或解释。但任何社会科学的解释都必定是在那门科学的具体环境中对“连续性”作的阐释，因此而成为用数学分析语言定义的“连续性”概念的具体化。换句话说，当我对“连续性”作数学描述时，我必须允许两个观测点（函数自变量的两个取值）之间的距离“无限地”或者任意地靠近。但是这个“任意靠近”的假设，在现实中总是受到具体物理行为的限制。事实上，任何现实的世界总是有限的，总是“离散集合”。

由于均衡的存在性定理是基于连续性假设上的，由于我们确实是通过一系列的均衡状态而生存下来的，所以，我们没有理由因为现实世界的有限性而放弃“连续性假设”，所以我们应当在各种社会科学的具体环境中定义和阐释“连续性假设”，从而能够通过均衡及其传统来理解现实世界。每一门科学都可以定义对它自身而言有“意义”的连续性。例如，人口学在研究人口自然增长率时不认为区分任何一个新生儿的连续的生长过程是有意义的；但是，公共卫生学却肯定认为区分新生儿最初几年甚至胚胎时期的生长过程对降低婴儿死亡率有非常重大的意义。换句话说，在人口增长率的研究中，人口变量取值的最小单位可以是“一个人”，当变量在任意小的两个时刻之间只相差几个人时，就可以认为是“连续变量”。而在婴儿死亡率的研究中，新生儿发育的前一个星期、前一个月、前三个月和前十二个月，都应当被看成不同的阶段，并且在阶段之间存在着“不连续”（这是因为人体内部生命力“量变”与“质变”的转换）。同样，在宏观经济学中，如果我们能够分辨“几千元人民币”的国内生产总值差别，我们就不妨认为国内生产总值是时间的连续变量。但是在家庭收入与开支的抽样调查中，我们必须分辨几十元的收入和开支差别，并且把这种差别看成“不连续”的，分属不同收入组别的差别。

对“均衡状态”的不同阐释，在社会科学的发展过程中比在自然科学中来的重要得多。这是因为在自然科学中，研究者们对可操作概念的度量以及度量结果的均衡状态的理解，很少发生巨大差异（巨大差异在这里通常会引起科学革命）。也许由于这个特点，自然科学被波普尔称为“精确科学”。在社会科学中，度量方面的差异往往成为理论标新立异的根据。凯恩斯经济学存在的理由就是它侧重于研究市场运行的“间断性”。而新古典经济学对市场运行的阐释总是以“连续性假设”为基础。具体而言，5% 甚至 6% 的失业率应当看成“自然”的也就是连续性的市场调整呢，还是应当看成间断性的“市场失灵”？不同的阐释以及不同阐释之间的对话推动着经济学的发展。

“连续性假设”是社会科学的认识论基本假设。用数学语言定义“连续性”，可以在欧几里德空间里给出，也可以在一般的拓朴空间里给出（例如，“开集的原象是开集”就是映射连续性的一个定义）。不过，后者往往不能保证均衡的存在（取决于拓朴空间的连续性质）。连续性是一种函数依赖关系，即因变量对自变量所发生的变动的连续依赖关系。在欧几里德空间里，首先定义函数或者映射在一个点上的连续性：一个因变量 y(x) 在它所依赖的自变量 x 变动范围内的一点 x=a 处连续，当且仅当对于给定的（任意小的）一个数值 e，存在着点 a 的一个“q- 邻域”，只要 x 进入这个“q- 邻域”，y 就进入 a 的映象 y(a) 的“e- 邻域”。其次，定义函数或者映射在集合上的连续性：因变量 y(x) 在自变量 x 的值域的某个子集 A 上连续，当且仅当 y(x) 在 A 的任意一点 x=a 处是连续的。

关于均衡存在性的一个最常见的定理是：从一个紧凸集到它自身的连续映射必有不动点。一个集合是“紧”的，当且仅当它满足“有限覆盖原则”。也就是说，在任何一个覆盖了这个集合的开集族中，总有一组有限个开集同样覆盖了这个集合。自变量的一个取值 x=a 是连续映射 y(x) 在紧凸集 A 上的“不动点”，当且仅当点 a 是映象 y(a)。在应用于社会科学时，一群相互作用着的人的选择总是互相依赖的。如果他们在下一时刻的选择 y 连续地依赖于他们在前一时刻行为 x 的结果，就是 y=y(a)，那么点 a 成为连续映射的不动点就意味着在这一点处形成了这群人行为的一个“模式”——反复出现的行为选择，也就是 y(a)=a，y(y(a))=y(a)=a，…，也就是出现了一个均衡。这一不动点定理将是这篇文章所讨论的内容的一个直观的（跳跃式推理过程的）出发点。在最后一节里，我将给出一个更普适的不动点定理。

巴门尼德说：“思与存在是一回事”（thought and being are the same）；又说：“人应当说和思那存在着的具体存在（One should both say and think that Being is，此处中译根据海德格尔的理解增加了“具体”一词，同时忽略了相当重要的介词“both”）。学术语言的传统必定是从普通话语传统中发生并且以普通话语为基础的。科学研究的语言首先追求准确，也就是通过反复实验确认一个概念的边界。作为“立法者”的理性的我，只能通过对话把“逻各斯”从一个特定角度展示给我的“具体存在”告诉他人（我的对话者）。可是当我“说”的时候，我说出来的已经不是具体的“这一个”，而是抽象的“这一类”了。这就要求我的对话者在和我对话的同时，“思”这同一件事情（不仅在他的位置上，而且在我的位置上感受此事，详见下文第二节后半部分），否则就会如同海德格尔所说的那样：“公诸于众的思想所能够抓住的，仅仅是那些不思考的人的思想”。换句话说，如果我的对话者只是从概念到概念，从一个“类”来理解另一个“类”，那么对他而言，我说出来的必定不是我要告诉他的，可道之道非“常道”。所以思应当和说同时发生，才可以有真正的对话，从而达到“逻各斯”，所以“连续性假设”必须同时包含在思的模式和说的模式当中，科学才能达到自己的“逻各斯”。

在下面的第一节中，我讨论“说”所包含的连续性假设。在第二节中，我讨论“思”所包含的连续性假设。最后一节讨论连续性假设在社会科学中的也许是最重要的应用——“均衡”。

一、“A=A”所包含的连续性假设

首先，我把等式“A=A”形而上学地解释为“一件事情就是它自身”。那是一种

“自返性”（self-reflexivity），它表明一件事情的“同一性”（identity），表明“此事”意味着的“存在一般”（Being of beings），它表明事物自身的“统一性”（unity），也就是我所意识到的“此事”的各种性质的“持同性”(holding together)。按照海德格尔的看法，这个等式相当于“废话”（taotology），因为完全没有必要把同一件事重复说两遍。这样，为了从形而上的理解过渡到存在论的理解（参见下文第三节和结语），我至少应当在黑格尔讨论过的逻辑的意义上来说明这个等式，也就是说，我充分地意识到“此”事（它发生在我的意识中，只有我的意识能够“意识”到它，因而成为“这一件”，成为“此”），虽然是独一无二的，但为了在逻辑语言中得到表述，它必须被归入于它所属的那个“类”，并且只能用这个“类”的名称来指称和表述它自己[1]。另一方面，这个类的名称恰恰可以由对“此事”的理解或干脆可以用“此事”来命名。于是，等式中的这两个项，前一个是特指的，后一个是类别的，在代数学“群论”中，前一项也称为它所在的类的“代表元”，而后一项则是这个代表元所指称的类。海德格尔对这个等式的讨论则着重于那个“=”符号的“互相包含，互相属于”的涵义[2]。当这个涵义被用于社会科学概念时，“概念”与它所包含的“个体”之间便产生了存在论“意义”。

如果我在这篇文章里要讨论的是“存在一般”（Being），我就不可避免地必须讨论海德格尔所说的贯穿整个西方哲学史的中心主题——“存在”。这虽然与本文的主旨密切相关[3]，却不是我目前要讨论的。我在这里要讨论的是“社会科学”的认识论前提。在使科学成为“科学”的诸条件中，我认为，那个最基本的条件是“现象的可分类性”。如果物无类聚，意识必定无法界定概念（黑格尔），理性必定无法为自然“立法”（康德）。聚类分析，前提是物的同一性。姑且借公孙龙“离坚白”说为例（稍许转换其原意）。我触摸到那块石头的“坚”，同时我看到那块石头的“白”，但是如果“坚”与“白”在我的感觉中时而相关，时而分离，那么“坚白石”的存在或同一性必定在我的意识中成为疑问。

我如何在我的意识中确定这种“同一性”呢？休谟相信，正是意识中的“因果性联想”——一种思维习惯，把经常不断在各种场合下始终相互联系着的一组现象想象成为具有同一性的整体。叔本华在“康德哲学批判”里指出，能够把“真实”

[1] 参见黑格尔：《精神现象学》，贺麟、王玖兴译，商务印书馆，1987 年，第一章，第 63—73 页。语言的这种“抽象性”被邓晓芒在其专著《思辨的张力——黑格尔辩证法新探》（湖南教育出版社，1992 年）中着重地讨论过，例如第 30—31 页。又见冯友兰：《新事论》，北京师范学院出版社，1992 年，第一篇，第 147—148 页。

[2] 参见海德格尔原著的英译本：*Identity and Difference*, trans. by Joan Stambaugh, New York: Harper & Row, 1969, pp.23-33。

[3] 海德格尔后期说过一句惊人的话：“科学不思考”（science does not think）。这中间的阐释，此处无法涉及。读者可以参阅 Martin Heidegger, *What Is Called Thinking?*, New York: Harper & Row, 1968。

与“虚幻”分开的唯一基础，正是因果性关系[1]。意识发现了诸现象之间的某种联系，意识通过进一步体认不断地确认这种联系，意识自我认定了这种联系的“必然性”（例如统计学里的极高“可信度”）。同一性正体现在这种联系中，因为在休谟对笛卡尔的批评之后，康德和德国古典哲学家们都承认，意识不可能通过经验来断定互相联系的诸现象中哪个是“原因”，哪个是“结果”。所以在“先验范畴”所确定的因果层次中，那些同属于一个层次的作为“结果”的现象之间，只能存在“互相持执”(holding-to-each-other) 的关系，这体现着同一层次上的这些现象作为一个整体的“同一性”。

靠了“同一性”，意识中的现象就被划分成“经验事件”，其中每一个事件都是表现出某种同一性的一组互相联系着的现象。所谓“物以类聚”，就是意识把体认到的表现出类似性质的事件归聚到同一个“类”概念之下。“科学”由是而生。但是科学的演进意味着“类”概念的不断分细，这是下一节讨论的主题。

同一性，归根结底建立在意识对事件的不断体认之上。但是，什么冲动让我们不断地体认经验事件呢？首先是生存冲动。任何生物在生存竞争环境下都有扩张其活动范围的冲动。而活动范围的扩展总是伴随着新的体验。这是下一节讨论的内容。其次，诺齐克在其近著中论证，“价值”就是对分歧现象作一定程度的整合，使之表现出同一性[2]。这里当然涉及建立“同一性”的不同标准，也就是说，“此在”对“此在世界”的思考路径不同，会产生不同的世界构造，以及从不同角度参与“对话”。但是我引述诺齐克的观点是要说明，我们意志的冲动，之所以要不断体认事物的同一性，是为了寻求更高的（美学意义上的或神学意义上的）“价值”。

当科学进入“本土化”（或“私己化”，或“局部化”）过程时，理性追求“同一性”的彻底程度，必然由于“本土”的与西洋的（或个人之间的）价值体系的差异而有所不同。中国的认识论大师庄子，“实用主义”地认为：“彼是”以应无穷，辩论和探讨应当以“适得”为准。“适得而几矣，因是已。”于是“六合以外”，可以“存而不论”了。而苏格拉底则对“同一性”穷追不舍，直至献出生命。

诺齐克在另一部著作中论述过“自我”（self）建立其的同一性的过程和各种因素，其中“连续性”是一个重要因素[3]。休谟指出过类似的例子，当我在睡眠中，我对“自我”的意识是否会中断？这是一个严重的问题。因为如果我一觉醒来，完全意识不到以前的“自我”，那么睡眠应当等同于“死亡”。我之所以不害怕睡眠，是因为我

[1]　参见叔本华：《作为意志和表象的世界》，白冲石译，商务印书馆，1994 年，附录。
[2]　参见 Robert Nozick, *The Examined Life: Philosophical Meditations*, Chap. 15, Simon & Schuster, 1989。
[3]　参见 Robert Nozick, *Philosophical Explanations*, Harvard University Press, 1981, pp.27-70。

意识到并且反复确认过（从而建立了“因果性联想”），睡眠之后，我仍然接续着同一个“自我”及其意识。

任何一件事情，在我的意识里，它的“自我”或它的“同一性”必定是通过同样的连续性建立起来的。例如，当我走出房间，感觉到脸上落了小滴的凉且湿的无色液体，这些特性的结合，到底是“雨水”呢，还是有人在楼上窗台浇花时落下来的水？如果没有连续的体验，我将难以确认或难以作出“分类”。如果连续的体验竟然一会儿像是“雨水”，一会儿又像是“浇花水”，那么我仍然难以确切地作出“分类”，也就是说，我关于这种液体的“经验事件”之间没有什么“同一性”可言。

当我说一件事情是它自身（A=A）的时候，我像黑格尔那样，实际上首先传达了另一句话：那件事情不是它自身以外的东西。这就意味着我对这件事情的“界定”——我的理性对这件事情的边界的规划（立法）。至于我对事物的界定是否与我的对话者的界定一致，或者说在我们各自对世界分类的基础上规划的对“此事”概念的界定是否是完全重合的集合，这是对话和演进理性所要讨论的问题。在这里，我关心的首先是任何界定能够被我的理性接受的前提——连续性。仍然以公孙龙“离坚白说”为例：如果我感觉中的这块白色坚硬的石头，它的“白”与“坚”的结合转瞬即逝，那么我当然怀疑这“石头”是否真实，抑或只是我的“幻觉”。如果我确认那是幻觉，我对那个“石头”的界定就无法发生，因为“它”的各种被感觉到的特性都分别属于其他的类别，例如与雪结合着的“白”和与“铁”结合着的“硬”（假设我已经界定了“雪”和“铁”）。如果我从来无法确认任何一块“石头”的同一性，我于是根本就不知道“石头”为何物了。为了确认我对这块石头的同一性的信念，我必须有把握在我闭上眼睛和不再接触它的时候，确信它仍然会在我再度张开眼睛并且触摸它的时候，让我感觉到同样的“白”和“坚”。

因果性联想，这是休谟对理性建构主义批判的起点和终点。它也是康德哲学的出发点。不仅如此，在康德对“纯粹理性”批判的终点，我看到的是海德格尔对休谟和康德的综合，而且这个新的综合，这个海德格尔“同一性”问题所依赖的连续性假设，又是以因果性联想为出发点的，不过这个新的综合融合了上述的叔本华对康德的批判和对休谟因果关系的阐释。

现在回到本节开始提到的海德格尔对“A=A”的普通解释的批评。海氏批评说：“说这株植物是一株植物，等于同义反复。说某事等于自身，说一次就够了，说两次是不必要的。”[1] 但是如果我从黑格尔逻辑学的角度来理解，这句话并非同义反复。

[1] 参见 Heidegger, *Identity and Difference*, trans. by Joan Stambaugh, pp.23-24。

我说，这株植物是一株植物，意味着在我的意识里对“植物”这个类别已经有了一个界定，并且我确认眼下的这件事是属于这个类别的，是“植物”概念的“殊相”[1]。因此，就科学之为“科学”而言，我坚持黑格尔对“同一性”的解释。

分类，这是一切科学研究的中心内容。分类就是从泛泛的没有界定的“事物”中建立概念以及对概念给予界说。黑格尔说东方哲学没有进入“科学”，他所依据的唯一理由就是东方哲学那种泛泛地谈论宇宙之“道”的态度。他认为东方哲学（中国与印度的哲学）从来没有超出泛泛论道的态度，没有界定过“道”的各种具体形式[2]。黑格尔的这个批评当然成立，从“无限”的道或者“道”的无限变化，你可以“解释”万物，最终如同庄子那样：“彼是，莫得其偶，谓之道枢。枢，始得其环中，以应无穷。”但在科学家看来，你什么都没有解释。科学理论的解释力在于理论的具体性。你必须界定概念，才可能判断每一次观察到的“事件”是否属于这个概念所定义的“事件集合”。把这个道理讲明白的人，或者把这个道理解释得最明白的人，首先是波普尔，其次是罗素[3]。

分类就是科学家对世界的“建构”。不同的科学家建构不尽相同的“世界”。在科学所作的各种分类中，如果一个分类在拓朴意义上比另一个分类“细”[4]，那么可以认为科学得到了发展。科学的发展是通过分类的不断加细来实现的。而分类的不断加细，是伴随着新的经验事件的发生而实现的。这正是演进认识论的内容。

二、演进认识论所包含的连续性假设

演进认识论首先强调人的认知传统对人的认识的重要性。“语言”当然是认知传统的最重要的部分。在“语言规定了视界”的意义上，你用什么语言“说”，你就用什么语言“思”。

除了语言之外，人的感觉器官也是演进的结果，也是人的认知传统的重要部分。哈耶克认为，感官的“感觉”能力是人体内部分工的结果，是“习惯了的”认识活动

[1] 海氏“本文”的这个明显失误似乎是由于英译本引起的，因为在英文中特指的“the”和泛指的“a”显然有共相和殊相之别。所以在英译本中，海氏的原话被译成“…the plant is a plant…”，不应当被认为是同义反复。

[2] 黑格尔：《哲学史演讲录》，贺麟、王太庆等译，商务印书馆，1995年，卷一“导言”。

[3] 关于波普尔的认识论，这里不赘述。读者可以参阅我在《读书》1994年12月和1995年3月的两篇文章中比较通俗的阐释。罗素的认识论观点，参阅其著作 *Human Knowledge*（Routledge, 1992）和 *History of Western Philosophy*（Routledge, 1993），以及他写的通俗读物《哲学问题》中译本。

[4] 拓朴学定义的分类（classification）是这样的：给定一个集合A，它的一个“分类”就是它的互不相交的一些子集构成的集合族，并且所有属于这个集合族的子集的并集正好就是集合A。拓朴学又定义分类的加细：给定集合A，以及它的两个分类c和d，如果对c中任何一个集合x都有d中的一些集合使得x成为这些集合的并集的子集，那么就说“分类d比分类c细”。

物化在感官中的结果（所以不必进入“意识”）[1]。认知，在原始意义上就是“活动范围”的扩展。当范围扩展时，意识（一切生物的意识）“意识”到新的事件，并试图“理解”新的事件对生存的意义。生物体的结构为争取活动范围的扩张和适应新的事件对生存的挑战而改变，生物体各部分之间的分工就是一种结构变迁。神经元在两个端点之间发展出来，外界事件刺激其中一个端点，会立刻使另一个端点感受到或有所反应。那些不能发展出这个神经元的同类生物体可能会因此而降低了应付新事件的能力。演进的结果是所有同类生物体都具有这类神经元。再进一步，从神经元发展出专门的感觉器官，进而发展出专事协调的中枢神经和大脑，仍然是活动范围扩张和物体各个部分参与“生存分工”的结果。这个演进的过程（传统）被缩入遗传基因中，在每一个新生儿的胚胎阶段和成长阶段快速重演，从而每个新生的人在“健康”的情况下都比他的前辈有更大的认知能力和更悠久的认知传统。

生物演化过程的传统，其时间单位是最长的，常以几十代人为变化的时间单位。而包括语言在内的社会演化过程的传统，就有短得多的时间单位，通常在几代人的尺度上变化。最后，哈耶克指出，个人经历及其认知传统的时间尺度是以“年”为单位的，有时甚至短至几个月。当然，个人认知的传统必定是在文化的和生物的认知传统的限制下发生和演化的。

“认知”，就是意识对知识的体认[2]。知识的基本构成要件是“陈述句”而不是“词”[3]。波普尔论证，知识的基本陈述方式是“全称命题”，即形式[任意的x，如果x具有性质P，那么x必定具有性质Q]。这里包含了两个分类。第一个是用性质P对世界分类，例如所有“天鹅”的性质构成P，对世界分类得到天鹅的集合。第二个是用性质Q对世界分类，例如所有“白色”的东西的集合。于是这个命题的全称形式是：[所有的天鹅必定是白色的]。这里也表现出科学的发展过程。在第一个分类里，世界是比较“粗糙”的，只有属于“天鹅”和不属于“天鹅”之分。在第二个分类里，世界被分细了，因为在属于天鹅的事物中有了“白色”和不是“白色”之分。

波普尔认为，只有以全称命题表述的假设才是“可证伪”的。但是从实用主义哲学的角度看[4]，即便我发现了一个反例“证明了”一个全称命题的“伪”性，我也不能轻易否定这个命题的真理性。因为肯定一个命题的真理性，这包含着统计学意义

[1] 参见汪丁丁：“哈耶克扩展秩序思想研究”，第一部分，载《公共论丛》1996年5月刊。

[2] 关于“知识”的定义问题，参见汪丁丁：“知识社会与知识分子”，载《读书》1995年11月刊；“知识的经济学性质”，载《读书》1995年12月刊。

[3] 参见W. V. Quine, *Pursuit of Truth*, Harvard University Press, 1992。

[4] 主要是詹姆士的哲学。参见其所著《实用主义：一些旧思想方法的新名称》，陈羽纶、孙瑞禾译，商务印书馆，1983年；以及 *The Will to Believe*, New York: Dover Publications, 1956。后者实际上是继承了费希特哲学的精神，将实用主义观点用于神学和伦理学选择。

上的“第二类误差”的可能。否定一个命题的真理性，则包含着“第一类误差”的可能。肯定或否定，应当取决于这两类误差所造成的损失，两害相权取其轻。真理性于是实用主义地依赖于具体场合下具体的决策目标。即便考虑到实用主义对波普尔哲学的这种修正，我仍然可以断言：只有以全称命题表述的知识才是可以确认的知识。一个非全称的命题，[存在着x，当x具有性质P时，它必定具有性质Q]（注意：这里没有说明在多大概率上“存在着”），怎样体认这个命题的真理性呢？如果我在一个场合体验到了事件x，发现它在具有性质P的同时，并不具有性质Q，那么我对这次事件的体验不能改变我对上述这个命题的相信程度（可信度）。因为我的体验与这个命题是相容的（“存在着满足性质P的x”，意味着“不是所有的x都满足性质P”）。同样，如果我体验到的是一个具有性质P的x，它具有性质Q，我对命题的信任仍然没有任何改变，因为这个经验事件也是与命题相容的。在休谟看来，当一个命题恒为真时，它便不再是经验命题而归入于逻辑命题中了。所以，只有全称命题表述的知识是可以从经验得到体认的知识。

对任何一个全称命题的体认，由于每个人生命的有限性，必定是不完全的。所以尽管我在一生中见过的天鹅都是白色的，我仍无法确认所有的天鹅都是白色的。必死的生命无法得到永恒的真理。这在第一层意义上说明了知识的演进性质。但是我关于白色天鹅的体验显然为我的知识增添了一些知识。事实上我每一次见到一只白天鹅，就增加了一些“所有的天鹅都是白色的”这个命题的可信度。这导出知识的“互补性”，也就是说，我的每一次体验只是和我以前的体验相叠加，才改变了我对一个命题的相信程度。一个经验事件发生的概率是它的概率密度的积分。而“积分”就是互补性的体现，也就是渐进性质的体现。这是知识的渐进性质的第二层意义的说明。如上所论，这些说明的有效性与上述实用主义的修正无关。例如对一个人而言，他所掌握的数学知识对他的效用显然依赖于他所“积累”的数学知识，而较少依赖于他正在学习的那部分“边际性”的数学知识（高等数学的效用是否能够实现，取决于是否掌握了初等数学；大学的知识的有效性依赖于中学和小学知识的掌握）。

知识的“互补性”和渐进地逼近真理，这是同一件事情。积分，凡是可积函数，其积分必定是积分上限的连续函数。有限函数都是可积的。每个人的经验（不论怎样度量）都是时间的有限函数。所以渐进地逼近真理就意味着知识积累的连续性。

知识积累不仅在个人经验中是有限的从而是连续的，而且在社会的文化的生物的认知传统中也是有限的从而是连续的。博兰尼观察到科学发展的微观过程是“个人知识”的获取和融入于某个知识传统。这是一个连续的过程。科学家必须无条件地服从他的“导师”的知识权威，学习（主要是模仿）导师的思考，直到把他自己融入于导师所代表的知识传统中，从而那个知识传统的全部知识都转化成为他的支援意识，转化成为他的身心的一部分。站在导师的肩头，他终于能够“独立”从事科学研究了，如果幸运的话，他可能发现新的理论，把科学向前推动一步[1]。但是我们必须注意，在谈到社会和物种的知识传统时，应当怎样理解知识积累的那个“积分上限”呢？首先必须定义一个通用于所有个人和所有社会的“度量”。

不论在个人知识还是在社会的和生物的知识传统中，“突变”是否可能呢？费耶本德的科学研究的“无政府主义纲领”是否可信呢？所谓“革命”是否真的是革命呢？我以为不是的。所谓科学“革命”，或库恩的“研究纲领”的改变，是否真的是“革命性”的呢？康德说他的哲学是革命性的，类似哥白尼学说的革命性。现在多数哲学家认为，康德的哲学仍然保持着与传统（例如基督教传统）的密切关系和连续性。胡塞尔的哲学曾经被认为是“革命性”的，结果他自己在“巴黎演讲”中强调他与笛卡尔的承接关系[2]。相对论与牛顿力学的关系是“扩展”的关系，而不是“革命”的关系。即在牛顿力学能够应用的时空尺度上，相对论与牛顿力学是一致的，而在牛顿力学不能应用的时空尺度上，相对论可以给出比较满意的解释。

那么所谓科学“革命”，究竟意味着什么呢？我认为这里的“革命性”其实反映了人们对知识积累的速度所作的不同的度量。“传统”不是抽象的，传统通过一群人继承过来和传递下去。因此每个人的心智就是传统的一部分，每个人的心智，由于分工的好处及其限制，只掌握着整个人类知识传统的极小部分。只是通过对话交流，人们才认识到“传统”——作为许多关于“具体的存在”的知识的整合。科学的发展总是首先在特定方向上发生的，然后推广到其他方面去。如果一个人，他的心智，也即他所掌握的那部分传统，恰恰是在“革命”发生的那个方向上，他会觉得这根本就是自然发生的，谈不上是“革命性”的。而所有其他方面的人，由于其心智在传统中的位置不同，感受到科学这一发展的不同程度的“革命性”。所以，从来就没有什么“革命”，有的只是传统的演化。

科学知识的传统是演进的，这还体现在，如果真的发生了具有革命性的经验事件，那么我们迟钝的意识必定无法理解这种革命的意义，我们或者把它当成无意义事件而忘记掉（例如许多人体验过的“不明飞行物体”事件），如果它并不影响我们的日常生活。或者，如果这一事件带给我们意义重大的影响，我们就倾向于认为这是一场无法理解的灾难，把它记录下来，但是无法把它融入我们的科学传统（例如古人心智中“地动”的意义）。

---

[1] 参见 Michael Polanyi, *Personal Knowledge: Towards a Post-Critical Philosophy*, University of Chicago Press, 1958。
[2] 参见 Edmund Husserl, *The Paris Lecture*, trans. by Peter Koestenbaum, The Hague: Martinus Nijhoff, 1967。

科学思考与海德格尔所论的“思”固然不是一回事，却仍然可说是一种思考，而且仍然具有海德格尔的“思”的性质。那就是前面引述的巴门尼德残篇中的两句话：（1）思与存在是一回事。（2）人应当“说”并且“思”那存在着的具体存在。如上所论，“传统”不是抽象的，它是在每个具体人的心智中，所以必须通过“思”着的人们之间的对话来完成它的那个自我同一性，它的那个“A=A”。另一方面，那些“思”着的人们，他们的“思”与他们的“存在”是同一件事。“存在”在此处应当具体理解成科学家在他所处的传统中对经验事件的体认过程。只要科学家处在他所属的传统中，他就能够思考。“革命性”事件意味着科学家被抛出了他所在的传统，那么他也就无法思考无法理解了。用博兰尼的语言说，这个脱离传统的科学家失去了所有的“支援意识”，失去了他用以思考的工具。他顶多是在真正意义上的“原始人”的立场上思考，他得不到积累在传统中的智慧的任何支持。换句话说，一个离开了传统的人根本不知道“革命性”的涵义。所以说“科学发展可以是革命性的”，这说法先已经假设了一个外在于存在的“主体”，一个“观察者”，一个客观的度量，一个不参与“思”和“说”的上帝。

但是演进认识论没有回答赫拉克利特的那个问题：意识如何能够体认一条永远流变着的河里的河水呢？河水是“连续”的，我们每一次都趟过“不同”的河流。或者，是什么样的因果性联想让我们相信这河水在此一时刻与在下一时刻具有某种“同一性”呢？这个因果性关系的建立，取决于我们是否能够体验到事件的“均衡”状态。这就是均衡的存在性问题。以往的演进理论在表述上都倾向于“反均衡”，这是方法论上的错误。连续的演进过程如果要让人理解，就必须表现为一系列的均衡状态。

三、连续性假设的社会科学涵义均衡

连续性不仅仅是引言中讨论的那么简单。数学中“紧集”的概念（或者在“有界”情况下与之等价的“闭集”）和“凸集”的概念，都可以认为是映射的连续性概念的引申。附录中纳什讨论的博弈均衡存在性定理，关键性地依赖于决策集合的“紧性”和“凸性”。因此在对“连续映射”的社会科学涵义予以阐发之前，必须先讨论连续性概念的这些引申。

集合的“紧性”在第一节中已经讨论过了，即所谓“有限覆盖性质”。紧集的最大好处就是这个覆盖的“有限性”。我在第二节讨论过，有限性与连续性之间存在着一种知识论上显而易见的关系。紧性就是把无限转化成了有限，从而为连续性提供了重要条件。在一个紧集合里任何无限点列（形如x1，x2，x3，…）必有收敛的“子点列”。紧集包含的任何一个无穷点集必有这个紧集里的极限点，在这个极限点的任意小的从而是有限的一个邻域内包含着这个点集的无穷多个点。这些性质对一个社会科学家而言意味着，如果他对经验事件的分辨力最多可以识别时空点的“q—邻域”（也即他无法识别小于尺度 q 的事件），那么当他对一个事件序列的追踪收敛到一个极限点时，他可以认为这个点的“q—邻域”内的一切点都是“无差异”的，尽管这个邻域内包含了无穷多的经验事件。于是他的追踪就总是有限的，他对问题的解答总可以是基于尺度 q 之上的。当然，他的知识积累因此而总是连续的（如果他竟然有分辨到无穷小尺度的能力，他就一定能够理解“革命”的意义——他的知识在一瞬间增加了无穷大的分量）。

集合的“凸性”是说：如果连接一个集合内任意两点的直线全部包含在这个集合内，那么这个集合就是“凸”的。这个定义非常直观，不用更多解释。但是“凸性”怎样与连续性有关系呢？就我的理解而言，我对“凸性”的关心主要是出于对人类行为的“稳定性”的关心。经济分析中有一个相当为人熟知的道理：对消费者选择空间而言，非凸的无差异曲线族与线性约束可以导致消费行为由于价格的微小波动而“突变”。同样，对国际贸易的埃吉沃斯方盒（Edgeworth Box）而言，非凸的生产可能性边界与线性国际价格可以导致“专业化”和国际分工由于价格的微小波动而“突变”（读者当中的经济学家不妨画出来看看是否如此）。这个世界上有“突变”行为吗？我认为在我的意识能力所及的有限尺度上是没有的。既然没有人类可以理解的（有“意义”的）“突变”的经验事件，理论模型所导出的“突变”就是不现实的，已经被否证的。

必死的生命（mortal beings）的理性能力由于是有限的，就只能理解那些可以反复被体认的经验事件。“可重复性”，这是建立休谟“因果性联想”的基础。而稳定行为就是能够不断重复自身的，通常所说的行为的“模式”（patterns）。不稳定的经验只能被确认为“幻觉”。不稳定的思维无法界定“概念”，因为概念（对事物的分类）的“边界”是由理性对稳定的经验“立法”决定的。很显然，在稳定性与连续性之间存在着密切的联系。至少在数学中，连续性是一个比稳定性更“弱”的概念（即更容易满足的概念），换句话说，事件的稳定性常常要求事件的连续性，而具有连续性的事件不一定是稳定的。纳什均衡是连续依赖于参数的，但是纳什均衡只在“纯粹策略”的选择空间中才是稳定的（相对于参数的变化）。

凸性常常意味着稳定性。连续性常常意味着均衡的存在。在凸性与连续性之间可能有什么样的联系呢？就我对数学理论的了解，这两个基本假设往往是“平行”的，不过在许多情况下，连续性比凸性要“弱”。例如熟知的数学分析结果：任何凸函数都具有某种连续性，而显然存在着非凸的连续函数。所以经济学发展到了奥地利学派和希克斯的阶段，发现微观经济分析（即“选择理论”）的全部结果都同样可以从效用函数的“准凸性”导出，而不必要假设效用函数的“凸性”[1]。准凸性是以效用函数的无差异曲线族的凸性来定义的，所以比效用函数本身的凸性弱得多。必须记住，正是由于使用了“准凸性”，萨缪尔森才可能从纯粹实证的角度来导出选择者的无差异曲线族（即通过变换价格和观察选择者的行为就可以揭示出选择者的主观偏好）[2]。

由于连续性假设比凸性假设弱，所以当一个理论建立在凸性假设上时，它的结论的应用范围，与一个建立在连续性假设基础上的理论相比，就会小得多。这也是通常我们说的：假设越强，理论越弱，反之亦然。所以，尽管这两个假设常常是“平行”的（可以从它们的任何一个出发建立一套理论，但是不必同时从它们两个出发建立理论），科学家只在无能为力时才从连续性假设加强到凸性假设。

现在可以思考凸性对行为稳定性的涵义了。我在第一节说明了界定“概念”所必需的同一性。假设一个凸集，于是这个集合的边界就定义了一个“概念”（任何事件要么属于，要么不属于这个集合）。在这个意义上，我可以说：一个凸集定义了一个“凸概念”。人类行为总是一些参数的函数，例如最优消费选择是市场价格的函数，企业最优决策是投入品价格和税率的函数，政治博弈的均衡是博弈规则的函数，生物形态的演进是环境参数的函数，逻辑推导的结论是前提假设的函数……总之，科学家可以设想他所研究的“行为”所依赖的参数的变动范围构成了一个凸集（事实上是这个参数在有界范围内的一切可能的取值，以所谓“凸结合”的方式生成了这个凸集）。这个集合就是这个参数作为“概念”的实证形式，它在科学家有限的经验中的存在方式。所谓行为稳定性，在经验尺度上的表述就是：当参数发生微小变动时，行为并不表现出剧烈的变动。而当参数在任意两个可能的取值之间微小变动时，直线运动是“最好的”近似。把任何微小运动假设成是直线的运动，这在马赫那里叫作“经济思维原则”，在詹姆士那里叫作“好”。如果行为对参数的依赖是连续的，那么当参数连续地沿着这条直线变化时，行为的变化连续地依赖于参数。行为不发生“跳跃”，在这个意义上行为是“稳定的”。

举一个简单的例子。假设一位经济学家要确认“理性人对正常物品的消费行为必定连续地依赖于该物品对消费者的成本”这个假设，那么他应当首先界定“正常消费品”这个概念（“吸毒”不是正常消费），在正常消费品和不正常消费品之间，他必须能够清楚地辨认出一条边界。其次，他应当界定“成本”概念，也就是对于每一具体的理性消费者，由其价值准则决定的所放弃的那些消费选择中最高的价值。再次，他

[1]　可参见希克斯著《价值与资本》中译本，该书为他赢得了诺贝尔经济学奖。
[2]　可参见萨缪尔森博士论文《经济分析基础》的中译本，该书为他赢得了诺贝尔经济学奖。

应当界定“理性行为”这个概念（由一个“给定财务约束，追求最大效用”的理性选择模型定义），确认一个成本单位和一个消费行为的尺度，同一个成本单位上发生的小于那个尺度的消费变化就被认为是“没有变化”，在同一成本单位上发生了不同的行为就被认为是“跳跃”或间断的行为。这就界定了他所研究的问题里的“连续性”概念。逐一去体认那些属于“正常物品消费者”的集合里的个体的消费行为，检验其是否有非连续依赖成本变动的消费行为。这就是这位经济学家的任务。这里，行为的参数是“成本”。如果由消费者的效用函数决定的“选择成本”在一个有界范围内的一切可能的取值构成一个凸集（例如由无差异曲线界定的凸集），那么从效用函数的连续性就可以导出最优消费选择对成本变动的连续依赖性，也就是消费行为的稳定性。如果选择成本的集合不是凸的，也就是说，当成本参数沿着一条连接成本集合内某两点的直线变动时，会发生成本突然增加或减少的情况。这种情况发生在集合的边界处，成本变动到此处时，所放弃的那些选择中最高的价值会突然变化。这种突变会导致行为的不稳定。

“纳什均衡”分析，如果现在还不是，那么它一定会是社会科学各个领域的理论分析者的最重要的工具。附录里的纳什笔记给出了我所知道的最“强”的理论结论，即基于最弱的假设得到的纳什均衡存在性定理（尽管这类均衡不必须是稳定的）。纳什所作的这些假设，包括了局部紧性和局部凸性（在微小尺度上的紧性和凸性，不必是大范围内的紧性和凸性），以所谓“选择算子”代替了通常假设的选择者的“偏好”。对选择算子的要求比偏好的连续性低得多，只要求选择算子是“上半连续”的（公设 2），而不必是连续的。基于这几项核心假设，由选择算子决定的一个连续映射的不动点，保证了纳什均衡的存在性。正如纳什本人所写的：“以这样的方式可以讨论个人对联合体的或者联合体对联合体的非合作博弈。”

在理解纳什笔记时，读者应当注意最关键的概念——映射的上半连续性。所谓“映射”就是对应于自变量的一个点，因变量可以取一个集合为这个点的“映象”。于是连续函数所要求的收敛的点列在连续映射这里，就变成了要求一个“集合列”的收敛性。所以应当首先定义集合收敛的概念，那就是附录里给出的任意两个子集之间“距离”的定义。这个定义在直观上就是度量了两个集合之间最小的“不重合性”，或者等价地，两个集合之间最大的“重合性”。如第一节所论，集合对应着概念。所以两个集合的不重合性就是两个概念的不重合性，一个集合列收敛到一个极限集，就是一个系列的概念逐渐向一个终极的概念靠近，以致这个系列中排在最后（某个小邻域内）的那些概念与那个终极概念完全重合。上半连续的概念实际上要求作为极限的那个集合包含着所论的集合列的一切收敛子序列的极限集。这与上面讨论的凸集的意义相近，也是希望逐渐变动着的参数不要突然跑到“概念”的界限之外去。

纳什笔记的重大贡献还在于极大地扩展了纳什均衡存在的可能范围。博弈不仅仅是在个人同个人之间，而且是在团队和团队之间（组织与组织之间）。博弈论学家后来认识到合作博弈的研究应当在非合作博弈的研究基础上进行。在现代社会里，社会成员组成团队，在团队之间进行博弈，在团队之内分配博弈成果。谁和谁可以结合到同一个团队里？这是一个合作博弈的均衡问题。但是这个合作博弈均衡取决于在各种可能组成的团队之间的非合作博弈的纳什均衡。例如，当我考虑是否与某个人合作时（接受他作为我这个团队的成员，或者加入他所在的团队），我的工具理性需要计算我因为与他合作而放弃的参加其他团队可能得到的最大好处。同样的计算也发生在他心里。而我放弃参加的那些团队实际上是在与我现在的团队进行非合作博弈。最终的合作博弈均衡于是要在团队对团队的非合作博弈均衡的基础上才可以实现。

尽管纳什笔记所描述的均衡一般而言不必须是稳定均衡，但是纳什均衡在很广泛的条件下存在。社会——作为人与人之间在劳动分工中结成的关系的总体，是均衡的结果。只有在均衡状态中才可能存在“社会”。这个社会的成员们体验着均衡状态里发生的一切事件，通过体验以及对话，他们试图达到相互的理解，并且只有当他们达成了某种程度的相互理解时，“社会”才是可能的。于是对处于均衡状态的经验事件的理解是有意义的。米德（Georeg Herbert Mead）说：“意义产生于个体在把自己置于他人位置上以他人的眼光看待自己眼中所看事物时的体验，意义就是那些可以昭示于他人同时就昭示于昭示者自己的东西。”[1]

当个体进入社会时，个体所感觉到的，首先是人们在生活中日复一日地表现出来的行为模式。这些行为之所以成为“模式”，是因为前述的理由：那些完全没有模式可寻的行为只能被他人认为混乱，不可捉摸，甚至是“幻觉”，从而无法预期和与之交流。每日每时社会成员劳动分工的维持端系于行为（包括语言）模式的建立。熊彼特认为，如果人类不把绝大多数的日常行为融入（不加思考的）“习惯”并且把这些习惯传承下去，那么社会将无法维持哪怕是一天的正常生活[2]。吉登斯在描述他的“社会结构化”（social structuration）过程时强调，“常规化”（routinization）不仅是为了延续各种制度，而且是为了延续我们个体的“人格”（personality）[3]。因为我们正是通过与他人的交流，不断地阐释我们自身的存在。“生活并非被体验为某种结构，而是，如海德格尔所说，被体验为日复一日的存在”[4]。阐释，固然引人注目地是对于

[1] Georeg Herbert Mead, *Mind: Self and Society*, University of Chicago Press, 1934, p.89.
[2] Joseph Schumpeter, *The Theory of Economic Development*, 1911, Chap.1.
[3] 参见 Anthony Giddens, *The Constitution of Society: Outline of the Theory of Structuration*, Polity Press, 1984。
[4] 参见 Anthony Giddens, *A Contemporary Critique of Historical Materialism*, Chap.1。

那些反常行为的意义的阐释，但更主要地是对于已经昭示于人们的、反复被阐释过和理解了的那些行为的再阐释。吉登斯认为正是这种对规范行为的反复体认，延续和使我们不致忘记我们的人格。

“交流”于是被纳入我们所说的博弈。所谓“均衡”，就是博弈者们在博弈中表现出来的规范行为。在纳什均衡状态中，没有人能够因偏离均衡行为而获取好处（你可以定义各种各样的“好处”或价值准则，只要满足某种连续性）。于是人们重复这些均衡行为，维持他们得到的好处。可是，各种可能的均衡状态实在太多了。我可以声称，博弈论的全部努力只是为了两件事：（1）提供各种各样的理论，从许多，有时是无限多的可能均衡状态中确定那些最可能出现的均衡。（2）揭示相互作用着的理性决策过程的种种矛盾和不可能性。当所有的博弈者都看到多个均衡状态的可能性时，博弈最终均衡于哪一个状态，要取决于全体博弈者的知识结构（例如所谓“贝叶斯完备均衡”）。所以博弈论学家认为，所谓均衡状态只不过是“惯例”（convention），或游戏的一种“明显的玩儿法”（an obvious way to play）。目前博弈理论家们正在为寻找“惯例”的理性基础而头疼。他们中间有些人已经放弃了这种努力，转而接受休谟与哈耶克的看法：“理性是我们习惯的产物，而不是相反”[1]。

个体对均衡行为的阐释产生了两个意义重大的结果：（1）个体通过阐释找到自己行为的意义（在米德定义的“意义”上），通过有意义的行为使自己融入社会和确定自己的人格。（2）主体对客体的阐释必定包含（伽达默尔式的）“创造性误读”，从而给社会均衡赋予新的意义。这在米德的体系里叫作主体的“自我交流”（self-interaction），主体把自己置于他人位置上，感受他人对自己行为的看法。这种“道德对称性”（reciprocity）贯穿于几乎所有主流社会学家（功能主义的、行为主义的和结构主义的），以及主流政治哲学家（从洛克、康德到罗尔斯）的思想中。它与斯多葛学派强调的“正确推理”从而达到“己所不欲，勿施于人”的道德金律一脉相承。均衡，在彼得·伯格看来，正是知识通过社会体认而成为现实的过程——

> …the process whereby people continuously create, through their actions and interactions, a shared reality that is experienced as objectively factual and subjectively meaningful.（试译作：在此一过程中，人们不断通过行动与交互作用创造他们共享着的那种被体认为客观存在的并且主观上有意义的现实。）[2]

---

[1] 例如密西根大学的博弈论理论家宾默尔（Ken Binmore）在其近著中的观点，见 *Game Theory and Social Contract*, MIT Press,1994, Vol.1。

[2] Ruth Wallace & Alison Wolf, *Contemporary Sociological Theory: Continuing the Classical Tradition*, Prentice Hall,1991, p.312.

在符号交流主义者伯鲁默（H. Blumer）看来，主体对客体的重新阐释包含着主观能动性和把“人”还给人的可能。“批判的武器”在这个意义上于是可以转化成“武器的批判”。博弈理论家们处心积虑要解决的就是，希望看清楚种种诸如此类的信息结构与博弈均衡的关系。

尽管个体能够阐释和重新阐释均衡的意义，并且通过交流把他的阐释传达给其他个体从而引发社会性的新意义，重新选择和达到新的均衡，我们仍然没有理由就此认为，如吉登斯想象的那样，社会变革可以是一个无限创新和任意组合的过程。这是因为个体对均衡的创造性阐释在两个方面受到个体的历史的局限：（1）个体必须和只能从传统习得理性。个体对现实均衡的阐释于是被限制在个体有限的经验之内。（2）人与人之间的交流必须和只能借助于人们共享的那部分知识才是现实可行的。而人们共享的知识主要来自传统的制度性知识，例如语言、默契、习俗、规制、道德和宗教。由于这两方面的局限，企图让所有的人接受关于反常行为的阐释也许是容易的，但是让他们接受对于道德、习俗、成规、宗教或语言的重新阐释，则要困难得多，而且常常是不可能的。日常生活里有大量这样的例子。所有参加计算机联网的用户必须使用统一的信号交换制度，软件研制公司可以研制新的更有效率的网络系统，但是只要每一个用户知道其他用户仍然使用着老的系统，就没有一个用户会转换到新的也许是更好的系统上去。“世界语”虽然科学，虽然被一群理想主义者热情宣传和实践了几十年，毕竟没能成为人们共享着和不断复制的客观现实。创新越是触及根本，风险也就越大。更详尽的道理我在其他文章里说过了[1]。

社会的传统于是表现为一系列的均衡。种种制度与规范都是均衡的产物。涂尔干定义“制度”为“那些被一个集体共同执行着的行为模式及信仰”。制度性知识是人们对均衡的阐释，它积累起来，让新来的人们学习如何是“理性”。在理性基础上的游戏，基于同样的制度知识，重复实现着老的均衡。制度知识的传统（道德、信仰、宗教、法律、语言）就是日复一日被重复阐释着的均衡。当个体的小溪汇入这条历史长河时，它所能产生的影响真是微乎其微。用阿尔弗雷德·舒兹（Alfred Schutz）的话说，个体不去探问他面对的这个秩序的起源，因为这个秩序是所有先于他而存在的经验的“综合意义—结构体”（synthetic meaning-configurations）[2]。

我们也许不满意自己目前的状况，交互作用着的人群的均衡很少让所有的人满意。对每一个个体而言，均衡只是使所有人的行为相匹配的状态，因为个体独自偏离均衡就意味着更坏的处境。均衡反映的是人们关于相互行为的期望（伯格所理解的

[1] 汪丁丁：“制度演进的一般理论”，载《经济研究》1992年5月刊。
[2] Jonathan Turner, *Structure of Sociological Theory*, 5th ed., Wadsworth, Inc., 1991, p.498.

"知识")和基于此期望的交互作用行为达成的某种"一致性",这种一致性把均衡的"可能性"转变成"现实可能性"。对于那些仍然试图以"理性选择理论"来解释均衡的人,博弈均衡的存在是个悲剧,一个民族很可能"选择"停留在一个对所有人都不利的状态中。对一个休谟—哈耶克主义者而言,博弈均衡原本就不是理性的个体能够选择的。这是个体选择与所谓"集体选择"的根本不同之处。"我们是我们传统的选择,而不是我们选择了我们的传统"[1]。

古典的社会理论家们(例如孔德、涂尔干、帕累托、韦伯,又例如霍布斯、洛克、弗格森、斯密)关心的主要问题就是——"一群个体为什么和如何可能结成社会"(How is society possible and why)?例如涂尔干在其名著《社会分工论》里论证,分工与个人主义是同时发展的,这就倾向于最终,当分工高度发达时,撕裂社会的同一性。分工越是发达,交流就越是困难。社会需要有"道德共识"[2],而分工和专业化使人们的知识结构互相偏离而且越来越远,从而为形成道德共识造成越来越大的困难。黑格尔和涂尔干就是在这个意义上提出和试图解答"现代性问题"的。

结 语

我想再一次引述,如同我在其他论文里曾经引述过的那样,丹尼尔·贝尔在《资本主义的文化矛盾》一书中论说:我们的时代是人与人博弈的时代[3]。这个时代是怎样经过分工社会的"资本主义发展"而降临的呢?黑格尔和涂尔干作了他们各自的阐释。现代的每个人,当他"思"的时候,也会作出他自己的阐释。这个"现代性问题",像幽灵一样。只是这一次,它不仅徘徊在欧洲上空,而且徘徊在美洲、非洲和亚洲每一块被西方文明卷进了"现代"的土地上空。中国社会科学的"本土化",这个提法本身已经反映了现代中国人的"传统"困境。分工着的人正在沦为技术的人。庄子提倡的那种"适得"与"守中"的态度正被竞争中的利益逼着转变为"固执一端"的态度。

"现代危机",这当然不是"后现代"式的问题,而是现代式的问题。吉登斯认为"现代"的特征就是时空的断裂。我仔细阅读他的著作发现,他说的时空断裂并不是真正的"间断",而是指由于分工所造成的每个人生活中的巨大的不确定性,每个现代人都必须依赖许多不相识的人的劳动才可以生存。而那些素不相识的人们,在"解

[1] 哈耶克:《致命的自负》,1988年。
[2] 参见汪丁丁:"市场经济的道德基础",载《改革》1995年9月刊。
[3] 参见贝尔:《资本主义的文化矛盾》,三联书店,1989年;以及赵一凡为中译本写的序。

咒”以后，靠什么维系他们之间脆弱的“信任关系”？这不是或不仅是向人文学者提出的问题，而首先是向社会科学家提出的问题。

于是，从学术传统的现代危机，中国的社会科学家之为“科学家”的思与说，成了问题。从物质生活传统的现代危机，中国的社会科学家之为“人”的存在，成了问题。现代中国人的基本问题与现代人的基本问题，就其“基本性”而言是同一的。按照后期海德格尔的看法，思考着的人，他们之间能且只能通过思那“具体存在的本质存在”（Being of beings）互相沟通[1]。社会科学，就其为“科学”而言是中外同一的。“科学”，就其对存在着的思考者之意义而言，是一个属于全人类的问题。

这篇文章阐释了连续性假设对社会科学家的思和说的涵义。连续性假设在社会科学中最重要的应用是“均衡”的存在性定理。用“均衡”概念，我对“传统”作了重新界定，目的在于可以科学地研究“传统”，或者，把对“传统”的理解看成一个演进认识论的过程。对“传统”的理解，其本身就意味着传统的“创造性转化”，其本身就是对现代性问题的一种回应。

存在哲学，在我的理解中，不承认有形而上学同认识论的分界。海德格尔说“科学不思”，是说科学不思“意义”问题。但是社会科学却不能不思“意义”问题，因为现代性问题在社会科学中表现为：人，作为“被遗忘的存在”对遗忘的反抗，不能继续被当成“物”来研究了。社会科学的“思”将使它脱离古典意义上的社会科学，进入现代。当社会科学进入现代时，许多古典的基本假设会过时。但是我相信，连续性假设将像它在古典时代的地位一样，成为现代科学的世界构造的基本假设之一。

附录二：质与内涵的永恒绵延
——评柏格森《创造进化论》

在多次提醒了学生们注意思考教科书经济学在界定商品的“质”与“量”时潜在遭遇的根本问题之后，我觉得仍有必要借助柏格森的一系列论述来澄清经济学的“质”的模糊。

与柏格森所论的真实发生着的质相对应的，是逻辑学家所说的无时间的“内涵”。例如，我们似乎很容易就明白下列表达的涵义：

$A \equiv \{a \in \Omega \mid P(a) = \text{true}\}$

它的逻辑学涵义是，在给定的域 Ω 内全体满足性质 P 的元素 a 的集合就是 A。懂

[1]　“本质”一词是我加上去的。在海德格尔话语的英文本中，大写的那个“Being”用来表示本质性的存在。海德格尔在演讲录《何谓“思考”》中说：思考者之间只能通过思考那说不出来的本质存在而互相沟通。

得一些哥德尔思想的读者马上会询问：怎样的状况就是这里所说的“满足”呢？不错，那是我的另一篇文章的主题。

这里，真实地发生了什么过程呢？按照顺序：（1）我们把真实发生着的事物，从“时间”之流里抽象出来，成为“样本”。基于对这些样本的观察，我们注意到它们具有某些“性质”。（2）我们懂得逻辑学或西方数学，于是我们用这些性质来“定义”事物本身。

上列步骤（2）导致了概念的内涵定义，对应于每一类事物，我们可以定义相应的概念，凡满足这概念所表达的性质的，都属于这类事物。这样一种理解世界的方式，康德称之为“理性为自然立法”。1889年，柏格森发表了博士论文《时间与自由意志》，努力要纠正理性的这一谬误。他在这篇论文的“序言”里指出：“我试图表明，至今为止在决定论和与之对立的诸论点之间的争论，都意味着一种混淆，这些讨论把绵延与外延混为一谈，把接续与同时混为一谈，把质与量混为一谈。”

通读了柏格森的一系列重要著作之后，你会发现，他指出的那些混淆正是从上列步骤（1）——当我们把真实发生着的事物从时间之流中抽象出来的时候，我们引入了柏格森指出的那些混淆。

可是这混淆是必须发生的，它是我们为了“理解”而支付的代价。为了理解我们周围的事物，我们必须把它们表达为观念，从而更进一步可以界定相应的概念——哥德尔曾经告诉王浩：比概念更根本的，是观念。

观念对事物的描述，其实是对事物发生过程的一些样本的描述。不如此，我们就无法理解永恒流变的世界。柏格森生活在一个刚好能够感受到人类的“理性为自然立法”倾向对人类生活本身正在形成最大威胁的时代，不过，由于超常的敏感性，他的感受超越了他的时代，足以延续到今天甚至未来。

1928年12月10日，诺贝尔委员会把1927年的文学奖授予柏格森。授奖词的开篇是这样写的：

> 在1907年发表的《创造进化论》里，亨利·柏格森宣称，最持久和最富成果的哲学体系，都是源于直觉的。……这一发现被置于他的博士论文《时间与自由意志》中，在那里，时间不再是抽象和形式的，而是现实的并且不可简约地与生命和人的自我联系在一起，他称之为“绵延”，类比于生命力，这是一个可以被解释为“活的时间”的概念。它是动态之流，充满着质的变化并永恒地扩展着。……它只能通过把意识集注于内省其自身起源而被感知和被想象。

在柏格森关于“绵延”与“生命”的许多论述中，我挑选了这样一段：

> 宇宙在绵延。我们越深入研究时间的本质，我们就越领悟到绵延意味着创造，形式的创造，意味着全新事物的不断发生。……我们不能为个体性提出一个精确的和概括的定义。一个完美的定义只能用于一种完成的现实，而生命的属性不可能完全实现，它们永远处于完成的过程中；与其说它们是一些状态，不如说它们是一些倾向。……生命领域包含对立倾向的相互作用……[1]

生命，就是在一切可能方向上以一切可能形式生存的倾向性。只是因为要适应环境和要理解生命，我们的心理活动才看上去呈现出一些间断性——

> ……我们的注意通过一系列间断的活动被固定在这种间断性之上；……我们的注意之所以集中在这些事件上，是因为它们吸引注意……每一事件仅仅是包含我们所感觉的、思考的、想望的一切，以及包含我们某一时刻之所是的一种运动区域的最亮点。……它们在一种无止境的流动中相互连续。……但是，我们的注意已经人为地将这些状况区分和割裂开来，后来，又不得不用一种人为的联系将它们重新连接起来。（第8—9页）

这里，在现象之流被割裂之前，我们不能理解它。而在割裂发生之后，我们有了理解，“现象”被理性切割为许多概念，静止地摆放在空间里。换句话说，现象不再有时间，它只是空间里的现象。所以，柏格森在《时间与自由意志》的序言里这样写道：“我们不得不用语词表达我们自己，而我们习惯于在空间里想象事物。”

生命是过去的一切的累积，这累积绵延到现在。柏格森说，绵延意味着我们注定已经忘记了过去，我们的有限理性只能理解过去发生的一切的极小部分，因此，为了概括被遗忘的，我们创造出“绵延”这一概念——在英文里，它被翻译为“duration”，意思是“历程”、“经历”、“体验”。在《创造进化论》的“引论”里，柏格森说：

> 我们的智慧旨在保证我们的身体完美地适应其所处的环境，再现外部事物之间的相互关系，归根结底是对物质的思维。事实上，这将是本书的结论之一。……我们的思维，就其纯粹的逻辑形式而言，不能阐明生命的真正本质，不

[1]《创造进化论》，商务印书馆，2004年，第16—17页。

> 能阐明进化运动的深刻意义。既然我们的思维是由生命在确定的环境下为了作用于确定的事物被创造出来的，那么它就只是生命的一种流溢或一种外貌，它怎能把握整个生命?

我的意识的每一瞬间都不同于我的意识的其他瞬间，经过充分的反思，我意识到这种不同，是质的，不是量的。仅当我的意识被集注于一项事物上面的时候，它才表现出某种稳定性。例如，当我注意放在桌子上的这只红色的、圆形的、直径大约一英尺的表盘时，我知道我的意识集注于这张表盘，我注意到表盘上的查理·布朗画像和他的小狗史努比，我注意到时针和分针，我注意到秒针的平滑运行，和表盘外围的白色的时间刻度……所有这些内容，发生在不同瞬间，具有不同的质，却是关于同一事物的意识内容。我用一个单词“钟表”来概括这些内容，以便表达它们，以便在将来别人提及他们体验到的类似内容时我不至于感到茫然。柏格森说，概念的唯一功能是节约了我们的体验时间，让我们不必体验概念所涵盖的全部内容。

如果我注意这张表盘足够长时间，我将意识到我的意识内容会不断发生变化。由于人类通常具有的那种认知能力，这种变化的方向被称为“认识的深化”。我将注意到这块表盘的更细微的一些性质，例如，它的红色是深红色而不是粉红色，它的表针更像是金属薄片，它的右侧边缘附近有一处轻微划痕……意识内容的深化意味着意识将不断发现（创造）事物的新的性质。事实上，任一给定的事物，在我们意识的关注之下，它的新的性质都会层出而不穷。

人类不仅运用感觉器官来注意周围的事物，而且发明了许多科学仪器来注意周围更遥远和更细微的事物，意识对周围事物的这一关注过程简直是无穷无尽的。所以，在计算机科学和代数学里，当我们试图用“概念格”来刻画任何一个给定的概念时，我们会发现，这一概念格的最小元和最大元，只能是临时的，因为它们随着我们对与这一概念相对应的事物的观察和我们认识的深化而不断改变。

康德说，自然之所以可能，是因为理性为自然立法。柏格森说，理性为自然立法是一个演化过程，推动这一过程的，是生命的创造冲动。于是，自然是一个基于生命的创造冲动的演化过程。

柏格森少年时代已经熟悉斯宾塞的进化论——这肯定受益于他那位盎格鲁–爱尔兰血统的母亲。并且，他在少年时代也熟悉数学和机械论的其他表达方式，他在17岁的时候因为解决了一项公开招标的数学难题而获得奖励，同年，他还独立提出了对巴斯加尔声称解决了但未发表答案的一道数学难题的原创解答。1907年，柏格森发表《创造进化论》的时候，已经48岁了，他参与了相对论学说的创立，并指责爱因斯坦没有正确理解相对论——虽然后者在1921年发现了柏格森的相对论解释的一个严重错误，这些经历，让柏格森有了足够的时间反省以往的演化学说，并对斯宾塞的机械论演化学说提出批评。展开对斯宾塞的机械论思想传统的批评，其实是柏格森这本著作的主题。

在中译本第39页，柏格森这样表述斯宾塞和赫胥黎的机械论演化学说：

> 如果进化论的基本命题是正确的，即整个世界，有生命的世界和无生命的世界，是构成宇宙的原始星云的分子力按照一定的规律相互作用的结果，那么也能肯定，现在的世界也潜在于宇宙的雾气之中，而一种足够的智慧一旦了解这种雾气中的分子性质，就能准确地预言1868年大不列颠的动物群落，正如在寒冷的冬天，人们能预言呼出的气转化为白色蒸气一样。

他批评说："时间在这种理论中是没有用处的……时间什么也不是。"然后解释说：

> 我们把绵延感知为我们无法追溯的一种流动。它是我们存在的基础，我们清楚地感觉到它，它是我们与之联系的事物的本质。在我们面前炫耀万能的数学是徒然的，我们不能为了满足一种体系而牺牲经验，这就是我们为什么要摈弃彻底的机械论的理由。
>
> 当行为成为一种必然时，思辨就成了多余。……我们必须从自然汲取能使我们预知未来的相似性。……我们必须引入因果规律。因果关系观念在我们的头脑中越清晰，有效的因果关系就越呈现出一种机械的因果关系形式。这种因果关系越表现出一种严格的必然性，它就越具有数学的特征。（第43—44页）

这样，在概念的边缘，当我们注意到的事物的核心性质越来越模糊的时候，我们的认知能力和判断力开始发挥作用，我们开始创造新的形式。叔本华对此有过精彩的论述，柏格森的论述同样精彩：

> 真正地说，如果边缘是存在的，哪怕是不分明的和模糊的，它对哲学家来说也比它围绕的发光的核心具有更多的重要意义。……因此，一旦我们走出彻底的机械论和彻底的目的论限制我们的思想的框架，现实在我们看来就像新事物的连续涌现，每一个新事物的出现刚刚创造了现在，就已经退到了过去；正是在这一时刻，它进入智慧的视野，因为智慧的目光永远是向后看的。（第45—46页）
>
> 我们的理性十分傲慢……我们应该把新事物放入哪一个行将打开的抽屉？我

们应该给它穿上哪一件裁剪好的衣服？……在我们看来，“这个”和“那个”，或“另一个”，都是已被构想出来的东西，已知的东西。我们必须为一个新事物努力创造一个新概念的想法也许是一种新的思维方法……哲学史就在那里，向我们表明各种体系之间的永恒的冲突，最终给现实事物穿上我们的现成概念的成衣的不可能性，以及循规蹈矩的必然性。……柏拉图是建立这种理论的第一个人……（第47页）

柏格森询问：

内容怎能等于容器？生命活动的一种残余（指概念）怎能等于生命活动本身？然而，当我们用“同质到异质的转变”来定义生命的进化时，或当我们用通过组成智慧的片断得到的另一种概念来定义生命的进化时，我们产生的就是这种错觉。我们把自己置于进化到达的某一个点，显然，这是一个重要的点，但不是唯一的点；在这个点上，我们没有获得所有存在的东西，因为我们在智慧中只保留了得以表达它的一个或两个概念……我们还必须将智慧同我们在生命进化的其他终点发现的东西加以比较。我们还必须将这些不同的因素看作现在处于，或至少将来处于最简单形式和相互补充的许多片断。只有这样，我们对进化运动的实际本质才有一种预感；——我们也只能有一种预感，因为我们所处理的是作为进化结果的进化产物，而不是进化本身，即产生结果的活动。这就是我们要阐述的生命哲学……（第48—49页）

1891年，柏格森和普鲁斯特的表妹结婚。研究者们认为，他的创化论思想通过这一关系极大地影响了普鲁斯特创作《追忆似水年华》（1913—1927）的思路，甚至可以认为，柏格森思想为普鲁斯特提供了创造那部文学作品的冲动——然而，普鲁斯特本人，不顾他在书中使用的诸如“绵延”与“记忆”这类柏格森概念，断然否认他受了柏格森的影响。柏格森的生命哲学，也影响了诸如萨特和海德格尔这样的哲学家，此外，在西方世界以外，柏格森的思想还影响了诸如梁漱溟和张君劢这样的中国知识分子。

诺贝尔委员会授予柏格森文学奖的授奖词是这样结尾的：

我们都受益于柏格森的一项重要努力，他奋力辟出一条道路，穿越理性主义的重重门槛，释放出其价值无量可估的创造冲动，敞开了生命活水的闸，让人类心灵重返自由之境。……如果以上论述可以看作对人类精神的一种指导，那么，柏格森可以放心地相信，将来他会拥有比他现在已经拥有的更加广大的影响。

所以，本文开始部分给出的“概念”的那一内涵定义，其中的性质P，现在必须被理解为是在一个永恒的创化过程中不断变动的，在时间之内，它的每一次改变都通过新的概念把以往的生命体验带到现在，成为绵延着的内涵。

在中译本第297—298页，即他批判康德哲学的时候，我们感受到了导致柏格森提出他的生命哲学的直觉冲动：

> 但是，我们却假定科学随着从物理现象走向生命现象，再走向心理现象，客观性越来越少，象征性越来越多。由于必须以某种方式观察事物和使之成为象征，所以有一种关于精神现象，更一般地说，生命现象的直觉，智慧也许能转移和表达这种直觉，但这种直觉依然超越智慧。换句话说，有一种超智慧的直觉。如果这种直觉是存在的，那么精神的自我拥有就是可能的，不再仅仅是一种外部的和现象的认识。

柏格森想象中的这种超智慧的直觉，虽然无法以数学方式表达，却影响了诸如伯劳维尔、康托和哥德尔这样的大数学家的思考。他们的思考表明，对“无限”的思考，与对“信仰”的思考，是密切相关的。因此，为了阐明这篇文章的标题里出现的“永恒”概念，我需要阐明“信仰”概念。而后者是无法阐明的，它似乎只需要思考。

附录三：演化——不确定性与创造[2008]

要读懂塔勒布最近的两部畅销书，《随机致富的傻瓜》和《黑天鹅》，稍许知道一些演化理论，是必要的，但不充分。

先说为什么“不充分”。这位作者在华尔街做证券交易，但他的交易方式与众不同，用他自己的语言表述就是经常损失小额金钱，为了要从无法预测的灾难获取巨额金钱——例如1987年的“黑色星期一”、2001年的“9·11”，以及最近发生的“次贷危机”。这一策略成功了若干次，获利丰厚，让他能够每日坐在咖啡馆里读书和写作。从他的作品里，我知道他读书和阅历都极广。童年和青年时期，他随父母在欧洲生活，遍览西方经典。世家子弟，祖父做过黎巴嫩的国防部长和总理。他的文字，在目睹祖国大半世纪的战乱之后，有了饱经沧桑的小苏格拉底学派的格调。黎巴嫩，两千年前做过世界霸主，中国以外古代三大文明和当代两大宗教的交汇之处，那儿的世家子弟在巴黎、伦敦、维也纳读书，相当于把自家扔出去的书给捡回来。与此相比，眼下在西方的大学里求学的人，多数是专才而非通才。这肯定是西方教育制度的严重问题，当然也是我们自己教育制度的严重或更严重的问题。假如小时候缺乏通才教育，在大学里未经反省就被人家全心全意地培养为单纯的专才，我认为你很惨。假如你恰好还在数学和金融学领域，我劝你读塔勒布的书，否则你怎么知道你很惨呢?

总而言之，一位作者，来自黎巴嫩那样的城市，有了如上所说的身世与经历，他写的书，就算是畅销书，很通俗，但其中的深意，未必是浮华世界的大众轻易能够理解的，尤其不能靠他所提及的那些知识就读懂他提及而不予详述的深意。

其次，也是这篇书评的主旨，我要介绍演化理论——我认为这是读懂塔勒布这两部作品的必要条件。具体而言，我要探讨演化社会理论的两项根本的性质，其一与演化环境所含的“不确定性”有关，其二与生命为应付环境不确定性而迸发的“创造”有关。

省力的办法，我可以列举一些专门论述这两种性质的著作或术语，例如柏格森和怀特海的“发生哲学”、霍兰德的《涌现》、埃克尔斯的《脑的演化：意识的发生》，当然还有收入《哈耶克文选》的“复杂现象论”。费力的办法，当然就是继续写这篇书评。我费力，读者也费力。

艾智仁，这个名字出自他的学生张五常，港台报章常有直译为“埃尔西安”或“阿尔仙”的，不如“智仁”令人印象深刻。——啰嗦几句，那时候的学者不喜发表论文。如欧洲学院派的样子，他们在自己的学术小圈子里勤于思辨与讨论，但只在迫不得已时才将平日论辩所得的看法节略发表，呈现为“不屑一顾”的姿态——不是为了要表现出这样的姿态，只因为那时学术的规模不像如今这样庞大，当然也就不会像养鸡场生产鸡蛋那样生产学术文章。早期的英国皇家学会通信，确实是科学家们私人信札的延伸，其中的报道，以“有趣”为标准。艾智仁文章很少，他借以发表文章的那些刊物似乎也未经挑选，但篇篇都重要。其中最著名的一篇，发表于1950年，即“不确定性、演化与经济理论”，发表后几乎立刻被芝加哥学派的经济学家们拿来作了为“经济学理性”假设辩护的最坚硬的盾牌。注意，有不同的理性，此处是“经济学理性”。

其实，这篇文章很长，它的重要论点之一，确实可以当作经济学家为理性假设辩护的依据，虽然需要修正，不过它的其他重要论点与这一辩护关系不大，反而有要颠覆这一辩护的架势。

让我转述一个艾智仁讲的故事，以中国人熟悉的城市为例。假设一群数目足够大的旅行者，从广州驾车出行，目的地是北京，假设有许多不同路线由广州至北京，假设在这许多不同路线中，只有一条路线是有加油站的，但出发时没有人知道哪条路线有加油站。我们这群经济学家，在北京，要观察到半途“灭火”的驾车者是不可能的，我们只能观察到那些幸运地遇到了加油站的驾车者。

由此，艾智仁论证：（1）经济学家不妨假设，在“物竞天择”的演化过程中，那些生存下来并被我们观察到的驾车者，“好像是理性的”（as-if rational），因为他们“理性地选择了”有加油站的路线；（2）于是我们可以侃侃而谈，论证我们观察到的驾车者们如何具备了“决断力”或“高瞻远瞩的眼界”或“坚忍不拔的性格”，等等；（3）但是，艾智仁接着假设，上帝突然改变了加油站的分布图，以致原来有加油站的路线现在没有加油站了，那么，我们在北京观察到并加以论证的驾车者们的性格、远见、理性能力，会突然之间变得毫不相关。另一批经济学家会提出另外的理性化模型，试图解释新来的优胜者们“何以成功地从广州抵达北京”，其中可以有许多新的“统计显著的”细节，例如，他们可能喜欢沿城市而不是沿乡村旅行，他们可能保持着某种独特的个人习惯，他们的情商显著高于失败者，他们……其实，他们只不过是上帝掷骰子的另一次结果。

基于上述，艾智仁的结论之一是：经济学家可能做的事情是指出，基于他们的观察，当世界从X改变为Y时，对应地，优胜者的行为模式将从A改变为B。换句话说，假设世界的各种可能状态的集合W，假设人类的各种可能的行为模式的集合Z，则人类可能获得的理性解释是从W到Z的一些映射F，或从Z到W的一些映射G。作为对比，政治家们的意图是要借助于Z之内的一些元素来实现W之内的一些元素。所以，政治经济学家们可以做的事情是告诉政治家们，他们的何种意图，由于F或G的作用，将是不可能实现的。

人类几乎永远无法做到的事情之一，就是预测未来的历史进程。首先，按照塔勒布的定义，“历史”是事后有影响的事件的集合。事后的影响，当然要包括对人类思想的影响——这是波普尔的看法，据此，他写了《历史决定论的贫困》。观念可以改变行为，于是人类历史不可能被事前严格地决定。所以，假如有人打算用一组微分方程刻画人类社会的发展轨迹，并向你推销未来必定发生的某些事件的“利空”或“利好”消息，切莫轻信。波普尔和哈耶克相信的是人类社会发展轨迹的“非严格决定论”——未来不能被严格地预测，但不是完全地不可预测。

决定了我们不可能严格预测未来的诸多因素之一，脑科学家埃克尔斯论证，是我们自己的意识的不确定性。意识是怎样发生的？埃克尔斯认为，意识发生之不确定性，完全在于脑内数百亿神经元之间的相互作用的不确定性，特别是，这些相互作用的关键环节——“突触间隙”（synapses），这是发生在大约10纳米左右的距离（间隙）

之内的事情，这样小的尺度，是海森堡“测不准原理”的应用范围。所以，不论未来可能出现功能多么强大的观察手段和计算机，人类不可能准确测量发生在每一个人的头脑里数百亿突触间隙之内的事情。观念的发生是不可预期的，观念对未来行为的影响也是不可预期的。生物演化越是处于观念对行为的影响超过了环境对行为的影响的阶段，对未来演化路径的准确预测就越是不可能。

可预测的未来，就我们人类可怜的认知能力与理性能力而言，是连续的，或者是服从“连续性假设”的未来。我们不能预测的未来，是不连续的，或者是“突变”的。

连续的历史当然也可以有不确定性，严格地说，是“风险”（risk）——可以用诸如“高斯分布”这样的概率模型来预测。奈特意义上的“不确定性”（uncertainty），今天我们称为“模糊性”（ambiguity），它是不可预测的，因为它不会重复发生。凯莫罗和许明2004年在加州理工学院的脑科学实验表明，对于模糊性事件，不仅难以界定客观概率，而且难以界定主观概率——因为不满足“规范性”和“可加性”。

塔勒布试图让读者相信，世界历史原本就是由一系列突变事件驱动的。你可以将信将疑，不过，你难以摆脱这一看法所包含的历史直觉。历史，假如总是连续的，就必定能够被历史人物们准确预测，于是一切将要发生的事件都在计划之内，一切可能的计划，在社会博弈过程中迟早可以达到均衡。我们知道，均衡意味着“不动点”的存在性，后者意味着历史的终结。

张东荪曾介绍柏格森“创化论”，并提出他自己的认识论。台湾有一位学者曾论证，张东荪的认识论超越了金岳霖的认识论。我手边有一部原版的张东荪著作，翻开脆黄的书页，我曾读过他的“突创”概念——相当于今天的“涌现”与“创造”之合取。不论如何，由于未来之不可预测性来源于突变而不是渐变，我们的好奇心和理性化倾向让我们简直无法不关注“突变”（或“突创”）。

关于突变，著名的“幂律”告诉我们：越是意义重大的事件，发生的概率越小，并且如果我们将一切有意义的事件按照它们的重要性从大到小排序，同时将它们发生的可能性从小到大排序，又如果这两种排序都有它们的以10为底的对数坐标，那么我们看到的很可能是一条向右上角倾斜的直线，这条直线的斜率取决于被观察的事件的类别。

例如，互联网站的“人气”，以某一方式测度，可从大到小排序，那么，根据某些研究（参阅《预知社会》），这一幂律的直线有一固定斜率，设为S。如果S是3，就意味着，从1000个每日点击率在500以下的网站，大约涌现出1个点击率在5000左右的网站。类似地，从1000个每日点击率在5000左右的网站，大约涌现出1个每日点击率在5万左右的网站。或者，如果我们关心的是地震事件，那么，我们不妨预期，从每100次三级地震中可能涌现出1次四级地震，从每100次四级地震中可能涌现出1次五级地震……从每100次六级地震中可能涌现出1次七级地震。又如果我们关心的是原创性的观念，我们不妨预期，从100个意义较小的新观念里，或许有1个意义较大的新观念，而且每100个意义较大的新观念里，或许涌现出1个意义重大的新观念。

其实，上述的原理也是福柯“知识考古学”的根据。历史是一系列的断层（突变），我们没有理由相信我们这些生活在当代断层里的人可以由保存至今的人类思想和行为模式去推测以前断层里的人的思想和行为模式。既然是断层，就意味着知识传统的隔绝。你必须摆脱今天的传统，另寻其他传统，否则你无从知晓当代断层之前断层里的主流知识。在既有传统之内的一切观念都不是新观念，故而不能运用幂律。你必须创造，而且必须创造足够多的新观念，为了从中能够涌现出若干重要观念。对于人类历史而言，这些重要观念也就是海勒（Agnes Heller）所谓“文化创造”，是创造者被生存逼迫到无处可走时迸发出来的生命原始力量的创造。换句话说，如果你不依不饶非要知道当代断层以前的某一断层里发生过的重大的知识事件，你可能必须让自己陷入疯狂状态，将你自己逼迫到理性方式绝无可能应付的境地，然后，偶然地（以幂律描述的或然性），意义重大的体验降临了。

再换句话说，割断历史感，为了获得历史感。这是疯话，但你应当试着体悟这种疯话，否则你读不懂塔勒布。

附录四：面向综合的时代[1997]
——兼评《复杂》

现代专业知识分子感到头疼的纠缠在一起的几个问题是：一方面，我们每一个人必须深入到专业细节中去才有机会为人类增加新的知识；另一方面，我们不得不为了理解我们所获得的新知识在人类知识中的位置和意义而急剧增加与其他专业知识分子进行交往的时间。难怪在每一个专业的最前沿和其他专业之间，出现了一批“二道贩子”，专业化地从事“科普”工作；而在沟通各种专业知识的“二道贩子”与社会公众之间，还需要一些“三道贩子”去从事知识性地“化大众”的工作。在作为生产力的知识的支配者手里（知识的支配者不必是那些工作在知识前沿的专业分子，正相反，在国民收入达到小康阶段通常会冒出来的满足大众突然增长的精神需求的“书商”、“策划”、“媒体”才是知识的支配者），于是聚集了权力（经济的、政治的、话语的）。而权力在各种专业知识分子当中极其不平衡的，有时令人感到不健康的分布（例如在转型社会里的经济学家们的权力相对于哲学家们的权力，或者美国联邦储备局局长格林斯潘对世界股票市场的“上帝般的”话语权力），让人觉得福柯提出的问题不仅仅是“后现代”问题，而且是正在现代化的前现代社会的问题。互联网络的普及和极端发展只会让上面的那个困境极端地凸现出来：我在网上可以随意进入任何一个节点，从而发现一个套着一个的几乎无法穷尽的专业知识的传统。我茫然不知，因为我的全部知识在这张“网”上仅仅只是一个细小的“局部”，它仅仅是那些“二道贩子”、“三道贩子”以及横七竖八地“综合着”各个节点上的局部知识的“书商”、“策划”、“媒体”们建造雄伟大厦的一块可有可无的砖头。

认知科学家们早就在建构“神经网络”计算机程序，并且提出反柏拉图哲学的“互联主义”（connectionism）理论。事实上，我的一位朋友，他在中科院系统所的博士导师是我在那儿时的硕士导师，他使用一些微观构造很简单的“神经元”（只有一个可调整的参数）互相连接成几层（通常只有两层）网络，就可以在极短的学习时间里准确跟踪给定的信号序列。这个简单的系统有这样几个特点：（1）每一个神经元参数的调整都是一个试错过程，（2）评价函数只关心终端信号跟踪给定信号的误差，（3）算法收敛极快，（4）算法收敛后所得的神经元参数数值敏感地依赖于初始参数值的设定，并且系统通常可以从不同的初始参数值收敛到不同的神经元系统，每一个系统都同样理想地跟踪给定信号，（5）一旦收敛，神经元系统通常不可能在跟踪新的信号序列时自己改变参数结构，故需要操作人员强迫系统“跳离”原有的参数值。作为一个制度经济学家，我很容易地从中辨认出来我所熟悉的“多均衡状态”（特点4）、演化道路的“路径依赖性”（特点1），以及著名的“锁入效应”（特点5）。至于“评价函数”的社会涵义（特点2），我觉得那通常意味着“组织”和特定组织的目标函数。因此，防止锁入效应的有效办法是允许各种组织之间的竞争。当然，这样一来，上面那个简单系统就变成了多元开放的系统，而算法的收敛性（特点3）也就消失了。在经济学语言里，如果一个算法竟然不收敛，那它一定不是均衡的，从而一定不是合理的（因为“合理的东西在其展开过程中表现为必然”，也就是“存在”）。可是在关于“复杂系统”的语言里，正是这种“不收敛性”标志着系统的开放性、多元性和使其永远地演化下去的生命力。

1980年代中期我在东西方中心做学生时，碰到过一个在计算机上研究“微观模拟”（micro-simulation）的社会学博士。现在回想起来，他使用的一定就是这种神经网络算法。同他交谈几次以后，我开始意识到经济学研究也可以使用这种算法。为什么不让每一个微观经济主体自行决定做什么呢？为什么非要从新古典理论里推导出一组最优解的“比较静态分析”公式，然后只能在宏观层次上“计算”一个经济呢？这导致我后来在文章里反复提到的，最早被艾智仁提出的，“理性”与“演进”的等价性。

让我们想象一个这样的网络，它由许许多多各自具有独立评价函数的子网络构成，所有这些子网络，虽然初始参数结构互不相同，都试图跟踪同一个给定的信号序列（“生存竞争”）。当他们各自的算法收敛时，我们可以看到许许多多参数结构互异的神经元系统。现在我们让这些达到均衡的子网络跟踪一个新的信号序列（环境变迁）。显然，会有一些子网络由于已经被寻优过程“锁入”在特定参数结构里而无法跟踪新的信号序列。同样显然的是，另外一些子网络上一次收敛的参数结构会恰巧处于能够跟踪新信号序列的初始参数值附近，于是它们成为生存竞争的胜利者。我们可以让这些生存者之间互相“联姻”，他们生出来的子女占据了那些失败者的位置。但是我们必须允许新一代子网络在参数结构上随机地偏离他们父母们的结构，有时这种偏离巨大到完全不再像父母的程度（“遗传变异”）。然后再改换一次被跟踪的信号序列，再淘汰一些被锁入的子网络。如此演化，直到永远。在这个图像中，每一个子网络的每一次计算都是收敛（达到了均衡）的，而且每一个生存下来的子网络都经历着一个局部知识的历史，积累着自己的知识传统（由实现了的均衡点列构成）。每一个这样的子网络，相对于其他子网络而言，构成一个“差异”，一个“它”，一个“反题”。而每一轮竞争所达到的“世界”，都是一次新的综合。只要“存在”，只要“生存”，只要生存竞争总是将系统逼迫到不得不超越正题和反题达到新的综合与新的差异，系统演化就不会停止，系统就永远是开放的和多元的。这就是我所谓的关于知识的收益递增经济学。这里关键性的概念是知识沿着时间与空间的互补性[1]。

由陈玲女士翻译的这本《复杂：诞生于秩序与混沌边缘的科学》（Mitchell Waldrop, *Complexity*）[2]之所以立即吸引了我的注意，是因为这里出现的第一位人物阿瑟（Brian Arthur），正好是我曾经介绍过的，也是制度经济学家们熟悉的人物，他的竞争性技术进步理论，尤其是他的“锁入效应”的观念，已经被诺斯（因制度经济学研究而得到诺贝尔经济学奖）接受，并且像诺贝尔奖那样广为人知。书中经常出现的另一位诺贝尔经济学家，阿罗，也由于写了“干中学的经济学意义”而成为制度经济学、技术进步理论以及收益递增经济学的经典作家。但是当我继续读下去时，我立即意识到我必须一口气读完这本书；不仅仅是由于那些引人入胜的传记情节和思想发展脉络，更重要的是，著者通过描绘这一小群跨学科研究的精英分子的个人史，烘托出一幅极具魅力的复杂系统的图像。在这里，物理学、经济学、生物学、化学、天文学、计算机与认知心理学，甚至哲学、社会学和政治学，在各自知识传统的边缘上，通过这群“边缘人”的交往而激发出强烈的创新冲动。但是这里描绘的交往包含了比“交往”这个

[1]　参见汪丁丁：“知识：互补性与本土性”，北京大学中国经济研究中心 1997 年 4 月“内部讨论稿”。
[2]　生活·读书·新知三联书店，1997 年。

汉语语词丰富得多的内容。首先是一群在各自的知识传统内部“功成名就”的大学者，他们都对自己的传统持比较强烈的批判态度。批判，这是传统转化的第一步。其次是非常难得的开放心态，你必须像任何一个外行那样，坐在听众席上全神贯注地倾听一个对你所从事的专业相当外行的学者尖利地（不无偏见地）批判你的专业。最后是一个组织—— 一个能够吸引各个知识传统的核心人物，并且把他们吸引到各自局部知识的边缘上的组织。著者描写的是桑塔费研究所，描写这个研究所的筹划者们是怎样从不同的领域相当偶然地（也是必然地，如果经过足够长时间的寻找）互相认识了，并且如何像企业家那样调动各自关系网内的资源，终于在美国那种令人异化到窒息的分工细密的研究体制下实现了研究制度的创新。

《复杂》一开始就讲述了阿瑟关于“收益递增”的探索和历经十几年的挫折。是的，凡熟悉经济学理论的人都可以想象在经济学基础中引进“收益递增”假设会导致什么样的灾难性后果以及何等丰富的可能前景[1]。恰恰是收益递增，能够突破死气沉沉的新古典“秩序”，将经济系统逐渐带到“复杂”世界中去，虽然那同时也是“混沌的边缘”。

熟悉“混沌”理论的人都记得逻辑曲线所描述的那个经典的动力方程式：dx/dt=kx（1-x）。当正的参数 k 足够小时，系统是稳定的并且收敛到 1（假设 x 的初始值大于 0）。但是如果你把这个简单的方程离散化并且增加 k 的值，你会马上看到计算机作图上出现了 x 的振荡曲线。进一步增加参数值会产生无限密集的振荡，而且你无法判定振荡的周期，事实上你进入了“混沌”。我在读到《复杂》以前，从来没有想过要仔细看看当 k 的数值非常接近“混沌”范围时的计算机作图是什么样子。《复杂》声称：如果我把 k 的数值调整到足够接近发生“混沌”的临界点，我会发现 x 的图形呈现出稳定的周期，但极其敏感地依赖于它的初始值的位置。根据《复杂》介绍的理论，我能够想象，我将可以得到任意周期的稳定图形，只要我仔细地在这个接近发生“混沌”的边缘地区里寻找合适的 x 的初始值。如果你的个人计算机里有一个简单好用的视窗软件例如“mathcad5+”，你不妨试试这个想法。你会发现你得到的结果实际上就是《复杂》的另一个主角朗顿在复杂理论研究方面的一个重要发现[2]。

这本书中的人物，最令我感动的也就是这个在异化了的学术世界中历尽坎坷和不被人理解的朗顿。他在 40 岁的时候居然还没有拿到博士学位，因为他所从事的研究是开创一门新科学（人工生命），他的博士论文导师应当就是他自己。朗顿的计算机仿真最终使他明白：一切生命现象都应当发生在系统从完全的有序到完全的无序的路

[1] 参见汪丁丁：“近年来经济发展理论的简述与思考”，载《经济研究》1994 年 10 月刊。
[2] 参见《复杂》中译本第 317—320 页。

上，具体地说，生命现象发生在系统参数充分地接近使系统发生“混沌”的那个临界点附近。而这个看法又被《复杂》的另一个角色普·巴克从物理学方面说明了。巴克1987年发表的理论叫作“自我组织的临界性理论”。他发现大量物理现象都呈现某种“幂律”模式，即两个关键性的变量之间的关系大致符合一定阶的幂次方（第426—430页）。我马上想到阿罗1962年那篇经典性的收益递增论文引用的军用飞机制造厂的数据显示：飞机的平均成本与工厂制造过的飞机总数的1/3次方根成反比。我还想到了寻优算法理论所显示的：寻优过程总是倾向于某个凸集的边界点；或者，复变函数理论中的威尔斯特拉斯定理：连续函数在其凸定义域的边界处达到极值，或者，关于水滴表面张力的理论物理学中的“极小曲面”定理。

“生命”，它的实质是什么？在我看来，对这个问题的现代的和最早的研究其实是由《复杂》这本书里较早出现的一个主要人物考夫曼完成的（第143—151页）。他在七十年代初期发明的所谓“基因算法”，把一百个简单基因——每个基因只有两个可能的输入和输出状态——随机地连接在一起。然后，他观察任意输入的信号所引起的“基因”的连锁反应。他发现当这种由简单元素拼凑起来的系统复杂到一定程度时，就会出现绝非简单的现象：一百个以上基因随机连接，当每一个基因可以被2—10个别的基因激活时，全部基因所构成的这个系统会呈现出若干个稳定的循环状态。他进一步发现，可能出现的循环状态的个数大致相当于网络内基因总数的平方根，而且，他查找了生物学资料，发现在真正生物体中，细胞类型的数额大致等于该生物体中基因数的平方根——又一个“幂律”。如果把互相能够激活的基因数目增加到10以上，系统会进入过分的活跃而导致彻底的混乱。这样，我们看到生命现象只能发生在“混沌”的边缘处。而这时的生命，表现为从大量简单元素相互作用的复杂连接中“突现”出来的稳定的整体结构（即所有这些简单元素被当成一个整体的时候所表现出来的特征形态），以及更重要的，大量这样的整体结构之间的进一步复杂连接并进一步“突现”出来的进一步的整体结构——更高层次上的特征形态……如此演进以致无限。同样的过程还发生在化学家所谓的“自动催化”相互作用中。

不论如何，按照我的理解，这本书所论述的“生命”形态要求三个必要条件：（1）大量的机遇，（2）允许简单元素按照某种简单规则作出“选择”的空间，（3）迫使每一个简单元素作出独立选择的某种压力（例如化学自动催化过程中的外力，自然演化过程中的资源稀缺性对生物造成的生存竞争压力，心灵的创造性活动中意志的作用力）。这里存在着“生命”的度：如果选择空间太小，相互作用立即会达到单调的均衡点并且“死去”；如果元素的选择自由太大，相互作用会打破任何刚刚突现出来的结构，从而系统丧失稳定性。类似地，一个生机勃勃的社会不可能除了法律之外就是无政府，社会成员的创造力只能存在于在死板的法律与完全的无政府状态之间的某个空间里，这就是哈耶克所论证的“道德”管辖的空间。上面的条件（1）是非常重要的，也就是存在着“不确定性”。当存在着不确定性时，个体生存就要求根据历史经验提出一些简单的行为规则，并且在不确定环境里“盲目”遵从这样的规则。这就是“规则的抽象性”。经济学家理查德·海纳（Richard Heiner）已经证明[1]，那些不顾“规则”而坚持在每一个具体细节上寻找“最优化”决策的个体其实无法在不确定性环境里生存。那些遵从规则并在规则的“边际”保持着灵活性的个体，当他们的社会允许这样的个体之间展开充分竞争时，这些个体作为整体具有最强大的生命力。这就是《复杂》反复强调的“共同演化”的观点。海德格尔从早期的强调“此在”转变到晚期强调“共在”。阿瑟注意到了海德格尔哲学对“存在”的关注，以及东方哲学对“共在”的关注（第463—468页）。

《复杂》贯穿全书提出了大量问题。正是这些问题激动着读者，也是这些问题等待读者去作进一步的研究。例如所谓“新的热力学第二定律”，即与现有的热力学第二定律有相反作用方向的宇宙定律，它应当解释为什么在这个熵（混乱）不断增加的世界里不断地涌现出生命以及越来越高级（就结构的复杂性而言）的生命形态。难道我们这几百万年以来正在向着混沌边缘进化并且最终不得不进入“混沌”以及相应的大灾难（地球上显然曾经有过几次这样的大灭绝）？这样的大灭绝是否如同前几次一样，仅仅为着给灾难之后的“初始原汤”中可能突现出来的新物种准备演化的舞台？

对复杂现象的研究要求综合，这就是为什么《复杂》的主角们在最终走到一起来之前，几乎一律遭到分工细密的美国学术界的冷待。大多数经济学家都觉得阿瑟关于收益递增的想法“很离奇古怪”，“不是经济学”，“并不存在”，“而且，即使它存在，我们也不得不宣布它不合法”。桑塔费研究所的所长考温气愤地说：

> 通往诺贝尔奖的堂皇道路通常是由简化论的思维取道的……这就造成了科学上越来越多的碎裂片。而真实的世界却要求我们——虽然我讨厌这个词——用更加整体的眼光去看问题。任何事情都会影响到其他事情，你必须了解事情的整个关联网……就这样几年折腾下来，强制性的狭隘视野变成了一种不被人们所意识的本能……最令人沮丧的是这种碎裂的过程对科学整体的侵害。传统学科已经顽固和相互孤立得好像要自己窒息自己。你视野所及，到处都有太多的科学良机，但太多的科学工作者似乎对这些默然无视。

[1] 参见汪丁丁：《经济发展与制度创新》，上海人民出版社，1995年。

也正是因为大家都有过这样的遭遇，当他们终于碰到一起的时候，才发觉自己不再是“疯子”。而且，为了产生这样一个研究所，仅靠“疯子”们的努力是不行的，还必须有像阿罗这样的主流学派大师的支持才行得通。一个面向综合的时代要求学术制度的创新。分析的时代则倾向于“复制自身”，把人们锁定在分析的时代里。

自由，学术和思想的古典式的自由，它发生在规整的秩序与混沌的边缘之间。多元意味着“复杂”，竞争意味着“生命”，自由意味着“思想”。

附录五：新政治经济学与中国社会变迁 [2006]
——写给中国的作者与读者

按语：这篇文章发表于《新政治经济学评论》2006 年创刊号，是编委会致作者与读者的信函。2014 年 5 月 10 日，在上海，我们举行了第一届编委会。通览这篇文章，我们没有发现任何需要更新的论点。不仅如此，这篇文章发表以来，中西学术界甚至没有在这篇文章指出的代数方法之运用方面取得任何值得关注的进展。第一届编委会讨论纪要表明，我们已确定了这份跨学科社会科学期刊的编辑方针并列出了核心议题的清单。据此，我们将实行轮值主编制度，从而主编可将更多时间用于稿件初审工作。

引　言

我们创办这份《新政治经济学评论》，目的是要发表那些试图在新政治经济学框架内解释中国社会变迁的学术论文与案例研究。为了符合这一目的，我们应当向投稿人解释：（1）在新政治经济学框架内提出的任何解释的若干特征；（2）中国社会变迁的若干特征。

如果把阿罗和布坎南视为新政治经济学的两位创建了不同思路的创始人，那么，这门学科的基本解释框架——社会选择理论与立宪问题的公共选择视角，可以说形成于 1950 年代，并受到 1960 年代社会大动荡的极大刺激。然后，西方社会经历了大约三十年的动荡与变革时期。这些变革，在政治领域里最终让黑人和女性获得了与白人男性同样的选举权，在经济领域里确立了社会保障体系和基于“福利国家”理念的税收制度，在文化领域里开拓了“后资本主义”时代的知识与意义的批判阵营。这样，当 1990 年代开始的时候，当初由阿罗和布坎南提出的新政治经济学主题已经被置于完全不同于 1950 年代的政治、经济、文化背景中了。

与此同时，就新政治经济学论证的工具而言，博弈论和不动点存在性的数学证明的主要方法——代数拓扑，逐渐取代了由马歇尔和萨缪尔森引入经济学的最优解存在性的数学证明的主要方法——数学分析。对于数学分析的应用而言，任何政治经济学问题的数学表达都必须满足某种连续性假设。对于代数和拓扑的应用而言，任何政治经济学问题的数学表达，只需要引入某种代数运算和拓扑结构，并以此为“代价”，取消往往过于苛刻的“连续性假设”。

基于连续性假设的数学分析，在马歇尔和萨缪尔森关于“个体理性选择”的研究中成为最具优势的工具。但当研究者的视野从个体理性选择的图景扩展到一切个体的理性选择的整体图景时，社会成员的行为的“结构”就成为无法回避的要素之一了。如果我们坚持使用理性选择的个体模型，那么几乎唯一可行的解决方案，就是把各色各样的社会成员的个人选择集结为一个“好像是理性”的整体的选择行为。这就是所谓“集结的困难”，例如，宏观经济学解释框架内的集结行为往往看上去更像一位极端理性的中央计划者的行为。所以，哈耶克主张取消“宏观经济学”。

如果我们可以克服在定义“代数运算”时遇到的种种困难，我们往往能够对政治经济学问题进行代数的和拓扑的研究。后者的最大优势在于，我们不必把各色各样的个体选择集结为“看上去理性”的宏观选择。换句话说，借用社会学家的术语，我们可以直接研究政治经济行为的“结构”——偏好结构，产权结构，权力结构。

在上述背景下，当极端理性的“中央计划者”在现实世界里的典型终于在1990年代被大规模社会运动摧垮之后，我们被带入了所谓“全球资本主义”的时代，我们，主要处于“非西方社会”里的人类成员们，被带到这样一个韦伯命题面前：资本主义与社会主义，都仅见于西方社会而不见于非西方社会，因为它们都是西方理性传统的产物。

就“偏好”而言，我们不是西方理性传统的产物。那么，在全球资本主义时代，我们的“理性选择”是可能的吗？我们的个体选择所能导致的社会选择是怎样的？我们的公共决策将以何种方式实现？对这些问题的解答，理所当然地成为这样一种思想努力：一方面，它主要借助于西方思想界已经获得的理论成果并且从我们自己的生存体悟中寻找具有本土意义的理念；另一方面，它提供了我们对未来中国社会制度的想象的基本框架。而在中国社会正经历着大范围变迁的历史时期，我们每一个社会成员对中国社会制度的想象，又影响了未来中国社会制度的性质。

一、新政治经济学解释的若干特征

布坎南曾经以下列三个术语概括公共选择理论的基本假设：

（1）方法论个人主义。方法论的个人主义立场不否认“社会”对个体行为的塑型和决定性影响，它只打算为了研究的便利，先从个体行为出发，从一群个体的行为的交互作用出发，解释社会，只要这是一种可行的方法。

（2）契约关系。这当然是西方思想的一个源远流长的传统，以卢梭和罗尔斯为其近代和当代的经典作家，把“社会”看作一群理性个体让自己的行为遵守一套契约的结果。哈耶克对此提出过同样经典的批评，他指出，社会必须被视为自然秩序的演化的结果，而非任何群体或个体的理性选择的结果。

（3）政治市场。这一假设当然是以西方社会的民主政治体制为原型的，它的提出者从未设想过要把它运用于“非西方社会”的政治过程。不过，在适当拓广其基本含义之后，尤其是适当拓广了方法论个人主义假设之后，我们或许可以把非西方社会的政治过程看作一群理性个体在政治市场里竞争改善自己的福利的过程。

应当指出，布坎南概括的新政治经济学基本假设，规定了这门学科的“视角”——看问题的角度。这些假设不能规定这门学科必须处理的“基本矛盾”——由研究对象的内在特征决定的产生了一门学科的全部重要议题的一组相互冲突的原则。事实上，在一位新政治经济学家能够对任何社会现象提供任何解释之前，他已经看到了这一社会现象的各种可能解释所包含的内在冲突。一方面，这些内在冲突推动着新政治经济学的理论发展；另一方面，由于这些内在冲突，理论家无法向决策者提出确定不移的政策建议。

如上述，新政治经济学的基本研究方法是方法论个人主义的，但它要解释的是“社会”现象，是交互作用着的个体行为的均衡格局，并且这些均衡格局依赖于相互作用着的个体为自己和他人的行为所赋予的不同意义以及这些意义之间的相互作用。这就导致了新政治经济学解释的一个最基本的内在冲突：一方面，方法论个人主义立场否定了不同个体的价值判断之间的可比性。另一方面，集体行动或公共选择毕竟有一些特定的价值取向，这些价值取向要求个体在不同个体的价值判断之间进行比较。

由阿罗和森分别提出的“不可能性定理”，以及追随他们的研究者们提出的许多不同版本的不可能性定理，都可以理解为是在各种不同假设下对上述内在冲突的刻画。另一方面，由哈贝马斯和布坎南等人倡导的“对话”原则，可以理解为是从公共选择的社会实践出发提出的缓解各种版本的“不可能性”的政策建议。

新政治经济学解释不可避免地包含的另一内在冲突是“演化”与“均衡”之间的冲突。在已经发表的文献里，我觉得，尚缺乏对这一冲突的详细解释。故而，下面的论述可以视为对这一缺陷的某种补偿。

在“社会博弈”的理解框架内，我们知道，展开型博弈的经典分析方法，是假设每一社会成员从后向前推导其最优策略的。这一方法，在优化理论教科书里，就是所谓“最优化原理”。按照最优化原理，被优化的问题必须是封闭的，即存在一个有界的时间上限，目标函数——通常是决策主体的效用贴现值沿时间轴的积分，以这一有限时刻为积分上限。根据最优化原理，决策主体从这一时间上限，逆向寻求优化解——即决策主体从每一时刻到最后时刻的策略都是最优的，从最后时刻，一直推演到第一时刻。否则，如果存在一个最优解，它不满足上述最优化原理（必要条件），那么，按照最优化原理的数学证明方法，就可以建构一个解（策略），它在至少一个时刻比这一给定的最优解有更高的效用，并且在一切其他时刻与这一给定的最优解等效用，于是这一给定的最优解就不可能是“最优的”。从这一反证方法可知，上述的逆向归纳法则其实是最优解的必要条件，而非充分条件。

为什么数学家喜欢“最优化原理”这样一个必要条件，而不去寻找其他的必要条件呢？我觉得，最优化原理大概是最容易运用的一个必要条件。例如，我们经常要运用“庞特里雅金最大值原理”——最优化原理的一个变形，这时，我们几乎总是先从具体问题中推导出相应的庞特里雅金必要条件方程组，然后从满足这组必要条件的解当中寻找那些最优解——借助于所谓“二阶条件”，即充分条件判据。

最优化原理或逆向归纳法则，当系统不是沿时间轴封闭的时候，也就是当不存在一个有界的时间上限的时候，就不适用了。阿罗在研究资本理论时曾经证明过一个“近似条件”，很重要，这里不介绍。总之，当我们假设决策者的视野沿时间轴无限伸展出去的时候，我们无法应用逆向归纳法则。这时候，我们必须寻找其他的必要条件，或者充分必要条件，来求解优化问题。

另一类使最优化原理或逆向归纳法则失灵的情况，是当我们引进“不确定性”的时候。这种不确定性可以再分为两类，其一是，例如，我们知道自己必定会死，但不知道究竟会在哪一时刻死。这里出现了决策视野的时间上限的不确定性。但在许多情况下，存在一个足够大的时间上界，我们相信我们必定活不到那个上界，并且从那一上界作逆向归纳得到的最优解可以视为等价于上限不确定时的最优解。不确定性的第二种类型，不发生在时间上限里，而是以世界的可能状态来描述的，是所谓“事件”的不确定性。优化理论对此可以提出一些求解方法，例如，最初被引入金融学，后来在其他经济学领域也很时髦的所谓“随机过程优化理论”。但这一类最优解太难获得，也太复杂，缺乏直观意义。

面对这样的理论困境，一些博弈论学者提出“前瞻归纳”的分析方法。一个典型的例子，是所谓“烧掉底线”的囚徒困境博弈——这类博弈的可行策略之一是，为强调合作意向而当众烧掉自己可以从“非合作解”得到的回报（一定数额的钞票，必须是可以燃烧的)。后者是博弈回报的底线，故而，这类策略可以叫作“烧掉底线”策略，它向博弈参与者们发出一个强烈信号，警告他们不要假设发信号者不打算合作。就我读到的文献而言，这类博弈究竟可否被纳入传统的博弈分析框架，是一个尚待回答的问题。

卡尔·波普尔曾经指出，制度应当不仅仅是一座城堡的图纸。因为空的城堡，如果没有适合守卫城堡的士兵与之匹配，就无法构成完整的“制度”。上述的前瞻性归纳的例子，已经包含了人的行为与行为规范之间匹配(或不匹配)的复杂性。

博弈参与者对自己的处于均衡策略中的行为的意义的理解，是可能发生“漂移”的。并且这种意义漂移的积累，足以导致均衡策略的漂移。于是，当采取了均衡策略的博弈参与者打算赋予自己和他人的行为某种意义的时候，就会出现所谓“不确定性”。由于意义可能漂移，每一个博弈参与者都不可能再像以前还没有引入“意义”和“意义的均衡”那样确定地知道每一个参与者的均衡行为的意义。

借用我经常讨论的一个例子——“小姐”，这是一个中文名词。我们听到“小姐”的时候，需要判断当时的场合，从而可以判断说话的人是在“大家闺秀”的含义上使用这个名词呢，还是在“歌厅小姐”的含义上使用这个词？这是一个非常简单的包含了不确定意义的语言策略的例子，这样的例子十分普遍。

意义的不确定性，使任何“社会博弈”都具有了某种开放性，它等待着在博弈过程中进一步加以澄清和确定。由于意义的漂移，出现了多均衡的可能性。任一均衡，它的含义，或者它的核心含义，并不能被参与者们确切地知道。然后，当每一行为个体试图重新解释过去发生的事情的时候，也就是重新解释历史的时候，这些意义逐渐被澄清并且发生漂移。

重新解释历史，就意味着我要说服其他社会成员相信我所理解的历史才是正确理解的历史。在这一相互说服的过程达到某一“不动点”之前，在全体社会成员对历史的解释达到一个均衡以前，他们的行为对我而言就可以是不确定的，从而我就处于一个向着未来开放的历史过程之内。

这一内在冲突——均衡概念与演化概念的冲突，其实要求我们追求一种黑格尔说过的“逻辑与历史的同一”境界。只有在那样的境界里，才可能解释被观察到的人类行为和社会现象。

在“客观博弈”的理解框架里，世界是静止的，永远不会演化。如果博弈的某一公认的“玩儿法”——均衡，被大家知道并遵守了，那么这一均衡就永远存在下去，不会漂移，这个世界也就不会有变化。另一方面，为了容纳演化概念，诸如青木昌彦这样的作者，在最近若干年里，分别提出了不同于客观博弈的“主观博弈”理解框架。不过，这一思路遇到的关键性的困难是对博弈参与者们的“知识传统”的逻辑描述。这一困难，在本质上仍然是均衡与演化的冲突。

客观博弈可以被嵌入到主观博弈的理解框架里，假设每一博弈参与者都有自己的人生经历和世界观。在这些主观世界之间，存在一个非空的交集。否则，博弈参与者们就彼此之间完全不可理解了。在人生经历和世界观的哪怕极小的重合部分的基础上，博弈参与者们可以建构一套“人类”语言，也就是共同语言。这套语言，经过一段时间的演化，其中的每一个单词的含义，就都不会像上举例子中的语词“小姐”一样不确定。也就是说，出现了语词意义的某种均衡格局。又如果这些均衡是纳什均衡，即没有人愿意在非均衡意义上使用这套语言里的任何一个语词，那么，这套语言就可以用编写字典的方式来描述。也就是说，一旦实现了意义的均衡，这套语言就不会再演化了。因此，均衡策略——行为及其意义，也就不会再演化了。这或许就是豪尔绍尼转换的实质——上帝替博弈参与者们掷了第一次骰子之后，其余的事情就是确定的。

但是，如果意义可能漂移，那么，原来是离散的纳什均衡的点集，就可能是一个连续统点集，例如是一个连续统的实数集合，在这一集合内，均衡连续地漂移。这是否意味着均衡将丧失其基本的意义呢？均衡不再是均衡的了。这里，均衡概念包含了一个逻辑悖论。

均衡作为一个概念，当我们试图把它拓广到可以容纳演化过程时，就出现了上述的那种因意义漂移而来的逻辑悖论。事实上，任何社会现象，例如“制度”现象，都不再如新古典经济学家讨论的单纯的经济现象那样，可以被均衡概念所容纳。社会现象或制度现象，其本质特征就是演化。

但是，为了让理论具有某种实证性，也就是让命题具有可检验性，新政治经济学家不希望放弃“均衡”概念。均衡，这是社会科学的不可逾越的概念。一旦放弃了均衡概念，在理论的不可检验性之外，还发生了实践上的困难。如阿罗和洪在1970年代已经论证过的，非均衡的行为是不稳定的。行为的不稳定性，通常导致社会成员对相互行为的预期的不确定性，这被威廉姆森称为“行为不确定性”。当行为不确定性很高的时候，根据海纳在1980年代提出的理论，任何基于“有限理性”假设的理性行为都不再是可调整的。换句话说，人类行为将演变为机械的、如同低等动物的行为那样，只能适应特定环境，不能适应更多变的环境。事实上，理论的实践价值就在于它为实践者提供了预期的工具。

均衡与演化，构成一种困境。它为新政治经济学的理论探索开辟了一个新领域，即“知识论”的领域。语言的演化以及语言的逻辑问题，可以被包括在这一领域内。

认知科学、演化心理学、文化人类学，以及与此相关的其他学科，在上面讨论的视角下，也可以被包括在这一领域内。

二、中国社会变迁的若干特征

如果上面的论述已经大致刻画了新政治经济学理论的局限性，那么，下面的论述可以充分显示出，与中国社会实践所要求的理论能力相比，现有的新政治经济学的理论能力是何等地渺小，尽管，它的分析能力已经大大超越了传统政治经济学，并且它已经能够分析大大超越了新古典经济学范围的现实问题。

1980 年代后期，为了提供一个能够解释当代中国经济及社会现象的足够宽泛的理解框架，我在几篇论文里概括过中国社会变迁的三大特征：

（1）中国经济是一个发展中经济。这一特征意味着中国社会面临着所谓“发展经济的根本问题”——怎样在两代人的时间内把由人口生育率转移和土地资源的有限性而发生的“过剩”劳动力转换为人力资本和物质资本？这是一切被称为“发展中”经济的社会都面临的问题，所以我称之为“根本问题”。关于“人口生育率转移”的经验研究及其普遍性，读者可以查阅任何一本人口学教科书。从发展经济的根本问题发生出来的派生问题，包括教育问题、传统农业劳动力的就业问题、从乡村到城市的人口迁移问题。我们观察任何一个社会，可以很容易地根据这些派生问题的严重性来判断它的经济状况是“发展中”的还是“成熟”的。

（2）中国政治体制是向市场体制转型的某种体制。在这一转型期内，政府具有两种行为模式。其一是以往的政府行为模式，其二是为新的市场体制服务的政府行为模式。可是这样政府就会碰到不少问题，因为它同时具有两种行为模式。例如，它的税收，同时为着两重目的——既要维持许多传统部门的开支，又要维持许多市场部门的开支。另一方面，这样的转型政治体制也容易导致严重的所谓“双轨制”腐败。金融和教育，这是最近若干年里凸显出来的腐败领域。在 1980 年代，腐败主要发生在国营商业与私营商业之间的灰色领域里。在这一意义上，我们可以把上述的问题视为政治转型根本问题。

（3）中国的传统文化，一百多年以来，经历着一个从“传统”向“现代”的转型。比前述两种转型远为复杂，这里，我们甚至难以确定什么是“文化”，什么是“传统”，以及什么是“现代”。不过，基于最粗浅的判断力，任何一个人都可以直接感受到这种文化转型。而且，类似的文化转型也发生在日本和韩国，在它们社会发展的不同时期。这些观察表明，文化的转型是一种普遍存在的并且具有长期影响的社会转型。我建议读者阅读韦伯关于“传统”与“现代”的经典论述，并且阅读文化学者（包括李泽厚先生和钱穆先生）和文化人类学者（包括本尼迪克特、吉尔兹和拉波波特）提出的关于“文化”的诸多定义，然后，观察自己周围人的行为模式和思维方法，概括出可以说服自己的中国文化模式。大致而言，我觉得，我们的文化转型可以概括为一个“在几百年时间内，从东亚传统的儒家文化向尚未形成的全球资本主义时代的混合文化过渡的时期”。这里，我强调了我们所处的时代的特征——全球资本主义，它在许多方面可以代表所谓“现代性”以及所谓“现代性危机”。只有在考察了传统与现代这两端的状况之后，我们才可能获得一些关于中国的文化转型期的深入看法。

今天，上述概括仍然适用。一般的人类行为，在这样概括了的转型期社会里，就格外表现出“短期性”。因为我们无法判断和预期未来的社会状况，我们的未来是极端不确定的，所以，我们的理性选择就是在各种可供选择的行为方案的集合里选择那些短期内可以产生最高回报的行为方案——包括被定义为“腐败”的各种行为方案。

不过，由于“市场社会”与“传统社会”并存，由于如上概括的转型期社会的三大特征，当代中国人的行为、思维和政策实施，就面临许多更细致的实践问题，可按下列五类分别论述——注意，（1）（2）（5）这三类问题，读者可参阅我在其他文章里的更详细的论述：

（1）教育。这是一个专业领域，教育学家关注的问题，不同于经济学家关注的问题。对于前者，教育的核心问题是教材内容（包括德与智之间的关系、中与西之间的关系、职业与基础之间的关系，等等）和课程设置（包括教学、教法、教学技术和班级规模，等等）诸方面的改革。对于后者，教育的核心问题是教育产业化与教育机会平等之间的复杂关系、学校管理体制的改革、学术评价体制的改革，以及教育经济学诸问题。在新政治经济学视角下，教育问题更多地呈现为公共选择问题——教育经费、学校管理、社区投票、学生自由择校，以及家庭教育和社会心理学等领域内与群体行为有密切关系的公共选择问题。随着中国人口的老龄化，教育问题将逐渐从较低年龄组向较高年龄组转移。例如，职业教育和劳动力在职培训等方面的问题，将越来越凸显成为教育的主要问题。

（2）医疗。随着中国人口的老龄化，随着传统社会向市场社会转型过程的深化，与教育问题相比，医疗问题将凸显成为中国最主要的社会问题。在新政治经济学视角下，医疗问题首先是公共选择问题——医疗费用在个人、企业、政府三方面的分摊方式，落实公平的手段如“社会保障体系”和“医疗保险体系”与落实效率的手段如“医疗服务产业化”以及医疗服务的“社区化”等手段之间的冲突与可行的解决方式，医患纠纷的监督和调解途径，医疗服务的质（成本）与量（覆盖范围）的权衡问题，公共资源在中医药研究开发与西医药研究开发之间的优化配置问题，医药专利审查与知识产权的适度保护问题，大规模疫病防治与疾病应急体系的改革等问题。

（3）土地。对于当代中国社会而言，这是一个其各种解决方案均严重地受到历史遗留问题影响的当代问题。如果它可以划分为农用土地和城市土地两类问题的话，那么，在新政治经济学视角下，前者，即乡村土地问题，至少包括下列诸问题：土地的私人使用权与土地的集体所有权之间的制度冲突与解决途径，土地的集体所有权作为一种过渡形态的消亡方式，土地的集体所有权作为一种永久形态的治理方式（包括“村民委员会”及各种基层民主程序的设计与实施），长期土地规划的权力结构及社区公共选择制度的设计与实施。远比乡村土地问题复杂的是城市土地问题，在新政治经济学视角下，它至少包括下列诸问题：公用事业类型与范围的更精确的法律界定，公众对城市管理权的监督方式，城市长期规划与市场自发活动之间的协调制度，市场导向的土地开发与公平导向的土地开发之间的协调制度，住宅分布与交通工具发展的市场决定与计划指导之间的协调制度，居民自由迁移的权利与不动产受保护和子女受教育等项权利之间的协调制度，以及落实居民纳税义务与分享各项权利的制度安排中与土地问题密切相关的其他公共选择问题。

（4）税收。这一问题的学术研究，除了宏观经济学领域内的相关主题之外，在新政治经济学视角下，它还应当包括由“梯伯特定理”引发的与地方政府之间的竞争与自由移民相关的资源配置效率问题，尤其是最近若干年重新受到学界重视的“俱乐部”理论的一般均衡和博弈论思路。就中国社会而言，随着经济与政治转型的深化，赋税的种类、负担、形式、法律合法性与道德合法性，这些问题将日益凸显为最重要的由税收问题引发的公共选择问题。并且，尤其在赋税研究中，以斯密和李嘉图为代表的古典政治经济学家，和以布坎南为代表的新政治经济学家，通过与此有关的论述，可以告诉我们许多重要的道理。事实上，“洋务运动”以来中国的改革经验表明，在中国人必须向西方人学习的诸项事务当中，最艰难的，就是赋税。这一艰难过程，不仅涉及政治经济学家关注的诸方面问题，而且涉及文化与政治学家关注的诸方面问题。有感于赋税问题之核心位置与艰难，希克斯甚至在《经济史理论》中断言，历史上一切中央集权的社会管理体制的瓦解，盖源于财政危机。另一方面，民主社会的财政制度，如布坎南在那部名著中论述的，也远非令人满意。长期无法缓解的美国财政赤字以及由此而来的“李嘉图效应”，被一些学者认为是导致美国经济在1970—1980年间陷入衰退的主要原因，同时也提供了一个用来说明民主社会面临的赋税问题之艰难的例子。

（5）环境。如果说，今天，在我们看来，利用市场机制解决“教育”和“医疗”

这两大领域内的资源配置效率问题，绩效并不令人满意，那么，早在1950年代，在许多新古典经济学家看来，“环境”就已经被视为市场机制失灵的一个典型领域了。也因此，从环境与资源问题的研究中，经济学家积累了大量的市场失灵的案例。例如，被认为属于“可再生资源”的森林、鱼类、水、新鲜空气和土地肥力，在发达国家和在发展中国家，都提供了大量的案例研究。即便被视为“不可再生资源”的矿产——包括石油和煤，其社会最优开采轨迹也极大地不同于在自由市场机制诱导下的利润最大化的开采轨迹。此外，在“南北贸易”问题的研究中，以齐齐尔尼斯基为首的一些学者指出，发展中国家的资源密集型出口结构可能对其经济发展带来极大损害。于是，经济资源的国际贸易就与国际平等和公共选择问题有了密切的关系。在资源经济学分析框架内，“环境”被理解为一种可再生资源。最后，我希望读者参阅我写过的一些学术文章（例如“资源经济学若干前沿问题”），在那里，我批评了资源经济学传统的分析框架。事实上，我和我的合作者证明了在我们提出的新的分析框架内，一项资源，依赖于它的不同开采轨迹，可以从可再生的转化为可耗尽的，或者转化为周期性可开采的。在新政治经济学视角下，中国社会面临的环境问题可以概括为下列三类：不同个体对环境的不同偏好的显示、效用比较和偏好的集结等问题，环境的公共与私人产权的界定与实施问题，对环境的污染权的市场交易与社会公平之间的协调问题。

结　语

尊敬的读者，为了参与和促进中国的新政治经济学研究，浙江大学经济学院创办了这样一份刊物。在它的“第一辑”发表之前，我们收到了许多稿件。在我们对这些尤其值得尊重和宝贵的作者表示我们的由衷感谢之后，我们意识到，由于未能事前对我们关注的研究领域提供足够详尽的说明，许多作者被误导到了我们不能关注和发表其作品的研究领域内。

有鉴于此，我代表编辑部撰写了这样一篇在我看来已经足够庞大的，并且希望它已经足够详尽的，我们所关注的研究领域的说明。

我们不能预期在这样一个重要的研究领域里，在这样短的时期内，发现和邀请足够多的高水平的作者。不过，我们认真地期许我们的读者：只要持之以恒，只要保持我们追求严肃学问的态度，我们的刊物和主办这份刊物的研究机构就将吸引越来越多的优秀作者。

有鉴于此，同时，也有赖于浙江大学经济学院能够为作者们提供的优厚稿酬，我们正在实施一套比较认真的审稿和奖励制度。我们没有设立“编委会”，因为我们不认为能够请到足够多且称职的优秀编委。但是，我们设立了一个认真的“编辑部”，其成员享有几乎平等的审稿和投票权，以及在特定多数票的基础上对主编和副主编决策的否决权。

所以，我们在这里告诉新政治经济学研究领域里的每一位潜在的和认真的作者：放心地把你认为满意的作品投给任何一位取得了你的信任的编辑部成员吧！

附录六：愚民政策与社会动乱 [2006]

当代社会学的一位泰斗，斯坦福大学教授格兰诺维特早年发表过一篇论文“Threshold Models of Collective Behavior”，可是被政治家们遗忘了，今天读来格外有意义。论文标题可直译作“集体行为的阈值”，这一理论的适用情形，作者列出了八类：创新扩散过程，谣言与疾病传播，罢工与骚乱，政治选举，教育投资，社交，移民，社会心理。

格兰诺维特这一理论试图解释的上列八类现象，其微观机制是社会心理学家熟知的“个体从众倾向”。贝克尔和墨菲在新作《社会经济学》中试图解释的也是这类现象，只不过他们引入的核心概念是“社会资本”而不是“阈值”。根据贝克尔的定义，凡影响个体行为并且不显著受个体行为影响的集体行为因素，都可归入“社会资本”概念。由此，贝克尔推演出一项基本原理：群体行为可以非常敏感地依赖于个体行为，以致在该群体内没有哪一个体感受到自己的行为发生显著改变时却可以感受到群体行为发生了显著改变。这一原理十分类似于格兰诺维特在这篇论文里论证的集体行为基本原理，该原理被通俗地称为“多米诺效应”——即社会骚乱往往只需要第一个人参与，然后，由于集体行为可能非常敏感地依赖于个体行为，“集体意识”被这第一个人的行动激活，迅速卷入骚乱，后者于是升级为“社会动乱”。

让我们试着运用格兰诺维特的模型来解释某一类动乱。假设每一个人都或多或少对当前社会状况不满意，但每一个人只在看到“足够多的人”参与骚乱时才参与骚乱。假设不同的个人对什么是“足够多的人”有不同的标准，从人口的1%到100%，均匀分布在某一实数区间上。假设社会由100位成员组成，第1位成员的心理阈值将使他在参与骚乱的人数达到人口的99%时参与骚乱，第2位成员的心理阈值将使他在骚乱人数达到98%时参与骚乱……依此类推，第99位成员将在骚乱人数达到1%时参与骚乱。现在，假设第100位成员将是第一个行动者，他的行动可以仅仅是打碎一块橱窗，只要这一打碎橱窗的行为被第99位成员看作“骚乱”就够了，就足以触发

“多米诺效应”，最终使全社会陷入动荡之中。

可见，假如我们承认格兰诺维特的模型符合我们对历次社会动乱的基本观察，那么，我们就应当认真对待这一模型，并且认真研究那些触发了第一位社会成员的骚乱行动的因素。同理，对每一篇文章的作者而言，或许最好的选择是回避讨论这类敏感议题。可是对群体而言，每一个人的这种回避态度最终会导致灾难性的结局。

为缓解潜在骚乱的多米诺效应，我们应当研究上述那些首先发动骚乱的社会成员的心理阈值——是哪些因素决定了这一显然太低的阈值？通过何种途径可以提高这一阈值？在什么样的制度安排下可以把骚乱的心理阈值提高到永远不发生骚乱？与这些问题对应，我们有下列基于普遍观察而提出的问题：最初的骚乱总是收入最低的人群发动的吗？教育程度与参与骚乱的心理阈值之间具有负的相关关系、正的相关关系还是更复杂的非线性关系？为什么“中产阶级”往往是社会动乱的受害者？民主社会的许多日常骚乱确实可以避免颠覆性的社会动乱吗？为什么价值观和生活方式的多元化可以有效避免社会动乱？

由于篇幅限制，我只讨论上列最后一个问题。我假设这一问题所根据的观察是普遍获得认可的，即价值观和生活方式的多元化确实已经有效地避免了社会动乱。为什么会是这样？基于哪些心理机制和社会运作的原理？难道不可能发生因价值多元化而起的社会动乱？

首先，任何一位社会成员，为了要在价值观与生活方式已经多元化了的社会里正常生活，就必须适应多元的价值观与生活方式，所谓“见怪不怪”。换句话说，他必须学会“宽容”——对异端的宽容。对主流价值观与生活方式的反叛行为，每一社会成员都持有一种宽容的态度。这是一个健康社会的最本质的特点，洛克在他的名篇“论宗教宽容”里有所论证，但更雄辩的论证来自社会实践的历史。宽容的态度导致了政治温和的中产阶级立场，后者构成了社会顶层和底层之间尖锐冲突的缓解区域，有效地防止了社会动乱。

在一切能够降低骚乱的心理阈值的愚蠢政策当中最愚蠢的，是所谓“愚民政策”。这一政策的直接后果就是造成全体社会成员的价值观与生活方式的趋同，并由这一趋同而形成防止价值多元化的社会资本。这样一种政策将把最大多数社会成员改造为“愤怒青年”，让他们具有最低的骚乱阈值，他们将以微不足道的借口参与骚乱，因为他们的头脑不能想象任何更温和的批判手段。

所以，我们的政策不仅必须防止严重不公的收入分配，而且必须防止愚民式的宣传。明智的政策是尽量开启民智，让宽容态度成为时尚，鼓励市民公开批评政府，让官僚主义者们不敢坚持愚民政策。

附录七：贝克尔提出的市场需求向上倾斜的例子 [2002]

我想，《经济学消息报》的读者大概都还记得2001年那场关于“有没有向上倾斜的需求曲线”的争论了吧？我在那场争论中发表了几篇文章介绍教科书经济学里最基本的希克斯原理：从任一消费者的偏好所决定的无差异曲线族当中任一给定的无差异曲线出发，随价格变动，预算线与这条无差异曲线的切点将给出一条“希克斯需求曲线”，如果这条需求曲线所考虑的商品是“正常的”，那么当价格变动所引起的收入效应超过了替代效应时，需求曲线应当向上倾斜。后来，我读到张五常教授就“需求铁律”提出的不同看法，其中最关键的论证是这样的：虽然个体消费者的需求曲线有可能向上倾斜，但对任一市场的集结需求曲线不可能向上倾斜。恕我引用五常教授告诉薛兆丰的原话：“向上倾斜的需求曲线是可能的，但在现实世界里没有。”

最近为准备2002年“制度分析基础”的讲义，我从JSTOR历史文献库里下载了芝加哥学派全部诺贝尔经济学家在《政治经济评论》上发表过的全部文章，浏览回味。不期于5月26日下午读到贝克尔1991年的文章，“关于餐馆定价以及社会因素影响价格的其他例子的笔记”[1]，其中明确画出了向上倾斜的市场集结的需求曲线。这篇讨论餐馆和戏院价格的文章，我当学生时是读过的，没想到多年之后居然在争论中完全忘记引述它，可见获取知识时的注意力结构对长期记忆结构和知识索取结构有关键性的影响。

贝克尔要解释的“餐馆定价”现象是这样的：在加州的帕罗阿多市有一家非常出名的海鲜餐馆，消费者不能预约座位，只能排队等候入座。街对面有一家质量类似的海鲜餐馆，其菜价比上一家稍微贵些，里面总是有许多空坐位。经济学家自然要问：为什么这家排长队的餐馆不提高价格呢？难道配给制度会比价格竞争更加有效率吗？

自从看到了上述的“悖论”，贝克尔就开始让学生和同事们提供经济学解答，然而，他说：所有的解答都不能令人信服。为了解释真实世界，贝克尔提出了这样一个假设：如果个体消费者对某一商品的需求量，除了与该商品的市场价格有关，还与社会对该商品的总需求量有关，并且还与该商品的市场供求差距有关，那么，对这一商品的市场需求不仅可以在一定的价格范围内向上倾斜，而且可以呈现波浪形的向上、向下、再向上、再向下……

一家口碑甚佳的餐馆，越是排长队，排队之后有了座位的食客就越倾向于多吃。难道我们自己没有这类体会吗？早在1991年贝克尔发表上引论文之前许多年，五常

---

[1] Gary Becker, “A Note on Restaurant Pricing and Other Examples of Social Influences on Price”, in *Journal of Political Economy*, vol.99, no.5: 1109-1116.

教授的启蒙老师艾智仁就发表过一篇小文章，那篇文章虽隔多年，我仍记得极其真切，其主题是论证一个被称为“把好苹果运出华盛顿州”（shipping good apples out of Washington）的定理。有一次，在香港地铁火车上聊天，我突然想到要用这一定理重新阐释贝克尔的“家庭育儿的质量与数量之间替代关系”的定理，同车的肖耿十分诧异，据这位从艾智仁所在大学毕业的朋友说，即便在UCLA，也很少有谁知道这个“苹果定理”。我马上告诉他说，请参阅艾智仁的《大学经济学》课本旧版（与新版有相当出入）。

如果贝克尔仅仅打算解释“排长队”可以导致需求上升，那么我完全可以用艾智仁的“苹果定理”解释，而无须提出那个引起争议的“需求向上倾斜”假设。道理是这样的：对食客而言，花时间排队是一种“单位成本”，不论你打算吃便餐还是吃正式的海鲜大菜，反正你必须排同样长的队。类似地，不论你把好苹果还是坏苹果运出苹果产地华盛顿州，反正你必须为每一单位苹果支付同样多的运费。于是，使用最简单的数学（分式运算）就可以证明：理性的行为是尽量提高运出去的苹果的质量，所以坏苹果反而要在苹果产地出售了。基于同样的原理，不论你养育的孩子是高质量的还是低质量的，反正你必须花几乎同样的时间把这孩子拉扯大，既然如此，为什么不要高质量的孩子呢？所以，随着人均收入水平的增长，每个家庭都会倾向于养育高质量的孩子（在给定的预算约束下，这意味着替代出低质量的孩子，或者，少生孩子）。把这一艾智仁定理运用到食客身上，理性的食客，只要口腹和预算能够接受，在支付了排队的时间代价后，当然倾向于多吃质量高的大菜啦。

不过，贝克尔要解释的现象，远比排队导致的需求上升要复杂，虽然，排长队确实是“人气”旺盛的一个迹象，从而确实可以引发更多的需求。贝克尔继续举例：霍金的名著《时间简史》居然可以卖一百万册以上，难道这一百多万买了这本书的人，都有时间且读得懂霍金的宇宙学吗？贝克尔推测：未必。恐怕更多的人是把这本书当作炫耀知识的摆设和派对聊天的话题。正是根据社会成员交互作用的“网络效应”，广告商和出版商才不惜巨资作“推销”和“公关”。贝克尔继续举例：我们对待流行歌曲CD的态度是怎样的呢？难道我们大多数人都真的会辨别哪些歌曲最好听？抑或只是为了“不落在潮流后面”？街上流行红裙子的时候，难道那些疯狂抢红的女士真的适合穿红裙子？抑或只是为了赶时髦？电视广告打出：“只有100件，售完为止！”为的是夸大供求缺口，从而引发更大的需求。总而言之，贝克尔坚信：真实世界里存在很强烈的“社会因素作用”。对贝克尔来说，所谓“社会”因素，是指影响了个体经济行为的“群体行为”——社会心理、文化传统、政治、法律……

直面现象的经济学，故而允许有“向上倾斜”的需求曲线——不论是个体需求，还是集结了的市场需求。让我再次引用贝克尔 1998 年在我代表《经济学消息报》去采访他时说过的话："我会毫不犹豫地放弃新古典经济学的任何假设，只要能更好地解释真实世界。"顺便说一下，我当时的提问是："作为新古典经济学的掌门人，您不觉得新古典经济学的一些基本假设过时了吗？或许，继续坚持这些假设会在实践中违背芝加哥学派经济学的自由主义初衷呢？"

为了对历史负责，经济学家应当学会"直面现象"。贝克尔无疑提供了杰出的榜样，阿克劳夫（G. Akerlof）和拉其尔（E. Lazear）在这方面提供了同样杰出的榜样。让我们中国的经济学家以此共勉吧！

第六讲

2014年11月16日 / 下午3:00—6:00 / 二教314

涌现秩序，逻辑与历史，理论与现实的关系

一、逻辑与历史的统一视角

今天这一讲的主题，逻辑与历史的统一视角下的经济学。所以，在微观层面，它是涌现秩序。就方法论而言，我们需要探讨理论与现实的关系。主流经济学已经死了，这是毫无疑问的，对吗？基于类似的理由，我们承认，物理学已经死了。我们看看现实世界，有哪些普遍而且重要的经济现象，例如收益递增，面对这些现象，主流经济学提供了什么样的理论。

张五常在华盛顿大学西雅图分校讲授新制度经济学的时候，他自己说，每学期大约三分之一的课时用于讨论“方法论”问题。很多学生听不懂，认为是在浪费时间。张五常说，新制度经济学，他讲产权分析，在这里，处处是陷阱，稍许不思就误入歧途。可见，在经济学拓展到马歇尔经济学之外的范围时，处处是陷阱，我们必须保持对所用方法之适用性的警觉。这学期，我们集注于“逻辑与历史的统一视角”这样的方法论主题。并且在第八讲，我们展望未来可能出现的经济学。

1. 理论与现实之间的关系

经济学专业训练的一个贯穿始终的方法论问题，是理论与现实之间的关系问题。我们知道，经济学的理论，是一套逻辑严谨的分析框架。并且理论经济学家们，以及为他们服务的各种理论经济学期刊，追求的是逻辑的严谨性。我们还知道，在现实世界里，以凯恩斯和萨缪尔森为楷模，经济学家的社会职能之一是参与制订或参与批评公共政策。因此，不同于哲学和美学，也不同于人类学和语言学，经济学有更强烈的改造世界的倾向。马克思最早强调了这一倾向：“哲学家们只是用不同的方式解释世界，而问题在于改变世界。”

大规模社会主义和共产主义实验的时代，一去不返。奥斯维辛之后，不再有宏大叙事。因为，关于奥斯维辛的痛苦记忆，让我们不再相信任何人或任何精英群体关于“建设人类美好未来”的乌托邦计划。那么，我们怎样改变世界？人类永远有改变世界的冲动——“创造性冲动”，是怀特海那本小册子第一部分的总标题。生命的本质是创造，也就是说，生命的最原始的冲动是改变世界。

所以，不论何时，我们总要改变世界，只不过有时规模很大——容易导致奥斯维辛这样的大规模邪恶，有时规模很小——典型地，修身养性，仅仅改变我们的私人生活，毕竟，世界因此而有所改变。

我们需要考察那些导致了奥斯维辛的邪恶的原因。政治经济的考察，例如摩尔的和阿西莫格鲁的考察，指向“专制”及其起源问题。思想的考察，例如阿伦特的，指向“拒绝思考的平庸之恶”。此外，还有思维方式的考察。哈耶克在《致命的自负》里表达了强烈的渐进演化的而不是突变演化的思想，与他的“自生自发秩序”或“扩展秩序”观念相辅相成。对演化之渐进性的尊重，与“历史感”是一致的。在中国思想传统里，历史感被表达为“对历史保持敬畏之心”。

我们可以建构许多不同的逻辑体系，例如，在可思议的全部命题的集合之内，由不同命题的组合，根据希尔伯特（David Hilbert, 1862—1943）1922年提出的“公理化”纲领的要求（一致性、独立性、完备性），并充分考虑哥德尔“不完备性”定理的寓意，总可以找到许多不同的且满足一致性和独立性的逻辑体系。

由于诸如罗素或卡尔纳普（Rudolf Carnap，1891—1970）这样的逻辑学家的思考，尽管他们思考所得的许多结论已经不再是真确的，我们知道，逻辑体系可以表达现实世界。例如，罗素在《我们关于外间世界的知识》（*Our Knowledge of the External World*, 1914）[1]“序”里界定了科学研究方法的逻辑问题：

> 我想用来说明方法的中心问题是关于未加工的感觉材料与数学物理的空间、时间、物质的关系问题。使我认识到这个问题重要性的是我的朋友和合作者怀特海博士，我在本书中所主张的观点与在《哲学问题》中提出的观点不同，这些差别几乎全都来自于他。关于点的定义，关于处理瞬间和“事物”的提示，以及把物理学的世界看作是一个构造而不是一个推论的整个概念，都是我从他那里得来的。此处关于这些题目所谈的东西，事实上就是他在《数学原理》第四卷中作出的更精确结果的一个大略的初步的解说。

我推荐你们读罗素这本书的第五讲“连续性理论”，他在这里转述的，正是怀特海的思想。罗素说：

[1] 可参见上海译文出版社，1990年，陈启伟中译本。陈启伟先生是洪谦的学生，故而是维也纳小组的一位传承者。

> 大致说来，连续性问题是以下述方式进入哲学的：数学家把空间和时间看作是由点和瞬间构成的，这种性质被称为连续性，很多哲学家认为，当空间和时间被分解为点和瞬间时，连续性就被毁灭了。正如下面将看到的，芝诺曾经证明，如果我们坚持有限空间或时间中的点或瞬间的数目必是有限的，那么就不可能把空间和时间分析为点和瞬间。后来一些哲学家认为无限数是自相矛盾，因而在这里发现了一个二律背反：根据芝诺提出的理由，空间和时间不可能是由有限数目的点和瞬间构成的；由于无限数被认为是自相矛盾的，因而空间和时间也不可能是由无限数目的点和瞬间构成的。因此，空间和时间如果是实在的，就一定不能认为是由点和瞬间组成的。

罗素讨论的连续性问题，可视为我们关注的逻辑与历史的统一问题或不可能统一的问题的一种反映。我说过，逻辑不含时间，所以，逻辑与历史的统一，是我们将经济理论运用于现实世界时需要保持的一种“视角”或一种“境界”。

早期的怀特海，与罗素合作撰写《数学原理》，写了两卷或三卷之后，他离开剑桥大学，转入伦敦大学学院。罗素在这里提到的“第四卷”，是怀特海后来写的。晚期的怀特海，就是“哈佛时期”的怀特海，才有了《思维方式》这本小册子。

晚期怀特海充分意识到“逻辑”的有限性，转而探讨“过程”——也就是“历史感”的哲学表达。注意，因为我在第七讲逐段讨论怀特海《思维方式》前五讲——包括第五讲“过程的形式”，所以，我此时探讨怀特海的过程观念，所指就是与逻辑之有限性相对而言的过程之无限性。为何中国思想传统里的历史感，被表达为对历史的敬畏之心？因为——至少这是一种理由——历史感表达的是“必死的”生命个体在感受到“无限性”的时候油然而生的那些情感。

不要忽略了历史感的复杂内涵，例如，包含在历史感之内的还有其他的情感——当我们面对“伟大的不确定事件”时油然而生的那些情感。首先是不确定性，不可预知。其次，这些事件是“伟大的”——它们注定要对人类事务产生无法回避的并且是决定性的影响。这类事件的典型，我经常想到的就是“小行星撞地球”——所谓“深度冲击”。虽然，人类目前似乎有能力在事件发生之前的例如几十小时之内预知这一事件，但人类还没有能力改变这一事件的致命后果。试想，如果一位权威医生宣布你的生命至多还可延续三个月，你怎样度过这三个月？一切都会改变。只要静下来思考这类事件，我认为每一个人都将产生对生命和伟大的不确定事件的敬畏感。

作为对比，我们在任何一种伟大的经济理论面前，例如“博弈论”或“一般均衡”理论，或一般拓扑学，或我们在标准的“数学分析”课程里面对的任何足以引起我们对逻辑力量有一番感慨的理论面前，我们油然而生的是什么样的情感？对我而言，首先发生的是“理论自信”或对理论的逻辑力量的景仰，究其理由，当然是对人类理性能力的信念。

可见，逻辑的与历史的，在我们心里激发的是十分不同的两种情感。当经济学家运用“逻辑的”理论于“历史的”现实的时候，几乎必定发生的是这两种情感之间的不一致性。哈耶克有感于此，写了《致命的自负：社会主义的谬误》。在哈耶克的论述里，人类理性永远有一种自负的倾向，而这一倾向对人类而言是致命的。

2. 涌现秩序

关于这一讲的主题“涌现秩序，逻辑与历史，理论与现实的关系”，我依照表达顺序的逆序介绍，现在要介绍的是“涌现秩序”，很难表达，请读这一讲的“附录一：涌现秩序的表达困境”——我的一篇思想笔记，发表于2013年。“涌现秩序”的英文是“emerging order”，如果你们检索维基百科英文版，不容易找到“涌现秩序”词条，或许根本没有，但很容易找到与“涌现秩序”真正相关的两个词条：（1）emergence（涌现），（2）spontaneous order（自生自发秩序）。

自生自发秩序不是最合适的译名，它是哈耶克使用的这一语词目前最流行的译名。维基百科英文版这一词条开篇是这样的：

> Spontaneous order, also known as “self-organization”, is the spontaneous emergence of order out of seeming chaos. It is a process found in physical, biological, and social networks, as well as economics, though the term “self-organization” is more often used for physical and biological processes, while “spontaneous order” is typically used to describe the emergence of various kinds of social orders from a combination of self-interested individuals who are not intentionally trying to create order through planning. The evolution of life on Earth, language, crystal structure, the Internet and a free marketeconomy have all been proposed as examples of systems which evolved through spontaneous order.（自生自发秩序，也称为“自组织”，是从看上去的混沌当中秩序的自发涌现。这一过程见于物理的、生物的、社会的网络，以及经济当中，虽然，术语“自组织”更常用于物理的和生物的过程，而“自发秩序”典型地用于描述各类社会秩序从自利个体无意于通过计划而创造秩序的互动过程中的涌现。地球的生命演化、语言、晶体结构、互联网和自由市场经济，都被认为是通过自发秩序演化的系统的案例。）

哈耶克使用这一语词，用意在强调自发秩序的自发性、自组织性、非人为计划性。晚年，他更喜欢的术语是“extended order”（扩展秩序）。他在《致命的自负》开篇这样写着：“本书论证那个我们文明由以发生并赖以生存的东西精确地说只能够被描述为人类合作的扩展秩序，该秩序通常被有些误导地称为资本主义。”20 年前，我写了几篇文章介绍哈耶克思想体系的这一核心观念。我从中选了一篇，“哈耶克扩展秩序思想初论”，成为这一讲的“附录二”。

但是，写了“附录二”的那篇文章之后，我意识到，哈耶克的“扩展秩序”观念需要更多补充。因为，中国社会变迁的复杂性在于，与“洋务运动”这样的本土变革类似，本土制度的变革者必须认真对待“传统”。这一讲的“附录三”反映了我那时对这一议题的思考。

根据维基百科英文版最近更新的“spontaneous order”词条，新奥地利学派经济学奇才罗斯巴德（Murray Newton Rothbard，1926—1995）考证，最早提出“自发秩序”的思想家，是中国的庄子——他拒绝接受孔子关于“权威”的观念。庄子提出的“let alone”（自在）观念，由普鲁东发展为无政府主义学说。

自发秩序或扩展秩序的观念，可视为现代关于“涌现秩序”学说的一部分内容。使“涌现”观念得到普及的，是同名科普著作《涌现：从混沌到有序》[1]。

现代的复杂系统仿真研究，争议的主题之一是，仿真可以模拟“弱涌现”，但不可模拟“强涌现”——否则就等价于论证涌现秩序可以还原为计算机仿真程序。可见，柏格森的“创造性演化”思路仍在延续且有了更广泛的支持者。

百度百科的“涌现性”词条是这样写的：

> 英语 Emergent properties。所谓涌现性，通常是指多个要素组成系统后，出现了系统组成前单个要素所不具有的性质，这个性质并不存在于任何单个要素当中，而是系统在低层次构成高层次时才表现出来，所以人们形象地称其为“涌现”。系统功能之所以往往表现为“整体大于部分之和”，就是因为系统涌现了新质的缘故，其中“大于部分”就是涌现的新质。系统的这种涌现性是系统的适应性主体之间非线性相互作用的结果。
>
> 涌现是一种从低层次到高层次的过渡，是在微观主体进化的基础上，宏观系统在性能和机构上的突变，在这一过程中从旧质中可以产生新质。
>
> 系统科学中，有一条很重要的原理，就是系统结构和系统环境以及它们之

[1] John Henry Holland, *Emergence: From Chaos to Order*, Cambridge, Massachusetts: Perseus Book, 1998. 中译本见上海科技教育出版社，2006 年，陈禹等译，方美琪校。

> 间的关联关系，决定了系统整体性和功能。也就是说，系统整体性与功能是内部系统结构与外部系统环境综合集成的结果，也就是复杂性研究中所说的涌现（emergence）。涌现过程是新的功能和结构产生的过程，是新质产生的过程，而这一过程是活的主体相互作用的产物。
>
> 霍兰说："涌现现象是以相互作用为中心的，它比单个行为的简单累加要复杂得多。"……

涌现性告诉我们，一旦把系统整体分解成为它的组成部分，这些特性就不复存在了。

此外，百度百科还有"涌现"词条，补充上述"涌现性"词条：

> 涌现是一种非常普遍的自然现象。1923年摩根的著作《涌现式的进化》中写道："涌现——尽管看上去多少都有点跃进（跳跃）——的最佳诠释是它是事件发展过程中方向上的质变，是关键的转折点。"
>
> 系统科学中的涌现性：系统科学把这种整体才具有，孤立部分及其总合不具有的性质称为整体涌现性（whole emergence）。涌现性就是组成成分按照系统结构方式相互作用、相互补充、相互制约而激发出来的，是一种组分之间的相干效应，即结构效应。
>
> ……涌现性又可理解为非还原性或非加和性，但任何整体都具有加和性，比如质量。系统性是加和性与非加和性的统一，都是整体属性；但整体性、系统性并不一定是涌现性。涌现性是系统非加和的属性，"整体大于部分之和"与"整体小于部分之和"这样的整体与部分差值就是涌现。
>
> 系统科学就是关于整体涌现性的科学理论，探索整体涌现发生的条件、机制、规律以及如何利用。

所以，涌现秩序是复杂系统的现象。哈耶克有过许多相关论述：首先，根据哈耶克的描述，将"复杂现象"区分于"简单现象"的认知特征在于，微观层次的行为主体不可能预见哪怕是服从最简单规则但数量极大的行为主体之间相互作用之后涌现出来的宏观秩序的样式，尽管他们事后可能理解这些样式[1]。其次，哈耶克相信，语言、人类的社会网络、每一个人脑内大量神经元的交互作用网络，这三类现象是复杂

[1] F. A. Hayek, "Rules, Perception and Intelligibility", in *Proceedings of the British Academy*, Vol.XLVIII [1963], pp.321-344; "The Theory of Complex Phenomena", in M. Bunge, ed., *The Critical Approach to Science and Philosophy: Essays in Honor of K. R. Popper*, 1964, pp.332–349.

现象的经典案例[1]。最后，哈耶克试图论证：（1）存在“模糊型”与“清晰型”这两种不同的人类头脑或心智结构；（2）与清晰型头脑相比，模糊型头脑更富于原创性；因为（3）脑内的创造性过程是一种复杂现象。[2]

涌现秩序是历史过程，因为这些秩序只能通过“历史”（一系列的事件）呈现自身。斯密恪守“有限理性”原则，他从未将他对具体情境的政治经济分析扩展为一般原则，他始终对“体系之危险”（the danger of system）保持警惕。事实上，斯密的这一态度是苏格兰启蒙时期经验主义传统的心理特质。就斯密而言，这是一种源于斯多葛学派的身心修养。或许受到博兰尼的影响（*The Tacit Dimension*，1966），哈耶克对斯密的经验主义态度有一种远比同时代人更深切的理解。根据哈耶克的（或他尚未清晰表述的）理解，涌现秩序几乎是不能表达的，至少不能用统计方法来表达[3]。如果一颗清晰的头脑试图将某一新观念的全部内涵逻辑地表达到排除了任何隐秘知识的程度，那么，这一新观念的“新意”就将完全消失。因此，哈耶克相信，与创新过程相适应的是模糊型头脑。

图 6.1 是这一讲的纲要的第一部分。以上所述，大致完成了这一部分纲要的第一行，算是为冗长的第七讲作的思想准备。你们应当知道，多年来，我的思路与怀特海多次相遇，从而最终意识到《思维方式》是经济学思想史课程无法回避的主题。

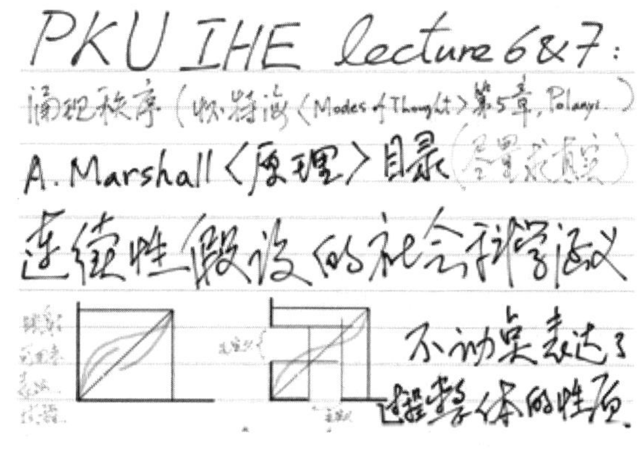

图 6.1

二、马歇尔《经济学原理》目录浏览

我之所以在图 6.1 的第二行列出马歇尔《经济学原理》目录，是因为浏览这一目录不难看到，如史家考证的那样，马歇尔非常热衷于使他阐述的经济学原理与现实问题紧密结合。根据纲要的这一行文字，我们应当“浏览”马歇尔的目录。我说过，为学之道，随着年龄增长，记忆力逐渐衰退，理解力逐渐增强，后期的学术训练之核心是判断力。判断力对记忆力的替代过程，表现为阅读习惯的改变，就是从“死记硬背”到“浏览目录”。

---

[1] G. R. Steele, “Hayek’s Sensory Order”, in *Theory and Psychology*, Vol.12, No.3 [2002]: 125-147.

[2] F. A. Hayek, *New Studies in Philosophy, Politics, Economics and the History of Ideas*, 1978.

[3] 参阅哈耶克：“复杂现象论”，第 4 节“统计学在处理模式复杂性上的不当”，见《哈耶克文选》，冯克利译，江苏人民出版社，2007 年。

1. 上卷

我仍使用朱志泰和陈良碧的两卷本中译本，如图 6.2，马歇尔的第 1 版和第 8 版序言，我在第五讲讨论马歇尔“连续原理”时已多次引述。第一篇的总标题是“导言”，依照斯密《原富》的写作方法，全书主要思想都要在“导言”里有所介绍，相当于国内作品的“梗概”或“摘要”。

第一章“绪论”，第一节的细目，马歇尔列出两大命题：（一）“经济学是一门研究财富的学问，同时也是一门研究人的学问。”承接古典政治经济学，马歇尔将“财富”视为经济学的核心观念。围绕这一核心观念展开叙述，就构成全部经济学的内容。怎样展开叙述呢？就是观察和解释“人的行为”。现代经济学的“经济科学”定义——即经济学是关于有限的手段配置于无限的目标的科学，要等到 1930 年代罗宾斯的那本小册子问世。马歇尔承接古典政治经济学传统，并努力将当时新起的经济学“边际革命”融入经济学古典传统，财富是一种“存量”，我已多次提及（参阅第四讲），“边际”则与“流量”关系密切，故而，马歇尔遇到的本质困难在于现代的流量方法难以求解古典的存量问题。（二）“世界的历史是由宗教和经济的力量所形成的。”这是一个重大命题，马歇尔在正文着力阐明自己的基本态度。普通人在日常生活中的大部分时间用于应付经济问题，虽然，他指出，宗教的影响远比经济的或其他任何因素的影响更大，但他认为经济对人们日常生活的影响最持久，在这一意义上，经济的力量也就最显著。从那时到今天，不过百年，宗教的强烈影响似乎已成为不同文明之间的剧烈冲突的主要因素。

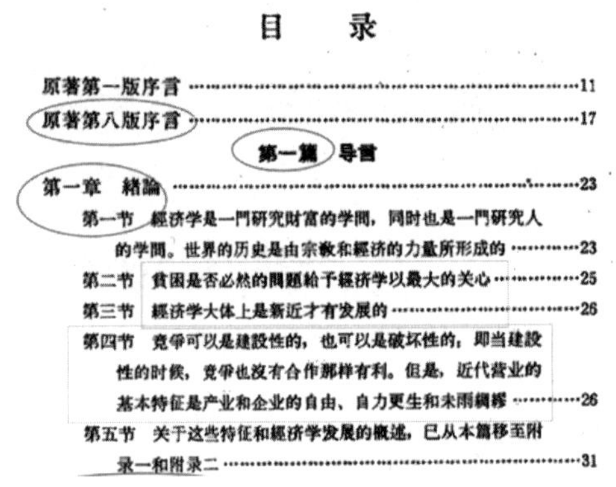
目　录

图 6.2

第二节的细目仍呈现为命题的形式：“贫困是否必然的问题给予经济学以最大的关心”。马歇尔生活的时代，英国 19 世纪末叶——我从企鹅丛书《英国简史》[1] 选取了图 6.3，这幅插图的说明文字是：伦敦 19 世纪工人阶级的家。英国工人阶级的生活状况，不仅是马克思和恩格斯这样的无产阶级革命导师关注的问题，也是当时英国知识界普遍关注的问题——贫困和收入分配的两极化趋势。例如，我在为本科生写的

[1] Fiona Beddall, *A History of Britain*, Edinburgh Gate: Pearson Education Limited, 2006.

《经济学思想史讲义》里介绍的那位经济史家汤因比（Arnold Toynbee，1852—1883），他是“社工”这一专业的创始人，也是世界著名的历史学家汤因比（Arnold Joseph Toynbee，1889—1975）的叔叔，他是累死在社工岗位上的第一位经济学家，不到31岁。他成为英国一整代年轻人的精神激励，至今，伦敦东区仍有“汤因比之家”（the Toynbee House）——由伦敦大学创办的第一个济贫收容所。据维基百科英文版“Arnold Toynbee”词条，汤因比讲授的英国产业革命史，是当时影响很大的一门课程，也影响了恩格斯写作《英国工人阶级状况》。很可能，“产业革命”一词就是因他的这门课而流行于世的。汤因比是自由贸易和自由市场的一位严肃批判者，基于他的道德立场，他率先走出学术象牙塔，走进工人阶级社区，尽全力推动改善英国工人的生活状况——他将他的生命投入于组织工人夜校、工人社区图书馆和“劳动合作”组织，他鼓励他的学生们走进工人社区举办“义学”。受他的激励，另外两位学者组建了最初的“社会工作者”群体。1916年，在他的精神激励下，一群年轻人组建了纽约的“汤因比之家”。志愿者和流浪汉的“汤因比之家”，已成为那个时代年轻人“改造我们的社会”的同义语。图6.4中，汤因比的名字被刻在伦敦西郊的“Kensal Green”墓地“改革者纪念碑”的上端第八行。

图6.3

图6.4

这就是马歇尔时代的英国经济学家的精神状况，它也强烈地影响了《经济学原理》的思想风格。贫困问题，马歇尔说，是经济学家最关注的问题，例如第四节细目："竞争可以是建设性的，也可以是破坏性的；即当建设性的时候，竞争也没有合作那样有利。但是，近代营业的基本特征是产业和企业的自由、自力更生和未雨绸缪。"第四节的最后两段文字是这样写的：

> 无疑的，即使现在，人们也能作出利他的贡献，比他们通常所做的大得多：经济学家的最高目标就是要发现，这种潜在的社会资产如何才能最快地得到发展，如何才能最明智地加以利用。但是，他决不应不加分析地对一般竞争加以诋毁：他对竞争的任何特殊表现必须保持中立态度，直到他相信人类本性确是现在这样，遏制竞争比竞争本身决不会发生更为反社会的作用。因此，我们可以得出如下的结论："竞争"这个名词用来说明近代产业生活的特征是不甚恰当的。……但"产业与企业的自由"，或简言之，"经济自由"，指出了正确的方向；在没有较好的名词之前，它是可以被采用的。当然，当合作或联合似乎是达到一定的目的之最好的途径时，这种审慎和自由的选择也许会导致与个人自由的某种背道而驰。至于这些审慎的联合形式会破坏个人自由到怎样程度——它们也是起源于这种自由的，以及会有助于公共福利到怎样程度的问题，已在本书的范围之外了。

如图6.5，第二章"经济学的实质"，第一节的主题，我在第五讲介绍马赫的函数观念时已有过一些介绍，细目："经济学主要是研究对活动的动力和对活动的阻力，这种动力和阻力的数量能用货币来约略地衡量。这种衡量仅指它们的数量而言。动机的质量，不论是高尚的还是卑鄙的动机，在性质上是无法衡量的。"在这一节，马歇尔说：

> ……日常营业工作的最坚定的动机，是获得工资的欲望，工资是工作的报酬。工资在它的使用上可以是利己地或利他地用掉了，也可以是为了高尚的目的或卑鄙的目的用掉了，在这一点上，人类本性的变化就发生作用了。但是，这个动机是为一定数额的货币所引起的，正是对营业生活中最坚定的动机的这种明确和正确的货币衡量，才使经济学远胜于其他各门研究人的学问。……经济学比别门社会科学有利之处，似乎是由下一事实产生的：它的特殊的工作范围，使它比其他任何一门学问具有采用精密方法的较大的机会。它主要是研究那些欲望、憧

慓和人类本性的其他情感，它们的外部表现是以这样的一种形式成为活动的种种动力，以致这些动力的力量或数量能够相当正确地加以估计和衡量；因此，对这些动力就能用科学方法来研究了。当一个人的动机的力量——不是动机的本身——能用他为了得到某种满足正要放弃的货币额，或者用刚好使他忍受某种疲劳所需要的货币额，加以大约的衡量的时候，科学的方法和试验便有可能了。

第二节探讨货币收入的边际效用递减问题，将边沁和小密尔的政策建议奠基于边际效用递减律之上，这一节的细目包含两个相互支持的命题：(1)“同一先令所衡量的动力对穷人比对富人为大的计算，但”(2)“经济学通常寻求不受个人特性影响的广泛结果。”因为经济学家关注群体行为——个体的不同特性在群体行为当中要么相互抵消要么相互强化，所以经济学命题表达了相互强化的个体行为或统计显著的行为模式。

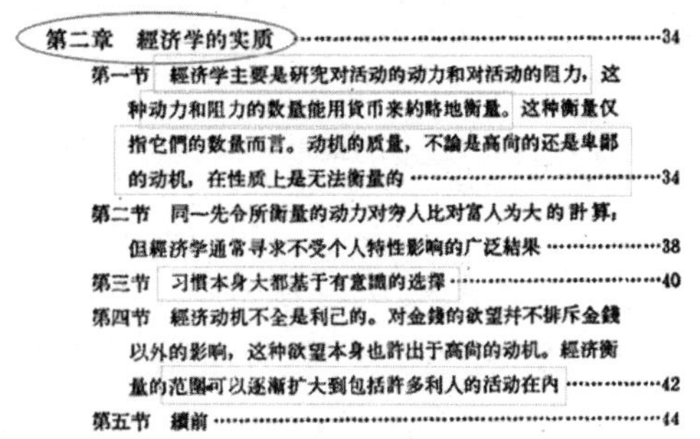
第二章　經济学的实质……34
第一节　經济学主要是研究对活动的动力和对活动的阻力，这种动力和阻力的数量能用貨币来約略地衡量。这种衡量仅指它們的数量而言。动机的质量，不論是高尙的还是卑鄙的动机，在性质上是无法衡量的……34
第二节　同一先令所衡量的动力对穷人比对富人为大的計算，但經济学通常寻求不受个人特性影响的广泛結果……38
第三节　习惯本身大都基于有意識的选择……40
第四节　經济动机不全是利己的。对金錢的欲望并不排斥金錢以外的影响，这种欲望本身也許出于高尙的动机。經济衡量的范圍可以逐渐扩大到包括許多利人的活动在内……42
第五节　續前……44

图 6.5

第三节的命题值得讨论，细目：“习惯本身大都基于有意识的选择”。马歇尔说：经济学特别关心的生活的一面，就是人的行为的最深思熟虑且在他未做一事之前总是先考虑它的利害得失的一面。而且，在他的生活的这一面上，当他确是遵照风俗习惯，暂时对一事不加考虑地就去做的时候，风俗习惯的本身差不多一定是精密和细心地观察不同行为过程中的利害得失的产物。

第四节的细目是一个命题：“经济动机不全是利己的。对金钱的欲望并不排斥金钱以外的影响，这种欲望本身也许出于高尚的动机。经济衡量的范围可以逐渐扩大到包括许多利人的活动在内。”第五节继续讨论这一命题，可见利己（市场竞争）和利他（互惠合作）孰优孰劣，是当时经济学的重要议题。

第六节的主题，如图 6.6，承接的是第四节和第五节的思路，继续讨论竞争与合作议题，细目为：“共同活动的动机对于经济学家具有巨大的和日益增长的重要性”。在这一节，马歇尔特别引述了德国经济学家的“国家科学”和“国民经济学”一贯就有的“公共福利”思路。

然后马歇尔转入第七节，细目：“经济学家主要是研究人的生活的一贯方面；但是这种生活是真实的人的生活，而不是一个虚构的人的生活”。马歇尔之所以写出这一命题，很大程度上是要表明经济学家与社会学家的研究视角并无本质差异，他们都研究“真实的人的生活”。只不过，经济学的方法要求经济学家观察统计意义上“平均”的从而是典型的“个人行为”，而且是货币可以衡量的行为——称为“方法论个人主义”，而社会学家首先关注“意义”——很难以货币衡量。

第六节　共同活动的动机对于經济学家具有巨大的和日益增长的重要性……………………………………………………45
第七节　經济学家主要是研究人的生活的一个方面，但是这种生活是一个眞实的人的生活，而不是一个虛构的人的生活。参看附录三……………………………………………………46

图 6.6

马歇尔在第二章的最后一段这样表明自己的“经济学”基本态度：

> 所以，我们越少从事于某一问题是否属于经济学的范围这种学究式的研究，那就越好。如果事情是重要的，那就让我们尽可能地加以研究。如果是一个存在不同意见的问题，还不能由正确和可靠的知识来解决；如果是一个经济分析和推论的一般方法还不能解决的问题，那么，在我们纯粹的经济研究之中，就将它搁在一旁好了。但是，我们之所以这样做，只是因为，如果要将这种问题包括在我们的研究之内，反会减少我们经济知识的正确性和精密性而一无所获；我们要常记住：我们必须用我们的伦理本能和常识来研究这种问题，这种本能和常识作为最后的公断人，将把从经济学和其他科学所得来的与经过整理的知识，应用到实际问题上去。

第三章的标题是，经济概括即经济规律，如图 6.7。马歇尔所说的规律“laws”，其实应是“regularities”——规律性的现象。因为，在很大程度上，他在正文里说的意思是，经济概括必须基于统计研究，现象之间的统计相关性是经济学中的特征事实——“统计显著的有待解释的现象”。当然，使用“laws”而不使用“regularities”有一个好处，就是，马歇尔可以很自然地引入他著名的方法——寻找和分析经济行为的“典型”或“代表”。因此，他在正文里解释“律”这一语词的形容词“典范”，差不多可以是“规律”的同义词。有了典范的或“代表性的”消费者和生产者，经济学的叙事就可大大简化，这就是“常态”或“正常的”（normal）这一假设的马歇尔涵义——第四节。

图 6.7

第一节是方法论，马歇尔引述的是德国历史学派的方法论观点，细目：“经济学需用归纳法和演绎法，但为了不同的目的，采用这两种方法的比重也不同”。在正文里，他特别写了：我们希望这两派——分析派和历史派——永远存在；每派彻底地进行自己的工作，每派都利用另一派的工作。这样，我们就最可获得关于过去的正确的概括，并从其中得到对于未来的可靠指导。

第二节，“规律的性质：自然科学的各种规律的准确性是不同的。社会和经济的规律相当于较为复杂和较不精确的自然科学的规律。”第三节接续第二节的讨论，在这里，马歇尔说：经济学的规律可与潮汐的规律相比，但不能和简单与精密的引力律相比。这样就很自然地转入第四节：“正常的这一用语的相对性”。马歇尔说：这样，一种社会科学的规律，即社会规律，是一种社会倾向的叙述；那就是说，我们可以期待的某一社会集团的成员在一定情况下所有的某种活动的趋向的叙述。经济规律，即经济倾向的叙述，就是与某种行为有关的社会规律，而与这种行为有主要关系的动机的力量能用货币价格来衡量。

第五节：“一切科学的学说无不暗含地采用条件的，但这种假设的因素在经济规律中特别显著。”马歇尔指出，经济学家所说的因果关系受到两个条件的限制：第一，假定其他情况不变；第二，这些原因能够不受阻碍地产生某些结果。这两条件的第一个就是后来经济学教科书里反复出现的“Ceterus Paribus”——拉丁文短语“with other things the same”或“all other things being equal”（保持其他方面不变，或其他事情在相等状况中）。这是一切科学研究结论的关键假设，不仅适用于经济学，而且适用于物理学。

第四章“经济研究的次序与目的”，如图 6.8。第一节概述前两章的大意。马歇尔在这里强调：经济学不过是常识的运用，并助以有组织的分析和一般推理的方法，这种方法使得收集和整理特殊事实以及从中得出结论的工作易于进行。经济学的范围虽然总是有限制的，它的工作如果没有常识的帮助虽是徒然的，但却使常识能被用来进一步说明困难问题，否则，就不能这样。第二节的细目：“科学的研究不是按照它所要达到的实际目的来排列，而是按照它所研究的课题的性质来排列的。”马歇尔解释说：因此，经济学的目的，第一是为求知识而求知识，第二是解释实际问题。他的意思是，如果仅仅为解决实际问题而将经济学的各种知识串接起来，那么，从一个问题到另一问题的时候，原本串接的这些知识相互之间因为尚未建立内在的逻辑关系故而变得支离破碎，需要由新的问题再度串接在一起。与其如此，不如同时并举，一方面解决实际问题，一方面求得知识的整体感。

图 6.8

第三节，“经济研究的主要课题”。在这里，他列举当时经济学家们关注的主要经济问题：是何种原因，尤其在近代，影响了财富的消费和生产、分配和交换，工业和贸易的组织，金融市场，批发和零售商业，对外贸易，以及雇主和雇工的关系？这些行动如何互相影响和互相反应？它们最终的倾向与目前的倾向有何不同？价格之为欲望的尺度，受到何种限制？财富的增加和分布，怎样影响社会福利？任何一类人的收入不足，它的产业效率所受到的损害到怎样程度？任何一类人的收入的增加，如果一旦实现的话，因为提高他们的效率和赚钱能力的结果，这种增加会保持到怎样的程度？在各领域各部门的经济自由达到了怎样的程度？垄断到怎样的程度？经济自由对人的影响是怎样的？经济自由不断增加的过程是怎样实现的，以及它的影响是怎样的？各种制度的赋税将归谁负担？可以说，这份清单目前仍是经济学的主要议题。

第四节其实是继续列出经济学的议题，只不过更加具有英国的本土性质：“鼓励现在的英国经济学家进行研究的实际问题，虽然这些问题不是完全属于经济学的范围”。

第五节，“经济学家必须训练他的知觉、想象、推理、同情和谨慎的能力”。马歇尔认为，在这些能力当中最重要的是想象力——使经济学家可以探索可见的事件之间不显著即处于表面之下的那些原因，与可见的原因之不显著即处于表面之下的那些结果。马歇尔在这里将经济学与物理学加以类比，他的意思似乎是，就上述的方法类同而言，经济学是社会科学当中的物理学，所谓“社会物理学”。不过，马歇尔随后还指出，经济研究需要和发展同情心的能力……这种研究正日益变得紧要：性格和收入、就业方法和用钱的习惯彼此所发生的影响是怎样的；一个国家的效率由人们之间的信任和情感所加强，同时它也加强了这种信任和情感；职业的规则、工会的惯例……

第六节接续第五节的讨论，马歇尔在这里更多提及经济学家的同情心，他说：事实上，近代经济学的创始者，差不多都是性情温和、富有同情心和为人道的热诚所感动的人。他们很少关心为自己谋取财富；他们却很关心财富在大多数人之中广泛分布的情况。……在几代之中，他们都支持反对阶级立法的运动，这种立法不允许工会享有雇主团体所享有的那些特权；或者他们设法医治旧的济贫法灌输到农业及其他劳动者心中和他们的家庭的毒素；或者他们拥护工场法案，而不顾有些政客和雇主假借他们的名义竭力反对。……但是在勇气和谨慎方面，他们是坚强的，他们看起来是冷静的，因为他们不愿担负提倡向没有人走过的道路急速前进的责任，而对这种道路的安全的唯一保证就是人们具有信心的希望……他们的责任是反对达到这一伟大目的之一切似是而非的捷径，因为这种捷径会毁坏人类的精力和创造力的源泉。

现在开始浏览第二篇“若干基本概念”的目录，如图6.9，第一章“绪论”，“第一节：“经济学将财富看作是满足欲望的东西和努力的结果”。马歇尔在这里指出：我们工作的真正困难在于另一方面，就是因为在各种科学中只有经济学必须设法使用几个平常所用的名词来表明许多细微的差别。

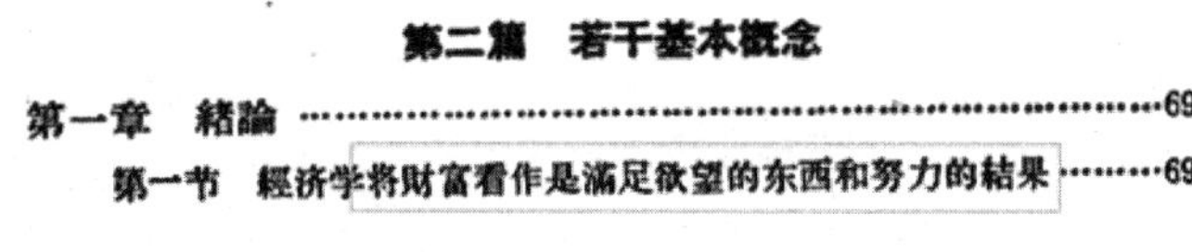
第二篇　若干基本概念

图6.9

第二节，见图6.10，“对性质和用途有变化的东西加以分类的困难”。这里，马歇尔引述达尔文的生物学研究方法，以解释经济学方法遇到的困难：在这一点上，经济学家必须从生物学的新近经验中学许多东西：达尔文对于这个问题的渊博研究，有力地解释了我们当前的困难。他指出，决定自然组织中每个生物的生活习惯和一般地位的那些部分，通常不是它的构造中最足以说明它的起源的那些部分。类似地，马歇尔指出：在经济发展的一个阶段中那些最重要的命题，在另一阶段中可能是最不重要的……于是马歇尔开始讨论经济学思想史的重要性：我们必须常常记住我们所用的名词的历史。因为，首先，这种历史本身是重要的，而且它间接地说明了社会经济发展的历史。其次，即使我们研究经济学的唯一目的，是要获得指导我们达到目前实际目的的知识，我们仍应尽量使我们的名词的用法符合过去的传统，以便迅速了解前人的经验所提供的间接暗示和细致温和的告诫，作为我们的教训。

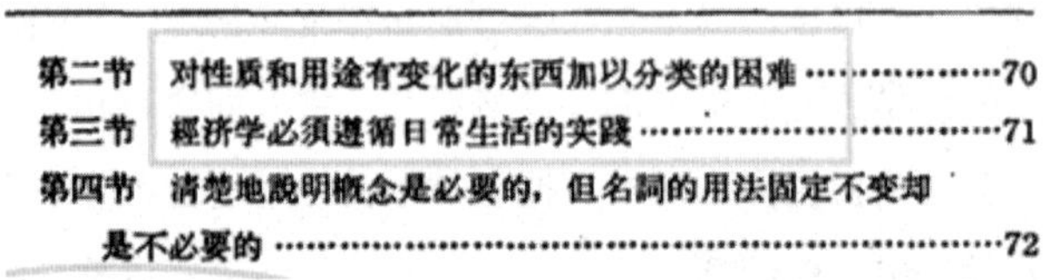

图 6.10

第三节，“经济学必须遵循日常生活的实践”。马歇尔指出，由于经济学必须服务于公共政策，所以经济学的各种名词的涵义必须尽量遵循日常生活的实践以便为公众熟悉。他说：我们的工作是艰难的。的确，在自然科学中，一当我们看到一群东西具有某一类共同的特性，并往往把它们摆在一起说时，我们就可将这些东西归入一类，加上一个特殊的名称；而且一当一个新的概念发生时，我们马上就创造一个新的术语来代表它。但是，经济学却不敢这样做。经济学的理论必须用大家所明了的语言来表达；所以，经济学必须力求使它自己与日常生活中惯用的名词相合，而且在可能范围内必须像平常所用的那样来使用这些名词。第四节：“清楚地说明概念是必要的，但名词的用法固定不变却是不必要的”。这是对第三节的补充，马歇尔认为经济学主要概念的涵义始终是连续变动的，没有发生显著断裂，但清楚说明每一概念的涵义仍是必要的。

第二章“财富”，这是经济学核心概念，故可能是全书最核心的一章。如图 6.11，围绕第一节列出的这些财富种类，可以展开全部经济学叙事。细目：“财货这个名词的专门用法。物质的财货。个人的财货。外在的财货和内在的财货。可转让的财货和不可转让的财货。自由的财货。可交换的财货。”

图 6.11

马歇尔在这里的讨论明显有混乱之处，可能由于：一方面，他试图继承休谟关于幸福的三类来源的学说及产权观念；另一方面，他试图融合经济学的新进展。他讨论的是“财富”问题，但财富这一语词的涵义常常包括了诸如友情和文化遗产这样的非物质财富，于是他说：“一切财富是由人们要得到的东西构成的，那就是能直接或间接地满足人们欲望的东西”。然后他用“财货”表示人们要得到的东西的集合。财货的集合可分为“物质的”和“非物质的”两类。非物质财货又分为两类：其一是由每一个人的身体和心智的品质形成的，可称为“内在的财货”；其二称为“外在的财货”，例如“商誉”和“客户关系”。然后他列出一个表格，如图 6.12，试图整理他的纷乱的财货概念。

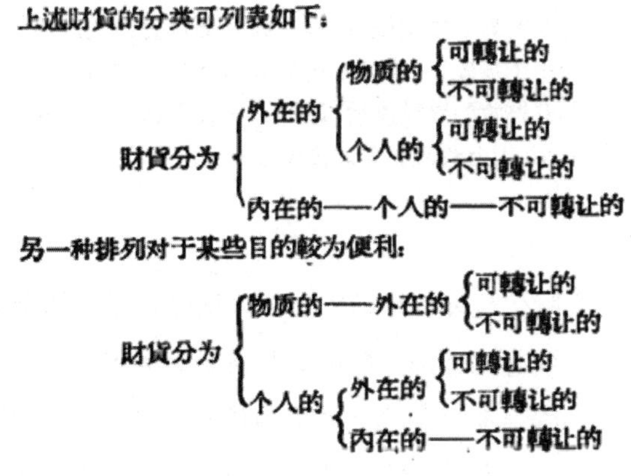

图 6.12

第二节，“一个人的财富是由他的外在的财货中那些能用货币衡量的部分构成的”。马歇尔的解释：第一种财货是他具有私有财产权的那些物质财货。第二种财货是属于他所有的、在他之外存在的，而且直接作为使他能够获得物质财货的手段的那些非物质的财货，因此不包括他的内在财货。马歇尔在这一节里澄清：财富这个名词这样的用法，是符合于日常生活的；同时，它包括那些——而且只是那些——显然属于经济学范围（如第一篇中所说明的范围）以内的财货；所以这种财货可以称为“经济财货”。因为，它包括一切客观存在的东西，这些东西（1）属于某一个人所有，而不是同样地属于他的邻人所有，因而显然是他的东西；（2）是直接能用货币衡量的东西——这种衡量一方面代表生产这些东西的努力和牺牲，另一方面代表它们所满足的欲望。与马歇尔1890—1902年间写的这些没有清晰思路的议论相比，门格尔在1871年的定义真是太清晰而且彻底了，图6.13取自《国民经济学原理》第一章“财货的一般理论”的第一节“财货的本质”。门格尔所列这四项条件的合取式，就是“财货”。

所以，一物要成为财货，换句话说，--物要获得财货的性质，必须具备下列四个前提：

（1）人类对此物的欲望；

（2）使此物能与人类欲望的满足保持着因果关系的物的本身属性；

（3）人类对此因果关系的认识；

（4）人类对于此物的支配，即人类事实上能够获得此物以满足其欲望。

这四个前提必须完全具备，一物才能成为财货。假如缺少任何一个前提，一物就不可能获得财货的性质。一物在既已具有财货的性质以后，假如它又失去这四个前提中的任何一个，则此物又会立即丧失财货的性质。②

图6.13

第三节，“但是，有时广泛地使用财富这个名词以包括一切个人的财富在内较为妥当”。在这里，马歇尔同意用欧洲大陆多数经济学家的定义：我们可以说，个人的财富包括一切直接有助于使人们获得产业效率的精力、才能和习惯在内。

第四节，“共同的财货中个人应得的部分”。这里，马歇尔讨论的是诸如道路、街灯、社区图书馆和公立大学这类公共产权中的个人权益。马歇尔这一节的结论是：这些东西有许多是共同的财货，就是说不是私人所有的财货。这样，就使我们从与个人观点相反的社会观点来研究财富。

马歇尔继续讨论第四节所说的公共财富问题。第五节，“国家的财富。世界的财富。财富所有权的法律根据。”马歇尔指出，一国之内有许多基础设施是由公共举债建造的，此时，财富问题转化为公共财政问题。马歇尔于是细致地讨论了如何在计算国民财富时避免重复计算，为20年以后希克斯和库兹涅茨的“国民收入”统计指标作了一番思想铺叙。

第六节，“价值。暂时用价格来代表一般购买力。”马歇尔在这里评论斯密的古典价值学说，然后重新确认了小密尔的价值理论：一个东西的价值，也就是它的交换价值，在任何地点和时间用另一物来表现的，就是在那时那地能够得到的并能与第一样东西交换的第二样东西的数量。因此，价值这个名词是相对的，表示在某一地点和时间的两样东西之间的关系。然后马歇尔声称，如果不考虑货币一般购买力的波动情形，价格不妨视为交换价值的代表。此处，他引入了几乎同时由费雪正式确立的“货币理论”的核心问题。由于这些因“货币存量”引入的理论困难，马歇尔在这一节的结尾这样表示：但是，如果创造发明大大增加了人类对自然的控制力量，则为了某些目的，货币的实际价值用劳动来衡量比用商品来衡量较好。然后，这种困难不会很大影响我们在本书中的工作，因为本书不过是经济学的“基础”的研究而已。

现在开始浏览第二篇的第三章，“生产。消费。劳动。必需品。”如图6.14，第一节，“人类所能生产和消费的只是效用，而不是物质本身”。马歇尔立即澄清：诚然，在精神和道德的领域内，人可以产生新的思想；但是，当我们说他生产物质的东西时，他实在只是生产效用而已；或换句话说，他的努力和牺牲的结果只是改变了物质的形态或排列，使它能较好地适合于欲望的满足——马歇尔在脚注里引用了培根的类似见解。此外，他还引用了门格尔的观点：另有一种区别，曾经颇为重要，但现在很含糊，而且恐怕没有多大实际用处，就是一方面是消费者财货，也称为消费财货或又称为第一级财货，如食物、衣服等，都是直接满足欲望的东西；与另一方面是生产者财货，也称为生产财货，或又称为工具的或中间的财货，如耕犁、织机和原棉等，都是有助于第一级财货的生产而间接满足欲望的东西之间的区别。我认为，马歇尔没有注意到他所批评的，正是后来学术界承认的门格尔经济学当中最重要的“生产过程”学说——基于奥地利学派的价值理论，以“imputation theory”为名流传于世。在门格尔的价值排序当中，只有第一级的财货相互之间是互替的，而在第二级或更高级别的财货之间，更多出现的是互补性。我们知道，生产领域的“收益递增”现象通常意味着投入品之间有强烈的“互补性”。

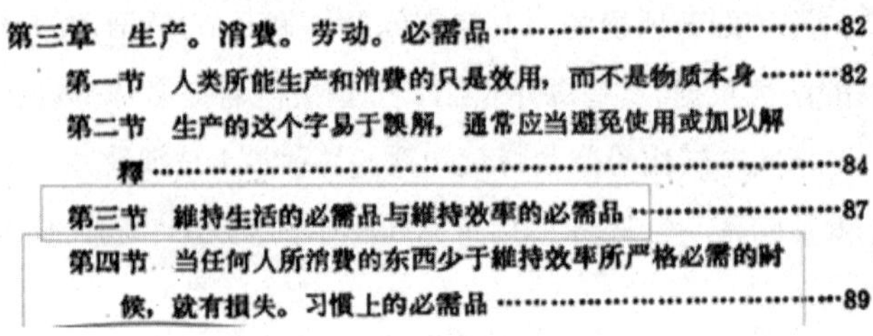

图 6.14

第二节，“生产的这个字易于误解，通常应当避免使用或加以解释”。马歇尔在这里的脚注里引用了杰文斯的“劳动”曲线（参见本书第二讲图 2.31），并讨论了劳动的双重性质：一方面，劳动产生的结果可能是“生产性的”；另一方面，劳动产生的结果可能是“消费性的”。典型的例子就是一个人读文学作品时投入的劳动时间，可以说是消费性的，也可以说是生产性的。更现代的观点是将“时间”视为“消费—生产”的同一过程，只不过，有些时间投入于即时产出的效用，有些时间投入于将来有产出效用的人力资本积累之中。[1] 马歇尔的结论是：最好将一切劳动都视为是生产性的。

第三节，“维持生活的必需品与维持效率的必需品”。马歇尔试图澄清李嘉图在运用马尔萨斯“工资铁律”时遇到的困难——计算“维持生活的必需品”的价值。他指出，古典政治经济学家们生活的时代基本上还是传统农业社会的时代，于是人们容易估算“维持生活的必需品”都是哪些财货。在工业时代，则很难估算，例如，很难分清这些必需品是维持工业生产效率所必需的，还是维持劳动者日常生活所必需的。

第四节，“当任何人所消费的东西少于维持效率所严格必需的时候，就有损失。习惯上的必需品。”马歇尔继续讨论劳动价值问题，但此处更加详细具体：当我们研究决定有效劳动的供给的原因时，我们必须对维持各种工人的效率的必需品加以详细的研究。但是，我们如果在这里考虑一下什么是维持这一代中英国的普通农业劳动者或不熟练的城市工人及其家庭的效率的必需品，就可使我们的观念得到明确。我们可以说，这种必需品是由以下的东西构成的：一所有几个房间和良好下水道的住宅、温暖的衣着以及一些调换的内衣、干净的水、供给丰足的和有适当补充的肉类和牛奶以及少量的茶等等、一点教育和娱乐，最后，他的妻子在其他的工作之后有充分自由使她能适当地尽她做母亲和料理家务的职责。在任何地方，不熟练的工人如果缺少其中任何一样东西，他的效率将受到损害，正像一匹马饲养不良，或一架蒸汽机没有充足

[1]　参阅 George Stigler & Gary Becker, “De Gustibus Non Est Disputandum”, in *The American Economic Review*, Vol.67, No.2 [1977]: 76-90。

的煤的供给一样。达到这种限度的一切消费都是严格地生产的消费：这种消费的任何节省，都是不经济的，而是会造成损失的。此外，烟酒的若干消费，和喜欢穿着时髦的衣服，也许在许多地方成为习惯了，因此它们可以说是习惯上必需的，因为，为了得到这些东西，普通的男子和女子将要牺牲一些维持效率所必需的东西。所以，他们的工资就要少于实际上维持效率所必需的了，除非他们的工资不但可以满足严格必需的消费，而且还包括一定数量的习惯上的必需品在内。在这一页的脚注里，马歇尔报告：……按照现在的价格来算，一个普通的农民家庭的严格的必需品每星期有 15 或 18 先令就够了，习惯上的必需品大约有 5 先令多一点也够了。……住在城市中的熟练工人的家庭，严格的必需品也许是 25 或 30 先令，习惯上的必需品是 10 先令。对于一个不断紧张运用脑力的人，如果是未婚的，严格的必需品也许每年要 200 或 250 镑：但如果他有一个要花很多教育费用的家庭，就要这个数目的两倍以上。

我们可以想象，马歇尔在写了上面这样详细的劳动家庭的必需品清单时，是经过了一番社会调查的。不过，图 6.3 描写的英国工人阶级生活状况，实在不像马歇尔所说的这样美好。

第四章“收入。资本。”如图 6.15，第一节：“货币收入与营业资本”。不过，我认为马歇尔在这里的讨论远不如十年之后费雪关于“收入”和“资本”概念的讨论。事实上，费雪之后，至今，我仍沿用费雪的“收入”定义和“资本”定义，而不用例如经济学和金融学教科书的标准定义。[1]

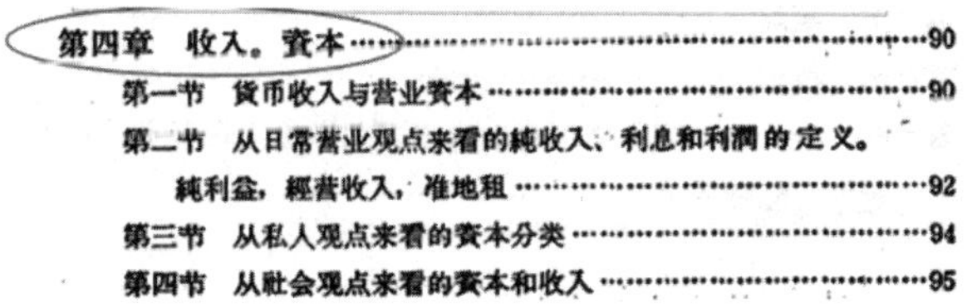

图 6.15

注意，不仅有“利润”定义，而且马歇尔在这里首次提出著名的“拟租”（quasi-rents）概念，第二节细目如下：“从日常营业观点来看的纯收入、利息和利润的定义。纯利益，经营收入，准地租。”马歇尔界定了“纯收入”（总收入与产生总收入的费用之差）之后，转而界定“纯利益”概念：一种职业对劳动所提供的真正报酬，必须从它的一切利益的货币价值中减去了它的一切不利的货币价值，才能计算出来；我们

[1]　参阅 Irving Fisher, *The Theory of Interest. As Determined by Impatience to Spend Income and Opportunity to Invest It*, The MacMillan Company, 1930；以及 John Geanakoplos, “Celebrating Irving Fisher: the Legacy of a Great Economist”, *Cowles Foundation Papers*, No.1198, 2007。

对这种真正的报酬可称为这种职业的纯利益。随后，马歇尔定义“利润”：……然而，除非他期望从这资本所得的全部纯利益会超过按现行利率计算的资本的利息，否则，他恐怕不愿意继续这种营业。这些利益就称为利润。马歇尔这样界定的“利润”概念仍十分含混，他将利润定义为纯利益与资本利息之差。而他定义的纯利益，如上述，是一种职业带来的全部利益的货币价值与一切不利的货币价值之差。我认为这样的界说很难说清楚“企业家能力”及其“利润”的涵义，远不如直接参考奥地利学派经济学文献，例如克孜涅尔定义的“企业家能力”和奈特定义的“利润”。

关于租和拟租，马歇尔这样界说：……将租金这个名词留作代表从自然的赠与中所得的收入之用，似乎比较有利。为了这个理由，从机器及其他人工所做的生产工具中所得的收入，在本书中将用准地租这个名词来代表。这样，马歇尔就将农业时代的地租概念的经济学涵义延伸到了工业时代的拟租概念。

第三节“从私人观点来看的资本分类”可与第四节“从社会观点来看的资本和收入”合并阅读，第五节、第六节、第七节都是这两节讨论的继续，或者正因为有这许多讨论，很显然，马歇尔对“收入”和“资本”的思考远不如费雪。直到第八节，马歇尔才转而论述另一主题，如图 6.16，“生产性和预见性在资本的需要和供给上是资本的两个对等的属性”。但是马歇尔在这里没有提供任何值得讨论的观点，以致第八节的内容几乎就是空白。

图 6.16

第三篇的总标题是“论欲望及其满足”，如图 6.17，相当于现代经济学教科书中的“消费者理论”。第一章“绪论”，第一节“本篇与以下三篇的关系”。马歇尔在这里对古典的和现代的经济学叙事有一番评论：经济学较旧的定义说经济学是研究财富的生产、分配、交换和消费的科学。后来的经验表明，分配与交换的问题是如此密切相关，以致打算将它们分开研究是否有利，实属可疑。可是关于需求与供给的关系的一般推论是很多的，这种推论是用来作为价值的实际问题的基础的，并起着基本骨干的作用，是经济学推论的主体具有统一性和一致性。这种推论的广泛性和一般性，使它与它所说明的分配和交换的较为具体的问题截然不同，所以将它完全放在第五篇“需求与供给的一般理论”之中，而这一篇是为第六篇“分配与交换或价值”铺平道路。

第三篇　論欲望及其滿足

第一章　緒論 …… 103
　第一节　本篇与以下三篇的关系 …… 103
　第二节　直到最近才对需要和消费加以足够的注意 …… 103
第二章　欲望与活动的关系 …… 105
　第一节　多样化的欲望 …… 105
　第二节　自豪感的欲望 …… 106
　第三节　續前 …… 107
　第四节　为自豪感而求自豪感的欲望。消費理論在經济学中的地位 …… 108

图 6.17

马歇尔的设想是，第三篇讨论消费与需求，第四篇讨论生产与供给，顺理成章，第五篇才可讨论供求均衡，第六篇转入由均衡价格决定的分配问题。他承认：在一般性质上，第四篇相当于过去两代中在差不多所有英国的关于一般经济学的著作中占重要地位的那种生产的研究，虽然它与需求和供给问题的关系没有被十分清楚地说明。我们讨论过小密尔的《政治经济学原理》目录，故而，很容易看到，经济学叙事的基本脉络，在马歇尔这里就不再延续小密尔的古典经济学叙事方式了。

第二节的细目为：“直到最近才对需要和消费加以足够的注意”。马歇尔回顾了经济学从古典时期到他那一时期的基本思路的转变，从“生产”的视角逐渐转变为“消费”的视角。他指出：李嘉图的过于注重生产费用方面的习惯，实属有害。因为，他和他的主要追随者虽知道在决定价值上，需求的条件与供给的条件同样重要，但他们都没有十分清楚地表明这样的意思，于是，除了最细心的读者外，大家都对他们发生误解了。

马歇尔还指出了上述转变与经济学方法的关系：经济上精确的思考习惯的成长，使人们更为注意要明白叙述他们推论的前提。这种注意的增加，一部分是由于有些作家应用数学语言和数学的思考习惯。复杂的数学公式的使用究竟有多大好处，固然是可疑的；不过，数学的思考习惯的应用已有很大贡献，因为它使人们直到十分明了问题是怎样 回事时，才肯考虑这个问题；而且在进一步研究之前，一定要知道什么是要假定的，什么是不要假定的。这又回过来使我们对于经济学的一切主要概念，尤其是对需求的概念，不得不作更为仔细的分析；因为单单是企图清楚地说明怎样衡量对一样东西的需要，就已开辟了经济学主要问题的新方面。需求的理论虽然还在幼稚时期，但我们已能知道：收集和整理消费统计来解释对公共福利极为重要的困难问题，也许是可能的。

读上面这些论述时，我立即联想到张五常坚持续写《经济解释》的神州三卷本和四卷本，时常提到要重新考虑“需求曲线”的存在问题，如果事实上买卖双方都是“寻价者”的话。大约有与马歇尔类似的理由，张五常晚年更经常思考经济学的根本议题。

第二章“欲望与活动的关系”，第一节“多样化的欲望”。马歇尔的文字真是很精彩——在这方面重要的第一步是随着火的发明而来的：人类渐渐习惯于用许多不同方法烹调各种不同的食物和饮料了；不久对于单调无变化就开始感到厌恶了，当意外的事情迫使人类长时间地以一两种食物维持生活，就觉得这是很大的困苦了。当一个人的财富增大时，他的食物和饮料就变得更为多种多样和昂贵了；但他的食欲是受自然的限制的，当他花于食物的费用达到奢侈浪费的时候，满足款客和夸耀的欲望，比放纵他自己的感觉器官，次数更多。这一点使我们注意到西尼尔所说的——“多样化的欲望尽管是强烈的，但与优越感的欲望相比却是微弱的：如果我们考虑后一种欲望的普遍性和永久性，就是它在一切时间影响一切的人，从我们出生它就随之而来，直到我们进入坟墓它才会离开我们，则这种情感可以说是人类情感中最有力的了。”这个重要的半真理，从人类对精美和多样食物的欲望与对精美和多样衣服的欲望的比较中，便足以证明了。

所以，第二节和第三节的主题是“自豪感的欲望”，第四节仍是这一主题的继续：“为自豪感而求自豪感的欲望。消费理论在经济学中的地位。”从对外征服到科学、文学和艺术，从普通家庭对子女教育的投资到上流社会的首饰珠宝字画摆设，无不受到自豪感和优越感的鼓舞和激励。马歇尔在第四节对人类发展有一种基本的判断：概括来说，在人类发展的最初阶段中，虽然是人类的欲望引起了人类的活动，但以后每向新的一步前进，都被认为是新的活动的发展引起了新的欲望，而不是新的欲望的发展引起了新的活动。……所以，“消费理论是经济学的科学基础”这句话是不对的。我们沿着马歇尔叙述的思路不难想到，人类发展的先导永远是人类心灵固有的“好奇心”，因此未来经济学的研究主题之一，应当是关于创造性与好奇心的行为经济学原理。

承接以上的思路，马歇尔转入第三章的主题“消费者需求的等级”，见图 6.18，第一节的细目为：“欲望饱和律或效用递减律。全部效用。边际增加量。边际效用。”我们知道，这一节的内容是现代经济学的消费理论和厂商理论的核心内容，所谓“边际递减”规律。

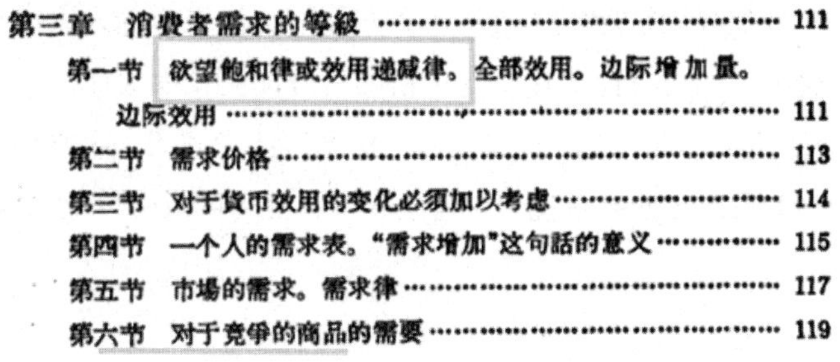

第三章　消費者需求的等級 ………………………………… 111
第一节　欲望飽和律或效用遞減律。全部效用。边际增加量。
边际效用 ………………………………… 111
第二节　需求价格 ………………………………… 113
第三节　对于货币效用的变化必须加以考虑 ………………………………… 114
第四节　一个人的需求表。"需求增加"这句話的意义 ………………………………… 115
第五节　市場的需求。需求律 ………………………………… 117
第六节　对于竞爭的商品的需要 ………………………………… 119

图 6.18

第二节“需求价格”是马歇尔“需求曲线”的描述，结论为：边际需求价格是递减的，只有愿出的价格达到愿售的价格时，需求才是“有效需求”。有效的需求，于是导致第三节“对于货币效用的变化必须加以考虑”。马歇尔的结论是：当资产减少时，货币的边际效用增加，于是对任何利益所愿付的价格随之减少。第四节：“一个人的需求表。‘需求增加’这句话的意义。”也是在这一节的脚注里，马歇尔，在古诺之后，第一次画了他想象的一个人的需求曲线——需求量之为价格的函数。

然后，马歇尔在想象中将一个市场里的全部个人需求曲线加以集结，这就是他的第五节：“市场的需求。需求律。”在这一节的脚注里，马歇尔画了他的第二条需求曲线——集结之后的“市场需求”。他的结论——因此，就可得出一个普遍的需求律：要出售的数量越大，为了找到购买者，这个数量的售价就必然越小；或者，换句话说，需要的数量随着价格的下跌而增大，并随着价格的上涨而减少。……价格可以衡量该商品个别地对每一购买者的边际效用，但我们却不能说价格可以衡量一般的边际效用，因为各人的欲望与环境是不同的。

现在是第六节：“对于竞争的商品的需要”。我们知道，在经济学的历史上，关于“竞争”的界定从未令人满意。虽然，几乎每一位重要的经济学家都不能回避“竞争”这一概念。马歇尔在这一节里提供了一个冗长的脚注，回顾了当时重要经济学家们的思路。然后他说：但我们将从颇为不同的观点，即从价格统计的观点来研究这个问题。

第四章“欲望的弹性”，见图 6.19—6.20，这一章的主题导致了颇有争议的所谓马歇尔“第二需求定律”。张五常在《经济解释》第一卷里明确指出，马歇尔关于需求弹性的定律是错误的，至少，对解释现实问题而言“不重要”。但是，马歇尔只讨论“欲望”的弹性，尚未涉及市场需求曲线的例如价格弹性或收入弹性等等。一个人对一种物品的欲望，在马歇尔的分析里是有“弹性”的。有时候，价格稍许下降，但可诱致需求量的大幅增加。有时候，价格大幅下降，却只诱致需求量的较小增加。简单的衡量方法，就是我们在解释“演化基本方程”时使用的百分比增长率。马歇尔定义“弹性”为需求的百分比变化率与价格的百分比变化率之比。第一节“需求弹性的定义”。我认为，马歇尔在谈论“竞争”概念时注意到的一个重要观点是：只要有充分的竞争，需求曲线就可被视为“连续的”甚至“可微的”，于是就可估算它的“弹性”。

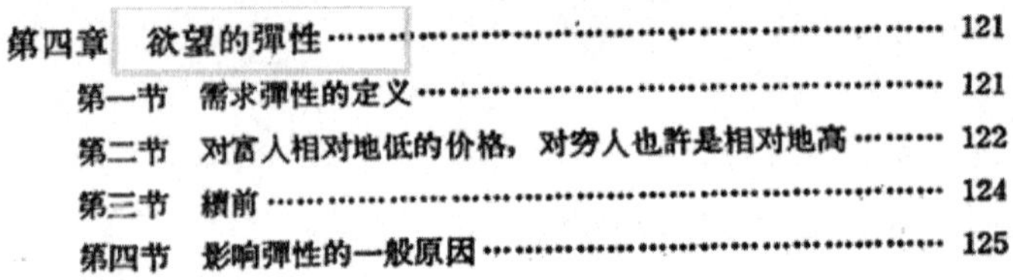

图 6.19

第二节：“对富人相对地低的价格，对穷人也许是相对地高”。第三节接续第二节的讨论，并且马歇尔在脚注里提供了第三幅图示。第五节“与时间因素有关的种种困难”，马歇尔在这里承认：时间因素是经济学上许多最大的困难的根源。张五常批评的“需求第二定律”，其实也是马歇尔所说“由时间因素引起的困难”。需求第二定律是说：商品的需求弹性随时间而增加。因为，例如，当某一商品的价格突然增加时，需求方的替代方案较少，只能继续购买该商品，但需求方的替代方案随时间而增加，故购买力可以从这一商品转移到替代商品上去，这就意味着需求的百分比变化率随时间而增加。用需求的百分比变化率与价格的百分比变化率之比来计算的价格弹性于是随时间而递增——所谓“需求第二定律”。

张五常观察到香港出租车服务的价格弹性，恰好与需求第二定律的预测相反。每次出租车服务提价之后，短期内需求量下降，但随后就恢复到原来的情形。我观察北京出租车服务的涨价，与张五常的观察完全一致，每次提价之后的大约一个月，出租车司机感觉客流量明显减少。但两个月之后，司机们大多会说客流量已恢复到原来的水平。对于这类使需求第二定律失灵的现象，张五常解释说，因为出租车服务在香港很少有令人满意的替代。所以，当我们陈述需求第二定律时，应当增加一项假设：替代随时间而增加。张五常的结论是：我们不需要需求第二定律。

第六节“风尚的变化”。我们知道，关于“时尚”，贝克尔有远比马歇尔更充分的讨论。第七节：“在获得必要的统计方面的困难”。第八节：“消费统计的说明。商人的账册。消费者的预算表。”马歇尔遇到的统计数据缺乏之困难，对于现代的消费经济学家而言其实已不是问题的重点。

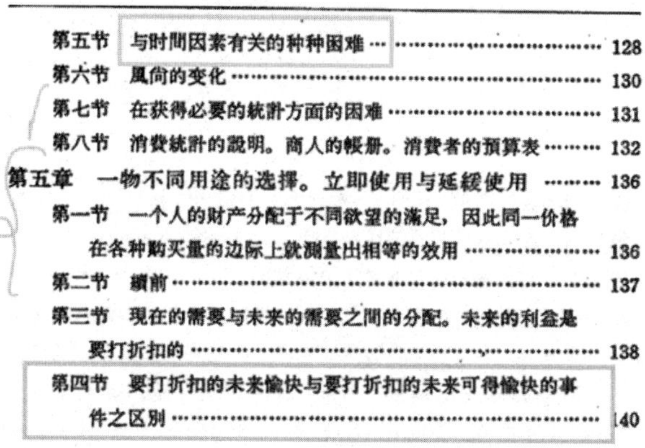

图 6.20

第五章，“一物不同用途的选择。立即使用与延缓使用”。第一节：“一个人的财产分配于不同欲望的满足，因此同一价格在各种购买量的边际上就测量出相等的效用”。第二节接续第一节的讨论。我们知道，这是现代的微观经济学教科书的标准内容。第三节：“现在的需要与未来的需要之间的分配。未来的利益是要打折扣的。”我们知道，这部分内容，今天的经济学家称为“跨期选择”，最优秀且最早的叙述应当是费雪的。第四节：“要打折扣的未来愉快与要打折扣的未来可得愉快的事件之区别”。关于这一主题，“跨期选择的行为经济学”，目前行为经济学家仍在研究，他们的初步研究已推翻了马歇尔经济学的结论，但贝克尔晚年写了一篇辩解文章。

第六章，“价值与效用”，如图 6.21。第一节：“价格与效用。消费者剩余。时机。”这里，马歇尔第一次引入的“消费者剩余”概念，与“弹性”类似，也是一个颇有争议的概念。在经济学思想史视角下，凡不可观测的概念，也就是说，无法提供可操作的观测方法的概念，都可引发争议。消费者剩余，马歇尔定义为需求曲线下方至均衡价格水平线的面积。问题在于，如何观测“需求曲线”？所以，希克斯，以及弗里德曼等人，根据不同的测量，提出了两种或更多种类的消费者剩余概念。

但是，我们还是要承认马歇尔在这里的论述有思想史价值，他说：我们已经知道，一个人对一物所付的价格，绝不会超过而且也很少达到他宁愿支付而不愿得不到此物的价格。因此，他从购买此物所得的满足，通常超过他因付出此物的代价而放弃的满足；这样，他就从这购买中得到一种满足的剩余。他宁愿付出而不愿得不到此物的价格，超过他实际付出的价格的部分，是这种剩余满足的经济衡量。这个部分可称为消费者剩余。消费者剩余来自同类商品包括可替代的商品之间的竞争关系，由于这一竞争关系，消费者可以只支付市场价格——通常低于他“愿意支付”的价格。马歇尔的这一论点，在现代拍卖理论和拍卖实验的设计中，具有重要意义。竞争性的市场为消费者提供了消费者剩余，在这一意义上，马歇尔说，市场为个人提供了“时机”——获取利益的机会。

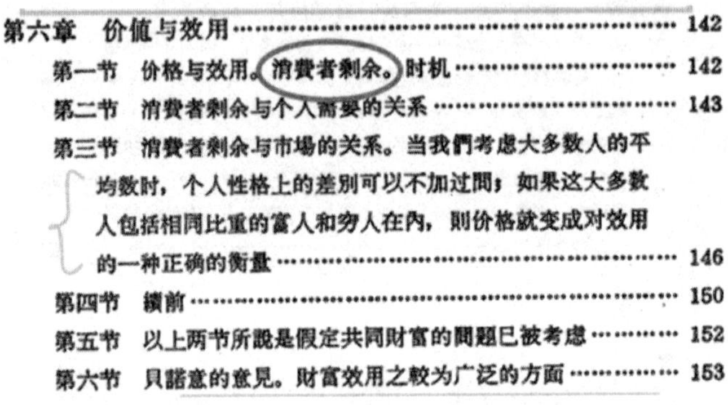

图 6.21

第二节，“消费者剩余与个人需要的关系”。马歇尔在这里估算了消费者剩余，并由此估算市场竞争带来的个人福利。第三节继续这一思路，但是马歇尔试图将消费者剩余代表的个人福利集结为社会福利，细目：“消费者剩余与市场的关系。当我们考虑大多数人的平均数时，个人性格上的差别可以不加过问；如果这大多数人包括相同比重的富人和穷人在内，则价格就变成对效用的一种正确的衡量。”第四节接续第三节的讨论。

第五节：“以上两节所说是假定共同财富的问题已被考虑。”马歇尔指出：在估计福利要依靠物质财富时，还有另一种考虑易被忽视。不但一个人的幸福往往要依靠他自己身心和道德的健康，比依靠他的外在条件更大，而且即便在这些条件之中，有许多对他的真正幸福极关重要的条件也易于从他的财富目录中遗漏。马歇尔此处所指的重要遗漏，就是个人分享的“公共财富”。

第六节：“贝努利的意见。财富效用之较为广泛的方面。”马歇尔注意到了数学家贝努利的效用理论，在那时的英国，这是很难得的。关于财富的效用的许多争议，也由此而来，贝努利的意见，最终导致了分享诺贝尔奖的“前景理论”。

现在开始第四篇，见图 6.22，总标题是“生产要素——土地、劳动、资本和组织”。值得关注的是，马歇尔此处列出的第四要素“组织”。于是，马歇尔其实在他的经济学框架里接纳了当时美国的老制度经济学派的组织理论和制度思想。此外，产业组织研究，是马歇尔的长项，1879 年，马歇尔还不是剑桥大学经济学教授时，已和夫人（Mary Paley Marshall）联名发表了《工业经济学》（*The Economics of Industry*）。

图 6.22

第一章“绪论”，第一节“生产要素”。在古典的三大要素当中，马歇尔论述：资本大部分是由知识和组织构成的，其中有一部分是私人所有，而其他部分则不是私人所有。知识是我们最有力的生产动力；它使我们能够征服自然，并迫使自然满足我们的欲望。组织则有助于知识，它有许多形式，例如单一企业的组织，同一行业中各种企业的组织，相互有关的各种行业的组织，以及对公众保障安全和对许多人提供帮助的国家组织。知识和组织的公有和私有的区别，具有很大的和日益增长的重要性；在某些方面，甚至比有形东西的公有和私有的区别更为重要；一部分为了这个理由，有时把组织分开来算作一个独立的生产要素，似乎最为妥当。

第二节的细目：“边际反效用。工作有时虽然就是它自己的报酬，但在某些假定下，我们可以认为，工作的供给是受对工作所能获得的价格之支配。供给价格。”显然，马歇尔在这一节里首次描述“供给曲线”：对生产一定数量的某种商品必需作出的努力所需的价格，可称为在同一时期中对那个数量的供给价格。

第二章，“土地的肥力”，见图 6.23。

图 6.23

第三章，见图 6.24，继续关于土地肥力和报酬递减倾向的讨论。这里，请读第一节的细目，马歇尔注意到生产函数可能呈现一段“收益递增”的情形，然后转入收益递减阶段，这是今天教科书经济学的标准图形。究其理由，土地之为一种生产要素呈现出报酬的递增性，是因为土地的投入量相对于另外两类要素（劳动和资本）的投入量显得太多所引起的。马歇尔在这一章的补充叙述，正表明劳动力有时成为远比可耕种的土地更稀缺的要素，于是在太多的土地上每增加一单位劳动投入，带来的报酬可能超过上一单位劳动投入的报酬。

图 6.24

此外，马歇尔在脚注里指出，在耕作的初期阶段中，报酬递增一部分是由于组织上的经济，这与使大规模的工业获得利益的那种组织上的经济是相同的。最终，马歇尔的观察表明，报酬是递减的，而且劳动投入于旧有土地的报酬递减，也是大规模向外移民的经济理由。

第二节，如图 6.25，细目："一剂资本和劳动。边际剂，边际报酬，耕作边际。边际剂不一定是时期上最后的一剂。剩余生产物；它与地租的关系。李嘉图所注意的只限于一个古老国家的情况。"马歇尔在这里使用的"剂量"概念，来自小密尔的父亲，即在给定的土地上，设想每一单位投入由固定比例的劳动和资本构成，相当于"药剂"之固定配比，故而翻译为"一剂"。在现代的经济学教科书里，相当于"二阶生产函数"的所谓"复合投入"，即在一阶生产过程中，由熟练劳动与资本构成的"互补投入"，然后，这一复合投入在二阶生产过程中，与"土地"和例如非熟练劳动等要素一起产出最终产品。

图 6.25

在考察现实情形时，马歇尔注意到，城市化带来的“土地肥力”效应，于是有他的第三节：“凡对土地肥力的衡量必然与地点和时间相关”。我注意到，马歇尔对英国农业有一番详实调查，并以此勘校李嘉图的地租学说。因此，有些出乎读者意料，马歇尔在农业问题上用了极大的篇幅。这是经济学发展的一项特征：许多重要的规律，例如报酬递减律，要求每一代经济学家根据当时当地的经验勘校这些规律的有效范围。也在这一节，马歇尔指出，技术进步，例如土地改良的力量，常常足以抵消报酬递减的趋势。而且，他在脚注里画了一幅图示，写了这样的解释文字：当然，他的报酬也许先递减，然后递增，然后再递减；但当他能实行一些进一步的广泛改进时，又再递增……这种较为极端的例子，也不是很罕见的。

第四节：“因为人口压力的增加，贫瘠土地的价值通常比肥沃土地相对地增大”。马歇尔注意到，“土地肥力”其实是一个相当含糊的概念，依赖于耕作技术。如果耕作多年之后，老的肥沃土地可能肥力下降到还不如贫瘠土地，此时应改变耕作技术，例如实行轮耕或作物的轮换。

第五节：“李嘉图曾说，最肥沃的土地最先耕种；以他说这句话的意思而言，这是对的。但是，他低估了稠密的人口对农业所提供的间接利益。”此处，马歇尔在脚注里着力引述了罗雪尔对李嘉图的评论。马歇尔认为，李嘉图的经验命题似乎局限于当时英国的情况，而现代都市发展相当大地改变了李嘉图的命题。事实是，马歇尔说：在新的国家中，会被英国农民看作贫瘠的土地，有时反而比他认为是肥沃的邻近土地先被耕种……因为，交换价值是以农民邻近的工业人口所提供的与农产物交换的东西来表示的。

第六节，继续上一节的讨论，马歇尔指出，李嘉图和他同时代的经济学家从报酬递减律中推出以上这个推论，一般都过于草率；他们没有充分考虑来自组织方面的力量之增大。但事实上，每个农民都因为有了邻人——不论是农民还是镇市居民——而得到帮助。即使大多数邻人都和他一样从事农业，他们也逐渐供给他以良好的道路和其他交通工具：他们并使他有一个市场，在这市场上他能以合理的条件购买他所需要的东西，供他自己和家庭用的必需品、舒适品和奢侈品，以及农业上各种必需的用品。他们使他获得知识：给他以医疗、教育和娱乐的便利；他的胸襟日益开阔了，他的效率在许多方面都提高了。如果附近的市镇扩充为一个大的工业中心，他的利益就更大了。他的一切生产物更值钱了；有些他一向丢掉的东西也可得到善价出售。在牧场经营和园艺经营方面，他得到新的机会，因为生产物的范围渐广，他就采用轮种的方法，使他的土地一直可以利用，而不会丧失土地的肥力所需要的任何一种成分。

马歇尔继续发挥他的“组织的收益递增”思想：还有一层，我们以后就会知道，人口的增加势将发展贸易和工业的组织；所以，报酬递减律之适用于花在一个区域的全部资本和劳动，就不像适用于花在一块田地上的全部资本和劳动那样明确。即使耕作已经达到了某一阶段，在这阶段之后，用于田地的接连每剂资本和劳动，都会比前一剂产生较少的报酬，但人口的增加也许可能使生活资料有超过比例的增加。……人口对生活资料的压力，在很长时期内，仍可为开辟新的供给范围、铁路和轮船交通的低廉与组织和知识的进步所遏制。

第七节，“渔场、矿山和建筑用地的报酬规律”。根据马歇尔的观察，在渔场投入的资本与劳动剂量的报酬呈现急剧递减规律，而矿山的报酬律则比较复杂一些，但仍是显著递减的。第八节，“报酬递减律和一剂资本和劳动的注释”。这里，马歇尔承认：报酬递减律，实在是《经济学原理》全书大部分的中心议题。因为，我们知道，除非马歇尔可以清楚界定“报酬递增”现象，否则，他的报酬递减律就始终成为问题。

第四章“人口的增长”，见图 6.26 和 6.27。第一节“人口学说史”。马歇尔的历史感充分表现在这一节的长篇论述中，他这样开篇：财富的生产不过是为了满足人类的生活，满足人类的欲望，和身体的、精神的及道德的活动之发展的一种手段。但是，人类本身就是那种以人类为最终目的之财富生产的主要手段。本章及以下两章对劳动的供给——就是人口在数目上、体力上、知识上和性格上的发展——将作一些研究。

图 6.26

图 6.27

冗长的第一节和第二节，马歇尔回顾了人口学说的历史。第三节“马尔萨斯”，详细评论了马尔萨斯的人口学说。马歇尔指出，马尔萨斯没有想到的是，他的假设不再适用于现代人口，虽然，他关于人口供给的论点仍然有效。海陆运输技术的进步，使英国人能以比较小的费用得到世界上最肥沃土地的生产物。不过，马歇尔仍肯定马尔萨斯的学说长期而言的有效性：的确，除非在 19 世纪末所实行的对人口增加的遏制大体上得到增大（在尚未完全变为文明的地方，这种遏制必然要改变形式），否则，盛行于西欧的舒适习惯要推广于全世界，并维持好几百年，将是不可能的。他并且有一个脚注，预测：现在全世界的人口如以 15 亿计算，假定人口现在的增加率（每年 1000 人中大约增加 8 人……）仍然继续下去的话，则可知道在不到 200 年内，世界人口将达到 60 亿；……如果是这样，人口对生活资料的压力可被遏制为时大约 200 年，但不会再长了。我们知道，今天，世界人口已超过马歇尔预测的这一上限，但生活资料的压力似乎仍被“绿色革命”有效地遏制着。

第四节，“结婚率与人口出生率”。这是马歇尔关于人口统计学的论述。第五节继续第四节的论述，但更冗长。第六节，“英国人口史”，马歇尔的历史感再次有强烈的表现。第七节继续讨论英国人口史。

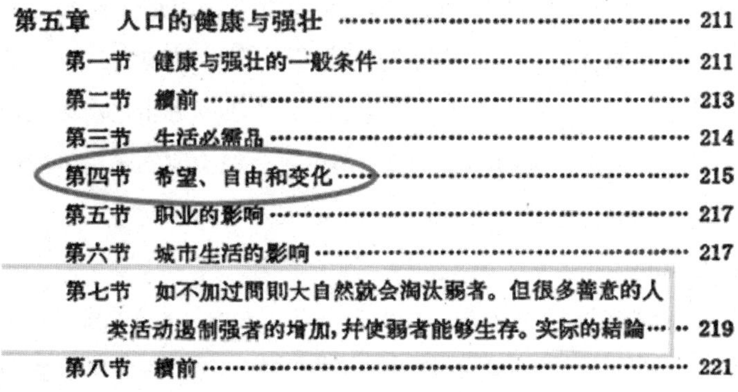

第五章“人口的健康与强壮”，如图 6.28。第一节“健康与强壮的一般条件”。马歇尔在这一节的论述相当于“卫生经济学”的一篇导言：……我们必须考虑身体的、精神的和道德的健康与强壮所依靠的种种条件。这些条件是工业效率的基础，而物质财富的生产要看工业效率而定；同时，相反地，物质财富的最大重要性在于下一事实：物质财富如被明智地使用，就可增进人类身体的、精神的和道德的健康与强壮。

图 6.28

第二节继续讨论上述议题，现在马歇尔研究劳动者寿命的决定因素。他说：这些原因中的第一个就是气候。在温暖的国家里，我们看到早婚和高的出生率，因此就对人类的生命重视不够：这恐怕是大部分高死亡率的原因，而高死亡率一般被归咎于气候不利于健康。此处，马歇尔有一个脚注：暖热的气候是有损活力的。它对于高度的智力和艺术工作不是完全不相容，但却使人不能长时间地忍受任何种类的非常艰苦的操作。在另一个脚注里，马歇尔说：人种史对于经济学家是一种有诱惑力的但令人失望的研究……

第三节，“生活必需品”。这里，我们再次见到马歇尔的长篇论述，关于马尔萨斯的“工资铁律”问题。马歇尔指出：气候对于决定生活必需品也有很大的作用，生活必需品的第一样就是食物。食物的调制是否适当关系很大；精明的主妇一星期有 10 先令用于食物，比一星期有 20 先令的不精明的主妇，往往更能增进家人的健康和强壮。穷人中婴儿的高度死亡率，大多由于在食物调制上缺乏注意和判断；那些完全缺乏这种母亲的照顾而没有死亡的婴儿，长大之后也往往体制孱弱。

第四节“希望、自由和变化”。马歇尔指出：其次就是关于活力的三个密切相关的条件，即希望、自由和变化。在这里有一个脚注，马歇尔观察到：但是，变化也许会过度；当人口如此迅速地移动时，以致一个人常会不顾自己的名誉，他就失去对于形成高尚的道德性格最好的外来帮助的一部分。

第五节“职业的影响”。关于使用童工的问题，马歇尔说：……工厂和教育的法令，已把这些弊端中最坏的从工厂中清除出去了，虽然其中许多弊端在家庭工业和较小的工厂中仍然存在。第六节“城市生活的影响”。这是马歇尔的观察：……最有进取心的人、天才最高的人、有最健全的体格和最坚强性格的人，都到大城市去找寻发展能力的机会。

第七节细目：“如不加过问则大自然就会淘汰弱者。但很多善意的人类活动遏制强者的增加，并使弱者能够生存。实际的结论。”马歇尔的观察：……在文明的较早阶段中，使最强壮和最有力的人留下的子孙最多；人类的进步之由于这种影响，比其他任何一个原因为大，但这种影响现已部分消失了。在文明的较后阶段中，上层阶级结婚很迟，因而他们的孩子就比工人阶级少，的确早已成为常规了。第八节，马歇尔继续罗列他搜集到的“优生学”和“人种学”的事例。

第六章“工业训练”，见图 6.29，相当于今天“人力资本”经济学的一部分内容。第一节的细目：“不熟练的劳动者是一个相对的名词。对于我们所熟悉的技能，我们往往不当作是技能。单纯的手工技能与一般智慧和活力相比，日见失去重要性。一般能力与专门技能。”

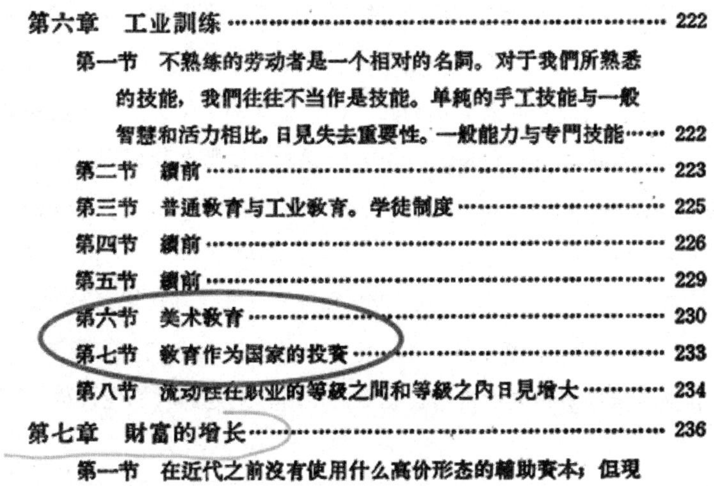

图 6.29

第二节继续讨论上一节的主题。马歇尔的观察是：能一下子记住许多事情，需要什么东西时就准备好什么东西，无论什么事一有差错时行动敏捷并表现出机智，对于所做的工作在细节上发生变化时能迅速适应，坚定和可靠，总是养精蓄锐以便应付紧急之事——这些是成为一个伟大的工业民族的特性。这些特性不是某一职业所专有的，而是为一切职业所需要的；……因此，我们可用一般能力这个名词来表示在不同程度上作为一切高级工业的共同特性的那种才能以及一般知识和智慧；同时，为个别行业的特殊目的所需要的那种手工技能和对特殊精神及方法的熟悉，则可归入专门能力一类。

第三节："普通教育与工业教育。学徒制度。"在这里，马歇尔引述了优生学家高尔顿（Francis Galton，1822—1911，他是达尔文的表弟）的见解并指出：一般能力大都要看幼年和少年时代的环境而定。在这方面，最早和最有力的影响是母亲的影响。第四节和第五节继续讨论这一主题，马歇尔详细报告了他在这一领域观察和搜集到的各种结论。马歇尔指出：支配天才诞生的法则是不可思议的。……但是，手工劳动阶级的人数，比其他一切阶级加在一起多四五倍，所以，一个国家中所生下来的最优秀的天才，一半以上会属于他们；而其中一大部分因为缺少机会而未获得结果。对于可巧是出身低微的天才，任其消磨于低级工作而置之不理，实在是一种最有害于国家财富增长的浪费。

第六节"美术教育"值得注意，在"工业训练"这一章，马歇尔用相当篇幅探讨审美能力的培养，因为据他观察，产品设计的价值正在超过简单实用的价值。第八节，“流动性在职业的等级之间和等级之内日见增大”。马歇尔在这一节界定了“社会纵向流动性”概念——从一个等级到另一个等级的“垂直的流动”。并且他在这里写了一个冗长的脚注，赞成将职业分类为四：(1) 自动的手工劳动者，包括普通劳动者和管理机器的工人在内；(2) 负责的手工劳动者，包括那些能付以某种责任和自行管理的劳动的工人在内；(3) 自动的脑力劳动者，如会计员；(4) 负责的脑力劳动者，包括监工和董事在内。

第七章“财富的增长”，如图 6.30。我们知道，马歇尔在这里讨论的，正是现代经济学教科书中的增长理论主题，但不能忘记，马歇尔是承上启下的经济学家，他的叙事总要承接古典政治经济学的财富增长学说，然后容纳他那时的现代增长理论。

图 6.30

第一节的细目：“在近代之前没有使用什么高价形态的辅助资本；但现在它正迅速增加，积累的能力也迅速增加”。马歇尔指出：财富的最早的形态，恐怕是渔猎的工具和个人装饰品……从具体观察开始，在缺乏数据时回顾数千年的人类历史，如马歇尔在这一节里所做的那样，然后引入经济学概念。这是英国经验主义叙事方式的特征，由斯密开始，马歇尔发扬光大。关于英国经验主义叙事的这一特征，如果我们对比阅读门格尔的《国民经济学原理》，立刻见到鲜明的差异，门格尔著作表现的文风，首先是德国理性主义叙事方式的特征，其次还有他自己的新闻记者风格。马歇尔所说的“辅助资本”，特指人类社会早期的渔猎工具和个人装饰品。英国的“产业革命”，也可以被视为“工具”的革命。

第二节和第三节继续讨论这一主题。马歇尔观察各民族都有不节俭从而缺乏工具投资的情形，与风俗有关，也与社会制度有关。例如，他说：在印度，我们看到有些人的确节制目前的享乐，以极大的自我牺牲节省了巨额款项，但却把他们的全部储蓄都用于婚丧的奢费的排场上，在爱尔兰也有这样的人，不过在程度上远不及印度。这样，马歇尔指出，支配财富积累的各种原因，在不同国家和不同时代中也大不相同。第四节“保障是储蓄的一个条件”。马歇尔指出，社会安定对于资本积累是首要的激励因素。

第六节“家庭情感是储蓄的主要动机”。马歇尔观察美国社会之后指出：最能刺激一个人的精力和进取心的，无过于在生活中提高地位的希望，以及使他家里的人从比他创业时为高的社会地位开始的希望。这种希望甚至给他以一种压倒一切的热情，而这种热情使他对求得安逸和一切普通的愉快的愿望都微不足道了，有时甚至破坏了他内在的优美感觉和高尚憧憬。

第七节：“积累的源泉。公共积累。合作事业。”马歇尔的观察是：现代英国与一般文明社会在储蓄方面的实质差异在于，在一般的文明社会里，地租、自由职业者、雇佣劳动者，他们的收入是积累的一个主要源泉，但是在英国，由资本获得的利润，成为积累的主要源泉。我们知道，在关于资本理论的“两个剑桥之争”时期，英国经济学家在增长模型里特别要区分富人的和穷人的两种储蓄率，因为穷人的储蓄倾向几乎是零。于是，收入分配方式在英国经济学家的增长模型里就成为经济增长的重要因素。

第十一节“财富增长统计的注释”。这一节相当冗长，因为马歇尔不仅讨论财富的统计，而且收集了历史统计数字。例如，他提供了一张以往学者计算的英国和美国财富统计的表格。根据这张不同学者不同时期根据不同资料计算结果的表格，英国在1679年的人均财富为42英镑，1690年58英镑，1812年180英镑，1865年200英镑，1885年315英镑。而美国在1880年的这一数字是175英镑。此外还有法国1900年的数字，247英镑。

第八章“工业组织”，英文就是“产业组织”（Industrial Organization）。图6.31—6.37这样冗长的几章，我说过，这是马歇尔早期的主要研究领域，他的第一部主要著作由此得名。不过，我注意到，马歇尔在这几章表达的思想，已大大超出通常“工业组织”经济学的范围，因为在他看来，人类与其他生物社会一样，永远可以从“组织”的角度加以研究，而且因此，经济学与生物学有了互相借鉴和互相补充的思路。

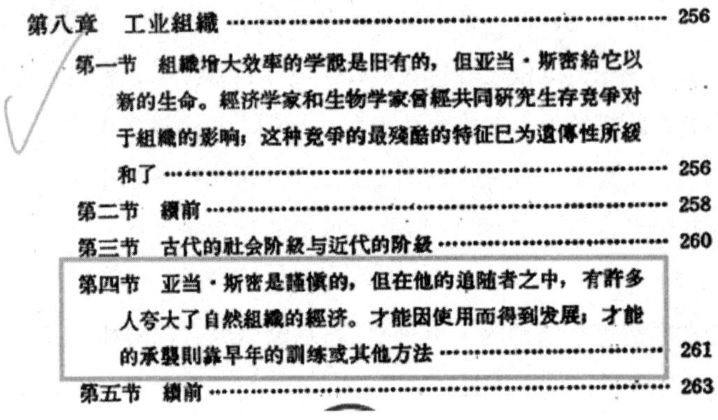

图 6.31

第一节细目：“组织增大效率的学说是旧有的，但亚当·斯密给它以新的生命。经济学家和生物学家曾经共同研究生存竞争对于组织的影响；这种竞争的最残酷的特征已为遗传性所缓和了。”此处，马歇尔引述斯密的观点：人口对生活资料的压力会淘汰那些由于缺乏组织或其他原因而不能尽量利用他们所住地方的利益的种族。然后，马歇尔评论：……生物学家对于区分高等动物与低等动物的组织上的种种差别的实质之理解，已开始有很大进步；而在两代多之前，马尔萨斯所作的人类生存竞争的历史的叙述，使达尔文着手关于动物界和植物界的生存竞争之结果的研究，这个研究终于使他发现了生存竞争不断起着淘汰的作用。

马歇尔指出：自那时以来，生物学尽了它应尽之责而有余；经济学家因在社会组织——特别是工业组织——与高等动物的身体组织之间所发现的许多奥妙的相似点，而受益匪浅。由此，马歇尔关于“分工、专业化和组织协调”的推测是：……最后足可解释物质世界与精神世界中各种自然法则之间的作用之基本统一性。……可由以下的一般原理来说明：有机体——不论是社会的有机体还是自然的有机体——的发展，一方面使它的各部分之间的机能的再分部分增加，另一方面使各部分之间的关系更为密切，这个原理是没有很多例外的。

马歇尔称上述两方面的组织演化为“微分法”（分工越来越细）和“积分法”（协调的深度和广度越来越大）。然后，他说：最高度发达的——照我们刚才所说的意义的——有机体，就是在生存竞争中最会生存的有机体的学说，本身还在发展过程之中。它与生物学或经济学的关系，都还没有完全思索出来。对生存竞争的残酷性的缓解是，根据马歇尔的经济观察：……这个法则的最残酷的特征因下一事实而缓和了：其成员不强索报酬而互相帮助的那些种族，不但在当时最可能兴旺，而且最可能抚养许多继承他们的有益习惯的子孙。

在第二节，马歇尔继续阐述上述的关于“族群内部利他行为最有利于族群繁衍”的观点。在我的《行为经济学讲义》里，与这一观点对应的生物学见解，被称为“群体选择”学说，目前仍是生物学的争议焦点。

马歇尔在第三节“古代的社会阶级与近代的阶级”进一步论证上述的族群内利他行为的优越性：这种遗传性的影响在社会组织中表现得最为显著。因为，社会组织必然是发展缓慢的，而且是许多代的产物：它必须根据大多数人的不能迅速变化的风俗和癖好。在古代，当宗教的、礼仪的、政治的、军事的和产业的组织密切相关，而且的确不过是一物的不同方面时，为世界进步先驱的一切国家，差不多都采取多少是严格的社会阶级制度；这个事实本身就证明：社会阶级的区分是非常适合于它的环境的，而大体上它加强了采取阶级制度的民族或国家。

他继续评论：……阶级制度虽有很大的缺点，其主要缺点是它的严厉性，和它的为社会利益——或不如说是为社会的某些特殊的紧急之事——而牺牲个人，但是，阶级制度与它所必须做的特殊工作非常适应，因而使它能够盛行不衰。越过中间的阶级而立即说到西方的近代组织，我们看到，近代组织与社会阶级制度构成了显著的对照，而且具有显著的相似之处。一方面，严厉性已为变通性所代替；……但是，另一方面，个人在关于物质财富的生产上为社会紧急之事的牺牲，在有些方面，似乎是一种隔代遗传的情况，又回到古代在阶级制度统治下所盛行的状况了。

第四节的细目：“亚当·斯密是谨慎的，但在他的追随者之中，有许多人夸大了自然组织的经济。才能因使用而得到发展；才能的承袭则靠早年的训练或其他方法。”马歇尔在这一节里批评的，正是今天我们称为“盲目鼓吹自由市场的经济学家”。他指出：例如，他们说，如果一个人有经营企业的才能，他就必然会利用这种才能为人类谋福利；同时，同样的追求他自己的利益，会使别人以他能尽量利用的资本供他使用；而且他自己的利益会使他如此安排他所雇用的人，以致各人都能做他所能做的最高工作，而不做其他事情；而且他自己的利益会使他购买和应用一切机械以及其他有助于生产的东西，在他的手中这些东西所作出的贡献，就能超过它们本身满足世界的欲望的费用的等价物。这种自然组织的学说，差不多比其他任何同样会为讨论重大的社会问题而不作充分研究的人所无从理解的学说，包含更多的对人性具有最大重要性的真理：对于诚挚和深思的人，它具有非常的魅力。但是，夸大这个学说，却有很大害处，对于爱好这个学说的人尤其如此。第五节继续这一主题。

第九章“工业组织（续前）。分工。机械的影响”。第一节“熟能生巧”，这是斯密关于分工的三大好处之一（即手的灵巧程度之改善）的论述的继续。（见图 6.32）

图 6.32

第二节的细目："在低级工作上，极端专门化能增大效率，而在高级工作上，则不尽然。"显然，马歇尔在这里扩展了斯密的学说，他注意到分工和专业化的收益是有条件的，而更高级的工作可能需要"跨学科的知识"。

第三节的细目："机械对人类生活的品质所发生的影响，一部分是好的，而一部分是坏的。"马歇尔在这里一方面继续了斯密关于分工三大好处之一（即工具之改善）的论述，一方面又指出机械化的代价，即马克思所说的"劳动异化"问题。（见图 6.33）

图 6.33

第四节："用机器制造机械开辟了零件配换制度的新时代"。马歇尔的观察很重要，大机器制造业的主要优势是零件可以配换，我在第三讲提到的"洋务派"领袖们对这一优势感慨之余，将西方的算学引入中国学堂。马歇尔说：这种零件配换原理的重要性，只到最近才被了解；可是，有许多迹象表明：在把机器制造的机械的使用推广到各生产部门，甚至包括家务工作和农业工作在内，这个原理比其他任何东西更为有用。马歇尔继续论述零件配换原理，第五节"以印刷业作为例证"。

现在我们来到马歇尔最引发争议的观点，第七节："专门技能与专门机械的比较。外部经济与内部经济。"不过，马歇尔在这一节只是提出这两个概念，而将详细讨论留给以后的章节。

第十章："工业组织（续前）。专门工业集中于特定的地方。"细目见图 6.34。

图 6.34

第十一章："工业组织（续前）。大规模生产。"（见图 6.35）第二节的细目："大工厂的利益在于：专门机械的使用与改良、采购与销售、专门技术和企业经营管理工作的进一步划分。小制造商在监督上的利益。近代知识的发展在很大程度上有利于小制造商。"第三节继续上一节的主题。马歇尔的观察是：大制造商在得到非常有天才的人，担任他的工作中最困难的部分方面——他的企业的声誉主要是依靠这部分工作——具有比小制造商好得多的机会。第四节继续讨论这一主题。马歇尔指出：另一方面，小雇主也有他自己的利益。他处处都可亲眼看到，工头或工人不会偷懒，也不会责任不清，含糊的话也不会从一个部门到另一个部门传来传去。

图 6.35

第五节的细目："在对大规模生产提供很大经济的行业中，倘使一个企业能容易地销售货品，则可迅速发达，但它往往不能做到这一点。"在这一节，马歇尔指出：大企业的全部生命能维持长久是极少的。

第十二章："工业组织（续前）。企业管理。"（见图 6.36—6.37）第一节："原始的手工业者与消费者直接交易；现在，博学的职业通常也是如此”。此处所说“博学的职业”，是指医生、律师、建筑师和艺术家这样的专业工作者，今天统称为“自由职业”。

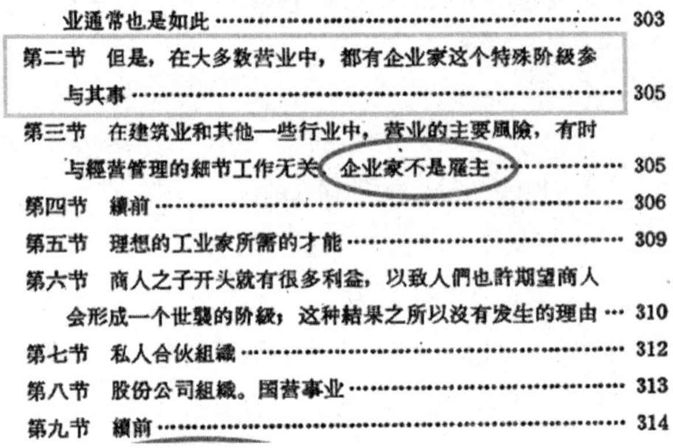

图 6.36

第六节的细目：“商人之子开头就有很多利益，以致人们也许期望商人会形成一个世袭的阶级；这种结果之所以没有发生的理由。”此处，马歇尔的观察有助于我们解释中国民营企业家的“接班人”困境：……所以，初看起来商人们似乎会成为一种世袭的阶层，会把管理上的主要位置分给他的儿子们去担任，建立世袭的“王朝”，而接连许多代统治某些商业部门。但是，实际情况却大不相同。因为，当一个人建成了一个大企业时，他的子孙虽有很大的利益，但往往不能发展同样成功地经营这个企业所需的高级才能和特殊的意志及气质。他自己也许是由具有坚强和诚恳的性格之父母所抚养长大的；并为父母的个人影响和幼年时与困难的斗争所教育。但是，他的儿子们——至少在他富有后所生的儿子们和在任何情况下他的孙子们——恐怕大多是由家内仆人们照顾的，这些仆人却没有像他的父母那样的坚强性格，而他自己是为他的父母的影响所教育的。他的最大的志向也许是营业上的成功，而他的子孙对于社会或学术的名望，至少会是同样渴望的。……在大多数情况下，他的子孙是以一条捷径来达到这种结果。他们宁愿自己不努力而得到丰富的收入，而不要以不断的辛苦和操劳才能得到的两倍的收入；他们把企业卖给私人或股份公司；或者他们变成企业的隐名合伙人；就是，分担企业的风险和利润，但不参加企业的经营管理：在这两种情况下，他们的资本的实际支配权，主要是落于新人之手了。

第七节“私人合伙组织”。马歇尔在这里提供的观察是：恢复一个企业的力量之最老和最简单的办法，就是从它的最能干的雇工中提拔若干人参加合伙的办法。

图 6.37

现在是马歇尔感到最困难的第十三章：“结论。报酬递增倾向与报酬递减倾向的相互关系。”（如图 6.38）

图 6.38

第一节：“本篇后面几章的摘要。”这几章的主题始终是“工业组织”，凡有“续前”，通常意味着作者提供更多的补充论证　　马歇尔急于补充大量最新收集的工业组织的资料。所以，在这样冗长纷繁的讨论之后，马歇尔有必要提供一篇“摘要”。事实上，关于工业组织的这几章，构成中译本“卷一”的余下部分。

关于内部经济与外部经济，马歇尔在这篇摘要里写道：在较为仔细地研究了任何一种货物的生产规模之扩大所产生的经济之后，我们知道，这种经济分为两类——一类是有赖于工业的一般发展，一类是有赖于从事这工业的个别企业的资源及其经营管理的效率；就是说，分为外部经济与内部经济两类。马歇尔论述的内部经济，让我联想到希克斯晚年接受访谈时提到的企业家利润问题。我在那里介绍过，希克斯询问过，为什么不能克隆最有效率的工厂使它覆盖全世界？希克斯的回答是：企业家才能是最终的瓶颈环节。假如韩国三星企业的某一家工厂是最有效率的，那么，随着三星企业不断复制这家工厂到全部同类产品的行业，必定在某一阶段之后遇到“企业家瓶颈”——即企业家很难继续有效管理不断复制的工厂群。企业家才能无法被不断复制，因为企业家才能主要用于对疑难问题的判断和抉择。我记得乔布斯刚去世不久，苹果公司新任总裁对记者承认，他不能像乔布斯那样，在设计的最后阶段，从十几种候选的手机当中选择“最好的”那种判断力和决断力。我在香港大学时期，研究企业家能力，得到结论：企业家能力有三大要素——敬业、合作、创新。我 1992 年写的那篇文章“谈谈企业家精神”，放在这一讲的附录里（附录四）。

至于我所说的企业家能力的三大要素，在现实世界里的表现究竟是怎样的，我认为马歇尔的描写特别生动：我们知道，如以个别企业而论，内部经济怎样易于发生不断的变动。一个能干的人，也许忽然由于好运气的帮助，在他的行业中打下了稳固的基础，他辛勤地工作，而生活则很节俭，他自己的资本就很快增大，而使他能够借入较多资本的信用增大得更快；他所罗致的下属，都有超过普通人的热诚和能力；因为他的营业扩大了，他们的地位也与他一同提高，他们信任他，他也信任他们，他们每个人都是全力从事于刚好是他们特别适合的工作，因此，高级的才能就不会浪费于简易的工作，困难的工作也不会委托不熟练的人去做了。……成功带来了信用，信用又带来了成功；……他的营业规模的扩大，使他的胜过竞争者的利益也很快地增大，并且使价格降低，他能按照这个价格出售货物而不会亏本。……如果这种情况能维持一百年的话，则他和其他一两个像他这样的人，就可瓜分他所经营的那个工业部门的全部营业了。

然后，马歇尔指出，上述的情形很难发生，因为：……大自然以限制私人企业的创办人的寿命，甚至以对他的生命中最能发挥他的才能的那一部分限制得更严，来压制私人企业。因此，不久之后，企业的管理权就落到即使对企业的繁荣同样积极关心、但精力和创造的天才都较差的那些人手中了。所以，马歇尔的结论是：……差不多在每个行业中，大企业是不断地兴盛和衰落，在任何时间中，有些企业正在兴盛，有些企业正在衰落。

根据以上的分析，我们可以推测，马歇尔更可能将伴随着经济增长的规模扩张归因于外部经济而不是内部经济。因为，上面的叙述意味着，几乎没有什么企业可能不断扩张一百年。而经济可以持续扩张数百年，故而经济扩张更可能是由于外部经济的作用。在这一点上，我们可感受到杨格 1928 年的演讲“收益递增与经济进步”的重要性。

第二节的细目：“生产费用应当以一个代表性企业来说明，这个企业能正常地获得属于一定的总生产量的内部经济与外部经济。报酬不变与报酬递增。”从这一节的细目，我不仅联想到杨格的收益递增演讲，而且联想到斯拉法 1926 年发表的那篇颠覆了马歇尔“外部经济”学说的文章（参见本书第二讲）。

此外，这里出现了马歇尔的“典型”概念，“一个代表性的企业”。对马歇尔的这种分析方法，学术界历来就有批评。不过，假如我们放弃马歇尔的局部均衡分析和代表性企业（或代表性消费者）的思路，转入“一般均衡”分析框架，我们将遇到甚至比马歇尔此处遇到的更严重的困难——抽象层次越高，企业就越缺乏具体特征，于是，虽然有N个企业在我们的一般均衡或博弈论框架里从事生产，却完全不知道这些企业各自的特性。与其如此，不如接受马歇尔的代表性企业。

马歇尔的总结是，本篇的一般论断表明以下两点：第一，任何货物的总生产量之增加，一般会增大这样一个代表性企业的规模，因而就会增加它所有的内部经济；第二，总生产量的增加，常会增加它所获得的外部经济，因而使它能花费在比例上较以前为少的劳动和代价来制造货物。他继续总结：换言之，我们可以概括地说，自然在生产上所起的作用表现出报酬递减的倾向，而人类所起的作用则表现出报酬递增的倾向。

几十年之后，杨格的学生卡尔多提供了一个反例——自然律并不总是有报酬递减的倾向。他的例子很简单：输油管道的输油量与管道的容积成正比，如果管道是圆柱型的，那么，输油量与圆柱形的半径的平方成正比。另一方面，输油管道的成本，与制造管道的钢板面积成正比，也就是说，成本与圆柱形的直径成正比。所以，输油量的单位成本与圆柱形的半径成反比，半径越大，单位成本越低。在这里，没有人为努力，完全是大自然的规则，呈现报酬递增倾向。但是，马歇尔上述总结的另一部分是正确的：知识与组织的进步，似乎有足够强烈的报酬递增倾向，从而能抵消自然因素（例如土地）的报酬递减倾向。马歇尔认为，如果报酬递增倾向恰好抵消报酬递减倾向，经济就表现为报酬不变。

不过，知识与组织的进步带来的报酬递增倾向，似乎很难与现代增长理论所说的“技术进步”因素相互区分。例如，熊彼特描述过“创新”的五种形式：新产品、新材料、新能源、新市场、生产组织的改变。可以认为，导致技术进步的因素是导致知识与组织进步的因素的一个子集。我们知道，在增长模型里，技术进步因素可归入“残差”或“残差的残差”。只要涉及统计资料的“易得性”，研究知识与组织的进步，与研究技术进步相比要困难许多。例如，马歇尔在这一节里的估算结果，“我们或可含糊地说：工业中一定数量的劳动和资本所获得的生产量，在近二十年中增加了四分之一或三分之一。”这样的估算，相当于今天我们估算的“全要素生产率”，也就是技术进步的贡献。如果马歇尔所言正确，知识与组织进步导致报酬递增倾向，又如果知识与组织的进步很大程度上表现为技术进步，那么，我们可以认为，凡有技术进步的经济，就有报酬递增倾向。

第三节：“人口如有增加，共同效率一般就随着有超过比例的增加”。此处，“共同效率”，原文是“collective efficiency”。马歇尔的观察是：有时，人口增长开头就很不好，它超过了人们的物质资源，使他们用不完善的工具向土地作过度的要求；因而引起报酬递减律在农产品方面的强烈作用……这样，开头就发生贫困，人口增加就会继续对性格上的那种弱点发生极为常见的后果，这种弱点对一个民族发展组织完善的工业是不适宜的。

然后，他说：但是，一个具有一定程度的个人力量和精力的民族，其共同效率之增加，在比例上可以超过他们的人口增加，这一点仍是确实的。……因为，人口的增加使他们能获得专门技能和专门机械、地方性工业和大规模生产的许多不同的经济：它使他们能增加一切种类的交通便利；同时，他们相距很近，他们之间的各种交易所费的时间和努力因而就减少了，而且使他们有获得各种形式的社会享乐和文化生活的舒适品和奢侈品的新机会。

可见，马歇尔此处描述的“共同效率”，与斯密论证的“分工受市场广度的限制”，大同小异。人口增加，就意味着市场扩展，于是诱致分工的深化，深化的分工导致更高的专业化和成本的降低，这又意味着购买力的提高和市场的进一步扩展。这一系列环节，构成杨格1928年演讲所论的“收益递增与经济进步”。

这样，我们结束了浏览朱志泰的中译本“上卷”。马歇尔的《经济学原理》其实有一个副标题：“An Introductary Volume”（导论卷）。马歇尔最初的计划是写作一套两卷本的《经济学原理》。各种关于马歇尔的传记资料共同披露：马歇尔在1890年出版了上述的“导论卷”之后，很难按照原定计划完成他的这部著作的“第二卷”。导论卷或第一卷出版之后的第十三年，也就是1903年，他基本上完成了第二卷的资料收集，不过，那时，他已被他全力以赴并且几乎总是独自奋斗筹建的“剑桥经济学”耗竭了精力。

马歇尔的身体状况始终欠佳，担任剑桥大学经济学教授之后，疲于奔命，健康状况愈发恶化。直到1919年，他77岁时，才发表了他的第二部主要著作《工业与贸易》。但经济学界普遍认为这部作品缺乏理论框架，不能成为“原理”那样的经典。稍后，1923年，马歇尔的第三部主要著作《货币、信用与贸易》问世。次年，马歇尔去世。

杰文斯的去世，使马歇尔成为英国经济学界公认的领袖（于1890年担任皇家经济学会会长）。但剑桥经济学的创设如此艰难，让我们怀疑当时英国的学术氛围可能特别不利于经济学发展。稍许作一些思想史考察，不难看到，当时的英国学术，尚处于历史学派的主导性影响之下。马歇尔的时间相当大部分用于接待访问他办公室的学生们，为了吸引更有能力的剑桥学生进入经济学专业。有证据表明，当时有能力的学生通常不愿成为经济学家。

在剑桥大学创设经济学这一专业的巨大困难的另一主要原因，大多数传记资料都提到过，即马歇尔的性格很不适合担任英国经济学领袖。他太缺乏灵活性，他保持着维多利亚时代的谨慎甚或伪善。他在剑桥大学三位最重要的支持者，后来都离他而去或有过伤感情的争执。第一位是著名的赛季维克（Henry Sidgwick，1838—1900），他于1883年成为剑桥道德哲学教授，而马歇尔于1885年成为剑桥经济学教授。他们的争执大约发生于1886年，在这场争执中，凯恩斯的父亲，也是马歇尔的第二位最重要支持者，在学术改革议题上选择了站在赛季维克这一边，并且他也表示不喜欢马歇尔的性格与个人信仰。第三位是佛克斯维尔（Herbert Somerton Foxwell，1849—1936），1908年突然与马歇尔决裂，那时，马歇尔选择了年轻且理论能力相当弱的庇古（Arthur Cecil Pigou，1877—1959）接任他的经济学教授席位，完全违背了当时学界合理的预期——佛克斯维尔。于是，佛克斯维尔公开表示：马歇尔的这一选择势必使剑桥经济学派的重要性降低至艾及沃斯使牛津经济学派之重要性降低到的那种水平。

此外，马歇尔在答复维克赛尔来信询问时，轻描淡写地提到他与庞巴沃克的争执，被传记评论者认为恰好是一种证据，表明这场争执是伤害了感情的。我从这些传记和评论当中选择了一篇，贴在这一讲的心智地图里[1]。这篇书评相当长，其中特别探讨了马歇尔的“厌恶女性症”这样的心理问题。据说，马歇尔甚至在女性身旁都会产生厌恶感。但他的第一部主要著作是与他的妻子（一位经济史学家）合作撰写的，而且他妻子就是他在女子学院授课时的一名学生。马歇尔的“厌女”性格，他反对剑桥大学对女性授予学位，他支持女权运动的“亲社会主义”政治立场，以及他总体而言的保守主义态度，形成某种“令人费解”的复杂格局。

至少一位评论者认为，在阅读马歇尔的《经济学原理》时，读者应充分考虑到上述马歇尔的性格缺陷以及他与三位最重要支持者的决裂或情感纠纷，并在这一背景下理解马歇尔关于经济学与伦理学、政治学、人类学等学科的关系的观点。

2. 下卷

中译本的下卷，译者是陈良碧，由两篇构成——第五篇“需求，供给与价值的一般关系”和第六篇“国民收入的分配”，此外就是《经济学原理》的十二个附录。英文第8版的篇幅大约是850页，朱志泰和陈良碧的中译本上下卷合并，大约也是850页。

---

[1] Book Review on Peter Groenewegen's 1995 Book, *A Soaring Eagle: Alfred Marshall 1842—1924*, by Tiziano Raffaelli, 1997, in *American Economic Journal*, Vol.25, No.2, pp.212-221.

第五篇的目录，见图 6.39，第一章“引论。论市场。”第一节的细目：“生物学和机械学关于相反力量均衡的概念。本篇的范围。”

第五篇　需求，供給与价值的一般关系

图 6.39

我在经济学思想史课堂上多次提到，2003 年我和周其仁同时在北京大学和浙江大学授课时，某一晚，其仁散步到我家，闲谈时提到马歇尔的经济学，他感慨：也许马歇尔的均衡概念误导了经济学一百年的发展路线。其仁的这一感慨，颇令我想到马歇尔在《经济学原理》“序言”里自承的那句话：经济学家的麦加圣地应当是生物学而不是牛顿力学。

马歇尔为经济学理论奠基，首先引入的就是这个“均衡”概念，而且这也是马歇尔之前经济学古典时期关于“价值”问题讨论的自然后果——价值的决定因素，从生产决定论逐渐转变为消费决定论，伴随着现实世界里个人主义精神占据主导位置的过程——这是经济学“边际革命”的时代背景。正题—反题—合题，供给决定是正题，需求决定是反题，均衡就是合题。倘若马歇尔不做这件事，其他经济学家仍要做这件事。当然，因此，引出了我的经济学思想史的核心议题：逻辑的与历史的视角能否统一？

由于是初次引入的全新概念，马歇尔在第一节需要铺叙“均衡”概念的生物学和力学涵义，然后引申到经济学涵义。类比于生物“生、老、病、死”的周期，他谈到企业也有生命周期。类比于力学的各种力量之均衡，他谈到供给与需求的各种决定力量的均衡。但是，马歇尔并未给出经济学的“均衡”定义。遵循经验主义的叙事方式，他首先讨论“市场”——第二节“市场的定义”。

马歇尔的这一节是这样开始的：当谈到供求的相互关系时，它们所指的市场当然必须是同一个市场。如古诺所说，经济学家所说的市场，并不是指任何一个特定的货物交易场所，而是指任何地区的全部，在这个地区中，买主与卖主彼此之间的往来是如此自由，以致相同的商品的价格有迅速相等的趋势。又如杰文斯所说：起初，市场是城中出售粮食和其他物品的一个公共场所，但是这个字的意义曾被推广，从而指任何一群商业上有密切关系并进行大量交易的人。一个大城市有多少重要行业，就可以有多少个市场，而这些市场可以有也可以没有固定场所。……因此，一个市场越完全，则市场的各个部分在同一时间内对同种商品支付相同价格的趋势也越强。

第三节的细目："市场在空间上的局限性。影响某物市场大小的一般条件；适于分等分级和选样；宜于运输。"这里出现了斯密所说的"市场广度"（the extent of the market）的测量问题，故马歇尔指出市场广度与运输成本密切相关。张五常的观察是，中国的国内市场有如此迅速的扩张，基础设施（公路、铁路、航路运输）的贡献实在是最大的。

第四节："组织完善的市场"。这里的例子主要是金融市场，在马歇尔的时代，金融已经有全球化格局了。一般而言，他指出：市场越大，则价格变动越小。第五节："即使一个小市场也往往受远处的间接影响"。马歇尔举的例子是蔬菜市场——零售的和批发的。在一个极端，金融市场是世界性的；在另一个极端，蔬菜市场是局域性的。在这两极端之间的，是现实世界里千差万别的市场，经济学家和企业家必须研究这些市场。第六节："市场在时间上的局限性"。马歇尔所说的时间因素，主要是随着时间的推移，供给和需求的可调整程度都会增加。

第二章"需求和供给的暂时均衡"，见图 6.40。第一节："欲望和劳作之间的均衡。在偶然的物物交换中一般不存在真正的均衡。"这是一个人的经济里出现的均衡，欲望被满足的边际量，应等于劳作的痛苦之边际量。而在物物交换中，因为市场太薄，成交物的比价往往波动很大，不能说是出现了均衡。

第二节："在当地的谷物市场上一般可以建立真正的（虽然是暂时的）均衡。"与后来史密斯（Vernon Smith）的实验室里的市场研究结论一致，马歇尔注意到：买主与卖主都必须完全掌握市场情况确实是不必要的。张五常《卖桔者言》报告了香港春节金桔树的交易情况，相同的商品，摊位相隔不过一米，各摊位买卖双方达成交易的价格却相差甚远。我观察义乌小商品市场，数百个相隔很近的摊位，出售的商品大同小异，成交价格应相差不多。但是，在那些摊位，我看到的买主，有黑人，有白人，有阿拉伯人和印度人。这许多远地而来的买主，他们未必掌握充分的市场信息，故而，他们可能在这些相似的摊位上达成相差甚远的成交价格。张五常说，"市场"是由一群寻价者组成的。哪里有什么"需求曲线"和"供给曲线"？

第三节细目："在谷物市场交易的过程中，对货币需要的强度通常没有显著的变化。但在劳动市场上确实有这种变化。参阅'附录六'"。马歇尔注意到，"劳动"这种商品虽然在理论上可以视为与其他商品一样，但在具体的市场交换中，劳动者往往感受到现金短缺的强烈约束，因而宁愿降低工资，如果可以得到更多、更及时的现金的话。

图 6.40

现在马歇尔试着更进一步讨论“均衡”概念，第三章“正常需求和正常供给的均衡”，见图 6.41 和 6.42。第一节：“差不多所有不易毁坏的商品的交易都受对未来估计的影响”。在这里，马歇尔提出的“预期”问题，是现代的金融学家和经济学家都十分关注的问题。

图 6.41

第三节“代用原则”。这里的“代用原则”，the principle of substitution，就是今天经济学教科书里说的“替代性”原则。事实上，界定一项商品的市场广度，最困难的是考察与这项商品有足够强烈替代关系的全部其他商品，将这些商品考虑在内的统一的市场之广度。我在超级市场里稍许考察，就可见到许多商品相互之间有替代关系，并且，商品之间的替代关系取决于这些商品与其他商品一起产出消费服务时的技术关系。如果我要炮制的是一份“白菜豆腐”，那么，白菜和豆腐构成互补关系，除此之外，与白菜构成互替关系的蔬菜可以是小白菜、油菜，乃至卷心菜，与豆腐构成互替关系的可以是栗子、海米、粉条乃至海带。对于营养学意义的烹调而言，任何蔬菜都可互替，任何肉类蛋白也可互替，如同任何主食都可互替一样。因此，国家统计局如果编制 CPI 指数，怎样收集“一篮子商品”，例如，衣食住行的“食”？中国农业科学院在 1980 年代提出过关于中国人的食物结构的营养方案，根据那套方案的建议，为缓解中国“人 / 地”比例迅速恶化的压力，中国人应当尽量避免肉食，因为肉食占用的土地面积远大于素食。因此，从营养学角度，肉类蛋白与植物蛋白之间构成强烈的互替关系。可是，从消费者的美食角度，这样的替代性在大多数场合都不能成立。

所以，确定包括全部可替代商品在内的“市场”的最彻底方法，是从家庭内部开始考察，马歇尔应当考察的是具有代表性的家庭里的贝克尔式的“家庭生产函数”，在这一生产函数里，从市场上买回来的商品，与家庭成员的时间，投入到“家庭生产”过程中，产出的——贝克尔称之为“服务”。于是，家庭之内形成了资源的一般均衡配置，根据这一均衡配置，计算典型的家庭对各种商品的需求量之为价格的函数。将这一微观经济集结为宏观的市场，假定家庭生产技术不变，马歇尔可以讨论市场的均衡。显然，市场的均衡依赖于家庭生产函数（家庭服务的生产技术）。

第四节：“一个代表性企业的生产成本”。由于企业对要素的需求是“派生需求”，故而，“生产成本”其实是马歇尔经济学的难点之一。

图 6.42

第六节细目：“均衡产量与均衡价格。某商品的供给价格和它的实际生产成本并没有密切的关系。正常均衡情况的真正的含义。‘长时期’一词的意义。”在这一节的脚注里，马歇尔第一次画出了供求曲线及它们的交点——均衡的几何表达。在这一脚注的结尾，他承认：但在报酬递增规律的场合下，会出现一些困难，这些困难当留待以后讨论。

第七节：“在短期内，效用对价值起着主要的影响作用，而在长时期内，生产成本对价值起着主要的影响作用。”这是马歇尔的经济学不同于现代经济学之处，他宣称：本书其余各章将主要讨论的是解释商品的价值在长时期内有等于它的生产成本的趋势这一原理，并对这个原理加以限制。就这一宣称而言，马歇尔更接近萨伊，而不很接近现代的经济学。即便在现代经济学视角下，长期而言，商品价格的不断降低，本质上是技术进步的结果——“外部经济”。所以，知识与组织的进步，决定了马歇尔所说的生产成本不断降低的过程。

第四章“资金的投放与分配”，如图 6.43。第一节：“在某人自己生产自己使用的场合下，决定投资的诸动机。未来满足与现在满足的均衡。”也就是“自给自足”经济中的投资行为和跨期选择问题。

图 6.43

第三节：“代用原则在其上发生作用的有利边际，并非任何路线上的一点，而是与所有路线相切的一线。”这个细目的翻译，我完全不能理解。核对原文，“相切”是错误的翻译，intersecting 应译为“相交”。读至第四章，我意识到，以前我勉强使用朱志泰的中译本，是因为没有机会读下卷，到了陈良碧的中译本，质量又比朱志泰的差了一大截，实在不应采用。此二人的简介，我在网上完全找不到。

第五章：“正常需求和供给的均衡（续），关于长期与短期”。如图 6.44，仅从这一章的标题我们知道，马歇尔要讨论他认为是最艰苦的议题——长期与短期的区分问题。

图 6.44

第一节："正常一词作为日常用语和作为科学用语的差别"。这里的议题很关键，第二节："正常价值这一复杂问题必须加以剖析。第一步静态的虚构；它的修正有可能使我们通过辅助性的静态假设来处理价值问题。"可见，马歇尔引入静态假设，是为了回避长期与短期的时间区分问题。他写道：时间因素是经济研究中所遇到的那些困难的一个主要原因，而这些困难使能力有限的人循序渐进就成为必要；把一个复杂的问题分成几部分，一次研究一部分，最后把他的局部解决综合而成整个问题或多或少地全面解决。在把问题分成几部分时，他把那些一出现就不方便的干扰因素暂时搁置在所谓"其他条件不变"的这一范围之内。……研究时间因素对生产成本和价值之间的关系的影响，首先要考虑其中很少受上述影响的那个有名的"静态"假定；并把其中所发现的结果同现代世界中的结果加以比较。马歇尔的初步结论：在静态下，那个显而易见的规律是——生产成本决定价值。

第三节继续这一主题。放宽静态假设之后，马歇尔讨论人口与财富增长的影响。第四节和第五节的论述与以前的一样，不清楚。第六节："就短期而论，现有生产设备的数量实际上是固定的，但它们的利用率是随着需求而变化的。"这一主题对应于现代经济学教科书里的"设备闲置率"研究。第八节："价值问题的简单分类"。马歇尔说：当然，在长期和短期之间并没有一条截然的分界线。他的意思是，短期是这样一种假设，在这一假设下，许多长期变化可以视为"不变"，于是短期对应于马歇尔的静态假设，长期对应于动态假设。

图 6.45，第六章："连带需求与复合需求，连带供给与复合供给"。此处，"连带"原文是"joint"；"复合"，原文是"composite"。在今天的经济学教科书里，已很少见到这样的主题了。在伦敦经济学院的一位教授于 1970 年代编写的研究生微观经济学教材里，我见到过这一主题，称为"派生需求"（derived demand）。[1] 这部教材也是我最喜爱的一部微观经济学教科书，因为它保持了伦敦经济学院的高屋建瓴的理论传统。它的第九章"Derived Demand"提供了马歇尔"派生需求"四定律的证明过程。我建议读者同时研读门格尔的《国民经济学原理》，因为奥地利学派所说的 imputation，与马歇尔所说的"连带"、"派生"、"复合"是密切相关的。

[1]　参阅 Layard & Walters, *Microeconomic Theory*, McGraw-Hill Publication, 1978。

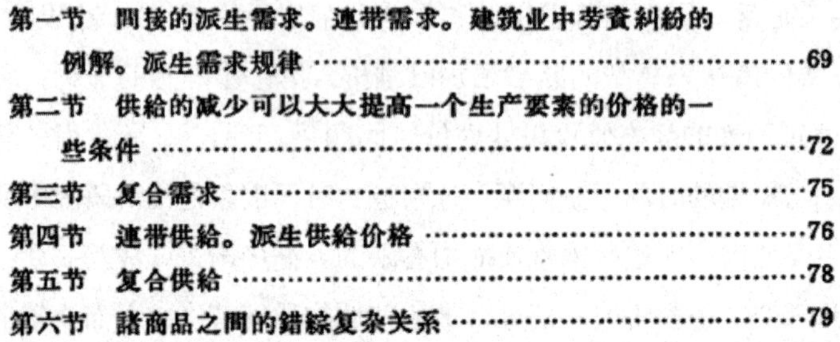

第一节　間接的派生需求。連带需求。建筑业中劳資糾紛的例解。派生需求规律 ……69
第二节　供給的減少可以大大提高一个生产要素的价格的一些条件 ……72
第三节　复合需求 ……75
第四节　連带供給。派生供給价格 ……76
第五节　复合供給 ……78
第六节　諸商品之間的錯綜复杂关系 ……79

图 6.45

马歇尔说：面包直接满足人的需要。它的需求叫作直接需求。但是借以制造面包等的面粉机和烘炉间接满足人的需要，它们的需求叫作间接需求。一般说来：原料和其他生产资料的需求是间接的，是从借助它们而生产出来的那些可以直接使用的产品的需求中派生出来的。面粉机和烘炉的服务共同连结在成品面包中，因此，它们的需求叫作连带需求。

第一节："间接的派生需求。连带需求。建筑业中劳资纠纷的例解。派生需求定律。"在这一节的脚注里，马歇尔提供了一个派生需求的例子——"由一把刀柄和一件刀身复合而成的刀"，很著名，所以被收录在上面我引用的那部微观经济学教材里。

第二节："供给的减少可以大大提高一个生产要素的价格的一些条件"。这里，马歇尔讨论的其实是"派生需求"四项定律。企业对各种要素的派生需求是相互依赖的。例如马歇尔的刀柄和刀身的例子，假如刀柄的供给突然减少从而刀柄的供给价格上升，而如果刀的价格不变，则企业必须调整对刀身的派生需求以转嫁刀柄的成本上涨压力。一般而言，如果有许多投入品，那么，企业转嫁其中一种投入品的成本上涨部分到其他的哪些投入品，要依赖于各投入品供给曲线的弹性。对于弹性无穷大的供给，无法转嫁成本压力。因此，弹性越小的供给，越要承受刀柄的成本上涨压力。其次，如果市场上对于刀这一产品的需求弹性很低，那么，刀价可以上涨却不会影响销售，故企业可直接将刀柄的成本上涨部分转移到刀的价格上。第三，所谓"importance of being unimportant"（不重要的重要性），如果一项投入品的成本只占总的生产成本的一个极小比例，例如火柴的价格，对日常生活而言微不足道，那么，火柴的供给价格哪怕增加一倍也依旧微不足道，对火柴的需求者而言都是可以忍受的。换句话说，消费者对火柴的派生需求的弹性很低。从家庭生产函数的角度看，除了家庭生产函数的产出之外，任何市场需求都是派生需求。所以，马歇尔派生需求四定律其实很重要。第四，投入品之间可以有互替性，于是可以计算它们之间的"替代弹性"——这就导致了阿罗和索罗等四位经济学家后来创设的"定常替代弹性的生产函数"（CES 生产函数）。要素之间的替代弹性的定义是：两种要素投入量之比的百分比变化率与这两种要素各自的边际产出率之比的百分比变化率的比例。这一定义足够复杂，此处不赘述。[1] 如果两种投入品之间有很高的替代弹性，那么，即使市场上对“刀”的需求量只有很少的下降，也足可导致这两种投入品的剧烈变动。

第三节：“复合需求”。第四节：“连带供给。派生供给价格。”第五节：“复合供给”。在今天的经济学教科书里，马歇尔的这些论述大致包含在“生产函数”理论之内。[2] 马歇尔说的连带供给、复合需求和复合供给，按照柯布和道格拉斯这篇文章的观点，可表达为高维空间之内由一个高维曲面决定的隐函数的各变量之间的关系。

第六节：“诸商品之间的错综复杂关系”。马歇尔在这里报告的观察是：例如，在炼铁方面一般使用木炭时，皮革的价格在某种程度上取决于铁的价格；制革者曾请求不用外国铁，为的是英国炼铁者对橡制木炭的需求可使英国橡树生产继续维持，从而使橡树皮的价格不致腾贵。从马歇尔这一报道，我们可以更深切地感受到市场经济之无法计划的本质，除非计划者有能力控制“家庭生产函数”。可是，当计划者控制了家庭生产函数时，社会成员的“偏好”就很难自然而然地形成，于是，全社会就成为“计划的”，包括“思维方式”。从而，这样的社会就很难应付未来的不确定性，尤其是“黑天鹅事件”——不可预测的巨大灾难。如哈耶克所论，长期而言，这样的社会必定消亡。

图 6.46，第七章：“直接成本和总成本同连带产品的关系。销售成本。风险保险。再生产成本。”第一节：“使混合企业的各部门适当分担生产费用特别是销售费用的困难”。第二节继续这一主题。从这一节的细目可以见到张五常 1983 年论文概括科斯学说时提出的“企业的契约实质”之重要性。[3] 因为马歇尔所说的这种困难，企业才不可能被市场完全取代。换句话说，“企业”是一束契约关系，在企业内部以“契约”取代了“市场”。

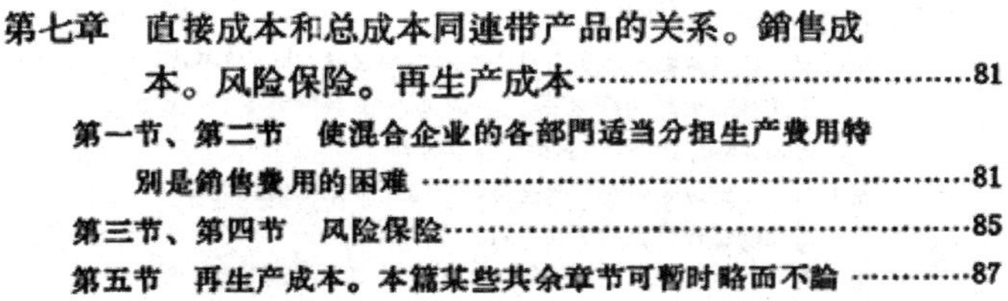

图 6.46

[1] 请参阅 Arrow, Chenery, Minhas & Solow, “Capital-labour Substitution and Economic Efficiency”, in *Review of Economics and Statistics*, Vol.43 [1961]: 228-232。

[2] 例如参阅 Cobb & Douglas, “A Theory of Production”, in *The American Economic Review*, Vol.18 [1928], Supplement, pp.139-165。

[3] 参阅 Steven Cheung, “The Contractual Nature of the Firm”, in *Journal of Law and Economics*, Vol.26, No.1 [1983]: 1-21。

第三节“风险保险”。第四节继续这一主题。马歇尔从第一节和第二节的主题转而论述企业面临的不确定性问题，这是很自然的一条思想路线。他写道：各业都有它自己的特点，在绝大多数的场合下，不稳定的祸害虽然算不了什么，但是总有些关系：在某些场合，引诱一定支出所需要的平均价格（如系悬殊很大和不稳定的结果的平均数），要略高于那种和该平均数相差极小的该冒险者自信获得的收益。今天的金融学教科书里，马歇尔所说的，称为“风险溢价”（risk Premium）——保险的和其他活动的。第五节“再生产成本”。因为预期未来的风险，故此处进一步讨论维持未来生产的成本。

图 6.47，第八章：“边际成本和价值的关系。一般原理。”第三节“纯产品的定义”。此处的翻译是误导的，应译为“净产值”。

第六节马歇尔要阐述他关于利润的一般原理：“利息和利润二词直接适用于流动资本，而根据特定假设只间接适用于生产资本。这几章的中心理论。”开篇是这样的：可见，如果生产者个人的资源采取一般购买力的形式，则他将把每种投资推广到那一边际，在该边际，他从它所期待的纯报酬不再高于他从某种别的材料、机器、广告或增雇某些劳动的投资中所能取得的纯报酬。……在该边际，任何追加投资所带来的报酬小得无利可图。

然后，马歇尔说：我们已经面临着这部分经济学的中心理论了，即凡被正确地看成是“自由”资本或“流动”资本或新投资的利息的东西，被当作旧投资的一种租（即准租）是更加正确些。不过，在流动资本和在某特殊生产部门中所“沉淀的”资本之间，在新旧投资之间，不存在着严格的界限。

图 6.47

显然，马歇尔压根不理解“利润”。我认为，他对不确定性和企业家活动基本上没有任何重要性感受，虽然，他或许对地租有某种重要性感受。由此可知，不论多么重要的一位经济学家，主要由早年生活定型而来的性格，几乎可以决定这位经济学家对具有根本重要性的问题是否敏感，于是可以决定这位经济学家在经济学思想史视角下的重要性。在这一意义上说，柏拉图（请回忆第一讲“洞穴隐喻”）是正确的，观念比人物更重要。但是在另一意义上说，如果有一位经济学家对具有根本重要性的问题有异常敏锐的感受力，那么，不论他如何不重要，在思想史视角下，他是重要的，因为他所表达的任何东西不论当时多么不被重视，都是他感受的重要性问题的表达。

第九章：“边际成本和价值的关系。一般原理（续）。”见图 6.47—6.48，第一节：“借租税转嫁说明价值问题的种种理由”。第二节：“上节所讨论的租和准租与价值的关系之例解”。马歇尔在这里想象从天上落下了一批极坚硬的陨石，然后发挥这一例来解释各种资本品和各种自然资源的租的决定因素，相当精彩。第三节和第四节继续这一主题。

图 6.48

第十章“边际成本和农产品价值的关系”，如图 6.48。

第十一章“边际成本和城市土地价值的关系”，见图 6.49。第六节：“企业家的租金和他们所索取价格的关系。”注意，马歇尔此处并未考察奈特意义的企业家活动，他考察的是工厂主的行为，虽然，工厂主的活动里包含许多企业家行为。但是，毕竟，企业家与利润的定义，需要更抽象层次的关于奈特不确定性的讨论。

图 6.49

图 6.50，第十二章：“从报酬递增规律来看的正常需求和正常供给的均衡”。第一节：“报酬递加趋势发生作用的一些方式。使用供给弹性一词的危险。整个工业和单一厂的种种经济的差异。”我很好奇，这位中译者为何从这一章开始将“报酬递增”突然改为“报酬递加”？不论如何，我改为“报酬递增”。第二节和第三节继续第一节的主题。

图 6.50

图 6.51，第十三章：“正常需求和正常供给变动的理论同最大限度满足原理的关系”。所谓“最大满足原理”，就是今天的经济学教科书所说的“使消费者剩余 + 生产者剩余 = 最大化”的原理。

图 6.51

第二节：“正常需求增加的结果”。在这一节的脚注里，马歇尔图示了需求曲线向上移动的情形。以及，供给曲线的三种情形：定常收益、收益递减、收益递增。尤其是第三幅图示，报酬递增情形下的供给曲线，呈现先上升再下降的形态，所谓“彩虹形曲线”。而在这一情形下，如果需求曲线向右上方移动到与供给曲线的交点在供给曲线的下降阶段，就意味着更大的需求反而诱致更低的价格——由于马歇尔所说的“外部经济”。在这一阶段，价格的每一降低都要诱致供给的增加量大于需求的增加量，于是形成更大的价格下降的压力，所以导致均衡失稳——在任何扰动之后只会永远偏离均衡状态。但马歇尔没有意识到斯拉法稍后意识到的颠覆性的难题。

第三节：“正常供给增加的结果”。在这一节的脚注里，马歇尔仍提供三幅图示，分别表示定常收益、收益递减和收益递增的情形。他并且指出，在报酬递增的情形下市场均衡可能失稳，但他没有继续讨论这一主题。然后，第五节："最大限度满足的抽象原理的说明及其局限性"。马歇尔解释：供求的每个均衡位置大致可以看作最大满足的位置。第六节和第七节继续这一主题。

第十四章"垄断理论"，见图 6.52。我推荐你们浏览第一至五节的脚注，因为这里有马歇尔关于税收对垄断性市场的影响的精彩图示。在第七节的脚注里，马歇尔的图示相当于福利经济学分析的图示。第八节："需求规律和消费者剩余规律的统计研究对社会的重要性"。也是根据这一思想，和这一节的精彩图示，有了后来希克斯的福利经济学研究。

图 6.52

终于，马歇尔要提供某种"一般理论"了，第十五章"供求均衡的一般理论摘要"，见图 6.53。

图 6.53

马歇尔之所以费了第一至五节这样多的篇幅来"摘要"第五篇的内容，是因为，要么他从未想清楚收益递增问题，要么他懂得收益递增问题可以颠覆他的全部经济学，而他又不愿意放弃这套经济学原理，于是有了许多补充的说明。于是，在第四节开篇，马歇尔这样写：这就使我们不得不考虑那些和遵守报酬递增规律的某种商品的边际生产费用相关的技术性困难。……因此，静态均衡理论并不完全适用于那些遵守报酬递增规律的商品。

现在，我们来到了《经济学原理》的最后一篇，如图 6.54，第六篇“国民收入的分配”。第一章“分配概论”。第一节“全篇要旨”，开篇这样写：本篇的宗旨在于表明这一事实，即自由人的培养而参加工作不能和机器、牛马、奴隶适用同样的原则。如果可以适用同样的原则，则价值的分配和交换几无区别；因为每种生产要素所获得的报酬足以抵偿它的生产费用、耗损等等；总之，除意料所不及的失败而外，常可使需求和供给相适应。但事实上，随着人类控制自然能力的增进，除生活必需品外，常可提供日益增大的剩余；而这种剩余并不能为人口的无限增长所吸尽。因此，存在的问题是，什么是决定把这种剩余分配给人民的那些一般原因？

第六篇　国民收入的分配

图 6.54

我们知道，经济学家自从有了关于定常规模收益的欧拉公式——各要素边际产出率乘以要素投入量相加所得的总量恰好等于总产出量，在定常收益假设下，这是分配的一般原理。马歇尔的态度是，这一原理仅仅适用于机器、牛马、奴隶之类的要素，却不是关于人类发展的分配原理。从他开篇的叙述可知，他关注的是，各要素在定常报酬规律下所得的之外，尤其是劳动者，还应有更多的报酬或福利，才可体现人类发展的原则。在新古典经济学增长理论中，这样的情形对应于收益递增情形。换句话说，经济学家必须提供一种分配原理，不是假设定常收益，而是要假设收益递增。我们知道，目前尚未出现这样的分配原理。

马歇尔的叙事方式依旧是英国经验主义的，所以，他首先回顾历史，其次探讨现代社会的分配方式。第二节：“重农学派根据法国当时的特殊情况假定了工资的最低可能水平，以及这种最低可能水平亦适用于资本的利息。这些严格的假定后来为亚当·密与马尔萨斯部分地加以扬弃。”马歇尔这一相当冗长的经济思想史回顾，提示了重农学派和斯密使用的术语“自然工资率”和“自然利润率”的涵义——由自然律决定的工资率和利润率，从而经济发展的好处归于“地租”，从而任何税收都应出于地租才是有效率的（此即后来美国经济学家亨利·乔治的租税学说）。我们在第二讲里介绍过，古典经济学的萨缪尔森模型（图 2.18）。

马歇尔指出：高工资不仅能提高工资领受者的效率，而且能提高他们子孙的效率，这种影响的认真研究只是在 19 世纪才开始的。……运用比较方法来研究欧美各国的工业问题，不断地使人越来越注意这一事实，即报酬优厚的劳动一般地是有效率的劳动，因此，不是昂贵的劳动。这种事实虽然比我们所知道的任何事实对人类的未来都充满更大的希望，但是它却给分配理论带来极其复杂的影响。现在看来，分配问题比以前经济学家所想象的要难得多，任何自认为是很简单的解决办法都是不能信以为真的。

然后，马歇尔的分析方法是，将复杂问题分解为简单的几部分问题，第三至六节：“从一个不存在劳资关系问题的社会来逐步说明需求对分配的影响”。第七节：“从一个具有正常效率的工人来说明特定劳动的纯产品，他的雇用并不增加间接成本，但它的工作恰只达到雇主不能从其中获得纯收益的那一边际。”第八至十节，见图 6.55。

图 6.55

第二章“分配概论（续）”，见图 6.56 和 6.57。第一节：“影响生产要素供给的诸原因和影响需求的诸原因对分配都起着同等影响”。现在，马歇尔讨论的是要素报酬对要素供给的反作用。第二节细目：“第四篇中所讨论的，影响各种不同形式的劳动和资本的原因之要点说明。报酬增加对个人勤奋影响之无常。正常工资与人口增长和体质增强特别是后者之间的适应比较规则。储蓄所产生的利益对资本及其他财富的积累的一般影响。”马歇尔在这一节竭力批评庞巴沃克的价值学说，即价值一般地必须由需求所决定，不直接涉及成本。马歇尔似乎更赞同李嘉图学派的价值学说，即价值主要由供给的力量决定。第三节和第四节继续上一节的主题。

图 6.56

第八节："我们始终假定特定工种的工人和特定行业的雇主在所述时间和地点并不具有多于事实上他们所特具的那种竞争能力，知识和竞争的自由。"在这里，马歇尔指出：替代方法，它的趋势我们已有所讨论，乃是一种竞争形式；不妨再强调的是，我们并不假定完全竞争的存在。

图 6.57

第三章"劳动工资"，见图 6.58 和 6.59，第二节："竞争有使相同职业中的周工资不等的趋势，但有使周工资与工人效率成比例的趋势。计时工资。计件工资。效率工资。计时工资没有相等的趋势，而效率工资则有之。"我们知道，"效率工资"是现代劳动经济学和行为经济学的一个关键词。[1]

[1]　参阅 Janet Yellen, "Efficiency Wage Models of Unemployment", in *The American Economic Review*, Vol.74, No.2 [1984]: 200-205。

图 6.58

马歇尔的解释是：开头就遇到如何解释“效率”一词的困难。如果说在长期内不同部门中约有相等效率的人所得的工资大约相等，则效率一词必须作广义的解释，它指的一定是一般的工业效率。但是，如果所指的是同一部门中各人生产所得能力的差别，则效率必须按该部门所需要的那些特殊效率因素而加以估计。……竞争是效率不同的两个人在一定时间如一日或一年内所得的工资，不是趋于相等，而是趋于不相等。……但是，“工人的效率”一词，意义含混，尚待彻底澄清。按所完成的某种工作的数量和质量所支付的工资，叫作计件工资……效率报酬……不像计时工资按取得工资所消耗的时间计量，也不像计件工资按产品的数量计量，而是按工人的效率和能力的运用来计量的。

图 6.59

第八节的细目：“某业中的吸引力并不仅仅取决于其货币收入，而且还取决于其纯利益。个人和国民性格的影响；工人的最低阶层的特殊情况。”马歇尔写道：由此可见，一业的吸引力，除一方面工作上的困难和紧张，和另方面工作中的货币报酬外，取决于许多其他原因。……我们必须估计到这样的事实，如某业比他业清洁卫生，它的工作场所更加有益于人的健康或更加令人愉快；或它的社会地位较高。我们知道，马歇尔此处所说，即现代的劳动经济学所说的“快乐工资”（hedonic saleries）。

第四章“劳动工资（续）”，见图 6.60。

图 6.60

第二节的细目："第一个特点：工人所出卖的是他的劳动，但他本身并没有价格。因此，对他的投资局限于他父母的资产、见识和无私。出身的重要性。道德力量的影响。"马歇尔在这里报告的观察是：但是，在英国工人的教养和早期训练方面的资本投资，却受到种种限制，如社会各阶层中父母们的资产，他们的预见能力，和牺牲自己以成全子女的意向。就上层社会而言，这种祸害的确是无关紧要的，因为在上层社会中大多数人都能清楚地预计将来，并"以低利率加以折算"。他们尽量设法为自己的儿子选择最好的终身职业，以及该业所需要的头等训练。他们愿意而且也能够在这方面支出巨大的费用。尤其是自由职业阶级……但在下层社会中，这种祸害却为害很大。因为父母的境遇不佳，所受的教育有限，和预计将来的能力的薄弱，都使他们不能把资本投在教育和培养他们的子女上，像用同样的自由和勇气运用资本来改造一个管理得法的工厂中的机器一样。工人阶级的子女很多都是衣不蔽体、食不果腹的。他们的住宅条件既不能促进身体的健康，也不能促进道德的健全。……他们早期所遇到的是艰苦而费力的劳动，而且大多数都终生从事这种劳动。……此刻我们所必须特别加以强调的一点是，这种祸害是积累性的。一代的儿童吃得愈坏，他们到了成年所赚的工资愈少，而适当满足他们子女的物质需要的能力也愈小，如此相沿，一代不如一代。第三节和第四节继续这一主题。

第五节："第二个特点。工人和他的工作是分不开的。"此处，马歇尔描写了工人对劳动场所和工程管理者的性格密切关注，因为这些因素都影响劳动的快乐与否。第六节："第三个特点与第四个特点。劳动力是可以毁坏的，它的卖主在议价中往往处于不利地位。"马歇尔说：此外，劳动往往是在特别不利的条件下出卖的，这些不利源于一系列相互密切联系的事实；即劳动力具有损耗性；出卖劳动力的人一般都是穷人，手头没有积存；离开劳动市场，工人就无法保存劳动。……许多可卖的商品也具有损耗性。在 1889 年伦敦码头工人的大罢工中，很多船上的水果、肉类等的易腐性，对罢工工人起了极其有利的影响。

所以，马歇尔的结论是：劳动者在议价方面的不利有两种积累性的效果：它降低他的工资；而工资的降低，如我们所知道的，又降低他的工作效率；从而降低他劳动的正常价值。此外，它减少他作为一个议价者的效率，因此，使他以低于它的正常价值的价格出卖他的劳动的机会也有所增加。

第五章“劳动工资（续）”，如图 6.61。

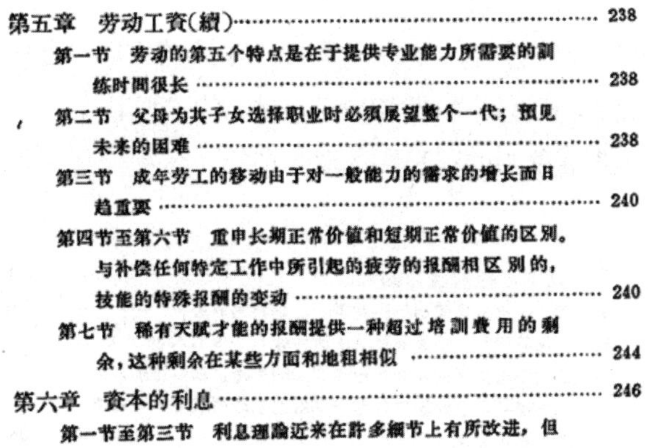

图 6.61

第六章“资本的利息”，见图 6.61 和 6.62，第一节：“利息理论近来在许多细节上有所改进，但没有任何重大变动。中世纪对利息的误解，洛贝尔图斯和马克思的错误分析。”我们知道，费雪的《利息理论》发表于 1930 年，但费雪关于利息理论的核心论文，1907 年已发表。更早的年代里，费雪还发表了澄清“资本”概念的文章，最早一篇发表于 1896 年（“Appreciation and Interest”）。马歇尔说：经济科学对帮助我们了解资本在现代工业体系中的作用是很大的，但它并没有惊人的发现。经济学家现在所知道的各种重要原理，那些干练的企业家虽不能给予明白而确切的叙述，却早已成为他们行动的借鉴。……在过去三世纪中，科学的资本理论，在这三方面是有它的不断成长和发展的长久历史的。差不多资本理论中的各个主要方面，如我们现在所知道的，亚当·斯密似乎看得不很清楚，而李嘉图却观察得十分透彻。……凡企业家所熟习的东西，李嘉图这个实际的财政天才也未尝予以忽视。这里，马歇尔在脚注里再次批评庞巴沃克的《资本实证论》，却完全没有注意到费雪的工作。虽然，庞巴沃克是在与费雪的多年争论中，写了《资本实证论》这部作品的。第二节和第三节继续第一节的主题，回顾了资本与利息的历史。在第三节，马歇尔指出马克思剩余价值理论的错误。

图 6.62

只在第七节的脚注里，马歇尔引用了费雪 1896 年的文章“通胀与利息”（陈良碧的翻译很奇怪：“涨价与利息”）和费雪 1907 年发表的“利率”。

第七章“资本与经营能力的利润”，如图 6.63。

图 6.63

第八章“资本与经营能力的利润（续）”，见图 6.64 和 6.65。

图 6.64

图 6.65

第九章“地租”，见图 6.66。

图 6.66

第五节：“关于地租的主要理论差不多对所有的租佃制度都适用。但在现代英国的租佃制中，地主的份额和农业资本家的份额的明显界线也是对经济科学极端重要的。”马歇尔在这里的和在第十章的论述，明显不如张五常的博士论文那样精彩。

第十章“土地租佃”，见图 6.67 和 6.68。

图 6.67

第四节和第五节："分成制和小土地所有制的利弊"。对比张五常的博士论文，我认为马歇尔在这里的描写相当详尽，只是理论上不如张五常的论文清晰彻底。

图 6.68

第十一章"分配总论"，见图 6.69。

图 6.69

第十二章"进步对价值的一般影响"，见图 6.70 和 6.71。

图 6.70

图 6.71

第十三章“进步和生活程度的关系”，见图 6.72—6.75。这里中译本有明显错误：“生活程度”，原文是“standards of life”，应译为“生活标准”或“生活质量”。

图 6.72

第一节和第二节：“活动程度和欲望程度；生活程度和安逸程度。一世纪以前英国安逸程度的提高可以通过节制人口增殖的办法大大提高工资。但由于从新开发国家中易于取得食物和原料，所以很少向那方面发展。”此处，中译本的错误继续发展：活动程度，原文“standards of activities”，应译为“活动的标准”或“活动的品质”。凡“程度”，原文都是“standards”，故都应译为“标准”或“品质”。否则，中译本是不可理解的。此外，“安逸程度”应改为“舒适程度的提高”。类似地，“欲望程度”应改为“欲求品质的提高”。马歇尔指出：维持充分效率有三个条件——希望、自由、变化。

图 6.73

图 6.74

图 6.75

至此，马歇尔的《经济学原理》正文的目录浏览，包括一些细节引述，就全部结束了。附录及其目录，如图 6.76—6.86 所示。

图 6.76

图 6.77

图 6.78

图 6.79

图 6.80

图 6.81

图 6.82

图 6.83

图 6.84

图 6.85

图 6.86

3. 介于理论与现实之间

我用了如此冗长的篇幅仔细浏览马歇尔这部作品的细目，以及由细目引发的正文里我认为重要的观点之引述，十分有助于纵观过去百年的现代经济学思想史。

可以说，1890 年马歇尔发表的《经济学原理》第 1 版，和 1902 年的第 8 版，是现代经济学的开端。然后，经过 1945 年萨缪尔森的《经济分析基础》的数理化阶段，现代经济学叙事逐渐转变为数理形态的叙事，于是正在支付怀特海所说的过度抽象的知识代价。

我们看到，这种过度的抽象，在马歇尔那里是很少见的。以往的一百年时间，可以1950年代为分界，此后的经济学与马歇尔经济学的叙事方式相比，发生了相当显著的变化。数理形式的叙事的最大优势在于，如下一讲我将介绍的怀特海《思维方式》所言，就是可以将不断扩展的经验纳入统一的理解框架。这样的知识进步必须支付的代价，如怀特海所论，就是被数理抽象遮蔽的许多原本可以导致原创性知识的细节。长期而言，怀特海说，这样的思维方式必定扼杀原创思想，从而，文明将走向消亡。

我们浏览马歇尔《经济学原理》的细目，得到的整体印象是：马歇尔经济学的核心观念是“均衡”，但是为了确定市场的均衡，必须区分“短期”与“长期”。因为长期而言，决定均衡的任何参量必有显著改变，于是“供给”和“需求”都必须成为“过程”。注意，马歇尔说了：短期而言，物品的价值由供求均衡价格决定；长期而言，物品的价值由生产成本决定。

那么，供给过程与需求过程怎样相交并达成均衡？很可能这是一个错误的问题。如果这是错误的问题，那么，我们有两条思路：(1) 萨伊的思路是，经济学只需要研究“供给”，因为，每一项供给都已为自己找到了需求；(2) 张五常的思路是，经济学只需要研究“需求”，因为，根据威克斯蒂德的图示，供给曲线不过是需求曲线的一个片段。事实上，马歇尔就是因为要整合或超越这两条思路，才找到“均衡”概念的。

所以，在经济学没有更好的表达方式之前，我们还是要在马歇尔的“短期”视角下分析问题——这就是芝加哥学派的“价格理论”。

马歇尔经济学的最大优点在于，它介于理论与现实之间，它既不像博弈论视角那样抽象，以致完全不能区分现实细节——缺乏常识感，也不像管理学案例分析的视角那样具体，以致缺乏整体感——支离破碎。芝加哥学派长期以来坚守马歇尔的经济学传统，有充足理由。

学习经济学，首先要有“常识感”——如经济学家那样思考，故而首先还应学习马歇尔经济学——芝加哥学派的价格理论和货币理论。其次要有“整体感”——逻辑的、一般的、抽象的，故需要学习一般均衡理论和博弈论——美国“咸水”学派的高级微观、高级宏观、高级计量，所谓“三高”课程。

三、许茨：基于常识建构社会科学理论

马歇尔之前的经济学基本上是许茨所说的“常识”，萨缪尔森之后的经济学基本

上是许茨所说的“理论”。有意义的社会科学，许茨认为，是在常识基础上的二次建构。[1] 许茨是米塞斯主持的维也纳小组的成员，不过，关于他与米塞斯的维也纳小组的思想的和私人的关系，史家有不同观点。从上面列出的许茨的两篇重要文章，我们看到他常引用奥地利学派经济学家例如哈耶克的观点和文章。他出生在维也纳，正是奥匈帝国即将彻底瓦解的时期。那时的维也纳思想界格外活跃，不愧为西方思想界的中心。第一次世界大战使奥匈帝国解体，在军队服役之后，许茨跟随法学泰斗凯尔森（Hans Kelsen，1881—1973）研究法哲学，获法学博士。同一时期，他跟随维塞尔（Friedrich von Weiser，1851—1926）和米塞斯学习了刚流行不久的“边际效用”经济学，因此，论辈分，许茨是哈耶克的师兄弟。

同时，许茨对韦伯的阐释（理解）社会学深感兴趣。最初，他试图将社会科学建基于柏格森的创化论，不能成功，随后听从他的朋友考夫曼（Felix Kaufmann，1895—1949）的指引，专心研读胡塞尔现象学。1932 年，许茨完成了他的主要著作《社会世界的意义结构：理解社会学导论》——试图将韦伯社会学建基于胡塞尔现象学。在友人建议下，他将此书副本献给胡塞尔。胡塞尔在 1932 年 5 月 3 日的一封信里这样写：“我很渴望见到这个思想严谨、见解透彻的现象学家，他是触及我的生活著作之意义核心的极少数人中的一个，不幸的是，要接近这种核心是极其困难的；他答应把它作为真正‘稳固不变的哲学’的代表继续研究下去，只有这种哲学能够成为哲学的未来。”胡塞尔立即邀请许茨访问弗莱堡大学，随后，胡塞尔询问许茨是否愿意担任他的助手。但是许茨当时家境欠佳，使他不能辞去银行经理的工作。因此而来的是胡塞尔的著名玩笑——许茨白天是银行家，夜晚才是现象学家。自此，许茨常去拜访胡塞尔，直到 1938 年胡塞尔辞世。纳粹上台，许茨迁居巴黎。在那里，他帮助许多犹太人逃亡，最后，1937 年，他自己也不得不离开欧洲，定居纽约，继续为一家私人银行工作。1939 年，他转入纽约新社会研究学院担任教授。

许茨辞世，他的现象学社会学思想并未广泛流传，直到最近二十年才引发关注和研究。国内的许茨著作中译本，《社会实在问题》《现象学哲学研究》《社会理论研究》，全由霍桂桓独自翻译，由浙江大学出版社出版。我最近见到这位译者，得知他正在翻译《许茨全集》。

我在上面索引的许茨发表于 1953 年和 1954 年的两篇论文，大同小异。不过，就表述的清晰程度而言，我更喜欢 1953 年的那篇。图 6.87 取自许茨 1953 年文章，列出

[1] 参阅 Alfred Schutz, “Common-sense and Scientific Interpretation of Human Action”, in *Philosophy and Phenomenological Research*, Vol.14, No.1 [1953]: 1-38；“Concept and Theory Formation in the Social Sciences”, in *The Journal of Philosophy*, Vol.51, No.9 [1954]: 257-273。

了许茨设想的一位社会科学家基于常识应当怎样建构社会科学理论的三项要素。

> **Our next task is, however, to examine the additional constructs which emerge in common-sense thinking if we take into account that this world is not my private world but an intersubjective one and that, therefore, my knowledge of it is not my private affair but from the outset intersubjective or socialized. For our purpose we have briefly to consider three aspects of the problem of the socialization of knowledge, namely:**
> **(a) The reciprocity of perspectives or the structural socialization of knowledge;**
> **(b) The social origin of knowledge or the genetic socialization of knowledge;**
> **(c) The social distribution of knowledge.**

图 6.87

常识（common sense），阿伦特《心智人生》（*The Life of the Mind*）的字源学考证，来自拉丁文“社群通感”（sensus communis），具有强烈的古典政治涵义。许茨追随胡塞尔现象学，阿伦特先后师从胡塞尔、海德格尔、雅斯贝尔斯。不难推测，关于“常识”，许茨和阿伦特应当有相似的字源学考证。

我在第三讲最后部分特别运用了字源学方法解释“幸福”一词，我在那里推荐的字源学网站，www.etymonline.com，现在可帮助我检索“common sense”，我只引述检索得到的第一项结果，也只有这项是相关的结果：

> 14c., originally the power of uniting mentally the impressions conveyed by the five physical senses, thus “ordinary understanding, without which one is foolish or insane”（Latin sensus communis, Greek koine aisthesis）; meaning “good sense” is from 1726. Also, as an adjective, common sense.

我的翻译是：始于大约 14 世纪，最初用于表达心智统合由五种感官传达的印象之能力。所以，没有常识的人，被认为是傻子或疯子。拉丁文：社群共识；希腊文：κοινη αισθησις（koine aisthesis）；从 1726 年开始，这一短语的意思是“良善感”（good sense）。并且，当作副词使用的时候，这一短语成为单词“commonsense”（符合常识地）。

我的补充考证，此处希腊文“常识”的第一个单词的意思是“the common sensibles”。[1] 根据这位作者的考证，亚里士多德仅在“论灵魂”和“论记忆”两书里使用过这一希腊短语，并且，这一短语还意味着，常识与思想的联系首先在于图像“image”，因为图像是常识之精神气质（pathos）。此处出现的希腊语词“pathos”，比

[1] 参考文献：D. W. Hamlyn, “koine aisthesis”, in *The Monist*, Vol.52, No.2[1968], Aristotle, pp.195-209。

这里出现的任何希腊语词都更有名。黑格尔常用这一语词表示时代的精神气质。在几篇短文里，王元化建议译为“情志”。亚里士多德说，借助图像的思考过程就是常识的思考。这意味着，图像比常识本身更值得关注。

图 6.87 中，许茨说，从常识思考中涌现的社会科学建构，需要考察的首先是，这个世界不是私人的世界，它是“主体间”的世界。此处出现了一个胡塞尔现象学的关键词“intersubjectivity”（国内通常译为“主体间性”）。它的表层涵义，我常译为“主体间客观性”。如果有两个行为主体，甲和乙，那么，甲感受到的某一重要性，甲可以想象乙也感受到了，或者甲通过与乙的交流，使乙也能感受到这一重要性，于是有了甲和乙都承认的重要性。某事是主体间客观的，意味着它不再仅仅是主观的。

许茨说：所以，我关于这个世界的知识（常识）其实不是主观的（私人的事务），而是主体间客观的（分享的事务）或被社会化了的知识。许茨指出，每一个人在日常生活中积累的常识，大致就是在人际交往中为了节省认知时间而对一个人常常遇见的其他人分类——即将他常遇到的每一个人归入相应的“类型”，称为“人的类型化”，或口语所谓“贴标签”。我们也沿用这一有效率的办法于动物、无生命事物和一切人类事务，我称之为“知识的官僚化”。偶然遇见不符合这些类型的人或事，我们会感觉“反常”，东北方言就说此人“隔路”，不通人情的意思。许茨说，其实，我们的类型化知识，是被我们所处的社会通过语言和其他社会化方式预先塑造并灌输给我们的。所以，这些社会化了的知识具有三项特征，要求我们社会科学家反思：

（1）视域（perspectives）的对等性或互惠性（reciprocity），或知识的带有结构的社会化。在第七讲，我们细读怀特海《思维方式》时会遇见“视域”这一关键词，又译为“视角”或“展望”。事实上，许茨不仅在 1953 年这篇文章开篇引用怀特海的观点，而且在文章里多次引用。许茨这里说的“结构性的社会化”，意思是社会成员各自在社会结构之内有不同位置，并在各自位置之内获取和积累个人知识。许茨的这一整句话的意思是，若甲和乙组成一个社会，那么，甲知道乙在甲的视域之内并知道乙知道甲在乙的视域之内。博弈论的“共同知识”（common knowledge）概念，与此相似，但追溯至更高阶。我们每一个人受了资源稀缺性的限制，通常只在各自的生活领域之内积累知识，并据此为人和事“贴标签”。但是，我们也知道，其他人也如此为我们贴标签，将我们归入我们不喜欢的类型，抹杀我们的个性。这就是贴标签的“对等性”，结果是没有谁能够保留自己的“个性”，每一个人都是其他人的视域里的客体，是手段而不是目的。

更进一步，许茨认为，我们每一个人都相信，其他人理解我们各自的立场和态度。所谓“换位思考”的能力，我们假设人人皆有。所以，当我为你贴标签的时候，我假设你接受这一标签，为了效率——我们很少在每一个被人贴了标签的场合与人争辩以求凸显自己的个性。因为，办事的效率，其实是日常生活遵循的首要原则。其余的考虑或兴趣，都被认为“不相关”或“关系不大”。假如我参加一个知识产权学术研讨会，我的经济学家身份是相关的标签，如果我与主持人争辩说，我其实不仅仅是经济学家或不希望是经济学家，我的争辩很可能是与会议主题不相干的，从而我将被大多数参加会议的人认为是“隔路”。如果我去参加一位朋友的葬礼，却向朋友家属控诉殡仪馆提供的食物的品质太差，我朋友的家属完全可以认为我不通人情，也就是“缺乏常识”。所以，常识，在许茨的分析下，显现出它具有某种社会化的结构。

(2) 知识的社会起源或知识的发生学社会化过程。许茨指出，我们每一个人的常识当中仅仅极小部分可能源自我们每一个人的切身体验，其余的绝大部分源自社会，在我们出生之前就已有悠久的积累过程，然后，我们通过母语以及通过父母和老师或其他长辈的示范，还通过与同龄人的交往，逐渐习得这些常识，逐渐变得“更通人情”，从而成长为一名“中国人”。类似地，许茨成长为一名“奥地利人”。奥巴马成长为一名“美国人”。每一个人知道，其他人在他的视域之内，并知道其他人知道对他而言，在他的视域之内，他自己体验到的而不是其他人体验到的，是怀特海称为“实事”的那种重要性。其他人进入他的视域，是因为他要表达自己的重要性感受，于是将其他人纳入到自己的重要性表达的视域之内。

(3) 知识的社会性的分布。许茨的观察是：我们每一个人根据所处的社会情境，依照我们被归入的类型，表演我们自己被社会要求（社会预期）扮演的角色。我们或许只能在扮演各自角色的时候表现自己的个性。一旦我们的角色扮演受到社会赞许（超出社会预期），我们在角色里表现的个性也就得到社会承认（成为将来的社会预期），这是对个人（被认为是“成功”之典范）的极大鼓励和（因个性与社会预期之可能冲突而有的）心理压力的舒缓。社会成员被指定扮演的社会角色——父亲、妻子、儿子、女儿、母亲、学生、老师、律师、经济学家、部长助理……最常见的是，我们每一个人在不同情境要扮演不同角色，于是每一个人依照情境变换角色，我们由此形成的心理转换能力一旦发生障碍，就被称为“人格分裂症”。可见，知识的社会性的分布，对我们维持“正常”的生活是至关重要的。这样的社会生活，我称之为“生活的官僚化”。

不论我多么不喜欢官僚化的社会生活，我承认，这是维持我的正常生活所必需的常识的官僚化过程，为了生活的效率。许茨在这里开始引用我最常引用的社会行为学和儿童心理学和符号社会学的宗师米德（G. H. Mead）的“主我”(I) 和“宾我”

(Me）概念。每一个人的主我的表演，都要有经过社会驯化之后在他的“身体—心性—头脑”里形成的宾我的主体间客观的评价。如果我的主我表现出太多的偏离社会规范的行为（表演），则可引发我的宾我的强烈批评。又如果我的宾我未经完全的社会驯化，我的性格就可能过于张扬（对批评不敏感），但也可能过于紧张（神经质），因为不习惯批评故恐惧可能遇到的任何批评。

许茨在这篇 1953 年文章的其余部分的论述，与经济学的“理性”选择模型有十分密切的关系。我建议你们细读这篇文章的这一部分，此处不再逐条转述。我从许茨文章的后半部分截取了许茨建议的任何社会科学理论必须满足的三项条件——他称之为三项“公设”(见图 6.88—6.90)。

公设（1），如图 6.88：逻辑一致性。任何社会科学体系，若要成为科学，当然不能自相矛盾。但是，我们从怀特海和罗素的数学努力和哥德尔定理大致可知，这一公设，对稍许复杂的系统而言，不容易满足。

(1) *The postulate of logical consistency*

The system of typical constructs designed by the scientist has to be established with the highest degree of clarity and distinctness of the conceptual framework implied and must be fully compatible with the principles of formal logic. Fulfillment of this postulate warrants the objective validity of the thought objects constructed by the social scientist and their strictly logical character is one of the most important features by which scientific thought objects are distinguished from the thought objects constructed by common-sense thinking in daily life which they have to supersede.

图 6.88

公设（2），如图 6.89：主观解释。因为社会科学体系是基于常识的二次建构，所以，每一社会成员应当可以从自己的日常生活为这样建构的社会科学体系提供一部分主观解释，即符合主观感受的解释。如果一个社会科学体系完全不能获得任何社会成员的主观解释，那么，这一体系就是与它所由之而来的社会生活不相关的。公设（2）意味着，社会科学家不应建构不相关的社会科学体系。例如，我的一位才华横溢的年轻朋友，多年研究星相学，结合他的广博知识，建构了一套基于星相的关于人类事务的体系。我读了他的作品，大致而言，满足许茨的“逻辑一致性”公设。不过，他对政治、经济、文化、法律以及任何一类社会现象所提供的解释，周围的同学都不能理解，而且可能也认为与他们关心的主题不相关。这就很麻烦，虽然，我与他之间可以建立关于他的观点的某种主体间客观性，但我仍不能承认他建构的体系是“社会科学”的体系。

(2) *The postulate of subjective interpretation*

In order to explain human actions the scientist has to ask what model of an individual mind can be constructed and what typical contents must be attributed to it in order to explain the observed facts as the result of the activity of such a mind in an understandable relation. The compliance with this postulate warrants the possibility of referring all kinds of human action or their result to the subjective meaning such action or result of an action had for the actor.

图 6.89

图 6.90，公设（3）：充足性。这一语词在欧陆思想传统里有很久的历史，所谓“充足理由律”。许茨的意思是，这样建构的任一社会科学体系，关于与它相关的这一社会里的社会成员的行为能够提供的解释或理解，至少对这些行为主体的日常生活而言，基于他们的常识，应当是充分地令人信服的。近年来，因为医患纠纷和医院的体制弊端导致的其他种种社会问题，我们周围出现了相当强烈的拒绝医生的倾向。我自己已有十年以上“拒绝医院”的历史，当然，不能完全拒绝。例如，我三年前“体检”了一次。不过，我后来也拒绝了体检。然后，我读了一名广泛流传的日本医生的文章。他的主要观点是：不要过度治疗癌症，因为根据他的观察，大多数癌症患者其实不是死于癌症，而是死于过度治疗（包括心理压力）。他的观点，由于广泛流传，在日本医学界引发癌症权威人士的批评。这些权威人士列举了许多临床案例和统计数据，令人信服。在我的重要性感受的基础上，我认为，双方的观点都不能说是“充分的”，也就是说，都不满足许茨的“充足性”公设。社会现象的复杂性在于，远比自然现象更经常地，有许多原因同时引发许多结果，所谓“因果之网”，而不是“因果链条”。因此，满足“充足性”公设，其实很难。如果旧金山的一只蝴蝶煽动翅膀“当真”引发了纽约的那场暴风雨，那么，其他任何原因，在气象学家的模型能够提供的许多原因当中，就都不能算是充足的。此处，关键词是“当真”。金岳霖说的“真正感”，是一种感受，主观性很强，但充分地令人信服。

(3) *The postulate of adequacy*

Each term in a scientific model of human action must be constructed in such a way that a human act performed within the life world by an individual actor in the way indicated by the typical construct would be understandable for the actor himself as well as for his fellow-men in terms of common-sense interpretation of everyday life. Compliance with this postulate warrants the consistency of the constructs of the social scientist with the constructs of common-sense experience of the social reality.

图 6.90

在阐述了上述三项公设之后，许茨还指出了一种值得警惕的现象，如图 6.91：一方面，社会科学家经常建构关于现实社会当中的非理性行为的理性模型；另一方面，我们的常识经常提供关于现实社会当中的理性行为的非理性解释。所以，优秀的社会科学家，应当同时警惕这两方面的可能性。

V. SCIENTIFIC MODEL CONSTRUCTS OF RATIONAL ACTION PATTERNS

All model constructs of the social world in order to be scientific have to fulfill the requirements of these three postulates. But is not any construct complying with the postulate of logical consistency, is not any scientific activity by definition a rational one?

This is certainly true but here we have to avoid a dangerous misunderstanding. We have to distinguish between rational constructs of models of human actions on the one hand, and constructs of models of rational human actions on the other. Science may construct rational models of irrational behavior, as a glance in any textbook of psychiatry shows. On the other

图 6.91

但是，为什么社会科学家必须建构“理性行为”的模型？在这篇文章的结束语之前，许茨提供了三项理由，见图 6.92—6.94。

第一项理由，如图 6.92，在理性行为的模型假设下，社会科学家可能想象一些合理的宏观图景，这些图景是从微观层次的许多个体的理性行为的相互作用中涌现出来的。在模型的假设下，这些行为可被孤立地加以研究，成为例如社会功能学派的研究对象，或制度经济学派的研究对象。

The advantages of the use of such models of rational behavior in the social sciences can be characterized as follows:

(1) The possibility of constructing patterns of social interaction under the assumption that all participants in such interaction act rationally within a set of conditions, means, ends, motives defined by the social scientist and supposed to be either common to all participants or distributed among them in a specific manner. By this arrangement standardized behavior such as so-called social roles, institutional behavior, etc. can be studied in isolation.

图 6.92

第二项理由，如图 6.93，许茨说，尽管在社会现实生活里，个人行为是不可预测的，但已被贴标签的分类方法加以理性化的模型中的行为是可预测的，故实证科学能够检验模型的偏差和有效性。引发社会科学理论的进一步修正与演化。

(2) Whereas the behavior of individuals in the social life world is not predictable unless in empty anticipations, the rational behavior of a constructed personal type is by definition supposed to be predictable, namely, within the limits of the elements typified in the construct. The model of rational action can, therefore, be used as a device for ascertaining deviating behavior in the real social world and for referring it to "problem-transcending data," namely, to non-typified elements.

图 6.93

第三项理由，如图 6.94，许茨指出，对于同一类现象或问题可以建构许多关于理性行为的模型，从这些模型得到的关于现实行为的各种预测，可参照现实行为加以比较。每一个模型内在地决定了怀特海所说的“视域”（perspective），或——许茨认为——胡塞尔所说的“视界”（horizon），从而模型的预测或从模型推演得到的各种命题，内在地具有一致性，并据此对于视域或视界之内的现实问题提供具有相关性的解释。模型之间的竞争关系，社会科学的演化，有一套类似“物竞天择”的原理，基本的参照就是怀特海所说的“实事”或社会成员的“重要性感受”，或许茨所说的“相关性”或“真实感”。有些模型在主体间视界融合中的解释力或充足性越来越低，于是导致最终被社会科学过程“淘汰”（并非永远消失）。而另一些模型的解释力或提供的社会现象的理解，更持久，从而更具有鲁棒性（不很敏感地依赖于模型参量的变化）。

(3) By appropriate variations of some of the elements several models or even sets of models of rational actions can be constructed for solving the same scientific problem and compared with one another.

The last point, however, seems to require some comment. Did we not state earlier that all constructs carry along a "subscript" referring to the problem under scrutiny and have to be revised if a shift in the problem occurs? Is there not a certain contradiction between this insight and the possibility of constructing several competing models for the solution of one and the same scientific problem?

The contradiction disappears if we consider that any problem is merely a locus of implications which can be made explicit or, to use a term of Husserl's,[54] that it carries along its inner horizon of unquestioned but questionable elements.

图 6.94

我结束了第六讲，终于。

附录一：涌现秩序的表达困境［2013］

涌现秩序（emerging orders）怎样表达，我相信，这一问题始终困扰着哈耶克[1]，也同样困扰当代研究复杂现象（包括演化社会理论）的学者，而且尤其因为意识到这一问题的深刻含义，与欧陆和英美的其他思想传统相比，哈耶克更欣赏苏格兰启蒙时期的经验主义传统[2]。

首先，根据哈耶克的描述，将“复杂现象”区分于“简单现象”的认知特征在于，微观层次的行为主体不可能预见哪怕是服从最简单规则但数量极大的行为主体之间相互作用之后涌现出来的宏观秩序的样式，尽管他们可能事后理解这些样式[3]。其次，哈耶克相信，语言、人类的社会网络、每一个人脑内大量神经元的交互作用网络，这三类现象是复杂现象的经典案例[4]。最后，哈耶克试图论证：（1）存在“模糊型”与“清晰型”这两种不同的人类头脑或心智结构；（2）与清晰型头脑相比，模糊型头脑更富于原创性；因为（3）脑内的创造性过程是一种复杂现象。[5]

从最简单的社会网络仿真不难看到，只要存在奈特所说的“不确定性”（而不是“风险”），并且只要相互作用的行为主体数目足够大，则不论行为规则多么简单，仿真研究者不可能预见微观行为的宏观秩序。哈耶克试图论证的，在引入哪怕是最少量的奈特的不确定性之后，更可能获得清晰论证。为什么哈耶克必须假设有数量极大的行为主体服从哪怕最简单的行为规则？数量极大，意味着不可预期的小概率事件必定发生，相当于引入了奈特的不确定性。杨格（Peyton Young）在1990年代得到的一个著名结果是，在随机过程的作用下，两个具有完备理性的博弈参与者相互观察对方策略的“学习过程”可以不收敛或收敛于错误的均衡[6]。因此，对于复杂现象之发生，与奈特不确定性的作用相比，个体理性是否完备并不很重要，或者说，理性不完备只是奈特不确定性的另一种表达，例如，表达为“C-D gap”的有限理性[7]。

在任何理解之前，先有表达[8]。怀特海的意思是，凡重要的，总要表达。面部表情、手势、声音、语言、文字、行动、情绪、群体行动和政治、战争和契约，凡有所表达的，都有重要性。绝大部分感受，不能获得而且可能永远不能表达[9]。许多被意识到的表达可称为“presentation”（呈现），或“representation”（再呈现）。虽然，

[1] Paul Lewis, “Emergent Properties in the Work of Friedrich Hayek”, in *Journal of Economic Behavior and Organization*, Vol. 82 [2012]: 368-378.

[2] F. A. Hayek, “Freedom, Reason, and Tradition”, in *Ethics*, Vol. LXVIII [1958], No. 4, pp. 229-245.

[3] F. A. Hayek, “Rules, Perception and Intelligibility”, in *Proceedings of the British Academy*, Vol. XLVIII [1963], pp. 321-344；F. A. Hayek, “The Theory of Complex Phenomena”, in M. Bunge, ed., *The Critical Approach to Science and Philosophy: Essays in Honor of K. R. Popper*, 1964, pp. 332–349.

[4] G. R. Steele, “Hayek's Sensory Order”, in *Theory and Psychology*, Vol. 12, No. 3 [2002]: 125-147.

[5] F. A. Hayek, *New Studies in Philosophy, Politics, Economics and the History of Ideas*, 1978.

[6] H. P. Young, “The Possible and the Impossible in Multi-agent Learning”, in *Artificial Intelligence*, Vol. 171 [2007]: 429-433；D. P. Foster & H. P. Young, “On the Impossibility of Predicting the Behavior of Rational Agents”, in *Proceedings of the National Academy of Sciences*, Vol. 98, Issue 222[2001]: 12848-12853.

[7] Ronald Heiner, “The Origin of Predictable Behavior”, in *American Economic Review*, 1983, 1985.

[8] Alfred North Whitehead, *Modes of Thought*, Lecture Two “Expression”.

[9] Gerald Edelman, *Second Nature: Brain Science and Human Knowledge*, 2006.

还有许多呈现或再呈现的重要性，从未被我们意识到。

要概括无数具体的表达，荣格尤其重视“符号”[1]，他相信符号能够涵盖全部文化及其意义。关键是，人类或许永远只能理解符号的一部分涵义[2]，而由符号激发的精神过程的绝大部分是无意识的——个体无意识和集体无意识[3]。脑科学进展到Ralph Adolphs提出“社会脑”概念以来[4]，符号互动论与社会交往理论获得了脑科学术语的表达。符号的涵义在社会交往中呈现于具体情境，孔子解仁，只在《论语》描述的那些具体情境之内阐释这一符号的涵义。完全脱离情境的符号，蜕变为“指号”（signs）。可以认为，符号是历史性的，而指号是逻辑性的。也因此，符号涵义是不可穷尽的。于是，符号涵义在历史过程中的呈现，与社会交往和人类的实践活动，有了密切联系，它们一起构成海勒女士阐释的“文化创造”过程[5]。

涌现秩序是历史过程，因为这些秩序只能通过“历史”（一系列的事件）呈现自身。斯密恪守“有限理性”原则，他从未将他对具体情境的政治经济分析扩展为一般原则，他始终对“体系之危险”（the danger of system）保持警惕。事实上，斯密的这一态度是苏格兰启蒙时期经验主义传统的心理特质。就斯密而言，这是一种源于斯多葛学派的身心修养。或许受到博兰尼（*The Tacit Dimension*，1966）的影响，哈耶克对斯密的经验主义态度有一种远比同时代人更深切的理解。根据哈耶克的（或他尚未清晰表述的）理解，涌现秩序几乎是不能表达的，至少不能用统计方法来表达[6]。如果一颗清晰的头脑试图将某一新观念的全部内涵逻辑地表达到排除了任何隐秘知识的程度，那么，这一新观念的“新意”就将完全消失。因此，哈耶克相信，与创新过程相适应的是模糊型头脑。

附录二：哈耶克“扩展秩序”思想初论[1996][7]

1993年3月，当哈耶克逝世的消息在世界各地新闻和报章上出现时，纪念文章的作者们普遍对这位“缔造了自由世界经纬”的大师表示敬意[8]。在“后现代”思潮

[1] Carl Jung, *Man and His Symbols*, 1960.

[2] Roy Wagner, *Symbols that Stands for Themselves*, 1986.

[3] 参阅 *The Collected Works of Carl Jung*. Vol. IX: The Archetypes and the Collective Unconscious, 2nd Edition.

[4] Ralph Adolphs, “The Social Brain: the Neural Basis of Social Knowledge”, in *Annual Review of Psychology*, Vol. 60 [2009]: 693-716; Tania Singer, “The Past, Present and Future of Social Neuroscience”, in *NeuroImage*, Vol. 61 [2012]: 437-449.

[5] Agnes Heller, *The Three Logics of Modernity and the Double Bind of the Modern Imagination*, 2000.

[6] 参阅哈耶克：“复杂现象论”，第4节“统计学在处理模式复杂性上的不当”，见《哈耶克文选》，冯克利译，江苏人民出版社，2007年。

[7] 本文原分两次刊载于《公共论丛》第二辑、第三辑（1996年）。

[8] 著名经济思想史家马克·伯劳克：“哈耶克”，见《凯恩斯以后的两百位经济学家》。

日渐成为当代西方“社会批判”的思想主流的今天[1]，哈耶克，作为古典自由主义的最后一位伟大代表，和他三十年代独树一帜时的情景相似，其思想，其立论，虽然已被民间广泛引述，却仍然是“阳春白雪”，孤独地矗立于主流经济学、主流政治学、社会学以及道德哲学等学术领域之外。即便是“飘零山”学社（MontPelerin Society）的成员们，据我所知，也并非都对哈耶克有深入的理解[2]。

哈耶克思想体系的核心概念是他在最后一本著作中称作“人类合作的扩展秩序”（the extended order of human cooperation）的东西[3]。这个东西在哈耶克其他的著作里被称为“自发秩序”（spontaneous order）。哈耶克提出的这一概念，虽然旨在解释“资本主义经济”的制度实质，但作为这一概念的基础的哈耶克道德哲学，却与古典自由主义从洛克到托克维尔（Alexis de Tocqueville）对人类思想史上两个核心概念——“自由”和“个人主义”——的解释密切相关[4]。另一方面，哈耶克“扩展秩序”概念的认识论基础又与从休谟到波普的“演进理性”的知识论密切相关[5]。最后，哈耶克作为奥地利学派的第四代传人，其体系构造深受康德哲学思辨传统以及维也那小组例如马赫（Ernst Mach）的影响，在表述上缺少英美学术传统那种（形式逻辑的）“直截了当”性。这三方面的特征使得哈耶克思想长期以来难以被现代高等教育体系塑造的大批急功近利的学生和学者掌握。

我八十年代中期开始研读哈耶克以及奥地利学派的著作，断断续续十几年，至今也还是泛泛阅读，不过仍尽力在数篇关于制度经济学和发展经济学的文章中开掘主流经济学传统与哈耶克思想的联系[6]。以此为依据，反省经年，旁涉政治、社会、哲学诸领域，彼此印证，终于敢说有了一些觉悟。现在借《公共论丛》一角，乞与读者诸君共同探讨。

以下五节，先从“扩展秩序”概念引出哈耶克一生主要著作及思想；其次论及“扩展秩序”概念的政治哲学、道德哲学以及认识论基础；最后一节“结语”，围绕哈耶克的思想体系提出几个疑问，以期引起更深入的讨论。

---

[1] Jürgen Habermas, “The Horizon of Modernity Is Shifting”, in *Postmetaphysical Thinking*, English edition, MIT Press, 1992, pp. 3-9.

[2] 该学社由冯·米塞斯及弗兰克·奈特在战后发起并组织，旨在阐发古典自由主义精神以对抗法西斯主义及其他极权主义思潮。它因初次集会于瑞士飘零山而得名。哈耶克始终是学会的核心人物。今天，这个学社仍然坚持每两年一次的聚会。由于聚集了全世界著名的自由主义者，能够参加聚会本身已经成了一种荣誉。从去年起，学会原则上不再吸收新会员。

[3] 参见 F. A. Hayek, *The Fatal Conceit*, University of Chicago Press, 1988, p.6。

[4] 参见 F. A. Hayek, *Individualism and Economic Order*, Routledge & Kegan Paul, 1949, Chap.1。

[5] 参见哈耶克对理性建构主义的批评和对波普的演进理性的认识论的评价：*The Fatal Conceit*, pp.8-9。

[6] 汪丁丁：“制度创新的一般理论”，《经济研究》，1992 年 5 月；“再论制度创新的一般过程”，载中国留美经济学会编：《效率、公平与深化改革开放》，北京大学出版社，1993 年；“近年来经济发展理论的简述与思考”，《经济研究》，1994 年 7 月；“市场经济与公民社会”，香港公开进修学院“公民社会及其前景”讲座，1994 年 12 月；“市场经济的道德基础”，《改革》，1995 年 9 月。

（一）人类合作的扩展秩序

我们研究一个观念是否可以从它由以产生的那个社会的特定历史环境中抽象出来，目的在于把这一观念应用到其他社会的历史过程中去。对于“资本主义”这一极其重要的历史观念的抽象，是由哈耶克最后完成的。《致命的自负》体现了他毕生思想的主要脉络。

《致命的自负》第一句话是：“本书论证那个我们文明由以发生并赖以生存的东西精确地说只能够被描述为人类合作的扩展秩序，该秩序通常被有些误导地称为资本主义。”我在其他两篇文章里曾从经济发展的角度讨论了哈耶克“扩展秩序”的意义。那是因为“经济发展”这个概念所指称的历史过程本来就与“资本主义发展”相重合[1]。这里我想重点讨论道德问题。《致命的自负》就其题目而言讲的是道德问题，道德传统的意义，人类理性的局限性和理性狂妄自负的危险。

根据我的理解，哈耶克的“扩展秩序”概念有两个重要的内容：（1）这个秩序必须是“自发的”，非人为设计的。为了强调这一点，哈耶克曾长期使用从自然科学中借来的“Spontaneous Order”这个词，即“自发的秩序”。如前述，任何人为的整体设计都会最终破坏这一秩序的“创造性”（类似地，波普在《历史主义的贫困》中声称：理性只应当“局部地”设计社会系统）。哈耶克说，罗马帝国后期的贸易扩张是帝国官僚人为的扩展，是政府力量压制了市场力量的结果，其衰落是必然的。这里，哈耶克接着李约瑟的研究说：中国停滞的历史其实与罗马帝国兴衰的历史有着同一个原因——政府控制最终扼杀了市场的生命。任何精英或政府都不可能了解社会成员之间分工合作的无限复杂的细节，从而不可能“设计”人类合作的秩序。为了确保“自发性”，哈耶克认为只能实行产权的分立，通过竞争达到合作。（2）除了市场那样的“产权分立”之外，这个秩序必须是能够“不断扩展的”，从家庭内部的分工，扩展到部落之间的分工，再扩展到国际分工……直到全人类都被纳入这个合作的秩序内。本尼迪克特（Ruth Benedict）或诺斯（Douglass North）研究的那些原始部落，虽然有自发的交易，却无法不断地扩展到部族以外[2]。要想不断地扩展合作秩序，“超个人的规则”（如法律）必须受到尊重。道德与文明程度必须相应地提高（在这一点上，哈耶克与他批判过的实证哲学家孔德及其弟子德克海姆是一致的）。自然状态下的人是不可能适合于扩展秩序的。在我看来，正是由于扩展秩序概念的这第二个重要内容，

[1] 参见汪丁丁：《经济发展与制度创新》，上海人民出版社，1995 年。

[2] 参见本尼迪克特：《文化的模式》，生活·读书·新知三联书店，1988 年；Douglass North, “Institutions”, in *Journal of Economic Perspective*, 1991。

哈耶克放弃使用“自发秩序”而代之以“扩展秩序”的名称。在哈耶克的时代，他必须同时反对两方面的谬误：来自理性主义的设计完美秩序的思潮，和来自浪漫主义的不要任何秩序的思潮。我将在下面的三个命题中进一步展开扩展秩序的这两个关键思想。

在《致命的自负》的扉页，哈耶克援引了对他思想发展最具影响的三个思想家的话来支持他的宗旨。引文一，弗格森（Adam Ferguson）：“自由不是像其字面似乎意味着的，是从一切束缚中解脱。正相反，自由意味着每一种正当的束缚对自由社会全体成员的最有效运用，不论他们是司法官还是老百姓。”我们知道，哈耶克所承继的，正是由弗格森、休谟、亚当·斯密等苏格兰启蒙主义者创立的，后来被艾萨雅·柏林称为“消极的自由主义”，又叫作“保守的自由主义”的传统。为了从一开始就区别于卢梭的欧陆浪漫主义的“积极的”自由主义，哈耶克出于与他的老师米塞斯将英文版的《自由主义》改为《自由与繁荣之福祉》（*The Free and Prosperous Commonwealth*）一样的理由，在论述之初先为自由主义“正名”。这引出了哈耶克毕生研究的主题之一——个人主义与自由。这也是自霍布斯以来西方政治哲学的核心问题，即个人与社会的关系问题。下面的命题二将对此作进一步讨论。与门格尔和米塞斯对德国理性主义的批判不同，哈耶克把他对“积极的自由主义”的批判奠基于演进理性的哲学认识论上。这将在下面的命题一中讨论。

引文二，休谟：“道德的例律不是从我们推理的结论所得。”这句话标志着哈耶克受到米塞斯启发，始自三十年代后期的，受到波普哲学影响并且影响了波普哲学的，在认识论和心理学方面的开创性工作。它构成哈耶克毕生的研究工作的第二个主题——理性与道德的关系。当然，这也是自苏格拉底以来西方道德哲学的核心问题。而政治哲学在很大程度上是从道德哲学中发展出来的。下面的命题二将讨论“扩展秩序”概念包含的道德哲学和政治哲学问题。

引文三，门格尔（Carl Menger）：“那些服务于公众福利的制度，为什么能够在它们如此重要和显著的发展过程中，却反而没有一个公共意志来引导它们的建立呢？”这是奥地利学派创始人门格尔著名的疑问。这个疑问的意思可以用哈耶克自己的话表述：那些被长期实践证明对人类福利意义重大的社会制度，虽然都是人类行为的产物，但绝对不是人类设计的产物（the results of human action but not of human design）。这就引出哈耶克毕生探索的第三个主题——传统与创新的关系。这个问题的讨论必须奠基于对上述政治哲学和道德哲学问题的理解。也可以认为，这个问题是自黑格尔和孔德以来西方社会理论所关心的核心问题。从这里，我们又看到了那个始终折磨着西方人现代心灵的“古老的”主题：资本主义与传统（这个基本问题百多年来正以另一种形态——传统与现代化，折磨着东方人的心灵）。命题三以及最后一节“结语”将讨论这个复杂问题。

哈耶克的心路历程可说是艰苦、孤独和漫长的。从使他名声大振的反计划经济观点的《通向奴役之路》（*The Road to Serfdom*），到他如日中天之作《自由宪章》（*The Constitution of Liberty*），再到他晚年定论《致命的自负》，和马克思一样，哈耶克的目光曾勘察了人类知识的每一个领域。从这一历程中，他得以抽象出“人类合作的扩展秩序”作为“资本主义”的制度实质。

在作为资产阶级社会的批判者的马克思看见“雇佣劳动”的地方，作为传统社会的卫道士的哈耶克看到的是“扩展秩序”。只有采取兼容并包的态度，才可能在哲学阐释学的意义上或希腊哲学的“对话”的辩证法意义上，同时理解马克思与哈耶克。

三十年代末，当“计划经济”思潮终于具备了燎原之势时，哈耶克的《通向奴役之路》被认为是孤独的呐喊。即便当时，与同时代人相比，哈耶克已经显露出更深远的关怀。曾在奥地利学派知识论基础上对韦伯的“理性”概念以及德国的“历史主义”学派作过深入批判的米塞斯，在批评兰格与勒那（A. Lerner）的“有效率的计算机社会主义”时强调了两个因素：（1）全面计算之不可能性；（2）“利润”与“价格”在公有产权下不可能提供有效率行为的激励。这代表着当时杰出学者的看法。而哈耶克在该书中则强调个人自由与人类根本福利的关系。他指出：企业家行为或人类思想的创新过程是不可能被计划出来的。一个控制着全部产权从而控制着思想者的生存条件的中央计划是不可能不试图去控制人们思想的方式的。然而对思想的控制最终必定导致一个社会所有成员的创造力的枯竭。因此，一个中央计划的经济就长期而言必定是无效率的（“效率”无非就是千百万人每日每时付出的改进工作的创造性努力的结果）。

继承了奥地利学派“主观价值论”的哈耶克就这样揭示了那个后来被新古典经济学遗忘了的使市场经济的“一般均衡”得以有效率的那个真正的“微观基础”——每一个社会成员在所有方向上进行创新的自由。后来他在《致命的自负》里批评“宏观经济学”时又表述了这一思想：彻底的自由主义必须以奥地利学派主观价值论为基础。于是，一般均衡或亚当·斯密的“看不见的手”，通过作为“过程”的（而不是静态的，可以在计算机里模拟的）市场来实现，才是有意义的。可惜，奥地利学派“边际价值”革命的这一层涵义到今天还被多数讨论“一般均衡”的经济学家所忽视。

作为“过程”的市场，其最重要的功能在于它解除了任何个人去了解其他人的主观价值的困难的或不可能完成的任务；每个处于分工中的个人，只要了解他自己，并观察市场，就可以与其他人的行为达成某种和谐[1]。由于价值是主体性的价值，计划经济的另一个致命弱点就是如上米塞斯指出的，计划者事实上无法知道资源有效配置所需要的全部信息。哈耶克在另一篇文章里指出，市场竞争作为“过程”的意义在于，没有人预先知道竞争的结果是什么；人们只是通过参与市场竞争才得以知道必要的信息，并且通过市场竞争随时修正自己的偏好。在这个意义上，事前的任何“设计”都是不可能的，因为设计者根本不可能知道这种向着无限的未来开放的主体间相互作用的“结果”[2]。哈耶克在《通向奴役之路》中进一步表达他对市场机制的看法：“正是由于人们把自己的命运交给市场那非人的力量，才使得一个文明可能实现她以往的进步。否则这种进步就是不可能的。”[3] 在这里他已经表示了他几十年以后关于道德传统的思想。事实上，在该书第 14 章“物质条件与理想目标”中，哈耶克批评了那种貌似响亮的口号：“滚他妈的经济学吧，让我们建立一个高尚的世界！”他指出：“这种看法事实上完全是不负责任的。我们的世界原本就是这样，原本每个人都坚信必须改善这里或那里的物质条件。可是我们仅有的建设一个高尚世界的机会就在于我们是否能够持续地普遍提高人们的财富水平。”正是所谓“衣食足而后知荣辱”。

在 1976 年《通向奴役之路》第三版的序言里，哈耶克说他在此书出版三十多年后惊讶地看到，尽管他继续在同一领域里思考、学习和体验了这么多年，但他当年写下的主要观点，今天看来仍然如此正确，以致可以不作任何修正地呈现给读者，并且他一生发表的主要著作都可以视作他早年这本书思想的展开。

1960 年，哈耶克发表了《自由宪章》。用他后来的说法，那本书表达了一个自由主义者的“乌托邦”。他当时给自己的任务是，如该书第一章第一句所言：刻画出一个愿意最大限度地保护个人自由的政府应当遵守的宪法原则。然而，和布坎南（James Buchanan）一样，哈耶克在七十年代意识到，以孟德斯鸠的思想为蓝本的欧美政府模式不可能实现欧美宪法所期望的自由主义乌托邦。和布坎南一样，哈耶克得到了这一结论：那些制订了美利坚和法兰西自由宪法的国父们在这个问题上是失败了。这个结论的逻辑的后果就是对修正宪法的思考。布坎南思考的结果是他 1975 年的著作《自由的限度》（*The Limits of Liberty*）。哈耶克思考的结果是他 1973，1976 和 1979 年分别发表的三卷本《法、立法与自由》。基于战后各国政治社会改革的经验，这时的哈耶克强调：威胁着人类自由的几乎永不枯竭的那个思想源泉在于人类理性的自负。由

[1] F. A. Hayek, “The Meaning of Competition”. 这是哈耶克 1946 年 5 月 20 日在普林斯顿大学作的演说，后收入他 1949 年出版的文集 *Individualism and Economic Order*（University of Chicago Press, 1980）。

[2] F. A. Hayek, “The Use of Knowledge in Society”, in *American Economic Review*, September 1945.

[3] F. A. Hayek, *The Road to Serfdom*, University of Chicago Press, 1944, p.204.

于这种自负，在所有市场经济的国家里都存在着政治家们“试图设计人类前途”的危险。哈耶克提出：“我们时代的最重大的政治的（或意识形态的）分歧，归根结底是基于两个思想学派在哲学上的基本分歧。”他称他自己和卡尔·波普（Karl Popper）属于“演进的理性主义”（evolutionary rationalism），而另一派属于“建构的理性主义”（constructivist rationalism）。后者在哲学上是错误的。

哈耶克对“理性”本身的考查把他带进了自然科学，他曾于五十年代初写了被波普称为真正的心理学基础的《感知的秩序》（*The Sensory Order*）和反对“科学主义”的名著《科学的反革命》（*The Counter-Revolution of Science*）；后来又研究“控制论”“系统论”“协同学”等等。他涉猎宗教、科学、艺术、人类学、语言学、性、人口学、心理学和生物认识论等等。他是对一切知识有着深切关怀的古典意义上的“道德哲学家”。他最终认为，社会主义与资本主义之争不是“价值判断”上的分歧，而是哲学认识论上的分歧。争论的一方在哲学上陷入了谬误。任何能够直面真理的人（不论他是不是“社会主义者”）应当能够纠正这一谬误。这里我想引述米塞斯《自由主义》里的一段话：“自由主义和社会主义，两者都献身于全人类的善，它们之间的区别不在于它们的最终目标，而在于它们用以达到最终目标的手段”[1]。

1988年，哈耶克发表了《致命的自负》。这本不到200页的小书如同作者集毕生思考提炼所得的一幅抽象画。一本抽象的书是要读许多遍的。我不认为我已经读懂了这本书，但是作为初步的理解，我想用三个相互关涉但各有侧重点的“命题”来概括哈耶克在这本书中的思想，同时也概括地阐明我个人对哈耶克思想体系的看法。

（二）命题一：演进理性与哲学阐释学是一致的

《致命的自负》第一章——“在本能与理性之间”，哈耶克写道：“心灵是文化演进的产物，不是文化演进的向导。心灵更多地基于模仿，而不是基于明智或理性”。哈耶克论证说，人由动物状态进入文明，是靠了从传统中学习。人并不是生而具有聪明、理性和良知。人必须通过教育才变得聪明、理性，有良知。所以不是我们的智慧造就了道德，相反，正是在道德规范下的人际活动使理智得以成长。从动物本能到人类理性的进化桥梁是传统。哈耶克早在写《感知的秩序》时就提出了这个看法。受其影响，波普在《自我及其脑》中更进一步论证了这个看法[2]。这一命题侧重讨论哈耶克和波普关于“理性的局限性”的看法，不仅承接着英国经验主义哲学传统，而且

[1] Ludwig von Mises, *Liberalism in the Classical Tradition*, 3rd ed., San Francisco, CA: Cobden Press, 1985, pp.7-8.
[2] 参见 Karl Popper & J. Eccles, *The Self and Its Brain*, London: Routledge & Kegan Paul, 1977。

与现代哲学阐释学有着基本的一致性。这一命题与哈耶克政治哲学的关系将在命题二的讨论中展开。这一命题所涉及的道德与理性的关系问题将在命题三中进一步展开。

"演进理性"（evolutionary rationality）是哈耶克为他和波普的理性概念起的名字。哈耶克的哲学思想首先受到奥地利学派导师门格尔和米塞斯开创的社会科学方法论的影响。门格尔是维也那小组成员，数学家。他开创了作为现代经济学价值论基础的"主观价值"理论[1]。门格尔是韦伯的同时代人，和韦伯一样，他强调人的行为的"主体性"、"意义"、"自由意志"，以及人与人相互关系的不确定性。因此他毕生的努力是反对当时（19世纪下半叶）社会科学研究中，把人类行为当作物理现象来研究的科学主义倾向。另一方面，与韦伯社会学不同，门格尔相信经济学应当以普适性命题来表述。因此他一直与之对抗的另一种倾向就是经济学中的社会学或历史主义倾向。门格尔的这一努力到了米塞斯那里变得更为彻底。米塞斯提出所谓"实践科学"（Praxeology）以代替所有研究人类行为的社会科学，并且强调必须从反思人类行为得出一组先验假设，然后逻辑地推导出有关人类行为的全称命题[2]。我们看到，米塞斯的这一方法已经与后来波普的否证主义方法非常接近了[3]。

在我所理解的奥地利学派的经济理论中，我看到维也那小组对该学派产生的两方面的影响：（1）马赫的经验主义和"感觉分析"的影响，与来自德国学派的韦伯的"意义"理论一起，反映在门格尔的主观效用理论中。也可以认为（从哈耶克的回忆看）正是马赫的思想引导哈耶克发现了休谟。现在，新奥地利学派更涌现出例如拉赫曼（Ludwig M. Lachmann）、迈施拉（Fritz Machlup）及其密友著名的现象学社会学家阿尔弗莱德·舒尔兹（Alfred Schutz），他们试图把韦伯的"意义"理论和哲学现象学引入到经济学中来。（2）从反面来的，维特根斯坦（他是哈耶克的年长10岁的表兄）的逻辑实证论和分析哲学的影响。根据哈耶克的回忆，维特根斯坦给他留下深刻印象的是：他对真理的诚挚追求和他那种与社会格格不入的态度。这显然给哈耶克提供了他后来猛烈批评的"德国的个人主义"（见本文第三节）的典范，哈耶克指责为"过分的理性主义"。

---

[1] 参见 Carl Menger, *Principles of Economics* (1871), New York University Press, 1981; *Problems of Economics and Sociology* (1883), University of Illinois Press, 1963; *Toward a Systematic Classification of the Economic Sciences* (1889), Princeton: D. Van Nostrand, 1960。关于门格尔的奥地利学派价值理论，参见 Carl Menger, "The General Theory of the Good", in Israel Kirzner, ed., *Classical Austrian Economics*, Vol. I, London: William Pickering, 1994。

[2] 参见 Ludwig von Mises, *Epistemological Problems of Economics* (1933), New York University Press, 1981; *Human Action: A Treatise on Economics* (1949), Chicago: Henry Regnery, 1966; *Theory and History: An Introduction of Social and Economic Evaluation* (1957), New Rochelle: Arlington House, 1969; *The Ultimate Foundation of Economic Science: An Essay on Method* (1962), Kansas City: Sheed Andrews & McMeel, 1978。

[3] 关于波普和哈耶克的演进理性，我在《读书》1994年12月刊和1995年3月刊的两篇文章里有比较简要和通俗的介绍（"主义与科学"，"传统与乌托邦"）。

就哈耶克本人而言，除了继承奥地利学派的传统和康德道德哲学的传统以外，由于长期客居英国，他又浸淫于英国经验主义（培根、洛克、贝克莱、休谟）传统中，并且与卡尔·波普建立了亲密的友谊。哈耶克在《致命的自负》中把波普和他自己的知识论叫作“演进认识论”（evolutionary epistemology）。为了阐明演进理性，我必须从哈耶克1952年的心理学研究——《感觉的秩序：理论心理学基础之原论》（*The Sensory Order: An Inquiry into the Foundations of Theoretical Psychology*, London: Routledge & Kegan Paul, 1952）开始论述。在这本著作里，哈耶克把他的“自发秩序”概念应用来解释人类以及生物的感官发展。在他看来，人类社会同时在三个层次上演进：（1）物种的演进。这包括感觉器官和各种神经系统的进化。受到当时已经颇具影响的控制论、系统论和信息论的启发，哈耶克认为人脑及其感觉器官的形成与进化可以理解为——生物体在运动中寻找机会和应付外界不确定性事件时按照进化论选择所形成的“自发秩序”。为哈耶克这本书写审阅报告和前言的心理与脑解剖专家艾克尔斯教授后来在七十年代与波普合写了《自我及其脑》。（2）文化的演进。在这一层次上，“自发秩序”表现为各种各样的协调人们行为的制度，并且同样是在生物体或群体主动寻找机会和适应环境不确定性时，通过长期竞争形成的。这里我们应当注意“竞争”对制度演进的重大意义。另一方面，哈耶克批评那种把他的文化演进理论等同于社会达尔文主义的看法。在《致命的自负》第一章第五节里，他批评了来自两方面的错误看法：首先是当时的社会学家的看法，认为语言、道德以及其他社会制度，都通过自然选择并且以某种基因遗传的方式演变。这一看法完全无视人的主观能动性，从康德道德哲学的角度看是不能接受的。其次是当时理性建构主义者的看法，认为人类可以按照自己的偏好随意地选择语言、道德以及其他社会制度。对这一看法，正如哈耶克在《致命的自负》第五章诘问的：“如果理性必须追问我们服从道德以及其他所有秩序的理由，那么理性是否应当追问我们服从理性或基本思维逻辑的理由呢？”哈耶克的这个问题正是伽达默尔追问笛卡尔的问题：如果思考着的“我”可以怀疑一切，那么这个“思”为什么不可以怀疑“思的来源”呢？所以正确的逻辑应当是：由于我的“存在”，所以我有了“思考”。（3）心智的演进。除了物种和文化的历史之外，每一个个人都有自己的从出生到死亡的心理演进史。这里哈耶克引述了皮亚杰的发生认识论。每一个人的心理秩序都是这个人积极寻找发展机会并且适应环境不确定性的产物。我们看到，在所有这三个层次上的演进，都不可能是“理性设计”的结果。恰恰相反，正是由于在这三个层次上，长期的演进积累了巨大的知识财富，我们的“理性”才得以慢慢学会理性。存在着的“我”学会了“思考”。

作为一种特殊的知识——科学知识，它的获得与积累过程同样服从演进的而不是理性设计的法则。这就是卡尔·波普和后来博兰尼的科学哲学提供给我们的结论[1]。关于博兰尼的思想，由于主要涉及传统与理性的关系，我把它与本节最后的哲学阐释学一起讨论。关于波普的否证主义原则，国内读者比较熟悉，我只想简单地勾勒出他与英国经验主义和康德哲学的关系。

当休谟于1740年发表他的第一部著作《人性论》时，距1641年笛卡尔发表《哲学沉思录》刚好一个世纪，距牛顿1687年发表《自然哲学的数学原理》大约半个世纪。启蒙时代的科学大师们带给哲学的是这样一个问题：牛顿的科学究竟是对理性主义（rationalism）的支持呢，还是对经验主义（empiricism）的支持？这个问题到了现代就表现为相对论（理性主义的典范）与量子理学（经验主义的典范）的冲突。休谟在他18岁时建立的“经验论”受到苏格兰道德哲学家哈奇森（Francis Hutcheson）的启发。后者论证人们的道德观念既不是从《圣经》启示得来，也不是从理性思考得来，而仅仅是基于人们的感觉，基于人们感觉的某种共识。休谟立志要将这个看法贯彻到一切方面，把哲学建立在唯一真确的感觉的基础上，终于成就了英国最伟大的经验主义哲学。按照罗素对休谟问题的公认最出色的解释，我们只需要不断地问自己：“你怎么知道这件事是真确的”（How do you know）？就终究可以发现所有我们深信不疑的科学“定律”都只不过基于我们一厢情愿地相信的“归纳原理”之上。你认为有“万有引力”吗？那只不过是你每次看到苹果往地上掉。可是你即便坐在那里一辈子，统计苹果脱离果树后的运动方向，并且总是看到它往地上掉，你的结论仍然只是“概然”的（从有限次的观察外推到无限次未来的观察）。你无法在逻辑上证明苹果必然往地上掉，因为你的论证所必须依据的“归纳”证明法，本身是无法得到逻辑证明的。休谟说：太阳每天升起来，然而我们无法证明太阳明天必定还会升起来。罗素说：一只小鸡每天都吃到主人送来的食物，它的归纳原理告诉它明天主人还会来喂食。可是明天它被主人吃掉了。休谟论证说：我们只能得到两类真确的命题。第一类是关于主体的感觉事实的命题（propositions of matters of fact）。例如我看见了某物，闻到了一种气味。第二类是关于观念与观念之间关系的命题（propositions of the relations of ideas），例如逻辑命题、数学命题等等。而第三类命题，作为笛卡尔的哲学推理基础的公设——“有原因必有结果；任何事物必有其原因”，在休谟看来只不过是一种虚妄的“联想”，所谓“因果性联想”。

休谟哲学为人类理性划定了界限：我只知道我感觉到的事情，我不可能知道关于

---

[1] 参见 Karl Popper, *The Logic of Scientific Discovering*, London: Hutchinson, 1959; *Objective Knowledge: An Evolutionary Approach*, London: Oxford University Press, 1972; with J. C. Eccles, *The Self and Its Brain*, London: Routledge & Kegan Paul, 1977。参见 Michael Polanyi, *Personal Knowledge: Towards a Post-Critical Philosophy*, University of Chicago Press, 1958。

我感觉以外的任何陈述是否真确。休谟于是成了无神论者；谁能感觉到上帝的存在呢？休谟于是推崇古希腊智者（sophists）的道德相对主义；道德只不过是一群人约定俗成的行为规范。从休谟的经验主义哲学到叔本华“作为意志和表象的世界”或马赫的“感觉的复合”，这中间要经过哲学史上的康德“转向”。

为了拯救科学和理性，康德穷毕生努力回应“休谟问题”。在他看来，虽然如休谟所言，我们的知识无法超越我们的感觉，但科学仍是可能的。“科学”之所以可能，是因为人类心灵先验地遵从理性思维的十二个基本范畴（分成“数量”、“质量”、“关系”、“模式”四类），而“原因—结果”是三个“关系范畴”之一。科学是可能的，因为人类理性按照这些先验范畴整理感觉经验，从而得到关于世界的理性的图像，而且具有“主体间性”（intersubjectivity）。于是“理性为自然立法”。从康德的这些观点，我们不难找到柏拉图的“洞穴比喻”（allegory of the cave）和更早时代的巴门尼德的信仰——“变化的表象只是那不变的世界给我们的幻觉”。“康德转向”带出了黑格尔和叔本华这两个正相反对的哲学大家。而从黑格尔左派，或“青年黑格尔”，或黑格尔《精神现象学》中，最终转出了马克思的历史唯物主义哲学。另一方面，从叔本华则转出了尼采和海德格尔的存在主义哲学。

波普哲学可以视作对康德理性主义革命的反革命，或在辩证意义上“回到休谟”。波普完全不能接受德国式的思辨的“超验范畴”。他认为康德的努力实际上把本来应当接受经验检验的培根意义上的“科学”，放置在了无法实证检验的形而上学基础上，从而模糊了科学与形而上学的界限。他称此问题为“康德问题”或科学与哲学的“分界问题”（the demarcation problem）。波普对康德问题的解答同样是革命性的。他的解答是：既然我们的知性知识只能是休谟所说的“概然的”或因果性联想的，那么就让我们接受这个事实，就干脆让科学作为一个过程，通过不断的以每一次的实践检验这些假设并每一次都据此调整我们对这些假设及其基础上的科学大厦的可信度。换句话说，就干脆让科学和一切知识成为永远向着未来的实践和阐释开放的、各种假设不断竞争以求生存的认识过程吧！当波普把他的科学哲学推广到社会领域时，他开始批判所有基于理性主义的社会理论，他开始发表《开放社会及其敌人》（1945），《迈向关于传统的理性理论》（1948），《历史决定论的贫困》（1957），以及《开放的宇宙：一个非决定论的论证》（1982）。

对于波普论证的理性的历史局限性，哈耶克从奥地利学派知识论的角度也作了论证。因为坚持“主观价值”，所以每个人只知道他自己的偏好，并且没有其他人能够比他更知道他自己的偏好。另一方面，资源的有效配置要求知道所有人的偏好。怎样解决这个问题呢？人类社会一直以来是怎样解决这个问题的呢？这就是我一直以来所说的“哈耶克问题”。这个问题在分工社会里有更广泛的意义[1]。简单地说，劳动分工导致了知识的分立，每个人只知道全部知识的极微小的一部分，资源的有效配置要求所有人的知识互相协调。通过类似博弈均衡而达到的知识协调，在哈耶克早期的术语里叫作“合成法”（the composit method），在《致命的自负》里叫作“扩展秩序”。这种协调我们知识的秩序，正如哈耶克在《感觉的秩序》中讨论过的，是文明演进的结果，它不可能人为设计出来。正相反，人为的理性设计可以对这些扩展秩序构成毁灭性的威胁。从哲学上讲，扩展秩序正是开放的演进的理性过程，而任何理性设计都是（在整体设计的意义上）封闭的、保守的、反革命的僵化过程。在这个意义上，让我们来看看哈耶克和波普的演进理性与本质上开放的、革命的辩证法和阐释学的联系。

哲学阐释学在国内已经有许多介绍[2]，这里基于我自己的理解，我给出一个阐释学意义上的“理”定义：此在通过与传统，与自己，和与共在世界对话的辩证法，从先见的规定中向着未来的无限可能性展开自己对历史的阐释，并且通过对话解释此在存在的意义，这个意义反过来指导着此在在实践中的选择，并且通过共在的实践使传统发生转化。这个对话、理解，和实践的无限的阐释过程，它本身就是阐释学意义上的理性，就是赫拉克利特所说的“逻各斯”[3]。我们看到，哲学阐释学所说的理性，恰恰就是这一节一开始引述的哈耶克理解的理性，从传统学习理性的“理性”。只不过阐释学分析了这个学习的具体过程（对话，理解，实践），而哈耶克则认识到这个学习过程必须是“合成的”，类似博弈均衡的，能够不断扩展的。

哈耶克关于理性向传统学习的思想，在波普的《科学发现的逻辑》和比他稍晚的另一位科学哲学家博兰尼的《个人知识》中找到了扎实的基础。波普论证知识的真确性只能通过从一组全称命题（universal statement）演绎出来的一组在每一次实验环境下（initial conditions）可以被否证的陈述（faulsifiable statement）在每一次具体实践中得到支持性的检验。而且这些有限次的支持性检验必须开放给未来的无限次检验，通过不断地与其他的理论（也都表述为一组全称命题）竞争求得生存。那么这是不是就意味着胡适的“大胆假设，小心求证”呢？否。在胡适的看法里，所谓“大胆假设”就是可以自由地、任意地提出假设。但是在波普的科学哲学里，提出有意义的假设与验证假设的过程是密切相关的。从事科学的人都知道，没有人可以对一个傻子随意提出的

[1] 参见汪丁丁：“交易费用与知识结构”，《经济研究》1995年9月刊；“知识社会与知识分子”，《读书》1995年11月刊；“知识的经济学性质”，《读书》1995年12月刊。

[2] 最近的系统介绍可参阅张汝伦：《历史与实践》，上海人民出版社，1996年；或者英文著作 *Gadamer and Hermeneutics*, London: Routledge, 1991。关于伽达默尔对科学主义的批评，参见 H.-G. Gadamer, *Hermeneutics vs Science? Three German Views: Essays*, University of Notre Dame Press, 1988。

[3] 关于“逻各斯”的解释，参见邓晓芒：《思辨的张力：黑格尔辩证法新探》，湖南教育出版社，1992年，第22—25页。

假设“小心求证”，因为实验的设计总是与提出假设的初衷内在地关联着的。对“理性”的本质略作思考就会看到，康德提出的对纯粹理性的那些规范（先验范畴）不是没有道理的。正是由于“理性为自然立法”，那些随意提出的假设，如果不服从理性的立法，就完全不能被理性的人所理解。海德格尔在《存在与时间》一开始就声明：每一个问题都预设了它求解的方向，而我们的心灵求解这个问题只是为了展开这个原本隐含着的解答。

科学家们在长期的一代一代的努力“为自然立法”之后得到了什么呢？为什么现在的科学家可以容易地理解人类积累了几百年的科学知识，并不断从中得到对他们新思想的启发？这就是波普和博兰尼的哲学所回答的问题。“传统”，科学知识正是在传统中得以积累和为后来者所理解。科学传统就是康德的“理性为自然立法”的过程。所以，与费耶本得的“无政府主义纲领”不同，波普说：离开了学术传统的任意假设是没有“意义”的。

为了避免低水平重复制造，人们必须遵从学术传统，在传统的基础上提出和研究问题。只是在传统中，我们才有希望找到意义重大的问题，通过分工研究重大问题的各个方面，科学家们才可能互相理解自己不了解的知识，学术传统才得到发展。因此，在传统中对话，这是概念的发展的一个无法回避的条件。（谁能够回避此在视界的规范呢？）对此，博兰尼有更精彩的讨论和分析。在《个人知识》以及他五十年代的一系列著作中，博兰尼强调知识的个人性也就是“隐秘性”（the tacitness）。因为所谓“知识”，直观地就是知道和理解了的事情。而理解必须是个人的、主体的、特殊的、难以充分交流的（记住：黑格尔《精神现象学》的“这一个”与“意谓”，我们语言的抽象性和局限性）。博兰尼用一个例子说明他的思想：假如你正用一把锤子把一只钉子敲到墙里去，你的注意力是在你左手持着的钉子上呢，还是在你握着锤子的右手上？显然不是在你右手上，否则你一定会失锤打在钉子以外的地方。从心理学上说，你此时的注意力是直接关注于钉子，但是你仍然间接地意识到你的右手的动作、力度，以及与右手的准确性相关的所有因素。我们看到，一个不熟练的人例如小孩或妇女，就不会集中注意力于钉子，她往往分散她的目光于手和钉子之间，于是无法顺利完成工作。换句话说，关于你的右手应当怎样使用锤子的各种知识，与对于钉子的注意力，这两方面必须经过一个练习的过程才可协调起来。协调之后的情况，就是你关于右手和锤子的知识都转化成了“无意识”、“习惯”、“条件反射”，或类似的状态，用博兰尼的术语就是“支援意识”（subsidiary knowledge）。博兰尼论证说，这类知识在我们身上就如同我们的其他本能一样，是我们身体的一部分，是我们感官的一部分，这些知识的运用，如同视觉和嗅觉一样，已经不再需要通过我们大脑的思考了。博兰尼把这个道理运用于一般知识过程：一个人必须经过“学徒”阶段，才能够把师傅的知识转化为自己身体的一部分，形成有关工作的“个人知识”。而在达到此阶段之前，这个人是不可能完全理解师傅所掌握的知识的。科学知识的过程与此类似。我们必须通过完成大量的数学习题才能够理解数学本身。笛卡尔说，我们的心灵要想理解复杂的逻辑推理，就必须反复地把这一推理过程从头到尾审视许多遍，直到心灵可以从“直觉”上把握这个推理的全过程。我认为这是笛卡尔关于人类理解的思考中最重要的思想之一[1]。

于是沿着波普和博兰尼的思路，哈耶克“理性从传统习得理性”就变得非常清楚了。我们正是通过向传统学习，从而把传统转化成我们心智的一部分。当我们思考问题时，习惯地、下意识地，我们的“支援意识”或传统就开始指导我们的思考，使我们得以顺利交流和理解其他人的思考。另一方面，从现代哲学看，这个思想又正是同存在论和哲学阐释学对传统和历史的看法一致的。后者与理性主义哲学的区别就在于其体系的开放性。伽达默尔认为所有的概念都不是固定不变的，其意义必定随着时间推移在阐释者的实践理解中发生变化。因此，语言概念的意义只能在不间断的交流或对话中得到澄清，阐释者只能通过不断与其他阐释者对话来验证自己对世界的阐释是否正确，是否理性，而传统（语言传统、意义传统，以及有关主体间相互理解时所依赖的共同语言环境的一切因素的传统）正是使这种对话得以顺利进行的基础。

我们看到，哈耶克同马克思的分歧，在哲学意义上与休谟同笛卡尔的分歧一样，都可以追溯到西方思想由之发端的古希腊哲学中去，那也就是赫拉克利特（Heraclitus）的经验主义同巴门尼德（Parmenides）的理性主义的分歧。当然，在辩证循环（扬弃）的意义上，哈耶克和马克思都已经超越并包含了古代经验主义与理性主义。从精神史角度看，如果说休谟的经验主义哲学是精神认识自己的一个阶段或“正题”（the thesis），黑格尔的理性主义哲学是它的“反题”（the anti-thesis），那么现代的哲学阐释学则是这一精神发展过程的否定之否定阶段或“合题”（the synthesis）。海德格尔在弗莱堡大学讲授黑格尔《精神现象学》时阐释了黑格尔“绝对知识”或意识的自我意识的意义，并且批评说：“西方哲学的第一也是最后的问题是‘什么是存在’的问题。正是存在问题的构成，内在地关联着‘逻各斯’（logos）、‘奴斯’（nous）、‘理性’（ratio）、‘想’（thinking）、‘推理’（reason），以及‘知识’（knowledge）……存在之为存在……作为概念……其力量在于它的时间性……黑格尔哲学把哲学想象为

[1] 参见笛卡尔：《探求真理的指导原则》，“原则一”到“原则十二”，管震湖译，商务印书馆，1995年；或者参见英译本：Rene Descartes, *Philosophical Essays: Discourse on Method*, Indianapolis: Bobbs-Merrill Educational Publishing, 1981, pp.147-202。

绝对知识，从而取消了时间性……现在让我声明，哲学的真实内涵以及它的第一问题不可能仍然以古代思考的方式被问及，也不能被放置在黑格尔给我们提供的可疑的基础上”[1]。

也许，下一个时代的精神将是向着黑格尔哲学回归的精神。不过我们时代的精神，无疑是向着休谟哲学回归的精神。在这个意义上，我认为哈耶克的演进理性与现代哲学的阐释学是一致的。

（三）命题二：超个人的秩序是个人自由、社会稳定与经济繁荣的基础

《致命的自负》第二章——“自由，财产，与正义的起源”，哈耶克援引洛克说：“哪里没有产权，哪里就没有正义”（Where there is no property，there is no justice）。如果人们想要自由、共存、相互帮助、不妨碍彼此的发展，那么唯一的方式是承认人与人之间看不见的边界，在边界以内每个人得到有保障的一块自由空间[2]。这就是财产权利，哈耶克称为“权利的分立”（several property），并声称“分立的权利是一切先进文明的道德核心”，“是个体自由不可分离的部分”。在地中海欧洲的历史上，是先有了财产权利的分立，才有了个人自由和尊重他人自由的道德观念。文明演进，又培养了一种对超越任何个人和小团体利益的规则的尊重，即“法治精神”。哈耶克认为，法治精神或一切个人及多数或少数的集团对超乎其利益之上的规则（规则的核心部分是“分立的产权”）的尊重是个人自由的基础，也是社会稳定和经济繁荣的基础。这一命题侧重讨论“扩展秩序”概念的道德与政治哲学内涵。至于它所涉及的理性与制度的关系，已经在上一命题中讨论了。而它所涉及的道德传统与个人自由的关系问题，将在下面的命题三进一步展开。

哈耶克在伦敦经济学院任教期间发表的若干次演讲，开始强调“知识的分立”问题[3]。分工中的一群人，如果不通过某种秩序（例如语言、法律、家庭）的协调，就不可能充分利用他们积累起来的专业知识。但并不是任何一种秩序都可以在较低成本上协调分工的。一个好的秩序应当最大限度地允许每一个人利用自己和他人的专业知识。这个秩序，从地中海沿岸经济发展的历史来看就是或首先是私有产权制度。“希腊—罗马世界基本上并且准确地说就是一个私有产权的世界……”（《致命的自

[1] Martin Heidegger, *Hegel's Phenomenology of Spirit*, Indiana University Press, 1988; paperback ed., 1994, p.12.

[2] 《公共论丛》的贡献之一是在第一辑刊出了艾萨雅·柏林的名篇“‘自由’的两种概念”（Two Concepts of Liberty），以及顾昕的文章“以社会制约权力”。这使得我的文章可以不必重复叙述有关的理论了。

[3] 例如 F. A. Hayek, “Economics and Knowledge”, and “The Use of Knowledge in Society”。全收在他 1948 年的《个人主义与经济秩序》文集中。

负》，第 29 页）。

私有产权，哈耶克希望改名为“分立的产权”（several property）。从哈耶克思想的整体来看，“私有产权”（private property）这个名称确实没有表达出真正个人主义和消极自由态度的产权概念。产权的功能是为每个人划定一块消极自由意义上的“私人领域”。这就意味着，个人的“产权”完全不能是“私人”的，它必定是人与人之间的关系，它是“边界”，是只有通过人们对“正义规则”达成共识才能够予以保护的私人领域的边界。因此它不能是“私有的”，它只能是“公共的”（public）。

其次，哈耶克把“私有产权”改成“分立的产权”，抓住了市场经济的核心问题——竞争。在一个产权明确但全部财产归一个“所有者”所有的社会中是不会有市场竞争的（典型如中世纪家长制经济或苏联式中央计划经济）。因此，产权的明确与否并不是市场经济发展的关键（国内不少经济学家似乎对这一点并不理解）。凡是不明确产权的经济必定早已经消失了（著名的“公共财悲剧”就是指这种情况）。问题的关键在于我们有什么样的产权。只有当财产权利分属于不同的利益主体时，不同的利益发生冲突，才会产生不同利益之间的竞争活动，竞争才是有效的。其思想远比现代经济学深刻的老经济学家艾智仁（Armen Alchian）说过：竞争、资源稀缺、歧视、行为约束、财产权利，这五个概念其实是等价的[1]。如果我们承认资源稀缺，我们就不得不承认自利的人们对稀缺资源的竞争。我们于是必须接受一定方式的竞争标准或“歧视”的方式。有些社会的竞争标准建立在性别歧视上（例如父系氏族），有些竞争建立在权力歧视上（例如封建社会），有些竞争建立在种族歧视上（前南非种族社会），还有些竞争建立在智慧程度上。总之，有竞争就必须有某种歧视准则。在市场经济中，商品拜物教的歧视准则是“货币”——价高者得。价格竞争的背后是效率上的竞争。而建立效率竞争要求建立个人的财产权利。因此，哈耶克使用“分立的产权”这个词就不仅仅是语言上的修正，而且涵盖了不同的政治经济学内容。

在哈耶克看来，西方民主和自由社会的典范，雅典城邦的制度，正是建立在“分立的财产权利”的基础上的。在希腊人的眼睛里（反映在柏拉图和亚里士多德的伦理学中），城邦政治（polis）代表了最高的善，同时也就是正义、道德和自由的实现。持消极态度的自由主义者，或者哈耶克式的自由主义者，在现代意义上仍坚持这种希腊式“自然精神”的，自由与秩序、自由与道德和自由与正义的统一。哈耶克在其著名的都伯林演讲第十二讲“个人主义：真的和假的”第七节中写道：“我无须多言。真正的个人主义坚信那些由小型社区、人群和家庭成员的共同努力所形成的价值，它

[1] Armen Alchian, “Some Economics of Property Right”, in *Economic Forces at Work*, Liberty Press, 1977, pp. 127-149.

坚信地方自治以及各种自发自愿的结合体，并认为它［个人主义］正是通过这些形式得以实现自身，认为通过这些形式得以把许多原本由强制性的政府干的事情做得更好”[1]。

《致命的自负》第二章的题头有一段关键性的引文：“人们有资格享有文明社会的自由，其资格正与他们愿意用道德锁链约束他们欲望的程度成比例：与他们在多大程度上热爱正义甚于热爱掠夺成比例”——艾德蒙·伯克（Edmund Burke）。这里的三个概念，自由、道德和正义，在保守自由主义者艾德蒙·伯克看来是联系在一起的。事实上我们马上就会看到这三者间复杂的关系。

在这一节里我希望尽力说明哈耶克体系中自由与正义（当然包括公平和平等）、自由与道德，以及自由与法治这三对关系。它们虽然是道德哲学讨论的对象，但也常常成为政治哲学讨论的内容。由于知识在道德哲学传统中的地位，我的论述不可避免地从道德哲学角度涉及认识论问题。事实上，哈耶克体系正是从认识论开始，拓展到社会理论，最后转到人类社会的道德基础问题。

在讨论这三对关系之前，我想先交代一下英国经验主义传统（包括哈耶克）所理解的“财产权利”概念。按照洛克的定义，产权就是自然人求生存的权利的自然延展——生命，自由，财产（life, liberty, possession）。然而当自然人进入社会以后，每一个人就不得不同意限制自己的产权范围，于是生出了上述种种社会问题，提出了道德哲学与政治哲学的任务。当然，这种霍布斯式的把“人”的发展分作“自然”和“社会”两段的理解，也仅仅是权宜的、出于理性方便的说法，它曾受到休谟和哈耶克的批评。不过休谟在批评霍布斯的“契约论”之余，从来没有明确提出他自己的可以代替“社会契约论”的理论。哈耶克则发展了休谟的“习惯—道德意识”的演进理性的看法，认为从低级动物到人类社会是文化传统的演进过程，不存在理性虚构的“社会契约”。也正因此，我希望在下一节讨论传统作为扩展秩序的道德基础时澄清扩展秩序在各个具体历史或社会中的“存在—阐释”意义。

在哈耶克理解的洛克道德哲学里，所谓“非义”就是侵掠他人的财产权利，故没有界定财产权利的社会里既然没有“我的”“你的”的区分，也就没有相应的正义观念。洛克认为这是同欧几里德几何学一样自明的道理[2]。同在英国经验主义传统中的休谟，对洛克的这个看法持批评态度。他的批评首先针对自苏格拉底以来常见的视“正义”为“道德”的一部分的看法（苏格拉底与普罗塔哥拉曾辩论数种美德，并坚

[1] 哈耶克此处的看法与他扩展秩序的概念并无矛盾。小团体的价值观虽然倾向于演变为“我们”对“他们”的狭隘团体主义，但是哈耶克在演讲中强调了通过竞争达到的各个团体间的合作。哈耶克每每论及市场和政府的区别时，总是注意到市场竞争的“开放性”和政府权力的“封闭性”。

[2] 参见洛克：《人类理解论》，商务印书馆，1983 年，下卷第 540—541 页。不过此处的翻译恐有疏忽。

认所有的美德都是内在关联的，是道德的成分）。休谟认为道德的基础是感觉，是一种涉及自我与世界关系的幸福感（与美感不同，“美”所引起的幸福感需要超越“自我”）。在这一点上他与亚里士多德和圣托马斯·阿奎那是一致的。但休谟极为强调世界的不确定性。他认为自我与世界关系的多变性决定了道德感的不稳定性。休谟的幸福理论告诉我们，人的幸福有三个来源：其一，个人对幸福的感觉。如果我感觉我是幸福的，那么不论在别人看来我是多么不幸，我仍然是幸福的。这种感觉别人是无法从我这里剥夺的。其二，个人品质和气质上的优点。这往往成为一个人骄傲的根据。而骄傲是幸福的来源之一。这些品质和气质是别人无法拿走的，即使拿去了也往往立即失去其特征，不再值得骄傲。其三，个人占有的财产。这是一个人创造幸福的主要手段。如果我很富有，我就可以周游世界，可以享受最豪华的生活和最原始的生活。我可以广交天下名士，随时转换我的生活方式。我也可以像维特根斯坦那样把巨额财产全部捐出，为了追求最纯朴的生活。总之，财产总是增加我们选择的自由，从而带来更大的幸福。但是在所有三个幸福的来源当中，个人财产是可以被剥夺的，是可以转移到他人和为他人带来幸福的。因此休谟说，社会动乱的最大根源在于人们互相争夺财产的无限欲望。一个文明社会必须对这种天然的欲望加以制约。依靠道德是不可能达到这种制约的，如果道德是亚里士多德所理解的“道德”，其本意是达到个人幸福的行为方式，那么抢夺别人的财产而追求自己的幸福，在纯粹效用主义者看来是合乎道德的。如果道德是斯多葛学派所理解的“正确理性”推导出的道德（己所不欲，勿施于人），那么在这个变动不居的世界上，这种道德观念是很难立足的。因为人们尽可以抢夺了别人的财产而不受相应的惩罚。变动的世界意味着“一次性博弈”的囚犯悖论。如果道德是哈奇森所理解的“恻隐之心”，推己及人的道德，那么在变动不居的世界上，人我关系的多变使人们难以建立足以维系社会的强大的对他人的同情心。因此，休谟的结论是，在充满不确定性的世界上，一个相对稳定的社会必须建立一种相对稳定的财产权利关系，而这种关系不能依赖任何意义上的道德。它只能是超越个人联系和道德感觉的某种秩序。

休谟断言：产权绝不能仅仅依赖于道德。在产权和由于看见产权受到保护所引起的幸福感之间，必定存在一个比道德感更稳定的制度性的东西——我们必须先有正义的概念。正义在休谟看来是不以个人好恶为转移的评判尺度，它是稳定的，超越个人感觉的。像“承诺”一样，“正义”是在各个利益主体间事先约定的基于社会交往的而不是基于自然感情的规范[1]。综此，休谟批评说：“……最明显的一个命题就

[1]　休谟：《人性论》，商务印书馆，1994 年，下卷。此处关于“道德”作为感觉，参见卷三，章一“德与恶总论”；关于其他看法，参见第 534—535，542—543，573—574 页。

是：如果不先假设正义和非义，财产权便是完全不可理解的；而我们如果在道德之外再没有动机推动我们趋向正义的行为，避免非义的行为，那么这些德和恶也是不可理解的……这些法则只能发生于人类的协议，当人类看到了遵循他们那些自然而易变的原则所会引起的纷乱”[1]。我们看到休谟在这里援引了他自己批评过的社会契约论的观点，虽然他马上解释说这仅是为了叙述上的方便。我们知道休谟著名的立场是：“理性是激情的奴隶。”（Reason is the slave of passions.）在休谟看来，理性是无法使我们行动起来的。让我们行动起来的，如洛克所论，是“意志”。又如洛克所论，我们的意志只当我们感受到痛苦时才会产生出来。一个完全幸福的人决不会有什么“意志”——即要改变现状的冲动。于是休谟接着洛克的思路进一步阐发：理性的作用有二，其一是帮助意志认识到它的行动是否可以达到它要实现的（解除某种痛苦的）目标（这是政治学的领域）；其二是帮助意志计算出达到目标的最佳手段和方法（这是经济学的领域）。社会契约论者的立场是理性主义的，其根源可上溯到斯多葛学派使用“正确理性”的道德哲学[2]。休谟在其《人性论》卷三“道德学”里也援引了斯多葛学派的观点，不过这一观点与休谟强调“主体与世界的关系变动不居”是不相容的。因为如果两个人只是进行一次性囚犯悖论博弈（相当于变动不居的世界），那么如上述，从正确理性推不出“道德黄金律”（己所不欲，勿施于人）。我“坑”了你之后，你永远也找不到我，我的理性于是告诉我应当“坑”你。其次，我的理性会告诉我，我如果遵守“道德黄金律”就会被你“坑”一次，并且永远找不到报复的机会，所以对我实现自己的目标一点好处也没有。这样，当世界充满不确定性时，从“正确理性”的两个作用推不出“道德黄金律”（社会契约论的基础）。休谟于是提出：必定有着一种超越个人理性而且不以变动不居的道德情感为转移的规则或秩序，成为人类社会稳定的基础。这个秩序既不是理性的个人缔结社会契约的产物，也不是任何道德感觉的产物。如上所述，这个秩序被休谟称为“正义”。在正义观念的基础上才有了财产权利的稳定，从而社会的繁荣。

哈耶克回到洛克，在反对契约论这一点上比休谟要彻底。从他所持的演进观点看，洛克关于财产权利（不论是以暴力的还是协议的方式确立）是正义的前提的观点是没有错的。另一方面，在讨论秩序与自由的关系时，哈耶克对休谟是高度赞同的。他说：“休谟也许是第一个清楚地认识到一般自由只有在自然道德本能受到基于正义的行为判断（subsequent judgment）或对他人财产的尊重之后才成为可能”[3]。那么

[1] 休谟：《人性论》，商务印书馆，1994年，第573页。
[2] 见汪丁丁：“市场经济的道德基础”，《改革》1995年9月刊。
[3] 哈耶克：《致命的自负》，第34—35页。

这里所说的“尊重”是否又属于道德范畴了呢？我以为是的。哈耶克在同一章里表示过：“财产权利的制度，以它们现存的方式而言，远非是完善的；事实上我们甚至不知道完善的产权制度是什么样的。如果人们要从产权分立获得最大好处的话，他们的文化与道德就需要更进一步的演进”[1]。在《自由宪章》里，哈耶克反复论证说：自由文明的艺术性和困难之处就在于许多行为规范只能以道德戒律的形式而不是以法律形式存在，从而在维持日常秩序的同时给个人创新留下余地。其实我所谓“市场经济的道德基础”的提法也是基于对洛克、休谟、哈耶克思想的这种个人理解的[2]。可见在真正个人主义者（例如上面引述的艾德蒙·伯克）看来，自由、正义（产权）、道德，这三者间的关系，虽然在道德哲学史上极为复杂纷繁，却是理解“自由”概念时不能不给予澄清的。

我希望首先说明对理解自由、正义、道德三者之间关系非常重要的一个语源学事实：在印度—欧罗巴语系中，“权利”、“确当”、“正确”这三个概念同出于大约公元前1500年的一个印度语词——吠陀学派所说的“Ritam”[3]。按照《大英百科》新版本的解释，Ritam在吠陀学派思想体系中相当于老子和孔子所理解的“道”[4]。人必须通过对宇宙的道或Ritam的“格物”式的理解方能领悟人自身在宇宙中的地位和意义，方能把握住“德”——正确的人际关系。这是我们能够从现存文物中找到的人类最早的“格物—明德”的道德哲学。对于吠陀学者来说，如果你理解了“Ritam”，你就有了权利去行你要行的事，你就有了孔子“七十而从心所欲，不逾矩”的自由。在这个意义上，英语里“right”所代表的这三个不同概念就容易理解了。“正确”（right as truth）是说你在真理知识的意义上正确（你对问题的回答是正确的）；“确当”（right as justice）是说你从正确的知识把握了正当的行为准则；“权利”（right as claiment），从而你有了自由去做你要做的事情，并且别人（由于你的行为的确当性）不会干涉你做这件事的自由（这两点合起来就是西方哲学所理解的“权利”）。所以“自由”这个概念从一开始就是和“确当性”或道德联系在一起的。也可以说，在一个人的世界

[1] 哈耶克：《致命的自负》，第35页。

[2] 见汪丁丁：“市场经济的道德基础”，《改革》1995年9月刊。

[3] 参见“Ethics”, in *Encyclopeadia Britannica*, 1992, Vol.18, pp.492-521。

[4] 我粗读《庄子》两遍，发现庄子（卷四以后）所记孔子51岁开始，问道于老子不下三次。每次问了之后，不是“三日不语”，就是“闭门数月不出”，或“出以告颜回”自己对道的理解与老子不能并论，无异井蛙观天。老子最后一次回答孔子所问“至道”，说的几乎与印度吠陀学派所说一样，都是“有伦生于无形”，“精神生于道”，“形本生于精”，“万物生于形”等等。老子觉得孔子始终“不得道”，是因为他固守“六经”而不知“六经也，先王之陈迹也。”既然是陈迹，就已经不是“道”了。人走过之后，留下的足迹，那只是道的一种形态——走出来的路，而不是道本身。孔子经过三个月思考，终于悟出老子的意思，“复见（老子）曰：丘得之矣。”孔子的理解是什么呢？“久矣，夫丘不与化为人。不与化为人，安能化之。”老子回答：“可。丘得之矣。”在我看来，这就是后来禅宗所谓：“担水砍柴无非妙道”的意思。也就是佛陀和亚里士多德伦理学的关键——The Golden Means（中庸之道），即在具体环境和条件下把握最为合适的行为分寸。也就是孔子所谓的“化”的意思。我愿意与读者求教这是否也是吠陀学派所理解的Ritam。

里，无论做什么都不会涉及确当性问题，从而在吠陀学派看来也就没有自由或不自由的问题[1]。哈耶克(《自由宪章》)说，我们固然可以认为一个困于灌木从中的人是不自由的，但那个意义上的自由并不指涉社会关系，从而与我们讨论的自由毫无关系。

“格物”与“明德”的关系到了苏格拉底同智者们(sophists)争辩的时代有了很大改变。对苏格拉底来说，首要问题是“格物”，因为没有人会明知故犯——“nobody wrongs voluntarily”(没有人愿意犯错误)。而对于智者来说，为了在演说中说服听众，演说者在人民中建立对论题的共识是关键，所以“明德”成了首要问题。如果我们站在苏格拉底或者他的后继者例如柏拉图、奥古斯丁和康德一边，我们对自由应当持什么看法呢？我们基本的态度应当是以“精神自由”为区别于无生命体或其他生物的特征。也就是与“自然”相对的那个“自由”。前者是被自然律决定的，是客观必然的。后者是精神自主的，主体的，自由的。但是精神要得到自由就必须认识自然，要知其所以然。对外在世界蒙然无知的主体决不能说是自由的。我们无法谴责如俄狄浦斯那样在不知情中犯下弑父淫母大罪的不道德，因为他不是一个自由的道德主体。猪狗的生活是谈不上道德或不道德的。因此“知”是自由的前提。苏格拉底说：未经审查的生活是不值得过的(the unexamined life is not worth living)。但是苏格拉底的求得确切的道德知识的态度，导致柏拉图的道德绝对主义和类似中央计划经济的哲学家治理的乌托邦蓝图。事实上也是如此，柏拉图不是轻视雅典的民主经验而重视斯巴达的专制模式吗？另一方面，如果我们站在智者一边又要持什么样的关于自由的态度呢？智者们持着道德相对主义的态度，认为道德是人们达成的共识或通例(conventions)，可以是此也可以是彼，取决于不同的生存环境，不可能存在一个普遍适用的道德准则。人们组成社会并从中得到好处，关键在于建立道德共识，而不在于建立什么样的道德共识。英国经验主义者可以说是继承了智者传统的，他们认道德为习惯。既是习惯也就谈不上什么自由或不自由。因此休谟对基督教的“自由意志”的说法不置可否，他认为在人与其他生物之间没有所谓自由与自然的区分。人的心智的运动其实是服从思维习惯的，因此是如同物理定律那样被决定的和必然的。这样一来，他就必须对道德采取效用主义的态度，认为凡是带来个人幸福的就是善的、好的、道德的[2]，同

---

[1] 吠陀学派影响到后来的佛陀，形成“涅磐”的思想。在涅磐状态中没有主体与外在世界的区分，没有心物之分。所以涅磐成为终极自由的状态。这种自由也是道德上的，因为人与人之间没有区分，也就没有利害冲突了。

[2] 意志自由论者的立场是，我们不能批评一个不自由的人说他做错了什么事，因为他的行为是被动的，是被外在因素支配着的，是不应当对其行为负责的。如果经验主义者否认人的自由意志，那么人们是否应当为他们的不道德行为负责呢？例如，一个强奸犯可以申辩说他受到当时野兽欲望的驱使，没有自主的意志。因此，经验主义者必须重新解释“幸福”。例如他们可以说，侵犯他人的人身权利是与侵犯者个人的最大幸福不相符合的行为。或者如休谟认为的，是与“正义感”相冲突的。

时为了避免把社会建立在“同情心”的基础上[1]，而坚持认为社会的基础在于非自然的制度例如产权关系和正义观念。这样休谟就认识到，正是由于这些非自然的制度克制了人类自然的自私本能和以个人好恶为标准的自然道德，社会才得以稳定和繁荣。

如果说哈耶克的认识论哲学主要受到英国经验主义的影响，同时也受到奥地利学派和德国哲学的影响，那么哈耶克的政治哲学则几乎完全是英国的，而非欧陆的。哈耶克曾经批评德国过分理性主义的思想传统说：“在某种程度上这是真确的，德国方式的个人主义从来没有成功地发展出自由的政治制度。”他说他初到英国时，非常惊讶地发现英国人几乎总是很自然地声明自己的观点与其他学者的一致之处。而这在德国知识分子则常常被认为是“没有主见”，“缺乏深刻思想”，或者“理性不强”的表现。康德对休谟的回应是在辩证意义上向笛卡尔理性主义的回归。如叔本华所论，康德承认休谟的经验论观点，承认在感觉世界与“物自体”之间永远隔着“人类理性”这副有色眼镜[2]。康德据此提出“理性为自然立法”的见解。人类非如此不能理解世界，科学非如此不能改造世界。康德哲学的这一侧面因此带有彻底的极端的理性倾向，最终转入黑格尔哲学。

哈耶克接着说：“一次一次地，你会对［英国人］这种自愿求得一致的倾向感到惊讶，并且看到这种态度与雄心勃勃的年轻的德国人意图发展一种‘原创的个性’是多么不同……”他最后结论说：“这种个人主义不仅与真正的个人主义完全不相关，而且事实上证明是对正常运作的个人主义体系的一种致命的障碍”[3]。对马克思和哈耶克的知识背景稍有了解的人不难看到，哈耶克对德国思辨哲学传统的“自由”与“个人主义”的批评直接关涉他对欧陆启蒙时代卢梭和席勒浪漫自由主义态度的反对。而这一欧陆自由主义传统极大地影响了始终关怀着“异化问题”的马克思。

哈耶克在《自由宪章》中明确指出：英国自由制度的最早成功以及法国知识分子反观和批评自己国家的政治落后状态，这形成了西方“自由”概念的两种传统。这两大传统最明显的区分不在它们的政治观点上，而在它们的认识论和道德哲学中。英国的自由主义传统是经验论的，以苏格兰启蒙时期的道德哲学家休谟、斯密、弗格森为代表。法国的自由主义传统是理性主义的，以笛卡尔、卢梭以及百科全书派的科学主义者们为代表。英国的自由主义者更接近基督教“原罪”的传统，认定一个好的制度

[1] 哈奇森（Francis Hutcheson，休谟和亚当·斯密的老师）持此观点，认为社会的基础在很大程度上基于人类天然的同情心。他的看法也影响了休谟和在更大程度上影响了亚当·斯密（《道德情操论》）。

[2] 参见叔本华：《作为意志和表象的世界》，商务印书馆，1994 年，“附录：康德哲学批判”。

[3] F. A. Hayek, “Individualism: True and False”, in *Individualism and Economics Order*, London: Routledge & Kegan Paul, 1949, pp.25-26.

必须尽量减少人性的恶可能带来的损害。法国自由主义者则对人性的善寄予过高期望，认为人类天然可以协调他们的利益冲突，因此一切制度都只是人类理性与自由意志的枷锁。关于这两大传统在认识论上的分歧，我已经在上一节讨论过了。关于它们在道德哲学上的分歧，我在下面进一步讨论。不过我的论述仍要从认识论开始，因为这正是哈耶克自由主义思想体系的彻底之处。

哈耶克是英国经验主义传统中人，他的知识论是演进主义的，是反柏拉图的。既然我们不可能获得绝对正确的知识，不论是关于自然的还是关于心智的，我们就只能主要依靠习惯和不断积累的知识传统来维系社会和发展劳动分工。我们不能指望某个伟大人物发现了最终道德之后对社会道德体系进行设计并付诸实行。人类知识是演进的，人类道德也只能是演进的。你尽可以对现存社会的道德体系表示不满甚至激烈批评，但是你无法设计出可行的能够取而代之的新道德体系。一切传统的东西都只能演进而无法激变。另一方面，与休谟的“无神论”不同，哈耶克受到德国基督教传统和康德实践哲学“绝对义务”观念的影响，视宗教为道德传统的重要维护者。在这两个传统的影响下，哈耶克提出“超越个人的秩序”作为个人自由、社会稳定和经济繁荣的基础。为了节省篇幅，下面的讨论不再具体引述哈耶克的原文，它们主要出自我个人对《致命的自负》《自由宪章》《法、立法与自由》《通向奴役之路》等著作的理解。

哈耶克的论证基于两个事实。(1) 由于世界的不确定性和人类知识的演进性质，没有人（或任何一群人）能够掌握资源有效配置所需的全部信息或知识。承认我们头脑的这种有限性，当我们组织一个分工社会的时候，这个社会的基本特征就是知识的分立，即每个分工中的个人知道别人不知道的知识，同时不知道别人（作为整体）知道的大部分知识。(2) 人类天生是不平等的。正是由于这一事实，自由才成为必要。如果所有人生下来就是一样的，人性当然也就相同而且偏好大致一样，那么中央计划就成为可行的了。不过，所有个体一模一样的种群由于不能在各个方向上进行探索，其适应大自然千变万化的能力必定是有限的。这样的种群或许早已经在自然演化中消失了。哈耶克早在《通向奴役之路》中就说过，自由对人类之所以必要（不仅仅是某些人说的“奢侈品”），根本在于大自然的不确定性，在于人类必须在各个方向上不断实验新的生活方式，才可能应付未来的未知的灾难和挑战。这一命题，自然演化史上无数灭绝了的物种已经提供了严酷的证明。人类演进到今天，其无数个体的天赋不可能是平等的，也不应当是平等的。卢梭所谓“人生而平等……”，只是一种道德乌托邦。哈耶克称之为“虚幻而误导的响亮口号”。

基于第一个基本事实，既然我们不知道如何最有效地集中利用稀缺资源，我们就只能调动所有个体的积极性，让他们尽量有效率地利用这些资源。而衡量资源配置是否有效率的唯一的也是能使人类在长期演化中继续生存下去的准则，就是人类的继续生存和繁荣。正如哈耶克在《通向奴役之路》中已经论证过的，那个能够最大限度地保证人类在未来的不确定世界中继续生存和繁荣的制度，应当鼓励一切个体在一切方向上进行创新（哈耶克心目中的“伟大社会”）。这就是自由的基本涵义。不确定性告诉我们的唯一知识是：成功的机会（即成功应付未来灾难的机会）可能从任何方向降临。因此，伟大社会的机制应当给予所有的个体充分的自由去支配资源。这样做的目的不在于给所有的人以自由（尽管自由本身也是一种价值，也值得追求），而在于每当机会降临时，总必然是少数人看到这些机会，并且准备好了去抓住机会（或成功应付灾难的能力）。自由的真正意义在于让这“匿名的少数人”（the unknown few）得到成功的机会。“匿名”，因为不确定性使我们无法知道谁将会是这些幸运的人。“少数”，因为在所有方向上进行着的生存实验中，只有少数几个方向可能成功，而大多数方向上的个体将依靠模仿这少数成功的个体才得以生存。当下一次灾难降临时，又是少数人的实验显示出成功并被多数人模仿。人类的生存和繁荣就是这样一个少数人创新和多数人模仿成功者的过程。自由社会的真义在于每个人都可能是这成功的少数之一，每个人都将不得不肩负拯救人类的使命。

基于第二个基本事实，既然人们天赋不平等，那么让所有人平等地享有自由创新的权利就几乎必然地意味着人们创新的结果和创新收入的不平等。因此哈耶克认为：要求经济平等的自由主义者们几乎必然地与真正意义上的个人自由相冲突。而要求法律面前人人平等的自由主义，从逻辑上就不能同意所谓“经济平等”。当我们允许政府把个人收入重新作平等分配时，我们扼杀的不仅是人的天赋才能的发挥和个人自由，更主要的是我们扼杀了我们种族生存的机会。必须看到，我们社会繁荣的唯一可能就在于让尽量多的个体在尽量多的方向上寻找发展的机会，于是必然地，合乎逻辑地，在不同方向上积累了不同经验和知识的人们，他们的机会和由创新得到的收入就不会是平等的。自由社会里人人平等的涵义是：每一个人都平等地享有成为那“匿名的少数”的权利。

综上所述，自由社会必定要求所有的人在所有方向上创新的自由权利。在哈耶克看来，这种自由权利只能通过建立“法律面前人人平等的社会机制”得到保障。法律必须是抽象的，超越个人关系的，从而“匿名的少数人”的自由权利才可能被保证。法律的抽象性表现在它的“非人性”上，为了达到这种“非人性”，必须建立某种事先同意的，每个公民都知道和理解的程序。公民的“知”的权利（the right to know）和公民“被告知”的权利（the right to be informed），这是法律的抽象性的保证。因为如果“程序”没有足够的“透明度”，那么在每个具体案例中由谁来解释法律程序就变得至关重要，而且解释人的个人偏好就开始取代法律的抽象性而成为具体的、人性的、不公平的程序，“匿名的少数人”就会变成“少数人的特权”。哈耶克声称真正的自由主义仅仅要求“一切人在法律面前平等”这一个条件。其他类型的平等则不是与此冲突就是误解了自由的真义。但是，我们从西方社会发展史可以看到，法治的建立几乎可以说是与社会漫长的发展过程同时实现的。英国贵族在国王法庭面前的平等关系是经过平民的长期争取才逐渐“下放”和演变成普通人在普通法（common law）体系中的平等关系的[1]。美国黑人的权利不是一直到六十年代还没有实现吗？好的制度，和物种一样，是一定要通过竞争来证明和实现自身的。这样，人类生存和繁荣依赖于真正意义上的个人自由。个人自由又依赖于法治或超越个人关系和任何小集团利益的抽象秩序的建立。而上述西方社会法治发展的历史说明，这种抽象秩序的建立最终需要一个与之相适应的道德基础。

在哈耶克的思想体系中，个人自由的程度是由具体社会的道德境界和正义观念决定的。如前述洛克的思想，正义的核心是分立的财产权利。在洛克的社会，人口对自然资源的压力尚且不大，所以洛克用以界定产权的准则是“劳动”——每个人财产权利的边界由他加在自然界的劳动决定。在这一点上，洛克的产权理论与后来马克思对资本主义私有制的批评并不矛盾。但是当活劳动不断物化和积累，财富分布开始严重不平均时，洛克保护私有产权的理论就与马克思的劳动异化理论发生冲突了。在洛克及一些现代哲学家如哈佛教授诺兹克（Robert Nozick）看来，凡是以正当方式获得的财产不论在个人手中积累多少，都是正当的，不应被社会剥夺的[2]。在马克思看来，物质生产手段（已经物化了的劳动）的公有化是阻止劳动（活劳动）异化的唯一途径。但是如果我们从马克思的异化理论回到他的（从未见面的）老师黑格尔的自由理论，我们可以说，黑格尔所理解的自由比马克思更接近洛克所理解的自由。在黑格尔看来，主体自由是具体的、历史的、阶段性的。只有当主体意识到自身的局限（不自由）时，主体才觉悟到自由的意义并且去争取这种自由。而在主体意识发展的初级阶段，例如黑格尔所谓的“斯多葛主义”阶段，主体认为他的内心是自由的，但是他不能够意识到他的自由是内向的、阿Q式的、没有摆脱奴隶形态的自由。又例如在“怀疑主义”阶段，主体意识到了自由，但他的自由是怀疑一切的自由，但这是一种无根

---

[1] 参见 Arthur R. Hogue, *Origins of the Common Law*, Liberty Press, 1966。

[2] 参见诺兹克的名著 *Anarchy, State, and Utopia*。他的著名理论是“entitlement theory”，即凡是正当途径获得的就不应当再被剥夺。这就引起经济学家例如森（A. Sen）的反对，后者认为穷人有洛克所说的对自己生命的权利，其自然延伸就应当有“不挨饿的权利”。沿着这一思路走下去，我们应当认为，穷人在饥荒时期抢掠富人的粮仓是符合正义原则的。

的状态，精神完全无从依靠，一切观念包括主体自身都受到怀疑。当主体意识到这一点时，痛苦会驱使他寻求更高阶段的（宗教的）自由，并且发现更高阶段的不自由（宗教的苦涩）。现代哲学家如麦肯塔尔（Alasdair Macintyre）推论说，按照黑格尔的理解，每个具体社会以及每个具体的个人都有自己意识到的自由和属于自己的“不自由”，我们不能强求人们在精神发展上的一律[1]。如前述，在洛克看来，人的意志是永远不自由的，他受到的痛苦激动着他的意志。一个人在没有摆脱最大的痛苦之前，他的意志必定驱使他寻求摆脱这一痛苦，而不会首先去寻求摆脱其他方面的较次要的痛苦[2]。在这一点上，洛克、黑格尔和哈耶克都认为自由观念是演进的。在《自由宪章》总标题下，哈耶克援引西德尼（Algernon Sidney）的话：“我们探索的不是完美，那是人类永远无法达到的；我们寻找人类宪章，那个带给我们最小或最可原谅的害处的制度。”

哈耶克在《自由宪章》第一章里把真正个人主义的“自由”同五种其他意义上的自由概念相区分。其一是把消极自由同上面说过的基督教哲学所讨论的“意志自由”相区分。其二是把指涉社会关系的自由同“人—自然”关系中人的自由相区分。其三是把消极自由同杜威与康芒斯等人将自由理解为“能力”（power）的看法相区分。其四是把个人自由同以整体人群为对象的政治自由相区分。其五是把消极自由同由可支配资源决定的经济自由相区分。

“自由意志”的说法在哲学史上是引起混乱的主要概念之一。意志自由指涉主体在多大程度上可以在此在世界的约束下实现自己的意志。如上述，一个人的意志能否实现，在吠陀学派和苏格拉底看来，依赖于这个人对世界的认识的真确性。哈耶克认为，一个人对可供选择的手段的了解固然非常重要，但关于选择的知识本身毕竟不同于选择的自由。自由意志，如上述休谟的看法，是一个误导的概念。但是选择的自由，在哈耶克看来，是有丰富现实内容的概念。哈耶克认为根据“意志”是否自由而决定个人的道德义务，这是荒唐的。道德义务或责任感的唯一意义是，如果没有这种道德义务，那么人们的行为将会很不一样。一个医生尽可以申辩说病人的死亡是由于意外事故，不是他的责任。但是只有让他背负对病人生命的重大责任，他才会时时考虑到可能存在的意外因素而更加小心谨慎。哈耶克言外之意是，法学家们争论不休的意志自由问题，其实是与现实世界无关的、错置了的问题[3]。

---

[1]　参见 Alasdair Macintyre, *A Short History of Ethics: A History of Moral Philosophy from the Homeric Age to the Twentieth Century*, McMillan, 1966, pp.199-206。

[2]　参见洛克：《人类理解论》，商务印书馆，1983 年，上卷第 21 章。

[3]　参见 F. A. Hayek, *The Constitution of Liberty*, University of Chicago Press, 1960, 章五“责任与自由”。

政治自由指涉一群人作为整体能够在多大程度上实现整体的“意志”。固然，我们可以把个人自由的概念推广到人群自由，即一群人不受外来强权干涉的自决状态。但是对政治自由的追求往往使人们倾向于放弃个人自由，转而接受一个强权政府。因为反对外界强权的最有效手段往往就是强权本身。哈耶克认为这是民族主义运动最危险的方面。政治自由论者往往以“善”代替“自由”。哈耶克认为自由并不意味着“善”。我们也许是自由的，同时又是痛苦的。自由选择往往要求我们承担选择的一切后果、责任、错误、悲剧，以及种种人生的不确定性。哈耶克说：自由本身是一种价值。我们追求自由不是为了别的什么善，而是为了自由本身[1]。于是在亚里士多德的意义上，自由就是目的、善，或道德，它不应当被任何政治目的所取代。那些同意放弃个人自由转而追求政治自由的民族，最终会由于缺失了个人自由而失去其他所有的自由。在这个意义上，民族主义总好像一把双刃剑，在建立了强大国家的同时损害了个人自由。

经济自由论者声称，如果没有财富，个人自由是不会带来个人幸福的。在大多数情况下，这个说法无可非议。但是正如哈耶克指出的，一个对国王俯首听命的大臣可以拥有比一个牧羊人多得多的财富，却不能说是自由的。追求经济自由的人如果情愿放弃个人自由以换取丰腴资源或财富，那是很危险的。自由，一旦放弃就很难赎回。经济自由论者的危害在于他们强调平均财富以达到全体人民经济上的自由。然而他们的社会改革会使本来涌流着物质财富的所有源泉最终枯竭。为什么先进国家里的贫民仍然比落后国家里的贫民富裕得多？为什么从前一般民众无法想象的奢侈品在很短时期内就成为所有人的生活必需品？为什么一旦中央计划者取消了所谓奢侈品的生产，技术进步就开始停顿以致计划者不得不靠模仿外国资本主义市场上的商品来推动技术更新？哈耶克写道：“我们只须记住，一个社会对最上层的进步的阻挠马上会变成对所有社会层次的进步的阻挠”[2]。

最后，积极自由的态度把自由等同于“能力”（power）。如果说其他意义上的自由在哈耶克看来还是可以容忍的话，那么以追求个人的最大能力来代替个人自由在哈耶克看来是最不可容忍的错误。其一，能力绝不代表自由。一个指挥千军万马的将军可说是集中了达到危险程度的能力，但他的君主一句话可以迫使他改变他使用能力的方向和他的全部计划。其二，追求实现自身意志的“能力”的人在社会关系方面必定要求对他人行动的支配权。而且他们往往声称他们的意志代表着全体人的意志（卢梭的一般意志），从而合法地剥夺一切个人自由。这就是哈耶克毕生与之抗争的法国传统

[1] 参见 F. A. Hayek, *The Constitution of Liberty*, 章四“自由、理性与传统”。
[2] 参见 F. A. Hayek, *The Constitution of Liberty*, 章三“关于进步的常识”。

的自由主义。虽然，如他自己承认的，法国的自由主义传统，至少在他发表《自由宪章》的时代（六十年代），是越来越强大了，而且正在世界上普遍地取代英国的自由主义传统（例如各国的“福利国家”运动和“新生活运动”等等）。不过在九十年代，积极的自由主义对真正个人自由的这种威胁正在受到广泛的批评。历史正在对哈耶克孤独的呐喊作出回应。

法国自由主义传统的要害在于对一切秩序的否定态度。所谓“秩序”就是个体在其劳动分工中的行为与其他个体行为的协调关系。没有这种协调也就没有分工社会。没有分工也就没有知识的积累和人类的繁荣与进步。个体协调自己的行为以适应他人的行为，这是分工社会中每一个人对他人的“责任”（responsibility）。个人关于对他人责任的感觉称为“责任感”。在康德“义务论”（deontology）的道德哲学意义上说，哈耶克认为每个人对他人的责任感是自由社会的道德基础的核心。当卢梭宣称“生而自由的人处处被套上枷锁”时，他反对的不仅是王权，而且包括了传统道德加给个人的义务、责任、行为规范等等。至少在法国革命之后，卢梭的口号就主要被用来反对道德传统了。

责任感不能够被法律或其他强制性制度代替。如前述，哈耶克曾经论述，许多行为规范如果用法律形式固定下来就会压制“匿名的少数”的创新活动。历史上天才人物的悲剧之一就是与过分僵硬的传统道德甚至法律发生冲突而为社会不容。另一方面，对行为完全不加规范又不可能组成社会。所以道德形式的自律式规范就成为必需的了。哈耶克认为自由是一种“艺术”，所有的个人都必须学会自由才可能自由。学习自由的过程就是在每一具体领域和具体个人之间建立相互责任感的过程。责任感必须是具体的，因为按照休谟的看法，人的心灵大然不能够去关心那些不常与之发生联系的人的利益。所以非强制性的责任感只能通过人与人在具体分工合作的场合下逐渐熟悉相互的联系并建立协调的规范。人类合作秩序的不断扩展一方面要求不断创新，从而行为规范的灵活性，另一方面要求不断破除小集团利益基础上的“自然道德”。因此，当人们在每一个具体领域建立了相互的责任感时，又必须注意不让这种局部的、小团体利益基础上的道德模式阻碍了合作关系的进一步扩大。保证大范围合作的制度就是法治，是每个人都应当尊重的“法律面前人人平等”的精神。显然，如何在各个局部范围内的相互责任感和在整体范围内对共同的抽象法律的尊重之间维持一种激发个人创新精神和创新活动的平衡，这是一种艺术。凡是艺术性的东西，就只能通过长期实践去把握。因为没有人能够靠读书或单纯模仿别人而掌握一种艺术。我们可以说，一种东西的艺术性就在于它把原则结合在具体之中，从而必定是创新的。

哈耶克认为一个“伟大社会”（即“开放社会”）的政府，它的几乎可以说是唯一的功能就是维护法治，也就是维护那个抽象的、超越私人偏好的、事先规定的、高度透明的（从而是受到广泛监督的并使人们在行动之前可以计算损益的）秩序。原本在各自不同的狭小范围内从事分工合作的不同人群之所以愿意支付一个共同政府的费用，理由在于这个专业化的政府节约了维持法治的费用，而法治意味着市场半径的扩张，意味着扩展分工合作的秩序，以及在新的分工范围内，任何小群体不被与她竞争的那些群体剥夺了“在一切方向上创新”的平等权利。

为什么分工社会的繁荣要依赖市场？什么是“市场”？以及市场运作的核心内容是什么？为了不使“伟大社会”的论证成为空想，哈耶克在很长时期内反复说明市场经济的核心内容。在《法、立法与自由》卷二，哈耶克说：“在充满不确定性的世界里，个体不能追求一个确定的最终目标。个体只能追求一系列的‘手段’，这些手段可能帮助他们实现那些最终目标。这些手段或‘中间目标’是人们（在不确定的世界里）能够确定地看见的东西。人们能够确定这些中间目标是因为他们在各自的局部领域了解各自面对着的具体的机遇。人们努力的直接目的，往往是为了积累用于实现未知目的所需的手段。在一个先进的社会里，最一般的可以实现未知的各种具体目的的手段就是货币。一个人只要知道他所需要的和他能够提供给他人的那些物品和劳物的价格信号，就能够成功地从他知道的那些机会中作出选择。有了关于价格和机会的信息，他就能够依赖自己的知识在具体环境下选择他的中间目标和扮演（分工中的）具体的最能获利的角色。每一个人只需要如此选择自己的中间目标，即可以实现他的终极目标的那个一般手段，他就可以把自己关于具体事实的知识用于满足他人的中间目的了。于是，个体选择其行动目标的自由，使得社会全体拥有的高度分立的知识能够被充分利用。”我们看到，市场经济的意义在于它使每个人必须收集和处理的信息缩小在个人活动的局部范围内，因而专业化（即只关心局部事物的进展）成为可能。使市场得以实现这一功能的核心，可以说就是马克思分析的“一般等价物”，或哈耶克说的“一般中间目的”——货币。用比较负面的语言叙述就是：对货币的追逐或“拜金主义”使人们变得目光狭小和专业化。作为一般等价物的货币（表现为相对于其他一切物品的价格）告诉那个把自己的活动束缚在广大市场的某个角落里的商品生产者应当做什么和怎样做。经过这样的人的异化过程，市场扩张了，分工社会繁荣了。市场机制的核心是“货币”。这里的货币当然不能仅仅是作为产品计量单位的货币，不能仅仅是“消极的货币”。市场经济的灵魂，一般等价物，这个货币必须是“积极的货币”，是看到百分之一百的利润就敢于跳进无底深渊的货币。

哈耶克在《自由宪章》和《法、立法与自由》中多次提到人们对自由市场制度反感的一个主要理由是关于所谓“人的异化”。可是有什么更好的制度吗？人们希望得到就业保障，因为例如允许一个计算机工程师失业是一种“浪费”，是“不合理的”。可是只有建立某个权威机构来指定每一个人的工作才不会发生“失业”这样的浪费。换句话说，为了减少自由选择加给我们的痛苦，我们情愿让一个外在权威承担选择的后果和相应的责任，我们情愿让那个外在的权威告诉我们做什么和怎样做。难道这不是一种异化吗？难道这不是更大的不自由吗？哈耶克说：我们担负起选择的责任为的是给我们自由。自由与责任是互补的，正如同权利与义务是互补的一样。对于那些无法为其行为担负责任的人（由于生理或心理的原因），社会通常是会限制他们行动的自由的，例如未成年的儿童要受到家长的监护，而听任原始本能发作的强奸犯则必须受到政府的监管。分工越是发达，知识的分立就越严重，从而人们寻找交换产品和服务的机会就越困难。经验告诉我们，没有一个人或权威机构能够像市场那样有效地为人们找到这样的机会。然而市场要求每个人都是自由选择的主体，是企业家，是既有具体知识的专业化的人，又有市场经验的推销自己知识的人。每个人对他自己的生活方式和前途负责，这是市场经济加给我们的负担，也是市场经济能够成功的原因。一个有希望的朝气勃勃的社会绝不是“夜不闭户，路不拾遗”、人人高枕无忧的社会。正相反，人的根性（完全的舒适使人完全失去行动的意志）决定了，那个不断寻找前路的奋进的社会必须让所有的人面对自己选择的后果和时刻感受到前途不确定性所引起的痛苦。“上帝死了”，在尼采的眼睛里，“超人”诞生了。

市场经济不是一个好的制度，但它也许是所有制度中最不坏的制度。通过这个制度，人们希望最终结束人的异化过程（在物质财富的极大丰富以后）。事实上，如伯劳代尔观察到的，那些最富裕的资本家们已经在享受非异化的人的生活了。他们总是在各个领域之间转换着他们的生活方式，在社会最顶层，以艺术的方式开发他们的个性与人格。这种目前少数人的奢侈生活方式迟早会成为一切人的生活方式，只要我们继续信赖这个把人类从原始状态带进目前的高度文明的市场经济制度。

总结一下。“自由”，在哈耶克所说的真正意义上，首先是劳动分工和比劳动分工更关键的知识分立的要求。知识的分立要求每一个人在所有方向上创新的自由权利。这种自由权利的具体实现要求建立“分立的”、洛克意义上的“财产权利”（生命、自由、占有）。分立的产权提供了每个人在各自的具体环境下充分利用个人与他人的局部知识去创新的激励。所谓“正义”就是以保护人们分立的产权为核心的行为规范以及相应的道德意识。“正义”在休谟和哈耶克看来不同于自然道德，它必须是抽象的，不以具体人具体事为转移的行为规范。一方面，人类作为物种，得以在无数的未来灾难中继续生存和繁荣要求保护一切人的自由权利，从而要求建立以保护产权为核心的超越个人关系的抽象的秩序。另一方面，在一切具体环境中的创新活动要求灵活的具体环境下的责任制度和相应的道德基础。这就是我所理解的哈耶克体系中“自由”、“正义”和“道德”三者间的关系。它们最终把我们带到了如何对待具体社会的道德传统的问题上，也就是下一节要探讨的主题。

在《致命的自负》第四章第五节——“积极的和消极的自由”，哈耶克批评了许多重要的思想家关于“个人自由”的看法，例如卢梭、密尔、伏尔泰、罗素，以及福柯与哈贝马斯。他批评这些作者在“反对异化”的口号之下，企图否定一切秩序。在哈耶克更早的著作《科学的反革命》中，他追溯这一思潮到黑格尔为首的德国“理想主义”哲学传统，孔德肇端的法国“科学主义”社会理论的传统，和边沁开创的英国“效用主义”经济学传统。最后，在《致命的自负》第七章“我们被毒化了的语言”中，他指出柏拉图的认识论与道德哲学是所有这些哲学谬误及语义扭曲的根源。在这里，哈耶克完全以一个哲学家的身份思考问题。像德国所有伟大的哲学家（黑格尔、尼采、海德格尔）一样，他希望直接与古代哲人对话，因为只有借助于他们那尚且没有被后来历史扭曲的眼睛，我们才能够真确地看到人类社会的基本问题。这些基本问题“关乎世道”，不仅是古代人的，而且也是我们现代人的基本问题。

哈耶克没有仔细讨论过也没有必要去讨论发展中国家的“扩展秩序”问题。他在《自由宪章》中提到，不同于西方的诸种文明目前都在学习和模仿西方文明，希望如西方那样创造出巨大的物质财富。他提到这种世界性的现代化或西方化趋势对西方文明的潜在威胁（追求发展与反对发展的冲突，弱势文化与强势文化的冲突，传统与现代的冲突）。他提出落后民族最好的药方就是“发展”，不断发展。但是他没有涉及在非西方社会里发展在许多人看来是“西方式”的物质文明是否可行和怎样从这些社会的传统道德中转化出能够与扩展秩序相容的道德基础。

我们所面对的基本问题，就其具体形式而言，毕竟不同于古人和西方人面对的问题。这里最重要的区别是，我们的心智不可回避地背负着几千年文明社会的传统。如何看待这个永远的“传统与现代化”问题，这是哈耶克在为自己的立场长期辩护中意识到他必须最终作出回答的问题[1]。从任何传统中都可以生长出扩展秩序的道德基础吗？这显然也是我们中国人必须或迟早要面对的那些永久性的问题（permanent questions）之一。

---

[1] 例如布坎南就批评哈耶克的“传统”观过于乐观，说他似乎相信凡是传统的就一定是造福人类的。参见其著《自由的限度》（*The Limits of Liberty*, University of Chicago Press, 1976），第 194—195 页，关于第十章的注释 [1]。

附录三：论“扩展秩序”与制度创新
——兼与崔之元、昂格先生商榷

（一）引言

中国的理论界在这场市场取向的改革中，从“真理标准问题的讨论”之后，几乎没有停止过对改革的目标模式和过渡过程的探讨（尽管“摸着石头过河”仍是占主导的政策基础）。对如此规模的一场社会变革“应当”或“可能”怎样发展，中国知识分子的态度，完全可以理解地，通常是不会超越由他们的知识结构（所谓“间接经验”的结构）、自身经历（“直接经验”）和社会文化传统的制约的。最后一个因素非常紧要，其一是我们几千年的传统，叫“实用理性”[1]也好，叫“实践理性”[2]也好，总之是“猫论”，是“摸着石头过河”或曰“实践是检验真理的标准”。因为社会变革是“不可重复的”，怎么知道是黑猫还是白猫可以捉到耗子呢？所以归跟到底还是基于“直觉”的。其二是我们几十年（自“五四”始）的“科学主义”传统，计划经济的习惯，对理性的能力抱乐观态度，喜欢“设计”、“战略”、“改革任务”、“政策倾斜”，等等（这里且不提价值取向的问题）。但是随着改革接触到如产权、要素市场和货币这些深层次的结构时，对上述的两种传统都提出了新的要求。如果说“承包制”明代已有之，“放权让利”，“诸侯经济”，“与民休息”等等早已有之，那么“股份有限公司”、“期货交易”、“雇佣劳动”等绝非早已有之或早已有“经验”之。闭关自守，如梁漱溟[3]、余英时[4]先后所论，中国人是永远要在自己传统里循环的。开放改革，对于自己没有经验过的东西，理性当然要求理解。然而理解了或初步理解了，也还有一个实践的问题。任何好东西都无法照搬。

我在这篇文章里首先想说清楚哈耶克的一个重要看法：资本主义的实质是“人类合作的扩展秩序”[5]。这个看法在我看来非常重要，因为以往对“资本主义”概念的认识（自韦伯以后）难以脱出资本主义所由以发生的那个具体的社会历史过程。这于学理上是无可非议的，但学以致用则很困难。由于对“资本主义”的这种“历史的认识”，发展中国家的知识分子总是面对一个基本的困境，就是“传统与现代化”的冲突。即便是工业东亚的发展，据我个人前些年的观察与研究，在其经济起飞的十年里

[1] 李泽厚：“漫说西体中用”，载于《中国现代思想史论》，东方出版社，1987。
[2] 成中英：“论知识的价值与价值的知识”，载于《知识与价值》，台北：联经出版公司，1986 年。
[3] 梁漱溟：《中国文化要义》，香港：三联书店，1989 年。
[4] 余英时：“工业文明之精神基础”（1958），载于《历史与思想》。
[5] F. A. Hayek, *The Fatal Conceit*, University of Chicago Press, 1988.

（日本战后，中国台湾地区五十到六十年代，韩国六十年代），传统文化和价值体系是受到了很大摧残的。只是那些国家或地区“衣食足而后知荣辱”，后来开始提倡所谓儒家或传统价值了。新加坡是很特别的例子，与中国香港类似，完全的城邦经济，其文化传统到底是什么还要讨论。容另论。与“文化的资本主义”概念不同，哈耶克的“资本主义”概念已经把资本主义从历史范畴中抽象出来了，是真正意义上的“概念”。我在国内的《经济研究》曾反复介绍哈耶克这一重大贡献[1]。现在再重述一下。这里就涉及我想谈的另一件事，“兼与崔之元和昂格两先生商榷”。

崔之元先生在《二十一世纪》今年8月号发表了“制度创新与第二次思想解放”（以下简称《解放》）一文。同期又刊出昂格与崔之元合写的“以俄为鉴看中国”（以下简称《看中国》）。两篇文章的主旨我非常同意，即告诫中国不要盲目学习西方，同时提出制度创新的多样性。但是两位先生行文间颇多令人迷惑之处。借了谈“资本主义”的实质之方便，我想把这些疑惑提出来，希望得到两位先生的指教。再说一遍，我对两先生文章里的许多观点都是赞同的。所提“疑惑之处”全都围绕着“资本主义”这个概念。所以对两先生文章的议论难免有孤陋寡闻、以管窥象之蔽。学界前辈中研究资本主义的大有人在，希望如余英时、黄仁宇、林毓生、许倬云、金观涛和唐若昕诸先生，或学界其他同仁指教，以收抛砖引玉之效。

我想谈的第三件事是我一直在研究的“制度创新”过程（这当然也是香港大学经济系的强项）。因为哈耶克关于传统的论述一直与我所关心的“制度创新”过程有一段距离，所以我想借《二十一世纪》与学界的广泛联系求同仁指教。

（二）资本主义的实质是什么？

关于资本主义的实质，许多人谈过。例如西方有马克思、韦伯、桑巴特（Werner Sombart）、陶普（Maurice Dobb）……中国有梁漱溟、余英时、黄仁宇……最后，哈耶克在1988年发表了一本书《致命的自负》，以我看算是给这场“资本主义实质”之争盖棺论定。以下简述我个人所及的这场讨论的要点（不按时间先后）。其中对哈耶克思想的转述相当冗长，这是为了下面“商榷”的需要，希望读者谅解。

黄仁宇在与李约瑟共同撰写《中国科技史》的十几年里，曾对研究资本主义的诸多作者有过一个综述：“……写资本主义的文章大略有三类。一类注重生产关系的转

[1] 汪丁丁：“制度创新的一般理论”，《经济研究》1992年第5期；“近年来经济发展理论的进展与思考”，《经济研究》1994年第7期；“资本主义的实质是什么？”，《二十一世纪》1994年12月刊。

变……一类注重资本主义精神……还有一类注重自然经济之蜕变为金融经济。”[1] 马克思自然被归入第一类。韦伯是第二类。诺斯（Douglass North，对于尚不熟悉他的读者，本文最后谈到制度创新时会简述他的看法）应属于第三类。也许这种把作者简单归类的办法会误导读者。事实上，韦伯和桑巴特以后，黄仁宇、余英时诸先生以及三十年代的梁漱溟，都持一种整体演变的看法。即“资本主义”是一个社会历史过程，是由许多原因生成的。所以余英时又称韦伯和他的立场为“历史多元论”，以别于“一元论史观”[2]。极而言之，从西欧历史中挖去任何一段（启蒙运动，文艺复兴，宗教时代，古希腊……）都会使现在西欧、北美的社会不成其为“资本主义”。梁漱溟在《东西文化及其哲学》和后来的《中国文化要义》中一直认为，中国即便再独自发展五千年也出不了“资本主义”。

黄仁宇提到[3]，形成“资本主义”的三个主要条件是：（1）信贷关系的拓展；（2）专业经理人员的使用；（3）各种有利于资本主义管理的技术的社会共享。我们也可以认为这里的第一个条件包括了金融市场的发展或资本的自由流动。第二个条件其实是要求“企业家的自由进出”（隐含着“企业家与资本家职能的分离”）。第三个条件实质上是“资本主义的可计算性”（隐含着“信息的自由流动”；关于“可计算性”[4]）。“企业家的自由进出”被新奥地利学派的领袖克兹涅尔（Isreal Kirtzner）认作“资本主义”的定义[5]。如果我们把“信贷关系的拓展”扩充理解为“一般的合作信任关系的扩展”，那么资本主义形成的三个条件实际上就可以涵盖在“一般信任关系的扩展”这一个条件里。不仅专业经理人员的任用依赖于“代理人关系”中的相互信任，而且技术的分享和法律、会计、契约等等的可计算性，都是服务于“信任关系的扩展”这一目的的。这就要说到哈耶克后来的看法，留待稍后再述。

说一个封闭的中国再有几千年也产生不了资本主义，梁漱溟是有极扎实的根据的。他的根据首先是，中国社会自秦汉始已经用伦理道德代替了宗教，用礼俗代替了法律，用家族关系调和了西方社会固有的“个人与社会”和“社会与国家”的冲突（《中国文化要义》）。所以自“战国”以后中国社会“废封建，建郡县”，两千年以来徘徊于一个既非“资本主义”又非“封建”的社会形态中。梁漱溟的另一个根据是，中国人的精神意欲并不指向“资本主义”的方向[6]。余英时在“关于中国历史的一些特质的一些看法”里提到，研究中国“资本主义”缺失的原因，一个基本的问题是

[1] 黄仁宇：“我对‘资本主义’的认识”，载于《放宽历史的视界》，台北：允晨文化公司，1988 年。
[2] 余英时：“关于中国历史特质的一些看法”，载于《历史与思想》。
[3] 黄仁宇：“我对‘资本主义’的认识”。
[4] 汪丁丁：“谈谈‘能够用数目字管理的’资本主义”，《读书》1993 年第 6 期。
[5] Israel Kirtzner, *The Prime Mover of Progress*, London: Institute of Economic Affairs, 1980.
[6] 梁漱溟：《东西文化及其哲学》，见《梁漱溟全集》，卷一，山东人民出版社，1989 年。

搞清楚中国社会的传统价值体系。他认为若没有西方的冲击，中国社会仍会在自己的传统内演变下去，出不了“资本主义”。中国人的精神是中庸与调和的。即使我们无视“宗教伦理导致资本主义”的简单说法，假设一个没有宗教的民族也可以产生资本主义，我们仍然难以相信中国人会把任何一个工作推进到如此大的规模，以致“人”必须从家庭、朋友、道德和陶冶人性的种种“生活的艺术”[1] 异化出去，变成大机器的奴隶。对于按照狭窄的“科学方法”组织分工以至人生，诚如冯友兰论及中国哲学的特点时指出的，中国人认为是“奇技淫巧”，“乃折枝之类，非携泰山以超北海之类”[2]。换句话说，中国人“志不在资本主义”。

这就引出了另一个重要的问题：到底“资本主义”是生产力发展到一定阶段的必然产物呢，还是欧洲人文化传统与扩张精神产生的独特结果呢？对于这个问题，余英时认为，在欧洲资本主义诞生之前的几百年里，确实先有了一场连续不断的、指向资本主义的精神运动[3]。当然，我们还可以进行更深入的考查。例如黄仁宇和李约瑟对威尼斯城邦民主与信贷扩张，低地尼德兰的市民自治与贸易管理，到后来英国限制王权和金融发展的案例研究，以及他们对英国法庭法律变迁的研究。又例如许倬云强调资本家参政是资本主义发展的重要环节。所以，政治、法律，这些“上层建筑”的演变是伴随了资本主义的“物质发展”的。政治事件与精神运动的关系（例如“三十年战争”）在欧洲 14—17 世纪间极其错综复杂。我们考查的最后结果也许仍是不了了之的“鸡生蛋，蛋生鸡”的循环。所以，从宏观上说，资本主义的经济过程应当同时“伴随”着一个精神过程，我们无法证明哪一个为主，哪一个为辅。但是从微观上说，人的精神导向总会随着人从“必然王国”向“自由王国”的发展（即摆脱物质生产的束缚）而越来越占据主要的方面。只不过现代精神仍受约束于“传统”，而传统的精神是从原始物质生产状态脱胎而来的。所以我们才观察到两个过程（精神的和物质的）相“伴随”的现象。

在“传统的看法”里，马克思和韦伯代表了两个几乎完全相反的看法，以致帕森斯（Talcott Parsons）坚持认为韦伯的《新教伦理与资本主义精神》就是为了反对马克思的历史唯物主义而写的。我假定双方的观点已经为读者熟知。这里要讨论的不是他们的观点，而是他们的观点或他们关于“资本主义”的概念可以从具体历史过程中抽象出来的程度。

韦伯关于资本主义和社会主义的观念与他对“欧洲理性”的理解有关。他著名的

---

[1] 林语堂：“中国的人文主义”，见《吾国吾民》，浙江人民出版社，1988 年，第 81—83 页。
[2] 冯友兰：《中国哲学史》，上卷，香港：三联书店，1992 年，第 10 页。
[3] 余英时：“工业文明之精神基础”。

观点是，商业行为，甚至大规模商业行为，在中国和印度都一直存在并早于欧洲。但那不是资本主义，因为那里缺少一种“理性”，缺少一种依赖于精确计量的法律、会计、契约、雇佣关系、政治活动等的有理性目标的社会组织。他定义“资本主义”为“用企业的方法实现人的需求”，并且这种企业必须是“使用资本主义簿记方式的理性的资本主义企业”。韦伯大量地使用“系统地”这个词，他认为“资本主义精神”是一种“理性地和系统地追逐利润的态度”（见韦伯《一般经济史》[*General Economic History*]）。他并且把一切“资本主义”分类成四：（1）非理性的、政治的资本主义；（2）非理性的、工业的资本主义；（3）理性的、政治的资本主义；（4）理性的、工业的资本主义。只有西欧的资本主义才属于第（4）类。因此“资本主义”（同样地，“社会主义”）作为理性的社会组织和政治运动在西方以外的社会中并不存在[1]。

韦伯的另一项研究也可以说明他对资本主义的态度。他在《论经济与社会中的法律》一书中论证说，现代西欧“自然法”的真精神在于“自由”，或准确地说“契约的自由”。由于这种契约的自由，西方社会得以发展理性的工业资本主义。他认为这种具自由精神的“自然法”部分地导源于宗教运动中那些理性的宗派，部分地导源于文艺复兴时“自然之道”的理念。于是“理性”与“自然”成了自然法判断案例合法性的两个基本判据[2]。

虽然韦伯也强调理性地雇佣和组织“自由劳动力”是资本主义的突出特征，但他并没有像马克思那样把“雇佣劳动”看成是“理解资本主义的轴心”。韦伯这种强调精神过程的“资本主义”概念于是很难从西欧社会具体的历史中抽象出来。

马克思的研究几乎可以看成是对资本主义“微观基础”的研究。他的深刻性在与他同时代经济学家的比较中立刻显现出来。例如，同时代人认为资本主义的实质在于对利润的追逐或循环公式：货币—资本—更多的货币。这种看法在学术上纳入一个很流行和著名的学派，我们不妨按黄仁宇的分类称之为“金融的资本主义学派”。这类看法认为资本主义的实质在于“资本的堆积”，在于“金融资本的吞并行为”（acquisitive capitalism）。但是马克思抓住了“剩余价值”这个关键，来解释“利润”和资本的金融扩张如何成为现实可能性。“雇佣劳动”于是成为马克思所理解的“资本主义”作为一种社会关系的实质。从我们的角度看，马克思的雇佣劳动概念是可以应用到非西方社会的历史过程中的，所以马克思的“资本主义”概念比韦伯的有更大的普适性。当然，马克思的剩余价值理论是建立在劳动价值论的基础上的。对“价值”

[1]　Max Weber, *The Interpretation of Social Reality*, ed. by Eldridge, “Introductory Essay: Part (B): The Sociology of Capitalism”, by Ronald Fletcher, London: Michael Joseph, 1971.

[2]　Max Weber, “Natural Law as the Normative Standard of Positive Law”, in *On Law in Economy and Society*, pp. 287-300.

和价值创造过程的理解不同，使其他经济学家被马克思视为“庸俗”。我在“制度创新的一般理论”一文中曾详细阐述了以奥地利学派为首的主观价值理论对价值创造过程的理解。按照门格尔和熊彼特的理解，企业家或追逐“利润”的人对于“剩余价值”的创造是必不可少的。因为正是他们发现了价值的“剩余”，正是他们的“企业家才能”使自由劳动得以组织起来，去获取“剩余价值”。

整体演变的看法固然是一种学者态度，但是要“学以致用”就不那么方便了。大凡“整体”一定难以脱离历史去看。那么一个“整体的资本主义”观念如何应用于中国社会的历史呢？我们研究一个观念是否可以从它由以产生的特定历史环境中抽象出来，目的在于把这一观念应用到其他的历史过程中去。对于“资本主义”这一极其重要的历史观念的抽象，是由哈耶克最后完成的。

在芝加哥大学，哈耶克并不真正属于芝加哥学派，因为他任教于“社会思想委员会”而非经济系。但是如同奈特与芝加哥学派的关系一样，哈耶克显然是芝加哥传统的源流之一。通过米塞斯（哈耶克的老师）和杨格（奈特的论文导师），欧洲学术传统特别是奥地利学派那种贯彻始终的自由主义得以融入芝加哥学派。从芝加哥传统中，科斯（Ronald Coase）、张五常和德姆塞兹（H. Demsetz）吸收了足够的养分来参与建立“新制度学派”的工作。这样，从马克思到康芒斯到诺斯，制度研究最终由“批判的”演变到了“建设的”，并且在主要结论上与哈耶克的看法交相印证。事实上，诺斯的主要著作《制度、制度变迁与经济效绩》开篇就说：他的制度研究旨在搞清楚“人类合作的游戏”。

哈耶克晚年最后一本书《致命的自负》第一句话是（我已经在许多文章中引用过了）：“本书论证那个我们文明由以发生并赖以生存的东西精确地说只能够被描述为人类合作的扩展秩序，该秩序通常被有些误导地称为资本主义。”我在“近年来经济发展理论的进展与思考”一文里从经济发展的角度讨论了哈耶克“扩展秩序”的意义。那是因为“经济发展”这个概念所指称的历史过程本来就与“资本主义发展”相重合。《致命的自负》讲的是道德问题，道德传统的意义，人类理性的局限性和理性狂妄自负的危险。在书的扉页，哈耶克引了对他思想发展最具影响的三位思想家的话来支持他的宗旨。弗格森：“自由不是像其字面似乎意味着的，是从一切束缚中解脱。正相反，自由意味着每一种正当的束缚对自由社会全体成员的最有效运用，不论他们是司法官还是老百姓。”休谟：“道德的例律不是从我们推理的结论所得。”门格尔：“那些服务于公众福利的制度，怎么可能在它们如此重要和显著的发展中，却反而没有一个公共意志来引导它们的建立呢？”从这里，我们又发现了上一节的主题：资本主义与传统。哈耶克达到这一认识的路程可说是艰苦、孤独和漫长的。从使他名声大振的《通向奴役之路》，到他如日中天之作《自由宪章》，再到他晚年定论《致命的自负》，和马克思一样，哈耶克的目光曾勘察了人类知识的每一个领域。从这一历程中，他得以抽象出“扩展秩序”作为“资本主义”的实质。在马克思看见“雇佣劳动”的地方，哈耶克看到的是“扩展秩序”。

1920年代，哈耶克的《通向奴役之路》被认为是孤独的呐喊（见该书原序）。即便当时，与同时代人相比，已经显露出哈耶克深远的关怀。米塞斯批评兰格与勒那（A. Lerner）的“有效率的计算机社会主义”时强调两个因素：（1）全面计算之不可能性；（2）“利润”与“价格”在公有产权下不可能提供有效率行为的激励。这代表着当时杰出学者的看法。而哈耶克在该书中所表达的看法则更深刻。他强调，企业家或人类思想的创新过程是不可能被计划出来的。一个控制着全部产权从而控制着思想者的生存条件的中央计划是不可能不试图去控制人们思想的方式的。然而对思想的控制最终必定导致一个社会所有成员的创造力的枯竭（因为正如黑格尔所说，“人”的实质在于“思想的自由”）。因此，一个中央计划的经济就长期而言必定是无效率的（因为正如卡尔多所说，“效率”无非就是千万人日常的改进工作的创造性努力的结果）。继承了奥地利学派“主观价值论”的哈耶克就这样说明了使“一般均衡”之所以有效率的那个真正的“微观基础”——每一个社会成员在所有方向上创新的自由。后来他在《致命的自负》里批评“宏观经济学”时又表述了这一思想：彻底的自由主义必须以主观价值论为基础，于是一般均衡或“看不见的手”才是有意义的（我非常同意哈耶克紧接着说的：奥地利学派“边际价值”革命的这一意义，到今天还被多数经济学家所忽视；看一看今天经济学里边以数学代替经济学的倾向吧）。

1960年，哈耶克发表了《自由宪章》。用他后来的说法，那本书表达了一个自由主义者的“乌托邦”。他当时给自己的任务是刻画出一个愿意最大限度地保护个人自由的政府应当遵守的宪法原则。然而，和布坎南一样，哈耶克在七十年代意识到，以卢梭和孟德斯鸠的思想为蓝本的欧美政府模式不可能实现自由主义乌托邦。和布坎南一样[1]，哈耶克达到了这一结论：那些制订了美利坚和法兰西自由宪法的国父们在这个问题上是失败了。这个结论的逻辑的后果就是对修正宪法的思考。布坎南思考的结果是他1975年的著作《自由的限度》。哈耶克思考的结果是他1973、1976和1979年分别发表的三卷本《法、立法与自由》。这时的哈耶克注意到了人类理性的自负。由于这种“自负”，在所有市场经济的国家里都存在着政治家们“试图设计人类前途”的危险。哈耶克提出：“我们时代的最重大的政治的（或意识形态的）分歧归根结底

[1] James Buchanan, *The Limits of Liberty*, University of Chicago Press, 1975.

是基于两个思想学派在哲学上的基本分歧。”他称他自己和卡尔·波普属于“演进的理性主义”（evolutionary rationalism），而另一派属于“建构的理性主义”（constructivist rationalism）。后者在哲学上是错误的[1]。

哈耶克对“理性”本身的考查把他带进了自然科学，他曾于五十年代初写了《感知的秩序》（*The Sensory Order*）。后来又研究“控制论”、“系统论”、“协同学”等等。他涉猎宗教史、科学史、艺术史、原始迷信和人类学、语言学、性、人口学、心理学和生物认识论，等等。他是对一切知识有着深切关怀的古典意义上的“道德哲学家”。他最终认为，社会主义与资本主义之争不是“价值判断”上的分歧，而是哲学认识论上的分歧。争论的一方在哲学上陷入了谬误。任何能够直面真理的人（不论他是不是“社会主义者”）应当能够纠正这一谬误。

1988年，哈耶克发表了《致命的自负》。这本不到二百页的小书，林毓生认为是“最艰深难读的”。像一幅抽象画，一本抽象的书是要读许多遍的。我不认为我已经读懂了这本书，但是作为初步的理解，我想用四个“命题”来概括哈耶克在这本书中的思想。

命题“0”就是我在上面译的那句话，即“资本主义的实质是扩展秩序”（见该书“引言”）。这里，扩展秩序概念有两个重要的内容：（1）它必须是“自发的”，非人为设计的。为了强调这一点，哈耶克曾长期使用“Spontaneous Order”这个词，即“自发的秩序”。如前述，任何人为的整体设计都会最终破坏这一秩序的“创造性”（波普在《历史主义的贫困》中认为，理性只能够“局部地”设计社会系统）。哈耶克说，罗马帝国的贸易扩展是人为的扩展，其衰落是必然的。（2）它必须是“不断扩展的”，从家庭内部的分工，扩展到部落之间的分工，再扩展到国际分工……直到全人类都被纳入这个合作的秩序内。金观涛和唐若昕（《西方的跃起》）认为，意大利城邦自治要发展出资本主义需要把“合作秩序”进一步拓展到农村。诺斯研究的那些原始部落，虽然有自发的交易，却无法不断地扩展到部族以外。要想不断地扩展合作秩序，“超个人的规则”（如法律）必须受到尊重[2]。哈耶克认为，要拓展合作秩序，道德与文明程度必须相应地提高。自然状态下的人是不可能适合于扩展秩序的。

命题一：“心灵是文化演进的产物，不是文化演进的向导。心灵更多地基于模仿，而不是基于明智或理性。”（见该书第一章“在本能与理性之间”）哈耶克论证说，人由动物状态进入文明，是靠了从传统中学习。人并不是生而具有聪明、理性和良知。人必须通过教育才变得聪明，理性，有良知。所以不是我们的智慧造就了道德，相

[1] F. A. Hayek, *Law, Legislation, and Liberty*, Vol. I. Rules and Order, University of Chicago Press, 1973, pp.5-7.
[2] D. North, “Institutions”, in *Journal of Economic Perspective*, 1991.

反，正是在道德规范下的人际活动使理智得以成长。从动物本能到人类理性的进化桥梁是传统。

命题二："没有财产权利就没有正义。"（见该书第二章"自由、财产与正义的起源"）这里有两层意义。第一层意义是逻辑上的，没有"权利"就谈不上对权利的侵犯，从而就谈不上"正义"。这是洛克的原义。第二层意义指涉那种认为社会主义包含"正义"理念的看法是荒谬的。"如果自由的人们想要共存，相互帮助，不妨碍彼此的发展，那么唯一的方式是承认人与人之间看不见的边界，在边界以内每个个人得到有保障的一块自由空间。"这就是财产权利的起源，哈耶克称为"权利的分立"（several property），并声称"分离的权利是一切先进文明的道德核心"，"是个体自由不可分离的部分"。（国内杰出的经济学家们如周其仁在八十年代初认识到，"市场运作的前提是利益的分立"。）在地中海欧洲的历史上，是先有了财产权利的分离，才有了个人自由和尊重他人自由的道德观念。文明演进，又有了对法律及正义的共识。

命题三："在扩展秩序下，行为的终极目标大多是为理性所认识不到的。"（见该书第五章"致命的自负"）这也是哈耶克在《法、立法与自由》卷一的看法。他批评"科学主义者"对人的判断、建构和示范的能力作了错误的假设。在观测的基础上建立起来的"科学理性"在观测者周围一个很小的范围内可能观测到并理解所发生的事件，但他不可能（通过与其他人的彻底交流和沟通）观测并理解在广大范围内发生的全部事件。"传统"是借了众多的人的心灵保存和传承的，所以是大范围事件。作为传统的主要部分的"道德"，它的效应于是不可能被任何个人的理性全面把握。哈耶克写道："大部分知识——我承认我花了很长时间才意识到这点——不是从直接的观察与经验得到的，而是通过一个连续的学术传统获得的。"命题三的另一层意义是，如哈耶克所说：人们"习得传统是为了应付未知"。注意，诺贝尔经济学奖得主诺斯1990年那本书（*Institution, Institutional Change, and Economic Performance*）的主要部分就是论证非正规约束作为制度在"不确定性"世界里演化的重要方式。诺斯的非正规约束其实就是"传统"[1]。对于"未知"，理性是毫无办法的。理性所能告诉我们的就是信赖那个经历了无数未知而使人类幸免于难的"传统"。然而这里的"理性"已经不是西方人的"理性"了，按照梁漱溟（《中国文化要义》章七）的说法，西方人的理性应当叫作"理智"，那是追求客观的（可观测的）、冷静和非人情的"理"。而中国人的理性则真是一种性情，一种"求正确之心"的"情理"。总而言之，理性对于传统应当抱着非常尊重的态度，而不是狂妄的"改造之和设计之"的态度。

[1]　见汪丁丁："制度创新的一般理论"。

最后我回到第一个命题，资本主义应当被称为“扩展秩序”。从扩展秩序的概念看，把它叫作“资本主义”确实是有些误导了。那是因为按照前述“传统的看法”，人们对“资本主义”的理解总是围绕着“资本”的种种性质（社会史的，金融的，雇佣劳动的）。在哈耶克看来，“资本”只是人类合作的秩序由以扩展的手段之一，它甚至不是必需的。例如，资本雇佣劳动的情形在知识社会和人力资本的时代不会成为人类合作的主要方式[1]。哈耶克的后三个命题合起来说就是，扩展秩序这只“看不见的手”是以私有产权为运作基础的，而私有产权的道德基础则是由传统提供的，理性试图对传统进行整体设计和改造，那只表明“科学主义”在哲学上的谬误和理性的“致命的自负”。应当指出，哈耶克的“扩展秩序”概念是对“资本主义”作为历史过程的一个抽象。它可以应用于其他的历史过程。事实上，哈耶克认为“扩展秩序”可以以不同的方式实现。

对中国社会性质的讨论和中国资本主义萌芽的研究，虽说是“五四”以来中国知识分子理解马克思的历史唯物主义的一种尝试，但也可以纳入一百多年以来中国人求富强求变革的主流。其中有“救亡呐喊”，有“传统卫道”，也有“鸳鸯蝴蝶”和“新月”。到底是“为艺术的艺术”，还是“大众的文学”。“西学”，“中学”，“为用”，“为体”。“道德承当”，为“毛”，为“皮”。感受着西方“资本主义”文明对中国“传统”文明的冲击，那种种的议论，“蹈海”，“沉湖”。

“春秋以正名分”。以往叫作“资本主义”的东西，应当正名为“人类合作的扩展秩序”。它的基本要素在中国文化传统中一直就存在着：财产权利，市场和交易，道德意识。所需要的是“传统的创造性转化”[2]。这个创造性，和制度与技术的创新一样，蕴涵于无数文化实践者的创新努力，取决于大众拥有的创新自由。

（三）关于崔之元先生，昂格与崔之元先生两文章的一些疑问

在鼓励创新和思想自由方面我与这两篇文章的作者没有大的分歧。我想我同《解放》一文的主要分歧在对“资本主义”实质的认识方面。我同《看中国》一文的主要分歧在关于经济发展中“政府的作用”的看法上。我想先谈谈《看中国》并与作者们商榷。

我对《看中国》一文的基本印象是：作者们似乎对一个变革社会的政治、经济甚至文化的发展过程，持了一种“理性设计的”和“乌托邦式的”看法。举其要点：

---

[1] Peter Drucker, *Post-Capitalist Society*, New York: Harper, 1994.

[2] 林毓生：《中国传统的创造性转化》，生活·读书·新知三联书店，1988 年。

（1）作者提供给中国的制度创新的第一个“启示”是，如何把美国与欧洲“政府与私人生产者之间成功的伙伴关系模式推展到整个经济领域去”。作者讨论了美国农业的例子。但如经济学家熟知，农业需求的特性要求一定程度上的政府干预（一篇最近的文章见《二十一世纪》今年6月号）。要把这种关系拓展到工业和服务业是需要非常认真地讨论其政策基础的。我至今没有见到为这种政策呼吁的扎实的学术文章。（2）作者提出的“政府与私人关系”的“启示”的第二个来源是工业东亚的“经验”。其中不乏不准确之处，如说东亚经验之一是政府“谨慎控制国外资金流入……”而事实上是那时的日本、韩国政府采用“以国家银行担保私人财阀族的方式取得外资借贷”。他们并没有要“控制”外资流入，相反，是在争取外资。作者反复提到东亚经验的不足取之处在于“官商结合”造成的政治、社会和收入分配问题。那么这与作者推荐的“政府干预”模式至少在实践上有了差距。

为什么我认为《看中国》是基于空想的一篇论文呢？理由在于作者对经济发展一般过程的否定态度。对经济发展理论近年来的进展与评价，我在“近年来经济发展理论的进展与思考”文中有详尽讨论。限于此处篇幅，只好不加论证地引用那里的观点了。从亚当·斯密以来经济发展理论的主线可以概括为：劳动分工以致民富，分工的范围及深度受市场需求大小的限制（亚当·斯密）；同时，市场需求的大小又取决于分工者所提供的产品的成本价格（杨格）；分工者制造产品，其成本取决于“规模收益递增的”迂回的生产过程（奥地利学派）；迂回的或大规模的生产手段需要大规模集资，需要金融深化（熊彼特，肖，麦肯农）；规模收益递增和金融秩序的扩展需要企业家的创新精神和创新活动（奥地利学派，芝加哥大学的奈特）；当创新活动与创新精神充分发展以后，社会可以进入一个“创新驱动的发展阶段”，但是一般而言，发展的前两个阶段是不可超越的，那就是“要素驱动的发展阶段”用以积累资金，扩大企业家才能的开发等，和“投资驱动的发展阶段”收取规模经济的好处并进一步深化分工以便知识的积累，然后才可能进入“创新驱动发展阶段”（哈佛大学的珀特尔，芝加哥大学诺贝尔经济奖得主贝克尔）；在创新驱动的发展阶段，社会开始进入所谓的“知识社会”，那里“资本”与“劳动”的对立开始消亡，知识（以人力资本的方式或社会学家James Coalman所谓的“社会资本”的方式）成为最主要的生产力和获取收入的手段（Peter Drucker，*Post-Capitalist Society*）；相应地，从米德到魏兹曼（Martin Weitzman）所倡导的“合作经济”或“利润分享的经济”有了实现的可能。另一方面，《看中国》是怎样说的呢？在批判了基于“投资驱动的发展阶段”的所谓“福特主义”之后，作者赞美目前欧洲、北美的一些所谓“后福特主义”实验（实际上是社会进入“创新驱动发展阶段”的产物）。同时作者也注意到，“这些后福特主义的经济一般是依赖在前福特主义的条件上……可是，大部分发展中国家和工业化国家，大多欠缺这类背景条件。”接下来就是我称之为“空想”的议论了：“那就必须去通过政治构想去发展，并通过政治行动去建立与前福特主义条件功能相当的背景，以供后福特主义经济使用。这个相当的条件应包括大量的教育投资，和在实际社会生活的各环节中优先提供有利独立集合组织的政经安排。”我的疑问在于，姑且不提上述哈耶克的思想，作者们在写下这些语句时是否知道它们的确切指称？或者是否注意到梁漱溟的“乡村建设”实验以及改造中国的先驱者们的种种努力？这种“空想”的思路还表现在《解放》一文中，容后叙。所有这些念头的根源，我以为是如哈耶克所批评的，人类理性的“致命的自负”。这表现在作者的最后建议里：“政治带动经济。我们在前面所倡导的策略，需要一个强势的政府来规划和实行一些不受经济精英利益左右的政策。”“……逃离这种厄运的方法，是在制定经济计划前，先制定好政治计划。”“深化民主意指发展一套能提高社会的政治动员程度的安排（例如，透过对政治活动的公共财政资助，和扩宽政党和活动享用大众传播工具的权利）；发展一套把政府各部门间的僵局，通过全民投票和提早选举，交由全体选民来迅速解决的宪法安排；建立一套在国家机器以外……”我认为这里作者们所论的目标都是正确的，但何以达到目标却应当严肃讨论。我只表示对这种建议的极大的怀疑，而不作进一步的争论（我据以争论的根基已经在上面冗长的讨论里说清楚了）。

《解放》一文的主旨在批评盲目学习西方。但是作者心目中的“资本主义”概念需要进一步澄清，同时，作者认为的中国理论界所认识的“资本主义”也需要澄清，否则《解放》的批评就成了无的放矢。这后一个“澄清”涉及我在文章一开始说的，中国知识分子对“资本主义”的两种认知态度，“实用理性”的和“科学主义”的。但是客观地说，我所接触的大部分知识分子都没有要照抄西方模式的意思。韦伯的著作在中国大陆早已有译本，并且大陆的经济学家与韦伯的研究者也有接触（如樊纲与刘东的接触，见樊纲于《二十一世纪》今年 4 月号的文章脚注）；另一方面，参与政策制定的心态开放的经济学家们，如周小川、李剑阁、朱晓华等等，就我所接触也是非常有创新精神的，并且他们经常亲身去考查西方的制度。我想大陆的学者出于学理上的或实践上的需要，对于“西方资本主义”是有较深入的认识的。

《解放》开宗明义，提出“第二次思想解放”的口号。如果说中国的“第一次思想解放”是从“左”的政治下解放出来的，那么所谓的“第二次解放”怎么讲呢？在我看来，是没有什么第二次思想解放的，因为自八十年代以来，实际上只有不断地、渐进地开放大陆精神的和物质的“国门”。人们的思想一直在渐进而不是“跃进”或“停滞”。当然，可以理解，作者心中的《解放》是指一些或相当多的中国人对西方世界的崇拜和对自身传统的否定。对此我是有同感的。但是由此涉及的问题是“什么是资本主义”。对这个问题的解答，作者似乎没有正面提及，但行文中表现了一种倾向。我在这里冒昧提出来，有失确切之处还请作者指教。

作者对“资本主义”的认识首先反映在他的一些提法上，兹按先后顺序引之：“……表达了西方学术界近十几年来工作的主要结果：即统一的‘西方资本主义’概念的抛弃。”“……制度创新中类型的无限性，是不能被传统的‘资本主义 / 社会主义’两分法所包括的！”“……换言之，尽管生产力在现存生产关系下仍然在发展，但在另一种生产关系下会更快地发展。（然后是关于跳跃超过福特主义的论调）”“……资本主义民主是‘资本主义’与‘民主’的妥协，而社会主义则是经济政治民主的同义词。”然后是标题“批判法学：超越社会主义 / 资本主义两分法”，其中作者以“空想的社会主义”概念代替所论述的现实的社会主义。在批评美国宪法中“但是财产是社会的主要目的”一节时，引昂格的话：“……这句话是传统资本主义将财产权置于优先地位的明证……当批判法学在理论上将‘财产权利束’分离之后，生命与自由的权利将得到比财产权更重要的宪法地位……”“这研究启发我们，工人阶级是推动西方国家已存在的自由、民主权利的动力，社会主义的中国应当而且能够在这方面做得更好。”“……没有任何内在理由可以说明‘集体股’一定会是‘产权不明确’……”“……因此在摆脱了私人大资本控制的‘社会主义’制度下，民主理应得到更充分切实的发展。”

从中国经济发展这么一个“实用理性”的角度看，大多数中国人知识分子关心“资本主义”或“西方资本主义”无非是要搞清楚“西方资本主义”的实质是什么。无非还是“为体”“为用”的关心，还是“救亡”抑或“保教”的关心。这里附带说一下，作者在批评所谓“制度拜物教”时提出的超越“私有 / 国有，市场 / 计划，中体西用 / 全盘西化，改革 / 保守”等“两分法”。我却以为有些问题是不可超越的，是必定要贯彻始终的。例如市场还是计划，这里争论的焦点不在于要不要所谓“混合经济”，而在于要“市场为主”还是“计划为主”。在这一点上弗里德曼确实是对的，在微观机制的构造上，市场与计划是不可能调和的（哈耶克在《通向奴役之路》里也这样说过）。道理在于“市场机制”作为一种资源配置的机制，必须激励每个人的积极性，激励在一切方向上的制度与技术创新活动。这里“计划”只能处于“辅助”的、间接参与的地位。应当指出，以 MIT 经济学家萨缪尔森为代表的所谓“后凯恩斯主流派”的“混合经济”，以及科尔奈早期著作中提到的社会主义与资本主义的“趋同”，都是缺乏微观基础的论调，以致现代经济学家们基本上已不再作如是说。科尔奈本人在其 1990 年著《通向自由之路》前言里已经声明他放弃寻找“第三条道路”的企图。所谓“第三道路”就是曾经普遍存在于中国及东欧改革经济学家们中的“兼有资本主义的效率及社会主义的平等”，一种我在1986年称之为“空想改革”和“前哈耶克”论调的思想。我想在这里引用马克思引过的但丁的名言是合适的：这里是地狱的入口，在这里要不得半点的犹豫和怯懦。我以为中国人在许多时候大谈“超越”，往往反映了三种态度之一：其一，对理论的逻辑内涵不甚了了；其二，坚信宇宙间万物出于一，先验和谐，所以逻辑上不相容的理论必定可以调和；其三，缺乏直面真理的勇气，不愿意走极端，所谓“止于至善”。以我对崔之元先生的间接了解（我们有不少共同朋友），我以为他属于第二种情况。

《解放》所据以为证的三个西方理论界“最新的发展”分别是“新进化论”，“分析的马克思主义”，和“批判法学”。对于所引征的新进化论，我以为与《解放》论题的主旨关系不大。但是其潜在的对于“传统”的评价却不能不在这里提出来。因为这涉及下一节要说的“制度创新”的一般过程和上面说过的哈耶克的基本思想。首先，把一个“生出牙齿的鸡”看成是对传统的进化论的否定，我持怀疑态度。进化论最根本的意义在于渐进的，依赖于以前演进道路的物种的演化。这种演化的动力是“物竞天择”（外因）和“遗传变异”（内因）。我以为这个道理至今有效。如果作者认为人类可以随意想象和设计人类演进的道路（包括物种），那就太天真了。那个能让鸡长出牙齿的教授，他能够让所有没有牙齿的鸡被他的新鸡种取代吗？哈耶克说过，只有上帝才可以理解传统和设计人类前进的道路。

其次所引的“分析的马克思主义”对马克思的新解释，看得我稀里糊涂。作者引文说，马克思理论的矛盾在于一方面认为资本主义有平均利润率下降的趋势，一方面由于技术进步而不断提高有机构成，所以生产潜力不会停滞，社会不会灭亡。分析的马克思主义解决了这个矛盾。对我来说，这是对马克思主义以及我理解的分析的马克思主义的曲解。马克思论证资本主义必然灭亡的基本论据是技术进步和资本有机构成提高促进社会两极分化，无产阶级的相对和绝对贫困化，最后由阶级斗争去“炸毁”资本主义。“平均利润率下降趋势”是马克思在《资本论》卷三提出的，目的在解释其剩余价值理论如何转形为资本主义“利润”与“价格”。罗默尔（John Roemer）的贡献也就在于试图解开早由斯拉法尝试过的《资本论》卷三的“转形”问题（该问题最早由奥地利学派的庞巴沃克提出）。紧接着，作者举出了著名的福特公司的大规模生产方式和丰田汽车的灵活生产方式，建议中国乡镇企业“迎头赶上”，“超越”福特主义。关于这一点的空想性我在上面说过了。我必须强调的是（我从1987年起在北京、广州等地讲过的）：中国发展的最大挑战是如何在二三十年时间里把近十亿知识资本含量极小的劳动力转化为物质资本和人力资本，在人口老龄化到来前达到一个均衡的较高收入水平。中国目前工业化的那些“计划者”的一个两难困境是，发展中小城市但丧失规模经济，还是获取集结效益和承担各种都市病。出现这个两难的根本原因还是由于“人口生育率转移”过程行将结束，而劳动力仍处于低素质阶段的时间紧迫感。超越既然不可能，只有勇敢地进入“投资驱动的发展阶段”。这就带出作者的另一个观点。

作者引罗默尔的所谓“深刻定理”说明，“少数人占有的社会财富的份额越大，他们行为的负外部性也就越大。”作者以此来说明政治民主和经济民主与大资本的冲突。这让我想起前些年舒马赫的《小的总是好的》里面的怀旧的田园诗般的返回前工业化时代的情绪。作者所批评的那些俄罗斯和中国的做法，正是发展阶段不可超越的结果。这些国家的人们关心的问题首先是“让一部分人先富起来”呢，还是“不患寡而患不均”，大家永远“穷过渡”？让一部分人先富起来的目的当然不在于让他们富起来。而是因为要有规模经济，要开发企业家精神，要容许市场机制起作用。

最后，作者引了“批判法学”的看法来说明资本主义关于财产权利的宪法是忽视了人权和自由（见前引《解放》）。这里，我仍要强调，人类历史上出现过的许多思想是不会过时的。我们必须尊重传统。在这一点上，我们应当尊重历史，概念由以发生的那个具体的历史过程。我们是人，我们无法超越历史。

作者引述的批判法学的一项“重大成果”是，否定了绝对的产权，提出“产权是一束权利”的观念，和提出注意“剩余索取权”与“经营权”分离所造成的传统资本主义产权概念的变化。如果说这是批判法学在八十年代中期发展起来的一种“看法”，那么我可以说这些批判法学的创建者是在重复由科斯、德姆塞兹和张五常等人在六十年代、七十年代和八十年代使“新制度学派”出尽风头的“产权理论”并为此得到了两个诺贝尔奖（Coase and North）。这些是人人皆知的。与作者的取向不同的是，新制度学派强调“剩余权”与“经营权”的重合，以“内化”所谓的“外部效应”，提高经济效率。我不认为我们可以在这一点上“超越”传统的古老的产权概念。我坚信洛克的话：“Where there is no property, there is no justice（在没有产权的地方，也就没有正义）。”

在批评过《解放》的所有三个思想来源之后，回过头去看一下前引《解放》作者对资本主义的认识就比较清楚了。其中所谓“生产力”与“生产关系”的论调，首先是与分析的马克思主义不相干。其次，作者所据的“生产力—生产关系”理论本身是不正确的。第三，作者对马克思“生产力—生产关系”理论的理解是不确切的、非历史的、非马克思原意的。《解放》作者认为其所引述的三个“新”理论学派说明我们应当超越“社会主义 / 资本主义两分法”，抛弃“统一的资本主义”概念。哈耶克的

“扩展秩序”理论以及哈耶克对现实的和理论的社会主义的批判，已经说明《解放》作者的这些看法是毫无根据的。至于《解放》作者说的，社会主义的同义语是政治经济民主，如崔先生自己说的，这里的“社会主义”概念已经被换成非现实的和纯粹的“社会主义”概念了。然而如哈耶克指出的，即便是理论上的“社会主义”，在哲学上也是错误的、空想的、狂妄的，从而完全谈不上是“民主”的同义词。《解放》作者认为“没有任何内在理由说集体股产权不明。恰恰相反，大量的制度经济学文献和实例研究早就说明了这里要求的‘内在理由’（例如张五常的一系列论文）。”作者误认为“批判法学”从新制度学派那里拿来的产权理论可以支持剩余权与经营权在“集体所有制”下的分离。其实恰恰相反，如上述，新制度学派是在反对这种分离。而这两种权利的分离正是我们反对集体股的内在理由。事实上“集体所有制”根本不是一个稳定的（均衡的）所有制形式。它要么趋于国家所有制，要么趋于私有制。这种不稳定性正说明了它的微观机制的不合理使它在各种制度的竞争中遭到淘汰。我在讲授“比较经济体制”多年后，才认识到这个道理。

（四）关于制度创新的一般过程的疑问

这是我在“制度创新的一般理论”和另一篇文章（载于《信报》）的主题。这里也只能引而不证。

诺斯在 1990 年和 1991 年发表的三个作品里提出了他关于制度演进的一般理论框架。大意是，制度演进，由于交易成本的存在，其主要途径是“非正规约束”（习惯、社会规范、意识形态，等等）的改变；这种演进的一个特征是“道路依赖性”（演进的下一步取决于演进的历史）；演进的主要动力在于各种经济的、政治的、社会的组织为增进组织福利而作出的寻优选择，通过类似“物竞天择”的方式演进；组织这种演进的人是企业家；演进并不必然导致进化，因为存在着“锁入效应”（由于“道路依赖性”），一些文明消亡了，一些文明停滞了；演进方向在很大程度上取决于企业家们的知识结构和心灵结构，取决于组织的历史。诺斯的这些思想在中国最有影响（盛洪等人）。马里兰大学的 Peter Murrell 运用了这一理论解释俄罗斯和中国的不同改革道路。

然而，按照诺斯的看法，与哈耶克关于传统的见解一致，我们就不可能有突变的演进了。那么另一位诺贝尔奖得主布坎南一直鼓吹的“宪法改革”（《自由的限度》）应当放在什么位置上呢？哈耶克在七十年代也提出要改宪制（《法、立法与自由》）。另一方面，从中国传统中开出现代局面，也可能意味着突变（我们一百多年来的历史）。我曾经表达过一个看法：革命是一个社会对落入陷阱的反抗。因为陷阱其实是

“传统”构成的（汤因比的“文化陷阱”），为了有足够大的“能量”突破陷阱，改变演进的路径，只有革命可以动员和提供这样的能量。

如果宪法革命是社会落入陷阱后试图挣脱的努力，那么革命与传统之间的关系就显得格外重要。因为革命实际上是建立新的远离传统的正式规则。按照制度演变的一般过程的理论，如此建立的正式规则，其维持费用会非常高昂。因此革命往往产生强权政府，因为软弱的政府会使新的规则完全失效，导致混乱，而混乱不是一个均衡状态，一个混乱的社会要么趋于解体，要么趋于独裁。这就是目前许多人对俄罗斯局势的担忧。对此情况似乎哈耶克和诺斯都没有讨论。传统在这里当然起着作用，至少是作为革命的对立面。我以为这个问题是目前制度创新理论的一个缺失。

我在“制度创新的一般理论”中发挥了诺斯关于技术创新与制度创新之间相似性的思想，从奥地利学派的价值理论出发，引出熊彼特的创新和企业家理论，讨论了“不确定性”对制度与技术创新的影响，结合了奈特的企业家与不确定性理论，最后归结到哈耶克的“伟大社会”的根本特征——“一切个人在一切方向上的创新活动”。就这一点而言，我与崔之元先生是一致的。最值得尊重的是那些在中国和俄罗斯的实践中进行着制度创新的人们。这里有待研究的问题，也许是一个不应当提出的问题，是“知识结构与企业家心灵活动的关系”。诺斯在他的制度演进提纲[1]里提到这个问题。这个问题最近以不同的方式反复被提到。例如贝克尔和默菲 1992 年[2]讨论到知识积累对人力资本投资回报率和对促进人力资本投资的正面效应，以及分工加细对新知识发现的重要性。他们的文章论证了经济增长的终极动力在于以人力资本为形式的知识积累。在他们之前，也是芝大的经济学家，罗迈尔（Paul Romer）于 1986 年和 1990 年发表了两篇文章论证规模收益递增对经济增长的重要性，以及经济增长的终极原因在于以书写形式积累的技术知识和人力资本的积累。其他经济学家包括杨晓凯的贡献（见“近年来经济发展理论的进展与思考”的介绍）。知识积累与知识结构，知识与创新的关系，等等，这些问题过分宽泛（渊综各科，哲学、心理学、社会学……），以致我自己也在约一年前停止了研究。为了补足制度创新理论的这个缺失，甚至提出一个可解的问题都是贡献（必须指出我上面提出的问题过分宽泛以致不可解）。

[1] D. North, “Institutions and a Transition-Cost Theory of Exchange” (1991), in James E. Alt and K. A. Shepsle, eds., *Perspectives on Positive Political Economy*, Cambirdge University Press, 1991, pp.182-194.

[2] G. Becker and K. Murphy, “The Division of Labor, Coordination Costs, and Knowledge”, in *Quarterly Journal of Economics*, Vol. CVLL, No.4 [1991]: 1137-1160.

（五）结语

在这篇冗长的文章里，我试图说明三件事：（1）资本主义的实质是人类合作的扩展秩序，包含两个要素，自发的和能够不断扩展的。这样的制度只见于资本主义社会。由于哈耶克把它从具体的历史过程中抽象出来，我们可以应用“扩展秩序”的概念于一切社会的经济发展中。社会主义始终是空想的，无法实现的。只有在保护私有产权的社会里，“正义”、“自由”、“人权”才可能存在。扩展秩序首先是一个社会传统的产物，是人们为了合作而创新与建立新秩序的不断尝试的产物。对于这种千万人的创新活动积淀下来的传统，理性既不能理解也无法设计。（2）自亚当·斯密以来，经济发展理论的主线是分工与专业化，收益递增与迂回的生产过程，资本聚集与大规模的合作方式，金融深化与各种制度创新，企业家精神的发展，人力资本及知识的积累，创新驱动的发展阶段，灵活生产过程的发展和后工业社会（知识社会）的到来。这些基本的发展阶段是不能轻易超越的，演进的过程环环相扣。（3）制度创新的一般过程与前述两件事密切关联，由于资源有效配置所需的那些信息，其本质是散在于无数消费者心中，以奥地利学派的“价值剩余”为目标的企业家的创新活动于是只能是无数人的创新活动。创新是不可能被计划出来的。一个“伟大社会”的特征是鼓励所有的人在所有方向上进行技术的和制度的创新（从而在面临不确定的外界环境时有最高的生存几率）。当制度创新在与传统一致的方向上进行时，创新的交易成本最小。一般说来，制度演进总是渐进的，与传统偏离较小的。革命是社会对落入传统陷阱后的反应，革命与传统的关系值得研究。创新与知识积累和知识结构的关系有待研究。

附录四：谈谈企业家精神 [1992]

人类社会历经数千年，发展到了近代这一二百年，何以突然有一场“工业革命”，随之而来的是社会财富的迅速积累，物质的和精神的生活于是提高到如今日这般的水平。尽管对资本主义形成过程的研究仍在继续，我们仍然可以声称：推动这场运动的核心人物正是所谓的“企业家”。大约在八十年前（1911 年），熊彼特就下了这个断语。他论证说，企业家的创新活动在任何社会中都是经济发展的中心环节。换句话说，一个社会要是缺少了企业家和他们的创新活动，就会渐渐地枯萎，丧失生机，最后被世界诸民族竞相进步的运动淘汰。

企业家是从事创新的人，凡正在从事创新的人，就叫作企业家。创新就是打破了旧例，比如，开发一个新产品，寻找一个新市场，按一种新的方式组织生产，发现并使用一种新材料，等等，都叫“创新”。

企业家不是为标新立异而创新，企业家的创新是有经济根据的。他们据以评价一种创新活动成败的，是这一创新所带来的“利润”[1]。因此企业家的头脑必须精于算计，能够比较准确地估量每项活动会产生的收益或损失。大企业家与小企业家在头脑方面有什么不同呢？究其根本，大企业家的头脑善于估算大规模创新活动的损益，而小企业家则精于小规模创新的损益计较。没有一种创新是百分之百可靠地带来收益的，第一个使用杂交水稻种子的农民，不会不考虑亏损的风险，因为从来没有人试过，所以会有不确知的因素，或叫“不确定性”因素。创新的规模越大，其损益的估量就越是带有不确定性。所以大企业家是善于在高度不确定的情形中作出决策、争取利润的那种人。记得张五常告诉我一件事，说“新世界集团”的郑裕彤可以快如闪电般估算出一个投资项目的净回报率，其误差与他用计算机所得结果几乎一样。很少有人可以不先积累小规模创新的实践经验而一跃成为大企业家的。我们可以在学校里培养数学家，在实验室里培养物理学家、化学家，可以把理论灌输给人们，使他们懂得许多道理，但却无法在学校里培养企业家，因为“创新”就其本质而言是一种“艺术”，一种在不确定性环境下求成功（利润）的实践艺术。凡艺术，是一定要凭个人的体验才能成就的。哈佛大学企业管理学院里教授的东西，并不是如何去创新，而是如何去“模仿”，模仿那些成功的企业家在种种给定的情况下是怎样决策的。所以说，“管理”只是一种“技术”，一种规范化了的、可以在学校里讲授的知识。实际企业的管理者，难免要遇到不确定的环境，也就是说，他学过的一切“案例”都不适用；他需要创新。一个真正出色的管理者总要在一定程度上是一个出色的企业家。我们大中型国营企业的管理者若仅仅按国家计划和部门操作规程生产，就仅仅是“管理者”，是所谓“技术官僚”。只有当中央计划不是百分之百地有效时，例如在市场导向的改革中，这些经理们有了一定的“自主权”，有了一定的在不确定环境中作决策的权利，他们才有机会积累经验，变成企业家。我们看到农村和城市里的所谓“民办企业”的经营者，他们是从一开始就有一定程度的自主权的，因此他们学做企业家的机会比国营企业的经理们多得多。当然，小企业的经验需要发展成为大企业的经验，才能造就“大企业家”。企业家不论大小，都具备一种“精神”，这种企业家精神是这篇文章要讨论的主题。

企业家精神的第一个因素是所谓“敬业精神”。韦伯所论证的“天职”，那是西方社会里企业家敬业精神的一个来源。东方社会在近世也有类似的改革或“世俗化”过

[1] 请读者参考笔者在《经济研究》1992 年第 5 期发表的文章，该文讨论了熊彼特广义的“利润”。

程。余英时《中国宗教伦理与商人精神》一书中考证了中国儒家、道家和佛家在近代早期或更早（汉代以后），曾有所谓的“入世转向”。只不过，宗教和儒家精神对中国商业资本主义的支持远远比国家官僚机器对民间商业活动的压抑要弱，所以韦伯的道理不见得就合用于中国。

没有西方文化背景未必就没有会挣钱、追逐利润的企业家。中国文化传统中也有所谓“敬业精神”，只不过没有走到如宗教那么极端。现代中国人挣钱，尤其已经挣到大钱的企业家，往往停止经商，转而追求更高的东西去了。我去访问海南一个很成功的私营公司的董事长，发现他的大部分精力已经开始用于写小说、剧本，或练书法等了。而他们的企业的规模呢？与国际竞争的要求还相去甚远，“规模经济”尚待进一步开发。我常常怀疑，在统计意义上说，大部分中国人是否愿意为任何一种职业奉献一生的光阴。梁漱溟（《东西文化及其哲学》）说中国人意欲调和折中，志不在为学术的学术，为艺术的艺术，为……的……；中国人实在是另有所求。我同意林语堂（《生活的艺术》）的看法，那种非“艺术的人生”（“科学的人生”）恐怕确实不是多数中国人追求的理想。梁漱溟说（《中国文化要义》），中国人是以伦理和礼俗代替了宗教。这个伦理和礼俗都是围绕着“家庭”的观念建立起来的，并且由小家扩及大家，又扩及邻友国人，“情”之所至，钱财也就被“均”了。所以“夫有国有家者，不患寡而患不均”。这样看起来，企业家敬业的精神在中国变成了“兢兢业业的精神”，何以敛财、聚资、形成“规模经济”呢？

观察东亚工业发展的历史可以看到，集资的关键在于“信誉”。或者由政府提供这种信誉，如日本、韩国（财阀族与政府的关系），或者是私人的大规模合作（建立“资本市场”），如中国香港和中国台湾的一部分企业。前者的弊病是造成腐化和收入高度不均。后者的缺陷是工业规模普遍偏小，规模经济发挥不出来，因为资本市场能够保证的信誉实在与一地人民对超乎个人的法律的尊重息息相关。香港和台湾虽有“股市”，但多为大企业集资，所以才有“羊群心理”等等。“信誉”何以如此重要？这要先了解一下市场经济制度创造财富的道理。

市场经济是个什么样的经济制度呢？或者说，企业家是如何推动经济发展的呢？再具体一些说，企业家创新活动的实质是什么？这要从亚当·斯密大约二百年前提出的“劳动分工致富”的原理说起。我们今天的人看得极为清晰，如果没有劳动分工和分工的劳动者之间的社会合作，我们就只能生活在不仅仅是最原始的状态，而且是无法生存的状态里。分工所及的范围，也就是所包罗的人群越广泛，由分工所得的好处就越大，参与分工的人群也就越富有。这是所谓“国民致富的原因”。那么接下来一个关键的问题是如何拓广分工的范围。亚当·斯密说：分工的范围是受市场的广度制约的。这是一种观察。有了一个广大的市场，自然会有人为图利而去组织社会分工。这种组织分工的人就是企业家。然而企业家还不仅仅是组织分工，他们还有其他也许是更重要的使命，那就是“开拓新市场”，企业家用组织分工所生产出来的成本低廉的产品去销售，取代老的、成本较高的产品。一旦在新市场上站住了脚，社会生产就在更大的规模上按分工原则来组织了。所以说分工虽受市场制约，也会反过来创造市场，或是说，市场也受到分工的制约。这是同一枚钱币的正反两面。

现在我们要接着上面说的中国与西方社会在伦理上的区别来发问：为什么现代市场经济体制没有在中国产生，而在西方得到了发展？这个问题我们讨论了几十年了，至今也还是没有定论（余英时认为“资本主义萌芽”问题本身就提错了）。这里只想引出一个观点、一家之说。笔者想强调，这个观点是沿着哈耶克的思路得到的。哈耶克在去世前发表的最后一部著作《致命的自负》(1988）中表述了这么一个思想：人类社会之所以能有今天这样的发展，全是由于找到了一种分工合作的方式，称为“扩展秩序”(extended order)。这种秩序一经确立，就可以自发地扩大分工合作的范围。在西方，这种秩序被叫作“资本主义”(哈耶克认为这个词是有些不确切和误导的)，它是一个配套的体系，包括财产权利、法律、技术、会计制度、市场、政府职能部门等等。哈耶克认为“扩展秩序”可以有不同的实现方式。也就是说，西方社会可以建立扩展秩序，中国社会也可以建立扩展秩序，只不过形式不同，不叫作“资本主义”罢了。照梁漱溟和余英时的看法，那种称为“资本主义”的东西是西方社会独有的，它是西方人经过长期发展，在西方文化的土壤上培育出来的制度。换句话说，中国人是否可能学得到“资本主义”(姑且不论是否要学）尚是一个大大的问题。我们不妨沿着哈耶克的思路进一步考虑。没有“资本主义”制度并不意味着不能有“扩展秩序”。为了扩大分工合作的范围，建立“扩展秩序”是必要的，是致富之根本。亚洲的一些国家或地区，没有西方文化，但发展起来一种东方式的“扩展秩序”，也致富了。以致一些日本人和韩国人甚至企图称他们的制度为“后儒家资本主义”，又有一些人称之为“儒家社会主义”。其实这些“主义”之争是没有必要的，真正重要的是“求发展，致民富”，是建立一种自动拓展分工范围的“扩展秩序”。读者应当注意“自动”(spontaneous）这个词的含义。靠了中央计划也许能够拓展社会分工，但不是“自动”的，于是成本太高，终于难以为继。市场制度可以“自动”拓展分工范围，是因为无数企业家为追逐利润而组织分工，开拓市场，寻找机会（可能获利的机会)，再组织分工，再开拓市场……这样一个自发的、全民的运动，比中央计划靠几个人的头脑要少犯许多错误，换句话说，成本低得多。

在中国文化的土壤上比较容易成长的是以家庭为依托的分工合作制度，例如农村的家庭承包责任制，城市和乡村以个体经营为主的企业，以及建立在亲属、朋友关系上的“合伙企业”、“合资企业”，广东、福建一带的台胞、港澳同胞靠亲族关系发展起来的“三资企业”，等等。这里我们遇到上面提到的那个更深一层的问题：在拓广分工合作关系时，如何在分工的人群当中建立一种“信任”关系或合作的“信誉”。为什么“信誉”问题是建立“扩展秩序”的关键呢？回答这个问题必须涉及现代社会分工合作的物质条件及其对制度所提出的要求。

分工所造成的好处是通过降低每一件产品的成本来实现的。亚当·斯密曾以制针业为例来说明分工的三大好处：其一是节省工人从一个工作转换到另一个工作所花费的时间；其二是使工人们各自专于其职，这样可以积累经验，熟练技巧；其三是由于分工使每一项工作变得简单，易于发明工具和机器来代替人手的劳作。可以认为，这三大好处中最重要的第二和第三点，实际上就是资本的积累过程。工人操作经验的提高是人力资本的积累；经验被整理成教材，在学校里讲授，也是人力资本的积累。机器的发明和使用，则是物质资本的积累。我们断言：没有资本的积累，就不会实现分工的好处（当然这里说的“资本”并不等同于“资本主义”）。

可是积累资本是要“投资”的。送子女上大学是一种投资，买一片店面经营个体摊点也是一种投资。单个的家庭也许有财力支持子女上大学，甚至自费上大学，也许有财力经营一小片店面，或买辆车跑跑运输，但绝对没有富裕到可以独资开发山西煤田，或修建广东的高速公路。后者是需要合作的，合作是要讲究“信誉”的。克莱普斯（David Kreps）1990 年的著作《对策论与经济建模》，专门总结了西方经济学家对“信誉”在合作中的重大作用的研究。概括地说，越是长期的合作，信誉就越是重要。试问如果没有传统文化中的“父慈子孝”所建立的子女与父母之间的长期合作关系，父母愿意把毕生的积蓄拿出来供子女上学吗？凡大规模的投资，一定要有一个长期的生产过程，其所投资本才会有所收益。此即奥地利学派一直强调的“迂回的生产方式”。在长期的投资中，不确定性因素是很多的，所以要有企业家来主持投资活动。企业家善于或分工于“在不确定环境中估量损益”。

我们不妨认为，西方社会较强的“法”的观念和它那套源远流长的法律体系构成某种稳定的投资环境，大大地减少了不确定因素。例如，“专利法”对发明与革新的保护会使投巨资开发研究的企业家事先可以估算大致的损益。比较一下，如果没有专利法的保护，则合算的投资规模绝不会太大，因为企业家吃不准新产品可以在多长时间里独占市场利润。这里要说明一下，单只有一套法律典籍和司法体系是不能够如上所说减少投资的不确定因素的。法律之所以有效，是因为执行法律有较低的成本，而其较低的成本是因为社会文化传统中已有较强的“法”的观念。笔者目前旅居香港，愿就香港所见举一例，说明法律在远比内地条件好的香港也是可以无效的。香港的交通规则与外地没有两样，规定行人过马路一定要等绿灯才可以过。然而就笔者所见，大约 80% 的行人是在没有车辆驶过时穿过马路的，他们从不考虑什么“红灯”“绿灯”。因此关于如何穿越街道，香港人是另有一套“规则”的。他们嫌“绿灯”等得时间太长。另一方面，政府又不可能派警员守住每一人行横道来执行法律。所以总起来说，成本太高使法律失效。而这种成本是与社会文化背景有关系的（台湾在这方面比香港更缺少法治）。由于没有行人等候“绿灯”，所以香港街面上的车辆就学会了“抢行”，一辆一辆紧随着前进，否则就要被过街的行人隔断等候一段时间。这是另一种成本，由于不执行成文法律而付的成本。对过街的行人而言，它是“外部成本”，因为行人并没有负担车辆等候时间所折合的成本。换句话说，行人不等候“绿灯”是有一点儿损人利己的。在行人和过往车辆之间是很难建立“合作关系”的，因为不守法规破坏了行人的信誉，所以司机们要“抢行”，就是说，不合作。笔者在美国若干年，很少看到行人不等候绿灯就穿过马路的。西方人守法的一个佳话就是，行人在夜半街静的路口仍要站下来等候绿灯，哪怕能看得见的只有他一个人。这反映了一种观念，一种守法的精神。正是这种社会文化环境，使企业家可以指望（注意这个词含有对所期许的事物的某种“确定性”）参与分工的各种人群在法制规定的范围内谋求私利和合作。从而越是精细周密的法律系统，越能提供“可计算的”投资收益。社会成员的分工与合作于是变得卓有成效，“扩展秩序”得以建立。概言之，在西方社会，守法被认为是参与社会分工的人的“信誉”问题。丢了信誉，找不到可以与之合作的人，生存就成了问题。

“法”有一个特点，它超越了“家庭关系”，超越一切“私人关系”；法律面前，人人平等。所以人人守法的社会比较容易集资，集巨资，大规模地分工与合作。把合作者之间的信任关系拓展到超越私人关系的范围以外，这是哈耶克认为建立“扩展秩序”的最要紧的环节（后来的诺贝尔经济奖得主诺斯也提到这一点）。熊彼特说，“银行家是资本主义的守门人”，也有这个意思，即信用关系的建立和拓展是资本主义发展的关键环节。

我们中国人也讲究信誉。“人而无信，不知其可”。但是中国人的“信”是对朋友而言。“爱有差等”，中国人一切行为都以自己的“家”为出发点，为核心。仁爱之心是从自己的家人渐远渐及亲朋邻居，最后触及不相识的人。所谓的礼义忠信，都与“家”的观念相联。因此中国人做生意先要看是不是朋友。我看西方的邮购业务在中国社会里是发展不起来的，因为很少中国人会信任一个不知从哪儿寄来的广告征购的公司而把一笔钱寄出去。香港的保险公司有两种推销办法：一是盲目地拨电话推销例如人寿保险；一是通过朋友关系介绍，争取面对面地恳谈。据笔者了解，第二种方法的成功率比第一种高得多，于是正在变成香港保险推销的主要方法。类似的例子有很多，都说明市场关系的拓展在中国社会里是要借助或依托于家庭关系的（私人关系是广义的家庭关系）。

依靠私人关系也可以做大生意，集大资，建大企业。我们看到广东的许多乡镇和国有企业之成功是靠了三项因素。其一，有一个“能人”来组织企业，也就是企业家。其二，地方政府在政治上给予保护。其三，港澳亲属朋友的合作，包括产品市场、技术引进、资金筹集等等。同样的道理，我们也可以发现一些经营得好的“官商”企业，也是基本上依靠了私人关系，降低成本，拓展市场，追逐利润，同样是成功的企业家，同样是富有“敬业精神”和“创新精神”的企业家。

以上所论，总结起来大致是说：企业家精神，不论中国式的还是西方式的，都要包含三样东西——“创新的精神”、“敬业的精神”、“合作的精神”。中西文化之差异，除了在企业家的“创新”与“敬业”方面会造成中国与西方企业家的差别外，最重要的是在“合作”方式上造成相当大的差别。而合作方式的差异就是市场及企业组织的差异。我们可以预料，将来中国社会发展起来的“扩展秩序”会是在“家”的关系基础上建立的，从而与西方社会组织市场与生产的方式有较大的不同。

然而，若一个经济或一个企业加入到国际市场的竞争中去，那么它生产的产品必须有最低的成本才能生存。试想一个西方式的企业，“任人唯贤”，与一个中国式的企业，“任人唯亲”（这只是在一部分乡镇企业中已经观察到的事实，但并非到处如此），用同样的技术和资源生产同一种产品，在世界市场上竞争。最后应当是任人唯贤的企业获得成功，因为不断选拔贤才，就可以不断降低成本。所以笔者要问一个问题：可不可以认为我们中国的企业家必须克服“任人唯亲”的倾向才有可能成功地组织大规模的分工？

“任人唯贤”，实际上是“合作精神”的体现。中国的企业家在这方面是有着某种“文化上的”困难的。因为我们从来就习惯于“家”的社会环境，习惯于信任亲友。我们的社会缺乏“法”的基础，我们必须花很大的力气和较长的时间去了解和交往，才可以去信任一个非亲非故的“贤人”。这种文化上的困难并不是不可克服的。它只意味着在中国建立合作的或“扩展秩序”要花较长的时间，要逐渐地改变人们的习惯，去适应扩大了的市场竞争和分工合作关系。文化是可以改变的，企业家在改变文化方面起着重要作用，因为他们是“合作精神”的人格化，他们为了追逐利润而合作，他们反对为了照顾私人情面就任用无能，伤害企业的利益。企业家为了扩大企业，拓展市场，和在竞争中生存下去，会一方面利用私人关系拓展市场，另一方面主动限制任人唯亲的行为。所谓“企业文化”说到实质，就是在企业内部建立超越私人情感的合作意识，那是一种为了企业整体的利益可以牺牲个人或小团体利益的“团队精神”。

所以作为结语，笔者愿意再设一个预言：如果中国的企业和市场在将来与世界经济的一体化达到相当高的程度，那么中国的企业和市场的组织方式会在某种程度上与西方的企业和市场的组织方式趋于相同。当然，作为一个大国，其经济的开放程度总是有限的。这里说的“一体化”是说，通过国际竞争，哪怕只有一小部分企业参与了国际竞争，这些企业就可以通过一个高度竞争的国内市场把以私人关系为依托的生产制度的“影子价格”表现到利润中去，从而西方的以法律关系为基础的生产制度会以其较低的“影子价格”或较高的利润，与国内原有的制度发生竞争。另一点说明是，这里的“趋于相同”并不非指趋同于西方的法律关系上的生产制度。如果在私人关系和法律关系之间存在某种混合，具有比二者都低的成本，也许将来的生产组织会趋同于这一混合呢。

第七讲

2014年11月23日 / 下午3:00—6:00 / 二教314

怀特海《思维方式》

一、怀特海与过程哲学

二、《思维方式》前五讲段读

1. 目录与序言

2. 第一讲：重要性

3. 第二讲：表达

4. 第三讲：理解

5. 第四讲：视域

6. 第五讲：过程之形式

三、结语："一般均衡"稳态如何转型

附录：文字的代价

一、怀特海与过程哲学

以往十年，我讲授经济学思想史课程，总要用一些课时介绍怀特海的思想，这些思想本质上是东方的。今天这一讲的 3 小时，用于研读怀特海晚期的“过程”学说，目的在于，首先，帮助你们澄清学期论文的撰写方法。记住，在理解之前，先有表达；在表达之前，先有重要性感受。其次，我们用了六讲 18 小时铺叙经济学思想史的主题：逻辑理解与历史理解的统一视角，或者从另一方面看——逻辑表达与历史表达之间的冲突。如此铺叙之后，不研读早期以数理逻辑成名而后期以过程哲学遗世的怀特海的任何作品，实在难以结束我们的课程。图 7.1 是我为 2013 年思想史研究班的同学们图示的怀特海《思维方式》前五讲的重要观念及它们之间的关系，从右下角的“表达”（expression）开始，向上方移动，止于右上方的单词“perspectives”和左上方的单词“individuality”。我们先逐段研读这本书英文版的前三讲，然后研读第四和第五讲。对上述的思想史主题而言，只读前五讲就可以了。

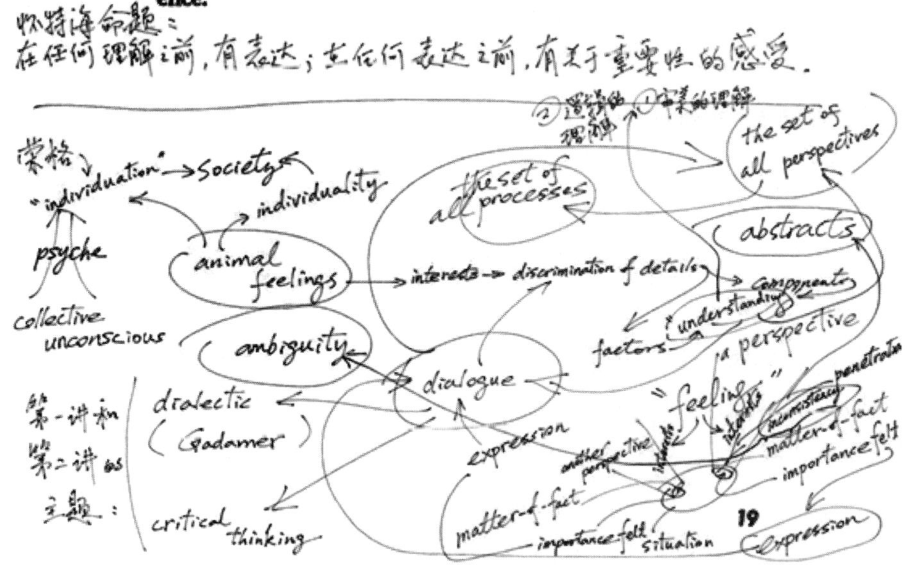

图 7.1

怀特海是震颤派教友。我在介绍李嘉图时说过，震颤派是一个极富创造性的教派。怀特海的爷爷和父亲都是英国肯特郡的教育家。怀特海在《论教育之诸目的》（*The Aims of Education*，这是他1916年任英国数学会会长的就职演说）里谈及自己小时候常跟着爷爷或父亲去视察学校，受益极深，使他毕生只关注最具原创性的思想。据罗素回忆，怀特海和罗素合作撰写《数学原理》（*Principia Mathematica*）期间，罗素写信从来没有收到过怀特海的回信，理由是，怀特海后来解释说："假如他开始回信，就没有时间思考原创性的问题了"（参阅《过程与实在》英文版"导言"）。在怀特海指导下撰写博士论文的学生，后来声名卓著者，包括罗素和蒯因。也因此，怀特海被认为是对逻辑学和全部分析哲学产生了影响的人。

怀特海思想影响深远且非常广泛，故关于他的传记资料远比关于经济学家的丰富。这些传记资料可分两类：其一是所谓常见传记，你们自己可以检索，相当丰富；其二是专著，也相当丰富。

专著，我推荐谢幼伟（1905—1976）《怀黑德的哲学》。谢幼伟是怀特海的嫡传弟子，从哈佛留学回国，主持浙江大学哲学系，1953年赴台湾担任《中央日报》总主笔。怀特海的英文名字，台湾译为"怀黑德"。贺麟（1902—1992）到哈佛大学去旁听怀特海的课，就是谢幼伟介绍的。后来，贺麟1945年发表《当代中国哲学》（收入"民国丛书"）特别介绍谢幼伟："说到唯心论，中国现时哲学界确有不少代表，我愿意提出谢幼伟、施友忠、唐君毅、牟宗三四先生来说一说。"[1] 可见贺麟对谢幼伟评价甚高，列为中国唯心论哲学家的第一人，在唐君毅和牟宗三两位之前。

此外，关于怀特海与罗素的关系，我推荐过一本漫画，《罗素的故事》（*Logicomix: An Epic Search for Truth*）[2]。这本漫画的作者是著名的计算机科学家，前两年访问过北京大学。他说这本漫画的主旨是探究逻辑与疯狂之间的内在联系，并且基于晚近才发现的"罗素日记"。

在常见的传记资料中，维基百科英文版"怀特海"词条颇具权威性，也是我最常引用的。这一词条开篇写着：怀特海代表的学派，被称为"过程哲学"（process philosophy）。

其次，我引述《过程与实在》（*Process and Reality: An Essay in Cosmology*，1929）[3] 中译本译者的长篇序言"七张面孔的思想家"——此语出自日本的怀特海专家田中裕："数理逻辑学家、理论物理学家、柏拉图主义者、形而上学家、过程神学的创始人、

[1] 贺麟：《五十年来的中国哲学》（贺麟全集），第二章"西方哲学的绍述与融会"，上海人民出版社，2012年，第56页。

[2] Christos Papadimitriou et. al., 2008；人民邮电出版社，2011年，傅志红中译本。

[3] The Free Press, 1978；中国城市出版社，2003年，杨富斌中译本。

深邃的生态学家和教育家立场的文明批评家”。虽然，我不愿意让你们研读《过程与实在》这本书，因为没有可靠的中译本，并且这本书仍算是怀特海的中期作品，不如晚期作品成熟。此外，杨富斌还有一篇文章“怀特海过程哲学思想述评”，也是很好的参考资料。

第三，我引述怀特海《思维方式》我评价“很差的译本”的中译者序言。根据这篇序言，怀特海的一生可分三阶段：（1）剑桥大学时期（1880—1910）。他 19 岁考入剑桥大学三一学院，四年后毕业，当年即被选举为三一学院研究员。在 1890—1898 近十年的时间里，怀特海埋首写作“普适代数论”（“Treatise on Universal Algebra”），并讲授数学课程。1900—1910 年，怀特海用了十年时间，与罗素共同写作划时代的巨著《数学原理》（卷一出版于 1910 年，卷二和卷三出版于 1913 年）。写作期间，罗素住在怀特海家里，并陷入对怀特海夫人艾芙琳（Evelyn，一位在法国长大的爱尔兰女人）的疯狂爱情（参见《罗素的故事》），致使怀特海全家离开剑桥——至少这是一项原因。主要由于数学成就，怀特海 1903 年被选为皇家学会会员。（2）伦敦大学学院时期（1910—1924）。在这一时期，他在物理学、教育学、科学哲学等领域发表作品。例如，他提出了与爱因斯坦广义相对论竞争的另一套引力理论，至今仍引发争论，并得到现代实验证据的支持。这一时期，怀特海的另一具有当代意义的作品是《自然知识原理探究》[1]，被认为是物理哲学的先驱之作。虽然，这部作品至今尚未产生广泛影响。1916 年，怀特海就任英国数学学会主席，并在就职演说中公开批评英国教育的失败。（3）哈佛大学时期（1924—1947）。要知道，1924 年，怀特海 63 岁。在这样的年龄，他离开英国远赴美国，开始了新的学术生涯。这一时期被当代评论者认为是怀特海“最高产的时期”，例如《科学与现代世界》（1925）、《过程与实在》（1929）、《观念的冒险》（1933）、《自然与生命》（1934）、《思维方式》（1938）、《科学与哲学文集》（1947）。

第四，我推荐《观念的冒险》[2] 的“中译者序”。这篇序言概述了怀特海生活与思想的许多重要细节——其中一项重要缺失，见《罗素的故事》。

第五，我建议你们阅读过程哲学神学家约翰 · 柯布（John B. Cobb）的“怀特海思想与当代中国的相关性”[3]。此外，当代中国哲学界与西方的怀特海研究者们常有聚会。[4]

---

[1] *An Enquiry Concerning the Principles of Natural Knowledge*, Cambridge University Press, 1919.

[2] *Adventures of Ideas*, Free Press, 1932；贵州人民出版社，2000 年中译本，周邦宪译，陈维政校。

[3] 载《世界哲学》2003 年第 1 期。

[4] 例如黄瑞雄、罗永仕：“怀特海过程哲学新探——中美过程（后现代）哲学高级研讨班综述”，载《广西师范大学学报：哲学社会科学版》2007 年 4 月刊；又例如王立志：“方兴未艾的过程哲学研究——第六届国际怀特海大会综述”，载《世界哲学》2007 年第 1 期。

怀特海的过程哲学，与他早年参与经典物理学与爱因斯坦物理学之间的论争密切相关，那时，怀特海试图在闵可夫斯基（Hermann Minkowski，1864—1909）四维空间的基础上建立一套引力理论。后来，怀特海与罗素试图完成希尔伯特设想的公理化数学，历十年而未能成功，遂使怀特海放弃“逻辑”转而探索“过程”，尤其当他与“量子理论”相遇和对话之后。

深受过程哲学影响的哲学家包括梅洛－庞蒂（Maurice Merleau-Ponty，1908—1961）和德勒兹（Gilles Deleuze，1925—1995）。古希腊已有巴门尼德的学说与赫拉克利特的学说之间的冲突，又有芝诺的“飞矢不动”等悖论。维基百科英文版“过程哲学”词条据此开篇，将过程哲学溯源至古希腊哲学传统。当然，从柏拉图和亚里士多德到中世纪神学，静态的、逻辑的、形而上学的，是哲学主流。过程思想，因无法获得逻辑表达而成为边缘或潜流，直到近代，黑格尔继承赫拉克利特确立“辩证逻辑”。现代西方思想，依照时间顺序，柏格森应是第一位过程哲学家，其次或许是怀特海，又或许是海德格尔，第三位我认为应是普列高津（Ilya Romanovich Prigogine，1917—2003）。

与熊彼特在未发文稿里探究的观念完全一样，柏格森—怀特海的过程哲学，核心观念是“创造性”。为解释创造性，怀特海引入另一类因果关系，“singular causality”（奇异因果性），因为任何创造就其本质而言，必须是一次性的故不可重复的事件。相比之下，传统的因果关系，休谟称之为“因果性联想”——因为重复出现故形成联想，怀特海称之为“nomic causality”（惯常因果性）。

奇异因果性，令人想到奈特的“不确定性”（不可重复因而不可预期的事件）。在我的想象里，奈特意义的不确定性和怀特海的奇异因果性，是被称为“创造”的这一过程的两个方面。一方面，在没有不确定性的环境里，没有创造可言；另一方面，在充满不确定性的环境里，因果关系最可能成为“奇异的”（不可重复的）。此处，熊彼特的“断裂”，或许也可归入奇异因果性。

我继续引述维基百科“过程哲学”词条，并提供我自己的注释或修正。在怀特海对因果关系的重新解释下，现实世界里的每一具体事件，因为包含唯一性而不应被视为由惯常因果关系引发的事件。每一具体事件，于是都由奇异因果关系引发，成为一次创造。仅当我们看待世界的眼光足够抽象时，忽略具体事件的唯一性（特殊、具体、个别），才可用一般的概念或范畴来涵盖具体事件。在怀特海如此叙述之后，不再有笛卡尔的“心—物”两分。因为，只要我们放弃抽象，现实世界里只有具体的个别的特殊的心智和物质，而没有抽象的一般的概念化的心智和物质。类似地，我们不再有抽象的一般的概念化的“时间”，我们只能有与特定事件联系着的时间。因此，我们的体验（或经验）其实总是以“量子”形态呈现的，是张东荪翻译的柏格森所言

“突创的”。量子形态的意思是，要么完全没有，要么突然有一定量。所以，量子形态的呈现方式，拒绝“连续性假设”——这当然也导致玻尔（Niels Henrik David Bohr，1885—1962）的哥本哈根学派与爱因斯坦思想传统之间的紧张关系。

二、《思维方式》前五讲段读

1．目录与序言

现在看图 7.2，这是第七讲心智地图的开始部分，从怀特海《思维方式》的英文目录和刘放桐中译本的目录开始我们的研读。这是怀特海从哈佛大学 1937 年退休之后的一系列讲演稿辑录而成的小册子，标题表明，作者只关注最具原创性的问题——我倾向于翻译为“思维模式”或“思维模态”。此处，怀特海没有使用单词“pattern”，而是用“mode”，前者常见于数学、行为学和工程学——例如“行为模式”和“模式识别”，后者常见于逻辑学——例如“模态逻辑”。怀特海是逻辑学家，故这本书的更合适的中译标题应当是“思维的各种模态”。

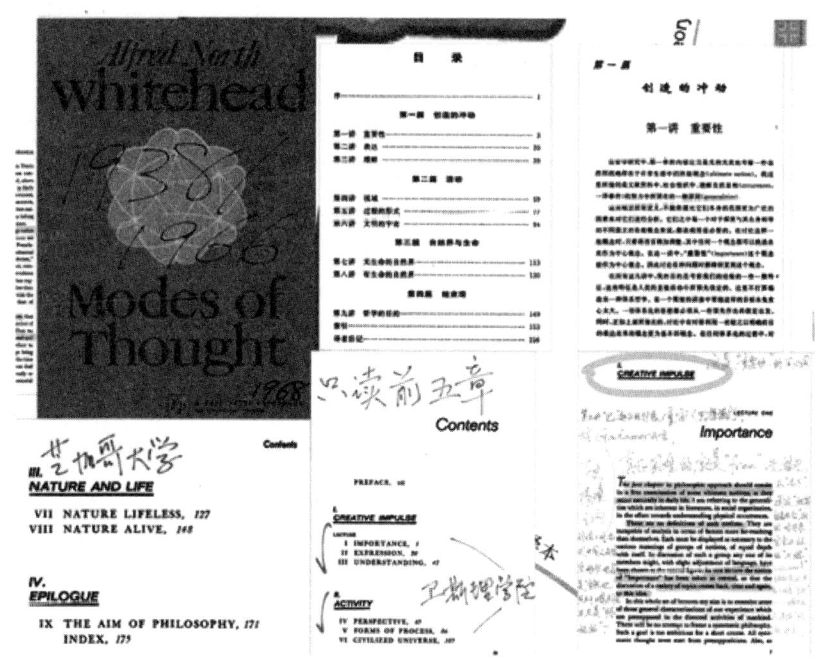

图 7.2

这本小册子出版时，怀特海 77 岁，他写在书的扉页两行题语："给我的孩子们，和孙子们。"令人感慨，因为怀特海的演讲，如贺麟当年观摩时感言，在哈佛大学校园里以"听了不懂"而著名。故可理解，怀特海不预期同时代人能够听懂他的发言，他预期两代人之后，他的发言或许有人听得懂。贺麟、沈有鼎、谢幼伟三人拜访怀特海时，听他提及自己的著作里"有中国哲学的奇妙的天道思想"。可见，怀特海思想可能更容易融入东方思想传统。

全书四篇，前两篇是他 1937—1938 年间在卫斯理学院的演讲稿。第三篇是他 1934 年在芝加哥大学的演讲稿。

第一篇"创造的冲动"，分三讲，标题分别是"重要性"、"表达"、"理解"。

第二篇"Activity"，刘放桐译为"活动"，相当弱。我建议参照阿伦特 *The Human Condition*（可译为"人类境况"）的阐释，翻译为"作为生命的行动"，阿伦特特意要用拉丁文"Vita Activa"来表示她要阐释的这种行动[1]。

第二篇又分三讲，标题分别是"Perspective"（展望 / 视野 / 视域 / 视角），"Forms of Process"（过程之形式），"Civilized Universe"（文明化的宇宙）。

我们这门课只需要研读前五讲，故第二篇最后一讲搁置不论。第三篇"Nature and Life"，刘放桐译为"自然界与生命"，分两讲："Nature Lifeless"和"Nature Alive"。第四篇"尾声"，刘放桐译"结束语"，这一篇只有一讲——"哲学之目的"。这一讲是怀特海在哈佛大学研究生院及哈佛大学哲学系 1935 年研究生欢迎仪式上的发言稿。

两年前为经济学思想史研究班备课时，我在英文版怀特海的序言的页边写了几行字（如图 7.3），直译怀特海原文"序言"（如图 7.4），现在可视为你们研读这本书序言及第一讲的导引：

> 我们生活体验中的要素，其清晰度与可识别的差异性与这些因素的可变性成正比，如果因重要而延续一段适当时间。必然性不变，并因此而成为思想的背景，晦暗且含糊。故而应从语言预设的而不是从语言表达的当中寻求哲学真理。也因此，哲学与诗类同，二者都努力表达被称为"文明"的终极之善。

[1] 参阅我 2013 年出版的《新政治经济学讲义》第三讲。

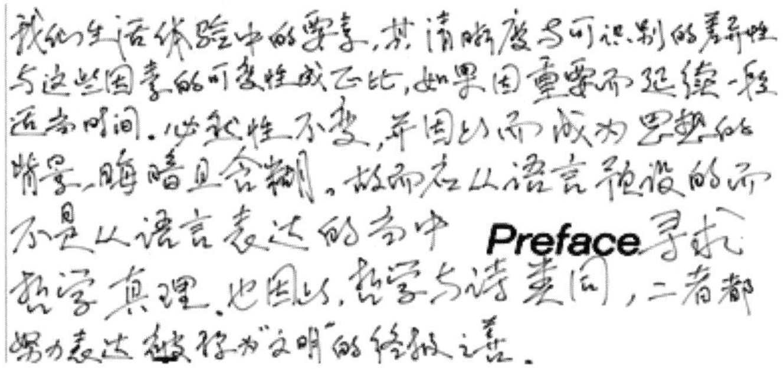

我们生活体验中的要素，其清晰度与可识别的重要性与这些因素的可变性成正比，如果因重要而延续一段适当时间。必然性不变，并因此而成为思想的背景，晦暗且含糊。故而在从语言预设的而不是从语言表达的当中 Preface 寻找哲学真理。也因此，哲学与诗类同，二者都努力表达被称为文明的终极之善。

图 7.3

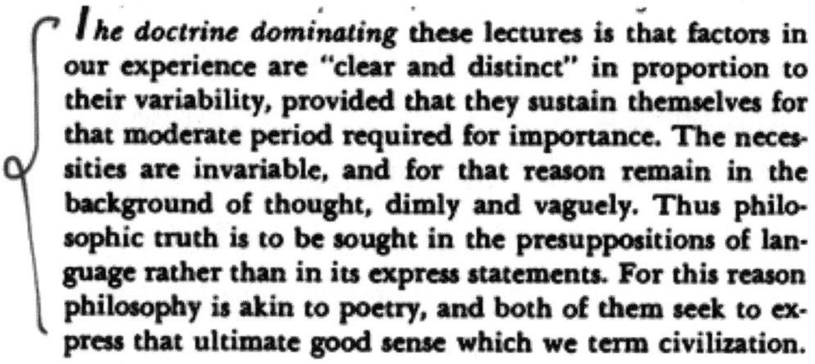

The doctrine dominating **these lectures is that factors in our experience are "clear and distinct" in proportion to their variability, provided that they sustain themselves for that moderate period required for importance. The necessities are invariable, and for that reason remain in the background of thought, dimly and vaguely. Thus philosophic truth is to be sought in the presuppositions of language rather than in its express statements. For this reason philosophy is akin to poetry, and both of them seek to express that ultimate good sense which we term civilization.**

图 7.4

但是，这样的直译，对怀特海的文字而言，往往难以理解。怀特海这篇序言，只有第一段（图 7.4）对这门课而言是重要的。我的理解，这段文字的意思是这样的——我不再直译，只是阐述我的理解：在我们的日常体验里，那些或多或少具有重要性的事情，根据它们的重要性程度而延续适当的时间，以便我们有所感悟。当然，我们可能依旧没有感悟。那么，这些重要的事情就可能被我们忽略。但如果它们真是重要的，将来还会出现，迟早被我们感悟到。那些最必要的事情，例如空气，又例如我们身体各部分的正常运转，反而因为是生命的前提，而且必须保持常态，故而很少偏离常态，例如血压、体温、心率、呼吸、骨骼、肌肉、各种器官必须保持正常状态。当这些必须正确运转的事情保持它们的常态时，它们特别不容易引发我们关注，于是它们成为我们生命体验和我们思想的背景。仅当"生病"时，它们才引发关注，被认为是最重要的事情（必然性）。

我们用语言表达感受到的重要性的时候，首先因为我们并不关注背景，其次因为我们不必表达背景。假如我们非要表达背景，就有这样的发言：此刻我的身体状态是正常的，我的思维也是正常的，我在这样的常态里发言……其他人的发言，也如此这般表达背景，之后才转入新鲜的话题。这样的语言，因为太累赘，故在语言演化中被淘汰了。类似地，当我们思考时，许多背景被我们忽略了，我们集中注意于我们认为最重要的主题。例如，我谈论中国经济增长率的时候，不再关注中国经济的文化背景，否则，我的发言就太累赘。

如果一个时代的人们共同关注他们认为最重要的事情，并共同忽略他们生活和思考的背景，那么，当我们探究这一时代的终极真相时，怀特海认为，我们必须从语言的背景中寻找，而不是从语言刻意的表达当中寻找。换句话说，如果某些事情被全社会遗忘了，那么，追寻这些事情的研究者当然不应从这一社会留下来的各种报章杂志言论录音所谈的事情中寻找那些被遗忘在背景中的事情。反而，研究者必须辨识的，是这一社会里全部言论共同的背景是什么，为何在这一背景下，真正重要的事情不能表达。

以上的思想，怀特海在这篇序言的第一段的第一句里宣称，这一思想就是主导了这本文集收录的各次讲演的“教义”。但是他这篇序言的第一段的最后一句文字，很难翻译，或可以翻译却很难理解。他说，因此，哲学与诗面临类似的困境，因为哲学家和诗人都追寻被我们称为“文明”的“ultimate good sense”（最终的善意）的表达。

怀特海“哈佛时期”发表的作品，主旨在于纠正自笛卡尔以来，或自笛卡尔至休谟，西方思想传统误入的歧途，以及鼓吹他自己提出的替代方案。怀特海指出，牛顿力学取得的成功，或许太成功，诱使西方思想传统陷入过于静态的形而上学的亚里士多德逻辑之内。据怀特海在哈佛大学哲学系的一位助手回忆，他与怀特海初次见面时，倾听了一个多小时怀特海对自己哲学观点的上述阐释，从而大感茫然，听不懂，也不能理解怀特海为何要批判从笛卡尔至休谟的思想传统。

现在我们考察怀特海这本小册子的目录。第一部分的标题是“Creative Impulse”，创造性冲动，或因为有了创造的欲望而发生的冲动。这里的“impulse”相当原始，在生物学里，指的是无意识的神经冲动。在电工学里，指的是“脉冲”，因为在医学里，由心跳导致的“脉动”也是这个单词。怀特海将第一部分的主旨定名为由生命的创造欲引发的“原始冲动”。

生命有原创冲动，是因为它感受到某种重要性，欲求表达或表现自己。更高级的生命，经由表达，获得理解。所以，第一部分的三讲有了这样的绝非随意的顺序：Importance，Expression，Understanding。

2. 第一讲：重要性

回到图 7.2，先读刘放桐中译本第一讲的第一段：

在哲学研究中，第一章的内容应当是无拘无束地考察一些自然而然地存在于

> 日常生活中的终极概念（ultimate notion）。我这里所指的是文献资料中、社会组织中、理解自然显相（occurrences，一译“事件”）的努力中所固有的一般原则（generalities）。

首先，根据我在本书第四讲介绍的金岳霖对观念和概念的区分，这里的“终极概念”应译为“终极观念”，或更弱一些——“最终见解”，或借用佛家大而化之的翻译——“究竟”。其次，这些最终的见解，是自然地发生于日常生活里的。所以，依照怀特海在这本小册子里关于“表达”和“理解”的阐述，它们应保持混沌，而不应被精致化为可分析的概念。第三，上引刘放桐译文的最后一句，需要仔细核对原文：“I am referring to the generalities which are inherent in literature, in social organization, in the effort towards understanding physical occurrences.”

考虑到怀特海在序言第一段阐述的主旨（教义），我们应从社会的各种言论的背景中寻找真相。这里，社会的各种言论，广义而言，包括文学或文献资料（精神生活）、社会组织（社会生活），以及人们为要理解物理事件（物质生活）而作的努力。“generalities”，我不同意刘放桐译为“一般原则”，我认为更好的翻译是“一般性”。因为，与这一单词相对的，可以是“specificities”（特殊性）。

于是，第一段的意思是：哲学的开端，应让我们的思维不受任何约束地考察内在于我们的日常生活的，从而很可能潜藏于我们日常生活的背景中的那些一般性，并将这些一般性表达成为最终的见解。

现在读刘放桐中译本第二段：

> 这类概念没有定义，不能依据比它们本身的范围更为广泛的因素来对它们进行分析。它们之中每一个对于深度与其自身相等的不同意义的各组概念来说，都表现得是必要的。在讨论这样一组概念时，只要将语言稍加调整，其中任何一个概念都可以挑选出来作为中心概念。在这一讲中，“重要性”（importance）这个概念被作为中心概念。因此讨论各种问题时都将回复到这个概念。

这里，我继续纠正刘放桐的用语，将他的“终极概念”改为“最终的见解”。怀特海的意思是，我们没有办法定义这类最终的见解。因为，根据数理逻辑的原则，我们知道，任何定义，都不能循环定义。假如我要定义“云”，我不能用云来定义云。类似地，假如我要定义“幸福”，我不能说凡是幸福的就是幸福的。我们定义 X，就必须用 X 之外的某些名词来界说 X。例如，我可以定义“云”为一团水雾随气流漂浮在空中。那么，因为哲学是要究竟的，所以，我需要继续定义“水雾”、“气流”、“漂浮”、“空中”和“一团”这些语词，这样一层一层地追究下去，直到我得到一些最终见解。显然，这些最终见解不能再用定义的方式来阐述，否则它们就不是最终的。因此，类似于数理逻辑体系最初的一组公理或公设，这些公理或公设不应再有定义。那么，很自然，我们要求这些成为思想的开端的公理或公设是自明的（self-evident）。这就是笛卡尔的设想，他依此确立了他的哲学体系——从他的著名的也是致命的“我思故我在”这一自明之理出发。

也是类似于数理逻辑的原则，我们知道，从一组公理可以推演一些命题，并且，可以有一些命题是这组公理当中的某些公理的“充分必要条件”。就是说，这些命题等价于某些公理。因此，我们可以等价地用这些命题来置换这些公理，而不会改变基于这组公理的逻辑体系。所以，怀特海认为，哲学的开端，应是一些最终的见解，它们只能被与它们等价的那些最终见解定义或置换。这样的置换，根据上述的原则，不会改变以此为开端的哲学体系。

事实上，人类的日常语言远比数理逻辑体系宽泛许多。所以，每一个最终见解，不仅有与它等价的最终见解，而且有一组围绕着它（以它为中心）展开的观念。犹如在关于烹调的许多见解中，围绕着“美食”或“正宗味道”这样的见解，必须有一些诸如“新鲜”、“浓”、“淡”、“火候”这类的观念，来铺叙何为美食或何为正宗味道。

我们可以设想，对每一个最终见解，在全部见解构成的集合之内，存在它的等价类——全体与它等价的最终见解的集合。对以一组特定的最终见解为开端的思想体系，每一最终见解与它的等价类里的任何最终见解可以互换。

现在，怀特海要将“重要性”这一最终见解（潜藏于日常生活表达的背景之中）列入他由以开端的思想体系的一组最终见解之内。于是相应地，围绕“重要性”这一核心，可以展开许多铺叙性的观念。

刘放桐中译本第三段：

> 在所有这几讲中，我的目的是考察我们的经验的一些一般特征，这些特征是人类的直接活动中所预先设定的。这里不打算编造出一种体系哲学。在一个简短的讲座中要抱这样的目标未免贪心太大。一切体系化的思想都必须从一些预先作出的假定出发。同时，正如上面所指出的，讨论中有时要利用一些较之以明确的目的表达出来的概念更为基本的概念。在任何体系化的过程中，对于这些材料的语言表达，都一定要加以整理、润饰，使之有秩序。

我觉得越来越不能参照刘放桐的中译本了，不过，上面这一段文字尚可接受。怀特海的意思是，在这些演讲中，他要探究人类行动的预设（背景）。为此目的，怀特海的叙述从最基本的见解开始，而不是从已有明确目标表达的概念开始。

图 7.5，继续研读第四段和第五段：

> 在一切体系化的思想中，都有一种学究气。人们把概念、经验和暗示（suggestion）抛在一边，一本正经地辩解说，我们当然不考虑这些概念。体系是重要的，它对于讨论、利用以及批判充塞于我们经验中的那些思想都是必要的。
>
> 但是，在做建立体系的工作以前，先要完成一项任务，如果我们要避免一切有限的体系所固有的狭隘性，那这是一项非常重要的任务。今天，即使是逻辑本身，也在与体现在形式论据中的发现作斗争，因为每一套有限的前提都必然指示一些被排除在它的直接视野以外的概念。哲学不能排除任何东西，因此它决不应从建立体系开始。它的起始阶段可以称之为“收集”（assemblage）。

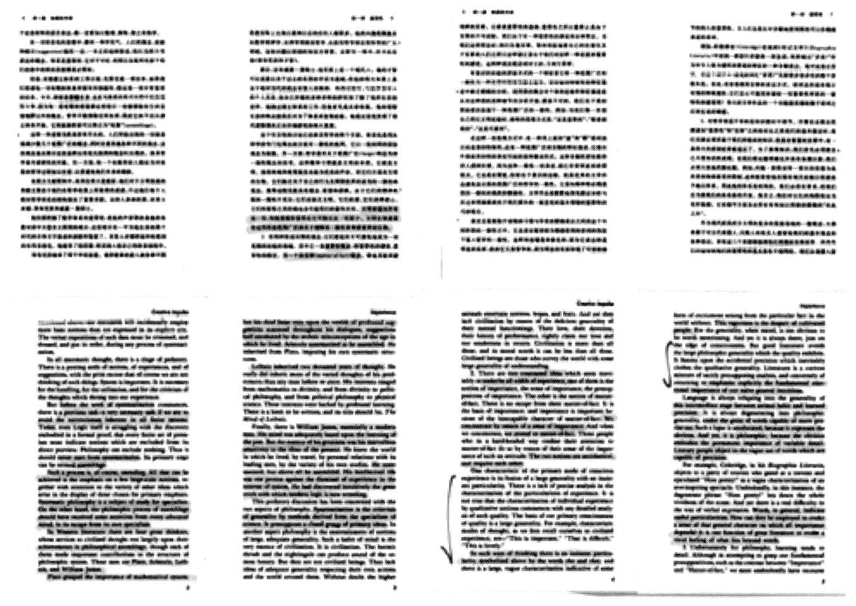

图 7.5

刘放桐此处的译文表明他不熟悉数理逻辑，从而可能也不知道哥德尔定理在 1930 年代的影响。可是怀特海是数理逻辑大师，他在这里很自然地要以逻辑为例，他的原文意思是：今天，即使是逻辑自身，也正在与晚近的发现努力斗争着。

这项晚近的发现就是哥德尔“不完备性”定理——大致而言，任何公理化体系，只要足够复杂（例如“初等数论”体系），那么，该体系要么不自洽——即包含内在矛盾，要么自洽但包含至少一个在这一公理体系之内用这一体系允许的方法不可证明其真也不可证明其伪的命题。哥德尔“第一不完备性定理”的更确切表述是：任一包含一阶谓词逻辑与初等数论的形式系统都存在一个命题，它在这一系统内既不能被肯定也不能被否定。

之所以称为“不完备性”定理，是因为希尔伯特为反击布劳威尔的数学直觉主义立场而提出的数学公理化纲领里面，他预言任何数学命题都可由预设的一组公理推演得到，并且，这组公理相互之间是“独立的”——即它们当中的任何一个都不能从其余的公理推演得到，并且，这组公理是“完备的”——即任何命题都可经过有限步骤得以证明为真或为不真。

所以，哲学不能从建立体系开始，因为哲学不应排除任何东西。那么，如何开始呢？怀特海用了一个词，“assemblage”（收集 / 聚集 / 组装 / 装配）。我们参照怀特海的反对体系化的思想，可以同意刘放桐的译词“收集”。但是下面的阅读，如果我认为刘放桐的译文不达原意，我将直接转述原文而不再逐段抄录中译本。

其实，怀特海讲演也常有偏离主题的时候，这里出现了不少次。遇到这样的段落，我们与其如中译者那样原文翻译，不如点评两句就转回正题。

在上述这两段文字之后，怀特海发表议论说，观念收集的工作没有止境，而且所收获的是一些涵义广泛的见解，以及在收集这些最终见解时注意到的其他见解。尽管如此，怀特海相信，每一个人都可通过观念收集而超脱自己专业视野的限制。

然后，怀特海指出西方思想传统里的四位思想家——柏拉图、亚里士多德、莱布尼兹、詹姆士，他们不仅对体系建构有贡献，而且是伟大的观念收集者。图 7.6 是大约两年前我在这一页上写的读书笔记，请注意我在最下面写的那些评论文字。

谈到柏拉图，怀特海在这里给出的评论十分低调。他以前说过，两千年的西方哲学，无非是为柏拉图哲学做注脚。在这一讲，他只指出柏拉图懂得数学体系之重要性，然后转入批评或似乎是批评的评论。但是，数学在西方文化传统里之所以占据核心地位，当然与柏拉图为西方思想传统预设的以数学为核心的开端关系密切。

怀特海继续评论柏拉图说，他在后世的名声主要基于他那些著名的隐喻——此处，怀特海其实有表扬柏拉图的倾向，因为他用了“财富”一词来修饰柏拉图的那些著名的隐喻。我在第一讲引用的柏拉图“洞穴隐喻”，在我的讲述中不断出现，因为这一隐喻的诸多意味之一就是逻辑与历史的紧张关系。隐喻之所以是财富（智慧），因为它晦暗不明但寓意深远。

Importance

but his chief fame rests upon the wealth of profound suggestions scattered throughout his dialogues, suggestions half smothered by the archaic misconceptions of the age in which he lived. Aristotle systematized as he assembled. He inherited from Plato, imposing his own systematic structures.

Leibniz inherited two thousand years of thought. He really did inherit more of the varied thoughts of his predecessors than any man before or since. His interests ranged from mathematics to divinity, and from divinity to political philosophy, and from political philosophy to physical science. These interests were backed by profound learning. There is a book to be written, and its title should be, *The Mind of Leibniz.*

Finally, there is William James, essentially a modern man. His mind was adequately based upon the learning of the past. But the essence of his greatness was his marvellous sensitivity to the ideas of the present. He knew the world in which he lived, by travel, by personal relations with its leading men, by the variety of his own studies. He systematized; but above all he assembled. His intellectual life was one protest against the dismissal of experience in the interest of system. He had discovered intuitively the great truth with which modern logic is now wrestling.

This prefatory discussion has been concerned with the two aspects of philosophy. Systematization is the criticism of generality by methods derived from the specialism of science. It presupposes a closed group of primary ideas. In another aspect philosophy is the entertainment of notions of large, adequate generality. Such a habit of mind is the very essence of civilization. It is civilization. The hermit thrush and the nightingale can produce sound of the utmost beauty. But they are not civilized beings. They lack ideas of adequate generality respecting their own actions and the world around them. Without doubt the higher

3

图 7.6

刚才我说过，怀特海反对以建构体系为思想开端，因为任何清晰的或公理化的体系，已经因为哥德尔定理而发生危机，变得不再可信了。哥德尔定理对人类思想的深远影响或许现在还未尽现；而康德哲学对后世的影响或已毕现。在思想史视角下，由柏拉图至康德，一脉相承，理性主义传统的基础是逻辑学。早期的怀特海与罗素的共同目标是使数学成为逻辑学的延伸，从而，以数学为核心的西方理性主义传统归根结底可以表达为逻辑学，也就是成为逻辑学的延伸。哥德尔定理导致了这一宏大设想的幻灭。

回到怀特海对柏拉图的明显批评，他说，柏拉图对话里穿插的那些隐喻，多半受累于他生活的时代里流传的远古谬误——此处“远古谬误”原文是“archaic misconceptions”，我于是常要查阅怀特海是否读过并赞成荣格。在我的印象里，怀特海似乎没有引述荣格，也没有提过荣格的名字。这或许因为，荣格思想成为西方深层心理分析的主流，还是1950年代以来的事情。怀特海活着的时候，弗洛伊德是深层心理学主流。[1] 事实上，荣格在稍早的著作里探讨“意识”的结构时，已提出四种“远古类型”（archetypes，又译“原型”）。柏拉图不仅提出那些著名的隐喻，而且认为神话是文明不可或缺的部分，他明确反对用希腊理性取代远古神话。普罗提诺（Plotinus，205—270）“新柏拉图主义”的神秘主义色彩，当然与柏拉图的这些受到怀特海批评的所谓“远古谬误”密切相关。

回到怀特海，接着，他只用两句话介绍亚里士多德。第一句：他在收集观念的同时建构体系；第二句：他继承了柏拉图，并赋予他所继承的那些学说体系化的建构。

此处，从我一开始介绍的怀特海“哈佛时期”的思想主旨，你们知道，怀特海的第二句话含有批评之意。在1930年代，怀特海很可能知道海德格尔对亚里士多德的“逻辑学—形而上学—神学”批判，当然他也可能不知道，因为他似乎没有引用过海德格尔。晚近有一些学者开始研究怀特海与海德格尔的思想关联，以及他们两位谁更早提出了“过程哲学”核心概念[2]。

接着，怀特海用了一整段文字赞扬莱布尼兹。现代哲学界有过一次问卷调查，大约在十几年前。那次调查的结果，莱布尼兹和休谟，以最高票数当选为“千年一遇的天才”，并且莱布尼茨得票高于休谟。我抄录刘放桐译文：

> 莱布尼茨继承了两千年的思想。他所继承的前人的各种不同思想实际上比他以前和以后的任何人都要多。他的兴趣范围遍及从数学到神学、从神学到政治哲学、从政治哲学到自然科学的广大领域。这些兴趣以深刻的知识为背景。这要写一部书，其书名应是《莱布尼茨的才智》。

然后，怀特海又用了一整段文字，比莱布尼茨更长的一段文字，来评论詹姆士——他的同时代人，但寿命远比他短。刘放桐的译文是：

> 最后，还有威廉·詹姆士，他实质上是一个现代人。他的才智可以说是以关于过去的东西的学识为基础，但他的伟大本质上是由于他对当代的观念有惊人的敏感。他通过旅行、与世界领导人的个人关系、他自己所做的多种多样的研究而了解了他所生活的世界。他做过建立体系的工作，但他首先是从事收集。他的理

[1] 请你们查阅我的《新政治经济学讲义》第六讲及以后两讲中关于荣格思想的讨论。我在第六讲特别介绍了荣格的“集体无意识”观念，以及他为这一观念提供的证据——“共时性”现象。

[2] 参阅维基百科英文版“process philosophy”词条。

智生活的特点就是反对为了体系而忽视经验。他通过直觉发现了现代逻辑现在正在仔细研究的伟大真理。

接着詹姆士的这一段，怀特海发表了一番议论。我在图 7.6 页边先翻译怀特海的议论："哲学是一种心智习惯，尽可能以充分广泛的观念思考，这正是'文明'的本质。"然后我评论：通常，"文明化"意味着摆脱自我中心主义的视角，由此也就获得了更一般的视角。在怀特海之前，无人这样理解"文明化"。不过，一般视角要求心智有更广泛理解的功能。现在请你们注意，我在这一页的右边下方写的文字：詹姆士洞察现代世界及其精神症状。他的学术生涯旨在反对体系建构及其危害，他发现了逻辑学家现在困扰不堪的逻辑体系之局限性。心智必须领悟"无限"——此处有一个来自右下角即从"广泛理解"来的箭头。若要领悟无限，以人类有限的心智能力，通常只好从"广泛理解"入手，但也有奇迹发生，使极少数的人可以不基于广泛理解而领悟无限。

这段文字的最后两句令人费解：

Civilization is more than all these; and in moral worth it can be less than all these. Civilized beings are those who survey the world with some large generality of understanding.

第一句：文明的价值高于所有未进入文明的物种的演化成果，但是，怀特海马上补充，就道德价值而言，文明可能比那些未进入文明的物种的演化成果价值更低。第二句：文明化的生物，以某种广泛的一般性理解来浏览世界。因为费解，我在图 7.7 页顶写了：文明化的物种，只获得一般理性，故文明化的道德意义小于世间万物之总和。道德，每一个，都是唯一的。此处我想到的是康德的名言：每一个，从道德价值来说，都是唯一的。这也是康德的道德理想国——使每一个都成为唯一。

以上是第一讲的第 1 小节，怀特海这本书，各讲小节编号，但有些小节没有编号。为方便研读，我的叙述不以小节的编号为准。

怀特海在第 2 小节引入"重要性"及与重要性构成一对范畴的"实事"。这一小节的第一段，参阅图 7.7，我在页右边写着：有两个相互纠缠的观念——重要性与实事。它们是全部广泛体验之基础。然后，我在页左边继续写：重要性是一种感受，关于生命体验中某些重要因素的感受。"notion"，动词"note"，注意到重要。怀特海更喜欢使用"notion"，而不喜欢使用"concept"或"idea"，因为，如我写在页左边的理由，notion 是动词 note 的名词化。动词 note 仅仅意味着关注，或注意，或注记，所以常用来表示"笔记"。有鉴于此，我将怀特海的"ultimate notions"译为"最终的见解"。继续看我写在图

7.7 页左边的文字：note，注意到重要。因无可逃避而成为重要的。“死”、“生”、“老”、“病”、“因果”、“色、受、想、行、识”。意识的特征之一是“特殊性”与“一般性”的融合。此处从“一般性”我画了一个箭头向下指着“广大的一般性”。

Creative Impulse

animals entertain notions, hopes, and fears. And yet they lack civilization by reason of the deficient generality of their mental functionings. Their love, their devotion, their beauty of performance, rightly claim our love and our tenderness in return. Civilization is more than all these; and in moral worth it can be less than all these. Civilized beings are those who survey the world with some large generality of understanding.

2. There are two contrasted ideas which seem inevitably to underlie all width of experience, one of them is the notion of importance, the sense of importance, the presupposition of importance. The other is the notion of matter-of-fact. There is no escape from sheer matter-of-fact. It is the basis of importance; and importance is important because of the inescapable character of matter-of-fact. We concentrate by reason of a sense of importance. And when we concentrate, we attend to matter-of-fact. Those people who in a hard-headed way confine their attention to matter-of-fact do so by reason of their sense of the importance of such an attitude. The two notions are antithetical, and require each other.

One characteristic of the primary mode of conscious experience is its fusion of a large generality with an insistent particularity. There is a lack of precise analysis in the characterization of the particularities of experience. It is not true that the characterization of individual experience by qualitative notions commences with any detailed analysis of such quality. The basis of our primary consciousness of quality is a large generality. For example, characteristic modes of thought, as we first recall ourselves to civilized experience, are—"This is important," "That is difficult," "This is lovely."

In such ways of thinking there is an insistent particularity, symbolized above by the words *this* and *that;* and there is a large, vague characterization indicative of some

图 7.7

现在，继续读我写在图 7.7 页右边的文字：实事，无法逃避。请列举“实事”——“活着”、“being”、“与他人共在”。

在继续读图 7.7 之前，我先抄录第 2 小节第一段刘放桐的译文：

有两种形成对照的观念，它们看起来不可避免地成为一切范围的经验的基础。其中之一是重要性概念，即重要性的感觉、重要性的假定。另一个是实事

（matter-of-fact）概念。谁也无法回避纯粹的实事。后者是重要性的基础。重要性之所以重要正是由于实事的不可或缺。我们由于有一种重要性的感觉而全神贯注。当我们全神贯注时，我们注意实事。那些刻板地使自己的注意仅及于实事的人们之所以这样做正是出于它们对这样一种态度的重要性的感觉。这两种观念既是相对立的，又相互需要。

这里，“matter-of-fact”，英语常用来指称实事，法庭抗辩的常用语：as a matter of fact，确认了事实之后，从这一事实而来的观点。与这一立场相对的，是法庭抗辩常用语：as a matter of law，确认了法律解释和法律传统之后，从法律而来的观点。

其次，这一段文字最后一句，原文是：“the two notions are antithetical, and require each other.”于是，我在图7.7页右下方写着：thesis，antithesis，synthesis，Hegelian dialectic。这是黑格尔的辩证法原理：“正题”—“反题”—“合题”。任何事物之为它自身，就是正题。但它必定包含了否定自身的因素，就是反题。如果它的演变足以使它超越了正题与反题的冲突（两个同等有力但方向相反的原则相互冲突），那么就是合题。这是辩证法的“正—反—合”三段论，用来解释事物的变化规律。

怀特海在这里的意思似乎是，重要性与实事，恰如正题和反题，相互冲突又相互需要，构成辩证法所说的“对立统一”。这样的阐释意味着，怀特海在后面的两讲，将重要性视为基于个体生命所处的实事但欲求向无限性升华时的一种感受（合题）。

接着的这一段仍是刘放桐的译文：

有意识的经验的原始方式的一个特征是它将一种范围广泛的一般性与一种显著的特殊性融合起来。在经验的特殊性的特征描述中缺乏精确的分析。说用质的概念对个体的经验作特征描述是从对这种质的某种细节的分析开始，那是不对的。我们关于质的原始意识是基于一种范围广泛的一般性。例如，当我们第一次使自己回忆文明经验时，独特的思维方式是：“这是重要的”，“那是困难的”，“这是可爱的”。

上面的译文明显不通畅。第一句依照原文的意思应译为：在我们意识中的经验之原初模态的一项特征是，融合了某种坚持不消失的特殊性的广泛的一般性。

原文第二句的意思是：当我们最初体验到一种特殊性的时候，上述的那种特征，即与我们体验当中坚持不消失从而使我们注意到它之特殊性并且与广泛的一般性相融合的特征，很难精确分析。

原文第三句的意思与刘放桐译文相差更远，我的理解是：对于上述个性体验的特征，我们不能精确分析，于是只能定性描述。而且怀特海不认为这种定性描述可形成更多细节的分析。

原文第四句的意思是，我们原初意识中的定性描述，它的基础是一种广泛的一般性。这样解释才可进一步理解怀特海列举的诸如“这是重要的”这类感叹语。当我们感叹“这是重要的”时候，因为是原初体验，故我们没有现成的观念或概念来涵盖“这”，但我们感受到它是重要的。这种重要性蕴藏于“这”——它是特殊的、具体的、个别的。

但因为关于它的重要性感受坚持不从我们的意识当中消失，于是有了怀特海的第二讲“表达”，这种重要性感受必须被表达出来，然后我们才有了合适的观念或概念来涵盖“这”及其重要性。这里，坚持不消失的那种重要性感受，怀特海认为，必定意味着某种广泛的一般性。例如，它特指“新鲜空气”，而且仅仅是当极度缺氧时的一次呼吸所得的新鲜空气，那么，“它”对维持生命就是至关重要的，它对生命之重要性具有广泛的一般性，与极度干渴时的一口水的重要性，或与其他对维持生命至关重要的实事都是相通的，都在原初时刻表达为“重要性”这一最终见解。

这样，我们就容易理解图 7.7 的最后一段文字了，刘放桐的译文是：

> 在这样一些思维方式中，有一种用上面的“这”和“那”语词表示的显著的特殊性；还有一种范围广泛的含糊的特征描述，它指示外部世界的特殊事实引起的某种激动形式。这种含糊性使有教养的人感到失望。因为这种一般性一经表述，就已非常明显而毋庸提及。它总在那里，恰好处于意识的边缘。但是优秀的文学作品避免显示质的范围广泛的哲学一般性。它紧扣那种势必掩盖质的一般性的偶然的精确性。文学作品是默默地预先假定分析与反过来明确强调关于我们素朴的一般直觉的基本情绪的重要性的巧妙结合。

这段译文第一句不妥当。因为原文是：In such ways of thinking there is an insistent particularity, symbolized above by the words this and that; and there is a large, vague characterization indicative of some …（后半句见图 7.8）注意，上述的那种坚持不消失的重要性感受，被符号化为“这”和“那”这样的指示代词，以这样的原初模态，我们表达了重要性感受。语言是一套符号系统，既然有了原初的符号化，那么，怀特海当然要继续探讨语言问题，更广泛的探讨在第二讲。

为了理解刘放桐的译文，我写在图 7.7 这一页最下方：从“广大的一般性”和“挥之不去的特殊性”各有一个箭头联合指向左下角的文字——“这一类经验不能提供关于特殊性的深入分析，它提供关于‘质’的一般印象。”然后是这一行文字：H. Simon：人类认识世界的基本方式是从事物外部把握而不是从内部分析。在右下方，我写着：指示代词最早出现，用于“定性”。

图 7.8 页边最上面和页右侧的文字，我这样理解怀特海的上述见解：文明化意味着认知、行为、思维、生活方式及情感方式的精细化，于是，有教养的人常要求更清晰的表达与感受。最初令人兴奋的因素往往源于一般情形内的特殊性，于是只能表达为“含糊不明”，语言常返回介于动物之直觉与文明之精确之间的地带，既表达日常的俗见，又富于哲学意味。因为这里含有永久重要的细节。接着是我写在页左边的文字：文学作品常有此类隐秘但尖锐的分析指向，激发含糊直觉中具有实质重要性的情感。伟大文学的功能之一就是激发出文字之外的生动感受。可是哲学不幸地倾向于细节，尽管这是文明所要求的。

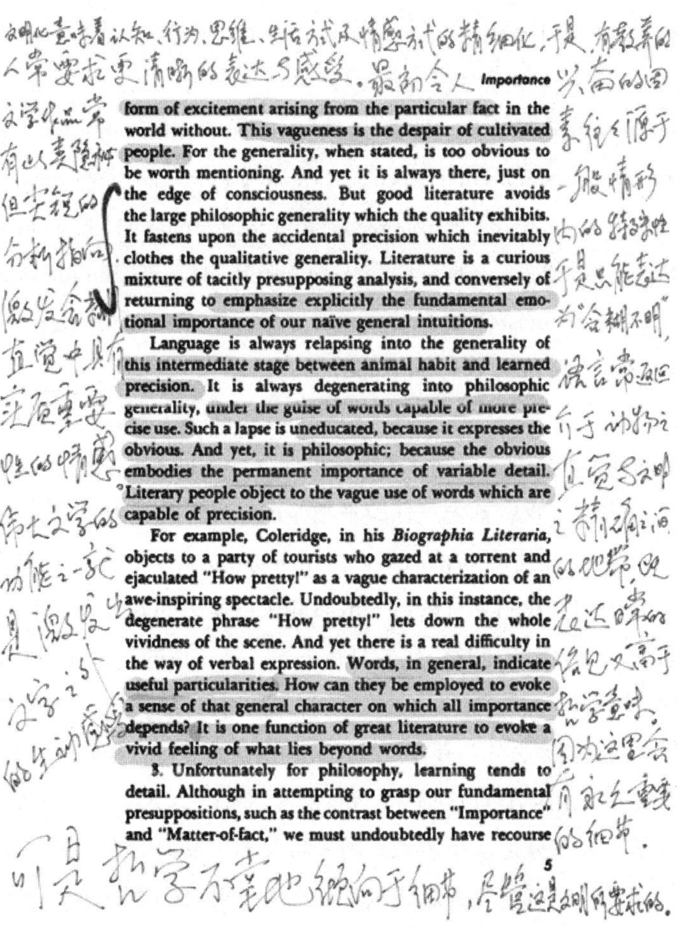
Importance

form of excitement arising from the particular fact in the world without. This vagueness is the despair of cultivated people. For the generality, when stated, is too obvious to be worth mentioning. And yet it is always there, just on the edge of consciousness. But good literature avoids the large philosophic generality which the quality exhibits. It fastens upon the accidental precision which inevitably clothes the qualitative generality. Literature is a curious mixture of tacitly presupposing analysis, and conversely of returning to emphasize explicitly the fundamental emotional importance of our naïve general intuitions.

Language is always relapsing into the generality of this intermediate stage between animal habit and learned precision. It is always degenerating into philosophic generality, under the guise of words capable of more precise use. Such a lapse is uneducated, because it expresses the obvious. And yet, it is philosophic; because the obvious embodies the permanent importance of variable detail. Literary people object to the vague use of words which are capable of precision.

For example, Coleridge, in his *Biographia Literaria*, objects to a party of tourists who gazed at a torrent and ejaculated "How pretty!" as a vague characterization of an awe-inspiring spectacle. Undoubtedly, in this instance, the degenerate phrase "How pretty!" lets down the whole vividness of the scene. And yet there is a real difficulty in the way of verbal expression. Words, in general, indicate useful particularities. How can they be employed to evoke a sense of that general character on which all importance depends? It is one function of great literature to evoke a vivid feeling of what lies beyond words.

3. Unfortunately for philosophy, learning tends to detail. Although in attempting to grasp our fundamental presuppositions, such as the contrast between "Importance" and "Matter-of-fact," we must undoubtedly have recourse

5

图 7.8

到现在为止，怀特海的叙述只是围绕着（1）“坚持不消失的特殊体验的重要性感受”和（2）融入这一感受的“广泛的一般性”——这两项因素展开的。从动物的表达冲动，到文明人的语言表达，怀特海坚持认为两种表达各自都有重要性。

现在读刘放桐的译文：

> 语言总是要陷于动物的习惯与学者的精确表达之间的这个中间阶段的一般性之中。它总是在能够较为精确使用的语词的伪装下落入哲学的一般性。这样的差错是非教化的，因为它表达的是明显的东西，然而它又是哲学的，因为明显的东西体现了可变的细节的持久重要性。文人们总是反对含糊地使用那些可以作精确表达的语词。

我认为，这样的中译本，至少这一段译文是不可使用的。我略去怀特海以文学和诗举例的说明文字，现在讨论第 3 小节，我放弃刘放桐的中译本，直接引述怀特海原文：

> Unfortunately for philosophy, learning tends to detail. Although in attempting to grasp our fundamental presuppositions, such as the contrast between “importance” and “matter-of-fact”, we must undoubtedly have recourse to the learning which we inherit; yet in the development of intelligence there is a great principle which is often forgotten. In order to acquire learning, we must first shake ourselves free of it. We must grasp the topic in the rough, before we smooth it out and shape it.

这段文字的前半部分刚才已翻译了。后半部分，我的转述见图 7.9：学问之道，有一伟大原理常被忘记，我们首先应摆脱任何学问，这是为了要从外部把握学问。怀特海以小密尔为例，小密尔独特的教育，他在任何相关经验之前，先有了体系，于是他的体系成为封闭的。我们要有体系，但必须保持体系的开放性，要敏感于体系的局限性。接着的这一句，也是这一段的最后一句，是这样的：There is a vague beyond, waiting for penetrating in respect to its detail。怎样保持对体系局限性的敏感性呢？就是要警觉，在任何体系的边缘之外，存在一些模糊的东西，等待着我们洞察其细节。

然后，怀特海评论西方（欧美）文明的要素，即作为现代文明的思想细节之底蕴的那些最终见解，大部分是从希腊人、闪米特人和埃及人的古代世界遗产之根本观念的表达中导出的。所有这三种思想资源，都基于对我们周围无可逃脱的实事之强调——不过，从我们继承了的精神遗产来看，它们分别强调了不同的重要性。他说，我们从古希腊人那里继承的是审美的和逻辑的重要性；从闪米特人那里继承的是道德的和宗教的重要性；从古埃及人那里继承的是实践的重要性。所以，希腊人教给我们欢愉，闪米特人教给我们祈祷，而古埃及人教给我们实践性的观察。

但是，他注意到，来自地中海东部文明的这些精神遗产有特殊的表达形式。因此，我们关于重要性感受的最终见解就被限制于这些特殊表达形式之内。虽然，这些重要性感受其实与宇宙的更普遍要素相关。所以，现代哲学的首要任务，就是与古代世界的心理状态分离，从而可以想象我们现代世界的重要性与实事。

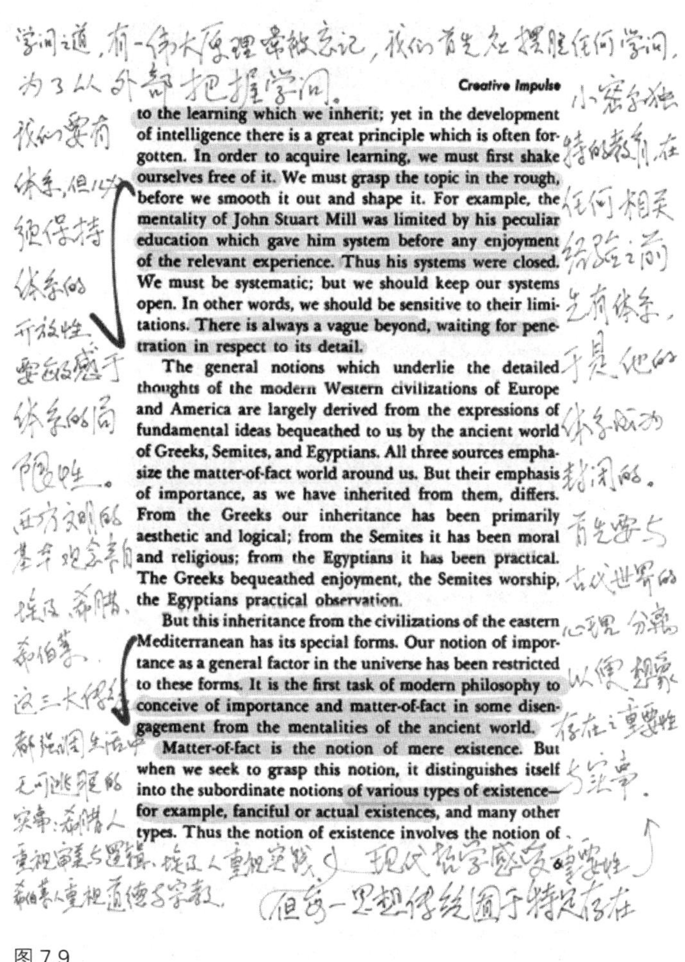

Creative Impulse

to the learning which we inherit; yet in the development of intelligence there is a great principle which is often forgotten. In order to acquire learning, we must first shake ourselves free of it. We must grasp the topic in the rough, before we smooth it out and shape it. For example, the mentality of John Stuart Mill was limited by his peculiar education which gave him system before any enjoyment of the relevant experience. Thus his systems were closed. We must be systematic; but we should keep our systems open. In other words, we should be sensitive to their limitations. There is always a vague beyond, waiting for penetration in respect to its detail.

The general notions which underlie the detailed thoughts of the modern Western civilizations of Europe and America are largely derived from the expressions of fundamental ideas bequeathed to us by the ancient world of Greeks, Semites, and Egyptians. All three sources emphasize the matter-of-fact world around us. But their emphasis of importance, as we have inherited from them, differs. From the Greeks our inheritance has been primarily aesthetic and logical; from the Semites it has been moral and religious; from the Egyptians it has been practical. The Greeks bequeathed enjoyment, the Semites worship, the Egyptians practical observation.

But this inheritance from the civilizations of the eastern Mediterranean has its special forms. Our notion of importance as a general factor in the universe has been restricted to these forms. It is the first task of modern philosophy to conceive of importance and matter-of-fact in some disengagement from the mentalities of the ancient world.

Matter-of-fact is the notion of mere existence. But when we seek to grasp this notion, it distinguishes itself into the subordinate notions of various types of existence—for example, fanciful or actual existences, and many other types. Thus the notion of existence involves the notion of

图 7.9

实事，怀特海继续说，如图 7.10，就是存在。但当我们寻求把握关于这一实事的最终见解时，就会看到它分化为一些关于各种具体的存在样式的次级见解。于是，关于存在的见解就涉及关于许多存在和存在类型的环境的见解。任一存在，总要涉及其他存在。存在，与存在相联系但越出存在。关于存在之环境的见解引导到关于“多和少”的见解，以及关于多样性的见解。

他说，实事的多样性要求智能有限的生命选择它认为重要的。可是“选择”要求关于“这个”而不是“那个”的见解，故而从选择发生了智性自由（选择的自由与自由地选择），选择要求智性关于相对重要性之判断的见解，为了要赋予选择以意义。于是，怀特海说，重要性、选择与智性自由，三者纠缠在一起，都在某种意义上指涉实事。因此，重要性之选择与智性之自由，二者共同作用于“实事”。有不同的存在层次和不同类型的重要性，但没有虚无中的重要性，于是重要性指向实事。然而，实事由必然律给出，是被决定了的，故而与智性的自由相对立。哲学体系要么排斥，要么提供解释，何以何种自由与何种必然性共存，从而日常思想的前提相互之间不冲突。

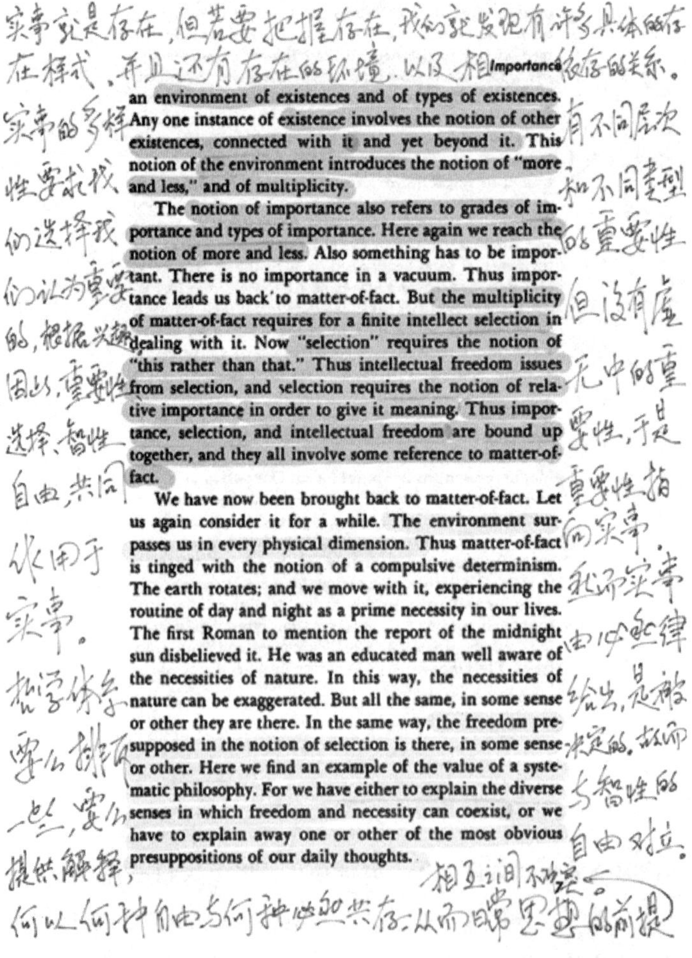

Importance

an environment of existences and of types of existences. Any one instance of existence involves the notion of other existences, connected with it and yet beyond it. This notion of the environment introduces the notion of "more and less," and of multiplicity.

The notion of importance also refers to grades of importance and types of importance. Here again we reach the notion of more and less. Also something has to be important. There is no importance in a vacuum. Thus importance leads us back to matter-of-fact. But the multiplicity of matter-of-fact requires for a finite intellect selection in dealing with it. Now "selection" requires the notion of "this rather than that." Thus intellectual freedom issues from selection, and selection requires the notion of relative importance in order to give it meaning. Thus importance, selection, and intellectual freedom are bound up together, and they all involve some reference to matter-of-fact.

We have now been brought back to matter-of-fact. Let us again consider it for a while. The environment surpasses us in every physical dimension. Thus matter-of-fact is tinged with the notion of a compulsive determinism. The earth rotates; and we move with it, experiencing the routine of day and night as a prime necessity in our lives. The first Roman to mention the report of the midnight sun disbelieved it. He was an educated man well aware of the necessities of nature. In this way, the necessities of nature can be exaggerated. But all the same, in some sense or other they are there. In the same way, the freedom presupposed in the notion of selection is there, in some sense or other. Here we find an example of the value of a systematic philosophy. For we have either to explain the diverse senses in which freedom and necessity can coexist, or we have to explain away one or other of the most obvious presuppositions of our daily thoughts.

图 7.10

以上结束了第 3 小节，现在我开始转述第 4 小节。

图 7.11 先抄录我写在那里的边注：我们日常生存必须适合外部的各种活动，由此而形成习惯。而实事就是习惯涌入思想，是世间万物融合一体的过程。而且这一过程又与超越我们的其他过程融合。极端而言，实事就是被搅乱的万物进而搅乱万物在我们思想中的表现。

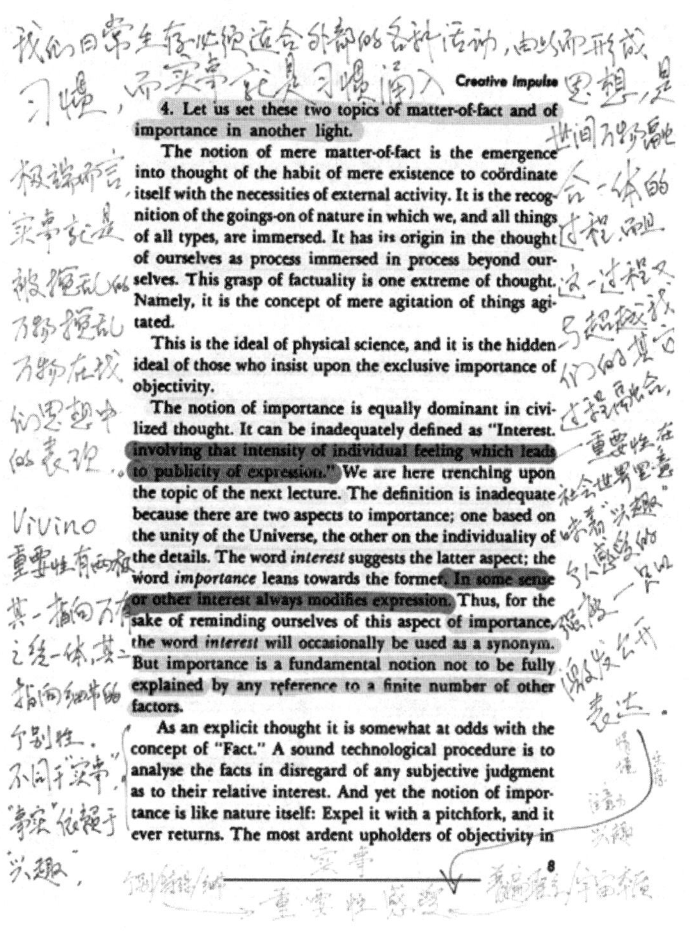

Creative Impulse

4. Let us set these two topics of matter-of-fact and of importance in another light.

The notion of mere matter-of-fact is the emergence into thought of the habit of mere existence to coördinate itself with the necessities of external activity. It is the recognition of the goings-on of nature in which we, and all things of all types, are immersed. It has its origin in the thought of ourselves as process immersed in process beyond ourselves. This grasp of factuality is one extreme of thought. Namely, it is the concept of mere agitation of things agitated.

This is the ideal of physical science, and it is the hidden ideal of those who insist upon the exclusive importance of objectivity.

The notion of importance is equally dominant in civilized thought. It can be inadequately defined as "Interest, involving that intensity of individual feeling which leads to publicity of expression." We are here trenching upon the topic of the next lecture. The definition is inadequate because there are two aspects to importance; one based on the unity of the Universe, the other on the individuality of the details. The word *interest* suggests the latter aspect; the word *importance* leans towards the former. In some sense or other interest always modifies expression. Thus, for the sake of reminding ourselves of this aspect of importance, the word *interest* will occasionally be used as a synonym. But importance is a fundamental notion not to be fully explained by any reference to a finite number of other factors.

As an explicit thought it is somewhat at odds with the concept of "Fact." A sound technological procedure is to analyse the facts in disregard of any subjective judgment as to their relative interest. And yet the notion of importance is like nature itself: Expel it with a pitchfork, and it ever returns. The most ardent upholders of objectivity in

8

图 7.11

重要性，与实事一样，主导着文明化的思想。在社会世界里，重要性或许不充分地由“兴趣”来定义。兴趣涉及个人感受的强度——足以激发公开表达。此处，怀特海的教导已越过第一讲，涉及第二讲的主题“表达”了。

以“兴趣”来定义重要性，并不充分。因为，重要性有两极：其一指向万有之统一体，其二指向细节的个别性。“兴趣”这一语词通常只意味着对个别性的兴趣，而

“重要性”则意味着对万有之统一体的领悟。兴趣总是要重塑表达。因此，我们必须提醒自己，“重要性”是一个远比“兴趣”更根本的观念，它不能从有限多的参照因素得到完整解释。不同于实事，事实（Fact）依赖于兴趣。

作为这一页文字的总结，最需要你们研读的是我画在图 7.11 底部的那张示意图。一段直线，它的两端，其一标着“个别 / 特殊 / 细节”，另一标着“普遍联系 / 宇宙本质”。在这段直线的中间，标着“实事”和“重要性感受”。也就是说，实事和重要性感受，一方面指向个别细节，另一方面指向普遍联系。最后，从上面写的“足以激发公开表达”，有一箭头指向实事和重要性感受，中间有四个标记——情境、生存、注意力、兴趣。

现在请你们浏览图 7.12，继续对照着刘放桐的中译本研读怀特海的英文原文，第 6—9 页。

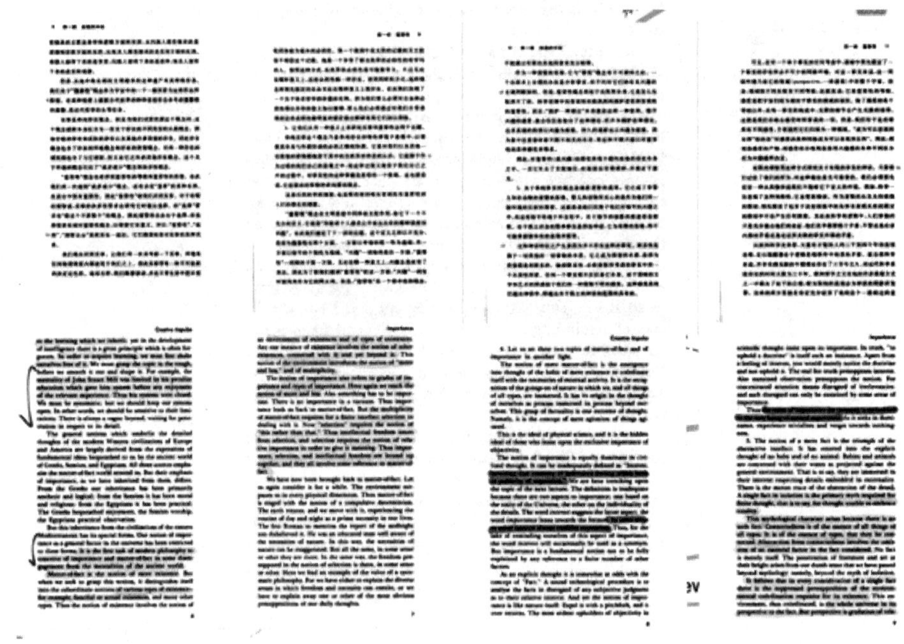

图 7.12

第 5 小节，如图 7.13，孤立的“事实”只是有限认识能力导致的神话——因为万物原本汇通一气。所以，重要性感受实质上要求对整体（万物汇通一气）有所感悟。注意，神话与整全相通。孤立的事实之所以只是神话，因为世界上并不存在孤立的事实。后者仅仅依赖于假设，是假设的事实，而假设必定预设不变的“环境”——与其他事实的协调或平衡。所以，仅仅为了使这一事实“孤立”存在，我们必须假设环境里的其他各类要素与这一事实能够分离，这是对认知能力的要求。

故从“兴趣”不能感悟整全。我们的注意力只选择特殊事实。生命感觉是最关键的，由感觉而有关注，于是有兴趣，又依兴趣而分辨出事实。怀特海说，关于单纯事实的见解，是心智之抽象能力取得胜利的结果。与世隔绝的单独事实是要求于有限思考能力的原初神话，也就是说，对于因能力有限而无法把握整全而言。

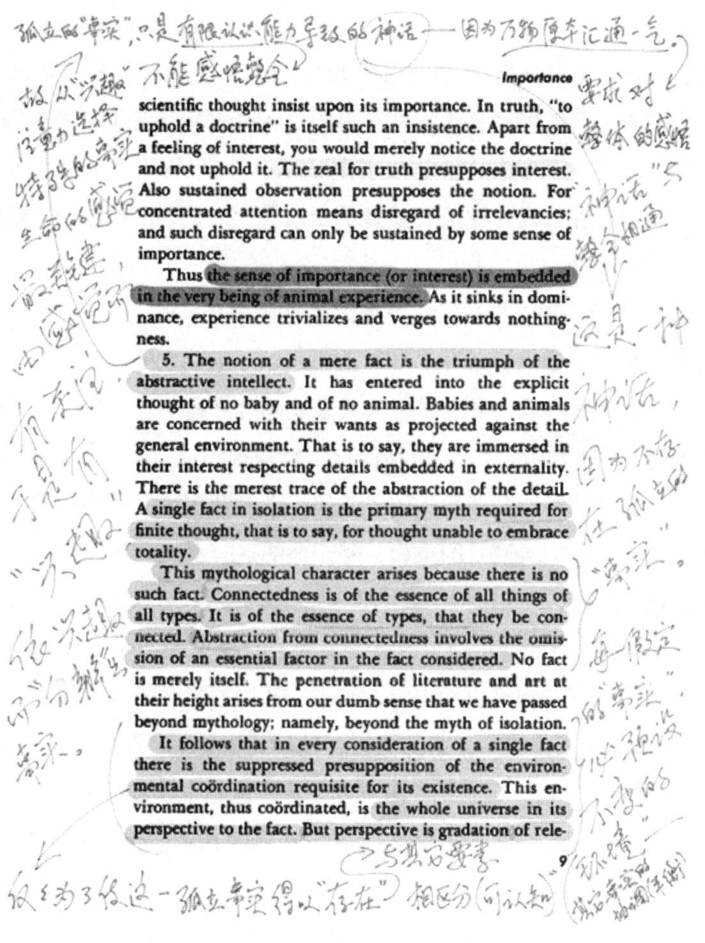

Importance

scientific thought insist upon its importance. In truth, "to uphold a doctrine" is itself such an insistence. Apart from a feeling of interest, you would merely notice the doctrine and not uphold it. The zeal for truth presupposes interest. Also sustained observation presupposes the notion. For concentrated attention means disregard of irrelevancies; and such disregard can only be sustained by some sense of importance.

Thus the sense of importance (or interest) is embedded in the very being of animal experience. As it sinks in dominance, experience trivializes and verges towards nothingness.

5. The notion of a mere fact is the triumph of the abstractive intellect. It has entered into the explicit thought of no baby and of no animal. Babies and animals are concerned with their wants as projected against the general environment. That is to say, they are immersed in their interest respecting details embedded in externality. There is the merest trace of the abstraction of the detail. A single fact in isolation is the primary myth required for finite thought, that is to say, for thought unable to embrace totality.

This mythological character arises because there is no such fact. Connectedness is of the essence of all things of all types. It is of the essence of types, that they be connected. Abstraction from connectedness involves the omission of an essential factor in the fact considered. No fact is merely itself. The penetration of literature and art at their height arises from our dumb sense that we have passed beyond mythology; namely, beyond the myth of isolation.

It follows that in every consideration of a single fact there is the suppressed presupposition of the environmental coördination requisite for its existence. This environment, thus coördinated, is the whole universe in its perspective to the fact. But perspective is gradation of rele-

9

图 7.13

关于单纯事实的见解预设了给定的环境。怀特海指出，只要我们仔细考察任何被给定的“环境”的边缘，就可发现，边缘之内的事物与边缘之外的事物有千丝万缕的联系。只不过，为了“给定”，我们必须完全斩断这些联系。如果我们不要斩断这些联系，那么，我们的视野将随着边缘的持续扩展，如怀特海所言，扩展到全部宇宙。

感觉，怀特海说，是将我们的视野从全部宇宙退缩为关于简单事实之视域的主谋。这里出现的“视域”（perspective：远景／前途／展望／希望／透视／观点……），是怀特海的专用语，通常译为“展望”。例如，美国经济学会特别为经济系学生们创办的经济学杂志 *JEP*，翻译为《经济展望杂志》。刘放桐译为“视域”，实在很别致，也很合适。唯一遗憾的是，“视域”对应于伽达默尔哲学中已有通行译文的“horizon”（地平线／视野／视域）。

我们认知能力的有限性，首先来自我们感官的有限性，其次来自我们头脑处理信息的能力的有限性，第三来自我们理解能力的有限性。生物演化并不要求我们格外具有这三类有限能力，只要能适应生存竞争即可，因为“天下没有免费午餐”，扩展任何一类能力都很昂贵。因为感觉能力的有限性，我们对事物的感觉总是由近及远、由表及里、由浅入深。怀特海称之为“感觉的层次”。每一简单事实，随着感觉层次的深化，将呈现无限多的细节。

怀特海之所以用了这样多的篇幅来批评关于简单事实的哲学，在思想史视角下，这是因为当时，即 1930 年代，石里克领导的维也纳小组和它的逻辑实证主义哲学风靡一时。蒯因是怀特海在哈佛指导的学生，后来成为哈佛数理哲学掌门人。怀特海应当很熟悉分析哲学和逻辑实证主义，最初源自维特根斯坦《逻辑哲学论》，关于“简单事实”的预设。早期的维特根斯坦相信，任何哲学命题都可以如整数的素分解那样被分解为若干素数（“简单命题”）的乘积。基于他的这一灵感，他试图分解由普通语言表达的哲学命题，发现人类语言太不严格，不能满足数论基本定理的要求。所谓“分析哲学”，很大程度上与维特根斯坦的这一灵感及后续努力有关。直到小门格尔从华沙学派那里邀请塔尔斯基到维也纳小组，给了一系列颠覆性的学术报告（当时哥德尔也在场）。华沙学派引发维也纳小组的激辩，随后几十年里，逻辑实证主义逐渐式微。石里克 1936 年被刺杀之后，维也纳学派群龙无首，影响也就减弱了。导致影响减弱的第三项因素是，纳粹统治时期，许多如卡尔纳普这样的小组成员移民美国。

怀特海继续探讨视域：这是关于“事实”我们能说的全部——如果我们忽视感觉的话。我们对同一实事有不同感觉，于是我们有了不同的视域（视角），“实事”本身退缩为“视域”。并且，视域随着感觉的层次而有深入的细节。而感觉的层次，取决于我们的兴趣以及我们的认知能力——在多大程度上区分不同的细节。以这样的方式，我们有限的智能，处理（制造）关于有限事实的神话。

图 7.14 中，我写在页边的文字对理解怀特海的第二讲和第三讲都有指导意义。科学／逻辑叙事，无可非议。但我们应时刻警惕“事实”神话的局限性。“perspective”（视域），即摆脱这一局限所产生的冲动。此处，页的左边，我画了一个圆锥形的“视

域”示意图，圆锥形的上端口是不断扩张的，通达宇宙整全，我写了“整全”两字。而在锥体的下端口，因为感觉的限制，我写了“事实”——感受的焦点，这一端口可以随感觉层次而不断收缩，深入到无限细节之内，我写了“特殊”两字。所以，视域的两端，分别是整全与特殊。

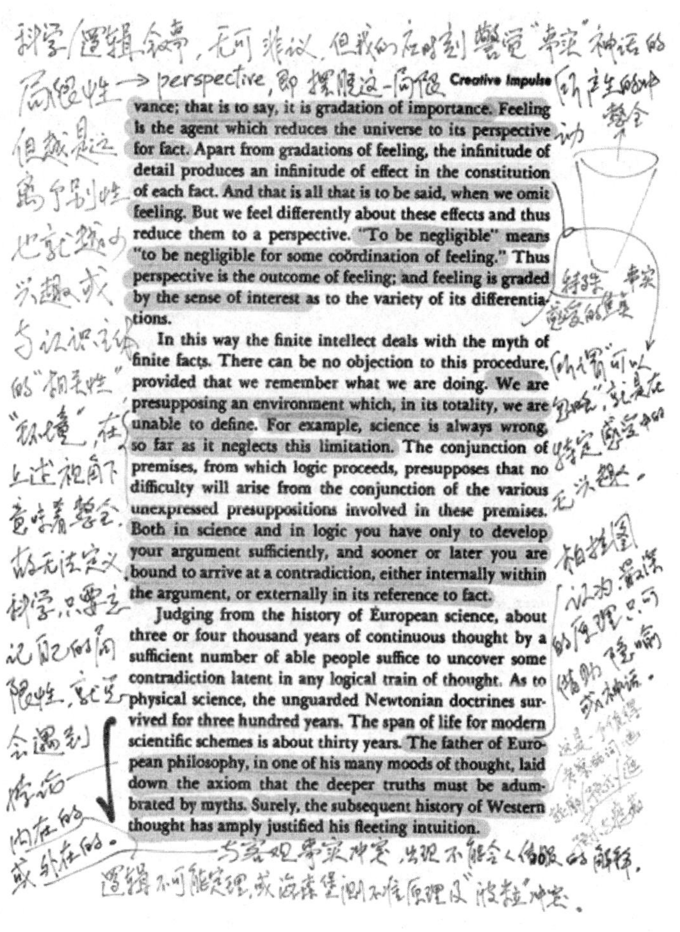

Creative Impulse

vance; that is to say, it is gradation of importance. Feeling is the agent which reduces the universe to its perspective for fact. Apart from gradations of feeling, the infinitude of detail produces an infinitude of effect in the constitution of each fact. And that is all that is to be said, when we omit feeling. But we feel differently about these effects and thus reduce them to a perspective. "To be negligible" means "to be negligible for some coördination of feeling." Thus perspective is the outcome of feeling; and feeling is graded by the sense of interest as to the variety of its differentiations.

In this way the finite intellect deals with the myth of finite facts. There can be no objection to this procedure, provided that we remember what we are doing. We are presupposing an environment which, in its totality, we are unable to define. For example, science is always wrong, so far as it neglects this limitation. The conjunction of premises, from which logic proceeds, presupposes that no difficulty will arise from the conjunction of the various unexpressed presuppositions involved in these premises. Both in science and in logic you have only to develop your argument sufficiently, and sooner or later you are bound to arrive at a contradiction, either internally within the argument, or externally in its reference to fact.

Judging from the history of European science, about three or four thousand years of continuous thought by a sufficient number of able people suffice to uncover some contradiction latent in any logical train of thought. As to physical science, the unguarded Newtonian doctrines survived for three hundred years. The span of life for modern scientific schemes is about thirty years. The father of European philosophy, in one of his many moods of thought, laid down the axiom that the deeper truths must be adumbrated by myths. Surely, the subsequent history of Western thought has amply justified his fleeting intuition.

图 7.14

所谓“可以忽略”，就是在特定感受中的“无兴趣”。但越是远离个别性也就越少兴趣，或与认识主体的相关性越少。“环境”在上述视角下意味着整全，故无法定义。

科学，只要忘记自己的局限性，就总会遇到悖论——内在的或外在的。所谓内在的不可能性定理，表达为诸如逻辑不可能性定理这样的悖论，也就是说，在主观表达方式之内发生了自相矛盾的情形。所谓外在的不可能性定理，与客观事实的冲突，故出现不能令人信服的解释，表达为诸如海森堡测不准原理及“波粒”冲突（即“波粒二象性”）这样的悖论。柏拉图认为，最深的原理，只可借助隐喻或神话。

注意，在图 7.14 的右下角，我写了这样一段文字：这是一个值得考察的词，“adumbrate”：画轮廓 / 预示 / 遮蔽，使约略显示，投下阴影，显示某种预兆。怀特海在这一页的最后一段里使用了这一语词，他在这里再次评论柏拉图：欧洲哲学的父亲，在他的许多思想模态之一，陈述过这样的公设——the deeper truths must be adumbrated by myths，我的翻译是：更深的真相（真理）必须被遮蔽（预示）在神话里。怀特海继续写：肯定地，西方思想后来的历史充分支持了柏拉图这一转瞬即逝的直觉。现在继续研读，见图 7.15，这当然不意味着科学和逻辑都是错误的，只意味着科学与逻辑的真理是无保证的。真相被预设遮蔽了。

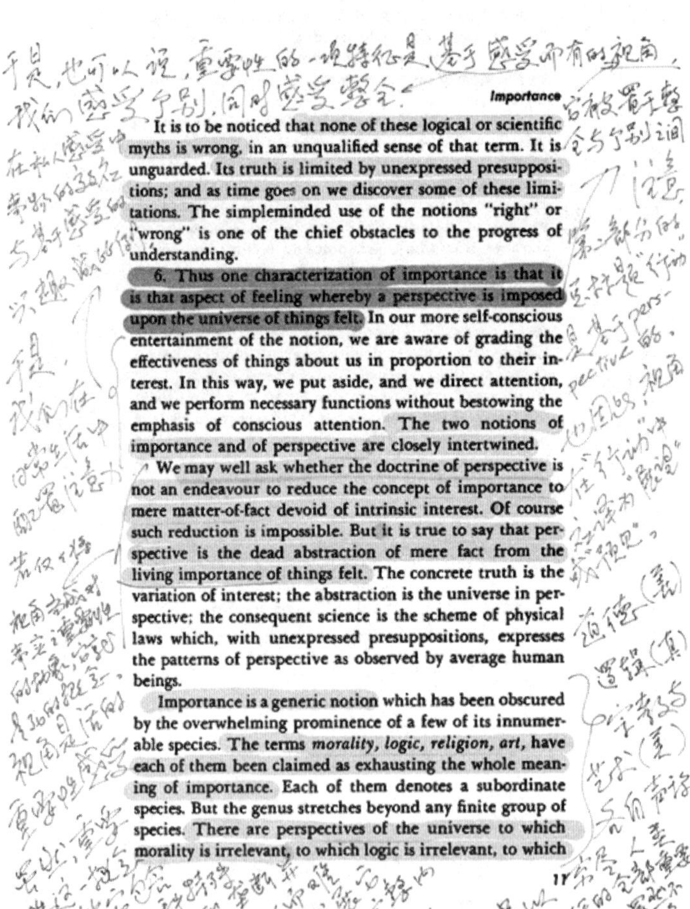

Importance

It is to be noticed that none of these logical or scientific myths is wrong, in an unqualified sense of that term. It is unguarded. Its truth is limited by unexpressed presuppositions; and as time goes on we discover some of these limitations. The simpleminded use of the notions "right" or "wrong" is one of the chief obstacles to the progress of understanding.

6. Thus one characterization of importance is that it is that aspect of feeling whereby a perspective is imposed upon the universe of things felt. In our more self-conscious entertainment of the notion, we are aware of grading the effectiveness of things about us in proportion to their interest. In this way, we put aside, and we direct attention, and we perform necessary functions without bestowing the emphasis of conscious attention. The two notions of importance and of perspective are closely intertwined.

We may well ask whether the doctrine of perspective is not an endeavour to reduce the concept of importance to mere matter-of-fact devoid of intrinsic interest. Of course such reduction is impossible. But it is true to say that perspective is the dead abstraction of mere fact from the living importance of things felt. The concrete truth is the variation of interest; the abstraction is the universe in perspective; the consequent science is the scheme of physical laws which, with unexpressed presuppositions, expresses the patterns of perspective as observed by average human beings.

Importance is a generic notion which has been obscured by the overwhelming prominence of a few of its innumerable species. The terms *morality, logic, religion, art*, have each of them been claimed as exhausting the whole meaning of importance. Each of them denotes a subordinate species. But the genus stretches beyond any finite group of species. There are perspectives of the universe to which morality is irrelevant, to which logic is irrelevant, to which

11

图 7.15

第6小节，如图7.15，先读我写在那里的文字。于是，也可以说，重要性的一项特征是基于感受而有的视角（视域），它被置于整全与个别之间。注意，第二部分的大标题是“行动”，是基于“perspective”（展望）的行动。也因此，视域在“行动”中应译为“展望”或“预见”或“远景”。在私人感受中事物对我们而有的效应，与我们基于感受的兴趣，二者是成比例的。于是，我们在日常生活中依照这种比例配置我们的注意力于各种事物。

若仅仅将视域当成对实事之重要性的抽象，它就是死的概念。视域是活的重要性感受。虽然，“重要性”这一概念已被它包含的几种特殊类型垄断，并因此而难以发展它的完整内涵。道德（善）、逻辑（真）、宗教与艺术（美），各自声称足以穷尽人类生活的全部重要性，显然不正确。

现在看图7.16我写在页边的文字。西方思想传统的真、善、美三分，限制了最终目标与自然融合，表达这一融合的活动被平庸化为关于真善美的固定规则。这些规则无法穷尽整全的目标。“过程”的广义目标，是物尽其性。哲学的永恒困难在于必须使用日常语言传递超越这些语言日常涵义的意义。也因此，我建议的学问首先是搁置学问，不如此就难以摆脱陈词滥调（偏见）的误导。当然，“重要性”这一词语已被用于炫耀，从而流于极端的平庸。

以上的文字，并非逐句翻译怀特海原文。我读他写在这一小节的原文，只能大致转述，不能逐句翻译。因为，为使译文通顺就必须整句翻译其含义，可是每一句之内的多义词又必须单独翻译，于是整句译文显得凌乱不堪且难以理解。这样，我就只好整段翻译，其实就是转述其含义，于是有了我写在页边的那些文字。

上述段落之后，怀特海举出一些例子，用来说明重要性感受在真、善、美之间往往相通。

在第7小节，我标出他第二次使用“adumbrate”这一语词的地方：But only so far as we can adumbrate it, do we grasp the notion of morality。我的译文是：但是仅当我们遮蔽（预兆）它的时候，我们才可把握道德的观念。此处，这一语词不宜翻译为“画轮廓”，因为日常生活中真实发生作用的那些道德观念，而不是官方宣传部门灌输给年轻人的那一套教条，通常只能以“隐喻”方式获得传播。道德是不能通过灌输或任何明确表达的赞美之词来传播的，它是隐喻。

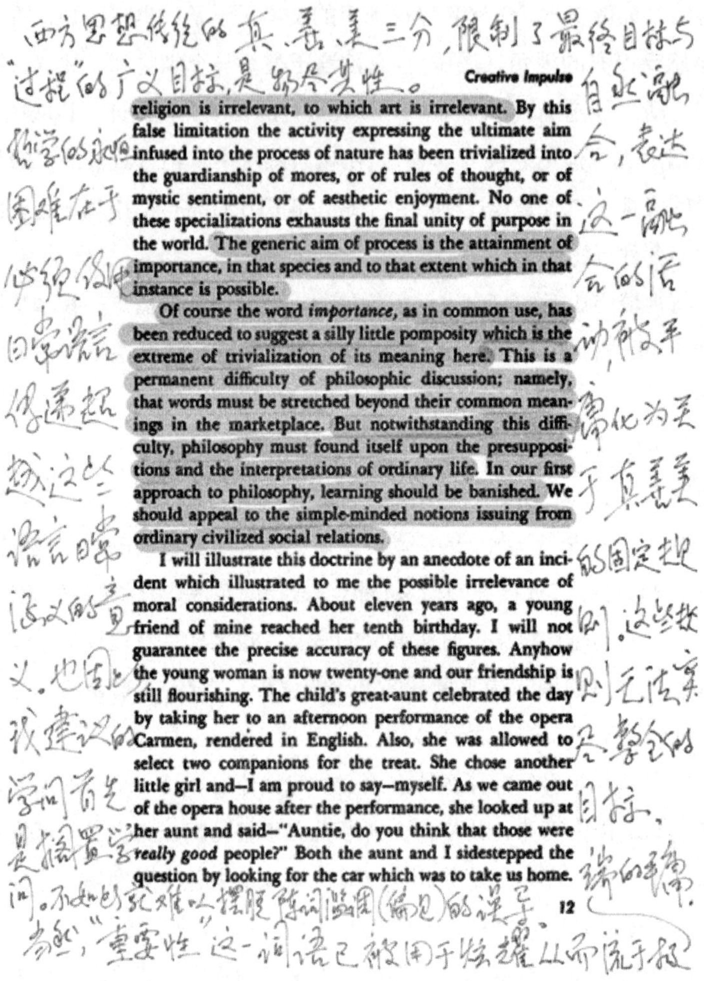

Creative Impulse

religion is irrelevant, to which art is irrelevant. By this false limitation the activity expressing the ultimate aim infused into the process of nature has been trivialized into the guardianship of mores, or of rules of thought, or of mystic sentiment, or of aesthetic enjoyment. No one of these specializations exhausts the final unity of purpose in the world. The generic aim of process is the attainment of importance, in that species and to that extent which in that instance is possible.

Of course the word *importance*, as in common use, has been reduced to suggest a silly little pomposity which is the extreme of trivialization of its meaning here. This is a permanent difficulty of philosophic discussion; namely, that words must be stretched beyond their common meanings in the marketplace. But notwithstanding this difficulty, philosophy must found itself upon the presuppositions and the interpretations of ordinary life. In our first approach to philosophy, learning should be banished. We should appeal to the simple-minded notions issuing from ordinary civilized social relations.

I will illustrate this doctrine by an anecdote of an incident which illustrated to me the possible irrelevance of moral considerations. About eleven years ago, a young friend of mine reached her tenth birthday. I will not guarantee the precise accuracy of these figures. Anyhow the young woman is now twenty-one and our friendship is still flourishing. The child's great-aunt celebrated the day by taking her to an afternoon performance of the opera Carmen, rendered in English. Also, she was allowed to select two companions for the treat. She chose another little girl and—I am proud to say—myself. As we came out of the opera house after the performance, she looked up at her aunt and said—"Auntie, do you think that those were *really good* people?" Both the aunt and I sidestepped the question by looking for the car which was to take us home.

12

图 7.16

这样，我们结束了图 7.17 各页的研读。在第 8 小节开端，如图 7.18，怀特海写了一句话：Great advances in thought are often the result of fortunate errors（思想的诸多伟大进展往往产生于幸运的错误）。

然后，他讨论了这样一个思想案例，如图 7.19。柏拉图常用的逻辑方法是将任何事物或事务划分为三部分，我说过，这是中西古代思维方式的共通之处，即庞朴先生所论的“一分为三”。亚里士多德继承了柏拉图将复杂现象划分为更简单现象的思维方法，他提出了“种”、“属”、“科”、“目”这样的一系列范畴的谱系。这是一项伟大的思想进展，因为它主导了西方思想两千年。

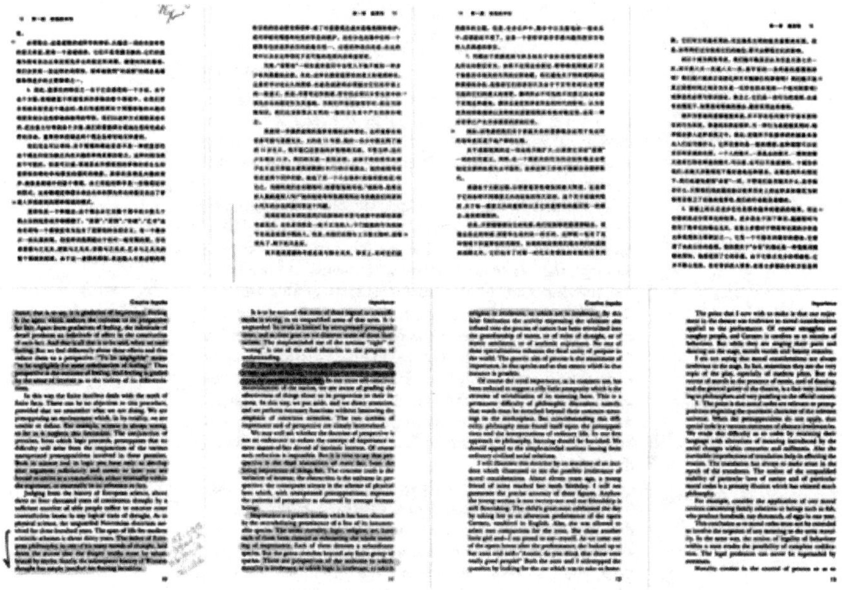

图 7.17

Creative Impulse

maximize importance. It is the aim at greatness of experience in the various dimensions belonging to it. This notion of the dimensions of experience, and of its importance in each dimension and of its final unity of importance, is difficult and hard to understand.

But only so far as we can adumbrate it, do we grasp the notion of morality. Morality is always the aim at that union of harmony, intensity, and vividness which involves the perfection of importance for that occasion. The codifications carry us beyond our own direct immediate insights. They involve the usual judgments valid for the usual occasions in that epoch. They are useful, and indeed essential, for civilization. But we only weaken their influence by exaggerating their status.

For example, consider the Ten Commandments. Can we really hold that a rest day once in seven days, as distinct from once in six or eight days, is an ultimate moral law of the universe? Can we really think that no work whatever can be done on Sundays? Can we really think that the division of time into days is an absolute factor in the nature of all existence? Evidently, the commandments are to be construed with common sense. In other words, they are formulations of behaviours which in ordinary circumstances, apart from very special reasons, it is better to adopt.

There is no one behaviour system belonging to the essential character of the universe, as the universal moral ideal. What is universal is the spirit which should permeate any behaviour system in the circumstances of its adoption. Thus morality does not indicate what you are to do in mythological abstractions. It does concern the general ideal which should be the justification for any particular objective. The destruction of a man, or of an insect, or of a tree, or of the Parthenon, may be moral or immoral. The Ten Commandments tell us that in the vast majority of cases such slaughter is better avoided. In these exceptional

14

Importance

instances we avoid the term *murder*. Whether we destroy, or whether we preserve, our action is moral if we have thereby safeguarded the importance of experience so far as it depends on that concrete instance in the world's history.

8. Great advances in thought are often the result of fortunate errors. These errors are the result of oversimplification. The advance is due to the fact that, for the moment, the excess is not relevant to the use of the simplified notions. One of the chief examples of this truth is Aristotle's analysis into genus, and species, and sub-species. It was one of the happiest ideas possible, and it has clarified thinking ever since. Plato's doctrine of "division" was an anticipation, vague and hazy. He felt its value. It did not do much good, by reason of its lack of decisive clarity. Among sensible people, Aristotle's mode of analysis has been an essential feature in intellectual progress for two thousand years.

Of course, Plato was right and Aristotle was wrong. There is no clear division among genera; there is no clear division among species; there are no clear divisions anywhere. That is to say, there are no clear divisions when you push your observations beyond the presuppositions on which they rest. It so happens, however, that we always think within limitations.

As a practical question, Aristotle was right and Plato was muddled. But, what neither Aristotle nor Plato adequately conceived was the necessity for investigation of the peculiar characterization of that sense of importance which is current in the thought of each age. All classification depends on the current character of importance.

We have now behind us some detailed history of three or four thousand years of civilization. The Greeks (as Thucydides discloses) were ignorant of history, except for that of two or three almost contemporaneous generations.

15

图 7.18

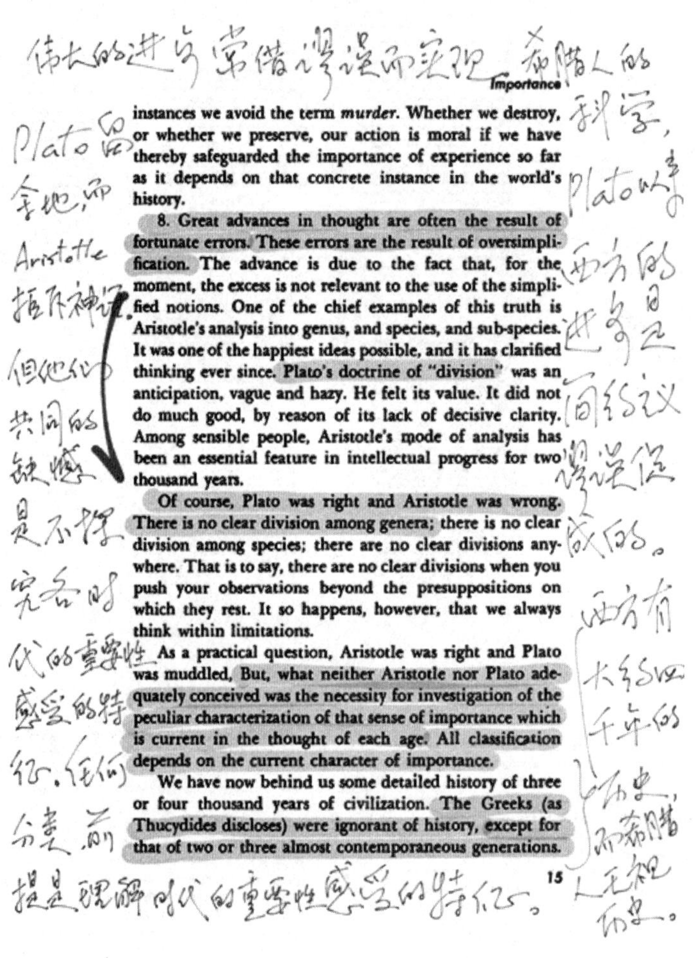

Importance

instances we avoid the term *murder*. Whether we destroy, or whether we preserve, our action is moral if we have thereby safeguarded the importance of experience so far as it depends on that concrete instance in the world's history.

8. Great advances in thought are often the result of fortunate errors. These errors are the result of oversimplification. The advance is due to the fact that, for the moment, the excess is not relevant to the use of the simplified notions. One of the chief examples of this truth is Aristotle's analysis into genus, and species, and sub-species. It was one of the happiest ideas possible, and it has clarified thinking ever since. Plato's doctrine of "division" was an anticipation, vague and hazy. He felt its value. It did not do much good, by reason of its lack of decisive clarity. Among sensible people, Aristotle's mode of analysis has been an essential feature in intellectual progress for two thousand years.

Of course, Plato was right and Aristotle was wrong. There is no clear division among genera; there is no clear division among species; there are no clear divisions anywhere. That is to say, there are no clear divisions when you push your observations beyond the presuppositions on which they rest. It so happens, however, that we always think within limitations.

As a practical question, Aristotle was right and Plato was muddled. But, what neither Aristotle nor Plato adequately conceived was the necessity for investigation of the peculiar characterization of that sense of importance which is current in the thought of each age. All classification depends on the current character of importance.

We have now behind us some detailed history of three or four thousand years of civilization. The Greeks (as Thucydides discloses) were ignorant of history, except for that of two or three almost contemporaneous generations.

15

图 7.19

但是，紧接着，怀特海指出：Of course, Plato was right and Aristotle was wrong（当然，柏拉图是正确的，而亚里士多德是错误的）。因为，如前述，在范畴与范畴之间并不存在清晰的边界。但是，怀特海继续评论：在实践中，亚里士多德的分类方法是正确的，而柏拉图的三分法则令人困惑。其实，刚刚去世的庞朴先生（1928—2015）考证，古代中国与古希腊都有“一分为三”的思维模态。

请注意我写在图 7.19 页边的文字：伟大的进步常借谬误而实现。希腊人的科学，柏拉图以来，西方的进步是简约主义谬误促成的。柏拉图留余地，而亚里士多德拒斥神话。但他们共同的缺憾是不探究各时代的重要性感受的特征。任何分类，前提是理解时代的重要性感受的特征。西方有大约四千年的历史，而希腊人无视历史。（此段未完，在下一页接续。接着读图 7.20，仍是我写在页边的文字。）

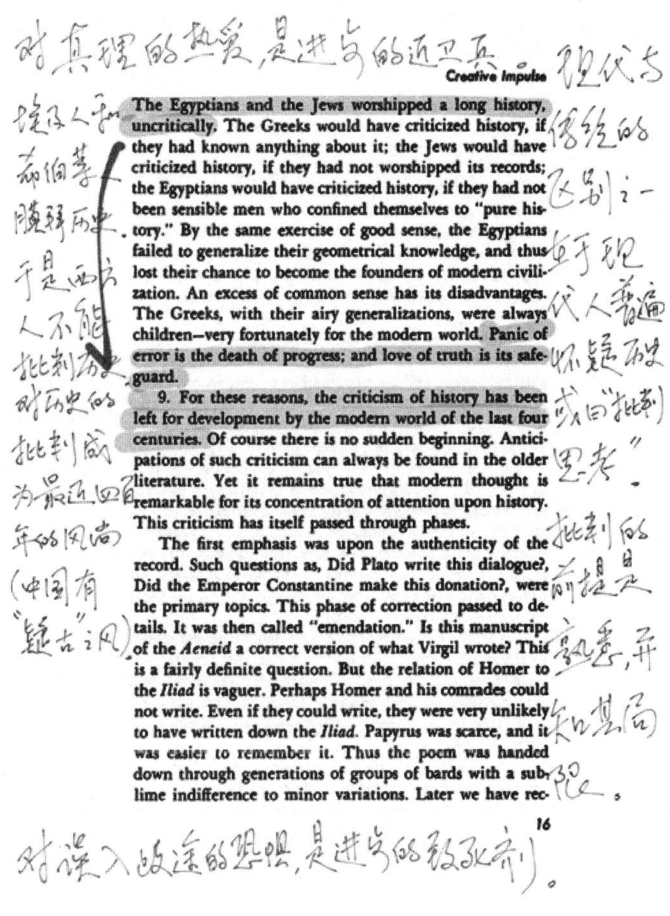
Creative Impulse

The Egyptians and the Jews worshipped a long history, uncritically. The Greeks would have criticized history, if they had known anything about it; the Jews would have criticized history, if they had not worshipped its records; the Egyptians would have criticized history, if they had not been sensible men who confined themselves to "pure history." By the same exercise of good sense, the Egyptians failed to generalize their geometrical knowledge, and thus lost their chance to become the founders of modern civilization. An excess of common sense has its disadvantages. The Greeks, with their airy generalizations, were always children—very fortunately for the modern world. Panic of error is the death of progress; and love of truth is its safeguard.

9. For these reasons, the criticism of history has been left for development by the modern world of the last four centuries. Of course there is no sudden beginning. Anticipations of such criticism can always be found in the older literature. Yet it remains true that modern thought is remarkable for its concentration of attention upon history. This criticism has itself passed through phases.

The first emphasis was upon the authenticity of the record. Such questions as, Did Plato write this dialogue?, Did the Emperor Constantine make this donation?, were the primary topics. This phase of correction passed to details. It was then called "emendation." Is this manuscript of the *Aeneid* a correct version of what Virgil wrote? This is a fairly definite question. But the relation of Homer to the *Iliad* is vaguer. Perhaps Homer and his comrades could not write. Even if they could write, they were very unlikely to have written down the *Iliad*. Papyrus was scarce, and it was easier to remember it. Thus the poem was handed down through generations of groups of bards with a sublime indifference to minor variations. Later we have rec-

16

图 7.20

对真理的热爱，是进步的近卫兵；而对误入歧途的恐惧，是进步的致死剂。现代与传统的区别之一在于现代人普遍怀疑历史或曰“批判性思考”。批判的前提是熟悉，并知其局限。古代埃及人和希伯来人膜拜历史，于是西方人不能批判历史。对历史的批判成为最近四百年的风尚（中国也有“疑古”之风）。此处出现了第 9 小节的第一段文字。在西方，对历史的批判，于是成为过去四百年间留给现代世界的任务。

接着读图 7.21 我写在页边的文字。谢幼伟《怀黑德的科学观》详引怀特海论及中国科学不发达之原因：中印都缺乏西方人在数百年里渐渐形成的新的心态——在概括性原理与坚定不移之事实之间寻找联系的兴趣。这里，指向“兴趣”，有一个箭头，来自右下角的一段，我在那里写着“科学的史学”，现在请看图 7.22。

Importance

ords of formal revisions of the text. Analogous vagueness applies to the concepts of all social transactions. Thus the notion of accurate record has its limitations.

History has now passed into another phase. It is displaying transitions of behaviour. The Western historian is depicting types of activity, types of mood, and types of formulated belief, exhibited in the adventures of the European races as they overran first Europe, then America, and the fringes of other continents and islands. This change in emphasis showed itself decidedly in the eighteenth century.

For example, Bentley, the typical scholarly critic, died in 1742; and Gibbon, who traced the decline and fall of a political system, and the variations of motive animating its activity, was born in 1737. Gibbon corrected no editions of authors, and Bentley depicted no transitions of behaviour. In Europe, the change may be symbolized by Mabillon, who died in 1707, and Voltaire, who was born in 1694. Of course historical phases overlap each other. I am speaking of predominant interest. In the earlier period, even the discursive humanist, Erasmus, issued accurate editions; in the nineteenth century historical narrative was more prominent than devotion to editorial accuracy. Of course there were reasons for the change, and all the types of historic scholarship co-exist.

Under the influence of physical science, the task of history has more recently been limited to the narration of mere sequences. This ideal of knowledge is the triumph of matter-of-fact. Such suggestion of causation, as is admitted, is confined to the statements of physical materialities, such as the economic motive.

Such history confines itself to abstract mythology. The variety of motives is excluded. You cannot write the history of religious development without estimate of the motive-

17

图 7.21

怀特海在这一段里指出：由于物理科学的影响，历史的任务近代以来被局限于单纯记述各种活动的后果。这样的知识观，真是实事的胜利。该图中我写了一段评论：科学的史学集注于事实，并扮以假面，似乎那是真实的历史。其实每一社会系统实现的是许多兴趣模式，在主导的模式之外，还有处于背景的。

现在是第一讲的最后一页，如图 7.23。并且我贴了第一讲最后四页放在一起的截图，即图 7.24，中译文很差，你们应直接读怀特海的原文。注意，在最后一页里，我画了一幅心智地图，即图 7.1（图 7.23 的下半部分），供你们复习时参考。

Creative Impulse

power of religious belief. The history of the Papacy is not a mere sequence of behaviours. It illustrates a mode of causation, which is derived from a mode of thought.

Thus the study of history as mere sequence wears itself out. It is a make-belief. There are oceans of facts. We seek that thread of coordination derived from the special forms of importance prevalent in the respective epochs. Apart from such interests, intrinsic within each period, there would be no language, no art, no heroism, no devotion. Ideals lie beyond matter-of-fact, and yet provide the colour of its development.

10. Matter-of-fact is an abstraction, arrived at by confining thought to purely formal relations which then masquerade as the final reality. This is why science, in its perfection, relapses into the study of differential equations. The concrete world has slipped through the meshes of the scientific net.

Consider, for example, the scientific notion of measurement. Can we elucidate the turmoil of Europe by weighing its dictators, its prime ministers, and its editors of newspapers? The idea is absurd, although some relevant information might be obtained. I am not upholding the irrelevance of science. Such a doctrine would be foolish. For example, a daily record of the bodily temperatures of the men, above mentioned, might be useful. My point is the incompleteness of the information.

Each social system is realizing a variety of modes of interest, some of them dominant, and some in the background. The eighteenth century was not merely the age of reason, nor was the sixteenth century merely the age of religious excitement. For example, to study the Reformation turmoil without reference to America, and to India, and to the Turks, and to the rise of nationalism, and to the recent diffusion of printing, is ridiculous. The relevance of these factors consists in their modifications of

18

科学的史学集中于实事，并扮以假面，似乎那是真实的历史。其实每一社会经实现的是许多兴趣模式，主导的模式之外还有处于背景的。

图 7.22

Importance

prevalent modes of importance, which interfused with the religious interest.

The chequered history of religion and morality is the main reason for the widespread desire to put them aside in favour of the more stable generalities of science. Unfortunately for this smug endeavour to view the universe as the incarnation of the commonplace, the impact of aesthetic, religious and moral notions is inescapable. They are the disrupting and the energizing forces of civilization. They force mankind upwards and downwards. When their vigour abates, a slow mild decay ensues. Then new ideals arise, bringing in their train a rise in the energy of social behaviour.

The concentration of attention upon matter-of-fact is the supremacy of the desert. Any approach to such triumph bestows on learning a fugitive, and a cloistered virtue, which shuns emphasis on essential connections such as disclose the universe in its impact upon individual experience.

图 7.23

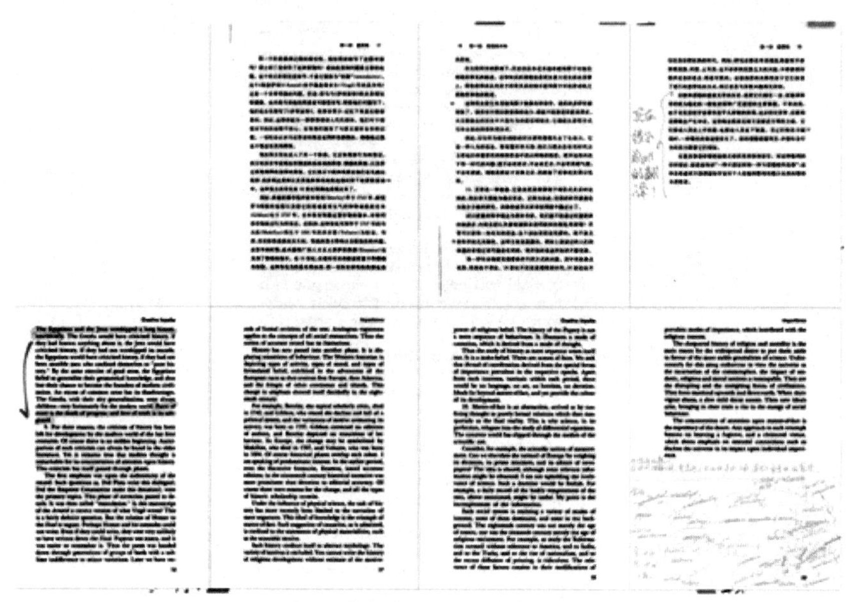

图 7.24

3. 第二讲：表达

怀特海《思维方式》的第二讲“表达”，篇幅不长，但特别关键。开篇，如图7.25，取自今年经济学思想史第八讲心智地图。斜穿这张截图，有心智地图的两条分支，第七讲“社会科学总论”和第八讲“面向未来社会的经济学”。按照计划，怀特海的《思维方式》应当在第五讲后半部分开始介绍，在第六讲的前半部分结束。不过，计划当然不能如期完成，因为第二讲几乎是全部经济思想史的内容，故占用很长时间，直到第五讲古典政治经济学思想的开端才有了完整铺叙。第六讲分了两部分，其一介绍学期论文撰写方法，其二介绍马歇尔的“连续原理”和不动点定理。这样才有第七讲“过程”这一主题。

图 7.26 是第二讲开篇。第一段，刘放桐译文：

本讲涉及包含在表达这个概念中的各种不同观念。更为一般的重要性概念是由表达所设定的。某些东西会弥漫在可以造成某种区别的整个背景下。但这两个概念之间却有不同之处。就重要性与宇宙的关系来说，它主要地是一个一元概念。重要性如果局限于有限的个体情境，就不再是重要的了。从某种意义上说，重要性是从有限的东西中的无限性的内蕴中推导出来的。

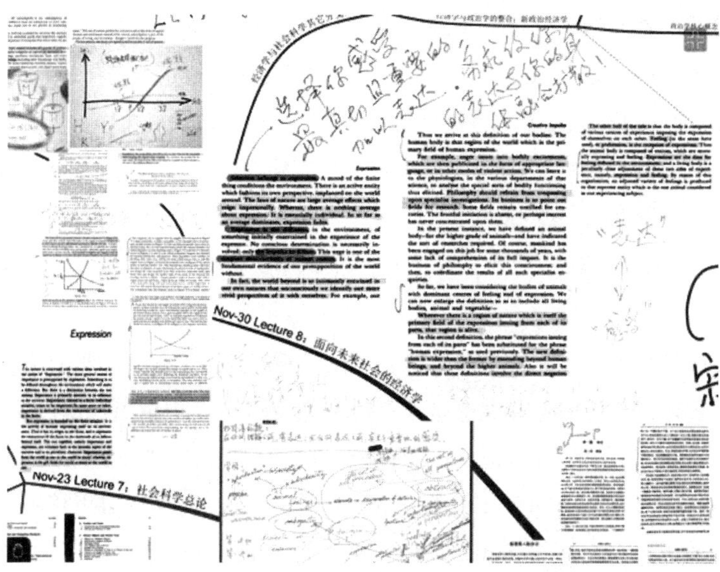

图 7.25

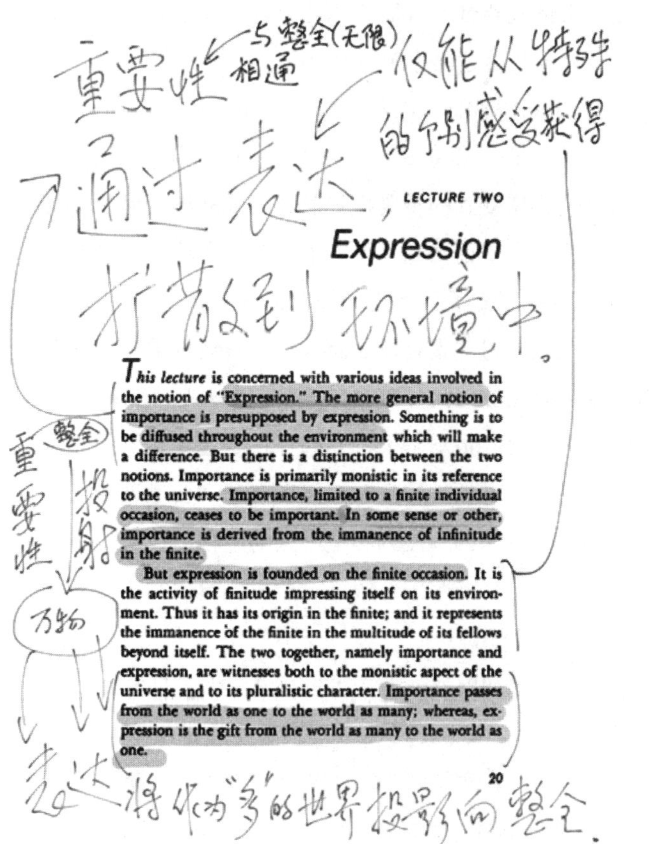

LECTURE TWO

Expression

This lecture is concerned with various ideas involved in the notion of "Expression." The more general notion of importance is presupposed by expression. Something is to be diffused throughout the environment which will make a difference. But there is a distinction between the two notions. Importance is primarily monistic in its reference to the universe. Importance, limited to a finite individual occasion, ceases to be important. In some sense or other, importance is derived from the immanence of infinitude in the finite.

But expression is founded on the finite occasion. It is the activity of finitude impressing itself on its environment. Thus it has its origin in the finite; and it represents the immanence of the finite in the multitude of its fellows beyond itself. The two together, namely importance and expression, are witnesses both to the monistic aspect of the universe and to its pluralistic character. Importance passes from the world as one to the world as many; whereas, expression is the gift from the world as many to the world as one.

20

图 7.26

现在读我写在页边的文字，请注意关键词之间的箭头联系。“重要性”——此处有来自“与整全（无限）相通”的一个箭头，重要性通过“表达”——此处有来自“仅能从特殊的个别感受获得”的一个箭头，通过表达扩散到环境中。

在这一页左侧，我画了一幅示意图，以“万物”为中心。从“整全”有一个箭头投射向“万物”，同时，这一箭头旁边写着“重要性”。又从“万物”有三个箭头（代表无数可能的箭头）指向“表达”，在表达右侧，我写着“将作为‘多’的世界投影向整全”。

怀特海的原文第一段第一句的意思是，在“表达”这一最终的见解里，包含了各种“观念”(ideas)，处理这些观念是第二讲的主旨。第二句相当关键，原文是：The more general notion of importance is presupposed by expression（“重要性”这一最终见解的更一般的注记是由“表达”预设的）。这是因为，据我对怀特海思想的理解，在理解之前，先有表达，在表达之前，先有重要性感受。如果仅仅有重要性感受而没有表达，则重要性感受仅仅是生命个体在具体情境内的特殊感受，不能获得更一般的重要性表达。所谓更一般的重要性，我认为就是通过“视域”指向“无限”和“整全”的那种重要性感受。视域是通过表达而被预设的。

第三句原文对初读怀特海的人也很费解：Something is to be diffused throughout the environment which will make a difference。表达，在怀特海看来就是存在于具体环境之内的生命个体欲求将自己感受到的重要性弥散到周围的环境里去，由此，生命个体的生命使环境发生了改变，或者说由此，个体生命的创造性才获得表达。至于生命个体要表达的是什么，却不很重要了，所以，只要有“something”（某些东西）被弥散到环境中去即可。表达之所以对“重要性”而言比不表达更重要，就是因为，如果完全没有表达，也就是说完全不弥漫到环境中去任何东西，那么，个体生命的存在就不会让它的生存环境有任何改变，也就是说，它的存在是虚度光阴。表达，于是源自生命个体的创造性冲动。例如，最原始的生命个体也有冲动要通过繁殖后代来表达自身。繁殖后代就是将自身的某种东西弥漫到环境中去的过程。在遗传学视角下，怀特海也是正确的。因为，根据“自私的基因”假说，有机体母代的每一基因都努力要在有机体子代的遗传决定中获得表达。

由上面的阐述，不难理解第一段文字的刘放桐译文的其余部分。

接着看图 7.27—7.28，其中图 7.28 我写在最上方的文字，接着刚才的阐述：于是我们的身体是我们首要的表达领域。此处对应的原文是：Thus we arrive at this definition of our bodies: The human body is that region of the world which is the primary field of human expression.（于是我们有了关于我们的身体的定义：人类的肉身是世界的这样一个部分，它是人类表达的原初领域。）

图 7.30 我写在最上面的文字是怀特海关于身体感觉的定义：基于身体，有许多情绪得以协调并形成主体的整体感。所以，一旦动物的感觉协调中枢蜕化为某一局部的感觉，动物就死去。继续转述怀特海的思想：植物没有这类感觉的协调中心，当然，植物与动物之间并无明晰的界定（有介于植物和动物之间的生物）。

回到图 7.26，第二讲的第二段文字，刘放桐的译文相当精彩：

> 但是表达是以有限的情境为基础的。它是有限性将其自身印记于环境之上的那种活动。因此它起源于有限的东西；它还将有限的东西的内蕴（immanence）体现于处于其自身之外的其众多同类者之中。这二者（即重要性与表达）一起，既是宇宙的一元方面的见证，也是它的多元特性的见证。重要性由作为一的世界通向作为多的世界，表达则是由作为多的世界给予作为一的世界的礼物。

刘放桐这段译文使用的“内蕴”一词，原文是“immanence”（内在 / 无所不在 / 固有 / 含蓄）。尤其是怀特海最后这句譬喻，我常引用朱熹的与此类似但更简明的譬喻——“月映万川”。表达，是从具体的生存处境里，就是万川当中的一川，指向月亮。而重要性则是万川映出的同一轮月亮。又可引用柏拉图的洞穴隐喻，人们在有限的生存中看到的只是许多影子，而月亮（太阳）在天空照耀，因此洞穴里有了许多投影。

再读图 7.27 我写在最上方的文字：动物最原始的冲动，就是扩散的冲动。怀特海说：Selection belongs to expression（选择属于表达）。动物的主动性，表现出来就是选择的能力。所以，选择是动物的原初表达。

我写在页右侧的文字：任何表达都与众不同，不再是平均。刘放桐的译文是：

> 选择从属于表达。有限事物的态势（mood）制约着环境。存在着一种活动的实有（entity），它形成自己特有的视域，被置于周围世界。自然规律是不受人影响而起作用的大量平均作用。而表达则与平均没有任何关系。它在本质上是单个的。一旦平均处于支配地位，表达便黯然失色。

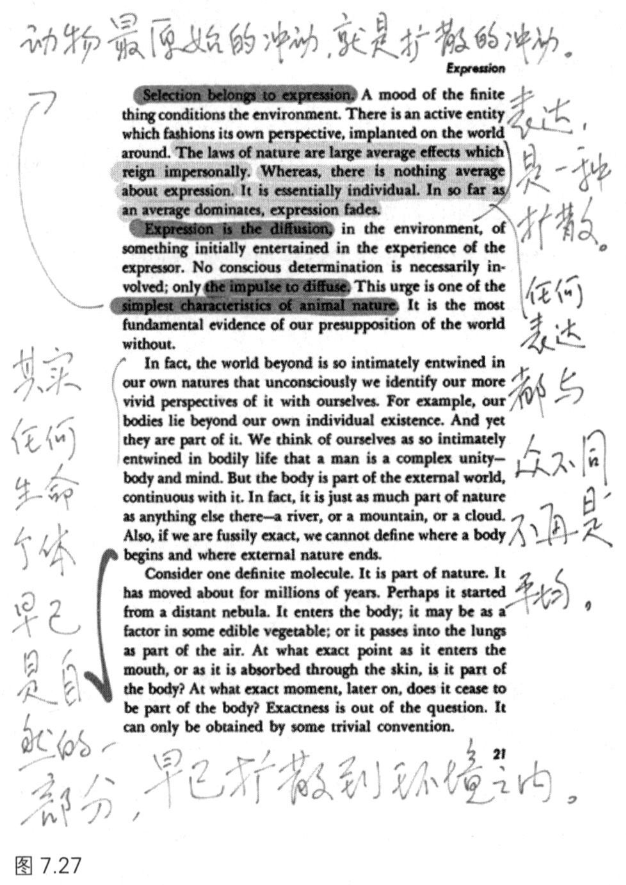

Expression

Selection belongs to expression. A mood of the finite thing conditions the environment. There is an active entity which fashions its own perspective, implanted on the world around. The laws of nature are large average effects which reign impersonally. Whereas, there is nothing average about expression. It is essentially individual. In so far as an average dominates, expression fades.

Expression is the diffusion, in the environment, of something initially entertained in the experience of the expressor. No conscious determination is necessarily involved; only the impulse to diffuse. This urge is one of the simplest characteristics of animal nature. It is the most fundamental evidence of our presupposition of the world without.

In fact, the world beyond is so intimately entwined in our own natures that unconsciously we identify our more vivid perspectives of it with ourselves. For example, our bodies lie beyond our own individual existence. And yet they are part of it. We think of ourselves as so intimately entwined in bodily life that a man is a complex unity—body and mind. But the body is part of the external world, continuous with it. In fact, it is just as much part of nature as anything else there—a river, or a mountain, or a cloud. Also, if we are fussily exact, we cannot define where a body begins and where external nature ends.

Consider one definite molecule. It is part of nature. It has moved about for millions of years. Perhaps it started from a distant nebula. It enters the body; it may be as a factor in some edible vegetable; or it passes into the lungs as part of the air. At what exact point as it enters the mouth, or as it is absorbed through the skin, is it part of the body? At what exact moment, later on, does it cease to be part of the body? Exactness is out of the question. It can only be obtained by some trivial convention.

21

图 7.27

表达，是一种扩散。我写在页左侧的文字：其实任何生命个体早已是自然的一部分，早已扩散到环境之内。继续抄录刘放桐的译文：

> 在环境中，表达是起初在表达者的经验中所接受的某种东西的散播。它并不一定包含有自觉的规定，而只有散播的冲动。这种渴求是动物界最简单的特征之一。它是我们关于外部世界的假定的最基本的证明。

接下来的两段，怀特海原文大意论证的，我已写在页左侧。

怀特海然后总结，回到图 7.28，于是我们的身体是我们首要的表达领域，例如“愤怒”。当自然的某些领域成为表达的首要领域时，这些领域就有了生机。此处，怀特海论及第五讲之后的主题“有生命的自然”。他的讨论进入心理学领域，故而他表示：哲学不取代心理学，但应辨认值得研究的领域，这些领域可能几百年等待兴趣的降临。

接着的一段，怀特海引入了表达的第二定义：“如果自然界的一个部位本身就是从它的各个部分中产生的表达的基本领域，那无论这个部位在什么地方，它都是有生命的。”他说，这一定义超越了人的表达，广延至普通动物和植物的身体表达。

刘放桐的译文：

> 高等动物的身体有两个方面。至此为止，我们还只提到了其中一个方面。第二个定义，即更广泛的定义使我们得以发现动物和植物的区别。对于这种区别，正像对于其他区别一样，不能要求它有一丝不苟的确切性。在动物中，存在着一种通过身体而表现其本身的经验。但这只说了一半。要说的另一半是，身体由各种不同的经验中枢所构成。这些经验中枢彼此以其本身的表达加之于其他中枢。感受（在这里所用的意义上）或领悟（prehension）是对表达的接受。

有了上述的铺叙，怀特海定义“感觉主体”就是协调上述那些不同身体部位不同感觉的中枢——感觉的统一体或产生了“统一的感觉”，此处，统一也就是“identity”（同一性）。但怀特海用了短语，“unity of feeling”，相当于脑科学家关于“扣带前回”功能所说的自我意识之为各种感觉的统一。

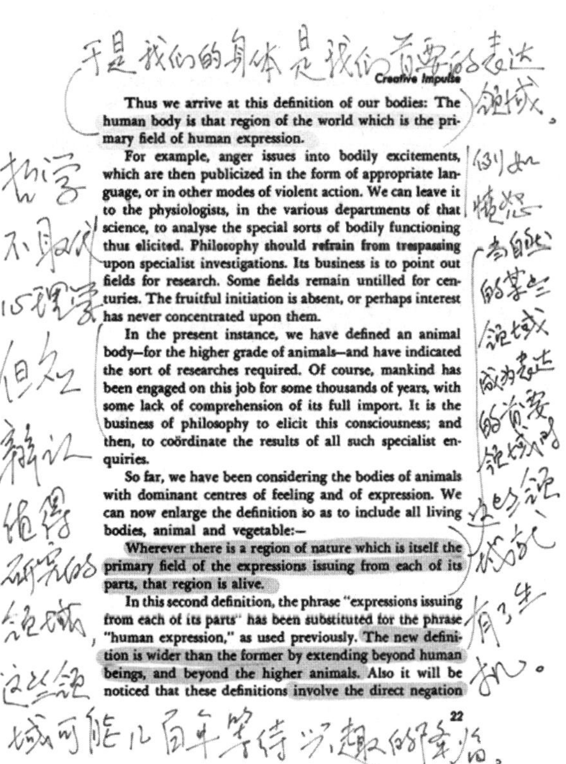

Creative Impulse

Thus we arrive at this definition of our bodies: The human body is that region of the world which is the primary field of human expression.

For example, anger issues into bodily excitements, which are then publicized in the form of appropriate language, or in other modes of violent action. We can leave it to the physiologists, in the various departments of that science, to analyse the special sorts of bodily functioning thus elicited. Philosophy should refrain from trespassing upon specialist investigations. Its business is to point out fields for research. Some fields remain untilled for centuries. The fruitful initiation is absent, or perhaps interest has never concentrated upon them.

In the present instance, we have defined an animal body—for the higher grade of animals—and have indicated the sort of researches required. Of course, mankind has been engaged on this job for some thousands of years, with some lack of comprehension of its full import. It is the business of philosophy to elicit this consciousness; and then, to coördinate the results of all such specialist enquiries.

So far, we have been considering the bodies of animals with dominant centres of feeling and of expression. We can now enlarge the definition so as to include all living bodies, animal and vegetable:—

Wherever there is a region of nature which is itself the primary field of the expressions issuing from each of its parts, that region is alive.

In this second definition, the phrase "expressions issuing from each of its parts" has been substituted for the phrase "human expression," as used previously. The new definition is wider than the former by extending beyond human beings, and beyond the higher animals. Also it will be noticed that these definitions involve the direct negation

22

图 7.28

该图 7.29 中我写的文字：以上表述当然不同于行为主义（行为只是生命对刺激的被动反应）。表达，是感觉的素材。借助表达，生命感受到了扩散。也因此，动物的身体成为感觉的基础。怀特海开始分析 expression and feeling（表达与感觉），他说，表达是由生命个体的内部向着外部的弥散过程，而感觉是在生命个体的内部感受到的表达。图 7.30 的内容刚才我已转述过了。

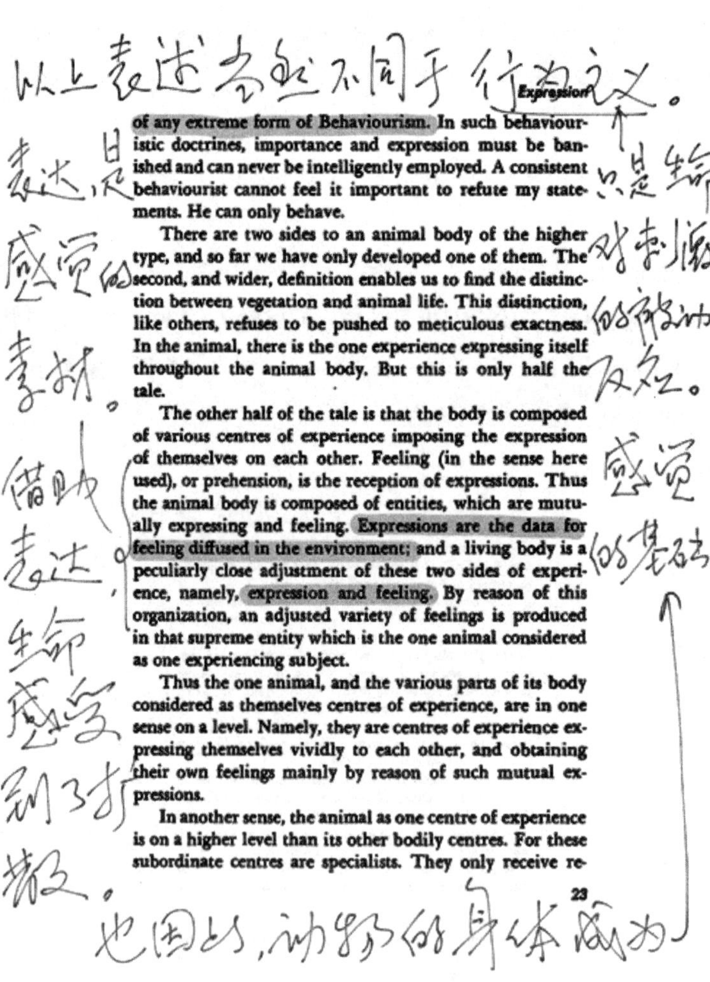

Expression

of any extreme form of Behaviourism. In such behaviouristic doctrines, importance and expression must be banished and can never be intelligently employed. A consistent behaviourist cannot feel it important to refute my statements. He can only behave.

There are two sides to an animal body of the higher type, and so far we have only developed one of them. The second, and wider, definition enables us to find the distinction between vegetation and animal life. This distinction, like others, refuses to be pushed to meticulous exactness. In the animal, there is the one experience expressing itself throughout the animal body. But this is only half the tale.

The other half of the tale is that the body is composed of various centres of experience imposing the expression of themselves on each other. Feeling (in the sense here used), or prehension, is the reception of expressions. Thus the animal body is composed of entities, which are mutually expressing and feeling. Expressions are the data for feeling diffused in the environment; and a living body is a peculiarly close adjustment of these two sides of experience, namely, expression and feeling. By reason of this organization, an adjusted variety of feelings is produced in that supreme entity which is the one animal considered as one experiencing subject.

Thus the one animal, and the various parts of its body considered as themselves centres of experience, are in one sense on a level. Namely, they are centres of experience expressing themselves vividly to each other, and obtaining their own feelings mainly by reason of such mutual expressions.

In another sense, the animal as one centre of experience is on a higher level than its other bodily centres. For these subordinate centres are specialists. They only receive re-

23

图 7.29

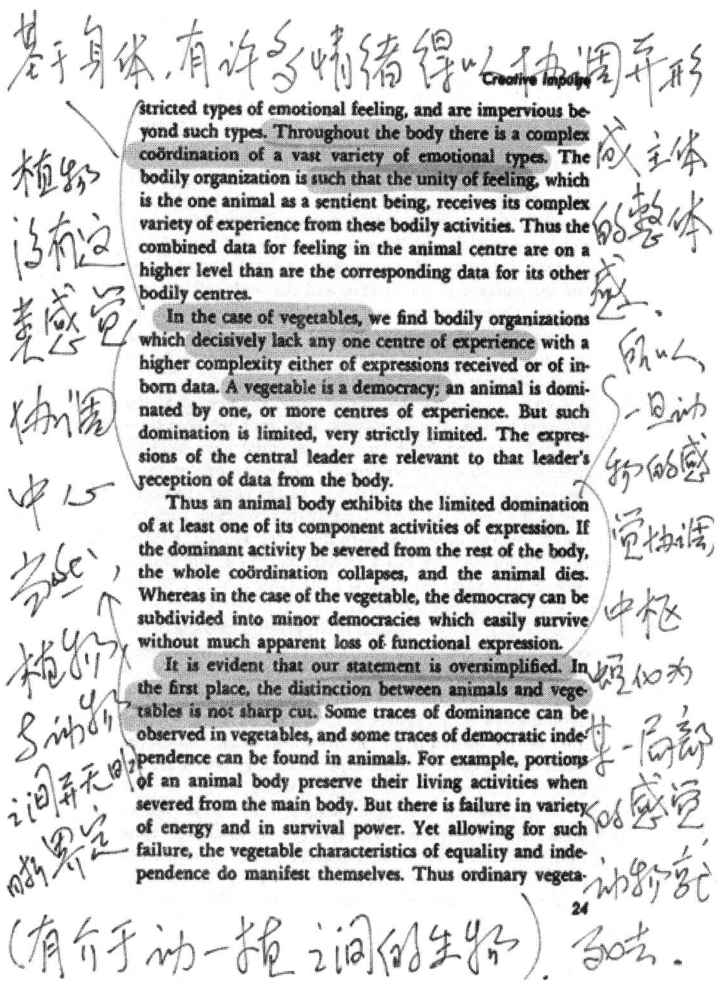

Creative Impulse

stricted types of emotional feeling, and are impervious beyond such types. Throughout the body there is a complex coördination of a vast variety of emotional types. The bodily organization is such that the unity of feeling, which is the one animal as a sentient being, receives its complex variety of experience from these bodily activities. Thus the combined data for feeling in the animal centre are on a higher level than are the corresponding data for its other bodily centres.

In the case of vegetables, we find bodily organizations which decisively lack any one centre of experience with a higher complexity either of expressions received or of inborn data. A vegetable is a democracy; an animal is dominated by one, or more centres of experience. But such domination is limited, very strictly limited. The expressions of the central leader are relevant to that leader's reception of data from the body.

Thus an animal body exhibits the limited domination of at least one of its component activities of expression. If the dominant activity be severed from the rest of the body, the whole coördination collapses, and the animal dies. Whereas in the case of the vegetable, the democracy can be subdivided into minor democracies which easily survive without much apparent loss of functional expression.

It is evident that our statement is oversimplified. In the first place, the distinction between animals and vegetables is not sharp cut. Some traces of dominance can be observed in vegetables, and some traces of democratic independence can be found in animals. For example, portions of an animal body preserve their living activities when severed from the main body. But there is failure in variety of energy and in survival power. Yet allowing for such failure, the vegetable characteristics of equality and independence do manifest themselves. Thus ordinary vegeta-

24

图 7.30

怀特海继续分析，见图 7.31 中我写的转述文字：其次，存在许多分化于动物与植物的有机体功能。根、叶、枝、干……心、肺、血……动物的头脑有利于“动”物适应新环境，而植物不动，故不必有“脑”。

Expression

tion and the higher animals represent extremes in the bewildering variety of bodily formations which we term *living things*.

Then we have neglected the differentiation of functions which are to be found alike in vegetables and animals. In the case of the flora, there are the roots, and the branches, and the leaves, and the flowers, and the seeds—all obvious to common inspection. And the detailed observations of botanists supplement these blatant examples of differentiation by a hundred other functional activities which constitute the physiology of plant life.

When we turn to the animal body, the notion of the sole domination of the directing experience requires limitation. There are subordinate agencies which have essential control of the bodily functioning. The heart is one example among many others. The activities of the heart are necessary to the bodily survival, in a way that contrasts with the feet. A foot can be severed with slight damage to the internal functioning; the heart is essential. Thus an animal body in its highest examples is more analogous to a feudal society, with its one overlord.

This final unity of animal intelligence is also the organ of reaction to novel situations, and is the organ introducing the requisite novelty of reaction. Finally, the overlord tends to relapse into the conventionality of routine imposed upon the subordinate governors, such as the heart. Animal life can face conventional novelties with conventional devices. But the governing principle lacks large power for the sudden introduction of any major novelty.

The bodies of the higher animals have some resemblance to a complex society of insects, such as ants. But the individual insects seem to have more power of adaptation to their problems than does the community as a whole. The opposite holds in the case of animals. For example,

25

图 7.31

图 7.32 中我继续转述怀特海：狗有头脑，于是比它的心更能适应新环境。人的头脑由于有符号能力，不仅适应新环境，而且创造新环境。还存在这样的可能，就是感受没有表达出的可能性。因为人类有表达潜在可能的能力（符号）。在符号能力发展到最高水平时，有宗教感。

Creative Impulse

an intelligent dog has more power of adaptation to new modes of life than has its heart, as it functions in the animal body. The dog can be trained, but its heart must go its own way within very close limits.

When we come to mankind, nature seems to have burst through another of its boundaries. The central activity of enjoyment and expression has assumed a reversal in the importance of its diverse functionings. The conceptual entertainment of unrealized possibility becomes a major factor in human mentality. In this way outrageous novelty is introduced, sometimes beatified, sometimes damned, and sometimes literally patented or protected by copyright. The definition of mankind is that in this genus of animals the central activity has been developed on the side of its relationship to novelty. This relationship is twofold. There is the novelty received from the aggregate diversities of bodily expressions. Such novelty requires decision as to its reduction to coherence of expression.

Again there is the introduction of novelty of feeling by the entertainment of unexpressed possibilities. This second side is the enlargement of the conceptual experience of mankind. The characterization of this conceptual feeling is the sense of what might be and of what might have been. It is the entertainment of the alternative. In its highest development, this becomes the entertainment of the ideal. It emphasizes the sense of importance, discussed in the previous lecture. And this sense exhibits itself in various species, such as, the sense of morality, the mystic sense of religion, the sense of that delicacy of adjustment which is beauty, the sense of necessity for mutual connection which is understanding, and the sense of discrimination of each factor which is consciousness.

Also it is the nature of feeling to pass into expression. Thus the expression of these various feelings produces the

26

图 7.32

图 7.33，我的转述是：历史，是人性特有感觉表达的记录。从人类到一般动物的感受之表达，其实是一个连续谱系。于是我们在自然界看到四类现实的集结。人类、动物、植物——犹如民主的社会，潜在的“个性”、无生命物的相互作用——特征是统计平均。

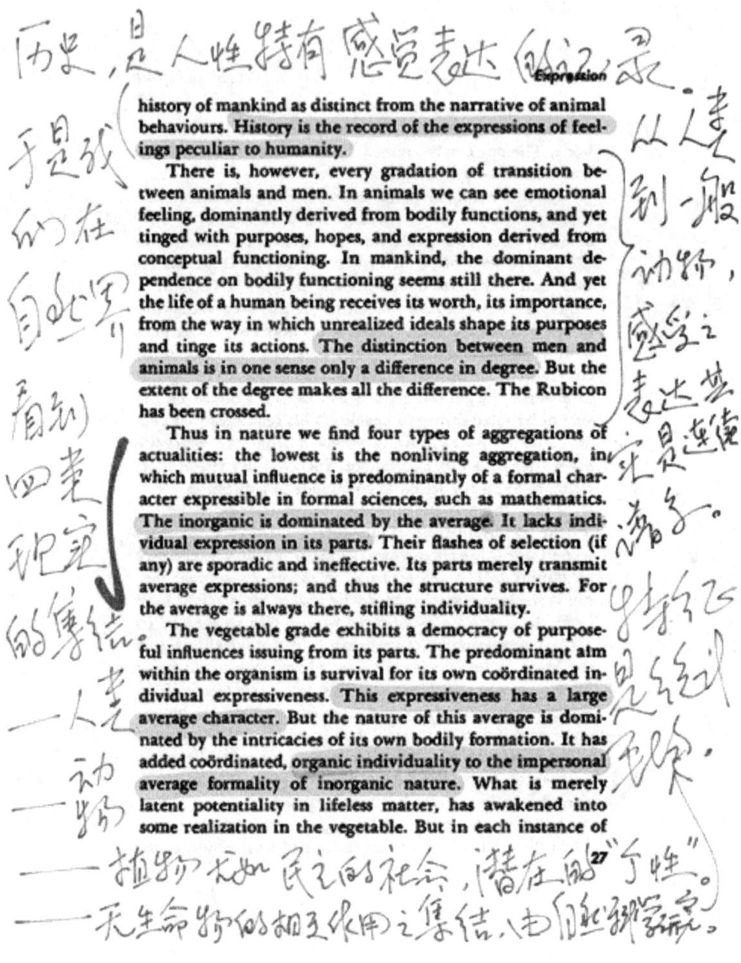

Expression

history of mankind as distinct from the narrative of animal behaviours. History is the record of the expressions of feelings peculiar to humanity.

There is, however, every gradation of transition between animals and men. In animals we can see emotional feeling, dominantly derived from bodily functions, and yet tinged with purposes, hopes, and expression derived from conceptual functioning. In mankind, the dominant dependence on bodily functioning seems still there. And yet the life of a human being receives its worth, its importance, from the way in which unrealized ideals shape its purposes and tinge its actions. The distinction between men and animals is in one sense only a difference in degree. But the extent of the degree makes all the difference. The Rubicon has been crossed.

Thus in nature we find four types of aggregations of actualities: the lowest is the nonliving aggregation, in which mutual influence is predominantly of a formal character expressible in formal sciences, such as mathematics. The inorganic is dominated by the average. It lacks individual expression in its parts. Their flashes of selection (if any) are sporadic and ineffective. Its parts merely transmit average expressions; and thus the structure survives. For the average is always there, stifling individuality.

The vegetable grade exhibits a democracy of purposeful influences issuing from its parts. The predominant aim within the organism is survival for its own coördinated individual expressiveness. This expressiveness has a large average character. But the nature of this average is dominated by the intricacies of its own bodily formation. It has added coördinated, organic individuality to the impersonal average formality of inorganic nature. What is merely latent potentiality in lifeless matter, has awakened into some realization in the vegetable. But in each instance of

27

图 7.33

图 7.34，我的转述：只有动物个体性及其表达冲动使重要性变为相关的。人类又使创新成为真实相关的重要性。在每一层次上，表达都是必要的。物理科学的“无偏性”，意味着物理学不适合研究动物与人类的表达。

Creative Impulse

vegetation, the total bodily organism strictly limits the individuality of expression in the parts.

The animal grade includes at least one central actuality, supported by the intricacy of bodily functioning. Purposes transcending (however faintly) the mere aim at survival are exhibited. For animal life the concept of importance, in some of its many differentiations, has a real relevance. The human grade of animal life immensely extends this concept, and thereby introduces novelty of functioning as essential for varieties of importance. Thus morals and religion arise as aspects of this human impetus towards the best in each occasion. Morals can be discerned in the higher animals; but not religion. Morality emphasizes the detailed occasion; while religion emphasizes the unity of ideal inherent in the universe.

In every grade of social aggregation, from a nonliving material society up to a human body, there is the necessity for expression. It is by reason of average expression, and of average reception, that the average activities of merely material bodies are restrained into conformity with the reigning laws of nature. It is by reason of individual expression and reception that the human body exhibits activities expressive of the intimate feelings, emotional and purposeful, of the one human person.

3. These bodily activities are very various and intensely selective. An angry man, except when emotion has swamped other feelings, does not usually shake his fist at the universe in general. He makes a selection and knocks his neighbour down. Whereas a piece of rock impartially attracts the universe according to the law of gravitation.

The impartiality of physical science is the reason for its failure as the sole interpreter of animal behaviour. It is true that the rock falls on one special patch of earth. This happens, because the universe in that neighbourhood is

28

图 7.34

图 7.35，与无生命物不同，人类从征服对手（包括外物）获得满足。满足感与理解超出对手的强度成正比。强度，导致个性的表达。动物的意识常态是使注意力指向外物。一旦转向身体内部——康德称为“内感觉”，常意味着病态。

继续读我写在图 7.35 左侧的文字：由于在宇宙中发现新奇的性质而兴奋，并有解释的冲动。动物认知外物，将无穷复杂的内感视为“自然”。

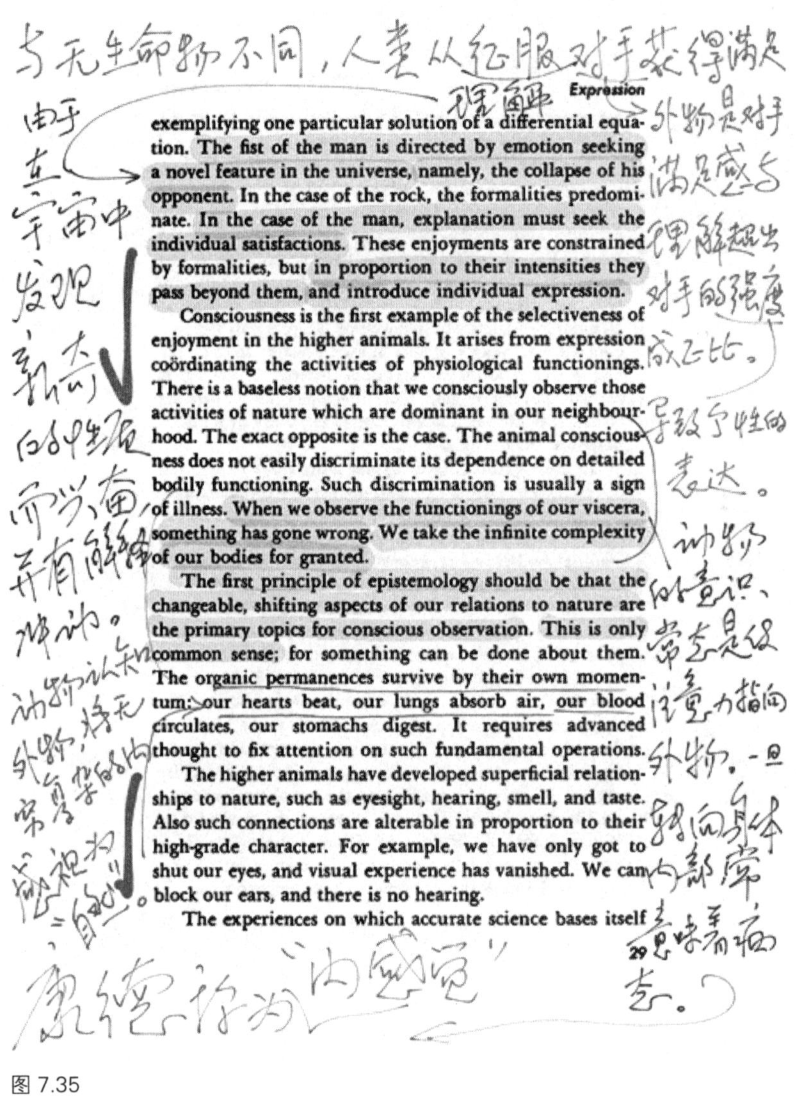

Expression

exemplifying one particular solution of a differential equation. The fist of the man is directed by emotion seeking a novel feature in the universe, namely, the collapse of his opponent. In the case of the rock, the formalities predominate. In the case of the man, explanation must seek the individual satisfactions. These enjoyments are constrained by formalities, but in proportion to their intensities they pass beyond them, and introduce individual expression.

Consciousness is the first example of the selectiveness of enjoyment in the higher animals. It arises from expression coördinating the activities of physiological functionings. There is a baseless notion that we consciously observe those activities of nature which are dominant in our neighbourhood. The exact opposite is the case. The animal consciousness does not easily discriminate its dependence on detailed bodily functioning. Such discrimination is usually a sign of illness. When we observe the functionings of our viscera, something has gone wrong. We take the infinite complexity of our bodies for granted.

The first principle of epistemology should be that the changeable, shifting aspects of our relations to nature are the primary topics for conscious observation. This is only common sense; for something can be done about them. The organic permanences survive by their own momentum: our hearts beat, our lungs absorb air, our blood circulates, our stomachs digest. It requires advanced thought to fix attention on such fundamental operations.

The higher animals have developed superficial relationships to nature, such as eyesight, hearing, smell, and taste. Also such connections are alterable in proportion to their high-grade character. For example, we have only got to shut our eyes, and visual experience has vanished. We can block our ears, and there is no hearing.

The experiences on which accurate science bases itself

29

图 7.35

图 7.36，我继续转述怀特海：人类感官固然重要，却不是文明的核心要素。符号能力远比感官更重要。继续读我写在左侧的文字：尽管如此，动物借感官可超越感觉世界。右侧：借了感官，动物有类比能力，于是有创新和概念能力。主掌人类灵魂的那部分组织主要关心人类存在的平庸性，超越这种平庸，于是成为灵魂的冲动。返回左侧的文字：哲学错在仅注意可分辨的关系，而忽略了那些成为背景的必然性，于是思想者拒绝关注人类最亲近但含糊的体验。

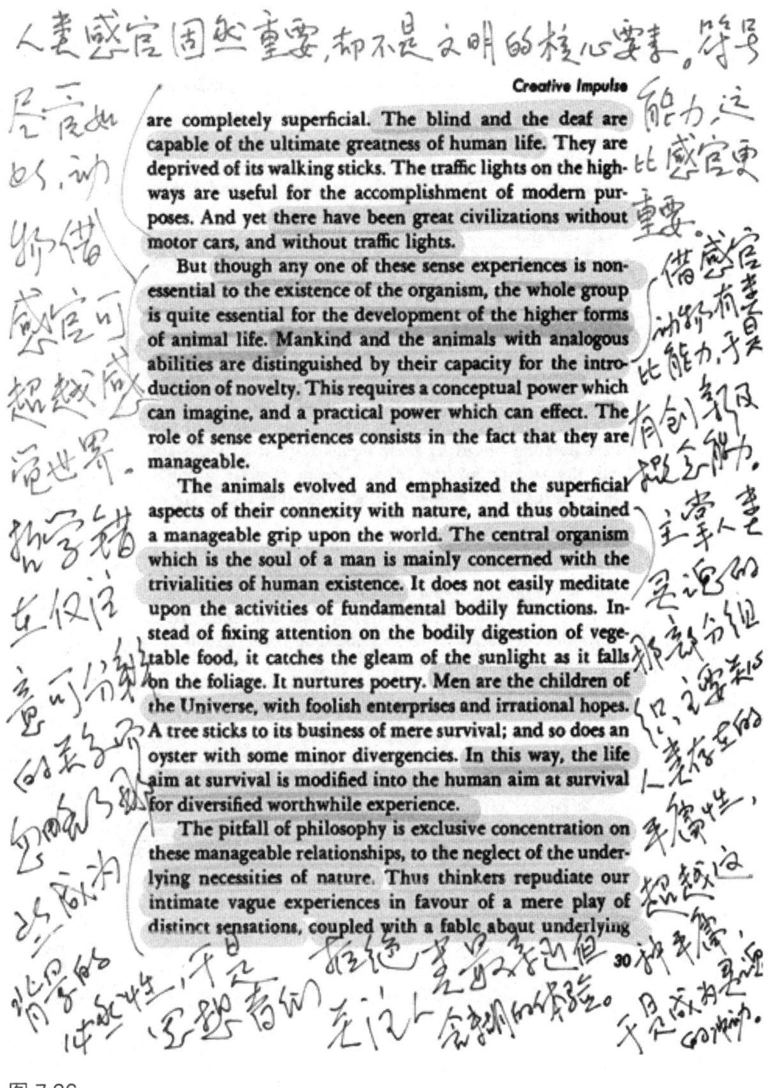

Creative Impulse

are completely superficial. The blind and the deaf are capable of the ultimate greatness of human life. They are deprived of its walking sticks. The traffic lights on the highways are useful for the accomplishment of modern purposes. And yet there have been great civilizations without motor cars, and without traffic lights.

But though any one of these sense experiences is nonessential to the existence of the organism, the whole group is quite essential for the development of the higher forms of animal life. Mankind and the animals with analogous abilities are distinguished by their capacity for the introduction of novelty. This requires a conceptual power which can imagine, and a practical power which can effect. The role of sense experiences consists in the fact that they are manageable.

The animals evolved and emphasized the superficial aspects of their connexity with nature, and thus obtained a manageable grip upon the world. The central organism which is the soul of a man is mainly concerned with the trivialities of human existence. It does not easily meditate upon the activities of fundamental bodily functions. Instead of fixing attention on the bodily digestion of vegetable food, it catches the gleam of the sunlight as it falls on the foliage. It nurtures poetry. Men are the children of the Universe, with foolish enterprises and irrational hopes. A tree sticks to its business of mere survival; and so does an oyster with some minor divergencies. In this way, the life aim at survival is modified into the human aim at survival for diversified worthwhile experience.

The pitfall of philosophy is exclusive concentration on these manageable relationships, to the neglect of the underlying necessities of nature. Thus thinkers repudiate our intimate vague experiences in favour of a mere play of distinct sensations, coupled with a fable about underlying

30

图 7.36

图 7.37，我的转述：在许多世代里，注意力集中于我们对存在之印象的理解，上溯至伊壁鸠鲁和柏拉图。重要性，产生兴趣，后者导致“歧视”（佛家所谓“分别心”）。由此，兴趣进一步激发。分别心与兴趣相互激发，由此产生了“意识”。可是另一方面，那些私己的但模糊的体验，被留给神话叙事。正是这样的晦暗但直接基于细节的洞见，应成为我们全部理性的基础，却被以往的思考拒绝了。

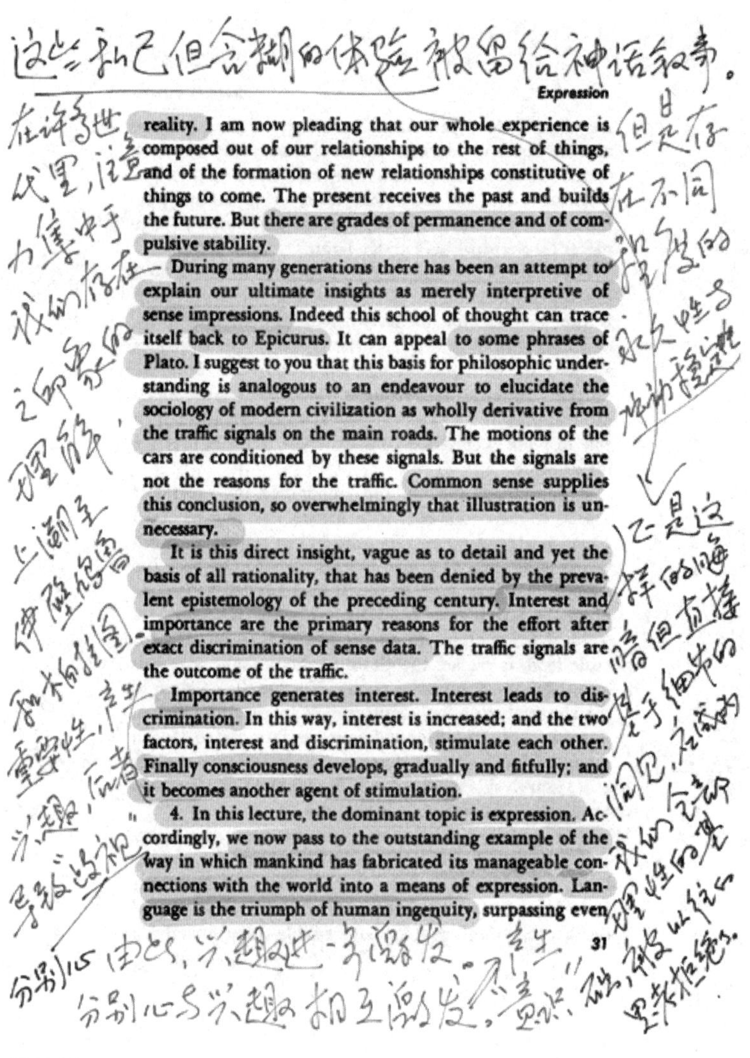

Expression

reality. I am now pleading that our whole experience is composed out of our relationships to the rest of things, and of the formation of new relationships constitutive of things to come. The present receives the past and builds the future. But there are grades of permanence and of compulsive stability.

During many generations there has been an attempt to explain our ultimate insights as merely interpretive of sense impressions. Indeed this school of thought can trace itself back to Epicurus. It can appeal to some phrases of Plato. I suggest to you that this basis for philosophic understanding is analogous to an endeavour to elucidate the sociology of modern civilization as wholly derivative from the traffic signals on the main roads. The motions of the cars are conditioned by these signals. But the signals are not the reasons for the traffic. Common sense supplies this conclusion, so overwhelmingly that illustration is unnecessary.

It is this direct insight, vague as to detail and yet the basis of all rationality, that has been denied by the prevalent epistemology of the preceding century. Interest and importance are the primary reasons for the effort after exact discrimination of sense data. The traffic signals are the outcome of the traffic.

Importance generates interest. Interest leads to discrimination. In this way, interest is increased; and the two factors, interest and discrimination, stimulate each other. Finally consciousness develops, gradually and fitfully; and it becomes another agent of stimulation.

4. In this lecture, the dominant topic is expression. Accordingly, we now pass to the outstanding example of the way in which mankind has fabricated its manageable connections with the world into a means of expression. Language is the triumph of human ingenuity, surpassing even

31

图 7.37

但是存在不同程度的永久性与冲动的稳定性。读图 7.38 中我的转述：表达，这一论域的核心是语言。最初只有身体的表达，例如舞姿。但声音的优势在于表达的同时肢体仍可从事其他活动。借助声音来表达，有更深层的理由，即当发出声音时，内脏相互鼓动，让我们感受私己的体验。故声音—言语，成为我们存在的含糊且私己的体验的最合适表达。这种存在感，对于符号能力实在非常重要。16 世纪的印刷术普及，并未取代大学，反而促进了教育，尤其是“对话”。

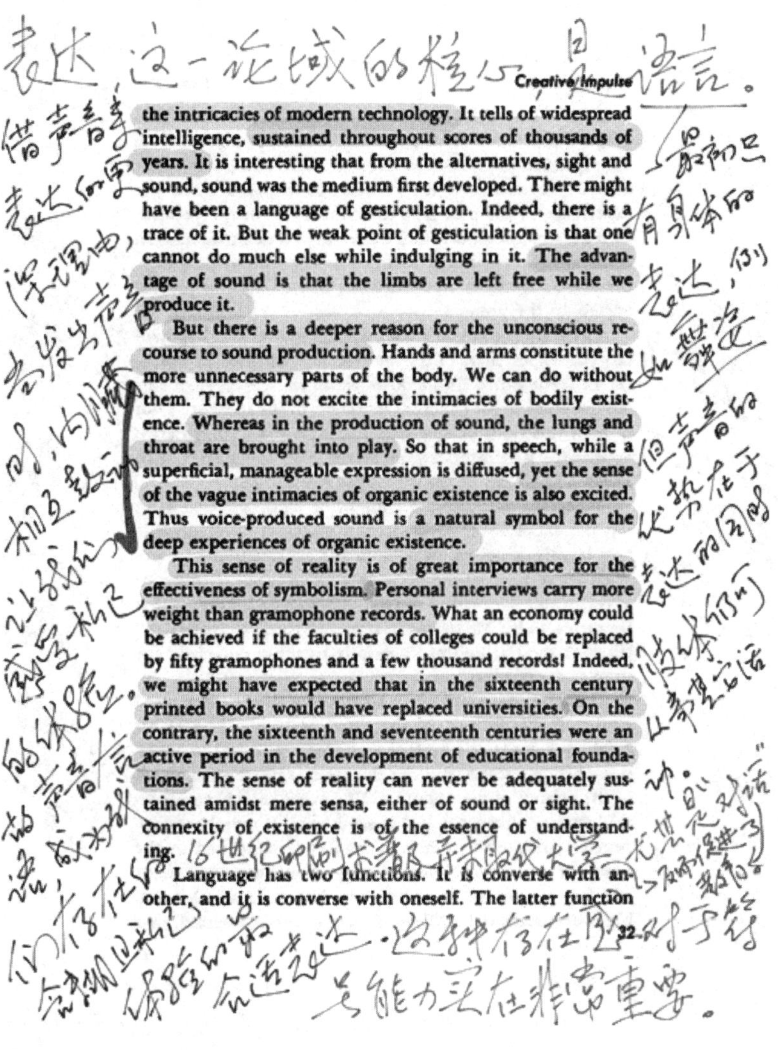

Creative Impulse

the intricacies of modern technology. It tells of widespread intelligence, sustained throughout scores of thousands of years. It is interesting that from the alternatives, sight and sound, sound was the medium first developed. There might have been a language of gesticulation. Indeed, there is a trace of it. But the weak point of gesticulation is that one cannot do much else while indulging in it. The advantage of sound is that the limbs are left free while we produce it.

But there is a deeper reason for the unconscious recourse to sound production. Hands and arms constitute the more unnecessary parts of the body. We can do without them. They do not excite the intimacies of bodily existence. Whereas in the production of sound, the lungs and throat are brought into play. So that in speech, while a superficial, manageable expression is diffused, yet the sense of the vague intimacies of organic existence is also excited. Thus voice-produced sound is a natural symbol for the deep experiences of organic existence.

This sense of reality is of great importance for the effectiveness of symbolism. Personal interviews carry more weight than gramophone records. What an economy could be achieved if the faculties of colleges could be replaced by fifty gramophones and a few thousand records! Indeed, we might have expected that in the sixteenth century printed books would have replaced universities. On the contrary, the sixteenth and seventeenth centuries were an active period in the development of educational foundations. The sense of reality can never be adequately sustained amidst mere sensa, either of sound or sight. The connexity of existence is of the essence of understanding.

Language has two functions. It is converse with another, and it is converse with oneself. The latter function

32

图 7.38

图 7.39，我的转述：语言，是一个人的过去存在，扩散到一个人的当下存在。于是将私己体验延续到未来，成为“自我”的一部分。也因此，语言让我们维系想象于真实发生的万物关系之中，远离抽象。此处，应参阅怀特海的第九讲“尾声”。我的评论：海德格尔说，语言是人类的家，并且人应诗意地居住在家里。1990 年以来，JSTOR 可查阅两类论文：（1）Whitehead + Heidegger；（2）Whitehead + Hegel。

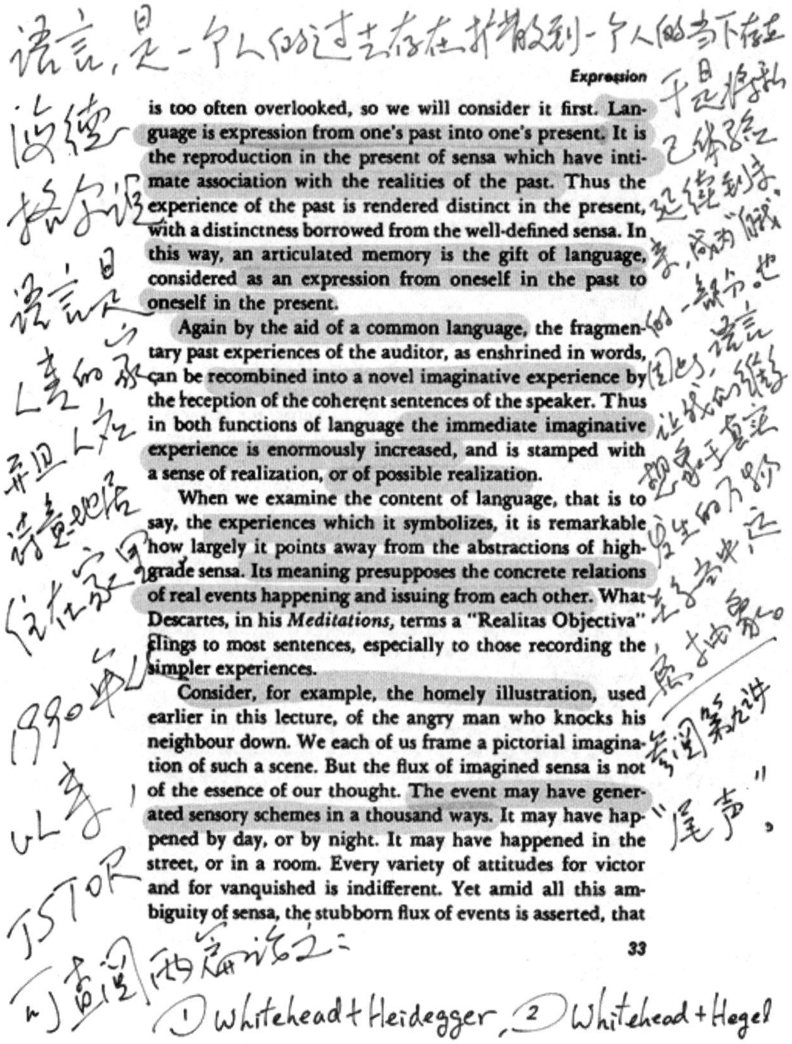

Expression

is too often overlooked, so we will consider it first. Language is expression from one's past into one's present. It is the reproduction in the present of sensa which have intimate association with the realities of the past. Thus the experience of the past is rendered distinct in the present, with a distinctness borrowed from the well-defined sensa. In this way, an articulated memory is the gift of language, considered as an expression from oneself in the past to oneself in the present.

Again by the aid of a common language, the fragmentary past experiences of the auditor, as enshrined in words, can be recombined into a novel imaginative experience by the reception of the coherent sentences of the speaker. Thus in both functions of language the immediate imaginative experience is enormously increased, and is stamped with a sense of realization, or of possible realization.

When we examine the content of language, that is to say, the experiences which it symbolizes, it is remarkable how largely it points away from the abstractions of high-grade sensa. Its meaning presupposes the concrete relations of real events happening and issuing from each other. What Descartes, in his *Meditations*, terms a "Realitas Objectiva" clings to most sentences, especially to those recording the simpler experiences.

Consider, for example, the homely illustration, used earlier in this lecture, of the angry man who knocks his neighbour down. We each of us frame a pictorial imagination of such a scene. But the flux of imagined sensa is not of the essence of our thought. The event may have generated sensory schemes in a thousand ways. It may have happened by day, or by night. It may have happened in the street, or in a room. Every variety of attitudes for victor and for vanquished is indifferent. Yet amid all this ambiguity of sensa, the stubborn flux of events is asserted, that

33

① Whitehead+Heidegger, ② Whitehead+Hegel

图 7.39

继续图 7.40，我的转述：语言是表达的体系。甚至有些人相信或声称语言与思想是同一的。其实，句子并不就是思想，否则任何翻译就都是不可能的。尽管，离开语言，很难思考。在图 7.41 最下面，转述怀特海的问题：离开语言，是否有思想？我评论：语言是存在的家，但不是存在本身。在图 7.41 的左侧，我继续评论：语言只是思想表达的方式之一。在语言之外，是否还有更多的表达思想的方式？

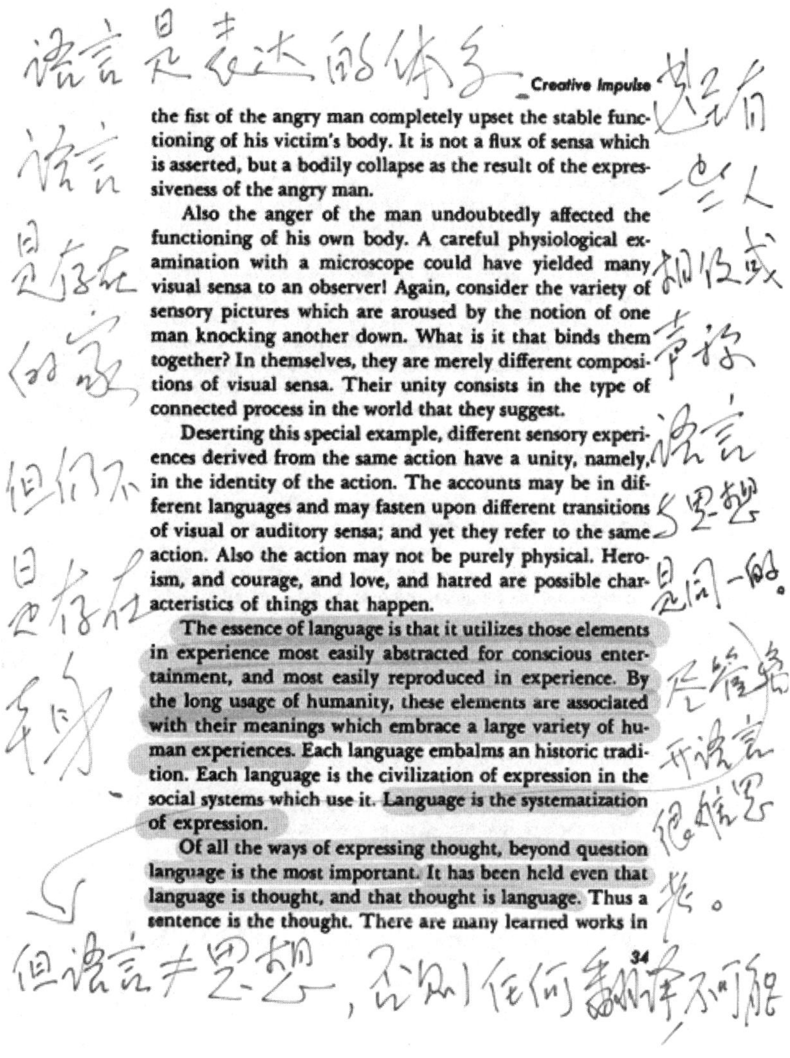
Creative Impulse

the fist of the angry man completely upset the stable functioning of his victim's body. It is not a flux of sensa which is asserted, but a bodily collapse as the result of the expressiveness of the angry man.

Also the anger of the man undoubtedly affected the functioning of his own body. A careful physiological examination with a microscope could have yielded many visual sensa to an observer! Again, consider the variety of sensory pictures which are aroused by the notion of one man knocking another down. What is it that binds them together? In themselves, they are merely different compositions of visual sensa. Their unity consists in the type of connected process in the world that they suggest.

Deserting this special example, different sensory experiences derived from the same action have a unity, namely, in the identity of the action. The accounts may be in different languages and may fasten upon different transitions of visual or auditory sensa; and yet they refer to the same action. Also the action may not be purely physical. Heroism, and courage, and love, and hatred are possible characteristics of things that happen.

The essence of language is that it utilizes those elements in experience most easily abstracted for conscious entertainment, and most easily reproduced in experience. By the long usage of humanity, these elements are associated with their meanings which embrace a large variety of human experiences. Each language embalms an historic tradition. Each language is the civilization of expression in the social systems which use it. Language is the systematization of expression.

Of all the ways of expressing thought, beyond question language is the most important. It has been held even that language is thought, and that thought is language. Thus a sentence is the thought. There are many learned works in

34

图 7.40

继续图 7.41，我转述：由于有语言，或者说符号能力，人类的思想有了自由空间，人类获得了想象那些现实中未发生的事情的能力。没有语言，这一想象力是不可能的。怀特海的评论是：The denial that language is of the essence of thought, is not the assertion that thought is possible apart from the other activities coordinated with it（不承认语言是思想的实质，并不就是承认思想可以离开与语言协调一致的其他行为而独立存在）。这里，他定义：Such activities may be termed the expression of thought（上述的这些行为或许可定义为“思想的表达”）。我评论：仅在这一限定下，语言不是思想的实质。

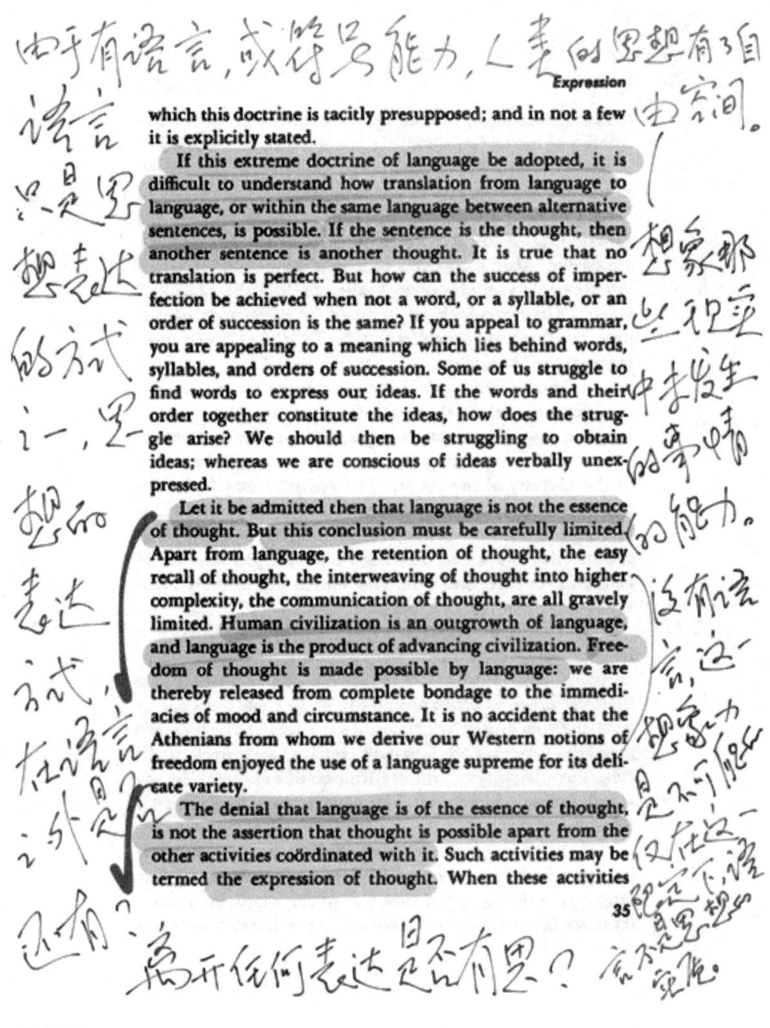

Expression

which this doctrine is tacitly presupposed; and in not a few it is explicitly stated.

If this extreme doctrine of language be adopted, it is difficult to understand how translation from language to language, or within the same language between alternative sentences, is possible. If the sentence is the thought, then another sentence is another thought. It is true that no translation is perfect. But how can the success of imperfection be achieved when not a word, or a syllable, or an order of succession is the same? If you appeal to grammar, you are appealing to a meaning which lies behind words, syllables, and orders of succession. Some of us struggle to find words to express our ideas. If the words and their order together constitute the ideas, how does the struggle arise? We should then be struggling to obtain ideas; whereas we are conscious of ideas verbally unexpressed.

Let it be admitted then that language is not the essence of thought. But this conclusion must be carefully limited. Apart from language, the retention of thought, the easy recall of thought, the interweaving of thought into higher complexity, the communication of thought, are all gravely limited. Human civilization is an outgrowth of language, and language is the product of advancing civilization. Freedom of thought is made possible by language: we are thereby released from complete bondage to the immediacies of mood and circumstance. It is no accident that the Athenians from whom we derive our Western notions of freedom enjoyed the use of a language supreme for its delicate variety.

The denial that language is of the essence of thought, is not the assertion that thought is possible apart from the other activities coördinated with it. Such activities may be termed the expression of thought. When these activities

35

图 7.41

在图 7.42 的最上面，我写了评论：《思维方式》讨论的全部主题，都是关于思维与表达之间相互依赖的关系的。我转述怀特海的见解：为理解思想的方式，我们必须追索导致了语言文明的心理学。情绪表达行为，源于祖先生活的时代，远比思想更古老。首先要区分两类语言：声音的和视觉的。不论怎样考古，视觉语言大约起源于几千年前。

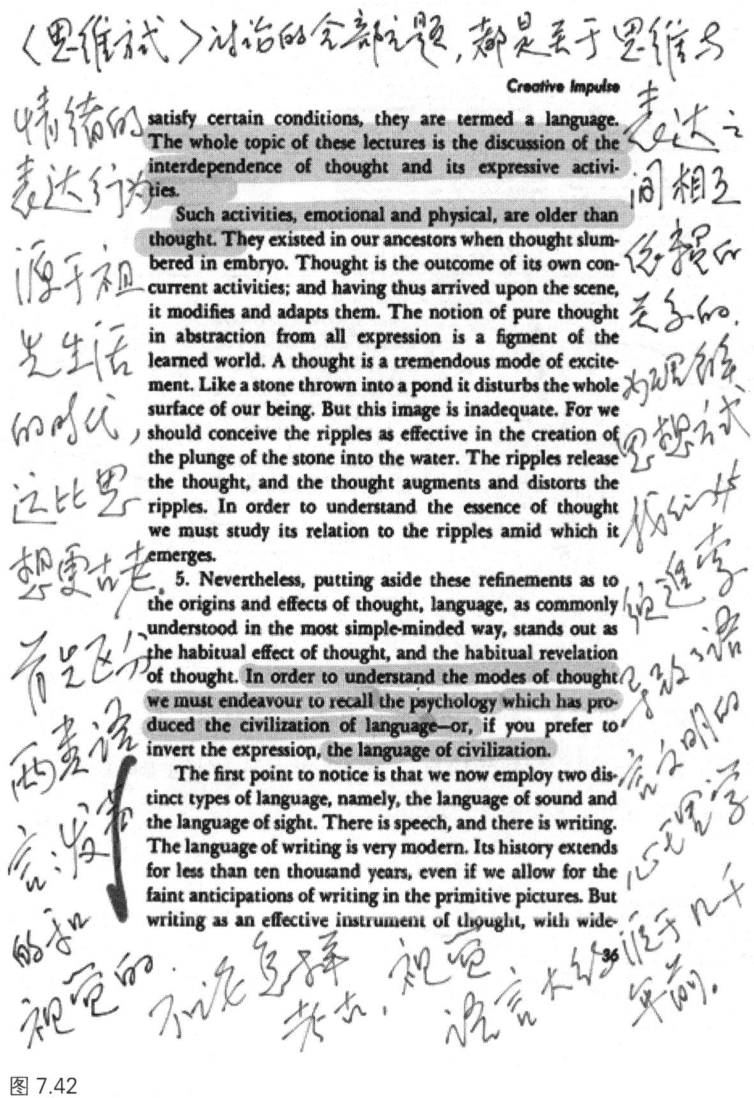
Creative Impulse

satisfy certain conditions, they are termed a language. The whole topic of these lectures is the discussion of the interdependence of thought and its expressive activities.

Such activities, emotional and physical, are older than thought. They existed in our ancestors when thought slumbered in embryo. Thought is the outcome of its own concurrent activities; and having thus arrived upon the scene, it modifies and adapts them. The notion of pure thought in abstraction from all expression is a figment of the learned world. A thought is a tremendous mode of excitement. Like a stone thrown into a pond it disturbs the whole surface of our being. But this image is inadequate. For we should conceive the ripples as effective in the creation of the plunge of the stone into the water. The ripples release the thought, and the thought augments and distorts the ripples. In order to understand the essence of thought we must study its relation to the ripples amid which it emerges.

5. Nevertheless, putting aside these refinements as to the origins and effects of thought, language, as commonly understood in the most simple-minded way, stands out as the habitual effect of thought, and the habitual revelation of thought. In order to understand the modes of thought we must endeavour to recall the psychology which has produced the civilization of language—or, if you prefer to invert the expression, the language of civilization.

The first point to notice is that we now employ two distinct types of language, namely, the language of sound and the language of sight. There is speech, and there is writing. The language of writing is very modern. Its history extends for less than ten thousand years, even if we allow for the faint anticipations of writing in the primitive pictures. But writing as an effective instrument of thought, with wide-

36

图 7.42

图 7.43 截取自心智地图，是授课提要。所以，我写在这里的文字只是“提要”，当然，也就很重要。例如，我的提示：创造，是潜在可能性的“感受 / 表达”。稍靠下面，我写了“宗教”，以概括两页原文的不同部分。又写了“集结的四层次”——无生命物、植物、动物、人。在左下方，我写了“有机体生理功能的协调，是意识最初的起源。”又写了：“认识 / 认知 / 知识”源于身体与环境关系的“重要性感受”。从这里，我画了一个箭头指向下一页原文，并写了——“兴趣”的缘起。

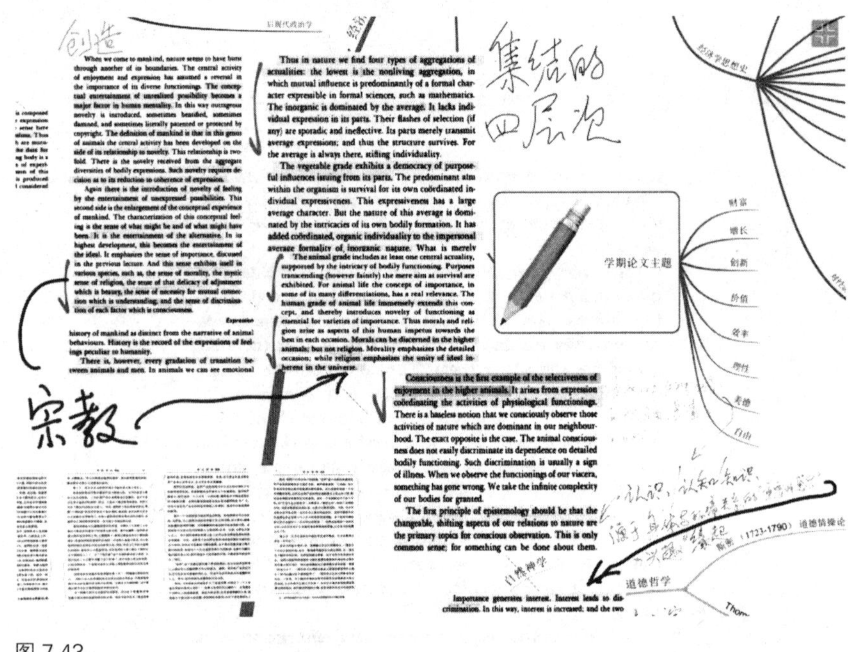

图 7.43

于是在图 7.44 中写着“兴趣的缘起”的箭头指向第 4 小节的主题：意识演化，出现自我意识。随后，我写了“语言与思想的关系”，以概括三页原文的不同部分。更下面一些，我写了——思想习惯于语言，“家”。用于提示怀特海的两页原文，并合成一个箭头指向最下面的文字：语言“抽象”。

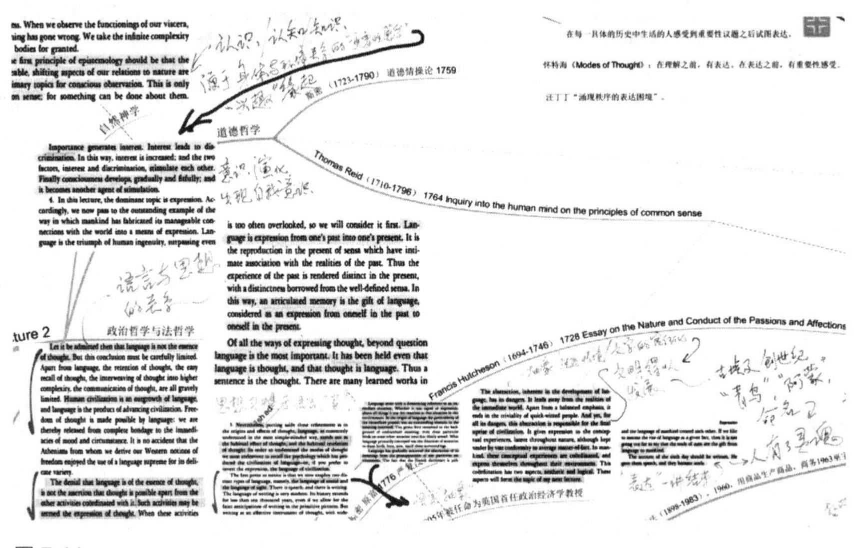

图 7.44

此处，怀特海的叙述出现一次重要转折。语言，因为有“名词”，而名词就是“观念”——是一种抽象。所以，黑格尔在《精神现象学》里论述的“语言的颠覆性”[1]，适用于怀特海此处的讨论。黑格尔举例，我转述并发挥：假如我在电话里对你说我面对着我家院子里这棵树。你并未来过我家，你只能想象由我说的名词“树”在你脑内激活的树的概念。黑格尔是在讨论 A=A 这一逻辑基本定律（同一律）时提到这一例的。他的意思是，我看到的树，与你想象的树，压根不是一回事。我看到的树是具体的、特殊的、个别的，而你想象我看到的树，是一般的、抽象的、概念化的。换句话说，怀特海所说的私己的但含糊的细节，本应成为文明演化的核心因素的东西，被概念化的语言颠覆了。所以，当我们使用同一律的时候，表面上看，等式左边的 A 和等式右边的 A 是同一个东西。其实，我说的树 A，与你理解我说的树 A，不是同一的，具体的树被抽象的树颠覆了。

所以，怀特海说，原初表达很重要，因为保留着私己的尽管含糊的细节。之所以能够保留这些细节，是因为在原初表达中，只有指示代词“这个”或“那个”。当我们借助指示代词表达感受的时候，我们的表达不能脱离具体情境，例如我家的院子里的“这个”（树）。在有文字之前，人与人交流总是面对面的，于是你也在我家院子里，也面对“这个”（树），于是 A=A 成立，至少大致成立（假定你的五种感官与我的大致一样）。辅以其他的表达方式（手势和眼神等等），我总可以让你明白我所指的树重要在哪里。文字的发明，使人与人交流可以脱离文字最初由以发生的具体情境，于是特别容易导致怀特海说的“错置实境”谬误。

但是，语言必须如此，否则无法交流。参阅我 2008 年写的一篇随笔“文字的代价”。因为我在这部讲义里常引用，所以我将这篇文章放在这一讲的附录里了。

怀特海所说的错置实境谬误，容我再举一例。十多年前，在杭州，我和妻子第一次走进杭州的菜馆点菜。妻子拿着菜单，看到的菜名都是不懂内容的。例如，“太极羹”，其实就是墨绿色蔬菜泥与白色豆泥放在同一只盘子里，很容易放成太极鱼图的样子。那时是杭菜的鼎盛期。我们从美国到杭州讲课，哪里懂这些菜名，稍后就熟悉了，各家菜馆大同小异，都是这套看不懂内容的菜名。在美国的餐馆，不能这样写菜名，如果用了看不懂内容的菜名，在高级餐厅里，也务求将这道菜的主要成分和佐料用小号字体写在菜名下面。我记得那时杭州的龙井路，有一些私家菜馆，很隐秘，经济学院的朋友们常带我们去品尝那里的新菜肴。有一天，院长电话告诉我说预定了一

---

[1] 参阅邓晓芒：《思辨的张力：黑格尔辩证法新探》，湖南教育出版社，1992 年初版。

道菜，名称是“千年等一回”，还有一道菜，名称是“无名英雄”。我询问周围的同学们，没有谁知道那些是什么菜。其实，到了菜馆，千年等一回就是老火煲汤，十几小时，甚至几天，这道汤才算做成了，故得此名。无名英雄，就是用一条鲜鱼煮汤，然后将这条鱼捞出来扔掉，再放其他菜肴入汤。这道菜端上桌子，完全没有鱼，却有鱼香。那条鱼，就是无名英雄啦。

不论如何，我在图 7.44 的“语言抽象”之后写下：抽象 / 脱离情境 / 文字的官僚化。怀特海随后说，这是文明的代价，不支付这一代价，文明不能进步。我随后写了：古埃及创世纪，“青鸟”，“阿蒙”，命名。此处一个箭头指向“人有了灵魂”。这些典故，来自古埃及的神话。我 1999 年为《财经》杂志写了一篇长文，其中引用了“青鸟”创世纪神话。在这些神话里，大神“阿蒙”（太阳神）之降生，是因为喊出了自己的名。怀特海在第二讲的最后一段文字是：The account of the sixth day should be written, He gave them speech, and they became souls（上帝创世的第六天应这样写，他给了他们言语，于是他们有了灵魂）。

4. 第三讲：理解

怀特海《思维方式》的第三讲“理解”，开篇如图 7.45，截取自第七讲的心智地图。就这一学期的主旨而言，第二讲是最重要的。就怀特海这本小册子的主旨而言，第三讲更重要。在这张截图里我写了评注，现在我解释这些评注文字：理解，是“有限理性”人的理解。人只能基于有限时空（实事）领悟他所在的局部与整体（宇宙）的联系，即“视野”或“视角”的涵义。在任何视域之内的理解不可能是完整的，因为视域的边界（环境）无法界定。所以，理解，不能完整，却能洞悉——意思是：理解保持为动态的，只要在特定方向（perspective）持续深入，理解就可达到无定量的远处（即任何预定的深度都可被超越，只要假以时日）。从这里转入科学研究，因为这正是科研理解的性质。科学研究追求精专，随着科学理解不断深入某一视角之内的各种细节，如果我们不警惕科学主义的倾向，那么我们就随着科学深入细节而逐渐缩小心灵广度。

我画在图 7.45 最右方的图示，是怀特海定义的“内在理解”的图示。我们对事物的内在理解，要求事物呈现这样的内部结构——任一事物内部有若干要素，并且这些要素之间有因果关系，从而事物被我们的理解重新建构出来。在图左侧，我再次画了“视域”的示意图，从“实事”向着无限性展开。以下我的转述，仅翻译或概述我用阴影标注了的段落，并提供这些段落的截图。

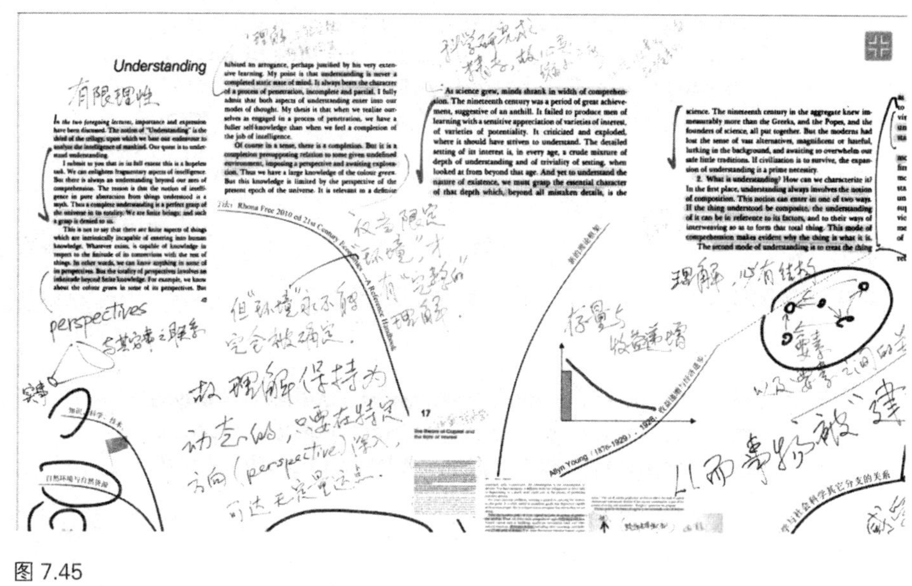

图 7.45

图 7.46 是第一张这样的截图，怀特海说，这是他用来分析人类思想的“三部曲”的最终见解的第三部，“理解”，意在理解人类理解。然后，他承认这是一项不可能的任务。固然，我们的理解能够照亮许多思想片断，但每一理解总是越出我们可理解的范围，指向更多的理解。因此，完全的理解，要求完美地把握宇宙之整全，而这一把握不是人类可以完成的。

In the two foregoing lectures, importance and expression have been discussed. The notion of "Understanding" is the third of the trilogy, upon which we base our endeavour to analyze the intelligence of mankind. Our quest is to understand understanding.

I submit to you that in its full extent this is a hopeless task. We can enlighten fragmentary aspects of intelligence. But there is always an understanding beyond our area of comprehension. The reason is that the notion of intelligence in pure abstraction from things understood is a myth. Thus a complete understanding is a perfect grasp of the universe in its totality. We are finite beings; and such a grasp is denied to us.

图 7.46

图 7.47 中阴影标注的段落，我的翻译是：换句话说，我们能获得任一事物在某些视域里的知识。这些视域之全体则涉及我们有限知识之外的无限性。

This is not to say that there are finite aspects of things which are intrinsically incapable of entering into human knowledge. Whatever exists, is capable of knowledge in respect to the finitude of its connections with the rest of things. In other words, we can know anything in some of its perspectives. But the totality of perspectives involves an infinitude beyond finite knowledge. For example, we know

图 7.47

他说（如图 7.48）：我的见解是，理解从来就不是心智的完全静止状态。理解永远带有穿透或洞察的过程特点，尽管它是不完全的和部分的。

sive learning. My point is that understanding is never a completed static state of mind. It always bears the character of a process of penetration, incomplete and partial. I fully

图 7.48

当然，见图 7.49，怀特海说：在某种意义上，有完全的理解。但它是相对于预设的未定义的环境的理解，它于是暴露了一种视域并且等待勘察。

Of course in a sense, there is a completion. But it is a completion presupposing relation to some given undefined environment, imposing a perspective and awaiting exploration. Thus we have a large knowledge of the colour *green*.

图 7.49

随着科学的成长，见图 7.50，这是怀特海的感慨：人类心智，就心智领悟的广度而言，在不断萎缩。19 世纪是一个取得伟大进步的时期，如蚁冢一般繁盛，却不能造就敏于欣赏各种兴趣和潜质的学者，它一边批评一边爆发，在它原本应致力于理解的任何领域。从一个时代外面考察这一时代，我们发现每一个时代的兴趣，在细节设置上，是深度理解与泛泛平庸的某种粗略混合。

我标注了这一段的最后一句，我觉得很重要。这句话的后半句在下一页，很短也很容易理解。所以我在这里翻译全句："要理解存在的本质，我们必须从足以越过一切细节谬误的深度来把握它的精髓，这是生活向上升华的主要驱动，当然此处需要限定——即如果生活里确有向上的升华。"这里，请注意怀特海的表达，要想把握精髓，必须超越全部可错的细节，那是一种深度把握。

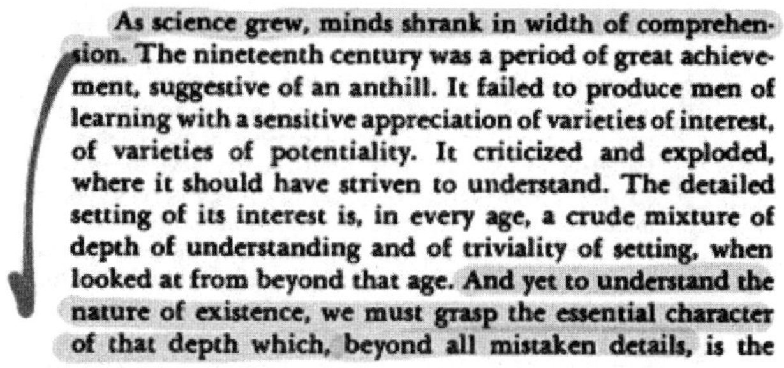

As science grew, minds shrank in width of comprehension. The nineteenth century was a period of great achievement, suggestive of an anthill. It failed to produce men of learning with a sensitive appreciation of varieties of interest, of varieties of potentiality. It criticized and exploded, where it should have striven to understand. The detailed setting of its interest is, in every age, a crude mixture of depth of understanding and of triviality of setting, when looked at from beyond that age. And yet to understand the nature of existence, we must grasp the essential character of that depth which, beyond all mistaken details, is the

图 7.50

年轻的研究生们可能要问：为什么思考到足够深的时候可以越过一切可错细节？这里需要类比：我们从充分的广度把握一个问题的时候，总是可以不考虑易错的细节，所谓“知难行易”。人类会饮水几百万年之后，才知道水的内部结构。把握，就是从“用”（功能）角度理解事物，怀特海称为“外在理解”。

类似地，如果我们从足够的深度来把握一个问题，也可以忽略那些易错的细节且大致理解这一问题（外在理解）。典型的例子就是中国知识分子历来喜欢从“文化”层次探讨中国社会的现实问题。而文化这一深度，足够深，故允许中国知识分子忽略政治层次或行为层次的那些易错细节，但仍可“外在理解”中国社会现实问题。我们称之为“大而化之”的理解——由于不知细节，故不能改造中国社会。就此理解怀特海所言足够深度可避免一切易错的细节，很可能怀特海是从他定义的“视域”（perspective）观念来定义“深度”的，也就是说，在特定的视域内，最肤浅的层次就是“实事”，然后逐渐向着宇宙整全深入，从视域之内更高的层次来看实事，就是深度把握。其实，这也意味着抽象层次逐渐增加。因为只有抽象才可忽略细节，从而避免不一致性。

随后，怀特海列举西方思想的案例来论证他的上述见解，见图 7.51—7.54。我从图 7.51 开始转述：我们必须扩展我们理解的努力。在 19 世纪，希腊学者们与古代希腊最优秀的学者相比而言视野更窄，基督教学者们与教父时代最优秀的学者相比而言视野更窄，科学家们与数学和物理学的创始者们相比视野更窄。19 世纪整体而言知道的远比古希腊人、教父哲学家和科学的缔造者这三类所知的总和还要多。然而，现代人已丢失了关于广泛的其他可能性的感觉，辉煌或可恨，这些另类感只在背景里闪烁，等待着来淹没我们安全而微不足道的传统。假如文明必须延续，扩展我们的理解就有最高的必要性。

We must enlarge our effort at understanding. In the nineteenth century, the Greek scholars were somewhat narrower than the best of the Greeks, the Christian scholars were somewhat narrower than the best of the early Popes, and the men of science were somewhat narrower than the founders of the study of mathematics and of physical science. The nineteenth century in the aggregate knew immeasurably more than the Greeks, and the Popes, and the founders of science, all put together. But the moderns had lost the sense of vast alternatives, magnificent or hateful, lurking in the background, and awaiting to overwhelm our safe little traditions. If civilization is to survive, the expansion of understanding is a prime necessity.

图 7.51

现在开始第 2 小节，如图 7.52，于是，怀特海追问：何为理解？我们怎样表述它的特征？首先，他说，理解总是包含着关于复合结构的见解。这里，“composition”的意思是“复合”，我更愿意翻译为事物的“结构”，因为对应于金岳霖《知识论》阐述的使“概念”区分于“观念”的事物的结构——在观念里进一步被辨认出来的因果关系。怀特海说，以两种方式，复合（结构）进入我们的理解。其一，事物内部有复合结构。我说过金岳霖关于观念和概念的区分，概念有内部结构。其二，事物与其他事物之间有许多联系，这是外部的复合结构，让我们可以从外部把握事物之为一整体。怀特海继续分析复合结构在理解中的两种方式，见图 7.53 和 7.54。复合结构的第一种理解，可以称为“内在理解”；第二种理解，可称为“外在理解”。不过，关于复合结构的理解的这两种模态是相辅相成、相互预设的。

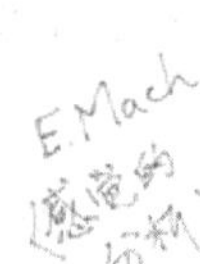

2. What is understanding? How can we characterize it? In the first place, understanding always involves the notion of composition. This notion can enter in one of two ways. If the thing understood be composite, the understanding of it can be in reference to its factors, and to their ways of interweaving so as to form that total thing. This mode of comprehension makes evident why the thing is what it is.
The second mode of understanding is to treat the thing

图 7.52

as a unity, whether or not it is capable of analysis, and to obtain evidence as to its capacity for affecting its environment. The first mode may be called the internal understanding, and the second mode is the external understanding.

图 7.53

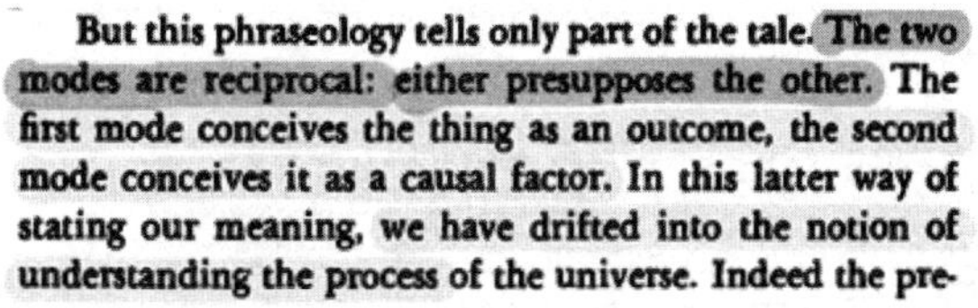

But this phraseology tells only part of the tale. The two modes are reciprocal: either presupposes the other. The first mode conceives the thing as an outcome, the second mode conceives it as a causal factor. In this latter way of stating our meaning, we have drifted into the notion of understanding the process of the universe. Indeed the pre-

图 7.54

事物的内在理解，使事物呈现为某种有内部结构的格局。事物的外在理解，使事物相互之间呈现为因果关系，借助于外在理解，我们关于理解的最终见解向着关于宇宙过程的理解漂移。

然后，怀特海的结论为：“It is true that nothing is finally understood until its reference to process has been made evident”（如果不使理解的参照系自明为“过程”，就不可能有任何事情被最终理解）。在怀特海这本书里贯穿始终的思考就是“形式”与“过程”这两大观念的冲突，以及西方思想如何陷入“形式”观念而不能自拔。这当然也是我在经济学思想史课程中反复引述怀特海这本书的主要理由，因为经济学在两百多年的时间里，也逐渐陷入“形式”观念而不能自拔。

现在我们来到经济学思想史第七讲心智地图的另一截图，即图 7.55，在这里，怀特海开始讨论数学证明并扩展至一般思想的证明。在该图上方，我写了：外在理解，导致“整全感”，而整全感导致“过程”之为不可避免的参照系。内在理解，导致“因果关系”。至此，怀特海才结束了关于理解的两种模态的讨论。

然后，他想到了数学证明，这是西方思想沿着“观念”思路发展的典型案例。笛卡尔追求的是观念的“自明性”，但因为亚里士多德传统的主导影响，观念的自明性并未导致“过程”之为这种自明性的参照系。

数学思想史，我在第五讲特别介绍了布劳威尔的数学直觉主义，以及由此引发的希尔伯特的数学公理主义运动，直到希尔伯特的思路被哥德尔定理彻底颠覆。但哥德尔定理之后，布劳威尔的直觉主义数学并未成为数学证明的主流。所以，数学证明仍停留在“观念”思路之内。

我在图 7.55 上方评注：证明，其实质是“体证”——将知识与身体融合为一，从而成为“身体知识”的一部分——足够熟悉以致成为身体的延伸。这就是博兰尼所说的“私人知识”，我写了“intimate”（私己的），不如此不是“明证”——自明的“证明”。在自明之外另求证明，只是二流的心灵——因为，怀特海的评论是：缺乏理解（穿透力）的证明，只是平庸的“行动过程”而已。我在该图右上角写了怀特海的评论：故哲学要么是自明的，要么就不是哲学。

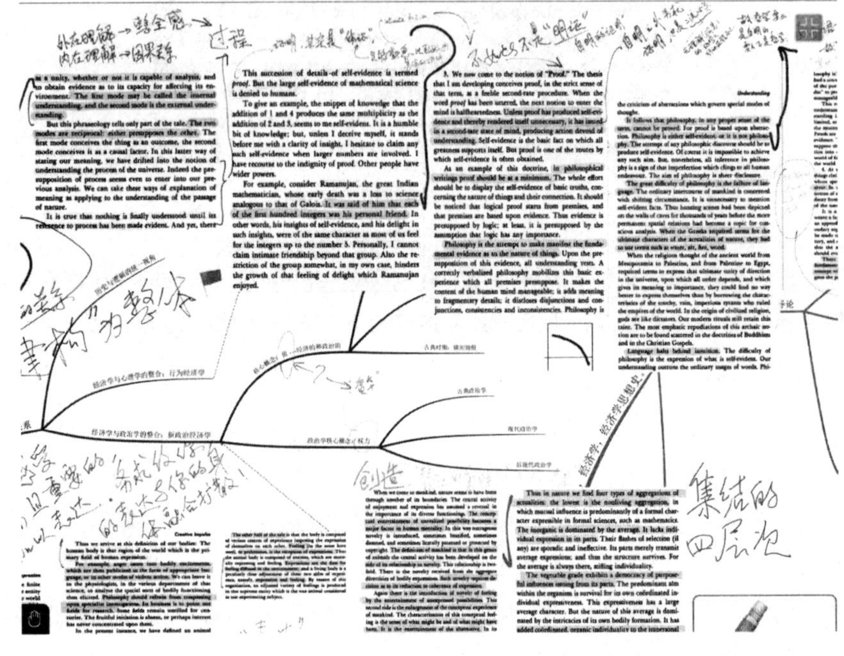

图 7.55

图 7.56 中，这一系列被称为“自明”的细节，就被界说为“证明”。可是，人类却无法理解数学的大部分自明性。

This succession of details of self-evidence is termed *proof*. But the large self-evidence of mathematical science is denied to humans.

图 7.56

For example, consider Ramanujan, the great Indian mathematician, whose early death was a loss to science analogous to that of Galois. It was said of him that each of the first hundred integers was his personal friend. In other words, his insights of self-evidence, and his delight in such insights, were of the same character as most of us feel for the integers up to the number 5. Personally, I cannot claim intimate friendship beyond that group. Also the re-

图 7.57

现在，怀特海说，见图 7.58，我们来到关于“证明”的见解这里。在我正努力讲解的这一主题里，证明，在这一语词的严格意义上，其实是洞察力很弱的二流的机械过程。当我们小声嘀咕 “证明” 这一语词的时候，紧接着进入我们意识的就是关于半心半意的见解。除非证明产生了自明性，从而不再有证明之必要，随证明而来的是一种二流心智状态，它产生的是剥夺了理解的行动。自明性，是一切伟大用以支持自己的基本事实。可是，证明，这是常常由以达到自明性的途径。作为这一教义的案例，在哲学写作中，证明应当被简至最小。

3. We now come to the notion of "Proof." The thesis that I am developing conceives proof, in the strict sense of that term, as a feeble second-rate procedure. When the word *proof* has been uttered, the next notion to enter the mind is halfheartedness. Unless proof has produced self-evidence and thereby rendered itself unnecessary, it has issued in a second-rate state of mind, producing action devoid of understanding. Self-evidence is the basic fact on which all greatness supports itself. But proof is one of the routes by which self-evidence is often obtained.

As an example of this doctrine, in philosophical writings proof should be at a minimum. The whole effort

图 7.58

图 7.59 继续，哲学意在昭显对于事物之本质而言是根本性的证据。基于这样的证据之预设，有全部理解。

Philosophy is the attempt to make manifest the fundamental evidence as to the nature of things. Upon the presupposition of this evidence, all understanding rests. A

图 7.59

注意，这一段非常精彩，在图 7.60 中，怀特海说：所以，哲学，如果是真正的哲学，不能被证明。因为证明是抽象的。哲学要么是自明的，要么不是哲学。

It follows that philosophy, in any proper sense of the term, cannot be proved. For proof is based upon abstraction. Philosophy is either self-evident, or it is not philosophy. The attempt of any philosophic discourse should be to

图 7.60

图 7.61，哲学的巨大困难在于语言失灵。人们的日常交往只关注情境的变换，所以不必提到自明的事实。狩猎场景已被描绘在岩洞墙壁上，在更固定的空间关系成为有意识分析的主题之前数千年。当古希腊人探求自然现实的终极性质时，他们不得不使用诸如“水”、“空气”、“火”、“木”这类语词。

The great difficulty of philosophy is the failure of language. The ordinary intercourse of mankind is concerned with shifting circumstance. It is unnecessary to mention self-evident facts. Thus hunting scenes had been depicted on the walls of caves for thousands of years before the more permanent spatial relations had become a topic for conscious analysis. When the Greeks required terms for the ultimate characters of the actualities of nature, they had to use terms such as water, air, fire, wood.

图 7.61

继续，如图 7.62，这里，怀特海的第一句是震撼的：Language halts behind intuition——语言止于直觉，但也可以译为“语言滞留于直觉之后”。怀特海的第二句也颇为精彩：“哲学的困难在于要表达那已自明的”。第三句是结论：我们的理解超过了语词的日常用法。

Language halts behind intuition. The difficulty of philosophy is the expression of what is self-evident. Our understanding outruns the ordinary usages of words. Phi-

49

图 7.62

所以，怀特海说：“Philosophy is akin to poetry”（哲学与诗类同）。当然，我们知道，海德格尔也表达了类似的见解。不过，怀特海的描述更精致：直观的两极是逻辑与诗。换句话说（参阅图 7.100），在怀特海看来，从具体的（排斥任何分析的）审美体验，到最抽象的数理逻辑模型，这是一个随着抽象程度不断增加而构成的连续谱系。

下面的截图（图 7.63），是经济学思想史第七讲心智地图关于怀特海这本书的第三讲的第三份图示，我在这里的评论接着怀特海关于哲学自明的见解：然而，语言颠覆直觉！故哲学难以自明。此处，请参阅本书第五讲附录以及第六讲。

现在到了很关键的一段文字，第 4 小节开端，见图 7.64，怀特海说：在我们讨论到此处时，事物的另一性质要求给予明确识别。它是一般特征，却被赋予不同的特殊形式——无序、邪恶、谬误。

图 7.65 取自 2006 年我在浙江大学的经济学思想史讲演提纲，是怀特海《思维方式》第四讲的论述，可见，这一段文字对怀特海而言很重要，多次被提及。如该图所示，怀特海列出三对范畴：清晰与模糊，秩序与无序，善与恶。注意，这是他这本书的第四讲，与第三讲所说的有差异，参阅图 7.63 和 7.64。在第三讲他说，理解的对立面是无序、邪恶、谬误；而在第四讲，他将清晰与模糊列为第一对范畴，将有序和无序排在第三。其次，他说，这三对范畴是我们经验的基本特征，是我们理解万物的出发点。

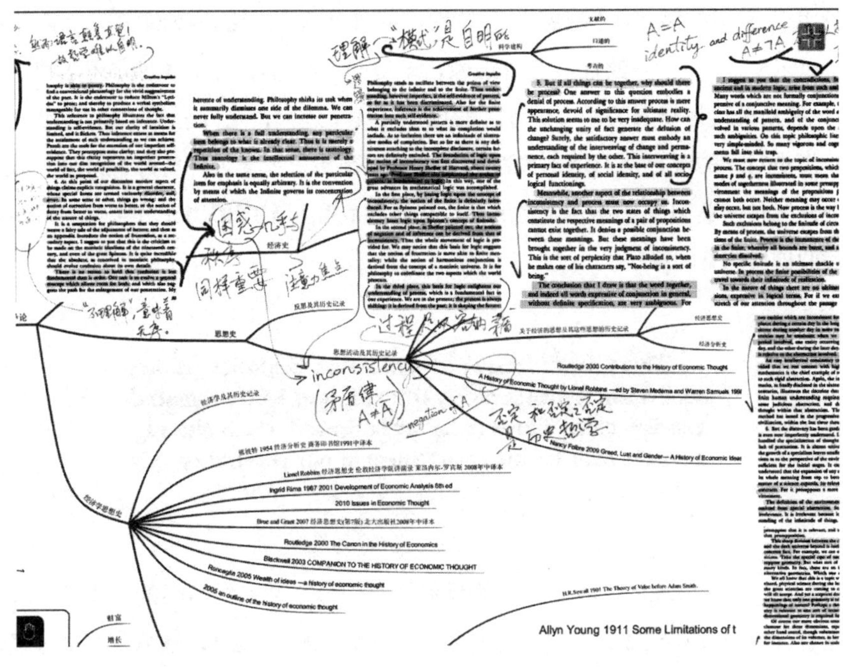

图 7.63

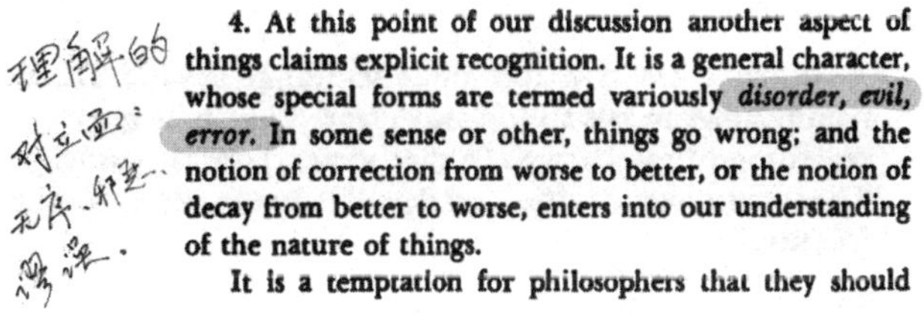

理解的对立面：无序、邪恶、谬误。

4. At this point of our discussion another aspect of things claims explicit recognition. It is a general character, whose special forms are termed variously *disorder, evil, error.* In some sense or other, things go wrong; and the notion of correction from worse to better, or the notion of decay from better to worse, enters into our understanding of the nature of things.

It is a temptation for philosophers that they should

图 7.64

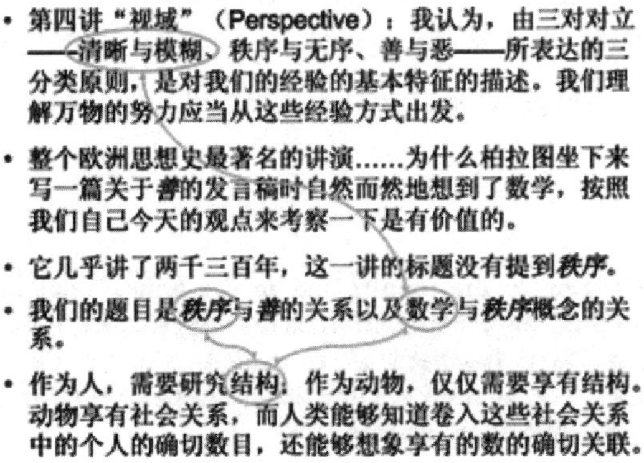

- **第四讲“视域”（Perspective）：我认为，由三对对立——清晰与模糊、秩序与无序、善与恶——所表达的三分类原则，是对我们的经验的基本特征的描述。我们理解万物的努力应当从这些经验方式出发。**
- **整个欧洲思想史最著名的讲演……为什么柏拉图坐下来写一篇关于善的发言稿时自然而然地想到了数学，按照我们自己今天的观点来考察一下是有价值的。**
- **它几乎讲了两千三百年，这一讲的标题没有提到*秩序*。**
- **我们的题目是*秩序*与善的关系以及数学与*秩序*概念的关系。**
- **作为人，需要研究结构；作为动物，仅仅需要享有结构。动物享有社会关系，而人类能够知道卷入这些社会关系中的个人的确切数目，还能够想象享有的数的确切关联。**

图 7.65

继续，见图 7.66，没有理由认为有序比混乱更根本。我在图 7.63 上方写了对怀特海这几段文字的概括："困惑几乎与秩序同样重要"，此处我画了一个箭头指向"inconsistency"——不一致性，非自洽性，矛盾律（注意我在那里写的矛盾律的表达方式），然后带入怀特海关于"过程"的论述——"过程，足以容纳矛盾"。我还写了黑格尔历史哲学的观点：否定，和否定之否定，是历史哲学。怀特海继续说：我们的任务是让某种一般的概念得以演化出来，从而为混乱和有序留出充分余地；同时还可启发我们扩展洞见的路径。

There is no reason to hold that confusion is less fundamental than is order. Our task is to evolve a general concept which allows room for both; and which also suggests the path for the enlargement of our penetration. My

图 7.66

图 7.67：当完整理解出现时，它的任何特定因素就是已经清晰的。于是，表达这样的理解，就是重复已知。在这一意义上，当完整理解出现时，就只有同义反复。因此，同义反复成为关于无限性的智性娱乐。

When there is a full understanding, any particular item belongs to what is already clear. Thus it is merely a repetition of the known. In that sense, there is tautology. Thus tautology is the intellectual amusement of the Infinite.

图 7.67

现在这一段很重要，见图 7.68，怀特海说：以这样的方式，理解，不论多么不完美，具有模式的自明性，前提是模式已被识别。可以说，对怀特海而言，理解的另一表达是"模式识别"，只要模式被识别出来，获得了某种程度的自明性，我们就可说是获得了理解。

belonging to the infinite and to the finite. Thus understanding, however imperfect, is the self-evidence of pattern, so far as it has been discriminated. Also for the finite experience, inference is the achievement of further penetration into such self-evidence.

图 7.68

这一思想，在当代的数学与人工智能领域，有广泛的支持。例如，现代数学家通常这样定义“数学”——数学的实质是模式识别。又例如，人工智能的主要研究路径，通常从模式识别开始。

我写在图7.63上方的文字是“理解”，这里有一个箭头指向——“模式”是自明的。从“理解”有另一个箭头指向——“逻辑”。而从“逻辑”开始的箭头，带到怀特海关于谢佛教授（Henry Maurice Sheffer，1882—1964）的逻辑学论点，也就是如图7.69所示的中间那一部分文字。

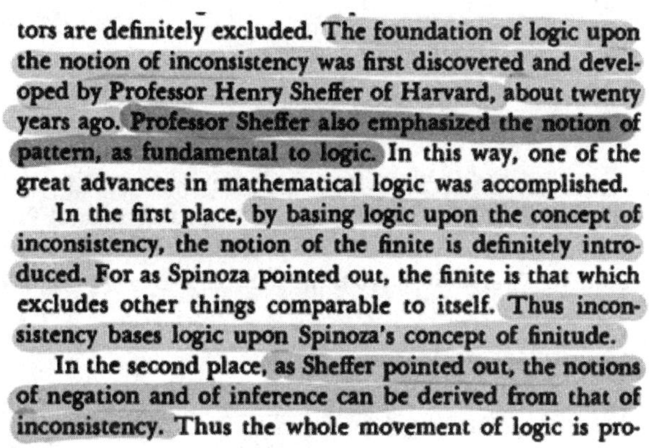

tors are definitely excluded. The foundation of logic upon the notion of inconsistency was first discovered and developed by Professor Henry Sheffer of Harvard, about twenty years ago. Professor Sheffer also emphasized the notion of pattern, as fundamental to logic. In this way, one of the great advances in mathematical logic was accomplished.

In the first place, by basing logic upon the concept of inconsistency, the notion of the finite is definitely introduced. For as Spinoza pointed out, the finite is that which excludes other things comparable to itself. Thus inconsistency bases logic upon Spinoza's concept of finitude.

In the second place, as Sheffer pointed out, the notions of negation and of inference can be derived from that of inconsistency. Thus the whole movement of logic is pro-

图7.69

最后，在图7.63右上方，我写了逻辑“同一律”以及海德格尔那本小册子的名称《同一与差异》，请参阅第五讲附录。

怀特海继续讨论：而且，对有限经验而言，所谓“推论”，其实是获得向着自明性的更进一步的洞见。我连续标注了这几段文字，如图7.69，涉及数理逻辑，此处怀特海引述的谢佛追随哈佛大学著名的鲁一士（Josiah Royce，1855—1916）学习逻辑学，1916年回到哈佛大学哲学系任教，至1952年退休。哈佛大学目前最具天才的哲学家斯坎伦（Thomas Michael “Tim” Scanlon，1940— ）特别为他写了传记。

关于鲁一士对民国时期中国知识界的影响，可参阅前引贺麟著作《当代中国哲学》。谢佛对怀特海和罗素《数学原理》的简化表达有重要贡献，以致得到罗素竭力赞美。但谢佛从未发表论文，他只写了一些“备忘录”，在小圈子里流传。蒯因的《数理逻辑》也大量使用了谢佛的方法，所谓“谢佛的上撇”，意思是任两集合的并集的非（“非”又称“否定”运算）。谢佛于1913年证明布尔代数可以由单一运算定义。这单一的运算符号就是“并集的非”——以“谢佛的上撇”传世。

回到图7.69，怀特海说，哈佛大学的谢佛教授首次发现并发展了使逻辑基础建立在非自洽性上的见解，大约二十年前。谢佛教授还强调了关于模式的见解，他认为这一见解对逻辑而言是根本性的。以这样的方式，数理逻辑得以实现伟大的进步。首先，将逻辑建基于非自洽性的概念上，这一思路肯定地引入了关于有限性的见解。因为，恰如斯宾诺莎指出的那样，有限性就是将可以与它自己相比较的事情排斥在外。于是，非自洽性将逻辑建基于斯宾诺莎的有限性概念上。其次，如谢佛指出的那样，关于“否定”的记号和关于“推论”的记号，可以从关于“不自洽性”的记号派生出来。于是逻辑的全部运动就都被提供了。

怀特海继续评论，如图 7.70：第三，逻辑的这样一种基础启发我们理解过程，我们经验中的一项根本事实是“过程”。我们处于现在；现在永远在漂移；它派生于过去；它塑造着未来。

In the third place, this basis for logic enlightens our understanding of process, which is a fundamental fact in our experience. We are in the present; the present is always shifting; it is derived from the past; it is shaping the future;

图 7.70

以上结束了第 4 小节。图 7.71 是第 5 小节开篇，怀特海提出了一个对我们这门课程具有根本意义的问题：但是如果全部事情都能一起出现，为何要有过程？对这一问题的一种解答导致拒绝过程。根据这一解答，过程仅仅是表象，没有终极现实的涵义。这一解答，在怀特海看来，非常不充分。因为，从事实之不变的统一当中如何发生关于变化的幻觉呢？当然，令人满意的解答必须包含关于恒久与变化的交织之理解。恒久与变化，它们互为前提。这一交织过程是经验的原初事实。它构成我们关于个人身份（同一性）、社会认同（同一性）以及全部社会逻辑功能的基础。

5. But if all things can be together, why should there be process? One answer to this question embodies a denial of process. According to this answer process is mere appearance, devoid of significance for ultimate reality. This solution seems to me to be very inadequate. How can the unchanging unity of fact generate the delusion of change? Surely, the satisfactory answer must embody an understanding of the interweaving of change and permanence, each required by the other. This interweaving is a primary fact of experience. It is at the base of our concepts of personal identity, of social identity, and of all sociological functionings.

图 7.71

我们经济学家以上述的拒绝过程的态度看待数学模型与现实经济过程之间的关系。例如，在讨论各种可能的经济发展路径时，我们不喜欢历史学派的方法，而是采取逻辑方法，就是假设一个由全部逻辑可能的经济发展路径构成的集合，在这一集合之内，我们讨论一个经济怎样从一条路径转换到另一条路径。事实上，罗默尔 1990 年发表于 *JEP* 那篇讨论技术进步的文章就采取了这样的逻辑方法。但是，逻辑方法的内在困境就是，如怀特海指出的，在一个元素保持不变的集合里，变化是怎样发生的？经济学对不变的解释就是“均衡”，如果均衡稳定不变，则任何足够小的扰动之后，均衡将自动复原。于是，宏观经济学模型只能借助各种外部冲击来解释经济的重要变化。怀特海说的“令人满意的解答”，其实就是演化论的视角，必须有对于恒久（不变）与变动交织（交互作用）的理解。

图 7.72，与此同时，怀特海说，非自洽性与过程之间关系的另一性质，必须引发我们关注。非自洽性，指涉这一事实——即关于事物的两种状态，由它们界定的与各自状态相对应的两个命题的涵义，而这两个命题不能同时成立。所以，非自洽性拒绝了这两命题意味着的现实状态的涵义可能的并存。然而，这两种不能并存的涵义已经由关于非自洽性的判断引出来，并列在一起了。这也是柏拉图暗示的那种困惑，当他描写的一个角色说“不存在也是一种存在”的时候。

Meanwhile, another aspect of the relationship between inconsistency and process must now occupy us. Inconsistency is the fact that the two states of things which constitute the respective meanings of a pair of propositions cannot exist together. It denies a possible conjunction between these meanings. But these meanings have been brought together in the very judgment of inconsistency. This is the sort of perplexity that Plato alluded to, when he makes one of his characters say, "Not-being is a sort of being."

图 7.72

对于不熟悉数学基础或逻辑基础的同学，我提供稍许解释。在西方思想传统里，从古希腊人开始，所谓“理性”思维的基础，是逻辑三大定律（同一律、排中律、矛盾律）。不过，自从塔尔斯基将华沙学派的逻辑学带到维也纳小组以来，排中律可以搁置不用（参阅第二讲附录）。这就意味着，全部理性思维的基础是逻辑两大定律：同一律（A=A）和矛盾律（A ≠ ¬A）。关于同一律，刚才我引述了黑格尔和邓晓芒阐述黑格尔的著作，辅助阐述怀特海所说的“错置实境”谬误。矛盾律的口语表达就是：“A”不等于“非 A”。非自洽性的意思是，如怀特海所言：“A”和“非 A”不能同时成立，否则就不自洽。

现在我转述图 7.73，怀特海再次要求回到关于非自洽性与过程的主题上来，他要给出他的结论性的评语：我们用名称 p 和 q 代表两个命题，当我们说 p 与 q 不自洽时，我们必定意谓着，在预设的关于“同时发生”的环境里，命题 p 和 q 的涵义不能同时发生。或者两命题的涵义都不发生，或者两命题之一的涵义发生，但不能同时发生。现在，怀特海说，过程，是宇宙借以摆脱因“非自洽性”而来的“排他性”的方式。

We must now return to the topic of inconsistency and process. The concept that two propositions, which we will name *p* and *q*, are inconsistent, must mean that in the modes of togetherness illustrated in some presupposed environment the meanings of the propositions *p* and *q* cannot both occur. Neither meaning may occur or either may occur, but not both. Now process is the way by which the universe escapes from the exclusions of inconsistency.

图 7.73

继续图 7.74，怀特海解释“排他性”：这种排他性是情境有限性的属性。而借助于“过程”，宇宙就从有限性的限制中逃脱了。过程是在有限性之内的无限性的固有性质；由此，全部局限性都被炸开，全部非自洽性都被消解。

Such exclusions belong to the finitude of circumstance. By means of process, the universe escapes from the limitations of the finite. Process is the immanence of the infinite in the finite; whereby all bounds are burst, and all inconsistencies dissolved.

图 7.74

怀特海继续评论，见图 7.75，不再有任何特定的有限性成为宇宙的终极镣铐。在过程之内，宇宙的有限多的可能性向着它们实现的无限性前进。该图中第二段文字：就事物的本质而言，不存在由逻辑术语表达的最终排他性。因为，如果我们沿着时间维度延展我们的注意力，那么，这颗行星上的两个实体，在以往遥远的某一给定的日子里的情境内不自洽，并且在更近的过去的某一天里的情境内不自洽，但是如果我们指涉的不是这两个特定的日子，而是它们之间的全部时间，那么这两个实体也许自洽，它们当中的一个实体在较久远之前的日子里存在，而另一个实体在较晚近的日子里存在。于是，不自洽性是相对于它所预设的抽象程度而言的。（见图 7.76）

No specific finitude is an ultimate shackle upon the universe. In process the finite possibilities of the universe travel towards their infinitude of realization.

In the nature of things there are no ultimate exclusions, expressive in logical terms. For if we extend the stretch of our attention throughout the passage of time,

图 7.75

two entities which are inconsistent for occurrence on this planet during a certain day in the long past and are inconsistent during another day in more recent past—these two entities may be consistent when we embrace the whole period involved, one entity occurring during the earlier day, and the other during the later day. Thus inconsistency is relative to the abstraction involved.

图 7.76

图 7.77，怀特海的结论是：如果我们将内容置于高度抽象的基础上，我们可获得一种很容易的智性自洽。纯粹数学就是靠了这种严格的抽象而取得成就的显例。随后，怀特海讨论数学取得的伟大成就，并因此而支付的高昂成本——与抽象程度成比例的成本。

An easy intellectual consistency can be attained, provided that we rest content with high abstraction. Pure mathematics is the chief example of success by adherence to such rigid abstraction. Again, the importance of mathe-

图 7.77

以上是第 5 小节的转述。现在我转述第 6 小节开篇，见图 7.78。怀特海评论人类知识状况：但是发现始终是渐进的，而对方法的理解哪怕现在也还不是完美的。学者始终在处理思想的专业化，却难以置信地缺乏（方法论）警觉。几乎普遍假设成立的是，专业主义的成长并不改变在最初阶段是充分的关于研究环境之视野的预设。任一专门主题的扩展改变着自上而下的全部意义，这一点无论如何也不可能更清楚地被理解。

6. But the discovery has been gradual, and the method is even now imperfectly understood. Learned people have handled the specialization of thought with an incredible lack of precaution. It is almost universally assumed that the growth of a specialism leaves unaffected the presuppositions as to the perspective of the environment which were sufficient for the initial stages. It cannot be too clearly understood that the expansion of any special topic changes its whole meaning from top to bottom. As the subject

图 7.78

图 7.79，怀特海说，当一门科学的研究主题扩展的时候，它与宇宙的相关性却在萎缩。因为，它预设了越来越严格界定的环境。而环境的定义，恰好是被特定抽象所忽略的。

its whole meaning from top to bottom. As the subject matter of a science expands, its relevance to the universe contracts. For it presupposes a more strictly defined environment.

The definition of the environment is exactly what is omitted from special abstraction. Such definition is an

图 7.79

图 7.80，以此种方式，研究有限性的科学的清晰性与被科学排除在外的宇宙的晦暗性之间有了尖锐的分野，而这一分野自身，源于对具体事实的抽象。随后，怀特海用三维空间和他推测很可能存在的十五维空间为例，来说明科学视野的日渐萎缩可能已经使人类为此支付了高昂代价。

This sharp division between the clarity of finite science and the dark universe beyond is itself an abstraction from concrete fact. For example, we can explore our presuppo-

图 7.80

这就是图 7.81 所示的见解：我们怎么知道只有一种几何学对于大自然的复杂现象是相关的呢？也许，三维几何只是对于一类情境是相关的；同时有一种十五维几何对于另一类情境是相关的。当然，我们更显然的感官知觉似乎喧闹着要求三维，特别是我们的视觉。

will all accept. And yet a sceptical doubt intrudes. How do we know that only one geometry is relevant to the complex happenings of nature? Perhaps a three-dimensional geometry is relevant to one sort of occurrences; and a fifteen-dimensional geometry is required for another sort.

Of course our more obvious sense perceptions seem to clamour for three dimensions, especially sight. On the

图 7.81

图 7.82 继续讨论：也许我们的知识被扭曲了，除非我们能够感悟这些知识与十五维空间关系所涉及的现象之间的本质联系。他预言：这样的知识专业化，在未来可能

成为知识进步的致命障碍。（图 7.83）也许在人类昏暗的未来，如果人类那时还存在的话，回顾我们现在这种奇怪而局促的三维宇宙，正是从这样的宇宙观，涌现出了更高贵且宽广的人类存在。这些猜测，怀特海说，现在既不能证明也不能否证。但是，这些猜测有着神话般的价值。它们表明，人类经验的某些属性可能激发内在协调的注意力集聚，如何可能堵死理解的进步之路。体系化知识之树上的太多的苹果，导致知识进步的衰落。（图 7.84）

Perhaps our knowledge is distorted unless we can comprehend its essential connection with happenings which involve spatial relationships of fifteen dimensions. The

图 7.82

important dimensional aspect has been useful in the past. It is becoming dangerous in the present. In the future it may be a fatal barrier to the advance of knowledge.

图 7.83

进步之感觉，洞悉之感觉，对于保持兴趣而言至关重要。虽然，有两类进步。其一，将持续增加的各种细节协调纳入于指定的模式。（图 7.85）可是，指定模式类型，对于细节的选择预设了限制。许多细节被排除在外，如果它们不能被纳入任何预先指定的模式类型的话。（图 7.86）

general character of its spatial relations. Perhaps in the dim future mankind, if it then exists, will look back to the queer, contracted three-dimensional universe from which the nobler, wider existence has emerged.

These speculations are, at present, neither proved nor disproved. They have however a mythical value. They do represent how concentration on coherent verbalizations of certain aspects of human experience may block the advance of understanding. Too many apples from the tree of systematized knowledge lead to the fall of progress.

图 7.84

The sense of advance, of penetration, is essential to sustain interest. Also there are two types of advance. One is the advance in the use of assigned patterns for the coördination of an increased variety of detail.

图 7.85

But the assignment of the type of pattern restricts the choice of details. In this way the infinitude of the universe is dismissed as irrelevant. The advance which has started with the freshness of sunrise degenerates into a dull accumulation of minor feats of coördination. The history of thought and the history of art illustrate this doctrine. We cannot prescribe the pattern of progress.

图 7.86

怀特海说，以这样的方式，宇宙的无限性就被视为不相关而抛弃了。西方文明黎明时期带着早晨太阳的新鲜感的知识进步，蜕变为协调各种细微末节的暗淡积累过程。艺术史和思想史昭示这一教义。我们不能为进步模式开处方。但是，这里他的意思似乎不很明白。这是他的题外话吗？或者他心里想着这两个话题却没有展开解释。

图 7.87 这一段文字对理解我所谓“知识的官僚化”很重要，怀特海说，当然，进步确实要基于细节的收集并纳入指定模式。这是一种因惧怕谬误而恪守教条主义精神的可靠的进步。但是历史揭示了另一类型的进步，即模式的新奇性之引入于概念经验。以这种方式，那些至今尚未被识别或已被视为不相关而抛弃了的细节，在协调的经验中复活。于是，在目前时代之外，有一个伟大的新的远景。这里，第 6 小节结束。

It is true that advance is partly the gathering of details into assigned patterns. This is the safe advance of dogmatic spirits, fearful of folly. But history discloses another type of progress, namely the introduction of novelty of pattern into conceptual experience. In this way, details hitherto undiscriminated or dismissed as casual irrelevances are lifted into coördinated experience. There is a new vision of the great Beyond.

图 7.87

在第 7 小节开端，怀特海说：于是理解有两种进步模式，如图 7.88，收集细节并纳入指定模式，旨在关注新的细节并发现新的模式。人类智性已停滞于事物之间联系模式的教条主义。宗教思想、美学思想、社会结构的理解、观测之科学分析，统统已被这样的病毒矮化了。我在经济学思想史第七讲心智地图右侧写了评论：教条主义将细节纳入既有模式，阻碍人类心智发展。宗教的、审美的、社会科学的……都受害于这种致命的病毒。这种病毒进入欧洲思想很早，始于亚里士多德的“质料”与“形式”两分法，但康德尤甚！

gathering of detail within assigned pattern, and the discovery of novel pattern with its emphasis on novel detail. The intelligence of mankind has been halted by dogmatism as to pattern of connection. Religious thought, aesthetic thought, the understanding of social structures, the scientific analysis of observation, have alike been dwarfed by this fatal virus.

图 7.88

继续批评，如图 7.89，他指出，这一病毒在文明鼎盛期就已侵入欧洲思想。伊壁鸠鲁、柏拉图、亚里士多德，都相信他们经验里各种元素的确定性，以他们所理解的精确形式。他们没有意识到抽象带来的危险。后来，康德在他的《纯粹理性批判》里以大师方式说明了我们必须对既有方法充满信心。总之，对这一确定性，已有天才人物的合力论证。（图 7.90）

It entered European thought at the very beginning of its brilliant foundation. Epicurus, Plato, Aristotle, were alike convinced of the certainty of various elements in their experience, in the exact forms in which they understood them. They were unaware of the perils of abstraction.

图 7.89

Later on, in his *Critique of Pure Reason*, Kant gave a masterly exposition of the reasons why we should be so certain. There was a concurrence of genius as to this certainty.

图 7.90

但是，怀特海感慨，如图 7.91，这是历史的悲剧，因为这些伟人坚守的信念，在以往两百年更宽广的知识中无一生存。柏拉图想象的那种数学不再真确。伊壁鸠鲁所信的那种感官数据不再是清晰的、明显的和原初的。我在第七讲心智地图里写下评论：这真是历史的悲剧。丢失了的是洞察力。知识成为确定性的，不再有不确定性，于是阻碍知识的进步。

It is a tragedy of history, that in the sense in which these great men held these beliefs, not one of their doctrines has survived the wider knowledge of the last two centuries. Mathematics is not true in the sense in which Plato conceived it. Sense data are not clear, distinct, and primary, in the sense in which Epicurus believed.

图 7.91

图 7.92：思想史是生机勃勃的发现与死气沉沉的封闭的悲剧性的混合体。穿透性的感觉，迷失在完备知识的确定性之内。这种教义是知识领域的反基督主义者。

The history of thought is a tragic mixture of vibrant disclosure and of deadening closure. The sense of penetration is lost in the certainty of completed knowledge. This dogmatism is the antichrist of learning.

图 7.92

怀特海以“友谊”和“颜色”为例，来说明这种将不同细节纳入完全确定的模式的知识行为对知识本身的危害，如图 7.93。关于友谊的任何例子都显示两位朋友的特殊气质。另外的两个人对于这样完美定义了的友谊而言则是不一致的。注意，此处我必须将“非自洽性”翻译为“不一致性”，二者英文都是“inconsistency”，但汉语的意思或感觉，还是有所不同。

Every example of friendship exhibits the particular characters of the two friends. Two other people are inconsistent in respect to that completely defined friendship. Again the colours in a picture form a composition, which is partly geometrical If we merely consider the abstract

图 7.93

又例如，一幅图案里的各种颜色构成一种组合，它部分地是几何形状的。可是，如果我们只考虑抽象的几何关系，如图 7.94，那么，一块红色就可用来替代一块蓝色。固然，就几何的抽象而言，这块红色与那块蓝色同样是一致的，但如果我们更具体地考虑这幅图案，那么，一幅大师级作品可能就此毁灭。因为这块红色与那块蓝色营造出来的具体的复合效果不一致。怀特海讨论不一致性，思路是要将主题引导到“过程”。因为在过程中，不一致性消失。我关注的，是不一致性与断裂的关系。

geometrical relationship, a patch of red can be substituted for a patch of blue. In this geometrical abstraction the red is just as consistent with the remaining patches of colours as was the blue. But if we consider the picture more concretely, perhaps a masterpiece has been ruined. The red is inconsistent with the concrete effect on the composition produced by the blue.

图 7.94

所以，怀特海说，如图 7.95，当我们向着领悟实境穿透时，与这种洞察力成比例的是规则的不一致性。事实上，全部实体，除了一个之外，都与由这一实体可以产生的那种特殊效果不一致。这种不一致性，随着抽象程度的提高而缓解，与抽象层次成比例，越来越多的实体于是产生同样的效果。以这种方式，自洽性随着实境被抽象的程度而增加。

Thus in proportion as we penetrate towards concrete apprehension, inconsistency rules. Namely, all entities, except one, are inconsistent with the production of the particular effect which the one entity would produce. In proportion to our relapse towards abstraction, many entities will alternatively produce the same abstract effect. Thus consistency grows with abstraction from the concrete.

图 7.95

怀特海的结论是（如图 7.96）：在含糊性之内蕴涵着不一致性。我认为这一见解很关键，尤其对深入理解第五讲的主题“连续性、不确定性、断裂”。在当代行为经济学研究文献里，奈特意义的“不确定性”（uncertainty）与决策理论所说的“风险”（risk），原则上可以设计实验观测二者之间的差异。但是，在我们能够区分二者间的差异之前，同时包含“风险”与“不确定性”的数据以及由这些数据表达的决策行为，称为“含糊性”（ambiguity）以及面对含糊性的决策行为。那么，熊彼特所见的“断裂”（discontinuity）与不一致性之间的关系是怎样的呢？如果有“过程”，是否还有“断裂”？

There is thus an ambiguity in the notion of inconsistency. There is the sheer difference produced by the dis-

图 7.96

现在，如图 7.97，怀特海指出，我们应当理解两种类型的非自洽性（不一致性）。它们分别可被称为“逻辑的不一致性”和“审美的不一致性”。

We should now understand that there are two types of inconsistency. These may be termed respectively, the logical type, and the aesthetic type. The logical type is based

图 7.97

图 7.98 是第 8 小节的开端，我们在第三讲里发展出来的关于理解的教义，于是不仅适用于逻辑，而且超出了逻辑的范围。审美经验，是“自明性”愉悦感的另一模

态。继续这一审美的愉悦（见图 7.99），怀特海举例：至于这样的感觉，其实在数学家当中广泛存在。一些证明比另一些证明更美，这些证明应当激发哲学的关注。怀特海认为，在审美与逻辑之间的类比关系，是哲学尚未开发的主题之一。

8. The doctrine of understanding, as developed in this lecture, applies beyond logic. The aesthetic experience is another mode of the enjoyment of self-evidence. This

图 7.98

orean and Platonic schools. Also the feeling, widespread among mathematicians, that some proofs are more beautiful than others, should excite the attention of philosophers.

I suggest to you that the analogy between aesthetics and logic is one of the undeveloped topics of philosophy.

图 7.99

此处又是关键性的评论，见图 7.100，怀特海指出：逻辑与审美之间的区分，是由它们的不同抽象程度构成的。

The distinction between logic and aesthetics consists in the degree of abstraction involved. Logic concentrates

图 7.100

紧接着又是一个关键性评论，见图 7.101：所以，逻辑与审美，是有限心智在部分地穿透无限性时陷入的困境中的两个极端情形。

ing permit. Thus logic and aesthetics are at the two extremes of the dilemma of the finite mentality in its partial penetration of the infinite.

图 7.101

现在我们来到怀特海第三讲的最后一段文字，如图 7.102：这里有一项道德教训。姑且将细节和体系搁置一旁，哲学眼光关注思想与生活的基础。我们信守的那些观念，和我们排斥到可忽略的背景里的那些观念，它们统治着我们的希望、我们的惧怕和我们对行为的控制。我们怎样思考，我们就怎样生活。这就是为什么哲学观念的收集，要比专业化的研究更重要。因为，它塑造着我们文明的类型。

> There is one moral to be drawn. Apart from detail, and apart from system, a philosophic outlook is the very foundation of thought and of life. The sort of ideas we attend to, and the sort of ideas which we push into the negligible background, govern our hopes, our fears, our control of behaviour. As we think, we live. This is why the assemblage of philosophic ideas is more than a specialist study. It moulds our type of civilization.

图 7.102

5. 第四讲：视域

这样，我结束了前三讲的转述，现在开始第四讲，如图 7.103——“视域”或“视角”或“展望”，我在标题这里写了不少提示。首先，第四讲属于这本书的第二部分“行动”。这一语词也是阿伦特《人类境况》第三篇的标题，她的阐述最透彻感人。此外，政治思考或判断（思考之为行动），是阿伦特最后一部作品《心智人生》附录的主题，其中的大部分内容又以“阿伦特政治哲学讲义”的名称流传于世。在这里，她间接批评了海德格尔的名言：“思想不行动”。

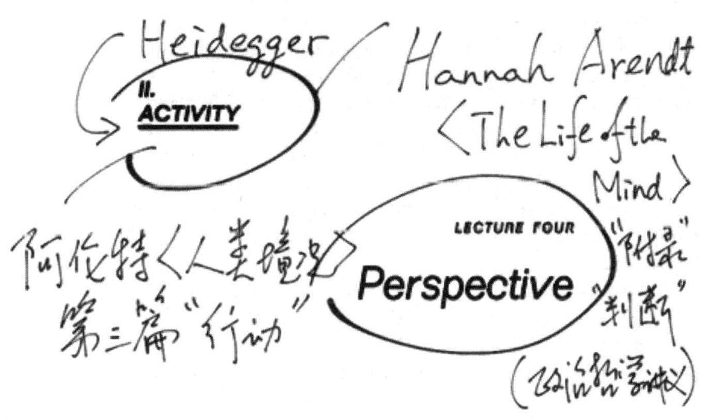

图 7.103

在这一讲的开篇，怀特海对西方文明的创造性作了一个判断。他认为，在以往数千年历史中，西方文明的创造性大约在基督教创始时期之前（包括创始期）的 1200 年里达到了它的顶峰。所以，他在这里指称的，大致上，对应于雅斯贝尔斯（Karl Theodor Jaspers，1883—1969）所说的人类文明的“轴心时代”。[1] 当然，雅斯贝尔斯

[1]　参阅 Jaspers, *The Origin and Goal of History* (1949), Chap. 1, Yale University Press, 1953。

的历史分期相当精确，他确定公元前 500 年为轴心时代的核心年代，上溯至公元前 800 年，下延至公元前 200 年。这一时期，他指出，是人类各主要文明精神的萌发时期。此前的数千年是这些精神的孵育时期，而此后的两千多年是在这些精神导向下的发育时期。不要忘记，雅斯贝尔斯的专业训练是医学和临床心理学，而怀特海的专业训练是数学和逻辑学。对于精神分析师而言，世界历史本质上就是精神的。哈佛时期的怀特海已经与罗素分道扬镳，转而探究宇宙的精神实质。

我在图 7.104 右下方勾画的曲线，与本书第四讲开篇的文献索引完全一样。克鲁伯的那张图，与雅斯贝尔斯的想象高度吻合，以公元前 500 年（或稍晚几十年）为西方文明原创精神的顶峰。不过，克鲁伯的弟子格雷（Charles Edward Gray）1966 年发表的一篇论文，涵盖了公元 850—1935 年这段时期。他发现，1500 年前后，和 1890 年前后，是这段时期西方文明创造性的另外两个峰值。

There is reason to believe that human genius reached its culmination in the twelve hundred years preceding and including the initiation of the Christian Epoch. Within that period the main concepts of aesthetic experience, of religion, of humane social relations, of political wisdom, of mathematical deduction, and of observational science, were developed and discussed. Of course, each one of these aspects of civilization has an immensely longer history, stretching back to the animals. But within that period, the achievements of mankind attained an amplitude of effectiveness. Also their relevance to the ideals of human life was consciously entertained. In the earlier stages of this period, the Homeric poems and various Confuscian modes of thought emerged, and in the final stage, Virgil, the Gospel of St. John, and the political structure of the Roman Empire.

The techniques of life flourished. The initiation of each was earlier than this period. For example, the technique of writing gradually developed through many ages. But its facility of use so as to be a medium for the preser-

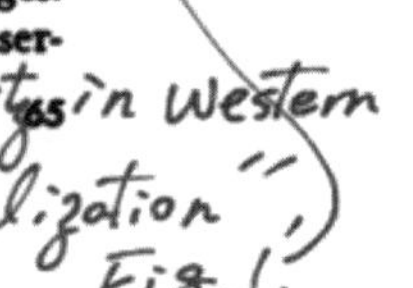

图 7.104

现在我继续转述怀特海的文字，回到图 7.104，在这段时期，即人类文明创造性的鼎盛期，关于审美体验的、关于宗教的、关于人类社会关系的（伦理的）、关于政治智慧的、关于数学演绎法的，以及关于实证科学的，所有这些体验的主要概念都得以发展和讨论。当然，这些文明的每一性质都有远为久远的历史，回溯到动物时代。但在创造性的这一鼎盛期里，人类的这些成就有一种辉煌的有效性。并且，这些成就与人类生活理想形态的相关性，被有意识地赞美。在这一时期的较早阶段涌现出来的是荷马史诗和孔子的各种思想方式。而在这一时期的最后阶段涌现出来的是维吉尔、圣约翰的《使徒行传》、罗马帝国的政治结构。

事实上，生活的技能在这一时期之前已有充分开发。每一种技能都萌发于更早的时代。例如，书写的技能经过了许多世代逐渐发展起来。但是书写技能用于记录人们的私己思想，是上述创造性鼎盛期之内的事情。而在此前，书写技能仅仅服务于记录帝王功业与世系。类似的考虑也适用于冶炼技术、骑术、道路、航海。派生于这一辉煌时代的不幸后果，如图 7.105，是文明早期植根于语言和文学的洞见之缺陷。而且，语言独断地控制了我们思想的无意识预设。例如，见图 7.106，每一语词都有字典解释的涵义，每一个句子都有预设了的边界。这一事实预示着语词和句子都可完全地从具体情境之内抽象出来。所以，哲学的问题在于它倾向于被想象为是对相互联系的事物的理解，其中每一事物都是可理解的，孤立于任何其他事物。

One unfortunate result of this derivation from a brilliant past has been that defective insights of the earlier period have been rooted in language and literature. Also language dictates our unconscious presuppositions of thought.

图 7.105

For example, single words, each with its dictionary meaning, and single sentences, each bounded by full stops, suggest the possibility of complete abstraction from any environment. Thus the problem of philosophy is apt to be conceived as the understanding of the interconnections of things, each understandable, apart from reference to anything else.

图 7.106

在这里，怀特海开始了他这一讲的第 2 小节，如图 7.107，他断定：上述的这种关于哲学的预设是错误的，必须被抛弃。我们必须假设每一实体，不论何种实体，本质性地涉及它自身与其他事物组成的宇宙之间的联系。这种联系可以视为宇宙之所是的方式，因为任何实体，要么是已发生的，要么是潜在可发生的。这一视角，可定义为这一实体的宇宙视域。例如，对于数字 3，或蓝色，或任一给定情境之内已实现了的事实，它们的宇宙视域是从这一情境之内的给定事实展望这一事实与全部其他事实之间的联系。

2. This presupposition is erroneous. Let us dismiss it, and assume that each entity, of whatever type, essentially involves its own connection with the universe of other things. This connection can be viewed as being what the universe is for that entity either in the way of accomplishment or in the way of potentiality. It can be termed the perspective of the universe for that entity. For example, these are the perspectives of the universe for the number three, and for the colour blue, and for any one definite occasion of realized fact.

图 7.107

另一方面，如图 7.108，给定了事实的情境，它的视域必定排除了在这一情境之内包含的实事的其他可能的实现。所以，我们正在对实体的全部类型所作的抽象的意义成为问题，对学者而言，这一问题不仅是形而上学的困惑。它使我们对日常事务作出判断时涉及的实践意义上的良好感觉成为问题。我们面临的危险在于将涉及具体情境之内的一组事件的宇宙视域所对应的有效观念不加批判地运用于涉及不同视域的其他事件。（图 7.109）

alternative potentialities. On the other hand, the perspective for a factual occasion involves the elimination of alternatives in respect to the matter-of-fact realization involved in that present occasion, and the reduction of

图 7.108

This question of the meanings of our current abstractions of all types of entities is more than a metaphysical puzzle for learned people. It is a question of practical good sense in our everyday judgments of affairs. Our danger is to take notions which are valid for one perspective of the universe involved in one group of events and to apply them uncritically to other events involving some discrepancy of perspective. A correction is wanted by reason of this

图 7.109

图 7.110，关于宇宙视域的见解，我在《科学与现代世界》里讨论过，那一章的标题是“关系实质”。但那里的讨论只单独考虑了质的实体的视域。在这里的讨论中，这一见解得到了扩展。此处结束第 2 小节。

This notion of perspectives of the universe is discussed in my *Science and The Modern World*, under the heading "Relational Essence." But in that discussion the perspectives of qualitative entities are alone considered. Here the notion has been broadened.

图 7.110

第 3 小节开篇，见图 7.111，怀特海批评古希腊思维方式：关于存在的类型，最简单的教义是这样一些极端类型的存在，它们独立于其他任何存在。例如，希腊哲学家们，尤其是柏拉图，似乎相信这一教义，关于抽象存在的质，例如“数”、“几何关系”、“道德特征”、“更高感知的质的显现”。图 7.112 继续，在如此想象的王国里，不存在路径，万物既不消灭也不创生。它是自足的。它自我维持。它因此是完美现实的理想。这一观念的幽灵笼罩着哲学。它从未离开希腊思想很远，再后来，它变换了基督教神学中的希伯来元素。我们必须承认，在这样那样的意义上，我们无可避免地预设了这一形式的王国，从过程当中抽象出来，不论损益。

3. The most simple doctrine about types of being is that some extreme type exists independently of the rest of things. For example, Greek philosophers, and in particular Plato, seem to have held this doctrine in respect to qualitative abstractions, such as number, geometrical relations, moral characteristics, and the qualitative disclosures of the higher sense perceptions. Namely, according to this tradi-

图 7.111

forms. In this imagined realm there is no passage, no loss, no gain. It is complete in itself. It is self-sustaining. It is therefore the realm of the "completely real."

This is the notion that has haunted philosophy. It was never far from Greek thought. Later, it transformed the Hebraic elements in Christian Theology.

We must admit that in some sense or other, we inevitably presuppose this realm of forms, in abstraction from passage, loss, and gain. For example, the multiplication

图 7.112

图 7.113，这是一个没有时间的形式的王国，这一观念导致修辞中的隐含缺陷的短语，例如“自我维持的”、“完全真实的”、“完美”、“确定性”。类似地，图 7.114，“完美”这一观念如幽灵笼罩着人类的想象。它不能被无视。它天真地附着在形式的王国上，完全没有论证。那么，关于泥的形式呢？关于邪恶的形式呢？以及关于其他不完

美状况的形式呢？在形式之屋里，有许多大厦。

This notion of the realm of timeless forms leads to rhetorical, question-begging phrases, such as "self-sustaining," "completely-real," "perfection," "certainty."

图 7.113

Again, perfection is a notion which haunts human imagination. It cannot be ignored. But its naïve attachment to the realm of forms is entirely without justification. How about the form of mud, and the forms of evil, and other forms of imperfection? In the house of forms, there are many mansions.

图 7.114

继续，图 7.115，“泥性”参照的是“泥”，邪恶诸形式要求有邪恶之事物，以这样或那样的意义。所以，形式本质上是参照于它们之外的。投影在形式上的任何“绝对实在”只是幽灵，它不再有它之外的任何寓意。形式的王国，是潜在性的王国，这一关于潜在性的见解有一种外在的意义。它指涉生活与运动。它指涉包含与排除。它指涉希望、惧怕、意向。

上面的陈述可以更宽泛——它指涉血性。它指涉现实性的发展，这种现实性实现了形式并且实现得比形式更多。它指涉过去、现在、未来。

six, as existing in a vacuum is idiotic. The muddiness is referent to mud, and forms of evil require evil things, in some sense or other.

Thus the forms are essentially referent beyond themselves. It is mere phantasy to impute to them any "absolute reality," which is devoid of implications beyond itself. The realm of forms is the realm of potentiality, and the very notion of potentiality has an external meaning. It refers to life and motion. It refers to inclusion and exclusion. It refers to hope, fear, and intention. Phrasing this statement more generally,—it refers to appetition. It refers to the development of actuality, which realizes form and is yet more than form. It refers to past, present, and future.

图 7.115

存在的类型，见图 7.116，我们无法穷尽这些类型，因为它们数量无穷。但是我们能够从两种存在类型开始讨论，在我们看来，这两种类型代表两个极端，从而表征出它们与其他类型之间所要求的那种相互指涉。我们思议的这两种类型可分别称为“现实性的类型”与“纯粹潜在性的类型”。（图 7.117）

other of various types of existence. We cannot exhaust such types because there are an unending number of them. But we can start with two types which to us seen as extremes; and can then discern these types as requiring other types to express their mutual relevance to each other.

图 7.116

The two types in question can be named respectively, "The Type of Actuality," and "The Type of Pure Potentiality."

图 7.117

图 7.118，现在我们最好问自己，我们指望哲学思想的发展揭示出什么？证据在何处？答案很明确，就是人类经验，通过文明交往分享的人类经验。这些证据的表达，只要广泛分享，就可在法律、道德、社会习俗当中，在为人类提供满足感的文学和艺术当中，在社会体系兴衰的历史判断当中，以及在科学当中找到。所以，图 7.119 中，哲学的任务是对诸多存在模式的交融提供理解。还有一种最终的考虑，就是哲学局限于人类经验所揭示的世界里它自己的诸种来源。此处结束了第 3 小节。

At this point we had better ask ourselves, What are we appealing to in the development of philosophic thought? Where is the evidence?

The answer is evidently human experience, as shared by civilized intercommunication. The expression of such evidence, so far as it is widely shared, is to be found in law, in moral and sociological habits, in literature and art as ministering to human satisfactions, in historical judgments on the rise and decay of social systems, and in science. It

图 7.118

various aspects of the interfusion of things. Thus the task of philosophy is the understanding of the interfusion of modes of existence.

There is also one final consideration, namely that philosophy is limited in its sources to the world as disclosed in human experience.

图 7.119

图 7.120 是第 4 小节开篇：带着刚才的关于我们的证据来源的插曲，让我们回到这一问题——现实性被设想为与潜在性相对而言的另一极端，意义何在？我们再一次来到这一陈述面前：现实性与潜在性关于事例与特征的相互作用而相互要求。故而，为了理解现实性，我们必须询问，何为特征，以及何为特征的意义？

Our more direct experience groups itself into two large divisions, each capable of further analysis. One division is formed by the sense of qualitative experience derived from antecedent fact, enjoyed in the personal unity of present fact, and conditioning future fact. In this division of experience, there are the sense of derivation from without, the sense of immediate enjoyment within, and the sense of transmission beyond. This complex sense of enjoyment

图 7.120

我们更直接的经验自己分为两大群组，每一个都需要进一步分析。构成第一群组的是派生于以前发生的事实的关于质的经验，愉悦于现在事实，以及以现在的事实为条件的未来事实的个人同一性。在这一经验群组之内，有派生于直接愉悦的，也有派生于直接愉悦之外的，以及派生于超越这两种愉悦之外的感觉。这种复杂的愉悦感，涉及过去、现在、未来。它是我们与愉悦之外的世界以及与我们自身个人当下存在之间本质联系的实现。（图 7.121）

plex, vague, and imperative. It is the realization of our essential connection with the world without, and also of our own individual existence now. It carries with it the

图 7.121

现在开始第 5 小节，如图 7.122，人类经验的第二大群组，有一个非常不同于第一大群组的身体经验的特征。这一群组的经验缺少了私己性、强度和模糊性。构成这一群组的经验，将它们与身体之间的关系表达为明确区分的诸种形式。这一群组经验称为“感性知觉”。图 7.123：感性知觉，它是一种源于更原始的身体经验，即第一大类群组经验的精致派生。但是，它超越它自身的来源，反而吸引了每一种关注。它的首要特征是清晰性、分明性、无差异性。当它唤醒了自身之外的反应的时候，它的情感效应是一种次级派生。只有休谟忽视了身体私己性的原初经验……

5. The second division of human experience has a character very different from the first division of bodily feelings. It lacks the intimacy, the intensity, and the vagueness. It consists of the discrimination of forms as expressing external natural facts in their relationship to the body. Let this division be termed *sense perception*.

图 7.122

human experience. It is a sophisticated derivative from the more primitive bodily experience which constituted the division of experience first considered. But it has outgrown its origin, and has inverted every emphasis. Its primary characteristic is clarity, distinctness, and indifference. Its emotional effects are secondary derivatives, achieved by awakening reactions other than itself. This is Hume's doctrine. Only Hume neglected the primary experiences of bodily intimacy; although he used these

图 7.123

这是一个关键定义，如图 7.124，怀特海说：这个世界，如果我们将注意力唯一地集中于感性知觉的诸形式，并据此为这个世界提供解释，那么，这样的解释就称为“自然”。图 7.125：感性知觉，是动物经验之抽象的凯旋。这样的抽象来自选择性关注的增长。它带给人类三件礼物：其一是精确性的思路；其二是关于外部行动质的差异性的感觉；其三，实质联系的忽略。这三件礼物或高等动物经验的特征，即对精确性的逼近、关于质的指示和实质性的忽略，三者一起构成人类经验中的意识焦点。

forms. The world, as interpreted by exclusive attention to such forms of sense perception, I will term *nature*.

图 7.124

分殊

Sense perception is the triumph of abstraction in animal experience. Such abstraction arises from the growth of selective emphasis. It endows human life with three gifts, namely, an approach to accuracy, a sense of the qualitative differentiation of external activities, a neglect of essential connections.

These three characters of the higher animal experience —namely, approximate accuracy, qualitative assignment, essential omission—together constitute the focus of consciousness, as in human experience.

意识聚焦

73

图 7.125

图 7.126，亚里士多德逻辑学建基于上述那种抽象意识的最初馈赠，即“显示着这一品质的那种实体，不参照任何其他事物”。科学实践也是基于同样的忽略实质联系的特征的。

图 7.127，体系化的知识进步有双重性质。首先是体系集注于其中的事物结构微妙性之发现的进步。其次是在发现体系局限性方面的进步，这种局限性表明，知识体系其实依赖于环境的协调，这一环境协调着与体系之内的实体有实质联系的那些存在模式。

Aristotelian logic is founded on this primary deliverance of abstractive consciousness, namely, "that entity exemplifying this quality, apart from any reference to things beyond."

Also scientific practice is founded upon the same characteristic of omission. In order to observe accurately, con-

图 7.126

this reason the progress of systematized knowledge has a double aspect. There is progress in the discovery of the intricacies of composition which that system admits. There is also progress in the discovery of the limitations of the system in its omission to indicate its dependence upon environmental coördinations of modes of existence which have essential relevance to the entities within the system.

图 7.127

图 7.128，强调更高级的感性知觉，例如视觉与听觉，已损害了以往两百年的哲学发展。问题在于，我们知道什么？已被转化为这一问题，即我们怎能知道？后者被教条主义地解决，通过预设全部知识都始于感性知觉“空间—时间”模式的意识。这里结束了第 5 小节。

The emphasis upon the higher sense percepta, such as sights and sounds, has damaged the philosophic development of the preceding two centuries. The question, What *do* we know?, has been transformed into the question, What *can* we know? This latter question has been dogmatically solved by the presupposition that all knowledge starts from the consciousness of spatio-temporal patterns of such sense percepta.

6. The study of human knowledge should start with a survey of the vague variety, discernible in the transitions of human experience. It cannot safely base itself upon

图 7.128

在第 6 小节开篇，怀特海声称，人类知识应当始于人类经验在转化中可辨识的模糊的类型考察。对人类经验模式而言，“视觉—听觉”的时空模式当然很特殊，此处，怀特海突然想到算术模式，他补充说：此外，算术模式也很特殊。他继续评论：根据我自己的心智框架，我反对专注于乘法运算表和规则立方体，换句话说，我反对基于数值关系的拓扑观念，这些观念包含着理解事物实质的根本重要的钥匙。我们当然要从更大且更具穿透性的原则开始知识过程。算术和拓扑都只是特殊性。

怀特海然后提出了三对范畴，见图 7.129，如果我们定义我们的生命为创造性过程，那么，什么样的一般原则主导着创造性过程的分类？图 7.130：这一问题于是涉及主导我们经验的那些基本模态，它们的每一个都包含与实质冲突相关的差异。怀特海建议，作为我们经验的基本特征化过程，三大原则可用于分类，表达为三对对立关系——“清晰性和模糊性”，“秩序与无序”，“善与恶”。我们理解创造性过程的努力应当从我们经验的这些模态开始。

What are the general principles of division which dominate that creative process which we term our lives? We can

图 7.129

provide the material from which decision arises. The question therefore is as to those fundamental modes dominating experience. Such modes are modes of division, each division involving differences with essential contrasts.

I suggest to you as fundamental characterizations of our experience, three principles of division expressed by the three pairs of opposites—"Clarity and Vagueness," "Order and Disorder," "The Good and the Bad." Our endeavour to understand creation should start from these modes of experience.

There is a natural affinity between order and goodness.

图 7.130

在秩序与善之间有一种自然的类同性。如图 7.131 所示，这一讲的主旨是考察秩序与善之间的类同性，并标明这一类同性的局限性。怀特海描述，见图 7.132，当柏拉图坐下来撰写关于“善”的讲义时，为何自然而然就想到了数学。我们不关心他的讲义阐述的数学的精确教义，也不关心数学与柏拉图想象的或错误想象的那些形式之间的精确关系。我的主题是秩序与善的关系，以及数学与关于秩序的观念之间的关系。

entity of achievement. It is one purpose of this lecture to examine this affinity between order and goodness, and to note its limitations.

图 7.131

why Plato naturally thought of mathematics when he sat down to write a lecture on "The Good." We are not concerned with the precise mathematical doctrines which were enunciated in that lecture, nor even with the precise relation of mathematics to the forms as conceived, or misconceived, by Plato. My topic is the relation of order to the good, and the relation of mathematics to the notion of order.

图 7.132

图 7.133，卓绝的清晰性和秩序感有必要应对那些无法预见的，为了过程，也为了兴奋。被密闭于只要简单确认的桎梏之内，生命必定退化。向着新奇性的进展，本质性地要求结合着模糊性和无序性元素的力量。对宇宙的理解，植根于这种进展的寓意之中。舍此而外，创造性没有意义，与变化分离。时间，对于事物的静态本质无能为力。存在变得毫无意义。宇宙退缩为静态的徒劳——不再有生命和运动。

ations. And yet they are not enough. Transcendence of mere clarity and order is necessary for dealing with the unforeseen, for progress, for excitement. Life degenerates when enclosed within the shackles of mere conformation. A power of incorporating vague and disorderly elements of experience is essential for the advance into novelty.

The understanding of the universe is rooted in the implications of this advance. Apart from it, creation is meaningless, divorced from change. Time has then no application to the static nature of things. Existence is meaningless. The universe is reduced to static futility—devoid of life and motion.

图 7.133

图 7.134，我们对生命和运动的诉求是与永恒不变的超越现实性交织在一起的。恒定的秩序被想象为最终的完美，于是有历史的宇宙就被贬低至只是部分真实的地位，隶属于关于表象的观念。怀特海谈到欧洲历史充满动荡不安，故哲学沉思更加崇尚恒定的秩序，以及完美之为秩序的理想形式。

欧洲文化，视不变/永恒"为神圣完美"，生命力于是消退。

Activity

tected on this question. The appeal to life and motion is interwoven with the presupposition of the supreme reality as devoid of change. Changeless order is conceived as the final perfection, with the result that the historic universe is degraded to a status of partial reality, issuing into the notion of mere appearance. The result has been that the

图 7.134

这是很重要的评论，见图 7.135，我们应对表达社会衰败时代主流情绪的哲学保持警觉。我们继承的哲学思想受到罗马帝国衰落的影响，也受到东方文明衰落的影响。这种哲学表达的是第一个三千年的文明进步之后的耗竭时期的主流情绪。我们需要某种更好的平衡。因为文明总是兴起和衰落。我们需要哲学能够解释秩序的各种类型的发生，从一种类型到另一种类型的转型，以及包含于宇宙之内的善与恶的混合，这种混合在我们的经验中显得是自明的。这样一个宇宙，是重要性的焦点。一个冻结的、没有运动的宇宙，至多成为纯粹知识的主题，然后得到一个枯燥的评论——原来如此。

decadence. We should beware of philosophies which express the dominant emotions of periods of slow social decay. Our inheritance of philosophic thought is infected with the decline and fall of the Roman Empire, and with the decadence of eastern civilizations. It expresses the exhaustion following upon the first three thousand years of advancing civilization. A better balance is required. For civilizations rise as well as fall. We require philosophy to explain the rise of types of order, the transitions from type to type, and the mixtures of good and bad involved in the universe as it stands self-evident in our experience. Such a universe is the locus of importance. A frozen, motionless

图 7.135

在图 7.136 中，怀特海继续评论：完美，与转型毫无关系。创造，连同它的变迁中的世界，与静止的绝对相比，是一种更低级的嗜好。于是，过程消失了。最后的结果是，哲学和神学在如何从一个无变化的世界里导出一个有历史的世界这一问题面前束手无策。（图 7.137）

existences with timeless interrelations. Perfection was unrelated to transition. Creation, with its world in change, was an inferior avocation of a static absolute.

图 7.136

ence to creation. The process has been lost.

The final outcome has been that philosophy and theology have been saddled with the problem of deriving the historic world of change from a changeless world of ulti-

图 7.137

继续，图 7.138，我们整个关于知识的概念都已被污染了。终极智慧被描绘为无变化的现实的无变化的模板。将行动抽象掉之后的知识获得了最高赞美。行动于是被想象为面对影子的世界。柏拉图关于“善”的讲演，之所以强调数学，现在可以理解，那正是被“完美”幽灵附体的哲学态度的符号表达。在那些日子里（例如苏格拉底之前的毕达哥拉斯时代），数学是研究静止宇宙的科学（例如柏拉图的时代）。（图 7.139）

Activity

mate reality. Our whole conception of knowledge has been vitiated. The final wisdom has been pictured as the changeless contemplation of changeless reality. Knowledge in abstraction from action has been exalted. Action is thereby conceived as being concerned with a world of shadows. Plato's lecture on the "Good," with its emphasis on mathematics as then understood, is symbolic of this attitude which has haunted philosophy.

图 7.138

In those days, mathematics was the science of a static universe. Any transition was conceived as a transition of static forms. Today we conceive of forms of transition. The modern concept of an infinite series is the concept of a form of transition, namely, the character of the series as a whole is such a form. The notion of the sum of such a series is the

图 7.139

任何转型期都被想象为在静态形式之间的变换。类似地，在经济理论中，最常用的是“比较静态分析”，而不常用“比较动态分析”。虽然，萨缪尔森早就提出了这一动态分析方法。

怀特海继续讲解：今天，我们也想象各种转型形式。他举例：现代关于无穷序列的概念，正是关于转型的一种形式的概念，也即，无穷序列之为一个整体的特征，表达了这一形式。由序列求和（即级数前若干项的总和当项数趋于无穷时的极限）观念表达的，是这种形式的转型之最终议题。

图 7.140—7.141，给予我们精神激励的那些伟大思想者们——我们从他们的思想体系获得超越这些体系的洞见，他们给出那些渺小思想方式难以相提并论的命题，于是让我们以他们的名字来命名这些伟大命题。例如，柏拉图，强调了恒定不变的数学实体之为超越性现实的特征因素，并且在其他地方声明“生命与运动”属于现实性的实质特征。然后，他询问“事物怎样运作”，以为这是一种理解那些事物存在的方式。另一位哲学家，休谟，将经验之间的关联简约为单纯就是感觉的前后相续，并且诉诸关于“预期”的事实。于是从感觉的时间顺序形成预期，对于休谟而言，这是一项可理解的事实，尽管他的体系关于这一点没有提供任何说明。我们没有这种单纯就是时间相续的经验。

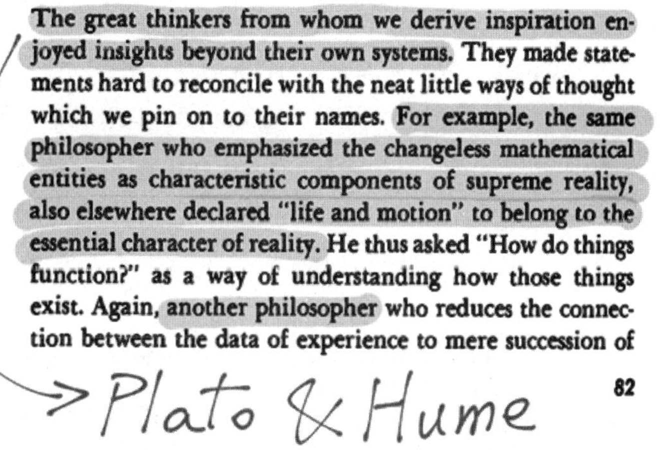

The great thinkers from whom we derive inspiration enjoyed insights beyond their own systems. They made statements hard to reconcile with the neat little ways of thought which we pin on to their names. For example, the same philosopher who emphasized the changeless mathematical entities as characteristic components of supreme reality, also elsewhere declared "life and motion" to belong to the essential character of reality. He thus asked "How do things function?" as a way of understanding how those things exist. Again, another philosopher who reduces the connection between the data of experience to mere succession of

82

→ Plato & Hume

图 7.140

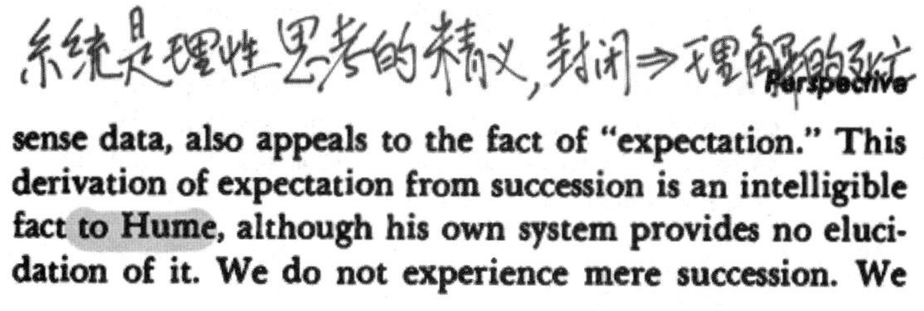

系统是理性思考的精义，封闭⇒理解的

Perspective

sense data, also appeals to the fact of "expectation." This derivation of expectation from succession is an intelligible fact to Hume, although his own system provides no elucidation of it. We do not experience mere succession. We

图 7.141

图 7.142，柏拉图和休谟示范了体系对于理性思考的实质重要性。但是他们也示范了封闭体系导致活生生的理解之死亡。图 7.143，我们最初的洞见总是清晰性和模糊性的某种混合。清晰性的有限聚焦，渐渐消失在清晰性之外充满着晦暗不明的模糊性环境之中。

Plato and Hume illustrate that system is essential for rational thought. But they also illustrate that the closed system is the death of living understanding. In their ex-

图 7.142

trate in their own procedures that our primary insight is a mixture of clarity and vagueness. The finite focus of clarity fades into an environment of vagueness stretching into the darkness of what is merely beyond. The partly

图 7.143

现在开始第 9 小节（图 7.144）：我们要求理解为何原本无变化的存在形式要求从它自身涌现出变化着的历史世界。有关于“创造“的一种形式。我们要求理解为何宇宙之整一要求自身的多。我们要求理解为何无限性要求有限性。我们要求理解为何每一个当下的存在要求它的过去，即它自己的前身；以及要求它的未来，即在它自己存在当中含有的实质要素。这样就有了在当下存在之内的三个要素，即过去、现在、未来。以这种方式，有限存在的即时性拒绝被剥夺从它的视域延伸出去的那种无限性。

9. We require to understand how the mere existence of unchanging form requires its own immersion in the creation of a changing historic world. There is a form of creation. We require to understand how the unity of the universe requires its multiplicity. We require to understand how infinitude requires the finite.

We require to understand how each immediately present existence requires its past, antecedent to itself; and requires its future, an essential factor in its own existence. There are thus three factors within immediate existence—namely, past, present, and future. In this way immediacy of finite existence refuses to be deprived of that infinitude of extension which is its perspective.

图 7.144

现在是著名的怀特海三对范畴，如图 7.145，我们识别出分类的三对原初基础，它们是：清晰性与模糊性，秩序与无序，善与恶。紧接着，怀特海发表了一番要在第五讲才可理解的议论：最后，创造性过程意味着的存在的两种终极类型，包含在潜在冲动里的和包含在已实现事实里的这种共生存在的永恒形式，以及已实现事实的共生存在方式——即现在之内的过去和现在之内的即时性。并且，包含于现在之内的即时性恰好停泊着向着尚未实现的未来的冲动。思想者们怎样处理上述这四类经验模态（即潜在冲动、已实现的事实、现在之内的过去、现在之内的未来），决定了他们哲学的形态和他们思想对生活实践的影响。（图 7.146）

We discern three primary grounds of division, namely, clarity and vagueness, order and disorder, the good and the bad.

Finally, there are two ultimate types of existence implicated in the creative process, the eternal forms with their dual existence in potential appetition and in realized fact,

图 7.145

and realized fact with its dual ways of existence as the past in the present and as the immediacy of the present. Also the immediacy of the present harbours an appetition towards the unrealized future. How the thinker deals with these four modes of experience determines the shape of philosophy, and the influence of thought upon the practice of life.

图 7.146

6. 第五讲：过程之形式

以上，结束了第四讲。下面是第五讲“过程之形式”。图 7.147 是这一讲的标题页。我在这里写了：整全的晦暗形式，是“过程”。为什么源于有限感受的重要性，依赖于无限的重要性？

整全的晦暗形式，是“过程”。为什么源于有限感受的重要性，依赖于无限的重要性？

LECTURE FIVE

Forms of Process

图 7.147

我的标注从标题页文字的第五行开始，如图 7.148。怀特海预报他在这一讲的讨论将逐渐涉及“整全”的一些更加模糊的形式，例如最广泛意义上的社会学、自然规律、“空间—时间”联系。他的论证将要考虑整全的最后模态，借助于这一模态而发生的潜在性的多重形式之内包含着的目的之稳定性，以及借助于这一模态而发生的有限现实性的有限重要性之外的重要性。换句话说，为何关于有限性的重要性要求关于无限性的重要性？

lives of plants, lives of animals, lives of men. The discussion then passes into the vaguer forms of unity, such as sociology in its widest meaning, laws of nature, spatio-temporal connections.

The argument passes to the consideration of that final mode of unity in virtue of which there exists stability of aim amid the multiple forms of potentiality, and in virtue of which there exists importance beyond the finite importance for the finite actuality. In other words, How does importance for the finite require importance for the infinite?

图 7.148

第 2 小节开篇，见图 7.149。此处需要论证的第一个要点是：随着我们从较小的复合单元过渡到较大的复合单元，发生了从偶然性向着必然性（秩序）的转型。怀特海举例：在一次讲演的一个单独句子里包含了大量偶然因素（用这一语词而不用那一语词等），故而更接近无序。而讲演之整体，则以某种必然性反映了演讲者撰写讲演稿时的特质。还可进一步考察演讲者的身世和社会状况，或与社会相关的时代精神，以及时代精神所处的行星上的生命整体之状态。但这样的秩序序列永无终结，所以需要考察主导性的秩序以及主导秩序的转换。秩序不可能是完整的（有限理性），任何秩序之内都有混乱。

2. The first point to make is the transition from accident towards necessity as we pass from the smaller to the larger units of composition. There is a large element of accident in a single sentence of a lecture. The lecture as a whole reflects with some necessity the character of the lecturer as he composes it. The character of the lecturer

图 7.149

图 7.150，混乱（困惑）也从来不是完全的。在主导的秩序之内存在转型；在主导的秩序之内还存在向着主导秩序的新的形式的转型。这些转型对于主流秩序而言，是困惑（混乱）。它们正是激发了生命之兴奋的朝气勃勃的新奇性的实现过程。生命的本质呈现于既有秩序的混乱之中。宇宙拒绝如死一般的完全同质化的影响。而且，就

在宇宙的这一拒绝当中，宇宙开始向着新的秩序演化——这是对重要经验的原初要求。(图 7.151)

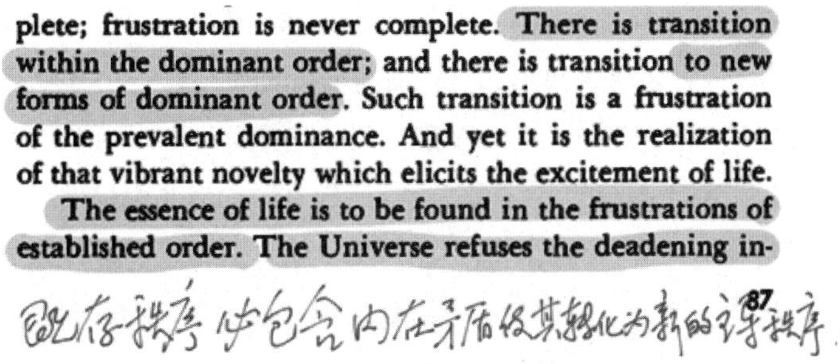

plete; frustration is never complete. There is transition within the dominant order; and there is transition to new forms of dominant order. Such transition is a frustration of the prevalent dominance. And yet it is the realization of that vibrant novelty which elicits the excitement of life.

The essence of life is to be found in the frustrations of established order. The Universe refuses the deadening in-

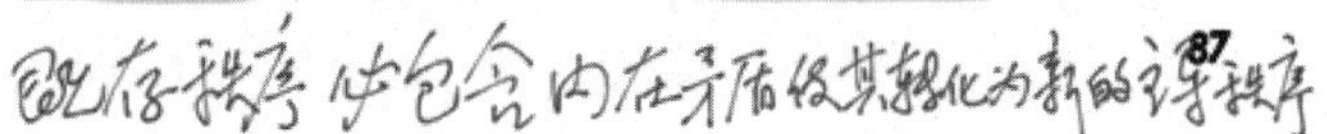

图 7.150

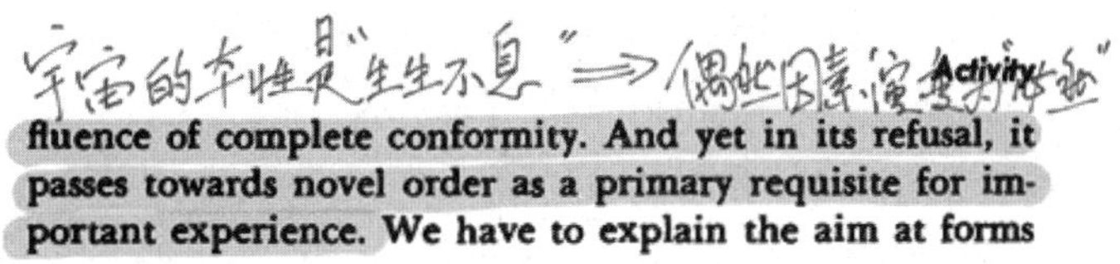

fluence of complete conformity. And yet in its refusal, it passes towards novel order as a primary requisite for important experience. We have to explain the aim at forms

图 7.151

图 7.152，我们必须解释的是追求秩序的倾向，这一倾向是压倒性的经验之流。我们必须解释的是秩序的混乱（困惑），以及在任何特定的秩序形式之内的必然性的缺失。

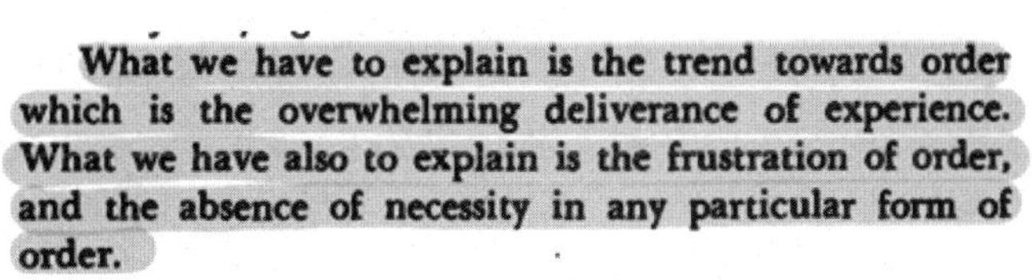

What we have to explain is the trend towards order which is the overwhelming deliverance of experience. What we have also to explain is the frustration of order, and the absence of necessity in any particular form of order.

图 7.152

第 3 小节开篇，见图 7.153，我们必须首先考察关于“过程”的观念。领悟这一观念，要求一种将“数据”、“形式”、“转型”和“发生之议题”纠缠在一起的分析。此处，我要解释怀特海使用的这四个单词，因为翻译为汉语之后，单词的丰富涵义消失了——

(1) data（数据）在英文里的意思远比“数据”丰富——我怀疑“数据”又是一个“和制汉字”。我自己也没有想到这一单词更合适的汉译，有时候“资料”的涵义似乎比“数据”更丰富。总之，我希望你们不要望文生义地从这一单词就直接想到“数”。

（2）form（形式），在汉语思想传统里，因为没有亚里士多德逻辑传统，中国人很难看到这一单词就联想到与它构成对立统一的另一个单词“matter”（质料）。不过，中国大陆的学生有马列主义哲学必修课程的铺叙，或许可以养成习惯，看到“形式”就联想到“质料”。在质料与形式这一对范畴的涵义里，每一事物必有质料和形式。质料为事物提供内容，形式为事物赋形。例如逻辑同一律，A=A，等号左边的A，在“树”的例子里，由我面对的我家院子里这一棵具体的树为它提供了内容，而等号右边的A，由听到我说“树”的人的心理联想提供内容。但是“树”这个单词，是这些内容的形式。怀特海本行是逻辑哲学，故他使用“形式”这一单词，更可能是沿用了亚里士多德逻辑范畴。当然，质料还有笛卡尔以来近代西方思想传统的涵义，就是“心”（mind）与“物”（matter）的二元论。这是西方哲学至今争论的议题，世界的本质是心还是物？休谟区分了“应然”和“必然”，并论证二者之间不相通，英语里有两句双关语，形象地描写了笛卡尔的二元论立场：the matter never mind, and the mind doesn’t matter（我勉强翻译为：物质从不上心，心不与物相关）。但是怀特海宣布了要批评“休谟—笛卡尔”思想传统，所以，他可能不在这一意义上使用“形式”这一单词。

（3）transition（转型），这一单词在动力学理论中也常译为“过渡过程”，相对于“稳态”（steady state）而言。在系统动力学或常微分方程定性分析理论中，由给定的动力学系统的全部逻辑可能的状态组成的“状态空间”，若满足某些假设，可想象为由一些“稳态”（稳定均衡或极限环）划分了势力范围的空间。在这一想象里，任何过渡过程都仅仅是从一个稳态过渡到另一个稳态的非稳态过程，故可称为“转型期”。我认为这一解释更符合怀特海原意，因为这一解释反映了静态和动态两种世界观。当我们解释中国社会转型的时候，其实，也只能基于这样的动力学想象。这也正是我特别要研读怀特海思想的理由，因为，他的过程哲学提供了不同于上述的本质上仍是静态逻辑的动力学想象。对中国社会变迁而言，怀特海想象的过程，很可能远比以往的任何动力学想象更有解释力。

（4）issue，若是名词常指“议题”，若是动词常指“发生”（例如发出指令）。故我干脆译为“发生议题”，然后视具体语境而转化。发生或议题，英文涵义远比汉语的“议题”丰富，我在解释“问题意识”的文章里常常提到这一语词在西方思想传统里的涵义。议题不同于问题（question）。一个问题可能有多个解答方案，也可能有唯一解答方案。但一个议题必须有至少两个相互冲突或不一致的解答方案，而且这些解答方案必须同样有说服力，于是，面对一个议题，就意味着不知所措或陷入两难困境。存在哲学家相信，人，只有在这样的困境之内，才可能迸发出真正的生命力，生命才迸发出创造力。于是，由议题转入发生，也很合适。

现在回到图 7.153，最令我关注的就是怀特海宣称的：我们需要一种可以将上述四种要素纠缠在一起的分析。其实，在我看来，这里揭示的正是怀特海想象的“过程”，是一个过程应当具有的样式。故而，我们不妨将上述的四个单词及我提供的冗长解释，视为怀特海想象的“过程”的四类要素。这四大要素的纠缠或相互作用，产生了怀特海想象的过程。

我继续转述怀特海：过程，有一种韵律。借助这种韵律，由创造性引发的是自然冲动。每一冲动形成历史事实的一个自然单元。以这种方式，我们能够从相互联系着的宇宙的无限性当中，模糊地识别一些有限的事实单元。如果对于现实性而言，过程是根本的，那么，每一最终的个别事实必须被描述为过程。牛顿式的描述将物质想象为不带时间的抽象物质，于是物质被想象为“给定时刻的”。这也是笛卡尔的想象。

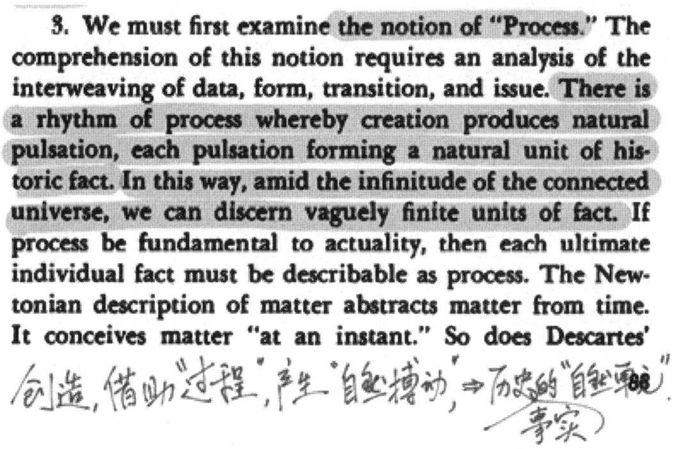

3. We must first examine the notion of "Process." The comprehension of this notion requires an analysis of the interweaving of data, form, transition, and issue. There is a rhythm of process whereby creation produces natural pulsation, each pulsation forming a natural unit of historic fact. In this way, amid the infinitude of the connected universe, we can discern vaguely finite units of fact. If process be fundamental to actuality, then each ultimate individual fact must be describable as process. The Newtonian description of matter abstracts matter from time. It conceives matter "at an instant." So does Descartes'

创造，借助“过程”，产生“自然搏动”，⇒历史的“自然单元”事实 **88**

图 7.153

接续，我写在图 7.153 底部的文字：创造，借助“过程”，产生“自然搏动”，导致历史事实的“自然单元”。怀特海继续说：如果过程是根本的，那么这样的抽象就会充满了谬误。我写在图 7.154 上方的文字是：抽象总是暴力的。从全部 perspective 的集合，按照特定兴趣，仅看到特定的一组关系，无视 / 遗忘未来重要的关系。紧接着，是怀特海的解释。

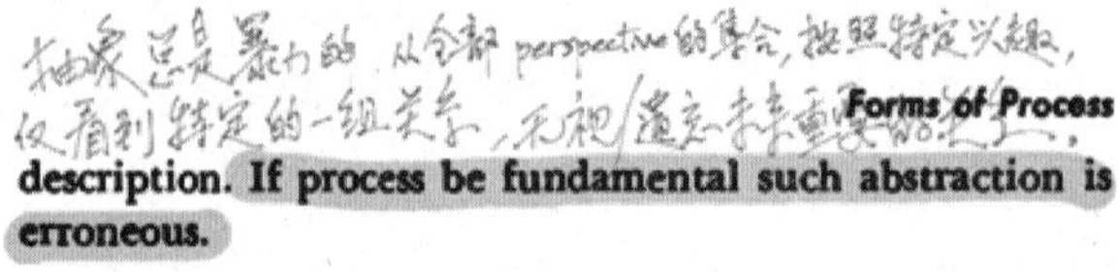

抽象总是暴力的，从全部 perspective 的集合，按照特定兴趣，
仅看到特定的一组关系，无视/遗忘

Forms of Process

description. If process be fundamental such abstraction is erroneous.

图 7.154

图 7.155，现在我们要更细致地考虑这一由上述四类要素纠缠在一起的过程，由此而使每一事实单元有了特征。然而我们必须借助暴力抽象来实施这一程序。每一个充分实现了的事实，因为在历史世界之内和在形式的王国之内的无数关联而有一种无限性，即它的宇宙视域。

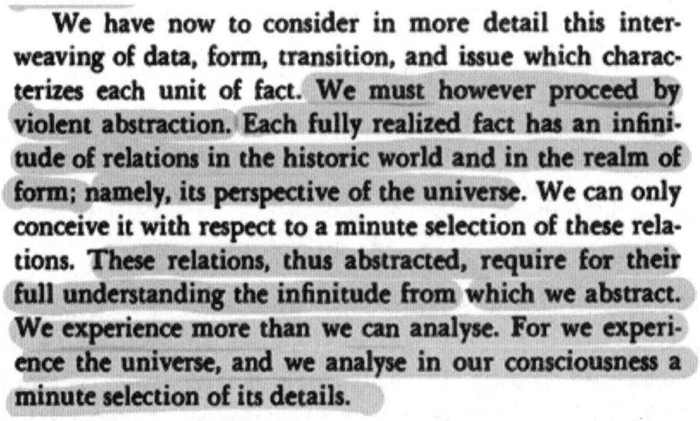

We have now to consider in more detail this interweaving of data, form, transition, and issue which characterizes each unit of fact. We must however proceed by violent abstraction. Each fully realized fact has an infinitude of relations in the historic world and in the realm of form; namely, its perspective of the universe. We can only conceive it with respect to a minute selection of these relations. These relations, thus abstracted, require for their full understanding the infinitude from which we abstract. We experience more than we can analyse. For we experience the universe, and we analyse in our consciousness a minute selection of its details.

图 7.155

读到此处，我又要解释“宇宙”这一语词的意思。在数学语言里，universe（宇宙）的意思是“由全体组成的集合”，故可译为“全集”，为免误解，我主张译为“整全”，与“宇宙”交替使用。

继续图 7.155，怀特海说：我们仅能想象这种无限性，参照着我们从无数关联中选择的很少部分关联。这些关联，这些由此而抽象出来的关联，要求对我们的抽象所含的无限性有充分的理解。我们的经验，比我们能分析的更多。我们经验到宇宙整全，我们只能分析我们意识细节中选择出来的一个极小的片段。

图 7.156，动词“存在”意味着与历史现实性的相关性模态。这就是“数据”；从这些数据之内涌现出来一个过程，以“转型”的“形式”。这个过程单元是现实性的“特定现在”。这是一个复合的过程，一个相关细节逐渐升级的过程，也是一个移除不再相干的细节的过程。

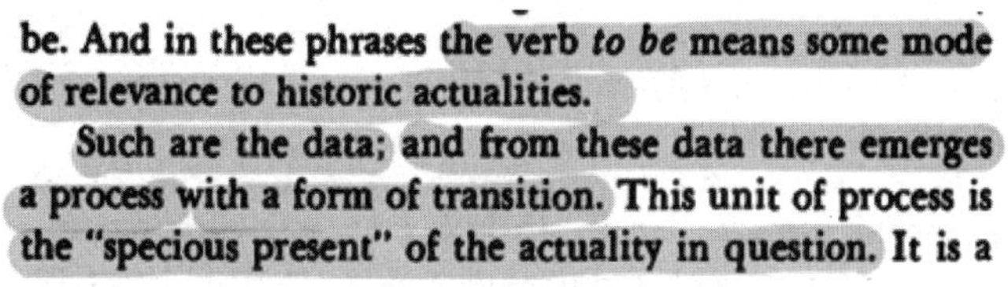

be. And in these phrases the verb *to be* means some mode of relevance to historic actualities.

Such are the data; and from these data there emerges a process with a form of transition. This unit of process is the "specious present" of the actuality in question. It is a

图 7.156

图 7.157 中，首先是我写的文字：历史，每一存在的事实，总是排斥了潜在事实的结果。也就是说，任何存在着的，总是逃脱了其他可能秩序的结果。怀特海说：任何历史事实，不论是个人的还是社会的，在我们知道它从何逃脱并且知道它逃脱的那些可能性是如何狭窄之前，它的理解是不可能的。

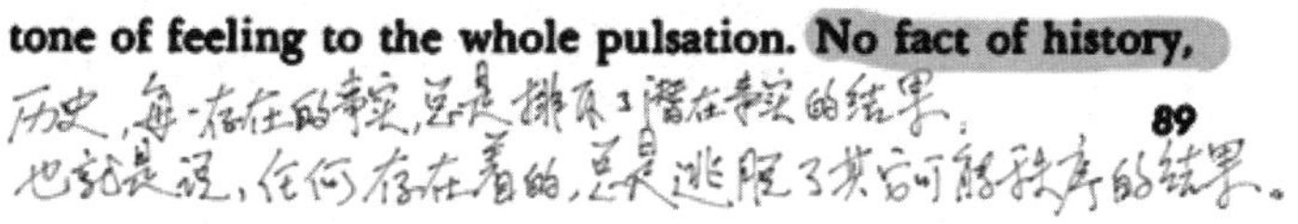

tone of feeling to the whole pulsation. No fact of history,

历史，每一存在的事实，总是排斥了潜在事实的结果。

89

也就是说，任何存在着的，总是逃脱了其它可能秩序的结果。

图 7.157

我在图 7.158 上方画了示意图，以“事实”为一个点——因为人的兴趣只能聚焦在一个点上，然后，我画了两个圆锥体，包含这一点的两个不同视域或视角，方向不同。当我们从这一点进入其中一个视域之后，就摆脱了另一视域，也因此，如果另一视域更加宽广，那么它包含的各种可能性或许就是我们进入我们所处视域要支付的代价。我还写了：每一事实，仅当它参与塑形的未来呈现之后，才可被完全理解。所以，黑格尔说了那句名言：密涅瓦的猫头鹰只在黄昏才飞。

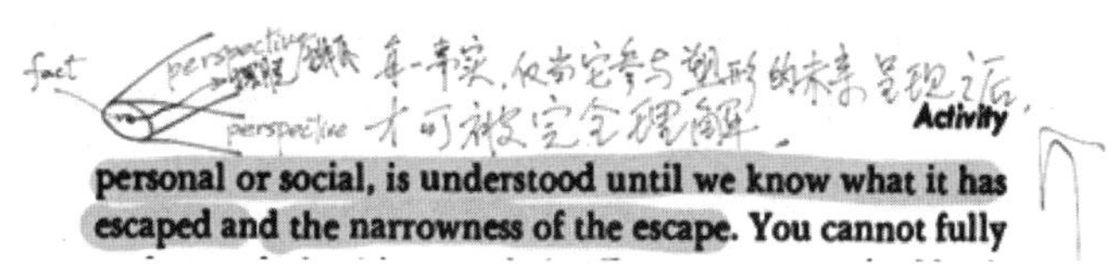

personal or social, is understood until we know what it has escaped and the narrowness of the escape. You cannot fully

图 7.158

与我写的文字一致，如图 7.159，怀特海说：完整的事实仅当它在塑形未来的积极资料中才可理解。当我们考虑我们正在考察的过程之为一完结过程时，我们已经在分析一项积极的资料，它参与着其他的创造。宇宙不是陈列馆，在玻璃橱里摆放着它的各类物品。

verse belongs to its essence. The completed fact is only to be understood as taking its place among the active data forming the future.

When we consider the process under examination as completed, we are already analysing an active datum for other creations. The universe is not a museum with its

图 7.159

图 7.160，我写的文字：宇宙，不是事实的陈列，宇宙是活的。现在，图 7.161，怀特海举例说明，哪怕是数值计算这样的简单过程，毕竟也还是假设了怀特海阐述的“过程”。我写在这一截图上方的文字是：静止的 2×3=6，其实是一个过程。

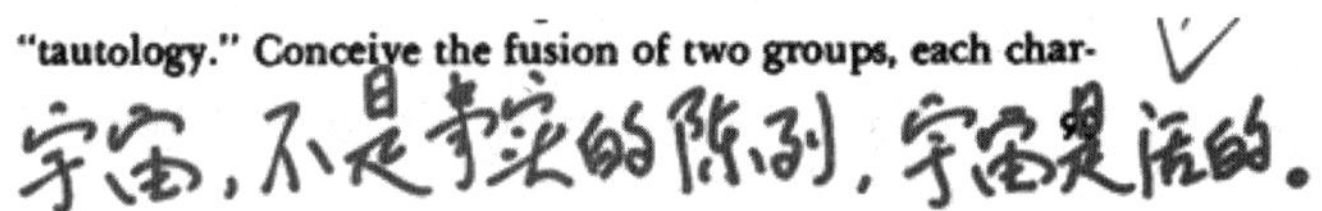

"tautology." Conceive the fusion of two groups, each char-

宇宙，不是事实的陈列，宇宙是活的。

图 7.160

静止的 2×3=6，其实是一个过程。

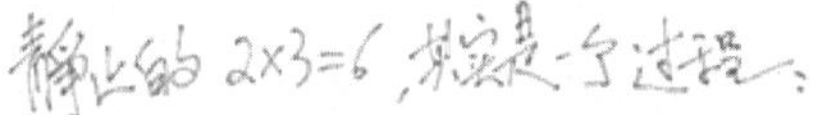

Forms of Process

acterized by triplicity, into a single group. The whole essence of the notion of "twice-three" is process, and "twice-three" expresses its special form of process. This form de-

图 7.161

他举例说：“两个 3”这一观念的全部实质是过程。2×3 表达的是这一过程的特殊形式。这一特殊形式的独一无二特征，有两个来源。继续图 7.162，其一是这两个群组的每一个在融合过程中的“三重性”。这一“三重性”是因为某种主导着集结各群组过程的个性化原则。这一原则的结果之一就是，每一群组都表现出“3”性。我们考虑的正是以“数”的方式表达的如此形成的结果。但是，这一融合或集结过程完全不必导致一个称为“6”的群组，该群组由上述的主导原则一致地区分出每一个被保留在集结之后的群组里的个别。例如，现在考虑水滴，每一滴水都有一个由表面张力形成的液面。假设两个群组，每一群组包含 3 滴水。上述的融合过程可能导致完全的合并，于是结果就只有 1 滴水；或者这一过程导致原先那些水滴的散乱，于是这一融合的群组里出现了 50 滴水。

rives its peculiar character from two sources. One source is the triplicity of each of the two groups in process of fusion. This triplicity arises from some principle of individuation dominating the process of aggregation of each group. As a result of this principle, each group exemplifies three-ness. There is then a process of fusion of both groups into one. We are considering the characterization of this resultant group in terms of number. It is not true that this process of fusion necessarily issues in a group of six, in which the same principle of identifying individual things is preserved.

For example, consider drops of water, each drop with

图 7.162

继续图 7.163，这样的过程，通常在短语“两个 3”之内已预设了保持个性不受集结过程干扰的相关原则。在我们考虑的这一特定情境内，两个 3 就是 6。但是，短语“保持个性化不受干扰的原则”却是涵义模糊的。继续图 7.164，陈述句“3 的 2 倍是 6”于是隐含地指涉了一些未定义的保持事物的个体特质在融合过程中不变的原则。短语“3 的 2 倍”指涉融合过程的一种特定形式，在这一形式中，事物的个性化原则得以维持。将这一见解扩展为更一般的陈述，算术短语指涉过程的特殊形式，这一过程源自这样一个群组，该群组以某些确定的算术特征为特征。

appears. The process, normally presupposed in the phrase "twice-three," is such that the relevant principle of individuation is kept undisturbed. In such a case, twice-three is six. But this phrase "principle of individuation" has a vague interpretation. A doctor orders a dose of two tea-

图 7.163

The statement "twice-three is six" is referent to an unspecified principle of sustenance of character which is supposed to be maintained during the process of fusion. The phrase "twice-three" refers to a form of process of fusion sustaining this principle of individuation. Putting this in a more general statement, arithmetical phrases refer to special forms of process, issuing in a group characterized by some definite arithmetical character. The process has its

图 7.164

怀特海道歉，如图 7.165—7.167，他说：我很抱歉坚持絮叨这样一件平凡的事情。也许你们当中的一些人看出来我所示例的是与关于这一算术真理的广为流传的信念相冲突的。流行的现代教条是，短语“两个 3 是 6”是一种同义反复。同义反复的意思是说，“两个 3”与“6”所言为同一件事；于是在这样的同义反复里，没有获得任何新的真理。而我的不同意见在于，这一短语考虑了一个过程及其发生。当然，一个过程的发生，同时也是这一过程之外的许多过程的质料的一部分。但对于抽象的“2 倍的 3 是 6”而言，短语“两个 3”表示流畅的过程的一种形式，并且“6”表示这一完整事实的一种特征化。我们的语言解释和符号学解释是天真的。我们忽略涵义的微妙差异。如果我们说“6 不等于 7”，我们就要拒绝将“6”和“7”视为同一的。在这一短语里，单词“等于”意思是“同一性”。两个不同的过程发出有相同数值特征的复合体。“等于”的涵义，或单词“就是”的涵义，在这两个过程中其实不一样。

I am sorry to insist on this triviality at such wearisome length. Perhaps some of you will have recognized that I am contradicting a widespread belief. A prevalent modern doctrine is that the phrase "twice-three is six" is a tautology. This means that "twice-three" says the same thing as "six"; so that no new truth is arrived at in the sentence. My contention is that the sentence considers a process and its issue. Of course, the issue of one process is part of the material for processes beyond itself. But in respect to the abstraction "twice-three is six," the phrase "twice-three" indicates a form of fluent process and "six" indicates a characterization of the completed fact.

图 7.165

We are naïve in our interpretation of language and of symbolism. We neglect subtle differences of meaning. If we say that "six is not equal to seven," we are denying the identity of "six" and "seven." In this phrase, the word *equality* means identity. If we say that "twice-three is

图 7.166

ing that two distinct processes issue in compositions with the same numerical character. The meanings of *equality*—or of the word *is*—differ in each of these cases.

图 7.167

图 7.168，怀特海最后说：我的最后一个观点是，数学关注的是导致更多过程所需成分的形式的过程的确定形式。在以前的几讲，我们注意到关于过程之形式的概念给

关于一个无穷系列的概念带来意义，恰如我们在数学里所做的那样。

My final point is that mathematics is concerned with certain forms of process issuing into forms which are components for further process. In the previous lecture, we noted that the concept of a form of process gave its meaning to the concept of an infinite series, as employed in mathematics.

图 7.168

怀特海的结论，如图 7.169，上面的讨论是对柏拉图的迟到的提醒，他的永恒数学形式本质上指涉过程。这是他自己的教义，当他指涉生命与运动的必然性的时候。

This discussion is a belated reminder to Plato that his eternal mathematical forms are essentially referent to process. This is his own doctrine when he refers to the necessity of life and motion. But only intermittently did

identity and difference　　92

图 7.169

然后开始第 5 小节，见图 7.170，怀特海说：任何类型的存在，其实质只能由它对于创造性行动的意味来解释，特别是包含三类要素，即数据、与这些数据相关的过程之形式，以及这一过程发出的未来过程——数据、过程、发生之议题——的数据。如果不作以上的想象，我们就要将宇宙简约为无聊的同义反复的绝对，同时带着生命和运动的梦幻。数学的发现，如同其他的发现一样，既是人类理解的进步，又产生了谬误的新的模式。就数学发现而言，它的谬误就是引入了关于形式的教条，于是剥夺了生命和运动。

5. The nature of any type of existence can only be explained by reference to its implication in creative activity, essentially involving three factors: namely, data, process with its form relevant to these data, and issue into datum for further process—data, process, issue.

The alternative is the reduction of the universe to a barren tautological absolute, with a dream of life and motion. The discovery of mathematics, like all discoveries, both advanced human understanding, and also produced novel modes of error. Its error was the introduction of the doctrine of form, devoid of life and motion.

图 7.170

图 7.171，希腊哲学中的“超越性存在”是思想者们受了当时刚发展不久的数学的

影响想象出来的，那时，希腊活跃的心性接触到了古埃及思想。这些思想者们错误想象了数学观念的相关性。

The "supreme being" of Greek philosophy was conceived by thinkers under the influence of the then recent development of mathematics, when the active-minded Greeks came into contact with Egyptian thought. They misconceived the relevance of mathematical notions. All

图 7.171

图 7.172，关于世界过程的观念所以应当被设想为关于过程总体的观念。

The notion of the world-process is therefore to be conceived as the notion of the totality of process. The notion

图 7.172

图 7.173，我写了：“世界过程”：有机 / 创化 / “冲动”与“资料”的“融合”。

继续：关于超越性存在的观念必须运用于符合的过程之现实性，这种现实性不限于历史领域内任一特殊时代的资料。它的现实性，建基于它的概念欲求中的无限性，并且，它的过程之形式源于这一概念欲求与来自世界过程的资料的融合。

of a supreme being must apply to an actuality in process of composition, an actuality not confined to the data of any special epoch in the historic field. Its actuality is founded on the infinitude of its conceptual appetition, and its form of process is derived from the fusion of this appetition with the data received from the world-process. Its function in the

图 7.173

图 7.174，我们经验的数据（资料）有两种类型。这些数据可被视为实现了的实事来分析，也可被视为实事的潜在性来分析。

The data of our experience are of two kinds. They can be analysed into realized matter-of-fact and into potentialities for matter-of-fact. Further, these potentialities can be

图 7.174

图 7.175，只要数据之中存在大量的互相确认，复合的活跃的形式就会转化这种相互确认成为一种发生议题，从而保存了未来的一致性。这里，我们有同一性的大规模保存之基础，带有可忽略的变化。星球、岩石、生物，全都目睹同一性的广泛保存。但是同样地，它们目睹这一保存的局部性。在已实现了的实事之内，没有什么保持了与它的前续的完整同一性。这种在实现了的事实领域里的自我同一性仅仅是局部的。它只对某些目的成立。

我在这里写了：data：互补性，导致 identity，由此两个箭头，其一指向“偶然 / 变异”，另一指向“issue into future”。

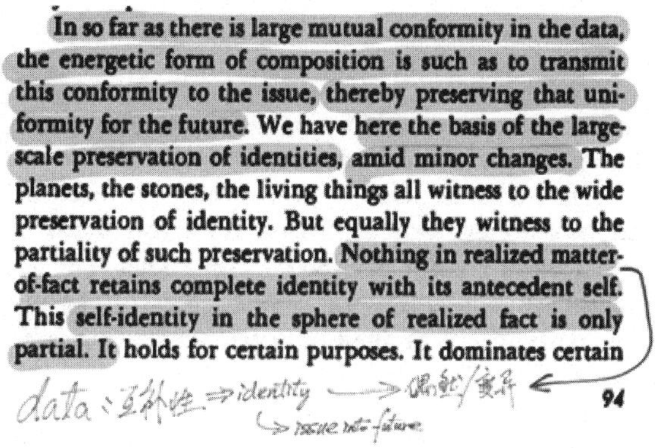

In so far as there is large mutual conformity in the data, the energetic form of composition is such as to transmit this conformity to the issue, thereby preserving that uniformity for the future. We have here the basis of the large-scale preservation of identities, amid minor changes. The planets, the stones, the living things all witness to the wide preservation of identity. But equally they witness to the partiality of such preservation. Nothing in realized matter-of-fact retains complete identity with its antecedent self. This self-identity in the sphere of realized fact is only partial. It holds for certain purposes. It dominates certain

data：互补性 ⇒ identity ⟶ 偶然/变异
↳ issue into future

94

图 7.175

图 7.176，关于对迅速变化的能动反应总有最完美的理由。我试图揭示我们对合法秩序的权威以及这一秩序的崩溃的情绪反应。当根本性变革降临时，有时候，天堂启明了，有时候，地狱开始咆哮。

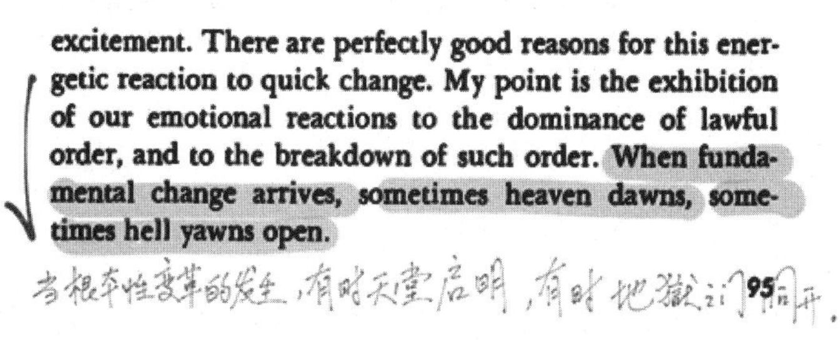

excitement. There are perfectly good reasons for this energetic reaction to quick change. My point is the exhibition of our emotional reactions to the dominance of lawful order, and to the breakdown of such order. When fundamental change arrives, sometimes heaven dawns, sometimes hell yawns open.

当根本性变革的发生，有时天堂启明，有时地狱之门 **95** 开。

图 7.176

现在是第 6 小节开篇，如图 7.177，我们在单纯的数据和发生议题这里配置了太多的注意。存在的实质，在于从数据到发生的转型。这是自我决定的过程。

6. Too much attention has been directed to the mere datum and the mere issue. The essence of existence lies in the transition from datum to issue. This is the process of self-determination. We must not conceive of a dead datum

图 7.177

图 7.178，在这几讲里发展起来的一个主要教义就是，“存在”（在任何意义上的）不能从“过程”中抽象出来。关于过程的观念和关于存在的观念互相预设。这一主题的推论之一，是关于过程之内一个点的观念是充满错误的。这里，关于“点”的概念，意味着过程能够被分析为最终现实性的复合体，而这些复合体本身没有过程。

One main doctrine, developed in these lectures, is that "existence" (in any of its senses) cannot be abstracted from "process." The notions of process and existence presuppose each other. One deduction from this thesis is that the notion of a point in process is fallacious. The concept of point is here meant to imply that process can be analysed into compositions of final realities, themselves devoid of process.

图 7.178

图 7.179，上述各种特殊情形隐含的一般原则是，关于没有个体性的过程，或没有过程的个体性的错误观念永远无法相互适应。如果你从它们当中任一个开始陷入误区，你就必须将另一个视为毫无意义而放弃。

The general principle, underlying these special cases, is that the erroneous notions of process devoid of individualities, and of individualities devoid of process, can never be adjusted to each other. If you start with either of these falsehoods, you must dismiss the other as meaningless.

图 7.179

现在第 7 小节开始，见图 7.180，过程与个体性相互要求。它们相互分离就意味着蒸发为虚无。过程的形式（或者也可说是欲求）从它所包含的个体那里获得特征，而这些个体的特征只能在它们意味着的过程中获得理解。

7. Process and individuality require each other. In separation all meaning evaporates. The form of process (or, in other words, the appetition) derives its character from the individuals involved, and the characters of the individuals can only be understood in terms of the process in which they are implicated.

图 7.180

图 7.181 中我写的文字是："个体"必由 identity 加以界定，故无法脱离"过程"。此处有一个箭头，来自"遗传"。然后我写了："过程"之所以摆脱其他可能秩序，盖因"个体"的独特性质。此处有一个箭头来自"变异"，指向"独特性质"。

The point is that every individual thing infects any process in which it is involved, and thus any process cannot be considered in abstraction from particular things in-

"个体"必由identity加以界定，故无法脱离"过程" ← 遗传 ← 变异 **97**

"过程"之所以摆脱其它可能秩序，盖因"个体"的独特性质

图 7.181

怀特海说：要点在于，每一个别事物总会影响它卷入的任何过程，于是任何过程都不能脱离所包含的特殊事物而被抽象地考虑。反之亦然。我在图 7.182 写了：任何逻辑都成为情境依赖的。所以，绝对的逻辑一般性和数学一般性都消失了。并且演绎法不再有任何可靠保证。因为在其他情境卜，同一演绎过程可能导致不同结果。

Activity

volved. Also the converse holds. Hence the absolute generality of logic and of mathematics vanish. Also induction loses any security. For in other circumstances, there will be other results.

图 7.182

图 7.183，这样，因分歧而起的差异就不是绝对的了。在分歧当中幸存的是类比。理性主义程序是讨论类比。理性主义之移除意味着分歧无路可逃。文明化的思想之发展可被描述为分歧与同一之发现过程。例如，在一群鱼和一组日子之间的数的同一性之发现。图 7.184，对世界的全部理解是由它所包含的个体之间的同一与分歧所描述

的过程之分析组成的。个体的特殊性反映在将这些个体联系起来的共同过程的特殊性之中。

Thus the differences arising from diversities are not absolute. Analogies survive amid diversity. The procedure of rationalism is the discussion of analogy. The limitation of rationalism is the inescapable diversity. The development of civilized thought can be described as the discovery of identities amid diversity. For example, the discovery of

图 7.183

继续图 7.184，我们可从“个体”或“过程”这两端点的任一端点的研究开始；我们能理解过程，然后考虑个体的特征化；或者，如图 7.185，我们能考察个体的特征化，并设想由这些个体构成的相关过程。不论从何处开始，就真相而言，区分仅仅在于重点之不同。

The whole understanding of the world consists in the analysis of process in terms of the identities and diversities of the individuals involved. The peculiarities of the individuals are reflected in the peculiarities of the common process which is their interconnection. We can start our investigation from either end; namely, we can understand the process and thence consider the characterization of the individuals; or we can characterize the individuals and con-

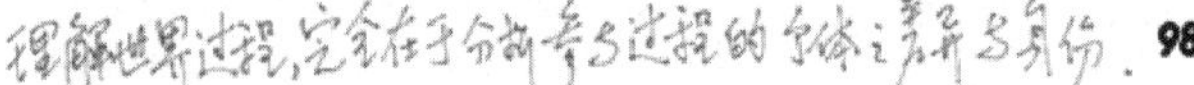

98

图 7.184

例如“社会学”vs“经济学”

Forms of Process

ceive them as formative of the relevant process. In truth, the distinction is only one of emphasis.

图 7.185

我写在图 7.185 上方的文字：例如“社会学”与“经济学”的区分，仅仅在于二者的重点不同。前者从群体开始考察，后者从个体开始考察。引入“过程”之后，二者只是同一理解的不同视角。

图 7.186，但是这种抽象之可能性，由此而能分别考虑个体和形成这些个体存在的过程之诸形式，带来衬垫了全部思想之基础的一种根本性的直觉。由这种直觉构成从

个体事实之体验到关于特质的概念之间的实质性通道。于是，我们进入到关于事实的相续性当中特质之稳定性的概念。此处，请回忆我介绍的诺齐克“同一性”问题，例如，被我们辨认出的“殷云路”同学的那些特质，在殷云路的生活中，在生活事件的相续性当中如何维持了稳定性，从而我们始终能辨认出他是殷云路。

But this possibility of abstraction, whereby individuals and the forms of process constituting their existence can be considered separately, brings out a fundamental intuition which lies at the basis of all thought. This intuition

图 7.186

怀特海指出，在已实现的过程里只能包含“部分的同一性”，因为完整的同一性只能在已实现的过程和潜在要实现的过程的总合里存在。图 7.187，换句话说，只要我们抽象，从而可以分离关于一系列形式的观念和关于这些形式包含的个别事实的观念，我们就必须引入关于潜在性的观念：即是说，这一系列形式的诸事实的潜在性和这些事实的系列形式的潜在性。我们的全部知识形成于想象关于个别事实可能的相互调整和系列形式可能的相互调整。我们其实在说，如此如此的事实是与如此如此的一系列形式相容的。我们正在考虑的是诸个体的可能性和系列形式的可能性。我们经验的仅仅一种性质是立即摆脱这些考虑。在这里结束了第 7 小节。

In other words, as soon as we abstract, so as to separate the notions of serial forms and of individual facts involved, we necessarily introduce the notion of potentiality: namely, the potentiality of the facts for the series and of the series for the facts. All our knowledge consists in conceiving possible adjustments of series and of individual facts to each other. We say in effect, such and such facts are consistent with such and such serial forms. We are considering possibilities for individuals and possibilities for series. The mere immediate exemplification is only one aspect of our experience.

图 7.187

第 8 小节开篇，如图 7.188，关于潜在性的观念对于理解“存在”是根本性的，只要“存在”依附于关于过程的观念。假如宇宙可以仅仅由静态的现实性得到解释，那么潜在性就会消失。每一事物就只是它所是的。相续性就仅仅是表象，起源于想象之局限性。但是如果我们从过程之为根本性的东西开始，那么，现在的诸多现实性由过程获得它们的特质，并投射它们的特征于未来。即时性是过去的潜在性在当下的实现，并且是未来的潜在性的储藏室。怀特海随后开始讨论柏拉图的形式的超越性王国和莱布尼茨的每一个都带有过程之形式的单子。他说，莱布尼茨的教义很奇怪地令人想到笛卡尔的解析几何科学，带着它的那些曲线，每一条曲线都由一个代数方程表达，该方程就是那条曲线所描述的形式。

8. The notion of potentiality is fundamental for the understanding of existence, as soon as the notion of process is admitted. If the universe be interpreted in terms of static actuality, then potentiality vanishes. Everything is just what it is. Succession is mere appearance, rising from the limitation of perception. But if we start with process as fundamental, then the actualities of the present are deriving their characters from the process, and are bestowing their characters upon the future. Immediacy is the realiza-

图 7.188

图 7.189，我写了：点与轨迹，满足方程 P 的点集 {x|P(x)}。然后，我画了一个双箭头，在“个体”和“点与轨迹”之间。我画了一个箭头从上列点集指向“轨迹”，并在“轨迹”与“过程”之间画了一个双箭头。怀特海随后指出，困难在于将这种静态的形式与活跃的过程联系起来。这一困难的类比是，将静止的事实之即时性与带有过去和未来的历史过程联系起来。

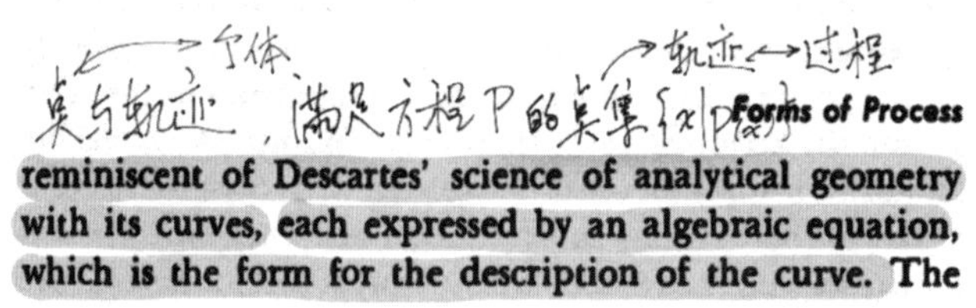

Forms of Process

reminiscent of Descartes' science of analytical geometry with its curves, each expressed by an algebraic equation, which is the form for the description of the curve. The

图 7.189

图 7.190，更进一步的问题在于如何表达相互联系的事实，它们每一个都有自己的自足的度量标准。每一事实仅仅是如它这样的有限事物。那么，这些事实如何相互要求呢？最后，每一即时发生的事实是它自身的实现。那么，在何种意义上，一件事实里可以停泊潜在性呢？这种潜在性就是实现之形式的能力。

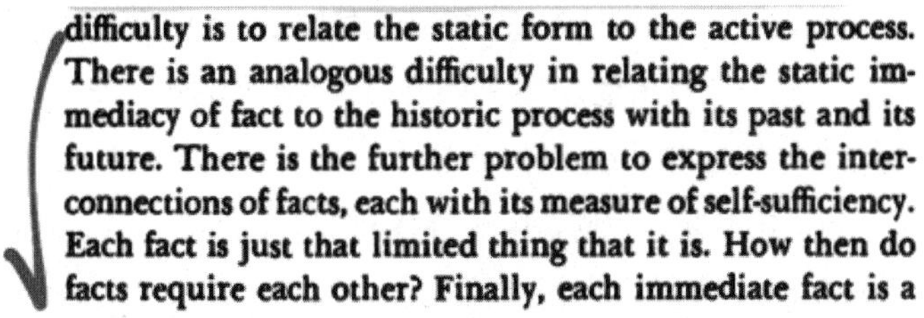

difficulty is to relate the static form to the active process. There is an analogous difficulty in relating the static immediacy of fact to the historic process with its past and its future. There is the further problem to express the interconnections of facts, each with its measure of self-sufficiency. Each fact is just that limited thing that it is. How then do facts require each other? Finally, each immediate fact is a

图 7.190

怀特海在这里列出了许多疑问。不过，我在这里停止转述。现在我用中国这次的转型为例，试着说明上述的怀特海过程学说。

1976 年，结束了使中国社会剧烈动荡持续十年的那场混乱的政治运动。最初两年里，中国的思想界讨论“人道的”马克思主义问题，还讨论文学创作是否要重视塑造人物的“个性”问题。这些看起来与后来的经济体制改革完全无关的哲学和文学的议题，营造了一种新的气氛，在这种气氛里，哲学和文学试图摆脱以往僵化的意识形态的束缚。然后，1978 年《读书》杂志发表了题为“读书无禁区”的文章。中国社会普遍开始向着凸显“个性化”的思想转折。北京街头开始出现越来越多的“个体户”，他们在街边摆放一些娱乐设施，例如克郎球台子之类的，按照时间租给那些有兴趣玩这些游戏的人。此外，崔健的摇滚乐人肆流行，还有比流行音乐更高雅的“星星画展”。

这一讲最后一页，见图 7.191，最后两句话：是这个世界里的宗教性冲动将死的科学事实变换为活生生的历史戏剧。因此，科学永远无法预言历史中包含的永恒的新奇性。

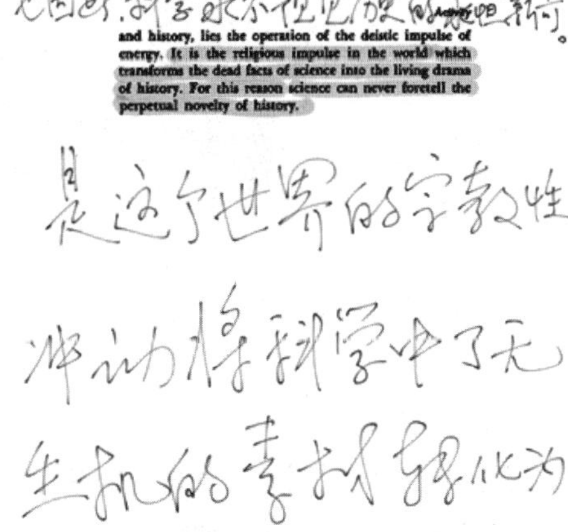
and history, lies the operation of the deistic impulse of energy. It is the religious impulse in the world which transforms the dead facts of science into the living drama of history. For this reason science can never foretell the perpetual novelty of history.

图 7.191

三、结语：“一般均衡”稳态如何转型

作为这冗长的第七讲的结语，我在这里增加一份示意图，即图 7.192，这是我读怀特海《论教育之诸目的》时绘制的。我以这张图为纲要，几年前为大连的跨学科教

育研讨会作了一次报告。怀特海批评英国教育的官僚化，那次演讲是他就任英国数学学会会长的演说。在我的示意图里，右下角写的是“惰性观念”(inert ideas)。怀特海说，他小时候的教育还是充满生命力的，那种教育的特征在于，左上角写的“生命观念”(vital ideas)，这里的生命，也就是阿伦特特别用拉丁文“vita”表示的生命。怀特海说，有生命力的教育，每一核心观念都是有生命的，是真实生活的表达。这就让我们想到陶行知先生的教育哲学——“以生活为核心的教育”。从生活这一教育之核心派生出的是，怀特海分别称为“数学”和“物理”这样的自然科学课程，和“历史”这样关于生活情调的课程，以及“宗教”这样的精神课程。但是，上述观念的每一个，都可能蜕变为惰性的。一旦教育围绕着惰性观念展开，它的作用就只是拖累生命，它扼杀生命。

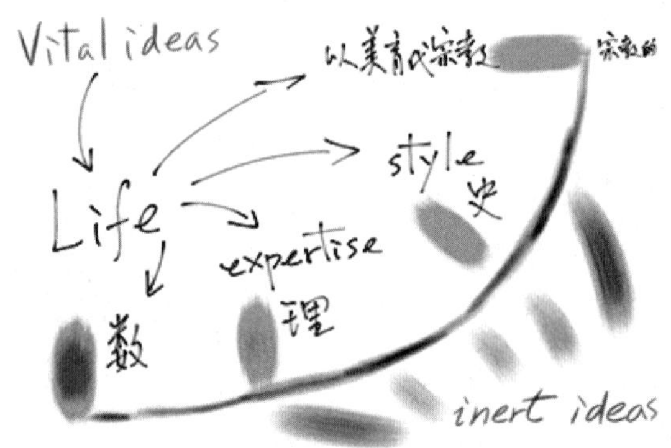

图 7.192

现在重审图 7.1，我为怀特海这本书前五讲而画的心智地图或示意图。首先是怀特海命题，试问可否颠倒这一顺序？显然不能。因为在怀特海看来，“理解”，不仅人类有，普通动物乃至一切生命都有。只不过，人类有更高级的表达方式。也因此，怀特海所说的“感受”，是最普遍的存在者——从草木到天地——的感受。只不过，感受若不能获得表达，就不能被理解。草木天地是否有感受？我们不得而知。

右下角的英文单词“matter-of-fact”(实事)，是重要性感受的客观基础。至于感受者，则可以是人类，也可以是草木。“situation”(情境)可以由许多实事组成。

感受到的重要性，我引小密尔讨论“价值”时使用的短语，“importance felt”，简练得如同小密尔的逻辑学。实事被感受到重要性，然后获得表达。因此，表达总是个体性的，个体从它所在的芸芸众生的世界（作为“多”的世界）送给它试图理解的“宇宙”（作为“一”的世界）视域的礼物。从这一特定个体基于它此时此地的特定兴趣而选择的特定视角（视域）看这一个体的表达——送给宇宙整全的礼物，它是“表达”。但是同时，这一表达也被这一个体感觉到，于是它还构成个体的“feeling”（感觉）。

对任一特定的实事，当个体对它有了兴趣从而将自己的注意力集注于它的时候，当这一实事呈现或被这一个体“理解”的时候，实事不再是完全客观的，它被变换为“事实”——被个体兴趣及视角扭曲了的实事。只要这一个体有足够深入的细节认知，并且只要它有足够的理解力，它可能发现这些细节相互之间有冲突，也就是说，在它的理解里，这些细节包含着“不一致性”（inconsistency）。为化解不一致性或“非自洽性”，可选的途径之一，就是将事实进一步抽象化。

我们在统计学里常见到这类抽象方法，例如“均值”代表许多样本的某种平均状态，而这些样本相互之间当然会有差异或冲突。当我说“北欧人比亚洲人更高”的时候，我当然知道有个别亚洲人的身高远比个别北欧人更高。所以，平均身高，是一种不顾细节差异的抽象。借助于这种抽象，我们能够超越细节，仅关注事物之间在宏观层次表现出来的关系。经济学家最擅长此种抽象，例如，GDP 代表一个经济一年的总产出，尽管构成 GDP 的无数细节，相互之间不自洽。

日常生活也处处有抽象，为了方便生活。例如，我面前的这张桌子，如果仔细考察桌面就可见到许多纹路并不平滑，甚至还有断裂的纹路。但是就这张桌子对我的主要用途“写作”而言，只要它提供了一张足够平滑的桌面，让我的笔记本电脑平稳地工作，它就是令人满意的桌子。故而，我必须抽象掉那些不平滑或断裂的纹路，因为我对这张桌子的兴趣，集注于更宏观的层次上。仅当发生事故的时候，例如，我的笔记本电脑的电源在两星期之前突然不能继续充电，于是我开始检查一些平日绝不关注的细节，我注意到苹果公司为笔记本电脑配置的独特的电源接口和接口内的两排金黄色可伸缩的小针头，并且意识到很可能这些小探针的某一个失灵导致了电源无法继续充电，从而，所有这些细节最终导致我专程到东京银座的苹果旗舰店去买了一个新的苹果笔记本电源。

可见，抽象的程度几乎总是由我们的兴趣决定的。如果个体的兴趣完全是宗教的，那么，很容易想象，这一个体将沿着基于兴趣而选择的特定视角（视域）向无限远方进行抽象，直到它感受到上帝的存在。我认为数学家康托（Georg Ferdinand Ludwig Philipp Cantor，1845—1918）经历了这样的抽象过程，于是获得了关于“上帝存在性”的证明。

如果完全不能抽象，个体对视域之内特定事实之外的事情就完全没有理解。抽象能力是超越具体事实的能力，它使我们有洞察力——一种穿透具体事实从而进入更深远视域的理解，怀特海称之为“penetration”（穿透力）。

但是仅仅依靠抽象能力，不足以使我们理解事物之间千丝万缕的联系，及基于这些联系的相互作用。马歇尔的“均衡”概念，是一种抽象。为了有均衡，他必须假设那些决定了供给曲线和需求曲线的位置的参量保持不变。这些参量构成怀特海所说的“环境”，相对于均衡这一“实体”而言。

当我们试图考察决定了马歇尔供求均衡的那些参量的变化时，我们有“比较静态分析”方法。但这些参量的变化可能是相互依赖的，于是我们必须引入“一般均衡”概念。当然，一般均衡的存在性定理要求我们假设“三大结构”（偏好、技术、资源禀赋）保持不变。于是，一般均衡状态，在理论经济学家的想象中就成为依赖于三大结构参量的状态变量。当我们试图考察三大结构的变化时，比较静态分析的方法失灵了。因为，三大结构的任何一个的变化必定引发其他结构的变化。解决这类问题，数学家可以想象的方法是“比较动态分析”——萨缪尔森想到了这一方法。

在想象中，比较动态分析其实很接近怀特海所说的“过程”。但是，比较动态分析难以解答这样的问题：我们考察“一般均衡”状态，如果这一状态不稳定，那么经济学家通常没有兴趣关注它。如果这一状态是稳定的，即任何轻微扰动之后，它将恢复到原来的状态。那么，它是怎样从一个状态转型到另一个状态的？回答这一问题，本质上要求我们借助于怀特海的过程学说。

附录：文字的代价 [2008]

代价（cost）常译为“成本”，足以表明这一经济学基本概念是在1930年代以前被翻译为日文的。当时——在罗宾斯发表他的正确见解之前，经济学家尚未纠正他们对这一经济学基本概念的误解。首先，“代价”不应仅包含“已完成”的部分。其次——这一看法至今仍值得追究，若“本”（本金）已经不可挽回地“沉降”，则不应对未来产生影响。所以，1930年代以后，经济学家以“机会成本”解释“成本”——在可选方案集A之内选择a的代价是在A内不选a时可能实现的最高价值。十多年前，我曾对一位朋友说过，假如他打算自学经济学，那么只要搞清楚“成本”概念，就算是本科生毕业了。假如他又搞清楚了“租”概念，就算是研究生毕业了。

若文字是我们每一个人生活的可选方案集内的事物，又若我们“选择”了文字，那么，这一选择的代价是什么呢？这是我试图解答的问题。经济学家常说没有“免费午餐”。据此推测，文字带来的好处必定有其代价。并且，文字的好处如此巨大，它的代价也应足够高昂，否则那好处便可视为免费的了。这样重要的一个经济学问题，就我记忆所及，似乎没有哪位经济学家解答过。显然，对专业经济学家而言，它是一个太大的以致无法解答的问题。同样显然，今天的经济学家绝大多数是“专业的”。解答这样的问题，我们需要脱离专业立场，采取“人文的”立场。

柏格森曾指出，“概念”的好处在于节省人类体验真实事物的时间。例如，“云”这一概念节省了我们直接观看天上飘浮的每一块云彩的时间，前提是这一概念能够唤醒我们观看云彩的体验。若我们从未见过云彩，我们对“云”这一概念的想象只好借助于我们有所体验的其他概念，例如“水”、“气”、“浓度”、“天空”和“漂浮”等等。罗素论证过，一切名词只能借助两种方式被定义。设若我们打算向一名儿童定义“苹果”，我们可拿出一只真实的苹果，并在确信他正注意那只苹果时向他说“苹果”，不论我们说的是何种语言。以这一方式定义名词，罗素称为“指示法”——对注意力的主体而言指称与显示同时发生，借助于思维联想原理，建立事物与符号之间的等价关系。又设若我们打算向一名儿童解释“金山”这一概念，我们只能以指示法先定义“金”和“山”这两概念，然后请注意力的主体在头脑里想象这两概念的某种混合。这一方式，罗素称为“间接法”。今天，基于认知心理学我们知道，以间接法定义名词，是脑的一种能力——所谓“概念搅拌”，尤其是概念的“双重搅拌”，似乎是人类独有的能力。

有了概念就可节省体验时间，这一巨大好处的代价呢？柏拉图是反对使用文字的，因为文字将颠覆人类“面对面”的交往，以及基于面对面交往的社区情感。换句话说，人类社会将因文字的普及而异化为抽象社会——情感被文字抽象掉了。如果柏格森是正确的，那么柏拉图所担忧的事情，在文字的使用之前已经发生了——当人类使用语言的时候，因为最初被使用的正式语言是“名”词。注意，还有最初被使用的非正式语言，诸如声调、身体姿势和面部表情，它们可以不是任何“词”。但它们仍具有柏格森所说的那种经济学性质——节省了体验时间，当一只野鸭受惊飞起时，其他的野鸭没有必要等待直接体验到危险之后才飞起。

可见，文字对情感的抽象，是一个渐变过程。最初，行吟诗人使用语言的时候，保持着“面对面”的交往及其情感。渐渐地，诗人的叙说被转述以情感较少的口语甚至无情感的文字。再后来，尤其是在消费主义的时代，我们读文字的时候，基于我们的消费习惯，甚至懒得去想象文字记述的情境和情境中人物的情感。

但情感是身和心的状态的波动，称为“体验”——不同于“经验”，因为经验可以是回忆中的体验，也可以是他人转述的体验。语言或文字，仅当有必要使用时才被使用。至少，我推测，远古的人类很少有机会“无病呻吟”，因为无病呻吟是一种奢侈。据此，我相信最初被使用的语言或文字是有必要表达某些具有重要性的感受时才发生的。那些重要的感受被称为“有意义的”体验——对个体有意义的或对群体有意义的。怀特海说过：在任何理解之前，先有表达，在表达之前先有对重要性的感受。

南怀瑾先生在讲解“白骨观”和“净土宗”的关系时曾设三问，大致是问，为什么与（末法时代的）现代人相比，与释迦摩尼同时代（正法时代）的古人更多也似乎更容易证道成佛？冯友兰大约设想过与此类似的问题，他相信“经学时代”不如“子学时代”，并且现代不如“经学时代”。梁漱溟更指出，古代儒家如孔子等人遗留给现代人的简册文字仅为当时情境及体验的感受之偶然记录而已。孔子等人的记录，我们称为“伦理学”，必定有其所指的心理状态。若我们不能了解孔子当时的心理状态，我们也就不能明白孔子的伦理学，于是我们能有的，只是西方人针对西方心理状态而写的伦理学，而不能有孔子的儒家伦理学。

我试着回答南怀瑾先生的问题。今晨我得出的解答是：古人“理”与“事”合一，而今人“理”与“事”两分。故而古人先有体证之事而后撰写记录其理。今人仅凭古人记录之残余，又疏于体验，妄自想象，安可证道？所以，智慧被知识取代。我以为，这就是文字的代价。

第八讲

不动点定理，未来的社会科学，比较社会过程分析

2014年11月30日 / 下午3:00—6:00 / 二教314

第七讲结尾处，我谈到，如果要考察一般均衡的三大结构（偏好、技术、资源禀赋）的变化，我们就必须借助于怀特海的过程学说。因为，三大结构的任何一个的变化，必定引发其他结构的变化，于是我们必须处理动态过程。一般而言，借助于怀特海的过程学说，在第八讲，我想象中的未来的社会科学分析方法，可名之为“比较社会过程”分析。在这一视角下，可以说，比较社会过程分析方法其实是经济学的比较动态分析方法的拓展。但是我需要铺叙，故首先讨论经济学既有的基本方法，即运用各种不动点定理可能得到的经济学定理及其局限性。然后讨论，为缓解这种局限性，我们应怎样扩展经济学的基本方法。

一、不动点定理

图 8.1 是第八讲的第一份提示。关于这里列出的不动点存在性的第三项条件“连续性”，请先阅读第五讲附录一“连续性假设的社会科学涵义”。

但是，图 8.2 是我为第六讲准备的一份提纲，那一讲的课时甚至不够我详细浏览马歇尔《经济学原理》的细目，故而完全没有机会进入这部分内容，即图中第四行文字下面的内容。现在，这部分内容可与第八讲合并讨论。

关于不动点定理的教材，其一是张石生教授的《不动点理论及应用》[1]。张石生是四川大学的数学教授、博士生导师，享受国务院政府津贴的专家，有大约 330 篇论文被《数学评论》收录，他是国际知名的非线性分析理论家，多年研究不动点理论。还有一种是科普读本，张奠宙、顾鹤荣 1989 年《不动点定理》，辽宁教育出版社 1995 年重印。根据这本科普小册子，不动点定理成为数学研究的专题，是布劳威尔开创的。他从 1909 年开始，以“曲面上的一对一的映为自身的连续映射”为题发表了一系列论文，创立了不动点理论。现在以布劳威尔的名字命名的布劳威尔不动点定理，在二维空间的情形为：平面内的闭单位圆盘上映为自身的任何连续映射，至少有一个不动点。

---

[1] 重庆出版社，1984 年。

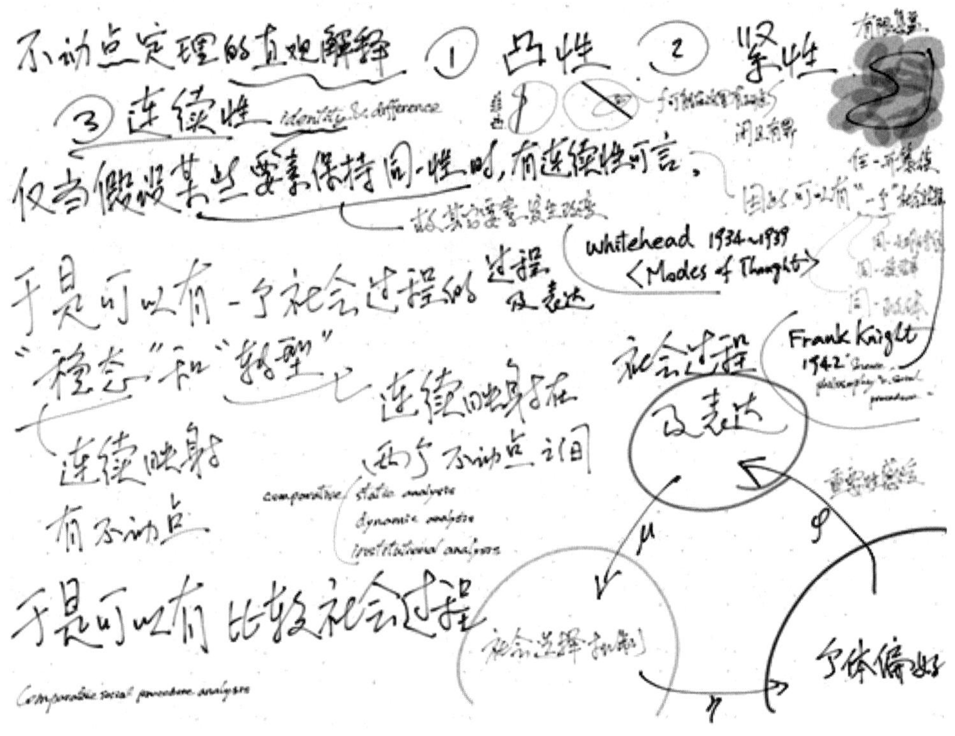

图 8.1

我大学本科读数学系，1977 年“文革”结束后第一批高考录取的大学生，所谓“77 级”。高考报名的时候，我在北京商业机械研究所的电子车间工作，我是车间主任。那时我一心喜欢世界史，第一志愿填了北京大学世界历史专业。可是，报名前夕，父母劝说我改志愿，理由很明确，他们都是知识分子，早已饱受“文科之苦”。无奈，我改写志愿：数学系。我白天的工作很轻松，准备高考的三个月时间，自修完了中学六年的数理化教材。当然，我们这一代人根本没有考试的经验，所以，我的分数可能就是北京师范学院（就是后来的“首都师范大学”）数学系的录取分数。好在我自始至终靠自修，住校时期也很少去教室听课。大部分时间，我在图书馆。体育课也要委托同寝室的朋友替我报到，以致期末考评有一则关于我的笑话在校园里流传。微分几何的老师是梅向明，当时是我们北师院的院长，开

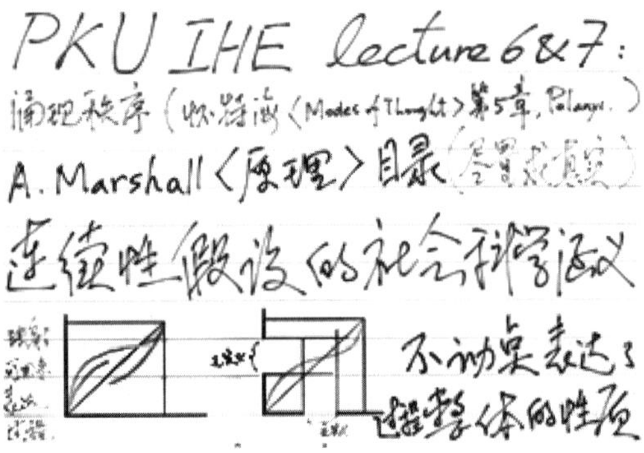

图 8.2

学典礼他发言时表扬了我，说我从不上课，但微分几何考分最高。我母亲的老友李蓬茵的儿子廖逊（后来在海南倡导“小政府大社会”）当时也在师院读书，比我早入数学系，故应是“工农兵大学生”。他与梅向明“混得斯熟”，故有时也带我去他家。

1979年恢复研究生考试，允许任何在校学生参加，于是我也报名，家族的文科恶梦未了，我报的第一志愿是清华大学自动控制系，第二志愿是北京邮电学院无线电电子系。结果都未如愿。也有收获，就是结识了中科院的一些老师，其中几位在数学与系统科学研究所，后来，我1981年考入中科院系统所成为研究生之后，他们就是我的老师。我们这一届学生在毕业之前，必须到高中讲三个月的数学课，算是“教学教法”和“课程设计”的毕业实习。本科毕业论文，我的指导老师是讲授泛函分析的，他提醒我关注“不动点定理”。阴错阳差，不动点定理陪着我走过了这许多年，成为经济学的理论基石。

布劳威尔不动点定理在一维空间的情形最直观，图8.2左下方的两张示意图：[0,1]闭区间到它自身的任何连续映射$f(x)$至少有一个不动点。显然，这样的不动点必定在对角线上，因为$f(x)=x$，所以，我们不论怎样画$f(x)$的图形，它总要与对角线相交，否则就不能连续，或在[0，1]闭区间上有定义。

图8.3—8.5取自上面索引的那本“科普”小册子（两位作者认为这本小册子并非“科普”读物），是相当正规的数学定理及证明。与函数在局部的可微分的性质不同，不动点定理反映了函数的整体性质。连续性是函数的局部性质，但连续性假设下的中介值存在性定理是函数的整体性质。连续函数的中介值的存在性定理，是由“区间套”定理证明的，与区间套定理等价的是紧集的有限覆盖定理。

定理1.1　设$f(x)$是定义在[0,1]上的连续函数，且满足$0\leqslant f(x)\leqslant 1$，则必存在$x_0\in[0,1]$，使$f(x_0)=x_0$。

证　作函数$F(x)=f(x)-x$。如$F(0)=0$或$F(1)=0$，则0或1即为定理要求的x_0，定理已成立（此时将有$f(0)=0$或$f(1)=1$）。由条件$0\leqslant f(x)\leqslant 1$知$F(0)=f(0)\geqslant 0$，$F(1)=f(1)-1\leqslant 0$。故只需再在$F(0)>0$和$F(1)<0$的情形下证明定理。

图8.3

由于$f(x)$是连续函数，故$F(x)$也是连续函数。因此当x由0出发变到1时，$F(x)$将从正值$F(0)$连续地变到负值$F(1)$，所以必至少有一点x_0，使$F(x_0)=0^{*)}$。这正是$f(x_0)=x_0$。□

图8.4

如果我们放弃中介值存在性定理，也可以有不动点定理，基于函数的单调增的性质。设$f(x)$是从闭区间[0，1]到它自身的映射且单调非减，则$f(x)$在[0，1]闭区间至少有一个不动点。回到图8.2中的示意图，如果函数单调，那么直观上，它必须穿过对角线，但可以有向上的跳跃（间断），此时，它可能在闭区间的端点取得不动点。与塔尔斯基不动点定理类似，单调非减函数在这一闭区间上有最大的和最小的不动点。在证明单调非减函数的不动点存在性时，用到了实数连续性假设——意味着“上确界”或“极限点”的存在性。因为对角线的形状，这一定理对单调非增的函数不成立，事实上，有反例。

请注意，我在第五讲介绍了布劳威尔晚年发表的文章，他推翻了自己早年证明的布劳威尔不动点定理，理由是该定理的证明依赖于反证法，而反证法最终依赖于逻辑三大定律当中的“排中律”，与数学直觉主义不能相容。在我撰写第八讲这部分内容时，我注意到百度百科的“不动点定理”词条有了一些新的内容，应当表扬。这一新的内容里与我一直以来的观点完全一致的部分是：……这些早期的证明皆属于非构造性的间接证明，与数学直觉主义理想矛盾。现在已知如何构造（接近）由布劳威尔不动点定理所保证的不动点……

我 2001 年在《经济研究》发表过一篇文章，“互补性，概念格，塔尔斯基不动点定理”，运用塔尔斯基的不动点定理于知识的概念格上。塔尔斯基不动点定理，如图 8.6 所示，是上述的单调非减映射在格上的性质。该图取自上面我索引的张石生著作第六章。这里出现的“偏序集”概念，是经济学理论中最基础也最重要的概念。图 8.7 取自同一著作，给出了偏序集的定义。

定理1.7 若 $f(x)$ 在 $[a,b]$ 上有定义，值域含于 $[a,b]$ 中，而且 $f(x)$ 在 $[a,b]$ 上连续和单调不减，则对初始值 $a_0=a$，

$$a_n=f(a_{n-1}) \qquad n=1,2,\cdots$$

必收敛于 $f(x)$ 在 $[a,b]$ 中的最小不动点。若令 $b_0=b$，则迭代序列 $b_n=f(b_{n-1})$ 收敛于 $f(x)$ 在 $[a,b]$ 中的最大不动点。

图 8.5

定义6.2.3 设 $(X,\leqslant)$ 是一偏序集。映象 $F:X\to X$ 称为保序的，如果当 $x\leqslant y$ 时，就有 $F(x)\leqslant F(y)$。

定理6.2.4(Knaster, Tarski) 设 $(X,\leqslant)$ 是一偏序集，$F:X\to X$ 是一保序映象。再设存在 b，使得：

(i) $b\leqslant F(b)$；

(ii) $\{x\in X: x\geqslant b\}$ 中的每一链有一上界。

图 8.6

所谓不动点是函数的整体性质，当然就意味着，它是函数 F 及其定义域 X 和值域 S，即第五讲所说的三元体 {F，X，S} 的整体性质。例如，布劳威尔不动点定理，如上述，在一维空间的情形，也可以等价地表述为：[0，1] 闭区间有不动点性质。空间 X 有不动点性质，如果从 X 到 X 自身的任一连续映射有不动点。事实上，一个拓扑空间“具有不动点性质”，是空间的拓扑性质。任一映射 F 从 X 到 S，F 是同胚映射，若 F 连续并且它的逆映射 F^{-1} 存在且连续。显然，如果 X 有不动点性质，则因为 F 同胚，S 也具有不动点性质。

定义6.2.1 集X中的二元关系$\leqslant$称为偏序，如果

(i) $x\leqslant x, \forall x\in X$；

(ii) $x\leqslant y$ 和 $y\leqslant x \Rightarrow x=y$；

(iii) $x\leqslant y$和$y\leqslant z\Rightarrow x\leqslant z$.

集X和偏序$\leqslant$一起称为偏序集。偏序集$(X,\leqslant)$称为全序的（或一个链），如果对任意的$x,y\in X$有 $x\leqslant y$ 或 $y\leqslant x$成立。$x_0\in X$称为在X中是极大(小)的，如果对任一$x\in X, x\neq x_0$都有$x\leqslant x_0$（或$x_0\leqslant x$）. $x_0\in X$称为集$A\subset X$的上(下)界，如果对任一$a\in A$，都有$a\leqslant x_0$（或$x_0\leqslant a$）. A的上(下)确界（若存在）是A的全体上界集（下界集）的下（上）界。全序集称为良序的，若每一非空子集有一极小元。

图 8.7

定理2.1（二维布劳威尔定理） 平面上的闭圆盘B^2具有不动点性质，即任一连续映射$f:B^2\to B^2$具有不动点。

图 8.8

图 8.8 取自上引科普小册子第二章，它给出了布劳威尔不动点定理在二维空间的表述。但是更高维空间的布劳威尔不动点定理“N 维实心闭球具有不动点性质”的证明需要运用同伦论和同调论的方法，此处不赘。

此外，放松 X 和 S 是欧几里得实数空间这一假设，如图 8.9，取自前引张石生著作第一章，基于巴拿赫压缩映像原理可以得到许多不动点定理。张石生的计算是，至少有几百个这一类型的不动点定理。

设(X, d)是一度量空间，设T是X的自映象，T称为Banach压缩映象，如果存在常数$h\in(0,1)$使得

$$d(Tx,Ty)\leqslant hd(x,y),\ \forall x,y\in X.$$

Banach压缩映象是一类有着广泛实际背景的典型而且重要的非线性映象。

关于上述类型的映象，第一个重要的不动点定理是属于Banach[1]（以后这一定理称为Banach压缩映象原理），他证明完备度量空间上的每一Banach压缩映象都在该空间中存在唯一不动点。

图 8.9

然后，角谷静夫（1911—2004）在 1941 年“太平洋战争”爆发后被迫滞留美国期间，证明了“角谷（Kakutani）不动点定理”。纳什运用这一定理证明了 N 人博弈的纳什均衡存在性定理，阿罗和德布鲁运用这一定理证明了“N 人—M 种资源—K 种产品”

的一般均衡存在性定理。图 8.10 取自张石生前引著作第五章，角谷不动点定理的现代表述：欧氏实空间里的任一非空紧致凸集具有“角谷不动点性质”——线性赋范空间 X 的子集 E 具有角谷不动点性质，如果每一将 E 映射到 E 的 K—映像都有不动点。K—映像的定义，由图 8.10 给出。

至今，每个月我浏览数学杂志都可见到新的不动点定理。回到图 8.1 上方的三项基本假设：(1) 凸性，(2) 紧性，(3) 连续性。我们说，紧集的有限覆盖性质（任何一个覆盖了紧集的开集族必有一个覆盖这一紧集的有限子集），相当于证明中介值定理时可用的区间套定理。因为覆盖是有限的，所以总可以找到包含不动点（或“上确界”或单调有界数列的极限点）的集合。此外，我在“紧性”下面写了“闭且有界”。我在凸性假设下面画了两个“非凸”图示，在这两类情形，不动点可能不存在。

定义5.2.1 设 X 是一线性赋范空间，设 E 和 M 是 X 中的非空子集。我们称 $T: E\to M$ 为 Kakutani 映象（简称为 K-映象），如果

(i) 对每一 $x\in E$，Tx 是 M 中之一非空紧凸集；

(ii) T 的图象 $G(T)=\{(x,y): y\in Tx\}$ 是 $E\times M$ 中的一闭集。

由上面的定义明显地看出，任一映 E 到 M 的单值连续映象可以视为特殊的 K-映象，又条件 (ii) 等价于下面的 Kakutani 称之为“上半连续”的条件：

(ii)′ 若在 E 中 $x_n\to x$，$y_n\in Tx_n$ 且 $y_n\to y$，则 $y\in Tx$。

图 8.10

在上列三项假设中，对社会科学而言，我认为，最根本的仍是连续性假设。从第五讲和第六讲的叙述可知，数学视角下的“不动点”与经济学视角下的“均衡”，可说是“互为表里”。但是，从第七讲的叙述可知，“过程”与“均衡”之间有某种潜在联系，有融通的可能。这里，最关键的类比是第七讲介绍的诺齐克（或罗素）提出的“同一性”问题。我们知道，殷云路同学从出生到死亡始终保持着他的同一性，否则他将不被认为是他。所以，他的生命过程，虽然是由许多均衡构成的，并且是由这些均衡的逐一实现而实现的，而贯穿这些均衡的过程却保持着“使他成为他的”同一性。数学视角下的“连续性”，与怀特海的“过程哲学”视角下的连续性，包含了与诺齐克“同一性”相似的悖论。所以，我在“连续性”右边写了海德格尔的小册子的标题，*Identity and Difference*。

根据第七讲我们研读怀特海《思维方式》的体会，或许，我们可以认为，如图 8.1 第三行文字：仅当假设某些要素保持同一性时，有连续性可言。此处有一个注释：故其他要素发生改变。因此可以有“一个”社会过程。此处，我为“一个”写了注释：同一政体、同一族群、同一文明传统；并指出参考文献：Frank Knight，“Science, Philosophy, and Social Procedure”（1942）[1]。这篇文章是我的新政治经济学研究班 2009 和 2010 年的必读文章。而且在更早的课堂上，我曾逐段导读这篇文章。在这篇文章索引的旁边，即图 8.1 的右下方，我写了“社会过程及表达”——并且这一注释用来界定“全部可能的社会过程及表达”的集合。

继续读图 8.1 第四行文字：于是可以有一个社会过程的“稳态”和“转型”。此处，我为“稳态”写的注释是：连续映射有不动点。我为“转型”写的注释是：连续映射在两个不动点之间。由这一注释引出的注释是：comparative static analysis（比较静态分析），comparative dynamic analysis（比较动态分析），comparative institutional analysis（比较制度分析），这是既有的经济学分析方法和制度经济学分析方法。左下角，我继续发挥：于是可以有比较社会过程分析（comparative social procedure analysis）。

现在，为解释图 8.1 右下角的三个集合之间的映射，我必须返回奈特 1942 年那篇文章。其实，我在《新政治经济学讲义》第四讲最后一部分（见该书图 4.19—4.47）和第五讲上半部分（图 5.1—5.41）逐页导读了那篇文章。所以，我强烈建议你们去读这两部分，最好直接去读奈特的原文。

我只在这里引述我在《新政治经济学讲义》第五讲总结奈特这篇文章的一段文字：

> 总结奈特这篇文章，除了具有根本重要性的“奈特命题”之外，我再列出一些与我们中国政治问题密切相关的奈特观点：（1）立法（包括宪法）的问题在于确定法律未来演变的正确方向；（2）社会问题首先是重要的社会成员关于重要性的判据达成共识——包括（3）关于谁应被认为是重要社会成员的判据；（4）确立何种核心价值，这是重要的社会问题；（5）自由讨论或基于讨论的治理，首先是具有重要性的社会成员关于何种价值应被确认为社会核心价值的讨论；（6）西方和中国的传统，都可见到三种核心价值或核心价值观念的概括——真、善、美，它们分别指导人们在知识领域（科学）、社会领域（社会科学）、游戏和纯粹社会交往领域（人文）的活动。奈特相信，社会行动或政治过程在理想情形中应

[1] In *Ethics*, Vol.52, No.3, pp.253-274.

当是游戏的、浪漫的或纯粹的社会交往；（7）经济活动不是纯粹的社会交往，因为指导经济活动的是策略行为；（8）科学方法不能研究社会问题；（9）一个政府在多大程度上是独裁的或民主的，不取决于它的宪法、法律、政策以及其他“外化的”行为是怎样的，关键是它在多大程度上控制、操纵或帮助大众参与自由对话；（10）从阿罗“不可能定理”的角度看，大众参与的自由对话或社会主动过程，很难有什么长期结论或确定的目标，因为大众并不真能看到他们的自由讨论呈现给他们的全部可能性，尤其是长期的结论，例如“真、善、美”这类核心价值的讨论。所以，奈特认为，自由讨论是一个向着未来永恒开放的过程。用海勒的描述，就是要永远提醒人们“上帝死了”这一事实，让那把椅子永远空着……（第 281 页）

阿罗继承了奈特的上述思想，他在博士论文《社会选择与个人价值》[1] 里建立了一套理论，根据这套理论，还基于我理解的奈特“社会过程”学说，我画了图 8.1 右下方的那些集合和它们之间的映射。原则上说，注意，仅仅是原则上说，可以想象这样的一幅示意图。

首先是右下角的全部逻辑可能的理性的“个体偏好”集合，由满足阿罗关于个体理性的两项公理的全部可能的偏好向量组成，如果有 N 个被认为重要的社会成员参与奈特“社会过程”，偏好向量就是 N 维的。于是，通过映射 φ（Phi）从个体偏好的集合将这些重要社会成员的偏好集结为“一切可能的社会过程的表达”的集合里的一个点。然后，从社会过程的表达的集合，有一个映射 μ（Mu）将一个社会过程的一个表达映射到一切可能的社会选择机制的集合里，决定一个点，即社会选择机制 [2]。根据社会选择机制，社会试图求解重要议题。而求解重要议题的方案，通过映射 η（Ita）影响或塑造了个体的可选方案集合，包括每一个人的产权，从而改变每一个人的偏好。这样，我们可以想象在这三个集合之间，通过这三个映射，有一个无限延伸的“社会过程”，也就是我们平日所说的社会演化。

以上所述的“社会过程”，第一个关键环节就是要在许多因素当中，基于我们对这一社会过程的各类因素的重要性感受，判断和识别那些使一个社会过程保持“同一性”的因素，姑且用参量 W 表示这些因素。然后，可用变量 X 表示其余的因素。于是，我在第五讲使用的三元体 {F，X，S}，现在成为四元体 {F，W，X，S}。

现在我们来到图 8.11 面前，这是最初我设想的最后两讲纲要，现在当然就是第

[1] 参见上海人民出版社，2010 年，丁建峰中译本。
[2] 参阅阿罗：《社会选择与个人价值》第七章第六节。

八讲的纲要。第一行和第二行的文字很关键：连续性 / 不动点定理，是形式逻辑容纳“过程”的限度。柏格森 / 怀特海“过程”的实质是创造性 / 创化论。

所以，我很同情熊彼特在那篇未发文稿里写的观点，我不很相信“连续性”可与“创造性”逻辑相容。但是，未来的社会科学家必须面对这一难题：坚持成为关于社会的“科学”研究，故需要有逻辑性，而逻辑不能表达创造性。

如果我将熊彼特想象的“断裂”（不连续性）试着纳入怀特海想象的“过程”，那么，在一个过程的任何给定的时刻，基于柏格森所说的“创造性演化”冲动，张东荪译为“突创的”生命个体的行动，导入了新的过程因素，但在观察者的视角下，过程仍保持着“同一性”。

图 8.11 第三行和第四行文字：在每一给定时刻，逻辑系统只可容纳“均衡”，未来的社会科学应将“均衡 / 制度 / 行为”的模拟和计算基本上固化在电脑程序里，在任何可能的方向上发生的过程，在电脑程序里，可以得到模拟的图景。因此，读图 8.11 最下面的两行文字：经济学不再是独立的学科（它将再次失去独立性），它成为“社会科学”的一部分。

上面引用我在《新政治经济学讲义》中对奈特 1942 年文章的概括，其实是提醒学生们读奈特原文时需要关注的观点，却没有详细解释奈特的“社会过程”。所以，现在我给出一个奈特社会过程的定义或界说。注意，我界定的奈特“社会过程”概念适用于一切社会，古今中外，从猴子的社会到未来的社会。

首先，任何一群人，集合 M，组成社会，在 M 里必定有一些人被认为是“重要的”社会成员，属于集合 E。在任何时期，E 的成员需要发现并求解对 M 的生存和繁衍至关重要的问题的集合 P。这样，我们就界定了一个社会的三元体 {M，E，P}。

奈特在 1942 年文章的开篇特别区分了“社会的主动过程”（social procedure）与“社会的机械过程”（social process）。根据他的阐述，社会的机械过程是社会主动过程的“外化”行动（overt actions）。只有社会主动过程或简称社会过程，是自由讨论的过程，参与讨论的社会成员以平等身份自由对话，求解“社会问题”。奈特认为，“自由”、“问题求解”、“行动”，三位一体，是他界定的社会过程的三种表现。他指出，人的本性是创造，生命行动就是创造，而这种创造只能在具有根本重要性的社会问题的求解过程中发生。一旦社会问题得到解决，其余的过程就都是机械的，是解决方案的实施，不再有原创性，不再是生命行动。在这一意义上说，作为程序的立法、司法、执法等等过程，都是机械过程。作为自由对话的立法过程，才是社会过程，才是生命行动，才是自由。所以，奈特用一句话概括社会过程：governance by discussion，直译为“基于讨论的治理”，或可译为“基于自由对话的社会治理”。奈特写了这句

思想史第七讲/第八讲：未来社会科学

连续性/不动点定理是形式逻辑容纳"过程"的限度

Bergson/Whitehead "过程"的实质是创造性/创化论

未来社会科学应将"均衡/演化/行为"适应为任一可能方向上过程研究的"家族相似"，由此形成

Frank Knight 1942 意义的"社会过程"，介于确定随机过程与完全决定过程之间，创造性传统转化。

故可有称为"比较社会过程"的分析方法，例如基于

社会选择 或公共选择

人类社会的"有意识演化"

创造性将由人脑而制度维护将主要由

"社会科学"∈(支持系统)

估计在2045年成为现实

为"过程"定价

故经济学将不再独立而

它成为社会科学的一部分，再次失去独立性

图 8.11

话，是因为林肯总统的名言：government by the people, of the people, for the people（基于人民的、来自人民的、为了人民的政府）。奈特 1942 年文章的主要篇幅用于刻画这样的“自由讨论”——它的参与方式、它的议题、它的各种结果和它在西方社会的历史演变。

如果 E 的成员永远有能力发现对 M 的生存和繁衍至关重要的问题集合 P，我们就说这个社会的精英群体没有失职，否则，就是通常所说的“精英失灵”（elite failure）。当精英群体失灵的时候，社会无法发现致命的危险，于是很容易走向衰亡或解体。我们说，精英失灵导致了第一次世界大战。此时，E 的成员丧失了对重要问题 P 的敏感性，他们无法找到重要的问题，或找到了却无力求解。一般而言，精英失灵要么导致战争与革命，要么导致社会解体。

没有任何 E 的成员能够不走向衰老，韦伯描述的卡里斯玛人物与官僚管理集团之间的交替循环，是人类社会的命运。所以，E 的成员必须在“什么是重要社会成员的标准”上达成共识，以便当 M 的成员达到这些标准时，成为 E 的成员。这样一个防止精英失灵的过程，可称为“纵向流动性”。如果纵向流动性太低，则 E 之外，M 的成员即便对 P 有超常敏感性，却因声音微弱，无法被社会听到。此时，如果 E 的成员不再有对 P 的敏感性，就发生精英失灵。

在迅速转型的社会，或“失稳”的社会，很容易发生精英失灵。因为，社会迅速转型，传统的核心价值瓦解，这些价值以往是由精英群体守护的。如果精英不失灵，这些价值也不会瓦解。所以，迅速转型与“失稳”，几乎就是“精英失灵”的同义语。

所以，我也可以换一种方式表达社会的三元体 {M，E，P}。借用第五讲介绍的函数 F，注意，英文“函数”与马赫所说的“功能”是同一单词，在第五讲，我们有函数三元体 {F，X，S}，并且在前述背景下，函数三元体现在成为四元体 {F，W，X，S}，其中参量集合 W 使社会保持某种“同一性”。若精英履行社会职能，则 E 有能力发现并求解 P，在这一意义上，我们可以说 F 的社会功能没有失灵，它继续将 X 的点映射到 S 内成为“社会问题”。这一过程，原则上，也可以表达为函数四元体 {F^E，W，X，S^P}，此处 F 的上标 E 的意思是由 E 保持的 F 功能，上标 P 的意思是 F 表达的社会功能就在于求解 P。

例如，根据第八讲的附录一和附录二，什么是“严肃新闻”或“新闻记者”？在上述职能函数的背景下，我们可以说，一个社会的函数四元体 {F^E，W，X，S^P}，新闻是 S^P 的子集，而新闻记者提供了 F^E 的一部分功能——“记者”，可以定义为对 X 的那些具有根本重要性的变化保持着敏感性的人。如果新闻失灵，则上述的函数四元体就不再发生作用，或不再履行社会功能。中国的新闻记者群体，相当程度上是失灵的。那么，重要性感受从哪里发生呢？或许，有一些草根人士，有一些对问题保持敏感性的学者，有一些有重要性判断力的官员，总之，这是一个迅速转型的社会，许多事情不能依据常规判断。

在奈特所说的社会过程中，参与对话的社会成员们的偏好，由阿罗定义的社会集结算子，也就是图 8.1 右下方的算子 φ（Phi）集结为要求解的社会问题，或需要求解的议题，所谓“agenda”（议题），这就是社会问题的表达过程。

我以前写了一篇文章，现在是第八讲附录三，我论证，政治领袖的能力，主要体现在寻求最恰当的政治诉求之表达。各利益群体需要政治代理人，就是因为不如此就难以表达他们的利益诉求。例如，邓小平在 1978 年的表达是“不争论”，这是他以往多年的政治表达“猫论”（不管黑猫白猫，抓住耗子就是好猫）的延续。改革开放后，他又有一个表达，就是“让一部分人先富起来”。1978 年以后的三中全会决议逐次深入，将市场经济诉求表达为“发展有计划的商品经济”、“发展社会主义商品经济”、“发展市场经济”，后来还有“三个代表”和“中国梦”。

其次，社会成员们讨论如何解决这些议题，当然，他们选择社会选择机制 μ(Mu)，然后求解这些议题，例如，不同的社会选择机制可用不同方式将这些议题依照重要性排序。给定一套社会选择机制，个体利益的集结过程，称为“一阶”的社会选择。选择社会选择机制，然后根据选择了的社会选择机制进行社会选择，称为“二阶”的社会选择……诸如此类。例如，宪法必须包括修改宪法的规则，所以，“立宪”是二阶的社会选择。现实社会里，通常没有必要讨论三阶或更高阶的社会选择问题。

第三，按照由选定了的一套社会选择机制选定的议题排序，社会成员优先求解最重要的议题，这些解决方案由算子 η（Ita）代表。这一过程的外化行动，即实施这些解决方案，于是社会成员的例如产权关系就被改变了。

上述的社会过程，在参量 W 不变时，保持同一性。参量 W 和变量 X 的区分，当然依赖于研究者的重要性感受。最终，我们无法回避“怎样将连续性（同一性）与断裂（矛盾或冲突）容纳在统一的过程中”这样一个方法论问题。从第五讲、第六讲、第七讲，我们知道，连续与不动点，二者是同一范畴里的东西；断裂与创造性，二者是同一范畴里的东西。

贝克尔在 1990 年 *JPE*“新增长理论”增刊里有一篇文章，和他的两位合作者提出了一个很重要的经济发展模型，旨在解释为什么一个经济有可能跳出“马尔萨斯陷阱”。然后，他们暗示可以用同一模型来解释战后日本和德国的经济奇迹。在那篇文章里，他们研究“物质资本”和“人力资本”这两个状态变量在相平面里的运动轨迹，他们建立的经济系统动态模型只有这两个状态变量。不过，在战争期间，日本和德国的物质资本存量几乎被完全摧毁了，但很显然，这两个国家的人力资本不仅没有被摧毁，可能还有相当大的存量。这样，在相平面里，日本和德国的经济发展轨迹，战前是一条，战后则是另一条。战前的轨迹是连续的，故收敛到某一个不动点，相平面里的坐标是（中等程度的物质资本存量，中等程度的人力资本存量）。战争摧毁了物质资本存量，故战后的经济发展轨迹的出发点的坐标是（低等程度的物质资本存量，中等程度的人力资本存量）。这样，借助外力，日本和德国从战前被锁入的中等收入陷阱里跳出来了，进入到战后的发展轨迹里，沿着新的轨迹，这两国的经济收敛到新的不动点，即高等程度的物质资本、高等程度的人力资本，对应的人均收入被称为“高水平陷阱”。[1]

上面的案例表明，如果我们要解释社会过程怎样从一个不动点变迁到另一个不动点，贝克尔的方法要求有强大的外力推动，迫使社会跳出旧的不动点。而且，社会系统至少要有两个状态变量，在二维相平面里，演化路径才可能被强力推出旧的不动点，转轨之后，收敛到一个新的不动点。这样的社会变迁，在仅有一个状态变量的社会系统里不可能出现。我们知道，实数区间 [0，1] 到它自身的连续映射必有不动点。如果社会已收敛到这一不动点，状态变量只有一个，只能在这一闭区间上取值，它怎么从这一不动点的例如左边跳到右边？这是不可能的。这样的讨论还表明，社会系统必须足够复杂，如果仅有一个变量，就很难发生真正的社会变迁。

现在我们可以试着回答这样一个问题：中国的转型期社会，旧的不动点在哪里？对于保持转型期社会过程的同一性而言，哪些因素是重要的？如果中国的社会变迁类似上述贝克尔描述的日本经济的转轨过程，那么，哪一些强力将中国社会推出了旧的不动点？换句话说，我们需要感受的是：哪些因素没有改变从而保持了中国社会经济的某种同一性，哪些因素发生了断裂性的改变从而将中国社会经济推出了旧的不动点？

杨东睿的回答是“天朝崩溃”。好，东睿认为是从清朝覆灭那时，中国社会经济被推入另一发展轨迹。你们可以争论，可以提出其他的见解。根据陈一谘和罗小朋的回忆，“文革”结束是一个可能的断裂。然后，中国就进入“改革开放”的轨迹了。经济因素可否构成 W 参量？因为，经济没有断裂，始终在连续演化之中，例如从宋代到现在，或从更早的时代到现在。那么，是 X 里面的政治因素发生的断裂？也就是东睿的见解或小朋的见解。冯洪全（旁听生）的推测是，“文革”之后的“开放”政策是一种强烈的外力，推动中国社会到另一轨迹。我认为，洪全的见解也有道理。

[1]　参阅 Becker, Murphy, & Tamura, “Human Capital, Fertility, and Economic Growth”, in *The Journal of Political Economy*, Vol.98, No.5 [1990], Part 2: The Problem of Development, pp.S12-S37。

我说过，中国社会的经济参量似乎始终保持着连续性。现在，我们看到中国社会的政治生活似乎也维系着某种“同一性”。当然，经济生活和政治生活都发生了显著的改变。海外的中国问题专家们必须提供一些逻辑自洽的数理模型，解释中国政治和经济的连续和改变。我知道，他们努力尝试过，但至今未果。他们遇到的困难的本质，已在第六讲我介绍的许茨 1953 年发表的那篇文章里有了说明。

二、感受—表达—理解

现在应返回图 8.11，从第五行开始读，奈特 1942 年文章阐明的“社会过程”非严格决定论。这是因为，关于社会演化，历来有两种相反的见解，最近几十年或已式微。其一，可称为“严格决定论的”，例如“科学的社会主义”或基于“科学主义”信念的一切学说。其二，可称为“完全随机论的”，例如费耶本德的科学哲学见解。随着“冷战”的结束，人们对社会演化的见解不再激烈地两分。我观察，多数人持有的是介于上列两极端之间的中庸之见，可称为“非严格决定论的”。例如，目前主流的高级宏观经济学教材关于现实经济波动能够提供的最好的一类解释，通常基于一组确定性的数理模型，然后引入外部的随机冲击。这一思路迄今为止很成功，是典型的“非严格决定论”思路。

熊彼特未发文稿的启示是，随机冲击是否适用于描述断裂？就我的阅读而言，还没有这样的模型。图 8.11 的下半页，我们稍后再来讨论。

现在我们来讨论图 8.12，因为“表达”要在“理解”之前。从该图左下角开始，这是人的局限性，有可感受的，有不可感受的。我想到南怀瑾写的一本小册子《禅海蠡测》，其中介绍了佛祖感受到的人生全部历程，尤其是死亡过程，十分详细。南老先生早年开悟，他一生为许多朋友送终，经验丰富。他转述释迦牟尼，说我们每一个人的死，由“四大皆空”开始，所谓“四大”，就是地水火风，佛家称为“地大”、“水大”、“火大”和“风大”。依照这四项要素的逆序，身体里的“风大”最先瓦解，也就是“断气”的意思。然后是“火大”的解体过程，即体温下降，最后全身都是凉的。南老的经验是，我们身体的哪一部分最后凉，那里就是灵魂离开的部位。根据灵魂离开的部位，南老说，身体的“火大”瓦解之后，“水大”开始瓦解。南老解释说，大小便失禁，肌肉里的水分以及各种体液，就是水大的瓦解。最后是“地大”的瓦解，也就是肉身和骨骼的腐败，归于尘土。

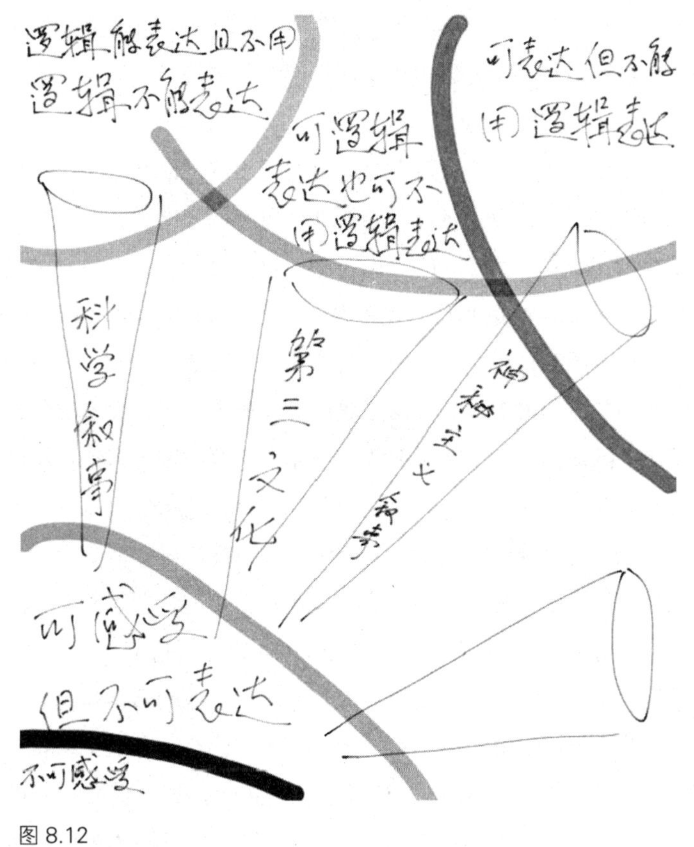

图 8.12

南老的另一本小册子，关于“白骨观”的修行过程，提及修行的某一阶段，观“四大皆空”，即地水火风依逆序瓦解，最后观者要能够观四大解体之后这具白骨在虚空之中化为粉末。我只读书，读到这本书，也就明白南老先生的书不是读的，而是要践履的，否则无从确立对这套修行法则的信念。总之，以上这些感受，为何我们普通人没有？这就是图 8.12 左下角所写的集合：一切不可感受的东西的集合。在这一集合之外，才是一切可感受的东西的集合。

在一切可感受的当中，有可表达的和不可表达的。在那些可表达的当中，我列出三种表达方式，其实可能有更多的方式，我无以名之，只好画一个空白视域。在我写出的三种表达方式中，第一种目前最流行，所谓“科学叙事”。与科学叙事相对立的是“神秘主义叙事”，之所以称为“神秘主义”，是因为这类叙事很难或不可能通过科学方法检验其真伪。这是很大的一类叙事，中西社会的民间始终保留着这种叙事，时隐时现，与“酒神的精神”是一致的。

释梦，可以说属于神秘主义的叙事方式。尽管现代关于梦的研究——例如在斯坦福大学 Steven LaBerge 主持的“意识清醒的梦”研究所——相当地科学化。他是数学本科，1980 年获得斯坦福大学心理生理学博士学位，专研“lucid dream”（意识清醒的梦），现在他主持的研究所，英文名称是 The Lucidity Institute。在那里，他和他的同事们训练人们进入意识清醒的梦境。我在夏威夷的时候读过他早期写的一部著作，也写过文章介绍他的研究工作。后来，他开始培训企业经理做这种梦，因为这种梦对许多心理疾病有显著治疗作用。关于梦的数据表明，我们每一个人在婴儿时期几乎整日在梦中，随着年龄的增长，快速眼球转动的梦（REM sleep）占睡眠时间的比例越来越小，在我这个年龄，睡眠时间已经很短，当然还是有做梦的时间。在我们做梦的总数当中，意识清醒的梦大约占 15%。其实，我们每天醒来之后，大多数梦已忘记。只有经过一段时间的训练，例如睡醒时不要移动身体，等等，就可回忆夜间的梦。在我们能够回忆起来的梦当中，意识清醒的梦大约占 1/7。LaBerge 建议每一个人充分关注意识清醒的梦，并且在这种梦中一定要尽力向上飞，越高越好。梦醒之后，治疗效果最好的梦通常是向上飞到不可思议的高度之后发生的。目前，斯坦福大学的梦研究工作已经有了大量的辅助仪器，但仍被认为带有神秘主义的倾向。[1]

荣格是最接近学院派的神秘主义叙事的最大权威，他的“集体无意识”观念反复出现在我的《行为经济学讲义》里。迄今为止，西方已有过多次荣格研究热潮，最近一次，据我观察，是 2011 年。荣格的符号学，对我而言具有很强烈的说服力。最近几年，我常要读他的《红书》。你们应当知道，荣格生前有两套笔记是最神秘的，第一套称为《黑书》，第二套最隐私，称为《红书》。荣格 1957 年嘱咐家人不得外传。1990 年荣格文集的编辑和荣格信托基金总裁 Ulrich Hoerni （一位围绕荣格学说在许多领域从事研究的建筑师）意识到《红书》实在太重要，如图 8.13 所示，故建议将红书收入《荣格文集》。直到 2000 年，荣格后裔五家族才开会决定公开出版《红书》。荣格的这本笔记历时几十年（1913—1930，然后他研究炼金术，直到生命晚期才再度修订《红书》），拉丁文、德文、希腊文以及他亲笔绘制的许多插图，成为艺术收藏品，洛阳纸贵，不论定价多高，仍是一抢而空。英文版 2009 年发行，版式为 40 厘米长、30 厘米宽的大书，携带不便，我无法从美国购买。“读者简版”2012 年发行，普通开本，可携带。东财跨学科中心资料室为我购买了《红书》全版和读者版，都是原版。《红书》1957 年的题语（即图 8.13）非常重要，荣格 1961 年去世，这是他为《红书》“盖棺论定”。从这段题语可知，荣格毕生的思考，其实主要是与这本《红书》对话的结果。那时，他创造了一种方法，人类的无意识，可借助这种技术被翻译为图

[1] 参阅汪丁丁：“释梦百年”，载《读书》2000 年 08 期。

像（images）。他命名这种方法为“active imagination”（积极想象）。这是他最重要的精神体验，它不仅仅贯穿此生此世。从那时到生命终结，对荣格而言，一切都不再重要，因为一切都是外在的。世界的本质是图像，精神的基础也是图像，精神不通过图像就不可能理解世界。我们需要重新理解荣格《红书》，因为荣格感到其中许多内容很难理解，应留给心理研究更深入的未来时代。他去世第二年，关于这本《红书》的消息就在业内传开，且常有来自他的《红书》的笔记和绘画流传于世。荣格曾学习中世纪绘画技巧许多年，他的《红书》里几乎画满了这类中世纪风格的绘画，都是他的梦境。如前述，2000年，荣格的五位后裔召开了家族会议，决定将《红书》公诸于世，以英文形式出版，委托 Ulrich Hoerni （荣格精神遗产学会的联席主席）和荣格研究专家 Sonu Shamdasani 编译。2009年，我在夏威夷写书期间，在书店里见到了首次面世的《红书》，欣喜之余却不敢买，因为尺寸太大，无法携带。因为其中有许多精美插图，故而被公众视为荣格手绘的藏品，首版很快售罄。2012年，还是我在夏威夷写书期间，我在书店里见到了《红书》的精简本，装帧考究，只是没有了那些手绘的彩色插图。这本可装在口袋里的读者版买来之后，我每次旅行都要随身携带，时时翻阅，细品荣格梦境。

图8.13取自荣格《红书》扉页，是荣格自己写的。标题，根据内容，我翻译为“那些年，我只对你说话。”扉页题词的内容表明，荣格认为记录在生命之书里的才是生命，而世间喧闹的，不过是生命在地表之上的余绪。荣格曾描述生命如地表之下的团块植物的根茎，层层叠叠，盘根错节。他大约1913年开始了《红书》记录的研究，那是第一次世界大战即将爆发的年代，据荣格记录，他和周围的朋友，不过尤其是荣格，常做恶梦。荣格手绘的梦境当中，有一幅就是那时梦见的。在这些“积极意象”被绘制于《黑书》之后不久，荣格从《黑书》转录梦境于《红书》，并增加了注释文字。于是，《红书》的学术价值远高于《黑书》。

荣格研究专家相信，第一次世界大战以后的荣格，始终与《红书》对话，并指导自己的临床实践。荣格自己说过，《红书》代表他晚期思想的核心部分。Shamdasani 在接受印度记者访谈时指出，他年轻时已追随荣格思想，因为他相信，荣格思想恰好是东方神秘主义与西方理性主义传统的中介。

荣格早年有强烈和持久的神秘主义体验，他自称有“人格1”（少年心态的人格化）和“人格2”（历史与宗教心态的人格化）。他的人格内涵始终有这两种人格，并试图保持平衡（不分裂）。在大学时期，他与神秘主义者们过从甚密，他的博士论文主题是神秘主义体验的心理学分析。后现代反思的领袖人物，海勒女士，最近演讲指出，现代人始终在两种想象（意象）之间保持脆弱平衡：其一是技术想象，其二是历

THE YEARS, OF WHICH I HAVE SPOKEN TO YOU,
when I pursued the inner images, were the most important time
of my life. Everything else is to be derived from this.
It began at that time, and the later details hardly matter anymore.
My entire life consisted in elaborating what had burst forth from
the unconscious and flooded me like an enigmatic stream
and threatened to break me. That was the stuff and material for more
than only one life. Everything later was merely the outer
classification, the scientific elaboration, and the integration into life.
But the numinous beginning, which contained everything, was then.

C. G. JUNG, 1957

图 8.13

史想象，缺一不可，但这两种想象之间的冲突日益深化，它们之间的平衡越来越不可能。

后来，荣格逐渐意识到，人类早期的思维方式远不如轴心时代以后那样富于理性（逻各斯）。所以，研究人类的神话很可能揭示出集体无意识。他的研究使他相信，集体无意识在人类各远古社会都是通过神话获得表达的。集体无意识的神话表达，典型地表现为符号（图像、意象、想象）。然后，当人类理性昌明之后，神话不再可信（理性不信），但梦境可信（在梦里可信）。通过梦境，集体无意识仍可获得符号表达。

上面的思想进展，荣格是在大约1908—1912年间取得的。1913年，他开始在《红书》里记录这些进展，并不断补充和修正。也因此，《红书》的插图非常重要，是荣格所信的人类集体无意识的符号表达（通过西方和西方以外各古代文明的神话）。荣格在读大学时和在巴黎访学期间深研西洋绘画，整日沉潜于卢浮宫。所以，他的这些插图，今天是艺术品。

根据荣格关于梦境的研究，我们知道，哺乳动物通有“集体无意识”，甚至更低级的动物例如爬行动物，也分享着这一“集体无意识”。荣格描述过集体无意识如同一位活了几百万年的老人，阅历太丰富，他陪伴着我们，有时候，我们短暂的生命充其量只能经历一次的危机，在他看来已发生数百次数千次，故而统计显著地，他能够预见危机的各种后果。这时，他的表达方式只能是梦。因为人类的理性如同恪尽职守的守门人，凡不合理性的都不允许进入意识。所以，集体无意识老人只好在梦境里表达他的建议。于是，梦境在荣格看来，是集体无意识的表达方式。梦境之破译，极有助于人类的心智发展。

我从《红书》选了最后一幅插图，见图 8.14（见《红书》原本第 169 页）。根据我的私人感受，我认为它最直观地表达了荣格的"集体无意识"观念。左边的形如太阳的放射性源泉，很可能表达了荣格想象的集体无意识之为"精神能量"（他晚期的两部著作都是如此描述集体无意识的）。逐渐向右方推移，从现代人（各种族）的面孔过渡到猿人的侧面，而且我们还可以看到，最右方是一些骷髅头。多数人都是面对太阳的，只有少数人是背对太阳的，在右下角，他们似乎是上流社会的有教养的学者。

图 8.14

也因此，《红书》的副标题“Liber Novus”，最不应直译为“新书”（这是目前介绍《红书》2009年初版的每一则英文新闻的翻译），当然，Liber是英文“图书馆”的词根。拉丁文“Liber”原意是“自由”，表示一名奴隶获得“解放”。拉丁文“Novus”意思是“原创”或“新的”。《红书》的标题，我坚持译为“生命之书”。只要我们认真研读《红书》的正文，即可明白荣格这一副标题的深意。正文第一部分的标题是“Liber Primus”，拉丁文的意思是“自由”+“原初的”。我们每一个人，在荣格学说的视角下，都不过是日常生活的奴隶。荣格暗示，奴隶获得解放——新生或重生，第一步即“原初的自由”，这正是《红书》正文第一部分的标题的涵义。

《红书》正文的第二部分，标题是“Liber Secundus”，拉丁文意思是“自由”+“次级的”。这部分内容旨在解释或分析荣格手绘梦境里出现的符号。心性获得自由或新生的第二步，就是深层心理分析。《红书》正文最后一部分的标题是“Scrutinies”，英文意思是“仔细审查”。这部分内容大约是荣格对梦境的符号学审查的记录。最后是被编为“尾声”的一张字条，如图8.15。然后是附录A：荣格手绘的“mandala”（曼荼罗）系列素描。据考证，荣格死前试图完成的一项工作就是将这部分素描也用中世纪手绘方式转录为正式的彩色插图。荣格的梦境中常出现曼荼罗，图8.16是附录A的第一幅。接着附录A的是附录B，收录了荣格对梦的符号的一般解释，对我们这些深层心理分析的研习者而言极重要。附录C是荣格对梦境里出现的“蟒蛇”的符号学注释。

1959

I worked on this book for 16 years. My acquaintance with alchemy in 1930 took me away from it. The beginning of the end came in 1928, when Wilhelm sent me the text of the "Golden Flower," an alchemical treatise. There the contents of this book found their way into actuality and I could no longer continue working on it. To the superficial observer, it will appear like madness. It would also have developed into one, had I not been able to absorb the overpowering force of the original experiences. With the help of alchemy, I could finally arrange them into a whole. I always knew that these experiences contained something precious, and therefore I knew of nothing better than to write them down in a "precious," that is to say, costly book and to paint the images that emerged through reliving it all—as well as I could. I knew how frightfully inadequate this undertaking was, but despite much work and many distractions I remained true to it, even if another / possibility never . . .

图 8.15

根据图 8.15 的注（我的截图没有显示），荣格这张字条突兀地夹在《红书》手记的第 189 和 190 页之间，荣格手迹写明是 1959 年，即辞世前两年。这张字条表明，荣格《红书》的记录涵盖 1912—1928 年的 16 年期间。1930 年代，荣格转而研究炼金术（与牛顿类似）——荣格自述缘起于他的梦境。在这些梦里，荣格走到一座城堡的夹壁墙的越来越窄的尽头，然后进入一间巨大的藏书间，那里的书，他在梦里所见完全是符号，他读不懂。梦醒后，他根据自己的解释，返回祖宅，发现了这间藏书室。那些符号天书都是中世纪炼金术的书。图 8.15 显示，荣格自称中年研读炼金术，恰与他早年的梦境体验融为一体。所以，他认为自己非常幸运，此生不虚度。

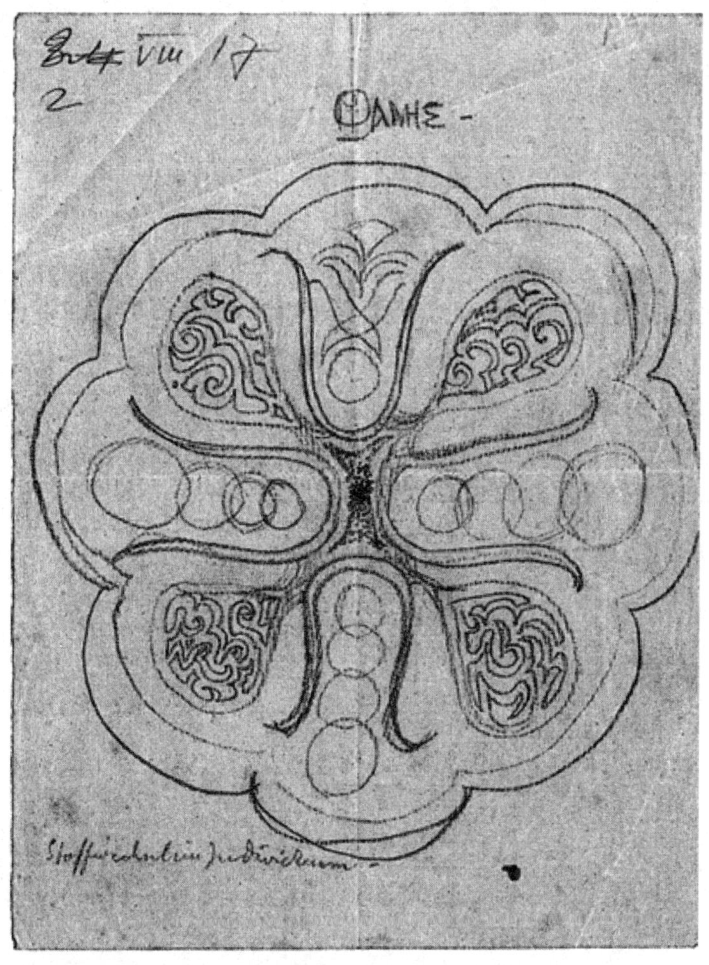

Mandala sketch 1 appears to be the first in the series, dated August 2, 1917. It is the basis of image 80. The legend at the top of the image is "ΦΑΝΗΣ [Phanes]" (see note 211, p. 301). Legend at bottom: "Stoffwechsel in Individuum" (metabolism in the individual). (19.4 CM x 14.3 CM)

图 8.16

另一类神秘主义叙事，通常称为“命相术”，例如面相、手相、星相……不一而足，我在夏威夷读博士期间常泡旧书店，主要浏览和收集这类命相之书。据我观察，命相术的总数可能超过数百，也可能数千。我常浏览的不过数种而已，完全不能算专家。我最常钻研的是手相学，以及面相学，中西文献兼顾，西学为主。我写了几篇文章探讨命相术的跨文化检验——即跨文化之后仍能保持的逻辑自洽性和现实相关性。能通过这一检验的，我认为，只有手相学。面相学，中西不同尚可通融，它的致命缺陷在于无法克服我们统计学所说的“自选择效应”(self selectivity)。在任何一个社会，成功的或失败的人的面相已有大量的记录（保存在民间或记录在案）。由于面相是外在可观测的特征，当我们概括面相和命运的统计相关性时，至少很大一部分样本“自选择”地成为相关命运的样本。曾国藩的《冰鉴》相当详细地记录了面相与命运之间相关性的经验，他据此而任用幕僚，于是引入了自选择机制。相比之下，手相就很不同，因为手相的特征不是很容易就可观测的。最关键的是，数千年前已发端的手相学，欧亚美三大洲流传的版本大同小异。例如，手掌里五条主线的名称相同。我没有见到哪一派手相学将另一派手相学所说的例如“情感线”解释为“理智线”或“生命线”，或诸如此类的错位。可见，手相学可以通过我的跨文化检验。相比之下，星相学就无法通过跨文化检验，因为希腊的星座与中国的不同，即便相同位置上的星座，组成星座的恒星和结构有相当差异。最近我很信服东睿同学的星相学方法，我感觉他的星相学与以往的很不一样。因为，他强调不用人类的语言来表达一个人的出生星盘意味着的性情和命运，他要求用星星的性情来转述一个人的出生星盘里每一相关的星的影响或感应。此外，中国的“易”，可算最重要的命相学。至少，在易的传统里一直有这样的研究门派。

不论如何，现代社会，科学昌明，神秘主义叙事不能进入主流。虽然，神秘主义和科学叙事的基础都是符号。科学的符号表达，服从逻辑基本定律。神秘主义的符号表达，不能满足逻辑基本定律。科学叙事太偏狭，因为只接受逻辑基本定律，缺乏想象空间。

当然，如果你希望主流社会倾听你的观点，那么，你的表达，你的重要性感受，应当使用科学叙事方式。在科学叙事方式中，我在图 8.12 左上角画出一个集合：用逻辑能表达并且不用逻辑不能表达的。这是最强的科学叙事，典型地就是数学或数理叙事。在这一集合的外围，我写了：可逻辑表达也可不用逻辑表达的。与这一类型对应的叙事方式，如图示，很可能是“第三文化”叙事。最后，在图 8.12 右上角的集合：可表达，但不能用逻辑表达的。典型地就是荣格符号学叙事。弗洛伊德的释梦也属于这一类叙事。

在科学叙事与神秘主义叙事这两大传统之间，最近几十年涌现出“第三种文化”的叙事方式。之所以自称为“第三文化”，是因为西方的叙事传统里已有“科学”和“人文”两大文化，长期以来二者之间难以沟通。直到近五十年，大约数百名科学人士开始撰写旨在从自然科学角度探讨人文主题的作品，另外有数十名人文学者开始撰写从人文角度探讨自然科学主题的作品。他们共同的名称是“第三文化叙事”。注意，我画的可用这一叙事方式表达的集合，范围很大，与左上角的集合有潜在的交集——随着第三文化叙事能力的强化可能入侵左上角的集合；它与右上角的集合也有潜在的交集——随着第三文化叙事能力的强化可能入侵右上角的集合。

现在我们讨论图 8.17，这是理解未来社会科学的方法论的关键。右下角的集合表示“经验世界”。我在这里画了一段曲线，指向“实践”。我们的实践在经验世界里；但另一方面，我们的实践不完全在经验世界里。例如，根据“柏格森—怀特海”的“创化—过程”学说，创造是“潜在可能性”的表达和理解。图中左下角的集合，名称是“先验世界”。我在这里画了一段曲线，指向“数学观念”。在这两个世界之间，我画了一个人形，代表“社会科学家”——他一方面在经验世界里，一方面在先验世界里。因此，他对世界的“理解”，我从他的头部画了一段曲线，分别指向“表达”和“理解”。集合“表达”的层次在理解之前，故集合“理解”被安排在图 8.17 的左上角。

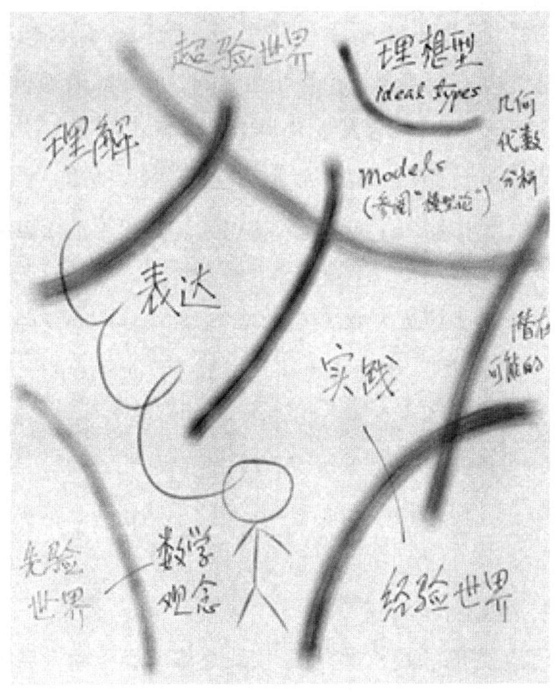

图 8.17

现在我们读至图 8.17 的最上方“超验世界”，和右上方——右上角范围最大的集合“models”（模型），我的注释：参阅“模型论”。在集合“模型”的上方，是集合“理想类型”（ideal types），这是韦伯讨论的一个关键概念。根据韦伯，理想型或模型（韦伯有时用模型这个单词）有两大性质：（1）模型必须是不现实的，它不能完全符合现实情境，否则它就丧失了抽象性，于是它不能具有一般意义；（2）模型必须能表达现实情境的要素，否则它就不能与现实相关。韦伯的这两大性质，我们在怀特海的《思维方式》里都见到了。事实上，韦伯与怀特海是同龄人，韦伯生于 1864 年，怀特海生于 1861 年。韦伯在德语传统里思考，关注英语思想；怀特海在英语传统里思考，关注德语思想。韦伯卒于 1920 年，怀特海卒于 1947 年。不过，我检索得到的印象是，这两位思想家似乎确实没有相互引述。

对社会科学家而言，最重要的理解，我认为是理解数学模型与现实世界的关系。这时，我推荐的参考文献，在逻辑哲学或数理逻辑的领域里，通常称为“模型论”。例如，我们常见的数学方法，几何、代数、分析，都是基于统称“一阶逻辑”的逻辑体系。

超验的原文是“transcendence”，根据维基百科英文版这一词条的解释，它有三重涵义，源于不同的时代。这一语词最初的涵义，在诸如普罗提诺神秘主义（或诺斯替教义）或基督教神秘主义流派的教义里，神完全在人的经验世界之外。在这一意义上，神是“超经验的”（transcendental）。于是，人类至多能够领悟一部分神意或神的启示。这就导致超验的第二重涵义，中世纪哲学的，它意味着观念所涵盖的人类经验（真、善、美）可以超越亚里士多德观念论界定的范畴。超验的第三重涵义是康德的，与康德用语“transcendent”相对而立。后者对应于英文“超越的”，即上述“超越经验世界的”。前者，康德用来表达人类的认知状况。通常关于经验世界的认知，都是有条件的知识，适用于某些经验，不适用于另一些经验。康德认为还有一类“无条件的知识”嵌入于人类心智，成为人类认识世界的先在条件——这些知识对经验世界而言是先定的。例如“因果律”，康德认为是“先于经验而成立的”，故而是无条件的。康德认为数学概念都是无条件成立的，此外还有“时间”和“空间”的概念，他也认为是先天成立的——康德的这一术语也常译为“先天的”。但是，爱因斯坦“相对论”之后，非欧几何和欧氏几何的并存，颠覆了康德的上述信念。诺贝尔经济学家豪尔绍尼（John Harsanyi，1920—2000）接受我的访谈时（1998 年夏季），特别批评了康德的数学概念都是先验综合观念的学说。

我写在图 8.17 最上方的“超验世界”，指称全体超越经验世界的集合。我写在左下角的“先验世界”，指称全体先天或先于任何经验即可成立的集合。我们社会科学家在经验世界和先验世界之间思考和解释社会现象，我们的理解，依照怀特海对理解的理解，最终应与超验世界有所接触。

关于“模型”和“模型论”的介绍，首先应读维基百科的相关词条。不过，维基百科的词条“model theory”是写给数学专业或数理哲学专业读者的。相比而言，我更喜欢推荐的是“斯坦福哲学百科”网站的“model theory”词条。初级的读物，我推荐一本讲义，是多伦多大学数学系研究生课程“模型理论”的教师笔记：William Weiss & Cherie D'Mello, *Fundamentals of Model Theory*（1997），从互联网检索到之后即可免费下载。关于社会科学家常用的模型理论，即一阶谓词逻辑或经典逻辑学，我推荐一本经典教材：C. C. Chang & H. Jerome Keisler, *Model Theory*（1990）[1]。第一作者是塔尔斯基在加州伯克利大学指导的博士生，现在是 UCLA 数学系荣休教授，专研模型论，有以他命名的“张模型”和“张结合”。第二作者是模型论和非标准分析领域的权威，现在是威斯康星大学麦迪逊校区数学系的荣休教授。

三、比较社会过程分析

我们现在回到图 8.11 的下半页。我在这里描述的，是我想象中的未来社会科学的核心内容，即“比较社会过程”的分析方法。首先需要界定“未来的”，如果科兹威尔（Ray Kurzweil）关于“奇点降临”的预言多少可信，那么，2045 年以后，就是我想象中的“未来”。[2] 由于科兹威尔 20 世纪的预言准确率超过 80%，所以，他的“奇点降临”预言已导致美国军方和谷歌共同投资创立“奇点大学”——只招收“天才”，研究“奇点降临”之后人类将面对的重大议题及其解决方案。

据此，我们可以想象，未来的社会科学研究工作，凡完全机械式的都可交给电脑信息处理系统去完成。社会科学家将关注那些原创性的观念和议题，包括构想可能更好的“社会过程”，及论证这些社会过程确实比既有的更好——借助“比较社会过程”分析方法。电脑及信息处理系统可以提供的支持，我列在右下角：认知 / 预期，脑 / 网络，协商 / 共识，偏好 / 选择，资源 / 技术。

换句话说，社会制度的维护工作，主要由电脑及信息处理系统完成。从“制度维护”这里，有一段曲线指向——概貌性判断（Aristotle/Hoffe）。赫费是德国目前最重要的哲学家和社会理论家，常到中国来，并且浙江大学的副校长（党委副书记）庞学铨翻译和组织翻译了他的几部主要著作。我在《新政治经济学讲义》里引用过，例

[1]　North-Holland, “Studies in Logic and the Foundations of Mathematics”, Vol.73.

[2]　参阅 Kurzweil, *The Singularity Is Near: When Humans Transcend Biology*, Viking Books, 2005。

如《政治的正义性》。赫费是亚里士多德专家，他介绍过亚里士多德的“概貌性判断”。这一语词的中文翻译来自庞学铨，它的希腊原文，我写在图8.11的“概貌性判断”下面的括号内，对应于英文的“Topos”，这是现代数学“范畴论”里的一套内容，中文通常译为“拓扑丝”，确实有些奇怪。但是，我们不必细究拓扑丝和范畴论。希腊文的拓扑丝（Topos），原指“广场”或“庭院”，或“辩论的场所”，引申为“论证”、“主题”或“论证方法”。所以，英文“topic”的希腊词根，就是这个奇怪的中文“拓扑丝”。赫费阐述的亚里士多德“概貌性判断”方法，不要求明确事物或事务的全部细节，只要求如拓扑学那样，有基于整体感的判断，在各种变换之后仍保持某种“同构”或“同一性”。概貌性，大致可理解为“整体感”。我在概貌性判断下面继续注释：基本特征之间关系的研究，代数拓扑的思想。真正有效的电脑及信息处理系统，必须能够根据收集到的关于人类社会制度运行的各类信息，向人类提供“概貌性判断”——这些判断表明制度在多大程度上已偏离了常态，意味着社会过程将丧失某种“同一性”。

在上述系统的支持下，人类将可能选择自己的社会过程。我写的是：社会选择或公共选择，人类社会的“有意识演化”。创造性工作将占用人脑的绝大部分。

以上的想象，对于经济学家而言意味着什么呢？我们知道，经济学是关于如何为事物或事务“定价”的社会科学。所以，在未来社会科学的研究领域内，经济学家必须为“过程”定价。我反复介绍过，这是经济学的核心议题。其实，弗里德曼和张五常都已探讨过这一问题，所谓“存量经济学”。我还介绍过，杨格在前，弗里德曼在后，他们试图建构一套“利率内生的经济学”。也因此，我将存量问题列为经济学的一个原创性议题，参见第四讲的标题。阿罗在北京大学朗润园的演讲，也就是要计算财富存量的价值，用费雪的资本定价公式。

我听见下课铃响，最后，我强烈建议你们阅读这一讲的附录四。那篇演讲稿是2011年我在朗润园的报告，探讨转型期中国应当有的社会科学基本框架。因为是2011年的，与我现在的思路完全一致，而且，我仔细读了之后，没有需要补充的。

不要忘记在截稿期之前递交你们每一位的学期论文。

附录一：严肃新闻的社会条件［2007］

今天，新闻的不幸是双重的。首先，我们生活在一个市场疯狂的时期。不错，市场确实可以有疯狂的时期和平静的时期。当大众丧失常识的时候，表现为市场疯狂。当市场疯狂的时候，类似“花剌子模信使”的问题可以频繁发生。不过，在花剌子模信使问题中，斩了信使的是王。在市场疯狂时期，大众是王，他们不愿意听坏消息，他们叫嚣着杀死信使，例如，他们曾叫嚣着要杀死每一个告诉他们股市可能下跌的人，他们更喜欢用虚假的好消息愚弄和消磨自己的心智，例如他们兴高采烈地相信“中国牛市将持续八十年”这样的宣言，同时他们诅咒牛顿“万有引力”定律，因为那意味着股市将在重力作用下回归平静。那么，在这样一座铁屋里，面对这样一群即将窒息而死的人，还有必要呐喊吗？这是新闻的第一重不幸。

其次，我们生活在一个转型期社会里，此时，新闻一方面承担着旧制度的功能——所谓“引导舆论”的功能，另一方面，它逐渐要承担新制度的功能——所谓“揭露真相”的功能。在许多情形下，这两项功能会发生冲突，当然，这些冲突不发生时，我们可以有很出色的新闻报道。当新闻陷入这些冲突时，它只有三种选择：（甲）揭露真相，（乙）为了引导舆论而放弃揭露真相，（丙）保持沉默。

在上列三种选择中，不同的新闻理念导致不同的不幸。我认识一些老派的新闻工作者，他们相信放弃引导舆论的责任是新闻的不幸。我还认识一些新派的新闻工作者，他们相信放弃揭露真相的责任是新闻的不幸。不论如何，他们共同相信，在这种时候保持沉默，也是新闻的不幸。总之，这里出现了我所谓“新闻的第二重不幸”。

与中国社会其他方面的事情一样，最糟糕的是，这两重不幸必须同时降临。大众媒体，一方面必须履行它们的传统职能，另一方面，却已经浸淫在市场里，受着利润的驱使。在稳态社会里，新闻只有一重不幸，尽管也很严重。为了对比，我们最好看看那是一种怎样的情形。

世界上曾经有过许多稳态社会的类型。今天，似乎只剩下“市场社会”这一种类型了。在一个市场社会里，由于“社会”被嵌入在“市场”之内了，故而大众的行为模式是消费主义的、短期的、对生活的终极意义不加思考的。这样一个社会，可以有严肃新闻。因为，当重大事件发生的时候，大众更愿意相信严肃新闻，虽然，大众是以消费主义的态度对待严肃新闻的。他们购买“花边新闻”，也购买严肃新闻，在不同的场合。稳态社会比我们这样的转型期社会平静许多倍，我不清楚这究竟是优势还是劣势。对新闻而言，平静的大众更愿意遵守他们的常识。所以，在稳态社会里，消费主义者是以平静的态度对待每一位信使的。不论他带来的是好消息还是坏消息，他都不会被杀死。兼听则明，这是常识。与真理不同，常识就是对大众长期而言有好处的确信体系（belief system），虽然常识未必是真理。

为了兼听则明，我们应鼓励大众媒体之间的竞争。这是市场社会的常识。每一个角度，只要提供了新的有用信息，就可为信使们带来利润，所以就有信使们为利润而寻找信息。

竞争无限制地展开，后果就可以是新闻的第一重不幸。最初，信使们可以为利润寻找新的有用信息。然后，寻找新的有用信息逐渐演化为手段，利润才是目的。对应地，对社会而言，市场是达到效率的一种手段。可是一旦市场无限制地展开，将社会嵌入到市场之内，手段就转而成为目的了。当利润成为目的时，新闻不必再寻找新的有用信息，凡可以产生利润的，都可以是“新闻”。换句话说，新闻转而成为手段了，例如这里报道的新闻造假案例。

新闻的第一重不幸降临到我们中国社会里，发生了新闻造假案例，而且会越来越多，越来越严重，远比西方社会更严重。为什么呢？因为，首先，前面说过，我们这里的市场恰好处于疯狂时期，大众丧失了常识，非要偏听偏信。其次，不要忘记，我们是在转型期社会里，这里还有新闻的第二重不幸呢。让我们想象一位信使的行为吧，他可以揭露真相也可以编造假相，取决于哪一种行为带来更高的回报，或者，等价地，取决于哪一种行为代价更低。显然，当第二重不幸降临时，揭露真相的行为需要支付更高的代价。即便你保持沉默，那也是一种代价，因为你放弃了挣钱的机会。于是你倾向于“编造假相”或“引导舆论”——其实，一旦你放弃了揭露真相的行为，你将很难相信这两种行为之间还有什么本质差异，反正就是不说出真相嘛。所以，如果你是信使，难道你会坚持严肃新闻吗？愚蠢！支付高得多的代价，坚持虚妄的理想。

这样，信使们，至少他们的大多数，不得不演化为谎言信使。这里，市场竞争无济于事。因为市场竞争是新闻机构之间的利润竞争，这种竞争很可以导致“劣币驱逐良币”。我们完全可以想象，机构A派出的信使编造了谎言并带来利润之后，机构B将派出更聪明的信使编造更令人信服的谎言并带来更高利润，然后……这样，那些最诚实的信使将首先被解雇，其次，那些不很诚实但仍嫌太诚实的信使也将被解雇，最后……总之，这篇文章的结论，我可以留给读者自己去作了。

附录二：何谓“新闻敏感性”？[2011]

哲学视角下，新闻不新。你报道了人咬狗，其实，那不过是另一次人咬狗。太阳底下，人常说，没有新鲜事，可是仍有“新闻”，以及对新闻的敏感性。

我们关注新闻，一定是关注具体的消息，而不是具体消息所属的类。例如，记者报道美国总统大选。构成新闻要素的，是当选总统的那一具体人物及其公共政策涵义，奥巴马是民主党总统，但因他而生的公共政策涵义很可能不同于前一任民主党总统克林顿的。换句话说，新闻之新，在于它的个别性，而不在于它的一般性。

总之，专业新闻记者务求敏锐感受的，是报道对象包含的个别性、特殊性、具体性。新闻，显著地不同于理论。后者是关于一般性、普遍性、抽象性的陈述。

普利策曾经描述过，编辑部里每天成千上万来自世界各地的消息，他应选择哪些？怎样节选？怎样核实？首先，新闻的准确性和客观性，二者之间常有冲突，故而必须权衡取舍。其次，视角的正确性和公正性，二者之间也常有冲突，故而也必须权衡取舍。

上述权衡取舍，正是一名优秀记者的职能。因为，关于任一事件的个别性、特殊性、具体性的报道，总涉及无穷多的细节。在新闻报道的时间限制下，关于情境和人物的无数细节，必须被舍弃。虽然，报道必须有细节，因为报道对象必须呈现为个别的、特殊的、具体的。

正是在这里，我可以引入“新闻敏感性”这一术语。它首先是一种能力，一种足以将优秀记者与普通记者区分开来的能力。其次，它是一种判断力，即在给定的时间限制下，为了把握和呈现报道对象在无数可能的个别、特殊、具体当中最需要披露给公众的那些个别、特殊、具体而权衡并决定细节的取舍。故而，第三，这种判断力的养成，要求一名记者对他所处的特定社会的演化过程的整体性质有足够深切的感悟。否则，他如何能够在特定事件发生时立即知道“最需要披露给公众的”是什么呢？换句话说，这里要引用我概括之后并在课堂上反复引用的怀特海命题：在任何理解之前，先有表达。并且，在任何表达之前，先有关于重要性的感受。

所以，术业有专攻。新闻记者有分工，不同的记者在同一领域内，对重要性的感受可有重大差异。遵照分工和专业化原则，新闻竞争可以（但不必）将那些在任一特定领域内对重要性不很敏感的记者驱逐到其他领域并在那里谋求自己的竞争优势。新闻竞争不必造成这样的结果，因为读者未必仅仅关注各领域内的重要性感受，他们或许愿意为诸如花边新闻和街谈巷议这类消息付费呢。在都市里，报社将严肃新闻与娱乐消息捆绑在一起销售，或许更具竞争优势。当然，也因此，记者也分若干档次。以我所见，主要因为新闻权利的严重缺失，许多地方报纸都已沦为“娱乐小报”，从而地方小报的记者群体多可归入“小报记者”之类。严肃新闻刊物和优秀新闻记者寥若晨星，这真是当代中国社会最令人遗憾的事情之一。

在当代中国，就最近和未来几年而言，我们可以列出最重要的领域及其重要性：（1）经济领域——关于劳动、土地、住房、自然资源、货币、汇率、收入分配、教育及人力资本等方面的公共政策，与人力资本问题相关；（2）公共卫生领域——关于医保、医院、医疗等关键性服务的公共政策，与经济问题相关；（3）政治和法律——劳资谈判的政治权利、政治民主、反官僚、反腐败、规范政府行为；（4）社会领域——

生育、抚养、家庭问题、底层社会、文化遗产、绿色运动；（5）国际关系——主要由中美、中日、中俄、中欧等方面构成的博弈格局的变动，以及超越策略博弈，在人类前途与世界秩序等根本问题上的长期对外政策的具体化和清晰化。

以上所列，完全没有包括诸如经济增长率和企业竞争力这样的议题。因为，新闻，尤其是严肃新闻，必须时刻把握住公共政策的基础问题，而不是在因果关系的最肤浅层次上观察和报道企业绩效或其他经济指标。关于重要性的感受越是敏锐，就越要涉及广泛社会现象由以决定的因果链条或因果网络的深层结构。

新闻敏感性的另一涵义，是对于潜在于旧秩序之内或刚刚涌现出来的新秩序的敏感性。在这一方面，政治哲学家阿伦特堪称典范。新的秩序从旧秩序之内涌现出来的过程，根据“复杂现象”理论，我们知道，充满着不确定性，可称为“机缘”，金岳霖先生所谓“理有固然，势无必至”。因此，具有新闻敏感性的记者群体，有时足以促成社会演化多种力量的聚合。典型地，在关键时刻的敏感事件的新闻报道，足以引发“社会运动”。每一场社会运动的结局，或多或少改变着社会演化的路径。也因此，一个人若要对涌现出来的新秩序保持足够的敏感性，就要对通常压抑着新秩序的旧的秩序保持一种批判的姿态或视角。

旧秩序的既得利益群体，构成一个社会的主流。对主流社会恒持批判态度的人，我们称为“知识分子”。难怪，在一个成熟的市场社会里，严肃新闻记者群体往往就是知识分子群体的一个子集。

如果我们承认卡尔·博兰尼的考证，那么，市场经济嵌入于它由之而生的那个特定社会，是资本主义之前的社会特征。“大变形”发生，因为市场经济及其价值观反过来吞噬孕育市场的那个社会及其价值观，谓之“市场社会”——正在转型的和已进入稳态的。市场社会的类型学不能取代我们对每一具体的社会及其结构的理解。有许多不同的市场社会，恰如有许多不同的市场经济。

社会甲和社会乙之间，有何差异？在每一个人的感受中，首先是结构差异。例如，中国和美国，上层建筑的结构有重要差异，而且较之于两国经济结构的差异甚至更显著。结构，可以表达为一些要素之间“关系”的集合。两个社会之间，要素是可以比较的，只要我们将每一社会的要素与其他社会的要素并为一个集合。物质生活方式、社会情感方式、核心价值与精神生活方式，可以是要素的若干类别。怎样发现一个社会的全部要素？依赖于社会成员关于特定社会里的各种重要性的感受，以及研究者关于社会成员的重要性感受的感受能力，从而，能否发现这些要素，还依赖于研究者的社会调查与感受能力。不论如何，有了要素的集合，根据要素之间不同的关系，我们可以界定不同的社会结构。

其次，只要社会在不断地演化，则在每一结构之内必有一些冲突，也就是难以被既有关系完全协调的一些要素。正是这些冲突，驱动着社会演化。阶级斗争学说，或许因偏激而远离真相。但社会内在的紧张关系推动社会的演化，与阶级斗争推动社会演化的假说相比，是一个更正确的假说。

新的秩序，往往借助于旧秩序的内在冲突而形成并获得发展的机缘。故而，对新秩序的敏感性，与对旧秩序内在冲突的敏感性密切相关或显著地正向关联。浏览思想史，我们不难找到这样的现象，即生活于旧秩序核心位置的社会成员反而比处于边缘的社会成员更敏锐地感受到旧秩序的内在冲突。虽然，边缘对核心始终保持了强烈的批判态度。

因此，社会变革的力量可能来自底层，更可能来自上层。变革能否生效，或许依赖于这两种力量交汇而成的博弈格局。新闻，是社会变革的催化剂。

这就将我的叙述引到了新闻敏感性的第三方面，即表达方式的敏感性。优秀的新闻记者，不仅对特定社会及特定情境的重要性有敏锐的感受能力，不仅对潜在于旧秩序的新秩序的要素有敏锐的感受能力，而且，或许这是最关键的品质，可以找到适当的表达方式将自己感受到的重要性呈现给大众。人心唯危，道心唯微。如何表达自己的心灵感受，至关重要。

文字不同于言语。我们，以及哺乳动物，能够借助言语表达的许多情感，无法借助文字表达。中国文字，原本嵌入于情境之内；离开具体情境，文字的涵义便消失许多，如果不是消失殆尽的话。经典的例，见于《庄子》描写的一个情境，颜回试图对孔子解释“坐忘”。现代读者若不能获得一些修身感悟，哪里可能懂得这段对话呢？西方文字，或许因为是拼音文字，原本并不嵌入于情境之内。因此，以西文可以表达更抽象的内容。20世纪初期的新文化运动以来，中文逐渐受西文的影响，语法日益严格，表达趋于抽象。这里所谓“抽象”，即文字离开言语所发生的具体情境越来越远，终于不能复归“个别”情境，从而获得了“一般性”。其实，这一抽象化的文字趋势，远自汉代已经开始。或许这是文字系统演化的趋势，自周至汉，许慎归类为“六书”的文字，多半已是形声和转注的结果，其数目极大地超过了指事和象形的原初字符。

可是，脱离了具体情境，文字如何表达心灵感受？这是表达方式的现代困境。可能弥补的，是关于细节的描写，这些细节描写主要是情感的。换句话说，现代表达的困境在于：遗失了原初情境的现代文字试图寻找自己的故乡。

一名优秀的新闻记者，与知识分子常属一类，对主流社会的病症有足够深切的洞悉。他又与一般知识分子有所不同，因为他的职能是面向大众表达自己感受到的情境并务求避免偏见。唯其充分地警惕自己和他人的偏见，他才有关于重要性的感受能力。综合上述，基于深层结构理解的重要性感受能力和基于大众心理与常识的文字表达能力，以捕捉到的细节来呈现重要性，就是所谓"新闻敏感性"。

附录三：智识与豁达——未来十年政治领袖的品质 [2007]

现在我们可以而且应当想象未来十年中国社会将走的路，并据此想象我们现在能够提出的诉求。在作了一番想象之后，我们意识到我们将要走的路和我们现在的诉求其实需要政治领袖们兼备两种品质，即"智识"与"豁达"。

此处，"智识"所指的不是知识，而是用以统摄知识的智慧。俗语所谓"依智不依识"，唯以智慧为归依，才有真正重要的知识——或者说，知识转化为智慧才是重要的，否则就是无关紧要的。无关紧要的知识可以是迂腐的，也可以等待未来再被转为智慧，假如政治领袖们只具备了无关紧要的知识，他们将难以胜任未来十年的政治使命。

政治领袖们的智识之所以在未来十年内特别重要，是因为我们所处的世界，与以往的世界相比，有了迅速增多的"机变"——应机而变。注意，不是激烈变动——因为没有发生战争并提出秩序重建问题，也不是随机变动——因为不再有稳态社会的那种随机过程，而是应机而变，是转型期社会特有的因顺应和把握机遇而发生的变革。

在所谓"文明的冲突"的时代，西方世界不再是稳态的，以"9·11"恐怖袭击为标志性事件。东方世界不是稳态的，因为在过去的一百年里，它还没有适应西方文明的冲击，它还在寻找新的社会秩序和世界秩序。这一套新秩序需要协调：（1）来自不同文明的核心价值观与生活方式的冲突，（2）不同社群之间因贸易关系而全球化了的政治利益和经济利益的冲突，（3）基于旧式能源的生产结构向着基于新式能源的生产结构转变时不可避免的经济组织之间的冲突和人口代群之间的冲突。

就中国社会而言，在经历了过去三十年的急速发展之后，构成上述转型期主要内容的三类冲突在未来十年内将更为显著。为协调这三类冲突所需要的智识，一方面必须基于中国既有的实用理性的思想传统的熏陶，一方面必须借鉴西方理性传统的以变化而求通达的策略与制度。

中国人的实用理性不同于西方人的逻辑理性，它较多关注"做"的过程而较少关注"说"的过程，它更强调知与行的合一而不是分离，它愿意为实践目的而放弃逻辑的自洽。借用当代经济学家史密斯的表述（2002 年获诺贝尔奖时的演说），中国传统智慧所表现的这种实用性被称为"生态理性"（ecological rationality），西方传统的理性被称为"实质理性"（substantive rationality）。我们所需要的，如史密斯所论，是这两种理性的结合。

未来十年，那些有能力感受到并以恰当方式表达出中国社会重要问题而不是琐碎问题的政治领袖，才可能顺利化解上述三类冲突，从而避免发生历史性倒退或窒息性停滞。这样的感受能力与表达能力，首先意味着本土政治经验的积累和对民众疾苦的深切了解。其次，或许在当前显得更加重要，它还意味着丰富的制度想象力——即在反常社会中寻找不仅具有广泛代表性的政治经济的利益表达方式，而且具有高远的历史视角，从而将当前的利益表达转化为更长期的制度创设。具备了这些品质的人，通常被称为“具有政治智慧”，从而能够从那些被称为“政客”的人当中脱颖而出，成为“政治家”。

由于以感受和求解中国社会的重要问题而不是琐碎问题为己任，具有政治智慧的人不能不具备的另一品质，是“豁达”——即孔子所言“过则勿惮改”。此处“过”是与中国社会的重要问题息息相关的大过而非小过，于是，过则勿惮改，就表现为豁达。具备了这一品质的政治领袖，被称为“具有政治家风度”。

附录四：探讨转型期中国社会的社会科学研究框架［2011］[1]

我今天演讲的主题是“转型期中国社会的社会科学研究框架”。社会科学在西方有成熟的研究框架，但是中国社会处于三重转型期，于是中国社会科学家的工作陷入一种基本困境。在下面的报告里，我试图解释我们面临的这一困境。

（一）

首先我们很难简单定义什么是“社会科学”。我下面要使用的“社会科学”这四个字，仅指在西方学术传统或者西方思想传统中，19世纪下半叶以来确立的一门学科。在19世纪中期之前，这门学科不存在。这一事实，你们可以参阅沃勒斯坦的考证。所以，我们说，1850年之前，在西方是没有社会科学的。社会科学家们研究社会现象，那当然自古就有。对社会现象的研究，在19世纪中期以前是自然科学家和人文学家的工作。自然科学的研究，我们称为“第一种叙事”。人文学研究，我们称为“第二种叙事”。19世纪中期以后，西方社会有了更多的资源，可以在大学里养活一批专门研究社会现象的学者，他们不需要从事诸如物理学和天文学研究，也不需要讲授拉丁

[1]　本文根据笔者2011年3月11日在“求知寻是”系列讲座上的录音整理而成。地点在北京大学中国经济研究中心朗润园致福轩大教室。

文和希腊文这样的课程。最初，我们参考威廉·配第的著作，或许最初这些学者是为国王税收服务的人口统计学家。后来，他们开始有系统地研究“风险”和“不确定性”，并为诸如保险公司这样的商业机构服务。事实上，耶鲁大学的希勒教授曾指出，最早的保险业广告出现于罗马帝国晚期。当然，在人类社会中，赌博的出现比保险业更早，例如出现在古代埃及。为了赌博，印度的学者关于风险和不确定性的知识，很早就有了相当重要的进展。大约在中世纪晚期，这些知识由阿拉伯学者介绍给西方学者。这样，西方社会从人口学开始，逐渐地有了一门被称为“社会学”的知识，大凡社会现象，都属于早期社会学研究的范围，在孔德的时期仍是这样。中国洋务运动以后，同文馆演变为大学堂，讲授西学。1900 年以后，政治学、经济学、法学、商学，明显地不同于人类学和社会学了。西方社会科学的演变，大致就是这样一个过程。总之，各种源流，因缘际会，形成了 19 世纪后期的社会科学。中国社会科学是洋务之后引进的西学，它至今仍是一种西学。虽然，我们正在努力让它有本土传统。

图 8.18 的标题是“社会科学解释”，它概括了我们社会科学家的工作。首先，我们研究行为，而不是研究一般的社会现象。更确切地说，我们研究具有社会性的个体行为。然后，他试图为观察到的行为提供解释。当然，这种解释需要基于科学方法，从而在其他的社会科学家看来具有一定的说服力。这样的解释，简单地说，就是令人信服的解释。举例说，如果有一个学生在我的课堂里坐着但入睡了，我们怎样解释他的行为呢？首先，如果这是偶发性的现象，社会科学家不必提供解释。因为社会科学家提供的解释需要符合科学方法。在社会科学的方法中，最重要的是统计学。有了统计学，社会科学解释就变得很不同于弗洛伊德在《释梦》里提供的那些解释了。那么，释梦的弗洛伊德，他算是社会科学家吗？这是一个有趣的问题，你们可以试着自己解答。社会科学家不试图解释某一个人的偶发行为，他们试图解释大量的人的某一行为或一个人的大量的行为，因为只有这样才可能得到统计显著的结论。所以，我们假设这名学生“统计显著地”多次在我的课堂里睡觉。当然，我们可以想象一些相互竞争的解释。第一个解释是，我讲课“太催眠了”。另一个解释是，这名学生没有充足的睡眠时间。当社会科学家面对相互竞争的解释时，他们会进一步收集数据，希望找到最令人信服的解释。解释本身于是产生了大量的论文，但我们不能过度地解释。所以我们

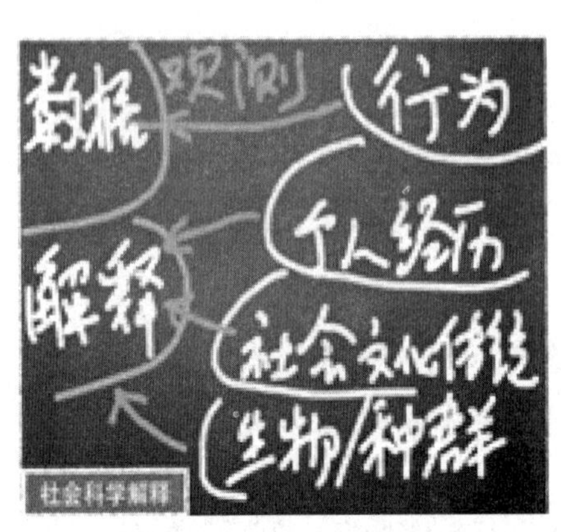

图 8.18

说，社会科学家试图提供“令人信服的解释”（convincing interpratation）。谁信服呢？就是被认为是在从事社会科学研究的学者群体。解释本身需要一个学术传统，在传统之内，解释具有说服力。根据哈耶克的见解，个体行为有三个层次的传统。首先是“个人经历”或“个人史”，这可以称为“个体传统”。最近十几年，在经济学领域，关于“幸福”的研究，有了大量基于个人经历的幸福感问卷调查。经济学家当然重视幸福感，因为这是“效用”或“偏好”的基础，在这一基础之上，才有经济分析。当代的研究，有学科交叉的趋势。经济学方法影响了其他学科的研究，同时，例如在幸福感的研究中，经济学研究借鉴了社会学的方法。第二个层次是“社会文化”传统。经济学家愿意在这一层次进行观察和研究，因为他们在这一层次可以有统计数据和抽样调查数据。现在我们讨论个体行为的第三个解释层次，我们试图界定一种比个人经历更深、影响更广泛的因素集合。然后通过数学模型或逻辑推演，得到一些可检验命题。马歇尔在撰写《经济学原理》时确实设想过在生物学视角下建构经济学原理。大约在仔细权衡之后，他放弃了这一设想。总之，个体行为的最深层传统，是动物学和生物学的传统。

图8.18的构想源于哈耶克。他在年轻时写了一本书，是关于“元心理学”的著作，标题是《感觉的秩序》，这部作品至今仍无中译本。虽然，我写过一篇“导读”。哈耶克刻画了人类行为的三个层次或三个层次的传统：个人传统，社会文化传统，和生物学的种群传统。今天，我们社会科学家的工作方式大致可容纳在哈耶克提出的这一理解框架之内。当我们为某一类行为提供解释的时候，我们在图8.18的右侧和左侧之间往复运动。首先，我们在右侧的三个层次中寻求导致了我们观察到的那一类行为的理由。所以，图的右侧形如金字塔，最表层是个体行为，逐渐向深层探究，就是刚才介绍的三层传统。然后，我们带着在右侧得到的初步印象返回左侧，处理我们观察和收集的数据。如果数据处理结果不能令人信服，我们就再次返回右侧。这样往复运动多次之后，或迟或早，我们可以得到一些合理的并且令人信服的解释。

我们对现象的解释可以基于数学模型，也可以不基于数学模型，例如基于一些“故事”或“案例”。社会科学家不必是经济学家。问题的关键在于，解释是否令人信服。令人信服的解释成为学术传统的一部分，被称为“传统叙事”。作为社会科学家，我们需要系统地观测并收集数据来检验这些解释。这是社会科学和例如文学这样的人文学科之间最重要的差异。例如，我们很少能够检验一部文学作品的真实性，但是我们能够检验一个社会科学理论的真实性。总之，图8.26是社会科学解释工作的一个流程图。

(二)

下面，我试图解释我们中国的社会科学陷入的是一个什么样的基本困境。在1980年代中期到1990年代中期，我逐渐形成了这样一种见解，我称之为“中国社会三重转型期”假设。见图8.19，“三重转型期”。

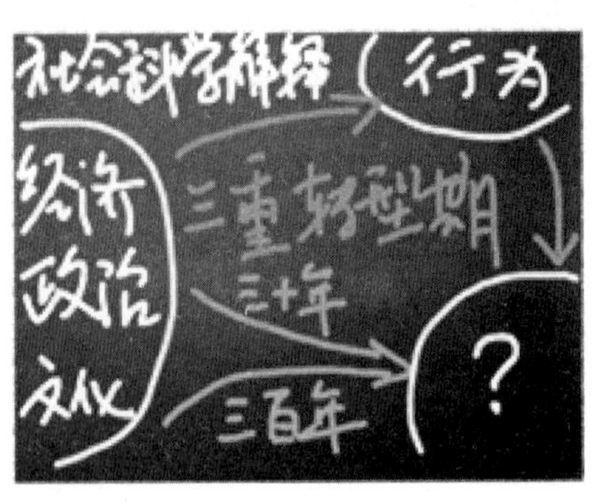

图8.19

所谓“三重转型”，我指的是“政治的”、“经济的”、“文化的”转型。刚才，在图8.18中，我们看到第二层次的传统，社会文化传统，它的影响比个人传统深远得多。也因此，它很难界定。例如，“文化”的定义就过于纷乱，以致目前没有可信的统计方法。按照钱穆先生的阐述，“文化”不同于“文明”，前者偏重精神而后者偏重物质。我们说的“文化转型”，主要指称情感方式随着生活方式的迅速改变而发生了虽不迅速但十分显著的改变。情感方式的可观测的方面，例如核心价值观，在以往三十年里当然有了显著的改变。根据我们许多人在中国的观察和感受，与西方人的核心价值观相对缓慢的改变相比，中国人的核心价值观改变剧烈。其实，在东亚各国，例如日本和韩国，都发生过这样的核心价值观的转型。统计指标，我们看到，当时日本和韩国的离婚率和自杀率都显著地上升，与我们中国的情形一样。核心价值观的改变直接影响行为主体应付生活压力的方式。每一个人在生活中都可能遇到危机，怎样应付危机，取决于核心价值观——人生观和世界观。在文化转型剧烈的时期，大部分人可能完全没有稳定的价值观，也就是说，他们的价值观很难确立为核心的，不稳定，今天相信这一套，明天相信那一套，似乎都正确，而且关键是，似乎都可以成为“安身立命”的价值体系。如果一个人的心理结构不能足够地稳定，那么，遇到危机就很容易有“极端反应”。在大学里，最近十年，年轻人的自杀案件相当频繁。为什么呢？从经济学角度推测，就是活着不如死去。为什么呢？生活压力很大，难以承受。大家可以继续追究，为什么生活压力很大就难以承受呢？最终，一个人应付生活危机的最终根基是他的心理能力，其中很重要的就是情感方式，而情感方式与核心价值密切相关。

文化转型期可以很漫长，例如中国的这一次文化转型，有些学者相信是从宋明开始的。那时，儒家传统遇到晋唐时期在中国就已生根的佛家传统的严重挑战，于是有“新儒学”的兴起。多数学者相信，说我们经历的这一次文化转型期从清末开始，是一种合适的判断。例如，人民英雄纪念碑的铭文，提到以往一百五十多年为了民族解放而牺牲的志士仁人。以清末为开始，这一次文化转型大约何时结束？很难预测。历史从来不是决定论的，当然也不是完全随机的。武断地预测，我相信，一个持续了数千年的文化传统，它的一次转型期大约要占用数百年的时间吧。在社会仿真的研究中，我们通常假设每一个社会稳态的破坏和形成新的稳态，这段转型的时间长度，大约是稳态时间的长度的十分之一。现在我们说，中华文明五千年，那么十分之一呢？就是五百年。清末至今，大约百年，那么还有四百年的路要走。当然，不必是五百年，也可能三百年就基本结束。我们关心的问题不是猜想，而是推测未来中国文化可能是怎样的，例如西方文化的哪些要素可能融入中国文化；另一方面，中国文化的哪些要素是不可能改变的。求解诸如此类的问题，是很艰苦的工作，而且是跨学科的研究工作。

政治和经济的转型期，与文化相比，可能更容易研究，也是我要解释的中国社会科学基本困境的主要方面。西方的社会科学家不用考虑中国的社会转型问题，西方过去150年的社会形态虽然有重要的革命和战争，但基本上是稳定运行的，或者说是相对于中国社会而言比较稳定。把中国社会过去150年发生的事情与西方比如说欧洲和北美社会在过去150年发生的事情作粗略对比，你不难同意，西方社会发展得比较平稳，而中国社会则是在一种激烈的撞击当中。也就是说，在图8.18的个人经历下面的社会文化传统这一层次，发生了剧烈的变化，或者说单位时间内的改变比较大。比如说，十年之内中国人的生活方式以及价值观念的变化幅度，在西方社会可能需要经历两代或三代人的时间。

大约在1980年代的后期，中国的大部分社会科学家都感觉到，完全照搬图8.26所示的西方社会科学工作流程是行不通的。那时有不少文章讨论中国的社会科学方法问题，我记得1985年《经济研究》编辑部也组织过这样的讨论。到了1990年代后期，最先回国的一批经济学家提出来应该要有“中国经济学”，或者“经济学中国学派”。因为中国经济在我们感觉中确实与西方老师们研究的西方经济很不一样。

回到图8.19，“经济的转型”在三重转型当中可以说是最为迅速的了。大家有目共睹，以往三十年，我们的经济生活发生了极大的改变。其实，“政治的转型”也一直在进行，只是比经济转型更曲折而已。我们说，1911年“辛亥革命”是这一次政治转型期的最重要的事件。从那时到现在，整整一个世纪了。辛亥之后的军阀混战，国共两党之间的战争，国际格局的演变，以及1949年以来国内格局的演变。政治的转型始终比较艰难，所以曲折也多。

以上所述，只是描述性的，不是理论概括，当然也就不能视为“中国的社会科学”。我们感受到的上述三个转型期，与我们这两代中国人的经历恰好重合。你们可以浏览世界地图，不难看到，同时经历这样的三重转型期的国家，在地图上只能找到一个和中国情形相近但国土范围很小以致不能相提并论的国家。所有这些都是描述性的。这类描述，我从1980年代后期到现在在课堂上解释过，在我的文章里也介绍过很多次。

借用数学语言，社会从一个稳态过渡到另一个稳态，我们称为“transitional phase”（转型期）。现在，我们的基本问题是，对处于上述三重转型期的中国社会而言，新的稳态将是什么样子的，我们完全不清楚，我个人感觉那是一个很大的问号。图8.19的右下角，我只能画这样一个问号。我是1985年出国的，那时我和我的老朋友们探讨中国文化未来的模式，想象不出来，所以我们只能推测，转型期需要至少三百年时间。

三百年以后，中国的政治、经济、文化将会是什么形态？2003年的时候，对于图8.19右下角的这个大问号，我们还可以说，未来的政治经济文化的基本模式很可能是“市场导向的”。

我们建构经济模型的时候，假如旧的稳态被打破了，而新的稳态甚至无法描述，那么可以想象，人们对未来生活的预期就会有很高的不确定性，至少比稳态的社会高很多，以经济学的术语就是折现率很高。也就是说，未来的钱贴现到今天，其实不值钱。我们知道，高折现率的行为和低折现率的行为有显著差异，尤其是存量的经济决策。存量，不是流量。我们吃一顿饭，或出去旅游，这是流量的问题。投资或安排自己的人生目标，这是存量问题。一个社会的上层建筑和基础设施，也是存量问题。中国的建设，只要涉及5年以上的投资，基本上有折现率太高的问题。

所以，对中国大众而言，在转型期，5年内的事情可以谈，5年后的事情不值得去讨论。因为是个问号，谁都想不清楚。这样一个描述，它没有提供任何解释，当然不是令人满意的。但是，根据这一描述，我们可以将发生在中国社会的绝大部分行为看作基于高折现率的行为。其中当然包括常见的欺骗行为和官员的腐败行为。注意，高折现率是描述而不是社会科学解释。我在香港大学教书的时候，我的同事里有几位白人教员，他们常问我：中国人的行为究竟在哪些方面不同于西方人呢？我说“裙带关系”是否中国特色？他们说不是，因为西方人也常利用“in-laws”（因婚姻关系而有的亲戚）这样的关系。假如你寻找的是令人信服的描述，那么你必须定量地估算“关系”在西方和在中国经济生活里的强度或广度，然后，你可以对西方同事指出，你们看，这一参量在西方是A，在中国是B。如果A和B有显著差异，那么，你的描述在学术上就是令人信服的。余下的工作是为这一描述提供合理解释。科学工作，首先是将一个诸如“关系”这样的观念赋予结构，于是它就成为一个概念。然后，将概念置于现实情境内，寻求可观测的指标，于是你就将一个概念变成了可操作的概念。只有在可操作概念的基础上，你的研究才可能是科学的。

通常，在一个稳态社会里，折现率是2%，或者更低。在中国目前的转型期，诸如地产开发这样的投资，如果年均回报率低于25%，就可以认为是很不合算的。浙江的民间金融，你去贷款，年利率不能低于25%，通常是30%或更高。这些都是现象，你描述这些现象，同时还应询问：究竟是什么原因导致了如此高的折现率？

为什么中国经济的折现率这样高？我没有现成的答案。如果我说，是行为短期化的倾向导致了高折现率，那么，首先，这是教科书式的循环阐释，不是科学解释，它是同义反复。因为我如果说是高折现率导致了行为短期化，也是同样正确的陈述。科学解释，不是循环解释，而是基于真实因果关系的解释。这就要求我们深入探讨中国的政治经济文化转型问题，根据例如“三重转型期”这样的假说，建构一些模型，然后推演得到诸如“折现率很高”这样的可检验命题。这件工作我无能为力，而且我认为没有人能完成这件工作。原因就是，我们中国的从旧的稳态转向一个新的稳态，这个新的稳态完全想不清楚。

在西方学术界关于折现率的争论中，贝克尔曾指出，只要你投入足够多的时间去考虑未来，未来就可以被想清楚。至少，你认为想得比以往更清楚了。贝克尔的意思是，关于未来的想象是一项人力资本投资，任何，在这一项人力资本上的投资越大，他能够得到的资本存量就越大。资本存量，在这里就是关于未来的判断能力。现代社会中，有一些人被称为“未来学家”。为什么呢？因为既然我们在关于未来的想象和判断方面有需求，根据劳动分工和专业化的原理，我们可以请专家替我们想象未来，甚至请专家为我们提供关于未来的判断。

总之，中国社会的转型期的长度，经济的大概需要30—50年，而文化的大概需要300—500年。即使经济的30年转型期，究竟中国人的经济行为与西方稳态社会的人的经济行为有什么样的实质差异，我们尚且无法说清楚。那么，政治的和文化的转型期及其特征，想必更难说清楚了。

我可以简单介绍中国经济转型期的特征。就我的理解而言，中国经济的转型期根本就是要回答我称之为“发展经济学基本问题”的这样一个问题。它可以表述为：一个社会如何能在两代人或三代人的时间里，把过剩劳动力尽可能多地转换为物质资本和人力资本存量。

现在我来解释上面的这一表述。首先，“发展”不同于“增长”。我们观察一个经济，如果单纯观察它的产出量，就称为“增长”。如果不仅观察产出量，而且观察产出结构和投入结构，以及引致结构变化的更深层的原因，那么我们所见就可称为“发展”。其次，所谓“基本问题”，就是说任何一个发展中的经济必须面对的问题，而且是根本性的问题。发展经济学是1940年代以后逐渐形成的一个经济学分支，它的现实问题主要来自战后民族独立各国（后来被统称为“第三世界”）的经济发展问题。地球上的人群，长期而言并没有所谓“发展问题”。对人口而言，长期是指百年以上的时期。数据显示，地球上的人口增长率在最近一万年的绝大部分时间内，在零增长率的附近波动，平均起来就是零增长率。不过，围绕零增长率的波动，表现为极高的出生率和极高的死亡率，二者相互抵消。有据可查的出生率是平均每名女性在生育年龄总共生育15—16个孩子，这样高的生育率被认为是人类生育率的生理极限，称为“fecundity”。生出来的孩子，大多数都在成人之前死去了，平均而言，每名女性只有不到3个孩子可能生存到生育年龄。再向前追溯，大约有过许多这样的以“一万年”为单位的漫长的人口稳态时期，在这些稳态之间的是人口转型期或过渡期，主要由知识和技术的缓慢积累引发。例如，大约250万年前，被认为是我们现代智人的直系先祖，“能人”，掌握了打磨石器的技术。大约150万年前，他们又逐渐掌握了火种保存的技术。这两次重要的技术进步，显然有利于养活更多的人口。所以，我们能够推测，那时，旧的人口稳态瓦解，转型到一个新的人口稳态。最近的一次转型期，现代智人，从狩猎与根块采集时代转入农耕时代，这当然是一次技术飞跃，结果是人口数量和密度都有了显著增加。然后，如果我们能够获得更多细节，就可观察到，在每一个稳态时期里，其实还有许多更短的过渡期和稳态期。例如，我们知道，欧洲人口经历过黑死病的毁灭性打击，死亡率不是以千分之五十这样的比率计算，而是所谓“人口减半”——根据保守的估计，欧洲人口在最近的一次五十年的黑死病时期，减少了大约五分之二。秦汉以后的中国人口，也经历过几次毁灭性打击，也有“人口减半”的记载。每一次这样重大的事变，都会引发激烈的制度变迁，以及相应地——改变人类的生育行为。最近的这一次改变，被称为“人口生育率迁移”（demographic transition），普遍见于欧洲人口和亚非拉美各国人口。具体而言就是，一方面，人口的出生率仍维持在高水平的稳态时期；另一方面，人口的死亡率，因为公共卫生条件的逐渐改善，例如城市饮用水的洁净程度增加或城市排污系统的建设，都可以极大减少如霍乱这样的传染病的爆发概率，总之，人口的死亡率开始显著下降。人口统计学显示，决定出生率的最重要因素，按照重要性排序，首先是母亲的教育程度（注意不是父亲的），其次是生育控制技术的普及程度，第三或更低才是人均收入。另一方面，我们知道，在世界各国，女性教育的普及是相当晚近的事情。所以，在各国都发生了人口生育率迁移现象：因为死亡率显著降低而出生率并不随之降低，故而有大批的“过剩人口”。这一过程通常要持续两代或三代人的时间，也就是半个世纪左右，然后，出生率开始下降到接近死亡率的水平，于是，人口再次进入稳态。在半个世纪里，每年都有大批的人口过剩，资源有限，怎么养活这些人口呢？这就是发展问题的由来，因为要养活这些“多余”的人口，所以必须开发新的资源。农业社会，土地是有限的，于是这些多余人口就会转移到工业部门，于是有“工业化”过程。最初，这一过程发生在欧洲。那时，欧洲的人口生育率迁移产生了大批“过剩人口”，不过，这一时期恰好对应着欧洲人发现美洲大陆并移民美洲的时期，所以，人口压力被释放出去了。亚非拉美各国，是第二次世界大战之后才进入人口生育率迁移时期的，不要说新大陆，就是旧有土地也差不多都耗尽了。所以，发展经济学家在这些国家面临的基本问题是：在工业化过程中，尽快地将这些过剩人口转化为资本——物质资本和人力资本。为什么要尽快呢？因为人口生育率迁移结束的时候，如果过剩人口仍然是“过剩的”，那么，社会将充斥着老龄的过剩人口，劳动人口在总人口中占的比重越来越低，那时，平均的生活水平就会陷入严重的困境。对市场经济学家而言，原本没有任何人口可以是“过剩的”。因为，失业的人愿意接受更低工资，于是就有了就业机会。不过，这一见解只适用于工业社会，未必适用于农业社会。所以，经济发展，通常也就是传统农业向着现代工业的转型期。这就是我们中国经济目前的情形，从传统农业向着现代工业的转型期。

大约在2013年，中国的人口生育率转移就会结束，那时，我们的“人口红利”将转换成人口的“黑利”。也就是说，老龄化将日益拖低我们的人均收入增长率。这一老龄化过程，大致将在2050年进入人口稳态期。那么，我们的问题是，在2050年，你希望你的后代享受什么样的生活水平？

以上介绍的，只是中国的三重转型期当中的经济转型期。中国以外，全世界几乎没有任何一个国家有这样的三重转型期。在这一意义上，我们说，中国的社会科学家面对的问题，是独一无二的。因此，中国社会科学的基本困境也是独一无二的。在这里，请看图8.27，我们需要解释的不仅是其他转型期社会的人类行为，而且是处于三重转型期的人类行为。

（三）

我提出重建或构建中国社会科学传统这一口号，是在1993年前后。当时在北京的知识分子，我们有一个跨学科的非官方期刊，《中国社会科学（季刊）》。我们在这份期刊上讨论中国社会科学本土化的问题。所以，我在这里谈的主题，其实已经有十几年的历史了。

基于上述的中国社会科学基本困境，我们似乎可以得到这样一种关于研究方法的共识：中国的社会科学不应仅仅是逻辑或静态的。请看图 8.20，它的右半部分是我们从西方老师那里学到的社会科学方法。我们接受的西方学术训练让我们习惯于假设——这个世界是稳定的。在这一假设下，我们若要寻找例如两类现象之间的关系，相对而言就比较容易。因为其他可变因素都被这一假设忽略了，这就是我们经济学家常说的“其他事情保持不变”，在这一假设下可以有马歇尔的局部均衡分析，这就是静态的或逻辑的分析框架。图 8.20 的右边，西方的社会科学研究框架有三个相互关联的特征。第一个特征是“结构”，它要求我们将观念转为带有结构的概念。第二个特征是“静态”，例如基于概念可以建构一些数学模型，由此就可推演出一些能够用数据或现实案例加以检验的命题。为了实现这样一个实证科学的目标，我们需要第三个特征，就是“分析”。也就是运用演绎方法，从概念演绎出数学模型，再演绎出可检验的命题。对于留洋回国的人来说，这些都是老生常谈。

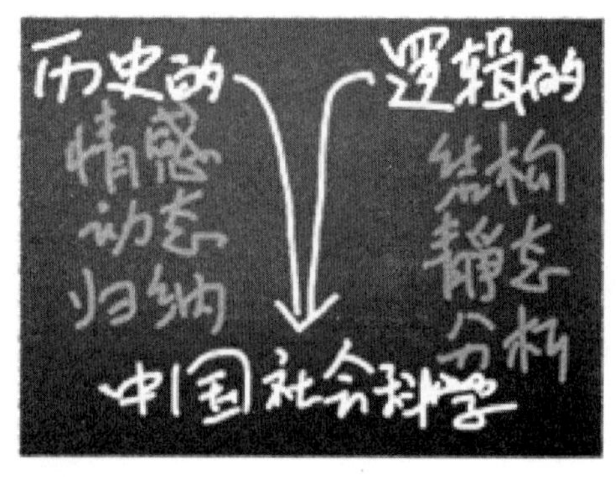

图 8.20

但是在西方的社会科学传统内，还有一个潜流，存在了至少 150 年的时间，就是所谓“历史学派”。这一学派的解释框架与逻辑的解释框架恰成互补，从而使西方学术传统获得很强烈的内在紧张，也因而获得了强烈的生命力。黑格尔充分注意到历史的与逻辑的这两方面解释的互补性，故而指出精神发展的归宿是“历史与逻辑的辩证统一”。换句话说，黑格尔想象中的人类科学将会是历史与逻辑的同一。这一目标的实现，当然是非常艰难甚至不可能的。不过，包括“东西文化交汇和互补”在内的种种重要迹象表明，我们人类确实在朝着这一目标发展。

在历史的解释框架里，最重要的是情感。我们解读历史的时候，借用韦伯的术语，应学会“同情地理解”。这是思想史研究的基本训练，就是将一位作者置于他最初出现的那些历史情境里，试图以他的情感来看待他所处的世界，从而以他的视角来解读他所写的文字。当然，这里需要警惕的，是“过度阐释”。毕竟，世界是由复数的人类构成的，不能一厢情愿地将它简化为一个人的世界。“同情地理解”，我相信很多学文科的同学都知道这一短语。我们用亚当·斯密的术语，也可以将这一短语翻译为“有同情心的公正旁观者”这一假设。我们需要探讨更深层次的传统，例如社会文化的传统，甚至生物和族群的传统。在这两个层次，传统的影响力首先涉及行为主体的情感方式。所以，我在图 8.20 的左边，对应于它的右边，写了“历史的解释”具有的第一个特征，即“情感”。你们或许认为历史和情感没什么关系？其实它们之间关系最为密切。任何一部人类历史，或哺乳动物的历史，可以说几乎完全是围绕着情感方式展开的。我如果有更多时间，可以详细解释我的这一见解。

请看图 8.20，历史的解释框架，它的第二个特征是“动态”，这是相对于逻辑的解释框架的“静态”特征而言的。其实，结构，就可以说是静态的。但为论证结构与静态的类同性，我需要更多的时间，现在不能讨论这一议题。故而，与“结构”相对而言，我用了“情感”。与“静态”相对而言，我用了“动态”。当然，你们或许要追问，难道情感和动态是类同的吗？为论证这一类同性，我同样需要更多的时间。你们可以参考柏格森的著作，他对情感的动态性质有格外精彩的论述。

物理学的时间不是动态的，因为它可逆。韦伯说过，历史学的时间是不可逆的。历史不能重演，但物理学时间，你只要沿着确定性系统的微分方程的解，用时间的负值代替正值，就可以返回系统经历过的任何一点。前提是，如物理学通常假设的那样，汉密尔顿系统有唯一的解。所以，我们认可普里戈金的见解：物理时间不是真正的时间，真正的时间是历史的时间。人类社会或者个体行为，总是沿着历史时间演变的。没有哪一个社会或个体行为能够沿着物理时间演变，这就是图 8.20 左边“动态”的涵义。

历史的解释框架，它的第三特征，也是与逻辑解释框架的第三特征相对立而言，就是“归纳”。你们当中熟悉哲学的同学一定知道，我在这里所说的“归纳”，是相对于“分析”而言的。而我所说的分析，就是康德在《逻辑学》或《纯粹理性批判》里所说的分析。也就是说，分析，是从一些初始概念里面推演出概念原本就蕴涵着的内容。分析的命题——这是康德的见解——不必借助经验就可表明自己的正确性，在这一意义上，它们是“先验的”。与分析相对而言的是归纳，它必须借助经验才可完成。在康德意义上说，归纳的命题首先是“经验的”。其次，我们运用归纳方法，是为了获得具有普遍意义的一些概念或命题。在这一意义上，这些具有普遍意义的概念或命题，被称为是“综合的”。例如，我们从历史阅读中可以获得某一印象，认为四川和湖南的中国人比其他地区的中国人更倾向于革命。于是这样的印象可被表述为具有普遍意义的命题：凡四川省和湖南省的中国人，必定比其他地方的中国人更适合于革命运动。又于是，革命党人可能凭借这一命题制订一套革命方针，例如率先在四川和湖南两省组织和发动革命，成功之后，革命运动当可延至全国。我们说，这样的命题不能先天成立，因为它们的真确性需要有后天的足够多事实的支持，故而统称为“后天综合命题”。康德相信，作为对比，还应当存在一些“先天综合命题”。他找到的例子是数学概念和命题。不过，经济学家豪尔绍尼批评康德，说他的想象有误。豪尔绍尼相信，数学概念和命题是后天综合的。

那么，在历史的解释框架内，是否可以有“分析”呢？我认为几乎是不可能的。因为，分析（analysis）这一单词的意思是从原始概念经过逻辑演绎呈现出概念蕴涵的全部可能命题。也许因此，我们很少见到“历史分析”这样的短语。相对而言，我们常见到“数学分析”这样的短语。在历史解释中，我们最常使用的方法是归纳的。我们浏览历史，不论那是“大历史”还是“断代史”的某些细节，总之，浏览得时间久了，会有一些心得。如果这些心得可以表述为命题，这些命题就是我们在阅读历史时反复想到的一些重要因素以及它们之间的关系，运用归纳方法得到的命题。

中国的社会科学家，相当普遍地意识到诸如图 8.20 这样的理解框架，对于解释中国社会现象是必要的。换句话说，若要解释转型期中国的个体行为和社会现象，我们需要的是图 8.20 的全部，而不能仅仅是它的左边或者右边。那些仅限于用图 8.20 的右边解释中国现象的学者，我们说他们是“隔靴搔痒”，这是比较温和的批评，还有更激烈一些的批评者，干脆说他们“食洋不化”。这也可以理解，他们从西方老师那里学习回来，食洋不化，试图将中国的一切现象装在西方学术的框架里。在胡适那个时代，这样学术就已遭遇了广泛的批评。另一方面，那些完全沉浸在图 8.20 左边的解释框架里的学者，常被“海归”的学院派学者称为“土鳖”。也就是说，他们似乎完全不了解在西方或在中国之外以往一百多年学术思想的进展。于是，他们“闭门造车”，并希望由此建构的理论能够“出门合辙”。结果是可以预期的，他们极少能够提出令人信服的社会科学理论。所以，中国社会科学研究的现状是，以“海归”为一方面，主导了今天的学院，以“土鳖”为另一方面，主导了今天学院派以外的民间学术。我知道民间有很多这样的“在野”学者，他们主要依靠自学而成才或尚未成才。虽然，他们根据图 8.20 左边提出的中国现象的解释，具有某种“天然的正确性”，但是，毕竟这样的解释不能令人信服。因为如前述，“令人信服”这一短语，它要求的是在学术共同体内部那些受过社会科学训练的学者的多数都相信的解释。今天我们讲的“社会科学”，我说过，它是西方的，是西方社会科学共同体在以往一百多年里，基于西方以往数千年的叙事，逐渐确立的一个学术传统。我们中国的社会科学家既然是在社会科学传统之内从事研究，就必须面对这样一个令人尴尬的局面。

事实上，从 1850—1950 年这段大约一百年的时间里，西方多数研究中国问题的学者仅用了图 8.20 右边的理解框架。到了晚近几十年，情况逐渐地有了改变。他们不仅用图 8.20 右边而且努力用左边的理解框架来解释中国现象，只有这样的学者才被认为是正宗的“中国学者”。这就是当代西方的汉学家，他们努力要以中国人的视角，甚至努力要以中国人的情感来看待和理解中国人的世界。另一方面，在我们的国学传统内，在数千年的时间里，多数学者仅仅用图 8.20 左边来解释世界。不过，处于文化转型期的学者，有很多是我认为最伟大的学者，他们试图以图 8.20 左边和右边两方面的视角来理解世界。

最后，我想提醒你们，图 8.20 隐含着中国社会科学家的基本困境。如前述，一方面，我们更相信图 8.20 左边的解释框架；另一方面，我们必须用图 8.20 右边的解释框架来表达我们的社会科学见解。这本身就是一个问题：为什么要按照西方社会科学的标准表达自己，才是令人信服的呢？这当然是一个值得反思的问题。我倾向于将这类问题留给“后现代”学者去解决。或者，如果有更多时间，我们再探讨这类问题。

现在总结一下，我在图 8.20 的中央画了一个双箭头，意思是：中国社会科学要求的是整合，也就是整合左边和右边，从而能够实现老黑格尔的想象——历史与逻辑的同一。我自己相信，追求历史与逻辑的同一，这是中国社会科学家的比较优势。也就是说，它未必是西方社会科学家的比较优势。这是因为，西方思想传统，无论如何，在亚里士多德以后的主流传统，就是静态的和形而上学的。而中国的思想传统，在数千年的时间里，始终保持着情感的和动态的主流特征。当代的情况是，与中国学术相比，由于西方文明是强势的，所以西方学术也是强势的。那些生活在强势学术传统里的西方学者，于是很少有激励到我们东方来探索情感的和动态的思维方式。对吗？我相信这一推测是正确的。那么，我们这些生活在弱势学术传统里的学者呢？我们当然有强烈的激励去学习西方学术，然后还有无法推脱的责任来解释中国的社会现象。这两方面的冲动联合作用，产生了足够强烈的激励，让我们追求一种新的综合，就是历史与逻辑的同一。

（四）

有一位西方社会科学家的优秀代表，我要介绍他关于社会科学的一些见解。他就是米塞斯，哈耶克的老师。终其一生，在大多数时间里，他是一位边缘人。在这部作品里，他注意到了西方社会科学的局限性。这是一本小册子，《经济学的最后基础》，一本方法论专著。

在中国大陆，因为奥地利学派被宣布为“马克思主义的死敌”，所以这本小册子在大半个世纪里是不能翻译出版的。现在这个译本是中国台湾夏道平先生的译本，你们会觉得不符合大陆汉语的习惯。下面这几页，是我从这本书里摘出来的，见图8.21—8.24。

經濟學的研究，一再地被一個錯誤觀念引入歧途。這個錯誤觀念，就是認爲經濟學必須照其他科學的榜樣來處理。爲避免這個錯誤觀念所造成的惡果，我們不能勸告經濟學者不去理睬其他部門的知識。不管對哪門學科採取不理睬的態度，絕不是尋求眞理的有效辦法。爲防止採用數學、物理學、生物學、歷史或法律學的方法去研究經濟學因而糟蹋經濟學，我們所需要作的，並不是貶抑或輕視那些學科；相反的，而是要去了解並精通那些學科。想在行爲學有所成就的人，應該對於數學、物理學、生物學、歷史與法律學，都相當通曉，否則他會把人的行爲學的任務和方法與其他學科的任務和方法弄得混淆不清。經濟學各個歷史學派的毛病，最主要的是他們當中的名人，只是些歷史學的半吊子。現代的那些叫做數理經濟學家，尤其經濟計量學家，也只是些變種的數學家。他們的那些基本謬誤，凡是夠格的數學家不

图 8.21

为了成为一位优秀的经济学家，米塞斯指出，你必须通晓经济学以外诸如物理学、生物学和数学这样的科学领域，还必须通晓诸如法学和史学这样的人文学科。否则，你就会把行为科学与其他科学或学科的任务与方法“弄得混淆不清”。我们知道，凯恩斯在“马歇尔传”这篇文章里发表过类似的见解。他说，一位优秀的经济学家，不应仅仅懂得经济学，他还必须是一位数学家，同时必须是一位历史学家，一位优秀的政治学家，还必须是一位优秀的哲学家。我记得在那篇文章里，他列举的是这四门学问。凯恩斯是著名的传记作家，他的文笔非常优秀。

米塞斯说，“经济学的研究，一再地被一个错误观念引入歧途。这个错误观念，就是认为经济学必须照其他科学的榜样来处理。”当时，他批评的很可能是德国历史学派。不过今天，米塞斯的批评适用于那些努力要仿照物理学来处理经济学的主流经济学家们。我们经济学家，因为见到物理学的巨大成功，于是受了诱惑，希望能够像牛顿那样来解释社会。因此，经济学被称为“社会物理学”。我们通晓每一个其他的学科，是为了要研究“人类行为”（human action）。注意，这是夏道平的译本。他将人类“行动”翻译为人类“行为”，还特别在译者前言里面解释了理由。其实，行动和行为，在英文里有极大的差异。human action，我在我的行为经济学教室里从来没有论述过，我只论述过 human behavior。

芝加哥大学政治学派的思想教父利奥·斯特劳斯在《古典政治哲学的兴起》这部作

品里曾经写过这样一句话，他说，我们人类，是“介于神和兽之间的存在”—— we are inbetween beings。介于什么之间呢？他说，between animal and god，介于兽和神之间。请注意，这里就引出了“行为”和“行动”这两个单词的极大差异。人类行为的更接近神的部分，阿伦特称为“human action”，而更接近兽的那部分，阿伦特称为“human behavior”。借助于施特劳斯和阿伦特的阐释，我们可以说，“介于神和兽之间的存在”，这是米塞斯“人类行为”的出发点。下面这一页（图 8.22），米塞斯提出了演化论的先验论。

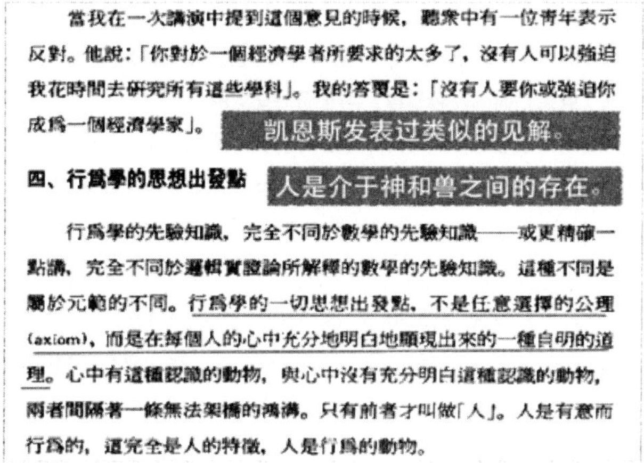

當我在一次講演中提到這個意見的時候，聽衆中有一位青年表示反對。他說：「你對於一個經濟學者所要求的太多了，沒有人可以強迫我花時間去研究所有這些學科」。我的答覆是：「沒有人要你或強迫你成爲一個經濟學家」。

凯恩斯发表过类似的见解。

四、行爲學的思想出發點

人是介于神和兽之间的存在。

行爲學的先驗知識，完全不同於數學的先驗知識——或更精確一點講，完全不同於邏輯實證論所解釋的數學的先驗知識。這種不同是屬於元範的不同。行爲學的一切思想出發點，不是任意選擇的公理(axiom)，而是在每個人的心中充分地明白地顯現出來的一種自明的道理。心中有這種認識的動物，與心中沒有充分明白這種認識的動物，兩者間隔著一條無法架橋的鴻溝。只有前者才叫做「人」。人是有意而行爲的，這完全是人的特徵，人是行爲的動物。

图 8.22

虽然米塞斯被称为“新康德主义”，但他的先验论和康德的先验论不同。他的先验论，我们说是基于演化理论的先验论。他指出，请你们读这一页，行为主体或者人类行动的主体，他不能任意选择他关于世界的公理。这就十分不同于康德所言的数学家。数学家可以任意选择公理体系，例如他们不选择欧氏几何学公理，因为他们可以选择非欧几何学公理。而人类则不能任意选择关于世界的公理，因为如果选择了不正确的公理，人类就会灭亡。所以，能够演化到今天的人类族群，必定已经在演化过程中形成了具有足够多的真理性的关于世界的公理或假设。在这一意义上我们说，米赛斯是一位演化生物学家。我们可以把这几段文字看作对于图 8.20 右边的西方社会科学解释的一种批判。不过，如前述，米塞斯始终或大部分时间是西方主流学术和主流社会的边缘人。如果他曾经试图建立一种不同于主流的西方社会科学的解释框架，那么，我们从这几页文字可以推断，它应当是历史的或演化的框架。

经济学家是否提出过类似的解释框架呢？当然，时间上距离我们最近的一位，就是张五常的老师艾智仁。他 1950 年发表了一篇文章，标题是“不确定性、演化与经济学”。我在行为经济学教室里，大约至少有三年，是引述了这篇文章的。追溯到更早的时候，老制度学派的领袖凡勃伦，也设想过将生物学的演化视角引入经济学。当然，马歇尔自己在《经济学原理》的开篇曾说过，他可以在达尔文的生物学视角下表述他的经济学原理，也可以在牛顿的力学视角下表述他的经济学原理。最终，他选择了力学视角，也就是静态的和逻辑的视角。

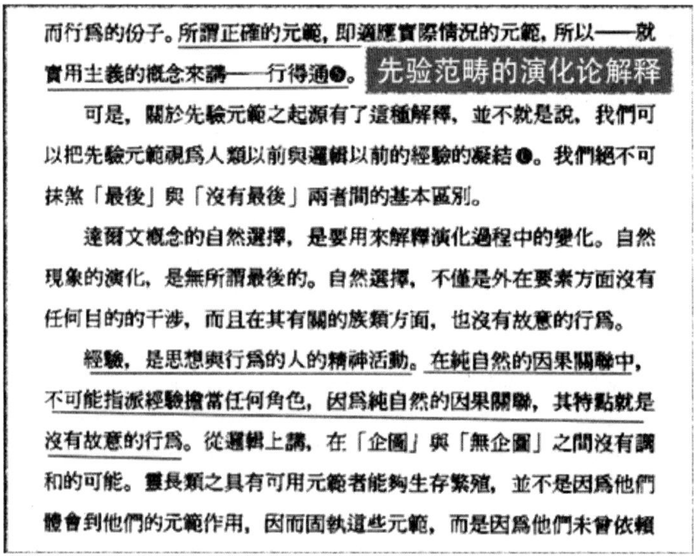

而行爲的份子。所謂正確的元範，即適應實際情況的元範，所以——就實用主義的概念來講——行得通❸。先验范畴的演化论解释

可是，關於先驗元範之起源有了這種解釋，並不就是說，我們可以把先驗元範視爲人類以前與邏輯以前的經驗的凝結❹。我們絕不可抹煞「最後」與「沒有最後」兩者間的基本區別。

達爾文概念的自然選擇，是要用來解釋演化過程中的變化。自然現象的演化，是無所謂最後的。自然選擇，不僅是外在要素方面沒有任何目的的干涉，而且在其有關的族類方面，也沒有故意的行爲。

經驗，是思想與行爲的人的精神活動。在純自然的因果關聯中，不可能指派經驗擔當任何角色，因爲純自然的因果關聯，其特點就是沒有故意的行爲。從邏輯上講，在「企圖」與「無企圖」之間沒有調和的可能。靈長類之具有可用元範者能夠生存繁殖，並不是因爲他們體會到他們的元範作用，因而固執這些元範，而是因爲他們未曾依賴

图 8.23

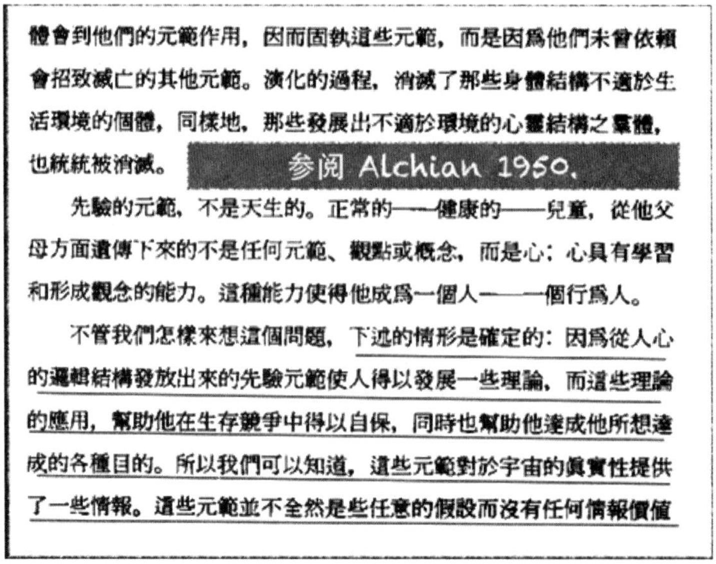

體會到他們的元範作用，因而固執這些元範，而是因爲他們未曾依賴會招致滅亡的其他元範。演化的過程，消滅了那些身體結構不適於生活環境的個體，同樣地，那些發展出不適於環境的心靈結構之靈體，也統統被消滅。参阅 Alchian 1950.

先驗的元範，不是天生的。正常的——健康的——兒童，從他父母方面遺傳下來的不是任何元範、觀點或概念，而是心；心具有學習和形成觀念的能力。這種能力使得他成爲一個人——一個行爲人。

不管我們怎樣來想這個問題，下述的情形是確定的：因爲從人心的邏輯結構發放出來的先驗元範使人得以發展一些理論，而這些理論的應用，幫助他在生存競爭中得以自保，同時也幫助他達成他所想達成的各種目的。所以我們可以知道，這些元範對於宇宙的眞實性提供了一些情報。這些元範並不全然是些任意的假設而沒有任何情報價值

图 8.24

（五）

现在，我为今天的报告作一个总结。我们中国的社会科学家承担着一项什么样的使命呢？在图 8.20 的中央，我的概括是：寻求“逻辑与历史统一”的社会科学解释框架。这当然很难，尤其对西方学者而言，最难。中国的社会科学家与他们的西方老师相比，有更大的比较优势。我的意思其实是说，社会科学在西方和在东方的演化，历史地和逻辑地，将寻求历史与逻辑的同一这样一种社会科学解释框架的使命，交付给中国的或印度的或其他生活在东方文化传统里的社会科学家了。如果我们放弃这一使命，那么，将来，例如在几百年之后，我们的子孙可能嘲笑我们，嘲笑我们无能，缺乏勇气，或者对历史不负责任。

我的见解画图 8.25 这张示意图里。满足逻辑与历史同一性的社会科学解释框架，仍然要先回到逻辑的解释框架里。被观察到的行为的重要特征，必须被抽象为一些“公理”，也就是这张图右下角的那个集合 A。但是，只有公理化是远远不够的。我们不能满足于逻辑的解释框架，为了超越逻辑，为了融入历史，我们还需要图中左下角那个集合“情境”，记作集合 S (situation)。我们解释任何一类行为，都需要有一组不同的情境假设。例如，解释你们这群人的行为，最常见的情境是教室或者“学校”。在学校这一情境里，你们的行为方式显著地不同于在例如“家庭”这一情境里的行为方式，或者在例如“法庭”这一情境的行为方式，或者在例如“餐馆”这一情境的行为方式。由于情境的不同，人类行为就有了很大的差异。大致上，我们假设我们可以写出一个包含了各种不同情境的集合。当然，在解释转型时期人类行为的时候，这个集合可能很庞大，因为存在许多不同的情境。例如贪污，这位贪污了数亿或数十亿的铁道部长，他在家庭里可能是富于温情的，在部长级干部群体里他可能被普遍认为是一位“仗义的朋友”。对于下属，他可能表现出另一套行为模式。总之，我们概括地说：他的行为是“情境依赖的”。

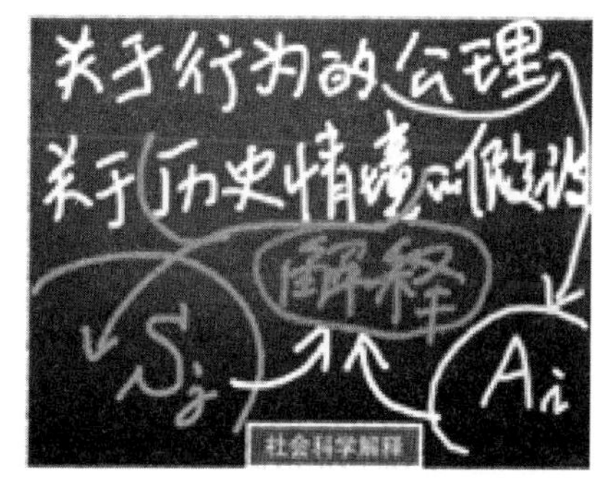

图 8.25

我们解释转型期中国人的行为，于是同时需要图 8.25 左下角的集合和右下角的集合，它们代表了两套公理，右下角的集合是关于普遍人性的公理，左下角的集合是关于特殊情境的公理。关于普遍人性的公理，中西类同，例如，经济学家假设每一个人都有自利心，社会学家假设每一个人都有利他心。孟子假设“恻隐之心”，荀子假设“人性恶”，诸如此类。我们需要考察不同假设的行为学涵义，并在不同的情境内检验它们的合理性。凡是人，就都有一些相对而言变化缓慢的价值观念。虽然人性本身也在变，但大致上我们可以假设它是不变的，是行为学模型的参量，不是变量。

关于情境的公理集合，可能因具体问题而变化，否则，这个集合包罗万象，就很难建构行为学的理论了。首先，我们需要一些符合中国历史和中国当代社会的常见的情境及其假设。注意，当我们列出一个常见情境时，它仅仅还是一个观念，例如，“谈恋爱”是你们可以想象的一个情境。但为了获得公理化的情境，我们必须赋予观念一些结构，于是就有“恋爱”和“谈恋爱”这两个结构，前者是名词，后者是动词。进一步，我们应界定“恋爱”这一观念的内部结构。例如，它是否必须有异性参与呢？是否必须是两个个体之间的情感交往呢？怎样从一般社会交往的行为里区分出“情感交往”呢？是否必须在进展到“幽会”的阶段时才有恋爱？如果不必如此，那么是否包括“单相思”呢？诸如此类的复杂的情感问题，我们可以列举许多。对于我们要研究的行为，只要足够用就可以了。然后，我们开始运用逻辑方法，以这两个公理集合 A 和 S 为前提，推演得到一些解释，就是可检验命题。

回到图 8.19，我们提供的社会科学解释（包括数学模型）应当与中国的数据相吻合。这样得到的解释才可称为“中国社会科学解释”。这里有很多很多的学术问题，今天我没有时间探讨。例如，凡涉及具体情境的时候，如何以公理形式表述呢？可以想象，关于任何一类具体情境的公理都是缺乏普遍性的，否则就不会有具体情境了。那么，在这一基础上建立的数学模型怎么能够推演出普遍性的命题呢？如果没有足够的普遍性，怎么能称为“理论”呢？一个仅仅描述特殊行为的数学模型能够提供的普遍主义解释，其实不是令人信服的。当然，另一方面，一个普遍主义的数学模型，因为缺乏界定性，也不能提供令人信服的解释。中国经济学家撰写的文章大致可归入上述这两种类型。你们翻阅任何一份在中国出版的经济学期刊，读到的文章不外乎就是这两类型的。目前的情形，诸如《经济研究》这样的期刊，更频繁地发表基于普遍主义数学模型的文章，而诸如《农村经济研究》这样的期刊则更频繁地发表基于案例研究的特殊主义的文章。

金岳霖先生在《知识论》里面讲过，知识可以有“真”，也可以有“通”，他追求的知识境界是“真且通”，如若真与通不能兼得，他宁可求其真。这里的真，按照金岳霖先生的解释，是“真正感”，而不是逻辑的真。真正感，我们仔细品味，三个字，每一个都很关键。核心的是“正”，不是“邪”。你当然可以有真实的邪恶感，但那就不是真“正”感了。其次，就是这个“感”字，有所感，有所悟，有激情，有情感——四个方面密切相关。金先生用字极考究，也因此，读他的文章需要“沉潜往复，从容含玩”（熊十力语）。金先生说的“通”，是逻辑的通顺与自洽。知识若要令人信服，当然不能是自相矛盾的。你说你看到现在下雨并且现在没有下雨，你认为有谁会相信这样的陈述吗？不过，逻辑自洽的体系或数学模型，你可以制造无数多个，原则上你可以有的逻辑体系的数目是无限多的。金先生说，在情感上，他宁可求其真，而不能为了逻辑的通顺而牺牲真正感。他讲这段话时的心情我留给你们自己品味吧。

（六）

主持人：现在是提问时间，有问题的话举手就可以了。

同学：汪老师您好。在经济转型的时候，希望或保持一个政治稳态是需要付出成本的，包括政治成本和经济成本。就像一个人走路一样，一条腿在那里纹丝不动，而另一条腿极力地往前走。这样的话，是不是如果说你步子迈得越大，造成的损伤也就容易越大？您对这个事怎么看？我们要是能达到所期望的那样的稳态，会付出怎样的成本？

丁丁：这是可以探讨至少一小时的问题。邓小平的智慧在于他直觉地意识到后退是没有出路的。因为你要是后退的话，那这个政治合法性完全丧失是不是？“两个凡是”就回来了，所以你不可能后退。所以在政治的格局里边，只能往前走。

第二个问题是更理论化的。我问你，你能想清楚这问号吗？我们应当朝着哪个政治模式演变呢？我想不清楚，这是一个理论问题，就是到底在长期的演变中，这个问号的政治模式是什么。如果我们能够想清楚，当然可以往这个方向推，推动政治体制改革。

回答你的问题要从中国本土的资源，就是社会思想资源，或者是中国本土的这个思想传统来想一想。现在有几个关键词代表我们的情感方式，或者是社会的生活方式。仔细想想这些关键词究竟是真实的还是不真实。有哪几个词呢？自由，民主，平等，效率，公平。凡是在中国长大的，我们这一代的人，基本上都同意它不是虚幻的词，它还是反映了一些真实的东西。那这时候就要用本土的话语、本土的语言把它表达出来。

自由，它是一个清单，你得写出来。像美国宪法修正案，一堆的条款在那儿，是很具体的。自由从来不是抽象的，是具体的，民主也是一样，所以涉及整个问题的时候，需要想，把这个问号想清楚。少数人想清楚是没有用的，因为表达是政治表达。它要很多人想，想完了以后才可能有一个集结，一个社会集结，变成政治家的表达。

民主这件事情我是想清楚了，因为西方民主也是这样走过来的。它是一个什么样的事情呢？它的实质是什么呢？它的实质就是，当一个人的日子过得好一点的时候，他就有“autonomy”的诉求。至于你把“autonomy”翻成“自由”还是翻成“民主”，这都是西方的词汇，都无所谓。翻成“自由”，“autonomy”可能就是康德以前的自由。翻成“民主”呢，有一些问题，但是它就是中国的民主的孙中山的译法。孙中山的理解就是“自主”，“人民自主”，就是“autonomy”。其实，孙文当时也没有想清楚。那当然我们今天知道，民主的核心是一套程序，比如是程序正义的程序。但是它又是手段。它实现了一个人的自由的诉求，比如说是这样，在我心目中想象，你可以有不同的排序。

在西方在中国都一样，就是当民众生活好转的时候，他往往要求这些。不管用什么样的口号表达，农民工、农民都是这样，都有这样的诉求。长期而言是这样，短期呢？因为长期都是一个一个短期铺就的。短期内如果你拿不出任何具体的清单，那就只能拖延，真实只能拖延，因为民主是一套艺术，就不让你早熟，是一套妥协的艺术，你必须学会。学不会之前，只有流血，法国革命的流血。所以呢，这些问题都是历史上反复发生的问题。在西方也是这样，贵族把他们的权力逐渐下放给民众，你们把它叫作民主，对不对？这就是本质。因为人有这样的诉求，是不是？你们都熟悉马斯洛的金字塔。所以呢，幸福感是和这个有关联的。

所以政治转型它未来的模式是什么，虽然我个人现在没有想清楚，那只是表达不出来而已。它的真实的情感的诉求，大致上是可以预见的，就是随着人均收入的提高，哪怕是新一代的农民，现在调查报告已经出来了，他也有自由的诉求。他首先不再是温饱问题，所以你现在找不到人了，1200 元的工资已经请不来人。这个趋势是肯定的。大致上你的问题，展开讨论也就是这些维度。还有什么更困难的问题，拿出来我们讨论。时间是富裕的。

同学：您刚才讲到 S 集，就是历史情境，A 集就是行为公理。（见图 8.25）您刚才说西方的学者可能更偏重于行为公理。但这个观点我可能不太同意。比如说，当古典经济学认为市场是出清的，但是凯恩斯在 20 世纪 30 年代的时候，他认识到怎么资本主义有效需求不足的情况下，市场非出清的情况下，从而推出一些可能是行为公理的东西。比如说消费心理倾向递减、投资倾向递减，从而开启了一个国家干预主义时代，所以说我觉得，他也是考虑当时的历史情境的，从而开启了国家干预主义。您怎么看待凯恩斯呢？

丁丁：凯恩斯当时当然是意识到，所谓新古典经济学的或者是马歇尔以前的经济学的一般性错误，就是劳动力市场不完全，它是一个特殊的市场。一直到今天，凯恩斯的这个论断还是有效的，而且说服力很强。以至于今天我们在文献里、教科书里遇到的西方宏观经济学家，75% 以上都是凯恩斯主义者，或者说都是新后凯恩斯主义者。也就是说，75% 以上的概率都相信劳务市场不完善，不是像 AR 体系所描述的那种完全竞争的市场。这当然是凯恩斯宏观经济学的起源。这就是用历史情境限制一般公理体系的解释力的一个非常出色的案例。凯恩斯是这样做的。但也正是因为凯恩斯偏离了公理体系的这个思路，他的经济学从来不被认为是纯正的经济学，这一点你应该承认是吧。

中国年轻的非常优秀的经济学家也是要处理这个困境。之前提到的在 *AER* 发表文章的那位年轻中国经济学家，他自己也承认只是为了说服西方人，这篇文章才发出来。为了说服中国经济学家，这篇文章没有意义。西方经济学家是建立在一般公理基础之上的，它是右半边的逻辑的解说，而不是历史的。

为什么米塞斯当时有能力写出后来再也没有人写的所谓《经济学的最后基础》，获得了这么多的洞见和灵感。就是因为他当时继承了奥地利学派和德国历史学派的争论。历史学派是要彻底取消历史公理化，而奥地利学派主张——奥地利学派是德奥一个分支，深受韦伯的历史观影响——当然还要维护经济学的一般公理、一般原理，所以才有这样一本书。这是很难得的一个历史情境产生的。今天我们还是在这个困境里边。

类似的案例还有老制度学家凡勃伦，也是这样的，坚持左半边，批判右半边。中国的经济学受制度学派的影响非常大，因为中国在制度变迁，所以可以理解。他们或多或少抱有功利理性。很多年前我曾在清华有一个报告，就是论证这个框架，叫作情境理性（situational rationality），而不是公理化的 rationality。situation rationality，最早提出这个问题的是哈贝马斯，当时我归纳哈贝马斯在情境理性的十个思想来源，包括凯恩斯学派的的情境理性。事实上，凯恩斯、米塞斯是非常看重对方的，两人始终是惺惺相惜。米塞斯的著作用德文出版之后寄给了凯恩斯，当时凯恩斯是主编。凯恩斯后来向米塞斯承认：我的德文只能让我读懂你的书中我早已懂得的东西，读不懂那些我不懂的东西。他非常重视米塞斯。所以这十个思想源流可以作为西方学术传统的一个论证，帮助我们中国社会科学家建构情境理性的解释框架。任何理性都要依赖自己的情境。实际上马克思也是这样。方法论其实很深的，讨论了很多年。换句话说，你只能有一个一个情境的数学模型，但是这当然很悲惨。社会科学变得支离破碎，情境依赖，但是你得承认，必须承认，这是事实。

同学：现在学派中主要有两种研究方法，一种是假设自己是神，是宇宙，然后开始推论世界应该是怎么样的。另一种是从真实世界出发，一步一步推导归纳。您认为中国现今应该用何种方法进行研究？比如经济研究中心的周其仁老师是归纳，林老师采用的是假设证伪，你如何看待这两种方法？

丁丁：周其仁老师是经济史背景，强调历史的研究。林毅夫老师是芝加哥学派的典型，喜欢使用社会科学的逻辑解释框架。我谈一点自己的看法。为什么科斯在晚年要强调自己不是主流，而是被边缘化的法经济学家。他的方法在芝加哥经济学院也不是主流，这一定有原因。可以参见经常陪科斯散步的张五常的回忆文章。散步有时候就能熏陶出来，陪着散步者的人的文章，给我留下的印象是：科斯在解决问题的时候不是推理出来的，是从空中抓一个答案。就像周老师抓来一个答案就对，然后论证，还真对。这种思维方式很难传授给学生，所以这不能让学院派的教授接受。这种方式可以用于私塾，但不适用公立学校大规模普及。杜威的教育哲学是：你给我一批傻瓜，我可以把他们培养成为能干活的人。这是公立学校的好处，它们可以大规模培养。但是它不能传授科斯的方法。真正重要的思想却真的是从空中抓来的，你们看过我写的一篇文章吗？叫《在墓地里思考数学》，我只承认直觉。

但是经济学院的和科斯的方法是否有共同点？有的。1998年科斯在*AER*上又发了一篇短文，解释什么是制度成本和交易费用。看了那篇文章后，张五常认为科斯老了，走到岔路上去了。那篇文章不到一页纸，意味着科斯把交易费用概念定义为一般均衡，回到了学院派经济学的分析框架中。但是科斯是不主张一般均衡的，他还是喜欢在历史的框架中研究问题。成本，即机会成本的概念，把科斯直觉主义的经济学和学院派的经济学放在一起。大学教育中，搞清楚“成本”这个概念就本科生毕业了。但是要研究生毕业，必须要明白“租”的概念。“租”是“价”的高级形式，世界上没有几个人把

"租"搞清楚。

同学：汪老师您好，今晚您比较多地谈论政治转型和经济转型，您可否现在谈谈文化转型？可否描述并展望一下中国未来的形态？作为一名社会科学家，在目前旧价值观破裂、新价值观没有形成的时候，您认为社会科学家该如何作出指引？另外您如何看待中国社会科学原创力的缺失和社会科学研究队伍日益壮大的悖论？

丁丁：最后一个问题最容易回答。你的问题已经包含了解答。我们社会科学家关注文化转型的时候，主要关心的是核心价值观，core value。全球化的背景下，东西方价值观正在趋同。文化还是有融合，这是对你第一个问题的解答。或者说，实证的角度对这一问题的解答就到了这一步。

关于第三个问题，为什么我认为它有意思，因为这正是中国三重转型期的特点，你没法平静地在书桌前面看书。从洋务运动到现在已经一百多年了，这是梁漱溟先生说的人生问题和中国问题中的"中国问题"。梁漱溟晚年回忆，他就对人生问题的求解有兴趣，但是他不得空闲，被牵涉到中国问题中。这是中国知识分子的典型写照，不得安静。转型期社会，政治结构不稳定。因为没有一个国家的议会（parliament）的代表由绝大多数知识分子组成，只有中国这样。因为英国的议会是市民抗税的结果，所以理应大部分是商人。台湾张朋园先生的研究表明，民国时期议会的代表 70%—80% 全是知识分子、社会名流，这都是教育部养着的知识分子。中国的商人太弱小，依附于政府和官僚。

对于第二个问题，我个人的观点是同情民国时期的教育救国派的。杜威的教育哲学是核心价值观的灌输和实用技能的传授，即公立学校的原则。20 世纪美国就是这么发展起来的。20 世纪快结束的时候，哈佛大学的教育学家加德纳又在这两个原则上增加了批判性思考能力。这三个原则，核心价值观涉及你的第一个问题。孩子的价值观是在 3—5 岁形成的，在中国儒家教育中是小学，洒扫进退，比如说做事情有始有终。基本的做人道理，就是从你父母那里学会的，用不着上大学。但问题是，你父母知道什么是核心价值观吗？那是上一个稳态的核心价值观，下一个稳态的，不知道。这就是目前中国教育无法摆脱的困境：教育者不知道教什么，只能教知识。因为你要灌输老一套的价值观，被用在现代社会可能不幸福，或者用不上。所以社会科学者能做的事情很少。

真正的原创能力，我刚才提到的，应该是直觉。直觉需要两个因素：首先，你要具备一个敏锐的心灵或感受力；其次，你要有社会变迁的独特体验，比如家道中落、时代转型。这是最初的条件，之后在学院接受训练，找到那个非你莫属的研究问题。仿佛这个问题等了你几百年，你下笔之后又是悠悠千年在等待之中。那个非你莫属的问题打动了你，然后结合你的独特体验，最后结合熊十力先生说的“凌空”，激发出来思想的火花。这就是原创，它是很难的。当然，中国目前的大范围社会转型提供了很好的条件。转型期的阶段，创造的机会太多，所以中国人不愿意在美国生活，因为太枯燥，张五常说“so boring”，什么事都不发生，一天到晚，年复一年。他喜欢在中国内地待着，或者中国香港。就是因为转型期的社会能够激发你去思考。

同学：汪老师您好，我想问您一个问题。我个人理解无论是政治、经济还是文化，它的转型都一定围绕着一定的核心，说它是文化的核心价值观也罢，说是时代的内涵也罢，它毕竟围绕着一定的核心去运转。我想问，如果打一个不恰当的比方，一个国家一个社会的核心价值观，如果把它比喻成烹饪一道美味佳肴的话，我想请问汪老师，中国的核心价值观，在今后的30年乃至300年的过程当中，会加进一些什么样的辅料？或者请汪老师展望一下，这段时间过后，这份美味佳肴大概的成分会是什么，难道只是西方的以市场为导向的民主那些东西吗？我们中国自己的东西大概会有多少？谢谢！

丁丁：这个问题不是回答出来的，是需要感悟出来的，我也不能回答这个问题。而且我刚才说了，在八十年代中期，出国之前我们已经意识到了这个问题，苦于没有出路。

这是个实践的问题。我个人的实践就是办教育，就是在办教育的过程中观察学生的心路历程，或者说是变化。按照梁漱溟的教育方法，观察他们的心态和志向的转变，好像是有一些希望。

问题本身往往预示着解答的方向。这个方向是什么，基本上我同意你说的，就是每一个民族有他自己的民族性。但是这个民族性我不好强调的太多。每个民族的民族性确实是很显著，就如德国人的民族性、日本人的民族性，和美国、俄国人还有中国人的，都很不一样。

中国的民族性，我想起来梁漱溟年轻时候读书有一段感受，后来他写在给儿子的信里。他说小时候，大概是十几岁，因为身体不好，就受到劝告就学佛。他学佛之前就是真要进山之前还得学佛医，就是印度医学，因为你要自己给自己治病嘛，不能死在那。经过了种种的折磨之后，有一天他对着书房的四壁，就觉得思维完全枯竭，血液都凝固了。为什么呢？因为他自身没有任何灵感能激发出佛家的道理。对于他个人来说，心性之学是个人的事情，说不出来的。然后他就随手抽出来他父亲书架上的一本《论语》，那时，他读起来突然如沐春风，于是他就回到了儒家。

这种感受是个人情感的现象学描述。我相信在我教过的、在我们接触的学生里边，就有读了《论语》然后有这种感受的。有相当一部分的中国大学生会有这样的情感经历，就因为这是中国人的情感方式。你可以说它是民族性。这种情感是西方人拿了《论语》无论如何激发不出来的。在教育过程中，尤其是从小孩开始的教育过程中，读经可能会把中国人的心性和情感逐渐凝聚成一种核心的价值。

你可以问一些老先生，现在还活着的九十多岁的老先生——只有九十多岁的，因为七十多岁就没有经过五四以前的、五四时期的事儿。你问一些九十多岁还活着的，或者一百零几的，中国的情感和西方情感的最大差别是什么。我有幸问过一次，我得到一个深思熟虑的回答，但是根本就不能令人信服。这回答就是：中国人重亲情。然后我拿着这个回答去问我的美国朋友，美国朋友说胡扯，你们中国人才不重亲情呢，兄弟之间为了分家吵得一塌糊涂的，是不是啊。他说反而我们美国人才真正重亲情呢。所以你看这老先生的回答，这是他个人的感受，也可能将来这感受有统计意义，现在不知道。总之这个问题呢，大致上不是中国问题，是梁漱溟说的人生问题。是用你的身心感悟实践，用你的身体去证。

同学： 刚才他问到教育问题，我就想到个人层面，个人行为，是不是我们每个人缺少一种东西——久违了的一种信仰。因为大家在堂而皇之地谈论很多东西，摆在上面的，摆在什么的，但是从我们身边的教育来看，从小接受的教育，咱们中国的教育讲究“言传身教”，但是我们平时的教育中就是“言传”的东西比较多，而“身教”没有什么影响。但是在现实生活中，“言传”的效果是最微弱的，但是“身教”却很重要。所以大家都说，就像包括有问题怎么样，感觉我们中国人都是很沉默的，但是我以为大部分人都是外表沉默、内心极其玩世不恭的一种怀疑者。我们嘴上可以说我们什么都信，但是我们心里边却恰恰是什么都不信，我们是最敢怀疑的。我觉得不知道今天在座的各位是不是也有这种想法。所以我就说，可能这是不是源于自己的一种信仰的缺失，现在我们心里边不知道我追求的是什么，我需要一所好房子，我需要一部好车，我需要有很多的money，但除此之外我还需要什么呢？可能是我现在年龄非常小，我想不明白，希望老师能给一个您认为或者说是每个人的信仰能够集合起来对这个社会、对国家、对民族能达到一种进步就行了。谢谢！

丁丁：这个问题你能问就已经非常宝贵了，因为信仰是一个纯粹的私人事件。我也无法回答，因为比上一个问题更不应当回答。但是我的观察是这样，就是从信仰这件事情或者这个概念本身它涵盖了意义，涵盖了真实感情，它是一种情感。从这个情感来发表意见的话，确实我们今天当然是一个没有信仰的时代，没有信仰的时代当然就普遍表现为玩世不恭。这个在尼采的学说里边，1900 年以前一两年的笔记里边，早就预见到了，但是也没有办法获得信仰。

我曾在清华发表过一个演说，题目是康德的一句话："排拒知识，为信仰留余地"。就是说，你不要学一脑子知识，那没用，"排拒知识，为信仰留余地"。但是你只能留一个"余地"，因为你知识太多了以后，按照康德的理解，它挤压了信仰的空间。为什么这么说呢？因为信仰的情感方式本身是不能够灌输给你的，你只能在那等着，等着获得信息，获得信仰降临。在西方的信仰学说里边是这样。中国的信仰也有类似的看法，比如我们观察孔子，就有类似这个信仰发生的过程。

你们都看《人间正道》这部电视剧，有一段写信仰的过程还是很真确的，就是剧中主人公一家三口在巴黎讨论了一个多月，反复读《共产党宣言》，看看是不是应当加入这个党。你们记得这一段吗？这就是信仰问题。因为信仰在西方的传统或者在中国古代儒家的传统里是身家性命都交托给这个情感了。当然，现在你很难找到这么认真活着的人。但是也可能你的这个感想，或者是我同意你的感想反映出来我的感想，可能有些过分悲观。我观察九十年代后期出生的年轻人，现在他们都是我在实验班里的学生。我观察他们也不完全都是虚无主义，就是有点转过来了。他们开始读古籍，开始找到亲切感。

因为九零后的这些孩子家庭比较稳定，基本上已经是中产阶级的家庭，可以有一个思考的环境了。然后他们面对的社会现实是如此复杂，什么都有，是不是。他就必须得自己思考。这些孩子学会了思考之后，第一件事就是在大学二三年级的时候要有一些情感的依托。

对于他们，我只是用梁漱溟的办法，就是躲在那个三岔口的后面，观察孩子跑。教育者不能带着孩子走路。你只能躲在路口看这个孩子走路的步态是什么样，然后因人施教。孔子的教育是这个样子的。那你观察，看这些孩子需要找情感的依托，这时候他们为什么浏览书架上所有的书，相当一部分拿到的是《论语》这样的书。我在杭州没见过，在大连见到相当多这样的，所以可能还是有一些出路。因为心境的基础，就是李泽厚说的这个中国人的深层心理积淀，就是一层一层积淀了多少年，叫深层心理积淀，这是很难在一二百年或者甚至二三百年的转型期里边消失的。这就是所谓民族性的问题，只不过现在被遮蔽了，大伙儿都忙着挣钱，或者互相有攀比的心态，或者家里边也需要你挣钱。但是等稳定下来，再稳定下来以后，再过一两代人，我们那时候才能观察。现在我没有任何现成的办法，你们可能不信。因为萨特早说了，这是心灵的败坏，没有信仰了。

附录五：知识、秩序、悟性浅说 [2007]
——一份不断重写的读书笔记

对于一个浅薄的观察者来说，科学的真理是无可怀疑的；科学的逻辑是确实可靠的，如果科学家有时犯错误，那只是由于他们弄错了科学规则。……怀疑一切和相信一切，二者同样是方便的解决办法，每一个都使我们不用思考。

——昂利·彭加勒：《科学与假设》(1902)

（一）知识

我推测，为了与我周围数目惊人的科学主义者们对话，并试图说服他们反思科学方法的局限性，或许，我应当从罗素的知识分类开始叙说。

古希腊哲学家们划分人类知识为：（1）物理的，（2）心理的，（3）历史的。与此不同，罗素曾根据知识的来源划分人类知识为：（1）直接知识，（2）间接知识，（3）内省知识。此外，罗素（《西方哲学史》）还根据知识的内涵将（西方的）知识分为：（1）科学的，（2）神学的，（3）哲学的。

古希腊人的知识分类表明，他们注意到了“物”的世界与“我”的世界之间的本质差异。蔡元培曾指出（在北京大学的一次公开演说）：西方人“物我两执”，中国人则“取中庸”，这是西方思维与中国思维的本质差异。哈贝马斯也曾指出（在1996年与我的谈话中）：人类认知世界的两种基本方式，其一是区分出主体性与客体性，从而使主体对客体的认知成为可能；其二是不区分主体性与客体性，从而使“体悟”成为可能。古希腊人的知识分类还表明，他们关注知识的发生过程，即“历史知识”——对物理世界和心理世界以往发生的一切事件的记录与理解。

按照罗素的分类，知识，只要来自个人体验——以往的和当下的，都是“直接知识”。另一方面，来自他人体验的知识，文字的和传授的，都是“间接知识”。这一划分表明，罗素关注知识陈述的权威性。一切基于自我体验的知识，对自我而言，其权威性难以质疑。一切间接知识，凡已经启蒙了理性能力的人，皆可以质疑其权威性。这是一种“启蒙理性”的看法，后来，哈耶克在《致命的自负》中对这一看法有最具摧毁性的批判，这一思想批判将把我们引导到“演化理性”的路径上去。

第二次世界大战之间和之后，先是受到维特根斯坦的严厉批评，其次，很大程度上是受了詹姆士思想的影响，罗素在晚期著作《人类的知识》(1948年英文版)中，转向了古代希腊人的知识分类和知识发生学。他的这部作品，成熟且厚重，在科学哲学意义上的重要性超过了他早期的著作《我们关于外间世界的知识》，不亚于他的老师怀特海晚年的作品《思维方式》在形而上学意义上的重要性。

一些重要的批评者指出[1]，罗素早期著作《我们关于外间世界的知识》的基本立场是“前批判”哲学家们的经验主义立场——知识的可靠来源是“感觉”(the immediate data of sense)。

罗素的认识论立场，在他晚期的著作中有很大的转变。在《人类的知识》第六部分第十章，罗素明确探讨了“经验主义的限度”。在那里，康德的“先于经验”的那些普遍主义论述(“先天的”和“先验的”两类)，被罗素转化为关于“全称命题”(带有“变项”且变项的值域不是经验域或大于经验域)的论述，而康德的“后天经验”论述则被转化为关于“特称”和“存在”命题的论述。这意味着，在写这部著作时，罗素已充分注意到康德对“前批判”哲学的批判。

在这一章的另一段落，关于我们相信一些“先验命题”的理由或根据，罗素写道：

> 如果经验可以提供这样的理由，那么它一定要由那些将使某些种类的概括具有先在的可信性的因果律作出补充。这些原理……我们关于这些原理的知识——如果这可以称为“知识”的话——最初仅仅以趋近那一类提供合理根据的推论的倾向的形式而存在。通过对于这类推论的思考我们才得以明确说出这些原理。在它们已被明确说出之后，我们就能使用逻辑技巧改进叙述它们的形式，并去掉多

[1] 参阅 H. A. Prichard, “Mr. Bertrand Russell On Our Knowledge of the External World”, in *Mind*, Vol. 24, No. 94 [1915]: 145-185。

余的东西。[1]

在这一章的结尾处，罗素对经验主义有更明确的批评：

> 我们必须承认，从这一意义上说，经验主义作为一种认识论，已经证明是不适当的了，尽管它比以前任何一种认识论都更好。的确，我们似乎已经在经验主义身上找出的这类不适当的地方是由于严格遵守一种唤起过经验主义哲学的学说而发现的：即认为人类的全部知识都是不确定的、不准确的和片面性的。对于这一学说我们还没有发现任何一种限制。[2]

另一例证来自罗素1950年发表的论文“逻辑实证主义”[3]，他写道：

> 关于科学推断的问题是一个自休谟时代以来始终很尖锐的问题。……大致可以肯定：1）相对于演绎推论的科学推论只能作出具有或然性的结论；2）要做到上面这一点只能通过假定一些或一个公设，对此并不存在或不可能存在经验的证据。对于经验论者来说，这是一个很棘手的结论，但这似乎是不可避免的。

更进一步，在《人类的知识》第六部分第四章，他批评了逻辑实证主义学派的武断的“知识”定义，他倾向于接受詹姆士的看法。他相信，存在着“超越经验”的知识。在罗素列举的实例当中，我认为下面这一个最具说服力：命题“曾存在过没有生命的世界”，不能通过任何可操作的定义加以证实（因为任何观察者都必须是有生命的），但没有谁不相信它不是真的。也就是说，存在着超越直接经验和间接经验的知识，这部分知识的真或伪，不依赖于人类经验，它们是先验的或先天的。而且，人类确实相信这类知识的真理性。这就意味着，如果我们仍沿用罗素的知识分类，获取这部分知识的唯一方式是“内省”，以及通过内省而达到的极限知识——康德在深思熟虑之后提出的“信仰”。

为什么，罗素在经历了那样广泛和深刻的人生体验之后，从启蒙理性主义的立场转变为倾向于——至少是以同情的态度关注——柏格森、詹姆士、怀特海的神秘主义的立场？这是一个有趣的思想史问题（特别地需要探讨的是罗素在自述中概括的他自

[1]　商务印书馆，2003年，张金言中译本，第605页。
[2]　罗素：《人类的知识》，第606页。
[3]　参阅罗素：《逻辑与知识》，商务印书馆，1996年，第445—463页。

身生命的三大要素——对知识的渴求，对爱的崇拜，对人类状况的悲悯），在我阅读的范围内，我尚未看到对这一问题的研究和回答。须知，这一问题对中国当代思想研究格外重要。因为，或许罗素和杜威是对“民国时期”中国知识界影响最大的两位西方思想家。有证据表明，杜威大约与罗素同时或稍晚，基于更东方式的知识结构和生活体验（亚历山大的养生法），也转向神秘主义。总之，这应当是另一篇文章的主题。我们在这里折回，继续介绍关于“知识”的哲学。

我们看到，罗素对康德知识论和经验主义知识论的转述和批评，更明确地导向“演化知识论”——即奈特教授大约在罗素发表这部著作之前五年已撰文阐明了的那种知识论。罗素的演化知识论，最清晰地表达在他自己的这一段文字里：

> ……我们的全部认识生活是对于事实的适应过程的一部分。这一过程是一切生物在不同程度上都具有的，但是除非它发展到一定的阶段一般并不把它叫作‘认识的’过程。因为在最低级的动物与思想最深刻的哲学家之间并没有一道分明的界线，所以非常明显，我们不能准确说出我们是在什么地方从完全动物的行为过渡到配得上‘知识’这一珍贵名称的阶段。[1]

许多读者都知道，1998 年以来，我最关注的科学领域是“脑科学”。在中国的社会科学界，我大约是最初几位关注和介绍这一领域的最新进展的学者之一，如果不是“唯一”的话。我已在一系列文章里说明了我关注脑科学的理由，这里列出其中最主要的两项：（1）人类科学努力和研究资源配置的主要方向，在 1980 年代以后，从基本粒子和外太空逐渐转向医学与意识科学；（2）所谓“意识”的科学研究，将为我们提供某种“极限视野”，在这一极限之外，科学无能为力。

为科学划界的努力仍在继续。基于我在认知科学、神经元网络与意识科学、演化心理学、认知考古学、心灵哲学等领域的阅读，大致上，我可以提出一些较中肯的见解来说明知识与秩序的关系，不过首先要说明的是当代知识论者对“知识”的看法。

知识，可定义为“由信仰担保的真信念”（true belief warranted by faith）。这一定义的根据是普兰丁格（Alvin Plantinga）的知识论。在提出这一定义之前，普兰丁格指出，存在着一个至少可上溯到柏拉图《泰阿泰德篇》的历史悠久并广受尊重的“知识”定义——“知识是有根据的真信念”[2]。

[1] 罗素：《逻辑与知识》，第 177 页。

[2] 参阅 Plantinga, "Epistemic Justification", in *Nous*, Vol. 20, No. 1[1986]: 3-18；"Justification in the 20th Century", in *Philosophical Issues*, Vol. 2 [1992]: 43-77。

在柏拉图《泰阿泰德篇》接近结尾的部分，我们看到，在苏格拉底的“思想催产术”的帮助下，泰阿泰德的第一次尝试性解答是，“感觉就是知识”。作为第二次尝试性解答，泰阿泰德指出：“知识就是真正的信念”（Benjamin Jowett 英译本为“knowledge is true judgement”）。然后，在苏格拉底的追问下，他提出了第三次尝试性解答：知识就是真实的信念加上（逻各斯）解释（王晓朝中译本，卷二，第 736—737 页）。“逻各斯”这个希腊单词的原初涵义是“对话”和“计量”，后来引申为“解释”和“逻辑”。在赫拉克利特的残篇里，逻各斯是大众分享着的，所以，它可以通过对话呈现自身。不过，大众的常态犹如在梦中，见到逻各斯却不认识它的真相。于是，逻各斯又有“真理显现”的意思。这样，我们看到，信念是否与真实相符，关键就在于通过对话让真理呈现自身。

接下来需要澄清的，是“有根据的真信念”——justified true belief 的涵义（Benjamin Jowett 英译本为“knowledge is true judgement with an account”），首先是“根据”的涵义。上面的解释意味着，“根据”是从对话中产生的。通过对话，如果逻各斯呈现自身并且持有信念的对话者在对话中确立了相信这一信念的理由，那么，信念就是有根据的并且被确信是真实的。

不过，在《泰阿泰德篇》结尾，苏格拉底总结说：“所以，泰阿泰德，感觉（Benjamin Jowett 英译本为 perception）、真实的信念、真实的信仰加上解释，都不会是知识”（上引中译本第 752 页）。这就是柏拉图留给西方人的知识论遗产，它提出“知识问题”，它不提出“知识定义”。

由于是逻辑学家，罗素的知识论叙述十分精确。同时，不可避免地，罗素的叙述受他那一时代的进化论哲学的影响。在《人类的知识》的第四部分和第六部分，罗素赞赏并批评了凯恩斯对概率和可信度的解释。他提出了知识的另一个出发点：在事物之间存在概率关系之前，先有关于这些事物的陈述或描述性命题的可信度。用罗素自己的文字表达是：

> ……我主张把信念当作某种可以是先于理智并且可以表现在动物行为上的东西。我还认为有时一种完全属于身体方面的状态也可以称得起是一种“信念”。……信念是身体或心理或两方面兼有的某种状态。简单来说，我将把它叫作有机体的一种状态，而不去区分身体的与心理的因素。（第 178—179 页）

对我的科学主义朋友们而言，只要他们不愿意停留在古代的知识论水平上，我推测，对他们而言最可信的知识定义应当是罗素的。如果我能说服科学主义者接受罗素的知识定义，那么，我有希望继续说服他们接受——至少是同情——普兰丁格的定义。然后，他们将不得不放弃他们最初的科学主义立场。

罗素在《人类的知识》的“引论”开篇批评了康德的主观认识论的立场，他是这样批评的：“康德认为自己完成了一次‘哥白尼式的革命’，但是如果他说自己完成了一次‘托勒密式的反革命’那就更为确切，因为他把人又恢复到哥白尼废黜他以前的地位”（第3页）。

在《人类的知识》第六部分第九章，罗素列出了“科学”之为“知识”的五大公设，在我的转述里，第4公设的表达稍有不同：（1）准永久性公设，（2）因果链条的可分离公设，（3）因果链条的时空连续公设，（4）同因导致不同主体所感的结构相似公设，（5）类推公设。这些公设，我认为是理解晚年罗素的知识论的关键所在，也是《人类的知识》的论证主旨。

罗素在《人类的知识》第二部分第五章表达了这样的看法：

> 知识基本上是由对于这类推迟的反应作出的准备所组成。这类准备一般都可以叫作“信念”，但是只有在它们引起成功的反应时才能叫作“知识”，或者至少显示出它们本身与它们所处理的事实之间有着某种关系，这种关系使得这些准备有别于那些可以叫作“错误”的准备。（第115页）

最后，罗素似乎相信这一判断：知识就是“合情理地论证了的真实信念”（reasonably justified true belief）。此处，“合情理”是一个重要修饰词，它比“理性”（rationality）弱得多。法律学家们常用短语“beyond reasonable doubt”（不考察那些在合情理的怀疑之外的情形）来排除他们的法学论证不适用的场合。不论中文还是西文，似乎都满足“情境理性”命题——“情理”是特定社会和特定处境中的实践者们自然形成的对“理性”的修正。

假如我的科学主义朋友们甚至不打算接受罗素的这一定义，那么，他们要么没有能力思考“知识”问题，要么，我替他们设想，只能放弃逻辑自洽性，为了保留他们对科学主义的信仰。这样，他们可以接受的最接近科学主义立场的，将是亚里士多德提出的知识定义。亚里士多德相信：“知识就是与真理相符合”。

这里必须澄清的是“真理”的涵义。如果真理就是逻各斯，那么，亚里士多德的知识定义让我们回到出现在《泰阿泰德篇》里的知识定义——“知识是真信念”（true belief）。此处的“真”，是“符合事实”，故应译为“真实”。引用罗素提供的一个例子，假如你偶然路过教堂，看到顶楼的大钟显示“12”，那么你可以产生这一信念——“现在是中午12时”。不过这信念未必真。因为，那口大钟可能是坏的。

由于真信念是符合事实的信念，于是必须解决“事实”（fact）的定义问题。确切地说，这是一个“后现代”问题，它在启蒙理性那里不会发生。波普的看法是——如果我对他的哲学的理解是正确的话：没有给定的事实（datum），只有相互竞争着的各种假设之中的事实。或者，用尼采的语言表达：没有就是如此的真理，只有在特定视角下成立的真理。不论如何，关于“事实”的正确的定义，按照普特南的看法，应依赖于某种被知识共同体承认为“合情理”的根据或标准，在这一共识的基础上，任一陈述，要么被相信是事实，要么被相信不是事实。这一看法，也可用罗素的术语表达，在全体“事实”的集合A与全体“信念”的集合B之间存在某种已达成共识的“关系”R，使得恒成立。

为了避免休谟的基于“因果性联想”的批评，我们必须把知识定义得足够客观（例如晚近知识论所要求的“主体间”客观性），从而它可以帮助我们区分诸如“幻觉”与“真实”这样的概念——从功能主义的立场看，“知识”定义必须至少细致到足够区分幻觉与真实，这可以说是我们对“知识”概念的最弱的要求。否则，在人类的演化中，这一概念就是毫无用处的，从而是没有生存理由的。这时候，让我们把一项事实a与一项幻觉b加以区分的可靠的方法，就是比较我们相信a与相信b所得的体验是否有显著差异。一个人如果坚信他能飞翔，并因此而跃出窗外，这类体验的结果显著地不同于如果他不相信他能飞翔。在漫长的生物演化过程中幸存下来的物种，在它们的个体身上，引用詹姆士的观点——值得注意的是，这也是罗素的观点，或多或少积累了一些有用的知识，使它们不会轻易丧失生命。

这样，我们同意泰阿泰德第一次提供的知识定义——“知识就是真信念”，把我们的头脑可能产生的无数正常的和奇怪的信念当中“符合真实”的那一类信念叫作“知识”，至少，我们认为这是“知识”的必要条件（未必是充分条件）。符合真实，这一条件要求命题能被证实或以足够高的可能性被证实。它不仅仅要求，甚至不必要求逻辑的真。这一点，我在介绍金岳霖先生的知识论时还要详述。沿着罗素和金岳霖的思路，可以抵达普特南和普兰丁格的当代立场。

此处需要澄清的是难度不亚于“知识”的“真理”概念。亚里士多德是柏拉图的学生，但他不愿接受柏拉图的真理观念。柏拉图视真理为绝对客观的——所谓“共相”，就像“洞穴”外面的“太阳”那样客观，而人类能够获得的“经验”只不过是阳光在洞穴里的投影。亚里士多德对这一看法持有批评，因为他毕竟是那一时代的大科学家。显然，他提出的“符合论”真理观，一方面不违背老师的定义，另一方面又承认了人类经验的真理性——尽管如柏拉图相信的那样，这一真理性被“洞穴虚幻”

包围着。沿着这一思想路线，黑格尔提出一种综合了柏拉图和亚里士多德的更复杂的“真理”定义，那就是“逻辑与历史的统一”视角下的真理观。此处不赘。

亚里士多德的“符合论”真理观，是西方认识论的主流，流行了两千年，在康德那里被终结了。通俗地说，康德论证了这样一个命题：“理性为自然立法”。不过康德的“理性”定义是基于逻辑自洽性的从而是“先验的”，它不能容纳经验世界里的人与人之间在理性能力方面的主观差异。上述的黑格尔的真理观，是黑格尔为超越康德而作的努力。这一努力，至今仍在继续。例如，我推荐过的普特南 1981 年的著作《理性、真理与历史》，标题已很明显，继承了黑格尔的“逻辑与历史辩证统一”命题，尽管它的作者不被认为是黑格尔主义者。

另一方面，西方的经验主义哲学传统也有长足发展。例如，美国实用主义三大哲学家们，尤其是詹姆士和杜威。前者辞世较早，后者是罗素的同时代人。

詹姆士的真理观，用他自己的术语表达，是“极端主观主义的”，用金岳霖先生《知识论》第一章讨论的术语表达，是“唯主的”，不是“非唯主的”。根据詹姆士的看法，真理最终是信仰问题。你确信命题 A 是真的吗？如果你确信，它就是真的。关键在于，詹姆士和杜威是在美国实用主义传统内解释“确信”的。詹姆士解释说，任一观念，如果“你相信它是真的”这件事情将显著改变你的生活世界，那么你相信它之真就是有理由的。否则，你是否相信它，就是无关紧要的，因为你的世界反正不因此而有所改变。詹姆士的这一基于“差异性”的无差异原理，经过莱布尼兹，可以上溯到中世纪晚期重要的思想家“尼古拉的库萨”。后者写了一本小册子，《论有学识的无知》，我已介绍过了。

中国学者当中，金岳霖先生的知识论修养最受推崇。不过，与许多深刻的思想家一样，金岳霖先生的知识论立场，是在唯主与非唯主之间徘徊着的。惟其如此，他写的《知识论》成为我们“无偏地”学习论辩双方的观点的出色教材。我的科学主义朋友们不妨先读金岳霖先生的《知识论》，以求得对西方科学家们在 1940 年代之前大致认同的主流的知识理论有所了解。不仅如此，结合金岳霖的另一作品《论道》来研读《知识论》，我们还可以熟悉中国知识分子在融合中西思想传统时所作的艰难努力。

罗素 1948 年《人类知识》在思想史中的位置，按照时间，居于黑格尔与普特南之间，但在詹姆士之后。如前述，罗素思想明显地受了詹姆士经验主义哲学的影响。这一哲学传统的最让我信服的继承者是普特南——我认为，他是詹姆士和杜威之后美国出现的第三位具有世界影响的哲学家。

这样，我们看到，科学主义者们与其接受亚里士多德的真理观，为了保持他们的科学主义立场的逻辑自洽性，还不如接受罗素的“知识”定义——知识就是有根据的真信念。

自从哲学家们充分注意到人类语言与语言所表达的意思之间的复杂关系以来，我推测，主要是由于晚期维特根斯坦的批评，罗素给出的“知识”定义对他自己而言也发生了问题。罗素在《人类的知识》的不同章节，以不同形式表达过这样的怀疑：我们应当给“真信念”加上一些什么样的条件，这些真信念就成为知识呢？这里，“有根据的”是否应与“生物演化的”具有同一涵义？

经历了“分析哲学”兴衰的西方学者们，对语言与语言所要表达的思想之间的扭曲关系保持着充分的自觉。在这一背景下，从 1960 年代到 1990 年代，关于知识定义的问题，哲学论争从未间断。[1]

在西方的知识论叙述传统中，“知识”首先是作为动词“知道”而不是作为名词“知识”出现的。例如，“知识是真信念”这一陈述通常被展开为：“P 知道 K 当且仅当（1）K 是事实，（2）P 相信 K 是事实。”若再增加一项条件——（3）P 有充分理由相信 K 是事实，则此陈述成为“知识是有根据的真信念”。

上引葛提亚 1963 年发表的那篇只有三页纸的论文，对“知识是有根据的真信念”提出了颠覆性的批评。这里，葛提亚提出的例 I 和例 II 表明：存在某些场合，使上列的条件（1）（2）（3）成立，而 P 仍未必“知道”K，由于信息不完全或由于偶然因素的影响。所以，“有根据的真信念”不是“知识”的充分条件。

葛提亚的反例可以被表达为更有说服力的形式：（甲）P 在信息不完全的情境 S1 内产生对命题 K——“P 已患胃癌”的真实性的信念 B1 并且有充分的理由 R1 来支持 B1，而且，K 是真实的；（乙）在信息更完全的情境 S2 内，P 用来支持 B1 的理由可能显得不充分，或由充分理由支持着的信念 B1 可能显得不真实，但 K 仍是真实的；（丙）K 是真实的，不过，P 在 S1 内关于 K 的真实性的信念 B1 及其充分理由 R1 在任何不是 P 的人看来都是虚妄的。

首先，当（丙）发生时，K，P，B1，R1，满足“有根据的真信念”，但 P 并不知道 K。其次，当（乙）发生时，S1 内的 R1 其实不能支持 B1，故 P 在 S2 内知道 P 在 S1 内并不知道 K，虽然（甲）满足“知识是有根据的真信念”故 P 在 S1 内是“知道”K 的。

上面的分析意味着，“知识定义”的条件（3）发生了一个关键问题：什么是信念的“充分理由”这一问题可分解为两问题：（A）理由的充分性是“情境依赖”的吗？（B）理由是“客观”的吗？

[1] 例如，读者可参阅：E. L. Gettier, “Is Justified True Belief Knowledge?”, in *Analysis*, Vol. 23, No. 6 [1963]: 121-123；G. Dawson, “Justified True Belief Is Knowledge”, in *The Philosophical Quarterly*, Vol. 31, No. 125 [1981]: 315-329；C. Sartwell, “Why Knowledge Is Merely True Belief?”, in *The Journal of Philosophy*, Vol. 89, No. 4 [1992]: 167-180。

换句话说，泰阿泰德在第三次尝试中给出的解答——“知识是有根据的真信念”，需要有更多的解释，否则就不能成为“知识”的定义。这些当代的“更多的”解释，是围绕着上列（A）和（B）两条线索展开的。

这样，我们就可以理解普特南1981年这本著作的主旨了。首先，这部著作标题里的“理性”是“reason”而不是“rationality”。前者，王国维先生主张译为“理由”，后者则译为“理性”。理由比理性宽泛得多，它更接近“智慧”，可以带有“情理”之内的理，可以是“历史理性”的理。普特南试图寻找的，我认为就是这样的理。所以，在这样的理之后，有一对范畴“真理”（truth）与“历史”（history）。普特南论证，真理的“真”是有合理根据的真。而这一合理根据的重要部分，是历史的，或者“演化论的”。

普特南自己认为他的知识论和真理观更倾向于是“内在论”的，而不是“外在论”的，但他又不能完全同意内在论的立场，他试图表达的是超越内在论（唯主的）和外在论（非唯主的）知识论和真理观，所谓“内在论的实在论”。

非常粗略地概括，普特南为一切知识的合理性找到的根据，最终是在黑格尔所说的“逻辑与历史统一”视角下的根据。这一根据的奈特式的解说是：被特定社会的特定知识共同体的被承认为“重要成员”的那些人感受为“重要”的那些规范，为既有的知识存量提供了合理性与批判的基础，也为新的知识提供了选择标准（偏好）。

但是，这些知识共同体之间的竞争关系，以及人类社会与其他物种之间的竞争关系，对上述的知识结构有足够大的选择压力，从而，长期演化可以淘汰“不合理的”规范与偏好。当然，人类如此演化，究竟可能走到何处？这是一个很令人悲观的无法解答的问题。

在这部著作第三章结尾有一段文字：“对于内在论者来说，这是无可非议的。为什么有时不可以存在几种同样好地与我们的经验信念相符合、同样地融贯（自洽）但又不相容的概念框架呢？如果真并不是唯一的符合，那么就展现了某种多元论的可能性。”

我们知道，科学主义的逻辑前提是假设“真理唯一”，因为“上帝不掷骰子”。所以，他们相信一种“符合论”的真理观和知识论，他们相信人类有一种无限接近客观真理的“科学”能力，因为真理是客观地永恒地存在于某个地方的……说白了，他们始终未能解释清楚他们的实质主义的世界观的前提，那个永恒且唯一的真理究竟是什么。西方人很明智，黑格尔宣称“上帝已死”之后，再也没有必要像牛顿那样假设科学研究者有“上帝的眼睛”并接受柏拉图的真理观，他们大多已经放弃了亚里士多德那样的古典真理观，接受了实用主义的真理观。李泽厚指出，中国文化传统原本有一种深厚的实用哲学。这样，中国知识分子接受并融合西方的实用主义思想，原本是更具优势的。

人类依靠自己的有限理性能力，试图把生命体验整理为“知识”——有根据的真信念，这样获得的概念系统，金岳霖先生要求它满足“真”和“通”。所谓“通”，就是逻辑自洽性，即上引普特南文字中的“融贯”。所谓“真”，金先生在西方哲学的逻辑“自洽性”之上，更融入了中国思想，他称之为“真正感”——浑然的“如如”。借用佛学的“如如”概念，这是金岳霖试图超越西方哲学的局限性的一种东方式的努力。

知识的理论很多且繁复，我在这篇不算短的随笔中，或许只能提供上面这样的论述了。这一论述把我们引导到这篇随笔的题目的第二个关键词——“秩序”。

（二）秩序与悟性

首先，字源学考证表明，“秩序”（order）是比“制度”（institution）远为宽泛的一个概念。制度的起源，与人为的各种设置有关，例如查士丁尼法典，是一套“institutes”。又例如疯人院，是一种“institute”。虽然，在诺斯的著作里，“非正式制度”也包含着规范与习俗。秩序，可以是人为的，也可以是人不能意识到的。例如自然秩序，在人类之前已经存在。又例如脑神经元网络的秩序，在意识之前已经存在。

其次，我们需要考察“秩序”与“结构”的关系。粗略而言，结构是在特定时空被感受到并且被呈现给意识的秩序。也因此，结构主义是社会科学研究的基本方法，不可轻易放弃。结构是静止的，故而可以有符合逻辑的表达。静止的结构，在不同时空可以有不同形态。我们对不同形态的结构的联想，可以产生结构的流动感，称为“演化”。

再次，秩序的未被感受到的或感受到而无法表达出来的部分，或许远比结构要广阔和深远。苏格兰启蒙思想家们，例如亚当·斯密，对秩序的隐秘部分表示出最高的敬畏。在斯密看来，人类渺小的理性能力只能“发现”秩序的一些片断，无法洞察全部秩序，更无法“设计”秩序。

最后，在神秘主义哲学的论述中，我们看到，神秘感可以被定义为“有限的个体生命与更高的秩序相接或融入于一个更高秩序时的感受”。这里出现的，是“秩序”，不是“结构”。因为结构是可以被表达从而被理性所把握的，此时，神秘感无从发生。

爱因斯坦在 1932 年发表的“我的信念”中这样写道：

> 人所能具有的最美的和最深刻的经历是一种对奥秘事物的感受。这种奥秘感是隐藏在宗教以及一切认真严肃的艺术和科学活动背后的基本原则。在我看来，凡从来没有过这种体验的人似乎已经变得盲目失明，倘若不是已经死亡的话。感受到在我们所能经历的一切事物的背后存在着某种我们的心灵无法把握的事物，它的美和崇高只能间接地而且以其微弱的反影达到我们的心灵——这就是宗教虔诚性（religiousness）。在这一意义上，我是“虔诚信教的”。[1]

我们对于秩序的感受，绝大多数是难以表达的。也因此，我曾试图在演化论视角下给“制度”一种最宽泛的定义——所谓“隐含定义”，它是这样的：如果当前的行为被感受到由以往的行为所约束，那么存在着制度。

康德曾问：自然何以可能？康德回答：自然之所以可能，因为理性为它立法。康德又指出，由于理性本身的局限性，理性为自然立法的结果，只是概念中的自然。至于自然本身，则是人的理解与智性不能把握的，故而，才应排拒知识，为信仰留余地。不过，这是一种主观与客观截然两分的认知理论，已被今天的哲学超越了。齐美尔曾问：社会何以可能？齐美尔回答：社会之所以可能，因为人具有“可社会性”（sociability）——抽象掉一切利益关系之后仍存在的人与人之间的本质性的情感关系。这是一种主观与客观无法截然两分的认知理论，因为情感关系只能是社会的。

今天，在奈特和普特南之后，在理性自我消解的时代，我们询问：秩序何以可能？我的回答是：秩序之可能，因为人有感悟秩序的能力——这一能力又称为“悟性”。注意，悟性，通常对应于康德所谓的“理解力”。不过，在汉语中，“悟”这一概念的内涵远比康德赋予“理解力”的内涵更丰富和深刻。也因此，我这篇笔记的标题，只有悟性“浅说”，而不能有“悟性论”。

秩序不同于结构，大致已如前述。现在，我试图强调的是秩序的非静止的性质，即“演化秩序”。在这一论题上，就我的阅读范围而言，怀特海晚年作品《思维方式》算是当代哲学能够提供的最具启发性的论述了。我可以补充的内容，或许要基于当代的脑科学与认知科学的研究成果。

怀特海是罗素的老师，他们两人曾合著《数学原理》，试图将数学基础完全表述为逻辑命题。经过了1925—1929年间的思想转型（即从《科学与现代世界》到《过程与实在》的转型），哈佛时期，所谓“第三期”怀特海的哲学努力，是试图将世界表述为“过程”，并且把“实体”表述为无数过程的聚散显隐。下面的叙述，首先基于

[1] 中译文引自林同奇：“人、自然、超越者：忆老友本·史华慈——希·普特南教授访谈录”，见《史华慈论中国》，新星出版社，2006年，第488页。

我的《制度分析基础讲义 II》和我对怀特海《思维方式》（其中收录的是他 1934—1938 年间的讲义）的理解。其次，也算是对《制度经济学三人谈》的补充。

逻辑与历史的统一，这是思想者所追求的黑格尔式的理想。怀特海（晚期）似乎是西方思想者当中最明确地要继承黑格尔这一理想的，他努力将“过程”（历史）与“实在”（逻辑）置于统一的视角下，他的这一努力，今天被称为“过程哲学”（process philosophy），被融入演化理论的学术传统中（参阅“斯坦福哲学百科”之“过程哲学”条目）。

作为对数学基础和数理逻辑有着最透彻理解的为数不多的学者，怀特海在《思维方式》第三讲里写道（我只引述最相关的文字和段落）：

> 第一，如果把逻辑建立在不相容性概念的基础上，那肯定引入了关于有限者的概念。……第二……从这个不相容性概念中可以得出否定概念和推理概念。这样就为整个逻辑运动作了准备。……第三，逻辑的这种基础启发了我们对于过程的理解，而过程是我们经验中的一个基本事实。[1]

这里，所谓“不相容性”（inconsistency）概念，是说 A 不能不是 A，或者说“A 并且非 A”是自相矛盾的陈述。语言是思想的家园，处于自相矛盾的语言中，思想将变得十分艰难，尽管这绝不意味着不能有思想。不论如何，人类在改善自己的思想家园方面取得的第一项进步，就是语言的进步，它逐渐演化为更符合逻辑的语言。于是，当我说“这只天鹅是白色的”时候，你很难认为我是在说“这只天鹅不是白色的”，除非你和我之间不存在任何共同语言的传统。

怀特海说，一旦我们承认“相容性”为一项基本的逻辑规则，我们事实上就隐含着接受了“有限性”概念——任何可以逻辑地表达的事物都是有限的，不是无限的。这当然不是说，我们没有关于“无限性”的语言。我们可以说，例如“上帝无限”，“世界无限”，“精神无限”。不过，我们将很难逻辑地表达我们所说的这些具有无限性的事物。

可是，我们关于“无限性”的感受确实很重要，它是我们生活的重要部分，是我们信仰的终极来源，也是我们的一些最重要的价值判断的基础。所以，我们感受到要将被感受到的无限可能性表达出来的冲动。我曾详细阐述过怀特海《思维方式》第一篇“创造的冲动”的章节顺序的意义。第一讲“重要性”，第二讲“表达”，第三讲

[1] 商务印书馆，2004 年，刘放桐中译本，第 48 页。

“理解”，在怀特海思想中，这意味着对重要性的感受先于表达，后者又先于理解。这又意味着，为了有所理解，必须有所表达。

那么，我们怎样表达不能被逻辑地表达的那些重要性呢？怀特海的解决方案是“过程”，把具有无限性的事物表达为“过程”，因为过程可以包容许多互不相容的实体。惟其不相容，故而它们不能同时存在，但它们可能不同时存在。不同时存在，就可能在时间中先后存在，于是就有了过程。

换句话说，我们可以把我们关于无限性的重要感受表达为许多不同时空的“实在”——逻辑地自洽的事物，虽然这些表达不很确切，但我们在理解中总可以把这些实在融贯为“过程”，从而我们可以感受到这些表达的真实性。此处，“融贯”，是普特南的术语，对应于金岳霖先生所谓“浑然的真实感”。

为什么静态的、逻辑的、非历史的或者实在论的对无限性的表达，我说它们“不很确切”呢？因为从“A”的先在性到“非A”的后在性，包含了这样一个重要问题：“A”怎样演变为“非A”？这是一个巴门尼德式的问题。如果A存在，那么A存在是永恒的，不会有“A不存在”。如果你感觉到“A”确实演变为“非A”，而且这一感受对你而言至关重要，那么巴门尼德可以追问你：在你的感受中，从“A”到“非A”，究竟有哪些因素在改变？这些因素是怎样改变的？如果是渐变，例如“汪丁丁”这个人逐渐地变为“不是汪丁丁”这个人，那么，这些改变了的因素是否决定了当初的“汪丁丁”的本质？如果本质只有一丝改变，显然，“汪丁丁”这个人不会被认为不再是“汪丁丁”，只有当本质发生了显著改变之后，“汪丁丁”才不被认为是“汪丁丁”了，可是这“本质”是什么呢？这里引出的，就是所谓“同一性”问题，或者“同一与差异”问题。它是一个当代哲学问题，读者可以参阅诺齐克《哲学解释》，此处不赘。

继续引述怀特海：“现在我们必须回到关于‘不相容性’和‘过程’这个论题上来。两个命题（我们可称之为P和Q）不相容这种说法的意思是：按照以某种预先假定的环境所勾画出的结合方式，命题P和Q的意义不可能都显示出来。……于是过程就成了宇宙借以避免排除不相容性的方式”（《思维方式》，第49页）。这里的最后一句，怀特海英文原版的表述是：“Now process is the way by which the universe escapes from the exclusions of inconsistency”[1]。也就是说，被我们感受为特别重要的那些不相容性，我们不能回避或排除它们，所以，我们应当寻求表达它们的途径。“宇宙”或“世界”，是我们关于无限性的概念表达，而“过程”则是宇宙表达这一无限性的

[1] *Modes of Thought*, Free Press, 1968, p. 54.

途径。

以上引文另一应予解释之处，是“某种预先假定的环境”这一短语，它是两个不能相容的命题P和Q的合取式所发生的环境，它使得P和Q的意义的合取很难被我们理解。例如，“此时此地下雨”与“此时此地不下雨”，若合取，则引发我们的理解困难。不过，我必须补充说明，并非不能合取，或者合取的意义不能被理解。例如，“我爱你”与“我恨你”这两命题的合取，可融贯于“爱恨交加”这一短语内，并且表达一种远比单纯的爱和单纯的不爱更复杂并且往往更重要的人类情感。引发争论的问题是，此处的“恨”是否为“爱”的一种形态？

我们不仅感受到“无限”的重要性，我们更经常地感受到重要的有限性。例如，我们对“我”之外的每一个人的感受，是有限的，但重要。这些感受不能仅仅表达为逻辑的，因为每一个人都有矛盾之处，几乎没有一个人是完全不包含矛盾的。关于“矛盾”的感受，是无法逻辑自洽地表达的。可是，我们不会简单地把不具有逻辑自洽表达的感受看作关于不同的个人的感受，我们关于这一个矛盾的人，仍有“浑然的真实感”，他肯定不是“不是他”的另一个人。也就是说，我们借助于悟性超越了逻辑表达的层次，建立了关于一个真实的人的真实感。

怀特海指出，任何抽象都是一定层次上的抽象，于是都不能不预先假设某种抽象环境。最抽象的环境，例如“宇宙”，没有不相容性，因为没有另一无限性与它对峙。不过，这样的抽象环境失去了具体意义，它缺乏对任何特殊事物的界定，一切都包含于宇宙之内，无差异，也无从把握。实践和理论的进展总要求一定的界定性，即“分殊”。一旦有了分殊（依赖于“认知”的水平），科学就可以发端。“只要我们满足于高度的抽象，就可以达到一种不难的理智的相容性。……科学的对象扩大了，它对于宇宙的关联性就会缩小。因为它预先假定了一种更为严格限制了的环境”（《思维方式》，第50页）。此处，“不难的理智的相容性”原文为“an easy intellectual consistency”，含有少许贬义——相对于更深刻与更优越的智力而言。

也就是说，足够严格界定了环境之后，我们总可以有关于感受的逻辑自洽的表达，不论这些表达是否会因脱离“浑然的真实感”而显得苍白和缺乏创造性。所以，怀特海说：“有限的科学的清晰性和其外的黑暗的宇宙之间这种绝然分裂本身就是一种撇开了具体事实的抽象”（同上书，第51页）。

上面的引文还意味着，对于表达被我们感受到的重要性而言，最重要的不是要不要抽象——因为一切表达都只能是对“浑然的真实感”的抽象，而是寻求某种恰当的抽象——在浑然的真实感与逻辑自洽之间实现恰到好处的折中的表达的艺术。

那么，我用隐含方式界说的最广义的制度，或者我在此处探讨的“秩序”概念，它是怎样显现给我们并被我们理解的呢？在《思维方式》接近第三讲的结尾处，怀特海写道："逻辑的理解是对于允许有这种抽象的统一的抽象的细节的享受。随着享受的发展，就会发现结构的统一"（同上书，第56页）。这里，结构的统一感，就是被感受到的"秩序"，尽管每一单独的"结构"，为了逻辑自洽性而必须表达为有限的、静止的、非历史的、依赖于特定环境的从而其意义容易被理解的命题的集合。

在正式转入"秩序"概念的探讨之前，我希望读者玩味怀特海在《思维方式》第三讲结尾的文字："离开细节，离开体系，哲学观是思维和生活的真实基础。我们所注意的那些经验以及我们推到不必注意的背后的那些观念支配着我们的希望、我们的恐惧、我们对行为的控制。只要我们思想，我们就活着。这就是为什么哲学观念的收集超出了专家的研究范围，它铸造了我们的文明的类型。"（同上书，第57页）

我们说"秩序"是一个比"制度"远为丰富的概念，意味之一，是说秩序是一个自发创造的过程（奈特所谓"procedure"），而制度则只是这一主动过程的被动显现——外显的过程（奈特所谓"process"）。

时至今日，人类对她赖以生存和繁衍的这套秩序的理解还是十分肤浅，还是停留在斯密和哈耶克为我们阐述的理解中，甚至斯密和哈耶克的阐述，也只是在最近几年，由于脑科学与认知理论的突破性进展，才再度引发了我们的关注。

在科学研究的基础上，我们开始赞同哈耶克早年对"自生自发秩序"的推测——人脑内的神经元网络秩序与人类社会的市场秩序之间的同构性。这一同构性的当代表述是：脑神经元网络的拓扑结构，与一种叫作"友好关系网络"（friendship network）的社会网络的拓扑结构具有最相似的特征。交易，哈耶克和布坎南都强调，它的古代希腊语词根含有"分清敌友"的意思。布坎南解释说，交易总是与朋友的交易，不是与敌人的交易。如果与"敌人"成功地发生了交易，那么，敌人就不再是敌人，此即苏格兰启蒙思想家们的著名口号"经济的文明化影响"的涵义——人与人之间敌对关系的"文明化"。

更进一步，脑科学研究表明，每一个人的脑结构，从低级层次到高级层次，被感受到的重要性可以自发涌现，从低层次凸显到高层次中，成为被感受到的更高的重要性。最后，那些最重要的，呈现为"自我意识"。可是，这些表达了各种重要性的神经元网络，它们之间的日常关系是竞争性的。这里，没有一个中央计划单元来协调竞争着的无数重要性。因此，更准确地说，每一个人的脑内存在着一个神经元网络的社会，从而存在着类似阿罗"不可能性"定理所刻画的社会理性选择的困境。在这一意义上，我们可以认为，脑内的社会秩序与脑外的社会秩序，具有某些重要的同构性。

秩序比制度有远为丰富的内涵，也体现在史密斯教授关于实验经济学成果（诺贝尔奖演说）的论述中。史密斯发现，一般均衡理论（市场制度的逻辑自洽的表达）在太强的假设下得到的均衡存在性与均衡的资源配置的最优性，在市场实验中同样可以显现出来，但在这些实验中，完全不需要“信息完备性”假设，以及与此相适应的其他一般均衡假设。事实上，在参与人数很少（例如只有5人），而且在参与者完全不知晓他人偏好和交易物品的真实价值的条件下，交易仍可在有限时间内收敛到某一均衡状态。通常，这类均衡的效率损失——以理论效率为衡量标准，不超过25%，经常低于10%，这意味着在实验室条件下，无须假设完备信息，没有瓦尔拉和德布鲁一般均衡模型所假设的全知全能的拍卖者，市场自发地使资源配置达到90%有效率。如果当真如此，那么，我们完全可以推测，许多旨在获取多于实验室市场的信息的努力，例如政府和精英群体的努力，只不过是浪费资源。因为，这些努力所耗费的资源，以及因此而发生的效率损失，肯定超过10%，如果不是超过35%的话。

换句话说，一般均衡理论在太强的逻辑前提下推导出了自由市场的丰富内涵的最肤浅的那些性质，这些逻辑前提作为一般均衡存在性的充分条件，显然超过“必要条件”太多，所以无法解释史密斯教授在经济学实验室里发现的那些市场性质。

即便如此，对于市场的研究，一般均衡模型仍是经济学家公认的最有价值的模型。注意，经济学家之所以公认这一点，是因为他们自己生活在市场社会里，从而对市场已经有了“浑然的真实感”，在这一感受的基础上，他们公认，一般均衡理论为“市场”所限定的“环境”是一种恰当的抽象，它保持着与真实感的恰到好处的距离，并且刻画了市场运作的核心性质——“价格”。根据这一理解，那些没有在市场里生活过或者缺乏关于市场的“浑然的真实感”的学者，未必认为一般均衡模型是对市场生活的恰当抽象。这一点，在相当程度上可以解释经济学家与其他学科的专家之间的日常冲突。

为什么对秩序的最意味深长的阐述来自斯密和哈耶克这样的经济学家？难道其他专业的学者没有对秩序的更意味深长的阐述吗？我的回答是：有，少数具有深刻洞察力且思维未被限制在“形而上学”之内的神学家的阐述，但在“后神学”时代，斯密和哈耶克的阐述最令人信服。

事实上，斯密深受苏格兰“长老派”神学的影响，同时深受斯多亚学派关于神的“先定和谐”思想的影响（参阅斯密《道德情操论》“序言”，斯密的私人信件，以及格拉斯哥大学版斯密“法学讲义”的课堂笔记“LJA”和“LJB”)。对斯密“神秘主义”秩序思想的解读，最充分且最明确者，不是哈耶克，而是奈特，在他1940年代发表的一系列论文和演说中[1]。

市场作为“人类合作的扩展秩序”，哈耶克引用先贤名言：只能被发现，不能被设计。那么，市场的局内人是否有制度创新（即“企业家创新”活动），并且，他们的制度创新活动怎样被逻辑地表达出来呢？这是目前制度理论必须回答而尚未回答的问题。

怀特海说：“逻辑和美学都关注封闭的事实。我们的生活则是在关于发现的经验中度过的。一当我们失去了这种发现感，我们就会失去心灵所是的那种活动方式。我们就会沉落到仅仅与过去的平均值相符合。完全的符合意味着生命的丧失。剩下的是荒芜的无机界的存在。”（同上书，第56—57页）此处，“美学”不同于“审美”。后者是感性的活动，不是逻辑的。

换句话说，秩序的自生自发的创造性，与局内人的主动创新活动，二者之间具有怎样的关系呢？这是最广义的制度理论必须回答而尚未回答的问题。我自己解答这一问题的努力，把我引至“悟性”概念——这篇笔记的标题中的最后一个概念。

仍引用怀特海《思维方式》的文字（第二篇第五讲）：“只要过程的概念得到了承认，潜在性概念对于理解存在就是根本性的了。如果根据静止的现实事物的观点来解释宇宙，那潜在之物就消失了。……直接事实中的潜在之物构成了过程的推动力。”（同上书，第89页）

根据汉语的日常语用学，“悟性”，首先是一种洞察事物潜在性的能力。其次——关于这一点存在着争议，它可以指人类的某种潜在能力，这种能力使每一个人可能感悟到比人类更高级的存在。

在西方思想传统中，对应于“悟性”的是“理解”，英文是“understanding”，对应于德文是“Verstand”。不过此处仍有争议，例如，阿伦特不同意把Verstand译为understanding，她坚信这一概念应译为“intellect”。

综合上述，汉语“悟性”一词的涵义中，既有西语的“理解”，又有西语的“直觉”。不过，此处还有争议，例如笛卡尔对“直觉”的定义（参阅笛卡尔《探求真理的指导原则》）。

不论如何，让我们把“悟性”界说为理解与直觉，于是，与悟性关系最密切的，

---

[1] Frank Knight, “Science, Philosophy, and Social Procedure”, in *Ethics*, Vol. 52, No. 3 [1942]: 253-274；“The Rights of Man and Natural Law”, in *Ethics*, Vol. 54, No. 2 [1944]: 124-145； “Human Nature and World Democracy”, in *American Journal of Sociology*, Vol. 49, No. 5 [1944]: 408-420；“The Sickness of Liberal Society”, in *Ethics*, Vol. 56, No. 2 [1946]: 79-95.

不再是康德所谓“理性”，而是康德未能充分解释的“判断”。阿伦特曾对康德的判断力批判有极重要的批评，与此相关，她有一篇未写完的“卷三”（以“附录”形式辑入《精神生活》）。在《精神生活》“思维”卷中，她注意到康德的一个常被启蒙理性主义者们忽略的看法：“一切思维只不过是到达直观的一种手段”[1]。康德所说的“直观”是带有神秘主义色彩的，因为“想获得这种能力的要求‘通常被叫作愚蠢’，这样的一种失败是无可避免的”（《纯粹理性批判》，第二版，第187页）。阿伦特这样解释“判断力”：“始终作为心理结构的一般和始终倾向于感官经验的特殊得以整合在一起的精神的神秘能力，是一种‘特殊的能力’……”（《精神生活》，第75页）。

悟性或者判断力的开发，一方面要求足够丰富的生活体验——足以发生“浑然的真实感”，另一方面要求足够深刻的理性洞察——恰到好处地表达具有本质重要性的东西，这些东西往往是潜在地包含在现象中的。第三，悟性的充分发展往往与思维对它自身所得结论的不断否定（扬弃）有关。根据我的观察，完全没有自我批判精神的人，几乎从未有过充分发展了的悟性，尽管他们先天的资质里可以包含非常好的悟性的种子。

或许由于悟性的这些特征，那些悟性得到了充分开发的人被认为具有“智慧”——悟性的外显，可谓之“智慧”。因为，首先，他们能够比不具有智慧的人更多地看到事物的潜在可能性，并足够准确地预测未来。其次，虽然更多地看到事物的潜在可能性，有智慧的人为了智慧自身的缘故，往往不追逐目光短浅者所追求的功名利禄。

人类一般而言是从具有较低的智慧向着具有较高的智慧演化的，因为智慧，根据上面的解释，应能使智慧所在的人类群体更适应环境的变动，后者需要长远的目光和宽广的视野。注意，我强调，智慧的受益者不是智慧者而是智慧所在的群体。因为，智慧者为了智慧自身的缘故往往不追逐自身利益，他们的功用是群体性的。苏格拉底可以被雅典人处死，而他的智慧却保存在源于雅典的诸人类群体之中并造福于这些群体。

在这样的演化论视角下，更具智慧的人类成员，他们据以判断任一真信念的合理性的标准，比具有较低智慧的人类成员所据的判断标准，或许更经常地取得成功——不是更有利于个体生存竞争，而是更适应“群体选择”的文化环境。用罗蒂的话说就是：“……找到一条把我们从祖先那里继承下来的世界观和道德直觉，与新的科学理论或社会政治制度及其理论或其他新奇事物结合在一起的途径”[2]。这样的理解，将

[1]　阿伦特：《精神生活》，“思维”，姜志辉译，商务印书馆，2006年，第68—69页。
[2]　理查德·罗蒂：《真理与进步》，杨玉成译，华夏出版社，2003年，“导言”，第5页。

把秩序与对秩序的领悟，引导至一种政治学的论域之内。

综上所述，我觉得应当有一个能够把“知识”、“秩序”、“悟性”融合在一起的演化论的陈述，作为我这篇笔记的结语，它大致是这样的：由最初偶然发生的秩序，自然选择的力量筛选出一些更具智慧的人群，每一群人按照他们达成共识的合理性规范，不断把他们的信念的一部分转化为知识。这些群体当中，有一些群体积累了更适应环境变动的知识。某一阶段的知识演化的成功，未必意味着未来任一阶段的知识演化的成功。比较优越的秩序——仍是偶然发生的，更可能产生智慧的人群及其知识积累过程。如果这一向上的演化不被群体内更常发生的政治困境所中断的话，那么智慧程度的增长迟早可以达到使秩序内的人群借助于他们的悟性，洞察到他们赖以生存的秩序。

文
景
Horizon

社科新知 文艺新潮

经济学思想史进阶讲义——逻辑与历史的冲突和统一
汪丁丁 著

出 品 人：姚映然
责任编辑：李 頔
装帧设计：肖晋兴

出　　品：北京世纪文景文化传播有限责任公司
（北京朝阳区东土城路8号林达大厦A座4A 100013）
出版发行：上海人民出版社发行中心
印　　刷：山东临沂新华印刷物流集团有限责任公司
制　　版：北京大观世纪文化传媒有限公司

开 本：787mm×1092mm 1/16
印 张：44.25　　字 数：718,000
2015年10月第1版　　2021年10月第3次印刷
定 价：128.00元
ISBN：978-7-208-13254-2 / F·2320

图书在版编目（CIP）数据

经济学思想史进阶讲义：逻辑与历史的冲突和统一 / 汪丁丁著. — 上海：上海人民出版社，2015
ISBN 978-7-208-13254-2

Ⅰ.①经… Ⅱ.①汪… Ⅲ.①经济思想史—世界
Ⅳ.①F091

中国版本图书馆CIP数据核字（2015）第186666号

本书如有印装错误，请致电本社更换 010-52187586